COLLECTION
DE
DOCUMENTS INÉDITS
SUR L'HISTOIRE DE FRANCE

PUBLIÉS PAR LES SOINS

DU MINISTRE DE L'INSTRUCTION PUBLIQUE

Par arrêté du 23 juin 1891, M. le Ministre de l'Instruction publique et des Beaux-Arts a ordonné la publication, dans la Collection des documents inédits relatifs à l'Histoire de France, de la *Correspondance administrative d'Alfonse de Poitiers* par M. Auguste Molinier, professeur à l'École nationale des Chartes.

M. le Mis de Laborde, membre du Comité des travaux historiques et scientifiques, a été chargé de suivre cette publication en qualité de Commissaire responsable.

CORRESPONDANCE

ADMINISTRATIVE

D'ALFONSE DE POITIERS

PUBLIÉE

PAR AUGUSTE MOLINIER

PROFESSEUR À L'ÉCOLE NATIONALE DES CHARTES

TOME II

PARIS

IMPRIMERIE NATIONALE

MDCCCC

INTRODUCTION.

I

PLAN ET SOURCES DE LA PUBLICATION.

Les deux volumes publiés sous le titre de *Correspondance administrative d'Alfonse de Poitiers* renferment les mandements écrits au nom de ce prince, de Pâques 1267 au milieu de 1270, c'est-à-dire dans les années qui ont précédé immédiatement le départ du frère de saint Louis pour la croisade de Tunis. Ces mandements remplissent deux registres du Trésor des Chartes aux Archives nationales[1]. On y a joint des fragments de deux anciens registres conservés dans le même dépôt, le texte intégral du manuscrit latin 10918 de la Bibliothèque nationale; enfin, sous le titre d'*Appendice*, un certain nombre d'actes du même genre, publiés par d'anciens érudits, ou retrouvés par l'éditeur dans différents recueils manuscrits[2].

Une première question se pose : Alfonse a-t-il eu des registres pour sa correspondance administrative dès le début de son règne? Répondre à cette question paraît bien difficile. Voici pourtant quelques faits dont il faut tenir compte. Tout d'abord, les deux registres existants sont tenus avec un soin si méticuleux, qu'on doit supposer qu'il y a eu des registres antérieurs, où le plan définiti-

---

[1] JJ. xxiv C et D.
[2] Cet appendice aurait pu être grossi d'un grand nombre d'actes, que l'excellent catalogue de la *Collection Dupuy*, par M. L. Dorez, nous a fait connaître. (Voir plus loin.)

vement adopté n'était encore qu'ébauché; tel un recueil que nous publions, daté d'environ 1260-1262, dans lequel on a omis les dates et rangé les actes sans les classer par pays. D'autre part, Godefroy possédait, au XVIII° siècle, un registre allant de 1263 à 1266, aujourd'hui perdu; or le titre même, tel que le donne la *Bibliothèque historique* du P. Lelong[1], prouve que les actes y étaient rangés dans l'ordre chronologique, et ce registre paraît avoir été connu, au XVII° siècle, par André Duchesne et par Jean Besly; le premier en a tiré quelques actes que nous réimprimons dans l'appendice; le second y a copié un grand nombre de pièces relatives au Poitou et à la Saintonge [2]. On peut donc affirmer qu'Alfonse a pris, vers 1260, des mesures pour la conservation de ses mandements, mais ces premiers registres n'ont pris leur forme définitive que durant les années suivantes, au plus tard en 1267; tout au plus peut-on supposer que les deux recueils subsistants ont été précédés d'un volume analogue pour les années 1263-1266[3].

L'examen des anciens inventaires du Trésor des Chartes confirme cette hypothèse; de tous ces inventaires, le plus complet et le plus détaillé, le seul utile en l'occurrence, les autres ne fournissant que des indications extrêmement vagues, est celui de Gérard de Montaigu, lequel date du règne de Charles V. Cet excellent archiviste n'a rangé parmi les registres du Trésor qu'un seul volume provenant de la chancellerie d'Alfonse, le numéro XI renfermant le pouillé des possessions de ce prince en Albigeois, Poitou,

---

[1] II, n° 29788. «Registrum plurium litterarum A.. comitis Pictavensis, 1263-1266, in-4°.»

[2] Ces copies sont aujourd'hui dispersées dans différents volumes de la *Collection Dupuy*, à la Bibliothèque nationale. Nous les avons connues trop tard pour donner le texte de ces actes; on les trouvera dans les *Annales du Midi*, année 1900.

[3] Qui serait celui de Godefroy. Remarquons que les nouveaux éditeurs de la *Bibliothèque historique* ont reproduit une note du premier auteur, mais ne paraissent pas avoir eu le man. de Godefroy entre les mains.

INTRODUCTION.

Auvergne, etc. Par contre, sous le titre de *Libri inutiles*, il décrit un certain nombre de manuscrits, dont six au moins nous intéressent. Voici le texte de ces notices [1] :

« Libri inutiles positi ad partem in armariolo retro hostium, a parte Camere compotorum.

IX. Intitulatur Salus anime, et nescio unde locus, et fuit factus tempore cujusdam comitis Pictavie et Xanctonie, anno m° cc° lviii°, et loquitur de pluribus debitis vel composicionibus parcium predictarum.

XIII. Continet registrum plurium litterarum Alphonsi, comitis Pictavie et Tholose.

XVIII. Continet plures litteras antiquas de tempore Alphonsi, condam regis Francie filii, comitis Pictavie et Tholose, que modici sunt effectus.

XIX. Continet census aliquos debitos comiti Pictavie, et sunt confusi et totaliter imperfecti.

XXVIII. Continet terras vel redditus de Rupella, et non est intitulatus, et est nullius vel modici valoris.

XXX. Est formularius et registrum plurium litterarum Alphonsi, comitis Pictavie et Tholose. »

Le numéro IX paraît, d'après l'intitulé, être le manuscrit latin 10918 de la Bibliothèque nationale, qui s'ouvre aujourd'hui par un recueil de sentences des enquêteurs d'Alfonse en Poitou et en Saintonge, dont nous donnons le texte [2] ; au xviie siècle, ce manuscrit était encore au Trésor des Chartes ; il en fut peut-être distrait par le généalogiste Du Bouchet, en même temps qu'une collection d'actes relatifs à la famille de Courtenay, aujourd'hui à la Bibliothèque nationale. Nous n'avons pu identifier l'article XIII ; c'était soit le registre JJ. xxiv D, soit le recueil connu au xviie siècle par Duchesne et Besly et possédé plus tard par Godefroy. Le numéro XVIII est le registre JJ. xxiv C, dont nous publions le texte et qui porte encore la note autographe de Gérard de Montaigu. Le

---

[1] D'après Bordier, *Les Archives de France*, p. 165. — [2] N°s 1909-1945.

numéro XIX paraît être un registre de comptes, formant aujourd'hui l'article 64 du carton J. 192 A, aux Archives nationales. Le numéro XXVIII est un terrier de la Rochelle, du temps d'Alfonse, récemment publié. Enfin le numéro XXX est soit le registre JJ. xxiv D, soit le registre de Godefroy.

Ainsi, dès le milieu du xive siècle, il n'existait plus au Trésor des Chartes, de la correspondance d'Alfonse de Poitiers, que trois registres; deux nous sont parvenus; le troisième (sans doute celui de Godefroy) commençait à l'an 1263. On peut donc en conclure que c'est vers cette date seulement que l'usage d'avoir des registres complets pour la correspondance administrative s'est établi dans la chancellerie d'Alfonse.

Voici maintenant la description sommaire des registres utilisés dans la présente publication :

Nous prenons d'abord notre quatrième registre (n°s 1909-2062). Bibliothèque nationale, manuscrit latin 10918 (anc. cartulaire 40); 225 millimètres sur 160. 36 feuillets dont 8 blancs (23, 25, 30-35). Il provient du Trésor des Chartes (voir plus haut); au xviie siècle, il était aux mains du généalogiste Du Bouchet, auquel on doit peut-être attribuer diverses notes marginales sur les personnages mentionnés dans les actes. Ce volume est un amas de débris provenant de recueils anciennement mutilés : A. fol. 1-11. Enquête en Poitou et Saintonge des années 1258 et suivantes ; on a plusieurs exemplaires de ce document; celui-ci paraît être l'original. — B. fol. 12-15, à 2 col. Fragment d'un registre de chancellerie (1257-1266), affaire du fouage, affaires privées et correspondance générale du prince. — C. fol. 20-22. Autre registre analogue des années 1260-1262, avec addition de 1266 (n° 1990). — D. fol. 16-19. Suite du précédent pour les années 1261-1263, principalement correspondance politique avec la famille royale et ses alliés. — E. fol. 24. Fragment d'un autre registre à longues lignes (1265). — F. fol. 26-29, à longues lignes. Lettres du comte à la cour de Rome (1264-1267). — G. fol. 34-36. Fragment: enquête touchant les démêlés entre Alfonse et la ville de Toulouse et levée du fouage dans le midi de la France.

Ces fragments, qui proviennent tous de la chancellerie d'Alfonse, n'ont pas fait à l'origine partie de registres-minutes, c'est la

INTRODUCTION.

copie d'actes divers classés à peu près par espèce, copie exécutée par les clercs d'Alfonse pour les besoins du service; l'ordre chronologique n'a point été observé.

Le troisième de nos registres (n°ˢ 1835-1908), mince cahier de 14 feuillets de parchemin, à longues lignes (Arch. nat., J. 304, n. 55), est un recueil tout différent. Des soixante-quinze actes qu'il renferme, la plupart ne portent aucune date, et c'est par comparaison que nous les avons datés des années 1260-1264; quelques-uns ne renferment que des dates incomplètes : tantôt le jour est indiqué, mais l'année manque; tantôt c'est le cas contraire; parfois encore on marque le lieu, sans plus. Ces actes, qui sont transcrits à la suite sans aucun ordre, sont d'ailleurs tous des années plus haut indiquées et se rapportent aux différentes circonscriptions du domaine. A notre estime, c'est un recueil d'actes formé par les clercs de la chancellerie comtale, avant que l'habitude fût prise de tenir des registres-minutes dans l'ordre chronologique et par circonscription administrative.

Le cinquième registre (n°ˢ 2063-2085) est d'une autre nature. Ces 2 feuillets de parchemin (Arch. nat., J. 317, n. 47) renferment vingt-deux mandements adressés au sénéchal d'Agenais, du 21 novembre au 15 décembre 1268. C'est un débris d'un registre perdu; en effet, nous n'avons point d'actes intéressant la sénéchaussée d'Agenais et de Quercy pour l'année commençant à Pâques 1268 et finissant à Pâques 1269; cette partie du volume JJ. xxiv C a disparu depuis longtemps. Même lacune pour les sénéchaussées de Venaissin et de Rouergue.

Passons maintenant aux deux registres JJ. xxiv C et D (A et B de Boutaric). Voici d'abord la description matérielle de ces deux volumes :

JJ. xxiv C (anc. J. 319, [Toulouse, sac x] n. 4). Au feuillet de garde, titre de la main de Gérard de Montaigu, le même qu'au numéro XVIII des *Libri inutiles*

INTRODUCTION.

décrits par cet archiviste. 159 feuillets numérotés au xviie siècle ; 257 millimètres sur 179. Écriture de plusieurs mains, à longues lignes, cahiers de 8 feuillets ; titre courant en noir. Les feuillets 30, 157 et 158 sont blancs ; manquent les feuillets 64, 65 et 66, sans doute restés blancs. Plusieurs feuillets non numérotés ; entre 35 et 36, on a inséré deux minutes de mandement, collées sur un feuillet moderne ; au folio 58, fragment analogue ; entre 115 et 116, autre projet de mandement ajouté. Au folio 159, on a transcrit un mandement daté d'Aimargues, juin 1270, ce qui prouve que ce registre avait été emporté avec lui par le comte lors de la croisade de Tunis. Les actes sont rangés par année (de Pâques à Pâques) et par sénéchaussée.

JJ. xxiv D. 260 millimètres sur 197 ; 184 feuillets numérotés au xviie siècle. Manquent 26 à 31, 61 à 64, 158 à 163, qui étaient sans doute restés blancs ; sont blancs : 32, 45 à 48, 65, 66, 135 à 140, 164. Le feuillet de garde ayant disparu, nous ignorons les cotes autrefois portées par ce volume. Il est semblable en tout au précédent, mais paraît avoir été tenu avec plus de négligence.

De quelle nature sont les actes renfermés dans ces deux volumes? La plupart sont des *mandements* ou lettres, de rédaction aussi simple et aussi brève que possible, composés généralement des quatre parties suivantes : *suscription, exposé, dispositif, date*, celle-ci comportant, en règle ordinaire, l'indication du lieu, du jour (fêtes liturgiques), de l'année. Parfois, l'un ou l'autre de ces éléments manque. La longueur de tous ces actes varie naturellement ; l'affaire est-elle peu importante, le comte l'expose et la règle en quelques lignes ; quand, au contraire, il s'agit de questions compliquées et difficiles, il précise les différents points en litige et indique la solution pour chacun d'eux. Les originaux de ces mandements formaient une bande de parchemin de forme oblongue et portaient le sceau du comte, mais on n'a, et la chose s'explique d'elle-même, que fort peu de mandements originaux ; plusieurs, corrigés une dernière fois au moment d'être scellés, ont été joints au second des deux registres, et l'examen de ces pièces prouve que le sceau du comte était appliqué sur simple queue.

Ces actes sont parfois qualifiés dans les titres de *littera patens*, mais tout porte à croire que beaucoup d'entre eux, non ainsi désignés, rentraient dans la même catégorie. Ces *litterae patentes*, expédiées ouvertes, sont très souvent des lettres de commission en matière judiciaire [1]; on les intitule aussi parfois *commissio patens* [2], ailleurs, on trouve l'expression *litterae patentes procurationis* [3]. La même expression désigne l'acte de collation d'un bénéfice par le comte [4], et on la retrouve encore en tête de nominations à des offices, d'octroi de gages, de pensions viagères ou *ad voluntatem* [5]. Enfin les rédacteurs des registres ont désigné de la sorte un acte qui n'est pas un mandement, mais une lettre renfermant la formule : *universis presentes litteras inspecturis* [6].

L'expression *litterae clausae* est beaucoup plus rare; mais les scribes n'étant pas toujours suffisamment soigneux dans leurs énoncés, beaucoup des actes donnés par les registres devaient mériter ce titre. La rédaction était absolument la même, seulement l'expédition originale était fermée et sans doute scellée du *signum*, du cachet personnel du comte. On ne possède aucun exemplaire original de ce genre d'acte. Toutefois on peut faire quelques remarques intéressantes sur leur caractère. Un mandement de 1268 à Pons Astoaud et à Eudes de la Montonnière [7] mentionne des *litterae clausae* adressées en même temps par le comte à ces deux commissaires et contenant sans doute des instructions secrètes sur l'affaire en litige (nouveau marché à Castelnaudary). Une *littera clausa*, envoyée en 1269 au sénéchal de Poitou [8], donne à cet officier des instructions secrètes touchant les rapports des agents comtaux avec les juges d'église et explique par le menu comment il devra s'opposer aux empiètements des clercs. On peut également supposer que les nombreuses lettres d'Alfonse à sa belle-sœur, Mar-

---

[1] Nᵒˢ 964, 965, 1328, 1340, 1389, 1414, etc. — [2] Nᵒˢ 59, 813. — [3] Nᵒˢ 918, 919. — [4] Nᵒ 655. — [5] Nᵒˢ 662, 674, 1327, 1387. — [6] Nᵒ 1723. — [7] Nᵒ 769. — [8] Nᵒ 985.

guerite de Provence, à la sœur de celle-ci, Éléonore d'Angleterre, au Pape et aux cardinaux, lettres conservées dans notre quatrième registre, étaient sous forme de lettres closes; la politesse comme la prudence devait engager le comte à user, en pareil cas, de ce mode de correspondance.

A côté des mandements adressés à une seule personne, à un seul fonctionnaire, il faut mentionner les lettres circulaires envoyées, *mutatis mutandis*, aux divers sénéchaux et au connétable d'Auvergne, parfois aussi aux agents temporaires du comte dans les différentes circonscriptions administratives. D'ordinaire, ces lettres ne sont transcrites qu'une seule fois et suivies de la formule : *Similis littera missa fuit* [1], en français : *Autels lettres*, etc., [2]; parfois aussi, ces lettres semblables sont transcrites intégralement et sans changement une seconde fois, mais souvent, dans l'une des copies, on supprime une ou plusieurs phrases [3]. Dans d'autres cas, en transmettant à un fonctionnaire une lettre dont il est bon qu'il ait connaissance, on se contente de transcrire dans le registre le début de l'acte [4].

Outre les mandements au nom du comte, ces registres donnent également des actes d'une nature toute différente : tout d'abord, certains documents plus anciens ayant trait aux affaires en cours, ou encore des actes émanant de personnes étrangères [5]; puis, des actes administratifs au nom d'un officier du comte ou des enquêteurs; ailleurs, un bail de monnaie, une supplique, la lettre d'excuse d'un feudataire cité devant la cour du souverain; les engagements pris par diverses villes pour le payement d'un subside, un accord avec la ville de la Rochelle, une transaction entre le comte et une abbaye; on y trouve encore la lettre d'un sénéchal notifiant au comte l'exécution d'un ordre. Tous les actes portant le

[1] N° 652. — [2] N° 604. — [3] N° 421. — [4] N°° 341, 342. — [5] N°° 11, 661, 667, 668, 669, 670, 1045.

INTRODUCTION.

nom d'Alfonse émanent directement du prince; le cas contraire est pourtant prévu : telle pièce scellée du sceau, de la bulle du souverain, a pu être expédiée par le sénéchal du Venaissin[1].

Tous ces actes au nom d'Alfonse sont sous forme de lettre personnelle; mais on trouve également dans les registres des actes autrement rédigés. En première ligne, ce qu'on appelle *memoria* ou *memoriale*, notes destinées aux officiers et aux enquêteurs du comte. Citons entre autres une instruction pour l'affermage du péage de Marmande (456, 457); une note pour le clerc du sénéchal d'Agen (502); une autre pour Guillaume le Roux et le connétable d'Auvergne (211); un de ces actes, en français, débute par le mot *remembrance*, traduction exacte du latin *memoria* (7). Cette expression *memoriale*, *memorialia*, désigne souvent les notes remises aux clercs et agents du comte au moment de leur départ de la cour (1121), et on a parfois tout ensemble le *memoriale* et le mandement rédigé en conséquence (1643, 1644). Enfin, dans certains cas, ces notes sont, pour plus de sûreté, insérées dans un mandement du comte (1191). Remarquons encore que, souvent, au mandement touchant une affaire déterminée est jointe une *cedula* expliquant le point en litige et résolvant les doutes et les difficultés (1617).

Dans les registres, on a également inséré de simples formules de lettres, les unes au nom du comte, les autres au nom de l'une des parties (814, 815).

La majeure partie des actes est en latin. De ce latin, on ne saurait faire l'éloge : c'est la langue courante des actes du xiiie siècle, et on sent, à le lire, que les rédacteurs pensaient en français et ont traduit leurs idées en une langue quelconque, incorrecte et pauvre. Mais si le vocabulaire est peu riche et les expressions peu variées,

---

[1] N° 1739.

si les accords de temps ne sont pas toujours régulièrement observés, il est juste de reconnaître qu'en somme les clercs d'Alfonse ont su exprimer ce qu'ils voulaient dire, et, pour notre part, nous préférons ces phrases simples et limpides à la redondance et à l'emphase de certains rhéteurs du même temps. Il est impossible d'affirmer que le comte prenait une part personnelle à la rédaction de ces lettres ou mandements; nous sommes disposé à admettre le fait, rien ne nous empêchant de supposer qu'Alfonse savait personnellement le latin, et d'autre part, on le verra plus loin, les affaires les moins importantes comme les plus graves étant soumises à l'examen du prince. En tout cas et malgré l'incorrection et la pauvreté de la forme, quels qu'en soient les auteurs, ces mandements leur font honneur; il est difficile de pousser la précision plus loin; dans ces actes aucune formule superflue, et telle de ces pièces de dix lignes renferme plus de faits et de notions utiles qu'un long diplôme royal. Dans les lettres les plus courtes, il y a généralement une seule phrase divisée en deux parties : exposé sommaire de l'affaire, puis décision du comte, avec quelques clauses de réserve. On emploie des formules toujours les mêmes, que les copistes répètent sans se lasser; toutes les pièces relatives à la levée du fouage, par exemple, sont exactement calquées les unes sur les autres, et les cas prévus sont toujours les mêmes et énoncés dans les mêmes termes. D'autres fois, le rédacteur du mandement a certainement utilisé un mémoire remis par la partie plaignante[1], lui a emprunté les phrases essentielles. On a encore souvent deux rédactions d'un même acte, l'une provisoire, inachevée, l'autre définitive et datée[2]; on doit donc en conclure qu'une revision minutieuse de toutes les minutes était faite, mais par qui, c'est ce qu'il est impossible de dire. Parfois encore, on

[1] N° 1557. — [2] N°ˢ 1596, 1599.

recopie un mandement antérieur, mais en y ajoutant de nouvelles explications [1], à l'aide de renseignements supplémentaires transmis au conseil.

C'est surtout dans les réponses du comte à ses agents qu'apparaissent les qualités de netteté marquées plus haut : ceux-ci lui ont envoyé une note, un rapport, *memoriale, scriptum*; le comte répond séparément à chaque article, avec une minutie, une précision étonnante dans le fond et dans la forme. Nous citerons à titre d'exemples une demande de renseignements au sénéchal de Saintonge [2], et une réponse à des éclaircissements réclamés par Jean de Nanteuil, seigneur de Torz [3].

Passons maintenant aux actes en français ; ils sont assez nombreux dans les cahiers des registres afférant au Poitou, à la Saintonge et à l'Auvergne, et ces mandements offrent les mêmes qualités que leurs similaires en latin; la langue en est claire et nette, les expressions précises. D'autres fois, la langue française est employée pour des actes d'un autre caractère, pour des instructions générales adressées à tous les sénéchaux [4], et on indique toujours soigneusement les changements de rédaction pour chaque exemplaire. Nous serions assez disposé à croire ces documents écrits sous la dictée même du comte; si cette supposition paraît mal fondée pour tel ou tel acte de caractère général, elle nous semble tout à fait admissible pour certains autres d'un caractère plus personnel. Telle une lettre au sénéchal de Saintonge, où le comte se plaint des gens de Saint-Jean-d'Angély peu empressés à consentir un nouveau subside [5]; une autre relative à la prise à solde de chevaliers pour la croisade [6]; une épître adressée à un vieux serviteur du comte, de ton familier et fort curieuse à cet égard [7]; enfin des lettres de reproche à un sénéchal négligent dans ses fonctions [8]. Tous ces

---

[1] N°˙ 1878, 1312. — [2] N° 699. — [3] N° 1117. — [4] N°˙ 978, 1066. — [5] N° 689. — [6] N° 811. — [7] N° 1034. — [8] N°˙ 1809, 1815.

actes ont un caractère particulier, et nous estimons qu'ils ont été rédigés sous l'inspiration directe d'Alfonse.

Dans les deux registres, les actes sont rangés par année, chaque année commençant à Pâques (*more gallico*), et pour chaque année, par sénéchaussée; ces circonscriptions sont au nombre de six : Poitou, Saintonge, Agenais et Quercy, Toulouse et Albigeois, Rouergue, Venaissin, plus la connétablie d'Auvergne. On a des mandements pour les trois années 1267-1268, 1268-1269, 1269-1270. De ces trois périodes administratives, la première et la troisième sont complètes; dans l'année 1268-1269, manquent les cahiers relatifs à l'Agenais, au Rouergue, au Venaissin et à l'Auvergne. Le classement des actes est parfois assez défectueux : tantôt on a réparé ces erreurs en cancellant la première copie mal placée, et en transcrivant l'acte à nouveau dans le cahier où il aurait dû régulièrement prendre place, tantôt on s'est contenté de corriger l'erreur initiale, à l'aide d'un signe de renvoi[1].

Pour le classement à l'intérieur de chaque cahier, on a, d'ordinaire, suivi l'ordre chronologique, mais il y a un grand nombre d'irrégularités : ainsi les numéros 56-57, des 4 et 6 octobre 1267, suivent le numéro 55 du 10 du même mois; le numéro 68, du 22 février 1268, est intercalé entre deux actes des 24 et 14 décembre 1267. Il semble donc, que dans certains cas, l'enregistrement des actes n'avait pas lieu immédiatement. En général, pourtant, les écarts entre les dates de deux actes consécutifs sont peu considérables, et on est en droit de supposer que tous ces actes ont été enregistrés en une seule fois, mais que le scribe n'a point reclassé dans leur ordre de dates les mandements dont on lui remettait un paquet à transcrire. Toutefois la remarque n'est pas sans intérêt, car elle prouve qu'en partie tout au moins ces deux

---

[1] Nos 626, 712, 757, 758, 1031, 1431.

INTRODUCTION.

registres sont exécutés d'après les minutes originales. Nous disons en partie, car la présence d'un grand nombre de corrections prouve qu'ils servaient à la fois de minutes et de registres-copies.

Voici comment, à notre sens, devaient procéder les clercs de la chancellerie d'Alfonse. On préparait une première rédaction, un brouillon du mandement. Tantôt ce brouillon servait pour l'expédition définitive, pour celle qui recevait le sceau; tantôt, au contraire, la minute originale, transcrite d'abord sur le registre, était lue une seconde fois, corrigée et complétée sur le registre même, et l'expédition scellée était faite d'après la copie du registre ainsi revue et complétée. Ainsi s'expliquent les irrégularités dans la succession chronologique des actes; en général, on a enregistré les mandements au fur et à mesure de leur rédaction, mais certains actes restés en souffrance et expédiés d'après la première copie, d'après le brouillon, ont pu être oubliés et n'être transcrits qu'un peu plus tard sur le registre.

On trouvera peut-être le système un peu compliqué; mais il est certain que les actes étaient relus et corrigés à plusieurs reprises. Ainsi, entre les feuillets 35 et 36 du registre JJ. xxiv C, on a ajouté de nos jours deux mandements expédiés, tout prêts à recevoir le sceau, et le second de ces mandements (numéro 225), destiné au connétable d'Auvergne, porte de nombreuses corrections. On doit donc en conclure que, dans certains cas, la revision définitive était faite sur la pièce au moment de l'apposition du sceau, mais que le plus souvent aussi, elle était effectuée auparavant sur la minute destinée à être transcrite dans le registre.

De quelle nature sont ces corrections et à qui convient-il de les attribuer? En général, elles ont pour objet de modifier la forme, de ne laisser subsister aucune équivoque dans l'expression, mais non pas d'améliorer le style et de rendre la phrase plus élégante. D'autres fois, on fait au texte primitif des additions, on y ajoute de nouvelles recommandations, des explications supplémentaires; aussi doit-on attribuer la plupart de ces modifications à un agent supérieur de la chancellerie, chargé de revoir le travail du simple rédacteur. Il serait sans doute téméraire d'affirmer que telle ou telle de ces corrections est l'œuvre du comte lui-même; toutefois, connaissant le caractère méticuleux et autoritaire d'Alfonse, son goût pour le travail administratif, il nous est permis de supposer qu'il se faisait lire la plupart de ces mandements et que certaines de ces modifications sont l'œuvre personnelle du souverain. On sait d'ailleurs qu'il revoyait lui-même tout au moins les actes importants, et nous avons un projet de lettre, destinée aux consuls de Toulouse, dont la minute fut soumise à son approbation [1].

Pour nombreuses et profondes que soient parfois ces corrections, elles n'ont point fait disparaître toutes les erreurs des scribes. Le texte de ces registres renferme en premier lieu beaucoup de fautes de copie : elles méritent à peine une mention. D'autres fautes sont plus surprenantes : parfois, la place d'un nom de personne est restée en blanc (223); ou bien, c'est un nom de lieu qui manque (904). Ailleurs, dans un cas semblable, l'omission est peut-être intentionnelle (904); il s'agit ici d'un chrétien, délateur des Juifs, qui se plaint d'être, à cause de sa honteuse conduite, en butte aux vexations à la fois de ses coreligionnaires et des Israélites. D'autres fois, l'erreur est plus considérable : on qualifie un sénéchal de Toulouse de sénéchal de Provence (857), ou bien, copiant un mandement destiné à plusieurs officiers, le scribe n'a pas fait dans sa rédaction tous les changements nécessaires (850). Enfin, parfois, quelques-uns des éléments de la date manquent [2].

Ces registres, que nous venons de décrire et d'étudier, renferment

---

[1] Lettre de 1255; de Laborde, *Layettes du Trésor des Chartes*, III, n° 4223. — [2] N° 796.

INTRODUCTION.

les actes relatifs aux différentes circonscriptions du domaine d'Alfonse; mais il en a existé d'autres, aujourd'hui disparus et que mentionnent quelques textes. Ainsi, au numéro 1086, on dit de la lettre d'un légat qu'elle est *in quaterno communium litterarum*; on renvoie encore aux *communes littere* pour la copie d'un acte de Louis IX (1403), pour une lettre patente d'Alfonse concédant une rente viagère au fils d'un ancien châtelain de Najac (1673). C'étaient sans doute des registres où l'on copiait pêle-mêle les actes intéressant l'ensemble des domaines du comte, les lettres émanées de celui-ci et non adressantes à une personne déterminée, enfin les pièces provenant de chancelleries étrangères et utiles à conserver.

Au surplus, il existe un registre un peu plus récent, mais qui nous paraît, dans une certaine mesure, représenter ces *quaterni communium litterarum*. C'est le manuscrit JJ. xxiv B des Archives nationales. En voici une description sommaire :

Parchemin, 118 feuillets à longues lignes, 273 mill. sur 194. Grosse écriture d'apparence méridionale, de la fin du xiiie ou du début du xive siècle. Rubriques et titre courant en couleurs; à chaque acte, place ménagée en blanc pour des initiales non exécutées. Nombreuses notes marginales des xviiie et xixe siècles. Manquent de l'ancienne pagination les feuillets i-vi, xiv, xxiv, xxv, xxviii; cette pagination s'arrête au feuillet xxxiii. Parfois, les rubriques n'ont pas été transcrites. La fin du volume manque. — Divisions intérieures du volume : «Tholosa J.», jusqu'au fol. 41ro; autre «Tholosa» (jusqu'à 52). — Fol. 52-53, deux tables de 49 et de 21 pièces pour la sénéchaussée d'Agenais (elles datent certainement du début du xive siècle). La première série d'actes annoncée par cette table, puis quelques autres, démunis de rubriques, occupent les feuillets 54-66, 66-72. — Fol. 73-83, seconde série de 22 et non 21 pièces pour l'Agenais. — Fol. 83-86. Albigeois, 27 pièces rubriquées, mais sans table initiale. — Fol. 87-90, Albigeois, 8 pièces, id. — Fol. 91-97, Quercy, 33 actes, dont table initiale. — Fol. 98-100. Autre série d'actes pour le Quercy, sans numéros. — Fol. 101-109. Quercy, avec table partielle en tête. — Fol. 110. Table de 36 et 9 pièces relatives au Rouergue. Les folios 111-117 donnent le texte de 25 pièces de la première séries.

INTRODUCTION.

Ce registre renferme quelques mandements que nous avons recueillis, mais surtout des lettres patentes avec la formule *universis presentes litteras inspecturis*. C'est la copie faite à la fin du xɪɪɪ^e siècle, pour les besoins de l'administration royale dans le Midi, de divers documents qu'on a classés par sénéchaussée. Le texte en est malheureusement très défectueux. Conservé jusqu'au xvɪɪ^e siècle[1] aux archives de la sénéchaussée de Toulouse, il fit partie ensuite de la bibliothèque du collège des Jésuites de la même ville[2]. Au xvɪɪɪ^e siècle, on le retrouve dans la célèbre collection du marquis de Cambis-Velleron (*Catalogue*, p. 380-383); acquis en 1866 par les soins d'E. Boutaric, il fut alors incorporé au Trésor des Chartes.

Ces registres ne forment que la moindre partie de l'ancienne chancellerie d'Alfonse, et malgré des pertes nombreuses, beaucoup d'autres morceaux importants ayant la même origine se sont conservés jusqu'à nos jours; on les trouve dispersés un peu partout. Si beaucoup de ces documents sont encore aujourd'hui dans les cartons du Trésor des Chartes, leur asile naturel, d'autres, anciennement dérobés par des amateurs peu scrupuleux, se retrouvent à la Bibliothèque nationale; on en connaît enfin dans les bibliothèques françaises et étrangères. Sans avoir la prétention de dresser un catalogue complet de ces précieux restes, nous croyons utile de grouper ici quelques notes sur les plus importants d'entre eux.

Tout d'abord les comptes. En première ligne, citons un fort curieux registre des dépenses générales de l'administration et de la maison du comte de 1243 à 1248, sur papier, souvent cité par les paléographes[3]; le texte en a été publié par Bardonnet[4]. Le

---

[1] Au temps de Guillaume Catel, qui l'a consulté.

[2] Il y fut connu de Doat, qui en fit copier une grande partie (auj. vol. 74 de la collection qui porte son nom à la Bibl. nat.).

[3] Arch. nat. KK., 376.

[4] Archives historiques du Poitou, t. ɪv.

INTRODUCTION.

même érudit a donné au tome VIII de la même collection d'autres comptes relatifs au Poitou pour les années 1253-1269, empruntés aux Archives nationales et au man. lat. 9019 de la Bibliothèque nationale. Ce dernier volume, recueil factice, renferme plusieurs comptes des agents du comte : sénéchaux de Poitou et de Toulouse, connétable d'Auvergne, etc.; ceux de maître Guichard, les *finaciones* de Gilles Camelin en 1269, des comptes de la maison d'Alfonse et de sa femme, Jeanne de Toulouse. Aux Archives nationales, ces documents sont en grand nombre. Sans avoir la prétention d'en dresser une liste complète, on en indiquera quelques-uns. Ce sont des comptes de sénéchaux (Poitou, J. 192 B, n. 20), du viguier d'Avignon (compte récapitulatif arrêté à l'Ascension 1251, J. 326, n. 38); des comptes de la maison des souverains (retour d'Alfonse d'Aiguemortes en France en 1250, J. 318, n. 43), dépenses personnelles de la comtesse (J. 1034, n. 21); différents rouleaux énumérant les créances d'Alfonse et indiquant les démarches faites ou à faire pour les recouvrer (J. 190 B, n. 65, 68; J. 320, n. 63). Un registre (J. 304, n. 61) et un énorme rouleau (J. 192 B, n. 19), intitulés : *Compotus abreviatus*, méritent une mention particulière. On y trouve l'état général des revenus et des charges de 1249 à 1268. Ce document présente le plus grand intérêt et mériterait d'être imprimé. Les recettes et les dépenses y sont indiquées en bloc, sans détail, et c'est un résumé, qui, soumis au comte à la fin de chaque exercice financier, était lu et approuvé par lui. On y trouve également la balance du compte courant d'Alfonse au Temple, avec indication du montant des droits de dépôt, des intérêts payés, du taux du change, etc. C'est, en somme, un résumé des budgets annuels d'un grand apanage pendant dix-neuf ans; on n'a rien de pareil pour les finances royales au temps de saint Louis. Citons encore un mémorandum (J. 190, n. 71), indiquant les revenus et pour chaque jour les charges des sénéchaussées de Poitou et de

Saintonge. Enfin n'oublions pas que Ludewig a publié, dans ses *Reliquiae manuscriptorum*[1], certains comptes de la maison d'Alfonse, qu'il se trouvait posséder; ces comptes sont sans doute aujourd'hui à Copenhague. Boutaric a connu la plupart de ces documents, mais il ne semble pas qu'il en ait tiré tout le parti possible; il s'est le plus souvent contenté de les parcourir, en y notant quelques faits qui lui paraissaient curieux.

Alfonse était donc parfaitement au courant de ses revenus et faisait tenir sa caisse avec le plus grand soin; mais ces revenus étaient pour la plupart des revenus domaniaux, que Boutaric a énumérés et étudiés dans le détail. Il était donc indispensable d'en connaître exactement la nature et l'importance. Aussi le comte fit-il procéder, dans les différentes sénéchaussées, à diverses enquêtes plus ou moins générales et à la rédaction d'une sorte de polyptyque général des droits et revenus du souverain. Dès 1259-1260, on rédige ce recueil pour l'Albigeois, le Poitou l'Auvergne, l'Agenais, le Quercy, le Rouergue et le Venaissin, et la réunion de ces enquêtes forme le volume actuel xi du Trésor des Chartes. Voici une description sommaire de ce manuscrit :

Parchemin, 210 feuillets à 2 colonnes, 323 mill. sur 223. Titre courant en rouge. — Fol 1. «Homagia Pictavie.» Le folio 18 est blanc. — Fol. 19. «Feoda Arvernie.» — Fol. 28. «Redditus Alvernie.» — Fol. 34. «Hee sunt recognitiones de Albigesio.» — Folio 69. «Redditus Albiensis.» — Fol. 73. «Hee sunt recognitiones quorumdam feudorum domini comitis in Agenesio, de quibus non potuimus habere publica instrumenta.» — Fol. 85. «Memoria feudorum domini comitis et recognitionum inde factarum.» — «Senescallia Caturcensis.» — Fol. 96. «Hee sunt recognitiones feudorum dyocesis Ruthenensis.»— Fol. 119. «Feoda Ruthenensis.» — Fol. 127. «Hee sunt recognitiones feudorum domini comitis senescallie Ruthenensis dyocesis.» Le folio 145 est blanc. — Fol. 146. «Redditus dyocesis Ruthenensis.» Le fol. 151 est blanc. — Fol. 158. «Feoda Venaissini.»

[1] Tome XII.

INTRODUCTION.

Ce registre est, en somme, une copie authentique, mais on possède encore quelques-uns des rouleaux originaux, d'après lesquels il a été constitué; nous en indiquons quelques-uns en note [1], d'autre sont été connus de Boutaric [2]. Dans cet ensemble, toutes les circonscriptions sont représentées, sauf la Saintonge et le Toulousain; Alfonse ordonna de procéder à une enquête pour ces deux régions [3], mais, pour le Toulousain tout au moins, le travail ne fut pas terminé du vivant de ce prince; le premier polyptyque complet de ce pays ne fut achevé que sous le règne de Philippe le Hardi [4].

Dans leur ensemble, ces registres, ces comptes, ces chartes si nombreuses devaient former un chartrier assez considérable, auquel il faut encore ajouter celui des prédécesseurs d'Alfonse, les comtes de Toulouse. Nous savons, en effet, que tous les papiers de la chancellerie de Raimond VII étaient aux mains des clercs du nouveau prince, et on possède [5] un essai de catalogue de ces documents, antérieur à l'an 1270; il est classé par diocèses et par pays : Toulouse, Auch, Provence, Périgueux, Agen, Albi, Cahors et Rodez. Chaque

---

[1] Pour le Quercy, J. 315, n° 14 : «Memoriale feudorum domini comitis et recognitionum inde factarum.» 1259. — «Redditus Albigesii» 1260, J. 330, n° 34. — «Recognitiones quorumdam feudorum domini comitis in Agenesio, de quibus non potuimus habere publica instrumenta.» J. 314, n° 57. — «Inquesta facta de hereditatibus domini comitis Pictavensis in Alvernia... per Guillelmum Cocha et Durandum Guobini defunctos.» J. 1031, n° 2. — Un registre sans titre pour le Poitou, J. 192 A, n° 64; Layettes, III, n° 3807. — Terrier du grand fief d'Aunis, JJ. xxiv A², publié par Bardonnet, Antiq. de l'Ouest, Mémoires, XXXVIII (1874), 146-294. — Aveux et reconnaissances de la bailie de Peyrusse en Rouergue, 1267-1268, J. 315, n° 96. — Hommages du Venaissin (1251). J. 314, n° 52. Du pouillé de ce dernier pays il existe au moins 3 exemplaires : un à Carpentras (Bulletin du comité de la langue, III (1855-1856), 217-218, 270-271), un autre au Musée Britannique (Addit. man. 17308-17309 (cf. Bibl. de l'École des Chartes, XVI, 102-103); le dernier appartenait à M. Ch. Giraud; il a été ensuite aux mains de M. de Rozière (Boutaric, p. 249, note).

[2] Pages 230 et suiv.

[3] N°˚ 1111 et 1326

[4] Arch. nat., JJ. xxv.

[5] J. 314, n°˚ 60, 61, 62.

charte est analysée brièvement et l'ensemble constitue la table de ce qu'on a appelé le *cartulaire de Raimond VII* [1].

Classer les actes des prédécesseurs d'Alfonse était bien, mais il fallait aussi mettre un peu d'ordre dans les archives du comte actuel. Ces archives étaient fort incomplètes; celles des premières années du règne ne paraissent pas avoir été conservées avec beaucoup de soin, et voici quelques preuves de cette négligence. En 1269, Alfonse, demandant un subside pour la croisade à ses bonnes villes d'Auvergne, n'a pas sous la main les actes relatifs à la subvention levée dans ce pays vers 1248; il est obligé de faire appel à la mémoire de l'un de ses anciens officiers, de lui réclamer les pièces qu'il peut avoir par devers lui [2]. De même, en 1270, il est obligé d'interroger ses agents, anciens et actuels, pour connaître les noms des nobles, clercs et bourgeois, qui, après s'être jadis croisés, n'ont pas accompli leur vœu [3]. On peut donc l'affirmer : pour la première partie du règne d'Alfonse, ces archives étaient dès lors très incomplètes. Dans la suite, on semble avoir pris quelques mesures pour prévenir le retour de pareille négligence. Nous ne saurions dire où étaient déposées les archives de la chancellerie comtale, si on les conservait à Paris, à l'hôtel de la rue d'Autriche, à Longpont, à Corbeil ou ailleurs, mais nous possédons un inventaire partiel fort curieux de ces archives [4], sur lequel voici quelques détails. C'est un cahier de parchemin, comptant 10 feuillets; on y énumère bon nombre d'actes concernant la sénéchaussée de Poitiers déposés dans un coffre rouge, avec ferrures portant l'écu de Poitou. D'autres sont dans un coffre long, de couleur noire avec ferrures, d'autres dans un coffret de bois peint

---

[1] Voir à ce sujet D. Vaissete, *Hist. de Languedoc*, nouv. édit., VII, p. 272-273; il en existe un exemplaire original à la bibliothèque d'Aix, n° 671. (*Catal. gén. des manuscrits*, in-8°, XVI, 287-289; notice de l'abbé Albanès). — [2] N° 224. — [3] N° 1408. — [4] J. 190 B, n° 66.

en blanc. Certains rouleaux sont dans un sac de toile, d'autres dans une boîte (*in pixide*). On parle aussi de rôles concernant les encours d'hérésie, disposés sur un gros et grand bâton. Certaines lettres sont dites être de nulle valeur; enfin on mentionne deux volumes de papier, avec couverture rouge, relatifs aux procès d'hérésie. En un mot, on a dès lors essayé de classer les documents administratifs, et certaines notes mises au verso de rouleaux de compte doivent dater de ce moment; chacun de ces rôles indique, en effet, en écriture très apparente le nom du sénéchal-comptable et l'exercice financier auquel se rapporte le compte.

A quel moment ces archives du comte Alfonse furent-elles incorporées au Trésor des Chartes de la couronne? On doit prendre, pour *terminus a quo*, la mort du prince (1271). Le *terminus ad quem* est plus difficile à déterminer. Ces archives furent certainement inventoriées par Gérard de Montaigu [1], qui commença ses travaux en 1371 [2]. Elles figurent également dans les inventaires attribués par Teulet au garde Adam Boucher, lequel occupa ces fonctions de 1350 à 1361 [3]. Enfin ce chartrier était déjà à la Sainte-Chapelle sous Philippe IV ou Louis X; en effet, on possède un rouleau intitulé : *Littere tangentes comitem Pictavensem* [4], énumérant 120 pièces dont beaucoup d'Alfonse, et le comte de Poitiers qui y est mentionné est certainement Philippe le Long, qui reçut ce comté en décembre 1311 et devint roi en janvier 1317. On peut donc affirmer que, dès le début du xive siècle, les archives de la chancellerie d'Alfonse étaient incorporées au Trésor des Chartes.

---

[1] Voir plus haut. — Cf. Teulet, *Layettes*, I, xlvii, col. 1, li, col. 1 et 2. — [2] Teulet, *Layettes*, I, xii et suiv. — [3] Id., *Ibid.*, p. xi. — [4] J. 190 B, n° 67.

II

GOUVERNEMENT PERSONNEL D'ALFONSE DE POITIERS.

L'administration d'Alfonse de Poitiers a été depuis une trentaine d'années l'objet de plusieurs travaux; le plus considérable est celui d'Edgar Boutaric [1], paru en 1870; ajoutons-y l'ouvrage de Ledain [2] et un long mémoire de l'éditeur de la *Correspondance administrative* [3]. Toutefois ce serait commettre une erreur que, de croire le sujet épuisé. De ces trois travaux, le deuxième ne s'occupe que du Poitou, le dernier de la partie du Languedoc appartenant au frère de saint Louis, et Boutaric, le seul qui ait traité le sujet tout entier, n'a pu l'épuiser. Ajoutons que ce dernier partait d'une idée préconçue, à savoir, que le système administratif d'Alfonse était identique à celui de saint Louis, et il a exprimé nettement cette idée dans l'épigraphe mise par lui en tête d'une première forme de son ouvrage [4]; de là une tendance continuelle à assimiler les procédés administratifs du roi et ceux du comte de Poitiers, tendance qui l'a inconsciemment amené à fausser la vérité. Ayant lu plusieurs fois la vaste correspondance d'Alfonse, nous avons été conduit par cette longue étude personnelle à des conclusions toutes différentes, et ce sont ces conclusions nouvelles que nous allons exposer brièvement. Loin de nous la prétention de refaire le livre de Boutaric; l'entreprise serait en somme inutile et malaisée;

---

[1] *Saint Louis et Alfonse de Poitiers*, Paris, 1870, in-8°.
[2] *Histoire d'Alphonse, frère de saint Louis, et du comté de Poitou sous son administration*, (1249-1271). Poitiers, 1869, in-8°.
[3] D. Vaissete, *Hist. de Languedoc*, nouv. éd., vii, p. 462-568.
[4] *Mutato nomine de te fabula narratur.*

INTRODUCTION.

l'ouvrage, à côté de parties composées et écrites un peu hâtivement, renferme des chapitres excellents et bien venus, qu'on devrait forcément reproduire; d'autre part, pour cette tâche, il faudrait une place qui nous manque ici et des loisirs qui nous font défaut. Notre but est plus modeste; nous voudrions montrer comment Alfonse prenait une part personnelle à l'administration de ses vastes domaines, quels agents il employait et quelles méthodes il suivait. Nous espérons par cette étude rapide, dont nous emprunterons les éléments tant à la correspondance elle-même qu'aux actes divers conservés aux Archives et à la Bibliothèque nationales, prouver notre assertion, à savoir qu'Alfonse n'a suivi ni en politique, ni en administration, les principes de son illustre frère, et qu'il exerça sur l'organisation et la régie de ses domaines une action plus directe et plus efficace. Les ressemblances entre les deux systèmes sont plus apparentes que réelles, et les rouages même assez différents sous des noms semblables.

Une première question se pose : à quelle date faut-il faire commencer le gouvernement personnel d'Alfonse? Né le 11 novembre 1220[1], Alfonse reçut en apanage, de son père Louis VIII, le comté de Poitou et la terre d'Auvergne. Fiancé d'abord à Élisabeth, fille du comte de la Marche, il fut plus tard désigné comme futur époux de Jeanne de Toulouse, fille unique et héritière du comte Raimond VII[2]; ce mariage, qui ne devait, à cause du jeune âge des conjoints, devenir effectif qu'en 1236 au plus tôt, assurait au prince français la possession des pays suivants : comté de Toulouse, partie occidentale de l'Albigeois, Agenais, partie méridionale du Quercy, Rouergue et Venaissin. Ces différents domaines resteront aux mains de Raimond VII jusqu'à la mort de celui-ci en 1249. Créé chevalier à Saumur le 24 juin 1241, Alfonse est à cette date

---

[1] E. Berger, *Blanche de Castille*, 30. — [2] Juin 1229; Boutaric, p. 40.

et restera longtemps encore sous la tutelle de sa mère; dans son apanage, Poitou, Saintonge, Auvergne, il n'exerce en somme aucune action personnelle, et plusieurs années après le soulèvement de 1242, les agents royaux sont encore chargés d'administrer le Poitou; ce dernier pays est régi en 1243 par Adam le Pannetier, qui rend alors compte de sa gestion au roi lui-même, et dont les pouvoirs ne prendront pas fin avant 1247[1]. Puis vient la croisade; de 1246 à 1249, Alfonse réunit à grands frais des approvisionnements et des hommes; il rejoint son frère en Orient, partage la captivité du roi, le suit en Syrie, et revient en France vers le milieu de 1250. Il prend alors possession des terres de son beau-père, mort en septembre 1249, terres que la reine Blanche a fait occuper sans retard. C'est donc vers 1250 que le jeune prince commence à administrer par lui-même ses vastes domaines.

Ces états, très vastes et très dispersés, forment plusieurs groupes. A l'ouest, le Poitou et la Saintonge constituent deux sénéchaussées s'étendant sur les départements actuels suivants: Vienne, Vendée, Charente et Charente-Inférieure; ajoutons-y les enclaves marchaises et limousines, disséminées dans la Creuse, la Haute-Vienne et l'Indre[2], et quelques domaines et fiefs dans la Dordogne. Au centre, la Terre d'Auvergne, moins Clermont, mais avec le bailliage des Montagnes d'Auvergne. On n'a pas encore tracé la carte détaillée des possessions d'Alfonse dans cette province; rappelons seulement que les domaines de ce prince s'étendaient jusqu'aux environs de Brioude, dans la Haute-Loire; il avait, en effet, joint à ses terres d'apanage un certain nombre de fiefs, ayant jadis appartenu à la maison de Toulouse. Notons également quelques enclaves dans le département actuel de l'Allier. Au midi, l'Agenais et le Quercy (Lot-et-Garonne, partie nord du Tarn-et-Garonne et

---

[1] Boutaric, p. 163. — [2] Longnon dans *Joinville*, éd. de Wailly, p. 585-587.

sud du Lot), plus quelques fiefs dans les départements actuels du Gers et de la Dordogne. Boutaric a prouvé [1] que, du Quercy, Alfonse n'avait jamais possédé que la moitié au sud du Lot, plus une baillie située au nord de cette rivière; le reste appartenait au roi. On sait que le traité de 1258 entre Henri III d'Angleterre et saint Louis [2] stipula le rachat par le roi de France du Quercy réclamé par Henri, et la restitution de l'Agenais tout entier au même Henri après la mort d'Alfonse. Ajoutons-y le comté de Toulouse proprement dit (Haute-Garonne presque entière, nord de l'Ariège), avec les terres vassales de Comminges et d'Armagnac. Depuis le traité de 1242, le comte Raimond VII avait cessé d'être suzerain du comte de Foix; Alfonse protesta vainement contre cette clause. L'Albigeois avait été partagé en deux portions égales par le traité de 1229; la rive droite du Tarn était domaine royal, la rive gauche avait été laissée à Raimond VII, qui la transmit à Alfonse. Il légua en même temps à ce dernier l'ancien comté de Rouergue, dont mouvait le comté particulier de Rodez, plus quelques enclaves et fiefs dans le Carladès [3]. Enfin au sud-est, le Venaissin, débris de l'ancien marquisat de Provence, dès lors bien réduit; Alfonse porte encore le titre de marquis, mais il ne possède que quelques châteaux du pays et la suzeraineté de la moitié d'Avignon et de la plupart des seigneuries laïques et ecclésiastiques. Ajoutons-y des enclaves dans le sud du département actuel de la Drôme [4].

L'administration de domaines ainsi dispersés, formant au moins trois masses distinctes [5], aurait été difficile, même pour un prince

[1] Pages 65 et suiv.
[2] *Layettes*, III, n° 4416.
[3] Voir à ce sujet G. Saige et comte de Dienne, *Documents historiques sur la vicomté de Carlas*, 1900.
[4] Pour les divisions intérieures de ces différentes circonscriptions, voir Boutaric, p. 171 et suiv. Cette liste n'est d'ailleurs ni complète, ni exempte d'erreurs.
[5] En fait, les enclaves du Poitou et de la Marche reliaient sur plus d'un point la Terre d'Auvergne aux deux sénéchaussées occidentales.

actif, aimant à se déplacer, à voyager comme la plupart des barons du moyen âge. Or, par surcroît, Alfonse paraît avoir été d'humeur assez casanière: il semble surtout avoir eu toujours peu de goût pour le climat méridional. En vingt ans, il ne visite que deux fois ses états du sud: une première fois, en 1251, il parcourt à la hâte les anciens domaines de Raimond VII et prend officiellement possession du Venaissin, du Toulousain et du Quercy[1]. Puis rentré dans l'Île de France, il ne va plus quitter le nord du royaume durant dix-neuf ans; on le trouve à Longpont près Montlhéry, sa résidence favorite, semble-t-il, à Moissy-Cramayel, à Rampillon; il affectionne également l'Hôpital Saint-Jean à Corbeil; on a enfin des traces de son séjour à Fontainebleau, près de son frère et ailleurs dans un rayon assez restreint, de Chartres à la Bourgogne. Il réside encore parfois à Vincennes, à Paris même, où il s'est fait construire un hôtel[2].

C'est donc du nord du royaume, de fort loin, qu'Alfonse, dont la santé paraît toujours avoir été assez chancelante (il souffrait des yeux et fut même frappé une fois de paralysie partielle), administre ses domaines. Il est par tempérament ordonné, attentif, scrupuleux et passablement autoritaire; il veut donc savoir tout ce qui se passe dans ses états et provoque les appels des parties devant son tribunal. Défiant de nature, il entend être renseigné chaque jour sur les moindres affaires; très jaloux de ses droits, il veut les faire respecter de tous. Tout cela, combiné avec l'obligation de gouverner de loin des domaines aussi dispersés, de mœurs et de langues si différentes, va donner à l'administration d'Alfonse un caractère tout particulier et obligera ce prince à créer des rouages jugés inutiles par le roi son frère.

Tout d'abord énumérons les officiers locaux employés par

[1] Boutaric, p. 79. — [2] Sur les rues d'Autriche et des Poulies. On a encore les actes d'acquisition du terrain (Boutaric, p. 96-97). On appela plus tard ce palais *Hôtel d'Autriche*.

INTRODUCTION.

Alfonse; nous verrons ensuite par quelles voies, à l'aide de quels intermédiaires le prince correspond avec eux; enfin nous terminerons par un court aperçu sur le gouvernement central, sur le conseil du comte.

A la tête de chacune des sept circonscriptions, nous trouvons un officier, qualifié de sénéchal, sauf en Auvergne où il porte le titre de connétable. Inutile de faire ici l'histoire de ces fonctionnaires qui répondent aux baillis et sénéchaux royaux. Rappelons seulement que ces grandes circonscriptions n'ont pas eu, durant le règne d'Alfonse, de limites invariables; jusqu'en 1255, la *ballivia Pictavensis* comprit non seulement le Poitou proprement dit et ses dépendances, mais aussi la Saintonge; celle-ci ne forma qu'après cette date une sénéchaussée distincte[1]. En Auvergne, le connétable est parfois appelé *bailli*[2]. Dans les états de Raimond VII, il y avait un sénéchal par diocèse[3]; par mesure d'économie et pour simplifier les rouages administratifs, Alfonse réunit plusieurs de ces charges; dès 1250, le sénéchal d'Agenais est en même temps sénéchal du Quercy; joint au Toulousain de 1251 à 1254, l'Albigeois est uni au Rouergue pendant deux ans, puis, en 1256, définitivement annexé au Toulousain, dont il ne sera plus séparé jusqu'à la Révolution française.

Au-dessous des sénéchaux, sur le rôle et les pouvoirs desquels on reviendra plus tard, on trouve divers officiers. Dans les pays de l'Ouest, les anciens baillis d'Aunis, Poitiers, Niort et Saintes disparaissent à dater de 1255 et sont remplacés par des prévôts, agents inférieurs, qui afferment leurs charges; ils répondent aux *bailes* (*bajuli*) du Midi. L'étendue de ces prévôtés ou baillies varie souvent, et ces fermiers, dont le bail est renouvelé tous les ans ou tous les deux ans, achètent tantôt une seule, tantôt deux *bajuliae*[4].

---

[1] Boutaric, p. 136-137, 166. — [2] *Ibid.*, p. 138-139. — [3] *Ibid.*, p. 142. — [4] Tableau incomplet dans Boutaric, p. 171-180.

Mais avec ces agents inférieurs le comte n'a point de relations directes, et ils sont surveillés par les sénéchaux; Alfonse n'intervient qu'en cas de plaintes graves ou pour tenir la main à la stricte exécution des contrats d'affermage, qu'il cherche à rendre les plus avantageux possible.

Par contre, il s'est réservé la nomination d'autres officiers secondaires, des châtelains, avant tout agents militaires; il les désigne pour un temps déterminé, et ils sont révocables à volonté. Au sénéchal incombe le soin de les installer et de faire prendre en charge à chaque nouveau titulaire la *garnisio castri*, c'est-à-dire les vivres et les armes conservés dans la forteresse[1]. Parfois, ces châtelains sont d'anciens sénéchaux, auxquels cette charge sert de retraite[2]. Citons encore le viguier de Toulouse, qui rend des comptes particuliers au suzerain, et qui est institué par lui; c'est le seul des anciens officiers féodaux du Midi, qu'Alfonse ait conservé. Mentionnons enfin des baillis inférieurs, qui ne sont point des fermiers; il y en a un dans les Montagnes d'Auvergne[3], un autre vers la Gascogne, pays toujours troublé, où il fallait une main ferme pour maintenir dans le devoir de grands feudataires turbulents[4]. Ce dernier, Roger d'Espiès, était au surplus un homme redouté et violent, dont les agissements provoquèrent souvent des plaintes de la part de ses administrés. Si à ces officiers on ajoute les juges, soit ceux des sénéchaux, soit les juges locaux, dont le nom servira à l'époque royale à désigner les circonscriptions judiciaires de la sénéchaussée de Toulouse, on aura le tableau à peu près complet du personnel administratif, conservé ou institué par Alfonse dans ses domaines.

---

[1] Liste des châtelains dans Boutaric, 162.

[2] Exemple: Simon de Coutes, qui devint en 1268 de sénéchal de Poitou châtelain de la Roche-sur-Yon.

[3] Boutaric, p. 138-139.

[4] *Hist. de Languedoc*, nouv. édit., VII, 1, p. 497. Nous faisons surtout allusion au comte d'Armagnac.

INTRODUCTION.   XXXIII

Pour correspondre avec ces différents officiers, Alfonse emploie naturellement des chevaucheurs, des messagers, *nuncii*, et les comptes mentionnent fréquemment des dépenses de cet ordre. Ces mentions abondent notamment dans le registre publié par Bardonnet; on note également les frais nécessités par le transport de l'argent du comte : achat de sacs, location de chevaux et de voitures, gages de l'escorte. Un compte de 1245 indique comme tarif 2 sous par jour de voyage : ainsi Guillaume de Melun emploie seize jours à un voyage en Poitou et touche 32 sous[1]. Mais ce personnage n'était pas le premier venu et il avait séjourné. Un compte de la sénéchaussée de Toulouse, de 1260[2], n'alloue à un messager pour un voyage en France que la faible somme de 16 sous tournois; un autre reçoit 10 sous 9 deniers; le comte payait en outre pour les chevaux morts en route. Ces frais de messagers étaient parfois assez considérables : à l'un des termes de 1260, la dépense de ce chapitre s'élève à un peu plus de 154 livres[3]. Aussi un homme économe tel qu'Alfonse devait tout naturellement chercher à réduire sur ce point les frais d'administration. Quand l'affaire en question n'est pas absolument urgente, il mande au sénéchal de lui répondre *quancicius commode poteritis*; celui-ci attendra le départ d'un messager[4]. Si l'affaire ne paraît pas urgente, si l'occasion ne se présente pas, le sénéchal chargera de la réponse son propre clerc, quand ce dernier viendra au plus prochain parlement apporter les comptes de son supérieur[5]; si le sénéchal vient lui-même, il servira de courrier. Mais en attendant, le sénéchal pourra employer des voies extraordinaires : ce sera le *nuntius* d'un évêque[6], ou bien les gens

---

[1] Bibliothèque nationale, lat. 9019, fol. 4.
[2] *Ibid.*, fol. 13.
[3] *Ibid.*, fol. 13.
[4] *Passim*. On dit aussi : *rescribentes nobis cum se obtulerit facultas* (exemple, n° 641).
[5] N°˙ 253, 732, 737, 744.
[6] N° 284.

chargés de porter l'argent du comte emporteront la lettre[1]. Pour correspondre avec le sénéchal, Alfonse se sert encore de ses enquêteurs, ou réciproquement[2].

Mais parfois aussi le cas presse, il y a urgence; alors on dépêche un messager spécial qui rapportera la réponse[3]. Souvent encore, par économie, le comte charge un agent spécial qui se rend dans le pays, d'un message verbal[4]. En un mot, Alfonse s'efforce par tous les moyens possibles de réduire ses dépenses d'administration, semblable sur ce point à un grand propriétaire, à un commerçant, qui cherche à diminuer ses frais généraux.

Théoriquement, les sénéchaux d'Alfonse détiennent et exercent dans leurs circonscriptions les mêmes pouvoirs que leurs similaires, les baillis royaux; ils administrent le domaine, rendent la justice soit par eux-mêmes, soit par leurs juges, assurent la paix publique et commandent les forces militaires; agents comptables du souverain, ils payent et encaissent au nom de celui-ci et rendent leurs comptes plusieurs fois par an à des termes fixés. Mais si cette omnipotence des baillis royaux amenait des abus que Louis IX chercha à prévenir et à réparer en envoyant des enquêteurs, Alfonse, beaucoup plus jaloux de son autorité que son royal frère, prit différentes mesures pour diminuer l'autorité de ces agents trop puissants. On le voit entretenir dans ses états une foule d'agents temporaires chargés, les uns d'exercer une surveillance générale sur les officiers locaux et de réparer les méfaits commis par eux, les autres de traiter certaines affaires déterminées. Ces agents portent le nom de *clerici* ou *inquisitores domini comitis*; ils sont extrêmement nombreux, leurs pouvoirs sont toujours temporaires, et ils surveillent toutes les branches de l'administration publique.

[1] N° 531. — [2] N°⁵ 405, 563, 653. — [3] N°⁵ 325, 865, 897, 1163. — [4] N° 106.

INTRODUCTION.

Ces agents n'ont pas tous les mêmes pouvoirs. Tantôt l'acte qui les nomme est conçu en termes généraux, tantôt le comte les charge d'une seule affaire importante et d'un règlement difficile ; si plus tard il juge nécessaire d'augmenter leurs attributions, il le fera par un nouveau mandement.

On sait qu'en 1247, au moment de partir pour la croisade[1], saint Louis avait envoyé dans les différentes provinces du domaine royal des clercs chargés de réparer les injustices commises par les officiers locaux, de recevoir les plaintes des justiciables, enfin de faire enquête sur tous les faits graves qui viendraient à leur connaissance, d'où leur nom d'*inquisitores*. Ces enquêteurs jugent presque toujours souverainement, et plus tard, de 1259 à 1262, on les voit rendre des sentences définitives, sans appel, restituer aux parties plaignantes des terres et des droits utiles, en se conformant d'ailleurs aux règles précises formulées par la célèbre ordonnance de 1258, l'un des plus beaux monuments législatifs du règne de saint Louis. Alfonse, qui prenait volontiers exemple sur son frère, Alfonse, qui recommandait toujours à ses officiers de se conformer pour toute affaire importante aux habitudes de leurs confrères du domaine royal, ne pouvait manquer d'avoir comme saint Louis des enquêteurs. On connaît les noms de plusieurs de ces agents qui, dès 1254, parcourent le Toulousain[2] ; c'étaient Jean de Maisons, chevalier, le célèbre Gui Foucois, plus tard pape sous le nom de Clément IV, Pierre Bernard, frère Jean de Caseneuve ou de Maisonneuve, enfin frère Philippe. A en juger par les quelques renseignements que nous possédons à leur sujet, ces agents paraissent avoir fait surtout des enquêtes administratives, avoir étudié la situation respective du nouveau souverain et de ses sujets, avoir, en un mot, réuni les matériaux de certaines ordonnances

---

[1] Voir, à ce sujet, *Histoire générale de Languedoc*, nouv. édit., VII, 1, p. 505-508. —
[2] Boutaric, p. 388-389, d'après D. Vaissete.

INTRODUCTION.

promulguées peu de temps après, celle, par exemple, qui régla le régime judiciaire à Toulouse et détermina la compétence du viguier de cette ville.

Mais ce ne sont point là des enquêteurs comparables à ceux de saint Louis : le rôle de ces personnages est purement administratif; c'est seulement à dater de 1258 qu'Alfonse, suivant les traces de son frère, envoie des clercs chargés de réparer les injustices de ses agents ; nous publions [1] les actes de la grande enquête faite en Poitou et en Saintonge durant les années 1258-1259, par deux religieux, Henri de Champigny et Jean du Château, et par l'écolâtre de Saint-Hilaire de Poitiers. Ces trois personnages se transportent de lieu en lieu, reçoivent les plaintes des parties lésées, font enquête sur les faits à eux signalés, prennent l'avis de gens de bon conseil et terminent chaque affaire par une *determinatio*. Dans leurs actes, il s'agit d'ordinaire de terres ou de droits utiles injustement confisqués, de dégrèvements de taxes ou d'indemnités pour torts causés à des particuliers, lors de la révolte du Poitou en 1242. En somme, les enquêteurs réparent, pour parler comme les lettres de commission, *forefacta judicum et officialium comitis*. A la suite de ces ordres de restitution, le registre énumère [2] les plaintes auxquelles ils ont jugé à propos de ne donner aucune suite, les ascendants des plaignants ayant pris parti contre le comte en 1242 ; puis viennent les restitutions de choses meubles (*mobilia*) : amendes ou taxes injustement perçues, objets divers pris de force ou par voie de réquisition, etc.; certaines de ces réclamations sont également rejetées pour différents motifs [3]. Enfin on a groupé sous une même rubrique toutes les décisions prises, *retenta voluntate domini comitis*, sauf le bon plaisir du comte.

A la suite, le même registre renferme les enquêtes faites par

[1] Nos 1909-1924. — [2] No 1919. — [3] No 1923.

frère Jean du Château, prieur des Dominicains de la Rochelle, et maître Raoul de Gonesse, chanoine de Chartres, en Poitou et en Saintonge, au cours de l'année 1261[1]. Les actes sont classés comme dans le cahier de 1258-1259, et la plupart indiquent où et à quelle date chaque assise fut tenue. Un certain nombre d'accords, préparés par les clercs, furent portés devant le conseil du comte et homologués par celui-ci à Nogent-le-Roi, en novembre 1261[2]. Enfin, et le fait prouve qu'Alfonse veillait toujours soigneusement à ses intérêts, un dernier paragraphe énumère des affaires purement administratives, sur lesquelles les enquêteurs donnent à leur maître un avis motivé, en lui laissant le soin de prendre telle ou telle décision.

Ces quelques remarques permettent de conclure qu'Alfonse donnait, il est vrai, à ses enquêteurs des pouvoirs assez étendus, mais qu'il se réservait personnellement la décision définitive dans tous les cas importants; cette conclusion ressort encore plus nettement de la lecture des enquêtes de 1267-1269, dont une partie a été publiée[3]; c'est le résumé du travail préparatoire des commissaires, avec mention, sous une forme très brève, de la décision prise pour chaque cas particulier par le souverain et par son conseil.

Ces enquêteurs sont le plus souvent des gens d'église; comme saint Louis, Alfonse réclame d'ordinaire l'envoi de religieux aux supérieurs des Prêcheurs et des Mineurs, dont l'autorisation était naturellement indispensable[4]; on le voit, par exemple, demander au maître des Dominicains, le célèbre Pierre de Tarentaise, de déléguer à cet office deux religieux du couvent d'Auxerre, Jacques de Gien et Dreu d'Appoigny; à ces frères, il adjoint un clerc séculier, Robert, archiprêtre de Romorantin, auquel il envoie directement ses instructions[5], les articles arrêtés à Paris par son conseil

---

[1] Nos 1925-1945. — [2] No 1942. — [3] *Histoire générale de Languedoc*, VII, 2, 397-419. — [4] Nos 1010. 1012 à 1014. — [5] No 1011.

touchant les affaires dont les commissaires vont être chargés; il lui annonce en même temps qu'il se charge des frais de voyage et qu'il fournira des chevaux. L'habitude était ancienne : parmi les enquêteurs de 1258 et 1261 figurait un frère prêcheur, et, en 1262, Alfonse avait requis les services d'Henri de Champigny, prieur des Dominicains de Sens [1]; la même année, il avait adressé une demande analogue au ministre des frères Mineurs en France [2]. La commission envoyée en Venaissin, en Rouergue et en Auvergne [3] se composait également de deux Mineurs et d'un prêtre, maître Jean de Puiseaux; l'un des deux religieux, Eudes de Paris, avait rempli les mêmes fonctions temporaires en Auvergne dès 1267, avec maître Adam de Meulan [4].

En général, les pouvoirs de ces commissaires s'étendaient sur plusieurs circonscriptions administratives; pour plus de commodité, on réunissait le Poitou et la Saintonge, le Toulousain et l'Agenais, l'Auvergne, le Rouergue et le Venaissin [5]. En comparant les dates des différentes lettres de commission, on reconnaît que les pouvoirs des enquêteurs étaient transitoires et renouvelables; on a une première commission du 6 août 1269, une seconde du 4 février 1270 [6].

Ces lettres portent que les enquêteurs sont chargés de réparer les forfaits (*forefacta*) du comte et des baillis; mais ils s'occupent parfois d'affaires bien différentes. Ainsi, en Auvergne, en 1266, on les voit frapper un certain nombre de personnes d'amendes pour des délits de toute espèce [7]; ils se transportent de ville en ville, font comparaître les coupables devant eux et fixent l'amende que le connétable devra lever. Celui-ci, en effet, en Auvergne, comme ailleurs le sénéchal, est chargé de mettre à exécution les sentences des enquêteurs; ici il perçoit les amendes, là il paye les indem-

---

[1] N° 1886. — [2] N° 1897. — [3] N° 1798. — [4] N° 190. — [5] N° 1198. — [6] N°ˢ 1198 et 1798. — [7] N° 727.

INTRODUCTION. XXXIX

nités accordées aux plaignants[1], et si parfois il se montre récalcitrant, le comte se charge de le rappeler sévèrement à l'ordre[2]. Mais Alfonse déclare ailleurs que le sénéchal fera bien de le prévenir personnellement en lui envoyant l'état des sommes à payer et des parties prenantes, pour qu'on puisse conférer cet état avec les listes fournies par les enquêteurs[3]. Cette recommandation dénote chez le comte une certaine méfiance, méfiance dont voici encore un exemple. Tous les ans, il fait distribuer d'abondantes aumônes, que les sénéchaux sont chargés d'acquitter; mais ne se contentant pas, peut-être avec raison, des pièces justificatives fournies par ces officiers, il a soin d'envoyer la même liste aux enquêteurs, qui doivent s'assurer discrètement si les sommes portées sur cette liste ont bien été payées aux parties prenantes[4]. La précaution est curieuse et méritait d'être notée.

Ce mélange d'attributions administratives et judiciaires se remarque encore mieux dans les actes de deux autres enquêteurs d'Alfonse, envoyés par lui dans les sénéchaussées de Toulouse et d'Agenais, Pons Astoaud et Eudes de la Montonière; le premier, chevalier du Venaissin, avait été chancelier de Raymond VII, le second finit chanoine de la cathédrale de Chartres et est inscrit au nécrologe de cette église[5]. Dès 1262, le comte les envoie dans ces deux sénéchaussées pour réparer les abus commis par ses propres agents et par ceux de son beau-père[6]; ils parcourent dès lors le pays sans relâche, et on a des actes d'eux des années 1264 à 1270[7]. Mais leurs pouvoirs furent renouvelés et étendus à plusieurs reprises: le 18 avril 1267, nouvelles lettres de commission, valables jusqu'à la Chandeleur suivante[8]; le 2 octobre suivant, on leur adresse une circulaire pour les charger de réunir par tous les moyens

---

[1] N° 1742. — [2] N° 1188. — [3] N° 552. — [4] N°ˢ 1022, 1165. — [5] Merlet et Lépinois, *Cartulaire de l'église de Chartres*, III, 134. — [6] N° 1837. — [7] Voir notamment J. 330, n° 36. — [8] N° 236.

possibles l'argent nécessaire à Alfonse en vue de la future croisade[1]; puis, le 17 mars 1269, autre lettre leur recommandant de s'occuper avec zèle des intérêts du comte, et surtout de ne jamais négliger au cours de leurs voyages cette éternelle question pécuniaire[2]. Enfin certains actes prouvent que le comte les envoya parfois exercer leur office dans la sénéchaussée de Rouergue; le 18 février 1268, par exemple, il les charge de faire enquête sur une réclamation de l'évêque de Rodez touchant le droit de pezade[3]. D'autres actes prouvent encore qu'ils opéraient en Venaissin [4].

Alfonse, au reste, qui a grande confiance dans ces deux agents, les charge sans cesse de nouvelles affaires administratives: enquête sur la construction d'une nouvelle bastide [5]; réclamation d'un particulier contre un sénéchal [6]; il les invite à mettre fin à une guerre civile entre les gens de Condom et le comte d'Armagnac [7]. On les trouve constamment en rapport avec les sénéchaux, les conseillant dans les cas urgents[8], et avec les autres agents du comte, Sicard Alaman, Jacques du Bois [9]. On les commet encore pour poursuivre un juge coupable [10], remplacer le sénéchal en cas de négligence de cet officier[11], réformer un jugement du viguier de Toulouse [12]. C'est devant eux qu'on renvoie un sénéchal accusé de torts graves [13]. Enfin, quand Pierre de Landreville, sénéchal de Toulouse, meurt en fonctions, Pons Astoaud et Eudes de la Montonière s'occupent de l'administration de la sénéchaussée [14].

(1) N° 324.
(2) N° 1216.
(3) N° 391.
(4) *Histoire générale de Languedoc*, VII, p. 2, 401 et suiv.
(5) N° 954.
(6) N°ˢ 1464, 1505, 1658.
(7) N°ˢ 1525, 1526.
(8) N°ˢ 490, 491, 776, 1476.
(9) N° 493.
(10) N° 1337.
(11) N° 886.
(12) N° 808.
(13) N°ˢ 492, 496, 497.
(14) N°ˢ 904, 905, 906.

INTRODUCTION.

On a beaucoup d'actes émanant de ces deux enquêteurs, et de l'examen de ces actes, il résulte que les affaires traitées par eux formaient deux catégories; tout d'abord certaines qu'ils terminent sur place : restitutions de terres usurpées et de droits minimes, le sénéchal reçoit alors directement l'ordonnance rendue par eux, et la transmet au bayle du pays, qui l'exécute [1]. Mais, le plus souvent, la décision rendue par eux doit être approuvée par le comte, ou encore, et c'est le cas le plus fréquent, l'enquête faite par eux sur les lieux est soumise au conseil du comte, lequel siège à Paris; ce conseil en prend connaissance et libelle la décision définitive. Telle fut la marche suivie pour toutes les restitutions proposées par Pons Astoaud et son collègue en 1266, dont chacune fut l'objet d'un examen particulier du conseil [2]; la plupart de ces arrêts se terminent par la phrase *Placet domino comiti;* mais, pour beaucoup, Alfonse fait des réserves, indique la marche à suivre pour une nouvelle enquête; parfois même, l'arrêt rédigé est purement et simplement annulé [3].

Ces deux enquêteurs, Pons Astoaud et Eudes de la Montonière, sont donc tout autant des agents administratifs que des clercs chargés de réparer les injustices causées par les agents du comte. Alfonse, toujours soucieux de ses intérêts, obligé de réunir des ressources pour la future croisade, leur demande de trouver de l'argent, en même temps que de veiller à la bonne administration du domaine. Mais il veut avant tout être exactement informé de tout ce qui se passe dans ces circonscriptions lointaines, et grâce à ce système ingénieux, grâce à ces multiples agents qui se surveillent et se contrôlent mutuellement, il atteint sans doute assez aisément ce but, que tout bon souverain doit se proposer avant tout.

Nous avons déjà noté plusieurs fois avec quelle insistance le

---

[1] Exemple : J. 323, n° 91. — [2] *Histoire de Languedoc,* VII, deuxième partie, col. 397 et suiv. — [3] Exemple : *Ibid.,* col. 405, n° 33.

comte Alfonse revient toujours sur ses besoins d'argent. La seconde croisade de saint Louis, à laquelle il avait promis de prendre part, pesa lourdement sur les finances de ce prince, et, de 1266 à 1270, il rappelle à tout propos à ses agents combien grandes sont ses nécessités, quelles charges écrasantes lui impose son vœu. Aussi fait-il, pour ainsi dire, flèche de tout bois, et un agent spécial, un de ses clercs, Gilles Camelin, est envoyé par lui dans les sénéchaussées du Midi (Agenais, Rouergue et Toulousain), pour se procurer de l'argent par des moyens extraordinaires. On a plusieurs comptes au nom de ce personnage, dont deux, de 1269, sont intitulés *Finationes* [1].

On le voit notamment aliéner des forêts [2]; certaines portions en sont accensées pour être défrichées ou pour être converties en pâturages; ailleurs, sur le terrain déboisé, on projette d'élever une bastide, source de revenus pour le comte à l'avenir [3]. Gilles aliène encore des terres appartenant au domaine comtal [4]; on lui recommande d'employer la voie de la mise aux enchères, si ce mode de procéder lui paraît plus profitable, et de tenir exactement la main au payement de l'argent, aux termes fixés [5]. On le charge encore de surveiller l'exécution d'un accord passé avec les Juifs, d'entrer en composition avec des roturiers détenteurs de terres nobles, d'arrêter les termes de chartes d'amortissements [6]. Alfonse revient souvent sur cette question des *feuda militaria* détenus par des roturiers; c'était une tolérance passée en usage dans le Midi, et, pour vaincre les résistances, le comte eut besoin de toute son énergie. C'est l'origine de ce droit de franc-fief, si souvent contesté aux Languedociens par la royauté, et toujours âprement revendiqué par les États de la province. A cet égard, les agissements de Gilles

---

[1] J. 318, n° 58, et Bibl. nat., lat. 9019, fol. 35. — [2] N°˙ 888, 1330, 1407; J. 307, n° 33; 304, n° 84; 303, n° 24. — [3] N° 1549. — [4] N° 1405. — [5] N° 1330. — [6] N°˙ 1213, 1215.

INTRODUCTION. XLIII

Camelin donnèrent lieu à de nombreuses plaintes de la part des intéressés[1]; ces plaintes furent généralement renvoyées aux sénéchaux du lieu[2], aussi bien que celles de personnes se prétendant injustement dépouillées par ce même Gilles, ou que celles de gens d'église, réclamant pour certaines de leurs acquisitions le bénéfice de la prescription trentenaire. Enfin on trouve Gilles Camelin chargé de faire enquête sur des aliénations de terres ou de droits domaniaux, datant du comte Raimond VII, et jugées illégales; dans ce dernier cas, il joue un peu le rôle des enquêteurs royaux du XIVe siècle, véritables fléaux des administrés et dont on s'estimait heureux d'acheter le départ à prix d'argent[3].

Pour toutes ces opérations, Gilles Camelin est invité à prendre conseil des autres agents du comte, tantôt de Sicard Alaman, tantôt du sénéchal du pays; tantôt encore, quand il s'agit de biens confisqués sur des hérétiques, de ce Jacques du Bois, dont nous parlerons bientôt; il a également pour collaborateur et associé le clerc du sénéchal de Toulouse, Thomas de Neuville, dont le nom revient fréquemment dans les actes et qui parfois se charge d'apporter à Paris l'argent recueilli par Gilles. Enfin toutes les chartes de ce dernier sont régulièrement approuvées par le comte; on peut en conclure que ses pouvoirs étaient assez bornés. Grâce à tous ces expédients administratifs, à ces aliénations multipliées, à ces enquêtes et recherches parfois arbitraires et injustes, le comte Alfonse parvint à réunir des sommes relativement énormes, qu'il dépensa sans aucune utilité dans la croisade de 1270. C'est là une vraie tache pour cette administration, par ailleurs si digne d'éloges et en général si équitable; on peut répéter ici ce que Joinville dit de saint Louis : « grand pechié firent cil qui li loerent l'alée [4] ».

Outre des agents administratifs tels que Gilles Camelin, dont les

[1] N°s 1271, 1276. — [2] N°s 1307, 1308, 1310, 1582. — [3] N°s 805, 806. —
[4] Édit. de Wailly, par. 737.

pouvoirs sont multiples, Alfonse envoie fréquemment dans ses états de l'Ouest et du Midi des clercs chargés de régler telle ou telle affaire particulière. Citons, par exemple, Guillaume du Plessis et un certain Salomon, qui s'occupent, de 1261 à 1270, de lever une imposition extraordinaire, un fouage dans les sénéchaussées d'Agenais, Toulouse et Rouergue. L'affaire était difficile à traiter; le droit du comte d'exiger cette imposition pour son expédition d'outre-mer paraissait contestable, et beaucoup de vassaux se refusaient à le reconnaître, l'aide dite aux quatre cas étant inconnue dans la majeure partie du Languedoc. Dès 1261, Guillaume du Plessis arrive en Agenais, porteur d'instructions précises et de lettres de recommandation pour l'évêque d'Agen et pour les barons du pays[1]. Alfonse avait obtenu de ses principaux vassaux des engagements assez vagues; mais, pour transformer en réalités ces simples promesses, il fallut de longues et épineuses négociations avec les seigneurs et les communautés laïques et ecclésiastiques.

Cette question du fouage revient constamment dans la correspondance du prince; quand on est parvenu à arracher un engagement ferme à tel ou tel feudataire, il faut fixer la somme, déterminer le mode de perception, tenir compte des réclamations d'un village qui se prétend surchargé, accorder des délais ou des remises partielles. Tous ces mandements sont des plus curieux, et nous croyons devoir les signaler aux historiens qui étudient les origines de l'impôt public en France. On sent à les lire qu'Alfonse n'est point absolument assuré de son droit, et qu'il tient avant tout à s'épargner des embarras et des réclamations trop violentes. Guillaume du Plessis et Salomon paraissent s'être à merveille acquittés de cette tâche difficile, en prenant dans chaque circonscription conseil des officiers d'Alfonse (sénéchaux et viguiers), de

[1] N°° 1963 et suiv.

INTRODUCTION.

ses agents extraordinaires (Sicard Alaman, par exemple), des prélats et des barons. Ils réussirent en somme dans leur mission; non seulement ils recueillirent des sommes importantes dépensées follement à Tunis, mais encore ils fournirent au pouvoir central un précédent, dont, plus tard, les enquêteurs et les officiers des rois Philippe III et Philippe IV surent souvent tirer un excellent parti [1]. Cette affaire du fouage, au surplus, est particulièrement recommandée à tous les clercs et agents du comte, Pons Astoaud, Eudes de la Montonière, Raimond du Puy, etc. [2].

Dans les deux sénéchaussées de l'Ouest, on demanda aux sujets du comte, à l'occasion de la croisade, un subside spécial, une *subvention*. Le soin de mener la négociation fut confié à Jean de Nanteuil, seigneur de Tours, et à maître Guichard, chanoine de Cambrai [3], qu'une lettre spéciale du comte accrédita auprès des communes du pays [4]; dans chaque sénéchaussée, ces deux clercs s'associèrent le sénéchal. Un peu plus tard, on trouve Jean de Nanteuil seul, auquel est délivrée une nouvelle lettre de pouvoir en août 1268 [5]. Aux hommes du comte on réclama un cens double de l'ordinaire, *census duplicatus* [6], et les barons payèrent pour leurs hommes un impôt réglé à l'amiable [7]. En Auvergne, on procéda de même, et l'affaire fut conduite par deux clercs du comte, Eustache de Mésy et Guillaume de la Roche [8]. Dans une lettre, le comte s'étonne de la mauvaise volonté et de la résistance des gens du pays, et particulièrement des habitants de Riom, et déclare qu'à l'avenir il se montrera avec ces derniers plus exigeant et plus

---

[1] Pour les renvois, voir à la table, aux mots : *Guillelmus de Plesseio, Salomon, Focagium*; sur le rôle de Sicard Alaman, voir n°˙ 1974, 1975.
[2] N° 152.
[3] N° 96.
[4] N° 98.
[5] N°˙ 632, 633.
[6] Voir les renvois à la table, II, 649.
[7] N°˙ 1041-1042.
[8] N° 725; voir aussi, n° 221, un acte chargeant ces deux personnages d'une enquête spéciale.

strict. Cette résistance finit pourtant par céder, mais les Riomois protestèrent toujours, même en se soumettant, contre les exigences de leur seigneur et maître.

Pour être complet, il faudrait encore citer une foule d'agents temporaires délégués dans les provinces par le comte; les énumérer tous deviendrait fastidieux; voici, à ce sujet, quelques brèves indications. Vers 1261, un clerc, Guillaume le Roux, parcourt le Rouergue, et on lui ordonne d'aller à Millau s'entendre pour quelques affaires avec le sous-doyen de Tours et le trésorier de Saint-Hilaire de Poitiers[1]; le même, en 1269, est chargé de faire enquête sur un accident arrivé aux mines d'argent d'Orzals[2]. Un autre acte de 1268 le montre achetant des terres du comte en Auvergne[3], et il est plusieurs fois nommé comme partie prenante dans les comptes, notamment en 1267[4]. A Toulouse, en 1254 et 1255, Guillaume Rolland, chanoine de Paris, et un chevalier de l'Île-de-France, Philippe d'Eaubonne, viennent régler les rapports entre les juridictions comtale et consulaire; ils ont avec la municipalité toulousaine de très vifs débats, les consuls se plaignent amèrement de leurs agissements, et l'affaire se termine par une lettre extrêmement sévère d'Alfonse, donnant sur tous les points raison à ses envoyés; c'est un épisode de la longue lutte entre le comte et ses sujets toulousains, lutte qui se termina par le triomphe de ces derniers en 1268 et 1269[5].

Un autre clerc, Jean Coiffier, parcourt l'Agenais et le Quercy en 1269 et 1270; il est chargé de la question du fouage[6]; un mandement un peu antérieur l'avait également délégué pour traiter l'affaire des Juifs, incarcérés et mis à rançon par Alfonse, mesure

---

[1] N° 1853.
[2] N° 1678.
[3] J. 307, n° 29.
[4] Bibl. nat., lat. 9019, fol. 27.
[5] Voir à ce sujet n°s 2097, 2098; *Layettes*, III, 4175, 4176, 4223, etc., et *Bibliothèque de l'École des chartes*, XLIII (1882), p. 5.
[6] N° 1532.

INTRODUCTION.   XLVI

odieuse qu'on a peine à comprendre aujourd'hui et dont saint
Louis lui-même se rendit coupable dans ses états[1]. Le comte avait
également prescrit une enquête sur les usures (lisez *intérêts*),
exigées par les Juifs de leurs débiteurs chrétiens. Une enquête
analogue est confiée aux enquêteurs ordinaires en Poitou et en
Saintonge, en 1269[2]. Un peu plus tard, l'affaire paraissant grave,
on désigne un agent spécial, le prieur des Dominicains de Poitiers,
et nous avons les instructions particulières adressées à ce religieux
en juin 1270, à la veille du départ du comte pour Tunis[3]; c'est
une curieuse consultation judiciaire et administrative, énumérant
les témoignages à écarter, ceux à admettre, marquant la manière
de recevoir les dépositions; les restitutions, jusqu'à une somme
fixée d'avance, pourront être décidées par l'enquêteur lui-même;
au-dessus de ce chiffre, l'affaire sera renvoyée à la cour ou au
conseil du comte; le document est des plus curieux pour l'histoire
de la procédure par enquête.

En Poitou, même abondance d'agents extraordinaires; ce sont
Jean de Nanteuil et maître Guichard de Cambrai[4], un certain
maître Gilles de la Salle (*de Aula*), dont le nom revient souvent
dans les actes[5]; maître Pierre Sorin, chanoine de Saintes, que
nous aurons encore à nommer[6]. Gilles de la Salle est chargé des
affaires les plus diverses : négociations avec l'évêque de Poitiers,
résistance aux empiètements de la justice ecclésiastique[7]. Enfin
citons encore l'ancien sénéchal du pays, Simon des Coutes, devenu
plus tard châtelain de la Roche-sur-Yon, et un clerc du comte,
Arnoul ou Ernoul, que les actes nomment fréquemment et qui
siège aux parlements comme chargé de l'examen de diverses enquêtes[8].

On pourrait encore allonger cette liste; il nous suffira de ren-

---

[1] N° 1427. — [2] N° 1028. — [3] J. 191, n° 103. — [4] N° 24. — [5] N° 606. —
[6] N° 636. — [7] N° 645. — [8] N° 980.

voyer à la table du présent volume. Passons maintenant à d'autres agents extraordinaires du comte, résidant habituellement dans les provinces et chargés d'affaires déterminées à l'avance.

En premier lieu, un agent qui remplit les fonctions de ce qu'on appellera plus tard le *procureur des encours;* on désignait sous le nom d'*encours* (*incursus*) les terres et droits utiles confisqués sur des hérétiques et dévolus au suzerain temporel. Inutile de faire ici l'histoire des mesures spoliatrices qui amenèrent dans certaines parties du Languedoc la dépossession complète de la plupart des anciens propriétaires terriens. Saint Louis, par sa célèbre ordonnance de 1259[1], apporta quelques adoucissements à la législation antérieure, et plus d'une fois, Alfonse renvoie implicitement à cette ordonnance, en recommandant à ses officiers de se conformer aux errements suivis sur ce point dans les sénéchaussées voisines par les officiers royaux. Tant que vécut Raimond VII, les confiscations furent relativement peu nombreuses dans le comté de Toulouse, ce prince cherchant par tous les moyens possibles à épargner à ses sujets les rigueurs du tribunal inquisitorial et les conséquences les plus graves des sentences de condamnation; on sait que cette conduite courageuse lui valut les plus cruels embarras et un renom fâcheux de duplicité, que perpétuent encore quelques historiens modernes mal informés. Avec Alfonse, la situation change, et ce prince, toujours aussi soigneux de ses propres intérêts que respectueux des droits d'autrui, s'attache à tirer le meilleur parti possible de cette source abondante de revenus. On a des états des terres nobles confisquées sur des chevaliers hérétiques, états dressés avec un soin méticuleux et dans le plus grand détail; ils sont intitulés *inquisitio;* nous citerons seulement trois gros rouleaux se rapportant aux territoires d'Auriac, de Laurac et de Caraman[2]. Sur les revenus

[1] Voir entre autres, *Histoire générale de Languedoc*, VIII, col. 1440-1445. — [2] J. 326, nᵒˢ 6, 8, 42.

INTRODUCTION.

des terres ainsi confisquées, le comte payait, et la chose allait de soi, les frais des poursuites contre les hérétiques, l'entretien des juges d'église et de leurs suppôts. On possède un compte de cette branche des revenus comtaux, dressé par un clerc nommé Gilles, pour les deux tiers d'une année, de l'Ascension 1256 à la Purification 1257 [1]. L'examen de ce compte est fort instructif; les recettes s'élèvent à 820 livres, les dépenses à 832, d'où perte sèche pour le comte. Le clerc entre dans des détails infinis, qui prouvent que les inquisiteurs se montraient assez peu ménagers des deniers du comte et n'épargnaient aucune dépense. Le fait dut se reproduire, et Alfonse, jugeant que les frais étaient trop élevés à Toulouse, pensa un instant à transporter à Lavaur, où il possédait un château spacieux, la résidence du tribunal d'inquisition [2]; ce projet ne paraît pas d'ailleurs avoir été mis à exécution.

La gestion des recettes provenant de l'exercice du droit d'encours était donc confiée à un clerc spécial, nommé Jacques du Bois (*de Bosco, de Nemore*). Une note d'environ 1260 [3] nous apprend que ce fonctionnaire devait à chaque terme venir rendre compte à la cour d'Alfonse de ses recettes et de ses dépenses, alors qu'auparavant il soumettait son arrêté de comptes aux différents sénéchaux, et que ceux-ci en apportaient avec eux une copie au souverain. Ce compte indiquait les meubles vendus et les rentes ou droits confisqués sur des hérétiques. Un autre mandement [4] nous apprend encore que Jacques du Bois opérait dans les trois sénéchaussées de Toulouse, Rouergue et Agenais; enfin nous savons encore que cet agent avait fait quelques difficultés avant de se conformer aux instructions citées plus haut [5]. C'est Jacques du Bois qui paye les dépenses des inquisiteurs et de leurs suppôts [6], et il apporte de temps à autre l'argent qu'il a en main et le dépose

---

[1] J. 330, n° 59. — [2] N° 948. — [3] N° 1947. — [4] N° 1948. — [5] N° 1949. — [6] Payement du salaire d'un notaire (n°⁵ 412-413).

INTRODUCTION.

dans les caisses du Temple à Paris[1], tout comme les autres comptables. En cas de litige touchant un immeuble confisqué sur des hérétiques, le même sert de conseil au sénéchal, qui doit également prendre l'avis des frères inquisiteurs[2]. Dans ce cas, Jacques du Bois est là *pro servando jure comitis*[3], et remplit l'office de procureur, d'avocat du comte, alors même que la cour du sénéchal instruit sur une plainte déposée contre lui par un particulier[4]. Il arrive souvent encore que, fidèle à ses habitudes, le comte lui renvoie la connaissance d'affaires ne concernant aucunement des hérétiques[5], et que les sénéchaux reçoivent l'ordre de recourir aux lumières de ce personnage, dans lequel Alfonse paraît avoir mis toute sa confiance[6].

Fils soumis de l'Église, prince connu par sa haute piété, Alfonse se montrait d'autant plus exact à défendre ses droits de souverain contre les empiétements des juges ecclésiastiques. On sait que la lutte entre les deux juridictions fut continuelle au xiii⁰ siècle, les clercs usant et abusant des armes spirituelles pour défendre leurs droits et souvent aussi leurs prétentions. Alfonse avait obtenu de la papauté des privilèges qui le mettaient personnellement à l'abri de ces entreprises, et, de bonne heure, il établit dans ses domaines des agents spéciaux, généralement hauts dignitaires ecclésiastiques, appelés conservateurs des privilèges apostoliques du comte, qui furent chargés de s'opposer à ces usurpations. Dès 1254, ce rôle est rempli par Philippe, trésorier de Saint-Hilaire de Poitiers[7]; dans les sénéchaussées du Midi, le titre est porté en 1267 par l'abbé de Moissac, Bertrand de Montaigu[8], et il exerce ses pouvoirs aussi bien en Venaissin qu'en Agenais, et dans le pays de Toulouse[9]. En Poitou, ces fonctions seront plus tard confiées à

---

[1] N° 415. — [2] N°ˢ 428, 493. — [3] N° 779. — [4] N°ˢ 848, 1257. — [5] N°ˢ 823, 1261. — [6] N° 923. — [7] *Layettes*, III, n° 4122. — [8] N° 232. — [9] N° 566.

l'évêque de Chartres, Pierre de Minci[1]; enfin un mandement nous apprend qu'il y avait un conservateur particulier pour la Saintonge[2]. C'est à ces agents que les clercs et les agents du comte sont tenus de signaler les entreprises des juges ecclésiastiques, et c'est à eux que revient le soin d'y mettre un terme.

Enfin, par diverses bulles, les souverains pontifes avaient accordé à Alfonse des grâces apostoliques, c'est-à-dire le droit de faire appliquer aux frais de sa future croisade les legs pieux restés sans emploi et les sommes provenant de restitutions ou de prêts usuraires. Alfonse apporta dans la recherche de ces droits une certaine âpreté; beaucoup de mandements ont pour objet cette affaire, et certains agents portent le titre d'*executor gratiarum apostolicarum*, entre autres Bertrand de l'Isle-Jourdain, alors prévôt de la cathédrale, plus tard évêque de Toulouse[3]; d'autres fois, l'affaire est confiée à certains clercs que nous avons déjà mentionnés, Pierre Sorin, Gilles de la Salle, Guillaume le Roux[4].

Il nous reste à nommer un autre agent du comte, le fameux Sicard Alaman, ancien fidèle de Raimond VII, l'un des plus riches propriétaires terriens de l'Albigeois et du Toulousain. Alfonse paraît avoir accordé toute sa confiance à ce personnage, qui ne porte aucun titre particulier, mais auquel le comte demande sans cesse des avis et des renseignements. Associé aux enquêteurs, il les aide dans leurs travaux[5], il aliène des forêts au nom du comte[6], il règle des affaires d'amortissement[7]. S'agit-il de construire une nouvelle bastide[8], de terminer de graves contestations avec le comte de Foix[9], de régler les limites entre deux territoires, c'est à

---

[1] N° 645.
[2] N° 1113.
[3] N°ˢ 1351, 1353.
[4] N°ˢ 1106, 1142, 1414, 1415; instruction générale, 715.
[5] J. 330, n° 36 (année 1264).
[6] J. 304, n° 84; J. 307, n° 33.
[7] N°ˢ 951, 953, 961.
[8] N° 954.
[9] N° 2091.

lui que le comte s'adresse. Que celui-ci veuille mettre fin à ses longs démêlés avec les habitants de Toulouse et obtenir d'eux l'octroi d'un fort subside, ce même Sicard sert d'intermédiaire, de négociateur[1] et rédige un projet d'accord qu'Alfonse se réserve d'approuver. Le sénéchal de Toulouse, Pierre de Landreville, vient-il à mourir subitement, Sicard remplit bénévolement la charge vacante. Enfin le comte lui écrit à chaque instant, lui demande son avis touchant l'affaire du fouage, le charge de juger une contestation, d'examiner une plainte contre le sénéchal ou tel ou tel enquêteur; d'autres fois il le priera de surveiller la fabrication à Toulouse des arbalètes et des carreaux nécessaires pour la croisade[2]. En un mot, il joue le rôle d'un conseiller intime, d'un ami sûr, dans lequel Alfonse met une confiance absolue, et aux bons offices duquel il recourt perpétuellement. Le ton même des lettres qui lui sont adressées est digne de remarque : le prince y parle plus librement qu'ailleurs, plus à cœur ouvert; il s'adresse, on le sent, à un vassal fidèle, auquel il sait pouvoir entièrement se fier.

Une fois terminée cette énumération des agents extraordinaires entretenus dans ses états par le comte Alfonse, il nous faut dire quelques mots des relations entre eux et les officiers sédentaires. Dans tous ses mandements, Alfonse insiste sur l'obligation pour les enquêteurs et les sénéchaux de se conseiller et de s'assister mutuellement; la recommandation figure notamment dans les lettres de commission de 1267 pour Pons Astoaud et Eudes de la Montonière[3] : de même pour les affaires spéciales[4]. Les enquêteurs sont alors comptés au nombre des *boni homines*, auxquels le sénéchal doit demander conseil; en Toulousain, on leur adjoint Sicard Alaman[5], et on leur ordonne de se consulter tous ensemble afin de trouver des ressources pour la future croisade[6]. Parfois, sans

---

[1] *Layettes*, III, n. 3997: n°ˢ 833, 840. — [2] N° 269. — [3] N°ˢ 418, 419. — [4] N° 824. — [5] N°ˢ 776, 777. — [6] N° 352.

nommer expressément personne, on écrit aux sénéchaux de s'entendre avec les enquêteurs qui viendraient à passer dans leurs circonscriptions [1], mais souvent aussi le comte désigne nominativement la personne dont on devra demander les bons avis, par exemple un clerc, Raymond Malsanc, en Venaissin [2]. C'est surtout dans des circonstances graves, quand une guerre privée menace de troubler le pays, que le sénéchal doit recourir aux lumières de tous ces personnages [3], ou encore quand il s'agit de concéder de nouvelles chartes de franchises [4]. En un mot, ces clercs composent à l'occasion le conseil du sénéchal ou de son remplaçant. En 1261, le sénéchal de Toulouse était absent; une affaire importante se présente, que le viguier n'ose régler seul; il convoque au Château Narbonnais Pons Astoaud, Guillaume de Bagneux (*Balneolis*), sénéchal d'Agenais, et Barthélemy de Landreville, châtelain de Puycelsi, fils du sénéchal. Le viguier expose l'affaire, et ce conseil improvisé lui donne son avis; un procès-verbal est dressé en présence de Sicard Alaman, d'un notable, Massip de Toulouse, l'aîné, du juge du sénéchal, maître R. Cappellan, d'un légiste, Guillem d'Escalquens, et du notaire de la cour du viguier, Guillem Vidal Paraire [5].

Les sénéchaux et les enquêteurs sont d'ailleurs indépendants les uns des autres; ce n'est qu'exceptionnellement et en vertu d'une délégation spéciale qu'ils contrôlent mutuellement leurs actes réciproques. D'ordinaire, les enquêteurs ne doivent admettre une plainte contre le sénéchal qu'en cas de déni de justice de la part de celui-ci [6], et encore le plus souvent le comte indique le fait par-

---

[1] N° 1663.
[2] N° 563.
[3] N°ˢ 1473, 1474, 1980, 1981; guerre entre le comte de Comminges et le vicomte de Béarn.
[4] N° 842.
[5] J. 328, n° 1; dernière pièce du rouleau.
[6] N°ˢ 559, 560, 2084.

ticulier et délègue, pour ce cas seulement, aux enquêteurs un droit de juridiction sur le sénéchal [1]. D'après un texte, en pareil cas, quand les intérêts du comte sont en jeu, le sénéchal remplit auprès du tribunal improvisé le rôle d'avocat, de défenseur du suzerain [2]. On trouve encore les enquêteurs chargés de réformer un jugement du viguier de Toulouse [3]. Mais, par contre, le soin de connaître de plaintes contre tel ou tel enquêteur est confié soit au sénéchal [4], soit à un délégué spécial, par exemple le prévôt de l'église de Toulouse [5], soit encore à un juge résidant dans le pays [6].

Les détails que nous venons de donner se rapportent tous à l'administration locale. Officiers ordinaires, enquêteurs et agents extraordinaires se concertent pour lever les impôts, percevoir les revenus, rendre la justice, régir le domaine comtal et assurer la paix publique. Mais tous ces rouages compliqués, bien qu'en somme assez souples, dépendent d'un organisme central, qui, placé auprès du comte, fonctionne sous la surveillance directe de celui-ci. Cet organisme est appelé dans les actes *parlamentum* ou *consilium*. Les mandements d'Alfonse mentionnent fréquemment cette assemblée, qui se tenait à des moments déterminés de l'année, coïncidant avec ce qu'on appelait les comptes, *compoti*. L'année financière était partagée en trois termes : Chandeleur, quinzaine de Pentecôte [7] et Toussaint; à chacune de ces dates, les sénéchaux et autres agents comptables apportent à la cour ou font apporter par leurs clercs un arrêté des recettes et des dépenses et les sommes restées entre leurs mains, une fois payées les dépenses de l'admi-

[1] N°ˢ 27, 28, 89, 92, 335, 480, 481, 909, 1463, 1505.
[2] N° 1499.
[3] N° 808.
[4] N°ˢ 153, 1240, 1241.
[5] N° 1316.
[6] Mandements pour le Venaissin, n°ˢ 1750, 1751.
[7] Boutaric fait remarquer, p. 274, que la Pentecôte étant une fête mobile, on arrêtait les comptes des sénéchaussées à la Saint-Jean (24 juin).

nistration locale. En même temps ils apportent les *inqueste*, c'est-à-dire les renseignements réunis par eux sur les affaires en cours, les éclaircissements réclamés par le comte ou par le conseil de celui-ci. Le plus souvent, les sénéchaux de Toulouse, d'Agenais et de Venaissin se font, vu l'éloignement, représenter par leurs clercs; et l'un de ces derniers, Thomas de Neuville[1], attaché au sénéchal de Toulouse, paraît avoir été un homme de confiance, un lieutenant de cet officier. A ces mêmes dates, les clercs apportent leurs notes, leurs *memorialia*, tous les renseignements recueillis par eux sur place.

Sur la composition de ce conseil ou parlement, on est assez mal renseigné. Boutaric a fait remarquer avec raison[2] qu'Alfonse,

---

[1] Voir la table au nom.

[2] Pages 122 et suivantes. — Les parlements ou comptes de l'année sont souvent mentionnés dans les mandements : citons seulement le n° 14, citation transmise au vicomte de Thouars, pour un procès entre lui et Dreu de Mello ; le sénéchal de Saintonge doit fournir un rapport écrit au parlement de la quinzaine de Pentecôte sur certaines affaires administratives (n° 82). — Sur l'identité des expressions *compoti* et *parlamentum*, voir entre autres n° 142 ; *por voz contes fere et por le pallement* (n° 604). — Les citations sont souvent faites pour un jour déterminé, troisième, quatrième jour après la convocation du parlement (exemple n° 343). — Les sénéchaux de Poitou et de Saintonge sont obligés de venir en personne au parlement, et cette obligation est souvent rappelée dans les actes (n°ˢ 18, 56, 64, 65, etc.) ; ces officiers doivent y apporter des renseignements *de bouche ou par escrit* (n° 643) ; ils doivent également apporter des rapports par écrit sur tous les faits importants dont ils auront eu connaissance (n° 1083). Cette obligation existait dès 1264, et le sénéchal de Saintonge, Jean de Sors, reçoit des instructions particulières à ce sujet (n° 2109). Ces sénéchaux apportent avec eux leurs recettes. Ceux dont la circonscription est plus éloignée de Paris se font remplacer par leur clerc. A Toulouse, ce clerc est Thomas de Neuville (n°ˢ 320, 343), qui apporte avec lui les enquêtes et les renseignements écrits (n°ˢ 365, 366, 576) ; les enquêteurs sont souvent chargés de transmettre à ce personnage des instructions détaillées (n° 372). — Par exception, le viguier de Toulouse est cité personnellement au Parlement et apporte avec lui ses recettes, ses enquêtes et ses notes d'administration (n°ˢ 409, 962). — Même remarque pour les enquêteurs et autres agents en mission : des nombreux mandements qui leur sont envoyés, il résulte que toutes les enquêtes faites par eux doivent être apportées aux différents parlements de l'année, pour être soumises au conseil du comte (n°ˢ 283, 362, 376, 499, 516, 784) ; parfois la citation à tel ou tel parlement est expresse (n° 411, à Pons

LVI INTRODUCTION.

prince autoritaire et assez défiant, n'eut jamais de grands officiers en titre ; il accorda sa confiance à Pons Astoaud, chancelier de son prédécesseur, Raimond VII, mais ne lui donna pas ce titre officiel ; il employa presque uniquement des clercs, des chevaliers, fort nombreux, mais toujours sans délégation permanente, et révocables à volonté. Dès 1248, on voit certains de ces clercs, qualifiés de *magistri* et chargés d'aller tenir un parlement à Poitiers [1]. Boutaric a cru à l'existence d'une sorte de ministère des affaires ecclésiastiques ; il a fait remarquer [2] que trois trésoriers de Saint-Hilaire de Poitiers, Philippe, Raoul de Gonnesse et Étienne de Saclay, s'occupèrent successivement de ce genre d'affaires. Le fait est certain ; mais, le même rôle ayant été rempli à plusieurs reprises par d'autres personnages ecclésiastiques, il ne faut voir là qu'une simple coïncidence, un effet du hasard, rien d'intentionnel. Une liste, publiée jadis par Ludewig [3], énumère quelques-uns des che-

Astoaud et Eudes de la Montonière). Dans certains cas, trop occupés, ils ne peuvent quitter le pays ; ils transmettent alors au conseil leurs enquêtes et les mémoriaux à examiner et sont renvoyés à un autre parlement (n° 590). Même obligation pour des agents tels que Gilles Camelin (n° 638 ; J. 318, n. 58), qui doivent faire approuver par le parlement les affaires administratives qu'ils ont à traiter (*finationes*, projets d'aliénation de droits et de terres domaniales, accords financiers avec des communautés et des particuliers).

[1] Comptes publiés par Bardonnet, p. 204.
[2] Pages 124-125.
[3] Ludewig, *Reliquiae manuscriptorum*, XII, 5-6. «Mantelli militum et clericorum Alfonsi (Toussaint 1258). Dominus Hugo de Arsicio, d. Matheus de Villabeon, d. Galo de Servon, d. Philippus de Aquabona d. P. Bocqueti de Sanctolio, d. Guillelmus Teutonicus, d. Herveus de Caprosia, d. Robertus Ruette, d. Guillelmus de Bellomonte, d. Johannes de Nantolio, d. Guido de Caprosia, d. Fraeardus (*sic*), d. Theobaldus de Campania, d. Hetardus, d. Robertus de Sancto Claro, d. Robertus de Cloya, d. Robertus de Barnage, d. Guillelmus de Hedera, d. Renaudus de Gambès, d. Johannes de Granchia, d. Philippus Bellus Franciscus, d. P. Clarembaudi, d. Simon de Buciaco, d. Gilo, d. Robertus de Chamiliaco, d. Guillelmus de Boissels, Ansoldus, magister Symon, Tygerius, frater Johannes, Guichardus, helemosinarius, magister Petrus de Perona, mag. Guido de Echarcon, mag. Stephanus de Balneolis, mag. Petrus de Sanctolio, mag. scolaris Sancti Hilarii Pictavensis, mag. Guillelmus de Vallegrignosa, mag. Nicolaus Panetarius, thesaurarius Pictavensis, mag. Stephanus de Sarclesio (*sic*) ; cuique vi lib. v. sol.»

valiers de l'hôtel, en tout vingt-quatre, plus douze clercs; la plupart des nobles appartiennent à la petite noblesse du nord de la France, quelques-uns sont parents de sénéchaux, ou ce sont même d'anciens sénéchaux. Nul doute également qu'aux travaux de ce conseil prennent part les enquêteurs rentrés de leurs missions dans les provinces, et les sénéchaux et baillis eux-mêmes, quand ces officiers sont présents. Enfin on a les noms des clercs, lieutenants (*tenentes vices*) du comte de Poitiers, tenant en son nom le parlement à Paris et promulguant une ordonnance de réforme pour le Midi[1]; ils s'intitulent, disons-nous, *gerentes vices domini comitis*, mais l'acte d'institution en leur faveur les qualifie simplement de procureurs du comte (30 juin 1270); on a même le chiffre du salaire quotidien de chacun d'eux[2] : ils étaient neuf, huit clercs et un chevalier, et on possède les arrêts rendus par eux[3]. Remarquons que tous les clercs portent le titre de *magister*, titre universitaire, impliquant des études juridiques. Il est très probable que la composition du conseil ne devait pas beaucoup différer antérieurement, sauf peut-être l'adjonction accidentelle à ce premier noyau de clercs et de chevaliers, de tel ou tel enquêteur, de tel ou tel sénéchal.

Passons maintenant aux attributions de ce conseil. Il s'occupait à la fois d'affaires judiciaires et d'affaires administratives. Le prince étant la source vivante de toute justice, c'est à lui que les particuliers lésés s'adressent pour obtenir satisfaction; mais Alfonse, malgré toute sa bonne volonté, n'aurait pu examiner toutes les causes à lui soumises. Ces causes lui arrivaient tantôt en première instance, tantôt en appel. De là, deux cas qu'il faut examiner séparément. Les sujets d'Alfonse avaient une tendance toute naturelle à s'adresser directement à lui, toutes les fois qu'ils subis-

---

[1] Novembre 1270 : *Histoire de Languedoc*, nouvelle édition, VIII, 1723. — [2] *Histoire de Languedoc*, VI, 921, 922. — [3] Voir plus loin.

saient ou croyaient subir un déni de justice, ou qu'ils se défiaient de l'impartialité de leurs juges immédiats. La plupart de ces plaintes sont renvoyées directement au sénéchal du lieu, avec ordre d'y faire droit et de juger avec équité[1]; au surplus, il s'agit presque toujours de menus faits, de plaintes contre des agents inférieurs, pour lesquels une simple enquête suffira[2]. Souvent aussi c'est une plainte contre un sénéchal, le comte délègue alors pour juge un autre officier[3]; ou bien encore le comte veut épargner aux parties des frais et des déplacements en leur désignant un juge sur les lieux[4].

Cette tendance chez les particuliers à recourir directement au comte n'allait pas sans quelques inconvénients : perte de temps et d'argent pour les justiciables, surcharge de travail pour les conseillers du prince, etc. En juillet 1269, Alfonse voulut mettre fin à cet abus et publia une très curieuse ordonnance adressée au sénéchal de Poitou[5]; il rappelle d'abord qu'il a établi dans les sénéchaussées des juges, ses mandataires et fondés de pouvoir, chargés de recevoir les plaintes des parties et de faire justice à chacun; mais les plaignants, ne tenant aucun compte de ces juges, s'adressent directement au comte, dédaignant ainsi ces agents spéciaux, obsédant le prince et se ruinant en frais inutiles. Pour couper court à ces pratiques, Alfonse décide qu'à l'avenir nul de ses sujets ne pourra recourir à lui, sauf en cas de déni de justice de la part des officiers locaux, ou d'appel direct au tribunal suprême. Le sénéchal devra faire publier cette ordonnance dans les assises publiques et prévenir chacun que quiconque y contreviendrait encourrait l'indignation du comte et serait renvoyé chez lui sans avoir été écouté. Cette ordonnance dans le registre n'est adressée qu'au sénéchal de Poitou, mais elle avait force de loi dans les autres

---

[1] N° 6, 13. — [2] N° 812. — [3] N° 1132, 1556. — [4] N° 989. — [5] N° 1006.

INTRODUCTION.

circonscriptions, et un mandement au sénéchal d'Agenais, de novembre 1269, y renvoie expressément [1].

Cette dernière remarque était indispensable, car les règles touchant l'appel différaient notablement de pays à pays. En Poitou, en Saintonge et en Auvergne, pays de droit coutumier, l'appel est encore peu usité au XIIIe siècle [2]; dans le Midi au contraire, où le droit romain s'est conservé à l'état de coutume, l'appel apparaît dès le XIIe siècle [3]. Boutaric a fait remarquer qu'Alfonse avait réglementé, et régularisé la procédure de l'appel; à Toulouse l'appel interjeté d'une sentence des consuls est jugé par le viguier, et le sénéchal connaît des appels d'une sentence de l'une quelconque des juridictions inférieures; pour cette besogne il existe à côté de lui un juge spécial, *judex appellationum*. Le droit d'appel n'étant épuisé qu'après le recours successif à deux juridictions, beaucoup d'affaires pouvaient donc être portées devant le tribunal supérieur, celui du comte. Comment alors procédait-on? Le plus souvent, on se contentait de renvoyer l'affaire à un juge extraordinaire, habitant le pays, le prieur du Mas d'Agenais [4], un jurisconsulte [5]; de même en Rouergue [6]. Ces juges ainsi délégués prononcent en dernier ressort (*fine debito terminetis*). Parfois, c'est au sénéchal lui-même, ou au viguier de Toulouse, constitué pour le cas juge d'appel, qu'on envoie l'ordre de rendre le jugement définitif [7]. Une autre fois, un sénéchal de Toulouse, nouvellement institué, est invité à réformer une sentence rendue par le juge de son prédécesseur [8].

Parfois, le juge d'appel ainsi commis se refuse à juger, sous pré-

---

[1] N° 1554.

[2] Boutaric, p. 369.

[3] *Ibid.*, p. 370.

[4] Plainte des habitants d'une bastide contre le sénéchal d'Agenais, n° 1537; voir aussi n° 1597.

[5] Appel d'un jugement du juge du sénéchal d'Agenais, n° 1454; émanant d'un bourgeois de Montcuc.

[6] N°ˢ 1700, 1706.

[7] N°ˢ 358, 360; dans ce dernier cas, il s'agit de l'appel d'une sentence des consuls de Toulouse.

[8] N° 1242.

texte de quelque irrégularité de procédure; dans ce cas, Alfonse désigne un nouveau juge. Ainsi on aura arbitrairement calculé les délais légaux d'appel[1], ou bien le rédacteur de la lettre de commission aura omis une clause essentielle au point de vue juridique[2]. D'autres fois, la première personne est empêchée, d'où obligation d'une nouvelle commission[3]. Ces accidents de procédure sont d'ailleurs assez fréquents, et de là des retards et des complications, dont nous pouvons citer au moins un exemple curieux[4], et à cause desquels la règle des deux appels successifs est souvent mise en oubli. Quelquefois aussi, ces juges délégués ont peine à se faire obéir des juges ordinaires; le comte, alors, intervient par un mandement à qui de droit et rappelle à l'ordre l'agent indocile[5]. Remarquons, en terminant, qu'Alfonse a toujours soin de choisir pour ces fonctions de juge en appel une personne du pays habité par les parties[6].

Au surplus, toutes ces appellations ne sont point jugées dans les provinces, et on possède des citations devant le tribunal du comte, envoyées aux appelants[7]; dans certains cas, une enquête testimoniale est faite dans le pays et envoyée à Paris pour être examinée[8]. D'autres fois, les conseillers du comte, après avoir examiné l'enquête, estiment qu'il y a eu déni de justice et, sans rendre un nouveau jugement, font ordonner au sénéchal d'indemniser le plaignant[9]. Alfonse, on le voit, cherche par ces commissions fréquentes à épargner aux parties des déplacements coûteux et fatigants; mais il y avait pourtant des cas où les parties étaient bien obligées de venir à Paris poursuivre leur appel, et parfois, le jour où elles arrivaient en France, elles apprenaient que le parlement avait été prorogé. Alfonse prenait sans doute la précaution de prévenir le sénéchal de ces prorogations, en le chargeant d'avertir

[1] N° 285. — [2] N°ˢ 900, 901. — [3] N° 844. — [4] N° 1226. — [5] N° 1606. — [6] N° 2082. — [7] N° 867. — [8] N°ˢ 326, 877. — [9] N° 878.

ses administrés [1]. Mais le sénéchal pouvait oublier la commission, les appelants être déjà partis, etc. Aussi, en 1270, Alfonse promet à ses sujets méridionaux de déléguer des gens de son conseil, chargés d'aller sur place recevoir les plaintes et juger les appels [2]. Cette mesure était réclamée dès l'année précédente par les Toulousains, et, de leur côté, les barons de l'Agenais avaient demandé la réunion dans le pays, quatre fois par an, d'une cour plénière chargée de juger les causes en appel [3]. Alfonse agréa la requête des gens de Toulouse, mais rejetta celle de leurs voisins, comme n'étant justifiée ni par la coutume, ni par le droit écrit. On sait d'ailleurs que les gens du conseil tinrent à Toulouse des assises solennelles en 1270, et nous possédons encore l'analyse des arrêts rendus par eux.

Passons maintenant aux provinces de l'Ouest. Ici encore, comme dans le Midi, Alfonse délègue à des juges spéciaux la tâche de terminer les causes portées devant lui sous forme d'appel [4]; d'autres fois, une enquête est jugée nécessaire et toute décision reste suspendue jusqu'au jour où cette enquête aura été examinée par le Parlement [5]. Parfois encore, on fixe au nouveau juge un délai dans lequel il devra rendre son arrêt [6]. Comme en Languedoc, Alfonse, en 1270, envoya en Poitou des membres de son conseil tenir des assises à Poitiers [7]; l'acte annonçant leur prochain départ explique que cette commission exercera tous les pouvoirs judiciaires et administratifs du conseil, et que les *allocati* du comte jugeront les causes portées précédemment à Paris et régleront avec les barons de Poitou la question du subside pour la Terre-Sainte. Un autre acte du même temps [8] prouve que les pouvoirs de cette délégation s'exerçaient en Saintonge comme en Poitou; était-ce le même tribunal extraordinaire qui siégea vers le même temps à Toulouse, impos-

---

[1] N° 1406. — [2] N° 1406. — [3] Boutaric, p. 413. — [4] N°ˢ 71, 121, 979. — [5] N° 201. — [6] N° 720. — [7] N° 1067. — [8] N° 1143.

sible de le dire ; on peut seulement affirmer que ces deux délégations avaient la même autorité.

La plupart des causes portées en appel devant le Parlement étaient donc renvoyées à des juges, délégués spécialement à ce et résidant dans les sénéchaussées ; mais Boutaric, semble-t-il, a eu tort d'affirmer[1] que jamais la cour suprême n'a jugé d'appels. Il remarque lui-même qu'elle s'attribuait la connaissance de certaines affaires civiles importantes, intéressant de grands feudataires[2] ; nous avons d'autre part quelques citations à comparoir adressées aux sénéchaux pour être transmises aux parties[3] ; enfin rien ne prouve que les causes auxquelles ces citations s'appliquent n'eussent pas été déjà portées devant une cour de sénéchaussée ; à notre sens, les termes du règlement de 1269 prouvent le bien-fondé de notre opinion. Au criminel, Boutaric l'a bien expliqué, le parlement connaît des faits graves, intéressant la paix publique ; il procède à une enquête, et le plus souvent, comme pour les causes civiles, il renvoie l'affaire devant le tribunal compétent ; l'affaire est-elle particulièrement grave, il délègue quelques-uns de ses membres pour aller juger sur place.

Restent les causes entre le comte et des particuliers ; ce sont pour la plupart des affaires d'ordre administratif, qui ressortissent encore, mais à un autre point de vue, à la cour suprême. Alfonse, une foule d'actes le prouvent, était un homme méticuleux et méthodique, équitable au fond, mais toujours attentif à faire respecter ses droits supérieurs. De là l'obligation de régler une foule de contestations, minimes ou importantes, mais sans cesse renaissantes, surtout dans ses domaines méridionaux. En effet, les derniers comtes de Toulouse, princes nationaux et adorés de leurs sujets, avaient administré le pays avec un certain laisser-aller,

[1] Page 382. — [2] Page 383. — [3] N° 102, 595. 1136.

avaient laissé se relâcher de plus en plus le lien féodal, toujours si flottant en Languedoc, et pour faire revivre de vieux droits tombés en désuétude, mais non expressément abolis, Alfonse eut beaucoup à faire. Ajoutons que ses officiers et lui-même ne connaissaient que la coutume, alors que le Midi suivait un autre droit, issu directement des lois romaines et beaucoup moins favorable aux suzerains que les coutumes féodales du Nord. De là des heurts incessants et l'obligation pour le nouveau maître du comté de Toulouse d'apprendre à connaître les anciens usages des pays qu'il était appelé à gouverner. Toutes ces contestations sont en dernière analyse réglées par la cour supérieure, par le conseil du comte, composé de gens instruits, qui connaissent, leur titre de *magister* permet de le supposer, le droit romain. Aussi le parlement d'Alfonse joue-t-il principalement le rôle de conseil d'État au sens moderne du mot. C'est par excellence une cour administrative, réglant les mille affaires de ce genre que chaque jour voit surgir. Comment procède-t-il? Il cite d'ordinaire lui-même les parties devant lui, mais souvent aussi les vassaux d'Alfonse font de leur propre mouvement appel à cette autorité supérieure. Tel, en novembre 1269, le comte de la Marche[1]; les plaintes du puissant feudataire sont reçues par le conseil du comte, qui en fait deux parts : celles qu'on peut accueillir ou rejeter *ipso facto*, il suffira d'un mandement au sénéchal du pays; puis celles qui exigent une enquête préliminaire, laquelle est ordonnée. Il sera procédé à cette enquête sur les lieux mêmes par le sénéchal, ou par les clercs en tournée; elle sera rapportée au parlement à la session suivante, et après lecture des dépositions des témoins et des pièces, le conseil rendra sa décision. On trouve ainsi des enquêtes ordonnées sur un droit utile, objet d'une contesta-

---

[1] N° 1047.

tion⁽¹⁾, sur des biens de main-morte⁽²⁾, sur des péages⁽³⁾, sur un projet de paréage⁽⁴⁾.

Parmi les personnes chargées de ces enquêtes préliminaires on trouve, à côté des sénéchaux, des religieux⁽⁵⁾. Les sénéchaux, leurs clercs, les enquêteurs parcourant le pays arrivent donc à chaque parlement, chargés d'une foule de *memoria*, de *memorialia*, d'enquêtes closes⁽⁶⁾; sur le tout, le parlement aura à délibérer⁽⁷⁾.

Parfois une première enquête est jugée incomplète et insuffisante, on ordonne alors de la refaire⁽⁸⁾. Mais cette première formalité de l'enquête est jugée tellement nécessaire, qu'on trouve mention d'arrêts provisoires rendus en attendant l'enquête ordonnée⁽⁹⁾. Si par hasard elle est omise, c'est que l'affaire est jugée sans importance; le sénéchal est alors invité à fournir un renseignement *tam verbo quam scripto*⁽¹⁰⁾, et d'après ce renseignement, réclamé par mandement du comte, apporté à la cour par le sénéchal ou par son clerc, on rédige un nouveau mandement réglant définitivement la question.

On possède des recueils des arrêts du parlement (*determinata et arrestata*)⁽¹¹⁾. Ils ont une forme invariable; une seule phrase renfermant en quelques lignes l'énoncé de l'affaire (*De petitione*) et de la décision (*Videtur quod*). L'arrêt ainsi formulé est soumis à l'approbation du comte, puis expédié aux officiers locaux⁽¹²⁾. Chaque *ordinatio* est donc régulièrement accompagnée d'un mandement spécial pour l'exécution, et on a beaucoup de ces mandements⁽¹³⁾; parfois même on demande au sénéchal visé d'informer le comte quand il aura exécuté l'ordre⁽¹⁴⁾. On doit supposer, au surplus, que

---

⁽¹⁾ N° 1127. — ⁽²⁾ N° 1130. — ⁽³⁾ N° 1314. — ⁽⁴⁾ N° 837. — ⁽⁵⁾ N° 1133. Sur les formes de l'enquête, voir n°⁵ 681, 682. — ⁽⁶⁾ N° 687. — ⁽⁷⁾ N° 1060. — ⁽⁸⁾ N° 185. — ⁽⁹⁾ N° 220. — ⁽¹⁰⁾ N° 647. — ⁽¹¹⁾ *Histoire de Languedoc*, nouvelle édition, VIII, 2ᵉ partie, 397-419. — ⁽¹²⁾ N° 1699. — ⁽¹³⁾ N°⁵ 19, 141, 1492, 1651. — ⁽¹⁴⁾ N° 215.

INTRODUCTION.

chaque sénéchal recevait, à l'issue du Parlement, le rôle des arrêts rendus touchant sa circonscription et que ces mandements spéciaux, relatifs à une affaire déterminée, ne sont que l'exception. Parfois le sénéchal fait quelques difficultés pour exécuter l'arrêt transmis ou montre certaine négligence; on lui envoie alors un nouveau mandement renfermant une seconde copie de l'arrêt en souffrance[1]. Le sénéchal reste en somme responsable de l'exécution du jugement, et on voit encore, en 1272, un ancien sénéchal de Toulouse, Gui de Vaugrigneuse, attester pour un cas déterminé que toutes les formalités ont été accomplies jadis par ses soins et que la partie plaignante a satisfait à toutes les conditions imposées par le conseil du feu comte[2].

On suivit la même procédure pour les arrêts rendus par la délégation du conseil qui siégea à Toulouse en 1270. On possède deux énormes rouleaux renfermant les décisions de cette délégation[3]; à la marge de chacune de ces décisions, rédigées en termes extrêmement concis, on lit les indications suivantes : *Agenense, Ruthenense, Tholosa, Albiense, Caturcense, Tholose vicaria.* Ces rouleaux sont extrêmement précieux et mériteraient d'être édités intégralement. Remarquons que Boutaric y a vu à tort un recueil de décisions judiciaires; la plupart sont soit des arrêts d'attribution de causes, en cas de conflits, soit des décisions administratives. Presque toutes les requêtes des parties sont rejetées, et les différents paragraphes se terminent par les mots : *Adeat senescallum* ou *Memoria quod dominus comes deliberet.* En un mot, à notre avis, ce n'est pas un recueil de décisions judiciaires, mais le plus ancien recueil pour la France de décisions d'un conseil administratif.

En effet, à tout prendre, ce conseil, ce parlement d'Alfonse est bien plutôt un corps administratif qu'un organe judiciaire : il a

---

[1] N°˚ 29, 594, 976, 991, 994, 1051, 1065, 1084, 1154, 1602. — [2] J. 307, n° 34. — [3] J. 1031, n°˚ 11 et 11 *bis.*

toutes les attributions de la *curia regis* dont il porte quelquefois le nom[1], et certains mémoires à lui envoyés montrent quelle était l'étendue et la variété de ses pouvoirs. Inutile d'énumérer toutes les affaires qu'il a à examiner; il suffira d'en citer quelques-unes à titre d'exemple. Vers 1265, on lui soumet les réclamations de la municipalité toulousaine; il rédige une réponse aux différents articles[2] et propose une *ordinatio* que le comte approuvera ou rejettera (*pro domino comite*). Il prépare un règlement fixant les honoraires des notaires publics[3]; le comte lui demande son avis touchant la frappe de la monnaie en Venaissin[4]. Lors de l'arrestation des Juifs habitant les domaines du comte, c'est encore lui qui rédige le projet de transaction entre les représentants de ces malheureux proscrits et le suzerain, et qui fixe le taux de la somme exigée des Juifs de chaque circonscription[5]. Une ordonnance rendue par le conseil lie le comte, et celui-ci se refuse à la changer *in absentia consilii nostri*, dans l'intervalle de deux sessions[6].

Tous ces travaux administratifs donnaient lieu à une foule de notes, de mémoires, etc., dont quelques-uns sont arrivés jusqu'à nous. Citons seulement un acte déjà scellé, mais qui dut être récrit et refait, car il porte de nouvelles corrections; il a trait à l'affaire des rachats en Poitou[7]; un projet de lettre-patente au nom du comte, touchant l'amortissement de biens acquis par les Templiers[8]; d'autres notes du conseil relatives à des affaires du Poitou[9]. Remarquons qu'avant de faire rédiger l'ordonnance relative aux rachats, Alfonse avait convoqué à Paris les barons, nobles et chevaliers du Poitou, qui prirent part à la délibération du conseil;

---

[1] *A curia recedere*, n°ˢ 574, 575.
[2] N° 2058, p. 573.
[3] N° 1771.
[4] N° 1745.
[5] Déc. 1268, n° 698: la minute originale est dans J. 1030, n° 73; les Juifs délégués dans chaque sénéchaussée avaient été amenés à Paris par le clerc du sénéchal, n° 890.
[6] N° 28.
[7] J. 191, n° 136.
[8] J. 190 B, n° 73.
[9] J. 1034, n° 22.

cet ajournement paraissant insolite, le comte délivra aux intéressés des lettres de non-préjudice en mars 1270 [1]. Ailleurs nous voyons comment on rédigeait les actes [2]: le conseiller chargé de l'affaire dressait un projet qui était soumis au comte, et sur lequel on notait les différentes corrections proposées par le souverain [3]. Le conseil travaillait à la fois sur les enquêtes envoyées par les agents du suzerain et sur les pièces fournies par les parties. Ainsi une dame, Almodis, veuve d'Abbé de la Roche, réclame au comte des biens jadis donnés à son mari par feu Aimeri, vicomte de Thouars; elle fournit la copie des chartes justifiant sa réclamation. Un conseiller a mis au dos : *Loquatur cum senescallo*, puis, dans des notes très concises, il ajoute quelques remarques sur la manière dont sont scellées les chartes en litige, et en compare les termes avec ceux des actes d'Alfonse [4]. Autre exemple : le vicomte de Châtellerault réclame le droit de chasser dans les réserves de la forêt de Molière avec deux chasseurs et autant d'archers qu'il voudra [5]; le comte ordonne de faire enquête sur cette prétention [6].

Tous ces détails accumulés permettent déjà de se former une idée du système administratif d'Alfonse. Les traits les plus saillants en sont le contrôle fonctionnant à tous les degrés de la hiérarchie, les soins minutieux pris pour multiplier le nombre des agents responsables et pour les surveiller les uns par les autres. Il y a, dans cette organisation compliquée, quelques rouages qui font penser aux régimes modernes; on y retrouve déjà une tendance à la centralisation, une sorte d'harmonie, d'équilibre entre les pouvoirs, une minutie excessive, le goût de l'information écrite et

---

[1] J. 190 A, n° 55.

[2] *Layettes du Trésor*, III, n° 4310.

[3] Ces corrections (J. 317, n° 64) ont pour objet de rendre l'exposé des faits plus précis, de corriger quelques erreurs matérielles et de renforcer certaines expressions.

[4] J. 190 A, n° 41; *Layettes*, III, n°° 4065, 4086, 4165.

[5] J. 1031, n° 16.

[6] N° 672.

du rapport. Si respectueux qu'Alfonse se montre en général des droits de ses sujets et de la coutume établie, il est extrêmement jaloux de son autorité, et son gouvernement est déjà un gouvernement personnel tempéré par le respect de la coutume. Recherchons maintenant, autant que les textes nous le permettent, quel est le rôle personnel du prince dans cette organisation compliquée, quelle part il prend lui-même à l'administration : cette recherche nous fournira peut-être quelques indications sur le caractère du souverain.

Insistons d'abord sur ce trait déjà noté : le comte est jaloux à l'excès de son autorité. C'est ainsi qu'il se réserve toujours le droit d'approuver les actes de ses officiers. Quand les enquêteurs envoyés dans les provinces ont décidé les restitutions qui leur paraissent équitables, pour que l'acte soit valable, il faut que le comte l'ait confirmé [1]. Ils soumettent leurs décisions au parlement, qui rend un arrêt (*ordinatum est*) ou un avis (*videtur quod*), puis ce projet est soumis au comte qui approuve par les mots : *Placet domino comiti*. Mais, parfois, il fait des réserves, il ordonne que l'expédition des lettres de quittance au nom des parties soit faite sous une forme déterminée [2], ou encore il modifie sensiblement le dispositif de l'arrêt. Évidemment il ne s'agit pas ici d'une simple formule; Alfonse s'est fait exposer l'affaire en détail, s'est fait expliquer la portée de la décision proposée par le conseil, décision qui ne deviendra valable qu'une fois revêtue de son approbation formelle. Lors de l'envoi d'une délégation du parlement à Toulouse en 1270, l'acte d'institution reçut la forme d'une procuration, mais il faut voir là une dérogation aux habitudes du comte, qui partant pour la croisade était bien obligé de déléguer son autorité entière, sans réserve, à quelques-uns de ses clercs.

[1] Exemple : restitutions proposées par Pons Astoaud et Eudes de la Montonière en 1266 (*Hist. gén. de Languedoc*, nouv. éd., VII, 2, 397 et suiv.) — [2] *Ut supra*, § 18.

INTRODUCTION. LXIX

Dans bien des cas encore, Alfonse se passe de l'entremise de ses agents. S'élève-t-il une contestation pour le payement d'une amende, pour la fixation du montant de la somme due par un village lors de la levée du fouage, il s'accorde souvent lui-même avec les parties et notifie cet accord aux sous-ordres[1]. Il surveille la rédaction des actes et bien des fois stipule l'insertion d'une clause spéciale, utile pour la sauvegarde de ses droits à l'avenir[2]. On a, par exemple, remis à un clerc à son départ des lettres scellées à l'avance, pour le règlement d'une affaire; puis un nouvel examen a donné à penser que ces lettres pourraient être gênantes dans la suite; on les révoque d'avance[3]. S'agit-il d'argent réclamé, le comte cherche des échappatoires et les suggère à ses officiers[4], parfois en termes assez crus. Des baux passés pour l'exploitation d'une forêt lui paraissent peu avantageux, il les casse sans aucun scrupule et fait procéder à une nouvelle adjudication[5]. Il proteste contre la prétention formulée par des hommes, avoués de l'ordre du Temple ou de l'Hôpital, de ne point payer le fouage[6]. Une sentence rendue par ses clercs lui paraît-elle préjudiciable, il déclare la tolérer (*toleramus*), mais réserve tous ses droits pour l'avenir[7].

En un mot, Alfonse est extrêmement jaloux de ses droits supérieurs et s'attache à tirer le plus de profits possibles de ses domaines. Au surplus, il est admirablement renseigné et sait toujours à point nommé le rapport entre ses recettes et ses dépenses. On possède une foule de comptes particuliers[8] rendus par les agents com-

---

[1] N° 948.
[2] N° 1536.
[3] N° 893.
[4] N° 88.
[5] N° 876.
[6] N° 1223.
[7] N°ˢ 1766, 1774.
[8] Voici quelques indications relevées en passant; on pourrait les multiplier: compte arrêté à Aiguemortes le 13 août 1249 (*Layettes*, III, n° 3788); rôle des créances et des dettes, fin août 1249 (*ibid.*, n° 3792); recettes des grâces apostoliques, compte de maître Durand Godlin (*ibid.*, n° 3849); recettes et dépenses de l'an 1250 (*ibid.*, n° 3913); rôles des dettes communes au

ptables aux différents termes de l'année; on a également des états détaillés des sommes perçues et des dépenses payées sur les fonds; de tout temps on avait copié en plusieurs exemplaires la liste des sommes envoyées au comte en Terre Sainte, les états des frais de la cour durant les voyages et déplacements, et des dépenses de l'hôtel. Mais tout cela était assez confus et mal disposé. Or Alfonse voulait, semble-t-il, se rendre un compte exact de ses dépenses et de ses ressources. De là des résumés des budgets, où les articles ne sont point détaillés, et qui embrassent les années 1249-1270 [1]. A chaque terme, le comte se fait lire ce résumé; quand l'ensemble a été revu et apuré, cette formalité est constatée par les mots suivants, ajoutés au registre : *Hic audivit dominus comes compotum suum;* on indique souvent le lieu et le jour de cette revision. De plus, à ce compte général, qui fait connaître les ressources disponibles, tous frais payés, on joint la balance du compte courant avec le Temple. En effet, on l'a déjà remarqué, c'est au Temple à Paris que les agents comptables déposent les sommes qu'ils ont en main [2]. Généralement on indique avec la plus grande minutie comment ce transport des fonds doit être effectué, on a le compte des dépenses en sacs pour renfermer l'argent, en charrettes pour le transporter, des gardes d'escorte [3]. Le Temple délivre les fonds sur mandat du comte, et de terme en terme on dresse la balance du doit et avoir. En un mot, il suffisait à Alfonse d'un simple coup d'œil sur ce registre pour savoir à un moment donné de quelles sommes il pouvait disposer, le total de ce qu'il avait reçu, ce qu'il avait dépensé, et ce qu'il avait en dépôt chez ses banquiers, les gens du Temple. C'est un véritable compte courant, admirablement

---

[1] comte et au Temple, juin 1255 (*Layettes,* III, n° 4177); comptes de doit et avoir du comte, 1262-1263 (J. 320, n° 63); autre semblable pour 1269 (*ibid.,* n° 68).

J. 317, n° 61; J. 192 B, n° 19; J. 320, n°⁸ 63, 68.

[2] N°⁸ 208, 259, 351, 410, 690.

[3] N° 880.

INTRODUCTION.   LXXI

tenu à jour, et indiquant la nature des monnaies, leur valeur en tournois, le taux du change, etc. Alfonse est encore un homme économe, ennemi de toute dépense superflue et non productive; bien souvent il prêche cette vertu, l'économie, à ses agents; ils doivent, leur écrit-il, supprimer *les despens outrageus et qui ne sont mie profitables*[1], renvoyer les agents inutiles qui sont une charge pour les administrés, et sans profit pour le suzerain[2]; il veut réduire les dépenses, à son sens exagérées, des inquisiteurs de la foi[3].

Par tous les moyens possibles, il cherche à se renseigner sur tout ce qui se passe dans les provinces. Non seulement il connaît jour par jour le mouvement de sa caisse, mais encore certains actes prouvent qu'il sait à combien pour chaque journée s'élèvent les frais généraux. Une note pour la sénéchaussée de Poitou renferme ce calcul pour la garnison des châteaux (personnel et matériel), pour les forêts; on y indique dans le détail les différentes sources de revenus, leur valeur, leur nature, etc., et ce mémoire, dressé par un clerc, a encore été revu et annoté par un autre conseiller[4]. Non seulement le comte reçoit toutes les plaintes sans exception, mais encore il encourage la dénonciation. Quand il s'agit d'agents inférieurs, bailes et prévôts, il contrôle les plaintes, et les renvoie généralement au sénéchal en lui enjoignant de punir le coupable ou de lui faire un rapport détaillé[5]. Dans un cas grave, — il s'agissait d'exécutions capitales, faites à peu près sans jugement, — Alfonse indique lui-même la marche à suivre et la peine *minima* dont il faudra frapper le baile coupable d'abus de pouvoir ou de connivence avec les meurtriers[6]. Mais c'est surtout quand il s'agit d'affaires financières que le comte a recours à ce procédé un peu répugnant. En voici un exemple : le précepteur du Temple de la Rochelle est venu affirmer en plein conseil que les biens acquis par

[1] Nos 604, 1038. — [2] No 1154. — [3] No 948. — [4] J. 190, no 71; voir aussi J. 318, no 105. — [5] Nos 688, 703, 727 (16), 1054, 1404, 1519. — [6] No 1444.

son ordre en Poitou, durant les trente dernières années, ne donnaient pas plus de 200 livres de revenu. Un assistant, Renaud de Pressigny, informe un peu plus tard le comte qu'on le trompe, et qu'au lieu de 200 livres, le digne précepteur aurait dû dire 2,000; cette dénonciation sert de point de départ à une nouvelle enquête sur les acquisitions de l'ordre [1]. Le fait ici n'est point extrêmement grave; on sait d'ailleurs que les ordres religieux ont toujours cherché à tenir leurs acquisitions aussi secrètes que possible. Plus grave est le cas d'un dénonciateur anonyme, qui avait aidé les agents du comte dans la recherche des biens et créances des Juifs arrêtés en Poitou; sa conduite avait été odieuse et lui avait valu l'animosité à la fois des Juifs et des chrétiens, tout au moins des débiteurs des Hébreux; le comte dut le prendre expressément sous sa protection, le séjour dans le pays étant devenu dangereux pour le misérable [2].

Peut-on dans une certaine mesure déterminer la part prise par Alfonse à la rédaction des actes portant son nom? Il est certain, la remarque a été faite plus haut, qu'il revoyait beaucoup de ces actes, mais jusqu'à quel point les corrigeait-il, c'est ce qu'il est assez difficile de dire. C'est surtout dans les instructions en français adressées aux clercs et aux sénéchaux que l'on peut trouver trace de son intervention [3]; la rédaction en est généralement toute particulière; on y revient sans cesse sur les mêmes questions; et certaines de ces pièces ont l'apparence de lettres dictées par le souverain à un secrétaire [4]. Certaines minutes encore, notamment celles qui ont trait à l'affaire de Toulouse en 1255, prouvent qu'on lisait au comte les pièces les plus importantes; enfin c'est sans doute à lui qu'étaient destinés une foule de notes et de rapports préparatoires, dont nous avons un certain nombre. Ainsi deux

---

[1] N° 1032. — [2] N° 974. — [3] N° 666. — [4] N° 702; voir aussi une instruction pour la levée du fouage, n° 1968.

INTRODUCTION. LXXIII

clercs, le sous-doyen de Tours et le trésorier de Poitiers, partent en mission [1]; on leur remet un rouleau renfermant la liste des affaires qu'ils auront à traiter; à la suite de chaque article, ils ajouteront leur réponse et exposeront brièvement leurs opérations; mais le document porte d'autres notes et des corrections, prouvant qu'il a été communiqué au comte, *et à ce misires li quens s'acorde bien*. Même travail de correction dans un vidimus donné par Alfonse de la confirmation par Louis IX d'un diplôme de Louis VIII: on a vérifié soigneusement les formules finales et collationé les textes vidimés [2]. Enfin on peut faire la même supposition pour un certain nombre de projets et de minutes portant des corrections et dont nous donnons la liste en note [3].

Avec ses agents de tout ordre, Alfonse paraît s'être montré assez autoritaire, on peut même dire exigeant, mais aussi bienveillant à l'occasion: il ne leur épargne point les remontrances, les réprimande assez durement chaque fois qu'à son gré ils ont manqué de zèle, mais dans beaucoup de lettres il témoigne à leur égard d'une certaine affection et montre pour leurs intérêts matériels une véritable sollicitude. Par-dessus tout, il leur demande de veiller aux intérêts de leur maître, et, à ses yeux, la négligence sur ce point est le pire défaut chez un fonctionnaire.

---

[1] J. 318, n° 77.
[2] J. 190, n° 5.
[3] J. 190 B, n° 73. *Notula carte Templariorum*, projet de charte d'amortissement pour cet ordre. — J. 191, n° 136, première rédaction de l'accord avec les barons du Poitou pour les rachats: l'acte avait été scellé par erreur, puis on y fit des corrections nombreuses avant de l'expédier. — J. 1034, n° 24, projet sans date pour l'affermage de baillies du Quercy. — J. 1028, n° 16, mémoire énumérant tous les abus et excès commis dans l'exercice de leur droit de justice par les consuls de Toulouse; il a servi à rédiger les lettres de remontrance de 1255, et une croix y indique les articles utilisés pour la rédaction de ces lettres. — J. 192 B, n° 18, copie d'actes de ou pour les enquêteurs (affaire concernant un certain Constantin Gibo); on y a joint un projet de renonciation à toute nouvelle action, au nom de ce Gibo, acte qui devait être passé devant l'official d'une église, que lui-même aurait désigné.

LXXIV   INTRODUCTION.

Le sénéchal de Rouergue n'a envoyé que peu d'argent provenant du minier d'Orzals : Alfonse le lui reproche sans aigreur et lui enjoint d'augmenter le nombre des ouvriers travaillant sur le chantier [1]. Des fraudes ont été commises par les monnayers de Montreuil-Bonnin : le comte, qui tient le fait d'une voie détournée, déclare au châtelain et au chapelain du lieu, chargés de la surveillance de l'atelier, qu'il les considère comme responsables et qu'il est bien décidé à punir tous les coupables, quels qu'ils soient [2]. Le sénéchal de Poitou s'est montré négligent dans l'exécution d'un ordre du comte; celui-ci réitère cet ordre en termes assez durs, presque menaçants [3]. Celui de Quercy s'est permis certaines entreprises contre l'évêque de Cahors, et plainte a été portée par le prélat au roi et au comte; Alfonse lui témoigne son mécontentement de pareils agissements et lui enjoint d'avoir à ne plus donner lieu contre lui à l'avenir à des plaintes aussi graves [4]. Ordre avait été donné au sénéchal de Venaissin de compter à Gui de Bucy et à Jean de Kays de 2 à 5,000 livres tournois, prix de vivres achetés pour la croisade; l'officier, jugeant la somme trop forte, n'a versé que 600 livres; Alfonse s'étonne de l'audace et dans une lettre des plus sévères le rappelle à l'ordre : il avait de l'argent disponible, le comte le sait, et ce retard a causé le plus grand dommage; qu'il répare au plus tôt les mauvais effets de sa malice ou de sa négligence, sans quoi le comte l'obligera à payer de ses deniers le tort à lui causé [5]. Ailleurs encore, il démontre au sénéchal de Saintonge que, dans la question des halles de la Rochelle, ce dernier s'est montré à la fois négligent et malhabile, qu'il a, par sa sottise, compromis une excellente affaire, et qu'il doit mettre toute son attention à réparer le mal [6].

Si Alfonse surveille aussi étroitement et gourmande volontiers ses agents, dans les questions d'argent il se montre plus tolé-

[1] N° 136. — [2] N° 686. — [3] N° 1053; comparer n° 1383. — [4] N° 1616. — [5] N° 1815. — [6] N° 1864.

INTRODUCTION.

rant et plus facile. Sans doute, il leur interdit de cumuler les fonctions : un baile, Roger d'Espiès, s'est mis au service de l'abbé de Saint-Sernin comme juge du lieu de Louverville, il y a eu plainte à ce sujet; ce cumul lui est interdit à l'avenir, car Alfonse entend qu'aucun homme à ses gages ne s'occupe d'affaires étrangères[1]. Mais, par contre, il ne les presse pas trop lors de la reddition des comptes; ainsi Oudard de Pomponne, viguier d'Avignon, ne s'acquitte point toujours régulièrement, et, en 1259, il est encore redevable d'une partie des recettes de trois termes antérieurs[2]. Cette latitude est parfois si grande, qu'un sénéchal sorti de charge reste débiteur envers le comte : tel Gérard de Prunay, sénéchal de Venaissin jusqu'en 1267, qui, deux ans plus tard, reconnaît devoir encore 300 livres[3]. Alfonse, d'ailleurs, fait souvent à ses agents, des avances recouvrables sur les gages à venir[4].

Le fait s'explique tout naturellement : les sénéchaux sont le plus souvent de petits nobles, sans grande fortune personnelle, et ils ont à supporter de lourdes dépenses, à tenir un certain rang. Aussi leur situation est-elle parfois difficile[5]. Jean d'Arcis, sénéchal de Venaissin, eut un instant l'intention de renoncer à ses fonctions; les prélats du pays durent offrir de l'aider pécuniairement[6], et quand il mourut en 1267, il laissa une succession fort obérée. Pour couvrir ce qu'il devait au comte, on dut vendre le blé trouvé dans la maison du défunt et la vaisselle d'argent laissée par lui[7]. Certains fermiers des revenus domaniaux se trouvent dans le même cas : tel celui du port de Tonnay-Boutonne, qui

---

[1] N° 1338.

[2] J. 326, n° 38; *Layettes du trésor*, III, n° 4489.

[3] J. 318, n° 57.

[4] Gui de Vaugrigneuse, sénéchal de Venaissin, 150 livres, 1268, J. 192 B, n° 11; Robert d'Espinci, châtelain de Thouars, 50 livres, 1270, J. 192 B, n° 16; Guillaume de Moutiers, châtelain de la Rochelle, 25 livres, J. 190 B, n° 65.

[5] Voir Boutaric, p. 154.

[6] *Ibid.*, p. 170.

[7] N°° 548, 549.

fournit caution et obtint ainsi des délais pour s'acquitter[1]. Les gages de tous ces officiers ne sont pas fixes et peuvent, dans certains cas, être augmentés; ainsi Barthélemy de Landreville, châtelain de Puycelcy, qui recevait d'abord 5 sous tournois par jour, se fit donner 6 sous en 1270. Mais, par contre, Alfonse ne permet pas à ses subordonnés d'emprunter de l'argent à leurs administrés, et le sénéchal d'Agenais reçoit l'ordre formel de payer 20 livres dont il se trouve redevable envers les héritiers d'un certain Arnaud de Lestoube [2].

Le soin méticuleux apporté par Alfonse à l'expédition des affaires apparaît pleinement dans les actes relatifs au payement des aumônes annuelles et à la recherche des créances du comte. Alfonse, comme tous les princes du xiii° siècle, donnait beaucoup aux ordres religieux; les comptes mentionnent fréquemment des dépenses de ce genre, et chaque année, régulièrement, on dresse l'état des sommes à payer aux principaux monastères et couvents du royaume et principalement des domaines comtaux. On possède plusieurs de ces rôles, et l'étude en est curieuse. En voici un, par exemple, pour l'an 1266 [3]; le soin de l'établir a été confié à un clerc nommé Anseau et à l'aumônier d'Alfonse; à chaque article, on indique la personne qui devra recevoir la somme, mais cette indication est ajoutée d'une autre main. Le rôle de 1265 [4] est disposé de même et, de plus, on a marqué d'un point les articles payés. Enfin une autre liste, pour l'an 1267, peut donner lieu à quelques remarques intéressantes : le comte, après examen, trouva sans doute le total trop élevé et ordonna de le réduire; l'un des aumôniers, celui-là même qui avait ajouté à chaque article le nom de la personne chargée de recevoir, fait donc une revision du tout, biffant tel article, réduisant tel autre de la moitié, du tiers ou du

[1] N° 1116. — [2] N° 2063. — [3] J. 191, n° 131. — [4] J. 320, n° 65.

INTRODUCTION.

quart; certains articles, d'abord réduits, sont ensuite rétablis au chiffre primitif. De ce travail, on doit conclure qu'Alfonse avait décidé d'employer à ses aumônes une somme déterminée à l'avance et avait enjoint à ses clercs de ne point dépasser certain chiffre (600 livres dans l'espèce); cet état de 1267, ainsi modifié et réduit, servit pour les distributions des années suivantes.

Voici comment ces aumônes étaient payées : on envoyait un extrait de la liste au sénéchal de chaque circonscription, lequel remettait à chacune des parties prenantes, en échange d'une quittance régulière, la somme qui lui revenait[1]; le tout était porté au compte général de cet officier, et on lui en tenait compte au terme suivant[2]. Certains abus avaient sans doute été commis par ces agents, des quittances fictives obtenues par eux des parties prenantes; aussi, en 1269, Pons Astoaud et Eudes de la Montonière furent invités à s'informer discrètement dans les sénéchaussées de Rouergue, Toulouse et Venaissin, si chaque sénéchal avait bien exactement payé les sommes portées sur l'état à lui envoyé[3].

Mêmes soins minutieux pour la recherche des créances du comte. Ces créances ont des origines bien diverses; on y trouve marquées des sommes dues par un agent en retraite ou imputables sur la succession d'un officier décédé[4], des prêts consentis par le comte non seulement à des fonctionnaires, mais aux personnes les plus diverses. En 1268, Henri, fils du comte de Rodez, emprunte 100 livres tournois pour un an[5]; Aimeri Béchet, chevalier du Poitou, contracte divers emprunts, dont l'un est hypothéqué sur une propriété sise à Tonnay-Boutonne[6]. On possède plusieurs

---

[1] N°ˢ 1110, 1544.
[2] N° 1325.
[3] N° 1324.
[4] N° 1145; feu Renaud, aumônier du comte, a laissé des sommes importantes, que sur son lit de mort il a déclaré, devant témoins, appartenir au comte; ordre de faire enquête.
[5] J. 310, n° 38.
[6] J. 192 A, n° 53; J. 303, n° 23.

états de ces créances du comte; un premier répond à la période allant de 1251 à 1260 ou environ[1], il est peu détaillé et peu intéressant. Un autre[2] classe les articles par sénéchaussée; certains sont déclarés de recouvrement incertain, et on remarque qu'il faudra faire expédier des lettres du comte pour les rechercher et les relever. Au moment de son départ pour la croisade, Alfonse fit faire de tous ces titres une recherche plus exacte[3] et se montra plus exigeant; ainsi le comte d'Eu doit 400 livres; on décide de patienter jusqu'au terme fixé; s'il ne paye pas, le sénéchal de Poitou saisira les terres de ce seigneur jusqu'à concurrence de la dette. Le châtelain de La Rochelle est redevable de 30 livres, on retiendra ses gages jusqu'à payement complet. Certains débiteurs sont morts; qu'on recherche les héritiers; pour plusieurs créances, le sénéchal est déclaré responsable. En 1269, un nouvel état est dressé par Anseau d'après les comptes, et dans cet état on voit figurer des créances reconnues irrécouvrables, vu la pauvreté des héritiers; dans quelques cas, on a perdu la trace des descendants du débiteur; d'autres fois, de nouvelles recherches ont prouvé que la dette était acquittée; en un mot, ce compte récapitulatif est encore une preuve du soin apporté à tous leurs actes par les clercs d'Alfonse[4].

Ce soin méticuleux qui apparaît partout, confirme ce que nous avons dit du caractère principal du gouvernement d'Alfonse. Ce gouvernement peut être qualifié de personnel, et offre par suite les défauts et les qualités du prince qui en est l'âme. Alfonse, avons-nous dit, est extrêmement jaloux de ses droits, et la nécessité de réunir des ressources pour la croisade le conduit à montrer en matière financière une âpreté parfois regrettable. Cette âpreté se fait jour lors de la levée du fouage et aussi parfois dans

---

[1] J. 317, n° 61, fol. 84. — [2] J. 190 B, n° 68. — [3] J. 190 B, n° 65. — [4] J. 320, n° 68.

celle des amendes[1]. Il ordonne également de faire partout, de ses droits, une recherche rigoureuse; en Venaissin, par exemple, en 1253, il a fait rédiger un état de ses revenus; cet état énumère ce qu'il possède actuellement dans ce pays en fait de droits utiles; puis le rédacteur ouvre un nouveau chapitre pour les droits et redevances que le comte ne possède pas pour l'instant, mais qui, au dire de quelques-uns, devraient lui revenir et lui appartenir[2]. Autre remarque prouvant l'esprit autoritaire de ce prince: il ne témoigne que dédain et aversion pour les consulats du Midi; sans la croisade de 1270, il serait peut-être parvenu à abolir les libertés municipales de Toulouse, et il ne renonce un instant à la lutte que contre la promesse d'un fort subside. Il concède à ses sujets nombre de chartes de coutumes, mais ces chartes ne stipulent aucunes libertés politiques; ce sont simplement des règlements administratifs et judiciaires; même système à l'égard des bastides fondées par ses soins. Il proscrit toutes les associations qui pourraient donner à ses sujets quelque force pour la résistance, par exemple les *confréries*[3]; ces confréries, celles du moins qui ne sont pas uniquement des compagnies pieuses, lui paraissent dangereuses au premier chef.

Même caractère ombrageux dans les relations avec la juridiction ecclésiastique. Les deux pouvoirs au xiii° siècle ont été perpétuellement en lutte sur ce terrain. Entre Alfonse, il est vrai, prince dévot et soumis à l'Église, et le clergé, cette lutte ne serait jamais devenue bien vive, de nombreux rescrits pontificaux mettant d'ailleurs personnellement le prince à l'abri des excès de zèle des juges ecclésiastiques. Mais les conflits n'en sont pas moins toujours renaissants. Ce sont des citations lancées illégalement par les tribunaux d'église contre des laïques non soumis à leur juridic-

---

[1] Par exemple, n° 1153. — [2] J. 319, n° 3. — [3] N°° 270, 405, 1504.

tion⁽¹⁾, des excommunications indûment promulguées contre des agents du comte. Alfonse ne manque jamais de protester et charge les conservateurs de ses privilèges pontificaux d'intervenir; toutefois il modère, par la même occasion, le zèle de ses propres officiers⁽²⁾. En un mot, s'il agit en fils dévoué de l'Église, s'il montre en pareil cas une modération parfaite, il défend avec constance et opiniâtreté ses droits souverains contre les empiétements des clercs et des juges ecclésiastiques.

D'autre part, ce gouvernement, un peu trop autoritaire et trop personnel, n'est pas sans avoir certaines qualités qu'il faut hautement reconnaître. Alfonse, comme son frère, possède le sens de l'équité et le montre en maintes circonstances, quand, par exemple, il réprime les excès de zèle de ses agents⁽³⁾; jamais il ne manque une occasion d'affirmer son amour pour la justice, même quand il formule une revendication, et cette affirmation n'est point déplacée dans sa bouche⁽⁴⁾. Respectueux de la coutume établie, il ordonne à ses agents de toujours l'observer exactement⁽⁵⁾. Qu'un mandement ait été obtenu de lui par supercherie, il se montre tout disposé à reconnaître et à réparer l'erreur⁽⁶⁾; il renonce volontiers à un droit qu'on lui démontre abusif⁽⁷⁾. Le jour où il demande à ses sujets un fouage, une subvention pour la croisade, il enjoint à ses agents d'user de la plus grande modération, et si le droit de leur maître est contesté, de recourir à la persuasion⁽⁸⁾; il faut toujours ménager les justiciables et le plus souvent possible s'entendre avec eux (*cum bona pace*). Suzerain,

---

⁽¹⁾ Nᵒˢ 315, 1025, 1055, 1560, 1636, 1637, 2081.

⁽²⁾ N° 1946.

⁽³⁾ Nᵒˢ 1150, 1151, 1295, 1565, 1732.

⁽⁴⁾ N° 1266.

⁽⁵⁾ N° 1513.

⁽⁶⁾ N° 1222.

⁽⁷⁾ Ainsi il défend à ses bailes et à ses courriers d'user du droit de réquisition à l'Isle-de-Sorgue (n° 1736). Voir aussi les sentences des enquêteurs en Poitou et en Saintonge.

⁽⁸⁾ Nᵒˢ 973, 1043, 1044, 1962.

il a le droit d'intervenir dans les affaires de ses vassaux, et ce droit, il l'exerce d'ordinaire dans les meilleures intentions; il oblige un père à pourvoir à l'entretien de son fils et de sa bru[1], un fils à payer la rente qu'il doit à sa mère[2], ou encore il intervient pour punir un crime[3]; il tient la main au châtiment des criminels, y compris les nobles[4], et interdit le duel judiciaire[5]. Il veille à la sécurité des routes[6] et s'oppose, dans la mesure de son pouvoir, aux guerres privées, soit en imposant aux adversaires sa médiation, soit en employant la force si la chose lui semble nécessaire[7].

En un mot, pour la première fois depuis l'époque romaine, le midi de la France a été gouverné. Alfonse a pu se montrer parfois exigeant, formaliste et autoritaire; il n'en faut pas moins reconnaître que l'administration organisée par lui fut infiniment moins oppressive et plus régulière que celle qui l'avait précédée en Poitou et en Saintonge, aussi bien qu'en Agenais, en Auvergne et en Toulousain. Le système ne va pas sans quelques inconvénients : tout y dépend de l'humeur du prince; aucune place n'est laissée au jeu des institutions libres, institutions pour lesquelles Alfonse paraît toujours avoir eu une véritable aversion. Mais en dépit de ce grave défaut, le règne d'Alfonse fut pour les pays gouvernés par lui une ère de calme et de prospérité, et grâce à ce prince, comme, ailleurs en France, grâce à son frère Louis IX, ces provinces, brutalement réunies au domaine royal, se résignèrent peu à peu à la perte de leur vieille indépendance.

---

[1] N° 818. — [2] N°ˢ 1769, 1794. — [3] N°ˢ 207, 1199. — [3] N° 216. — [5] N° 1343, entre deux vassaux du comte de Comminges. — [6] N° 1432. — [7] N°ˢ 105, 106, 193, 1336, 1982, 1986.

CORRESPONDANCE
ADMINISTRATIVE
D'ALFONSE DE POITIERS.

DEUXIÈME REGISTRE. (Suite.)

(Arch. nat., JJ. xxiv^d.)

LITTERE SE[NE]SCALLIE THOLOSE,

INCEPTE IN PASCHA, ANNO DOMINI M° CC° LX° NONO.

1209

(Fol. 67.) 24 mart. 1269. — SYCARDO ALAMANNI, MILITI, PRO ABBATE AURELIACENSI.

Alfonsus, *etc.*, dilecto et fideli suo Sycardo Alamanni, militi, salutem et dilectionem. Ex parte abbatis Aureliacensis nobis extitit intimatum quod castrum de Penna Albigesii [1] debet teneri de ipso in feodum et in homagium, sicut dicit idem abbas. Quare vobis mandamus quatinus addiscatis super hoc veritatem, et quid super hoc inveneritis nobis sub sigillo vestro remittatis per Egidium Camelini, cum ad nos venerit in crastino quindene Penthecostes instantis. Datum in

---

[1] Penne d'Albigeois, Tarn, canton Vaour. J'ignore sur quels titres se fondait d'abbé d'Aurillac pour faire pareille réclamation ; ce prélat possédait des terres dans le nord de l'Albigeois, terres inféodées par lui au comte de Toulouse en 1180 (*Histoire de Languedoc,* nouvelle édition, VIII, col. 344-47); mais l'acte cité ne nomme pas le château de Penne. (Voir également Rossignol, *Monographies communales du département du Tarn,* III, p. 257 et suiv.)

die Resurrectionis dominice, anno Domini millesimo ducentesimo sexagesimo nono. — Et super hoc consilium fidelium nostrorum Poncii Astoaudi, militis, et magistri Odonis de Montoneria requiratis.

1210

24 mart. 1269. — SENESCALLO THOLOSE PRO MAGISTRO BERNARDO DE COLUMBERIIS.

Alfonsus, *etc.*, senescallo Tholose et Albiensis, *etc.* Cum ex parte magistri Bernardi de Columberiis, civis Tholosani, crucesignati, nobis fuerit suplicando monstratum quod cum quidam de partibus Tholosanis sint honorum, possessionum, jurium suorum detentores minus juste, et aliter injuriantes eidem, super quibus adhiberi remedium sufficiens petit et implorat et judicem sibi dari, ne transitus sui itineris impediatur, vobis mandamus quatinus ipsum super his que proponenda duxerit coram vobis, vocatis qui fuerint evocandi de vestra senescallia, audiatis, [et] auditis rationibus parcium, super his et de quibus jurisdicio ad nos spectat faciatis eidem bonum jus et maturum. Datum apud Longumpontem, in festo Resurrectionis dominice, anno sexagesimo nono.

1211

24 mart. 1269. — PONTIO AUSTOAUDI, MILITI, ET MAGISTRO ODONI DE MONSTONERIA PRO ABBATE ET CONVENTU BONIFONTIS [ET HOMINIBUS DE CARBONA].

Alfonsus, *etc.*, dilectis et fidelibus suis Pontio Austoaudi, militi, et magistro Odoni de Monstoneria, clerico, salutem et dilectionem sinceram. Perlata ad nos querimonia ex parte abbatis et conventus Bonifontis [1], Cisterciensis ordinis, intelleximus quod judex noster major in Tholosano et Rogerius de Espieriis contra justitiam nituntur extorquere quinquaginta libras Turonensium ab eisdem, super quo vobis mandamus ut in hac parte addiscatis diligentius veritatem. Et quia, prout nobis relatum est, per composicionem dudum factam inter ipsos

---

[1] Bonnefont, abbaye de l'ordre de Cîteaux, diocèse de Comminges; auj. comm. de Proupriary, Haute-Garonne.

abbatem et conventum, ex una parte, et defunctum P. de Landrevilla, tunc senescallum nostrum in Tholosano, ex altera, dicta pecunie quantitas, ut dicitur, nobis est debita, nichilominus, si eis placuerit, in statum pristinum homines de Carbona[1] reducere poteritis, prestita tamen idonea caucione de solvenda emenda pro injuria servienti nostro illata ab ipsis hominibus, qui super hoc inventi fuerint culpabiles, secundum quod qualitas delicti emendam poposcerit in hac parte. Preterea addiscatis diligencius veritatem de legato quingentorum solidorum tholosanorum eisdem a defuncta domina Gentil, ut asserunt, sibi (sic) facto, quod a nobis postulant sibi reddi, cum ad solutionem dicti legati teneamur. Ceterum super pecunia, quam bajulus noster de Carbona dicitur extorsisse a Judeis ibidem commorantibus, curetis addiscere plenius veritatem, necnon super dampnis et injuriis sibi illatis, ut dicunt, per Beraudum de Andusia, qui decem et septem porcos et tres vacas, unum bovum (sic) et unam equam ipsis, sicut dicunt, abstulit violenter, addiscatis pariter veritatem. Et ea que super premissis inveneritis contra justiciam attemptata, prout de eisdem legitime constare poterit, quantum ad nostram jurisdictionem pertinet, faciatis ad statum pristinum reduci, justicia mediante. Datum apud Longumpontem, in festo Resurrectionis dominice, anno Domini м° cc° lx° nono.

Édité dans *Hist. de Languedoc* (nouv. édit.), VIII, col. 1586.

1212

26 mart. 1269. — EPISCOPO THOLOSE PRO PETRO DE GONESSIA.

Venerabili in Christo patri et sibi karissimo R., Dei gracia episcopo Tholosano [2], Alfonsus, *etc.*, salutem et sincere dilectionis affectum. Tanto confidimus porrecta vobis nostra precamina facilius admitti ad exaudicionis graciam, quanto eisdem precibus amplior equitas suffragatur. Cum igitur naturali equitati conveniat et vestre congruat honestati liberalitatem a vobis promissam liberalius adimpleri, paterni-

[1] Carbonne (Haute-Garonne). — [2] Raimond du Falga (1232-1270).

tatem vestram rogandam duximus ex affectu quatinus dilecto et fideli clerico nostro Petro de Gonessia, qui nobiscum iturus est in partibus transmarinis, arreragia quatuor annorum sibi debita, racione annue pensionis quindecim librarum turonensium quam sibi, contemplacione nostri, vestri gracia liberaliter contulistis, solvi et restitui sine more dispendio faciatis, tantum super hoc interventu nostrorum precaminum facientes, quod dictus clericus noster desiderium suum in hac parte se gaudeat assecutum, et nos vobis pro ipso merito teneamur ad graciarum multiplices actiones. Datum die martis post festum Resurrectionis dominice, anno Domini millesimo ducentesimo sexagesimo nono.

1213

26 mart. 1269. — EGIDIO CAMELINI, CLERICO, PRO COMITE PICTAVIE ET THOLOSE
[SUPER BONIS JUDEORUM ET ALIIS REBUS].

Alfonsus, *etc.*, dilecto et fideli clerico suo Egidio Camelini, salutem et sinceram dilectionem. Cum, sicut meminimus, in recessu vestro formam composicionis super facto Judeorum Tholosanorum in scriptis redactam vobiscum reportaveritis, nec prout condictum fuerat et in eadem forma contentum, de bonis eorumdem Judeorum nullam prorsus quantitatem peccunie adhuc habuerimus nec audiverimus an finatum fuerit cum Judeis nostris de dyocesi Tholosana ac Albigesii, vobis mandamus quatinus, secundum quod in forma predicta plenius continetur, pecuniam numeratam, cujuscunque monete existat, que in bonis Judeorum Tholose et dyocesis Tholosane ac Albigesii pariter inventa extitit tempore capcionis, necnon que obvenit de redempcione pignorum, quandiu in manu nostra fuerint vel fuerunt, procuretis nobis mitti et apud Templum Parisius aportari, cum ad nos veneritis in crastinum instantis quindene Penthecostes. Circa hec et alia vobis commissa negocia, tradicionem videlicet forestarum, composiciones super feudis detentis a burgensibus et confirmaciones Hospitalariis et aliis personis a nobis concedendas adeo prudenter et fideliter procedatis, quod per effectum operis cognoscamus cordi vobis eandem (*sic*) extitisse, nosque debeamus propter hoc vestram diligenciam merito commandare, universa et singula que feceritis vel facienda supererunt in scriptis sigillatim redacta vobiscum afferentes in termino supradicto. Insuper super facto Petri Grimaudi super reppario, de quo nobis per vestras scripsistis litteras, tractetis cum ipso vel alio, si quis plus offerat, et finem seu composicionem quam super hoc cum ipso vel alio, retenta voluntate nostra, feceritis, in scriptis ad dictum terminum afferatis. Et per Ruthinensem pro negociis nostris vobis commissis ibidem expediendis, si nondum illuc fueritis, redeatis, et super premissis consilium fidelis nostri Sicardi Alamanni requiratis, presertim super hiis in quibus ipsius consilium noveritis oportunum. Datum die martis post festum Resurrectionis Domini.

Édité dans *Hist. de Languedoc* (nouv. édit.), VIII, col. 1658-1659.

1214

(Fol. 68.) 25 mart. 1269. — EPISCOPO THOLOSANO PRO GUILLELMO, CAPPELLANO COMITISSE THOLOSE.

Venerabili in Christo patri et sibi karissimo R., Dei gratia Tholosano episcopo, Alfonsus, filius regis Francie, comes Pictavie et Tholose, salutem et sincere dilectionis affectum. Pro dilecto nostro Guillelmo, cappellano karissime consortis nostre comitisse, cui vestri gracia jamdudum dedistis liberaliter viginti libras turonensium annue pensionis, paternitatem vestram rogandam duximus quatinus eidem G. crucesignato velitis providere sufficienter in aliqua summa pecunie compettenti, facienda vobis ab ipso cessione, ut competit, de pensione predicta, tantum si placet super hiis facientes quod dictus G. preces nostras in hac parte sibi senciat profuisse. Datum die lune in crastino Resurrectionis dominice.

1215

27 mart. 1269. — SYCARDO ALAMANNI, MILITI.

Alfonsus, *etc.*, dilecto et fideli suo Sycardo Alamanni, militi, salutem et dilectionem. Rogamus vos quatinus circa promotionem negociorum nostrorum et specialiter tradicionis forestarum nostrarum et aliorum vobis et fideli clerico nostro Egidio Camelini [commissorum], more solito diligenter et solicite vos habere velitis, sicut confidimus vos facturos, ita quod diligenciam et sollicitudinem vestram debeamus propter hoc merito commandare. Datum die mercurii post [festum] Resurrectionis dominice, anno Domini m° cc° lx° nono.

1216

27 mart. 1269. — DOMINO PONTIO ET MAGISTRO ODONI.

Alfonsus, *etc.*, dilectis et fidelibus suis Poncio Astoaudi, militi, et magistro Odoni de Montoneria, clerico, salutem et dilectionem. Mandamus vobis quatinus in eundo per patriam curam et diligentiam adibeatis pro forefactis ballivorum ac aliorum seu excessibus frequentius solito emendandis, secundum quod justum fuerit, et in viis querendis per quas possimus habere peccuniam pro negotio Terre sancte, in quantum poteritis bono modo. Et quod feceritis et inveneritis, nobis in scriptis significare curetis per magistrum Egidium[1] seu per alium circa tres septimanas post instans festum Penthecostes. Datum die mercurii post Pascha, anno Domini m° cc° lx° nono.

Édité dans *Hist. de Languedoc* (nouv. édit.), VIII, col. 1587.

1217

29 mart. 1269. — MAGISTRO THOME DE NOVILLA.

Alfonsus, *etc.*, dilecto et fideli clerico suo Thome de Novilla, salutem et dilectionem. Mandamus vobis quatinus ex parte nostra dicatis domino Sycardo Alemanni et eciam senescallo Tholose ut quidam valetus, qui vocatur Adam de Auneio, qui habet duodecim denarios turonenses gagiorum per diem apud Verdunum[2], habeat ipsos et recipiat apud Villammuri[3], et quidam qui custodit Vilemur et habet apud

[1] On avait d'abord écrit : *Gilonem*. — [2] Verdun-sur-Garonne, Tarn-et-Garonne. — [3] Villemur, Haute-Garonne.

Villemur quatuor denarios turonenses gagiorum per diem, habeat ipsos apud Verdunum. Et hoc fieri faciatis. Datum apud Calidumfurnum [1], die veneris post Pascha, anno Domini M° CC° LX° nono.

1218

7 apr. 1269. — SYCARDO ALEMANNI, MILITI, PRO ILLUSTRI REGE ARAGONUM.

Alfonsus, etc., dilecto et fideli suo Sycardo Alemanui, militi, salutem et dilectionem. Mandamus vobis quatinus, si aliquos barones vel milites de terra nostra in senescallia Tholose et Albiensis cum excellenti et karissimo amico nostro, rege Arragonum illustri, in subsidium Terre sancte transfretare contigerit, illis tamen exceptis qui nobiscum convenerint super passagio transmarino, terras et bona eorum in dominio nostro existencia recommandata habentes, non permittatis in eorum bonis aut possessionibus ab aliquibus de nostra jurisdicione existentibus inferri molestiam vel gravamen, presertim quamdiu cum ipso rege fuerint in servicio Jesu Christi. Datum dominica in quindena Pasche, anno Domini M° CC° LX° nono.

Similis littera missa fuit senescallo Agennensi et Caturcensi pro eodem. — Similis littera missa fuit senescallo Ruthenensi pro eodem.

Édité dans *Hist. de Languedoc* (nouv. édit.), VIII, col. 1587.

1219

8 apr. 1269. — CONSULIBUS URBIS ET SUBURBII THOLOSE PRO BERNARDO GAITAPODIUM.

Alfonsus, etc., dilectis et fidelibus suis consulibus urbis et suburbii Tholose, salutem et dilectionem. Veniens ad nos Bernardus Gaitapodium dedit nobis intelligi quod dudum per eos, qui tunc temporis erant consules Tholose, lata fuit sentencia pro eodem contra Bernardum Raymundum de Tholosa, Raymundum de Dalbs, heredes et bonorum detentores Arnaldi de Levibus, Poncium Berengarium et Ray-

[1] Chauffour, Seine-et-Oise, cant. Étampes, plutôt que Chauffour, Seine-et-Oise, cant. Bonnières.

mundum Johannem Bosquetum, a qua sentencia per dictum B. ad nos extitit appellatum. Verum quia, obstante lapsu temporis, appellacionem suam non vult nec potest prosequi coram nobis, ad ipsius instanciam vobis mandamus quatinus sentenciam pro ipso latam, prout de hoc legitime constare poterit, mandetis execucioni, justicia mediante. Datum die lune post quindenam Pasche, anno Domini M° CC° LX° nono.

1220

8 apr. 1269. — SYCARDO ALEMANNI, MILITI, PRO VICECOMITE LEOMANIE.

Alfonsus, *etc.*, dilecto et fideli suo Sycardo Alemanni, militi, salutem et dilectionem. Ex parte vicecomitis Leomanie nobis est datum intelligi quod castrum de Jumad [1] et de Esparsag [2] immediate tenentur et teneri debent ab ipso, et pro recognicione dominii domini dictorum castrorum quedam deveria et redevencias in mutacione domini eidem tenentur facere, sicut dicit, et predicta deveria seu redevencias solverunt domini dictorum castrorum et predecessores eorum predecessoribus seu predecessori ipsius vicecomitis, sicut fertur, et quod senescallus noster Tholose impedimentum dedit quominus dicti domini de predictis jus facerent et caperent coram eo. Unde vobis mandamus quatinus ipsum super hoc diligenter audiatis, et vocatis dominis qui tenent domanium dictorum castrorum, auditis ipsorum racionibus, super hiis de quibus jurisdicio ad nos spectat faciatis eisdem bonum jus et maturum, jure nostro et alieno illeso servato. Datum die lune post quindenam Pasche, anno Domini M° CC° LX° IX°.

1221

17 apr. 1269. — SYCARDO ALEMANNI PRO COMITE PICTAVIE ET THOLOSE.

Alfonsus, *etc.*, dilecto et fideli suo Sicardo Alemanni, militi, salutem

---

[1] Gimat, Tarn-et-Garonne, cant. Beaumont-de-Lomagne.

[2] Esparsac, Tarn-et-Garonne, cant. Beaumont-de-Lomagne.

et dilectionem. Cum nobis per Berterandum, clericum vestrum [1], sentenciam per vos latam super facto dilecti et fidelis nostri Girardi de Arminiaco, militis, et consulum et universitatis de Condomio [2] transmiseritis, et per vestras litteras significaveritis [quod] super facto hujusmodi tam de jure quam consuetudine pro armorum portacione et pacis f[r]ac[t]ione magnam possumus habere quantitatem pecunie, justicia mediante, mandamus vobis quatinus de jure nostro super hoc diligenter, prout alias vobis mandavimus, addiscatis, et quod super hoc inveneritis et consilium vestrum qualiter ad recuperandum jus nostrum in hoc facto procedere debeamus, per fidelem clericum nostrum, Egidium Camelini, in crastino instantis Penthecostes, cum ad nos venerit, rescribatis. Super facto Judeorum per Thomam, clericum nostrum, per nostras litteras mandavimus, prout ipse [et] dictus Egidius, sicut eis injunctum est, vobis dicent. Ceterum cum dictus Berterandus, [clericus] vester, nobis dixerit quod inter quosdam homines Castrinovi de Arrio [3] et contra quosdam alios ejusdem ville rixe seu contenciones exorte fuerint et arma hinc inde delata, et similiter inter quosdam de Galliaco [4] contra alios ejusdem ville acciderit idem factum, vobis mandamus quatinus super factis hujusmodi et aliis, quos (*sic*) in senescallia Tholose et Albiensis evenisse noveritis, emendas judicari faciatis per judices, prout justum fuerit, et levari, quid super premissis omnibus factum fuerit per predictum Egidium Camelini nobis ad predictum terminum rescribentes. Datum die mercurii post dominicam qua cantatur Jubilate, anno Domini millesimo ducentesimo sexagesimo nono.

1222

(Fol. 69.) 19 apr. 1269. — SYCARDO ALEMANNI PRO GUILLELMO GARSITO ET BERNARDO FABBRO.

Alfonsus, *etc.*, dilecto et fideli suo Sycardo Alemanni, militi, salu-

---

[1] Cette formule prouve que Sicard Alaman remplissait à cette date les fonctions de sénéchal de Toulouse. Cf. Boutaric, p. 109.

[2] Condom, Gers.

[3] Castelnaudary, Aude.

[4] Gaillac, Tarn.

tem et dilectionem. Ex conquestione Guillelmi Garsiti, tubicinatoris, et Bernardi Fabbri, civium Tholose, nobis innotuit quod Arnaldus Willelmi, notarius Tholose, eosdem vexat multipliciter et contra justiciam inquietat, trahendo eos in causam coram judicibus a sede apostolica delegatis, occasione quarumdam possessionum ab eisdem titulo emptionis acquisitarum a Petro Bernardi, cive Carnotensi, tunc vicario nostro Tholose. Que quidem possessiones dicti notarii fuerant et ad manum nostram devenerant, pro eo quod idem notarius de crimine false monete suspectus, ut dicitur, habebatur, assumens occasionem vexationis hujusmodi pretextu quarumdam litterarum nostrarum, cujus seriem vobis mittimus presentibus interclusam, que directe fuerant ad magistrum Berengarium Peutrici, tunc judicem vicarii Tholose, et ad Jacobum de Bosco, collegam sibi datum in hac parte. Que quidem littere videntur impetrate tacita veritate, cum de facto vendicionis precedentis nichil nobis extitisset tunc temporis intimatum. Quocirca vobis mandamus quatinus, secundum quod de premissis vobis legitime constare poterit, quantum fieri poterit et debebit sine juris injuria et quantum ad nos pertinet, dictis civibus juste defensionis presidio assistatis. Datum die veneris ante festum sancti Marchi euvangeliste, anno Domini m° cc° lx° nono.

Similis littera missa fuit abbati Moysiacensi cum hac adjectione : Presertim cum per privilegia a sede apostolica nobis indulta, quorum transcripta credimus vos habere, cautum sit quod super rebus de nostris feodis vel censivis, ad jurisdicionem nostram mediate vel immediate spectantibus, lis seu causa in foro ecclesiastico minime debeat agitari, nosque simus parati de eisdem rebus exhibere justiciam cuilibet conquerenti. Datum ut supra.

Édité dans *Hist. de Languedoc* (nouv. édit.), VIII, col. 1621-1622.

1223

19 apr. 1269. — MAGISTRO BERANGARIO, JUDICI THOLOSE, ET JACOBO DE BOSCO
PRO ARNALDO GUILLELMI, CLERICO.

Alfonsus, *etc.*, dilectis et fidelibus suis magistro Berangario Peutrico, judici in Tholosa, et Jacobo de Nemore, salutem et dilectionem. Cum, sicut per vestras intelleximus litteras, in negocio compromissi quod vertebatur inter Arnaldum Guillelmi, clericum, et G. de Nantoilleto, vicarium nostrum Tholose, coram vobis, talem sententiam, si nobis placeret, protuleritis, videlicet quod dictus clericus absolvat imperpetuum atque quittet dicto vicario et sue familie quidquid ab ipsis occasione litis inter eos mote petere posset, et quod pronuncietur processum habitum contra illum clericum esse irritum atque nullum, et quod dictus vicarius reddat dicto clerico omnia que habet et detinet de bonis dicti clerici et quod dictum clericum ad omnia restituat fame sue, salvo tamen nobis jure in incurssu et confiscacione bonorum predictorum, si reperiri posset ydonee ipsum clericum crimen false monete commisisse, et salvo similiter jure ipsi clerico adversus alias personas que habent et detinent de ipsis bonis et que ea indebite distraxerint, significamus vobis quod dictam sententiam, quantum in nobis est, salvo tamen jure nostro et alieno, toleramus. Datum die veneris ante invencionem sancti Dyonisii, anno Domini millesimo ducentesimo sexagesimo nono.

1224

8 mai. 1269. — PREPOSITO ET CAPITULO ECCLESIE THOLOSANE
PRO FRATRIBUS BEATE MARIE DE CARMELO THOLOSE.

Alfonsus, *etc.*, venerabilibus viris et dilectis suis preposito et capitulo ecclesie Tholosane, salutem et dilectionem sinceram. Prudenciam vestram rogandam duximus quatinus religiosos viros, fratres ordinis Beate Marie de Monte Carmeli, Tholose commorantes, ac domum et res suas intuitu pietatis reconmendatos, quantum honestati congruit, habeatis, nec ipsos fratres in personis vel rebus suis contra justiciam molestetis vel molestari a vestris subditis permittatis. Datum die mercurii ante festum Penthecostes.

1225

8 mai. 1269. — EPISCOPO THOLOSANO PRO FRATRIBUS ORDINIS BEATE MARIE DE MONTE CARMELI THOLOSE.

Venerabili in Christo patri sibi karissimo R., Dei gratia Tholosano episcopo, Alfonsus, *etc.*, salutem et sincere dilectionis affectum. Paternitatem vestram rogandam duximus quatinus religiosos viros, fratres ordinis Beate Marie de Monte Carmeli, Tholose commorantes, ac domum et res suas reconmandatos, si placet, habeatis, nec ipsos religiosos a vestris subditis permittatis indebite obprimi seu eciam aggravari. Datum die mercurii proxima ante festum Penthecostes.

1226

8 mai. 1269. — SYCARDO ALAMANNI, MILITI, PRO GAUZIONE DE VILLANOVA.

Alfonsus, *etc.*, dilecto et fideli suo Sycardo Alamanni, militi, salutem et dilectionem. Olim causam appellacionis ad nos interposite, ut asseritur, ab audiencia magistri Guillelmi de Furno, ordinarii judicis appellacionum dilecti et fidelis nostri Petri de Landrevilla, tunc senescalli Tholose, ex parte Gauzionis de Villanova, in causa que inter ipsum ex una parte et filios et heredes quondam Poncii de Villanova et curatores et sponderios eorundem ex altera, super divisione hereditatis quondam Jordani de Villanova, militis, vertebatur, vobis sub certa forma dicimur commisisse, fine debito terminandam. Cum autem, sicut dicto Gauzione accepimus refferente, hujusmodi causam magistro Vincencio, clerico vestro, lite coram vobis prius in ipsa causa legitime contestata, duxeritis committendam et eciam terminandam, et idem Vincencius in hujusmodi causa procedens diffinitivam sentenciam tulerit in eadem, que demum causa post processum aliquem habitum coram domino Poncio Astoaudi, milite, sive[1] subdelegato ipsius per magistrum Remondum Arnaldi, a nobis super appellacione, quam iidem liberi seu curatores et sponderii supradicti a dicta sentencia ejusdem Vincencii seu ad nos interposuisse dicebant, judicem deputatum, ipso jure, ratione in[c]epti processus pronunciata fuerit esse nulla, vobis mandamus quatinus, si est ita et aliud canonicum non obsistat, causam appellacionis ab eodem magistro Guillelmo de Furno, ut dictum est, interpositam a dicto Gauzione et a nobis postmodum vobis commissam, de ea et ipsius meritis, vocatis qui fuerint evocandi, non obstante processu habito per Vincencium supradictum, legitime cognoscentes, quod justum fuerit super hoc faciatis et fine debito terminetis, juxta priorum continenciam litterarum. Datum die mercurii ante festum Penthecostes, anno Domini millesimo ducentesimo sexagesimo nono.

1227

(Fol. 70.) 8 mai. 1269. — SYCARDO ALAMANNI PRO FRATRIBUS ORDINIS BEATE MARIE DE [MONTE] CARMELI THOLOSE.

Alfonsus, *etc.*, dilecto et fideli suo Sycardo Alamanni, militi, salutem et dilectionem. Ex parte religiosorum virorum fratrum ordinis Beate Marie de Monte Carmeli, Tholose commorancium, fuit propositum coram nobis quod aliqui, quorum nomina vobis expriment, de nostra jurisdicione in dyocesi Tholosana existentes, eisdem fratribus multas injurias et dampna non modica intulerunt et inferunt indebite, sicut dicunt, et pejora sibi facere comminantur. Quare vobis mandamus quatinus ipsos fratres, quantum cum justicia poteritis, reconmendatos habeatis, nec permittatis eisdem fratribus in personis vel rebus suis per aliquos laicos de nostra jurisdicione existentes inferri molestiam vel gravamen, et si aliquid contra dictos fratres per aliquos de nostra jurisdicione injuste repereritis attemptatum, illud faciatis ad statum reduci debitum, justicia mediante. Datum die mercurii ante

---

[1] Le manuscrit porte *quem*, faute évidente.

festum Penthecostes, anno Domini millesimo ducentesimo sexagesimo nono.

Similis littera missa fuit vicario Tholosano pro eisdem.

1228

23 mai. 1269. — SENESCALLO THOLOSE ET ALBIENSIS PRO ANDREA LAGUSELLI, CLERICO.

Alfonsus, *etc.* Inspecta serie litterarum venerabilis viri magistri Bernardi Laguselli, apostolice sedis notarii, intelleximus prioratum seu ecclesiam de Villamuro[1] Andree, clerico, fratri ejusdem B., auctoritate felicis memorie domini Clementis pape IIII[ti] fuisse collatum, ipsumque Andream seu procuratorem suum nomine ipsius in pacifica possessione dicti prioratus per dies aliquot extitisse; sed postmodum de dicta possessione vel quasi per potenciam Beraudi de Andusia et suorum complicum violenter, ut dicitur, est ejectus, propter quod, cum prioratum eundem per se vel per interpositam personam detineat occupatum, et in detentores hujusmodi a priore fratrum Predicatorum et gardiano fratrum Minorum Tholose, executoribus in negocio de quo agitur auctoritate apostolica deputatis, prout per litteras eorundem nobis innotuit, auctoritate eadem excommunicacionis sentencia extiterit promulgata, ac rebellionem seu impedimentum, quod in hac parte ingeritur, amoveri per nos cum instancia postularint, vobis mandamus quatinus a personis nostre jurisdicioni subjectis non permittatis impediri seu impedimentum prestari, quominus prefatus clericus collato sibi beneficio gaudere possit libere et quiete, prefatum Beraudum ex parte nostra attencius requirentes ut ab hujusmodi insolenciis et excessibus taliter se compescat, quod non oporteat super hoc manum apponere graviorem. Non enim possumus nec debemus tantos excessus totque gravamina, que per ipsum et suos dicuntur fieri, sub dissimulacione deinceps pertransire. Datum die jovis post octabas Penthecostes, anno Domini M° CC° LX° nono.

Similis littera missa fuit Sycardo Alemanni, militi.

[1] Villemur, Haute-Garonne.

1229

31 mai. 1269. — LITTERA PRO [NOVO] SENESCALLO THOLOSE.

Alfonsus, *etc.*, universis presentes litteras inspecturis, salutem in Domino. Significamus vobis quod nos dilecto et fideli nostro Theobaldo de Namgevilla, militi, exhibitori presencium, senescalliam nostram Tholose et Albiensis, quamdiu nobis placuerit, tradidimus custodiendam. Unde vobis mandamus quatinus eidem Theobaldo, tanquam senescallo nostro, obediatis et intendatis. Datum apud Lungumpontem, die veneris post quindenam Penthecostes, anno Domini M° CC° LX° nono.

Similis littera facta fuit pro domino P. de Roceio, super vicaria Tholose.

Édité par Boutaric, *S. Louis et Alfonse de Poitiers*, p. 153.

1230

31 mai. 1269. — SYCARDO ALEMANNI [SUPER EADEM RE].

Alfonsus, *etc.*, dilecto et fideli suo Sycardo Alemanni, militi, salutem et dilectionem. Cum nos dilecto et fideli nostro Theobaldo de Nangeville, militi, senescalliam nostram Tholose tradiderimus, quamdiu nobis placuerit custodiendam, vobis mandamus quatinus dicto Theobaldo assistatis et ipsum super nostris negociis plenius instruatis, taliter super hiis vos habentes, sicut confidimus vos facturos, quod propter hoc debeamus vobis merito scire gratum. Datum apud Longumpontem, die veneris post quindenam Penthecostes, anno Domini M° CC° LX° nono.

1231

31 mai. 1269. — [GUILLELMO DE NANTOILLETO, OLIM THOLOSE VICARIO.]

Alfonsus, *etc.* Guillelmo de Nantoilleto, salutem et dilectionem. Cum nos dilecto et fideli nostro Petro de Roçai, militi, vicariam nostram Tholose tradiderimus, quamdiu nobis placuerit custodiendam, vobis mandamus quatinus per quadraginta dies, prout moris est, in vicaria eadem sitis, querelantibus de vobis, si qui fuerint, prout condecet, responsuri, medietatem solitorum gagiorum vestrorum pro rata dicti temporis habituri. Ceterum vobis mandamus quatinus dicto Petro assistatis et ipsum super nostris negociis plenius instruatis, tradentes eidem in scriptis redditus nostros et debita tam nova quam vetera, que nobis debentur in vicaria supradicta, necnon juvetis eundem in debitis ipsis recuperandis, assignantes sibi sigillatim singulas summas debitorum nostrorum ac nomina eorum qui eadem debent, et fidejussorum qui sunt pro eisdem debitoribus constituti, taliter vos super hiis habentes, sicut confidimus vos facturos, quod propter hoc vobis debeamus scire gratum. Garnisionem castri nostri Narbonensis de Tholosa deliberetis eidem P. in scriptis. Datum apud Longumpontem, die veneris post quindenam Penthecostes, anno Domini m° cc° lx° nono.

1232

4 jun. 1269. — SENESCALLO THOLOSE ET ALBIENSIS PRO HABITATORIBUS BASTIDE NOVE DE SALLES.

Alfonsus, etc., senescallo Tholose et Albiensis, etc. Cum per habitatores bastide nove de Salles[1], dyocesis Tholose, nobis fuerit intimatum quod per milites sub cujus dominio olim morati fuerunt, antequam ad bastidam predictam causa morandi venirent, sint coram judicibus ecclesiasticis et secularibus, prout asserunt, multipliciter vexati, vobis mandamus quatinus habitatores in posterum, de hiis que ad bastidam pertinent vel ad pertinencias ejusdem, non permittatis alibi quam in dicta bastida ab aliquibus vexari, facientes assisiam ibi teneri aliquando. Istam autem graciam valere volumus in favorem dicte nove bastide quamdiu nostre placuerit voluntati. Datum apud Longumpontem, die martis post tres septimanas Penthecostes, anno Domini m° cc° lx° nono.

[1] Probablement Salles, Haute-Garonne, cant. Rieux; cette bastide est mentionnée dans un mémoire sur l'administration d'Alfonse datant d'environ 1272. (*Histoire de Languedoc*, nouvelle édition, VIII, col. 1732.)

1233

[Jun.] 1269. — SENESCALLO THOLOSANO PRO HOMINIBUS DE SALIS.

Alfonsus, *etc.* Ex parte hominum bastide nostre de Salis nobis extitit conquerendo monstratum quod aliqui milites et nobiles, sub quorum dominio moram trahere consueverant, pro caselagiis que ab ipsis militibus tenere solebant servicia dudum debita repetunt ab eisdem, ipsos propter hoc coram pluribus judicibus multipliciter infestando, licet predicta caselagia eisdem dimiserint nec homines ipsorum sint de corpore, sicut dicunt. Quare vobis mandamus quatinus, vocatis dictis militibus et quorum interest, eosdem, si ad nostram juridictionem pertineant, faciatis a vexacione predicta cessari, prout justum fuerit, et dimitti. Ceterum ex ipsorum querimonia nobis innotuit quod predicti domini sui bona sua mobilia, que habebant tempore quo ad dictam bastidam devenerunt, contra jus et consuetudinem patrie penes se retinuerunt et detenta sibi reddere contradicunt. Quare vobis mandamus quatinus, vocatis dictis militibus, si de nostra existant jurisdictione, eisdem hominibus suis bona sua mobilia reddere vel recredere faciatis, prout cognita fuerint vel probata, et de aliis militibus, qui de nostra non fuerint jurisdicione, requiratis dominos ipsorum militum vel nobilium ut ipsos ad restitucionem predictorum bonorum mobilium, de quorum retencione sibi constare poterit, eisdem hominibus facienda, prout justum fuerit, compellaunt, cum parati sint, ut asserunt, coram vobis vel vestro judice stare juri. Datum apud Longumpontem, anno Domini M° CC° LX° IX°.

1234

(Fol. 71.) 5 jun. 1269. — EGIDIO CAMELINI PRO MONIALIBUS DE PRULLIANO.

Alfonsus, *etc.* Cum nos sororibus Beate Marie de Prulliano[1], diocesis Tholosane, nomine sui monasterii dederimus sexdecim sexteriatas terre

---

[1] Prouille, Aude, comm. Fanjeaux.

et nemoris in foresta nostra de Valler.[1], vobis mandamus quatinus dictas sexdecim sexteriatas eisdem mensurari et assignari faciatis, [et] in possessionem ipsarum terrarum et nemorum nomine predicto inducatis sorores antedictas. Datum apud Longumpontem, die mercurii post tres septimanas Penthecostes.

1235

14 jun. 1269. — SENESCALLO THOLOSE ET ALBIENSIS PRO ARNALDO DE BERERELLES ET FRATRIBUS SUIS.

Alfonsus, *etc.*, senescallo Tholose et Albiensis, *etc.* Cum per sentencias latas in nostra curia per magistrum Raymundum de Olivo et magistrum Guillelmum de Furno, quondam judices Petri de Vicinis[2] et Petri de Landrevilla[3], tunc senescallorum nostros (*sic*) in partibus Tholosanis, ut reffertur, Arnaldum de Berrelles, fratres suos, cognatos atque nepotes ejusdem ad decem solidos turonensium teneri nomine heberge nobis debite in villa de Berrelles[4], occasione possessionum ad dictum locum pertinencium, vobis mandamus quatinus per bajulos nostros de Avinioneto[5] a dicto Arnaldo ac ejus consortibus ultra decem solidos nomine heberge nobis debite nullatenus exigi permittatis occasione possessionum quas tempore late sentencie inhibi possidebant, ceteros namque homines in dicto loco de Berrelles commorantes, necnon alios qui se de dicto loco de Berrelles ad bastidam Villefranche[6] transtulerunt, occasione possessionum quas tempore translacionis in dicto loco de Berrelles detinebant, proporcionaliter compellentes ad solucionem dicte heberge, quatuor librarum scilicet, decem solidis superius nominatis in hoc contemptis (*sic*), quousque

---

[1] J'ignore comment compléter ce nom abrégé; je ne trouve rien, ni sur les cartes, ni dans les dictionnaires.

[2] Sénéchal de Toulouse jusqu'au 14 février 1254.

[3] Sénéchal, d'octobre 1262 à 1268.

[4] Lasbarelles, lieu dit, marqué par Cassini au nord-est de Villefranche.

[5] Avignonet, Haute-Garonne, cant. Villefranche.

[6] Villefranche-de-Lauragais, Haute-Garonne.

heberga predicta quatuor librarum scilicet ab omnibus communiter totaliter exsolvatur. Datum die veneris post festum beati Barnabe apostoli, anno Domini M° CC° LX° nono.

1236

14 jun. 1269. — SENESCALLO THOLOSE ET ALBIENSIS PRO ABBATE SANCTI PAPULI.

Alfonsus, *etc.*, senescallo Tholose et Albiensis, *etc.* Vobis mandamus quatinus abbati Sancti Papuli super quibusdam sentenciis seu sentencia prolatis, ut dicitur, per dominum Gaufridum de Canaveriis, et execucione earum, item super inquisicione facta, ut dicitur, per defunctum Petrum de Landrevilla super proprietate feudi Sancti Stephani de Laval[1] judicanda, vocatis qui fuerint evocandi et domino Sicardo pro jure nostro [defendendo], exhibeatis de hiis que ad jurisdicionem nostram spectant bonum jus et maturum, jure nostro in omnibus observato et quolibet alieno. Datum die veneris post festum beati Barnabe apostoli, anno Domini M° CC° LX° IX°.

1237

15 jun. 1269. — PRO ARNALDO BENEDICTI.

Alfonsus, *etc.*, senescallo Tholose, *etc.* Veniens ad nos Arnaldus Benedicti a nobis terras et possessiones quondam patris sui, de heresi condempnati, sibi restitui supplicavit, asserens dictum patrem suum sibi omnia bona sua, antequam esset de heresi condempnatus vel citatus, contulisse. Quocirca vobis mandamus quatinus, vocatis dicto Arnaldo et aliis quorum interest, necnon Jacobo de Bosco pro jure nostro deffendendo in hac parte, de consilio fratrum inquisitorum heretice pravitatis eidem Arnaldo exhibeatis celeris justicie complementum, jus nostrum in omnibus observantes illesum, addiscentes nichilominus qualiter gentes karissimi domini nostri regis Francie, fratris nostri,

---

[1] Je ne trouve rien sur les cartes qui réponde à ce nom.

utuntur in Carcassonensi tali casu. Datum die sabbati post festum sancti Barnabe apostoli, anno m° cc° lx° nono.

Édité dans *Hist. de Languedoc* (nouv. édit.), VIII, col. 1677-1678.

1238
15 jun. 1269. — PRO ARNALDO DE LAFAGE.

Alfonsus, *etc.*, senescallo Tholose, *etc.* Veniens ad nos Guillelmus de Lafage lxª libras Turonensium [petiit], quas asserit sibi a defuncto Petro de Landrevilla, milite, tunc senescallo nostro Tholose, promissas fuisse pro eo quod Arnaldum Glise, qui archipresbiterum de Caramanno interfecerat[1], cepit, sicut dicit. Unde vobis mandamus quatinus, vocatis hominibus de Caramanno[2] et dicto Guillelmo, auditis racionibus parcium, eidem super predictis exhibeatis celeris justicie complementum. Datum die sabbati post festum sancti Barnabe apostoli, anno Domini m° cc° lx° nono.

Édité dans *Hist. de Languedoc* (nouv. édit.), VIII, col. 1678.

1239
16 jun. 1269. — DOMINO PONCIO ASTOAUDI ET MAGISTRO ODONI
PRO ABBATISSA ORACIONIS DEI.

Alfonsus, *etc.* Ex parte religiose mulieris abbatisse Oracionis Dei[3] nobis est humiliter supplicatum ut c marchas argenti, monasterio suo a bone memorie R., quondam comite Tholose, in testamento suo legatas, ut dicit, sibi reddi faceremus, deductis inde xx libris Tholosanis que de dicta summa c marcharum sunt solute. Unde vobis mandamus quatinus diligenter addiscatis quid et quantum legavit dictus defunctus comes R. dicto monasterio et an unquam cum abbatissa dicti monas-

---

[1] Cet archiprêtre de Caraman ou de Lézat est Raimond de Costiran, tué en 1242 à Avignonet. (Cf. *Hist. de Languedoc*, nouv. édit., VI, 739-740.)

[2] Caraman, Haute-Garonne.

[3] L'Oraison-Dieu, abbaye cistercienne de femmes, diocèse de Toulouse; transportée plus tard à Muret.

terii composicio fuit facta, et quantum de dicto legato est solutum, et an ad solucionem dicti legati teneamur. Et quid super premissis inveneritis, nobis cum aliis vestris inquestis in crastino instantis quindene Omnium sanctorum referatis. Datum die dominica post festum beati Barnabe, anno Domini m° cc° lx° nono.

1240

19 jun. 1269. — [SENESCALLO THOLOSE PRO BERNARDO ADEMARI INJUSTE SPOLIATO.]

Alfonsus, *etc.*, senescallo Tholose et Albiensis, *etc.* Veniens ad nos Bernardus Ademari nobis conquerendo monstravit quod dilectus et fidelis clericus noster Egidius Camelini ipsum quadam parte ville [et] jurisdicionis de Viviers[1] et quibusdam aliis terris indebite spoliavit. Quocirca vobis mandamus quatinus, proviso nobis de patrono ydoneo et dicto Egidio defensore pro nobis vel alio legitimo constituto et [vocatis] aliis qui fuerint evocandi, predicto Bernardo super restitucione sibi facienda, si eam petat, exibeatis celeris justicie complementum. Datum die mercurii ante festum nativitatis beati Johannis Baptiste, anno Domini m° cc° lx° nono.

1241

19 jun. 1269. — [SENESCALLO THOLOSE PRO RAIMUNDO CALVETI ET FRATRE SUO [2].]

Alfonsus, *etc.*, senescallo Tholose, *etc.* Veniens ad nos Raymundus Calveti, pro se et fratre suo, nobis exposuit conquerendo quod dilectus et fidelis clericus noster Egidius Camelini vicesimam partem bonorum suorum ab eis exigit indebite et injuste, dicens eos esse homines nostros de corpore, cum se asserant ab omni jugo liberos servitutis, e contrario asserente dicto Egidio ipsos esse homines nostros de corpore, et quod per confessionem patris dictorum fratrum, factam in judicio, constat dictum patrem eorum nostrum fuisse hominem de corpore, de qua confessione publicum exstat, ut idem Egidius asserit, instrumen-

[1] Viviers, Ariège, cant. Mirepoix, ou peut-être soit Viviers, Haute-Garonne, comm. Nailloux, soit Vivrers, comm. Miremont. — [2] Cet acte a été cancellé.

tum. Unde cum dictis fratribus incumbat probacio libertatis, maxime cum consuetudo sit quod partus deteriorem condicionem alterutrius parentis sequi debeat, ut dicitur, in hac parte, vobis mandamus quatinus si se super premissis voluerint defendere et in libertatem proclamare, ipsos diligenter audientes, eisdem, prout de jure vel consuetudine patrie faciendum fuerit, exibeatis justicie celeris complementum, constituto pro nobis legitimo defensore, de consilio Egidii Camelini. Datum die mercurii ante festum nativitatis beati Johannis Baptiste, anno Domini M° CC° LX° nono.

1242

(Fol. 72.) 21 jun. 1269. — SENESCALLO THOLOSE ET ALBIENSIS PRO HOMINIBUS DE CALVOMONTE.

Alfonsus, *etc.*, dilecto et fideli suo Theobaldo de Nangeville, militi, senescallo Tholose et Albiensis, *etc.* Causam appellacionis, ad nos, ut dicitur, interposite ab Arnaldo Sabbaterii, procuratore hominum de Calvomonte[1], ut dicitur, pro se et procuratorio nomine eorundem, a sentencia contra ipsos homines per magistrum Guillelmum de Furno, judicem subdelegatum a defuncto Petro de Landrevilla, milite, quondam senescallo nostro Tholose et Albiensis, a nobis, ut dicitur, judice deputato, pro Raymundo de Cantesio, domicello, et ejus curatore lata in causa que coram dicto magistro Guillelmo vertebatur inter ipsos, vobis committimus audiendam et fine debito terminandam. Datum die veneris ante festum nativitatis beati Johannis Baptiste, anno Domini M° CC° LX° nono.

1243

21 jun. 1269. — SENESCALLO THOLOSE ET ALBIENSIS PRO ABBATISSA (*sic*) DE MONTEALBANO.

Alfonsus, *etc.*, senescallo Tholose et Albiensis, *etc.* Mandamus vobis quatinus in causa que vertitur vel verti speratur coram vobis inter

---

[1] Calmont, Haute-Garonne, cant. Nailloux.

Hernaudum Juliani de Castro Saraceni ex parte una et abbatissam (*sic*) de Montealbano [1] ex altera, racione bonorum neptis ipsius Hernaudi, exibeatis maturum justicie complementum, non permittentes ipsam abbatissam ab aliquibus subditis nostris super hiis que ad jurisdicionem nostram pertinent, indebite molestari. Datum die veneris ante nativitatem beati Johannis Baptiste, anno Domini millesimo cc° lx° nono.

1244

21 jun. 1269. — SENESCALLO THOLOSE ET ALBIENSIS PRO ABBATE APPAMIARUM SUPER BENEFICIO DE EMPELTO.

Alfonsus, *etc.*, senescallo Tholose et Albiensis, *etc.* Veniens ad nos vir religiosus B., abbas Appamiarum [2], nobis conquerendo exposuit quod quidam monachus possessionem beneficii de Empelto [3], quod a longo tempore fuerat assecutus et quod post creacionem ipsius in abbatem Appamiarum eidem fuerat per summum pontificem reservatum, contra justiciam usurpavit per potenciam laicalem, ipsum indebite, ut asserit, expellendo. Quare vobis mandamus quatinus, si vobis constiterit dictum abbatem fuisse de dicto beneficio taliter spoliatus, laicalem potenciam ab hujusmodi molestacionibus omnino desistere conpellatis, nec ipsum per aliquos laicos impeti, quominus dictum beneficium valeat possidere pacifice, permittatis. Datum die veneris ante festum nativitatis beati Johannis Baptiste, anno Domini m° cc° lx° nono.

Édité dans *Hist. de Languedoc* (nouv. édit.), VIII, col. 1678-1679.

1245

21 jun. 1269. — SENESCALLO THOLOSE PRO ABBATE APPAMIARUM SUPER CASTRO DE BANNERIIS.

Alfonsus, *etc.*, senescallo Tholose et Albiensis, *etc.* Viro religioso...

---

[1] Faut-il corriger *abbatem*? Peut-être s'agit-il ici de l'abbesse du couvent des Clarisses de Montauban, fondé en 1258.

[2] Le fameux Bernard Saisset, abbé, puis évêque de Pamiers de 1267 à 1314.

[3] Lempaut, Tarn, cant. Puylaurens.

abbate Appamiarum accepimus conquerente, quod Petrus de Landrevilla, miles, defunctus quondam senescallus noster Tholose et Albiensis, possessione castri de Banneriis [1] ipsum indebite, ut asserit, spoliavit. Quocirca vobis mandamus quatinus, vocatis qui fuerint evocandi, auditis hinc inde racionibus, si vobis constiterit prefactum (sic) abbatem fuisse in possessione justa et pacifica dicti castri ac ipsum de dicta possessione per jamdictum senescallum nostrum vel gentes nostras fuisse indebite spoliatum, reducatis eundem in ea possessione, in qua dejectionis tempore existebat, justicia mediante. Datum die veneris proxima ante nativitatem beati Johannis Baptiste, anno Domini millesimo ducentesimo LX° nono.

Édité dans *Hist. de Languedoc* (nouv. édit.), VIII, col. 1679.

1246

21 jun. 1269. — PONTIO ASTOAUDI, MILITI, ET MAGISTRO ODONI DE MONTONERIA PRO RAYMUNDO SAXETI, MILITE.

Alfonsus, *etc.*, dilectis et fidelibus suis Poncio Astoaudi, militi, et magistro Odoni de Montoneria, salutem et dilectionem. Cum alias vobis, ut dicitur, mandaverimus ut sub certa forma de jure quod Raymundus Salseti (sic), miles, in facto de Marvilla [2] et nemore de Rampalmario [3] se habere asserit, inquirere deberetis, nec ad dictam inquestam procedere volueritis, prout ex parte dicti Raymundi fuit propositum coram nobis, vobis mandamus quatinus de jure, quod idem miles in dictis facto de Marvilla et nemore de Rampalmario sibi asserit competere, inquiratis secundum traditam vobis formam, nisi alias per inquestam determinatum [4] fuerit, nisi aliud racionabile fuerit quominus in dictam inquestam, ut superius dictum est, procedere debeatis. Datum die veneris ante festum nativitatis beati Johannis Baptiste, anno Domini M° CC° LX° nono.

[1] Banières, Tarn, cant. Lavaur.

[2] Mourvilles-Basses, Haute-Garonne, cant. Caraman, ou Mourvilles-Hautes, cant. Revel.

[3] Ce bois paraît aujourd'hui défriché; je n'en ai trouvé trace nulle part.

[4] Le manuscrit porte par erreur *determinata*.

1247

22 jun. 1269. — SENESCALLO THOLOSE ET ALBIENSIS LITTERA PATENS
PRO ABBATE APPAMIARUM.

Alfonsus, *etc.*, senescallo Tholose et Albiensis, *etc.* Cum, sicut nobis datum est intelligi, vir religiosus abbas Appamiarum, timens quorumdem emulorum suorum insidias et malicias, sine sui proprii corporis periculo non audeat incedere sine armis, mandamus vobis quatinus non inpediatis ipsum, eundo et redeundo per terram nostram Tholosanam, quominus arma portare possit se vicesimo, dum tamen latenter et secrete, ut exemplum mali evitetur, providentes tamen pariter ne ex delacione hujusmodi aliquid mali in terra nostra possit contingere et ad tuicionem sui corporis, non ad inpugnacionem aliorum arma ferat, nec dolus vel collusio intervenire valeat in hac parte. Durent iste littere usque ad instans festum Pasche. Datum die sabbati ante festum nativitatis beati Johannis Baptiste, anno Domini M° CC° LX° nono.

1248

22 jun. 1269. — SENESCALLO THOLOSE ET ALBIENSIS PRO COMITISSA.

Alfonsus, *etc.*, senescallo Tholose et Albiensis, *etc.* Ex parte Comitisse nobis denunciando extitit intimatum quod Bernardus dictus de Parage et Raymundus, frater ejus, Guillelmum, filium dicte Comitisse, capellanum de Monchyu[1], cum armis in strata publica invaserunt et ipsum letaliter vulnerarunt, unumque oculum eidem eruerunt et multas alias injurias indebite intulerunt. Unde vobis mandamus quatinus, vocatis dictis Bernardo et Raymundo, dictas injurias predicto capellano, ut dictum est, illatas ab eisdem B. et R., si de nostra jurisdicione fuerint, faciatis absque mortis periculo vel menbri mutilacione ut condecet emendari, expensasque in curandis vulneribus ejusdem capel-

---

[1] Probablement Montgey, Tarn, cant. Cuq-Toulza.

lani factas et quatuor libras quas dicta Comitissa Johanni de Espieriis, servienti nostro, pro capcione dictorum injuriatorum solvisse dicitur, restitui faciatis, justicia mediante, ipsosque ob delacionem armorum et strate publice fractionem, prout justum fuerit, puniatis. Datum die sabbati ante festum nativitatis beati Johannis Baptiste, anno Domini M° CC° LX° nono.

1249

22 jun. 1269. — DOMINO B., PREPOSITO THOLOSE, PRO RAYMUNDO DE INSULA.

Alfonsus, *etc.*, dilecto et fideli clerico suo B., preposito Tholosano [1], salutem et dilectionem sinceram. Raymundo de Insula accepimus conquerente quod gentes domini Jordani de Insula bannum posuerunt in quadam domo quam habet apud Insulam [2], minus juste. Unde vobis mandamus quatinus ipsum super hoc diligenter audiatis, [et] vocatis qui fuerint evocandi et auditis rationibus parcium, faciatis eidem bonum jus et maturum in exhibenda sibi justicia, taliter super hoc vos habentes quod de vobis non habeat justam materiam conquerendi. Datum die sabbati ante festum nativitatis beati Johannis Baptiste, anno Domini M° CC° LX° nono.

1250

22 jun. 1269. — [SENESCALLO THOLOSE PRO RAYMUNDO JOHANNIS, LEGISTA.]

Alfonsus, *etc.*, senescallo Tholose et Albiensis, *etc.* Veniens ad nos magister Raymundus Johannis, legista, super facto ville de Cepeto [3] nobis humiliter suplicavit quod cum ipso per viam composicionis procedatur vel saltem inquisicio facta super hoc iterum videatur. Unde vobis mandamus quatinus ipsum super hoc audiatis diligenter et sibi faciatis bonum jus et maturum, jus nostrum tamen servantes illesum. Datum die sabbati ante festum nativitatis beati Johannis Baptiste, anno Domini M° CC° LX° nono.

---

[1] Bertrand de l'Isle-Jourdain, prévôt, puis évêque de Toulouse (1270-1286).

[2] L'Isle-en-Jourdain, Gers.

[3] Cepet, Haute-Garonne, cant. Fronton.

1251

(Fol. 73.) 23 jun. 1269. — PRO P., FILIO GUILLELMI PETRI DE BAREINX.

Alfonsus, *etc.*, senescallo Agenensi et Caturcensi [1], *etc.* Ex parte P., filii et heredis Guillelmi Petri de Bereinx, nobis extitit intimatum quod olim predictus Guillelmus Petri, pater suus, quosdam honores sub vendicione ficta Bertrando Rocha, militi defuncto, cujus bona ad manum nostram propter hereticam pravitatem dudum fuerunt, ut dicitur, confiscata, vendidit, sub ea tamen condicione quod, restituto precio dato pro eisdem, dicti honores sibi restitui deberentur; ceterum quod tam ipse quam pater suus predictus, dum vivebat, quibusdam possessionibus vel quasi, acapitis videlicet et rebus aliis dictorum honorum sic venditorum ac tercia parte totius hereditatis defuncti Bernardi Petri, quondam burgensis de Graillaco [2]; item quarta parte cujusdam orti qui fuit dudum P. Raymundi de la Sospesa, quem tenet nunc P. Vicarii; item honore unius honeris de feno quod in villa de Cornaboc [3] de quolibet hospicio singulis annis pater dicti Guillelmi Petri percipere, ut dicitur, consuevit, et aliis pluribus possessionibus et rebus aliis per senescallum et bajulos ac servientes nostros extitit, ut asserit, indebite spoliatus. Quocirca vobis mandamus quatinus dictum P., si sufficienter ac legitime comparuerit coram vobis, super dictis injustitiis et injuriis, ut asserit, et super aliis que coram vobis proponere voluerit, vocatis qui fuerint evocandi constitutoque pro nobis legitimo deffensore pro jure nostro fideliter deffendendo, in hiis potissime que nos contingunt diligenter audiatis, exhibentes eidem super hiis, de personis et rebus ad nostram jurisdicionem spectantibus, mature justicie complementum. Ad hec vobis mandamus ut de Judeis quos idem juvenis legitime probare poterit de villa de Graillaco (*sic*), in qua quartam partem pro indiviso asserit se habere, suam traxisse originem, eidem pro porcione ipsum de dicta villa contingente restitucionem

---

[1] Erreur du scribe; tous les lieux mentionnés dans l'acte sont en albigeois. — [2] Corrigez *Gaillaco*, Gaillac, Tarn. — [3] Cornebouc, Tarn, cant. Gaillac, comm. Rivières.

fieri, prout justum fuerit, faciatis. Datum dominica ante festum nativitatis beati Johannis Baptiste, anno Domini m° cc° lx° nono.

1252

23 jun. 1269. — VICARIO THOLOSANO PRO PRIORE SANCTI ANTHONII THOLOSE.

Alfonsus, *etc.*, dilecto et fideli suo vicario Tholose, salutem et dilectionem. Ex parte religiosi viri prioris Sancti Anthonii Tholose nobis monstratum extitit conquerendo quod quidam laici, de jurisdicione nostra existentes, portas sui prioratus quas ob causam clausas tenebat, per violenciam et cum armis fregerunt ac dicto priori dampna non modica et violencias contra justiciam intulerunt, in ipsius prioris et sui monasterii prejudicium et dampnum non modicum, sicut dicit. Quare vobis mandamus quatinus super hiis veritatem diligencius inquiratis, et eos quos culpabiles in hac parte repereritis, si in vestra vigeria sub districtu nostro fuerint, prout justum fuerit, puniatis, facientes dicto priori dampna restitui et injurias, ut condecet, emendari, ac ab ipsis emendas congruas juxta qualitatem delicti exigentes et levantes. Datum dominica in vigilia beati Johannis Baptiste, anno, etc.

1253

24 jun. 1269. — PRO GILLEBERTO DE PODIO LAURENCII ET FRATRUM SUORUM (*sic*).

Alfonsus, *etc.*, senescallo Tholose et Albiensis, *etc.* Ex parte Gilleberti de Podio Laurencii et fratrum suorum nobis extitit conquerendo monstratum quod Egidius Camelini, clericus noster, terram dudum matris sue, pro dote sua obligatam, ad manum nostram advocavit, in ipsorum Gilleberti et fratrum suorum, ut asseritur, prejudicium non modicum et gravamen, dicens idem Egidius quod fructus et proventus de dicta terra sic obligata percepti in sortem debeant computari, quod est contra jus et consuetudinem patrie, sicut fertur. Unde vobis mandamus quatinus ipsos super hoc diligenter audiatis, et vocato dicto Egidio pro jure nostro deffendendo et aliis qui fuerint evocandi de jure et consuetudine patrie, faciatis eidem super premissis quod justum fuerit et consonum racioni. Datum die lune in festo nativitatis beati Johannis Baptiste, anno Domini m° cc° lx° nono.

1254
24 jun. 1269. — PRO HUGONE D'ALFARO.

Alfonsus, *etc.*, senescallo Tholose et Albiensis, *etc.* Mandamus vobis quatinus Hugonem d'Alfaro super hiis que coram vobis duxerit proponenda contra Guillelmum Arnaldi de Villa Dei, super causa quam idem Hugo dudum movisse dicitur coram defuncto P. de Landrevilla, milite, quondam senescallo nostro Tholose et Albiensis, diligenter audiatis, et vocato dicto Guillelmo et qui fuerint evocandi, de personis et rebus ad nostram jurisdicionem spectantibus faciatis eidem bonum jus et maturum. Datum die lune in festo nativitatis beati Johannis Baptiste, anno Domini m° cc° lx° nono.

1255
26 jun. 1269. — PRO PRIORE LESATENSI.

Alfonsus, *etc.*, senescallo Tholose et Albiensis, *etc.* Ex parte prioris et conventus monasterii Lesatensis nobis extitit intimatum quod Petrus Curvus, Raimundus et Guillabertus, matre fratres, Guirardus de Arreillaco et quidam alii eorum complices quibusdam roncinis, peccunia et aliis rebus suis Guillelmum Britonem, notarium, et Guillelmum Raymes de Lesato, de familia eorumdem, cum armis contra justiciam spoliarunt, arma per districtum nostrum nichilominus temeritate propria defferentes, monasterium predictum et personas ecclesiasticas et seculares existentes ibidem non sine juris injuria invadentes, easdem et eisdem adherentes multipliciter aggravarunt. Quare ex parte ipsorum nobis extitit humiliter supplicatum ut super hiis debeamus apponere consilium in Domino oportunum. Cum autem predicta non possimus, sicut nec debeamus, sub dissimulacione transire, vobis mandamus quatinus supradictos et alios laicos, quos culpabiles repereritis, de jurisdicione nostra existentes, ut predictos roncinos et bona sine dificultate eisdem priori et conventui restituant et de dampnis datis et injuriis hujusmodi satisfaciant, prout justum fuerit, compellatis, pro delacione vero armorum et excessibus supradictis debitam emendam ab ipsis et eorum complicibus nichilominus exigentes, ac providentes ne per potenciam laicorum idem prior et conventus aut alii eisdem adherentes, qui monasterio Lesatensi deserviunt, in personis, redditibus vel rebus contra justiciam opprimantur. Datum apud Moissiacum episcopi [1], die mercurii post festum nativitatis beati Johannis Baptiste, anno Domini M° CC° LX° nono.

Édité dans *Hist. de Languedoc* (nouv. édit.), VIII, col. 1680.

1256

30 jun. 1269. — VICARIO THOLOSE PRO ARNAUDO JOHANNIS, CIVE THOLOSE.

Alfonsus, *etc.*, dilecto et fideli suo vicario Tholose, salutem et dilectionem. Mandamus vobis quatinus debita que dilecto nostro Arnaudo Johannis, civi Tholose, a laicis de nostra jurisdicione et vestra vicaria existentibus debentur, eidem reddi faciatis, secundum quod coram vobis cognita fuerint vel probata et secundum quod de jure fuerit faciendum, servato privilegio crucesignatis indulto. Datum dominica in crastino apostolorum Petri et Pauli, anno Domini millesimo ducentesimo sexagesimo nono.

1257

2 jul. 1269. — SENESCALLO THOLOSE ET ALBIENSIS PRO VITALIA, QUONDAM FILIA VITALIS DE BURGAL.

Alfonsus, *etc.*, senescallo Tholose et Albiensis, *etc.* Ex parte Vitalie, filie quondam Vitalis de Burgal,[2] nobis est conquerendo monstratum quod cum Hugo Rubeus, condampnatus de heresi, ante condampnacionem suam eidem Vitalie quosdam honores sitos juxta eccle-

[1] Moissy-Cramayel, Seine-et-Marne, cant. Brie-Comte-Robert. — [2] Il faut peut-être lire *de Burgali*, le Burgaud, Haute-Garonne, cant. Grenade-sur-Garonne.

siam Sancti Antonini contulisset, Jacobus de Bosco, clericus noster, post immuracionem dicti Hugonis, eandem Vitaliam dictis honoribus, ut asserit, indebite spoliavit. Quocirca vobis mandamus quatinus, si vobis legitime constare poterit donacionem factam fuisse eo tempore quo valere posset et deberet, vocato dicto Jacobo de Bosco pro jure nostro defendendo, et de consilio fratrum inquisitorum heretice pravitatis, faciatis restitucionem sibi fieri secundum quod de jure vel consuetudine patrie fuerit faciendum. Datum die martis post festum apostolorum Petri et Pauli, anno Domini m° cc° lx° ix°. — Addiscatis insuper qualiter dominus rex Francie in Carcassonensi et Bitterensi utitur in hoc casu.

1258

(Fol. 74.) 2 jul. 1269. — SENESCALLO THOLOSE ET ALBIENSIS PRO DOMINO R. LEGATO (*sic*).

Alfonsus, *etc.*, senescallo Tholose et Albiensis, *etc.* Mandamus vobis quatinus venerabilem in Christo patrem R., Dei gracia Tholosanum episcopum, in negotiis nostris quandoque pro habendo ejus consilio super his evocetis, in casibus quibus ejus consilium nobis noveritis oportunum ac etiam fructuosum. Datum die martis post festum apostolorum Petri et Pauli, anno Domini m° cc° lx° nono.

1259

2 jul. 1269. — SENESCALLO THOLOSE ET ALBIENSIS PRO ABBATE ET CONVENTU AURELIACENSI.

Alfonsus, *etc.*, senescallo Tholose et Albiensis, *etc.* Ex parte religiosorum virorum abbatis et conventus Aureliacensis nobis extitit suplicatum ut divisionem dudum factam per certas metas, de voluntate et assensu predictorum abbatis et conventus seu decani Variniensis [1] ex una parte, et Giraldi de Casoubon, domini de Millars [2], diocesis Al-

---

[1] Varen, Tarn-et-Garonne, cant. Saint-Antonin. — [2] Milhars, Tarn, cant. Vaour.

biensis, ex altera, super territorio de Millars et de Vareinnio, servari et teneri, ut condecet, faceremus, et predictas metas seu terminos per gentes illius Giraldi, ut dicitur, clam amotos, per bonos et fideles reponi faceremus. Unde vobis mandamus quatinus dictam divisionem seu limitacionem, secundum quod legitime facta est, teneri et observari prout justum fuerit faciatis, metasque seu terminos per gentes ipsius Geraldi sic amotos, ut dicitur, vocatis qui fuerint evocandi, per bonos faciatis reponi, justicia mediante. Ceterum vobis mandamus ut ipsos abbatem et conventum in possessione ecclesie Sancti Petri de Mursein[1], Albiensis dyocesis, aliarumque ecclesiarum et bonorum ecclesiasticorum que in presenti possident, in nostra jurisdicione et vestra senescallia existentium, a vi et oppressionibus laicorum indebitis, prout justum fuerit et vos inde requirendos duxerint, deffendatis. Datum die martis proxima post festum apostolorum Petri et Pauli, anno Domini M° CC° LX° nono.

1260

[Jul. 1269. — SENESCALLO THOLOSANO PRO JOHANNE DOMINICI.]

Alfonsus, *etc.*, senescallo Tholose et Albiensis, *etc*. Veniens ad nos magister Johennes Dominici, clericus, nobis conquerendo monstravit quod dilectus et fidelis noster Sycardus Allemanni, miles, seu senescallus noster quondam ipsum magistrum possessione ville de Gemil[2] sine cause cognicione ac indebite dessaisivit, et adhuc tenet dictus Sycardus ipsum, ut dicitur, dissaisitum. Quare vobis mandamus quatinus, prestita primo ydonea caupcione ab eodem Johanne de stando juri coram nobis vel mandato nostro, si quis contra ipsum moverit super hoc questionem, ressaisinam dicte ville fieri faciatis vel bannum ibidem positum amoveri.

---

[1] Je ne retrouve cette paroisse ni sur les cartes, ni dans les pouillés, ni dans l'ouvrage de M. Rossignol sur le département du Tarn. C'est peut-être Sainte-Catherine-de-Mourens, Tarn, comm. de Puicelcy, qui appartenait à l'abbaye d'Aurillac; l'église aura changé de vocable depuis le XIII° siècle.

[2] Gémil, Haute-Garonne, cant. Montastruc.

1261

7 jul. 1269. — JACOBO DE BOSCO PRO BERNARDO VIOLS (*sic*).

Alfonsus, *etc.*, dilecto et fideli clerico suo Jacobo de Bosco salutem et dilectionem. Veniens ad nos Bernardus Vigerii nobis conquerendo monstravit quod vos sentenciam latam per vos pro ipso Bernardo contra Begonem de Sancto Sezercio non vultis execucioni, ut dicitur, demandare, eo videlicet quod idem Bego ad nos de dicta sentencia dicitur appellasse. Quocirca vobis mandamus quatinus, si dictus Bego ad nos de dicta sentencia legittime appellaverit, eidem certum terminum competentem prefigatis infra quem appellationem suam interpositam prosequatur, quod si non fecerit, elapso termino, dictam sentenciam execucioni, prout justum fuerit, demandetis. Ceterum vobis mandamus, ut super, omnibus causis et querelis, quas idem Bernardus movet seu movit vel movere intendit coram vobis, vocatis qui fuerint evocandi, auditis hinc inde propositis, exhibeatis eidem mature justicie complementum de personis et rebus quas ad jurisdicionem nostram noveritis pertinere, tantum super hiis facientes quod dictum Bernardum non oporteat ad nos ulterius super hoc habere recursum. Datum die dominica post translacionem sancti Martini, anno Domini M° CC° LX° nono.

1262

7 jul. 1269. — SENESCALLO THOLOSE ET ALBIENSIS PRO RAIMUNDO ARNAUDI DE GAILLACO.

Alfonsus, *etc.* Veniens ad nos Raimundus Arnaudi de Gaillaco nobis dedit intelligi quod Guillelmus de Mongore et Bernardus Armengavi, condampnati, ut dicitur, de heresi, quorum bona ad manum nostram tenemus, ut asserit idem Raimundus, eidem in quadam peccunie summa tempore condampnationis ipsorum tenebantur, de qua summa peccunie nondum eidem, ut asserit, satisfactum extitit. Quam peccunie summam petit idem Raimundus a nobis sibi reddi et restitui. Quare vobis mandamus quatinus, secundum quod per viam juris vobis constare poterit de debito predicto quod dictus Raimundus petit, legittime contracto et tempore competenti, consideratis facultatibus que ab eisdem debitoribus ad manum nostram devenerunt, vocatis Jacobo de Bosco, clerico nostro, pro jure nostro in hac parte deffendendo et servando et aliis qui fuerint evocandi, de consilio fratrum inquisitorum heretice pravitatis exhibeatis eidem celeris justicie complementum de debito supradicto, jus nostrum servantes illesum. Datum die dominica post octabas apostolorum Petri et Pauli, anno Domini M° CC° LX° IX°.

Édit. dans *Hist. de Languedoc* (nouv. édition), VIII, col. 1682-1683.

1263

7 jul. 1269. — ITEM EIDEM SENESCALLO PRO EODEM RAYMUNDO.

Alfonsus, *etc.*, senescallo Tholose et Albiensis, *etc.* Veniens ad nos Raymundus Arnaudi, de Galliaco, nobis conquerendo monstravit quod dilectus et fidelis clericus noster Thomas, clericus quondam Petri de Landrevilla, tunc senescalli nostri, ipsum impetit et compellit ad solucionem quinquaginta librarum turonensium nobis faciendam, cum ad hoc nec ex causa judicati nec ex transactione aliqua vel alia quavis justa causa ad hoc compelli debeat, sicut dicit. Quocirca vobis mandamus quatinus, vocatis dicto Thoma et aliis qui fuerint evocandi, auditis hinc inde racionibus, exhibeatis eidem celeris justicie complementum, secundum quod de jure et consuetudine patrie fuerit faciendum. Datum die dominica post octabas apostolorum Petri et Pauli, anno Domini M° CC° LX° nono.

1264

15 jul. 1269. — SENESCALLO THOLOSE ET ALBIENSIS PRO BERAUDO DE ANDUSIA.

Alfonsus, *etc.*, senescallo Tholose et Albiensis, *etc.* Mandamus vobis quatinus possessiones villarum de Tornac [1] et de Vious [2] cum pertinenciis earundem, quas Beraudus de Andusia ea voluntate et conces-

[1] Tonnac, Tarn, cant. Cordes. — [2] Vieux, Tarn, cant. Castelnau-de-Montmiral.

sione nostra, quamdiu nobis placeret, possederat et quas ad manum nostram ob causam banniri precepimus, restituatis eidem, habendas et possidendas quamdiu nostre placuerit voluntati. Datum die lune ante festum beate Marie Magdalene, anno Domini millesimo ducentesimo sexagesimo nono. — Cessantes absoluciones pensionis quam a nobis obtinebat. Restitucionem autem hujusmodi fieri volumus et mandamus, si vobis constiterit ipsum Beraudum a sentenciis auctoritate apostolica seu ordinaria in ipsum latis, ut dicitur, absolutum. Datum ut supra.

1265

(Fol. 75.) 27 jun. 1269. — SENESCALLO THOLOSE ET ALBIENSIS PRO JOHANNA, UXORE YSEMBARDI, FILIA QUONDAM GIRARDI BARCE DEFUNCTI, DE MONTEPESSULANO.

Alfonsus, *etc.*, senescallo Tholose et Albiensis, *etc.* Ex parte Johanne, uxoris Ysembardi, filie quondam Girardi Barce defuncti, de Montepessulano, nobis est conquerendo monstratum quod Ademarus et Guillelmus Gezcelini, fratres, executores dicti defuncti, de Montepessulano, cum magna summa peccunie spectante ad execucionem dicti defuncti, qui in Montepessulano diem dicitur clausisse extremum et de bonis suis testamentum suum inibi ordinasse, tanquam male conscii apud Causacum [1], Albiensis dyocesis, aufugerunt, hujusmodi peccunia, que in pios usus et alios eroganda fuerat, intercepta. Quare vobis mandamus quatinus eosdem per capcionem bonorum et corporum, si opus fuerit, ad cavendum judicio sisti et de judicato solvendo hiis quorum interest, mediante justicia, compellatis. Datum die jovis proxima post nativitatem beati Johannis Baptiste, anno Domini M° CC° LX° nono.

1266

27 jun. 1269. — SENESCALLO THOLOSE ET ALBIENSIS PRO RAYMUNDO CALVETI ET GUILLELMO, EJUS FRATRE.

Alfonsus, *etc.*, senescallo Tholose et Albiensis, *etc.* Ad audienciam

---

[1] Cahuzac-sur-Vère, Tarn, cant. Castelnau-de-Montmiral.

nostram pervenit quod, licet quondam Raymundus Calveti servus seu homo noster de corpore fuerit et nobis, ut asseritur, servilia ministeria adhuc superstes exhibuerit tanquam servus seu homo noster de corpore, tamen Raymundus Calveti et Guillelmus, ejus frater, ejusdem filii, non attendentes quod de consuetudine patrie approbata condicionem patris in hoc sequntur et sequi tenentur, a se minus juste jugum excuciunt servitutis et nobis servicia debita tanquam homines de corpore seu servi denegant exhibere. Cum autem sic simus aliis in justicia debitores quod jus nostrum negligere minime debeamus, vobis mandamus quatinus, constituto pro nobis qui jus nostrum super hoc prosequatur et coram vobis fideliter tueatur, et vocatis qui fuerint evocandi et auditis hinc inde propositis super premissis, quod justum fuerit statuatis, facientes quod decreveritis firmiter observari. Datum die jovis proxima post nativitatem beati Johannis Baptiste, anno Domini M° CC° LX° nono.

Similis littera missa fuit senescallo Tholose et Albiensis pro Bernardo Manfredi.

1267

27 jun. 1269. — VICARIO THOLOSE PRO ARNARDO DE PONTE, CIVE THOLOSE.

Alfonsus, *etc.*, dilecto et fideli suo vicario Tholose, salutem et dilectionem. Arnaldo de Ponte, cive Tholose, pro se et habitantibus in caselagio suo de Rosoldoriis[1] accepimus conquerente, quod domina Lombarda de Montibus et ejus familia cum suis complicibus sibi et dictis habitantibus dicti caselagii de Rosoldoriis multa dampna et injurias plurimas minus juste intulerunt et adhuc inferre non verentur, quamvis, ut dicit, tres sentencias pro se habuerit super hoc per judicem vicarii Tholose et dictum caselagium teneat in feudum a nobis, ut dicitur. Quocirca vobis mandamus quatinus dictum Arnaldum et homines suos, vocatis dicta Lombarda et qui fuerint evocandi, diligenter audiatis, faciatis bonum jus et maturum super hiis et de quibus

[1] Non retrouvé; devait être aux environs de Mons, Haute-Garonne, cant. sud de Toulouse.

jurisdicio ad nos spectat, ipsumque assecurari ab hiis a quibus pecierit de jurisdicione nostra existentibus faciatis, justicia mediante. Datum die jovis post nativitatem beati Johannis Baptiste, anno Domini millesimo ducentesimo lx° nono.

1268

2 jul. 1269. — SENESCALLO THOLOSE ET ALBIENSIS PRO ARNALDO DE PONTE, CIVE THOLOSE, SUPER DEBITIS CONDEMPNATORUM.

Alfonsus, *etc.*, senescallo Tholose et Albiensis, *etc.* Veniens ad nos Arnaldus de Ponte, civis Tholose, nobis conquerendo exposuit quod, cum Hugo Rubeus, Aymericus et quidam alii inmurati tenerentur eidem ante condempnacionem suam in quadam pecunie quantitate, et Jacobus de Bosco, clericus noster, nomine nostro bona dictorum condempnatorum ad manum nostram ceperit, eidem Arnaldo dicta debita reddere indebite contradicens, vobis mandamus quatinus, si dictus Arnaldus predicta debita legitime probare potuerit coram vobis, vocato ad hoc Jacobo de Bosco pro jure nostro deffendendo, de consilio fratrum inquisitorum heretice pravitatis, dicta debita eidem reddi et restitui faciatis, nisi consuetudo patrie repugnet vel aliud racionabile contra dictum creditorem e contrario ostendatur. Datum die martis post festum apostolorum Petri et Pauli, anno Domini m° cc° lx° nono. — Et addiscatis[1] quomodo dominus rex Francie in tali casu utitur in partibus Carcasone.

1269

2 jul. 1269. — SENESCALLO THOLOSE ET ALBIENSIS PRO GUILLELMO DE LABURGADA.

Alfonsus, *etc.*, senescallo Tholose et Albiensis, *etc.* Ex parte Guillelmi de Laburgeda nobis est intimatum quod, cum ipse iniisset et haberet societatem cum Hugone Rubeo, domicello, ad excollendum terras cujusdam boerie, et ibidem quedam animalia posuisset pro pre-

---

[1] Première leçon : *Insuper diligenter.*

dictis terris excollendis ac dictus Hugo fuerit de heresi condempnatus, occasione cujus animalia et fructus dictarum terrarum, quas pro medietate seminaverat et in quibus medietatem habere dicebatur, dilectus et fidelis clericus noster Jacobus de Bosco occupaverit, vobis mandamus quatinus, vocato dicto Jacobo de Bosco, clerico nostro, pro jure nostro deffendendo, nisi aliud racionabile obsistat, de consilio tamen inquisitorum heretice pravitatis, faciatis eidem medietatem dictorum animalium et fructuum reddi et restitui, prout justum fuerit et consonum racioni. Datum die martis post festum apostolorum Petri et Pauli, anno Domini millesimo ducentesimo sexagesimo nono.

1270

2 jul. 1269. — SENESCALLO CARCASONENSI PRO HOMINIBUS DE GAIANO ET DE PLANNANO.

Alfonsus, *etc.*, dilecto suo senescallo Carcasonensi, salutem et dilectionem sinceram. Pro hominibus nostris de Gaiano [1] et de Plannano [2], quos nobilis vir Guido de Levis [3], dominus Mirapiscis et marescallus Albiensis, citari facit coram vobis, vos requirimus et rogamus quatinus dictos homines non permittatis a dicto Guidone coram vobis indebite molestari, sed faciatis eisdem amore nostri celeris justicie complementum. Datum die martis post festum apostolorum Petri et Pauli, anno Domini millesimo ducentesimo sexagesimo nono.

1271

1 jul. 1269. — SENESCALLO THOLOSE ET ALBIENSIS PRO ALIQUIBUS CIVIBUS THOLOSANIS.

Alfonsus, *etc.*, senescallo Tholose et Albiensis, *etc.* Ex parte quorundam civium de Tholosa per procuratorem suum ad nos missum nobis extitit conquerendo monstratum quod dilectus et fidelis clericus

[1] Gaja-la-Selve, Aude, cant. Fanjeaux. — [2] Plaigne, Aude, cant. Belpech. — [3] Le manuscrit porte *Liuces*.

noster Egidius Camelini quasdam possessiones, in nostris feudis seu retrofeudis ab eisdem civibus sine nostra licencia acquisitas, arrestaverat in eorum prejudicium et gravamen. Sane cum procurator predictus recognoverit coram consilio nostro quod eedem possessiones de nostris movebant feudis seu retrofeudis, vobis mandamus quatinus dictas possessiones, prout per memoratum Egidium arrestate sunt, in manu nostra teneatis quousque ex parte dictorum civium probatum fuerit quod ad dicta feuda acquirenda legitimum ingressum habuerint, obstendendo (*sic*) videlicet quod sint de genere militari et tales qui quocunque justo titulo possunt succedere in feudo militari[1], seu de consensu nostro habito acquirere potuerint in feudis antedictis, constituentes nichilominus pro nobis aliquam personam ydoneam, que jus nostrum petere et deffendere legitime valeat in premissis, procedentes in hac parte de consilio Egidii memorati. Datum anno Domini millesimo ducentesimo sexagesimo nono, die lune post festum apostolorum Petri et Pauli. — Addiscatis insuper qualiter dominus rex in Carcasonnensi et Biterrensi utitur in hoc casu.

1272

(Fol. 76.) 2 jul. 1269. — SENESCALLO THOLOSE ET ALBIENSIS PRO HOMINIBUS DE GAIANO ET DE PLANNANO.

Alfonsus, *etc.*, senescallo Tholose et Albiensis, *etc.* Mandamus vobis quatinus ex parte nostra senescallum Carcasonensem requiratis ut in hiis que homines nostri de Gaiano et de Plannano habent facere coram eo et contra marescallum Mirapiscis, se exibeat favorabilem et benignum, faciendo eisdem hominibus celeris justicie complementum. Datum die martis post festum apostolorum Petri et Pauli, anno Domini millesimo ducentesimo sexagesimo nono.

[1] Ici les mots suivants raturés : *Vel quod de consuetudine legitima et approbata.*

1273

1 jul. 1269. — SENESCALLO THOLOSE ET ALBIENSIS PRO CONSULIBUS ET COMMUNITATE VILLE DE VECERIIS.

Alfonsus, *etc.*, senescallo Tholose et Albiensis, *etc.* Ex parte consulum et communitatis ville de Veceriis [1] nobis extitit intimatum quod Adam, castellanus de Buzeto [2], ipsos possessione vel quasi quibusdam pascuis vocatis (*sic*) de Lapradele [3], in quibus animalia sua immittere consueverunt per tempora longiora, necnon jure piscandi in flumine Tarni infra pertinencias dicte ville et specialiter inter piscariam Petri Bernardi et rivum de la Vilete [4], et in aliis locis ad usum dicte ville spectantibus, ut asserunt, sine cause cognicione et indebite spoliavit. Quare vobis mandamus quatinus, vocato dicto Adam et aliis quorum interest, si vobis constiterit ita esse, auditis racionibus hinc inde, ad possessionem predictorum vel quasi restituatis eosdem, justicia mediante. Datum die lune post festum apostolorum Petri et Pauli, anno Domini millesimo ducentesimo sexagesimo nono.

1274

20 jul. 1269. — SENESCALLO THOLOSE ET ALBIENSIS SUPER FACTO JORDANI DE INSULA, VALETI, ET YSARNI JORDANI, MILITIS.

Alfonsus, *etc.*, senescallo Tholose et Albiensis, *etc.* Ad aures nostras perlatum est quod per filium et gentes dilecti et fidelis nostri Jordani de Insula, militis, ac eorum complices dampna non modica data sunt Isarno de Insula, militi, et suis gentibus et in terra sua maleficia plurima perpetrata, parte dicti Jordani asserente quod per eundem

---

[1] Bessières, Haute-Garonne, cant. Montastruc.

[2] Buzet, Haute-Garonne, cant. Montastruc.

[3] Lapradele, lieu dit, marqué par Cassini, près de Buzet, sur la rive gauche du Tarn.

[4] Probablement le petit affluent du Tarn situé en amont de Buzet.

Isarnum et fautores suos in rebus et personis hominum et terra ejusdem Jordani attemptata sunt similia vel majora. Sane cum invasiones hujusmodi contra statuta pacis et contra inhibicionem ex parte nostra specialiter, ut dicitur, eis factam fuerint attemptate dampnaque data et maleficia perpetrata, vobis mandamus quatinus, vocatis qui in tali casu secundum jus et consuetudinem patrie fuerint evocandi, super hiis inquiratis diligenter et fideliter veritatem, et eos quos per inquestam culpabiles repereritis, laicos tamen de nostra jurisdicione vel districtu in vestra senescallia existentes, citra membri mutilacionem et mortis periculum, communicato bonorum consilio, quantum ad nos pertinet, puniatis. De dampnis vero, injuriis, gravaminibus et maleficiis a parte parti vicissim, prout asseritur, irrogatis, si super hiis requisitus fueritis, faciatis quod fuerit consonum rationi, inhibentes districte ex parte nostra utrique parti ne altera pars relique per se vel per suos dampnum inferat vel gravamen, facientes nichilominus partibus vicissim alteri ab altera assec[ur]amentum prestari, prout de jure et consuetudine patrie fuerit faciendum, infra festum Assumpcionis beate Virginis, videlicet die martis proxima ante ipsum festum, quam diem martis prefiximus Ysarno Jordani, militi, et Jordano de Insula, valeto, ut coram vobis pro assecuramento hujusmodi prestando debeant comparere. Ipsa vero die martis sitis, si comode potestis, apud Tholosam, et locum ubi fueritis, Tholose vel alibi, si Tholose non possitis, significetis Jordano de Insula apud Insulam [1], et prefato Ysarno Jordani apud Laonacum [2], ubi larem asserit se habere. Datum Parisius, sabbato ante festum beate Marie Magdalene [3], anno Domini m° cc° lx° nono.

1275

7 jul. 1269. — SENESCALLO THOLOSE ET ALBIENSIS PRO ABBATE ET CONVENTU DE GIMONTE.

Alfonsus, *etc.*, senescallo Tholose et Albiensis, *etc.* Ex parte religio-

[1] L'Isle-en-Jourdain, Gers. — [2] Launac, Haute-Garonne, cant. Grenade-sur-Garonne. — [3] Première date : *Die mercurii ante festum b. Marie Magdalene* (17 jul. 1269).

sorum virorum abbatis et conventus monasterii de Gimonte [1], Cisterciensis ordinis, nobis extitit conquerendo monstratum quod nobilis et fidelis noster G., comes Armeigniaci, homines bastidarum nostrarum de Francavilla [2] et de Gimonte super terris quas dicti religiosi tradiderunt eisdem hominibus excolendis (sic) inquietat indebite et molestat, inhibendo eisdem hominibus ne dictas terras ad dictum monasterium spectantes, ut dicitur, excollant (sic) vel explectant, in ipsorum religiosorum et sui monasterii prejudicium non modicum et jacturam [3]. Quare vobis mandamus quatinus prefatos homines nostros a predicto comite vel aliis non permittatis super prediis vel possessionibus que vel quas abbas et conventus predicti nomine monasterii sui excolendas dictis hominibus tradiderunt, contra justiciam molestari, dum tamen eedem possessiones vel predia sint infra districtum nostrum et jurisdicionem dictumque monasterium sit et fuerit in possessione pacifica de predictis possessionibus et prediis a longis temporibus retroactis. Datum die dominica post festum translacionis sancti Martini, anno Domini M° CC° LX° nono.

1276

7 jul. 1269. — SENESCALLO THOLOSE ET ALBIENSIS PRO QUIBUSDAM CIVIBUS THOLOSE.

Alfonsus, etc., senescallo Tholose et Albiensis, etc. Ex parte quorundam civium de Tholosa per procuratorem suum ad nos missum nobis extitit conquerendo monstratum quod dilectus et fidelis clericus noster Egidius Camelini quasdam possessiones, in nostris feudis seu retrofeudis ab eisdem civibus sine nostra licentia acquisitas, arestaverat in eorum prejudicium et gravamen [4]. Sane cum procurator predictus recognoverit coram consilio nostro quod eedem possessiones de nostris movebant feudis seu retrofeudis, vobis mandamus quatinus dictas pos-

[1] Gimont, abbaye du diocèse de Toulouse; aujourd'hui Gers.

[2] De plusieurs textes cités par Curie-Seimbres (*Essai sur les bastides*, p. 381-382), il résulte que le nom de *Francavilla* s'appliquait à une partie de la ville neuve de Gimont.

[3] Première leçon : *gravamen*.

[4] Voir plus haut, n° 1271, autre mandement pour la même affaire.

sessiones, prout [per] memoratum Egidium arrestate sunt, in manu nostra teneatis, quousque ex parte dictorum civium probatum fuerit quod ad dicta feuda acquirenda canonicum [1] ingressum habuerint et legalem et redactas in scriptis raciones quas pro se iidem cives proponendas duxerint coram vobis, necnon peticiones et deffensiones que nobis in hac parte [com]petunt contra ipsos scriptas, pariter de consilio prefati Egidii sub sigilli vestri karactere interclusas, per dictum Egidium vel alium fidelem nuncium ad tertium diem instantis quindene Sanctorum omnium remitatis. Datum dominica proxima post festum [2] sancti Martini estivalis, anno Domini M° CC° LX° nono.

1277

7 jul. 1269. — SENESCALLO THOLOSE ET ALBIENSIS PRO ABBATISSA DE GOION SUPER LEGATO.

Alfonsus, *etc.*, senescallo Tholose et Albiensis, *etc.* Ex parte religiosarum mulierum abbatisse et conventus monasterii de Goion [3], Cisterciensis ordinis, nobis extitit suplicatum ut quedam summa peccunie, quam bone memorie Raymundus, quondam comes Tholose, predecessor noster, in ultima voluntate sua eisdem disposuit et legavit, prout in suo testamento dicitur contineri, reddi et solvi faceremus pietatis intuitu. Hinc est quod vobis mandamus quatinus de legato hujusmodi, quod petunt dicte religiose, veritatem diligencius addiscatis, que sit summa legati seriemque testamenti vel saltim quantum facit ad legatum supradictum, addiscatis insuper deffensiones per quas possemus super hiis legitime nos tueri, et hiis factis sine strepitu judicii, sub sigillo vestro ea que in hac parte inveneritis [4] rescribatis per vestrum clericum, cum ad nos venerit circa tres septimanas Omnium sanctorum pro vestris compotis faciendis. Datum die dominica

---

[1] Le mandement n° 1271 porte ici *legitimum*, leçon qui paraît meilleure.

[2] Première leçon : *octabas* (14 juillet 1269).

[3] Goujon, Gers, comm. Lias; abbaye du diocèse de Toulouse.

[4] Manuscrit : *inveniretis*.

post festum translacionis sancti Martini, anno Domini M° CC° LX° IX°. — Et super hoc cum dilectis et fidelibus nostris Poncio Astoaudi, milite, et magistro Odone colloquium habeatis. Datum ut supra.

1278

(Fol. 77.) 7 jul. 1269. — SENESCALLO THOLOSE ET ALBIENSIS
PRO GUILLELMO AYTONIS DE GAILLIACO.

Alfonsus, *etc.*, senescallo Tholose et Albiensis, *etc.* Ex parte Guillelmi Aytonis de Gailliaco nobis est et alias extitit intimatum quod ipse bone memorie Remondo, quondam comiti Tholose, predecessori nostro, viginti quinque milia solidorum Murgliensium [1], jam diu est, mutuavit. Qui quidem R., comes predictus, balliviam de Vauro [2] et de Podiolaurencii [3] tenendam et explectandam eidem Guillelmo tradidit, quousque de predictis viginti quinque milibus solidorum eidem ad plenum fuisset satisfactum, prout in litteris ejusdem comitis, quas habet idem G., plenius continetur. Quam vero balliviam idem G. per duos annos tantummodo se asseruit tenuisse, nec eidem, ut asserit, de dicta pecunie quantitate ad plenum est satisfactum. Unde vobis mandamus quatinus, vocato vobiscum dilecto et fideli clerico nostro Egidio Camelini, addiscatis et eciam inquiratis diligenter per quantum tempus dictam balliviam de Vauro et de Podiolaurencii tenuerit cum pertinenciis earumdem, et quantum valuerit seu valere potuerit per illud temporis spacium quo tenuit balliviam supradictam, et cum quo computaverit de proventibus, redditibus et receptis ballivie supradicte. Et facta inquisicione hujusmodi, de residuo predicti debiti, si quod fuerit, requiratis dilectum et fidelem nostrum Sycardum Alamanni, militem, cum magna instancia, ut eidem Guillelmo satisfaciat de residuo supradicto, cum ad hoc ex convincione et confessione subsequta teneri dicatur, ipsum ad hoc faciendum, si neccesse fuerit, efficaciter compellentes, justicia mediante, taliter super hiis vos habentes quod

---

[1] Melgueil, auj. Mauguio, Hérault. — [2] Lavaur, Tarn. — [3] Puylaurens, Tarn.

dictum Guillelmum non oporteat ad nos ulterius laborare. Datum die dominica proxima post octabas apostolorum Petri et Pauli, anno Domini millesimo ducentesimo lx° nono.

<small>Édité dans *Hist. de Languedoc* (nouv. édition), VIII, col. 1684-1685.</small>

1279

7 jul. 1269. — SENESCALLO THOLOSE ET ALBIENSIS PRO ABBATE ET CONVENTU MONASTERII GAILLIACI SUPER VIOLENCIIS.

Alfonsus, *etc.*, senescallo Tholose et Albiensis, *etc.* Ex parte religiosorum virorum abbatis et conventus monasterii Gailliacensis per fratrem Symonem, ejusdem monasterii operarium, nobis denunciatum extitit conquerendo quod per quosdam burgenses dicte ville et eorum complices quamplures injurie et violencie non modice eisdem abbati et conventui extiterunt cum armis, ut dicitur, irrogate, super quibus injuriis et violenciis pro parte extitit, ut dicitur, inquisitum. Quare vobis mandamus quatinus inquestam super hoc factam aperiri faciatis et si sufficienter facta fuerit, de bonorum consilio eam judicari, prout justum fuerit, faciatis. Que si minus sufficienter facta sit, eam perfici faciatis et ad alia, de quibus non est inquisitum, procedatis per viam inquisicionis ex officio vestro, si inquisicio in iis casibus locum habeat de consuetudine vel de jure. Alioquin, vocatis qui fuerint evocandi auditisque racionibus parcium, de consilio dilecti et fidelis nostri Sycardi Alemanni, militis, faciatis eisdem mature justicie complementum de personis et rebus quas ad nostram jurisdicionem noveritis pertinere. Datum dominica post festum translacionis sancti Martini, anno Domini m° cc° lx° nono. — Et pro forefacto et portacione armorum emendam pro nobis judicari et levari faciatis de laicis de nostra jurisdicione existentibus, justicia mediante. Datum ut supra.

<small>Édité dans *Hist. de Languedoc* (nouv. édition), VIII, col. 1683-1684.</small>

1280

7 jul. 1269. — SENESCALLO THOLOSE ET ALBIENSIS PRO PETRO DE PINU, CIVE THOLOSE.

Alfonsus, *etc.*, senescallo Tholose et Albiensis, *etc.* Mandamus vobis quatinus Petrum de Pinu, civem Tholose, et fratres suos super hiis que proposuerit coram vobis super bonis mobilibus et inmobilibus Petri Garsias de Burguetonovo, condempnati de heresi, ab ipso defuncto quondam datis inter vivos, ut dicitur, Arnaldo de Pinu, quondam patri dicti Petri de Pinu, diligenter audiatis, que quidem bona ad nos devenerunt ratione heretice pravitatis, et vocato Jacobo de Bosco pro servando jure nostro, de consilio fratrum inquisitorum heretice pravitatis et aliorum proborum, de personis et rebus ad nostram jurisdicionem spectantibus faciatis eidem bonum jus et maturum. Datum die dominica proxima post octabas apostolorum Petri et Pauli, anno Domini millesimo ducentesimo sexagesimo nono.

1281

10 jul. 1269. — SENESCALLO THOLOSE ET ALBIENSIS PRO FRATRIBUS MILICIE TEMPLI THOLOSE SUPER NEMORE PRECARIO CONCESSO.

Alfonsus, *etc.*, senescallo Tholose et Albiensis, *etc.* Veniens ad nos frater Guillermus de Sancto Johanne, capellanus et preceptor domus milicie Templi Tholose, pro se et nomine fratris Rocelini, magistri domorum milicie Templi in Provencia, nobis significavit quod, cum [1] dudum idem magister quoddam nemus precario concessisset bone memorie R., quondam comiti Tholose, predecessori nostro, quod postmodum minime recupperavit. Sane cum idem frater G. predictum nemus, precario concessum, nomine prefati magistri cum instancia postulet sibi restitui, ne domui milicie Templi detencio hujusmodi posset prejudicium generare, vobis mandamus quatinus super hoc veritatem

[1] Ce mot est de trop dans la phrase qui est mal construite et qui doit, pour être correcte, s'arrêter à *recupperavit*.

diligencius addiscatis, et ea que didiceritis in hac parte, necnon deffensiones que contra peticionem hujusmodi possunt nobis competere, in scriptis redacta nobis mittatis, sub vestro sigillo interclusa, per magistrum Thomam clericum, cum ad nos venerit circa tres septimanas instantis festi Omnium sanctorum pro vestris compotis faciendis. Datum die mercurii post festum beati Martini estivalis, anno Domini m° cc° lx° nono. — Cum Poncio Astoaudi, milite, et magistro Odone de Montoneria, Egidio Camelini et Thoma, clericis, super premissis colloquium habeatis et sciatis an super sit alias inquisitum vel responsio aliqua facta, et in hiis ipsorum consilium requiratis.

Item missa fuit similis littera anno Domini m° cc° lx° nono, die jovis ante festum sancti Thome apostoli. (19 dec. 1269.)

1282

10 jul. 1269. — SENESCALLO THOLOSE ET ALBIENSIS PRO MAGISTRO DOMORUM MILICIE TEMPLI IN PROVENCIA.

Alfonsus, *etc.*, senescallo Tholose et Albiensis, *etc.* Ex parte magistri domorum milicie Templi in Provencia nobis extitit intimatum, quod domus de Vaor[1] fratrum milicie Templi quibusdam possessionibus et territorio, domui predicte legitime donatis a Bernardo de Penna, milite deffuncto, de quibus domus eadem in possessione pacifica fuerat temporibus retroactis, per gentes nostras extitit spoliata indebite, sicut dicit. Quocirca vobis mandamus quatinus super hoc addiscatis plenius veritatem, et ea que vobis constare poterunt in hac parte, tam pro dicta domo quam pro nobis, significetis nobis per vestras litteras, jus nostrum in predictis illesum servantes, tam quantum ad possessiones easdem circa proprietatem et territorium quam etiam quantum ad jus feudi quod habere dicimur in eisdem, quod in manu mortua teneri nolumus. Et super hiis cum Poncio Astoaudi, milite, et magistro Odone de Montoneria et Egidio Camelini et Thoma, clericis,

---

[1] Vaour, Tarn.

colloquium habeatis, et sciatis an super hiis sit alias inquisitum vel responsum, et in hiis ipsorum consilium requiratis. Datum die mercurii post festum beati Martini estivalis, anno Domini millesimo ducentesimo sexagesimo nono.

Item missa fuit similis littera anno Domini m° cc° lx° nono, die jovis ante festum beati Thome apostoli. (19 dec. 1269.)

1283

10 jul. 1269. — PRO HOMINIBUS DE CONDOMIO.

Alfonsus, *etc.*, dilectis et fidelibus suis Poncio Astoaudi, militi, et magistro Odoni de Montoneria, salutem et dilectionem. Ex parte hominum de Condomio[1] nobis extitit intimatum quod nobilis et fidelis noster Geraudus, comes Armeniacensis, in causa vobis commissa super mutuis controversiis et querelis, que vertuntur inter dictos homines ex una parte et dominum G. ex altera, examen vestrum declinare proponit excipiendo, proponens declinatoriam fori, quia ad presens sub districtu nostro larem se asserit non fovere. Quocirca vobis mandamus quatinus, non obstante exceptione hujusmodi, in commisso vobis negocio procedatis juxta priorum continenciam litterarum, cum exceptio hujusmodi frivola merito debeat reputari, pro eo quod homo noster ligius esse dignoscitur et coram nobis seu mandato nostro respondere tenetur, maxime cum conveniatur racione contractus initi vel delicti commissi in nostro territorio seu districtu. Datum die mercurii post festum beati Martini estivalis, anno Domini millesimo ducentesimo sexagesimo nono.

1284

(Fol. 78.) 10 jul. 1269. — LITTERA PATENS JUDICI SENESCALLI THOLOSE PRO GUILLELMO DE FALGARIO, MILITE.

Alfonsus, *etc.*, dilecto suo magistro.., judici senescalli Tholose, salutem et dilectionem. Cum nos dudum defuncto Petro de Landrevilla,

[1] Condom, Gers.

militi, tum senescallo Tholose et Albiensis, causam que vertebatur vel verti sperabatur inter Guillelmum de Falgario, militem, ex una parte, et cives Tholose, ex altera, racione leude de Venerca[1], commisissemus audiendam et fine debito terminandam secundum processus habitos coram dilecto et fideli nostro magistro Guillelmo Ruffi, cui dictam causam alias commisisse dicebamur, et idem senescallus magistro Guillelmo de Furno, judici appellacionum, vices suas delegasset, quociens ipsum abesse contingeret, predicto magistro Guillelmo de Furno dictam causam juxta memorata mandata, ut dicitur, audiente, prefatus senescallus, lite nundum contestata, viam universe carnis sit ingressus, et ita re integra prefatum mandatum senescalli vel commissio facta prefato magistro Guillelmo de Furno expirasse dicatur morte mandatoris, eandem causam vobis committimus audiendam et fine debito terminandam, actis coram predicto magistro Guillelmo de Furno in suo robore, quantum de jure fuerit, duraturis. Datum die mercurii post festum beati Martini estivalis, anno Domini millesimo ducentesimo sexagesimo nono.

1285

11 jul. 1269. — SENESCALLO THOLOSE ET ALBIENSIS PRO ABBATE ET CONVENTU GAILLIACI.

Alfonsus, etc., senescallo Tholose et Albiensis, etc. Ex parte abbatis et conventus monasterii Galliacensis nobis est conquerendo monstratum quod, cum ipsi essent in possessione vel quasi ponendi servientes per bajulos nostros et suos communiter in villa Galliaci, ipsi de dicta possessione vel quasi fuerunt per senescallum nostrum, qui tunc erat, sine cause cognitione qualibet spoliati. Unde vobis mandamus quatinus super dicta spoliacione et jure vel seisina dicti monasterii in hac parte addiscatis plenius veritatem, et quidquid super hoc didiceritis, nobis remittatis in scriptis, cum vobis obtulerit se facultas. Ceterum non permittatis ab aliquibus de nostra jurisdicione, in vestra senescalcia existentibus, dicto monasterio vel suis prioratibus in personis vel

---

[1] Venerque, Haute-Garonne, cant. Auterive.

rebus contra justiciam inferri molestiam vel gravamen. Preterea secundum quod vobis constare poterit, quod unum denarium censualem nobis debitum remiserimus monasterio supradicto, pro quodam loco in quo edificata est, ut dicitur, domus Dei[1], super elemosina eadem de dicto denario, habita inde certitudine pleniori, dictum monasterium minime impetatis. Datum die [jovis][2] post festum sancti Martini estivalis, anno Domini M° CC° LX° nono.

Édité dans Hist. de Languedoc (nouv. édit.), VIII, col. 1685.

1286

5 jul. 1269. — SENESCALLO THOLOSE ET ALBIENSIS PRO GALLARDO DE VILLARIO, MILITE.

Alfonsus, *etc.*, senescallo Tholose et Albiensis, *etc.* Gallardo de Villario, milite, accepimus conquerente quod Petrus Trille, oriundus de Vilar[3], quoddam consuetum servicium sibi et nobis debitum et quod consuevit antiquitus prestare, eo quod se transtulit extra villam, reddere non vult in detrimento dicte ville, quamvis ad hoc teneatur, ut dicitur. Unde vobis mandamus quatinus dictum Petrum, oriundun de Villar, ad solvendum dictum consuetum servicium et debitum, prout justum fuerit, compellatis, nisi causam racionabilem coram vobis, vocatis partibus, pretenderit quare non debeat ad hoc cogi. Ceterum super quadam parte dominii dicte ville, que sibi et nobis communis est, ut dicit, de dicta communitate non permittatis per bajulos nostros contra justiciam molestari, et si aliqua levata fuerint per bajulos, partem suam et sibi contingentem faciatis sibi restitui, justicia mediante. Datum die veneris post festum beati Martini estivalis, anno Domini M° CC° LX° nono.

---

[1] Il s'agit ici de l'hôpital de Saint-Pierre et Saint-André de Gaillac, auquel Alfonse avait accordé en 1269 une charte d'amortissement. (Rossignol, *Monographies du Tarn*, II, 287.)

[2] Le nom de jour manque; le mandement étant écrit de la même main que les deux suivants, on peut suppléer *jovis* ou *veneris*.

[3] Je ne retrouve pas cette localité, dont le nom est trop répandu pour être facilement identifié.

1287

11 jul. 1269. — SENESCALLO THOLOSE ET ALBIENSIS PRO PRECEPTORE DOMUS HOSPITALIS SANCTI SULPLICII.

Alfonsus, *etc.*, senescallo Tholose et Albiensis, *etc.* Ex parte preceptoris domus Hospitalis de Sancto Suplicio[1], dyocesis Tholosane, nobis est intimatum quod, secundum communem usum patrie, in mutacione dominii homines censuales tenentur solvere retrocapita, et de novo prior domus Hospitalis in Provincia solvit nature debitum, ex qua causa dictus preceptor petit sibi solvi retrocapita ab hominibus predictis, qui nobis et dicte domui sunt communes. Vobis mandamus quatinus dictum preceptorem vel mandatum suum super hoc diligenter audiatis, et secundum quod vobis constare poterit, auditis racionibus partium, exibeatis super premissis celeris justicie complementum, jus nostrum, cum obventiones, que a dictis hominibus proveniunt, pro indiviso nostre sint et domus predicte, illesum servantes. Ceterum si quid occasione libertatum, quas dictis hominibus dicimur concessisse[2] juri dicte domus detractum est, ea sic detracta, prout justum fuerit, restitui faciatis. Datum die jovis post festum sancti Martini estivalis, anno Domini M° CC° LX° nono.

Édité dans *Hist. de Languedoc* (nouv. édit.), VIII, col. 1685-1686.

1288

10 jul. 1269. — SENESCALLO THOLOSE ET ALBIENSIS PRO PETRO DE LOBARASSAS.

Alfonsus, *etc.*, senescallo Tholose et Albiensis, *etc.* Petro de Lobarassas accepimus conquerente quod, cum ipse emisset quedam pascua seu glandes spectantes nobis in ballivia Buzeti[3] et Villemuri[4] pro

---

[1] Saint-Sulpice, Haute-Garonne, cant. Carbonne.

[2] Ces coutumes avaient été concédées par Alfonse en 1257; voir à ce sujet A. du Bourg, *Le grand prieuré de Toulouse*, p. 106 et suiv.

[3] Buzet, H^{te}-Garonne, cant. Montastruc.

[4] Villemur, Haute-Garonne.

octies viginti libris Turonensium, pro nobis solutis domino Gaufrido de Chanaveriis, tunc senescallo nostro Tholose[1], et post per dominum Petrum de Landrevilla, senescallum nostrum Tholose, vel ejus bajulos compulsus fuit restituere pignora que habebat ab hominibus dictarum balliviarum Buzeti et Villemuri, et sibi satisfacere in valore octies viginti librarum turonensium, et sic solvisse (*sic*) bis dictas octies viginti libras minus juste, ut dicit. Propter quod petit sibi restitui octies viginti libras turonensium predictas vel pignora supradicta. Unde vobis mandamus quatinus, vocatis dictis hominibus dictarum villarum et qui fuerint evocandi, ipsum super hoc diligenter audiatis, et emptores qui emerunt herbagium a dicto Petro pro certo precio, ad solucionem conventi precii eidem P. faciendam, prout justum fuerit, compellatis; alios vero quibus non vendidit dictum herbagium, et tamen usi fuerunt eodem herbagio illo anno quo emerat, ad solucionem debite pensionis pro dicto usu eidem Petro faciendam compellatis, justicia mediante. Datum die mercurii post octabbas apostolorum Petri et Pauli, anno Domini M° CC° LX° nono.

1289

10 jul. 1269. — SENESCALLO THOLOSE ET ALBIENSIS PRO PETRO MAJORE, HABITATORE SANCTI SULPICII.

Alfonsus, *etc.*, senescallo Tholose et Albiensis, *etc.* Petro Majore, habitatore Sancti Sulspicii[2], accepimus conquerente quod Rogerius Montisalti, domicellus, Petrus Macren de Curvamatre, Durallus de Magrhen, bladum et vinum que dictus P. Major habebat in ecclesia Sancti Martini de Magrhen[3], violenter, ipso contradicente, extraxerunt, que sibi petit restitui et injuriam sibi factam emendari. Unde vobis mandamus quatinus ipsum super hoc diligenter audiatis, et vocatis dictis armigeris et qui fuerint evocandi, auditis rationibus hinc et inde, faciatis eidem bonum jus et maturum super his et de quibus jurisdicio ad nos

[1] Sénéchal de Toulouse de 1256 à 1262.
[2] Saint-Sulpice, Haute-Garonne, cant. Carbonne.
[3] Magrens, Haute-Garonne, comm. la Grâce-Dieu.

spectat. Datum die mercurii post octabbas apostolorum Petri et Pauli, anno Domini m° cc° lx° nono.

1290

10 jul. 1269. — SENESCALLO THOLOSE ET ALBIENSIS PRO RAYMUNDO DE LUPOALTO, PRECONE DE SANCTO SULPLICIO.

Alfonsus, *etc.*, senescallo Tholose et Albiensis, *etc.* Raymundo de Lupoalto, precone de Sancto Sulpicio, accepimus conquerente quod Raerius de Apieriis [1] minus juste inpedit eundem super officio suo in dicto loco exequi. Unde vobis mandamus quatinus ipsum Raymundum super hoc diligenter audiatis, vocatis dicto Raerio et qui fuerint evocandi, et auditis partium rationibus, faciatis eidem bonum jus et maturum super his tantum et de quibus jurisdicio ad nos spectat. Datum die mercurii post octabbas apostolorum Petri et Pauli, anno Domini m° cc° lx° nono.

1291

12 jul. 1269. — SENESCALLO THOLOSE ET ALBIENSIS PRO PRECEPTORE DOMUS HOSPITALIS DE BOLBESTRE.

Alfonsus, *etc.*, senescallo Tholose et Albiensis, *etc.* Cum ex parte preceptoris domus Hospitalis de Bolbestre [2] nobis fuerit conquerendo monstratum quod Raerius de Espieriis, bajulus noster in Wasconia, de quodam hospitali pauperum, quod est apud Montemesquivum de Bolbestre, ipsum et ejus familiam violenter ejecit et eciam spoliavit, vobis mandamus quatinus ipsum preceptorem super his diligenter audiatis, vocatis dicto Raerio et qui fuerint evocandi, et sibi super his et de quibus jurisdicio ad nos spectat, faciatis eidem bonum jus et maturum. Datum die veneris post octabbas apostolorum Petri et Pauli, anno Domini m° cc° lx° nono.

---

[1] Nommé plus souvent : *Rogerius de Espieriis.*

[2] Petit pays du Toulousain; dont le lieu de Montesquieu-Volvestre, Haute-Garonne, arr. de Muret, cité plus bas, rappelle encore le nom.

1292

11 jul. 1269. — DOMINO SYCARDO ALEMANNI PRO PRECEPTORE SANCTE DOMUS HOSPITALIS SANCTI JOHANNIS JEROSOLIMITANI DE SANCTO SULPICIO, LITTERA PATENS.

Alfonsus, *etc.*, dilecto et fideli suo Sycardo Alemanni, militi, salutem et dilectionem. Preceptore sancte domus Hospitalis Sancti Johannis Jerosolimitani de Sancto Sulpicio[1] accepimus conquerente quod, cum de voluntate et assensu dilecti et fidelis nostri defuncti Petri de Landrevilla, militis, quondam senescalli nostri Tholose et Albiensis, nostro nomine ex una parte et sua ex altera deposuissent in sequestro centum libras tholosanorum, habitas et levatas, ut dicitur, ab hominibus dicte ville pro emenda, de qua quidem peccunie quantitate dictus senescallus nostro nomine medietatem dicitur habuisse, ipsumque preceptorem inpedivit idem senescallus quominus aliam medietatem, que ad ipsum spectare dicitur, recipere valeat suo jure. Quare vobis mandamus quatinus, vocato senescallo nostro Tholose, qui nunc est, pro jure nostro deffendendo et aliis qui fuerint evocandi, auditisque hinc et inde racionibus, faciatis super premissis quod faciendum fuerit, justicia mediante. Datum die jovis post festum beati Martini estivalis, anno Domini M° CC° LX° nono.

1293

(Fol. 79.) 12 jul. 1269. — SENESCALLO THOLOSE ET ALBIENSIS PRO HOMINIBUS DE FANOJOVIS.

Alfonsus, *etc.*, senescallo Tholose et Albiensis, *etc.* Ex parte hominum de Fanojovis[2] nobis extitit conquerendo monstratum quod transeuntes per castellaniam dicti castri extra dictum castrum, per territorium tamen, tam de jurisdicione nostra quam de alieno dominio existentes, consuetum ac debitum pedagium solvere indebite contradicunt, in nostrum ac ipsorum hominum prejudicium, ut asserunt, non modi-

---

[1] Saint-Sulpice, Haute-Garonne, cant. Carbonne. — [2] Fanjeaux, Aude.

cum atque dampnum. Quocirca vobis mandamus [quatinus], quoad homines de dominio et jurisdicione nostra dictum pedagium solvere recusantes, vocatis qui fuerint evocandi, auditis hinc inde rationibus, faciatis eisdem super dicto pedagio mature justicie complementum. Quantum autem ad alios qui non sunt subditi nostri, illos videlicet de Monteregali[1], qui cum armis in terra et feudis nostris injurias et violencias intollerabiles, ut dicitur, occasione dicti pedagii commiserunt, vobis mandamus ut super hiis senescallum Carcassone ex parte nostra cum instancia requiratis, ut dampna et deperdita, eisdem hominibus de Fanojovis a prefatis hominibus de Monteregali data, animalia detenta et bladum de terris eorum ablatum per dictos homines Montisregalis restitui faciat indilate et injurias, prout justum fuerit, emendari. Datum Parisius, die veneris post octabas apostolorum Petri et Pauli, anno Domini M° CC° LX° nono.

Édité dans *Hist. de Languedoc* (nouv. édit.), VIII, col. 1686-1687.

1294

12 jul. 1269. — PRO PETRO GUERINI ET GUERINO BRUN, CANONICIS VIVARIENSIBUS.

Alfonsus, *etc.*, senescallo Tholose et Albiensis, *etc.* Veniens ad nos Petrus Guerini, canonicus Vivariensis, pro se et Guerino Bruni, fratre suo, nobis cum magna precum instancia supplicavit ut ipsos fratres in possessione vel quasi beneficiorum eisdem a summo pontifice collatorum ac decimarum, que et quas olim obtinuit Beraudus de Andusia, tueri faceremus, et ipsum Beraudum compelli ad restitucionem fructuum ex dictis beneficiis substractorum ac expensarum factarum occasione hujusmodi fratribus antedictis. Quare vobis mandamus quatinus, vocatis qui fuerint evocandi, si ecclesia seu executores predictorum Petri et Guerini fecerint contra ipsum Beraudum quod suum est, excommunicando videlicet et agravando eundem, premissa faciatis

[1] Montréal, Aude, dans la sénéchaussée de Carcassonne.

previa racione [1]... Datum Parisius, die veneris post octabas apostolorum Petri et Pauli, anno Domini m° cc° lx° nono.

1295

12 jul. 1269. — SENESCALLO THOLOSE ET ALBIENSIS PRO PRECEPTORE DOMUS HOSPITALIS DE SANCTO SULPICIO.

Alfonsus, *etc.*, senescallo Tholose et Albiensis, *etc.* Preceptor domus Hospitalis Jerhosolimitani de Sancto Sulpicio [2] nobis insinuare curavit quod licet nobis et ipsi in villa de Sancto Sulpicio pro indiviso justicia sit communis et bajulus instituendus ibidem sit juratus utrique, tamen judex vester in Wasconia, ad eandem villam aliquando descendens et pro tribunali sedens ibidem, justiciam solus exercet, contra consuetudinem antiquam et [in] prejudicium preceptoris predicti. Quare vobis mandamus quatinus, si est ita et aliud racionabile non obsistat, dictum judicem ab hujusmodi molestia et injuria desistere compellatis [3]. Datum Parisius, die veneris post octabas apostolorum Petri et Pauli, anno Domini m° cc° lx° nono.

1296

13 jul. 1269. — PONCIO ASTOAUDI, MILITI, ET MAGISTRO ODONI DE MONTONERIA PRO EPISCOPO THOLOSANO.

Alfonsus, *etc.*, dilectis et fidelibus suis Pontio Astoaudi, militi, et magistro Odoni de Montoneria, salutem et dilectionem sinceram. Ex insinuacione venerabilis patris et in Christo nobis karissimi R., Dei gratia episcopi Tholosani, et quorundam fide dignorum relatu nobis innotuit quod vos eidem episcopo, parentibus et amicis suis quamplures injurias, oppressiones et afflictiones sine culpa et sine causa indebite intulistis, et inferre cotidie non cessastis, ipsum episcopum et suos tan-

---

[1] Il manque évidemment quelque chose pour compléter la phrase; je propose dubitativement *observari* ou *executioni debite mandari*.

[2] Saint-Sulpice, Haute-Garonne, cant. Carbonne.

[3] Le manuscrit porte par erreur *compescatis*.

quam inimicos vestros manifeste, ut dicitur, persequentes. Cum igitur tales injurie et oppressiones seu afflictiones nobis non immerito debeant displicere, presertim cum idem episcopus pluries nobis et nostris negociis extiterit fructuosus, et si aliqua de nostris juribus occupaverit, paratus sit ad inquisicionem et cognicionem nostrorum liberaliter, ut audivimus, emendare, vobis mandamus quatinus ab injuriis, oppressionibus seu afflictionibus hujusmodi desistatis, cum per eas nobis et juribus nostris posset quamplurimum deperire (sic), ipsum episcopum et suos, quantum sine juris nostri lesione poteritis, recommendatum habentes, ipsumque episcopum quandoque in negociis nostris convocetis, maxime in hiis quibus ejus consilium nobis noveritis oportunum et etiam fructuosum, taliter super hiis vos habentes quod idem episcopus vel sui non habeant justam de vobis materiam conquerendi. Datum Parisius, die sabbati post octabas apostolorum Petri et Pauli, anno Domini M° CC° LX° nono.

1297

13 jul. 1269. — VENERABILI PATRI EPISCOPO THOLOSANO
PRO COMITE PICTAVIE.

Venerabili in Christo patri et sibi karissimo R., Dei gracia episcopo Tholosano, Alfonsus, *etc.*, salutem et sincere dilectionis affectum. Paternitatis vestre litteras recepimus et earum tenorem pleno colegimus intellectu. Noveritis itaque injurias, oppressiones et afflictiones quas fideles nostri Poncius Astoaudi, miles, et magister Odo de Montoneria vobis et vestris inferunt, sicut per easdem litteras intelleximus, nobis non immerito displicere, nosque eisdem per nostras litteras mandavisse ut ab hujusmodi injuriis, oppressionibus et afflictionibus omnino desistant, vos et vestros recommendatos habeant, vosque in negociis nostris quandoque convocent, presertim in hiis quibus vestrum consilium nobis noverint oportunum et eciam fructuosum. Vos enim et vestros favore volumus prosequi speciali, paternitatem vestram rogantes ex affectu ut negocia nostra recommendata habentes, gentibus nostris in eisdem vestrum consilium et auxilium impendatis, sicut confidimus vos facturos. Datum Parisius, die sabbati post octabas apostolorum Petri et Pauli, anno Domini M° CC° LX° nono.

1298

14 jul. 1269. — VICARIO THOLOSE PRO RAYMUNDO JOHANNIS ET ARNALDO, FRATRE SUO.

Alfonsus, *etc.* Veniens ad nos Raymundus Johannis, civis Tholose, pro se et Arnaldo fratre suo nobis dedit intelligi quod tam ipsi quam predecessores sui a prestacione minute justicie usque ad quinque solidos inmunes, a tempore quo non extat memoria, extiterunt, licet quandoque per vicarios nostros, qui pro tempore fuerunt Tholose, super hoc fuerint, ut asserit, impetiti. Quocirca vobis mandamus quatinus super predicta inmunitate et possessione ejusdem inmunitatis quam allegant, necnon a quo concessa eisdem extitit inquiratis diligenter veritatem, et veritate comperta, si vobis legitime constare poterit de premissis, ipsos super possessione hujusmodi minime perturbetis [1]. Datum Parisius, dominica ante festum sancti Arnulphi, anno Domini M° CC° LX° IX°.

1299

15 jul. 1269. — SENESCALLO THOLOSE ET ALBIENSIS PRO MAGISTRO ASSALTO, INGENIATORE.

Alfonsus, *etc.*, senescallo Tholose et Albiensis, *etc.* Mandamus vobis quatinus magistrum Assaltum, ingeniatorem, in possessione leude ville de Baucio [2], Tholosane dyocesis, prout tam ipse quam predecessores sui, a tempore quo non extat memoria, tenuerunt pacifice, deffendatis nec permittatis dictum magistrum Assaltum a bajulo Sancti Felicis [3] vel aliis de jurisdicione nostra existentibus in predicta leuda vel in aliis que a nobis juste possidet, indebite molestari. Datum Parisius, die lune ante festum beate Marie Magdalene, anno Domini M° CC° LX° nono.

[1] Première leçon : *Ab inquietacione et impeticione hujusmodi desistatis.* — [2] Vaux, Haute-Garonne, cant. Revel. — [3] Saint-Félix, Haute-Garonne, cant. Revel.

quam inimicos vestros manifeste, ut dicitur, persequentes. Cum igitur tales injurie et oppressiones seu afflictiones nobis non immerito debeant displicere, presertim cum idem episcopus pluries nobis et nostris negociis extiterit fructuosus, et si aliqua de nostris juribus occupaverit, paratus sit ad inquisicionem et cognicionem nostrorum liberaliter, ut audivimus, emendare, vobis mandamus quatinus ab injuriis, oppressionibus seu afflictionibus hujusmodi desistatis, cum per eas nobis et juribus nostris posset quamplurimum deperire (sic), ipsum episcopum et suos, quantum sine juris nostri lesione poteritis, recommendatum habentes, ipsumque episcopum quandoque in negociis nostris convocetis, maxime in hiis quibus ejus consilium nobis noveritis oportunum et etiam fructuosum, taliter super hiis vos habentes quod idem episcopus vel sui non habeant justam de vobis materiam conquerendi. Datum Parisius, die sabbati post octabas apostolorum Petri et Pauli, anno Domini M° CC° LX° nono.

1297

13 jul. 1269. — VENERABILI PATRI EPISCOPO THOLOSANO
PRO COMITE PICTAVIE.

Venerabili in Christo patri et sibi karissimo R., Dei gracia episcopo Tholosano, Alfonsus, *etc.*, salutem et sincere dilectionis affectum. Paternitatis vestre litteras recepimus et earum tenorem pleno colegimus intellectu. Noveritis itaque injurias, oppressiones et afflictiones quas fideles nostri Poncius Astoaudi, miles, et magister Odo de Montoneria vobis et vestris inferunt, sicut per easdem litteras intelleximus, nobis non immerito displicere, nosque eisdem per nostras litteras mandavisse ut ab hujusmodi injuriis, oppressionibus et afflictionibus omnino desistant, vos et vestros recommandatos habeant, vosque in negociis nostris quandoque convocent, presertim in hiis quibus vestrum consilium nobis noverint oportunum et eciam fructuosum. Vos enim et vestros favore volumus prosequi speciali, paternitatem vestram rogantes ex affectu ut negocia nostra recommendata habentes, gentibus nostris in eisdem vestrum consilium et auxilium impendatis, sicut confidimus vos facturos. Datum Parisius, die sabbati post octabas apostolorum Petri et Pauli, anno Domini M° CC° LX° nono.

1298

14 jul. 1269. — VICARIO THOLOSE PRO RAYMUNDO JOHANNIS ET ARNALDO, FRATRE SUO.

Alfonsus, *etc*. Veniens ad nos Raymundus Johannis, civis Tholose, pro se et Arnaldo fratre suo nobis dedit intelligi quod tam ipsi quam predecessores sui a prestacione minute justicie usque ad quinque solidos inmunes, a tempore quo non extat memoria, extiterunt, licet quandoque per vicarios nostros, qui pro tempore fuerunt Tholose, super hoc fuerint, ut asserit, impetiti. Quocirca vobis mandamus quatinus super predicta inmunitate et possessione ejusdem inmunitatis quam allegant, necnon a quo concessa eisdem extitit inquiratis diligenter veritatem, et veritate comperta, si vobis legitime constare poterit de premissis, ipsos super possessione hujusmodi minime perturbetis [1]. Datum Parisius, dominica ante festum sancti Arnulphi, anno Domini M° CC° LX° IX°.

1299

15 jul. 1269. — SENESCALLO THOLOSE ET ALBIENSIS PRO MAGISTRO ASSALTO, INGENIATORE.

Alfonsus, *etc*., senescallo Tholose et Albiensis, *etc*. Mandamus vobis quatinus magistrum Assaltum, ingeniatorem, in possessione leude ville de Baucio [2], Tholosane dyocesis, prout tam ipse quam predecessores sui, a tempore quo non extat memoria, tenuerunt pacifice, deffendatis nec permittatis dictum magistrum Assaltum a bajulo Sancti Felicis [3] vel aliis de jurisdicione nostra existentibus in predicta leuda vel in aliis que a nobis juste possidet, indebite molestari. Datum Parisius, die lune ante festum beate Marie Magdalene, anno Domini M° CC° LX° nono.

[1] Première leçon : *Ab inquietacione et impeticione hujusmodi desistatis*. — [2] Vaux, Haute-Garonne, cant. Revel. — [3] Saint-Félix, Haute-Garonne, cant. Revel.

1300

SENESCALLO THOLOSE ET ALBIENSIS PRO BERAUDO DE ANDUSIA [1].

Alfonsus, *etc.*, senescallo Tholose et Albiensis, *etc.* Mandamus vobis quatinus possessiones villarum de Tornaco [2] et de Vious [3] cum pertinenciis earundem, quas Beraudus de Andusia ex voluntate et concessione nostra quamdiu nobis placeret possederat et quas ad manum nostram ob causam banniri precepimus... (*Le reste manque; voir, plus haut, le nº 1264.*)

1301

(Fol. 80.) 16 jul. 1269. — SENESCALLO PRO PETRO GERINI ET GUERINO BRUNI, FRATRE SUO.

Alfonsus, *etc.*, senescallo Tholose et Albiensis, *etc.* Mandamus vobis quatinus magistros Petrum Guerini et Guerinum Bruni, fratres, canonicos Vivarienses, in possessione vel quasi beneficiorum, eisdem a sede apostolica in districtu nostro concessorum, quantum ad nos pertinet, deffendatis et eciam tueamini [4], facientes ipsos assecurari ab hiis qui de nostra jurisdicione extiterint, de quibus assecuramentum sibi prestari pecierint, justicia mediante. Datum Parisius, die martis ante festum beate Marie Magdalene, anno Domini Mº CCº LXº nono.

1302

17 jul. 1269. — SENESCALLO PRO PONCIO DE MONTEESQUIVO.

Alfonsus, *etc.*, senescallo Tholose et Albiensis, *etc.* Ex parte Poncii de Monteesquivo, domicelli, perlata est ad nos querimonia quod Macotus de Vauro quasdam possessiones in suum prejudicium detinet, et eas requisitus restituere contradicit, pretendens in sue defensionis amminiculum quod possessiones easdem titulo empcionis possideat,

---

[1] Ce mandement est cancellé. — [2] Tonnac, Tarn, cant. Cordes. — [3] Vieux, Tarn, cant. Castelnau-de-Montmiral. — [4] Première leçon : *teneatis*.

patrem dicti Poncii asserens venditorem, quam tamen vendicionem, si fuerit celebrata, idem P. asseverat nullius esse roboris vel momenti, cum hereditas eadem ex successione materna ad ipsum spectet et ipso existente minore contractus hujusmodi fuerit celebratus. Quare vobis mandamus quatinus, vocato dicto Macoto et aliis qui fuerint evocandi, auditis racionibus parcium, exibeatis eidem P. celeris justicie complementum. Datum Parisius, die mercurii ante festum beate Marie Magdalene, anno Domini M° CC° LX° nono.

Littere super injuriis et violenciis illatis Ysarno Jordani, gentibus suis et terre per filium Jordani de Insula, militis, et complices suos et e converso sunt retro quinto folio. (*Voir plus haut, n° 1274.*)

1303

17 jul. 1269. — PRO GUILABERTO DE PODIO LAURENCII ET POMA, UXORE SUA.

Alfonsus, *etc.*, senescallo Tholose et Albiensis, *etc.* Ex parte Guilaberti de Podio Laurencii et Pome, uxoris sue, nobis est conquerendo monstratum quod bone memorie R., quondam comes Tholose, predecessor noster, vel bajuli sui ipsius nomine, Guillelmum de Jonqueriis, patrem dicte Pome, medietate cujusdam forcie, que vulgariter appellatur Rocamdal[1], et quodam casali quod apellatur de Bernardo Alexandro, indebite et contra justiciam spoliavit vel fecit spoliari; ceterum quod dictus Guillelmus de Jonqueriis pro trecentis et decem solidis Tholosanorum triginta et decem solidos ejusdem monete et duos denarios censuales, necnon sex sextarios frumenti ad mensuram mailloliorum de Sancto Paulo[2] et unum sextarium frumenti mercadalem censualia Guillelmo Ademari de Vauro titulo pignoris obligavit, quos census et quod frumentum predictos predecessor noster et nos, seu bajuli nostri nostro nomine, post mortem ipsius comitis tenuimus et levavimus seu levari fecimus indebite, ut asserit, et injuste, cum de dicta pecunie summa tam dicto Guillelmo quam nobis fuerit ultra sor-

[1] Non retrouvé sur les cartes et dans les dictionnaires spéciaux. — [2] Saint-Paul-Cap-de-Joux, Tarn.

tem, ut dicitur, satisfactum. Quocircà vobis mandamus quatinus dicto Guilleberto, racione Pome uxoris sue, vocatis Gardubio venatore, qui predicta tenere dicitur, et aliis qui fuerint evocandi, constitutoque pro nobis legitimo deffensore, auditisque tam suis racionibus quam nostris defensionibus, exhibeatis super premissis mature justicie complementum. Datum Parisius, die mercurii ante festum beate Marie Magdalene, anno Domini м° cc° lx° nono.

1304

18 jul. 1269. — PRO JUDEO DE VIRIDIFOLIO.

Venerabili in Christo patri et sibi karissimo R., Dei gracia episcopo Tholosano, Alfonsus, *etc.*, salutem et sincere dilectionis affectum. In facto composicionis seu finacionis habite per gentes nostras cum Judeis civitatis Tholose condictum extitit quod Judei, qui de dicta civitate fuerant oriundi vel tunc ibidem morantes, conferre debeant pro facultatibus suis ad solucionem illius quantitatis pecunie, de qua cum nostris gentibus convenerunt. Cum igitur Judeus ille, pro quo nos rogastis, originem traxerit in Tholosa, sicut ipsemet confitetur, et possessiones etiam dicatur ibidem habere, quarum pretextu contribucio exigitur ab eodem, precibus vestris bono modo non possumus satisfacere in hac parte. Unde vestra paternitas nos habeat super hoc excusatos. Datum Parisius, die jovis ante festum beate Marie Magdalene, anno Domini м° cc° lx° nono.

Édité dans *Hist. de Languedoc* (nouv. édit.), VIII, col. 1660-1661.

1305

19 jul. 1269. — SENESCALLO THOLOSE ET ALBIENSIS PRO RAYMUNDO STEPHANI.

Alfonsus, *etc.*, senescallo Tholose et Albiensis, *etc.* Mandamus vobis quatinus Raymundum Stephani super hiis que proponenda duxerit coram vobis super bonis matris sue quondam, nobis incursis racione heretice pravitatis, ut dicitur[1], diligenter audiatis secundum processum

[1] Ici le mot *legitime*, biffé.

habitum, si quis fuerit coram magistro Guillelmo de Furno processus [1] legitimus, de personis et rebus ad nostram jurisdicionem spectantibus, vocato Jacobo de Bosco pro jure nostro deffendendo et aliis qui fuerint evocandi, de consilio fratrum inquisitorum heretice pravitatis, faciatis eidem bonum jus et maturum. Datum Parisius, die veneris ante festum [beate] Marie Magdalene, anno Domini M° CC° LX° nono.

1306

19 jul. 1269. — SENESCALLO THOLOSE ET ALBIENSIS PRO SYCARDO DE SANNA, MILITE.

Alfonsus, *etc.*, senescallo Tholose et Albiensis, *etc.* Ex parte Sycardi de Sanna, militis, nobis est conquerendo monstratum quod Guillelmus de Falgario, juvenis, miles, super quibusdam possessionibus, quas a nobis advoat se tenere, multas injurias eidem intulit et inferre cotidie non veretur. Quare vobis mandamus quatinus ipsum Sycardum super hiis diligenter audiatis, et vocatis dicto Guillelmo et aliis qui fuerint evocandi, auditis hinc inde racionibus, faciatis eidem mature justicie complementum. Datum Parisius, die veneris ante festum beate Marie Magdalene, anno Domini M° CC° LX° nono.

1307

20 jul. 1269. — SENESCALLO THOLOSE ET ALBIENSIS PRO PONCIO DE VILLAMURI ET EJUS FRATRIBUS.

Alfonsus, *etc.*, senescallo Tholose et Albiensis, *etc.* Poncium, Gaillardum et Bernardum de Villamuri, fratres, accepimus conquerentes quod dilectus et fidelis noster clericus Egidius Camelini pro alberga nostra de Borgn [2] ipsorum pignora occupavit, ad quam albergam nobis se asserunt non teneri. Quocirca vobis mandamus quatinus super predictis audiatis eosdem, et exhibeatis eis justicie complementum, constituto tamen pro nobis legitimo deffensore, recredentes eisdem

---

[1] Le manuscrit porte *quatenus*; la correction s'impose.

[2] Le Born, Haute-Garonne, cant. Villemur.

nichilominus predicta pignora usque ad tres septimanas Omnium sanctorum, si super ipsis recredencia de jure aut consuetudine terre fuerit facienda. Datum Parisius, die sabbati ante festum [beate] Marie Magdalene, anno Domini m° cc° lx° nono.

1308

20 jul. 1269. — SENESCALLO THOLOSE ET ALBIENSIS PRO ARNALDO HELIE ET P. DE VILLAMURI.

Alfonsus, *etc.*, senescallo Tholose et Albiensis, *etc.* Arnaldum Helie et Petrum de Villamuri, milites, accepimus conquerentes quod dilectus et fidelis noster Egidius Camelini ipsos quibusdam nemoribus de Raigades et de Riutort et de Nausa Bruieria [1] indebite, ut asserunt, spoliavit. Unde vobis mandamus quatinus ipsos super hoc audiatis, et constituto pro nobis legitimo deffensore, exhibeatis eis justicie complementum. Datum Parisius, die sabbati ante festum beate Marie Magdalene, anno Domini m° cc° lx° nono.

1309

(Fol. 81.) 20 jul. 1269. — SENESCALLO PRO ARNALDO HELIE.

Alfonsus, *etc.*, senescallo Tholose et Albigensis, *etc.* Cum, secundum quod intelleximus, ex condempnacione Hugonis dicti Haudegambe propter hereticam pravitatem nobis quedam terre et proprietates tamquam confiscate evenerint, in quarum aliquibus Arnaldus Helie certos census habere se asserit in signum dominii temporalis, vobis mandamus quatinus diligenter inquiratis utrum dictus Ugo eidem Arnaldo teneretur ad aliqua servicia, occasione dictarum terrarum facienda; quod si per inquestam inveneritis, reddatis eidem Arnaldo servicium sive censum, in quo per inquestam predictam dictas terras erga dictum Arnaldum esse inveneritis honeratas. Ceterum vobis injungimus et pre-

[1] Raygades (Cassini) au sud de Vilemur, près de la route de Toulouse à Montauban. — Ritous (*id.*), près de Villematier. — Je ne retrouve pas Nausa Bruieria.

cipimus quatinus inquiratis diligencius veritatem an pater ipsius Arnaldi aliquas proprietates vel aliqua de bonis ipsius condempnati teneat vel possideat; quod si per inquestam inveneritis ita esse, ipsa bona vel ipsas proprietates ad manum nostram sine difficultate qualibet revocetis, maxime cum ipse Arnaldus filius, procuratorio nomine dicti patris, in predicta inquesta facienda expressum consensum prebuerit et assensum. Datum apud Parisius, die sabbati ante festum beate Marie Magdalene, anno Domini M° CC° LX° nono.

1310

20 jul. 1269. — [SENESCALLO THOLOSANO PRO BERNARDO ET BERTRANDO DE ROGELS, FRATRIBUS.]

Alfonsus, *etc.*, senescallo Tholose et Albiensis, *etc.* Ex parte Bernardi et Bertrandi de Rogels, fratrum, delata ad nos querimonia per Pontium de Maillac, procuratorem suum, continebat quod dilectus et fidelis noster Egidius Camelini quedam feuda militaria, que a quibusdam [1] militibus in feudis nostris licite acquisiverant, in manu nostra saisivit ac saisita detinet indebite, ut asserit, et injuste, cum sint persone generose et possint esse milites cum voluerint, sicut dicit. Hinc est quod vobis mandamus quatinus, si predicti fratres legitimas raciones pretenderint coram vobis propter quas predicta feuda restitui sibi debeant, eisdem predicta feuda restitui faciatis. Si vero predicti nobilitate ex parte matris solum innitantur, predicta feuda in manu nostra teneatis, quousque ad plenum liqueat de jure vel consuetudine patrie nobiles ex parte matris solum posse acquirere feuda militaria et tenere. Data die sabbati ante festum beate Marie Magdalene, anno Domini M° CC° LX° nono [2].

---

[1] Ici le copiste a répété les mots : *que a quibus*.

[2] *A la suite de cet acte, les mots suivants* : Alfonsus, vicario, *etc.* Cum nos litteras nostras deprecatorias venerabili in Christo...

1311

24 sept. 1269. — LITTERE CLAUSE MISSE MAGISTRO THOME DE NOVILLA SUPER NEGOCIO TURNICLIARUM, CUISSOTORUM ET CORIATARUM.

Alfonsus, *etc.*, dilecto et fideli clerico suo Thome de Novilla, salutem et dilectionem. Mandamus vobis quatinus duo paria turnicliarum[1] et duo paria cuissetorum, duas testerias ad equos et duas coriatas nobis faciendas fieri vobis injunctas, tales quales facere fieri vobis injunximus, circa tres septimanas instantis festivitatis Omnium sanctorum apportari faciatis vobiscum, ut videantur a nobis. Ac in denariis perquirendis bono modo, et debitis levandis et exigendis, apportandisque denariis Parisius apud Templum ad terminum supradictum in majori quantitate quam poteritis bono modo, eo quod instat passagium transmarinum, adhibeatis curam et diligenciam efficaces. In hiis et aliis negociis nostris vobis injunctis bene et fideliter exequendis sitis ita sollicitus, pervigil et intentus quod debeatis proinde merito commendari. Quid autem super premissis et aliis feceritis, cum ad nos veneritis, apportetis in scriptis. Scuta vero et targias dimittatis apud Tolosam, ferros siquidem et clavos ad equos ferrandos nolumus quod fieri faciatis, cum in mercato ipsos fieri faciendi caristia nimia videatur, secundum quod per latorem presencium insinuastis in scriptis, et si melius mercatum de ferris et clavis faciendis inveneritis, significetis nobis cum [ad] nos veneritis circa tres septimanas Omnium sanctorum instancium pro compotis faciendis. Datum die martis ante festum sancti Michaelis, anno Domini M° CC° LX° IX°.

1312

(Fol. 82.) 7 jul. 1269 et 15 jan. 1270. — SENESCALLO THOLOSE ET ALBIENSIS PRO GUILLELMO ATONIS.

In littera Guillelmi Atonis impetrata die mercurii post octabas epiphanie

---

[1] Sorte de housse, de cotte d'armes; cf. Ducange, *turniclia* et *torniclum*.

Domini, anno Domini millesimo cc° lx° *nono, addita fuerunt in principio littere ista verba post salutacionem :* Pro facto Guillelmi Atonis, petentis a nobis quamdam summam peccunie ex causa mutui dudum facti, sicut dicit, predecessori nostro R., bone memorie comiti Tholose, sibi debitam, ut asserit, nuper vobis sub certa forma mandatum extiterit, prout per nostras litteras intelleximus secundum quam minime processistis, cujus littere forma talis est : Alfonsus, *etc.*, senescallo Tholose et Albiensis, *etc.* Ex parte Guillelmi Athonis de Galliaco[1] nobis est et alias extitit intimatum quod ipse bone memorie Raymundo, quondam comiti Tholose, predecessori nostro, viginti quinque milia solidorum melgurensium, jam diu, mutuavit, qui quidem R., comes predictus, balliviam de Vauro et de Podio Laurencii tenendam et explectandam eidem Guillelmo tradidit, quousque de predictis viginti quinque milibus solidorum eidem ad plenum fuisset satisfactum. Unde vobis mandamus quatinus, vocatis (*sic*) vobiscum dilecto et fideli clerico nostro Egidio Camelini, addiscatis et eciam inquiratis diligenter per quantum temporis dictam bajuliam de Vauro et de Podio Laurencii tenuit cum pertinenciis earumdem, et quantum valuerit seu valere potuerit per illud temporis spacium quo tenuit balliviam supradictam, et cum quo computaverit de proventibus, redditibus et receptis ballivie supradicte, et facta inquisicione hujusmodi, de residuo predicti debiti, si quod fuerit, requiratis dilectum et fidelem nostrum Sicardum Alemanni, militem, cum magna instancia ut eidem Guillelmo satisfaciat de residuo supradicto, cum ad hoc ex convencione et confessione subsecuta teneri dicatur, ipsum ad hoc faciendum, si neccesse fuerit, efficaciter compellentes, justicia mediante, taliter super hiis vos habentes quod dictum Guillelmum non oporteat ad nos ulterius laborare. Datum die dominica proxima post octabas apostolorum Petri et Pauli, anno Domini m° cc° lx° nono. — Hinc est quod vobis mandamus quatinus juxta seriem ejusdem mandati, receptis videlicet testibus juratis et diligenter examinatis super singulis articulis in forma

[1] Cf. supra, n° 1278.

dicti mandati contemptis, necnon aliis circumstanciis que circa dictum negocium fuerint attendende, redactis eciam in scriptis deposicionibus testium, ea que inveneritis in hac parte nobis sub sigillo vestro interclusa, quam cicius commode poteritis, remittatis. Scire enim potuistis quod simplici assercioni dicti G., maxime in causa sua propria, non tenemur fidem aliquam adhibere. Datum die mercurii post octabas epiphanie Domini, anno Domini м° cc° lx° nono.

1313

(Fol. 83.) 15 jul. 1269. — PRO ILLUSTRI REGE ARRAGONUM.

Alfonsus, *etc.*, senescallo Tholosano et Albiensis, *etc.* Ex parte excellentis viri et dilecti nostri J., Dei gracia illustris regis Arragonum [1], nobis extitit intimatum quod Bonus, judeus, in villa nostra de Manso [2] moram trahens, de terra sua extitit, ut dicitur, oriondus. Quare dictum judeum cum bonis suis petebat a nobis sibi reddi et remitti. Quocirca vobis mandamus quatinus, vocatis Judeis, cum quibus in tallia a dictis Judeis nobis debita debet contribuere pro rata ipsum contingente, retentis pro nobis bonis tam mobilibus quam inmobilibus uxorem suam contingentibus, que quidem uxor de terra nostra extitit, ut dicitur, oriunda, dicto judeo bona ipsum contingencia reddi et restitui facientes, ipsum judeum in terra dicti regis Arragonum abire libere permittatis, nisi per dictos Judeos aliquid racionabile ostendatur, per quod restitucio hujusmodi seu deliberacio de jure debeat impediri, super quibus propositis procedatur sine strepitu de plano. Et hoc ipsum ex parte nostra dicatis nostro vicario Tholosano. Datum die lune ante festum beate Marie Magdalene, anno Domini м° cc° lx° nono.

---

[1] Jacques I*er* le Conquérant (1213-1276.) — [2] Ce doit être le Mas-d'Agenais, Lot-et-Garonne.

1314

18 jul. 1269. — LITTERA PATENS VICARIO THOLOSE [PRO QUIBUSDAM
BURGENSIBUS EJUSDEM VILLE].

Alfonsus, *etc.*, dilecto et fideli suo vicario Tholose, salutem et dilectionem. Cum, sicut ad aures nostras perlatum est, quidam burgenses de Tholosa, quorum nomina sunt hec : Arnaldus Barravi, Poncius de Villanova, Raimondus de Roayo, Petrus Feltrerii, Bernardus Raimundi Baranche, Bernardus Ramundi de Burdegalis, Durandus Judeus, Willelmus de Turre, Willelmus Vitalis, parator, Bertrandus de Guarigiis, Jordanus de Caramanno, Bertrandus Mauranni[1], Willelmus de Brugeriis et canonici Sancti Saturnini, portagium seu leudas infra dictam villam Tholose seu terminos ejusdem percipiant, et exigant nonnulli ipsorum plus debito, et aliqui, ut dicitur, minus juste, mandamus vobis quatinus super premissis una cum judice vestro inquiratis fideliter et dilligenter causam seu causas perceptionis hujusmodi et alias circonstancias que factum hujusmodi contingunt, vocatis predictis burgensibus, ut jurare videant, si eis placuerit, testes super his inquirandos (*sic*), et facta inquesta, eorum deffensiones et rationes, si quas proponere voluerint, legitimas admittatis. Quid vero super premissis inveneritis necnon rationes et deffensiones eorumdem ad instans parlamentum in crastino quindene Omnium sanctorum sub sigillo vestro nobis curetis remittere interclusa. Datum Parisius, anno Domini M° CC° LX° nono, die jovis ante festum beate Marie Magdalene.

Édité dans *Hist. de Languedoc* (nouv. édit.), VIII, col. 1622-1623.

1315

18 jul. 1269. — SENESCALLO THOLOSE ET ALBIENSIS PRO JOHANNE DOMINICI.

Alfonsus, *etc.*, senescallo Tholose et Albiensis, *etc.* Conquestus est

[1] Le manuscrit porte : *Mauraranni*.

nobis magister Johannes Dominici, quod cum ipse, ut asserit, in possessione vel quasi ville de Gimillis⁽¹⁾ et pertinenciarum ejusdem necnon et quarundam aliarum rerum esset pacifice et quiete, gentes nostre ipsum sine causa racionabili et absque judicio possessione hujusmodi spoliarunt. Quare vobis mandamus quatinus, recepta prius ab ipso idonea caucione de stando juri coram nobis super eo quod quendam conversum in terra nostra cepisse dicitur et ipsum privato carcere mancipasse, in nostrum prejudicium et gravamen, et super quibusdam aliis in quibus nobis injuriosus dicitur extitisse, vocatis qui fuerint evocandi et constituto pro nobis super premissis legitimo deffensore, si est ita, eundem ad possessionem vel quasi predictam restituatis, prout de jure fuerit faciendum. Datum Parisius, die jovis ante festum beate Marie Magdalene, anno Domini M° CC° LX° nono.

1316

18 jul. 1269. — PRO MAGISTRO JOHANNE DOMINICI LITTERA PATENS.

Alfonsus, *etc.*, dilecto et fideli clerico suo B. de Insula, venerabili preposito ecclesie Tholosane, salutem et sinceram dilectionem. Conquestus est nobis magister Johannes Dominici quod dilectus et fidelis clericus noster, magister Odo de Montoneria, et castellanus noster de Buzeto plures injurias et gravamina non modica eidem contra justiciam irrogarunt. Quare vobis mandamus quatinus, vocatis dictis magistro et castellano et aliis qui fuerint evocandi, auditis hinc inde racionibus, exhibeatis prefato magistro J. celeris justicie complementicas, Datum Parisius, die jovis ante festum beate Marie Magdalene, anno Domini M° CC° LX° nono.

1317

18 jul. 1269. — SENESCALLO THOLOSE ET ALBIENSIS PRO MAGISTRO JOHANNE DOMINICI. — SIMILIS LITTERA MISSA FUIT SENESCALLO AGENENSI ET CATURCENSI PRO EODEM.

Alfonsus, *etc.*, senescallo Tholose et Albiensis, *etc.* Mandamus vobis

⁽¹⁾ Gemil, Haute-Garonne, cant. Montastruc.

quatinus non inpediatis vel per vestros bajulos aut alios officiales vestros inpediri permittatis magistrum Johannem Dominici, quominus per se aut per procuratorem suum jus suum prosequi possit coram judice ecclesiastico super hiis que ad forum ecclesie noveritis pertinere. De aliis vero rebus et personis que ad nostram jurisdicionem pertinent, vocatis qui fuerint evocandi, si vobis conquestus fuerit, exhibeatis eidem bonum jus et maturum. Datum Parisius, die jovis ante festum beate Marie Magdalene, anno Domini m° cc° lx° nono.

1318

21 jul. 1269. — SENESCALLO THOLOSE PRO DOMINO YSARNO JORDANI.

Alfonsus, *etc.*, senescallo Tholose et Albiensis, *etc.* Veniens ad nos nobilis et fidelis noster Ysarnus Jordani, miles, nobis conquerendo monstravit quod quidam homines de terra sua, quos suos esse asserit homines de corpore, in terram nostram contra ipsius voluntatem et eo renitente se indebite transtulerunt. Quare vobis mandamus quatinus, si dictos homines esse de condicione hujusmodi vobis constiterit, eos in terra nostra seu districtu nostro remanere contra predicti militis voluntatem nullatenus permittatis. Datum die dominica ante festum beate Marie Magdalene, anno Domini m° cc° lx° nono.

1319

23 jul. 1269. — EPISCOPO THOLOSANO PRO FRATRIBUS DE CARMELLO.

Venerabili in Christo patri R., Dei gracia episcopo Tholosano, Alfonsus, filius regis Francie, comes Pictavie et Tholose, salutem et sincere dilectionis affectum. Cum, sicut ad nostram pervenit noticiam, inter venerabiles viros prepositum et capitulum ecclesie Tholosane, ex una parte, et fratres ordinis de Carmelo, Tholose commorantes, ex altera, nonnulla questionis materia sit exorta, ex qua posset, ut dicitur, scandalum non modicum generari, nisi per pacis remedium ocurratur, paternitatem vestram rogandam duximus [quatinus], una cum dilecto et fideli nostro Sicardo Alemanni, milite, quem una vobiscum dicte partes tanquam superiores, duobus aliis tanquam arbitris ab eisdem nominatis, provide elegerunt, intendere velitis ad questionem hujusmodi, prout condecet, sopiendam, ita quod, mediante vestra sollicitudine, inter partes pax et concordia interveniat eo modo quo fieri poterit meliori. Datum Parisius, in crastino beate Marie Magdalene, anno Domini m° cc° lx° nono.

1320

(Fol. 84.) 23 jul. 1269. — [SENESCALLO THOLOSE PRO EADEM RE.]

Alfonsus, *etc.*, senescallo, *etc.* Cum nos litteras nostras deprecatorias venerabili in Christo patri R., Dei gracia episcopo Tholosano, et dilecto et fideli nostro Sycardo Alemanni, militi, pro preposito ecclesie Tholosane et fratribus ordinis beate Marie de Carmelo, super questionis materia que inter ipsos prepositum et capitulum ex una parte et dictos fratres ex altera vertitur, per dictos episcopum et Sycardum sopienda, vobis mandamus quatinus, si pax seu concordia inter ipsos intervenire nequiverit, non permittatis alterutram parcium opprimi vel gravari per potentiam laicalem. Datum die martis in crastino festi Marie Magdalene, anno ut supra.

1321

11 aug. 1269. — EGIDIO CAMELINI CLERICO PRO BARONIBUS ET MILITIBUS COMITATUS THOLOSE [SUPER ACQUISITIONIBUS FEUDORUM A PERSONIS INNOBILIBUS ET AB ECCLESIASTICIS VIRIS].

Alfonsus, *etc.*, dilecto et fideli clerico suo Egidio Camelini, salutem et dilectionem. Ad aures nostras perlatum est quod nonnulli barones et milites comitatus nostri Tholose offensos se reputant et gravatos, super eo quod passim et indifferenter in manu nostra capi facitis aquisiciones, factas ab ecclesiis seu personis innobilibus in feudis que inmediate ab eisdem movere dignoscuntur, quibus aquisicionibus ipsi vel predecessores sui assensum suum minime prebuerunt. Quare vobis mandamus quatinus aquisiciones hujusmodi, que imediate de suis movent feudis, de quibus constare poterit quod suus vel predecessorum suorum assensus minime intervenerit, in manu nostra nullatenus capiatis, precipientes tamen eisdem baronibus et militibus ut feuda, preter assensum suum et predecessorum suorum a personis ecclesiasticis seu alias innobilibus taliter aquisita, infra tempus legitimum ad manum suam revocent, sicut decet, alioquin nos acquisiciones hujusmodi extunc saisiri nostro nomine faceremus. Datum Parisius, dominica ante festum Assumpcionis beate Virginis, anno Domini millesimo ducentesimo sexagesimo nono.

Édité par Boutaric, p. 527.

1322
[EGIDIO CAMELINI PRO COMITIS NEGOTIIS.]

Alfonsus, *etc.*, dilecto et fideli clerico suo Egidio Camelini, salutem et dilectionem. Mandamus vobis quatinus super tradicione forestarum nostrarum et aliis nostris negociis, vobis tam verbo quam scripto comissis, pro denariis bono et legali modo pro nobis perquirendis sitis curiosus, diligens et intentus, ita quod fidelitatem et diligenciam vestram debeamus propter hoc merito commendare [1].

1323
11 aug. 1269. — [EIDEM PRO EODEM.]

Alfonsus, *etc.*, dilecto et fideli clerico suo Egidio Camelini, salutem et dilectionem. Mandamus vobis quatinus super tradicione forestarum nostrarum et aliis nostris negociis vobis comissis, pro denariis in magna quantitate, meliori modo et legaliori quo poteritis, pro nobis perquirendis, viso scripto vobis super hoc tradito, sitis curiosus, diligens et intentus, nam instantis passagii prefixus terminus appropinquat, ubi nos opo[r]tebit quasi importabilia [2] expensarum onera sustinere.

---

[1] Cet acte est cancellé dans le manuscrit; c'est en somme une première rédaction du suivant. — [2] Première leçon : *innumerabilia*.

Taliter super hiis et aliis nostris negociis vos habentes, quod ob hoc vestram fidelitatem debeamus merito comandare, rescribentes nobis per latorem presencium quid super premissis jam fecistis. Datum Parisius, dominica ante festum Assumpcionis beate Virginis, anno ut supra.

Édité dans *Hist. de Languedoc* (nouv. édition), VIII, col. 1588.

1324

15 aug. 1269. — [SUPER ELEMOSINIS FACIENDIS IN SENESCALLIIS THOLOSANA, AGENNENSI, RUTHENENSI ET VENESSINI.]

Alfonsus, *etc.*, dilectis et fidelibus suis Poncio Astoaudi et magistro Odoni de Montonaria, salutem et dilectionem. Cum nos senescallo nostro Tholose et Albiensis et senescallo nostro Agenensi et Caturcensi, senescallo nostro Ruthenensi et senescallo nostro Venessini, per nostras litteras cuilibet eorum directas, mandaverimus ut de denariis nostris pro elemosina nostra solvant : videlicet senescallo nostro Tholose et Albiensis [1] in Tholosano, fratribus Minoribus Tholose xx libras tholosanorum, item pro fabrica ecclesie sue x libras tholosanorum; fratribus Predicatoribus Tholose xx libras tholosanorum, item pro fabrica ecclesie sue x libras tholosanorum; fratribus Saccorum de Tholosa lx solidos tholosanorum, item pro fabrica ecclesie sue x libras tholosanorum; fratribus Trinitatis Tholose lx solidos tholosanorum; fratribus de Scarpistris Tholosanis c solidos tholosanorum, pro fabrica ecclesie sue x libras tholosanorum; sororibus Minoribus de Tholosa c solidos tholosanorum; fratribus Sancti Augustini Tholose lx solidos tholosanorum; domui Dei Tholose c solidos tholosanorum; leprosarie Tholose lx solidos tholosanorum; leprosarie Castri Sarraceni [2] xl solidos tholosanorum; domui Dei Castri Sarraceni lx solidos tholosanorum; leprosarie de Verduno [3] xl solidos tholosanorum; domui Dei de Verduno lx solidos tholosanorum; leprosarie de Vauro [4]

[1] Voir t. I, n° 832, p. 534.
[2] Castelsarrasin, Tarn-et-Garonne.
[3] Verdun, Tarn-et-Garonne.
[4] Lavaur, Tarn.

xl solidos tholosanorum; domui Dei de Vauro xl solidos tholosanorum; leprosarie de Loraco [1] xx solidos tholosanorum; domui Dei de Loraco xx solidos tholosanorum; leprosarie de Fangiauz [2] xx solidos tholosanorum; domui Dei de Fangiauz xx solidos tholosanorum; leprosarie de Castro Novo d'Arre [3] xx solidos tholosanorum; domui Dei de Castronovo d'Arre xxx solidos tholosanorum; leprosarie de Avign[on]eto [4] xx solidos tholosanorum; domui Dei de Avign[on]eto xx solidos tholosanorum; leprosarie de Chaumont [5] xx solidos tholosanorum; domui Dei de Chaumont xx solidos tholosanorum; leprosarie de Portello [6] xx solidos tholosanorum; leprosarie de Sancto Felicio [7] xx solidos tholosanorum; domui Dei de Sancto Felicio xx solidos tholosanorum; leprosarie de Buzeto [8] xx solidos tholosanorum; domui Dei de Buzeto xxx solidos tholosanorum; leprosarie de Villamuri [9] xx solidos tholosanorum; domui Dei de Villamuri xxx solidos tholosanorum; leprosarie de Blangnaco [10] xx solidos tholosanorum; leprosarie de Bonaco [11] xx solidos tholosanorum; leprosarie Sancte Gavelle [12] xx solidos tholosanorum; leprosarie de Monteestruco [13] xx solidos tholosanorum; leprosarie de Rious in Vasconia [14] xx solidos tholosanorum; leprosarie de Monteesquivo [15] xx solidos tholosanorum; leprosarie de Fossereto [16] xx solidos tholosanorum; leprosarie de Carbona [17] xx solidos tholosanorum; leprosarie de Sancta Fide [18] xx sol. thol.; leprosarie de Sancto Suplicio [19] xx sol. thol.; leprosarie de Valiege [20] xx sol. thol.; domui Dei de Valiege xx sol. thol.; monialibus Oracionis Dei in Vas-

---

[1] Laurac, Aude, cant. Fanjeaux.
[2] Fanjeaux, Aude.
[3] Castelnaudary, ibid.
[4] Avignonet, Haute-Garonne, cant. Villefranche.
[5] Calmont, ibid., cant. Nailloux.
[6] Portet, ibid., cant. Toulouse.
[7] Saint-Félix, ibid., cant. Revel.
[8] Buzet, ibid., cant. Montastruc.
[9] Villemur, Haute-Garonne.
[10] Blagnac, ibid., cant. Toulouse.
[11] Bonnac, Aude, comm. Mayreville.
[12] Cintegabelle, Haute-Garonne.
[13] Montastruc, ibid.
[14] Rieux, ibid.
[15] Montesquieu-Volvestre, ibid.
[16] Le Fousseret, ibid.
[17] Carbonne, ibid.
[18] Sainte-Foy, ibid., cant. Saint-Lys.
[19] Saint-Sulpice-de-Lézat, Haute-Garonne.
[20] Baziège, ibid., cant. Montgiscard.

conia⁽¹⁾ xxx sol. thol.; monialibus de Beignieres in Loraguesio⁽²⁾ x sol. thol.; monialibus de Genestei juxta Castrum novum d'Arri⁽³⁾ xx sol. thol.; monialibus d'Espinace juxta Tholosam⁽⁴⁾ xx sol. thol.; leprosarie Sancti Martini in Loraguesio⁽⁵⁾ xx sol. thol.; domui Dei Sancti Martini xx sol. thol.; leprosarie de Cepeto⁽⁶⁾ xx sol. thol.; leprosarie de Pollac⁽⁷⁾ xx sol. thol.; leprosarie de Bonoloco⁽⁸⁾ xx sol. th.; leprosarie de Rupe Cesaris⁽⁹⁾ xx sol. thol.; leprosarie de Podio Laurencii⁽¹⁰⁾ xxx sol. thol., domui de Podio Laurencii xxx sol. thol.; leprosarie de Castenet⁽¹¹⁾ xx sol. thol.; domui Dei de Castenet xx sol. thol.; sororibus Jacobinis de Pruillano⁽¹²⁾ que sunt vii^{xx}, x libras thol.; fratribus de ordine Beate Marie matris Jesu Christi Tholose l sol. thol. — In Albigesio, fratribus Minoribus Albiensibus c sol. turonensium; leprosarie de Galliaco⁽¹³⁾ lx sol. tur., domui Dei de Galliaco c sol. tur.; leprosarie de Cordua⁽¹⁴⁾ lx sol. tur., domui Dei de Cordua c sol. tur.; fratribus Predicatoribus de Castris⁽¹⁵⁾ c sol. tur.; leprosarie de Rabastenis⁽¹⁶⁾ lx sol. tur.; domui Dei de Rabastenis c sol. tur.; leprosarie de Insula⁽¹⁷⁾ xl sol. tur.; leprosarie de Causac⁽¹⁸⁾ xx sol. tur.; leprosarie Castrinovi in Albigensi⁽¹⁹⁾ xx sol. tur.; leprosarie Podii Celsi⁽²⁰⁾ xx sol. tur.; leprosarie de Penna⁽²¹⁾ xx sol. tur.; monialibus de Gaillaco⁽²²⁾ xl sol. tur. — Senescallo nostro Agenensi et Caturcensi in Agenensi et Caturcinio : predicatoribus

⁽¹⁾ L'Oraison-Dieu, abbaye cistercienne, diocèse de Toulouse.

⁽²⁾ Banières, Tarn, cant. Lavaur.

⁽³⁾ Non retrouvé.

⁽⁴⁾ Lespinasse, Haute-Garonne, cant. Fronton.

⁽⁵⁾ Saint-Martin-la-Lande, Aude, cant. Castelnaudary.

⁽⁶⁾ Cepet, Haute-Garonne, cant. Fronton.

⁽⁷⁾ Probablement Bouillac, Tarn-et-Garonne, cant. Verdun.

⁽⁸⁾ Bouloc, Haute-Garonne, cant. Fron-

⁽⁹⁾ Roquesserrière, *ibid.*, cant. Montastruc.

⁽¹⁰⁾ Puylaurens, Tarn.

⁽¹¹⁾ Castanet, Haute-Garonne.

⁽¹²⁾ Prouille, Aude, comm. Fanjeaux.

⁽¹³⁾ Gaillac, Tarn.

⁽¹⁴⁾ Cordes, *ibid.*

⁽¹⁵⁾ Castres, *ibid.*

⁽¹⁶⁾ Rabastens, *ibid.*

⁽¹⁷⁾ Lisle, *ibid.*

⁽¹⁸⁾ Cahuzac-sur-Vère, *ibid.*, cant. Castelnau-de-Montmiral.

⁽¹⁹⁾ Castelnau-de-Montmiral, Tarn.

⁽²⁰⁾ Puycelcy, *ibid.*, cant. Castelnau-de-Montmiral.

⁽²¹⁾ Penne, *ibid.*, cant. Vaour.

⁽²²⁾ Religieuses bénédictines de Longueville, près Gaillac, Tarn.

Agenensibus xx libras turonensium; fratribus Minoribus Agenensibus xx libras tur.; le prosarie Agenensi c sol. tur., domui Dei Agenensi c sol. tur; fratribus Minoribus de Montealbano [1] xx libr. tur.; fratribus Predicatoribus de Montealbano xx libr. tur.; leprosarie de Montealbano lx sol. tur.; domui Dei de Montealbano c sol. tur.; fratribus Predicatoribus de Condomio [2] xx lib. tur.; leprosarie de Condomio lx sol. tur.; domui Dei de Condomio lx sol. tur.; domui Dei de Loserta [3] lx sol. tur., leprosarie de Loserta lx sol. tur.; leprosarie de Moissiaco [4] xl sol. tur.; domui Dei de Moissiaco lx sol. tur.; fratribus de Carmelo Agenensibus c sol. tur.; fratribus Minoribus de Manso [5] c sol. tur.; fratribus Minoribus de Marmanda [6] x libr. tur.; fratribus Minoribus de Neraco [7] lx sol. tur.; fratribus Minoribus de Condomio x libr. tur.; sororibus Minoribus ibidem lx sol. tur.; hospitali de Montleuras [8] xx sol. tur.; hospitali de Salvaterra [9] xx sol. tur.; duobus hospitalibus de Montecuco [10] xl sol. tur., item leprosarie ejusdem loci xl sol. tur. — Senescallo nostro in Ruthenensi: fratribus Minoribus de Amilliavo [11] x lib. tur.; domui Dei de Amilliavo c sol. tur., leprosarie de Amilliavo lx sol. tur.; fratribus Minoribus Ruthenensibus c sol. tur.; leprosarie Ruthenensi xl sol. tur., domui Dei de Ructinia lx sol. tur.; domui Dei de Peruce [12] xl sol. tur., leprosarie de Peruce xl sol. tur.; domui Dei de Villafranca [13] xl sol. tur., leprosarie de Villafranca xl sol. tur., ecclesie de Villafranca c sol. tur.; domui Dei de Villanova [14] xl sol. tur.; leprosarie de Villanova xl sol. tur.; domui Dei de Naiaco [15] lx sol. tur.; fratribus Predicatoribus de Figiaco [16] c sol. tur.; fratribus Minoribus de Figiaco c sol. tur.; fratribus Minoribus Sancti Anto-

---

[1] Montauban, Tarn-et-Garonne.
[2] Condom, Gers.
[3] Lauzerte, Tarn-et-Garonne.
[4] Moissac, *ibid.*
[5] Le Mas-d'Agenais, Lot-et-Garonne.
[6] Marmande, *ibid.*
[7] Nérac, *ibid.*
[8] Non retrouvé ni sur les cartes ni dans les dictionnaires.
[9] Probablement Sauveterre, Tarn-et-Garonne, cant. Lauzerte.
[10] Montcuq, Lot.
[11] Millau, Aveyron.
[12] Peyrusse, *ibid.*, cant. Montbazens.
[13] Villefranche, Aveyron.
[14] Villeneuve, *ibid.*
[15] Najac, *ibid.* Aveyron.
[16] Figeac, Lot.

nini [1] c sol. tur. — Senescallo Venessini in Venessino : fratribus Minoribus de Insula [2] c sol. tur.; fratribus heremitis Sancti Johannis Baptiste de Avignione LX sol. tur.; fratribus Minoribus Avignionensibus XV libr. tur.; fratribus Predicatoribus Avignionensibus XV libr. tur.; fratribus Minoribus de Vallerias [3] LX sol. tur.; sororibus Minoribus Avignonensibus c sol. tur.; fratribus de Carmelo Avignionensibus X libr. tur. — Vobis mandamus quatinus, cum per loca ipsa transitum feceritis pro commissis vobis negociis faciendis, addiscatis diligenter an dicta pecunia singulis locis predictis soluta fuerit, sicut decet, ita quod super hoc possimus in scriptis loco et tempore competenti plenius edoceri. Datum die Assumpcionis beate Marie virginis, anno Domini millesimo cc° LX° nono.

1325

(Fol. 85.) 16 aug. 1269. — SENESCALLO THOLOSE ET ALBIENSIS PRO ELEMOSINIS DOMINI COMITIS PICTAVIE ET THOLOSE.

Alfonsus, *etc.*, senescallo Tholose et Albiensis, *etc.* Mandamus vobis quatinus solvatis de denariis nostris pro elemosina fratribus Minoribus Tholosanis XX libr. thol...... (*La suite comme dans l'acte précédent.*) Universas autem et singulas elemosinas singulis locis, prout superius sunt distincte, solvatis, taliter quod inde possitis ad instantes compotos circa tres septimanas post festum Omnium sanctorum computare de eisdem, ita quod constet de solucione earundem per litteras testimoniales quibus fides adhiberi debeat, vel alias legitime sicut decet. Datum apud Hospitale juxta Corbolium, die veneris in crastino Assumpcionis beate Marie virginis, anno Domini millesimo ducentesimo sexagesimo nono.

---

[1] Saint-Antonin, Tarn-et-Garonne. — [2] L'Isle-sur-la-Sorgue, Vaucluse. — [3] Valréas, Vaucluse.

1326

16 aug. 1269. — SENESCALLO THOLOSE ET ALBIENSIS PRO COMITE PICTAVIE
ET THOLOSE [SUPER FEUDORUM RECENSIONE].

Alfonsus, *etc.*, senescallo Tholose et Albiensis, *etc.* Ut de feudis que a nobis tenentur et feudatariis, qui nobis fecerunt homagium aut facere debent de dyocesi Tholose, pleniorem noticiam habeamus, vobis mandamus quatinus, cum ea qua poteritis diligencia et sollicitudine, faciatis in scriptis redigi in singulis castellaniis dicte dyocesis, separatim et distincte, feuda que a nobis teneri debent et feudatariorum nomina, premittendo rubricam ad singulas castellanias sigillatim pertinentem, ita quod de diversis castellaniis feuda seu ipsorum feudatariorum nomina minime sint permixta, sed clare liquere possit quis feudatarius, quas possessiones et sub quibus serviciis seu redevenciis et in qua castellania teneat a nobis aut tenere debeat. Et scripturam quam inde feceritis, in quaterno redactam, sub sigillo vestro consignatam, nobis quamcicius commode poteritis transmittatis, dilectorum et fidelium nostrorum Sycardi Alamanni, Poncii Astoaudi, magistri Odonis de Montoneria, Egidii Camelini et Thome de Novilla, clericorum nostrorum, vel aliquorum eorum et aliorum quos expedire noveritis, communicantes consilium in hac parte. Datum apud Hospitale prope Corbolium, in crastino Assumpcionis beate Virginis, anno Domini millesimo ducentesimo sexagesimo nono.

1327

23 aug. 1269. — LITTERA SYMONIS HARENT PATENS.

Alfonsus, *etc.*, senescallo Tholose et Albiensis, *etc.* Significamus [1] vobis quod nos Symoni dicto Haren, exhibitori presencium, dedimus in castro nostro de Verduno [2] sex denarios tholosanos gagiorum per

---

[1] Première leçon : *mandamus*. — [2] Verdun-sur-Garonne, Tarn-et-Garonne.

diem, quamdiu nobis placuerit. Unde vobis mandamus quatinus eidem S. dicta gagia persolvatis. Datum apud Calm. in Bria⁽¹⁾, die veneris in vigilia beati Bertholomei apostoli, anno Domini millesimo ducentesimo sexagesimo nono.

1328

15 sept. 1269. — LITTERA PATENS MAGISTRO ODONI DE MONTONERIA PRO ARNALDO DE ESCALERIO ET EJUS SOCIIS.

Alfonsus, *etc.*, dilecto et fideli suo magistro Odoni de Montoneria, salutem et dilectionem. Causam appellacionis ad nos interposite, ut dicitur, ex parte Arnaldi de Escalerio, Bernardi de Togesio et Arnaldi de Togesio, a sentencia lata contra ipsos per magistrum Guillelmum de Furno, judicem appellacionum in Tholosa et Albiensi, in causa appellacionis que inter ipsos Arnaldum, Bernardum et Arnaldum appellantes ex parte una, et Raymundum de Prinhaco, Arnaldum de Fita, Rogerium Tronni et Petrum de Navinas et Arnaldum de Prinhaco ex altera, coram dicto judice vertebatur, vobis committimus audiendam et fine debito terminandam. Datum anno Domini millesimo ducentesimo sexagesimo nono, in octabis nativitatis beate Marie virginis.

1329

(Fol. 86.) 15 sept. 1269. — EGIDIO CAMELINI, CLERICO, PRO DOMINO COMITE PICTAVIE ET THOLOSE SUPER VILLA DE CEPETO.

Alfonsus, *etc.*, dilecto et fideli clerico suo Egidio Camelini, salutem et dilectionem. Cum nos⁽²⁾ Raymundo Johannis, jurisperito, pro certo precio et certis convencionibus villam de Cepeto⁽³⁾ cum pertinenciis suis duxerimus concedendam, prout in litteris nostris patentibus exinde confectis, quas habuistis, plenius continetur, et nos tenore litterarum vestrarum, quas nuperrime super eodem facto misistis, inspecto, attendamus in ipso contractu, si est ita, deceptos fuisse, ac cum inter

---

⁽¹⁾ Probablement Chaumoncel, Seine-et-Oise, cant. Sucy-en-Brie. — ⁽²⁾ Ici le mot *cum*, inutile et que nous supprimons. — ⁽³⁾ Cepet, Haute-Garonne, cant. Fronton.

nos et dictum Johannem condictum fuerit in contractu ut si ultra viginti duas libras et decem solidos tholosanorum valeret dicta villa in redditibus annuatim, quod pro singulis centum solidis turonensium annui redditus, qui pluris invenirentur, centum libras ejusdem monete nobis daret vel pro rata proportionaliter, que villa, sicut nobis scripsistis, valet quinquaginta libras tholosanorum annui redditus, vobis mandamus quatinus dictam villam in manum nostram teneatis quousque de eo quod superest pecuniam solverit vel dederit caucionem ydoneam de solvendo terminis ordinatis, videlicet in instanti festo Omnium sanctorum et in subsequenti festo purificacionis beate Virginis. Datum dominica in octabis nativitatis beate Marie virginis, anno Domini M° CC° LX° nono.

1330

15 sept. 1269. — EGIDIO CAMELINI, CLERICO, PRO COMITE PICTAVIE ET THOLOSE SUPER DIVERSIS.

Alfonsus, *etc.*, dilecto et fideli clerico suo Egidio Camelini, salutem et dilectionem. Super eo quod in tradicione forestarum nostrarum et aliis negociis vobis a nobis injunctis quantum potestis estis diligens, sicut nobis per vestras scripsistis litteras, vobis scimus bonum gratum. Super eo quod nobis scripsistis de foresta de Gandeleur [1], in qua, propter restitucionem factam a nobis abbati et quibusdam burgensibus Moysiacensibus, remanserunt nobis quater centum sextariate terre tantum, de quibus centum sextariatas concessistis, prout in scriptis finacionum quas fecistis continetur, et de trescentis sextariatis residuis tantam summam de qualibet sextariata habere non possetis, quantam de centum jam concessis habuistis, restituciones predictas tam per vos quam alios antea audiveramus, sed residuum dicte foreste, quod tradendum superest, tradatis et concedatis ad incherimentum vel alias, prout nobis et patrie videritis expedire, ita quod medietas precii, quod nobis propter hoc debebitur, circa tres septimanas post instans festum Om-

[1] Forêt de Gandalou, Tarn-et-Garonne, comm. Castelsarrasin.

nium sanctorum, et alia medietas circa tres septimanas post instans festum Candelose una cum aliis denariis nostris possit afferri Parisius apud Templum. De aliis forestis placet nobis quod vos faciatis sicut nobis retulistis et eciam rescripsistis. Super facto ville de Cepeto litteras vobis mittimus per presentium portitorem. Super salino de Agenno per alias nostras litteras vobis scripsimus quod nobis placet quod cum villis nostris Agenesii et aliis, quarum interest, tractetis quantum nobis dare vellent pro relaxacione nostri juris de dicto salino facienda et finem faciatis[1] cum eis, retenta voluntate nostra, prout in eisdem nostris litteris plenius continetur. Datum dominica in octabis nativitatis beate Marie virginis, anno Domini m° cc° lx° nono.

Édité dans *Hist. de Languedoc* (nouv. édit.), VIII, col. 1588-1589.

1331

16 sept. 1269. — THOME DE NOVILLA, CLERICO, PRO COMITE PICTAVIE ET THOLOSE.

Alfonsus, *etc.*, dilecto et fideli clerico suo Thome de Novilla, clerico, salutem et dilectionem. Mandamus vobis quatinus super preparacione recium nostrarum et aliis novis usque ad decem vel duodecim, si opus fuerit, faciendis, pro venando ad apros, cum senescallo nostro Tholose et Albiensis et Johanne Archerii colloquium habeatis, et eidem senescallo ex parte nostra dicatis quod ab instante quindena festi sancti Michaelis usque ad instans festum Omnium sanctorum sine retibus ad apros, et a dicto festo Omnium sanctorum in antea usque ad Candelosam vel Carniprivium in forestis nostris cum retibus venari faciat per dictum Johannem Archerii et alios quos iidem senescallus et Johannes viderint expedire, et apros et leas capi in majori quantitate quam poterit usque ad ducentas vel circa, et eos bene faciat salsari ad defferendum ultra mare, et dicto Johanni ex parte nostra specialiter injungatis ut in predictis retibus nostris preparandis et aliis novis,

---

[1] Le manuscrit porte : *faceretis*.

usque ad dictum numerum si opus fuerit faciendis, et in venando et dictis apris et leis capiendis et salsandis ad defferendum ultra mare curam et diligenciam apponat majorem quam poterit, inspecto et proviso tempore cujuslibet animalis, prout superius est expressum. In factione et reparacione armorum, quarrellorum et in perquirendis pro nobis denariis bono et legali modo, in scambio monetarum nostrarum ad turonenses vel monetas aureas seu grossos turonenses argenti domini regis Francie in forma vobis diu tradita, vel meliori si poteritis, prout in memorialibus vobis traditis in scriptis, quando ultimo a nobis recessistis, plenius continetur, necnon in debitis nostris novis et veteribus levandis et apportandis, et in aliis negociis vobis a nobis injunctis curam et diligenciam apponatis majorem quam poteritis bono modo, ita quod quidquid super premissis et singulis actum fuerit circa tres septimanas instantis festi Omnium sanctorum, cum ad nos veneritis, nobis refferatis in scriptis, denarios nobis debitos in majori quantitate quam poteritis circa dictas tres septimanas instantis festi Omnium sanctorum apud Templum Parisius afferentes. Datum die lune post octabas nativitatis beate Marie virginis, anno Domini millesimo ducentesimo sexagesimo nono.

1332

19 sept. 1269. — VICARIO THOLOSE PRO ECCLESIA THOLOSE SUPER FACTO VILLE D'ESCALQUEINS [1].

Alfonsus, *etc.*, dilecto et fideli suo vicario Tholose, salutem et dilectionem. Cum, sicut nobis extitit intimatum, in villa d'Esqualqueins [2], dyocesis Tholosane, occasione rixe ibidem inter incolas ejusdem loci habite, ubi nonnulli dicuntur fuisse lettaliter vulnerati, subvicarium vestrum ad dictam villam destinastis, qui bona dictorum hominum saisivit, et eadem capta, ut dicitur, detinetis in prejudicium prepositi et capituli ecclesie Tholose, qui in eadem villa omnimodam justiciam asserunt se habere, vobis mandamus quatinus, retenta ydonea cau-

---

[1] Ce mandement a été cancellé. — [2] Escalquens, Haute-Garonne, cant. Montgiscard.

cione de bonis predictis, bona eadem, que capi fecistis et capta, ut dicitur, detinetis, prefatis hominibus dicte ville d'Escalqueins [1] recredatis, addiscentes nichilominus [2] de possessione vel saisina jurisdicionis seu justicie quam iidem prepositus et capitulum in dicta villa asserunt se habere. Et ea que super hoc inveneritis, nobis sub sigillo vestro [3] per Egidium Camelini, clericum nostrum, cum ad nos venerit, remittatis. Quod si inqueste seu apprisie vestre stare noluerint in hac parte, vos eisdem exhibeatis celeris justicie complementum. Datum die jovis ante festum beati Mathei apostoli, anno Domini m° ducentesimo sexagesimo nono.

1333

(Fol. 87.) 19 sept. 1269. — SENESCALLO THOLOSE ET ALBIENSIS PRO JORDANO DE INSULA, MILITE, SUPER FACTO ROGERII DE ESPIERIIS.

Alfonsus, *etc.*, senescallo Tholose et Albiensis, *etc.* Ex parte nobilis et fidelis nostri Jordani de Insula, militis, ad aures nostras perlatum est conquerendo quod Rogerius de Espieriis, serviens noster ultra Garonam, in terram dicti Jordani cum multitudine armatorum inimicorum ejusdem Jordani intravit hostiliter et homines ejusdem terre multipliciter gravavit, res et bona ipsorum depredando et ea per violenciam asportando. Quocirca vobis mandamus quatinus, cumperta super hoc veritate, vocatis qui fuerint evocandi, dampna passis restitui et injurias emendari dictumque Rogerium pro tanto excessu puniri faciatis, taliter super hiis vos habentes quod propter deffectum juris vel vestrum ad nos non oporteat ulterius querimoniam reportari. Datum die jovis ante festum beati Mathei apostoli, anno Domini millesimo ducentesimo lx^mo nono.

Édité dans *Hist. de Languedoc* (nouv. édit.), VIII, col. 1687.

---

[1] Première leçon : *prefatis preposito et capitulo nomine ecclesie predicte.*

[2] *Ici les mots suivants raturés :* Cum aliqua persona ydonea quam dicti prepositus et capitulum duxerint deputandam.

[3] *Ici les mots suivants raturés :* Et college vestri qui vobiscum deputatus fuerit ab ipsis quam cicius commode poteritis.

1334

19 sept. 1269. — SENESCALLO THOLOSE ET ALBIENSIS PRO JORDANO DE INSULA, MILITE, SUPER ADVOCACIONE POSSESSIONUM ET TERRARUM.

Alfonsus, *etc.*, senescallo Tholose et Albiensis, *etc.* Ex parte nobilis et fidelis nostri Jordani, domini Insule, nobis est conquerendo monstratum quod nonnulli homines quasdam possessiones et terras, quas tenent ab ipso, ut asserit, a nobis de novo advocant, cujusmodi advocaciones indifferenter admitatis, in ipsius Jordani prejudicium et gravamen. Quocirca vobis mandamus quatinus super hujusmodi terris aut possessionibus, de quibus vobis legitime constare poterit quod prefatus Jordanus in advocantes racione possessionum aut terrarum earundem jurisdicionem aut justiciam exercuerit aut explectaverit seu illius jurisdicionis vel explectamenti possessionem habet vel habebat tempore facte advocacionis, advocaciones hujusmodi nullatenus admittatis, nisi demum justicia mediante. Datum die jovis ante festum beati Mathei[1] apostoli, anno Domini millesimo ducentesimo sexagesimo nono.

1335

19 sept. 1269. — SENESCALLO THOLOSE ET ALBIENSIS PRO JORDANO DE INSULA, DOMICELLO, SUPER INQUESTA FACTA PER DOMINUM S. ALEMANNI, MILITEM, SUPER FACTO DE SARRANT.

Alfonsus, *etc.*, senescallo Tholose et Albiensis, *etc.* Cum, sicut ex parte nobilis et fidelis nostri Jordani, domini de Insula, militis, nobis extiterit intimatum[2] vos aut judex vester contra Jordanum de Insula, domicellum, procedere intenditis occasione cujusdam inqueste facte, ut dicitur, super facto de Sarrant[3], de mandato fidelis nostri Sycardi Alemanni, cum vices gereret senescalli in partibus Tholosanis, cui inqueste dictus Jordanus domicellus seu gentes patris sui se minime subjecerunt nec factioni ejusdem inqueste vocati fuerint aliquatenus,

---

[1] Première leçon : *beati Barnabe.* — [2] Ici le mot *quod*, inutile pour le sens et que nous supprimons. — [3] Sarrant, Gers, cant. Mauvezin.

ut dicebant, sed parati erant, si qui de ipsis defferrent querimoniam, stare juri. Quare vobis mandamus quatinus raciones dicti Jordaneti et aliorum quorum interest, quibus nituntur dictam inquestam seu processum elidere, vocatis hiis qui vocandi fuerint, audiatis, et si raciones proposite adeo vallide fuerint quod ex inquesta eadem nullus effectus de jure sequi debeat, per ipsam minime procedatis, alioquin si inquesta eadem valere debeat, procedatis ulterius quantum de jure fuerit procedendum Datum die jovis ante festum beati Mathei apostoli, anno Domini millesimo ducentesimo sexagesimo nono.

1336

19 sept. 1269. — SENESCALLO THOLOSE ET ALBIENSIS PRO GUIDONE DE LEVIS, MARESCALLO ALBIGESII.

Alfonsus, *etc.*, senescallo Tholose et Albiensis, *etc.* Intellecta serie litterarum quas nobilis et dilectus noster Guido de Levis, marescallus Albigesii, dominus Mirapiscis, nobis nuperrime destinavit, intelleximus quod homines nostri de Gajano[1], de Barsano[2], de Sancto Stephano[3] et de Casali Renols[4], villis seu castris nostris, terram dicti nobilis cum armis in non modica armatorum multitudine hostiliter intraverunt, precipue in quadam villa ejusdem nobilis, que sita est in confinio de Podio Dacione[5], animalia hominum ejusdem confinii capiendo et eosdem per violenciam abducendo. Preterea homines nostri de Plaignano[6], in dicti nobilis prejudicium, manu armata insultum fecerunt usque ad portas ville dicti nobilis, que dicitur Podium Grimaudi[7], eandem hostiliter expugnando. Sane cum tot et tantos excessus, presertim contra dictum nobilem perpetratos, non velimus nec debeamus conniventibus oculis impunitos pertransire, vobis man-

[1] Gaja-la-Selve, Aude, cant. Fanjeaux.
[2] Barsa, *ibid.*, comm. Cazalrenoux.
[3] Saint-Estèphe, *ibid.*, au sud-ouest de Cazalrenoux (Cassini).
[4] Cazalrenoux, *ibid.*, cant. Fanjeaux.
[5] Puy-Daçon, Aude, à l'ouest de Saint-Julien-de-Briola (Cassini).
[6] Plaigne, *ibid.*, cant. Belpech.
[7] Puegrimaud, *ibid.*, au sud-est de Plaigne (Cassini).

damus quatinus per vos vel per alium ad hoc ydoneum, vocatis qui vocandi fuerint, inquiratis super premissis diligentissime veritatem, et eos quos culpabiles repereritis in hac parte, de nostra jurisdictione in vestra senescallia existentes, ad restitucionem dampnorum et satisfaccionem injurie dicto nobili illate necnon ad emendas pro delacione armorum nobis debitas, prout justum fuerit, compellatis, taliter super hiis vos habentes quod propter defectum juris vel vestram negligenciam super premissis vel aliquo premissorum ad nos non oporteat querimoniam ulterius reportari. Veritatem autem negocii et ea que inde feceritis nobis, quam cito comode poteritis, in scriptis remittatis. Datum die jovis ante festum beati Mathei apostoli, anno Domini M° CC° LX^{mo} nono.

Édité dans *Hist. de Languedoc* (nouv. édit.), VIII, col. 1687-1688.

1337

1 nov. 1269. — SENESCALLO THOLOSANO SUPER FACTO JOHANNIS DOMINICI.

Alfonsus, *etc.*, senescallo Tholose et Albiensis, *etc.* Quia dudum per frequentem suggestionem querelancium accepimus quod Johannes Dominici, dum cum defuncto Johanne de Genebrio circa nostra versaretur negocia et tempore judiciarie sue, in multis perperam se habuit et inique, de quibus necdum aliqua correctio est sequuta, vobis mandamus quatinus quanto diligencius poteritis addiscatis de injuriis, exactionibus ac lesione jurium nostrorum et aliorum per ipsum in nostris districtu et dominio perpetratis, ita quod per vos, secundum ea que didiceritis, possimus in hac parte in scriptis plenius edoceri, et ea que per dictum Johannem contra justiciam fuerint attemptata, ad statum reduci debitum faciamus et emendas fieri competentes. Datum apud Gornaium super Maternam [1], die veneris in festo Omnium sanctorum, anno Domini M° CC° LX° nono.

Similis littera missa fuit Poncio Astoaudi, militi, et magistro Odoni

---

[1] Gournay-sur-Marne, Seine-et-Marne, cant. Gonesse.

de Montoneria. — Item similis littera Sycardo Alemanni, militi. — Item similis littera senescallo Agenensi et Caturcensi. — Item similis littera senescallo Ruthinensi.

1338

(Fol. 88.) 19 sept. 1269. — SENESCALLO THOLOSE ET ALBIENSIS PRO JORDANO, DOMINO DE INSULA, MILITE, PRO FACTO VILLE DE LOBERVILLA.

Alfonsus, *etc.*, senescallo Tholose et Albiensis, *etc.* Ex quorundam relacione nobis innotuit quod Rogerius de Espieriis, serviens noster, in villa que dicitur Lobervilla [1], sub velamento nostri dominii pro abbate Sancti Saturnini jurisdicionem et justiciam nititur exercere, in prejudicium fidelis nostri Jordani de Insula, militis, ad quem in eadem villa omnimoda jurisdicio dicitur pertinere. Quare vobis mandamus quatinus, nisi dictus abbas jus quodcunque ibidem habebat vel habere poterat dicto Rogerio nomine nostro cesserit vel alias de jure nostro vobis in hac parte constare poterit, dictum Rogerium ab hujusmodi usurpacione totaliter arceatis, districte precipientes eidem ut talia de cetero non attemptet. Alterius enim ministerio ipsum fungi nolumus, qui suis merito contentus stipendiis totum se debet circa nostra negocia implicare. Datum die jovis ante festum beati Mathei apostoli, anno Domini millesimo ducentesimo sexagesimo nono.

1339

19 sept. 1269. — SENESCALLO THOLOSE ET ALBIENSIS PRO DOMINO JORDANO DE INSULA RACIONE VILLARUM DE CASTELLARI ET ALIIS.

Alfonsus, *etc.*, senescallo Tholose et Albiensis, *etc.* Ex parte nobilis et fidelis nostri Jordani, domini de Insula, militis, nobis est conquerendo monstratum quod magister Guillelmus de Furno, judex vester, juris ordine pretermisso, tulit sentenciam contra dictum Jordanum, adjudicando quosdam burgenses nomine obligacionis sibi facte debere

---

[1] Louverville, Gers, comm. Marestaing.

reduci in possessionem certe partis quarundam villarum videlicet de Castellari [1], de Levinhaco [2] et de Louvervilla [3], que racione pignoris se detinere dicebant, de quibus gentes dicti Jordani saisinam pacificam, ut dicitur, obtinebant. Hinc est quod vobis mandamus quatinus, si ita est, quod in hac parte per vos vel per judicem vestrum fuerit contra justiciam attemptatum, ad statum debitum reducatis. Alioquin scire vos volumus nos in causa appellacionis, ab audiencia vestra et dicti judicis interposite, dedisse judicem virum religiosum abbatem Sancti Saturnini de Tholosa, qui de causa appellacionis hujusmodi cognoscat et eandem [fine] debito terminet ac decidat. Datum die jovis ante festum beati Mathei apostoli, anno Domini millesimo ducentesimo sexagesimo nono.

1340

19 sept. 1269. — LITTERA PATENS RELIGIOSO VIRO ABBATI SANCTI SATURNINI DE THOLOSA.

Alfonsus, *etc.*, viro religioso et in Christo sibi dilecto abbati monasterii Sancti Saturnini de Tholosa, salutem et dilectionem sinceram. Causam appellacionis ad nos interposite ab audiencia dilecti et fidelis nostri Th. de Nangervilla, militis, senescalli nostri Tholose, et magistri Guillelmi de Furno, judicis dicti senescalli, in causa que vertebatur vel verti dicebatur inter Petrum Raymundi, vicarium nobilis et fidelis nostri Jordani, domini Insule, militis, pro ipso Jordano et nomine ipsius, ex una parte, et Petrum de Luctis et Arnaldum Willelmum, sartorem, ex altera, vobis committimus, mandantes quatinus eam, vocatis qui fuerint evocandi, diligenter audiatis et fine debito terminetis. Datum anno Domini millesimo ducentesimo sexagesimo nono, die jovis ante festum beati Mathei apostoli.

---

[1] Le Castéra, Haute-Garonne, cant. Cadours. — [2] Lévignac-sur-Save, Haute-Garonne, cant. Léguevin. — [3] Louverville, Gers, comm. Marestaing.

1341

25 nov. 1269. — DOMINO SYCARDO ALEMANNI PRO STEPHANO DE CAMARADA.

Alfonsus, *etc.*, dilecto et fideli suo Sycardo Alemanni, militi, salutem et dilectionem. Causam appellacionis, ad nos interposite ex parte Stephani de Camarada a sentencia lata contra ipsum pro Gallardo Garrigati, ut dicitur, in causa sua per magistrum Guillelmum de Furno, judicem in Tholosa, vobis committimus audiendam, vobis mandantes quatinus ipsam audiatis et fine debito terminetis. Datum apud Longumpontem, die lune post festum sancti Clementis, anno Domini M° CC° LX° nono.

1342

(Fol. 89.) 19 sept. 1269. — VICARIO THOLOSE PRO PREPOSITO ET ECCLESIA THOLOSANIS SUPER RECOMMENDACIONE.

Alfonsus, *etc.*, dilecto et fideli suo vicario Tholose, salutem et dilectionem. Mandamus vobis quatinus ecclesiam Tholose, et specialiter dilectum clericum nostrum B., venerabilem prepositum ecclesie Tholosane [1], et bona eorum reconmendata habeatis in hiis que justiciam et equitatem continent, vos eisdem favorabilem exhibendo, nec eosdem permittatis a nostris subditis contra justiciam opprimi vel gravari, in hiis taliter vos habentes quod sine lesione juris nostri vel alterius de vobis se debeat merito commendare. Datum die jovis ante festum beati Mathei apostoli, anno Domini millesimo ducentesimo sexagesimo nono.

Similis littera missa fuit senescallo Tholose et Albiensis pro ecclesia Tholosana et preposito ejusdem ecclesie.

Item similis littera missa fuit senescallo Tholose et Albiensis pro terra Jordani, domini de Insula, militis.

[1] Bertrand de l'Isle-Jourdain, d'abord prévôt, puis évêque de Toulouse de 1270 à 1286.

1343

21 sept. 1269. — SENESCALLO THOLOSE ET ALBIENSIS PRO PRELIO BERNARDI DE MARESTANO, MILITIS, ET EJUS FRATRE ET PRO GAUBERTO DE RESACO ET EJUS FRATRE.

Alfonsus, *etc.*, dilecto et fideli suo Theobaldo de Nangevilla, militi, senescallo Tholose et Albiensis, salutem et sinceram dilectionem. Cum ad nostram audientiam devenerit quod ratione invidii vel odii prelium debet fieri inter Bernardum de Marestano, militem, et Ernardum ejus fratrem, ex una parte, et Gaubertum de Resaco et fratrem ipsius, armigeros, ex altera, coram nobili viro comite Convennarum vel ejus filio, vobis mandamus quatinus ex parte nostra inhibeatis dicto comiti et ejus filio, ne dictum prelium inter predictos fieri permittat. Datum die sabbati in festo beati Mathei apostoli, anno Domini M° ducentesimo LX° nono.

Édité dans *Hist. de Languedoc* (nouv. édition), VIII, col. 1689.

1344

21 sept. 1269. — VICARIO THOLOSE SUPER FACTO INCOLARUM VILLE DE SCAQUEINS.

Alfonsus, *etc.*, dilecto et fideli suo Petro de Roceyo, militi, salutem et dilectionem. Cum, sicut nobis extitit intimatum, in villa d'Escalqueins [1], dyocesis Tholosane, occasione rixe ibidem inter incolas ejusdem loci habite, ubi nonnulli dicuntur fuisse letaliter vulnerati, subvicarium vestrum ad dictam villam destinastis, qui bona dictorum hominum sesivit, et eadem capta, ut dicitur, detinetis in prejudicium prepositi et ecclesie Tholosanorum, qui in eadem villa omnimodam justiciam asserunt se habere, vobis mandamus quatinus, recepta ydonea caucione de bonis predictis, bona eadem que capi fecistis et capta, ut dicitur, detinetis, hominibus dicte ville d'Escalqueins recre-

[1] Escalquens, Haute-Garonne, cant. Montgiscard.

datis. Datum die sabbati in festo beati Mathei apostoli, anno Domini
M° CC° LX° nono.

Édité dans *Hist. de Languedoc* (nouv. édition), VIII, col. 1688-1689.

1345
21 sept. 1269. — MAGISTRO EGIDIO CAMELINI PRO PREPOSITO ET ECCLESIA THOLOSANIS.

Alfonsus, *etc.*, dilecto et fideli clerico suo Egidio Camelini, salutem et dilectionem. Mandamus vobis quatinus diligenter addiscatis per vos vel per alium, ita quod negocia nostra, que vobis injunximus, propter hoc non capiant dilacionem, de possessione vel sesina jurisdiccionis seu justicie, quam prepositus et capitulum ecclesie Tholosane in villa d'Escalqueins asserunt se habere, et de nostra [1], et maxime si aliquod jus habemus vel habere debemus in villa supradicta. Et ea que super hoc inveneritis, circa tres septimanas post [festum] Omnium sanctorum de jure dicte ecclesie et nostro nos possitis in scriptis reddere cerciores. Datum die sabbati in festo beati Mathei apostoli, anno Domini M° CC° LX° nono.

Édité dans *Hist. de Languedoc* (nouv. édition), VIII, col. 1689.

1346
4 oct. 1269. — EGIDIO CAMELINI PRO TERRA DE LASSOAL.

Alfonsus, *etc.*, Egidio Camelini, *etc.* Mandamus vobis quatinus diligenter inquiratis quantum valet in redditibus per annum terra de Lassoal [2], que Beraudo de Andusia debuit assignari. Et quid super hoc inveneritis nobis ad instans parlamentum Omnium sanctorum referatis in scriptis. Datum Parisius, die veneris post festum beati Michaelis, anno Domini M° CC° LX° nono.

[1] Sous-entendu *sesina*. — [2] Soual, Tarn, cant. Dourgne.

1347

7 oct. 1269. — EPISCOPO THOLOSANO PRO PETRO DE GONNESSIA, CLERICO.

Venerabili in Christo patri et sibi karissimo R., Dei gratia episcopo Tholose, Alfonsus, filius regis Francie, comes Pictavie et Tholose, salutem et sincere dilectionis affectum. Jam frequenter pro dilecto et fideli clerico nostro Petro de Gonnessia, per nostras litteras preces vobis obtulisse meminimus, que necdum ad exaudicionis graciam sunt admisse, super quo tanto miramur amplius quanto confidencius sperabamus non solum eidem clerico quod jam sibi debitum est a vobis facile exsolvendum, sed eciam beneficium sibi denuo impensurum, si tonciens (*sic*) pro eodem vobis litteras nostras precatorias misissemus. Quocirca paternitatem vestram accumulatis precibus attencius deprecamur, quatinus eidem clerico, qui sedulo et fideliter nostris insistit obsequiis, sexaginta libras turonensium racione pensionis quindecim librarum turonensium, eidem a vobis liberaliter collate nomine beneficii, sibi debitas de terminis jam elapsis, sine dilacione ulteriori et difficultate qualibet solvi per integrum faciatis et in posterum solvi precipiatis, quousque sibi per vos, quod speramus, in competenti beneficio sit provisum, scituri quod graciam quam sibi feceritis eo magis gratam nobis et acceptam reputabimus, quo memoratum clericum, qui crucesignatus nobiscum profecturus est in subsidium Terre sancte, circa nostra servicia diligentem novimus et attentum. Ceterum vos rogamus ut ipsum, cujus presencia ad presens commode carere non possumus, excusatum habeatis quia ad vos, ut mandasse dicimini, non dirigit gressus suos, quia, Deo dante, in proximo in nostra comitiva veniens poterit vos videre. Datum die lune ante festum beati Dyonisii, anno Domini M° CC° LX° IX°. — Responsionem autem vestram super hec per Egidium Camelini, clericum nostrum, nobis in scriptis remittatis.

1348

16 oct. 1269. — SENESCALLO THOLOSE ET ALBIENSIS PRO ABBATE
ET CONVENTU COMBELONGE.

Alfonsus, *etc.*, senescallo Tholose et Albiensis, *etc.* Ex parte religiosorum virorum abbatis et conventus Combelonge [1], ordinis Premonstretensis, ut in loco qui dicitur Castellon [2], qui est de fundo ejusdem ecclesie, ut dicitur, bastidam construi faceremus, nobis alias extitit humiliter supplicatum. Unde vobis mandamus, prout defuncto P. de Landrevilla, militi, quondam senescallo nostro Tholose et Albiensis, predecessori [vestro], alias mandavimus, quatinus diligenter et in brevi addiscatis vel addisci faciatis de cujus jurisdicione existat dictus locus, et an de nostro moveat feodo seu retrofeodo vel alterius, an eciam sine cujusquam injuria et peccato ibidem possimus bastidam construere seu construi facere, et utrum nostra et patrie esset utilitas si in loco eodem nos contingeret bastidare, necnon et de condicionibus sub quibus vellent dicti abbas et conventus bastidam fieri in loco memorato, et de omnibus aliis circonstanciis que sunt in talibus attendende. Et super premissis cum dilectis et fidelibus nostris Sycardo Alemanni, Poncio Astoaudi, militibus, magistro Odone de Montoneria, Egidio Camelini et Thoma de Novilla, clericis, vel eorum aliquibus colloquium habeatis, et super hiis eorum consilium requiratis. Et quid super predictis omnibus et singulis inveneritis et consilium nostrorum fidelium predictorum nobis per dictum Thomam vel alium in scriptis remittatis circa tres septimanas post instans festum Omnium sanctorum, cum ad nos venerit pro vestris compotis faciendis. Datum die mercurii in octabis beati Dyonisii, anno Domini M° CC° LX° IX°.

[1] Combelongue, abbaye cistercienne au diocèse de Couserans. — [2] Probablement Castillon, Ariège.

1349

(Fol. 90.) 18 oct. 1269. — VICARIO THOLOSANO PRO BERNARDA, FILIA DICTE LA PORREZERE.

Alfonsus, *etc.*, dilecto et fideli suo vicario Tholosano, salutem et dilectionem. Veniens ad nos Bernarda, filia dicte la Porrezere, nobis conquerendo exposuit quod Petrus Fultrerii quodam albergamento suo ipsam indebite spoliavit ac ibidem quandam turrim et alia edificia quedam construxit, in ipsius prejudicium non modicum, ut dicitur, et gravamen. Quocirca vobis mandamus quatinus, vocato dicto Petro et aliis qui fuerint evocandi, dictam Bernardam diligenter super hiis et aliis que contra dictum Petrum proponenda duxerit audiatis, et de personis et rebus ad nostram jurisdicionem spectantibus et in vestra vigeria existentibus exibeatis eidem mature justicie complementum. Datum die veneris in festo beati Luce euvangeliste, anno Domini M° CC° LX° nono.

1350

31 oct. 1269. — SENESCALLO THOLOSANO ET ALBIENSIS PRO PRIORE ET CONVENTU MONASTERII LEZATENSIS.

Alfonsus, *etc.*, senescallo Tholosano et Albiensis, *etc.* Mandamus vobis quatinus justa (*sic*) mandatum, per nostras clausas literas vobis alias factum, super quibusdam dampnis et injuriis priori et conventui monasterii Lesatensis[1] illatis, si nondum processum est, procedatis, ita quod propter deffectum juris vel vestrum ipsos ad nos non oporteat propter hoc ulterius laborare, nisi aliud rationabile vel validum obsistat, quare super hiis minime procedere debeatis. Ceterum super centum solidis, nobis in ipsa villa Lazatenzi debitis pro alberga, super quo homines ipsius prioris et conventus Lesatensis inquietari dicimini, comperta veritate, jus nostrum reservantis (*sic*) illesum, eisdem suum

---

[1] Lézat, Ariège, autrefois abbaye bénédictine du diocèse de Toulouse, sous le vocable de Saint-Pierre.

jus liberum dimittatis. Ad hec, cum ex parte dictorum prioris et conventus nobis datum sit intelligi quod Rogerius de Montealto, Petrus Curvus, Raimundus et Guillabertus, fratres, et Rogerius de Esperiis, bajulus Wasconie, redditus et proventus quorumdam prioratuum suorum indebite occupaverint et injuste, mandamus vobis quatinus, vocatis predictis coram vobis, eisdem priori et conventui exhibeatis super hiis celeris justicie complementum, prius auditis racionibus hinc et inde. Datum apud Gornaium super Marnam, die jovis in vigilia Omnium sanctorum, anno Domini M° CC° LX° IX°. — Nec etiam a predictis injustas seu indebitas exactiones per bajulos seu servientes nostros fieri permittatis.

Édité dans *Hist. de Languedoc* (nouv. édition), VIII, col. 1690.

1351

1 nov. 1269. — PREPOSITO THOLOSANO PRO DOMINO COMITE.

Stephanus, thesaurarius ecclesie Beati Hylarii Pictavensis, executor graciarum et indulgenciarum nobili viro A., comiti Pictavie et Tholose, a sede apostolica concessarum, discreto viro et dilecto suo B. de Insula, venerabili preposito ecclesie Tholosane [1], ejusdem domini comitis clerico, salutem et dilectionem sinceram. Facta collacione super quibusdam privilegiis illustrissimo domino L., Dei gracia Francorum regi, a sede apostolica concessis, de redempcionibus votorum crucesignatorum articulum contingentibus ac de legatis et aliis obvencionibus relictis in subsidium Terre sancte, cum litteris quibusdam predicto domino comiti gracias ab eadem sede concessas continentibus, deliberato consilio vobis mandamus, rogantes quatinus per vos vel per alios ad hoc ydoneos diligenter addiscere curetis quid, quo tempore, quantum et a quibus legatum fuerit in dicte Terre sancte subsidium seu occasione dicte redempcionis votorum habitum, presertim de pecunia penes abbatem Sancti Saturnini Tholose dudum, ut dicitur, deposita, et aliis

[1] Voir plus haut, p. 89, note.

quibuscunque alterum de duobus premissis articulis, necnon de alias indistincte legatis et relictis ad pios usus ac de extortis per usurariam pravitatem et alias illicite acquisitis, de quibus non appareat quibus sit restitucio facienda, articulos contingentibus, taliter super hiis vos habentes quod super premissis tam per vos quam per eos, quos ad hoc deputaveritis, possimus in scriptis plenius edoceri et jus domini comitis prosequi sicut decet. Datum die veneris in festo Omnium sanctorum, anno Domini M° CC° LX° nono.

Similis magistro G. Ruffi. — Similis magistro P. Sorini. — Similis Egidio de Aula. — Similis littera abbati Moyssiacensi. Datum anno sexagesimo nono.

1352

1 nov. 1269. — EGIDIO CAMELINI, CLERICO, PRO COMITE PICTAVIE ET THOLOSE.

Alfonsus, *etc.*, dilecto et fideli clerico suo Egidio Camelini, salutem et dilectionem sinceram. Mandamus vobis quatinus circa tres septimanas hujus festi Omnium sanctorum ad nos venire minime differatis, cum propter adventus vestri et pagarum forestarum nostrarum necnon et finacionum acquisitorum a Templariis et Hospitalariis in feodis et retrofeodis nostris et aliis retardacionem, si fieret, dampnum posset nobis non modicum evenire, quid vero super tradicione forestarum nostrarum, de finacionibus super acquisitis in feudis et retrofeudis nostris a Templariis et Hospitalariis ac aliis religiosis necnon et burgensibus factis, et de aliis negociis vobis a nobis injunctis feceritis, in scriptis ad dictum terminum afferentes[1], necnon denarios nobis de finacionibus jamdudum factis in presenti termino Omnium sanctorum debitos ad compotos instantes apportari apud Templum Parisius facientes. Et si aliqua de negociis nostris supersint facienda, que propter infirmitatem vestram vel propter adventum vestrum fuerint retardata, aliquem ydoneum et fidelem poteritis dimittere loco vestri, qui eadem perficiat quamdiu contigerit vos abesse. Datum apud Gornaium super

[1] Ici les mots suivants raturés : *Et si qua de negociis vestris supersint.*

Maternam, die veneris in festo Omnium sanctorum, anno Domini M° CC° LX° IX°.

1353

1 nov. 1269. — MAGISTRO G. RUFFI PRO COMITE PICTAVIE SUPER LEGATIS ET REDEMPCIONIBUS VOTORUM.

Alfonsus, *etc.*, dilecto et fideli suo magistro G. Ruffi, salutem et dilectionem. Mandamus vobis rogantes quatinus negocium de quo dilectus et fidelis clericus noster, magister Stephanus de Sacleiis, thesaurarius ecclesie Sancti Hylarii Pictavensis, vobis scribit, videlicet quid, quantum, quo tempore et a quibus legatum fuerit in Terre sancte subsidium, seu occasione redempcionis votorum crucesignatorum habitum, presertim de legato quod factum fuisse dicitur per defunctum Guillelmum de Borbona, exequamini diligenter, juxta formam in qua super hoc vobis scribit thesaurarius memoratus, providentes de aliqua persona ydonea, cui, cum ad nos venire vos contigerit, factum hujusmodi committatis, taliter super hec vos habentes quod vestram diligenciam debeamus merito commendare et per effectum operis cordi vobis appareat negocium extitisse. Datum apud Gornaium super Maternam, die veneris in festo Omnium sanctorum, anno LX° nono.

Similis preposito Tholose. — Similis magistro P. Sorini. — Similis Egidio de Aula.

Littere super facto Johannis Dominici sunt quarto folio retro. (*Voir plus haut, n° 1337, p. 86.*)

1354

(Fol. 91.) 25 nov. 1269. — SENESCALLO THOLOSE ET ALBIENSIS PRO GUILLELMO DE VICINIS.

Alfonsus, *etc.*, senescallo Tholose et Albiensis, *etc.* Ex parte Guillelmi de Vicinis nobis extitit supplicatum ut, cum inquesta olim facta super mercato de Bron[1] per predecessorem vestrum, sicut dicit,

---

[1] Bram, Aude, cant. Fanjeaux.

nequeat inveniri, reffici mandaremus. Unde vobis mandamus quatinus super mercato predicto addiscatis plenius veritatem, vocatis qui fuerint evocandi, et quid super hoc inveneritis nobis quamcicius commode poteritis sub sigillo vestro interclusum remittatis, si predicta inquesta olim super hoc facta, ut dicit, nequeat reperiri. Datum apud Longumpontem, die lune post festum beati Clementis, anno Domini M° CC° LX° nono.

1355

[SENESCALLO PRO PETRO DE GRANVILLA.]

Alfonsus, *etc.*, senescallo Tholose et Albiensis, *etc.* Cum ex parte Petri de Granvilla nobis fuerit conquerendo monstratum quod cum vos posueritis ipsum in castro Sancti Johannis... (*La suite manque.*)

1356

1 dec. 1269. — JACOBO DE BOSCO PRO BERNARDO STULTO.

Alfonsus, *etc.*, dilecto et fideli suo clerico Jacobo de Bosco, salutem et dilectionem. Mandamus vobis quatinus in causis vobis a nobis commissis pro Bernardo, latore presencium, contra Bernardum de Montetin, Johannem des Dornes, Johannem, nuncium de Castro Sarraceni, et ballivum de Podio de la Roche[1], secundum processum coram vobis habitum et habendum, vocatis dictis hominibus et aliis qui fuerint evocandi, procedatis prout de jure fuerit procedendum, prout vobis alias per nostras patentes litteras meminimus mandavisse. Datum anno Domini M° CC° LX° nono, die dominica post festum beati Andree apostoli.

1357

1 dec. 1269. — VICARIO THOLOSE PRO BERNARDO STULTO.

Alfonsus, *etc.*, dilecto et fideli suo vicario Tholose, salutem et dilec-

---

[1] Puy-la-Roque, Tarn-et-Garonne, cant. Montpezat, dans la sénéchaussée de Quercy.

tionem. Mandamus vobis quatinus Bernardum, latorem presencium, super his que proponenda duxerit coram vobis super quibusdam masionibus, quas petit ab hominibus de Montrabé[1], diligenter audiatis, vocatis dictis hominibus et qui fuerint evocandi, et sibi faciatis bonum jus et maturum super his de quibus jurisdicio ad nos spectat. Datum die dominica post octabas sancti Clementis, anno Domini m° cc° lx° nono.

1358

5 dec. 1269. — [SENESCALLO THOLOSE PRO ABBATE GALLIACENSI.]

Alfonsus, *etc.*, senescallo Tholose et Albiensis, *etc.* Veniens ad nos vir religiosus abbas Galliacensis monasterii nobis cum magna precum instancia suplicavit ut, propter multa et magna pericula que sibi et suo monasterio predicto iminere cotidie formidentur, ipsum monasterium cum ejusdem pertinenciis ab injuriis, violenciis et invasionibus per aliquem idoneum servientem, ibidem per nos instituendum, custodiri faceremus et deffendi. Unde vobis mandamus quatinus eidem abbati provideatis de aliquo serviente ydoneo, qui monasterium ipsum et villam Galliaci cum pertinenciis ab injuriis, violenciis ac indebitis molestiis laicorum protegat et deffendat, quamdiu ipsi monasterio expedire videritis et nostre placuerit voluntati, providentes tamen ne dictus serviens potestate sibi tradita aliis injurias inferat, nec ad ea que officium suum non contingent aliquatenus se extendat. Ceterum vobis mandamus ut inquestas factas super injuriis, violenciis ac invasionibus eidem monasterio, ut dicitur, perpetratis, si perfecte sint, judicari, prout justum fuerit, faciatis. Si autem perfecte non fuerint, vocatis qui fuerint evocandi, easdem perfici faciatis, et quos culpabiles in hac parte repereritis, citra penam sanguinis puniatis, secundum quod de jure vel consuetudine patrie fuerit faciendum. Prohibentes insuper districte parentibus et aliis amicis et receptatoribus Petri Arnaldi monachi, qui, ut asseritur, contra ipsum abbatem et suos ac monasterium

[1] Montrabé, Haute-Garonne, cant. Toulouse.

predictum mala quamplurima machinatur et idem monasterium cum pertinenciis suis per potenciam laicalem perturbat plurimum et molestat, ne eidem monaco contra dictum abbatem et monasterium suum aliquod prestant (sic) auxilium in violenciis vel maleficiis perpetrandis. Ad hec vobis mandamus ut dictum abbatem tres vel iiii^{or} armatos per terram nostram ad tuicionem sui et suorum secum ducere permittatis, consideratis tamen preteritis periculis et futuris. Datum die jovis ante festum beati Nicholai hyemalis, anno Domini millesimo ducentesimo LX^{mo} nono.

Édité dans *Hist. de Languedoc* (nouv. édition), VIII, col. 1690-1691.

1359

11 dec. 1269. — SENESCALLO THOLOSE ET ALBIENSIS PRO HOMINIBUS YSARNI JORDANI, MILITIS, SUPER FOCAGIO SEU SUBVENCIONE.

Alfonsus, *etc.*, senescallo Tholose et Albiensis, *etc.* Mandamus vobis quatinus focagium seu subvencionem hominum Ysarni Jordani, militis, usque ad tres septimanas instantis Candelose in sufferenciam nostram ponatis, quo termino elapso, focagium seu subvencionem hujusmodi levari faciatis, vel jus eis super hoc offeratis, vocato pro nobis ydoneo petitore, nisi interim per dictos homines composicio vobiscum facta fuerit usque ad summam dictum focagium vel subvencionem equivalentem vel circa, quam composicionem pro nobis acceptetis. Datum die mercurii post festum beati Nycholai hyemalis, anno Domini M° CC° LX° nono. — Et super premissis cum Thoma de Novilla et Guilelmo de Plesseyo, clericis, colloquium habeatis.

1360

11 dec. 1269. — JACOBO DE BOSCO PRO FRATRIBUS PREDICATORIBUS DE THOLOSA.

Alfonsus, *etc.*, dilecto et fideli clerico suo Jacobo de Bosco, salutem et dilectionem. Significamus vobis quod nos fratribus Predicatoribus de Tholosa viginti libras tholosanorum dedimus intuitu pietatis, pro adjutorio emendi quasdam domos sibi pro cimiterio suo neccessarias. Unde vobis mandamus quatinus, cum dictas domos emerint, dictas viginti libras tholosanorum de denariis nostris, quos de heresibus receperitis, eisdem persolvatis. Datum die mercurii post festum beati Nicholai hyemalis, anno Domini M° CC° LX° nono.

1361

(Fol. 92.) 12 dec. 1269. — SENESCALLO THOLOSE ET ALBIENSIS PRO DURANDO MORELLI.

Alfonsus, *etc.*, senescallo Tholose et Albiensis[1], *etc.* Veniens ad nos Durandus Morel, pro se et complegiis suis pro Guillelmo et Ademario Guaucelini, fratribus, nobis dedit intelligi quod vos vel judices vestri ipsos fidejussores super fidejussione quam erga defunctum P. de Landrevilla, militem, senescallum quondam nostrum Tholose et Albiensis, predecessorem vestrum, pro predictis G. et A. inhierunt, de sistendo eos et representando juri coram ipso vel curia nostra infra certum tempus, super denunciatione facta per Ysenbardum de Sancto Antonino inquietare intenditis seu judex vester et eciam molestare, cum predicti G. et A. tempore sibi ab eodem senescallo nostro dato parati fuissent stare juri coram eo vel curia nostra dicto Ysenbardo vel alii cuilibet de eisdem conquerenti, et tempus usque ad quod ipsos debuerunt coram curia nostra representare, diu est, ut dicitur, sit elapsum, et precipue cum dicti fratres a crimine sibi inposito se purgasse dicantur, et adhuc parati sunt per procuratores idoneos, cum sint absentes, super hoc et aliis quibuscunque stare juri coram vobis vel alibi, ut debebunt. Quare vobis mandamus quatinus, si accusatores vel nunciatores apparuerint qui eosdem propter hoc velint prosequi coram vobis, vos, vocatis dictis fidejussoribus et procuratore dictorum reorum auditisque racionibus et defensionibus hinc inde propositis, exhibeatis eisdem super premissis celeris justicie complementum, ipsos fidejussores ad solucionem multe vel alterius cujuscunque pene interim

---

[1] Le manuscrit porte par erreur : *Agenensi et Caturcensi*.

minime compellentes vel compelli per vestros judices permittentes, pignora, si qua ab eisdem vel eorum fidejussoribus racione predicta interim capta sint, eisdem sub recredencia restitui facientes. Datum anno Domini M° CC° LX° nono, die jovis post festum beati Nicholai hiemalis.

1362

13 dec. 1269. — SENESCALLO THOLOSE ET ALBIENSIS PRO RAYMUNDO BERNARDI ET FRATRIBUS SUIS.

Alfonsus, *etc.*, senescallo Tholose et Albiensis, *etc.* Mandamus vobis quatinus in causam que vertitur inter Raymundum Bernardi et fratres suos, ex una parte, et Beatricem, filiam quondam Rogerii de Sancto Juliano, ex altera, tam (*sic*) super verificatione cujusdam instrumenti a parte altera de falso redarguti, recuperatis instrumentis ad causam facientibus a judice appellacionis, prout justum fuerit, judicem vestrum ordinarium secundum acta et agenda procedere faciatis, justicia mediante, providentes ne de consilio dicti judicis appellacionis in causa eadem procedatur, si suspectus alteri parcium debeat reputari. Ceterum instrumenta que ex justa causa et racionabili repelli poterunt ab alterutra parcium, in causa admitti aut eisdem fidem adhiberi minime permittatis. Datum die veneris in festo beate Lucie virginis, anno Domini M° CC° LX° nono.

1363

13 dec. 1269. — SENESCALLO THOLOSE ET ALBIENSIS PRO MAGISTRO GUILLELMO DE FEUDALIA.

Alfonsus, *etc.*, senescallo Tholose et Albiensis, *etc.* Veniens ad nos magister Guillelmus de Feudalia nobis conquerendo mostravit quod Odo de Insula, miles, et Johannes de Tarnasio, nepos suus, post prestitum assecuramentum ab ipsis O. et J. eidem G., familie et rebus suis de mandato domini Sycardi Alemanni, militis, tunc tenentis locum senescalli Tholose et Albiensis, eidem G. et ejus familie plures injurias et violencias contra justiciam, ut asserit, intulerunt, ac eidem dampna non modica irrogarunt. Quare vobis mandamus quatinus, vocatis dictis O. et J. et qui fuerint evocandi ac auditis racionibus parcium, exhibeatis eidem super premissis celeris justicie complementum, ipsum assecurari facientes, si secundum usum et consuetudinem patrie assecuracio sedeat in hac parte. Datum die veneris in festo beate Lucie virginis, anno Domini m° cc° lx° nono.

Édité dans *Hist. de Languedoc* (nouv. édition), VIII, col. 1691-1692.

1364

17 déc. 1269. — SENESCALLO THOLOSANO ET ALBIENSIS PRO HOMINIBUS VILLE SANCTI ANTHONINI.

Alfonsus, *etc.*, senescallo Tholose et Albiensis, *etc.* Ex parte hominum ville Sancti Anthonini [1] nobis est conquerendo mostratum quod preceptor domus milicie Templi de Vahor [2] ipsos homines in possessione herbagiorum de Albigesio [3], sibi, ut dicunt, per defunctum Petrum de Landrevilla, militem, quondam senescallum Tholose et Albiensis, adjudicata, perturbat indebite, sicut dicunt. Unde vobis mandamus quatinus ipsos homines diligenter super hiis audiatis, et vocato dicto preceptore, auditis ejus racionibus, exhibeatis eisdem, quantum ad nostram spectat jurisdictionem, celeris justicie complementum. Datum Parisius, die martis ante festum beati Thome apostoli.

1365

17 déc. 1269. — SENESCALLO THOLOSE ET ALBIENSIS PRO HOMINIBUS RAYMONETI, FORTENERII ET AYMERICI DE COMMENGE.

Alfonsus, *etc.*, senescallo Tholose et Albiensis, *etc.* Ex parte nobilis et fidelis nostri Bernardi, comitis Convennarum, ac Raymonneti de Aspello, Fortenerii de Commenge et Aymerici de Comenge nobis extitit conquerendo monstratum quod vos ab hominibus quatuor

[1] Saint-Antonin, Tarn-et-Garonne. — [2] Vaour, Tarn. — [3] Ici le mot *usurpavit* biffé. Le texte porte *Albig.*; je traduis *Albigesio*, sans être sûr de l'interprétation.

castrorum dictorum Raymoneti, Fortenerii et Aymerici, videlicet Berrati[1], Montispesati[2], Forgos[3], Saboneras[4], que castra habuerunt de linea consanguinitatis ipsius comitis Convenarum, focagium habere nitimini, in ipsorum Raymonneti, Fortenerii et Aymerici ac hominum suorum de dictis castris prejudicium, ut dicitur, non modicum et gravamen, cum alias [nunquam] per nos vel antecessores nostros ab hominibus dictorum castrorum[5] datum fuerit vel levatum temporibus retroactis. Unde vobis mandamus quod dictum focagium dictorum hominum usque ad instans festum Pasche in nostram ponatis sufferenciam et respectum, addiscentes interim de jure nostro in hac parte plenius veritatem, anne dicti domini [et] homines dictorum castrorum focagium vel subvencionem alias solverint bone memorie comiti Raymundo, predecessori nostro, vel nobis solvere teneantur de jure vel consuetudine patrie, usagio seu promisso aut alia justa causa, tractantes nichilominus super hiis cum dictis hominibus, si quid nobis dare voluerint ex gracia pro subvencione nobis facienda pro subsidio Terre sancte. Et quid super hiis factum fuerit et oblacionem quam vobis fecerint dicti homines nobis circa tres septimanas instantis festi Candelose, per vestrum clericum, cum ad nos venerit pro vestris compotis faciendis, in scriptis insinuare curetis. Datum die martis ante festum beati Thome apostoli, anno Domini M° CC° LX° nono.

Édité dans Hist. de Languedoc (nouv. édit.), VIII, col. 1627-1628.

1366

(Fol. 93.) 17 dec. 1269. — [SENESCALLO THOLOSE PRO EISDEM SUPER BASTIDIS.]

Alfonsus, *etc.*, senescallo Tholose et Albiensis, *etc.* Ex parte nobilis et fidelis nostri B., comitis Convennarum, ac Raymonneti de Aspello,

[1] Bérat, Haute-Garonne, cant. Rieumes.

[2] Montpezat, Gers, cant. Lombez.

[3] Forgues, Haute-Garonne, cant. Rieumes.

[4] Sabonères, Haute-Garonne, cant. Rieumes.

[5] Le mot *dictorum* a été ajouté en interligne; après *castrorum*, le mot *nostrorum* biffé.

Fortenerii et Aymerici de Commenge nobis insinuatum extitit conquerendo quod bajuli vestri homines, qui ad nostras venerint bastidas, licet liberi sint, ad loca a quibus recesserunt, solutis debitis consuetudinibus dictarum bastidarum, abire non permittunt, nisi prius ipsas redimant, contra justiciam sicut dicunt. Quocirca vobis mandamus quatinus, si est ita et aliud racionabile non obsistat, ipsos homines, quocienscunque voluerint, solutis tamen debitis consuetudinibus dictarum bastidarum, abire libere permittatis, nec ipsos homines permittatis super hoc per vestros bajulos molestari. Ceterum mandamus vobis, si predicti comes Convennarum et alii coram nobis conquesti fuerint quod bajuli vestri pro levi occasione et sine cause cognicione pignorent homines suos et redimant indebite, vocatis dictis bajulis nostris et quorum interest, ipsos super hoc diligenter audiatis, exibentes super hoc eisdem celeris justicie complementum. Datum die martis ante festum beati Thome apostoli, anno Domini m° cc° lx° nono.

1367

17 dec. 1269. — [SENESCALLO THOLOSE PRO COMITE CONVENARUM SUPER QUADAM BASTIDA.]

Alfonsus, *etc.*, senescallo, *etc.* Significavit nobis procurator nobilis et dilecti nostri B., comitis Convennarum, quod vos una cum religioso viro abbate Comelonge in quodam loco, in Coseranensi dyocesi existente, quandam bastidam edificare proponitis[1], in ipsius comitis prejudicium non modicum, ut dicitur, et gravamen, cum in dicto loco idem comes jus asserat se habere. Quare vobis mandamus quatinus supersedeatis factioni dicte bastide quousque raciones dictorum comitis et abbatis audieritis diligenter, quas raciones in scriptis redactas, una cum condicionibus et convencionibus sub quibus dicta bastida fieri debeat, nobis quam cito commode poteritis remittatis. Datum anno Domini m° cc° lx° nono, die martis ante festum beati Thome apostoli.

---

[1] Voir plus haut, n° 1348.

1368

17 dec. 1269. — SENESCALLO THOLOSE PRO CONSULIBUS VILLEFRANCHE.

Alfonsus, *etc.*, senescallo Tholose et Albiensis, *etc.* Ex parte consulum hominum Villefranche [1], dyocesis Tholosane, nobis est conquerendo monstratum quod bajulus Avinioneti [2] contra preceptum Sicardi Alemanni, militis, tunc tenentis locum senescalli Tholose, ac judicis ordinarii quosdam habitantes dicte ville, qui a villa de Barrellis [3] ad eamdem villam [se] transtulerant, indebite pignoravit, occasione alberge que nobis debetur ab hominibus dicte ville de Barrellis, cum ipsi essent in possessione libertatis de non solvendo dictam albergam, prout predictorum asseruit procurator. Unde, cum causa eadem coram judice ordinario, ut dicitur, ventiletur, vobis mandamus quatinus dictis hominibus dicta pignora, recepta fidejussoria caucione ab eisdem de parando juri coram vobis vel judice ordinario, recredatis vel recredi per dictum bajulum faciatis, quousque finaliter fuerit predicta questio terminata. Datum anno Domini M°CC°LX° nono, die martis ante festum beati Thome apostoli.

1369

17 dec. 1269. — [SENESCALLO THOLOSE PRO HOMINIBUS RAIMUNDI DE BENCA.]

Alfonsus, *etc.*, senescallo Tholose et Albiensis, *etc.* Ex parte Raymundi de Beinca nobis insinuatum extitit conquerendo quod vos ab hominibus suis de Fita Bigordana [4] focagium contra justiciam nitimini, ut procurator suus asseruit, extorquere. Quare vobis mandamus quatinus focagium dictorum hominum usque ad instans festum Pasce in nostram ponatis sufferenciam et respectum, addiscentes interim de jure nostro in hac parte plenius veritatem, anne dicti homines focagium

---

[1] Villefranche-de-Lauragais, Haute-Garonne.

[2] Avignonet, Haute-Garonne, cant. Villefranche.

[3] Lasbarelles (Cassini), au nord-est de Villefranche.

[4] Laffitte-Vigordanne, Haute-Garonne, cant. Le Fousseret.

vel subvencionem alias solverint comiti Raimundo, predecessori nostro, vel nobis solvere teneantur de jure vel consuetudine, usagio seu promisso aut alia justa causa, tractantes nichilominus cum dictis hominibus, si quid nobis dare vellent ex gracia pro subvencione nobis facienda pro subsidio Terre sancte. Quid autem super premissis inveneritis et feceritis et oblacionem quam vobis fecerint dicti homines, nobis circa tres septimanas instantis festi Candelose per vestrum clericum, cum ad nos venerit pro vestris compotis faciendis, in scriptis insinuare curetis. Datum anno Domini M° CC° LX° nono, die martis ante festum beati Thome apostoli.

Édité dans Hist. de Languedoc (nouv. édit.), VIII, col. 1628.

1370

17 dec. 1269. — FRATRI RAYMUNDO PREPOSITI, VICES GERENTI PRIORIS SANCTI JOHANNIS JEROSOLIMITANI, PRO MONACHO DE GUILER, DOMICELLO, ET SEINCETO, NEPOTE PRECEPTORIS TEMPLI.

Alfonsus, *etc.*, religioso viro et dilecto suo fratri Raymundo Preposili, vices gerenti prioris Hospitalis Sancti Johannis Jerosolimitani in partibus Tholosanis, salutem et dilectionem sinceram. Rogamus vos attente quatinus Monacum de Guiler, domicellum, et Sincetum, nepotem preceptoris milicie Templi, quos pro religioso et dilecto nostro fratre Ermangaudo, ordinis vestri, obsides facitis detineri, quittos et liberos deliberari amore nostri faciatis. Et quid super hoc facere proponitis nobis quam cito poteritis rescribatis. Datum Parisius, anno Domini M° CC° LX° nono, die martis ante festum beati Thome apostoli.

1371

17 dec. 1269. — VICARIO THOLOSE PRO FRATRE ERMANGAUDO, ORDINIS HOSPITALIS SANCTI JOHANNIS JEROSOLIMITANI.

Alfonsus, *etc.*, vicario Tholose salutem et dilectionem. Mandamus vobis quatinus religiosum nostrum fratrem Raymundum Prepositi, vices gerentem prioris Sancti Johannis Jerosolimitani in partibus Tholosanis, ex parte nostra requiratis ut Monachum de Guiler, domicellum, et Sennicetum, nepotem preceptoris milicie Templi, quos pro religioso et dilecto viro fratre Ermangaudo, ejusdem ordinis, facit obsides detineri, quitos et liberos amore nostri faciat liberari. Et responsionem suam super hoc nobis, quam cito poteritis commode, rescribatis. Datum Parisius, die martis ante festum beati Thome apostoli, anno Domini M° CC° LX° nono.

Similis littera missa fuit senescallo Tholosano et Albiensi.

1372

(Fol. 94.) 17 dec. 1269. — SENESCALLO THOLOSE ET ALBIENSIS PRO RAYMUNDO BERNARDI DE CAUSACO, MILITE.

Alfonsus, *etc.*, senescallo Tholose et Albiensis, *etc.* Ex parte Raymundi Bernardi de Causaco, militis, nobis est datum intelligi quod Raymundus, comes Tholose, condam predecessor noster, patrem ipsius militis quarta parte jurisdicionis castri de Causaco[1], Albiensis dyocesis, minus juste spoliavit; item asseruit coram nobis quod possessionem predicte partis postmodum habuit, et secundo fuit per Guillelmum de Ecclesia, tunc bajulum de Cordua[2] nomine nostro, spoliatus. Unde vobis mandamus quatinus, constituto pro nobis ydoneo deffensore, qui omnino causam non nesciat, faciatis eidem bonum jus et maturum. Datum Parisius, die martis ante festum beati Thome apostoli, anno Domini millesimo CC° LX° nono.

1373

19 dec. 1269. — SENESCALLO THOLOSE ET ALBIENSIS PRO ABBATE SANCTI PONCII SUPER FACTO DE VAURO.

Alfonsus, *etc.*, senescallo Tholose et Albiensis, *etc.* Mandamus vobis

---

[1] Cahuzac-sur-Vère, Tarn, cant. Castelnau-de-Montmiral. — [2] Cordes, Tarn.

quatinus prioratum, domum et ecclesiam de Vauro [1] in eodem statu, in quo erant tempore quo fidelis noster Sicardus Alemanni, miles, recepit ea ad manum suam causa custodie, reduci et reponi faciatis, nec intromittatis vos de facto clericorum. Laicorum vero de nostra jurisdictione existentium violentiam, prout justum fuerit, reprimatis et puniatis. Datum Parisius, die jovis ante festum beati Thome apostoli, anno Domini M° CC° LX° nono.

Édité dans Hist. de Languedoc (nouv. édit.), VIII, col. 1693.

1374

18 déc. 1269. — SENESCALLO THOLOSE ET ALBIENSIS PRO GUILLELMO HUGONE DE DUROFORTI ET FRATRIBUS SUIS.

Alfonsus, *etc.*, senescallo Tholose et Albiensis, *etc.* Cum a Guillelmo Hugonis de Duroforti homagium receperimus de porcione ipsum contingente in bonis hereditariis patris et matris suorum in castellania Fanijovis [2], vobis mandamus quatinus a fratribus et coheredibus dicti Guillelmi, de porcionibus eos in dictis bonis contingentibus, juramentum fidelitatis pro nobis recipiatis, quousque coram nobis fuerint facturi nobis homagium ut tenentur. Datum Parisius, die mercurii ante festum beati Thome apostoli, anno Domini M° CC° LX° nono.

1375

20 déc. 1269. — SENESCALLO THOLOSE ET ALBIENSIS PRO ARNALDO DE BULDA, CIVE THOLOSANO.

Alfonsus, *etc.*, senescallo Tholose et Albiensis, *etc.* Veniens ad nos Arnaldus de Cuda (*sic*), civis Tholose, nobis humiliter supplicavit ut sibi undecim millia solidorum Margollensis monete, quos dudum pater suus bone memorie comiti Raymundo, predecessori nostro, dicitur mutuasse, necnon mille ducentos solidos tholosanorum pro dampnis

---

[1] Lavaur, Tarn. — [2] Fanjeaux, Aude.

que dictum patrem suum occasione dicti comitis Raymundi, predecessoris nostri, asserit incurrisse, reddi et solvi faceremus, cum ad id de jure asserit nos teneri. Quocirca vobis mandamus quatinus, constituto pro nobis in hac parte idoneo defensore, exibeatis eidem super premissis celeris justicie complementum, jus nostrum super hiis fideliter observantes. Datum die veneris ante nativitatem Domini, anno Domini M° CC° LX° nono.

1376

(Fol. 129 v°.) 20 dec. 1269. — SENESCALLO [1] PRO BERENGARIO MASQUERONIS, MILITE, SUPER DIVISIONE QUARUNDAM TERRARUM.

Alfonsus, *etc.*, senescallo Tolose et Albiensis [2], *etc.* Ex parte Berengarii Masqueronis, militis, nobis extitit suplicatum ut quasdam terras sitas in ballivia Sancte Gavelle [3], que nobis et ipsi militi communes esse dicuntur pro indiviso, limitari et dividi faceremus, cum propter divisionem non factam dampnum non modicum, ut asserit, paciatur. Unde vobis mandamus quatinus, vocatis qui fuerint evocandi, dictas terras limitari et dividi, prout justum fuerit, faciatis, jus nostrum super hiis, prout de jure fuerit, observantes ac eciam retinentes. Datum Parisius, die veneris ante festum sancti Thome apostoli, anno Domini M° CC° LX° nono.

Littera Bernardi Hugonis, que deberet hic esse, invenietur in Tholosa et Albigensi in tali signo. (*Voir plus loin, au folio* 129.)

1377

(Fol. 94 v°.) 20 dec. 1269. — VICARIO THOLOSE PRO CAPITULO ECCLESIE THOLOSANE.

Alfonsus, *etc.*, vicario Tholose et Albiensis (*sic*), salutem et dilectionem. Ex parte venerabilium virorum prepositi et capituli ecclesie

---

[1] *Au fol.* 94 v°, *la note suivante :* Littera Berengarii Masqueronis, que deberet hic esse, invenietur in Agenensi et Caturcensi.

[2] On avait d'abord écrit *Agenensi et Caturcensi.*

[3] Cintegabelle, Haute-Garonne.

Tholosane nobis extitit intimatum quod religiosi viri fratres Beate Marie de Monte Carmeli Tholose jura ejusdem ecclesie Tholosane usurpant indebite et injuste, super quo dudum inter eos compromissum extitit, ut dicitur, coram nobis, quod compromissum infra tempus in dicto compromisso appositum necdum terminari potuit, quia dictum compromissum dicitur expirasse. Unde cum dicti prepositus et capitulum jura sua a dictis fratribus repetere debeant et proponant, timentes tamen a laicis, de nostra juridiscione et vestra vigeria existentibus, pretextu cujusdam confratrie que vocatur confratria Beate Marie de Monte Carmeli, indebite super hoc impediri, vobis mandamus quatinus ex parte nostra firmiter inhibeatis laicis personis, quas vobis nominaverint, de nostra jurisdicione et vestra vigeria existentibus, ne dictos prepositum et capitulum injuste impediant quominus jus suum a dictis fratribus repetere valeant, ut debebunt, nec eisdem super hiis violenciam inferant vel gravamen. Datum Parisius, die veneris ante nativitatem Domini, anno Domini m° cc° lx° nono.

1378

(Fol. 95.) 21 dec. 1269. — VICARIO THOLOSE PRO ROGERIO DE MONTEALTO.

Alfonsus, *etc.*, dilecto et fideli suo vicario Tholose, salutem et dilectionem. Ex parte Rogerii de Montealto nobis est intimatum quod Guillelmus de Nantolleto, predecessor vester, condam vicarius Tholose, ipsum majori et minori jurisdictione castri de Aresvilla [1], ad ipsum pertinentem, ut dicebat, indebite et sine cause cognicione, ut asserit, spoliavit, in ipsius prejudicium et gravamen. Unde vobis mandamus quatinus, vocatis qui fuerint evocandi constitutoque pro nobis ydoneo deffensore pro jure nostro servando, eidem Rogerio, si pecierit, super premissis faciatis bonum jus et maturum. Datum Parisius, die sabbati ante festum nativitatis Domini, anno Domini m° cc° lx° nono.

[1] Aureville, Haute-Garonne, cant. Castanet.

1379

21 dec. 1269. — SENESCALLO THOLOSE ET ALBIENSIS PRO GUILLELMO LAURENCII ET STEPHANO DE CASTRONOVO.

Alfonsus, *etc.*, senescallo Tholose et Albiensis, *etc.* Veniens ad nos procurator Guillelmi Laurencii et Stephani de Castronovo, burgensium Tholose, nobis humiliter suplicavit ut nos sentenciam latam pro ipsis per magistrum Petrum de Regio, judicem quondam vicarii nostri Tholose, contra nobilem virum Jordanum de Xanxiaco, militem, et postmodum per judicem senescalli nostri Tholose, ut dicitur, confirmatam, faceremus execucioni debite demandari, cum per lapsum temporis in rem, ut asserit dictus procurator, transierit judicatam. Vobis mandamus quatinus, vocato dicto Jordano et aliis qui fuerint evocandi, predictas sentencias, prout justum fuerit, faciatis execucioni debite demandari. Datum anno Domini M^o CC^o LX° nono, die sabbati ante nativitatem Domini.

1380

26 dec. 1269. — B., PREPOSITO ECCLESIE THOLOSANE, [SUPER INQUISITIONE FACIENDA DE PECUNIIS A SEDE ROMANA COMITI CONCESSIS].

Alfonsus, *etc.*, dilecto et fideli clerico suo B., venerabili preposito ecclesie Tholosane, salutem et dilectionem sinceram. Ex serie litterarum vestrarum, quas nuper recepimus, collegimus duo dubitabilia, super quibus petebatis plenius edoceri. Ad quorum primum vobis taliter[1] respondemus, quod a viginti annis citra, quoto anno, quid et quantum et a quibus solutum levatumve fuerit inquirere poteritis per vos seu per alios ydoneos. Ad secundum articulum, quod non solum in dyocesi Tholosana, verum eciam in toto comitatu Tholosano. Et articulos, quorum occasione peccunia levata fuerit in hac parte, presentibus inseri fecimus, videlicet super redempcionibus votorum

---

[1] Le manuscrit porte, par erreur, *totaliter*.

crucesignatorum aliisque obvencionibus, legatis in subsidium Terre sancte necnon de aliis legatis indistincte et relictis ad pios usus ac extortis per usurariam pravitatem et aliis illicite aquisitis, de quibus non appareat quibus sit restitucio facienda. Tamen circa istos articulos non per viam compulsionis, set cum maturitate debita et cautela procedatis ad presens, eo modo quo poteritis meliori. Nos siquidem transcriptum litterarum apostolicarum, que nobis super dictis articulis sunt concesse, vobis mittimus sub sigillo dilecti et fidelis clerici nostri magistri Stephani, thesaurarii ecclesie Beati Hyllarii Pictavensis, ut tam de tempore quam de forma concessionis nobis facte super dictis articulis possitis plenius cerciorari. Datum anno Domini M°CC°LX° nono, die jovis in crastino natalis Domini.

Édité dans *Hist. de Languedoc* (nouv. édit.), VIII, col. 1589-1590.

1381

27 dec. 1269. — SENESCALLO THOLOSE ET ALBIENSIS PRO MAGISTRO JOHANNE DOMINICI.

Alfonsus, *etc.*, senescallo Tholose et Albiensis, *etc.* Cum alias vobis dederimus nostris litteris in mandatis ut, vocatis qui vocandi essent constitutoque pro nobis legittimo defensore, magistrum Johannem Dominici, de Tholosa, clericum, ad possessionem vel quasi ville de Gemilli[1] et pertinenciarum ejusdem, necnon et quarundam aliarum rerum, de quibus fuerat in possessione pacifica, ut dicebat, et quibus per gentes nostras sine racionabili causa et absque judicio extitit, ut asserit, spoliatus, si esset ita, restituere deberetis, recepta prius ab ipso magistro Johanne idonea caupcione de stando juri coram nobis, super eo quod quendam conversum in terra nostra recepisse dicitur et ipsum privato carceri mancipasse, in nostrum prejudicium et gravamen, ac super quibusdam aliis in quibus nobis injuriosus dicitur extitisse, necnon dictum mandatum nostrum feceritis, prout ipso ma-

[1] Gémil, Haute-Garonne, cant. Montastruc. (Voir plus haut, n° 1315.)

gistro accepimus conquerente, iterato vobis mandamus et precipimus quatinus, si juxta mandatum nostrum vobis directum minime processeritis in hac parte, secundum formam ejusdem mandati in dicto negocio procedatis. Si vero super hoc processeritis, processum vestrum execucioni debite, omni frustratoria dilacione remota et omni indebito favore postposito vel odio, demandetis, taliter super hiis vos habentes quod dictus Johannes super hoc non habeat deinceps justam de vobis materiam conquerendi. Datum die veneris post nativitatem Domini, anno Domini M° CC° LX° nono.

1382

29 dec. 1269. — SENESCALLO THOLOSE ET ALBIENSIS PRO DOMINO JORDANO DE INSULA ET ECCLESIA SANCTI STEPHANI THOLOSE SUPER FOCAGIO.

Alfonsus, *etc.*, senescallo Tholose et Albiensis, *etc.* Mandamus vobis quatinus focagium seu subvencionem hominum dilecti et fidelis nostri Jordani de Insula, militis, ac hominum ecclesie Beati Stephani Tholose usque ad instans festum resurrectionis Domini proximo venturum in sufferenciam nostram ponatis. Quo termino elapso, focagium seu subvencionem hujusmodi levari faciatis vel jus eis super hoc offeratis, vocato pro nobis ydoneo petitore, nisi interim per dictos homines composicio vobiscum facta fuerit usque ad summam dictum focagium vel subvencionem equivalentem vel circa, quam compositionem acceptetis. Datum die dominica post festum natalis Domini, anno Domini M° CC° LX° nono. — Et super premissis cum Thoma de Novilla et Guillelmo de Plesseio, clericis, colloquium habeatis.

<small>Édité dans *Hist. de Languedoc* (nouv. édit.), VIII, col. 1628-1629.</small>

1383

29 dec. 1269. — SENESCALLO THOLOSE ET ALBIENSIS PRO DOMINO COMITE PICTAVIE ET THOLOSE.

Alfonsus, *etc.*, senescallo Tholose et Albiensis, *etc.* Cum per dilectum et fidelem nostrum Egidium Camelini vobis dederimus in mandatis ut magistrum Guillelmum de Furno, judicem quondam senescalli, predecessoris vestri, ab officio judicature amoveretis, cum suspectus, ut dicitur, a pluribus haberetur, quod facere neglexistis, ut dicitur, de quo non modicum admiramur, vobis mandamus quatinus eundem ab officio judicature amoveatis sine mora, alium judicem probum et fidelem, non de vestra senescallia, instituendo loco sui. Datum die dominica post nativitatem Domini, anno Domini M° CC° LX° nono.

Édité dans Hist. de Languedoc (nouv. édit.), VIII, col. 1693.

1384

(Fol. 96.) 29 dec. 1269. — [GUILLELMO ATHONIS, FRATRI MINORI THOLOSE, SUPER QUIBUSDAM RESTITUTIONIBUS COMITI FACIENDIS.]

Alfonsus, etc., religioso viro et dilecto suo fratri Guillelmo Athonis, ordinis fratrum Minorum in conventu Tholose, salutem et dilectionem sinceram. Cum, sicut intelleximus, quidam ad vos venerunt in secreto, qui nobis restituciones aliquas facere tenentur, discrecionem vestram rogamus ex affectu, quatinus circa restituciones hujusmodi nostrum commodum facientes, quod vobis traditum fuerit propter hoc recipiatis, et ad opus nostri quod receperitis reservetis, taliter super hoc vos habentes, quod diligenciam vestram senciamus nobis cum effectu profuisse et vobis debeamus propter hoc merito scire gratum. Datum apud Longumponte[m], die dominica post nativitatem Domini, anno Domini M° CC° LX° nono.

Édité dans Hist. de Languedoc (nouv. édit.), VIII, col. 1590.

1385

29 dec. 1269. — SENESCALLO THOLOSE ET ALBIENSIS PRO HUGONE DE REAX.

Alfonsus, etc., senescallo Tholose et Albiensis, etc. Mandamus vobis quatinus Hugonem de Reax super his que proponenda duxerit coram vobis super quadam terra quam ipse locaverat, ut dicit, Petro Giraudi, condampnato de heresi, quam nos tenemus, ut dicit, in sui prejudicium, diligenter audiatis, vocato tamen ad hoc Jacobo de Bosco pro jure nostro servando et vocatis qui fuerint evocandi, super his de quibus jurisdicio nobis spectat faciatis eidem bonum jus et maturum, de consilio fratrum inquisitorum super heresi. Datum die dominica post nativitatem Domini, anno Domini M° CC° LX° nono.

1386

29 dec. 1269. — SENESCALLO THOLOSE ET ALBIENSIS PRO HEREDIBUS DEFUNCTI SECARDI FORT.

Alfonsus, *etc.*, senescallo Tholose et Albiensis, *etc.* Cum, sicut intelleximus, terram defuncti Sycardi Fort, balistarii, sibi dudum datam a predecessore nostro ad vitam suam, sesitam teneatis ad manum nostram, et fructus et exitus dicte terre de anno preterito levaveritis, ut dicitur, mandamus vobis quatinus heredibus dicti defuncti de dictis fructibus et exitibus usque ad summam xx librarum turonensium, quas eisdem ex gracia nostra concessimus, deliberetis seu deliberari faciatis, dictam terram nichilominus ad manum nostram tenentes, quousque de illa aliter duxerimus ordinandum. Datum die dominica post nativitatem Domini, anno Domini M° CC° LX° nono.

1387

30 dec. 1269. — [SENESCALLO THOLOSE PRO BERAUDO DE ANDUSIA.]

Alfonsus, *etc.*, senescallo, *etc.* Cum nos dudum dilecto nostro Beraudo de Andusia xxx libras tholosanorum annue pensionis in bajulia de Vauro [1] usque ad voluntatem nostram dedissemus, litteras nostras patentes eidem super hoc concedendo, nosque a tempore restitucionis terre de Tonnaco [2] et de Viansio [3] sibi a nobis facte citra antedictam sibi solvi noluimus pensionem, mandamus vobis quatinus litteras nostras patentes, quas adhuc super dicta pensione habere dicitur, repe-

[1] Lavaur, Tarn.
[2] Tonnac, Tarn, cant. Cordes.
[3] Vieux, Tarn, cant. Castelnau-de-Montmiral.

tatis et ipsum ad eas reddendas, prout justum fuerit, compellatis, remittentes nobis easdem litteras cancellatas. Datum apud Longumpontem, anno Domini m° cc° lx° nono, die lune post nativitatem Domini.

1388

30 dec. 1269. — [VICARIO THOLOSE PRO PREPOSITO ET CAPITULO ECCLESIE THOLOSANE.]

Alfonsus, *etc.*, dilecto et fideli suo vicario Tholose, salutem et dilectionem. Mandamus vobis quatinus prepositum et capitulum ecclesie Tholosane et bona sua recommendata habeatis, nec eis novitates aliquas indebitas inferatis, servato tamen jure nostro et alieno. Datum apud Longumpontem, die lune post nativitatem Domini, anno Domini m° cc° lx° nono.

1389

3 jan. 1270. — LITTERA PATENS VICARIO THOLOSE PRO SINDICO SEU PROCURATORE CONSULUM ET UNIVERSITATIS HOMINUM DE CONDOMIO.

Alfonsus, *etc.*, dilecto et fideli suo vicario Tholose, salutem et dilectionem. Per sindicum seu procuratorem consulum et universitatis hominum nostrorum de Condomio [1] nobis extitit intimatum quod pro parte ejusdem sindici contra nobilem et fidelem nostrum Giraudum de Armeniaco lata fuit sentencia seu interlocutoria per dilectos et fideles nostros Poncium Astoaudi, militem, et magistrum Odonem de Montoneria, super certis articulis in causa que vertebatur inter prefatum G. et syndicum seu procuratorem predictum coram judicibus supradictis, a qua sentencia seu interlocutoria a parte dicti G. ad nos extitit, ut asserit idem sindicus, frustratorie appellatum, et cum dictus G. appellacionem suam hujusmodi nundum fuerit in aliquo prosequutus, propter quod dictus syndicus seu procurator caret effectu sentencie pro parte sua late, nobisque supplicaverit ut secundum statuta et

---

[1] Condom, Gers.

consuetudinem patrie dictum G. citari faceremus ad procedendum in causa seu negocio appellacionis, ab ipso, ut dicitur, interposite, prout secundum statuta vel consuetudinem patrie fuerit procedendum, vobis mandamus quatinus ipsum G. citetis coram vobis, super premissis, prout justum fuerit, processuris. Nos enim in hac parte vobis committimus vices nostras, donec eas duxerimus revocandas. Datum apud Longumpontem, die veneris post circuncisionem Domini, anno Domini millesimo ducentesimo sexagesimo nono.

1390

3 jan. 1270. — SENESCALLO THOLOSE ET ALBIENSIS PRO SYCARDO DE MONTEALTO, MILITE, SUPER MUTUO.

Alfonsus, *etc.*, senescallo Tholose et Albiensis, *etc.* Mandamus vobis quatinus nobili et fideli nostro Sycardo de Montealto, militi, mutuo tradatis de denariis nostris ducentas libras turonensium super solucione que sibi debet fieri ante passagium, pro servicio quod nobis facturus est in subsidium Terre sancte, litteras suas pattentes, continentes quod dictum mutuum receperit pro servicio[1] supradicto super solucione quam sibi facere tenebamur ante passagium supradictum, petentes ab eo super mutuo supradicto. Datum die veneris ante epiphaniam Domini, anno Domini millesimo ducentesimo sexagesimo nono.

1391

5 jan. 1270. — LITTERA PATENS DIRECTA VICARIO THOLOSE ET EJUS JUDICI SUPER COMMONICIONE FACIENDA EX PARTE DOMINI COMITIS PICTAVIE ET THOLOSE A COMITE (*sic*) FUXI.

Alfonsus, *etc.*, dilectis et fidelibus suis Petro de Roceio, militi, vicario Tholose, et magistro Arnaldo de Petrucio[2], judici curie ejusdem vicarii, salutem et dilectionem. Mandamus vobis quatinus, ad nobilem virum comitem Fuxi personaliter accedentes, ex parte nostra requi-

---

[1] Première leçon : *subsidio*. — [2] A l'acte suivant, ce nom est orthographié *Petrucia*; cette dernière forme paraît la meilleure; il s'agit probablement ici de Peyrusse, Aveyron.

ratis eundem, ut castrum de Monteacuto[1], Tholosane dyocesis, quod in nostrum et fidelis nostri Sicardi de Montealto, militis, prejudicium occupasse dicitur et adhuc etiam detinere, vobis nostro nomine restituat, et tam super invasione dicti castri quam super aliis injuriis et excessibus per ipsum comitem seu gentes suas in terra dicti Sicardi de Montealto, militis, quam a nobis tenet in feudum, et alibi in nostris feudis[2] perpetratis, infra instans festum Candelose emendam nobis et nostris faciat competentem, alioquin denuncietis eidem comiti ex parte nostra quod extunc circa factum hujusmodi consilium et remedium[3] adhibere curabimus oportunum. Quod si ambo huic requisicioni faciende nequiveritis personaliter interesse, alter vestrum presens mandatum nostrum nichilominus executur. Datum die dominica ante epiphaniam Domini, anno Domini m° cc° lx° nono.

Édité dans *Hist. de Languedoc* (nouv. édit.), VIII, col. 1709-1710.

1392

(Fol. 97.) 5 jan. 1270. — P. DE ROCEIO, MILITI, VICARIO THOLOSE, ET MAGISTRO ARNALDO DE PETRUCIA, EJUSDEM CURIE JUDICI, SUPER NEGOCIO COMITIS FUXI.

Alfonsus, *etc.*, dilectis et fidelibus suis Petro de Roceio, militi, vicario Tholose, et magistro Arnaldo de Petrucia, judici curie ejusdem vicarii, salutem et dilectionem. Per alias nostras patentes litteras vobis scribimus ut comitem Fuxi secundum formam in dictis litteris contentam ex parte nostra requirere debeatis, vos vel alter vestrum, si ambo nequiveritis interesse. Hinc est quod vobis mandamus quatinus in requisicione hujusmodi facienda assumatis vobiscum aliquas personas ydoneas, qui presentes assistent, cum dictus comes fuerit requisitus, ut [de] requisicione eadem possint processu temporis, si neccesse fuerit, testimonium peribere, responsionemque, quam dictus comes fecerit, sine aliqua amixtione falsitatis nobis quam cito poteritis rescribatis, et senescallo nostro Tholose et Albiensis veraciter intimetis

[1] Probablement Montégut, Ariège, cant. Varilles.
[2] Ici le mot *constitutis*, biffé.
[3] Première leçon : *auxilium*.

eandem et Sicardo Alemanni, militi, facto inde, si expedire videritis, publico instrumento. Datum die dominica in vigilia epiphanie Domini, anno Domini m° cc° lx° nono. — Istas autem litteras senescallo nostro Tholose ostendatis[1] et Sicardo Alemanni, militi, una cum litteris patentibus super requisicione hujusmodi facienda.

<small>Édité dans *Hist. de Languedoc* (nouv. édit.), VIII, col. 1710-1711.</small>

1393

5 jan. 1270. — SENESCALLO THOLOSE ET ALBIENSIS ET SICARDO ALEMANNI, MILITI, PRO ABBATE MONASTERII LESATENSIS.

Alfonsus, *etc.*, dilectis et fidelibus suis senescallo Tholose et Albiensis et Sicardo Alemanni, militi, salutem et dilectionem. Veniens ad nos abbas monasterii Lesatensis nobis dedit intelligi conquerendo quod comes Fuxi, in nostrum et ejusdem abbatis prejudicium, in villa Lesatensi et alibi in districtu et comitatu nostro in bonis ejusdem monasterii non modica dampna dedit et multa contra justitiam attemptavit. Quocirca vobis mandamus quatinus vos vel alter vestrum, aut saltim per personas ydoneas a vobis deputatas, de jure nostro, quod in dicta villa Lesatensi[2] habere dicimur, inquiratis diligenter veritatem, et jus nostrum, de quo vobis constare poterit, illesum servare curetis, non permittentes in bonis dicti monasterii, infra metas districtus et comitatus nostri in feudis nostris existentibus in vestra senescallia, dampna et gravamina inferri per dictum comitem vel per suos, rescribentes nobis nichilominus ea que ad jus nostrum spectare inveneritis in premissis. Datum die dominica in vigilia epiphanie Domini, anno Domini m° cc° lx° nono.

<small>Édité dans *Hist. de Languedoc* (nouv. édit.), VIII, col. 1711.</small>

---

[1] Première leçon : *rescribatis*. — [2] Lézat-sur-Lèze, Ariège, cant. le Fossat.

1394

5 jan. 1270. — [SENESCALLO THOLOSE PRO SICARDO DE MONTEALTO CONTRA COMITEM FUXI.]

Alfonsus, *etc.*, senescallo Tholose et Albiensis, *etc.* Cum, sicut tam ex dilecti et fidelis nostri Sicardi de Montealto, militis, ad nos delata querimonia quam ex vestrarum litterarum quas nuper recepimus serie nobis inotuit, comes Fuxi, in nostrum et dicti Sicardi non modicum prejudicium, castrum de Monteacuto [1], cujus feudum a nobis avoat dictus miles, detineat occupatum, et mala malis accumulans, in terra dicti Sicardi, quam a nobis tenet in feudum, necnon in aliis quibusdam nostris feudis dampna plurima dederit et multiplices injurias perpetrarit, propter que per dilectos et fideles nostros vicarium Tholose et judicem suum, sub certa forma in litteris nostris patentibus contenta, quarum seriem fecimus infrascribi, dictum comitem Fuxi duxerimus requirendum, vobis mandamus quatinus feudatariis nostris et aliis qui nobis tenentur ad exercitum vel cavalcatam, edicatis seu edici faciatis, eis ex parte nostra nichilominus injungentes, quod a festo Candelose in antea, quam cicius bono modo poteritis, audita responsione dicti comitis, per ipsos vicarium nostrum Tholosanum, judicem suum vel alterum eorundem [2], vel si non sit sufficiens, de consilio dilecti et fidelis nostri Sicardi Alemanni, militis, et aliorum proborum, apud castrum de Rivis [3], diocesis Tholosane, sint parati cum armis mandatum nostrum prosequi quod eisdem duxeritis injungendum, ad certam diem quam eisdem videritis de bonorum consilio assignandam. Vos vero injungatis eisdem ut ipsi una vobiscum viriliter insistant ad recuperacionem castri predicti et emendam congruam dampnorum et gravaminum per dictum comitem et suos illatorum, si infra diem que sibi prefixa fuerit castrum restituere noluerit, dampna et injurias emendare vel de emendando cavere ydonee vel saltim ipsum castrum

---

[1] Voir plus haut, n° 1391. — [2] Les mots suivants ont été écrits deux fois : *per ipsos ... eorundem.* — [3] Rieux, Haute-Garonne.

in manu karissimi domini regis Francie vel senescalli sui ponere, quousque de jure nostro et dicti Sicardi ac eciam dicti comitis plenius sit discussum. Quod si dictum castrum restituere vel, ut dictum est, in manu domini regis aut senescalli sui ponere dampnaque et injurias emendare vel caucionem ydoneam de emendandis injuriis et dampnis prestare voluerit et de hoc vobis constiterit, a convocacione seu commonicione exercitus hujusmodi penitus cessetis. Istam autem litteram nostro Tholosano vicario et ejus judici et dilecto et fideli nostro Sicardo Alemanni, militi, ostendatis. Datum die dominica ante epiphaniam Domini, anno Domini millesimo cc° lx° nono.

Transcriptum littere, de qua fit mencio in ista littera, est in folio precedenti inmediate. (*Voir plus haut, n° 1391.*)

1395

(Fol. 98.) 15 jan. 1270. — SENESCALLO THOLOSE ET ALBIENSIS PRO SERENA DE ROVINHANO SUPER MEDIETATE PALACII DE POJOLIIS.

Alfonsus, *etc.*, senescallo Tholose et Albiensis, *etc.* Cum, sicut nobis datur intelligi, causa inter nobilem dominam Serenam de Rovinhano ex una parte et Hugonem de Pojoliis ex altera, super medietate palacii de Poioliis [1] et pertinenciis ejusdem, dudum coram dilecto et fideli nostro senescallo Tholose, predecessore vestro, de mandato nostro fuerit agitata et remanserit, ut dicitur, finaliter indiscussa, vobis mandamus quatinus in causa eadem in eodem statu in quo erat tempore dicti senescalli, predecessoris vestri, procedatis, prout de jure procedendum fuerit, vocatis qui fuerint evocandi. Datum Parisius, anno Domini m° cc° lx° nono, die mercurii post festum beati Hilarii.

[1] Probablement Pujols, Lot-et-Garonne, cant. Villeneuve-sur-Lot. Les seigneurs de Rovinha étaient en effet de la sénéchaussée d'Agenais, et c'est sans doute par erreur que ce mandement est adressé au sénéchal de Toulouse dont ils n'étaient pas justiciables; nous avons déjà noté plusieurs erreurs semblables dans le registre.

1396

8 jan. 1270. — SENESCALLO THOLOSE ET ALBIENSIS PRO JORDANO DE SAXIACO, MILITE.

Alfonsus, *etc.*, senescallo Tholose et Albiensis, *etc.* Ex parte fidelis nostri Jordani de Saxiaco, militis, nobis extitit conquerendo monstratum quod, cum ipse quasdam furcas fecisset dirui, quas in sui prejudicium de novo erexerat in villa de Bordis [1] Odo de Insula, parcionarius dicte ville, nomine suo et nepotum suorum, et postmodum magister Guillelmus de Furno, judex Tholose, de mandato dilecti et fidelis nostri Sicardi Alamanni, militis, tunc tenentis locum senescalli, sine cause cognicione, ut asserit idem Jordanus, in loco predicto dictas furcas construi et erigi fecerit, in ipsius Jordani prejudicium et gravamen, mandamus vobis quatinus, vocato dicto Odone de Insula et aliis qui fuerint evocandi, consulto super hoc dicto Sicardo Alemanni et auditis hinc inde rationibus, dicto Jordano super premissis exhibeatis mature justicie complementum, [et] si quid in hac parte contra justiciam attentatum fuerit, faciatis ad statum debitum revocari. Datum Parisius, die mercurii post epiphaniam Domini, anno Domini M° CC° LX° nono.

Édité dans *Hist. de Languedoc* (nouv. édit.), VIII, col. 1711-1712.

1397

15 jan. 1270. — VICARIO THOLOSE PRO DOMINO JORDANO DE SAXIACO.

Alfonsus, *etc.*, dilecto et fideli suo vicario Tholose, salutem et dilectionem. Ex parte Jordani de Saxiaco, militis, nobis datum est intelligi quod vos, licet requisitus, in causa que dudum coram judice vicarii nostri Tholose, predecessoris vestri, ventilata fuisse dicitur inter ipsum Jordanum ex una parte, et Johannem de Castronovo, et Stephanum,

[1] Lasbordes, Aude, cant. Castelnaudary.

fratres, et Guillelmum Laurencii, cives Tholosanos, ex altera, procedere denegastis, innitentes mandare execucioni quasdam sentencias latas contra dictum Jordanum, que per appellacionem interpositam, ut dicitur, sunt suspense. Quare vobis mandamus quatinus in causa predicta, que ventilata fuisse dicitur coram dicto judice, predecessore vestro, procedatis, prout procedendum fuerit, justicia mediante. Datum Parisius, die mercurii post festum beati Hilarii, anno Domini M° CC° LX° nono.

1398

15 jan. 1270. — SENESCALLO THOLOSE ET ALBIENSIS PRO JORDANO DE SAXIACO, MILITE.

Alfonsus, *etc.* Ex parte nobilis et fidelis nostri Jordani de Saxiaco, militis, nobis extitit conquerendo monstratum quod milites castri de Podio Laurencii[1], nobis et ipsi communis, eidem recogniciones sibi, ut asserit, debitas pro parte eadem (*sic*) contingente, facere contradicunt; item cum habeat, ut asserit, sextaragium in villa de Sancto Martino de Landa[2], quod sibi homines dicti loci solvere contradicunt, et se asserit per bajulum Castrinovi[3] super hoc inpediri, mandamus vobis quatinus dictum Jordanum de Saxiaco super premissis diligenter audiatis, et vocatis qui fuerint evocandi, auditis parcium racionibus, super hiis et de personis ad nostram jurisdicionem spectantibus et de vestra existentibus senescallia exhibeatis eidem mature justicie complementum. Datum Parisius, die mercurii post festum beati Hilarii, anno Domini M° CC° LX° nono.

1399

15 jan. 1270. — SENESCALLO PRO JORDANO DE SAXIACO, MILITE.

Alfonsus, *etc.* Cum, sicut ex parte nobilis et fidelis nostri Jordani de Saxiaco, militis, nobis extiterit intimatum, nonnulli Judei et bona

[1] Puylaurens, Tarn. — [2] Saint-Martin-la-Lande, Aude, cant. Castelnaudary. — [3] Castelnaudary, Aude.

ipsorum capti fuerint de mandato vestro in castro de Podio Laurencii[1], quod nobis et dicto militi, ut dicitur, est commune, mandamus vobis quatinus, secundum quod vobis legittime constare poterit de jure dicti militis in prefatis Judeis et bonis ipsorum, pro rata ipsum contingente exhibeatis eidem celeris justicie complementum, audientes ipsum nichilominus super altera parte dicti castri quam asserit ad se pertinere, et facientes eidem super hoc quod justum fuerit, constituto pro nobis idoneo defensore, qui causam omnino non nesciens jus nostrum diligenter et fideliter tueatur, proviso eciam sibi de consilio conpetenti. Cumque in parte illa, cujus sibi reddita fuit possessio, reservatum et retemptum fuerit nobis jus proprietatis, mandamus vobis ut vos super jure eodem plenius instruentes, communicato bonorum consilio, super jure dicte proprietatis moveatis eidem, prout nobis expedire videritis, questionem, nobis quid inde feceritis quam citius commode poteritis rescribentes. Datum Parisius, die mercurii post festum beati Hilarii, anno Domini M° CC° LX° nono.

1400

(Fol. 99.) 15 jan. 1270. — SENESCALLO THOLOSE ET ALBIENSIS PRO RAYMUNDO ARNALDI SUPER CENTUM LIBRIS.

Alfonsus, *etc.*, senescallo Tholose et Albiensis, *etc.* Veniens ad nos Raymundus Arnaldi nobis dedit intelligi quod W. de Monjoire, B. et Bertrandus, fratres ipsius Willelmi, fugitivi propter heresim, [erga] eundem R. in centum libris turonensium ante tempus fuge sue tenebantur, prout per quedam publica instrumenta, que habet idem R., ut asserit, penes se, dicitur contineri, quam peccunie summam petit sibi reddi a nobis, eo quod bona dictorum fratrum ad nos devenisse dicuntur racione incursus heretice pravitatis. Quocirca vobis mandamus quatinus ipsum super hoc diligenter audiatis, et constituto pro nobis dilecto et fideli clerico nostro, Jacobo de Bosco, ydoneo deffen-

---

[1] Puylaurens, Tarn.

sore, exhibeatis eidem de consilio fratrum inquisitorum heretice pravitatis mature justicie complementum. Datum Parisius, die mercurii post octabas epiphanie Domini, anno Domini M° CC° LX° nono.

1401

15 jan. 1270. — PRO EODEM SUPER FACTO BLADI ABLATI.

Alfonsus, *etc.*, senescallo Tholose et Albiensis, *etc.* Raymundo Arnaldi, burgense de Gailliaco, intelleximus conquerente quod homines de Cordua[1] quamdam massam vel summam bladi, quod dictus Tron, serviens suus, in dicta villa nomine suo emerat, eidem servienti suo, ut asserit, abstulerunt absque senescalli nostri vel ballivi dicte ville licencia vel mandato, qua re dampna non modica dicitur incurrisse. Unde vobis mandamus quatinus, vocatis qui fuerint evocandi, veritatem super hoc diligenter inquiratis, si de jure vel consuetudine patrie inquesta sedeat in hac parte, et secundum ea que per inquestam inveneritis, si de jure fuerit inquirendum, exhibeatis eidem mature justicie complementum. Datum Parisius, die mercurii post octabas epiphanie Domini, anno Domini M° CC° LX° nono.

1402

16 jan. 1270. — EGIDIO CAMELINI PRO COMITE.

Alfonsus, *etc.*, dilecto et fideli clerico suo Egidio Camelini, salutem et dilectionem. Litteras nostras patentes confectas super consuetudinibus et libertatibus, quas consulibus et hominibus bastide nostre de Novilla[2] duximus concedendas, vobis mittimus per presencium portitorem, mandantes quatinus, recepta idonea caupcione de solvenda nobis illa quantitate peccunie de qua cum eisdem dicimini convenisse,

---

[1] Cordes, Tarn.

[2] Je n'ai pu découvrir le nom actuel de cette bastide, qui a dû disparaître de bonne heure. Elle n'est pas mentionnée dans la liste des acquisitions du comte Alfonse, dressée par les officiers de Philippe le Hardi. (*Hist. de Languedoc*, nouv. édit., VIII, col. 1732-1735.)

litteras nostras dictarum consuetudinum tradatis eisdem, retempto penes vos transcripto earumdem litterarum, ut cum hominibus aliarum bastidarum tractetis de forma eadem concedenda. Datum Parisius, anno Domini m° cc° lx° nono, die jovis ante festum beati Vincencii. — Ceterum vobis mittimus transcriptum litterarum quas reverendus in Christo pater R., episcopus Albanensis, apostolice sedis legatus [1], mittit religioso viro abbati Moyssiacensi super facto comitis Ruthenensis, presentibus interclusum. Datum ut supra.

1403

16 jan. 1270. — [SENESCALLO THOLOSE SUPER FACTO COMITIS FUXENSIS ET CASTRI MONTISACUTI.]

Provido viro et dilecto suo Th. de Nangevilla, militi, senescallo Tholose et Albiensis, G., subdecanus Carnotensis, P., archidiaconus Xanctonensis, et Guichardus, Cameracensis canonicus, illustris domini comitis Pictavie et Tholose clerici, salutem et dilectionem. Transcriptum litterarum, quas serenissimus dominus Ludovicus, Dei gratia Francorum rex, mittit nobilibus viris comiti Fuxi et senescallo suo Carcassone super negotio castri Montisacuti [2] et ville de Lesato [3], vobis mittimus presentibus infrascriptum. Unde expediens arbitramur quod vos illustrem dominum nostrum comitem Pictavie et Tholose certificare curetis, quam cito poteritis bono modo, qualiter senescallus Carcassone se habuerit in mandato domini Regis exequendo. Vos autem contra dictum comitem Fuxi, occasione castri Montisacuti et ville de Lesato ac aliarum injuriarum quas idem comes Fuxi in feudis dicti domini comitis dicitur perpetrasse, pendente ordinacione domini Regis, guerram facere nullatenus presumatis vel aliud attemptare, quousque ab ipso domino comite aliud super hoc receperitis in mandatis. Datum Parisius, die jovis ante festum sancti Vincentii.

Transcriptum vero dictarum litterarum sunt (*sic*) in communibus.

Édité dans *Hist. de Languedoc* (nouv. édit.), VIII, col. 1712.

[1] Raoul de Chevrières. (Voir t. I, p. 636.) — [2] Montégut, Haute-Garonne, cant. Le Fousseret. (Voir plus haut, n° 1391.) — [3] Lézat-sur-Lèze, Ariège, cant. Le Fossat.

1404

18 jan. 1270. — SENESCALLO THOLOSE ET ALBIENSIS PRO ADEMARO DE MONTELLIS, CLERICO.

Alfonsus, *etc.*, senescallo Tholose et Albiensis, *etc.* Veniens ad nos Ademarius de Montellis, clericus, nobis dedit intelligi quod, cum abbas Lesatensis sibi quedam ecclesiastica beneficia contulisset in diocesi Tholosana, et idem abbas in absentia dicti clerici fructus et proventus dictorum beneficiorum in anno presenti, tempore messium, vendidisset Rogerio de Espieriis, servienti nostro, pro decem libris tholosanorum [1], ut dicitur, de quibus licet requisitus idem Rogerius dicto clerico satisfacere contradicit. Vobis mandamus quatinus, si est ita et aliud rationabile non obsistat, dictum Rogerium ad satisfaciendum de dicta pecunia dicto clerico compellatis, justicia mediante. Datum Parisius, die sabbati ante festum beati Vincentii, anno Domini M° CC° LX° nono.

Édité dans *Hist. de Languedoc* (nouv. édit.), VIII, col. 1713.

1405

21 jan. 1270. — EGIDIO CAMELINI, CLERICO, PRO GUILLELMO BUCANIGRA.

Alfonsus, *etc.*, dilecto et fideli clerico suo Egidio Camelini, salutem et dilectionem. Cum dilectus et fidelis noster Guillelmus Bucanigra [2] a nobis pecierit ut eidem de terra nobis incursa racione heretice pravitatis eidem vendicionis titulo concedere dignaremur, vobis mandamus quatinus, si vobis (*sic*) super hoc requisierit, cum ipso tractetis de loco et precio, considerata quantitate peccunie quam in empcione hujusmodi voluerit inplicare, retentaque voluntate nostra, conveniatis cum eodem eo modo quo poteritis meliori, providentesque indempnitati nostre, vos super hoc in responsis exhibeatis eidem favorabilem et

---

[1] Première leçon : *turonensium*.
[2] Probablement le réfugié génois, qui, un peu plus tard, construisit l'enceinte d'Aigues-Mortes pour le roi Philippe III.

benignum. In ceteris vero que vobis commissa sunt, inspecta scripti vobis traditi serie, caute et fideliter et solicite procedatis. Datum Parisius, die martis ante festum beati Vincencii, anno Domini m° cc° lx° nono.

1406

(Fol. 100.) 28 jan. 1270. — SENESCALLO THOLOSE PRO COMITE PICTAVIE ET THOLOSE.

Alfonsus, *etc.*, senescallo Tholose et Albiensis, *etc.* Mandamus vobis quatinus in assisiis vestris et castellaniis vestre senescallie, ubi expedire videritis, publicetis et publicari faciatis ne quis de vestra senescallia ad nos in Franciam in proximo pallamento quindene Candelose veniendo laboret, occasione cujuscunque cause seu negocii. Cum illis diebus abfuturi sumus, si quem venire contingeret, frustratorie laboraret. Nos enim versus partes Tholose tempore oportuno adesse proponimus vel aliquos de nostro consilio mittere, qui conquerentes audiant et diffiniant, prout fuerit consentaneum racioni. Datum Parisius, die martis ante purificacionem beate Marie virginis, anno Domini m° cc° lx° nono.

Similis littera senescallo Agenensi et Caturcensi missa fuit.

Item similis littera senescallo Rutthinensi.

Item similis littera conestabulo Alvernie [1].

1407

29 jan. 1270. — EGIDIO CAMELINI, CLERICO, PRO COMITE PICTAVIE ET THOLOSE.

Alfonsus, *etc.*, dilecto et fideli clerico suo Egidio Camelini, *etc.* Urgens Terre sancte negocii qualitas et prefixi nostri passagii brevitas vobis tam sepius scribere nos compellunt, ut super tradicione forestarum nostrarum et aliis nostri[s] vobis commissis negociis tanto curiosius et diligencius vos habere curetis, quanto nostis quod oportebit nos in

---

[1] Ici les mots suivants biffés : *Egidio Camelini clerico.*

dicto negocio quasi innumerabilia expensarum onera sustinere. Quocirca vobis mandamus quatinus, tam in tradicione dictarum forestarum quam in aliis viis dudum vobis in scripto traditis, et aliis quas inveneritis et invenire poteritis pro denariis ad opus nostri in majori quantitate et meliori modo quo poteritis et celerius bono modo perquirendis, viso scripto vobis super hoc tradito, sitis curiosus, diligens et intentus, ita quod per effectum operis cognoscamus cordi vobis negocia extitisse, et quod vestram diligenciam debeamus propter hoc merito commendare, redigentes in scriptis ea que super premissis acta fuerint, ut circa quinque septimanas post instans festum purificacionis beate Virginis gentes nostras de nostro consilio, quas versus partes Pictavie infra dictum terminum mittere proponimus, possitis in scriptis reddere cerciores, mandantes vobis ut, circa dictum terminum, versus easdem partes Pictavie intersitis. Nos enim circa dictum terminum ad predictas partes Pictavie accedere proponimus, Domino concedente. Et si absque nimia incommoditate negociorum nostrorum vobis commissorum ad nos tunc accedere non possitis, per Thomam de Novilla, clericum, et per alios in scriptis nos certificare curetis super hiis que per vos expedita fuerint aut supersunt [1] expedienda, necnon de aliis causis seu negociis que vobis de novo occurrerint, postquam a nobis ultimo recessistis. Datum Parisius, die mercurii ante festum purificacionis beate Virginis, anno Domini M° CC° LX° nono. — Predicta omnia et alia que nobis utilia fore noveritis accelerantes quantum poteritis bono modo.

Édité dans *Hist. de Languedoc* (nouv. édit.), VIII, col. 1590-1591.

1408

27 jan.-1 febr. 1270. — [SENESCALLO THOLOSE DE ILLIS QUI CRUCEM TEMPORE RAIMUNDI COMITIS ASSUMPSERUNT.]

Alfonsus, *etc.*, senescallo Tholose et Albiensis, *etc.* Cum in alio dudum preterito passagio transmarino nonnulli prelati, ecclesiastice persone,

---

[1] Faut-il corriger *superfuerint?*

barones, nobiles et innobiles, tempore bone memorie nobilis viri Raimundi, quondam comitis Tholose, predecessoris nostri, et etiam postea crucesignati fuerint in subsidium Terre sancte in senescallia vestra Tholose et Albiensis, nec postmodum transfretaverint in ejusdem Terre sancte subsidium, et quod votum suum redemerint nobis sit incertum, vobis mandamus quatinus in senescallia vestra diligenter addiscatis que persone fuerint tunc crucis caractere insignite et que votum suum redemerint et etiam, si sciri potest comode, sub qua forma et qua auctoritate et per quos a voto crucis fuerint absolute, et que quantitas peccunie, cui et a quibus fuerit exsoluta, ut, super premissis habita noticia pleniori, providere (sic) possit indempnitati nostre super redemptionibus votorum aliisque obvencionibus et legatis in subsidium Terre sancte, que nobis dudum a sede apostolica sunt concesse et a felicis memorie domino Clemente papa quarto, novissime defuncto [1], liberaliter confirmate. Et quod super hoc inveneritis nobis per latorem presencium vel quam cito commode in scriptis significare curetis. Datum Parisius [2], ante festum purificacionis beate Marie virginis, anno Domini M° CC° LX° nono.

Similis littera missa fuit abbati Moisiacensi [3]. — Similis littera Egidio Camelini. — Similis littera senescallo Rutthinensi. — Similis littera Thome de Novilla. — Similis littera B., preposito ecclesie Tholosane. — Similis littera senescallo Agennensi et Caturcensi. — Similis littera vicario Tholose.

<small>Édité par Boutaric, p. 317, et dans *Hist. de Languedoc* (nouv. édit.), VIII, col. 1629-1630.</small>

1409

3 febr. 1270. — CONESTABULO ALVERNIE [4] PRO BERTRANDO, FILIO CONDAM P. REMUNDI.

Alfonsus, *etc.*, dilecto et fideli clerico suo magistro Egidio Camelini, salutem et dilectionem. Veniens ad nos Bertrandus, filius condam

<small>[1] Mort le 29 novembre 1268. — [2] L'indication du jour manque. — [3] Bertrand de Montaigu, abbé de 1260 à 1295. — [4] *Sic* dans le registre, par erreur.</small>

P. Remundi, militis, sua nobis peticione conquerendo monstravit quod vos ipsum B. medietate cujusdem manerii, dati, ut dicit, patri suo a bone memorie R., condam comite Tholose, predecessore nostro, minus juste spoliastis, in dempnum et prejudicium ipsius B. non modicum et gravamen. Unde vobis mandamus quatinus causam spoliacionis hujusmodi usque quod in dicta medietate manerii creditis nos habere, nobis rescribere [1] curetis, necnon et jus dicti B. quod ex dono predicto asserit se habere et de ipso dono omnem certitudinem quam poteritis addiscatis, ita quod super hiis nos possitis, cum ad nos veneritis, in scriptis reddere cerciores. Datum Parisius, die lune post festum purificacionis beate Marie virginis, anno LX° nono.

1410

(Fol. 101.) 4 febr. 1270. — [DE BALISTARIIS PRO SERVICIO COMITIS RETINENDIS.]

Alfonsus, *etc.*, dilecto et fideli clerico suo Egidio Camelini, salutem et dilectionem. Significamus vobis quod nos litteras nostras dilecto et fideli nostro Sycardo Alemanni, militi, misimus sub hac forma :

Alfonsus, *etc.*, dilecto et fideli suo Sicardo Alemanni, militi, salutem et dilectionem sinceram. Scripturam quam nobis nuper misistis, in qua continebantur nomina quorundam balistariorum, inspeximus diligenter, significantes vobis quod forma secundum quam balistarios volumus pro nostro servicio retineri talis est: videlicet quod quilibet balistarius cum uno equo ad arma, bene munitus in harnesio, habeat quinque solidos turonensium gagiorum per diem pro victualibus et pro omnibus aliis, et quod habeat plateam seu locum in navi pro se et equo suo ac harnesio ad corpus suum, et victualia sine gagiis, vel plateam seu locum in navi cum gagiis sine victualibus, necnon quod fiat restitucio precii equi sui quem in nostro servicio amittet, vel secundum precium quod rex Francie restituet servientibus suis stipendiariis. Et super hoc habeatis colloquium cum dilecto et fideli nostro

---

[1] Première leçon : *certificare*.

Egidio Camelini, clerico, cui certam formam super hoc tradidimus, secundum quam balistarios nobis volumus retineri. Datum Parisius, anno Domini m° cc° lx° nono, die martis post purificacionem beate Virginis.

Quare vobis mandamus quatinus, facta collacione predicte forme et illius quam vobis alias tradidimus, in hujusmodi negocio procedatis prout meliori modo et nobis utiliori videbitis faciendum. Quid vero super premissis feceritis, nobis cum commode poteritis rescribatis. Datum Parisius, die martis post festum purificacionis beate Marie virginis, anno Domini m° cc° lx° nono.

1411

6 febr. 1270. — PREPOSITO THOLOSE PRO MANFREDO DE RABASTEINX, DOMICELLO, COMMISSIO PATENS.

Alfonsus, *etc.*, dilecto et fideli clerico suo B., preposito ecclesie Tholosane, salutem et dilectionem sinceram. Causam appellacionis ad nos interposite, ut dicitur, a Manfredo de Rabasteinx, domicello, a sentencia lata contra ipsum per magistrum Guillelmum de Furno, judicem senescalli nostri Tholose et Albiensis, in causa appellacionis que inter dictum Manfredum ex una parte et Bertrandum de Rabasteinx, militem, ex altera, coram ipso vertebatur, vobis committimus audiendam et fine debito terminandam. Datum Parisius, die jovis post festum purificacionis beate Marie virginis, anno Domini m° cc° lx° nono.

1412

16 febr. 1270. — SENESCALLO THOLOSE ET ALBIENSIS PRO EPISCOPO ALBIENSI [SUPER DECIMIS ET EXCOMMUNICATIONIBUS].

Alfonsus, *etc.*, senescallo Tholose et Albiensis, *etc.* Meminimus alias scripsisse dilecto et fideli nostro Syccardo Alemanni, militi, tunc temporis vices senescalli nostri Tholose et Albiensis gerenti, pro reverendo in Christo patre... episcopo Albyensi, in modum qui sequitur : —

Frequenter pulsati instantia peticionis reverendi in Christo patris episcopi Albiensis, vobis mandamus quatinus decimas incursas, adjuratas et possessas ab ecclesia, necnon decimas novalium a subditis nostris dicte senescallie, in dicta diocesi decimas hujusmodi detinentibus, facta vobis primo a parte ecclesie fide summaria de predictis, decimas easdem restitui faciatis ecclesiis quibus subsunt, non obstante si ab ecclesia de fructibus dictarum decimarum cum aliquibus personis contractus vendicionis processerit, nisi eedem persone vendicionem hujusmodi ostenderint exstitisse. Preterea eos de jurisdictione nostra existentes in eadem diocesi, qui per annum et diem excommunicationis sententiam sustinuerint animo indurato, per capcionem bonorum in districtu vestro existencium compellatis redire ad unitatem ecclesie post annum et diem, secundum quod per karissimum dominum fratrem nostrum regem Francorum in eadem diocesi in casu consimili observatur, salvo jure quolibet alieno. — Et cum super predictis non sit ex parte dicti Syccardi aliquatenus processum, prout ex parte dicti... episcopi nobis exstitit conquerendo monstratum, vobis mandamus quatinus secundum formam suprascriptam in predictis procedatis, salvo jure nostro et quolibet alieno. Datum Parisius, die dominica in quindena [1] purificationis beate Marie virginis, anno LX° IX°.

Édité dans Hist. de Languedoc *(nouv. édit.), VIII, col. 1713-1714.*

1413

16 febr. 1270. — SENESCALLO THOLOSE ET ALBIENSIS PRO EPISCOPO ALBIENSI SUPER VILLA DE LAGARDA.

Alfonsus, *etc.*, senescallo Tholose et Albiensis, *etc.* Ex parte venerabilis patris... Albiensis episcopi nobis exstitit intimatum quod fidelis clericus noster Egidius Camelini ipsum super jurisdiccione ville de Lagarda [2], ad ipsum pertinente, sicut dicit, inquietat multipliciter et molestat. Unde vobis mandamus quatinus eidem episcopo, vocato

[1] Première leçon : *post octabas.* — [2] Probablement La Garde, Haute-Garonne, cant. Villefranche-de-Lauragais.

dicto Egidio vel alio legitimo defensore pro jure nostro servando, super premissis exhibeatis justicie complementum. Datum Parisius, anno LX° IX°, in quindena purificacionis beate Virginis.

1414

15 mart. 1270. — B. DE INSULA, VENERABILI PREPOSITO ECCLESIE THOLOSANE, SUPER GRACIIS A SEDE APOSTOLICA CONCESSIS.

Stephanus, thesaurarius ecclesie Beati Hilarii Pictavensis, executor gratiarum et indulgenciarum nobili viro A., comiti Pictavie et Tholose, a sede apostolica concessarum, discreto viro et dilecto suo B. de Insula, venerabili preposito ecclesie Tholosane, ejusdem domini comitis clerico, salutem et dilectionem sinceram. Discretionem vestram rogamus quatinus per vos vel per alios ad hoc ydoneos diligenter addiscere curetis quid, quo tempore, quantum et a quibus legatum fuerit, et postmodum, cum casus se obtulerit oportunus, legabitur in subsidium Terre sancte seu occasione redempcionis votorum[1], necnon de indistincte legatis et relictis ad pios usus ac de extortis per usurariam pravitatem et alias illicite acquisitis, de quibus non apparet quibus sit restitucio facienda, habitum fuerit et postmodum habebitur, oportuno casu super hoc contingente, taliter super hiis vos habentes quod super premissis per vos possimus in scriptis plenius edoceri et jus domini comitis super hiis prosequi, sicut decet. Datum Pictavis, anno Domini M° CC° LX° nono, die sabbati post festum sancti Gregorii.

Similis littera missa fuit abbati Moissiacensi.
Item similis magistro Egidio Camelini.

Édité par Boutaric, p. 316, et dans *Hist. de Languedoc* (nouv. édit.), VIII, col. 1591-1592.

[1] Ici le mot *crucesign.* biffé.

1415

(Fol. 102.) 15 mart. 1270. — SUPER GRACIIS A SEDE APOSTOLICA CONCESSIS.

Alfonsus, *etc.*, dilecto et fideli clerico suo B. de Insula, venerabili preposito ecclesie Tholosane, salutem et dilectionem sinceram. Discretionem vestram rogamus quatinus per vos et per alios ad hoc ydoneos, prout dilectus et fidelis clericus noster thesaurarius ecclesie Beati Hilarii Pictavensis per suas patentes litteras vobis scribit, diligenter addiscere curetis quid, quo tempore, quantum et a quibus et postmodum, cum se casus obtulerit oportunus, legabitur in subsidium Terre sancte seu occasione redemptionis votorum, necnon de indistincte legatis et relictis ad pios usus ac de extortis per usurariam pravitatem et alias illicite acquisitis, de quibus non apparet quibus sit restitucio facienda, habitum fuerit et postmodum habebitur, oportuno casu super hoc contingente, taliter super hiis vos habentes quod super premissis per vos tam nos quam predictus thesaurarius possimus in scriptis plenius edoceri et jus nostrum super hiis prosequi, sicut decet, vestramque diligenciam debeamus propter hoc merito commandare. Datum Pictavis, sabbato post festum sancti Gregorii, anno Domini M° CC° LX° nono.

Similis littera missa fuit abbati Moisiacensi.
Similis littera magistro Egidio Camelini.

Édité dans *Hist. de Languedoc* (nouv. édit.), VIII, col. 1592-1593.

1416

15 mart. 1270. — MAGISTRO EGIDIO CAMELINI SUPER VIIS PERQUIRENDI DENARIOS BONO MODO.

Alfonsus, *etc.*, dilecto et fideli suo clerico Egidio Camelini, salutem et dilectionem. Mandamus vobis quatinus super viis perquirendi pro nobis denarios bono et legali modo, et in aliis negociis vobis a nobis injunctis utiliter et celeriter expediendis, curam et diligenciam quam poteritis, inspectis scriptis que vobis tradi fecimus, apponatis. Et quid super hoc feceritis quam cicius poteritis nobis rescribere studeatis pro faciendis litteris nostris, que super hiis fuerint faciende, presertim quia tempus passagii tam de prope instat, cum prima ebdomada instantis mensis maii apud Aquasmortuas pro ascendendo naves proponamus, Deo dante, personaliter interesse. Datum Pictavis, sabbato post festum sancti Gregorii, anno Domini m° cc° lx° nono.

Édité dans Hist. de Languedoc (nouv. édit.), VIII, col. 1592.

1417

29 mart. 1270. — SENESCALLO THOLOSE ET ALBIENSIS PRO GUILLELMO AGASSE, [BERNARDO] DE BELLOMONTE ET ADEMARO BOVIS, MILITIBUS.

Alfonsus, *etc.*, senescallo Tholose et Albiensis, *etc.* Ex parte Guillelmi Agasse, Bernardi de Bellomonte et Ademari Bovis, militum nostrorum Tholose, nobis extitit intimatum quod quidam malefactores, latrones, homicide (*sic*) et raptores publicarum stratarum tam sibi quam suis hominibus, tam publice quam oculte, multa dampna, maleficia et gravamina intulerunt. Unde vobis mandamus quatinus super maleficiis hujusmodi inquiratis diligencius veritatem et illos malefactores de vestra senescallia et de nostra jurisdicione, quos super maleficiis hujusmodi culpabiles inveneritis, puniatis, et dampna eis data, ut asserunt, restitui facientes eisdem, secundum quod de jure fuerit faciendum, emendam nostram levantes racione deportacionis armorum ab illis de vestra senescallia, quos arma inveneritis detulisse. Datum apud Sanctum Johannem Angeliacensem, anno Domini m° cc° lx° nono, die sabbati post mediam quadragesimam.

Similis littera missa fuit senescallo Agenensi et Caturcensi.

1418

29 mart. 1270. — SENESCALLO THOLOSE ET ALBIENSIS PRO GUILLELMO AGASSA.

Alfonsus, *etc.*, senescallo Tholose et Albiensis, *etc.* Intelleximus,

Guillelmo Agassa, milite, refferente [1], quod Guillelmus de Monteclaro, miles, ipsum militem quadam pecia terre et quodam nemore quod vocatur d'Aurenga [2], que a nobis, ut dicit, tenet, in feudum indebite spoliavit. Unde vobis mandamus quatinus, vocato dicto Guillelmo de Monteclaro et aliis qui fuerint evocandi, dicto Guillelmo Agassa de dicto G. de Monteclaro exhibeatis celeris justicie complementum. Datum apud Sanctum Johannem Angeliacensem, sabbato post mediam quadragesimam, anno Domini m° cc° lx° nono.

1419

16 apr. 1270. — SENESCALLO THOLOSE ET ALBIENSIS PRO DOMINO EUDUARDO, PRIMOGENITO REGIS ANGLIE, PRO VICTUALIBUS EMENDIS ET EXTRAHENDIS AD OPUS VIE TRANSMARINE.

Alfonsus, *etc.*, senescallo Tholose et Albiensis, *etc.* Mandamus vobis quatinus victualia et alia necessaria, empta in vestra senescallia vel emenda ad opus vie transmarine pro nobili viro domino Eudoardo, illustris regis Anglie primogenito [3], usque ad quantitatem mille librarum morlanorum a gentibus dicti domini Eudoardi extrahi permittatis, satisfacto venditoribus de precio, sicut decet. Datum apud Montemalbanum, anno Domini m° cc° lx° nono [3], die mercurii post resurrectionem Domini.

[1] Le ms. porte : *refferre*.
[2] Je ne retrouve pas ce bois sur la carte; il devait être aux environs de Monclar (auj. Tarn-et-Garonne).

[3] Plus tard roi sous le nom d'Édouard I".
[3] Il y a faute dans le texte; il faut lire m cc lxx; à Pâques 1269, Alfonse de Poitiers était dans le nord de la France.

LITTERE SENESCALLIE AGENENSIS

INCEPTE IN PASCHA ANNO DOMINI M° CC° LX° NONO.

1420

(Fol. 103.) 24 mart. 1269. — SENESCALLO PRO PRIORE MONTIS SEMPRONII.

Alfonsus, *etc.*, senescallo Agenensi et Caturcensi, *etc.* Ex parte prioris Montis Sempronii[1], Agenensis dyocesis, fuit propositum coram nobis quod vos duodecim solidos arnaldensium annui redditus, quos Geraldus de Monfaves, miles, defunctus, dedit et legavit ecclesie Montis Sempronii, saisivistis et in manu nostra saisitos tenetis. Unde vobis mandamus quatinus super hoc diligenter veritatem addiscatis, quidque comodi vel incomodi nobis obveniret, si ipsum priorem dictos duodecim solidos tenere in manu mortua permitteremus, ac de aliis circonstanciis que sunt in talibus attendende, tractantes nichilominus cum dicto priore quantum vobis dare vellet pro confirmatione a nobis habenda super dictis duodecim solidis in manu mortua possidendis. Quid autem super premissis inveneritis et feceritis, nobis per Egidium Camelini, clericum nostrum, cum ad nos venerit ad crastinum quindene instantis Penthecostes, in scriptis remittatis. Datum apud Longumpontem, anno Domini millesimo ducentesimo sexagesimo nono, die sancto Pasche.

1421

24 mart. 1269. — SENESCALLO AGENENSI ET CATURCENSI PRO PRIORE MONTIS SEMPRONII.

Alfonsus, *etc.*, senescallo Agenensi et Caturcensi, *etc.* Ex parte prioris

---

[1] Monsempron-Libos, Lot-et-Garonne, cant. Fumel.

Montis Sempronii, Agenensis dyocesis, nobis extitit intimatum quod tam vos quam bajulus noster de Penna[1] de mandato vestro ipsum prioratum in perceptione *del gast*[2] parrochie ecclesie de Modelenx[3], que ad dictum priorem pertinere dicitur, perturbastis indebite a festo nativitatis Domini citra. Unde vobis mandamus quatinus, si dictus prior de dicta perturbatione vel spoliatione noviter ac indebite facta docere potuerit, vocatis quorum interest, jure nostro et alieno servato, illud ad statum pristinum reducatis, justicia mediante. Ceterum cum idem prior sit in possessione vel quasi majoris justicie, mediocris et minoris ville Montis Sempronii, ac dicta possessio majoris justicie adjudicata fuerit dicto priori per judicem vestrum, facta primo inquisitione super ipsa possessione ab eodem judice de mandato nostro, ut asserit, ac vos nostro nomine super dicta possessione majoris justicie dicte ville ipsum indebite perturbatis, vobis mandamus ut, si vobis constiterit quod dicta inquesta facta fuerit de mandato nostro ac sentencia lata, ut asserit idem prior, a dicta perturbatione indebita cessetis, ac predicta in statum reduci debitum, servato in omnibus jure nostro, faciatis, justicia mediante. Si quid vero dubium fuerit, quod per vos terminare comode non possitis, illud nobis[4] per vestrum clericum, cum ad nos venerit circa tres septimanas post instans festum Penthecostes, in scriptis remittatis. Datum apud Longumpontem, anno Domini millesimo ducentesimo sexagesimo nono, die sancto Pasche.

1422

24 mart. 1269. — SENESCALLO AGENENSI ET CATURCENSI PRO ABBATE ET CONVENTU BELLILOCI, RUTHINENSIS DIOCESIS.

Alfonsus, *etc.*, senescallo Agenensi et Caturcensi, *etc.* Perlata nobis querimonia ex parte abbatis et conventus Belliloci, Cisterciensis

---

[1] Penne, Lot-et-Garonne.
[2] Sans doute les amendes infligées à ceux qui faisaient des dégâts dans les terres cultivées.
[3] Moudoulens, Lot-et-Garonne, comm. Trémons.
[4] Le manuscrit porte : *vobis*.

ordinis [1], intelleximus quod homines de Caslucio [2] degarios [3] suos de terra ipsorum projiciunt, pignora hominum suorum injuste capiunt, nemora sua occupant, in personas eciam monachorum manus temere violentas iniciunt, sicut dicunt. Unde vobis mandamus quatinus, vocatis dictis hominibus et aliis quorum interest, de personis et rebus ad jurisdicionem nostram spectantibus de vestra senescallia faciatis eisdem bonum jus et maturum. Datum apud Longumpontem, in festo Resurrectionis dominice, anno Domini lx° nono.

1423

24 mart. et 13 jul. 1269. — LITTERA PATENS DOMINO PONTIO ASTOUAUDI ET MAGISTRO ODONI DE MONTONERIA PRO HOMINIBUS DE CONDOMIO.

Alfonsus, *etc.*, dilectis et fidelibus suis Poncio Astouaudi, militi, et magistro Odoni de Montoneria, salutem et dilectionem. Ex parte dilectorum et fidelium nostrorum consulum et universitatis hominum de Condomio [4] intimatum nobis extitit conquerendo quod nobilis et fidelis noster Geraldus, comes Armegniaci et Fesenciaci, eisdem hominibus multipliciter injuriosus existit, res et bona eorum sine causa racionabili et in nostrum prejudicium capiendo, et capta, licet de restitutione fuerit requisitus, contumaciter, ut asserunt, detinendo, hec et consimilia plura gravamina irrogans hominibus supradictis, non solum ante tempus quo ab ipsis et dicto G. compromissum extitit in Sycardum Alemanni, verum etiam pendente ipso compromisso et post prolationem arbitrii incessanter. Ceterum debita in quibus eundem sibi teneri asserunt, exsolvere renuit requisitus. Quocirca vobis mandamus quatinus, vocatis partibus, injurias et gravamina hujusmodi, secundum quod de his vobis legitime constare poterit, emendari et dampna data restitui ac debita, secundum quod fuerit cognita vel probata, solvi fa-

---

[1] Belloc, abbaye du diocèse de Rodez, dont les ruines existent encore sur la commune de Ginals (Tarn-et-Garonne).

[2] Caylus, Tarn-et-Garonne.

[3] Agents chargés de marquer les limites du *dex*, de la banlieue d'une ville, ou plutôt d'exercer la police dans ces mêmes limites.

[4] Condom, Gers.

ciatis, justicia mediante, ita quod propter defectum juris ipsos ad nos non oporteat ulterius habere recursum. Datum apud Longumpontem, in festo Resurrectionis dominice, anno sexagesimo nono. — Ipsum Giraudum super hiis que proponenda duxerit coram vobis contra predictos homines, nichilominus audientes ac exhibentes eidem super hiis justicie complementum. Datum Parisius, sabbato post octabas apostolorum Petri et Pauli, anno Domini M° ducentesimo sexagesimo nono.

1424

24 mart. 1269. — SENESCALLO AGENENSI ET CATURCENSI PRO GUILLELMO DE BEUVILLA [1].

Alfonsus, *etc.*, senescallo Agenensi et Caturcensi, *etc.* Veniens ad nos Guillelmus de Beuvila, filius Bernardi de Beuvile, defuncti, nobis conquerendo exposuit quod vos [eumdem] castro de Summensac [2] cum pertinenciis, quod quidem castrum cum pertinenciis predictis eidem contulit et legavit predictus pater suus, indebite spoliastis, ac eundem (*sic*) Johanni de Grailliaco, militi, tradidistis, in ipsius Guillelmi prejudicium non modicum, ut asserit, atque dampnum. Quare vobis mandamus quatinus, vocatis dicto Johanne de Grailli, milite, et aliis quorum interest, exibeatis eidem celeris justicie complementum, de personis tamen et rebus quas ad nostram jurisdicionem noveritis pertinere. Datum apud Lungumpontem, in festo Resurrectionis dominice, anno Domini CC° LX° nono.

1425

25 mart. 1269. — SENESCALLO AGENENSI ET CATURCENSI PRO GUILLELMO DE BEUVILLA.

Alfonsus, *etc.*, senescallo Agenensi et Caturcensi, *etc.* Veniens ad nos Guillelmus de Beuvilla, filius Bernardi de Beuville, defuncti, nobis conquerendo exposuit quod vos [eumdem] castro de Sunmensac cum

---

[1] Première rédaction du mandement suivant.

[2] Soumensac, Lot-et-Garonne, cant. Duras.

pertinenciis, quod quidem castrum cum pertinenciis predictis eidem contulit et legavit predictus pater suus, indebite spoliastis, ac eundem (sic) castrum Johanni de Grailliaco, militi, tradidistis, in ipsius Guillelmi prejudicium non modicum, ut asserit, atque dampnum. Quare vobis mandamus quatinus ipsum super hiis diligenter audiatis, et vocatis qui fuerint evocandi, de propria tamen jurisdicione et vestra senescallia existentibus, exibeatis super premissis eidem G. celeris justicie complementum, de personis et rebus quas ad nostram jurisdicionem noveritis pertinere. Datum apud Longumpontem, die lune in crastino Resurrectionis dominice, anno Domini millesimo ducentesimo sexagesimo nono.

1426

(Fol. 104.) 25 mart. 1269. — SENESCALLO AGENENSI ET CATURCENSI
PRO JOHANNE BOURRELLI, MILITE.

Alfonsus, *etc.*, senescallo Agenensi et Caturcensi, *etc.* Mandamus vobis quatinus occasione triginta librarum turonensium in quibus Johannes Borrelli, miles defunctus, quondam castellanus noster de Penna[1] in Agenesio, nobis tenebatur ex causa mutui, aliqua bona uxoris vel heredum dicti defuncti minime arrestetis vel retineatis seu retineri faciatis. Datum apud Longumpontem, die lune in crastino Resurrectionis dominice, anno Domini M° CC° LX° nono.

1427

26 mart. 1269. — SENESCALLO AGENENSI ET CATURCENSI SUPER FACTO JUDEORUM.

Alfonsus, *etc.*, senescallo Agenensi et Caturcensi, *etc.* Necdum ad nostram pervenit noticiam utrum cum Judeis vestre senescallie finalem composicionem feceritis, sub forma que vobis per Johannem Coifferii, clericum, missa fuit. Unde vobis mandamus quatinus juxta formam eandem que vobis dudum missa fuit, ut dictum est, componatis cum

---

[1] Le manuscrit porte : *pecunia*.

eisdem pro majori quantitate pecunie quam poteritis bono modo, et ad dictam pecunie summam nobis integre persolvendam compellantur dicti Judei per capcionem et distraccionem bonorum suorum omnium et per detencionem eciam corporum, si opus fuerit sic compelli, servata forma in scriptis vobis per dictum clericum dudum missa super facto Judeorum, ita tamen quod medietas dicte summe solvatur in instanti festo Candelose et alia medietas in subsequenti festo Candelose, quod erit anno Domini millesimo cc° lxx°. Et hoc nullatenus dimittatis, providentes nichilominus quod pecunia in bonis Judeorum reperta tempore composicionis, cujuscumque monete existat, mittatur apud Templum Parisius circa tres septimanas post instans festum Penthecostes per clericum vestrum, cum ad nos venerit pro vestris compotis faciendis, et illa pecunia que mittetur deducetur de summa in qua iidem Judei tenebuntur per composicionem cum ipsis per vos factam, et cedet ut condecet in solutum. Datum die martis post resurrectionem Domini, anno Domini millesimo ducentesimo lx^{mo} nono.

Édité dans *Hist. de Languedoc* (nouv. édit.), VIII, col. 1659-1660.

1428

27 mart. 1269. — SENESCALLO AGENENSI ET CATURCENSI [SUPER EODEM].

Alfonsus, *etc.*, senescallo Agenensi et Caturcensi, *etc.* Mandamus vobis quatinus super facto Judeorum, prout per alias nostras litteras vobis scribimus, et in perquirendis pro nobis denariis bono modo juxta vias vobis dudum in scriptis missas, et aliis nostris negociis ita diligenter et solicite vos habere curetis, quod diligenciam vestram propter hoc debeamus merito commandare. Datum die mercurii post [festum] Resurrectionis dominice, anno Domini m°cc° lx° nono.

1429

27 mart. 1269. — SENESCALLO AGENENSI ET CATURCENSI PRO G. DE BARRERIA ET FRATRE SUO.

Alfonsus, *etc.* Ex parte G. de Barreria et fratris sui nobis extitit conquerendo monstratum [quod] dictos fratres possessione vel quasi tenementi, quod vulgariter dicitur Verdam [1], ad suggestionem quorundam inimicorum suorum capitalium sine cause cognicione ac indebite spoliastis. Quare vobis mandamus quatinus dictos fratres super hiis diligenter audiatis, et vocatis dictis fratribus et qui fuerint evocandi, ea, de quibus vobis constare poterit ipsos indebite spoliatos, faciatis ad statum reduci debitum, justicia mediante, ita quod propter deffectum juris vel vestrum ipsos non oporteat ad nos ulterius habere recursum. Datum die mercurii post festum Resurrectionis dominice, anno Domini M° CC° LX° nono.

1430

4 apr. 1269. — SENESCALLO AGENENSI ET CATURCENSI PRO DOATO AMANEVI, MILITE.

Alfonsus, *etc.*, senescallo Agenensi et Caturcensi, *etc.* Ex parte Doati Amanevi, militis, nobis est conquerendo monstratum quod homines bastide nostre Castri Amorosi [2] terras suas intrant, excolunt et occupant contra voluntatem ipsius, contradicentes ei solvere debitas, juxta usus et consuetudines loci illius, pensiones quas aliis dominis territorii dicti loci solvere consueverant. — Item dicit quod, cum alias super hoc coram magistro Johanne Dominici, tunc judice Agenensi, inter ipsum militem ex una parte et dictos homines ex altera questio mota esset, idem judex sentenciavit pro dicto milite, quod dicti homines deberent ei reddere pensiones pro terris suis quas excolebant, eo modo et ea quantitate quilibet [quibus] eas solvebant et solvere consueverant aliis dominis territorii ejusdem. — Item dicit quod, cum

---

[1] J'ignore entièrement la position de ce tènement.

[2] C'est aujourd'hui la Bastide, Lot-et-Garonne, cant. Bouglon.

tam racione dominii, quod dicebat se habere in territorio illo, quam racione dicte sentencie necnon et usus, ab ipsis hominibus in dicto territorio usitati, peteret ab hominibus ipsis pro qualibet concha terrarum suarum quatuor solidos, dictis hominibus dicentibus se non debere solvere nisi duos solidos turonensium, tandem ab ipsis super controversia hujusmodi extitit in arbitros compromissum, qui arbitri indebite et injuste protulerunt arbitrando, quod ipsi homines dicto militi pro qualibet conchas ex denarios turonenses darent, quod facere nequiverunt dicti arbitri, cum non super totali jure dicti militis, sed tantum super controversia que inter eos erat et[1] de duobus solidis in eos fuisset compromissum. — Unde vobis mandamus quatinus ipsum militem super premissis omnibus diligenter audiatis, et vocatis dictis hominibus et qui fuerint evocandi, auditis racionibus hinc inde, de personis et rebus ad nostram jurisdicionem spectantibus exhibeatis celeris justicie complementum. Si vero causam hujusmodi coram aliquo judicum vestrorum agitari contigerit, vos jus suum dicto militi accelerari faciatis quantum bono modo fieri poterit sine juris injuria vel partis alterius lesione. Datum die jovis post octabas Pasche, anno Domini millesimo ducentesimo sexagesimo nono.

1431

(Fol. 143 v°.)[2] 4 apr. 1269. — SENESCALLO AGENENSI ET CATURCENSI PRO VICECOMITISSA ALTIVILLARIS.

Alfonsus, *etc.*, senescallo Agenensi et Caturcensi, *etc.* Mandamus vobis quatinus nobilem et fidelem nostrum Galterum de Fossato, militem, executorem testamenti defuncti vicecomitis Altivillaris[3], ex parte nostra requiratis seu requiri faciatis, ut conveniciones inter ipsum et nobilem dominam vicecomitissam Altivillaris[4] factas, ut dicitur,

---

[1] Première leçon : *de quatuor solidis et.*
[2] Déplacée, ainsi que l'indique la note suivante au registre : *Ista littera debet poni in Agenesio.*

[3] Probablement Vézias, vicomte de Lomagne et d'Auvillars, fils d'Arnaud-Oth.
[4] Il s'agit ici de Marie de Sauve, veuve du vicomte Arnaud-Oth, et femme, en

coram fideli nostro Sycardo Alemanni, milite, teneat et observet, et vos eas, quantum ad nostram spectat jurisdicionem, teneri et observari faciatis, prout de jure et consuetudine patrie fuerit faciendum. Verum, cum nobis datum sit intelligi quod homines de Lectora[1] de mandato dicti Galteri ad dictum castrum, quod de feudo nostro movere non ambigitur, cum armis accedentes, ipsum castrum per violenciam et cum armis intraverunt, nec de eodem exire ad requisicionem gentium nostrarum voluerunt, vobis mandamus quatinus predictum dominum Galterum et senescallum Vasconie[2] ex parte nostra diligenter requiratis vel faciatis requiri quod factum hujusmodi taliter faciant emendari, quod nobis sit in hac parte plenarie satisfactum et debeamus nos tenere merito pro paccatis. Et quantum ad dictum Galterum pertinet, super hujusmodi facto et de mandato quod fecisse dicitur super eo addiscatis diligencius veritatem, et quid super premissis inveneritis et feceritis, et responsionem predictorum Galteri et senescalli Vasconie, et que super hiis rescribenda videritis, nobis, quam cicius commode poteritis, in scriptis remittere procuretis, taliter super hiis vos habentes quod ob defectum juris vel vestrum dictam vicecomitissam non oporteat ulterius ad nos super hoc habere recursum, presertim cum alias vobis in forma suprascripta litteras nostras miserimus in hac parte. Datum die jovis post octabas Pasche, anno Domini M° CC° LX° nono.

1432

(Fol. 104 v°.) 7 apr. 1269. — SENESCALLO AGENENSI ET CATURCENSI PRO HOMINIBUS VICECOMITIS LEOMANIE.

Alfonsus, *etc.*, senescallo Agenensi et Caturcensi, *etc.* Ex parte nobilis vicecomitis Leomanie nobis est conquerendo monstratum quod vos seu bajuli nostri homines subditos dicti vicecomitis, licet principales debitores vel fidejussores non existant, sepe et sepius pignorant et faciunt pignorari. Unde vobis mandamus quatinus homines sub-

---

secondes noces, d'Archambaud, comte de Périgord.

[1] Lectoure, Gers.

[2] Il s'agit ici du sénéchal de Gascogne pour Henri III, roi d'Angleterre et duc de Guyenne.

ditos dicti vicecomitis a bajulis nostris, quos vobis nominatim expresserint, non permittatis indebite pignorari, et si ipsos per aliquos bajulos nostros inveneritis indebite pignoratos, vos, vocatis dictis bajulis et qui fuerint evocandi, auditis eorum racionibus, de personis et rebus ad jurisdicionem nostram spectantibus exibeatis celeris justicie complementum. Sane a mercatoribus terre dicti vicecomitis occasione transitus per stratam publicam in terra nostra diebus feriatis non permittatis per bajulos nostros peccuniam extorqueri, et si aliquam peccuniam ab ipsis occasione hujusmodi extortam inveneritis, vocatis bajulis de quibus coram vobis super hoc nominatim conquesti fuerint, eam sibi, prout justum fuerit, restitui faciatis, nisi obstet consuetudo longa et approbata vel alia causa racionabilis quam nobis significare curetis. Ceterum super quibusdam rapinis et extorsionibus, per Calvetum de Cas et Bernardum, fratrem ejus, et quosdam alios bajulos nostros factis quibusdam subditis dicti vicecomitis, et specialiter super rapina et capcione et vulneribus G. de Sancto Leonardo factis per dominum Bernardum de Cas, tunc bajulum de Dunes [1], et ejus consocios, in via publica et contra securitatem factam euntibus ad nundinas Moysiaci [2] et redeuntibus ab eisdem, de quibus nundinis idem G., ut dicitur, tunc redibat, diligenter audiatis, et vocatis qui fuerint evocandi, super hiis addiscatis plenarie veritatem, et factum hujusmodi faciatis citra mortis periculum et membri mutilacionem, prout justum fuerit, emendari, et rapinas et extorsiones per dictos bajulos factas restitui, justicia mediante, jus nostrum super emendis racione hujusmodi injuriarum in strata publica factarum addiscentes et dictas emendas judicari facientes et levari. Datum dominica in quindena Pasche, anno Domini M° CC° LX° nono.

---

[1] Dunes, Tarn-et-Garonne, cant. Auvillars. — [2] Moissac, Tarn-et-Garonne.

1433

(Fol. 105.) 7 apr. 1269. — SENESCALLO AGENENSI ET CATURCENSI
PRO VICECOMITE LEOMANIE.

Alfonsus, *etc.*, senescallo Agenensi et Caturcensi, *etc.* Ex parte vicecomitis Leomanie nobis est conquerendo monstratum quod homines sui Altisvillaris [1] apud Burdegales et Regulam [2] pignorantur, licet non sint principales debitores vel fidejussores. Unde vobis mandamus quatinus senescallum Wasconie super hoc requiratis, ne homines nostros vel subditorum nostrorum taliter pignorari ultra id in quo tenentur vicecomiti supradicto, et responsionem quam vobis fecerit in hac parte nobis, cum commode poteritis, rescribatis. Hominibus vero Lectorensibus violenciam aliquam contra bonos usus suos et bonas consuetudines approbatas minime inferatis, jure tamen nostro et alieno servato. Verum cum de mandato nostro inquesta facta fuerit, ut dicitur; per magistrum Johannem Dominici super facto de Bordis [3] de jure dicti vicecomitis, ad peticionem ex parte ipsius nobis factam, vobis mandamus quatinus, si dictam inquestam de mandato nostro per dictum magistrum Johannem rite et juste factam fuisse vobis constiterit et dictum magistrum eam habere, ipsum ex parte nostra requiratis vel requiri faciatis ut dictam inquestam vobis mittat, qua habita eam publicari faciatis, et jus dicti vicecomitis, quod per eam inveneritis, nobis in scriptis remittatis. Si vero dictus magister eam vobis mittere sine causa racionabili recusaverit, vos ipsum ad hoc, prout justum fuerit, per capcionem bonorum suorum que habet in jurisdicione nostra et vestra senescallia, si opus fuerit, compellatis. Preterea cum, sicut ex parte ipsius vicecomitis intelligi nobis datur, abbas et conventus Belle Pertice [4] ea que ipsi habent in villa de Donzaco [5] cum

---

[1] Auvillars, Tarn-et-Garonne.
[2] Première leçon : *Reulam;* La Réole, Gironde.
[3] Je ne sais de quel lieu de Bordes il peut s'agir.
[4] Ordre de Cîteaux, dioc. de Toulouse; auj. Belleperche, Tarn-et-Garonne, comm. Cordes-Tolosannes.
[5] Donzac, Tarn-et-Garonne, cant. Auvillars.

pertinenciis suis, et ea que ipsi et Poncius de Lagarda, miles, habent in bastida Sancti Michaellis [1], a dicto vicecomite teneant immediate et se tenere recognoscant, proprietasque residui dicte ville de Donzaco sit [2] ipsius vicecomitis, ut asserit, et in predictorum possessione vel quasi tam ipse quam predecessores sui tempore diuturno fuerint, sicut dicit, et Arnaldus de Lapenge, bajulus noster de Dunes, per se et nuncios suos, dictum vicecomitem impediat indebite, ut asserit, et perturbet quominus dicta possessione vel quasi quiete et pacifice uti possit, prout ipse et ejus predecessores usi fuerunt temporibus retroactis, vobis mandamus quatinus de possessione vel quasi dicti vicecomitis, necnon et de impedimento et perturbacione sibi a dicto bajulo et ejus nunciis super hiis factis addiscatis, vocato dicto bajulo et ejus auditis racionibus, veritatem, et ea que contra dictum vicecomitem in predictis inveneritis indebite attemptata, jure nostro et alieno servato, faciatis ad statum reduci debitum, justicia mediante. Datum dominica in quindena Pasche, anno Domini M° CC° LX° nono.

1434

8 apr. 1269. — SENESCALLO AGENENSI ET CATURCENSI PRO EODEM VICECOMITE.

Alfonsus, *etc.*, senescallo Agenensi et Caturcensi, *etc.* Cum, sicut ex parte vicecomitis Leomanie nobis insinuatum extitit, dominium de Dunes ad patrem suum spectaret et ad ipsum spectet inmediate, ut dicit, nosque in dicto loco sine ejus vel patris ipsius consilio et assensu bastidam fieri fecerimus [3], in juris ipsius non modicam lesionem, vobis mandamus quatinus tam de jure dicti vicecomitis, quod se et predecessores suos in eodem loco habere et habuisse asserit, quam de dampno quod habere potest racione constructionis predicte bastide in loco predicto, veritatem diligenter addiscatis, et quid super hiis inveneritis nobis, cum commode poteritis, rescribatis. Ceterum, cum de-

---

[1] Saint-Michel, Tarn-et-Garonne, cant. Auvillars.
[2] Ms. : *sicut*.
[3] Construite en 1269, à la suite d'un accord entre le sénéchal du comte Alfonse en Agenais et Raimond-Bernard de Durfort. (Curie-Seimbres, *Essai sur les bastides*, 217.)

functus Raymundus Bernardi de Duroforti et frater suus Stephano G., burgensi suo Altivillaris, non modicas injurias intulerint, sicut fertur, ipsum in strata publica cum armis invadendo, vulnerando et eciam capiendo, contra statuta pacis temere veniendo, mandamus vobis quatinus ipsum super hoc diligenter audiatis, vocatisque heredibus dicti defuncti Raymundi et fratre suo, auditis eorum racionibus, super injuriis dicto burgensi ab eisdem illatis faciatis eidem, prout justum fuerit, emendam fieri competentem, emendasque pro delacione armorum judicari, ut condecet, et levari. Datum die lune post quindenam Pasche, anno Domini M° CC° LX° IX°.

1435

7 apr. 1269. — MAGISTRO BARTHOLOMEO DE PEZATA, JUDICI SENESCALLI AGENENSIS ET CATURCENSIS, PRO JOHANNE DE BERNEZ.

Alfonsus, *etc.*, dilecto suo magistro Bartholomeo de Pezata, judici senescalli Agenensis et Caturcensis, salutem et dilectionem. Veniens ad nos Johannes de Bernez [1] nobis conquerendo monstravit quod in causa que vertitur inter abbatem de Condomio et quosdam alios ex una parte et dictum Johannem ex altera, per subterfugia et dilaciones juri vel consuetudini patrie minime consonas, sicut dicit, adeo est fatigatus laboribus et expensis, quod vix potest jus suum prosequi, sicut decet. Quare vobis mandamus quatinus viam maliciis precludentes, quantum bono modo poteritis sine offensa juris, exhibere curetis eidem celeris justicie complementum, subterfugiis et dilacionibus frivolis, si que ab adversa parte proposite fuerint, non admissis. Datum die dominica in quindena Pasche, anno Domini M° CC° LX° nono.

1436

1 mai. 1269. — SENESCALLO AGENENSI ET CATURCENSI PRO RAYMUNDO, VICECOMITE TURENNE.

Alfonsus, *etc.*, senescallo Agenensi et Caturcensi, *etc.* Veniens ad

[1] On peut lire aussi : *Beruez.*

nos nobilis et dilectus noster Raymundus, vicecomes Turenne, nobis dedit intelligi quod Guillelmus Esclamart, frater defuncti Bernardi de Duroforti, filiam dicti defuncti et bona ejus in custodia sua habet et tenet. Verum, cum ipse vicecomes de dissipacione bonorum ipsius filie vel de minus competenti matrimonio ejusdem suspicionem habeat, sicut dicit, supplicavit nobis dictus vicecomes ut predictam filiam in custodia sua vel nobilis et dilecte nostre domine Conteur, matris ipsius filie, apponi faceremus. Unde vobis mandamus quatinus ipsum super hoc diligenter audiatis, et vocatis dicto Guillelmo Esclamart et aliis qui fuerint evocandi, super premissis, quantum ad nos spectat, faciatis quod de jure et consuetudine patrie fuerit faciendum, ipsam filiam et ejus bona recommandata habentes quantum poteritis sine juris injuria et partis alterius lesione. Datum apud Fontem Bleaudi, die mercurii in vigilia ascensionis Domini, anno Domini millesimo ducentesimo sexagesimo nono.

1437

(Fol. 106.) 1 mai. 1269. — SENESCALLO AGENENSI ET CATURCENSI PRO BERNARDO HUGONIS, MILITE, DE CASTRONOVO.

Alfonsus, *etc.*, senescallo Agenensi et Caturcensi, *etc.* Veniens ad nos Bernardus Hugonis, miles, de Castronovo nobis conquerendo monstravit quod Arnaldus de Sancto Privato, miles, quedam bona de feudo ipsius Bernardi movencia, ipso irrequisito et contra ejus[1] voluntatem alienavit, vendendo eadem Guillelmo de Mota, burgensi, vel Gaillardo Morin, ementi pro ipso Guillelmo. Unde vobis mandamus quatinus, vocatis dictis milite seu bona ejus tenentibus, necnon Guillelmo et Gaillardo, auditis hinc inde racionibus de personis et rebus ad nostram jurisdicionem spectantibus, super premissis et quibusdam convencionibus inter ipsum habitis, sicut dicit, de quadam desesina de dictis bonis per ipsum Bernardum, ut asserit, per vos facta, diligenter audiatis, et faciatis eidem de personis et rebus ad nostram jurisdicionem

---

[1] Le manuscrit porte : *jus*.

spectantibus bonum jus et maturum, possessionem in qua erat tempore desesine per vos facte, ut dicit, eidem restituentes, si de jure et consuetudine patrie fuerit faciendum. Datum apud Fontem Bleaudi, die mercurii in vigilia ascensionis Domini, anno Domini millesimo ducentesimo sexagesimo nono.

1438

1 mai. 1269. — SENESCALLO AGENENSI ET CATURCENSI PRO AYMERICO DE MALLAMORTE, DOMICELLO.

Alfonsus, *etc.*, senescallo Agenensi et Caturcensi, *etc.* Veniens ad nos Aymericus de Malamorte, filius Aymerici defuncti de Malamorte, nos requisivit ut ipsum de castro de Salviac [1] et pertinenciis ejusdem, ad eum jure hereditario, sicut dicit, spectantibus, in hominem nostrum recipere deberemus, homagium nobis offerens de predictis. Unde vobis mandamus quatinus de castro predicto et pertinenciis ejusdem diligenter addiscatis an ad ipsum de jure spectare debeant et a nobis in feodum teneri debeant, et de jure et consuetudine patrie sine alicujus prejudicio in hominem nostrum de predictis recipere valeamus. Et quid super premissis feceritis et inveneritis, nobis, cum commode poteritis, significare curetis. Datum apud Fontem Bliaudi, die mercurii in vigilia ascensionis Domini, anno Domini M° CC° LX° nono. — Juramentum fidelitatis de consilio fidelium nostrorum Poncii Astoaudi et Sycardi Alemanni, militum, et aliorum bonorum ab eodem pro nobis recipientes, sicut decet.

1439

8 mai. 1269. — SENESCALLO AGENENSI ET CATURCENSI PRO FRATRIBUS ORDINIS BEATE MARIE DE MONTE CARMELI DE MEDICINO.

Alfonsus, *etc.*, senescallo Agenensi et Caturcensi, *etc.* Ex parte religiosorum virorum fratrum domus ordinis Beate Marie de Monte Carmeli de Medicino [2] extitit conquerendo monstratum quod per aliquos de

---

[1] Sans doute Salviac, Lot. — [2] Mezin, Lot-et-Garonne.

nostra jurisdicione existentes, quorum nomina expriment, alique res et bona dictorum fratrum extiterunt per violenciam, ut asserunt, asportata, in ipsorum fratrum dampnum non modicum et gravamen. Quare vobis mandamus quatinus illos, de quibus vobis constare poterit dictas res et bona ipsorum fratrum per violenciam [1], ut predicitur, asportasse, dum tamen sint laici de nostra jurisdicione et vestra senescallia existentes, ad restitucionem predictorum, prout justum fuerit, compellatis. Datum die mercurii ante festum Penthecostes, anno Domini millesimo ducentesimo sexagesimo nono.

1440

22 mai. 1269. — SENESCALLO AGENENSI ET CATURCENSI PRO CONTESSIA SUPER DEBITIS.

Alfonsus, *etc.*, senescallo Agenensi et Caturcensi, *etc.* Veniens ad nos Contessia, uxor Gaillardi de Lauro, militis, nobis exposuit quod ipsa et maritus suus multis credentibus obligati sunt in non modica peccunie quantitate, ex ea causa quod bone memorie R., quondam comes Tholose, predecessor noster, et nos post ipsum diu in manu nostra tenuimus castrum ipsius Contessie Bonimontis [2] cum ejusdem pertinenciis, sibi per nos nuper, ut asserit, restitutum. Unde vobis mandamus quatinus rogando creditores ipsos, qui de nostra jurisdicione extiterint, prout bono modo poteritis, inducatis, nulla tamen coactione vel violencia interposita, ut redditibus et proventibus dicti castri et aliis redditibus terre dicte Contessie, quilibet pro quantitate sibi debita, sint contenti quousque sibi de eisdem debitis sit integre satisfactum. Datum die mercurii post octabas Panthecostes, anno Domini M° CC° LX° nono.

1441

22 mai. 1269. — SENESCALLO AGENENSI ET CATURCENSI PRO CONTESSIA.

Alfonsus, *etc.*, senescallo Agenensi et Caturcensi, *etc.* Ex parte Con-

[1] Première leçon : *voluntatem*. — [2] C'est peut-être Beaupuy (Lot-et-Garonne), cant. Marmande.

tessie, domine, sicut dicit, castri Bonimontis, pro se et marito suo Galhardo de Lauro, milite, nobis querimonia est delata super eo quod Montazinus de Podenas, domicellus, cum suis complicibus manu armata hostiliter invadendo, bona sua hominumque suorum diripit et asportat, eisque multiplices injurias et alia gravamina intulit et inferre jugiter non desistit in rebus et possessionibus que, in senescallia vestra, sub jurisdicionis nostre districtu consistunt. Quocirca vobis mandamus quatinus provida deliberacione curetis oportunum remedium adhibere, qualiter dictus Montazinus ab hujusmodi gravaminibus inferendis deinceps arceatur, facientes nichillominus publice inhiberi, sub gravi interminacione et certa pena, ne quis de nostris subditis ipsum audeat receptare, nisi demum satisdare voluerit competenter se stare juri et de perpetratis maleficiis emendam congruam exhibere. Dictum vero Galhardum non impediatis quominus ad tuicionem proprii corporis arma ferat, proviso tamen ne per inpugnitatem hujusmodi aliqua fraudis occasio seu collusio intercedat. Datum die mercurii post festum sancte Trinitatis, anno Domini M° CC° LX° nono.

1442

22 mai. 1269. — EIDEM PRO EADEM.

Alfonsus, *etc.*, senescallo Agenensi et Caturcensi, *etc.* Ex parte Contessie, domine, sicut dicit, castri Bonimontis, nobis extitit intimatum quod tempore restitucionis dicti castri per fideles nostros Poncium Astoaudi, militem, et magistrum Odonem de Montoneria sibi facte, per eosdem P. et O. condictum extitit et expressum quod eadem domina deberet reduci in eadem possessione et in eodem statu, in quo erat eo tempore quo dictum castrum venit ad manum predecessoris nostri, bone memorie comitis Tholose. Sane cum medio tempore per homines ejusdem castri aliqua occupata fuerint et denuo attemptata, non absque juris sui, sicut dicit, modica lesione, vobis mandamus quatinus secundum quod vobis constiterit de premissis, vocatis dictis hominibus et aliis qui fuerint evocandi, auditis hinc inde racionibus, de personis et rebus ad nostram jurisdicionem spectantibus exhibeatis super hiis celeris justicie complementum. Datum die mercurii post festum sancte Trinitatis, anno Domini m° cc° lx° nono.

Memoria quod cum venerint Poncius Astoaudi, miles, et magister Odo de Montoneria, quod loquatur [1] cum ipsis super inquesta per eos facta super dicto castro, et de modo inqueste et de modo restitucionis.

1443

(Fol. 107.) 5 jun. 1269. — LITTERA PATENS PRO PRIORE DE MONTECUCO.

Alfonsus, *etc.*, dilecto suo magistro Rigaldo Belli, jurisperito, salutem et dilectionem. Rectorem ecclesie Montiscuci [2] accepimus conquerentem quod parrochianorum suorum aliqui ipsum rectorem, capellanum suum et ejus familiam turpiter verberarunt, et ipsos usque ad effusionem sanguinis acriter [3] vulnerarunt, ipsosque vulneratos in domo dicti presbiteri cum armis per violenciam incluserunt; — preterea quod ejus parrochiani omnes et singuli decimas, primicias et oblaciones solitas eidem contra justiciam reddere contradicunt, in ejusdem rectoris et ecclesie sue non modicum detrimentum. Ceterum dicti parrochiani, ut asserit dictus rector, portas ecclesie sue in contemptum ecclesie destruxerunt, divinum officium perturbando et, quod est omnino intolerabile, excommunicati, ipso rectore invito, ingrediuntur ecclesiam et se ingerunt ad divina, nec exire volunt ecclesiam ab ipso rectore moniti, cum in ipsa ecclesia divina ministeria celebrantur. Quocirca vobis mandamus quatinus, vocatis parroc[h]ianis suis de quibus conqueritur, super predictis articulis ipsi rectori et ejus familie de rebus et personis, quas de jurisdicione nostra fore noveritis, maturum exibeatis justicie complementum. Datum anno Domini m° cc° lx° nono, die mercurii post tres septimanas Penthecostes.

[1] *Loquatur* est pris ici passivement, *qu'il soit parlé.*

[2] Montcuq (Lot).

[3] Première leçon : *attrociter.*

1444

11 jun. 1269. — SENESCALLO AGENENSI ET CATURCENSI PRO EPISCOPO AGENENSI.

Alfonsus, *etc.*, senescallo Agenensi et Caturcensi, *etc.* Ad aures nostras perlatum est quod occasione cujusdam hominis verberati, qui adhuc superstes est vita comite, apud Agennum tres homines ultimo suplicio sunt afflicti, altero de eisdem crucesignato extracto de communi carcere nostro et episcopi Agenensis violenter et cum duobus aliis, juris ordine pretermisso, perperam condempnato. Quare vobis mandamus quatinus, secundum quod in tali casu commode fieri potest, fractum carcerem restitui faciatis, bajulum vestrum qui erat tunc temporis, qui iniquam dictavit sentenciam aut dictantibus auctoritatem prestitit et consensum in hac parte, saltim ad tempus biennii relegantes et mulctantes cum episcopo nichilominus pena peccuniaria cum ceteris, de quibus per inquisicionem factam vel faciendam, si opus fuerit, communiter per vos et dictum episcopum, legittime vobis constare poterit quod culpabiles reperti fuerint in hac parte. Ceterum ecclesiam de Lavardaco [1] restitui faciatis, super eo quod ab eadem ecclesia extractus violenter asseritur quidam, qui postmodum, interveniente peccunia, sine judicio est suspensus, bajulum qui erat pro illo tempore relegantes ad tempus, et alios qui culpabiles reperti fuerint ut condecet punientes, extortamque peccuniam pro hujusmodi facinore fabrice ecclesie illius, cui facta est injuria, assignari et restitui facientes, bannum si quod posuistis aut saisinam in domo prefati episcopi apud Lavardacum pariter amoventes, et ipsa domo eundem episcopum gaudere et uti libere et pacifice permittentes, quousque aliud a nobis receperitis in mandatis. Datum die martis in festo beati Barnabe apostoli, anno Domini M° CC° LX° nono.

[1] Lavardac (Lot-et-Garonne).

1445

11 jun. 1269. — SENESCALLO AGENENSI ET CATURCENSI PRO EPISCOPO AGENENSI.

Alfonsus, *etc.*, senescallo Agenensi et Caturcensi, *etc.* Refferente venerabili in Christo patre episcopo Agenensi, intelleximus quod vos vel mandatum vestrum seorssum ad cause cognicionem processistis super quadam appellacione, ad ipsum episcopum et ad vos communiter vel ad vos dumtaxat aut ad nos tantummodo semel apposita a parte de Cassanea contra illos de Marchia[1], et dicto episcopo vel mandato suo in cause cognicione hujusmodi non admisso, per vos aut judicem vestrum in prejudicium dicti episcopi est processum. Quocirca vobis mandamus quatinus processum hujusmodi divisim habitum irritum annunciantes, cum dicto episcopo vel ejus mandato in causa eadem communiter vos vel mandatum vestrum procedatis, cum ex serie quorundam instrumentorum, que nostro consilio sunt oblata, satis liqueat justiciam in civitate Ageni ad dictum episcopum et ad nos communiter pertinere, nisi per dictum episcopum steterit quominus in causa premissa admissus fuerit, ut decebat, providentes insuper ne in prejudicium dicti episcopi aut ecclesie sue, in casu in quo communiter jurisdicionem habere disnoscitur, aliquod simile in posterum attentetur. Datum die martis in festo beati Barnabe apostoli, anno Domini M° CC° LX° nono.

1446

11 jun. 1269. — SENESCALLO AGENENSI ET CATURCENSI PRO EPISCOPO AGENENSI.

Alfonsus, *etc.*, senescallo Agenensi et Caturcensi, *etc.* Cunquerente venerabili patre episcopo Agenensi, intelleximus quod apud Tornon[2] per bajulum et consules ejusdem loci quidam clericus suppositus fuit questionibus et tormentis et positus in equleo, sicut fertur. Cum itaque

---

[1] Faut-il voir là un nom de lieu (par exemple, La Marche, Lot-et-Garonne, cant. Bajamont), ou un nom de pays : *les habitants de la province de la Marche*, ou enfin un nom de famille?

[2] Tournon-d'Agenais (Lot-et-Garonne).

talem excessum non velimus nec debeamus impunitum pertransire, vobis mandamus quatinus, bajulo dicti loci aliisque quorum auctoritate, ope vel consilio delictum hujusmodi fuerit perpetratum, indictam a memorato episcopo penam seu penitenciam racionabilem faciatis execucioni mandari, facta tamen protestacione et de ea publico instrumento, quod per hoc non sit dicto episcopo in nostris subditis aliqua jurisdicio atributa nec nobis vel nostris prejudicet in futurum. Preterea mandamus vobis et districte precipimus ne jurisdicionem episcopi memorati in causis crucesignatorum vel aliorum, in casibus ad forum ecclesiasticum de jure vel de consuetudine spectantibus, perturbetis aut perturbari per vestros bajulos seu officiarios permittatis, taliter super hiis vos habentes quod non possitis super hiis de injusticia reprehendi, nec dictum episcopum ad nos oporteat ulterius laborare. Datum die martis in festo beati Barnabe apostoli, anno Domini m° cc° lx° nono.

1447

11 jun. 1269. — SENESCALLO AGENENSI ET CATURCENSI PRO EPISCOPO AGENENSI.

Alfonsus, *etc.*, senescallo Agenensi et Caturcensi, *etc.* Frequenter mandasse meminimus tam vobis quam aliis senescallis nostris qui fuerunt pro tempore, ut episcopo Agenensi nomine ecclesie sue decimas adjuratas, incursas et possessas ab ecclesia solvi et reddi sine strepitu judicii faceretis. Sane cum necdum prefatus episcopus decimis eisdem gaudeat, sicut dicit, vobis mandamus quatinus, facta vobis cognicione summaria de premissis, cum ordo non sit judiciarius usquequaque in talibus observandus, preffatum episcopum de dictis decimis gaudere pacifice faciatis, et specialiter de decima de Bomont[1], compellentes laicos eos qui per annum et diem excommunicacionis sentenciam sustinuerunt indurato animo, redire ad unitatem ecclesie in casibus a jure concessis, in quibus compelli consueverunt per brachium seculare temporibus retroactis, presertim in casibus antedictis. Datum die martis

---

[1] Voir plus haut, n° 1440.

in festo beati Barnabe apostoli, anno Domini м° cc° lx° nono. — Tantum super hiis facientes quod dictus episcopus se debeat de vobis merito commandare.

1448

11 jun. 1269. — SENESCALLO AGENENSI ET CATURCENSI PRO EPISCOPO AGENENSI.

Alfonsus, *etc.*, senescallo Agenensi et Caturcensi, *etc.* Quia non possumus nec debemus perpetrata sub districtu nostro maleficia impunita conniventibus oculis pertransire, vobis mandamus quatinus tam de morte capellani de Samosac [1] et palefredo cujusdam archipresbiteri furtive subrepto diligenter et fideliter inquiratis, et eos quos in hac parte culpabiles inveneritis, qui in vestra senescallia sub districtu fuerint, citra membri mutilacionem et mortis periculum, — licet enim agatur de crimine, non tamen criminaliter persequitur facta hujusmodi episcopus Agenensis, qui per modum denunciationis nobis eadem intimavit, — et injurias personis ecclesiasticis illatas faciatis, prout condecet, emendari, non a laicis de nostra jurisdicione existentibus permittentes eas in personis et rebus contra justiciam molestari. Datum die martis in festo beati Barnabe apostoli, anno Domini м° cc° lx° nono.

1449

(Fol. 108.) 15 jun. 1269. — SENESCALLO AGENENSI ET CATURCENSI PRO EPISCOPO AGENENSI.

Alfonsus, *etc.*, senescallo Agenensi et Caturcensi, *etc.* Mandamus vobis quatinus, si aliquid perceptum vel levatum fuerit in pedagio de Mermanda [2] a gentibus venerabilis in Christo patris P.[3], Dei gracia episcopi Agenensis, de bonis dicti episcopi, postquam iter arripuit veniendi ad nos in Franciam, prefato episcopo vel certo mandato suo restitui sine dilacione qualibet faciatis. Ceterum vobis mandamus et precipimus ut eidem episcopo juramentum fidelitatis super deffensione

---

[1] Probablement Soumensac, Lot-et-Garonne, cant. Duras.

[2] Marmande, Lot-et-Garonne.

[3] Pierre Jerland (1264-1271).

ecclesiarum suarum, prout in forma composicionis dudum inhite inter bone memorie Raymundum, quondam comitem Tholose, predecessorem nostrum, ex una parte, et episcopum Agenensem, qui pro tempore fuit, ex altera, videbitis contineri[1], prestetis et juramentum prestitum fideliter observetis. Datum anno Domini M° CC° LX° nono, die sabbati post festum beati Barnabe apostoli. — Dictus vero episcopus fecit nobis juramentum fidelitatis de medietate justicie civitatis Agenni et moneta, secundum quod in litteris composicionis olim inite inter episcopum Agenensem et quondam Raymundum, comitem Tholose, videritis contineri.

1450

15 jun. 1269. — SENESCALLO AGENENSI ET CATURCENSI PRO DEODATO BARASC, MILITE.

Alfonsus, *etc.*, senescallo Agenensi et Caturcensi, *etc.* Cum, sicut ex parte Deodati Barasc, militis, nobis datum est intelligi, Galhardus de Darnagol, miles, defunctus, quoddam territorium quod vocatur Durestal tenuerit ab [2] eodem ad homagium et fidelitatem, et illud territorium Bertrando de Cardalhac, militi, vendiderit, de quo fidelitatem et homagium dicto Deodato noluit facere, ut decebat, pluries ab eodem requisitus, idemque territorium ad Bertrandum, filium dicti Bertrandi, devenerit ex morte ipsius Bertrandi, sicut dicit dictus Deodatus, vobis mandamus quatinus, vocatis dicto Bertrando et aliis quorum interest, auditis hinc inde racionibus, super premissis de rebus et personis ad nostram jurisdicionem spectantibus exhibeatis mature justicie complementum. Datum die sabbati post festum beati Barnabe apostoli, anno Domini M° CC° LX° nono.

1451

15 jun. 1269. — SENESCALLO AGENENSI ET CATURCENSI PRO DICTO DEODATO.

Alfonsus, *etc.*, senescallo Agenensi et Caturcensi, *etc.* Ex relacione

---

[1] Il s'agit sans doute ici de l'accord du 23 août 1224, publié dans le *Gallia christiana*, II, Instr., col. 432 et suiv. — [2] Ici le mot *antiquo* raturé.

Deodati Barasc, militis, nobis extitit intimatum quod gentes regis Anglie in pertinenciis aliquibus castri de Darnagol[1] inpingere se nituntur, in nostrum et ipsius militis prejudicium, ut refertur. Unde vobis mandamus quatinus, si dictum castrum cum pertinenciis de feodo nostro vobis esse constiterit, ipsum Deodatum occasione predictorum non permittatis alibi quam in nostra curia indebite molestari, [et] castrum predictum cum pertinenciis, si illa de feodo nostro vobis esse constiterit, quantum jus et consuetudo patrie permiserit, defendatis, justicia mediante. Datum die sabbati post festum sancti Barnabe apostoli, anno Domini millesimo ducentesimo sexagesimo nono.

1452

15 jun. 1269. — PONCIO ASTOAUDI, MILITI, ET MAGISTRO ODONI DE MONTONERIA PRO DOMINO COMITE SUPER INQUESTA CASTRINOVI.

Alfonsus, *etc.*, dilectis et fidelibus suis Poncio Astoaudi, militi, et magistro Odoni de Montoneria, salutem et dilectionem. Vobis mandamus quatinus inquisicionem quam ad peticionem venerabilis patris episcopi Caturcensis super parte dominii Castrinovi de Elena[2], quam ad manum nostram tenemus, per vos fieri mandaveramus, supersedeatis ad presens, quousque a nobis aliud receperitis in mandatis, et si jam per vos in dicta inquesta est in aliquo processum, illud pro nullo habeatur. Datum die sabbati post festum beati Barnabe apostoli, anno Domini millesimo ducentesimo sexagesimo nono.

1453

15 jun. 1269. — SENESCALLO AGENENSI ET CATURCENSI PRO DEODATO BARAST, MILITE.

Alfonsus, *etc.*, senescallo Agenensi et Caturcensi, *etc.* Ex parte Deodati Barast, militis, nobis extitit conquerendo monstratum quod Geral-

[1] Larnagol, Lot, cant. Cajarc.
[2] Probablement Esmes, Tarn-et-Garonne, comm. Montesquieu, dans l'ancien diocèse de Cahors.

dus de Cardelhac, cum pluribus armatis veniens ad quoddam molendinum ipsius Deodati, quod est de pertinenciis castri de Cabrareiz[1], quod castrum tenet a nobis, sicut dicit, dictum molendinum fregit dictus Geraldus cum suis complicibus penitus et destruxit. Unde vobis mandamus quatinus veritatem super hoc diligenter addiscentes, vocatis qui fuerint evocandi, prefato Berterando (sic) de dictis Geraldo et suis complicibus, secundum quod de facto hujusmodi vobis constare poterit, de rebus et personis ad nostram jurisdicionem spectantibus exhibeatis celeris justicie complementum, emendas pro delacione armorum ab ipso Geraldo et aliis quos in hoc facto culpabiles inveneritis, exigentes prout faciendum fuerit et levantes. Datum die sabbati post festum beati Barnabe apostoli, anno Domini millesimo ducentesimo sexagesimo nono.

1454

15 jun. 1269. — LITTERA PATENS PRO BERTERANDO (sic) DE GAIRAC, MAGISTRO RIGALDO BELLI.

Alfonsus, etc., dilecto suo magistro Rigaldo Belli, salutem et dilectionem. Causam appellacionis ad nos interposite, ut dicitur, ex parte Bertrandi de Gairac, burgensis Montis Cuci[2], a sentencia lata contra ipsum Bertrandum per Petrum Remondi Fulcaudi, judicem datum a senescallo nostro Agenensi et Caturcensi, in causa que inter ipsum Bertrandum ex una parte et Remondum de Silhol ex altera vertebatur, vobis committimus, mandantes quatinus dictam causam audiatis diligenter et fine debito terminetis. Datum die sabbati post festum sancti Barnabe apostoli, anno Domini millesimo ducentesimo sexagesimo nono.

1455

14 jun. 1269. — [SENESCALLO AGENENSI SUPER PEDAGIIS INJUSTE LEVATIS.]

Alfonsus, etc., senescallo Agenensi et Caturcensi, etc. Cum, sicut

---

[1] Cabrerets, Lot, cant. Lauzès. — [2] Montcuq, Lot.

intelleximus, senescalli domini et karissimi fratris nostri regis Francie rapinas factas in terra sua mercatoribus a dominis pedagiorum, qui pedagia recipiunt et in quorum districtu facte sint predicte rapine, juxta mandatum predicti domini regis in locis circunvicinis terre nostre faciant emendari, ... sicut condecet faciatis. Datum die veneris post festum beati Barnabe apostoli, anno Domini M° CC° LX° nono.

1456

15 jun. 1269. — PRO AMENEVO DE FOSSATO [SUPER ESCAMBIO FACIENDO].

Alfonsus, *etc.*, Poncio Astoaudi et magistro Odoni, *etc.* Ex parte Amenevi de Fossato, domicelli, domini pro parte Castrimauronis[1], dyocesis Agenensis, ut asserit, nobis extitit humiliter supplicatum ut juxta promissionem sibi et aliis dominis dicti castri factam, ut asserit, per dominum R., bone memorie quondam comitem Tholose, predecessorem nostrum, quandam eminatam terre, quam habemus in castro predicto, sibi et aliis dominis escambiari dignaremur. Quocirca vobis mandamus quatinus de promissione predicta, si facta fuit, ut asserit, et de escambio faciendo, si utilitati nostre visum fuerit expedire et ad hoc teneamur, addiscatis juxta traditam vobis formam, vocato senescallo nostro Agenensi pro jure nostro deffendendo in hac parte. Quid vero super premissis inveneritis, una cum aliis inquestis per vos factis ad crastinum quindene Omnium sanctorum instantis in scriptis refferatis. Datum die sabbati post festum sancti Barnabe apostoli, anno Domini M° CC° LX° nono.

1457

(Fol. 109.) 14 jun. 1269. — PRO ABBATE DE CONDOMIO.

Alfonsus, *etc.*, senescallo Agenensi et Caturcensi, *etc.* Ex parte abbatis de Condomio nobis extitit conquerendo monstratum quod Petrus de Solerio, junior, ex causa, ut dicitur, sententialiter relegatus per curiam

---

[1] Castelmoron, Lot-et-Garonne.

abbatis predicti, per magistrum Bonum Thoseti, tunc judicem Agenensem, occasione appellacionis quam dictus Petrus ad nos se asserebat, ut dicitur, a dicta sentencia emisisse, sine cause cognicione fuit ad dictam villam Condomii restitutus. Quocirca vobis mandamus quatinus diligenter addiscatis, vocatis qui fuerint evocandi, an restitucio hujusmodi justa fuerit vel injusta, et secundum quod vobis in hac parte constare poterit, quod justum fuerit decernatis. Ad hec, in prejudicium dicti abbatis aut monasterii sui, tenendo de novo assisias in villa Condomii vel alias jurisdicionem ipsius usurpando, nichil contra justiciam attemptetis, et si attemptatum fuerit, desistatis deinceps et ad statum reduci debitum faciatis. Ceterum arbitrium per venerabilem patrem episcopum Agenensem et Philipum de Villafaverosa, tunc senescallum Agenensem [1], dudum prolatum super quodam compromisso in eos facto de quibusdam, qui tempore duelli in curia dicti abbatis existentis campum in quo agitari debebat duellum violaverant, cum, sicut asseritur, arbitrium ipsum emologatum fuerit, faciatis execucioni mandari, justicia mediante. Datum anno Domini m° cc° lx° nono, die veneris post festum sancti Barnabe apostoli.

1458

15 jun. 1269. — PRO PETRO SALOMONIS, CAPELLANO ECCLESIE SANCTI CIRICI.

Alfonsus, *etc.*, senescallo Agenensi, *etc.* Ex parte Petri Salomonis, capellani ecclesie Sancti Cirici de la Papia [2], Caturcensis dyocesis, nobis monstratum extitit conquerendo quod, cum Bertrandus de Cardillaco, miles, defunctus, in ultima sua voluntate disposuisset quod omnes decime quas ipse percipiebat in parrochia dicte ecclesie et in quibusdam aliis parrochiis, eisdem ecclesiis post mortem suam reddi deberent et restitui, ac Bertrandus de Cardillaco, domicellus, filius quondam dicti defuncti, ipsum capellanum et alios in perceptione dicte decime impediat, ut dicitur, et molestet, vobis mandamus quatinus de decimis

---

[1] Sénéchal après 1256 et avant 1267. — [2] Saint-Cirq-la-Popie (Lot).

abjuratis, incursis vel possessis ab ecclesia, in ipsius parrochia existentibus, ipsum capellanum gaudere pacifice faciatis, si occasione hujusmodi excommunicacionis sentenciam per annum et diem sustinuerint animo indurato. Datum die sabbati post festum sancti Barnabe apostoli, anno Domini M° CC° LX° nono.

1459

15 jun. 1269. — SENESCALLO AGENENSI ET CATURCENSI PRO AMENEVO DE FOSSATO.

Alfonsus, *etc.*, senescallo Agenensi et Caturcensi, *etc.* Veniens ad nos Amenevus de Fossato, pro se et Bonafos, fratre suo, nobis supplicavit ut ad possessionem quarte partis dominii ville Sancte Liberate[1] et ad quasdam alias possessiones in eadem villa seu pertinenciis, quas Amenevus, avunculus suus, dudum habebat in dicta villa, quam quartam partem cum aliis predictis possessionibus dictus avunculus suus quondam vendidit et perpetuo concessit pro certo precio priori et monachis Sancte Liberate, pro precio exinde dato, ipsos fratres admitti, ut condecet, faceremus, cum consuetudo sit in dyocesi Agenensi vel usus diucius observatus quod propinquior genere venditoris, offerens precium rei vendite, emptori cuilibet preferatur. Quare vobis mandamus quatinus, vocatis abbate Gailliaci vel priore Sancte Liberate et aliis quorum interest, auditisque rationibus partium, si vobis constiterit de consuetudine quam allegant dicti fratres legitime approbata, ad possessionem rerum petitarum titulo empcionis admiti, ut condecet, faciatis, nisi ex parte alia aliquid rationabile proponatur, propter quod ad dictam possessionem admiti minime debeant in hac parte. — Ceterum vobis mandamus quatinus Judeos commorantes in castro suo de Aculeo[2], quos dicit ad se et suos parcionarios pertinere, quos Judeos cum bonis suis detinetis occupatos, eisdem reddi et restitui, si ita fore noveritis, faciatis, recepta prius ab ipsis ydonea caucione, quod si dicti Judei nostri essent vel de terra nostra oriundi, quod ipsi cum bonis suis vobis nostro nomine reddentur, servato in hiis que premissa sunt

[1] Sainte-Livrade (Lot-et-Garonne). — [2] Aiguillon (Lot-et-Garonne), cant. Port-Sainte-Marie.

jure nostro. Datum die sabbati post festum beati Barnabe apostoli, anno Domini millesimo ducentesimo sexagesimo nono.

1460

15 jun. 1269. — SENESCALLO AGENENSI ET CATURCENSI PRO EMMANUELE (sic) DE FOSSATO.

Alfonsus, *etc.*, senescallo Agenensi et Caturcensi, *etc.* Ex parte Amanevi de Fossato nobis conquerendo monstratum [extitit] quod bajuli vestri homines ipsius coram se compellunt de contractibus inter privatas personas initis indebite, ut asserit, respondere, licet paratus sit cuilibet conquerenti de hominibus suis exhibere justicie complementum, et quod iidem bajuli ab hominibus suis pro pignoraturis duodecim denarios et de pari boum duos solidos injuste, ut dicit, recipiunt, quod nunquam a tempore nostro extitit attemptatum, sicut fertur. Unde vobis mandamus quatinus ipsum super hiis diligenter audiatis, et vocatis bajulis de quibus coram vobis nominatim conquestus fuerit, de personis et rebus ad jurisdicionem nostram spectantibus exhibeatis, auditis hinc inde racionibus, jure nostro et alieno servato, celeris justicie complementum, addiscentes insuper qualiter dominus rex Francie et gentes sue utuntur in hoc casu. Datum die sabbati post festum beati Barnabe apostoli, anno Domini millesimo ducentesimo sexagesimo nono [1].

1461

15 jun. 1269. — SENESCALLO AGENENSI ET CATURCENSI PRO ABBATE SANCTI MAURINI, AGENENSIS DYOCESIS.

Alfonsus, *etc.*, senescallo Agenensi et Caturcensi, *etc.* Cum ex parte abbatis Sancti Maurini [2], Agenensis dyocesis, nobis extiterit conque-

---

[1] Suit dans le registre, sans doute par une erreur du scribe, une première copie incomplète d'un mandement au sénéchal de Rouergue, dont on trouvera le texte plus loin (fol. 147, 5ᵉ pièce). On a déjà noté plusieurs erreurs semblables.

[2] Saint-Maurin (Lot-et-Garonne), cant. Beauville.

rendo monstratum quod compromissum, inter ipsum abbatem ex parte una et homines de Condomio ex altera dudum, ut dicitur, habitum ac dictis hominibus ratum habentibus prolatum ipsi homines attendere nec servare voluerint, vobis mandamus quatinus, vocatis dictis hominibus et qui fuerint evocandi, auditisque hinc inde racionibus parcium, exhibeatis eisdem super premissis celeris justicie complementum. Ceterum quod homines Grandis Castri [1] quendam latronem, quem vos eidem vivum reddideratis, et qui per gentes ipsius abbatis juxta sua delicta in loco in quo, ut asserit, habet jurisdicionem omnimodam suspensus fuerat, a furchis suis, ut dicitur, contra justiciam asportarint vel asportari fecerint. Unde cum, prout asseritur, alias vobis mandaverimus quod predictam injuriam faceretis, ut jus esset, emendari, nec feceritis, ut dicitur, vobis mandamus ut, vocatis qui fuerint evocandi ac auditis hinc inde racionibus, faciatis eidem super hoc bonum jus et maturum, ita quod propter deffectum juris vel vestrum ipsum abbatem non oporteat ad nos ulterius laborare. Datum die sabbati proxima post festum beati Barnabe apostoli, anno Domini millesimo ducentesimo sexagesimo nono.

1462

(Fol. 110.) 15 jun. 1269. — SENESCALLO AGENENSI ET CATURCENSI
[PRO PETRO DE BONEMAINS].

Alfonsus, *etc.* Petrum de Bonenainus (*sic*) accepimus conquerentem quod Johannes Seignerii, quondam bajulus noster apud Pennam [2], ipsum Petrum possessione ecclesie de Alemans [3], ut asserit, indebite spoliavit. Quocirca vobis mandamus quatinus, si ita est, eidem Petro de personis et rebus in nostra jurisdicione existentibus exhibeatis celeris justicie complementum, vocatis heredibus dicti Johannis et dicto P. et qui fuerint evocandi. Datum apud Moissi, die sabbati post festum beati Barnabe apostoli, anno Domini $M^o CC^o LX^o$ nono.

[1] Ancien nom de la bastide de Puymirol (Lot-et-Garonne). — [2] Penne (Lot-et-Garonne). — [3] Les Allemans (Lot-et-Garonne), cant. Penne.

1463

15 jun. 1269. — PONCIO ASTOAUDI, MILITI, ET MAGISTRO ODONI DE MONTONERIA PRO BERNARDO DE NELAC.

Alfonsus, *etc.* Bernardum de Noillac accepimus conquerentem quod senescallus noster Agenensis quosdam homines ipsius Bernardi super exactione pecunie racione exercitus vexat, ut asserit, indebite et molestat, asserens se dictus Bernardus usum fuisse retroactis temporibus exercitus per se facere et dictos homines per hoc ab exercitu liberari. Quocirca vobis mandamus quatinus qualiter dictus B. usus fuerit super hoc retroactis temporibus inquiratis, juxta traditam vobis formam, et vocato senescallo nostro Agenensi vel procuratore suo et qui fuerint evocandi, exhibeatis eidem Bernardo celeris justicie complementum. Datum apud Moissiacum, die sabbati post festum beati Barnabe apostoli, anno Domini M° CC° LX° nono.

1464

15 jun. 1269. — LITTERA PATENS MAGISTRO ODONI DE MONTONERIA PRO GAUBERTO ET JORDANO DE COMBABONETI, FRATRIBUS.

Alfonsus, *etc.*, dilecto et fideli suo clerico magistro Odoni de Montoneria, salutem et dilectionem. Cum inter Gaubertum Girvalis et Jordanum de Combaboneti, fratres, milites, ex parte una, et Gaubertum de Tesaco, filium quondam Raymundi de Planellis, ex altera, super terris et possessionibus cultis et incultis, existentibus inter rivum de Lauriolta et Quercum Crosatam et stratam publicam de Cambolt et rivum de Gaudailha [1], coram dilecto et fideli nostro Johanne de Angervilari, milite, senescallo nostro Agenensi et Caturcensi, questio verteretur, ac in prefatum senescallum nostrum fuisset a dictis partibus de dicta questione, ut dicitur, compromissum, ita videlicet quod idem

---

[1] Je n'ai point retrouvé ces ruisseaux sur la carte, mais je crois que le lieu de *Cambolt* est Camboulit (Lot), cant. de Figeac ; *Lauriolta* et *Gaudailha* seraient donc les noms de deux petits affluents du Drouzon.

senescallus questiones, si posset, amicabiliter decideret, vel si non posset hoc facere, quod facta legitima inquisicione super dictis questionibus, auditis hinc inde racionibus super hoc, jus decerneret inter partes, ac dictus senescallus, forma dicti compromissi minime observata ac juris ordine pretermisso, in dicto compromisso processerit, sicut fertur, vobis mandamus quatinus, vocatis qui fuerint evocandi auditisque racionibus parcium, prout vobis de forma compromissi constare poterit, quod justum fuerit decernatis, inhibentes dicto senescallo ex parte nostra ne ad execucionem arbitrii predicti, pendente coram vobis negocio, procedat, si tamen id sine offensa juris et absque partium prejudicio videritis faciendum. Datum anno Domini millesimo ducentesimo sexagesimo nono, die sabbati proxima post festum sancti Bernabe (*sic*) apostoli.

1465

18 jun. 1269. — SENESCALLO AGENENSI ET CATURCENSI PRO STEPHANO BONITOZETI.

Alfonsus, *etc.*, senescallo Agenensi et Caturcensi, *etc.* Veniens ad nos Stephanus Bonitozeti nobis lacrimabiliter est conquestus quod Bozo de Rovinhano, miles, decem et septem vaccas ipsius Stephani eidem per violenciam abstulit, et multa turpia convicia gravesque et enormes injurias, ut asserit, eidem irrogavit. Unde vobis mandamus quatinus ipsum Stephanum super premissis diligenter audiatis, et vocato dicto milite, auditis racionibus parcium, de personis et rebus ad jurisdicionem nostram spectantibus exhibeatis eidem celeris justicie complementum, predictas vaccas quas sesiri fecistis, ut dicit idem Stephanus, eidem, prout justum fuerit, restitui facientes, et injurias, prout condecet, emendari, jure nostro servato et alieno, taliter super hiis vos habentes ne dictum Stephanum ad nos oporteat ulterius habere recursum. Datum die martis ante festum nativitatis beati Johannis Baptiste, anno Domini M° CC° LX° nono.

1466

[SENESCALLO PRO ARNALDO GUILLELMO DE PODAINHS.]

Alfonsus, *etc.*, senescallo Agenensi et Caturcensi, *etc.* Ex parte Arnaldi Guillelmi de Podainhs, clerici, et Bernardi, fratris ejus, nobis est conquerendo monstratum quod Amalvinus de Sancto Agenesio (*sic*) et Raymundus[1]...

1467

20 jun. 1269. — [PHILIPPO DE CATURCO, FRANCIE CANCELLARIO, PRO EPISCOPO CATURCENSI.]

Alfonsus, *etc.*, venerabili viro et dilecto suo magistro Philipo de Caturco, illustrissimi et karissimi domini ac fratris sui Ludovici, Dei gracia regis Francie, cancellario[2], salutem et dilectionem sinceram. Significamus vobis quod forma commissionis, contenta in quadam cedula presentibus interclusa, super negocio quod contingit episcopum Caturcensem ex una parte et nos ex altera, per fidelem nostrum subdecanum Carnotensem concordata nobis placet :

Ludovicus, Dei gracia Francorum rex, discretis viri priori Bruen.[3] et magistris Guillelmo Ruffi et Guillelmo de Clusello, canonicis Caturcensibus, salutem et dilectionem. Dilecto et fideli nostro episcopo Caturcensi intelleximus conquerente quod karissimus frater et fidelis noster comes Pictavie et Tholose, senescallus, ballivi ac servientes sui sibi, hominibus et gentibus suis injuriantur super pluribus et diversis. Intelleximus eciam versa vice quod dictus episcopus, officialis, ballivi et gentes sue super multis dicto fratri nostro et fideli, hominibus et gentibus suis injuriosus existit, non solum in temporalibus, sed eciam

---

[1] La suite n'a pas été écrite. (Voir, plus loin, l'acte complet, n° 1469.)

[2] On n'a pas d'autre mention de ce chancelier, qui appartenait à une famille de banquiers bien connue; le père de ce Philippe avait avancé des sommes importantes à Simon de Montfort pendant la guerre des Albigeois.

[3] *Sic* dans le manuscrit; il faut lire *Brivensi*. (Voir plus loin, n° 1491.)

in aliis que ad forum suum ecclesiasticum asserit pertinere. Hinc est quod vobis mandamus quatinus vos tres, aut vos prior cum altero dictorum magistrorum, ita quod vos prior et alter, qui una vobiscum presens fuerit, die vel diebus ad inquirendum a vobis partibus assignatis, excusacionem tercii minime expectetis, nisi legitimo impedimento detentus vel detenti se duxerit vel duxerint legitime excusandos, in quo casu dicti magistri vel alter eorum, si legitimo impedimento, scilicet causa infirmitatis detentus vel detenti fuerit vel fuerint legitime excusatus vel excusati, possit vel possint loco sui alium subrogare, super injuriis et violenciis hinc inde illatis, quas utraque pars proponere voluerit coram vobis, inquiratis diligencius veritatem, recipiendo et examinando testes quos coram vobis super dictis injuriis et violenciis utraque pars duxerit producendos, et easdem injurias et violencias sive questiones super articulis, qui a partibus vobis super premissis traditi fuerint, si poteritis, vos prior cum dictis magistris vel cum altero eorundem pace vel judicio terminetis. Alioquin inquisiçionem a vobis factam sub sigillis vestris nobis ad diem jovis proximam post quindenam instantis festi beati Martini hyemalis Parisius remittatis inclusam. Ab hac autem inquisicione intelligimus ea esse excepta, scilicet proprietates et possessiones vel quasi feudorum ac eciam censivarum. Intelligimus tamen, non obstante excepcione predicta, dictos inquisitores sub forma predicta posse inquirere ac eciam pace vel judicio terminare negocium paxerie, que dicitur ex parte dicti comitis per gentes dicti episcopi fuisse diruta vel destructa, si de ea, non obstante eo quod de dicta paxeria per senescallum nostrum Petragoricensem actum est, dicti inquisitores de jure vel consuetudine viderint inquirendum. Hec autem et omnia supradicta, assencientibus partibus, modo predicto duximus ordinanda. Datum, etc.

Actum Parisius, die jovis ante nativitatem beati Johannis Baptiste, anno Domini M° ducentesimo LX° nono.

1468

23 jun. 1269. — [Senescallo Agenensi pro Johanne et Guillelmo de Guillermia.]

Alfonsus, *etc.*, senescallo Agenensi et Caturcensi, *etc.* Ex parte Johannis et Guillelmi de Guillermia et Stephani, eorumdem avunculi, nobis datum est intelligi quod super dampnis et injuriis ab aliquibus malivolis in villa de Rayllaco [1] et pertinenciis ejusdem datis eisdem et hominibus suis, per vos, ut dicitur, [extitit] inquisitum. Unde vobis mandamus quatinus, si est ita, visa et diligenter inspecta ipsa inquesta, secundum quod per eandem de facto hujusmodi vobis constare poterit, predictis exhibeatis mature justicie complementum, prout de jure vel consuetudine fuerit faciendum. Datum die dominica in vigilia nativitatis beati Johannis Baptiste, anno Domini M° CC° LX° nono.

1469

(Fol. 111.) 19 jun. 1269. — Senescallo Agenensi et Caturcensi pro Arnaudo Guillelmi de Podains, clerici (*sic*), et Bernardo, fratre ejus, super fractione molendini.

Alfonsus, *etc.*, senescallo Agenensi et Caturcensi, *etc.* Ex parte Arnaudi Guillelmi de Podainhs, clerici, et Bernardi, fratris ejus, nobis est conquerendo monstratum quod Amiliavus de Sancto Genesio et Raymundus de Sancto Georgio, domicelli de Montecuco [2], in quoddam molendinum commune dictis fratribus, existens in honore et districtu dicti castri Montiscuci, cum armis hostiliter irruerunt [3], ac ipsum molendinum temere invadentes, utensilia ac instrumenta dicti molendini contra justiciam asportarunt aliasque injurias et molestias eisdem inferre temere attemptarunt. Unde vobis mandamus quatinus super premissis injuriis et gravaminibus eisdem fratribus a predictis

---

[1] Peut-être Reilhac, Lot, cant. Livernon. — [2] Montcuq, Lot. — [3] Première leçon : *intraverunt*.

valetis, ut dicitur, temere perpetratis, veritatem plenius inquirentes, si ita fore inveneritis, dampna passis restitui et injurias emendari, prout justum fuerit, faciatis, invasoresque ad condignas emendas secundum jus et consuetudinem patrie pro dictis excessibus puniatis, predictis fratribus a dictis domicellis assecuramentum prestari, si petierint, facientes, justicia mediante. Datum die mercurii ante nativitatem beati Johannis Baptiste, anno Domini m° cc° lx° nono.

1470

19 jun. 1269. — SENESCALLO AGENENSI ET CATURCENSI PRO GUILLELMO, DOMICELLO.

Alfonsus, *etc.*, senescallo Agenensi et Caturcensi, *etc.* Guillelmo de Mota, domicello, Caturcensis dyocesis, intelleximus referente quod Bernardus Hugonis, miles, possessione quarundam terrarum, emptarum per eundem, ut asserit, a Bernardo de Sancto Privato, milite, et ejus uxore, ipsum expulit et cum armis. Quare vobis mandamus quatinus, si de predicta violencia eidem facta cum armis, ut dictum est, vobis constiterit, possessionem predictorum eidem restitui faciatis, justicia mediante, eundem militem pro deportacione armorum, ut condecet, puniendo. Datum die mercurii ante festum beati Johannis Baptiste, anno Domini m° cc° lx° nono.

1471

18 jun. 1269. — SENESCALLO AGENENSI ET CATURCENSI PRO BERNARDO DE PODAINIIS SUPER DOMO FRACTA.

Alfonsus, *etc.* Ex parte Bernardi de Podains, Caturcensis dyocesis, nobis intimatum extitit conquerendo quod Amilliavus de Sancto Genesio, Polverellus, Raymundus de Sancto Georgio et plures alii, quorum nomina vobis lator presencium explanabit, domum suam de Ripparia de Podio Petroso[1] temeritate propria hostiliter invaserunt,

---

[1] Probablement Pépeyrou, Lot-et-Garonne, comm. Saint-Front.

hostium dicte domus, quod clausum et firmatum invenerunt, fregerunt ac aliqua utensilia, in dicta domo existencia, fracta et diruta per fenestras per violenciam projecerunt, Guidonemque, servientem dicti Bernardi, usque ad effusionem sanguinis attrociter verberaverunt. Quocirca vobis mandamus quatinus, vocatis qui fuerint evocandi, super predictis dampnis et injuriis veritatem diligencius inquiratis, quod si ita fore inveneritis, injuriam passis satisfactionem et emendam condignas fieri facientes, illosque quos super predictis culpabiles inveneritis, juxta qualitatem delicti pro dictis excessibus puniatis, competentesque emendas ab ipsis faciatis exigi et levari, prout de jure vel consuetudine patrie fuerit faciendum. Datum die martis ante festum nativitatis beati Johannis Baptiste, anno Domini m° cc° lx° nono.

1472

19 jun. 1269. — SENESCALLO AGENENSI ET CATURCENSI PRO HOMINIBUS MONTISCUCI [DE RECTORE ECCLESIE DICTI LOCI CONQUERENTIBUS.]

Alfonsus, *etc.* Ex sugestione hominum nostrorum Montiscuci, dyocesis Caturcensis, nobis extitit intimatum quod rector ecclesie ejusdem loci super decimis, primiciis et quibusdam aliis novitatibus, per potenciam laicorum et cum armis predicta colligendo, ut asserunt, ipsos multipliciter aggravat et molestat, necnon eciam de rebus de quibus cognicio ad curiam nostram spectat, ut asserunt, coram se compellit respondere, in nostre curie prejudicium et gravamen justicias et clamores ab ipsis exigendo et levando, que per curiam nostram deberent exigi et levari. Quapropter vobis precipimus et mandamus quatinus, si dictum rectorem vobis constiterit pretextu potencie laicalis aliquas novitates inferre hominibus supradictis, potenciam laicorum, prout justum fuerit, reprimatis, ipsos super deportacione armorum, prout condecet, puniendo, inhibentes eisdem ne de hiis que ad cognicionem nostre curie pertinent coram dicto capellano comparere audeant vel etiam respondere. Insuper dictum capellanum moneatis et eidem sub fidelitate nobis prestiti ab ipso juramenti, ut dicitur, et sub interminacione amissionis feudi quod tenet a nobis, [ne] jurisdicionem nostram audeat usurpare terrasve nostras occupare, quas jam occupasse dicitur et aliis in emphiteosim tradidisse, de quibus, si vobis constare poterit, feodum quod tenet a nobis saisiatis et tandiu saisitum teneatis quousque de predictis excessibus, de quibus cohercio ad nos pertinet, compescatur et emendam de predictis fecerit competentem. Datum die mercurii ante festum nativitatis beati Johannis Baptiste, anno Domini M° CC° LX° nono.

1473

20 jun. 1269. — PONCIO ASTOAUDI, MILITI, ET MAGISTRO ODONI DE MONTONERIA PRO ABBATE ET CONVENTU BELLEPERTICE.

Alfonsus, *etc.*, senescallo Agenensi et Caturcensi[1], *etc.* Ex parte religiosorum virorum abbatis et conventus Bellepertice, Cisterciensis ordinis, nobis[2] est conquerendo monstratum quod homines universitatis bastide nostre de Dunis[3] ad grangiam de Donzac[4], ad suum monasterium pertinentem, cum armis venientes, eandem grangiam invaserunt, monachos et conversos ejusdem grangie graviter percusserunt, boves et animalia exinde violenter rapuerunt, et contra voluntatem dictorum religiosorum in terris eorum se ingerunt, possessiones eorum violenter laborantes et in eorum pascua boves et alia sua animalia inducentes, multasque alias injurias et plurima dampna et gravamina eisdem intulerunt et inferre non verentur incessanter, in grave ipsius monasterii dampnum, prejudicium et gravamen. Unde vobis mandamus quatinus dictos religiosos super premissis diligenter audiatis, et vocatis dictis hominibus et qui fuerint evocandi, auditis racionibus parcium, de personis et rebus ad jurisdicionem nostram spectantibus exhibeatis celeris justicie complementum, taliter super hiis vos habentes quod propter deffectum juris vel vestrum non oporteat ipsos religiosos ad nos ulterius

---

[1] Première leçon : *dilectis et fidelibus suis Poncio Astoaudi, militi, et magistro Odoni de Montoneria.*

[2] Ici le mot *pluries* raturé.

[3] Dunes, Tarn-et-Garonne, cant. Auvillars.

[4] Donzac, Tarn-et-Garonne, cant. Auvillars.

laborare. Scituri nos fidelibus nostris Poncio Astoaudi, militi, et magistro Odoni de Montoneria mandavisse quod, si super premissis negligentem vos invenerint vel remissum, ipsi negligenciam et deffectum vestrum suppleant in hac parte, dictis religiosis super premissis faciendo bonum jus et maturum. Datum die jovis ante festum nativitatis beati Johannis Baptiste, anno Domini м° cc° lx° nono.

1474

20 jun. 1269. — PONCIO ASTOAUDI, MILITI, ET MAGISTRO ODONI DE MONTONERIA PRO EISDEM RELIGIOSIS.

Alfonsus, *etc.*, dilectis et fidelibus suis Poncio Astoaudi, militi, et magistro Odoni de Montoneria, *etc.* Cum ex parte religiosorum virorum abbatis et conventus Bellepertice, Cisterciensis ordinis, nobis fuerit conquerendo monstratum quod homines universitatis bastide nostre de Dunis ad grangiam de Donzac, ad suum monasterium pertinentem, cum armis venientes, eandem grangiam invaserint, monachos et conversos ejusdem grangie graviter percusserint, boves et animalia ejusdem loci violenter rapuerint et contra voluntatem ipsorum religiosorum in terris ipsorum se ingesserint, possessiones ipsorum violenter laborantes et in eorum pascua boves et alia sua animalia inducentes, multasque alias injurias et plurima dampna et gravamina eisdem intulerint et inferre non verentur incessanter, in ipsorum prejudicium non modicum et gravamen, et nos dilecto et fideli nostro senescallo Agenensi et Caturcensi per nostras dederimus litteras in mandatis, quod dictos religiosos super hiis audiat diligenter, vocatis qui fuerint evocandi, et de personis laicis sub jurisdicione nostra existentibus, auditis racionibus parcium, exhibeat eisdem celeris justicie complementum, vobis mandamus quatinus, si dictus senescallus noster in exhibenda sibi justicia super hiis negligens vel remissus extiterit, vos ipsos super hoc audiatis et de personis laicis et rebus ad nostram jurisdicionem spectantibus, vocatis qui fuerint evocandi, auditis racionibus parcium, faciatis eisdem bonum jus et maturum, taliter quod per defectum juris ipsos non oporteat ad nos ulterius habere recursum. Datum die jovis ante festum nativitatis beati Johannis Baptiste, anno Domini m° cc° lx° nono.

1475

(Fol. 112.) 20 jun. 1269. — SENESCALLO AGENENSI ET CATURCENSI PRO PRIORE DE MEDICINO, SUPER QUADAM INQUESTA FACTA, UT DICITUR, PER BONUM TOUZETUM, QUONDAM JUDICEM IN AGENESIO.

Alfonsus, *etc.*, senescallo Agenensi et Caturcensi, *etc.* Cum, sicut ex parte religiosi viri prioris de Medicino[1] nobis datum sit intelligi[2], quedam inquesta de mandato nostro per Bonum Tosetum, tunc judicem in Agenesio, facta extiterit super desesina facta per Johannem Segnore quorundam jurium seu jurisdicionum ad dictum prioratum de Medicino, ut dicitur, spectancium, vobis iterato mandamus, prout alias vobis scripsimus, quatinus a dicto Bono Toseto vel ab alio qui inquestam habuerit, eandem repetatis, et si vobis constiterit quod dicta inquesta de mandato nostro facta extiterit sufficienter, quantum ad nos pertinet, secundum inquestam eandem negocium terminetis. Quod si dicta inquesta reperiri nequiverit, super premissis addiscatis diligencius veritatem, et servato jure nostro, ea que contra dictum prioratum injuste fuerint attemptata, quantum ad nos pertinet, ad statum reduci debitum faciatis. Datum die jovis ante nativitatem beati Johannis Baptiste, anno Domini m° cc° lx° nono.

1476

20 jun. 1269. — SENESCALLO AGENENSI ET CATURCENSI PRO ABBATE MONASTERII MONTISALBANI.

Alfonsus, *etc.*, senescallo Agenensi et Caturcensi, *etc.* Veniens ad nos vir religiosus abbas monasterii Montisalbani nobis conquerendo monstravit quod tam per senescallos nostros Agenenses et Caturcenses, qui pro tempore fuerunt, quam per bajulos eorundem super quibus-

---

[1] Mézin, Lot-et-Garonne. — [2] Ici le mot *quod* que nous supprimons.

dam juribus et possessionibus ad dictum monasterium spectantibus, presertim contra tenorem cujusdam composicionis dudum facte inter bone memorie Raymundum, quondam comitem Tholose, predecessorem nostrum, ex una parte, et Albertum[1], tunc abbatem dicti monasterii, ex altera[2], monasterium ipsum contra justiciam, ut dicitur, extitit spoliatum et in plerisque turbatum. Cum itaque per nostras litteras alias vobis mandaverimus quod ipsum abbatem, tam super hiis quam aliis que coram vobis vellet proponere, audiretis, et communicato consilio dilectorum et fidelium nostrorum Sycardi Alemanni, Poncii Astoaudi, militum, et magistri Odonis de Montoneria, seu aliquorum de ipsis, si omnes interesse nequirent, sine prejudicio alterius quantum ad nos pertinet, pace vel judicio causam hujusmodi terminaretis, et si quid dubium vobis emergeret quod commode terminare non possetis, illud in scriptis redactum et consilium vestrum et predictorum nobis remittere deberetis, et idem abbas nobis dederit intelligi quod propter absenciam dictorum Sycardi, Poncii et magistri Odonis nondum in ipso negocio plene est processum, iterato vobis mandamus quatinus, non obstante predictorum absencia, predictum abbatem super premissis diligenter audiatis et causam, prout alias vobis mandavimus, pace vel judicio, quantum ad nos pertinet, sine alterius prejudicio, de bonorum consilio terminetis. Si quid vero dubium vobis emerserit, quod per vos commode terminari non possit, illud dubium in scriptis redactum et consilium vestrum nobis, quam cito commode poteritis, remittatis, taliter super hiis vos habentes quod propter deffectum juris vel vestrum ipsum abbatem non oporteat ad nos ulterius laborare. Ceterum dictum abbatem super ecclesia d'Ordalhais[3] et decimis ejusdem a laicis, de nostra jurisdicione existentibus, non permittatis indebite molestari. Datum die jovis ante festum nativitatis beati Johannis Baptiste, anno Domini M° CC° LX° nono.

---

[1] Abbé de Montauban de 1231 à 1236.

[2] Il s'agit ici de l'accord du 13 octobre 1231, publié dans Teulet, *Layettes du trésor*, II, 221-223.

[3] Église de la banlieue de Montauban, près de Saint-Martial, citée par M. Longnon, *Pouillé de Cahors*, art. 555, sous la forme *Ordallilas*.

1477

21 jun. 1269. — LITTERA PATENS PRO VICECOMITISSA LEOMANIE.

Alfonsus, *etc.*, senescallo Agenensi et Caturcensi, *etc.* Mandamus vobis quatinus Raymundum Giraudi de Moissiaco, filium defuncti Stephani Giraudi, qui proventus et redditus castri Altivilaris [1] ab executoribus testamenti defuncti Arnaudi Othonis, quondam vicecomitis Leomagnie, emisse dicitur usque ad quinquennium, ut vicecomitisse [2], uxori quondam dicti vicecomitis, de dote sua et quibusdam aliis creditoribus dicti vicecomitis satisfiat, ab indebitis molestiis et violenciis conservetis super illis bonis et de aliis personis, de quibus jurisdicio ad nos spectat, salvo jure nostro et quolibet alieno. Datum anno Domini M° CC° LX° nono, die veneris ante festum nativitatis beati Johannis Baptiste.

1478

21 jun. 1269. — PRO RAYMUNDO DE CALCIATA.

Alfonsus, *etc.*, senescallo Agenensi et Caturcensi, *etc.* Veniens ad nos Raymundus de Calciata, domicellus, nobis conquerendo exposuit quod homines bastide nostre de Moleriis [3] multas injurias, dampna et violencias eidem inferunt cum armis, indebite sicut dicit. Quare vobis mandamus quatinus, vocatis dictis hominibus et qui fuerint evocandi, inquiratis super premissis dampnis, injuriis et violenciis diligencius veritatem. Et si quid contra eundem domicellum per dictos homines inveneritis indebite et per violenciam attemptatum, eidem faciatis dampna restitui et injurias, prout justum fuerit, emendari, eosdem homines quos super hiis culpabiles repereritis pro delacione armorum, pensatis qualitate delicti et condicionibus hominum, ad emendas condignas puniatis, justicia mediante. Ceterum vobis mandamus ut homines,

---

[1] Auvillars, Tarn-et-Garonne. — [2] Voir plus haut, n° 1431. — [3] Molières, Tarn-et-Garonne.

AGENAIS ET QUERCY [1269].

quos legitime probare poterit esse suos proprios de corpore, et qui in dicta bastida nostra de Moleriis sunt recepti, eidem, prout justum fuerit, remittatis, nec de cetero eosdem nec tales in dicta bastida recipiatis vel recipi permittatis. Datum die veneris ante festum nativitatis beati Johannis Baptiste, anno Domini m° cc° lx° ix°. — Ceterum vobis mandamus ut super hiis que coram vobis contra dictos homines proponere voluerit diligenter audiatis, et vocatis qui fuerint evocandi, auditis hinc inde racionibus, faciatis eisdem mature justicie complementum, de personis tamen et rebus quas ad nostram jurisdicionem noveritis pertinere. Datum ut supra.

1479

22 jun. 1269. — SENESCALLO AGENENSI ET CATURCENSI PRO MONTASINO SUPER TRIBUS EQUIS SIBI ILLATIS (*sic*).

Alfonsus, *etc.*, senescallo Agenensi et Caturcensi, *etc.* Bernardo de Rameiano, milite, pro Montasino, nepote suo, accepimus conquerente quod Gailhardus de Lauro, miles, eidem Montasino tres equos cum manu armata abstulit minus juste, et quos se habuisse, ut dicitur, coram judice recognovit dictus Gaillardus. Unde vobis mandamus quatinus ipsum Montasinum, vocatis dicto Gaillardo et qui fuerint evocandi, diligenter audiatis, et auditis racionibus parcium, faciatis eidem bonum jus et maturum super hiis et de quibus jurisdicio ad nos spectat, et super delacione armorum ipsum puniatis, prout justum fuerit et consonum racioni. Datum die sabbati ante nativitatem beati Johannis Baptiste, anno Domini m° cc° lx° nono.

1480

22 jun. 1269. — SENESCALLO AGENENSI ET CATURCENSI PRO BERNARDO DE RAMEIANO SUPER QUODAM ARBITRIO.

Alfonsus, *etc.*, senescallo Agenensi et Caturcensi, *etc.* Bernardo de Rameiano, milite, accepimus conquerente quod Guillelmus Raymundi de... [1] quoddam arbitrium, prolatum in quadam causa mota inter ipsos, servare non vult nec ei stare sicut debet, propter quod petit ipsum compelli stare arbitrio et ipsum servare. Unde vobis mandamus quatinus ipsum Bernardum super hoc diligenter audiatis, vocato dicto Guillelmo, et auditis racionibus parcium, super hiis et de quibus jurisdicio ad nos spectat, faciatis eidem bonum jus et maturum. Datum die sabbati ante nativitatem beati Johannis Baptiste, anno Domini M° CC° LX° nono.

1481

22 jun. 1269. — SENESCALLO AGENENSI ET CATURCENSI PRO BERNARDO DE RAMAIANO, MILITE, SUPER QUODAM FEODO.

Alfonsus, *etc.*, senescallo Agenensi et Caturcensi, *etc.* Vobis mandamus quatinus Bernardum de Ramaiano, militem, super hiis que proponenda duxerit coram vobis contra Jordanum de Cassanera super quodam feodo, quamvis sit de honore castri dicti Bernardi, nichillominus dictus Jordanus negat ipsum sibi pertinere, diligenter audiatis, vocatis dicto Jordano et qui fuerint evocandi, et auditis racionibus parcium, faciatis eidem bonum jus et maturum super hiis de quibus jurisdicio ad nos spectat. Datum die sabbati ante nativitatem beati Johannis Baptiste, anno Domini M° CC° LX° nono.

1482

22 jun. 1269. — SENESCALLO AGENENSI ET CATURCENSI PRO ARNAUDO [DE] GONTAUT ET FRATRIBUS SUIS SUPER PEDAGIO ET ALIIS JURIBUS.

Alfonsus, *etc.*, senescallo Agenensi et Caturcensi, *etc.* Mandamus vobis quatinus Arnaldum de Gontaut, Petrum de Gontaut et Henricum, fratres, super hiis que proponenda duxerint coram vobis contra homines de Castilhonès[2], Agenensis dyocesis, super pedagio et aliis juribus sibi impeditis per ipsos homines, ut dicitur, minus juste, dili-

---

[1] Ici un mot abrégé, à peu près illisible : *Prubns* ou *Peubns*. Faut-il lire *Pinibus* ? —
[2] Castillonnès, Lot-et-Garonne.

genter audiatis, et vocatis dictis hominibus et qui fuerint evocandi, auditis racionibus parcium, super hiis et de quibus jurisdicio ad nos spectat, faciatis eisdem bonum jus et maturum. Datum die sabbati ante festum nativitatis beati Johannis Baptiste, anno Domini m° cc° lx° nono.

1483

(Fol. 113.) 22 jun. 1269. — SENESCALLO AGENENSI ET CATURCENSI PRO ARNALDO [DE] GONTAUT, PETRO [DE] GONTAUT ET HENRICO, FRATRIBUS, SUPER COLLE[C]TA DE MONTEFLANQUINO.

Alfonsus, *etc.*, senescallo Agenensi et Caturcensi, *etc.* Arnaudo de Gontaut, Petro de Gontaut et Henrico, fratribus, accepimus conquerentibus quod homines Montisflanquini[1] compellunt ipsos et homines suos solvere collectam ad construendam villam minus juste, cum non teneantur nec deberentur ad hoc compelli. Unde vobis mandamus quatinus ipsos super hoc diligenter audiatis, vocatis dictis hominibus Montisflanquini et qui fuerint evocandi, et auditis parcium racionibus, faciatis eisdem bonum jus et maturum super hiis et de quibus jurisdicio ad nos spectat. Datum die sabbati ante nativitatem beati Johannis Baptiste, anno Domini m° cc° lx° nono.

1484

22 jun. 1269. — SENESCALLO AGENENSI ET CATURCENSI PRO ARNAUDO DE GONTAUT ET PETRO DE GONTAUT ET HENRICO, FRATRIBUS, SUPER DOMO ET VINEIS DE GONTAUT SAISITIS.

Alfonsus, *etc.*, senescallo Agenensi et Caturcensi, *etc.* Mandamus vobis quatinus Arnaudum de Gontaut et Petrum de Gontaut et Henricum de Gontaut, fratres, super hiis que proponenda duxerint coram vobis contra bajulum Marmande super quadam domo et quibusdam vineis de Gontaut[2], per ipsum bajulum detentis, ut dicitur, minus juste, dili-

---

[1] Monflanquin, Lot-et-Garonne. — [2] Gontaud, Lot-et-Garonne, cant. Marmande.

genter audiatis, vocato dicto bajulo et qui fuerint evocandi [et] auditis racionibus parcium, faciatis eisdem bonum jus et maturum super hiis et de quibus jurisdicio ad nos spectat. Datum die sabbati ante festum nativitatis beati Johannis Baptiste, anno Domini M° CC° LX° nono.

1485

22 jun. 1269. — SENESCALLO AGENENSI ET CATURCENSI PRO GUILLELMO ESCLAMART SUPER FACTO DE DUNIS ET DE DONZACO.

Alfonsus, *etc.*, senescallo Agenensi et Caturcensi, *etc.* Cum, sicut ex parte Guillelmi Esclamart, pro se et nepotibus suis, nobis est intimatum, vobis per nostras scripserimus litteras, ad instanciam vicecomitis Leomagnie, quod super jure quod idem vicecomes in bastida de Dunis [1] et de Donzaco [2] asserit se habere inquire[re]tis veritatem vel faceretis inquiri, que quidem inquisicio in prejudicium dicti Guillelmi et nepotum suorum redundaret, ut dicitur, nisi deffensiones eorum legitime audirentur, vobis mandamus quatinus in facienda inquisicione predicta dictum Guillelmum pro deffendendo jure suo et nepotum suorum vocetis, si inquestam feceritis, vel vocari faciatis per illum quem ad dictam inquestam faciendam substitueritis loco vestri, et ad hoc similiter pro nobis constituatis ydoneum deffensorem. Ceterum, cum ex parte ejusdem nobis sit intimatum quod super facto de Donzaco dudum de mandato nostro inquisicio fuit facta, mandamus vobis quatinus, si vobis constiterit dictam inquestam de mandato nostro sufficienter factam fuisse et de consensu parcium [3], vocatis partibus, servato jure nostro et alieno, in inquesta eadem procedatis secundum quod justum fuerit, nisi sit aliud racionabile quod obsistat. Datum die sabbati ante [4] nativitatem beati Johannis Baptiste, anno Domini M° CC° LX° nono.

[1] Dunes, Tarn-et-Garonne, cant. Auvillars.
[2] Donzac, cant. Auvillars.
[3] Ici le scribe a répété les mots : *mandamus vobis quatinus*.
[4] Ici le mot *festum* biffé.

1486

22 jun. 1269. — SENESCALLO AGENENSI ET CATURCENSI PRO GUILLELMO ESCLAMART ET NEPOTIBUS SUIS SUPER PEDAGIO.

Alfonsus, *etc.* Mandamus vobis quatinus Guillelmum Esclamart super hiis que pro se et nepotibus suis contra homines et universitatem Grandis Castri[1] proposuerit coram vobis, super eo videlicet quod quoddam pedagium quod Bernardus de Duroforti et Raymundus Benardi, quondam fratres dicti Guillelmi, percipere consueverunt, ut dicit, in loco qui dicitur Apnervilla[2], impediunt dicto Guillelmo et suis nepotibus dicti homines nec eos permittunt dictum pedagium pacifice possidere, diligenter audiatis, et vocatis dictis hominibus, auditis eorum racionibus, de personis et rebus ad jurisdicionem nostram spectantibus faciatis eis bonum jus et maturum. Datum die sabbati ante festum nativitatis beati Johannis Baptiste, anno Domini M° CC° LX° nono.

1487

22 jun. 1269. — SENESCALLO AGENENSI ET CATURCENSI PRO ARNALDO DE GONTAUT, P. DE GONTAUT ET HENRICO, FRATRIBUS, SUPER FACTO HOMINUM MONTIS REGALIS.

Alfonsus, *etc.*, senescallo Agenensi et Caturcensi, *etc.* Mandamus vobis quatinus Arnaudum de Gontaut, Petrum de Gontaut et Henricum, fratres, super hiis que proponenda duxerint coram vobis contra homines Montis Regalis[3] super pedagio, quod sibi, ut dicitur, impediunt, et super pignoracionibus sibi et hominibus suis per ipsos homines minus juste [factis], diligenter audiatis, vocatis dictis hominibus et qui fuerint evocandi et auditis racionibus parcium, faciatis eisdem bonum jus et maturum super hiis et de quibus jurisdicio ad nos spectat. Datum die sabbati ante nativitatem beati Johannis Baptiste, anno Domini M° CC° LX° nono.

---

[1] Aujourd'hui Puymirol, Lot-et-Garonne.

[2] Je ne retrouve sur les cartes aucun lieu de ce nom aux environs de Puymirol.

[3] Probablement Montréal, Lot-et-Garonne, comm. Saint-Cyr.

1488

22 jun. 1269. — PRO MICHAELE DE MONTEGAILLARDO ET SUIS SORORIBUS [1].

Alfonsus, *etc.*, senescallo Tholose et Albiensis, *etc.* Michaele de Montegaillardo accepimus conquerente quod Jacobus de Bosco saisivit omnia bona et hereditatem que fuerunt quondam defuncti Raymundi de Tholosa, patris sui, ob hoc quod Bertholomeus, frater suus, fuit condempnatus de heresi. Unde petit bannum removeri pro rata sibi spectante et sororibus suis. Unde vobis mandamus quatinus ipsum Michaellem et sorores suas, vocato dicto Jacobo pro jure nostro servando, diligenter audiatis et de consilio inquisitorum faciatis eisdem bonum jus et maturum. Datum die sabbati ante nativitatem beati Johannis Baptiste, anno Domini M° CC° LX° nono.

1489

22 jun. 1269. — PONCIO ASTOAUDI, MILITI, ET MAGISTRO ODONI DE MONTONERIA PRO ABBATE SANCTI SATURNINI.

Alfonsus, *etc.*, dilectis et fidelibus suis Poncio Astoaudi, militi, et magistro Odoni de Montoneria, clerico, *etc.* Mandamus vobis quatinus inquestam factam super castro de Vaqueriis [2] nobis vobiscum afferatis, cum ad nos veneritis ad instans parlamentum, ad terciam diem post quindenam Omnium sanctorum proximo venturam. Et hoc non dimittatis. Datum die sabbati ante nativitatem beati Johannis Baptiste, anno Domini M° CC° LX° nono.

1490

22 jun. 1269. — [SENESCALLO AGENENSI PRO HOMINIBUS MONTISCUCI.]

Alfonsus, *etc.*, senescallo Agenensi et Caturcensi, *etc.* Cum ex parte

---

[1] Acte cancellé; il aurait dû figurer plus haut, dans le cahier de Toulouse.

[2] Vacquiers, Haute-Garonne, canton Fronton, localité appartenant à l'abbaye de Saint-Sernin. Cet acte aurait dû être placé dans le cahier de Toulouse.

hominum Montiscuci [1] nobis fuerit suplicatum quod nos compellere faciamus bajulum seu bajulos dicti loci ad petendum et recipiendum bladatam et vinatam tempore et mensura et locis debitis et statutis, quod nolunt facere, unde dampna sustinuerunt, vobis mandamus quatinus dictos homines super hoc diligenter audiatis, vocatis bajulis et qui fuerint evocandi, et addiscatis diligenter quibus temporibus et qua mensura consueverunt solvi, et an bajuli consueverunt ire quesitum per hospicia debencium vel si consueverint defferri ad hospicia bajulorum, et sibi super hiis faciatis bonum jus et maturum. Datum die sabbati ante festum nativitatis beati Johannis Baptiste, anno Domini M° CC° LX° nono.

Édité dans *Hist. de Languedoc* (nouv. édit.), VIII, col. 1679.

1491

22 jun. 1269. — PROCURATORIUM PATENS PRO DOMINO COMITE CONTRA EPISCOPUM CATURCENSEM. (TERCIO FOLIO SEQUENTI EST [2].)

Alfonsus, filius regis Francie, comes Pictavie et Tholose, universis presentes litteras inspecturis, salutem in Domino. Notum facimus quod nos dilectos nostros Johannem Cofferii, clericum nostrum, et Raymundum Vassalli nostros constituimus procuratores seu deffensores, quemlibet eorum in solidum, ita quod non sit melior condicio occupantis, in causa inquisicionis faciende super mutuis injuriis et violenciis, super quibus questio vertitur inter venerabilem patrem episcopum Caturcensem et suos ex una parte et nos et nostros ex altera, que quidem inquisicio de assensu dicti episcopi et nostro commissa est facienda magistro Guillelmo de Clusello pro parte dicti episcopi et magistro Guillelmo Ruffi pro parte nostra, priore Brivensi auctoritate karissimi domini et fratris nostri Ludovici, Dei gracia Francorum regis illustris, ad hoc cum predictis duobus tercio deputato, ratum et gratum habituri quicquid per dictos procuratores vel eorum alterum quantum ad premissa actum fuerit seu eciam procuratum, promittentes sub ypo-

[1] Montcuq, Lot. — [2] Cet acte est cancellé dans le registre; voir plus loin, n° 1501.

theca rerum nostrarum, si neccesse fuerit, judicatum solvi. Et hoc dictis inquisitoribus et aliis quorum interest tenore presencium intimamus. Datum die sabbati ante festum nativitatis beati Johannis Baptiste, anno Domini m° cc° lx° nono.

1492

(Fol. 114.) 20 juin 1269. — SENESCALLO AGENENSI ET CATURCENSI PRO DOMINO COMITE [SUPER FACTO EPISCOPI CATURCENSIS].

Alfonsus, *etc.*, senescallo Agenensi et Caturcensi, *etc.* Veniens nuper ad presenciam karissimi domini et fratris nostri Ludovici, Dei gracia Francorum regis illustrissimi, episcopus Caturcensis plures articulos in scriptis redactos, multiplices injurias continentes, quas per vos et senescallum Ruthenensem ac per alios officiales et bajulos nostrosque feudatarios utriusque senescallie sibi constanter asserit irrogari, exibuit in medium, de quibus etiam articulis nobis et nostro consilio copia facta fuit. Sed quia parum instructi eramus super multiplicibus injuriis et gravaminibus quas et que idem episcopus suique officiarii nobis et nostris ac terre nostre, in sua dyocesi constitutis, incessanter inferunt versa vice, ordinatum extitit quod [per] fidelem nostrum magistrum Guillelmum Ruffi pro parte nostra, et magistrum Guillelmum de Clusello pro dicto episcopo, necnon per priorem Brivensem, tercium a prefato domino rege super hoc deputatum, de mutuis injuriis quas utraque pars articulatim in scriptis tradi fecerit inquiratur. Quocirca vobis mandamus et districte precipimus quatinus ea qua poteritis diligencia perquiratis, [ita quod] dictus magister Guillelmus Ruffi apud Cajarcum[1] die martis post instans festum assumpcionis beate Marie virginis ad plenum possit instrui, de universis et singulis injuriis quas episcopus et sui nobis et nostris inferunt, non solum in temporalibus, sed etiam in nostrum prejudicium et nostrorum jurium detrimentum suam jurisdicionem ecclesiasticam ultra quam de jure liceat ampliando,

---

[1] Cajarc. Lot.

providentes nichilominus pro parte nostra de testibus ydoneis et ydoneo
ac legitimo defensore, qui sciant, velint et valeant super premissis injuriis nobis factis perhibere testimonium veritati. Ad hec studeatis sollicite providere qualiter et quemadmodum hiis, que pro parte dicti
episcopi contra nos et nostros objecta fuerint, possit, ut condecet, res-
ponderi. Nos enim, ut circa hec liberius vobis vaccare liceat, articulos
quos jam in scriptis tradidit episcopus memoratus et alia gravamina
nobis a dicto episcopo et suis illata, que ab aliquibus de nostris nobis
missa fuerunt, vobis mittimus per presencium portitorem sub contra-
sigilli nostri karactere interclusos. Vos vero circa premissa tam prudenter tamque sollicite vigiletis, quod ob defectum defensionis nobis
neccessarie nichil juri nostro aut nostrorum valeat deperire. Ceterum
vobis mittimus transcriptum littere memorati domini regis, confecte
super forma commissionis dictis inquisitoribus tradite, inferius annota-
tum, cujus tenor talis est :

Ludovicus, Dei gracia Francorum rex, discretis viris priori Brivensi et magistris Guillelmo Ruffi et Guillelmo de Clusello, canonico
Caturcensi, salutem et dilectionem. Dilecto et fideli nostro episcopo
Caturcensi intelleximus conquerente quod karissimus frater et fidelis
noster A., comes Pictavie et Tholose, senescalli, ballivi et servientes
sui sibi, hominibus et gentibus suis injuriantur super pluribus et
diversis. Intelleximus eciam versa vice quod dictus episcopus, officiales
et gentes sue super multis dicto fratri et fideli nostro, hominibus et
gentibus suis injuriosi existunt, et non solum in temporalibus, set etiam
in aliis que ad forum suum ecclesiasticum asserit pertinere. Hinc est
quod vobis mandamus quatinus vos tres, aut vos prior cum altero dictorum magistrorum, ita quod vos prior et alter qui una vobiscum presens fuerit, die vel diebus ad inquirendum super [his] a vobis partibus
assignatis, excusacionem tercii minime expectetis, nisi legitimo impedimento detentus vel detenti se duxerit vel duxerint legitime excusandos, in quo casu dicti magistri vel alter eorundem, si legitimo impedimento scilicet causa infirmitatis detentus vel detenti fuerit vel
fuerint, legitime excusatus vel excusati, possit vel possint loco sui alium

subrogare, super injuriis et violenciis hinc inde illatis, quas utraque pars proponere voluerit coram vobis, inquiratis diligencius veritatem, recipiendo et examinando testes quos coram vobis super dictis injuriis et violenciis utraque pars duxerit producendos, et easdem injurias et violencias sive questiones super articulis qui a partibus vobis super premissis traditi fuerint, si poteritis, vos prior cum dictis magistris vel cum altero eorundem pace vel judicio terminetis. Alioquin inquisicionem a vobis factam sub sigillis vestris nobis ad diem jovis[1] proximam post quindenam instantis festi beati Martini hyemalis Parisius remittatis inclusam. Ab hac autem inquisicione intelligimus ea esse excepta, scilicet proprietates, possessiones vel quasi fondorum, feudorum ac etiam censivarum. Intelligimus tamen, non obstante excepcione predicta, dictos inquisitores sub forma predicta posse inquirere ac etiam pace vel judicio terminare negocium paxerie que dicitur ex parte dicti comitis per gentes dicti episcopi fuisse diruta vel destru[c]ta, si de ea, non obstante quod de dicta paxeria per senescallum nostrum Petragoricensem actum est, dicti inquisitores de jure vel consuetudine viderint inquirendum. Hec autem et omnia supradicta, assencientibus partibus, modo predicto duximus ordinanda. Actum Parisius, die jovis ante festum nativitatis beati Johannis Baptiste, anno Domini M° CC° LX° nono.

Similes littere misse fuerunt senescallo Ruthinensi.

Item consimiles littere Pontio Astoaudi, militi, et magistro Odoni.

1493

23 jun. 1269. — SENESCALLO AGENENSI ET CATURCENSI PRO PRIORE CAREINENSI.

Alfonsus, *etc.*, senescallo Agenensi et Caturcensi, *etc.* Ex parte prioris Careinensis[2], Cluniacensis ordinis, nobis est conquerendo monstratum quod Hugo de Castronovo, miles, eidem priori multas infert et intulit oppressiones et injurias non modicas, indebite et injuste. Unde vobis mandamus quatinus ipsum priorem super hoc diligenter

---

[1] Ici le mot *post*, que nous supprimons. — [2] Il doit s'agir ici du prieuré de Carennac, diocèse de Cahors, auj. Lot, cant. Vayrac.

audiatis, et vocato dicto milite et aliis qui fuerint evocandi, de personis et rebus ad jurisdicionem nostram spectantibus faciatis eidem bonum jus et maturum. Super hiis vero que ad jurisdicionem domini regis noveritis pertinere, senescallum ejusdem domini regis, in cujus senescallia fuerit idem Hugo, requiratis vel requiri faciatis quod sibi exibeat celeris justicie complementum. Datum dominica in vigilia beati Johannis Baptiste, anno Domini M° CC° LX° nono.

1494

23 jun. 1269. — SENESCALLO AGENENSI ET CATURCENSI PRO ABBATE MONTISALBANI.

Alfonsus, etc., senescallo Agenensi et Caturcensi, etc. Conquestus est nobis religiosus vir abbas Montisalbani, quod bajuli nostri de Montealbano homines ville de Bresoles[1], quam Olricus de Curvorivo ab eodem abbate tenet in feudum, ut dicit, inquietant et molestant, et ipsos pignorant indebite et injuste. Unde vobis mandamus quatinus ipsum abbatem super hoc diligenter audiatis, nec dictos homines a bajulis nostris pignorari vel molestari permittatis, nisi in casibus a jure et consuetudine patrie concessis et ex justa causa. Datum dominica in vigilia beati Johannis Baptiste, anno Domini M° CC° LX° nono.

1495

23 jun. 1269. — SENESCALLO AGENENSI ET CATURCENSI PRO RATERIO DE CAUÇADA ET FRATRIBUS SUIS.

Alfonsus, etc. Ex parte Raterii de Cauçata et fratrum suorum, domicellorum, nobis est conquerendo monstratum quod Jacobus de Bosco, clericus noster, medietatem territorii de Mantico, medietatem tegularie de Negathol. et dominium molendini de Solacrob[2] et unum ortum quem ipsi fratres post mortem fratris sui legitime acquisierunt,

---

[1] Bressols, Tarn-et-Garonne, cant. Montech.

[2] Je ne retrouve pas ces noms sur la carte; ces tènements devaient être situés aux environs de Caussade, Tarn-et-Garonne.

ut dicunt, una cum bonis dicti patris sui indebite cepit, et ea capta detinet ad manum nostram indebite et injuste. Unde vobis mandamus quatinus, inquisita diligenter veritate an predicta post mortem patris eorum acquisierunt, et an de bonis dicti patris sui vel in bonis ejusdem predicta sunt acquisita ab eisdem, super hiis que ab ipsis post mortem dicti patris de aliis bonis et in aliis bonis quibuscumque dicti patris sui ab eisdem inveneritis acquisita, ipsos diligenter audiatis, et vocato Jacobo de Bosco pro deffendendo jure nostro, de consilio fratrum inquisitorum de heresi, faciatis eisdem quod justum fuerit et consonum racioni. Datum dominica in vigilia nativitatis beati Johannis Baptiste, anno Domini M° CC° LX° nono.

1496

(Fol. 115.) 23 jun. 1269. — [SENESCALLO AGENENSI PRO RAIMUNDO DE BIA, MILITE.]

Alfonsus, *etc.*, senescallo Agenensi et Caturcensi, *etc.* Cum in curia karissimi domini et fratris nostri regis Francie illustris nuper injunctum fuerit senescallo Petragoricensi quod Remondo de Bia [1], militi, de hiis que a nobis tenere debet in feodum faciat recredenciam seu restitucionem, ut jus erit, mandamus vobis quatinus ad dictam restitucionem vel recredenciam petendam coram dicto senescallo Petragoricensi cum dicto milite intersitis vel aliquem ydoneum mittatis, qui dicto militi super hoc prestet consilium et juvamen, presertim pro jure nostro servando et deffendendo in hac parte. Datum die dominica in vigilia nativitatis beati Johannis.

1497

24 jun. 1269. — SENESCALLO AGENENSI ET CATURCENSI PRO PETRO FERRARII.

Alfonsus, *etc.*, senescallo Agenensi et Caturcensi, *etc.* Veniens ad nos Petrus Ferrarii nobis conquerendo monstravit quod Raymundus de Ruppe, quondam faiditus, eidem duas balas tele, soluto pedagio,

[1] On peut aussi lire *Via*.

prope Sanctum Ciricum[1] abstulit indebite et injuste. Quare vobis mandamus quatinus, vocatis qui fuerint evocandi, diligenter audiatis eundem Petrum, et super hiis et de personis que ad nostram spectant jurisdicionem, exibeatis mature justicie complementum, prout de jure vel consuetudine patrie fuerit faciendum. Datum in festo nativitatis beati Johannis Baptiste, anno Domini M° CC° LX° nono.

1498

24 jun. 1269. — SENESCALLO AGENENSI ET CATURCENSI
PRO RAYMUNDO DE CARAIGNE.

Alfonsus, *etc.*, senescallo Agenensi et Caturcensi, *etc.* Ex parte Raymundi de Carraigne nobis extitit conquerendo monstratum quod Raymundus At et Poncius At et fauctores sui eundem Raymundum quibusdam terris sine cause cognicione indebite spoliarunt. Unde vobis mandamus quatinus ipsum Raymundum de Caraigne super predictis diligenter audiatis, et vocatis qui fuerint evocandi, eidem super hiis et de personis que ad nostram spectant jurisdicionem exhibeatis celeris justicie complementum. Datum in festo sancti Johannis Baptiste, anno Domini M° CC° LX° nono.

1499

25 jun. 1269. — PONCIO ASTOAUDI, MILITI, ET MAGISTRO ODONI DE MONTONERIA
PRO RAIMUNDO GUILLELMI DE PALASOLES ET FRATRIBUS SUIS, MILITIBUS.

Alfonsus, *etc.*, dilectis et fidelibus suis Poncio Astoaudi, militi, et magistro Odoni de Montoneria, salutem et dilectionem. Ex parte Raimundi Guillelmi et Guillelmi et Bramati de Palasols, fratrum, militum, nobis est intimatum quod pater eorum, tempore bone memorie R., quondam comitis Tholose, predecessoris nostri, fuit in possessione vel quasi, quando ipse fuerat ad expensas suas in exercitu pro dicto comite et ipse de eodem exercitu revertebatur, percipiendi ab

[1] Probablement Saint-Cirq, Lot-et-Garonne, cant. Agen, sur l'ancienne route d'Agen à Bordeaux.

hominibus suis propriis pro missionibus quas in exercitu fecerat quandam pecunie quantitatem. Et cum ipsi fratres nuper pro nobis in exercitu [1] fuerint ad expensas suas proprias, sicut dicunt, post reversionem suam volentes uti possessione predicta in qua pater ipsorum, ut dictum est, et ipsi fuerant temporibus retroactis, exigendo ab hominibus suis propriis quandam peccunie summam pro missionibus factis in dicto exercitu ab eisdem, senescallus noster Agenensis et Caturcensis ipsos super hoc indebite impedivit, accipiendo pro nobis pignora hominum suorum propriorum et dicendo dictam peccuniam in utilitatem nostram et auxilium dicti exercitus debere converti [2], in dictorum fratrum dampnum, prejudicium et gravamen, et contra generalem usum omnium baronum et militum dyocesis Agenensis et approbatam consuetudinem, sicut dicunt. Vobis mandamus quatinus ipsos fratres super hoc diligenter audiatis, et vocato dicto senescallo nostro pro jure nostro deffendendo et aliis qui fuerint evocandi, super premissis exibeatis eis celeris justicie complementum, pignora hominum suorum, si que propter hoc capta sint, recredi prout justum fuerit facientes. Datum die martis post nativitatem beati Johannis Baptiste, anno Domini m° cc° lx° nono.

1500

25 jun. 1269. — SENESCALLO AGENENSI ET CATURCENSI PRO COMITE PICTAVIE ET THOLOSE.

Alfonsus, *etc.*, senescallo Agenensi et Caturcensi, *etc.* Mandamus vobis quatinus racionabiles missiones, quas in exercitu nuper a vobis habito contra Geraldum de Armegniaco et senescallum Wasconie fecistis, necnon et jura nostra tam ab hominibus nostris quam hominibus feudatariorum nostrorum qui in dicto exercitu non fuerunt, nobis pro eorum deffectibus debita, in scriptis redigi faciatis et dicta jura nostra sine dilacione levari, et circa tres septimanas post instans festum Omnium sanctorum, cum ad nos veneritis pro vestris compotis faciendis,

[1] Il s'agit sans doute de l'expédition contre Géraud, comte d'Armagnac, et contre le sénéchal anglais de Gascogne dont parle la pièce suivante. — [2] Première leçon : *teneri*.

tam de dictis missionibus vestris racionabilibus quam de juribus predictis in eisdem compotis computetis, summam levatorum ab hiis que levanda supererunt, si que tunc levanda fuerint, distinguentes, in partibus illis usque ad predictum terminum moram trahatis, nec ad nos interim ullo modo accedatis, emendasque racione deportacionis armorum et aliorum maleficiorum tam de novo quam de veteri in senescallia vestra perpetratorum debitas judicari faciatis pariter et levari, ita quod tunc de eisdem possitis congrue computare et peccuniam inde receptam una cum denariis nostris, tam de balliviis nostris quam aliis de causis de novo et veteri nobis debitis, integraliter ponere Parisius apud Templum. In balliviis nostris affirmandis, in perquirendis pro nobis denariis bono et legali modo, secundum vias vobis diu est missas in scriptis, in juribus nostris servandis et in excessibus bajulorum nostrorum corrigendis et in aliis negociis nostris, ac in bono et fideli regimine terre nostre diligenter et sollicite vigiletis, presertim propter transmarinum passagium appropinquans, ita quod, cum ad partes illas venerimus, de predictis minorem curam quam poteritis habeamus et vestram possimus super hoc sollicitudinem merito commendare. Datum die martis post festum nativitatis beati Johannis Baptiste, anno Domini m° cc° lx° nono.

1501

26 jun. 1269. — PROCURATORIUM PATENS JOHANNIS COFFERII ET RAYMUNDI VASSALLI SUPER FACTO EPISCOPI CATURCENSIS [1].

Alfonsus, *etc.*, universis presentes litteras inspecturis, salutem in Domino. Notum facimus quod nos dilectos nostros Johannem Cofferii, clericum nostrum, et Raymundum Vassalli nostros constituimus procuratores seu deffensores, quemlibet eorum in solidum, ita quod non sit melior condicio occupantis, in causa seu negocio inquisicionis faciende super mutuis injuriis et violenciis ab venerabili patre... episcopo

---

[1] Voir plus haut, n° 1491.

Caturcensi, officialibus, ballivis et gentibus suis nobis, hominibus et gentibus nostris, ut dicitur, illatis, et versa vice anobis, senescallis, ballivis et servientibus nostris eidem... episcopo, hominibus et gentibus suis, ut dicitur, illatis, que quidem inquisicio de assensu dicti episcopi et nostro commissa est facienda magistro Guillelmo de Clusello, canonico Caturcensi, pro parte dicti... episcopi, et dilecto et fideli nostro clerico Guillelmo Ruffi, pro parte nostra, priore Brivensi auctoritate karissimi domini et fratris nostri Ludovici, Dei gracia Francorum regis illustris, ad hoc cum predictis duobus tercio deputato, ratum et gratum habituri quicquid per dictos procuratores vel eorum alterum quantum ad premissa actum fuerit seu etiam procuratum, promittentes sub ypotheca rerum nostrarum, si neccesse fuerit, judicatum solvi. Et hoc dictis inquisitoribus et aliis quorum interest tenore presencium intimamus. Datum die mercurii post festum nativitatis beati Johannis Baptiste, anno Domini M° CC° LX° nono.

1502

(Fol. 116.) 27 jun. 1269. — SENESCALLO AGENENSI ET CATURCENSI PRO BIDOTO DICTO FEURER ET GUILLELME (sic), EJUS UXORE [1].

Alfonsus, etc., senescallo Agenensi et Caturcensi, etc. Cum ex parte Bidoti dicti Ferrer et Guillelme de Constanciis, uxoris sue, nobis fuerit conquerendo monstratum quod cùm ipsi apud Sanctam Liberatam [2] habeant passagium portus dicte ville in flumine Olti, quod passagium in parte teneant a nobis et pro parte a quodam domicello, tenente a nobis similiter, et habitatores Sancte Liberate velint ibidem pontem construere, propter quod admiterent portum suum, propter quod supplicant dictos homines Sancte Liberate compelli ad desistendum de dicto ponte faciendo vel ad restituendum sibi dampna occasione dicti pontis sibi illata, ut dicitur, minus juste, vobis mandamus quatinus dictum Bidotum et ejus uxorem, vocatis dictis hominibus Sancte Libe-

[1] Cet acte est cancellé. (Voir plus loin, n° 1509, la rédaction définitive.) — [2] Sainte-Livrade, Lot-et-Garonne.

rate et qui fuerint evocandi, diligenter audiatis et sibi faciatis bonum jus et maturum super hiis et de quibus jurisdicio ad nos spectat. Datum die jovis post festum nativitatis beati Johannis Baptiste, anno Domini millesimo ducentesimo sexagesimo nono.

1503

27 jun. 1269. — SENESCALLO AGENENSI ET CATURCENSI PRO BIDOTO ET ALIIS HOMINIBUS SANCTE LIBERATE.

Alfonsus, *etc.*, senescallo Agenensi et Caturcensi, *etc.* Bidoto dicto Feurrer accepimus conquerente quod Arnaldus de Furch., bajulus Sancte Liberate, eidem et aliis hominibus dicte ville multa dampna et gravamina intulit minus juste. Unde vobis mandamus quatinus ipsum et dictos homines, super hiis que proponenda duxerint contra ipsum bajulum, vocato dicto bajulo et qui fuerint evocandi, diligenter audiatis, et sibi super hiis faciatis eisdem bonum jus et maturum, super hiis tamen et de quibus jurisdicio ad nos spectat. Datum die jovis post festum nativitatis beati Johannis Baptiste, anno Domini millesimo ducentesimo sexagesimo nono.

1504

29 jun. 1269. — SENESCALLO AGENENSI ET CATURCENSI PRO RAYMUNDO DE ARTIGUA, MILITE, BAJULO CASTRINOVI, SUPER INQUESTA.

Alfonsus, *etc.*, senescallo Agenensi et Caturcensi, *etc.* Ex parte Remondi de Artigua, militis, bajuli nostri de Castronovo in Caturcensi[1], nobis est datum intelligi quod, [cum] quidam homines ejusdem castri malivoli, sub specie boni malum gestantes in pectore, quandam fecissent confratriam, que confederacio est pocius appellanda, in prejudicium nostrum et jurisdicionis nostre vituperium ac eciam detrimentum, dictus bajulus noster ob deffensionem juris nostri dictam confratriam

[1] Castelnau-de-Montratier, Lot. — Ce Raimond d'Artigue était également bayle de Molières. (Voir ci-dessous, n° 1505.)

seu confederacionem eis inhibuit facere et ea uti, cartam super hoc ab ipsis confectam eisdem penitus removendo. Propter quod iidem homines, in ipsum bajulum irruentes, ei quamplures injurias et violencias intulerunt, in ipsius et nostre jurisdicionis vituperium et contemptum, super quo de mandato vestro, ut dicit, extitit inquisitum. Unde vobis mandamus quatinus inquisicionem super hoc factam publicari, ut condecet, faciatis et illos quos de maleficio hujusmodi culpabiles inveneritis, prout justum fuerit, puniatis, emendas tam nobis quam dicto bajulo judicari facientes pariter et levari. Et quid super hoc feceritis nobis circa tres septimanas post instans festum Omnium sanctorum, cum ad nos veneritis, in scriptis refferatis. Datum die sabbati in festo apostolorum Petri et Pauli, anno Domini millesimo cc° lx^{mo} nono.

<small>Édité dans *Hist. de Languedoc* (nouv. édition), VIII, col. 1680-1681.</small>

1505

29 jun. 1269. — PONCIO ASTOAUDI, MILITI, ET MAGISTRO ODONI DE MONTONERIA PRO REMONDO DE ARTIGUA, MILITE, SUPER X LIBRIS.

Alfonsus, *etc.*, dilectis et fidelibus suis Poncio Astoaudi, militi, et magistro Odoni de Montoneria, salutem et dilectionem. Ex parte Remondi de Artigua, militis, bajuli nostri de Moleriis[1], nobis est conquerendo monstratum quod senescallus noster Agenensis ab ipso exigit indebite decem libras turonensium, racione affirmacionis dicte bajulie de Moleriis, cum ipsam pro sexaginta libris turonensium affirmaverit, ut dicit, quas asserit integre solvisse, dicens dictus senescallus et ipsi imponens quod pro sexaginta decem libris dictam bajuliam affirmavit. Unde vobis mandamus quatinus ipsum Remondum super hoc diligenter audiatis, et vocato dicto senescallo, auditis hinc inde racionibus et probacionibus, exhibeatis ei celeris justicie complementum, pignora sua que dictus senescallus propter dictas [decem] libras cepisse dicitur, quousque super hoc cognoveritis, recredi eidem

---

[1] Molières, Tarn-et-Garonne.

sub bonis plegiis facientes. Datum die sabbati post festum[1] nativitatis
beati Johannis Baptiste, anno Domini millesimo ducentesimo sexagesimo nono.

1506

3o juu. 1269. — SENESCALLO AGENENSI ET CATURCENSI PRO BERTRANDO
ET REMONDO CARBONELLI.

Alfonsus, *etc.*, senescallo Agenensi et Caturcensi, *etc.* Cum ex parte
Bertrandi et Raymundi Carbonelli, fratrum, nobis fuerit conquerendo
monstratum quod Johannes Tozeti, Poncius Tozeti, Pontius de Brole,
Petrus de la Pozeta et eorum complices, contra statutum pacis cum
armis ad domum ipsorum fratrum venientes, quosdam in domo ipsa
pro eodem Bertrando existentes graviter verberaverunt, dictum eciam
Bertrandum de dicta domo traxerunt et violenter tractaverunt, et quamplures alias injurias eisdem fratribus indebite intulerunt; ceterum,
cum ex parte eorundem fratrum nobis datum sit intelligi quod vos
super dictis injuriis et violentiis per judicem Agenensem, merito, ut
dicitur, dictis fratribus suspectum, utpote fratrem dicti Petri de la
Pozate, quasi principalis et capitanei dictorum malefactorum, inquisicionem fieri intenditis, quod in ipsorum fratrum dampnum non modicum posset redundare, cum alias vobis super hoc scripserimus, vobis
iterato mandamus quatinus super violenciis et injuriis hujusmodi
necnon et super delacione armorum veritatem diligenter inquiratis vel
per aliquem ydoneum, neutri parti suspectum, inquiri faciatis, si jam
non fecistis, vocatis qui fuerint evocandi, prout de jure et consuetudine
patrie fuerit faciendum, et inquestam super hoc factam faciatis judicari et injurias factas, prout condecet, emendari et delacionem armorum puniri, prout justum fuerit. Et transcriptum inqueste et sentencie seu sentenciarum super hoc latarum, sub sigillo vestro clausum,
ad terciam diem post quindenam Omnium sanctorum nobis afferatis vel
mittatis, ut possit videri quid et quomodo super hoc fuerit diffinitum,

---

[1] Première leçon : *in festo*.

taliter super hiis vos habentes quod propter deffectum juris ipsos fratres non oporteat ad nos ulterius habere recursum, cum alias vobis super hoc scripsisse meminimus et nichil fieri videamus. Ceterum cum dicti Johannes, Poncius Tozeti et sui complices alias cum manu armata ad domum Petri, fratris dictorum fratrum, scilicet Bertrandi et Raymundi Carbonelli, accesserint pro ipso, ut dicitur, enormiter pertractando et occidendo, si cum invenissent, vobis mandamus quatinus super hoc diligenter addiscatis veritatem, vel per aliquem ydoneum, neutri parti suspectum, inquiri faciatis, vocatis qui fuerint evocandi, et injuriam hujusmodi factam dicto Petro[1] faciatis emendari, prout justum fuerit. Et super delacione armorum faciatis, prout condecet, emendas judicari et levari de laicis jurisdicioni nostre spectantibus, ipsosque Bertrandum et Raymundum ab hiis a quibus pecierint, de nostra jurisdicione, assecurari faciatis, justicia mediante. Et quid super premissis omnibus feceritis et inveneritis, nobis in scriptis vobiscum afferatis, cum ad nos veneritis ad terciam diem post quindenam Sanctorum omnium. Datum die dominica in crastino apostolorum Petri et Pauli, anno Domini M° CC° LX° nono.

1507

(Fol. 117.) 3o jun. 1269. — SENESCALLO AGENENSI ET CATURCENSI PRO FRATRIBUS PREDICATORIBUS DE MONTEALBANO.

Alfonsus, *etc.*, senescallo Agenensi et Caturcensi, *etc.* Ex parte prioris et conventus fratrum Predicatorum de Montealbano[2] nobis est supplicatum ut quendam burgensem de Montealbano, nomine Engelbadum, ad vendendum sibi pro justo precio quendam ortum suum eisdem fratribus vicinum et quamplurimum necessarium, quem sibi pluries, ut dicitur, venalem exposuit, compelli faceremus. Unde vobis mandamus quatinus ipsum Engelbadum ex parte nostra requiratis et meliori modo quo poteritis, sine coactione aliqua, inducatis ut dictum

---

[1] Première leçon : *dictis fratribus.* — [2] Montauban, Tarn-et-Garonne.

ortum suum pro justo precio ad arbitrium bonorum hominum eis vendat, intimantes eidem quod, nisi eis dictum ortum pro justo precio dare voluerit, nos super hoc apponemus consilium oportunum. Datum dominica in crastino apostolorum Petri et Pauli, anno Domini millesimo ducentesimo sexagesimo nono.

1508

2 jul. 1269. — SENESCALLO AGENENSI ET CATURCENSI PRO HOMINIBUS VILLE DE SANCTA LIBERATA.

Alfonsus, *etc.*, senescallo Agenensi et Caturcensi, *etc.* Ex parte hominum ville Sancte Liberate[1] delata ad nos querimonia continebat quod Arnaudus de Furchis, bajulus dicte ville, eisdem plures injurias et gravamina non modica intulit minus juste et adhuc inferre cotidie non veretur, ipsos indebite et absque cause cognicione pignorando et dicta pignora sine causa rationabili detinendo, ac per vos pluries monitus sub interminacione certe pene et sub prestito juramento ut eisdem pignora redderet supradicta, hoc idem facere, ut dicitur, recusavit, mandatis vestris existens inobediens et rebellis. Quocirca vobis mandamus quatinus, si ita est, eisdem hominibus dicta pignora reddi et restitui, prout justum fuerit, facientes, dictum bajulum de inobediencia, prout justum fuerit, puniatis. Datum die martis[2] post festum apostolorum Petri et Pauli, anno Domini M° CC° LX° nono.

Édité dans *Hist. de Languedoc* (nouv. édition), VIII, col. 1682.

1509

1 jul. 1269. — SENESCALLO AGENENSI ET CATURCENSI PRO BIDOTO FEURIERII[3].

Alfonsus, *etc.*, senescallo Agenensi et Caturcensi, *etc.* Ex parte Bidoti Feurierii et Guillelme, uxoris sue, nobis extitit conquerendo monstratum quod, cum ipsi habeant et teneant passagium portus ville

[1] Sainte-Livrade, Lot-et-Garonne. — [2] Première leçon : *die lune*. — [3] Voir plus haut, n° 1502, une première rédaction de ce mandement, assez différente.

Sancte Liberate in flumine Olti, et a nobis in parte et in parte a quodam domicello, qui illud a nobis advocat se tenere, habeant et teneant in feudum, habitatores dicte ville Sancte Liberate quendam pontem ibidem de novo volunt construere, in ipsorum Bidoti et uxoris sue prejudicium non modicum, ut asserunt, atque dampnum. Unde vobis mandamus quatinus, vocatis dictis habitatoribus et qui fuerint evocandi, si publica utilitas in constructione dicti pontis intervenire apparuerit, facta debita recompensacione de dampnis eis quorum interest probabiliter, dictum pontem fieri permittatis. Fiat autem extimacio hujus recompensacionis ad arbitrium boni viri. Datum die lune post festum apostolorum Petri et Pauli, anno Domini M° CC° LX° nono.

Édité dans *Hist. de Languedoc* (nouv. édition), VIII, col. 1681-1682.

1510

2 jul. 1269. — SENESCALLO AGENENSI ET CATURCENSI PRO AMENEVO DE CANCOUR, DOMICELLO.

Alfonsus, *etc.*, senescallo Agenensi et Caturcensi, *etc.* Veniens ad nos Amenevus de Cancour, domicellus, nobis conquerendo monstravit quod vos, occasione delacionis armorum ab ipso facte contra inimicos, qui patrem ejusdem, avunculum et alios amicos suos, ut asserit, interfecerunt et ad terram nostram adhuc impune revertuntur, terram suam saisitam ad manum nostram, ut dicitur, detinetis. Quocirca vobis mandamus quatinus predicto domicello dictam terram suam recredatis seu restituatis, nisi alia causa racionabilis subsit quare recredenciam seu restitucionem hujusmodi minime facere debeatis. Nec prohibeatis eidem domicello quominus arma defferre valeat extra territorium nostrum, ad tuicionem sui corporis atque rerum. Datum die martis post festum apostolorum Petri et Pauli, anno Domini M° CC° LX° nono.

1511

30 jun. 1269. — SENESCALLO AGENENSI ET CATURCENSI PRO BERTRANDO
DE CASTRO MAURINO (*sic*) ET SAVARICO, FRATRIBUS.

Alfonsus, *etc.*, senescallo Agenensi et Caturcensi, *etc.* Ex parte Bertrandi de Sancto Maurino et Savarici, fratris sui, nobis extitit supplicatum ut terram que fuit Bertrandi de Castro Maurino[1], avunculi eorundem, quam ad manum nostram tenemus, ut dicunt, occasione condampnacionis patris eorundem, sibi restituere deberemus, cum idem avunculus eorundem terram predictam eisdem fratribus dederit, ut asserunt, dum vivebat. Unde vobis mandamus quatinus dictos fratres diligenter super hoc audientes, vocatis qui fuerint evocandi et[2] Jacobo de Bosco pro jure nostro in hac parte servando constituto, eisdem fratribus, de consilio fratrum inquisitorum heretice pravitatis, exhibeatis super premissis celeris justicie complementum. Datum die dominica post festum apostolorum Petri et Pauli, anno Domini M° CC° LX° nono. — Addiscatis insuper qualiter dominus rex Francie utitur in hoc casu in partibus Carcasone.

1512

2 jul. 1269. — SENESCALLO AGENENSI ET CATURCENSI PRO AMANEVO
DE MADAILHANO, DOMICELLO.

Alfonsus, *etc.*, senescallo Agenensi et Caturcensi, *etc.* Veniens ad nos Amanevus de Madailhano nobis supplicavit ut ad possessionem quarte partis dominii Sancte Liberate et ad quasdam alias possessiones in eadem villa seu pertinenciis, quas Amanevus, avunculus suus, dudum habebat in dicta villa, quam quartam partem cum aliis pertinenciis et possessionibus predictis dictus avunculus suus quondam vendidit et perpetuo concessit pro certo precio priori et monachis Sancte

---

[1] Je laisse la forme de *Castro Maurino*, mais il faut sans doute corriger de *Sancto Maurino*, Saint-Maurin, Lot-et-Garonne. — [2] Ici les mots *legittimo deffensore*, raturés.

Liberate, pro precio exinde dato ipsum admitti, ut condecet, faceremus, cum consuetudo sit in dyocesi Agenensi vel usus diutius observatus, ut dicitur, quod propinquior genere venditoris, offerens precium rei vendite, emptori cuilibet preferatur. Quare vobis mandamus quatinus, vocatis abbate Galliaci[1] vel priore Sancte Liberate et aliis quorum interest auditisque racionibus parcium, si vobis constiterit de consuetudine quam allegat legittime approbata, ad possessionem rerum petitarum, si sit propinquior genere venditoris, titulo empcionis admitti, ut condecet, faciatis, nisi ex parte alia aliquid racionabile ostendatur propter quod ad dictam possessionem admitti minime debeat in hac parte. Datum die martis post festum apostolorum Petri et Pauli, anno Domini m° cc° lx° nono.

1513

(Fol. 118.) 2 jul. 1269. — SENESCALLO AGENENSI ET CATURCENSI
PRO GAILLARDO DE BALENX ET FRATRIBUS SUIS.

Alfonsus, *etc.*, senescallo Agenensi et Caturcensi, *etc.* Ex parte Galhardi de Balenx, pro se et ejus fratribus, nobis est querela delata quod vos bona paterna et nobis ob delictum patris ipsorum jamdudum commissa, licet ob dotem matris ipsorum eisdem restituta quousque eisdem de dote eadem satisfactum esset, sine judicio arrestastis, quamquam ad extenuacionem dotis solide fructus quos ex dictis bonis actenus perceperunt sufficere non dicantur. Quare vobis mandamus quatinus arrestum hujusmodi sine difficultate aliqua removentes, demum de consuetudine quadam que in regionibus illis dicitur obtinere, videlicet quod, premortua uxore, maritus superstes dotem lucratur quam receperat ab uxore, ordinato pro nobis Jacobo de Bosco legitimo deffensore, inmo pocius petitore, vos ipsum plenissime instruatis, vocatis prius fratribus memoratis. Et si de consuetudine predicta legitime constiterit et quod mater ipsorum premortua fuerit, bona pre-

[1] Gaillac, Tarn.

dicta ex parte nostra ad manus vestras recipiatis, alioquin supersedeatis quousque aliud a nobis receperitis in mandatis, significantes nobis quidquid super premissis inveneritis quodque et quamtum fratres predicti de bonis predictis, fructuum nomine, receperunt, et quamtum bona predicta tenuerunt, et quamtum annui redditus vallent aut valere possunt, ut extunc deliberare possimus que nobis expediat agere in predictis. Datum die martis post festum apostolorum Petri et Pauli, anno Domini millesimo ducentesimo sexagesimo nono.

1514

10 jul. 1269. — SENESCALLO AGENENSI ET CATURCENSI PRO PRESBYTERO SANCTI MATTURINI DE LIRICANTU.

Alfonsus, *etc.*, senescallo Agenensi et Caturcensi, *etc.* Veniens ad nos dilectus noster presbiter Sancti Maturini de Liricantu[1] nobis dedit intelligi quod fideles nostri consules et universitas de Condomio, ob laborem suum et expensas ab ipso pro eisdem factas in quibusdam negociis suis ad requisicionem eorum, tenentur eidem in quadam pecunie quantitate. Unde, ad supplicacionem ejusdem presbiteri, vobis mandamus quatinus ipsos ex parte nostra rogari et requiri et bono modo, sine coactione tamen indebita, induci faciatis, ut de pecunia predicta presbitero satisfaciant memorato, taliter quod de ipsis justam non habeat materiam conquerendi. Datum die mercurii post festum beati Martini estivalis, anno Domini millesimo ducentesimo sexagesimo nono.

1515

10 jul. 1269. — SENESCALLO AGENENSI ET CATURCENSI PRO PRECEPTORE DOMUS HOSPITALIS SANCTI JOHANNIS JEROSOLIMITANI IN CATURCINIO.

Alfonsus, *etc.*, senescallo Agenensi et Caturcensi, *etc.* Cum, sicut nobis datum est intelligi, vos Sesqueiras[2] cum pertinenciis ad domum

---

[1] Larchant, Seine-et-Marne, cant. La Chapelle-la-Reine. — [2] Saint-Martin-de-Cesquières, Tarn-et-Garonne, comm. Caussade.

Sancti Amancii[1] pertinentes, quas Raymundus de Calciata abstulit Hospitali Jerosolimitano minus juste, ut dicitur, cujus Raymundi bona ad nos devenerunt propter hereticam pravitatem, in manu vestra teneatis, mandamus vobis, prout alias mandasse meminimus, quatinus, vocatis Hospitalariis coram vobis auditisque ipsorum racionibus et nostris deffensionibus, vocato Jacobo de Bosco pro jure nostro conservando, de consilio fratrum inquisitorum heretice pravitatis, exhibeatis eisdem bonum jus et maturum, jus nostrum tamen conservantes illesum, simili modo procedentes in negocio mansi de Falguirac[2] ablato (*sic*) per violenciam dicto Hospitali per Hugonem de Rocca. Ceterum, cum ex parte preceptoris domus Sancti Johannis Jerosolimitani in Caturcinio nobis significatum fuerit quod Armandus de Montepensato et ejus uxor dederunt Deo et Hospitali villam de Casals[3] et ecclesiam quam ibi fundaverant cum pertinenciis ejusdem ville, et aliqui de partibus illis perturbant donacionem sibi factam, ita quod villam nec ecclesiam teneant ad manum suam, vobis mandamus quatinus dictos Hospitalarios ac perturbatores ipsorum convocetis coram vobis, et auditis racionibus utriusque partis, dictis Hospitalariis jus suum illesum conservetis, cum super donacione illa bona instrumenta habeant, sicut dicunt, taliter super hiis vos habentes quod propter deffectum juris ipsos ad nos non oporteat laborare. Datum die mercurii post octabas beatorum apostolorum Petri et Pauli, anno Domini M° CC° LX° nono.

1516

12 jul. 1269. — PRO GUILLELMO DE CLERACO.

Alfonsus, *etc.*, senescallo Agenensi et Caturcensi, *etc.* Veniens ad nos Guillelmus de Cleraco, miles, nobis conquerendo monstravit quod Salomon, clericus vester, Raherius de Espieriis et quidam alii servientes nostri injuriosi eidem super multis articulis extiterunt. Quare vobis mandamus quatinus, vocatis qui fuerint evocandi, super justis peticio-

---

[1] Probablement Saint-Amans, Tarn-et-Garonne, comm. Caylux. — [2] Non retrouvé sur les cartes. — [3] Cazals, Tarn-et-Garonne, cant. Négrepelisse.

nibus dicti militis faciatis eidem celeris justicie complementum, de personis et rebus quas ad jurisdicionem nostram noveritis pertinere, taliter vos super hiis habentes quod ob defectum juris vel vestrum ad nos idem miles non cogatur habere recursum. Datum die veneris post octabas apostolorum Petri et Pauli, anno Domini m° cc° lx° nono.

1517

12 jul. 1269. — SENESCALLO AGENENSI ET CATURCENSI PRO PETRO DE PAON, MILITE, DE FIGIACO (sic).

Alfonsus, etc., senescallo Agenensi et Caturcensi, etc. Petro de Paon, de Moissiaco, milite, intelleximus conquerente quod consules Moisiaci[1] ipsum nituntur compellere ad contribuendum una cum hominibus dicte ville ad questam seu colectam communium expensarum factas in villa memorata, sua milicia non obstante, quod hactenus, prout asserit, nunquam fecit. Quocirca vobis mandamus quatinus dictum Petrum non permittatis a dictis consulibus in questa seu colecta indebite molestari, deffendentes eumdem a questis seu colectis illicitis, sicut alios milites terre nostre de dyocesi Caturcensi. Datum Parisius, die veneris post octabas apostolorum Petri et Pauli, anno Domini m° cc° lx° nono.

1518

12 jul. 1269. — LITTERA PATENS [PRO THOMA DE MINTRIACO.]

Alfonsus, etc., senescallo Agenensi et Caturcensi, etc. Significamus vobis quod nos Thome de Mintriaco, exibitori presencium, domos nostras de Montealbano et carceram (sic) nostram custodiendas tradidimus ad decem denarios turonenses per diem gagiorum, quamdiu nostre placuerit voluntati, mandantes vobis quatinus eidem Thome dicta gagia persolvatis terminis consuetis. Datum Parisius, anno Domini m° cc° lx° nono, die veneris post octabas apostolorum Petri et Pauli.

---

[1] Moissac, Tarn-et-Garonne.

Littera patens missa fuit Poncio Astoaudi et magistro Odoni de Montoneria pro hominibus de Condomio in forma littere que missa fuit pro eisdem predictis P. et O., que est in primo folio primi quaterni litterarum Agenensium in isto volumine. Datum die sabbati post octabas apostolorum Petri et Pauli (*13 juillet 1269; voir plus haut, n° 1423, p. 141*).

1519

13 jul. 1269. — SENESCALLO AGENENSI ET CATURCENSI PRO GUILLELMO DE CLERACO, MILITE.

Alfonsus, *etc.* Guillelmus de Cleraco, miles, nobis conquerendo monstravit quod Raherius de Espieriis et quidam alii bajuli et servientes nostri quamplures injurias et dampna non modica eidem militi contra justiciam intulerunt. Quare vobis mandamus quatinus super injuriis et gravaminibus, dicto militi per illos qui in nostris existunt officiis, ut dicitur, illatis, addiscatis plenius veritatem, et ab illis quos super hiis culpabiles fore repereritis, in nostris tamen officiis existentes, exibeatis eidem mature justicie complementum. De aliis vero qui in nostro non existunt servicio, de nostra tamen jurisdicione existentes, de quibus idem miles conquestus fuerit coram vobis, vocatis qui fuerint evocandi auditisque hinc inde propositis, exibeatis eidem mature justicie complementum de personis et rebus quas ad jurisdicionem nostram noveritis pertinere. Datum Parisius, sabbato post octabas apostolorum Petri et Pauli, anno Domini M° CC° LX° nono (*Voir n° 1516*).

1520

(Fol. 119.) 13 jul. 1269. — [SENESCALLO AGENENSI PRO MILITIBUS TEMPLI CONTRA HOMINES SANCTI ANTONINI.]

Alfonsus, *etc.*, senescallo Agenensi et Caturcensi, *etc.* Ex parte preceptoris domorum milicie Templi in Provencia nobis extitit conquerendo monstratum quod homines de Sancto Anthoni[n]o[1] graves

[1] Saint-Antonin, Tarn-et-Garonne.

injurias et dampna non modica in feudis nostris, ut dicitur, per violenciam irrogarunt, in nostrum ac dictorum fratrum prejudicium non modicum et gravamen. Quocirca vobis mandamus quatinus senescallum Carcassone [1] ex parte nostra super hoc requiratis seu requiri faciatis, ut super premissis injuriis et violenciis, eisdem fratribus a prefatis hominibus, ut dicitur, perpetratis, addiscat plenius veritatem, et comperta veritate, ab illis quos culpabiles invenerit in hac parte faciat restitui dampna passis et injurias, prout justum fuerit, emendari, vos autem nichilominus super hoc [veritatem] addiscentes [et] illos quos in hac parte culpabiles repereritis, per capcionem bonorum suorum, si que habent sub nostro dominio et districtu ac in vestra senescallia, ad id compellatis, secundum quod vobis constare poterit de premissis, justicia mediante. Datum die sabbati post octabas apostolorum Petri et Pauli, anno Domini M° CC° LX° nono.

1521

13 jul. 1269. — SENESCALLO PRO COMITE PICTAVIE ET THOLOSE.

Alfonsus, *etc.* Cum intellexerimus quod occasione injuriarum et dampnorum a nobili et fideli nostro Geraudo, comite Armeniaci et Fesenciaci, hominibus de Condomio et versa vice ab eisdem hominibus dicto nobili datorum, necnon et maleficiorum in terra nostra hinc et inde cum armis perpetratorum, altera pars alteri per Sycardum Alemanni, arbitrum electum a partibus, fuerit condempnata, mandamus vobis quatinus utramque partem requiratis vel requiri faciatis ut emendas, racione predictorum maleficiorum nobis debitas, secundum consuetudinem patrie, vobis nomine nostro solvant. Et responsionem quam vobis fecerint in hac parte, nobis circa tres septimanas post instans festum Omnium sanctorum rescribatis. Datum sabbato post octabas apostolorum Petri et Pauli, anno Domini M° CC° LX° nono. — Addiscatis insuper quales et quantas emendas nobis propter hoc

---

[1] Saint-Antonin, en effet, appartenait alors au roi de France et dépendait, au point de vue administratif, de la sénéchaussée de Carcassonne.

facere teneantur, et quid super hoc inveneritis, nobis ad dictum terminum rescribatis. Datum ut supra.

1522
[SENESCALLO PRO RAYMUNDO JOHANNIS] [1].

Alfonsus, *etc.* Veniens ad nos Raymundus Johannis, civis Tholose, pro se et Arnaldo Johannis, fratre suo, nobis dedit intelligi quod tam ipsi quam predecessores sui a prestacione minute justicie usque ad quinque solidos inmunes a tempore quo non extat memoria extiterunt, licet per vicarios nostros qui pro tempore... (*La suite manque.*)

1523
14 jul. 1269. — SENESCALLO PRO GUILLELMO DE PORTU.

Alfonsus, senescallo, *etc.* Guillelmo de Portu, filio quondam defuncti Guillelmi de Portu, domini de Lalbencha [2], accepimus conquerente quod, cum predictus G., pater suus, tempore quo decessit, esset in possessione vel quasi territorii de le Forg de Badefol [3], de qua possessione inter dictum patrem suum, ex una parte, et Gaillardum Beraldi, militem, [et] Aymericum de Cas, ex altera, coram judice nostro Caturcensi, ut asserit, agebatur, et lite pendente ac de novo et a tempore mortis patris sui predicti adversarii sui dictum territorium per violenciam occupaverint, vobis mandamus quatinus, vocatis Gailhardo et Aymerico et aliis qui fuerint evocandi, ipsum super hiis diligenter audiatis, exibentes eidem super premissis de personis et rebus, de jurisdicione nostro existentibus, mature justicie complementum. Datum dominica ante festum sancti Arnulphi, anno Domini M° CC° LX° IX°. — Debita autem que sibi a subditis nostris in vestra senescallia debentur reddi faciatis eidem, prout coram vobis cognita fuerint vel probata, justicia mediante. Datum ut supra.

[1] Cet acte est cancellé dans le registre. — [2] Lalbenque, Lot. — [3] Je n'ai rien trouvé répondant à ce nom auprès de Lalbenque.

1524

14 jul. 1269. — SENESCALLO AGENENSI ET CATURCENSI PRO DOMINA ADEMARA.

Alfonsus, *etc.*, senescallo Agenensi et Caturcensi, *etc.* Domina Ademara, relicta Symonis Guillelmi de Moyssiaco, intelleximus refferente quod abbas Moyssiaci quoddam feudum militare, ad dictam dominam Ademaram pertinens, ea invita acquisivit, et licet per dominum Philipum de Villa Faverosa, militem[1], tunc senescallum nostrum Agenensem[2], abbas predictus monitus fuerit, ut asserit, ut dictum feudum poneret extra manum infra annum, quod facere recusaverit in ipsius domine prejudicium et gravamen, vobis mandamus quatinus dictum abbatem ad ponendum feudum extra manum suam in personam ydoneam, que possit facere servicia debita, compellatis, si per dictam dominam super hoc fueritis requisitus et vobis constiterit de premissis. Datum die dominica ante festum sancti Arnulphi, anno Domini M° CC° LX° nono.

1525

24 mart. 1269. — PONCIO ASTOAUDI ET MAGISTRO ODONI DE MONTONERIA PRO UNIVERSITATE HOMINUM DE CONDOMIO.

Alfonsus, *etc.*, dilectis et fidelibus suis Poncio Astoaudi, militi, et magistro Odoni de Montoneria, salutem et dilectionem. Ex parte dilectorum et fidelium nostrorum consulum et universitatis hominum nostrorum de Condomio insinuatum nobis extitit conquerendo quod nobilis et fidelis noster Geraudus, comes Armeniaci et Fesenciaci, eisdem hominibus multipliciter injuriosus extitit, res et bona eorum sine causa racionabili et in nostrum prejudicium capiendo, et capta, licet de restitucione fuerit requisitus, contumaciter, ut asserunt, detinendo, hec et consimilia plura gravamina irrogans hominibus supradictis, non solum ante tempus quo ab ipsis et dicto G. compromissum

---

[1] Ms. : *miles*. — [2] Sénéchal jusqu'en 1267.

extitit in Sycardum Alamanni, verum eciam pendente ipso compromisso et post prolacionem arbitrii incessanter. Ceterum debita in quibus eundem sibi teneri asserunt exsolvere renuit requisitus. Quocirca vobis mandamus quatinus, vocatis partibus, injurias et gravamina hujusmodi, secundum quod de hiis vobis legitime constare poterit, emendari et dampna data restitui ac debita, secundum quod fuerint cognita vel probata, solvi faciatis, justicia mediante, ita quod propter deffectum vestrum ipsos ad nos non oporteat ulterius habere recursum. Datum die dominica in festo resurrectionis Domini, m° cc° lx° nono. (*Voir plus haut, n° 1423, p. 141.*)

1526

24 mart. 1269. — LITTERA PATENS PRO CONSULIBUS ET UNIVERSITATE HOMINUM NOSTRORUM DE CONDOMIO.

Alfonsus, *etc.*, dilectis et fidelibus suis Poncio Astoaudi, militi, et magistro Odoni de Montoneria, salutem et dilectionem. Cum super nonnullis questionibus et querelis, que inter nobilem et fidelem nostrum Geraldum, comitem Armeniaci et Fesenciaci, ex una parte, et dilectos ac fideles nostros consules et universitatem hominum nostrorum de Condomio, ex altera, vertebantur, compromissum fuisset in dilectum et fidelem nostrum Sycardum Alamanni, militem, secundum quod in forma ejusdem compromissi plenius dicitur contineri, idemque Sycardus arbitrando pronunciaverit res et bona dictorum hominum de Condomio, capta et detempta per dictum G. ac fautores suos et valitores, que quidem inveniri possent, eisdem hominibus debere restitui, nec in hac parte paritum extiterit dicti Sycardi arbitrio, sicut per sindicos ipsorum hominum nobis extitit intimatum, propter quod iidem homines asserunt dictum G. incidisse in penam duorum milium marcharum argenti, que in compromisso apposita fuisse dicitur, prout ex forma ejusdem compromissi dicitur apparere, vobis mandamus quatinus, vocatis quorum interest auditisque racionibus parcium, secundum quod de meritis cause vobis legitime constiterit, de rebus et personis ad nostram jurisdicionem spectantibus exhibeatis partibus celeris justicie complementum, audientes nichilominus versa vice prefatum G. super hiis que contra memoratos homines de Condomio proponenda duxerit, tam compromissum quam pronunciacionem arbitrii contingentibus, quantum ad cognicionem nostram noveritis pertinere, fine debito terminantes. Nos enim in premissis, quantum ad nos pertinet, vobis committimus vices nostras. Datum apud Longumpontem, anno Domini m° cc° lx° nono, die sancto Pasche.

1527

(Fol. 120.) 15 jul. 1269. — SENESCALLO AGENENSI ET CATURCENSI
PRO RAYMUNDO TALONIS.

Alfonsus, *etc.*, senescallo Agenensi et Caturcensi, *etc.* Mandamus vobis quatinus magistrum Raymundum Talonis in possessione bonorum et rerum que et quas bone memorie Raymundus, quondam comes Tholose, predecessor noster, eidem contulit, et eorum que in feodis et retrofeudis nostris licite acquisivit, de quibus eciam nostras patentes litteras de confirmacione eidem dedimus, deffendatis, nec permitatis eundem super predictis a laicis de nostra jurisdicione existentibus indebite molestari. Datum Parisius, die lune ante festum sancti Arnulphi, anno Domini m° cc° lx° nono.

1528

15 jul. 1269. — SENESCALLO AGENENSI ET CATURCENSI [SUPER ARBITRIO
INTER COMITEM ARMANIACI ET HOMINES DE CONDOMIO PROLATO].

Alfonsus, *etc.*, senescallo Agenensi et Caturcensi, *etc.* Cum, sicut dicitur, super mutuis injuriis et violenciis ac dampnis datis per nobilem et fidelem nostrum Geraudum, comitem Armeniaci et Fesenciaci, hominibus nostris de Condomio et e converso ab eisdem hominibus dicto nobili, inter predictum nobilem, ex una parte, et dictos homines de Condomio, ex altera, in dilectum et fidelem nostrum Sycardum Alemanni, militem, fuerit compromissum, ac eidem (*sic*) Sycardus tanquam arbiter dictum seu arbitrium suum tulerit, in quo predicti homines de Condomio fuerunt, ut asseritur, condampnati, vobis mandamus quatinus, vocatis qui fuerint evocandi, dictum seu arbitrium, secundum quod rite et juste prolatum est per dictum arbitrum, faciatis execucioni demandari, nisi ex parte dictorum hominum aliquid racionabile ostendatur, propter quod dictum arbitrium execucioni debeat minime demandari. Datum Parisius, die lune ante festum sancti Arnulphi, anno Domini M° CC° LX° nono.

1529

15 jul. 1269. — SENESCALLO AGENENSI ET CATURCENSI PRO LIBERIS REMONDI ET RATERII DE CALCIATA.

Alfonsus, *etc.*, senescallo Agenensi et Caturcensi, *etc.* Cum nos ex gracia Remondo et Renerio (*sic*), filiis quondam Remondi de Calciata, militis, concessissemus centum quinquaginta libras caturcensium, percipiendas annuatim, quandiu nobis placeret, in coffris nostris, nos graciam hujusmodi ampliantes de triginta libris caturcensium, ita quod pro utraque gracia in universo habeant novies viginti libras dicte monete, quamdiu nobis placuerit, ad hoc, ad cumulum majoris gracie predictis R. et R. faciende, vobis mandamus quatinus, de consilio dilectorum et fidelium nostrorum Sycardi Alemanni, militis, et Egidii Camelini, clerici, vel alterius eorundem provideatis de loco competenti in quo de summa predicta possit eis fieri assignacio competens, retenta nobis alta justicia in assignacione quam eis fieri contingerit, illud vero quod habemus vel habere debemus in villa de Podio Corneti [1] pro rata summe predicte assignantes eisdem, fiatque hujusmodi assignacio quamdiu nostre placuerit voluntati. Preterea Raterio et ejus fratribus, liberis quondam Raterii de Calciata, militis, qui ex gracia centum libras monete caturcensis perceperunt in coffris nostris, quamdiu nobis placuit, quibus ad cumulum amplioris gracie concessimus viginti li-

[1] Puycornet, Tarn-et-Garonne, cant. Molières.

bras dicte monete, ita quod pro utraque gracia habeant centum viginti libras caturcensium, quamdiu nobis placuerit, mandamus vobis ut predictis Raterio et fratribus suis provideatis, de consilio predictorum, sub forma predicta, locum competentem in quo hujusmodi pensio centum viginti librarum valeat assignari, ita tamen quod hujusmodi assignacio, tam hiis quam aliis liberis defuncti Remondi de Calciata, fiat quamdiu nostre placuerit voluntati. Datum Parisius, die lune ante festum sancti Arnulfi, anno Domini millesimo ducentesimo sexagesimo nono.

1530

16 jul. 1269. — SENESCALLO AGENENSI ET CATURCENSI PRO RAYMUNDO DE CALCIATA.

Alfonsus, *etc.*, senescallo Agenensi et Caturcensi, *etc.* Ex parte Raymundi de Calciata nobis insinuatum extitit conquerendo quod, cum ipse et antecessores sui, tam de jure communi quam ex collacione bone memorie R., quondam comitis Tholose, predecessoris nostri, Bertrando de Duroforti, cujus ipse est heres in solidum, facta per patentes litteras[1], obtineat et huc usque obtinuerint terras suas, nemora, pascua libere et quiete, ita quod nulli dictas terras, nemora seu pascua explectare possint seu explectari facere, ipsis renitentibus et invitis, ac bajuli et homines nostri de Laucerta[2] et de Moleriis[3] contra voluntatem ipsius Raymundi dictas terras, nemora et pascua de novo explectent, ponendo et levando ibidem emendas ac dampna plurima eidem, ut dicitur, inferendo, ipsumque in possessione vel quasi jurisdicionis sue in castro de Duroforti[4] et de Podio Corneti[5] cum pertinenciis perturbando, vobis mandamus quatinus bajulos ac homines nostros de La[u]certa et de Moleriis a dictis injuriis seu dampnis compescatis, nisi causam racionabilem coram vobis ostenderint se de predictis pas-

[1] Voir, à ce sujet, un acte de 1239, *Histoire de Languedoc*, nouv. édition, VIII, col. 1975.
[2] Lauzerte, Tarn-et-Garonne.
[3] Molières, Tarn-et-Garonne.
[4] Durfort. Tarn-et-Garonne, cant. Lauzerte.
[5] Voir plus haut, p. 214.

cuis ac aliis emendis uti possint jure suo[1]. Datum die martis ante festum beate Marie Magdalene, anno Domini millesimo ducentesimo sexagesimo nono.

1531

19 jul. 1269. — SENESCALLO AGENENSI PRO CONSULIBUS VILLE DE PENNA.

Alfonsus, senescallo, *etc*. Ex parte consulum et communitatis ville castri de Penna in Agenesio[2] ad nos delata est querimonia quod, cum ipsi consules vellent levare seu levari facere quemdam (*sic*) summam peccunie ab hominibus dicte ville debilibus et infirmis, pupillis et orfanis et aliis, qui vobiscum in exercitu seu cavalcata, quem vel quam fecistis pro nobis contra nobilem et fidelem nostrum G., comitem Armeniaci et Fesenciaci, et contra senescallum Wasconie[3], ire nequiverunt, prout de consuetudine patrie fieri, ut dicitur, consuevit, vos eosdem in levacione dicte peccunie indebite perturbastis et dictam summam peccunie ab eisdem hominibus contra justiciam et consuetudinem patrie levavistis seu levari fecistis, in ipsorum prejudicium non modicum, ut asserunt, et gravamen. Quare vobis mandamus quatinus, vocatis qui fuerint evocandi, faciatis eisdem super premissis secundum consuetudinem patrie bonum jus et maturum. Datum Parisius, die veneris ante festum beate Marie Magdalene, anno ut supra.

1532

19 jul. 1269. — SENESCALLO PRO BERNARDO PORTERII DE PENNA.

Alfonsus, *etc*., senescallo Agenensi et Caturcensi, *etc*. Bernardo Porterii, de Penna in Agenesio, accepimus conquerente quod Johannes Cofferii, clericus noster, decem libras racione focagii vel subvencionis recepit, ut asserit, ab eodem, quas postmodum Guillelmus de Portu,

---

[1] La phrase est incorrecte; en corrigeant *possint* en *posse*, on la rend plus claire.

[2] Penne, Lot-et-Garonne.

[3] Le sénéchal de Gascogne pour Henri III d'Angleterre.

qui dictum focagium vel subvencionem ex parte nostra in illis partibus colligebat, ab eodem repeciit et levavit. Unde, cum idem Johannes dictas decem libras ab eodem neget, ut asserit, recepisse ac eidem dictas decem libras reddere contradicat, vobis mandamus quatinus, vocato dicto Johanne Cofferii et aliis qui fuerint evocandi, faciatis eidem B. super predictis decem libris celeris justicie complementum. Ceterum cum de assensu communitatis hominum dicte ville focagium seu subvencionem nobis faciendam a villa predicta colligere[t] et a dompna Gila de Gonella, pro rata dicti focagii vel subvencionis predicte ipsam contingente vel pro parte eidem imposita levaverit, quidam clericus, filius dicte domine Gile, ipsum per judices ecclesiasticos vexat ac multipliciter inquietat. Quocirca vobis mandamus ut dictam dominam Gilam, matrem dicti clerici, ex parte nostra requiratis vel requiri faciatis quod dictum clericum, filium suum, ab hujusmodi inquietacionibus et vexacionibus desistere faciat, sicut decet. Datum Parisius, die veneris ante festum beate Marie Magdalene, anno ut supra.

1533

(Fol. 121.) 23 jul. 1269. — SENESCALLO AGENENSI PRO ABBATE MOISSIACENSI.

Alfonsus, *etc.*, senescallo Agenensi et Caturcensi, *etc.* Religioso viro abbate Moysiacensi accepimus intimante quod vos a quadam interlocutoria, per bajulum suum lata, appellacionem ad vos interpositam admisistis, in ipsius prejudicium et gravamen, cum per textum composicionis, inter nos et ipsum habite [1], non ad vos sed ad ipsum appellari debeat, sicut dicit. Quocirca vobis mandamus quatinus contra tenorem et formam composicionis ejusdem nichil indebite attemptetis, et si quid contra justiciam attemptatum est in hac parte, prout justum fuerit, reduci ad statum debitum faciatis. Datum Parisius, die martis in crastino festi beate Marie Magdalene, anno Domini M° CC° LX° nono.

---

[1] Voir cet accord, qui date de juillet 1266, dans Lagrèze-Fossat, *Études historiques sur Moissac*, I, 412-418.

1534

26 jul. 1269. — SENESCALLO AGENENSI ET CATURCENSI PRO WILLELMO
DE LABRUGADA.

Alfonsus, *etc.*, senescallo Agenensi et Caturcensi, *etc.* Veniens ad nos Willelmus [de] Laburgada nobis rettulit conquerendo quod Petrus Dalbuc et H. Delbuc et Willelmus Delbuc injuriantur eidem super terra de Laburgada [1], sita in parrochia de Terentellis [2], ipsum dicta terra indebite spoliando. Unde vobis mandamus quatinus Fulconem de Sancto Finhano [3], militem, a quo dictam terram se tenere asserit, si ad ipsum spectat predictorum jurisdicio, requiri faciatis ut dicto Willelmo super predictis exibeat justicie celeris complementum. Quod si facere neglexerit et in hoc deficiens fuerit, vos eidem Guillelmo super hiis et de personis ad nostram spectantibus jurisdicionem exibeatis bonum jus et maturum, ita quod propter defectum juris vel vestrum ad nos ipsum non oporteat ulterius super hoc habere recursum, presertim cum jam vobis alias scripserimus, ut asserit, pro eodem. Datum die veneris in crastino festi sanctorum Jacobi [et] Christofori, anno Domini M° CC° LX° nono.

1535

26 jul. 1269. — SENESCALLO AGENENSI ET CATURCENSI PRO VICECOMITE
DE CASTELLIONE.

Alfonsus, *etc.*, senescallo Agenensi et Caturcensi, *etc.* Cum, sicut nobis datum est intelligi, nobilis et fidelis noster Amenevus de Lebreto, miles, nobili viro vicecomiti de Castellione [4] in quadam peccunie summa teneatur, quam pluries requisitus reddere contradicit, mandamus vobis quatinus secundum quod dictum debitum coram vobis legittime cognitum seu probatum fuerit, quantum ad nostram spectat

[1] Peut-être Bulugard, sur le Lot, écart de la commune de Trentels. — [2] Trentels, Lot-et-Garonne, cant. Penne. — [3] Je propose de corriger *de Sancto Anhano*. — [4] Castillon-sur-Dordogne, Gironde.

jurisdicionem, dicto vicecomiti exhibeatis mature justicie complementum de debito supradicto. Datum die veneris in crastino sanctorum Jacobi et Christofori, anno Domini m° cc° lx° nono.

1536

31 jul. 1269. — EGIDIO CAMELINI PRO HOMINIBUS BASTIDE CASTRI SENHOR, AGENENSIS DYOCESIS.

Alfonsus, *etc.*, dilecto et fideli suo clerico Egidio Camelini, salutem et dilectionem. Litteras quasdam duplicatas, tam sigillo nostro quam comitisse, consortis nostre, sigillatas [1], super quadam quitacione seu remissione bastide de Castro Segnihor [2], Agenensis diocesis, vobis tradidimus in recessu, abbati et conventui monasterii Clariacensis [3] assignandas. Cum autem postmodum intellexerimus predictas litteras nedum in nostrum, verum etiam hominum dicte bastide grave dispendium et prejudicium redundare, vobis mandamus quatinus predictas litteras eisdem abbati et conventui aut etiam alias litteras nostras, si quas per vos senescallo nostro Agenensi et Caturcensi super eadem facto aut occasione ejusdem facti dirigimus, non tradatis, quousque aliud a nobis super hoc receperitis in mandatis, ab eisdem abbate et conventu non recipientes peccuniam, si quam vobis nomine nostro propter hoc duxerint offerendum. Si vero eidem senescallo jam super hoc aliquas litteras tradidistis, dicatis sibi ex parte nostra ut execucioni supersedeat earundem, quousque aliud super hoc duxerimus ordinandum. Datum die mercurii in vigilia beati Petri ad vincula, anno Domini m° cc° lx° nono.

---

[1] Ici, dans le manuscrit, les mots *sigillo confectas* biffés.

[2] Ce serait, suivant Curie-Seimbres, *Essai sur les bastides*, p. 232, le lieu de Laparade, Lot-et-Garonne, cant. Castelmoron.

[3] Clairac, Lot-et-Garonne, cant. Tonneins; abb. bénédictine, dioc. d'Agen.

1537

31 jul. 1269. — PRIORI SECULARIS ECCLESIE BEATE MARIE PRO HOMINIBUS BASTIDE CASTRI SENHOR.

Alfonsus, *etc.*, dilecto suo priori secularis ecclesie Beate Marie de Portu [1], Agenensis diocesis, salutem et dilectionem. Causam appellacionis ad nos interposite ex parte hominum bastide nostre de Castro Seignori, Agenensis diocesis, super quibusdam gravaminibus eisdem illatis, ut asserunt, per senescallum nostrum Agenensem et Caturcensem, vobis comittimus audiendam et fine debito terminandam. Datum die mercurii in vigilia sancti Petri ad vincula, anno Domini M° CC° LX° nono.

Édité par Boutaric, *S. Louis et Alfonse de Poitiers*, p. 380.

1538

(Fol. 122.) 5 aug. 1269. — SENESCALLO AGENENSI ET CATURCENSI PRO GUILLELMO ARNALDI.

Alfonsus, *etc.* Ex parte Guillelmi Arnaldi de Costa, pro se et Raymundo Guillelmi de Costa, nepote suo, nobis extitit supplicatum ut composicionem habitam inter ipsos ex una parte et abbatem ac conventum monasterii Clariacensis ex altera, de qua liquere potest, ut dicitur, per confecta inde publica instrumenta, teneri et servari faceremus, justicia mediante. Quocirca vobis mandamus quatinus, vocatis qui fuerint evocandi, auditis racionibus parcium, si alterutra parcium vos inde requisierit, quantum ad jurisdicionem et cognicionem nostram pertinet, faciatis composicionem eandem, prout justum fuerit, observari. Preterea, si dictus Guillelmus querimoniam vobis detulerit super eo quod Stephanus de la Fite quendam ancipitrem eidem G. sine cause cognitione abstulit, sicut dicit, auditis hinc inde racionibus, quamtum ad jurisdicionem nostram pertinet, exhibeatis dicto G. super

[1] Port-Sainte-Marie, Lot-et-Garonne.

hoc celeris justicie complementum. Datum die lune ante festum beati Laurencii, anno Domini M° CC° LX° nono.

1539

5 aug. 1269. — SENESCALLO AGENENSI ET CATURCENSI PRO GASTONE DICTO BEC ET FRATRIBUS SUIS AC ARNALDO BEC, NEPOTE SUO.

Alfonsus, *etc.*, senescallo Agenensi et Caturcensi, *etc.* Ex parte Gastonis dicti Bec [1], pro se et fratribus suis ac Arnaldo Bec, nepote suo, nobis intimatum extitit conquerendo quod bajuli et servientes vestri compellunt homines terre sue coram se respondere, quamquam non fuerint negligentes vel remissi in justicia exhibenda, presertim cum ipsi habeant, sicut dicunt, omnimodam jurisdicionem et justiciam ab antiquo. Quare vobis mandamus quatinus, si ita est, servientes et bajulos vestros desistere faciatis ab hujusmodi compulsione, maxime in casibus et causis quos et quas ad dictos Gastonem et parerios suos inmediate noveritis pertinere, dum tamen parati sint de suis hominibus, prout ratio dictaverit, exhibere justiciam cuilibet conquerenti, jus nostrum in casibus quorum cognicio ad nos pertinet illesum penitus observantes. Datum die lune ante festum beati Laurencii, anno Domini M° CC° LX° nono.

1540

5 aug. 1269. — SENESCALLO AGENENSI ET CATURCENSI PRO HOMINIBUS DE CASTRO SEIGNOUR.

Alfonsus, *etc.*, senescallo Agenensi et Caturcensi, *etc.* Cum, sicut intelligi nobis datur, plerique [2] homines, sub districtu nostro in vestra senescallia existentes, promiserint edificare domos seu domicilia in bastida nostra de Castro Seignour [3], Agenensis diocesis, sub religione prestiti juramenti, infra annum et mensem a fondacione dicte bastide,

---

[1] On pourrait aussi lire *Boc*.

[2] *Sic* dans le manuscrit; on pourrait lire *plurique*, barbarisme qui prouverait que le copiste avait pensé à *plures*, mot que le sens demande.

[3] Voir plus haut, n° 1536.

aut solvere certam penam circa hoc constitutam si non edificarent inibi, prout promiserant se facturos, multique ex eis non edificaverint, ut debebant, nec penam solverint institutam, vobis mandamus quatinus homines hujusmodi, de quibus vobis constare poterit quod taliter sint astricti nec per constructionem edificii aut per solucionem pene statute se curaverint liberare, prout ad vestram cohercionem pertinet et sine scandalo et juris injuria fieri poterit, compellatis ad alterum de duobus, ut videlicet in dicta bastida justa promissum suum edificent aut penam exolvant, de eorum consensu et beneplacito, ut dicitur, institutam. Quod si forte homines dicte bastide penam hujusmodi pecuniariam ad ipsos pertinere asserant, servato jure nostro auditisque super hoc racionibus suis, faciatis inde quod ordo juris dictaverit et consentaneum fuerit rationi. Datum die lune ante festum beati Laurencii, anno Domini M° CC° LX° nono.

1541

15 aug. 1269. — SENESCALLO AGENENSI ET CATURCENSI PRO FRATRIBUS PREDICATORIBUS DE CONDOMIO SUPER DEBITIS.

Alfonsus, *etc.*, senescallo Agenensi et Caturcensi, *etc.* Mandamus vobis quatinus debita que debentur conventui fratrum Predicatorum de Condomio, seu alicui de fratribus ejusdem conventus, a Guillelmo Fabri et Raymundo Fillol, civibus Agenensibus, secundum quod cognita fuerint vel probata, eisdem reddi et restitui faciatis, justicia mediante. Datum apud Hospitale juxta Corbolium, die jovis in festo assumpcionis beate Virginis, anno Domini M° CC° LX° nono.

1542

[Aug.] 1269. — SENESCALLO AGENENSI ET CATURCENSI PRO MICHAELLE DE GIERA, CIVI LACTORENSI.

Alfonsus, *etc.*, senescallo Agenensi et Caturcensi, *etc.* Mandamus vobis quatinus Michaelli de Giera, civi Lactorensi, super obligacione sibi facta, ut dicitur, a defuncto vicecomite de Altovillari, in qua ipsum molestat Galterus de Fossato, fidelis noster, vocatis qui fuerint evocandi, auditis hinc inde rationibus, faciatis bonum jus et maturum. Datum apud Hospitale juxta Corbolium, anno Domini M° CC° LX° nono [1].

1543

(Fol. 123.) 15 aug. 1269. — SENESCALLO AGENENSI ET CATURCENSI
PRO HOMINIBUS CASTRI SANCTI ORIENCII.

Alfonsus, *etc.*, senescallo Agenensi et Caturcensi, *etc.* Mandamus vobis quatinus homines castri Sancti Oriencii [2], de feudis seu retrofeudis nostris existentes, ab aliquibus laicis de jurisdicione nostra existentibus non permittatis, quantum ad nos pertinet, indebite molestari. Possessiones vero quarum domania possident et quas a nobis advoant se tenere eisdem quantum de jure fuerit conservetis et deffendatis. Datum apud Hospitale prope Corbolium, die jovis in festo assumpcionis beate Virginis, anno Domini M° CC° LX° nono.

1544

15 aug. 1269. — SENESCALLO AGENENSI ET CATURCENSI
PRO ELEMOSINIS DOMINI COMITIS.

Alfonsus, *etc.*, senescallo Agenensi et Caturcensi, *etc.* Mandamus vobis quatinus solvatis de denariis nostris pro elemosina : Predicatoribus Agenensibus xx lib. tur.; fratribus Minoribus Agenensibus xx lib. tur.; leprosarie Agenensi c sol. tur.; Domui Dei Agenensi c sol. tur.; fratribus Minoribus de Montealbano [3] xx lib. tur.; fratribus Predicatoribus de Montealbano xx lib. tur.; leprosarie de Montealbano LX sol. tur.; Domui Dei de Montealbano c sol. tur.; fratribus Predicatoribus de Condomio [4] xx lib. tur.; fratribus Minoribus de Condomio

---

[1] Le quantième n'est pas exprimé. — [2] Probablement Saint-Orens, Lot-et-Garonne, comm. Francescas. — [3] Montauban, Tarn-et-Garonne. — [4] Condom, Gers.

x lib. tur.; sororibus Minoribus de Condomio LX sol. tur.; leprosarie de Condomio LX sol. tur.; Domui Dei de Condomio LX sol. tur.; Domui Dei de Loserta [1] LX sol. tur.; leprosarie de Lozerta XL sol. tur.; leprosarie de Moissiaco [2] XL sol. tur.; Domui Dei de Moissiaco LX sol. tur.; fratribus de Carmelo Agenensi C sol. tur.; fratribus Minoribus de Masso [3] C sol. tur.; fratribus Minoribus de Mermanda [4] X lib. tur.; fratribus Minoribus de Neraco [5] LX sol. tur.; hospitali de Montlenard [6] XX sol. tur.; hospitali de Salvaterra [7] XX sol. tur.; duobus hospitalariis (sic) de Montecuco [8] XL sol. tur.; leprosarie de Montecuco XL sol. tur. Universas autem et singulas elemosinas singulis locis, prout superius sunt distincte, solvatis taliter quod inde possitis ad [9] compotos circa tres septimanas post festum Omnium sanctorum computare de eisdem, ita quod constet de solucione earundem per litteras testimoniales quibus fides debeat adhiberi vel alias legitime, sicut decet. Datum apud Hospitale juxta Corbolium, in festo assumpcionis beate Virginis, anno Domini millesimo ducentesimo sexagesimo nono.

1545

10 sept. 1269. — SENESCALLO AGENENSI ET CATURCENSI ET EGIDIO CAMELINI
PRO COMITE PICTAVIE ET THOLOSE SUPER SALINO AGENENSI.

Alfonsus, *etc.* Super eo quod nobis per vestras scripsistis litteras de relaxacione juris nostri de salino Agenensi, placet nobis et vobis mandamus quatinus cum singulis villis terre nostre Agenesii et aliis quas expedire videritis et quarum interest tractetis, quantum nobis dare vellent pro relaxacione juris nostri de dicto salino a nobis facienda. Et quid super hoc feceritis et de summa ab ipsis oblata nobis circa quar-

---

[1] Lauzerte, Tarn-et-Garonne, ch.-l. de canton.
[2] Moissac, Tarn-et-Garonne.
[3] Mas-d'Agenais, Lot-et-Garonne.
[4] Marmande, Lot-et-Garonne.
[5] Nérac, Lot-et-Garonne.

[6] Mondenard, Tarn-et-Garonne, comm. Cazes-et-Mondenard.
[7] Peut-être Sauveterre, Lot-et-Garonne, cant. Fumel.
[8] Montcuq, Lot.
[9] Ici le mot *instantes*, raturé.

tam diem post quindenam instantis festi Omnium sanctorum referatis in scriptis, finem super hiis facientes cum ipsis, retenta voluntate nostra. Qui primo has litteras receperit, eas aperiat et alteri transcriptum mittat earundem. Datum die martis post festum nativitatis beate Virginis, anno Domini m° cc° lx° nono. — De facto vero paxerie Penne in Agenesio [1] amovende, super quo Johannes Valleti nobiscum locutus est, quod, sicut dicit, in utilitatem patrie et pedagii nostri de Mermanda a[u]gmentum cederet non modicum, cum singulis villis quarum interest tractetis et finem cum ipsis faciatis, retenta voluntate nostra, ipsas ad majorem summam quam bono modo poteritis inducentes. Et quid super hoc feceritis, vos ambo vel alter vestrum dicta quarta die post quindenam Omnium sanctorum refferatis in scriptis. Et in tradicione forestarum nostrarum et perquirendis pro nobis denariis bono et legali modo, juxta vias vobis dudum traditas et juxta memorialia que vobis, Egidi, tradi fecimus quando a nobis ultimo recessistis, curam et diligenciam majorem quam bono modo poteritis apponatis, in hiis que expedire videritis consilium dicti Johannis Valleti requirentes. Datum ut prius.

Ista littera iterum missa fuit die mercurii post festum sancti Remigii [2 oct.] per Johannem Valeti, [de] verbo ad verbum.

1546

[Sept.] 1269. — LITTERA PATENS PRIORI SECULARIS ECCLESIE BEATE MARIE DE PORTU PRO PETRO DE BESSA.

Alfonsus, etc., venerabili viro et dilecto suo priori secularis ecclesie Beate Marie de Portu, salutem et dilectionem sinceram. Causam appellacionis ad nos interposite, ut dicitur, ex parte Petri de Bessa et Petri de Paes a sentencia lata per magistrum Guerinum de Cordua, judicem Caturcensem, ex commissione sibi facta a dilecto et fideli nostro Johanne de Angervillari, milite, senescallo Agenensi et Catur-

---

[1] Penne-d'Agenais, Lot-et-Garonne, sur le Lot.

censi[1], vobis committimus audiendam et fine debito terminandam. Datum anno Domini millesimo ducentesimo sexagesimo nono.

1547

3o sept. 1269. — SENESCALLO AGENENSI ET CATURCENSI
PRO PETRO DE SANCTO GERMANO, MILITE.

Alfonsus, *etc.*, senescallo Agenensi et Caturcensi, *etc.* Cum nos Petro de Sancto Germano, militi, quindecim libras caturcensium annui redditus, quamdiu nobis placuerit, dederimus, sicut in litteris dilectorum et fidelium nostrorum Poncii Astoaudi, militis, et magistri Odonis de Montoneria, super hoc confectis, plenius dicitur contineri, vobis mandamus quatinus dicto Petro dictas quindecim libras caturcensium pro presenti annata, nisi de ea sibi satisfactum sit, et de cetero quolibet anno reddatis quamdiu nostre placuerit voluntati, prout in predictis litteris dictorum Poncii et magistri Odonis plenius videbitis contineri. Datum Parisius, die lune post festum sancti Michaelis, anno Domini M° CC° LX° nono.

1548

3o sept. 1269. — SENESCALLO AGENENSI ET CATURCENSI PRO DOMINO COMITE SUPER
DIVERSIS ARTICULIS.

Alfonsus, *etc.*, senescallo Agenensi et Caturcensi, *etc.* Articulos ex parte vestra per magistrum Vincencium, judicem vestrum, nobis in scriptis traditis inspici fecimus diligenter et ad singulos responsiones inseri, prout visum fuit ad presens nostro consilio expedire. Nos itaque dictos articulos cum insertis ibidem responsionibus vobis mittimus infrascriptos, mandantes quatinus, secundum quod vobis liquere poterit ex responsionibus eisdem, circa dictos articulos procedatis. Datum die lune post festum beati Michaelis, anno Domini M° CC° LX° nono. — Emendas insuper que ex delacione armorum et alia qua-

---

[1] Alors sénéchal d'Agenais.

cunque de causa nobis debentur, judicari faciatis et levari, ita quod propter deffectum vestrum justicia non deppereat et nobis incommoditas non [con]tingat.

1. Primus articulus est quod, cum dominus comes per suas litteras mandaret senescallo Agenensi et Caturcensi ut juramentum fidelitatis prestaret episcopo Agenensi super deffensione ecclesiarum suarum, prout in forma composicionis dudum inite inter bone memorie dominum Raymundum, quondam comitem Tholose, ex parte una, et dominum episcopum Agenensem, qui pro tempore fuit, ex altera [1], viderit plenius contineri, quod domino comiti placeat quod dictus senescallus prestacionem dicti juramenti differat, cum ad id prestandum cotidie per dictum episcopum infestetur, quousque dictus senescallus in proximo pallamento Sancti Martini locutus fuerit cum dicto domino comite et consilio suo, cum in prestacione dicti juramenti posset maximum prejudicium generari dicto domino comiti et suis, maxime cum dicta composicio non sit servanda, ut credit et apparebit per ea que tunc dicet et proponet coram dicto domino comite et suo consilio antedicto. — Responsio. Non oportet quod suspendatur per dominum comitem prestacio juramenti, sed si episcopus conquestus fuerit quia non prestat senescallus, sufficienter respondebitur sibi.

2. Item secundus articulus: quod cum dictus dominus comes mandaverit senescallo predicto processum habitum a parte illorum de Cassanea contra illos de Marchia [2], in causa appellacionis ad ipsum episcopum et dictum senescallum communiter vel ad solum senescallum vel ad dictum dominum comitem tantummodo interposite, irritam (*sic*) nunciaret, quod dominus comes super hoc provideat juri suo, cum ipse cumulum fori apud Agennum habeat in causis appellacionum, cum ad ipsum solum vel suos sine adjectione episcopi contingit appellari, [fol. 124] et de hoc est dictus dominus comes in possessione vel quasi et fuit temporibus retroactis, non obstante quod justicia dicte civitatis Agenni ad dictum dominum comitem et dictum episcopum

---

[1] Accord de 1224; cf. *Hist. de Languedoc*, nouv. édition, VI, p. 586. — [2] Sans doute noms de deux familles d'Agen; corrigez dans ce sens la note de la page 158.

communiter dignoscitur pertinere. Preterea in aliqua parte Agenesii, sub dominio dicti domini comitis constituta, ab aliquo barone vel ejus bajulo vel judice non appellatur, nisi ad ipsum dominum comitem et ejus curiam, et ita hactenus extitit usitatum. Item dictus episcopus tenet dictam justiciam Agenensem, et alia que tenet apud Agennum temporaliter, in feudum a domino comite supradicto. Preterea in dicta littera continetur quod in dicta causa una cum dicto episcopo vel ejus mandato procedatur; quod si fiat, nonquam in solidum devolvetur appellacio ad dominum comitem, nam dictus episcopus semper delegabit omnes causas appellacionum ad ipsum interpositarum, et sic ab ejus delegato ad eundem episcopum appellabitur iterato. — Secundum quod scriptum est maneat articulús [1].

3. Tercius articulus est quod gentes terre domini Geraudi, comitis Armeniaci et Fesanciaci, ceperunt quosdam homines domini comitis de Condomio et quosdam homines de Medicino [2] in Agenesio, in terra et jurisdicione dicti domini nostri comitis, et eos captos in terra dicti domini Geraudi perduxerunt, et dictus dominus Geraudus, requisitus per dictum [3] senescallum Agenensem et Caturcensem semel et secundo ut eos liberaret et restitueret seu liberari et restitui faceret, nichil fecit. Quid autem nunc fecerit, cum in recessu mei magistri Vincencii fuisset tercio requisitus, ignoro. — In subsidium requiratur senescallus Tholose et Albiensis, ut per capcionem feudi quod tenet dominus Geraudus a domino comite in senescallia Tholosana, ipsum sufficienter requisitum compellat facere quod debebit.

4. Item quartus articulus est quod Bernardus Ottonis, qui est de terra domini Gastonis de Biarno, diffidavit homines de Condomio et quendam domicellum, vassallum et feudatarium dicti domini comitis, Geraudum de Cassabon nomine, et eis omnia mala que potest inferre (*sic*) cotidie et cum armis. Unde vestra excellens dominacio ordinet et precipiat quid super hiis sit agendum. — Significentur ista domino Gastoni et requiratur per senescallum quod predicta faciat emendari;

---

[1] Cet article a été publié par Boutaric, *S. Louis et Alfonse de Poitiers*, p. 377-378. — [2] Mézin, Lot-et-Garonne. — [3] Ici les mots *dominum comitem* raturés.

quod si non fecerit, requiratur superior, scilicet senescallus Wasconie [1], qui predicta faciat emendari.

5. Quintus articulus est de facto pertinenciarum Sancte Liberate [2] et de Benas [3], in quibus pertinenciis abbas Moysiaci non permittit gentes domini comitis clamores et justicias pacifice recipere, ut hactenus perceperunt, quanvis dictus dominus comes in composicione inter ipsum et dictum abbatem habita [4] sibi et suis retinuerit pleno jure et in solidum omnes clamores et justicias predictarum villarum, ymo in perceptione earum eos impedit et perturbat, asserens dictus abbas dictas pertinencias esse de pertinenciis Moysiaci, in quibus partem asserit se habere, prout in composicione seu composicionibus super hoc habitis continetur, ut dicit. — Cum legitime ostensum fuerit pertinencias predictas esse de pertinenciis Moysiaci, permittatur abbati et conventui eis uti secundum formam composicionis, antea nequaquam.

6. Item sextus articulus est de facto appellacionum ville Moysiaci, quas a bajulo suo ad se dicit debere in solidum interponi et non ad judicem Caturcensem, ut hactenus extitit usitatum, qui judex in dicta villa est communiter pro ipso abbate et domino comite antedicto, quique jurat utrique juxta formam composicionis habite inter eos, nec ad ipsum senescallum, immo petit quod judex appellacionum senescalli juret eidem abbati, si velit cognoscere de causis appellacionum ville Moysiaci. — Teneatur et observetur composicio facta inter dominum comitem et dictum abbatem, prout in litteris patentibus ipsorum comitis et abbatis et conventus super hoc confectis plenius continetur, et si quod obscurum in dictis litteris inveniatur, pace vel judicio declaretur.

7. Item septimus articulus de facto carceris quem dictus abbas in dicta villa Moysiaci asserit se habere, cum hoc temporibus retroactis fuerit interdictum. — Si appareat ex forma composicionis dictum abbatem habere justiciam pro modo justicie sibi competentis, non videtur prohibendus abbas quominus possit habere carcerem.

---

[1] Pour le roi d'Angleterre. — [2] Sainte-Livrade, Lot-et-Garonne. — [3] Bénas, Tarn-et-Garonne, comm. La Française. — [4] Voir plus haut, p. 217, note.

8. Item octavus articulus est de facto assisie d'Alic [1] prope Ruppem Amatoriam [2], qui quidem locus est de feodo et jurisdicione dicti domini comitis, ubi a paucis diebus citra tenuerint assisiam gentes domini Odoardi [3] cum vinginti quinque vel tringinta equis armatis et quingentis peditibus cum armis et amplius. Tamen hoc fecerunt ex inopinato et clandestine et furtive, ita quod quasi a nullis prescitum fuerat quod ibi teneri dicta assisia debuisset. Unde super hoc ordinet et mandet dictus dominus comes quod sibi et honori suo viderit expedire, cum ipse sit in possessione vel quasi exercendi ibidem merum et justum imperium et jurisdicionem, sciens quod ibi fuit dominus Fortunarius de Quassa Nova et dominus Isarnus de Ballenis, feodatarii seu vassalli dicti domini comitis, quilibet eorum cum armis. — Primo si inveniatur quod abbas (*sic*) Abbazine [4], qui tenet domanium et proprietatem dicti loci, advocet ipsum locum a Hugone de Castronovo, milite, et dictus miles feudum dicti loci a domino comite vel dictus abbas immediate advohet dictum locum a domino comite, quod illi qui sunt de jurisdicione domini comitis qui interfuerunt assisie, presertim cum armis, prout justum fuerit, puniantur, et publice inhibeatur ibidem et in locis circonvicinis ne aliquis alieno nomine quam domini comitis audeat ibi tenere assisias vel ibidem in assisiis comparere. Requiratur senescallus domini regis Francie quamprimo.

1549

3o sept. 1269. — SENESCALLO AGENENSI ET CATURCENSI PRO HOMINIBUS BASTIDE CASTRI SEIGNORI.

Alfonsus, *etc.*, senescallo Agenensi et Caturcensi, *etc.* Cum homines bastide Castri Segnori ad nos accesserint, dicentes nostra et sua interesse quominus composicio inter nos et abbatem et conventum Clariacensis monasterii super dicta bastida habita effectum sortiretur, dictorum abbatis et conventus procuratoribus ex adverso dicentibus et

[1] Les Alix, Lot, comm. Rocamadour.
[2] Rocamadour, Lot, cant. Gourdon.
[3] Édouard, plus tard roi d'Angleterre.
[4] Aubazine, Corrèze, cant. Beynac; autrefois abb. bénédictine du diocèse de Limoges.

proponentibus, vobis mandamus quatinus dictos homines predicte bastide adjornetis, ut per procuratorem sufficienter instructum ad tres septimanas instantis festi Omnium sanctorum compareant coram nobis, objecturi seu proposituri, si sua crediderint interesse, quod eis in hac parte videbitur expedire, intimantes eisdem quod, sive venerint sive non, nos ulterius procedemus prout de jure fuerit procedendum. Et hoc dilecto et fideli clerico nostro Egidio Camelini significetis. Datum Parisius, die lune in crastinum sancti Michaelis, anno Domini M° CC° LX° nono. — Predictos homines compescatis, prout justum fuerit, ne ipsis abbati et conventui injuriam aliquam inferant vel gravamen.

1550

(Fol. 125.) 1 oct. 1269. — DOMINO WASTONI, VICECOMITI BIERNENSI.

Nobili viro et dilecto suo domino Wastoni, vicecomiti Bearnensi et domino Castri Veteris, Alfonsus, filius regis Francie, *etc.*, salutem et dilectionem. Ex gravi conquestione Bernardi de Autillac, militis, dilecti et fidelis nostri, accepimus quod subditi vestri, filii Enfordi de Theiac, una cum hominibus de Montesquif[1] Bernardum, domicellum, filium dicti B., militis, sine causa et injuste, sicut dicit, occiderunt. Unde vos rogamus quatinus maleficium hujusmodi emendari faciatis, secundum quod fuerit faciendum, tantum super hoc facientes quantum velletis nos pro vobis facturos in casu consimili vel majori et quod dictum B. ob defectum juris non oporteat ulterius laborare. Datum Parisius, die martis post festum beati Michaelis, anno Domini M° CC° LX° nono.

1551

2 oct. 1269. — SENESCALLO AGENENSI ET CATURCENSI SUPER PRESTACIONE JURAMENTI.

Alfonsus, *etc.*, senescallo Agenensi et Caturcensi, *etc.* Iterato vobis mandamus et precipimus, sicut alias vobis mandasse meminimus, ut

[1] C'est ou Montesquieu, Lot-et-Garonne, comm. Réaup, ou Montesquieu, *ibid.*, cant. Lavardac.

venerabili in Christo patri P., Dei gratia episcopo Agenensi[1], juramentum fidelitatis[2], prout in forma composicionis dudum inhite inter bone memorie Raymundum, quondam comitem Tholose, predecessorem nostrum, ex una parte, et episcopum Agenensem qui pro tempore fuit, ex altera[3], videbitis contineri, prestetis, et juramentum prestitum fideliter observetis, nisi aliquod validum et racionabile obsistat propter quod debeat dicti juramenti prestacio retardari, raciones vestras, si quas habeatis, dicto episcopo exponentes et eas nobis[4] ad tardius infra tres septimanas festi beati Martini hyemalis significantes in scriptis. Datum die mercurii post festum sancti Michaelis, anno Domini M° CC° LX° nono.

1552

2 oct. 1269. — SENESCALLO AGENENSI ET CATURCENSI PRO EPISCOPO AGENENSI SUPER DECIMIS.

Alfonsus, *etc.*, senescallo Agenensi et Caturcensi, *etc.* Frequenter mandasse meminimus, tam vobis quam aliis senescallis nostris qui fuerint pro tempore, ut episcopo Agenensi nomine ecclesie sue decimas abjuratas et incursas et possessas ab ecclesia solvi et reddi sine strepitu judicii faceretis. Sane cum necdum prefatus episcopus decimis eisdem gaudeat, sicut dicit, iterato vobis mandamus quatinus, facta a vobis cognicione summaria de premissis, cum ordo judiciarius non sit usquequaque in talibus observandus, prefatum episcopum de dictis decimis et specialiter de decima de Bomont[5] gaudere pacifice faciatis, taliter super hiis vos habentes quod propter deffectum vestrum ipsum episcopum non oporteat ad nos ulterius habere recursum. Datum Parisius, die mercurii post festum beati Michaelis, anno Domini M° CC° LX° nono.

[1] Pierre III Jerland (1264-1272).
[2] Ici les mots suivants raturés : *super deffensione ecclesiarum suarum.*
[3] Voir plus haut, n° 1548, p. 227.
[4] Ici les mots suivants raturés : *quam cito commode poteritis.*
[5] Peut-être Beaupuy, Lot-et-Garonne, cant. Marmande.

1553

2 oct. 1269. — [SENESCALLO AGENENSI PRO BERTRANDO DE SANCTA ARTEMIA, CLERICO.]

Alfonsus, *etc.*, senescallo Agenensi et Caturcensi, *etc.* Veniens ad nos magister Bertrandus de Sancta Artemia, clericus, pro se et Raynaldo ac Guillelmo, fratribus suis, nobis conquerendo monstravit quod Arnaldus Raterii de Montealbano vel gentes sue, eo ratum habente, multas injurias et dampna plurima intulerunt eisdem, eisdem, ut asserit, per violenciam et cum armis quandam partem bladi decime parrochie de Valariles[1] rapiendo et alia plura dampna et gravamina eisdem, ut dicitur, inferendo. Quare vobis mandamus quatinus, super portacione armorum inquisita plenius veritate, ipsum Arnaldum, secundum quod de dicta delacione vobis constare poterit, puniatis, dampnaque restitui et injurias faciatis eisdem, prout justum fuerit, emendari. Datum Parisius, die mercurii post festum [sancti] Remigii, anno Domini m° cc° lx° nono.

1554

7 nov. 1269. — SENESCALLO AGENENSI ET CATURCENSI PRO GUILLELMO DE MOTA, SCUTIFERO.

Alfonsus, *etc.*, senescallo Agenensi et Caturcensi, *etc.* Alias vobis scripsisse meminimus ut Guillelmo de Mota, scutifero, saisinam rerum et possessionum earum quas empcionis titulo habuerat ab Arnaldo Hugonis de Sancto Privato et ejus uxore, de quibus procuratores ipsius G. violenter et cum armis ejecti fuerant, sicut dicit, faceretis restitui, justicia mediante, sed cum infecto negocio ad nos redierit, verisimiliter presumi potest vos in defectu fuisse justicie exhibende, cum ex serie litterarum nostrarum patencium, dudum vobis missarum, quas etiam credimus publicatas, recursus ad nos minime haberi debeat, nisi ob defectum justicie vel si appellatio ad nos fuerit interjecta. Quare vobis mandamus quatinus circa premissum negocium et in aliis pariter

---

[1] Peut-être Valeilles, Tarn-et-Garonne, cant. Montaigu.

que per vos poterunt ex commisso vobis officio commode explicari, taliter vos habere curetis quod propter defectum juris seu negligenciam exibende justicie non oporteat dictum G. seu alios querelantes ad nos ulterius querimoniam reportare. Datum apud Fontembleaudi, die jovis post festum Omnium sanctorum, anno Domini M° CC° LX° nono.

1555

20 nov. 1269. — SENESCALLO AGENENSI ET CATURCENSI PRO HUGONE DE CARDILLAC.

Alfonsus, *etc.*, senescallo Agenensi et Caturcensi, salutem [1] et dilectionem. Ex parte Hugonis de Cardillac, militis, nobis est intimatum quod quidam [2] homines Deodati Barasi, militis, homines de villa Sancti Saturnini [3], homines ipsius Hugonis, cum armis in terra sua invaserunt, vulneraverunt et eciam quosdam ex ipsis occiderunt, super quo [4] facto inquirendo Berruerium, servientem nostrum, misistis, sicut dicit. Propter quod ex parte dicti Hugonis nobis exstitit supplicatum ut super hoc consilium apponi faceremus et sibi justiciam fieri secundum inquisicionem factam per dominum Gaubertum de Ranponio et Beruerium, servientem nostrum, de mandato vestro, sicut dicit. Unde vobis mandamus quatinus, si inquesta facta super facto predicto perfecte facta fuerit, juxta eamdem procedatis et jus faciatis prout fuerit faciendum, vocatis qui fuerint evocandi. Si vero minus perfecte facta fuerit dicta inquesta, ipsam perfici faciatis ut debebit, vocatis qui fuerint evocandi, et dampnum et injuriam, prout justum fuerit, emendari dicto militi et ejus hominibus faciatis, emendasque judicari et levari faciatis, prout videritis faciendum. Super vero deportacione armorum faciatis quod fuerit faciendum, jure [5] in omnibus observato. Datum apud Longumpontem, anno Domini M° CC° LX° nono, die mercurii post octabas beati Martini hiemalis.

[1] Première leçon : *salutem in Domino*.
[2] Ici le mot *malefactores* barré.
[3] Probablement Saint-Cernin, Lot, cant. Lauzès.
[4] Ici les mots suivants raturés : *ab ipsis requisiti, deverium vestrum minime fecistis*.
[5] A la suite, on avait d'abord écrit : *domini comitis*, puis *nostro*. Le tout a été barré.

1556

(Fol. 126.) 21 nov. 1269. — LITTERA COMMISSIONIS PATENS, MISSA ABBATI MOISIACI PRO GALTERO[1] DE FOSSATO, MILITE.

Alfonsus, *etc.*, dilecto et fideli suo religioso viro abbati Moisiaci, salutem et dilectionem sinceram. Cum plures querimonie ad nos delate fuerint per Galterum de Fossato, militem, tutorem, ut dicitur, testamentarium Viviani, domicelli, filii quondam nobilis viri vicecomitis Leomanie, et per consules Altivillaris, super multis injuriis et excessibus quos dicunt dicto vicecomiti et hominibus Altivillaris et alterius terre sue fuisse illatos a dilecto et fideli nostro senescallo Agenensi et Caturcensi, dictarum querimoniarum audienciam discrecioni vestre duximus committendam, mandantes vobis quatinus predictos super hiis que contra dictum senescallum nostrum proponere voluerint audiatis, eundem senescallum nostrum versa vice similiter audientes super hiis que ratione cujusdam servientis nostri, qui dicitur fuisse verberatus ab hominibus dicti castri Altivillaris et in eodem castro, vel ex aliis causis contra predictos vel aliquos de predictis duxerint (*sic*) proponenda, super mutuis querimoniis quod justum fuerit facientes. Datum apud Longumpontem, die jovis ante festum beate Katherine, anno Domini M° CC° LX° nono.

1557

25 nov. 1269. — SENESCALLO AGENENSI ET CATURCENSI SUPER MORTE ARNALDI GUILLELMI.

Alfonsus, *etc.*, senescallo Agenensi et Caturcensi, *etc.* Ex parte Arnaldi Bertrandi de Bellagarda nobis est intimatum quod quidam malefactores Arnaldum Guillelmi Viviani[2], ejus consanguineum, apud villam de Romezo[3], unde bajulus ex parte domini comitis existebat, in predicta villa ipso bajulo existente, occiderunt, super cujus morte in-

---

[1] Première leçon : *Viviano*. — [2] Le manuscrit porte *Vnan*. Je corrige par hypothèse. — [3] Peut-être Ramès, Lot, comm. Lalbenque.

quirere incepistis, sicut dicit. Unde vobis mandamus quatinus super facto hujusmodi inquiratis diligencius veritatem, et illos de jurisdicione nostra existentes, quos super facta predicta culpabiles inveneritis, puniatis prout videritis faciendum. Datum apud Longumpontem, die lune post festum beati Clementis, anno Domini millesimo ducentesimo sexagesimo nono.

1558

EIDEM SENESCALLO SUPER MORTE ARNALDI GUIDONIS.

Alfonsus, *etc.* Ex parte Arnaldi Bertrandi nobis est intimatum quod quidam, de terra nostra existentes, Arnaldum Guidonis, ejus consanguineum, prope villam Condomii occiderunt et domum ejus de nocte combuxerunt... (*La suite n'a pas été transcrite.*)

1559

26 nov. 1269. — SENESCALLO AGENENSI ET CATURCENSI PRO GASTONE DICTO BOC.

Alfonsus, *etc.*, senescallo Agenensi et Caturcensi, *etc.* Cum ex parte Gastonis dicti Boc nobis extiterit supplicatum quod, cum Stephanus dictus Boc, cognatus suus, quandam terram suam Guillelmo de Pinibus pro quadam summa peccunie pignorasset, ille Guillelmus postmodum condempnatus fuit de heresi, et sic terra devenit ad manum nostram, quod nos eidem tanquam proximo et cognato terram vellemus predictam reddere, cum ipse sit paratus reddere dictam peccunie quantitatem, vobis mandamus quatinus ipsum super hoc diligenter audiatis, vocato Jacobo de Bosco, clerico, pro jure nostro servando, et sibi super hiis et de quibus jurisdicio ad nos spectat, de consilio fratrum inquisitorum faciatis eidem bonum jus et maturum. Datum die martis post festum sancti Clementis, anno Domini M° CC° LX° IX°.

1560

26 nov. 1269. — SENESCALLO AGENENSI ET CATURCENSI PRO ARNAUDO BERTRANDI
DE BELLAGARDA.

Alfonsus, *etc.*, senescallo Agenensi et Caturcensi, *etc.* Cum ex parte Arnaudi Bertrandi de Bellagarda nobis fuerit conquerendo monstratum quod abbas de Condomio vexat ipsum coram diversis judicibus ecclesiasticis, super rebus jurisdicioni nostre spectantibus, ut dicitur, minus juste, propter quod petat a nobis super hoc consilium apponi, vobis mandamus quatinus, visa peticione dicti abbatis, si sit super rebus jurisdicioni nostre spectantibus, ipsum abbatem ex parte nostra requiratis ut ab hujusmodi molestacionibus desistat, cum idem Arnaldus coram nobis vel vobis eidem conquerenti stare juri sit paratus. Quod si requisitus facere noluerit dictus abbas, vos per privilegia nostra, que abbas M[o]issiacensis habet penes se, vel alio modo apponatis consilium seu apponi faciatis quod videritis apponendum. Datum die martis post festum sancti Clementis, anno Domini M° CC° LX° nono.

1561

26 nov. 1269. — [SENESCALLO AGENENSI PRO GIRAUDO DE CARDILLACO, DOMICELLO [1]].

Alfonsus, *etc.* Veniens ad nos Giraudus de Cardillaco, domicellus, nobis supplicavit quod nos hominibus suis de Montesalvio [2] usque ad viginti novem focos focagium ab eis petitum remittere deberemus, maxime cum ad id de jure vel consuetudine aut alia justa causa minime, ut asserit, teneantur. Quare vobis mandamus quatinus, si vobis constiterit quod dictus G. non habeat ibidem ultra predictos viginti novem focos, ab eisdem duodecim libras turonensium duntaxat nomine focagii exigatis et levetis, et residuum de dicto focagio, dum tamen non sint plures quam viginti novem foci, eisdem hominibus penitus

---

[1] Cet acte est cancellé. — [2] Je ne trouve rien aux environs de Cardaillac, Lot, cant. la Capelle; serait-ce Montsalvy, Cantal, dont la position conviendrait assez?

remittatis. Si vero plures quam viginti novem foci fuerint, de hiis qui excedent dictum numerum focagium debitum exigatis [1]. Si autem a dictis hominibus aliquid racione focagii vel subvencionis nobis faciende pro subsidio Terre sancte per vos levatum fuerit, solutis primo dictis duodecim libris vel satisfacto vobis nostro nomine de eisdem, ea que ab ipsis hominibus levaveritis restituatis eisdem. Datum apud Longumpontem, die martis ante festum beati Andree apostoli, anno Domini M° CC° LX° nono.

1562

28 nov. 1269. — SENESCALLO AGENENSI ET CATURCENSI
PRO PETRO DE FRESNEIO, DOMICELLO.

Alfonsus, *etc.*, senescallo Agenensi et Caturcensi, *etc.* Cum ex parte Petri de Fresneio, domicelli, nobis fuerit suplicatum quod, cum nos teneamus terram de Benas [2] sibi pertinentem, ut dicit, racione successionis paterne, que data fuit dudum, ut asserit, patri suo a bone condam memorie Raimundo [3], comite Tholose, predecessore nostro, ut super ea de jure suo inquiri faceremus, vobis mandamus quatinus ipsum super hoc diligenter audiatis, constituto tamen pro jure nostro servando idoneo deffensore, et sibi bonum jus faciatis. Datum apud Longumpontem, die jovis post festum sancti Clementis, anno Domini M° CC° LX° nono.

1563

29 nov. 1269. — SENESCALLO AGENENSI ET CATURCENSI
PRO DOMINIS CASTRIMAURONIS.

Alfonsus, *etc.*, senescallo Agenensi et Caturcensi, *etc.* Ex parte Arnaudi de Hyspania et aliorum dominorum Castrimauronis [4] nobis est datum intelligi quod vos census et dominaciones et alia jura pertinencia ad quandam eminatam terre, cujus proprietas ad nos spectat, bannivistis seu saysivistis in prejudicium dictorum dominorum, cum in pre-

[1] Ici les mots *et levetis* biffés. — [2] Peut-être Benas, Tarn-et-Garonne, comm. La Française. — [3] Le texte porte *Renaudo*. — [4] Castelmoron, Lot-et-Garonne.

dictorum possessione per longum tempus fuerint, sicut dicunt. Unde vobis mandamus quatinus bannum seu seysinam, quod vel quam ibidem posuistis, amovere curetis, jus nostrum quantum ad proprietatem et arreragia ab ipsis dominis percepta contra dictos dominos prosequentes, constituto ad hoc pro nobis ydoneo petitore. Datum die veneris in vigilia sancti Andree apostoli, anno Domini M° CC° LX° nono.

1564

(Fol. 127.) 29 nov. 1269. — SENESCALLO PRO HOMINIBUS CASTRI AMOROSI.

Alfonsus, *etc.*, senescallo Agenensi et Caturcensi, *etc.* Cum ex parte hominum Castri Amorosi [1] nobis fuerit conquerendo monstratum quod bajulus noster in dicta bastida compellat juratos dicte bastide, qui morantur extra dictam bastidam et tamen in honore dicte bastide, dare quinque solidos racione clamorum, quod est contra libertatem dicte bastide, vobis mandamus quatinus ipsos super hoc diligenter audiatis, vocatis qui fuerint evocandi, et sibi faciatis bonum jus et maturum. Datum die veneris post festum sancti Clementis, anno Domini M° CC° LX° nono.

1565

29 nov. 1269. — SENESCALLO PRO HOMINIBUS CASTRI AMOROSI.

Alfonsus, *etc.*, senescallo Agenensi et Caturcensi, *etc.* Cum ex parte hominum Castri Amorosi nobis significatum extiterit quod, cum nos habeamus terras juxta dictam bastidam, quas libenter accensarent et ad censum caperent, bajulus noster dicte bastide non vult sibi dare ad censum dictas terras pro tali censu, pro quali milites habentes terras eis adjacentes concedunt sibi suas, nisi duplicem censum habeat de eisdem, scilicet plus in duplo quam milites, vobis mandamus quatinus ad emendacionem dicte bastide, si terra nostra et terra militum sint eque (*sic*) valoris, ipsas ad talem censum sibi concedatis, quemadmo-

---

[1] Labastide, Lot-et-Garonne, cant. Bouglon.

dum milites predicti dent sibi terras suas, si non terre nostre majoris valoris sint quam terre militum, ipsas sibi secundum estimacionem valoris accensari faciatis ipsisque districtum et honorem petentibus concedatis, et sibi limitari, prout justum fuerit et meliori modo quo [1] potueritis, absque alterius tamen prejudicio, faciatis. Datum apud Longumpontem, die veneris post festum beati Clementis, anno Domini M° CC° LX° nono.

1566

29 nov. 1269. — SENESCALLO PRO PETRO DE SANCTO SYMEONE ET FRATRE SUO.

Alfonsus, *etc.*, senescallo Agenensi et Caturcensi, *etc.* Cum ex parte Petri de Sancto Simeone et fratris sui nobis fuerit conquerendo monstratum quod vos in manu vestra ceperitis et teneatis, in sui prejudicium, medietatem decime de Bomonte [2] et de Lebrego [3], ad ipsos spectantem, ut dicitur, quam sibi reddere nec sibi super ea facere jus velitis, quamvis super hoc pluries requisitus, ut dicitur, vobis mandamus quatinus ipsos super hoc diligenter audiatis, vocatis qui fuerint evocandi, et quantum ad nos spectat, faciatis eis bonum jus et maturum. Datum die veneris post festum sancti Clementis, anno Domini M° CC° LX° nono.

1567

29 nov. 1269. — SENESCALLO PRO PETRO DE GIRONVILLA.

Alfonsus, *etc.*, senescallo Agenensi et Caturcensi, *etc.* Cum ex parte Petri de Gironvilla nobis fuerit conquerendo monstratum quod, cum vos posueritis ipsum in castro Sancti Johannis [4] et de Mota [5], causa custodiendi dicta castra, et sibi promiseritis duodecim tholosanos per diem et ibi [6] fuerit per dimidium annum, nec inde receperit nisi tringinta solidos tholosanorum, petit sibi de residuo satisfieri. Unde vobis

[1] Première leçon : *quam*.
[2] Probablement Beaupuy, Lot-et-Garonne, cant. Marmande.
[3] Je ne retrouve point ce nom de lieu.
[4] Non retrouvé.
[5] Non retrouvé. S'agit-il ici d'un seul château ou de deux ?
[6] Le manuscrit porte à tort *sibi*.

mandamus quatinus ex parte nostra moneatis dominum dicti castri, ut sibi de residuo debiti occasione custodie dicti castri satisfaciat competenter, sin autem, ipsum dominum ad reddendum residuum dicti debiti, prout justum fuerit, compellatis. Datum die veneris post festum sancti Clementis, anno Domini M° CC° LX° IX°.

1568

29 nov. 1269. — [SENESCALLO AGENENSI PRO DOMINO CASTRIMORONIS.]

Alfonsus, *etc.*, senescallo Agenensi et Caturcensi, *etc.* Cum ex parte Arnaldi de Hispania nobis fuerit conquerendo monstratum quod bajulus vester Castri de Moron[1], de precepto vestro, ipsum super quadam decima sibi spectante, ut dicitur, apud Castrummoron spoliavit minus juste, vobis mandamus quatinus, nominato dicto bajulo et vocato coram vobis et qui fuerint evocandi, auditis rationibus episcopi seu capituli Agenensis, si quas proponere voluerit, et eorum quorum interest, sibi faciatis bonum jus et maturum. Ceterum super piscaria quadam quam se habere asserit[2] apud Castrummoron, de qua se spoliatum asserit minus juste per predictum bajulum Castrimoron, ipsum audiatis diligenter, vocato dicto bajulo et qui fuerint evocandi, et sibi faciatis bonum jus et maturum super hiis et de quibus jurisdictio ad nos spectat. Datum die veneris post festum sancti Clementis, anno Domini M° CC° LX° nono.

1569

29 nov. 1269. — [SENESCALLO AGENENSI SUPER PEDAGIO DE THOARCIO.]

Alfonsus, *etc.*, senescallo Agenensi et Caturcensi, *etc.* Cum ex parte Arnaldi Noisies nobis fuerit conquerendo monstratum quod pedagium de Thoarcio[3], ad ipsum spectans, pater suus pignoravit cuidam accusato de crimine heresis, et ob hoc dominus Sicardus Alemanni, dilectus et fidelis noster, ipsum detineat in sui prejudicium, ut dicitur, minus

---

[1] Voir plus haut, n° 1563. — [2] Ici, en interligne, les mots *minus juste*, qu'il faut évidemment supprimer. — [3] Thouars, Lot-et-Garonne.

juste, vobis mandamus quatinus, vocato coram vobis domino Sicardo et qui fuerint evocandi, ipsum diligenter audiatis et sibi faciatis bonum jus et maturum, super hiis et de quibus jurisdictio ad nos spectat. Datum die veneris post festum sancti Clementis, anno Domini M° CC° LX° nono.

1570

29 nov. 1269. — [SENESCALLO AGENENSI PRO ARNALDO DE ISPANIA.]

Alfonsus, *etc.*, senescallo Agenensi et Caturcensi, *etc.* Cum ex parte Arnaldi de Ispania nobis fuerit conquerendo monstratum quod gentes nostre, commorantes in terra sua sibi ab ipso tradita, nolunt se justiciare per ipsum, vobis mandamus quatinus ipsum super hoc diligenter audiatis, vocatis dictis stacionariis suis coram vobis et quorum interest, et sibi faciatis bonum jus et maturum super hiis et de quibus jurisdictio ad nos spectat. Datum die veneris post festum sancti Clementis, anno Domini M° CC° LX° nono.

1571

29 nov. 1269. — [SENESCALLO AGENENSI PRO BERNARDO DE FOCEIO, MILITE.]

Alfonsus, *etc.*, senescallo Agenensi et Caturcensi, *etc.* Cum ex parte Bernardi de Foceio, militis, pro se et Amanevo, parcionario suo, nobis extiterit suplicatum quod nos deliberaremus eisdem tres partes, videlicet quartam partem dicto Bernardo et medietatem dicto Amenevo castri Montisregalis[1], ad ipsos spectantes, ut dicitur, cum non habeamus nisi quartam partem, ut dicitur, secundum quod apparere potest per inquestam dudum factam per magistrum Stephanum de Bediers et Patriarcham et Petrum, cum non habeat nisi transcriptum inqueste, quod queratur et videatur, vobis mandamus quatinus ipsos super hoc audiatis, quia dicta inquesta inveniri non potest, et constituto pro jure nostro servando idoneo deffensore, vocatis hominibus dicte bastide et quorum interest, faciatis eis bonum jus et matu-

[1] Probablement Montréal, Gers.

rum. Datum die veneris post festum sancti Clementis, anno Domini M° CC° LX° nono.

1572

(Fol. 128.) 5 dec. 1269. — SENESCALLO AGENENSI PRO PETRO DU LUAT.

Alfonsus, *etc.*, senescallo Agenensi et Caturcensi, *etc.* Significamus vobis quod nos Petro dicto du Luat, latori presencium, in castro nostro de Penna in Agenesio [1] dedimus octo denarios turonenses gagiorum per diem, quamdiu nostre placuerit voluntati, mandantes vobis quatinus predicta gagia persolvatis eidem. Datum apud Moissiacum episcopi, die jovis post festum beati Andree apostoli, anno Domini M° CC° LX° nono.

1573

12 dec. 1269. — LITTERA PATENS PRO GAUBERTO DE RAMPONIO, MILITE, SUPER GAGIIS.

Alfonsus, *etc.*, senescallo Agenensi et Caturcensi, *etc.* Significamus vobis quod nos dilecto et fideli nostro Gauberto de Ramponio, militi, castrum nostrum de Montecuco [2] custodiendum tradi[di]mus, ad tres solidos turonensium gagiorum per diem, quamdiu nostre placuerit voluntati, mandantes vobis quatinus predictum castrum cum garnisione ejusdem, si qua fuerit, deliberari faciatis eidem et sibi dicta gagia persolvatis. Alia autem gagia, que unquam a nobis usque ad confectionem presencium habuit, sibi de cetero persolvi nolumus, litteras quascunque, si quas sibi pro gagiis quibuscunque retroactis temporibus concessimus, penitus revocantes. Datum anno Domini M° CC° LX° nono, die jovis post festum beati Nicholai hiemalis.

1574

13 dec. 1269. — SENESCALLO AGENENSI ET CATURCENSI PRO GAUFRIDO ARNALDI DE PRADA.

Alfonsus, *etc.*, senescallo Agenensi et Caturcensi, *etc.* Mandamus

[1] Penne, Lot-et-Garonne. — [2] Montcuq, Lot.

vobis quatinus debita que debentur Gaufrido Arnaldi a baronibus et aliis, de nostra jurisditione et vestra senescallia existentibus, eidem reddi et restitui faciatis, prout in litteris eorum super hoc confectis videbitis contineri vel alias vobis de eisdem constare poterit, justicia mediante. Datum die veneris in festo beate Lucie virginis, anno Domini M° CC° LX° nono.

1575

12 dec. 1269. — SENESCALLO AGENENSI ET CATURCENSI
PRO BERTRANDO DE GOURDONIO, MILITE.

Alfonsus, *etc.*, senescallo Agenensi et Caturcensi, *etc.* Veniens ad nos Bertrandus de Gordonio, miles, nobis dedit intelligi quod bone memorie Raymundus, quondam comes Tholose [1], predecessor noster, Giraudum de Gordonio, patruum suum, medietate castri de Salvaterra [2], Caturcensis dyocesis, indebite et sine cause cognicione in ipsius prejudicium spoliavit. Unde cum dicta hereditas ad ipsum, tanquam ad propinquiorem heredem, debeat, ut asserit, devenire, vobis mandamus quatinus ipsum super hiis diligenter audiatis, et vocatis qui fuerint evocandi, necnon constituto pro nobis ydoneo deffensore, auditisque racionibus suis et nostris deffensionibus, exibeatis eidem B. celeris justicie complementum. Datum die jovis post festum beati Nicholai hiemalis, anno Domini M° CC° LX° nono.

Littera Philipi de Villafaverosa, militis, invenietur in Xantonensi (fol. 42 v°; *voir n° 1576*).

Littera Bertrandi de Gordono, militis, invenietur in Xantonensi juxta datam die jovis post festum beati Nicholai hyemalis (fol. 42 v°).

---

[1] On trouve une autre copie de cet acte au fol. 42 v°. Dans cette copie, il y a *Tholosanus*.

[2] Sauveterre, Tarn-et-Garonne, cant. Lauzerte.

1576

12 dec. 1269. — SENESCALLO AGENENSI ET CATURCENSI PRO STEPHANO
DE SANCTA FIDE, MILITE [1].

Alfonsus, *etc.*, senescallo, *etc.* Veniens ad nos Stephanus de Sancta Fide, de Penna Agenensi, nobis dedit intelligi quod Philippus de Villafaverosa, miles, quondam senescallus noster Agenensis et Caturcensis, omnia bona sua occupare [2] fecit occasione cujusdam homicidii sibi impositi, a quo per inquestam super hoc de mandato nostro factam fuit, ut asserit, absolutus. Unde vobis mandamus, prout alias mandasse meminimus, quatinus, inquisita prius super hoc veritate et comperto quis bona dicti Stephani detineat, faciatis ea sibi restitui, nisi aliud racionabiliter proponatur propter quod restitucio hujusmodi minime debeat retardari, taliter super hoc vos habentes ne ob defectum justicie ipsum oporteat ad nos ulterius habere recursum. Datum die jovis post festum beati Nicholai hyemalis, anno Domini M° CC° LX° nono.

1577

17 dec. 1269. — SENESCALLO AGENENSI ET CATURCENSI PRO HOMINIBUS SANCTI ANTHONINI.

Alfonsus, *etc.*, senescallo Agenensi et Caturcensi, *etc.* Ex parte hominum ville Sancti Antonini nobis est conquerendo monstratum quod preceptor domus milicie Templi de Ricolso [3] ipsos homines in saisina colligendi fustam in nemore de Ricolso, solvendo consuetum usagium de eodem, in qua saysina tanto tempore fuerunt, ut dicunt, quo non extat memoria, turbat injuste et indebite, sicut dicunt. Unde vobis mandamus quatinus ipsos diligenter super hoc audiatis, et vocato dicto preceptore auditisque ipsius racionibus, exhibeatis ei[s]dem, quantum ad nostram spectat jurisdictionem, celeris justicie complementum. Datum Parisius, die martis ante festum beati Thome apostoli, anno Domini M° CC° LX° nono.

[1] On trouve une autre copie de cet acte au fol. 42 v°. — [2] La première copie porte : *occupari*. — [3] Commanderie de Montricoux, Tarn-et-Garonne, cant. Négrepelisse.

1578

17 dec. 1269. — SENESCALLO AGENENSI ET CATURCENSI PRO FRATRE PONCIO
DE CASTRONOVO.

Alfonsus, *etc.*, senescallo, *etc.* Mandamus vobis quatinus fratrem Poncium de Castronovo, ordinis Hospitalis Sancti Johannis Jerusalem, tenentem locum religiosi viri et dilecti nostri fratris Ermangaudi, ejusdem ordinis, et bona ballivie sue in nostra jurisdictione et vestra senescallia existencia recommandata habeatis, nec permittatis ipsum fratrem Pontium in persona sua et bonis suis ac ballivie sue ab aliquibus de jurisdictione nostra et vestra senescallia existentibus indebite molestari. Datum Parisius, die martis ante festum beati Thome apostoli, anno Domini M° CC° LX° nono.

1579

17 dec. 1269. — SENESCALLO AGENENSI ET CATURCENSI PRO EPISCOPO CATURCENSI.

Alfonsus, *etc.*, senescallo Agenensi et Caturcensi, *etc.* Insinuante nobis procuratore venerabilis patris episcopi Caturcensis intelleximus quod vos quosdam homines suos in suburbi[i]s Caturcensibus, videlicet apud Sanctum Petrum de Laorta [1], commorantes ad contribuendum restauracioni seu emendis quorundam dampnorum in terra nostra, in quodam loco vicino, a quibusdam de quibus penitus ignoratur occulte datorum, faciendis injuste compellitis [2], sicut dicit, et occasione eadem ipsos homines fecistis indebite pignorari, in ipsius episcopi et dictorum hominum suorum prejudicium non modicum et gravamen. Unde vobis mandamus quatinus ipsos homines, si de jurisdictione [3] et districtu dicti episcopi eos vobis fore constiterit, ad contribucionem eamdem minime compellatis vel compelli a vestris bajulis permittatis, requirentes super his dictum episcopum ut ipsos homines ad id com-

---

[1] Probablement Mas-de-Lord, au nord et près de Cahors, sur la grande route. —
[2] Ici le mot *injuste* répété. — [3] Ici le mot *nostra* raturé.

pellat, prout de jure fuerint compellendi. Quod si facere recusaverit, requiratis super hoc senescallum domini regis in Petragora, ut super hoc apponat consilium quod secundum consuetudinem patrie fuerit apponendum. Datum Parisius, die martis ante festum beati Thome apostoli, anno Domini m° cc° lx° nono.

1580

(Fol. 129.) 17 dec. 1269. — SENESCALLO AGENENSI ET CATURCENSI
PRO EPISCOPO CATURCENSI.

Alfonsus, *etc.*, senescallo Agenensi et Caturcensi, *etc.* Ex parte venerabilis patris episcopi Caturcensis datum est nobis intelligi quod homines vestri (*sic*) de Torno [1] et de Villafranca [2], Agenensis dyocesis, bajulis nostris dictarum villarum presentibus, terram suam et feuda hostiliter contra justiciam intraverunt, multa ibidem maleficia perpetrantes; ceterum, quod Bertrandus de Pestilaco et ejus complices apud Podium [3], quod ad se asserit pertinere, cum armis per violenciam equitarunt, super quibus emendam sibi congruam per nos fieri postulavit per procuratorem suum, ad nos propter hoc destinatum. Unde vobis mandamus quatinus, vocatis dictis bajulis ac hominibus necnon Bertrando predicto, exibeatis eidem super premissis celeris justicie complementum, predicta facientes, si est ita, prout justum fuerit, emendari. Datum Parisius, die martis ante festum beati Thome apostoli, anno Domini m° cc° lx° nono.

1581

20 dec. 1269. — SENESCALLO AGENENSI ET CATURCENSI PRO RECTORE
ECCLESIE DE LAUSERTA.

Alfonsus, *etc.*, senescallo Agenensi et Caturcensi, *etc.* Significavit nobis Bartholomeus, curatus ecclesie de Lauserta [4], quod vos ipsum B. pos-

[1] Tournon-d'Agenais, Lot-et-Garonne. — [2] Probablement Villefranche-de-Belvès, Dordogne. — [3] Puy-l'Évêque, Lot. — [4] Lauzerte, Tarn-et-Garonne.

sessione duorum massorum vel duarum domorum, que vel quas predecessor dicti B. acquisiverat dicte ecclesie temporibus retroactis, indebite spoliastis. Unde vobis mandamus quatinus, vocatis qui fuerint evocandi, ipsum curatum, si ipsum sine justa causa et racionabili possessione dictarum domorum spoliaveritis, vel per bajulos vel servientes vestros spoliatus fuerit, ipsum restituatis de predictis, qua restitucione facta, compellatis eidem (*sic*) dictas domos extra manum ponere, si eedem domus in manu mortua teneantur. Datum Parisius, die veneris ante festum beati Thome apostoli, anno Domini M° CC° LX° nono.

1582

19 dec. 1269. — SENESCALLO AGENENSI ET CATURCENSI PRO PRECEPTORE DOMUS MILICIE TEMPLI IN PROVINCIA.

Alfonsus, *etc.*, senescallo Agenensi et Caturcensi, *etc.* Veniens ad nos preceptor domorum milicie Templi in Provincia nobis dedit intelligi quod dilectus et fidelis clericus noster, Egidius Camelini, bannum posuit in territorio suo de Cernivols[1], quod territorium per xxx annos et amplius, per tantum temporis quod eis prescribi debeat, ipsos fratres asserit pacifice et sine aliqua interrupcione possedisse, prout offert se per testes idoneos probaturum. Quare vobis mandamus quatinus, vocato dicto Egidio pro jure nostro servando, exhibeatis eidem super premissis celeris justicie complementum, feudum tamen predictum tenendo pro nobis in manu nostra. Datum Parisius, die jovis ante festum beati Thome apostoli, anno Domini M° CC° LX° nono.

1583

19 dec. 1269. — SENESCALLO AGENENSI ET CATURCENSI PRO FRATRIBUS ET SORORIBUS DE PRULLIANO.

Alfonsus, *etc.*, senescallo Agenensi et Caturcensi, *etc.* Mandamus vobis

---

[1] Je ne retrouve pas le nom de ce fief.

quatinus fratres et sorores de Pruiliano[1], occasione rerum quas ad usum dicte domus attulerint, pedagiari a nostris subditis nullatenus permittatis. Datum Parisius, die jovis ante festum beati Thome apostoli, anno Domini m° cc° lx° nono.

Similis littera missa fuit senescallo Tholosano.

1584

19 dec. 1269. — SENESCALLO AGENENSI ET CATURCENSI PRO RAYMUNDO VASSALLI.

Alfonsus, *etc.*, senescallo Agenensi et Caturcensi, *etc.* Cum, sicut accepimus, Raymundus Vassalli, lator presencium, circa nostra negocia procuranda, in facto quod vertitur inter nos ex una parte et episcopum Caturcensem ex altera, extiterit sollicitus et attentus, propriis, ut dicitur, sumptibus laborando, vobis mandamus quatinus eidem solvi faciatis tres solidos turonensium per diem, pro eo tempore quo vacavit circa negocium supradictum, computatis decem libris turonensium que sibi de coffris nostris fuerunt tradite et solute. Datum die jovis ante festum beati Thome apostoli, anno Domini m° cc° lx° nono.

1585

19 dec. 1269. — SENESCALLO AGENENSI ET CATURCENSI PRO HEREDIBUS SICARDI FORTIS.

Alfonsus, *etc.*, senescallo Agenensi et Caturcensi, *etc.* Ex parte liberorum et heredum defuncti Sicardi Fortis, militis, arquerii nostri, nobis extitit subplicatum ut fructus et exitus terre, eidem Sicardo a predecessore nostro R., quondam comite Tholose, et nobis ad vitam suam pro servicio nostro faciendo concesse, de presenti anno a vobis nostro nomine perceptos, ei[s]dem reddi et restitui faceremus. Quocirca vobis mandamus quatinus de plano et sine magna difficultate addiscentes de tempore mortis dicti Sicardi et percepcionis fructuum dicte terre exhibeatis eisdem super premissis celeris justicie comple-

---

[1] Prouille, couvent de l'ordre de Saint-Dominique, diocèse de Saint-Papoul, auj. Aude, comm. Fanjeaux.

mentum, jus nostrum super hiis observantes. Datum die jovis ante festum beati Thome apostoli, anno Domini m° cc° lx° nono.

1586

(Fol. 94.) 19 dec. 1269. — SENESCALLO THOLOSE ET ALBIENSIS (*sic*) PRO GALLARDO DE LAURO, CRUCESIGNATO [1].

Alfonsus, *etc.*, senescallo Tholose et Albiensi (*sic*), *etc.* Ex parte Gallardi de Lauro, crucesignati, nobis extitit suplicatum ut sibi et ejus uxori de suis debitis respectum usque ad triennium concedi faceremus, cum propter importunitatem creditorum suorum ejus impediatur transitus transmarinus, sicut dicit. Unde vobis mandamus quatinus, secundum quod [gentes] domini regis Francie utuntur in partibus illis in casu consimili, privilegio crucesignatis indulto eum gaudere faciatis. Datum Parisius, anno Domini m° cc° lx° nono, die jovis ante festum beati Thome apostoli.

1587

(Fol. 94 v°.) 20 dec. 1269. — SENESCALLO THOLOSE ET ALBIENSIS (*sic*) PRO BERNARDO HUGONIS [2].

Alfonsus, *etc.*, senescallo Tholose et Albiensis, *etc.* Ex parte Bernardi Hugonis nobis extitit conquerendo monstratum quod Petrus Flamant, Petrus Garnier et quidam alii habitatores castri nostri de Torno terras ipsius, distantes a dicto castro per leucam, invaserunt et per violenciam contra ipsius voluntatem intraverunt, sicut dicit. Unde vobis mandamus quatinus, vocatis dictis hominibus et aliis qui fuerint evocandi, de personis et rebus ad nostram jurisdictionem spectantibus eidem faciatis bonum jus et maturum. Datum Parisius, die veneris ante festum sancti Thome apostoli, anno Domini m° cc° lx° ix°.

[1] Au fol. 129, on trouve le renvoi suivant : *Littera Gallardi de Lauro invenietur in Tholosano et Albiensi ad crucem in tali data.*

[2] Au fol. 129, on trouve le renvoi suivant : *Littera Bernardi Hugonis, que debet hic esse, invenietur in Tholosa et Albiensi in tali signo.*

1588

(Fol. 129 v°.) 27 dec. 1269. — SENESCALLO AGENENSI ET CATURCENSI PRO ABBATE MONTISALBANI.

Alfonsus, *etc.*, senescallo, *etc.* Veniens ad nos vir religiosus abbas Montisalbani nobis cum maxima instancia subplicavit ut nos quandam compositionem, dudum inter bone memorie Raymundum, quondam comitem Tholose, predecessorem nostrum, ex parte una, et abbatem qui tunc temporis preerat dicto monasterio, ex altera [1], ut dicitur, factam, per vos et bajulos vestros faceremus inviolabiliter observari, et quod composicionem eandem vellemus liberaliter confirmare. Quocirca vobis mandamus quatinus composicionem eandem in omnibus et singulis articulis, in eadem composicione contentis, faciatis debite observari, nisi aliud racionabile obsistat, propter quod dicta composicio in toto vel in parte minime debeat observari. Raciones vero, si que contra dictam composicionem inveniri poterunt, in scriptis redactas nobis, quamcicius poteritis, remittatis. Datum apud Longumpontem, anno Domini M° CC° LX° nono, die veneris post nativitatem Domini.

1589

(Fol. 130.) 29 dec. 1269. — SENESCALLO AGENENSI ET CATURCENSI PRO RAYMUNDO ET RATERIO DE CALCIATA, FILIIS CONDAM RAYMUNDI DE CALCIATA, MILITIS.

Alfonsus, *etc.*, senescallo Agenensi et Caturcensi, *etc.* Alias vobis scripsisse meminimus in hac forma : (*Voir plus haut, n° 1529, p. 214; l'acte du fol. 130 continue ensuite en ces termes :*)

Cumque, sicut intelleximus, dictam assignacionem sibi non feceritis, et ob hoc, ut dicitur, quod nolebant admittere assignacionem, nisi in loco assignacionis haberent altam justiciam, vobis iterato mandamus quatinus, secundum formam predictam et de consilio predictorum et

[1] Voir plus haut, n° 1476, p. 179.

sub forma predicta, de loco competenti, in quo predicta fiat sibi assignacio de predictis, provideatis eisdem, retenta tamen nobis in dicto loco alta justicia et minori, nisi eam minorem justiciam pro tali precio redditus receperint pro quali precio annuatim consuevit bajulo affirmari. Datum die dominica post natale Domini, anno Domini M° CC° LX° nono.

1590

3 jan. 1270. — SENESCALLO PRO AMENEVO DE LEBRETO.

Alfonsus, *etc.*, senescallo, *etc.* Cum, sicut procurator fidelis nostri Amenevi de Lebreto nobis exposuit, ex quadam concessione facta a nobis, ut dicitur, Guillelmo Raymundi de Piribus [1] super delacione armorum, memorato Amenevo non modicum imineat periculum, cum dictus Guillelmus Raymundi prefati Amenevi manifestus sit, ut dicitur, inimicus, vobis mandamus quatinus diligenter et caute providere curetis ne pretextu dicte concessionis idem Guillelmus Raymundi aliqua comittat maleficia, cum solum ad tuicionem sui corporis scilicet fuerit id concessum. Quod si vobis constiterit dicto Amenevo ob concessionem predictam iminere periculum, cum ipse armatus non audeat incedere per terram nostram Agenensem, vos memoratum G. R. ab hujusmodi delacione armorum totaliter arceatis, quousque aliud a nobis receperitis in mandatis. Ceterum homines mansionarios dicti Amenevi non permittatis vexari per bajulos nostros indebite vel gravari, et si super vexacione vel gravaminibus ab ipsis bajulis hominibus dicti A. [illatis] ad vos querimonia delata fuerit, de personis et rebus in vestra senescallia existentibus, que ad nostram jurisdicionem pertinent, vocatis qui fuerint evocandi, auditis racionibus et deffensionibus parcium, exibeatis celeris justicie complementum. Datum apud Longumpontem, anno Domini M° CC° LX° nono, die veneris ante Epiphaniam.

[1] La lecture de ce mot est douteuse.

1591

3 jan. 1270. — SENESCALLO AGENENSI ET CATURCENSI PRO REVERENDO
PATRE ARCHIEPISCOPO BURDEGALENSI.

Alfonsus, *etc.*, senescallo Agenensi, *etc.* Ex parte reverendi patris, Dei gracia Burdegalensis archiepiscopi, nobis extitit supplicatum ut, cum in aqua Dordonie apud villam Sancte Fidis [1] medietatem habeat, sicut dicit, eorum que pro passagio recipiuntur ibidem, partem suam haberi et reddi faceremus eidem. Quare vobis mandamus quatinus diligenter addiscatis an aliquid juris in aqua vel portu et pro quota parte habeat archiepiscopus memoratus, et ea que didiceritis in hac parte, nobis in scriptis significare curetis, cum pro vobis obtulerit se facultas. Preterea, cum predecessor dicti archiepiscopi per dominos castri de Gusornio [2], diocesis Agenensis, possessione dicti castri, ut asserit idem archiepiscopus, indebite fuerit spoliatus, vobis mandamus, ut vocatis possessoribus dicti castri et aliis qui fuerint evocandi, quantum ad nostram jurisdicionem pertinet, de personis et rebus in vestra senescallia existentibus exhibeatis prefato archiepiscopo celeris justicie complementum. Datum die veneris ante epiphaniam Domini, anno Domini M° CC° LX° nono.

1592

8 jan. 1270. — SENESCALLO AGENENSI ET CATURCENSI PRO GUILLELMO
ESCLAMALDI SUPER INQUESTA DE DALMARIACO.

Alfonsus, *etc.*, senescallo Agenensi et Caturcensi, *etc.* Ex parte Guillelmi Esclamardi, domicelli, nobis extitit conquerendo monstratum quod ballivus de Villanova [3] et habitantes, ad castrum suum de Dalmariaco [4] cum armis venientes, domos et archas fregerunt ibidem, vinum de doliis effuderunt, animalia interfecerunt et multa alia mala

---

[1] Sainte-Foy-la-Grande, Gironde.
[2] Cuzorn, Lot-et-Garonne, cant. de Fumel.
[3] Villeneuve-sur-Lot, Lot-et-Garonne.
[4] Dolmayrac, Lot-et-Garonne, cant. de Sainte-Livrade.

intulerunt ibidem, super quibus de mandato nostro vel Philipi de Villafaverosa, militis, tunc senescalli nostri in Agenensi [1], ut asserit, extitit inquisitum, super cujusmodi inquisicion epeciit idem Guillelmus a nobis sibi justiciam exiberi. Quocirca vobis mandamus quatinus dictam inquestam, prout vobis de ipsa constiterit, si legitime [2] facta sit, aperiri et publicari faciatis, et dicto Guillelmo secundum eamdem inquestam exhibeatis justicie complementum, jus nostrum quantum ad delacionem armorum et alia in hac parte conservantes illesum. Datum Parisius, die mercurii post Epiphaniam, anno Domini M° CC° LX° nono.

1593

15 jan. 1270. — PRO GUILLELMO ESCLAMARDI, DOMICELLO, SUPER PETICIONIBUS TAM PRO SE QUAM PRO ALIIS.

Alfonsus, *etc.*, senescallo Agenensi et Caturcensi, *etc.* Veniens ad nos fidelis noster Guillelmus Esclamaldi, domicellus, tam pro se quam pro parcionariis suis et aliis quorum procurator existit, multas contra personas alienas coram nobis proposuit questiones, quarum transcriptum vobis sub contrasigillo nostro mittimus interclusum, mandantes quatinus eundem domicellum super dictis questionibus, tam ipsum et parcionarios suos quam alios contingentibus, diligenter audiatis, et vocatis qui fuerint evocandi, auditis parcium racionibus, eisdem, super his que ad nostram spectant jurisdictionem et in nostra existunt senescallia, exhibeatis celeris justicie complementum, ita quod propter defectum juris ipsum ad nos non oporteat propter hoc ulterius habere recursum. Datum Parisius, die mercurii post octabas Epiphanie, anno Domini M° CC° LX° nono.

1594

(Fol. 131.) 8 jan. 1270. — SENESCALLO AGENENSI ET CATURCENSI SUPER FACTO HUGONIS DE POIOLIIS ET GRIMOARDI DE BALEIMO.

Alfonsus, *etc.*, senescallo Agenensi et Caturcensi, *etc.* Fidelis nostri

[1] Sénéchal d'Agenais jusqu'en 1267. — [2] Première leçon: *perfecte*.

Guillelmi Esclamaldi, domicelli, relacione didicimus quod bone memorie R., quondam comes Tholose, predecessor noster, terram Hugonis de Poioliis et Grimoardi de Baleimo, domicellorum, pro eo quod dicuntur interfecisse Gaucerandum de Blanchafort, ad manum suam cepit et per aliquot annos tenuit eamdem, qui dictis domicellis, facta pace postmodum cum amicis dicti defuncti, dictam terram restituisse dicitur, sub ea condicione vel modo quod ipsi deberent transfretare et moram trahere in partibus transmarinis per quinquennium expensis propriis, in subsidium Terre sancte, qui quidem domicelli crucem assumptam villipendentes, eamdem, ut dicitur, abjecerunt, nec postmodum transfretare, ut promiserant, curaverunt. Quare vobis mandamus quatinus veritatem super hoc, quanto diligencius poteritis, addiscatis, quoddam instrumentum quod dicitur esse in manibus Arnaldi de Cassanea et Arnaldi Probi, civium Agenensium, factum super hoc specialiter requirentes vel in papirio magistri Helye, notarii quondam Agenensis, in quo scribi dicitur id instrumentum, quod papirium dicitur esse apud consules Agenenses. Dicuntur etiam episcopus Agenensis, abbas Clariaci, Johannes de Maleriis, civis Agenensis, Guillelmus Alboinus et fidelis noster Sicardus Alemanni, miles, noticiam habere de facto superius memorato, per quos et alios de quibus cerciorari poteritis per Guillelmum Esclamaldi, domicellum, super facto hujusmodi plenius poteritis edoceri. Quid vero super premissis inveneritis, nobis, quamcicius commode fieri poterit, in scriptis significare curetis. Datum Parisius, die mercurii post epiphaniam Domini, anno Domini M° CC LX° nono.

1595

15 jan. 1270. — SENESCALLO AGENENSI ET CATURCENSI PRO GUILLELMO ESCLAMARDI ET PARCIONARIIS SUIS SUPER BASTIDA DE GRATACAMBA.

Alfonsus, *etc.*, senescallo Agenensi et Caturcensi, *etc.* Veniens ad nos Guillelmus Esclamardi, domicellus, pro se et parcionariis suis in castro de Cassanolio[1], nobis conquerendo monstravit quatinus vos

[1] Casseneuil, Lot-et-Garonne, cant. Cançon.

seu Gaubertus de Ranponio, miles, in loco vocato Gratacanba[1], sibi spectante ut asserit, bastidam de novo fecistis construi, in ipsorum prejudicium et gravamen. Quare vobis mandamus quatinus, si vobis legittime constiterit dictam bastidam in prejudicium dicti domicelli et parcionariorum suorum vel alterius cujuscunque in dicto loco construi, quod injuste attemptatum est, ad statum reduci debitum [2] faciatis. Datum die mercurii post octabas epiphanie Domini, anno Domini M° CC° LX° nono.

1596

SENESCALLO AGENENSI PRO DOMINO COMITE ET ABBATE MOYSIACI (sic).

Alfonsus, etc., senescallo Agenensi et Caturcensi, etc. Datum est nobis intelligi quod dictus Brunus, Johannes Tozeti, frater quondam Poncii Tozeti, in villa Montisalbani quedam homicidia perpetrarunt, propter quod bona ipsorum nobis et ipsi abbati tanquam commissa debuerunt, ut asseritur, confiscari, necnon Raymundus Sancii quemdam hominem, emoluto gladio, vulneravit, propter quod secundum consuetudinem ville predicte bona ipsius nobis et ipsi abbati confiscari, ut dicitur, debuerunt. Ceterum quod tam nos quam idem abbas in acceptamentis feudorum nostrorum [3]...

1597

15 jan. 1270. — LITTERA PATENS COMMISSIONIS, DIRECTA PRIORI ECCLESIE BEATE MARIE DE PORTU, AGENENSIS DYOCESIS, PRO RAYMUNDO DE PODIO CELSI, DOMICELLO, ET EJUS HOMINIBUS.

Alfonsus, etc., venerabili viro et dilecto suo priori ecclesie Beate Marie de Portu, Agenensis dyocesis, salutem et dilectionem. Causam appellacionis ad nos interposite, ut dicitur, pro fideli nostro Raymundo de Podio Celsi, domicello, et hominibus suis, super eo quod senescallus noster Agenensis eos gravabat, ut asserunt, volens inquirere in casu

---

[1] Non retrouvé. — [2] Le registre porte : *deliberum*. — [3] La suite manque. (Voir plus loin, n° 1599, l'acte complet.)

non concesso contra ipsos, vobis committimus audiendam, mandantes quatinus, vocatis qui fuerint evocandi, causam audiatis eamdem et fine debito terminetis. Datum Parisius, die mercurii post octabas epiphanie Domini, anno Domini M° CC° LX° nono.

1598

17 jan. 1270. — ABBATI BELLEPERTICE PRO EPISCOPO AGENENSI [SUPER JURAMENTO A COMITE PRESTANDO].

Alfonsus, etc., religioso viro et dilecto suo abbati Bellepertice [1], salutem et dilectionem sinceram. Cum ex parte venerabilis patris... episcopi Agenensis peteretur a senescallo nostro Agenensi et Caturcensi, dicentis se in hac parte nobis defferre, prestari sibi juramentum deffensionis et tutele super jure suo et ecclesiarum suarum, juxta formam cujusdam composicionis dudum inite, ut dicitur, inter bone memorie Raymundum, quondam comitem Tholosanum, predecessorem nostrum, ex una parte, et episcopum Agenensem qui tunc erat, ex altera [2], idemque senescallus noster proponeret ad prestacionem hujusmodi juramenti nos vel ipsum pro nobis non teneri, cum a dicto predecessore nostro aliquid datum fuerit et receptum ab episcopo Agenensi, qui pro tempore erat, de assensu capituli sui, ob remissionem seu quittacionem juramenti, necnon per summum pontificem et regem Francie generalis revocacio subsecuta [fuerit] omnium alienacionum seu obligacionum que prius facte fuerant a comite memorato, insuper quod tantum tempus effluxerat quo dictum juramentum prestitum non fuerat ab aliquo comite Tholosano, quod legitime prescriptum erat contra ecclesiam in hac parte, vobis mandamus quatinus una cum dilecto et fideli clerico nostro Egidio Camelini super premissis propositis ex parte senescalli nostri, cum in facto consistant, necnon super aliis quecunque possunt contingere exclusionem juramenti supradicti, inquiratis diligencius veritatem, et ea que per inquestam hujusmodi

---

[1] Guillaume Gaufré. — [2] En 1224. [Voir *Hist. de Languedoc* (nouv. édit.), VI, p. 586.]

repereritis, in scriptis redacta, sub sigillis vestris interclusa, nobis infra instans festum Resurectionis dominice ad tardius per fidelem nuncium remittatis. Datum Parisius, die veneris ante festum sancti Vincencii, anno Domini m° cc° lx° nono.

Similis littera missa fuit Egidio Camelini, clerico.

1599

19 jan. 1270. — SENESCALLO AGENENSI ET CATURCENSI PRO DOMINO COMITE ET ABBATE MONTISALBANI.

Alfonsus, *etc.*, senescallo Agenensi et Caturcensi, *etc.* Datum est nobis intelligi quod dictus Brunus, Johannes Tozeti, frater quondam Poncii Touzeti, quedam homicidia in villa Montisalbani perpetrarunt, propter que bona ipsorum nobis et ipsi abbati tamquam commissa debuerunt, ut asseritur, confiscari, necnon Raymundus Sancii quendam hominem emoluto gladio vulneravit, propter quod secundum consuetudinem ville predicte [1] bona ipsius nobis et ipsi abbati confiscari similiter, ut dicitur, debuerunt; ceterum quod tam nos quam idem abbas in accaptamentis feudorum nostrorum, que habere debuimus quamprimo ad eandem terram venimus ac idem abbas in nova creatione sua habere debuit, sumus, ut dicitur, multipliciter deffraudati; ad hec nonulli homines dicte ville oblias seu census debitos pro quibusdam suis domibus reddere et solvere tam nobis quam ipsi abbati indebite contradicunt. Quocirca vobis mandamus quatinus, vocatis qui fuerint evocandi, jus nostrum et ipsius abbatis quantum ad bona predicta [2], oblias et accaptamenta diligenter et fideliter observetis. Datum Parisius, dominica ante festum beati Vincencii, anno Domini millesimo ducentesimo lx° nono.

[1] Je trouve dans la première coutume de Montauban de 1144, publiée par Devals, *Hist. de Montauban*, I, 409, l'article suivant : *Si unus percusserit aliquem cum gladio, erit justicia secundum voluntatem comitis.*

[2] Première leçon : *super premissis omnibus.*

1600

(Fol. 132.) — SENESCALLO AGENENSI ET CATURCENSI PRO AUDA, RELICTA QUONDAM DEFUNCTI GUILLELMI ARNALDI, DOMINI DE TANTALO.

Alfonsus, *etc.*, senescallo Agenensi, *etc.* Ex parte Aude de Buunvilla, relicte quondam Guillelmi Arnaldi, domini de Tantono, militis, nobis extitit intimatum quod, cum, prout asserit, per vos aut judicem vestrum centum libre sibi adjudicate fuerint, a Guillelmo de Tantalo, suo et dicti defuncti filio, persolvende, et dicta sentencia necdum execucioni fuerit demandata, licet pluries super hoc fueritis requisiti, mandamus vobis quatinus dictam sentenciam, prout juste lata est, faciatis execucioni debite demandari, nisi aliud racionabile obsistat propter quod execucio dicte sentencie impediri debeat vel differri, necnon super aliis que proponenda duxerit coram vobis exibeatis eidem mature justicie complementum. Datum Parisius. (*Voir le n° 1611.*)

1601

1 febr. 1270. — [SENESCALLO AGENENSI PRO FILIIS GUILLELMI DE ROCHA, MILITIS.]

Alfonsus, *etc.*, senescallo Agenensi et Caturcensi, *etc.* Ex parte filiorum et heredum defuncti Guillelmi de Rocha, militis, nobis extitit conquerendo monstratum quod, cum pater suus predictus esset in possessione pacifica turris et aule ac pertinenciarum suarum, que quondam fuerunt Amalvini dicti Bonafox, in castro de Cosalx[1] existentium, Gaubertus de Ranponio, miles, tunc tenens locum senescalli, ut dicitur, predictis turre et aula dictum G. indebite, ut asserit, spoliavit[2]. Quare vobis mandamus quatinus, vocatis dicto Gauberto et aliis qui fuerint evocandi, auditis racionibus partium, exhibeatis in hac parte dictis liberis et heredibus dicti defuncti Guillelmi de Rocha, militis, celeris justicie complementum. Datum die sabbati in vigilia purificacionis beate Marie virginis, anno Domini m° cc° sexagesimo nono.

---

[1] Sans doute Cazals, Tarn-et-Garonne, cant. Négrepelisse. — [2] Ms., *spoliarunt*.

1602

2 febr. 1270. — SUPER CONFRATRIA HOMINUM CASTRINOVI.

Alfonsus, *etc.*, senescallo Agenensi et Caturcensi, *etc.* Vobis mandamus quatinus ordinacionem, ut dicitur, factam per dilectum [et] fidelem nostrum clericum magistrum Guillelmum Ruffi super confratria hominum Castrinovi[1], Caturcensis dyocesis, observari faciatis, prout justum fuerit et vobis constiterit de eadem, proviso de indempnitate nostra et jure nostro in omnibus observato. Datum Parisius, die dominica in festo purificacionis beate Marie virginis, anno LX° nono.

1603

16 febr. 1270. — [SENESCALLO AGENENSI SUPER MONETA ALBIENSI DE NOVO CUDENDA.]

Alfonsus, *etc.*, senescallo, *etc.* Ex parte reverendi patris episcopi albiensis nobis extitit conquerendo monstratum quod ipse dampna non modica patitur, et nos similiter passi fuimus, eo quod moneta nostra Albiensium non cuditur, cum alie monete nobilis et fidelis nostri comitis Ructinensis et venerabilis patris episcopi Caturcensis cudantur cotidie et currant per Albigesium et alias terras nostras, in nostrum et dicti episcopi Albiensis prejudicium et gravamen. Unde vobis mandamus quatinus diligenter addiscatis a probis viris, qui dictam monetam nostram cudendam vellent accipere, et sub quo cuneo et de qua lege et de quo pondere eam facerent illi qui eam acciperent ad cudendam, et sub qua forma et per quamtum tempus et quot miliaria facerent per dictum tempus de moneta antedicta, et quamtum darent pro quolibet miliari, et de omnibus aliis circonstanciis et condicionibus que sunt in talibus addiscende. Et quid super premissis inveneritis nobis in scriptis de quolibet articulo significare curetis, et quid comodi vel incomodi possemus assequi, si hujusmodi moneta cuderetur. Datum

---

[1] Probablement Castelnau-de-Montratier, Lot.

Parisius, dominica post octabas purificationis beate Virginis, anno nono.

Édité dans *Hist. de Languedoc* (nouv. édit.), VIII, col. 1714.

1604

20 febr. 1270. — SENESCALLO AGENENSI ET CATURCENSI PRO PRIORE SANCTE MARIE DE PORTU.

Alfonsus, *etc.*, senescallo Agenensi, *etc.* Mandamus vobis quatinus priorem Sancte Marie de Portu [1] in suis justis peticionibus recommendatum habeatis, et si que injurie vel gravamina sibi vel ecclesie sue illata fuerint, faciatis ea ad statum debitum reduci, justicia mediante. Datum Parisius, die jovis ante festum cathedre sancti Petri, anno Domini M° CC° LX° nono.

1605

20 febr. 1270. — SENESCALLO AGENENSI ET CATURCENSI PRO EPISCOPO AGENENSI.

Alfonsus, *etc.*, senescallo Agenensi et Caturcensi, *etc.* Cum, sicut nobis datur intelligi, nonnulle injurie, violencie et excessus multiplices illati fuerint reverendo patri episcopo Agenensi in ecclesia Agenensi per Amalvinum de Cursolnio et quosdam alios suos complices, vobis mandamus quatinus excessus et injurias hujusmodi a personis laicis nobis subjectis et in senescallia vestra existentibus faciatis, prout justum fuerit et ad vestram jurisdicionem pertinet, emendari. Datum Parisius, die jovis proxima ante festum cathedre sancti Petri.

1606

(Fol. 133.) 24 febr. 1270. — SENESCALLO AGENENSI ET CATURCENSI.

Alfonsus, *etc.*, senescallo Agenensi et Caturcensi, *etc.* Cum nos causam appellacionis ad nos interposite, ut dicitur, ex parte Petri de Paes et Petri de Bella a sentencia lata per magistrum Garnerium de Codua,

---

[1] Le Port-Sainte-Marie, Lot-et-Garonne.

judicem Caturcensem, ex commissione sibi facta a vobis, commiserimus discreto viro priori secularium (sic) ecclesie Beate Marie de Portu, et idem prior prefatum Garnerium judicem pluries requisierit per litteras suas quod sentenciam et alia acta cause sibi mitteret sine mora, et prefatam sentenciam ab ipso judice habere nequiverit nec eciam ab aliquo alio, propter quod ad confirmacionem vel infirmacionem dicte sentencie procedere non valebat, sicut nobis per suas litteras intimavit, et idcirco dictos P. et P. ad nos duxerit remittendos, vobis mandamus quatinus dictum judicem vestrum efficaciter inducatis quod sentenciam predictam et alia acta cause, coram ipso habita et confecta, dicto priori de Portu exhibeat, ut per ea instrui valeat qualiter sit in dicto appellacionis negocio processurus, eidemque priori de Portu per vestras litteras intimetis ut super ipso appellacionis negocio procedat, justicia mediante, juxta priorum continenciam litterarum a nobis sibi super hoc directarum. Datum die lune in festo beati Mathie apostoli, anno Domini M° ducentesimo LX° nono.

1607

22 mart. 1270. — SENESCALLO AGENENSI ET CATURCENSI PRO FRATRE MANGOTO, PRECEPTORE DOMUS HOSPITALIS DE SALVEGNAU, ET MORGONE, FRATRE SUO.

Alfonsus, etc., senescallo Agenensi et Caturcensi, etc. Fratre Mangoto, preceptore domus Hospitalis de Salvegnau[1], accepimus conquerente quod Johannes de Espieriis habuit a quodam fratre suo germano Morgone d'Aguiler sexties viginti libras, quas dictus Johannes dicit se habuisse et recepisse ratione missionis facte ab ipso pro predicto fratre Mangoto, quo fratre Mangoto dicente in contrarium quod dictus Johannes nunquam fecit missiones pro ipso usque ad valorem viginti solidorum. Item dicit dictus frater Mangotus quod dictus Johannes cepit minus juste vel capi fecit vi de domo de Salvegnau unam lauricam valoris decem librarum, porcos et unam calderiam magnam. Unde vobis mandamus quatinus ipsum fratrem Mangotum et Morgo-

---

[1] Sauvagnas, Lot-et-Garonne, cant. Laroque-Timbaut.

nem, fratrem suum, vocato dicto Johanne, diligenter audiatis, et sibi faciatis super his bonum jus et maturum. Mandavimus enim dicto Johanni de Espieriis quod vobis obediat in hac parte. Datum apud Niortum, die sabbati ante annuntiationem beate Marie virginis, anno Domini m° cc° lx° nono.

1608

22 mart. 1270. — JOHANNI DE ESPIERIIS PRO EISDEM.

Alfonsus, *etc.*, senescallo Agenensi et Caturcensi [1], *etc.* Fratre Mangoto, preceptore domus Hospitalis de Salvegnau, accepimus conquerente quod vos habuistis a quodam fratre suo germano Morgone de Arguiler sexties viginti libras, quas recepistis, ut asserit, ratione missionis a vobis facte pro ipso fratre Mangoto, ut dicitis, dicto fratre Mangoto in contrarium dicente quod nunquam missiones pro ipso feceritis usque ad valorem viginti solidorum. Item quod cepistis vel capi fecistis in domo Hospitalis de Salvegnau minus juste et vi unam lauricam valoris decem librarum, porcos et unam magnam calderiam. Et nos dilecto et fideli nostro senescallo Agenensi et Caturcensi mandavimus quod ipsos super his diligenter audiat, vobis vocato, et sibi faciat bonum jus et maturum. Unde vobis mandamus quatinus eidem senescallo obediatis in hac parte, nec aliquid contra ipsos indebite attenptetis. Datum apud Niortum, die sabbati ante annuntiationem beate Marie virginis, anno Domini m° cc° lx° nono.

1609

28 mart. 1270. — SENESCALLO AGENENSI ET CATURCENSI PRO JOHANNE VALETO.

Alfonsus, *etc.*, senescallo Agenensi et Caturcensi, *etc.* Johanne dicto le Valet, valeto nostro, accepimus conquerente quod, cum pedagium Mermande ad firmam recepisset per annum, Guillelmus Remondi de Pinibus, domicellus, dominus Taleburgi [2], impediendo minus juste

---

[1] Faute de rédaction. — [2] Taillebourg, Lot-et-Garonne, cant. Marmande.

caminum aque et navium descendentium per Garonem versus Mermandam per duos menses vel circa, ut dicitur, dampnificaverit eundem Johannem per se vel per suos usque ad valorem ducentarum marcarum. Vobis mandamus quatinus, vocato dicto Guillelmo Raymundi, audiatis diligenter dictum Johannem Valetum, et auditis racionibus parcium, sibi faciatis bonum jus et maturum, taliter quod propter defectum juris ipsum ad nos non oporteat super hoc ulterius habere recursum. Datum die veneris post Annuntiacionem dominicam, apud Sanctum Johannem Angeliacensem, anno Domini M° CC° LX° nono.

1610

29 mart. 1270. — SENESCALLO AGENENSI ET CATURCENSI
PRO PRIORE DE BELLOMONTE.

Alfonsus, *etc.*, senescallo Agenensi et Caturcensi, *etc.* Ex parte P. de Bellomonte, prioris Montisclari[1], Caturcensis diocesis, nobis est intimatum quod Guillelmus de Monteclaro, miles, et homines sui dicti castri eidem priori dampna multiplicia et gravamina intulerunt in ipsius et prioratus sui prejudicium non modicum et gravamen. Unde vobis mandamus quatinus, vocato dicto Guillelmo de Monteclaro et hominibus suis dicti castri et aliis qui fuerint evocandi, exhibeatis mature justicie complementum de personis et rebus ad nostram jurisdicionem spectantibus, dampna predicta eidem priori restitui facientes et eciam emendari, justicia mediante, ipsum priorem de dicto Guillelmo et hominibus dicti castri aut aliis quibuscumque de nostra jurisdicione et vestra senescallia, [de quibus] assecuracionem pecierit, assecurari facientes. Datum apud Sanctum Johannem Angeliacensem, sabbato post mediam quadragesimam, anno Domini M° CC° LX° nono.

[1] Monclar-de-Quercy, Tarn-et-Garonne.

1611

29 mart. 1270. — [SENESCALLO AGENENSI PRO AUDA DE TANTALON.]

Alfonsus, *etc.*, senescallo Agenensi, *etc.* Veniens ad nos nobilis et fidelis nostra Auda, uxor quondam Guillelmi Arnaldi de Tantalon, nobis conquerendo monstravit quod Guillelmus Arnaldi, filius suus, quanquam pluries requisitus, recusat dicte matri sue solvere c libras arnaldensium, quas se promiserat soluturum. Quocirca vobis mandamus quatinus dictum G. ad solucionem dicte pecunie, prout vobis de hoc constiterit et de jure poteritis, efficaciter conpellatis, supersedentes usque ad instantes octabas ascensionis Domini distraccioni jocalium dicte nobilis, que Jacob judeo pignori dicitur obligasse. Preterea alia quedam pignora que obligavit, ut asserit, cuidam alio judeo, qui Salomon appellatur, faciatis sibi restitui, sorte duntaxat soluta, ab exaccione usurarum ipsum judeum desistere compellentes. Ad hec, cum tunc bajulus Mermende sine causa racionabili ipsam nobilem dissaisiverit quibusdam pignoribus que utendo jure suo ceperat, sicut dicit, aliasque injurias et gravamina plurima intulerit, que nundum, licet requisitus, fecistis corrigi ut deceret, vobis mandamus ut, comperta[1] super hiis veritate, excessus, injurias et gravamina hujusmodi sine more dispendio faciatis taliter emendari, quod propter deffectum vestrum seu juris non opporteat super premissis ad nos ulterius querimoniam reportari. Iterum homines suos de corpore apud Mermandam seu in aliis bastidis nostris vestre senescallie non recipiatis nec recipi permittatis, et si homines suos liberos ad bastidas nostras transferre contigerit, non impediatis eandem quominus juribus suis et serviciis racione possessionum seu prediorum suorum, que in districtu dicte nobilis possident, gaudere possit et eadem explectare, prout sibi licere poterit de consuetudine vel de jure. Datum apud Sanctum Johannem Angeliacensem, die sabbati post Annunciacionem dominicam, anno Domini m° cc° lx° nono.

[1] Le manuscrit porte *empta*.

1612

(Fol. 134.) 31 mart. 1270. — PRO JOHANNE AD VALLETOS.

Alfonsus, *etc.*, senescallo Agenensi et Caturcensi, *etc.* Vobis mandamus quatinus motam nostram cum turri de Marmanda Johanni dicto ad Valletos, nostro valleto, latori presencium, tradatis et liberetis custodiendam, quamdiu nostre placuerit voluntati. Datum apud Xanctonas, die lune ante Ramos palmarum, anno Domini M° CC° LX° nono.

1613

8 apr. 1270. — [SENESCALLO AGENENSI PRO ABBATISSA ET CONVENTU DE LIGURIO [1].]

Alfonsus, *etc.*, senescallo Agenensi et Caturcensi, *etc.* Cum ex parte abbatisse et conventus de Ligurio [2], Petragoricensis dyocesis, nobis extiterit conquerendo monstratum quod Gaufridus de Corbolio, bajulus noster, Petrus de la Jainrie, Guillelmus Garsie, Petrus Aimardi et plures alii, de jurisdictione nostra et vestra senescallia existentes, faciunt eisdem multa dempna in quadam domo quam dicunt se habere in Agenesio, que domus dicitur de Luguerio [3], ac eciam plurimas injurias inferunt in dampnum dicte abbatisse et conventus et prejudicium non modicum et gravamen, vobis mandamus quatinus, procuratore legitimo dicte abbatisse et dicti conventus et Gaufrido, Petro, Guillelmo, P. Aimardi coram vobis vocatis et aliis qui fuerint vocandi, faciatis eidem abbatisse et conventui super premissis de rebus et personis ad jurisdictionem nostram spectantibus bonum jus et maturum, nec a gentibus nostris vel aliis jurisdictioni nostre subjectis abbatissam et conventum predictos permittatis indebite molestari. Datum apud Montigniacum [4], die martis ante Pascha, anno Domini millesimo ducentesimo sexagesimo nono.

---

[1] Cette pièce est cancellée dans le registre; voir la rédaction définitive de l'acte, n° 1615.

[2] Ligueux, abbaye bénédictine, auj. Dordogne, cant. Savignac-les-Églises.

[3] Église du diocèse d'Agen, archidiaconé de Bezaume, indiquée par le pouillé de 1520. (Voir Bladé, *Notice sur la vicomté de Bezaume*, Bordeaux, 1878, p. 9.)

[4] Montignac, Dordogne.

1614

8 apr. 1270. — PRO REGINALDO DE LA VERGNE.

Alfonsus, *etc.*, senescallo Agenensi et Caturcensi, *etc.* Veniens ad nos Reginaldus de la Vergne, crucesignatus, nobis conquerendo monstravit quod Poncius [1] de Benac, miles, terra sua et bonis spoliavit ipsum minus juste, necnon et quod Gallardus [2], frater dicti Poncii [3], redemit ipsum et habuit de suo usque ad summam quingentorum solidorum, in dampnum ipsius R. et prejudicium non modicum et gravamen. Unde vobis mandamus quatinus, dicto Reginaldo coram vobis et Gallardo ac Poncio predictis vocatis et aliis qui fuerint evocandi, de rebus et personis ad nostram jurisdictionem spectantibus faciatis eidem R. super premissis bonum jus et maturum. Insuper de deffectibus quos idem R. dicit se habere contra Gallardum predictum, secundum jus vel alias secundum usum et consuetudinem patrie eidem R. bonum jus faciatis. Datum apud Montigniacum, die martis ante Pascha, anno Domini M° CC° LX° IX°.

1615

8 apr. 1270. — PRO ABBATISSA ET CONVENTU DE LIGURIO, PETRAGORICENSIS DYOCESIS [4].

Alfonsus, *etc.*, senescallo Agenensi et Caturcensi, *etc.* Cum ex parte abbatisse et conventus de Ligurio, Petragoricensis dyocesis, nobis extiterit conquerendo monstratum quod Gaufridus de Corbolio, bajulus noster, facit eidem multa dampna in quadam domo quam dicunt se habere in Agenesio, que dicitur de Lugurio, ac etiam quamplurimas injurias intulit Petro de Lagaurie, Guillelmo Garsie et Petro Aymardi, in predictorum abbatisse et conventus [prejudicium] non modicum et gravamen, vobis mandamus quatinus, predicto Gaufrido coram vobis et

---

[1] Première leçon : *Gallardus*.
[2] Première leçon : *Poncius*.
[3] Première leçon : *Gallardi*.

[4] Voir plus haut, n° 1613, une première rédaction fautive et moins complète de ce mandement.

procuratore dictorum abbatisse et conventus nomine eorundem ac Petro, Guillelmo et Petro Aimardi vocatis et aliis qui fuerint evocandi, de hiis que ad jurisdicionem nostram spectant faciatis eisdem bonum jus et maturum, nec a gentibus nostris vel aliis de jurisdicione nostra existentibus abbatissam et conventum predictos permittatis indebite molestari. Datum apud Montigniacum, die martis ante Pascha, anno Domini M° CC° LX° nono.

LITTERE [SENESCALLIE RUTHINENSIS],

INCEPTE IN PASCHA, ANNO DOMINI M° CC° LX° NONO.

1616

(Fol. 141.) 24 mart. 1269. — SENESCALLO RUTHINENSI PRO EPISCOPO CATURCENSI.

Alfonsus, *etc.*, senescallo Ruthinensi, *etc.* Jam semel et secundo vobis scripsisse meminimus super facto paxerie, que per vos, ut dicitur, diruta fuit in dampnum et prejudicium venerabilis patris episcopi Caturcensis. Sane, cum per inquestam factam de mandato karissimi domini et fratris nostri Ludovici, Dei gracia Francorum regis, per Radulphum de Trapis, senescallum Petragoricensem, probatum sit, ut dicitur, manifeste quod paxeria eadem vobis presentibus seu ratum habentibus aut mandantibus directa fuerit, in dampnum non modicum et prejudicium episcopi memorati, super quo miramur plurimum quod sine cause cognicione talia attemptatis, mandamus vobis et districte precipimus quatinus super refectione dicte paxerie seu reductione in statum pristinum, facta tamen protestacione sollempni quod propter reffectionem hujusmodi nichil juri nostro aut feudatariorum nostrorum depereat in hac parte vel accrescat episcopo memorato, taliter vos habere curetis quod propter defectum vestrum seu negligenciam non oporteat ad nos propter hoc ulterius querimoniam reportari, scituri quod ea que per vestram scripsistis litteram nos non movent, cum per inquestam eandem contrarium sit repertum, nec debuistis vos absentare cum facta fuit inquesta predicta, pro eo quod memoratus senescallus Petragoricensis noluit vos admittere ad conquirendum, quia non debebatis esse in facto proprio inquisitor. Datum apud Longumpontem, die Pasche, anno Domini M° CC° LX° nono.

1617

24 mart. 1269. — SENESCALLO RUTHINENSI ET MAGISTRO GUILLELMO RUPHI
PRO COMITE RUTHINENSI.

Alfonsus, *etc.*, dilectis et fidelibus suis senescallo Ruthinensi et magistro Guillelmo Ruphi vel eorum alteri, salutem et dilectionem. Cum nos nobili et fideli nostro H., comiti Ruthinensi [1], usque ad hoc festum Pasche anno Domini millesimo cc° sexagesimo nono respectum dedissemus pro hominibus suis, de exigendo vel levando ab ipsis hominibus focagium vel aliquid racione focagii vel subvencionis nobis faciende, vobis mandamus quatinus dictum terminum vel respectum eidem comiti pro suis hominibus usque ad tres septimanas post festum Penthecostes proximo subsequens prorogetis, nec ipsos homines pro dicto focagio interim pignoretis nec pignorari per vestros bajulos vel alios officiales nostros in Ruthinio permittatis, tractantes nichilominus cum predictis hominibus an nobis aliquid ex gratia vel per composicionem dare vellent pro subsidio Terre sancte. Nos autem interim super hiis que nobis per vestras rescripsistis litteras vos, senescalle, quantum ad dictum focagium vel subvencionem, de bonorum consilio ordinare intendimus quid in hac parte ulterius sit agendum. Nichilominus vos, senescalle, super premissis plenius addiscatis, et vos, magister Guillelme, secundum quod alias vobis datum extitit in mandatis, ita quod super hiis que in hac parte inveneritis, in crastino quindene instantis Penthecostes, cum ad nos veneritis, in scriptis nos certificare possitis. Datum apud Longumpontem, dominica in festo Pasche, anno Domini M° cc° Lx° nono [2].

Similis littera pro hominibus Begonis de Calvomonte usque ad instans festum nativitatis beati Johannis Baptiste, hoc excepto quod non fit mencio de magistro Guillelmo. Datum die lune ante festum beati Marci euvangeliste, anno Lx° nono. [22 apr. 1269.]

---

[1] Hugues IV, comte de Rodez jusqu'en 1274, ou son fils Henri qui administra longtemps le comté avec son père. — [2] Première leçon : *octavo*.

Item alia littera missa fuit senescallo [1] Rupthinensi pro episcopo Caturcensi, super facto paxerie sub forma premissa, cum addicione sequenti [2] :

Ceterum vobis mittimus [3], scripta in presenti cedula, ea que per inquestam factam per Radulphum de Trapis, senescallum Petragoricensem, reperta sunt super diruptione dicte paxerie et pronunciata debere fieri ab illis qui eandem paxeriam diruerunt, vosque circa hoc procedatis secundum quod per litteram vobis missam a nobis scribimus et ex scripto sequenti a tergo cedule posito poteritis elicere manifeste. Datum die martis post Pascha, anno Domini m° cc° lx° nono [26 mart.]

1618

24 mart. 1269. — SENESCALLO RUTHINENSI
PRO MICHAELE, NEPOTE VICECANCELLARII ECCLESIE ROMANE.

Alfonsus, *etc.*, senescallo Ruthinensi, *etc*. Mandamus vobis quatinus procuratores Michaelis, nepotis venerabilis viri et dilecti nostri magistri Michaelis de Tholosa, sacrosancte Romane ecclesie vicecancellarii, rectoris ecclesie de Florentino [4], Ruthinensis dyocesis, et ecclesiam ac bona ipsius, in vestra senescallia existencia, recommendata habeatis, nec ipsos procuratores vel bona ipsius Michaelis ab aliquibus laicis, de nostra jurisdicione et vestra senescallia existentibus, permittatis indebite molestari. Datum apud Longumpontem, dominica in festo Pasche, anno Domini m° cc° lx° nono [5].

1619

24 mart. 1269. — SENESCALLO RUTHINENSI PRO ABBATE AURELIACENSI.

Alfonsus, *etc*. Cum nos hominibus religiosi viri abbatis Aureliacensis

---

[1] Première leçon : *episcopo*.
[2] Voir le numéro précédent.
[3] Première leçon : *mandamus*.
[4] Florentin-la-Capelle, Aveyron, cant. Saint-Amans-des-Cots.
[5] Première leçon : *octavo*.

ville de Capella [1] [et] de Pagaz [2] respectum dederimus, ut dicitur, de exigendo vel levando ab ipsis hominibus focagium vel aliquid racione focagii vel subvencionis nobis faciende, vobis mandamus quatinus dictum respectum eidem abbati pro suis hominibus ville de Capella et de Pagaz [3] ad voluntatem nostram prorogetis, nec ipsos homines pro dicto focagio interim pignoretis nec pignorari per [4] bajulos vel alios officiarios nostros in Ruthenensi permittatis, tractantes nichilominus cum predictis hominibus an nobis aliquid ex gratia vel per composicionem dare vellent pro subsidio Terre sancte. Datum anno Domini m° cc° lx° nono, dominica in festo pasche Domini.

1620

24 mart. 1269. — SENESCALLO RUTHINENSI PRO ABBATE AURELIACENSI.

Alfonsus, *etc.*, senescallo Ruthinensi, *etc.* Ex parte religiosi viri abbatis Aureliacensis nobis est conquerendo monstratum quod homines bastide nove d'Ovent fol, prope Najacum [5], in decanatu ipsius abbatis Varinii [6], multa dampna inferunt, immittendo pecora sua in pascuis dicti decanatus, scindendo arbores ipsius et alia quamplurima gravamina indebite inferendo. Unde vobis mandamus quatinus predictis hominibus districte prohibeatis ne in dicto decanatu seu possessionibus ad ipsum decanatum pertinentibus talia gravamina vel alia indebite inferre presumant, et si qua intulerint et dictus decanus super hoc conquestus fuerit coram vobis, vos, vocatis ipsis hominibus et aliis qui fuerint evocandi, auditis hinc et inde racionibus, de personis et rebus ad jurisdicionem nostram spectantibus, jure nostro et alieno servato, exhibeatis eisdem celeris justicie complementum. Datum in die Resurrectionis dominice, anno Domini millesimo ducentesimo sexagesimo nono.

---

[1] Probablement la Capelle-Balaguier, Aveyron, cant. Villeneuve, ou la Capelle-Blays, cant. Rieupeyroux.

[2] Pagax, Aveyron, comm. Decazeville.

[3] Ici les mots suivants raturés : *usque ad tres septimanas post instans festum Penthecostes*.

[4] Ici le mot *dictos* raturé.

[5] Najac, Aveyron; mais je ne retrouve pas la bastide en question.

[6] Varen, Tarn-et-Garonne, cant. Saint-Antonin.

1621

24 mart. 1269. — SENESCALLO RUTHINENSI PRO ABBATE AURELIACENSI.

Alfonsus, *etc.*, senescallo Ruthinensi, *etc.* Ex parte abbatis Aureliacensis extitit nobis conquerendo monstratum quod homines de Petrucia[1] fecerunt talliam super homines prioratus de Monbarstinx[2] ad opus persequendi raptores, quod nunquam alias fuit, ut dicitur, attemptatum, pro qua talia aliquos homines dicti prioratus pignorastis, ut dicitur. Mandamus vobis quatinus, vocatis dictis hominibus et auditis eorum racionibus, faciatis eis bonum jus et maturum, et si qua pignora indebite capta detinetis ab eis, faciatis ea sibi restitui, justicia mediante. Datum apud Longumpontem, die dominica in die[3] resurrectionis Domini, anno Domini M° CC° LX° nono.

1622

(Fol. 142.) 24 mart. 1269. — SENESCALLO RUTHINENSI PRO FOCAGIO PRO HOMINIBUS DE FOSIL ET DE CORADEL.

Alfonsus, *etc.*, senescallo Ruthinensi, *etc.* Mandamus vobis quatinus ab hominibus decani Varinii, videlicet de Fosil[4] et de Coradel[5] focagium vel aliquid racione focagii exigere vel levare supersedeatis, quousque aliud a nobis receperitis in mandatis, addiscentes interim utrum dicti homines nunquam in tempore bone memorie R., comitis Tholose, predecessoris nostri, focagium solverint vel aliquid racione focagii supradicti, vel illud nobis solvere teneantur de jure vel consuetudine, usagio seu promisso, tractantes nichilominus cum dictis hominibus quantum nobis dare vellent pro dicto focagio vel racione focagii vel subvencionis pro succursu Terre sancte. Et quid super hiis inveneritis

---

[1] Peyrusse, Aveyron, cant. Montbazens.
[2] Montbazens, Aveyron.
[3] Première leçon : *festo*.
[4] Il faut probablement corriger Sozil, auj. Souzils, Aveyron, comm. La Rouquette.
[5] Non retrouvé; devait être aux environs de la localité citée ci-dessus.

et feceritis, et oblacionem quam vobis fecerunt pro certa quantitate focorum, nobis per vestrum clericum, cum ad nos venerit ad instans pallamentum circa tres septimanas post festum Penthecostes pro vestris compotis faciendis, significetis in scriptis. Datum apud Longumpontem, die dominica in festo resurrectionis Domini, anno Domini millesimo ducentesimo sexagesimo nono.

1623

24 mart. 1269. — SENESCALLO RUTHINENSI PRO VENERABILI PATRE EPISCOPO RUTHINENSI.

Alfonsus, *etc.*, senescallo Ruthinensi, *etc.* Mandamus vobis quatinus venerabili patri episcopo Ruthinensi et suis per terram suam arma defferri, ad tuicionem et deffensionem proprii corporis et suorum, permittatis, nec ad emendam ipsum vel suos propter hoc compellatis, dum tamen vobis constet quod in elusionem statuti pacis [1] arma non defferant vel in fraudem. Datum apud Longumpontem, die dominica in festo resurrectionis Domini, anno Domini millesimo ducentesimo sexagesimo octavo [2].

Édité par Boutaric, *S. Louis et Alfonse de Poitiers*, p. 483.

1624

24 mart. 1269. — SENESCALLO RUTHINENSI ET MAGISTRO G. RUFFI PRO EPISCOPO RUTHINENSI.

Alfonsus, *etc.*, dilectis et fidelibus suis senescallo Ruthinensi et magistro Guillelmo Ruffi, salutem et dilectionem. Ex parte venerabilis patris episcopi Ruthinensis nobis extitit intimatum quod ipse sexdecim milia solidorum consuevit percipere in pazagio Ruthinensi, et quod emptores dicti pazagii eidem tanquam paziario et paciario respondebant; nunc vero, ut asserit idem episcopus, non percipit nisi tresdecim

---

[1] Allusion à la paix de 1229. — [2] *Sic* dans le manuscrit; il faut corriger *nono*.

milia solidorum in dicto pazagio, de residuis tribus milibus solidorum se
asserens indebite spoliatum. Unde vobis mandamus quatinus vos ambo
insimul vel alter vestrum addiscatis diligencius veritatem, an idem
episcopus in dicto pazagio sexdecim milia solidorum percipere consuevit
et a quo tempore de dictis tribus milibus solidorum, si spoliatum de
eisdem ipsum esse vobis constiterit, extitit spoliatus, qua racione eciam
seu qua de causa spoliatus fuit et per quos addiscatis plenius veritatem. Quidquid vero super premissis inveneritis, nobis in scriptis
significare curetis, et si querimoniam detulerit de Remondo de Podio
super centum et viginti libris, quas dicit dictum Remondum de summa
dictorum tresdecim milium solidorum retinuisse, vos ipsum super hoc
audiatis, et vocato dicto Raymundo, auditis ejus racionibus, super hiis
que ad nostram spectant jurisdicionem faciatis ei bonum jus et maturum. Datum apud Longumpontem, die dominica in festo resurrectionis Domini, anno Domini millesimo ducentesimo lx° nono.

1625

24 mart. 1269. — SENESCALLO RUTHINENSI PRO EPISCOPO RUTHINENSI.

Alfonsus, *etc.*, senescallo Ruthinensi, *etc.* Ex parte venerabilis patris
episcopi Ruthinensis nobis extitit intimatum quod, cum castrum d'Auriac[1] cum pertinenciis suis sit de feodo ipsius episcopi et ecclesie Ruthinensis, et domini dicti castri fuerint in possessione vel quasi percipiendi
pedagium a transeuntibus cum mercibus infra certa loca, vos et alii
servientes nostri ab anno citra prohibetis ne homines cum mercibus
per loca ipsa transitum faciant, transeuntes aliquando pignorantes et
pedagium infra ipsa loca recipientes, in ipsius episcopi et feudatariorum
suorum prejudicium et gravamen. Unde vobis mandamus quatinus, si
vobis constiterit dictum castrum esse de feodo dicti episcopi, non prohibeatis seu prohiberi permittatis quin feudatarii ipsius episcopi possint percipere et levare justa et consueta pedagia, prout retroactis tem-

[1] Auriac, Aveyron, cant. Cassagnes-Bégonhez.

poribus eadem percipere consueverunt pacifice et quiete. Datum apud Longumpontem, die dominica in festo resurrectionis Domini, anno Domini millesimo ducentesimo sexagesimo nono.

1626

24 mart. 1269. — SENESCALLO RUTHINENSI ET MAGISTRO G. RUPHI VEL ALTERI EORUM, PRO EPISCOPO RUTHINENSI.

Alfonsus, *etc.*, dilectis et fidelibus suis senescallo Ruthenensi et magistro Guillelmo Ruffi vel alteri eorundem, salutem et dilectionem. Ex parte venerabilis patris episcopi Ruthinensis nobis extitit supplicatum ut decimam argenti fodine d'O[r]zals et aliarum argenti fodinarum dyocesis Ruthenensis quam sibi deberi asserit dictus episcopus, reddi et restitui faceremus pro rata nos in eisdem contingente. Unde vobis mandamus quatinus vos vel alter vestrum, prout vobis, senescalle, alias per nostras litteras meminimus mandavisse, de consuetudine argenti fodinarum dicte dyocesis et aliarum circunvicinarum, quantum ad solucionem decime, addiscatis diligencius veritatem, an videlicet de dictis argenti fodinis solvatur decima vel aliquid loco decime, et quantum, si quid solvi contigerit in hac parte, qualiter eciam usi sunt vicini episcopi tali casu. Et quid super premissis inveneritis, in crastinum quindene instantis Penthecostes vos, magister Guillelme, cum ad nos veneritis, in scriptis refferatis. Datum apud Longumpontem, die dominica in festo resurrectionis Domini, anno Domini millesimo ducentesimo sexagesimo nono.

1627

24 mart. 1269. — SENESCALLO RUTHINENSI PRO ABBATE ET CONVENTU BELLILOCI, CISTERCIENSIS ORDINIS.

Alfonsus, *etc.*, senescallo Ruthinensi, *etc.* Ex parte abbatis et conventus Belliloci[1], Cisterciensis ordinis, nobis extitit conquerendo

---

[1] Beaulieu, abb. cistercienne, auj. Tarn-et-Garonne, comm. Ginals.

monstratum quod homines bastide de Borda[1] prope Podium Salvagii[2] terras eorundem, prata et nemora occupant violenter et indebite, sicut dicunt, personis religiosis domus sue injurias et gravamina multipliciter inferendo. Quocirca vobis mandamus quatinus, vocatis dictis hominibus et aliis quorum interest, auditis hinc inde racionibus, de personis et rebus ad nostram jurisdicionem spectantibus exhibeatis utrique parti celeris justicie complementum. Ceterum addiscatis cum diligencia de loco quem a nobis petunt concedi dictus abbas et conventus, causa edificii in dicta bastida construendi, quid nobis commodi vel incommodi provenire contingeret, si sibi concedere dignaremur, et quid nobis dare vellent pro ipso concedendo. Et quid super premissis feceritis et inveneritis, nobis circa tres septimanas instantis Penthecostes litteratorie significare curetis per vestrum clericum, cum ad nos venerit pro vestris compotis faciendis. Datum apud Longumpontem, in festo Resurrectionis dominice, anno LX° nono.

1628

(Fol. 143.) 24 mart. 1269. — SENESCALLO RUTHENENSI PRO EPISCOPO RUTHENENSI SUPER SENTENCIA LATA A PETRO RAYMUNDI.

Alfonsus, *etc.*, senescallo Ruthinensi, *etc.* Cum per sentenciam latam a Petro Raymundi, judice in Ruthenensi, contra Stephanum, bajulum de Veneto[3], et suos complices ob delationem armorum, per quam quidem sentenciam condampnacio facta fuisse dicitur in sexaginta libris ruthinensium, et ab eadem sentencia, sicut fertur, fuerit appellatum, mandamus vobis quatinus ab exactione seu levatione dicte quantitatis peccunie ad presens desistatis, pignora, si qua occasione hujusmodi capta detinetis, recredentes quousque aliud a nobis super hoc receperitis in mandatis. Datum apud Longumpontem, dominica in festo Resurrectionis dominice, anno Domini M° CC° LX° nono.

---

[1] Laborde, Cassini, au nord-est de Beaulieu. — [2] Non marqué par Cassini. — [3] Faut-il corriger *de Verneto* et traduire Vernet, Aveyron, comm. Le Truel ?

1629

26 mart. 1269. — SENESCALLO RUTHENENSI SUPER FACTO JUDEORUM.

Alfonsus, *etc.*, senescallo Ruthenensi, *etc.* Necdum ad nostram pervenit noticiam utrum cum Judeis vestre senescallie finalem composicionem feceritis, nisi quatenus (*sic*) per vestram litteram mandavistis quod mille libras volebant dare, que oblacio videtur nobis insuficiens, cum alias, ut dicitur, majorem obtulerint quantitatem. Unde vobis mandamus quatinus saltim sub forma vobis dudum tradita pro mille ducentis libris turonensium nobis integre persolvendis, quam summam apud Feritatem Alesie [1] obtulerunt, cumponatis cum eisdem; non enim placeret nobis minorem summam quam alias obtulerint acceptare [2]. Et ad dictas mille ducentas libras turonensium exsolvendas compellentur (*sic*) per capcionem et distracionem bonorum suorum omnium et per detentionem eciam corporum, si opus fuerit sic compelli, servata forma in scriptis vobis tradita super facto Judeorum, ita tamen quod medietas dicte summe solvatur instanti festo Candelose et alia medietas in subsequenti festo Candelose, quod erit anno Domini millesimo ducentesimo septuagesimo. Et hoc nullatenus dimittatis, providentes nichilominus quod pecunia in bonis Judeorum reperta tempore capcionis, cujuscunque monete existat, auri vel argenti, in massa vel in paleola, si quid repertum fuerit, mittatur apud Templum Parisius circa tres septimanas post instans festum Penthecostes per clericum vestrum, cum ad nos venerit pro vestris compotis faciendis, et illa pecunia que mittetur, deducetur de dictis mille ducentis libris turonensium et cedet, ut condecet, in solutum. Datum die martis post festum Resurrectionis dominice, anno Domini m° cc° lx° nono.

[1] La Ferté-Alais, Seine-et-Oise. — [2] Le manuscrit porte *attemptare;* la correction s'impose.

1630

27 mart. 1269. — SENESCALLO RUTHENENSI PRO COMITE PICTAVIE ET THOLOSE SUPER FACTO JUDEORUM ET ALIIS NEGOCIIS.

Alfonsus, *etc.*, senescallo Ruthenensi, *etc.* Mandamus vobis quatinus super facto Judeorum, prout per alias nostras litteras vobis scribimus, et in perquirendis pro nobis denariis bono modo juxta vias in scriptis dudum vobis missas, ac exigendo et levando focagium vel subvencionem seu auxilium pro subsidio Terre sancte, necnon super argento novo minerii d'Orzals pro parte nostra operari faciendo, et aliis nostris negociis vobis commissis vel que vobis ex officio competunt fideliter exequendis, ita diligenter et solicite vos habere curetis, quod curam et diligenciam vestram debeamus propter hoc merito conmandare. Datum die mercurii post [festum] Resurectionis dominice, anno Domini M° CC° LX° nono.

1631

28 mart. 1269. — INQUISITORIBUS IN RUTHENENSI PRO GALTERO DE PENNATO, DOMICELLO.

Alfonsus, *etc.*, religiosis viris et dilectis suis fratribus Odoni de Parisius et Thome de Latarosa, ordinis fratrum Minorum, ac dilecto et fideli clerico suo magistro Johanni de Puteolis, presbytero, inquisitoribus in Venessino et Ruthenensi, salutem et dilectionem. Ex parte Galteri de Pennato, domicelli, nobis extitit supplicatum ut de jure quod dicit se habere in castro de Najaco[1] et mandamento ipsius seu pertinenciis vellemus inquiri facere veritatem. Unde vobis mandamus quatinus de jure dicti G. addiscatis diligencius veritatem, et ea que reppereritis in hac parte nobis in scriptis, cum ad nos veneritis, refferatis, proviso tamen pro nobis, si opus fuerit, de ydoneo deffensore. Datum die jovis post festum Resurrectionis dominice, anno Domini

---

[1] Najac, Aveyron.

Mº CCº LXº nono. — Necnon super dessesina quam dicit fecisse Jacobus de Bosco, videlicet de Petra Sancta [1], pariter addiscatis et in scriptis refferatis, ut dictum est.

1632

7 apr. 1269. — SENESCALLO RUTHENENSI PRO GUILLELMO ET RAYMUNDO DE ROCAFOLIO, FRATRIBUS, MILITIBUS.

Alfonsus, *etc.*, senescallo Ruthenensi, *etc.* Ad instanciam precum illustris regis Arragonum habemus in proposito viris nobilibus et nobis dilectis Guillelmo et Raymundo de Roccafolio, fratribus, militibus, dare et assignare usque ad valorem centum librarum turonensium annui redditus, remittendo videlicet pazagium quod ab hominibus terre sue habere et percipere consuevimus, vel alibi ubi pocius viderimus expedire, ita tamen quod homines terre sue a solucione dicti pazagii usque ad predictam summam liberi remaneant in futurum. Quod si pazagium nunc vel futuris temporibus plus valeret, illud quod superfuerit nos non intelligimus concessuros, nec volumus teneri suplere defectui, si quis defuerit de summa centum librarum turonensium annui redditus supradicta. Unde vobis mandamus quatinus diligenter addiscatis quid pocius nobis expediat, redditum predictum usque ad summam centum librarum turonensium predictam in dicto pazagio assignare vel in alio loco, de quo, proviso de indempnitate nostra quantum poteritis, nos certificare curetis, rescribentes nichilominus super hoc vestrum consilium, quid pocius nobis expediat, immo minus incommodi nobis afferat in hac parte, supersedentes super exactione dicti pazagii et focagii ab hominibus dictorum nobilium usque ad festum Penthecostes, quod erit anno Domini Mº CCº LXº nono. Et interim addiscatis quid juris habeamus in predictis. Preterea, cum dicti G. et R. sint nobis facturi homagium super certis possessionibus quas in presenti pacifice possident, sicut dicunt, videlicet dictus G. de quarta parte castri et dominacionis de Monte Alegre [2] et de tota empcione

---

[1] Non retrouvé sur les cartes. — [2] Je ne trouve que le Mas-d'Alègre, Aveyron, auprès de Tournemire (Cassini).

ROUERGUE [1269].

quam fecit des Jordancins in loco d'Armelis[1] et in mansis illius loci; necnon et de uno manso quod emit a Kremon[2] de Monte Ayol in eodem loco, dictus vero R. de castro medio de Camtobre[3] et de toto eo quod[4] pater suus habuit a Hemar G. in dominacione de Cantobre, in dyocesi Ruthenensi, mandamus vobis quatinus loca ipsa per vos vel per alios ydoneos a vobis deputatos videatis seu videri faciatis, addiscentes an sine cujusquam injuria eadem in nostrum feudum recipere valeamus. Et quid super premissis omnibus feceritis, nobis per Philipum, clericum, in scriptis remittatis circa tres septimanas post instans festum Penthecostes, cum ad nos venerit pro vestris compotis faciendis. Datum dominica in quindena Pasche, anno Domini millesimo ducentesimo sexagesimo.

1633

(Fol. 144.) 7 apr. 1269. — SENESCALLO RUTHENENSI PRO DOMINA SOERELLA ET EJUS FILIO.

Alfonsus, *etc.*, senescallo Ruthenensi, *etc.* Ex parte domine Soerelle et filii ejus, generi nobilis viri domini Guillelmi de Rocafolio, militis, nobis extitit conquerendo monstratum quod bajulus noster de Amilliavo[5] ipsos S. et ejus filium sine cause cognicione spoliavit, a biennio citra, quadam justicia et quibusdam aliis rebus seu possessionibus de quibus fuerunt in possessione pacifica retroactis temporibus, sicut dicunt. Quocirca vobis mandamus quatinus, vocato dicto bajulo et aliis quorum interest auditisque racionibus, que contra justiciam attemptata fuerint faciatis ad statum reduci debitum, justicia mediante. Datum dominica in quindena Pasche, anno Domini M° CC° LX° nono.

---

[1] Peut-être Armayrols, Aveyron, com. Saint-Izaire.
[2] *Sic;* il faut peut-être corriger *Bremon.*
[3] Cantobre, Aveyron (marqué par Cassini, au nord de Nant).
[4] Ici le mot *habet*, inutile.
[5] Millau, Aveyron.

1634

7 apr. 1269. — SENESCALLO RUTHENENSI PRO GUIDONE DE SEVERACO, MILITE, SUPER FOCAGIO [1].

Alfonsus, *etc.*, senescallo Ruthenensi, *etc.* Mandamus vobis quatinus focagium hominum Guidonis de Severaco, militis, usque ad instans festum nativitatis beati Johannis Baptiste proximo venturum in nostram ponatis sufferenciam et respectum, nec homines suos ad solvendum focagium usque ad dictum terminum compellatis, addiscentes nichilominus super dicto focagio an dicti homines tempore Raymundi, quondam comitis Tholose, focagium solverunt vel aliquid racione focagii nobis solvere tenentur ex debito vel promisso seu alia justa causa, an eciam aliquid nomine [2] focagii vel subvencionis graciose pro succursu Terre sancte nobis darent, et an aliquid in casu consimili ab hominibus suis accipere consueverunt (*sic*). Quid autem super premissis inveneritis et feceritis et oblacionem, si quam vobis fecerint pro certa quantitate focorum, nobis, quam cicius commode poteritis in scriptis remittatis. Et non dimittatis. Datum die dominica in quindena Pasche, anno Domini M° CC° LX° nono.

1635

13 apr. 1269. — SENESCALLO RUTHENENSI SUPER DIVISIONE TERRITORII GUILLELMI DE SANCTO MAURICIO.

Alfonsus, *etc.*, senescallo Ruthenensi, *etc.* Litteras quas karissimus dominus et frater noster Ludovicus, Dei gracia Francorum rex illustrissimus, senescallo suo Carcassone mittit, super quibusdam terminalibus in confinio Bitterensi et Ruthenensi existentibus per dictum senescallum Carcassone et vos terminandis, et maxime super divisione territorii Guillelmi de Sancto Mauricio, quod situm est in Ruthenensi, vobis mittimus infrascriptas, mandantes vobis [3] quatinus juxta dicti domini

---

[1] Cet acte a été copié deux fois de suite dans le registre. — [2] Dans la seconde copie, il y a *racione*. — [3] Ici le mot *mandamus* en interligne.

regis litterarum continenciam, ad aliquam certam diem una cum senescallo Carcassone predicto, quam cicius commode poteritis, convenire curetis et dicta terminalia de bonorum consilio concorditer et amicabiliter terminetis. Datum die sabbati post quindenam Pasche, anno Domini millesimo ducentesimo sexagesimo nono.

Ludovicus, *etc.*, senescallo Carcassone, *etc.* Cum, sicut audivimus, occasione quorumdam terminalium existencium in confinio Bitterensis et Ruthenensis aliquociens oriatur contencio inter gentes nostras et gentes karissimi fratris et fidelis nostri A., comitis Pictavie et Tholose, et maxime super divisione territorii Guillelmi de Sancto Mauricio, quod situm est in Ruthenensi, nos volentes hujusmodi contenciones et pericula que exinde pervenire possent, quod absit, penitus amoveri, mandamus vobis quatinus ad aliquam certam diem una cum senescallo ipsius fratris nostri in Ruthenensi, quamcicius commode poteritis, convenire curetis et dicta terminalia de bonorum consilio concorditer et amicabiliter terminetis, ita quod predicte contenciones perinde terminari valeant et sopiri. Datum, *etc.*

1636

22 apr. 1269. — ABBATI FIGIACENSI PRO ARNAUDO DE CARDILLIACO.

Alfonsus, *etc.*, religioso viro et dilecto suo abbati Figiacensi, salutem et dilectionem. Ex parte nobilis et fidelis nostri Arnaudi de Cardiliaco, domicelli, nobis est conquerendo monstratum quod vos ipsum super aliquibus de feodis nostris moventibus indebite molestatis, trahendo ipsum coram judicibus ecclesiasticis super eis, et in eisdem feodis nostris arma tulistis seu ferri fecistis et de eisdem aliqua per violenciam asportari, in nostri et dicti nobilis prejudicium atque dampnum. Unde vos requirimus et rogamus quatinus a vexacionibus et molestacionibus predictis omnino desistatis, nec ipsum super aliquibus ad jurisdicionem nostram spectantibus et de feudis nostris moventibus de cetero molestetis, cum super hiis parati sumus exibere celeris justicie complementum cuilibet conquerenti, et ea que de feudis nostris violenter asporta[s]tis vel asportari fecistis eidem restituatis integre et reddatis, nec de cetero arma per feuda nostra portetis vel per vestros seu ex parte vestra portari permittatis, jura enim vestra illesa servari volumus, sicut decet, taliter super hoc, si placet, vos habentes, quod idem nobilis justam non habeat de vobis materiam conquerendi nec nos super premissis oporteat aliud consilium adhibere. Datum die lune ante festum sancti Marchi euvangeliste, anno Domini m° cc° lx° nono.

1637

22 apr. 1269. — ABBATI MOYSIACENSI PRO ARNALDO DE CARDILLIACO, DOMICELLO.

Alfonsus, *etc.*, dilecto et fideli clerico suo B., Dei gratia Moysiacensi abbati[1], salutem et dilectionem sinceram. Ex parte nobilis et fidelis nostri Arnaudi de Cardilliaco, domicelli, nobis est conquerendo monstratum quod vir religiosus abbas Figiacensis ipsum super aliquibus de feudis nostris moventibus coram judicibus ecclesiasticis indebite vexat multipliciter et molestat, et in predictis feudis nostris arma tulit seu defferri fecit et aliqua de eisdem per violenciam asportari, in nostrum et dicti nobilis prejudicium atque dampnum, sicut dicit. Unde vobis mandamus rogantes quatinus ipsum abbatem ex parte nostra diligenter requiratis et efficaciter inducatis, ut a vexacionibus et molestacionibus hujusmodi omnino desistat, nec ipsum super aliquibus[2] ad jurisdicionem nostram spectantibus et de feudis nostris moventibus debeat de cetero molestare, cum super hiis parati sumus exibere celeris justicie complementum cuilibet conquerenti, et ea que de feudis nostris violenter asportavit vel asportari fecit eidem nobili restituat integre atque reddat. Que si requisitus a vobis dictus abbas benigne facere noluerit, vos eidem nobili pro jure nostro presidio auxilii et adjutorii, quantum sine juris offensa poteritis, assistatis, presertim cum per privilegia nobis a sede apostolica concessa cautum sit quod super rebus de

[1] Bertrand de Montaigu, abbé de Moissac de 1260 à 1295. — [2] Ici les mots *de feudis nostris* raturés.

feudis nostris vel censivis, ad jurisdicionem nostram mediate vel immediate spectantibus, lis seu causa in foro ecclesiastico minime debeat agitari. Datum die lune ante festum beati Marchi euvangeliste, anno Domini m° cc° lx° nono.

1638

(Fol. 145.) 22 apr. 1269. — SENESCALLO RUTHENENSI PRO EODEM.

Alfonsus, *etc.* Ex parte Arnaldi de Cardillaco, domicelli, nobis extitit conquerendo monstratum quod vir religiosus abbas Figiacensis monasterii ipsum super quibusdam rebus de nostris feudis moventibus coram judicibus ecclesiasticis vexat ac multipliciter inquietat, necnon in predictis feudis nostris arma detulit et deferri fecit et aliqua exinde per violenciam asportari, in nostri et dicti domicelli prejudicium non modicum atque dampnum. Unde vobis mandamus quatinus ipsum abbatem ex parte nostra diligenter requiratis vel efficaciter requiri faciatis, ut a vexacionibus et molestacionibus hujusmodi omnino desistat, nec ipsum super aliquibus ad jurisdicionem nostram spectantibus et de feudis nostris moventibus debeat de cetero molestare, cum super hiis parati simus exibere celeris justicie complementum cuilibet conquerenti, ac ea que de feudis nostris violenter, ut dicitur, asportavit seu asportari fecit eidem domicello restituat integre atque reddat, nec etiam de cetero taliter per feuda nostra arma deferre presumat vel per aliquos de suis seu ex parte sua permittat arma ferri. Si vero aliquos laicos, de nostra jurisdicione et vestra senescallia, per terras vel feuda nostra arma repereritis detulisse, ipsos juxta condicionem persone et qualitatem delicti puniatis. Quid autem super premissis inveneritis et feceritis necnon responsionem quam vobis fecerit idem abbas nobis in scriptis insinuare curetis, cum vobis obtulerit se facultas. Datum ut precedens.

1639

29 jun. 1269. — SENESCALLO RUTHENENSI PRO HOMINIBUS DE NAIACO.

Alfonsus, *etc.*, senescallo Ruthenensi, *etc.* Ex parte proborum hominum nostrorum de Naiaco⁽¹⁾ nobis est conquerendo monstratum quod nonnulli subditi nostri crucesignati eisdem hominibus nostris sunt in multis pecunie quamtitatibus obligati, qui privilegio a karissimo domino et fratre nostro rege Francorum crucesignatis indulto abuti volentes, eisdem hominibus nostris debita sua reddere nolunt et eis juxta formam privilegii de dictis debitis assignacionem facere contradicunt. Unde vobis mandamus quatinus predictos debitores predictis creditoribus assignacionem facere de debitis suis juxta tenorem ipsius privilegii et elapso ipsius privilegii termino debita solvere, prout justum fuerit, compellatis, et prout gentes domini regis predicti apud Albiam et in partibus Carcassone utuntur in hoc casu. Ceterum ea que sibi debentur a laicis, de jurisdicione nostra existentibus, eis reddi, secundum quod coram vobis cognita fuerint et probata et prout justum fuerit, faciatis. Datum die sabbati in festo apostolorum Petri et Pauli, anno Domini millesimo ducentesimo sexagesimo nono.

1640

8 maii 1269. — SENESCALLO RUTHENENSI PRO DOMINO COMITE PICTAVIE ET THOLOSE.

Alfonsus, *etc.*, senescallo Ruthenensi, *etc.* Scire vos volumus quod ad instanciam episcopi Caturcensis coram karissimo domino et fratre nostro rege Francorum, per litteras ipsius regis certa dies ad tres septimanas instantis festi Panthecostes nobis extitit assignata coram memorato domino rege, ad respondendum hiis que idem episcopus contra nos duxerit proponenda. Sane quia ignoramus quid contra nos proponere debeat memoratus episcopus, an videlicet dirucionem paxerie, de qua alias semel et secundo vobis scripsisse meminimus, aut alia que necdum ad nostram noticiam pervenerunt, vobis mandamus quatinus cum ea qua poteritis diligencia et sollicitudine addiscatis universa et singula, in quibus dictus episcopus et sui nobis et nostris injuriosi existunt, necnon raciones et causas per quas adversus dictum episco-

⁽¹⁾ Najac, Aveyron.

pum tam super facto dicte paxerie quam super aliis que proponere voluerit possimus legitime nos tueri, et ea que super hiis didiceritis necnon quid super dicta paxeria feceritis, in scriptis redacta et sub sigillo vestro interclusa, per clericum vestrum mittatis vel per alium in scriptis[1], cum ad nos venerit circa tres septimanas dicti festi Panthecostes pro vestris compotis faciendis. Et super hiis et aliis negociis nostris vos taliter habeatis, quod de negligencia vel defectu redargui non possitis et vos super hiis et aliis que feceritis debeamus merito[2] commendare. Datum die mercurii ante Panthecosten, anno Domini M° CC° LX° nono. — Formam autem littere quam vobis misimus alias super paxeria pro episcopo Caturcensi, ad videndum quid super hoc feceritis, vobis mittimus interclusam.

1641

12 maii 1269. — SENESCALLO RUPTHENENSI PRO ABBATE SANCTE FIDIS.

Alfonsus, *etc.* Mandamus vobis quatinus viros religiosos abbatem et conventum Sancte Fidis Conchensis[3], Ruthinensis dyocesis, super hiis que coram vobis proponenda duxerint super jure et proprietate quas dicunt se habere in quodam territorio quod vocatur Mons Sancte Fidis[4], et est, ut dicitur, in castri nostri de Naiaco districtu, diligenter audiatis et super hiis addiscatis[5] diligencius veritatem. Quid autem super hiis[6] inveneritis, nobis in scriptis, cum ad nos veneritis, refferatis vel per vestrum clericum, cum ad nos venerit pro vestris faciendis compotis, remittatis. Datum apud Longumpontem, in festo Penthecostes, anno Domini M° CC° LX° nono.

[1] Les mots *in scriptis* ont, par mégarde, été écrits deux fois.
[2] Première leçon : *scire gratum*.
[3] Conques, abbaye bénédictine, auj. ch.-l. de cant., Aveyron, arr. Rodez.
[4] Non retrouvé, ni sur les cartes, ni dans les tables du cartulaire de Conques.
[5] Première leçon : *inquiratis*.
[6] Première leçon : *super premissis*.

1642

12 maii 1269. — SENESCALLO RUTHINENSI PRO ABBATE SANCTE FIDIS DE CONCHA.

Alfonsus, *etc.*, senescallo Ruthenensi, *etc.* Ex parte religiosi viri abbatis Sancte Fidis de Concha nobis datum est intelligi quod quidam, qui se gerit pro priore de Campaniaco [1], auctoritate apostolica excommunicacionis vinculo, ut dicitur, innodatus, ipsum prioratum de Campaniaco, ad ipsum abbatem nomine sui monasterii spectantem, ut dicitur, per vim et potenciam laicalem, in ipsius abbatis prejudicium et contra ipsius voluntatem, detinet indebite occupatum. Quare vobis mandamus quatinus, quantum ad nos pertinet et a personis laicis de nostra jurisdicione et vestra senescallia existentibus, prefatum abbatem non permittatis impediri quominus ordinare [2] valeat de prioratu predicto pro sue libito voluntatis. Datum apud Longumpontem, in festo Penthecostes, anno Domini M° CC° LX° nono.

1643

(Fol. 146.) 14 maii 1269 et 20 jan. 1270. — [DE IMBERTO DE BOUZAGUES, CRUCESIGNATO.]

Memoriale quod cum Ymberto, domicello [de] Bouzagues, tractatum est de passagio transmarino cum domino comite in hunc modum : videlicet quod idem Ymbertus debet servire, se decimo militum, in equis, armis, hernesiis et aliis neccessariis, ut condecet, paratorum, domino comiti Pictavie et Tholose per unum annum integrum in partibus transmarinis. Et si conti[n]geret aliquem de dicto militum numero discedere vel decedere, ipse tenetur eque ydoneum substituere, qui servicium ipsum integre perficiat, ut est dictum. — Dominus vero comes debet sibi et heredibus suis dare et assignare III^{xx} libras turonensium annui redditus in villa de Brusca [3], si tantum eidem (*sic*) va-

---

[1] Campagnac, Aveyron. — [2] Première leçon : *impedire*. — [3] Brusque, Aveyron, cant. Camarès.

leat. Quod si plus valuerit, quod supererit sibi integre retinet dictus comes; defectum vero, si quis esset, supplebit alibi in loco propinquo, ubi commode poterit assignari. — Debet eciam dominus comes eidem providere de naulagio sive loco in navi, pro se et dictis militibus suis, et cuilibet dictorum x militum pro uno equo, uno scutifero et uno garcione, et sibi pro duobus equis, duobus scutiferis et duobus garcionibus; item providere de loco in navi pro victualibus, personis et xi equis et aliis neccessariis defferendis usque ad duos menses. — Et debemus sibi [1] et suis militibus predictis reddere equos, quos in nostro servicio amitterent, uni unum, in partibus transmarinis, secundum estimacionem secundum quam karissimus dominus noster illustris rex Francorum suis militibus vel nos nostris de equis amissis estimatis satisfiet. — Et ista que premissa sunt duntaxat dicto Hy. pro omnibus debemus facere, nichil ulterius in peccunia, victualibus vel aliis quibuscunque sibi vel suis facturi. Scriptum feria III post Penthecosten, anno LX° IX°. — Memoriale quod in festo sanctorum Fabiani et Sebastiani reportavit dictus Imbertus litteras clausas sub certa forma infrascripta, et condictum fuit, quia debet se tercio militum tantummodo transfretare, [et] dominus comes non providebit sibi de loco in navi, nisi solum pro uno equo, uno scutifero et uno garcione, et similiter pro quolibet duorum militum suorum.

1644

14 maii 1269. — SENESCALLO RUTHENENSI PRO YMBERTO DE BOUZAGUES.

Alfonsus, *etc.*, senescallo Ruthenensi, *etc.* Veniens ad nos Ymbertus de Bouzagues supplicavit nobis cum instancia ut eidem volenti nobiscum in Terre sancte subsidium transfretare aliquam vellemus facere graciam competentem. Multis itaque preloquitis, tandem ita convenimus cum eodem, quod ipse promisit nobis vel certo mandato nostro servire per unum annum integrum in partibus transmarinis, se decimo militum, in equis, armis et hernesiis congrue paratorum. Nos vero pro

---

[1] Ici le mot *cuilibet*, raturé.

hujusmodi servicio, ut prediciitur, faciendo, debemus ei et heredibus suis dare et assignare quaterviginti libras turonensium annui redditus in villa de Brusca, Ruthenensis dyocesis, si redditus quem ibidem habere dicimur valeat dictam summam. Quod si plus valeat, illud quod supererit nobis integre retinemus. Si vero minus valuerit, deffectum supplebimus, assignando residuum in alio loco propinquo ubi commode poterit assignari. Hinc est quod vobis mandamus quatinus de valore redditus dicte ville, quem ibidem habemus, et quid pocius nobis expediat, in villa illa vel alibi eidem Ymberto dictum redditum assignare, nobis per vestras litteras intimetis, providentes nichilominus ut ea qua decet securitate nobis cautum sit quod dictus Ymbertus promissum servicium faciat et compleat per milites de nobili genere existentes et personas, tali et tanto servicio ydoneas paratasque in equis, armis, hernesiis et aliis que in tali negocio requiruntur. Substituat eciam alium vel alios eque ydoneum vel ydoneos, si aliquem vel aliquos de predicto militum numero contingeret discedere vel decedere infra terminum completi servicii faciendi, ac ea que tam super certitudine predicti redditus quam super caucione et securitate premissa didisceritis et feceritis, necnon vestrum consilium in hac parte nobis quam cito commode poteritis per vestras litteras rescribatis, ut, habita responsione vestra et consilio, ulterius quamtum res exegerit in negocio procedamus. Datum die martis post Penthecosten, anno Domini millesimo ducentesimo sexagesimo nono.

1645

31 maii 1269. — SENESCALLO RUTHENENSI PRO PRIORE DE PERUTIA, FORTANERIO, PONCIO DE GALLIACO ET GUILLELMO DE ALBIA, MILITUM (*sic*).

Alfonsus, *etc.*, senescallo Ruthenensi, *etc.* Ex parte prioris de Perutia[1], Fortanerii de Perutia, Poncii de Gailliaco, Guillelmi de Albia, castri de Perutia militum, nobis extitit conquerendo monstratum quod

[1] Peyrusse, Aveyron, cant. Montbazens.

bajuli vestri in Ruthinio medietatem decime argenti fodine de Perutia, sibi de jure debitam, ut dicunt, ut deceret reddere contradicunt. Unde vobis mandamus quatinus dictos ballivos ad solvendum decimam consuetam eisdem priori et militibus tempore debito compellatis, vel eamdem vosmet ipse nostro nomine persolvatis, prout melius videbitur expedire. Ceterum cum capellanus noster, in dicto castro a nobis deputatus, non velit recipere seu admittere parrochianos vel audientes ibi missam ad oblaciones, in prejudicium matricis ecclesie dicti loci, prout ex parte dicti prioris nobis est intimatum, vobis mandamus quatinus dicto capellano ex parte nostra dicatis seu eciam injungatis ut ipse de cetero dictas oblaciones recipiat et eas reddat ecclesie parochiali, ut jus erit, ita quod propter hoc parrochiali ecclesie fraus vel prejudicium valeat minime generari. Datum apud Longumpontem, die veneris post quindenam Penthecostes, anno Domini M° CC° LX° nono.

1646

31 maii 1269. — SENESCALLO RUTHENENSI PRO ERGOLIO DE MAURIOLO ET OZILLO, FRATRE SUO (sic).

Alfonsus, *etc.*, senescallo Ruthenensi, *etc.* Ex parte Ergolii de Mauriolo, clerici, et Ozilli, nepotis sui, et Fortanerii, fratris sui, nobis extitit supplicatum ut nos super emptione feudi in quo Villafranca [1] edificata est et super finibus et terminis tunc positis inquiri faceremus, et quod, veritate comperta, mete et fines certi inibi apponantur. Unde vobis mandamus quatinus, vocatis qui fuerint evocandi et auditis racionibus hinc et inde, dictas terras limitari et certos fines apponi in eisdem faciatis. Datum apud Longumpontem, die veneris post quindenam Penthecostes [2], anno Domini M° CC° LX° nono.

[1] Villefranche, Aveyron. — [2] Première leçon : *post octabas Trinitatis.*

1647

27 maii-1 jun. 1269. — SENESCALLO RUTHENENSI PRO DOMINIS DE TALONIACO ET DE SANCTO MEMERIO.

Alfonsus, *etc.*, senescallo Ruthenensi, *etc.* Ex parte dominorum de Tholoniaco [1] et de Sancto Memorio [2] nobis est intimatum quod homines et consules Villefranche [3], racione consuetudinum eisdem hominibus a nobis, ut dicitur, concessarum, in bannis que vulgaliter *dex* nuncupantur multipliciter injuriantur eisdem. Unde vobis mandamus quatinus predictis dominis super molestiis et injuriis de dictis hominibus, cum ab ipsis dominis fueritis requisiti, exhibeatis justicie complementum, vocatis qui fuerint evocandi et auditis racionibus hinc et inde, cum predictis hominibus non intendamus nec volumus (*sic*) aliquid in aliorum prejudicium concessisse. Datum apud Longumpontem, die (*sic*) post quindenam Penthecostes, anno Domini M° CC° LX° nono.

1648

1 jun. 1269. — SENESCALLO RUTHENENSI PRO GUILLELMO ADE, NOTARIO.

Alfonsus, *etc.*, senescallo Ruthenensi, *etc.* Ex parte Guillelmi Ade, notarii Amilliavi, nobis extitit conquerendo monstratum quod, cum comes Raymundus, predecessor noster, sibi notariam ville Amilliavi [4] concesserit, ita quod nullus alius ab ipso instrumenta posset facere in villa supradicta, Hugo Petri predictam notariam eidem impedit minus juste, sicut dicit. Unde vobis mandamus quatinus, quantum ista petitio partem tangit alienam, vocatis qui fuerint evocandi, jure nostro in omnibus observato, eidem faciatis bonum jus et maturum. Datum apud Longumpontem, die sabbati post quindenam Penthecostes, anno Domini M° CC° LX° nono.

---

[1] Toulonjac, Aveyron, cant. Villefranche. — [2] Saint-Memory, sur l'Aveyron, au sud de Villefranche (Cassini). — [3] Villefranche, Aveyron. — [4] Millau, Aveyron.

1649

[Jun. 1269.] — SENESCALLO RUTHENENSI PRO YMBERTO DE BOUZAGUES.

Alfonsus, *etc.*, senescallo Ruthenensi, *etc.* Alias vobis scripsisse meminimus [1] ut diligenter inquireretis de valore castri [2] de Brusca et pertinenciis, et quedam alia vobis manda[vi]mus pro facto Ymberti de Bozagues quantum ad servicium quod nobis facere se spopondit per annum integrum se decimo militum in partibus transmarinis, prout in littera nostra super hoc vobis missa plenius continetur, ad cujus seriem minus plene, ut perpendimus [3], per vestras litteras respondistis. Quare vobis mandamus et districte precipimus quamtum (*sic*) de valore redituum, justiciarum et feodorum, que habemus in villis seu castris de Brusca [4], de Meauraceno [5], de Rocacesere [6], ac eorum pertinentiis et districtu, distincte et sigillatim de singulis, nos curetis quam cicius commode poteritis per vestras litteras reddere cerciores, rescribentes nichilominus vestrum consilium super premissis omnibus et singulis, recipientesque caucionem ydoneam a dicto Ymberto, quod per se vel per fratrem suum, juxta conventiones inter nos et ipsum initas, servicium nostrum perficiet, ut promisit. Transcriptum autem littere vobis super hoc alias misse vobis mittimus presentibus interclusum. Datum, etc.

1650

(Fol. 147.) 3 jun. 1269. — SENESCALLO RUTHENENSI PRO COMITE RUTHENENSI.

Alfonsus, *etc.*, Cum intellexerimus quod Raymundus Emaberti et quidam alii homines de Salis [7], ad denunciacionem fidelis nostri

---

[1] Voir plus haut, n° 1644, p. 289.

[2] Le manuscrit porte *castri seu castri*.

[3] Le manuscrit porte *pandimus*; nous corrigeons.

[4] Brusque, Aveyron, cant. Camarès.

[5] Nous lisons *Meauraceno*, faute pour *Murassone*, Murasson, Aveyron, cant. Belmont, château qui appartenait au comte.

[6] Laval-Roquecezière, Aveyron, cant. Saint-Sernin.

[7] Salles-la-Source, Aveyron, cant. Marcillac.

Guidonis de Severaco, per vos seu judicem vestrum in sexviginti libris ruthenensium, et quidam alii homines de Salis usque ad quadraginta ad denunciacionem Guiberti de Vigeres in aliis sexviginti libris ruthenensium, et Guillelmus de Sancto Dyonisio cum quibusdam aliis hominibus fidelis nostri comitis Ruthenensis, pro facto Durandi de Vallellas, in sexaginta libris ruthenensium, et Geraldus Beissera cum quibusdam aliis hominibus de Interaquis [1] in tringinta libris dicte monete, seu magister Petrus Aycelini, nomine procuratorio seu defensorio predictorum, et Michael de Viridario cum quibusdam aliis hominibus de Boadene [2] in quadraginta libris ruthenensium racione portacionis armorum, a quibus de sentenciis, ut dicitur, extitit apellatum, noveritis quod nos supradictos homines a supradictis condampnacionibus quitavimus et quitamus et ab omni eo quod ab eis petere possemus pretextu condampnacionum predictarum. Et si propter supradictas condampnaciones propter armorum portacionem inveniantur condampnati aliqui alii homines dicti comitis Rupthenensis, preter supradictos, per vos seu vestram curiam, noveritis quod nos dictas condampnaciones remittimus et quitamus usque ad triginta libras ruptinensium. Mandamus vobis quatinus dicto comiti Ruthenensi cautionem ydoneam, ponendo in registro vel alias, prestetis quod predicti homines occasione condampnacionum predictarum usque ad dictas summas de cetero minime molestentur. Condampnaciones vero alias, si que ultra dictas summas facte sint, non intelligimus remisisse. Ceterum vobis mandamus quatinus denarios illos, quos fidelis noster comes Ruthenensis consuevit recipere et habere de pazagio Ruthenensi et arrestatos per vos pro nobis, eidem comiti Rupthenensi vel mandato suo liberetis et solvatis seu solvi et reddi faciatis, prout olim fieri consuevit, recepta ydonea cautione a dicto comite Ruthenensi de mille septingentis libris turonensium, infra festum Omnium sanctorum proximo venturum vobis nomine nostro integraliter persolvendis. Datum apud Longumpontem, die lune post tres septimanas Penthecostes, anno Domini m° cc° lx° nono.

[1] Entraygues, Aveyron. — [2] Bozouls, Aveyron.

1651

4 jun. 1269. — SENESCALLO RUTHENENSI PRO COMITE RUTHENENSI.

Alfonsus, *etc.* Vobis mandamus quatinus in arrestis comitem Ruthenensem tangentibus, que diu est a pallamento Omnium sanctorum citra vos meminimus habuisse, nisi secundum ea processeritis, celeriter procedatis, et nisi aliud racionabile obsistat propter quod id facere minime debeatis. Datum apud Loncumpontem, die martis post tres septimanas Penthecostes, anno Domini millesimo ducentesimo sexagesimo nono.

1652

8 jun. 1269. — SENESCALLO RUTHENENSI PRO HOMINIBUS COMITIS RUTHENENSIS SUPER FOCAGIO SEU SUBVENTIONE.

Alfonsus, *etc.*, senescallo Ruthenensi, *etc.* Cum nos nobili et fideli nostro H., comiti Ruthenensi, usque ad tres septimanas post festum Penthecostes proximo preteritum respectum dedissemus pro hominibus suis, de exigendo vel levando ab ipsis hominibus focagio vel aliquid racione focagii vel subvencionis nobis faciende, mandamus vobis quatinus dictum terminum vel respectum eidem comiti pro suis hominibus usque ad instans festum sancti Michaelis prorogetis, nec ipsos homines pro dicto focagio vel subvencione interim pignoretis, nec pignorari per vestros bajulos vel alios officiarios vestros in Ruthinio permittatis, presertim cum nobis datum sit intelligi quod procuratores dicti comitis gentibus nostris promiserunt se procuraturos erga dictum comitem Ruthenensem, quod ipse infra dictum terminum super hoc tantum faciet quod exinde nos tenebimus pro paccatis. Tractetis nichilominus, cum predictis hominibus et comite, an nobis aliquid ex gratia vel per composicionem dare vellent pro subsidio Terre sancte, addiscentes insuper interim an nobis ad solucionem dicti focagii vel subvencionis teneantur de jure vel consuetudine seu promisso aut alia justa causa, et si unquam dictus comes Ruthenensis super homines suos et feudatariorum suorum usus fuerit in hoc casu, secundum quod alias datum vobis extitit in mandatis, ita quod super hiis que in hac parte inveneritis, circa tres septimanas post instans festum Omnium sanctorum per Philippum clericum, cum ad nos venerit pro vestris compotis faciendis, nos certificare possitis in scriptis. Datum die sabbati ante festum beati Barnabe apostoli, anno Domini M° CC° LX° nono.

1653

15 jun. 1269. — SENESCALLO RUTHENENSI PRO DOMINO COMITE PICTAVENSI SUPER CASTRO DE PEYRELÈS.

Alfonsus, *etc.*, senescallo Ruthenensi, *etc.* Cum nos dudum dederimus in escambium Guillelmo de Barreria Castrumnovum de Peirelès[1] et Villamlongam[2] cum omnibus pertinenciis suis usque ad valorem viginti vel viginti quinque librarum ruthenensium, et nos relatu fide dignorum intellexerimus dictum castrum cum suis pertinenciis ultra predictam summam plus valere, necdum per industriam dicti Guillelmi melioracionem aliquam receperit ipsum castrum, vobis mandamus quatinus, visa diligenter serie instrumenti super dicto excambio confecti, cujus transcriptum vobis mittimus infrascriptum, si vobis constare possit quod dictum castrum ultra dictam summam viginti quinque librarum ruthenensium[3] valeat, illud plus ad manum nostram revocare minime differatis. Datum die sabbati post festum sancti Barnabe apostoli, anno Domini millesimo ducentesimo sexagesimo nono.

Consimiles littere date fuerunt dicto Guillelmo de Barreria, die martis in crastino nativitatis beati Johannis Baptiste [25 jun.] *eodem anno, cum ista addicione :* Quid autem super premissis inveneritis et feceritis [4], nobis in

---

[1] Castelnau-Peyralès, Aveyron, comm. Castanet et Pradinas.

[2] Villelongue, au sud-ouest de Sauveterre, Aveyron (Cassini).

[3] On avait d'abord écrit : *turonensium*.

[4] Ici la phrase suivante biffée : *et quantum plus valere poterat ultra summam predictam tempore date littere super predicto escambio confecte.*

scriptis insinuare curetis circa tres septimanas post instans festum Omnium sanctorum per vestrum clericum, cum ad nos venerit pro vestris compotis faciendis.

1654

16 jul. 1253. — [CARTA DOMINI COMITIS PRO GUILLELMO DE BARRERIA.]

Alfonsus, *etc.* Noveritis quod nos in escambium ville de Bes[1], Ruthenensis dyocesis, cum omnibus pertinenciis suis dilecto et fideli nostro Guillelmo de Barreria et ejus successoribus dedimus et concessimus Castrumnovum de Peyrellès et Villamlonguam cum omnibus pertinenciis suis, quem Guillelmum de dicto castro de Peyrellès et de dicta Villalongua recepimus in hominem nostrum, quod castrum de Peyrelès cum dicta Villalongua ultra viginti vel viginti quinque libras ruthenensium non dicitur valere, et si inveniretur quod plus valeret tempore date presencium litterarum, quod plus est ultra dictas viginti vel viginti quinque libras ruthenensium non intelligimus concessisse. Si vero per industriam dicti Guillelmi dictum castrum cum dicta villa futturis temporibus post datam presencium meliorari contingeret, illam melioracionem non intendimus revocare. Datum apud Vicennas, die mercurii ante festum beate Marie Magdalene, anno Domini m° cc° quinquagesimo tercio[2], mense julio.

1655

15 jun. 1269. — SENESCALLO RUTHENENSI PRO DOMINO COMITE PICTAVIE[3].

Alfonsus, *etc.*, senescallo Ruthenensi, *etc.* Intelleximus quod in terra nostra Ruthenensi sunt alique persone ecclesiastice, que lapsis temporibus possessiones et bona, videlicet domos, terras, redditus et vineas et proprietates alias in nostris feudis et retrofeudis sibi et suis ecclesiis

[1] Le Bès, Aveyron, comm. Lapanouse ou comm. Saint-Laurent-d'Olt.

[2] Première leçon : *m° cc° lx° nono.*

[3] On trouve plus haut, au fol. 109 v° du même registre, une transcription partielle de ce mandement.

adquisierunt, et ipsas adquisitas in sua manu tanquam in manu mortua, nobis vel mandato nostro inrequisitis, tenere per longua tempora attemptarunt, in nostrum prejudicium et nostrorum feudorum non minimum detrimentum. Quapropter vobis mandamus quatinus omnia bona, proprietates et possessiones quascunque in manu nostra cum effectu sesiatis, que vel quas per personas antedictas a xxx annis citra sic inveneritis acquisitas, sicut vobis alias datum extitit in mandatis, nisi forte contingeret[1] quod ipse persone privilegia ostenderent, que sibi nos vel predecessor noster concessissemus super hoc, quod tamen non credimus fore factum. Ceterum quia nobis datum est intelligi quod quidam burgenses de Amiliavo, Berengarius et Hugo de Mondo[2], fratres, et quidam alii quedam molendina in Tarni flumine construxerunt, propter que piscaria nostra et molendina, que dicuntur esse inferius in flumine supradicto, non minimum pejorantur, et eciam in hoc quod ipsi dicta molendina possident decipimur in maxima quamtitate, vobis mandamus quatinus dicta molendina dictorum burgensium in manu nostra arrestetis, quibus arrestatis, ut dictum est, ipsis burgensibus eadem molendina recredatis, si ab ipsis fueritis requisitus, prestita tamen ab ipsis de stando juri ydonea caucione. Si vero prefati burgenses vobiscum super hoc componere voluerint competenter, cum ipsis . . . . . [3] meliori modo et saniori quod poteritis componatis. Et si componere noluerint, jus nostrum viriliter proxequamini (sic) secundum quod vobis videbitur expedire. Datum apud Moissiacum, die sabbati post festum beati Barnabe apostoli, anno Domini millesimo ducentesimo sexagesimo nono.

1656

(Fol. 148.) 16 jun. 1269. — SENESCALLO RUTHENENSI SUPER MINERIO.

Alfonsus, etc., senescallo Ruthenensi, etc. Litteras vestras super minerio, olim reperto prope castrum nostrum de Brusca, in terra karis-

---

[1] La première copie plus haut signalée porte ici : *contigerit*.

[2] Ici s'arrête la copie plus haut indiquée.

[3] Ici le mot suivant, *audat.*, avec un trait abréviatif sur la lettre *t*. Faut-il lire *antedictis*?

simi domini et fratris nostri regis Francorum, et aperto in territorio quod appellatur Pratum Mansel[1], recepimus et earundem seriem intelleximus diligenter. Unde, cum super hiis que in eisdem litteris continentur nostrum velitis habere consilium, quod super hiis facturi sitis, vobis mandamus quatinus, communicato bonorum consilio, dictum minerium in terra nostra seu feudatariorum nostrorum ubi pocius magis expedire videritis, si de jure vel de consuetudine patrie seu minerii et sine prejudicio juris alieni possit fieri, aperiri faciatis, jus nostrum et alienum in hiis omnibus observantes illesum et indempnitati nostre, quamtum licuerit, providentes. Datum die dominica post festum beati Barnabe apostoli, anno Domini m° cc° lx° nono.

1657

16 jun. 1269. — SENESCALLO RUTHENENSI PRO MAGISTRO R. POUJADE.

Alfonsus, *etc.* Ex insignuacione (*sic*) magistri Raymundi Poujade, clerici, intelleximus quod quidam laici sub jurisdicione nostra commorantes ipsum ecclesiis de Kincs[2] et de Lugain[3] per violenciam spoliarunt. Quapropter mandamus quatinus eidem clerico nullatenus violenciam inferri permittatis a laicis qui sub jurisdiccione nostra et dominio commorantur; quod si fecerint, per vos, prout justum fuerit, puniantur. Datum apud Moissiacum, dominica post festum beati Barnabe, anno Domini m° cc° lx° nono.

1658

17 jun. 1269. — PONCIO ASTOAUDI, MILITI, ET MAGISTRO ODONI DE MONTONERIA PRO GERALDO RONALI ET PETRO DE CANDEZAS.

Alfonsus, *etc.*, dilectis et fidelibus suis Poncio Astoaudi, militi, et magistro Odoni de Montoneria, salutem et dilectionem. Cum vobis alias per nostras litteras dedissemus in mandatis ut Geraldum Ronali et

[1] Non retrouvé sur la carte. — [2] Quins, Aveyron, cant. Naucelle. — [3] Lugan, Aveyron, cant. Montbazens.

Petrum de Candezas, super hiis que coram vobis duxerint proponenda contra senescallum nostrum Ruthenensem, audiretis super quadam injusta condempnacione contra ipsos per dictum senescallum lata, ut dicitur, racione quorundam porcorum, et ipsos audire noluistis, sicut dicunt, iterato vobis mandamus quatinus ipsos diligenter audiatis, [et] vocatis senescallo et qui fuerint evocandi, jure nostro servato, de personis et rebus ad jurisdicionem nostram spectantibus faciatis eisdem celeris justicie complementum, taliter super hiis vos habentes quod propter defectum juris vel vestrum ipsos non opporteat ad nos ulterius querimoniam reportare. Datum die lune[1] post festum beati Barnabe apostoli, anno Domini M° CC° LX° nono.

1659

17 jun. 1269. — PONCIO ASTOAUDI, MILITI, ET MAGISTRO ODONI DE MONTONERIA PRO GUILLELMO DE CAUSACO.

Alfonsus, *etc.* Ex parte Guillelmi de Causaco, domicelli, nobis est intimatum quod, cum defunctus Poncius, quondam pater suus, esset et fuisset in possessione vel quasi percipiendi clamores et justicias ab hominibus castri de Causaco[2] et pertinenciarum ipsius pro medietate indivisa, exceptis militibus et hominibus dictorum militum, percipiendi eciam clamores et justicias ab omnibus habitatoribus villarum suarum de Viridario[3] et Donazaco[4] et de Sernaco[5] et pertinenciarum dictarum villarum, per tringinta annos et amplius et tempora quorum non extat memoria, tam ipse Poncius quam antecessores sui, bone memorie Raymundus, quondam comes Tholose, predecessor noster, et [ejus] bajuli ipsum Poncium a dicta possessione vel quasi indebite spoliarunt, sicut dicit Guillelmus predictus. — Item ex parte ejusdem Guillelmi nobis significatum extitit quod bajuli dicti predecessoris nostri in pre-

---

[1] Première leçon : *die dominica.*
[2] Cahuzac-sur-Vère, Tarn, cant. Castelnau-de-Montmiral.
[3] Le Verdier, Tarn, cant. Castelnau-de-Montmiral.
[4] Donnazac, Tarn, cant. Cordes.
[5] Sargnac, Tarn, comm. de Souel (Rossignol, *Monographies communales du Tarn*, III, carte du cant. de Cordes).

dictis villis dicti patris sui, de Donazaco et Sernaco, quasdam indebitas et illicitas exactiones imposuerunt minus juste. — Item ex parte ejusdem nobis est intimatum quod dictus defunctus comes Raymundus dicto patri suo dedit et concessit alberguam quam habebat in predictis villis de Viridario, de Donazaco et de Sernaco, quam alberguam ad manum nostram tenemus indebite, sicut dicit. Unde vobis mandamus quatinus ipsum Guillelmum super predictis articulis diligenter audiatis et inquiratis super hiis veritatem secundum traditam vobis formam. Et quid super hiis inveneritis in crastino instantis quindene Omnium sanctorum, cum ad nos veneritis, una cum aliis inquestis vestris referatis in scriptis. Datum die lune post festum beati Barnabe apostoli, anno Domini m° cc° lx° nono.

1660

18 jun. 1269. — SENESCALLO RUTHENENSI PRO HOMINIBUS DE CADEPNACO SUPER FOCAGIO.

Alfonsus, *etc.*, senescallo Ruthenensi, *etc.* Cum alias vobis scripserimus quod addiscere deberetis utrum homines de Capdenaco[1] nobis vel bone memorie R., quondam comiti Tholose, predecessori nostro, focagium vel subvencionem aliquam racione crucis transmarine sive alia de causa fecerint, vel an de jure vel consuetudine patrie vel alia justa causa id nobis facere tenerentur, et quod nichilominus tractaretis cum eisdem an aliquid et quantum nomine dicti focagii vel subvencionis graciose nobis faciende per composicionem dare vellent, et quid super premissis faceretis nobis in scriptis rescribere deberetis, necdum nobis super hiis aliquid scripseritis in hac parte, vobis mandamus quatinus, si in dicto negocio, prout vobis alias scripsisse meminimus, processeritis, nobis in scriptis quam cito commode poteritis remittatis. Si vero necdum in dicto negocio, ut dictum est, processeritis, addiscatis et tractetis cum dictis hominibus super premissis, prout superius est expressum et vobis alias mandatum extitit in hac parte; quid vero

---

[1] Capdenac, Lot.

super predictis inveneritis et feceritis et oblacionem quam vobis fecerint pro certa quantitate focorum, [et] quid cum dictis hominibus habitum [fuerit] nobis mittatis in scriptis, cum primo vobis nunciorum obtulerit se facultas. Datum die martis proxima ante festum nativitatis beati Johannis Baptiste, anno Domini m° cc° lx° nono.

1661

19 jun. 1269. — SENESCALLO RUTHENENSI PRO RECTORE ECCLESIE DE MARCELL.

Alfonsus, *etc.*, senescallo Ruthenensi, *etc.* Ex relacione procuratoris Bertrandi, rectoris ecclesie de Marcell.[1], nobis datum est intelligi quod Hugo de Brothmalx, Ranerius, ejus filius, Guillelmus et Aymericus de Balaguerio, domicelli, et plures alii quorum nomina lator presencium vobis in scriptis aut verbotenus reserabit, in ecclesiam suam predictam domumque dicti rectoris cum magna multitudine armatorum ausu temerario irruerunt, ipsasque ecclesiam et domum frangentes, vestimenta dicti rectoris, bladum, vinum, lectos, cereum paschale, tortiam cum qua illuminatur ad corpus Christi, velamen capitis de ymagine beate Marie, superlicia et alia que in dictis domo et ecclesia invenerunt tanquam sacrilegi rapuerunt, ac ea secum, ut asseritur, asportarunt, aliasque injurias in ipsis ecclesia et domo dicti rectoris per violenciam intulerunt. Unde cum talia maleficia non debeant sub dissimulacione vel connivencia pertransiri, vobis mandamus quatinus, vocatis qui fuerint evocandi, super premissis veritatem diligencius inquiratis, et quos culpabiles in hac parte repereritis, citra membri mutilacionem et mortis periculum, puniatis, ipsum rectorem et ecclesiam predictam predictis rebus ablatis, prout vobis constare poterit, restitui mediante justicia faciatis, jus nostrum in emendis super delacione armorum et in his omnibus observantes. Datum die mercurii ante festum nativitatis beati Johannis Baptiste, anno Domini m° cc° lx° nono.

[1] Probablement *Marcelliacum*, Marcillac-d'Aveyron, Aveyron.

1662

24 jun. 1269. — SENESCALLO RUPTHENENSI PRO PHILIPPO GODOFRÈS.

Alfonsus, *etc.*, senescallo Ruthenensi, *etc.* Ex parte Philipi Godofrès nobis extitit requisitum ut quandam sentenciam, per vos, ut asserit, latam pro eodem Philippo contra Guillelmum de Rodès, execucioni mandari et de bonis ejusdem G., que, ut dicitur, ne sentencia ipsa execucioni mandaretur, extra manum suam posuit, inquiri faceremus. Unde vobis mandamus quatinus, vocatis qui fuerint evocandi, tam super execucione dicte sentencie quam super aliis et de personis ad nostram jurisdicionem spectantibus exhibeatis celeris justicie complementum. Datum in festo nativitatis beati Johannis Baptiste, anno Domini M° CC° LX° nono.

1663

25 jun. 1269. — SENESCALLO RUTHENENSI PRO GACOTO, CASTELLANO RUPPIS VALLIS SORGIE.

Alfonsus, *etc.*, senescallo Ruthenensi, *etc.* Veniens ad nos dilectus et fidelis noster Gaçotus, castellanus de Rocha vallis Sorgie[1], nobis humiliter suplicavit ut eidem quasdam terras sitas prope dictum castrum, quas, ut asserit, reduxerit ad agriculturam, vellemus concedere in perpetuum possidendas. Quare vobis mandamus quatinus de valore et situ dictarum terrarum veritatem diligencius addiscentes, quantumne valebant antequam ad manum suam devenissent et quantum modo possunt valere, et an easdem terras dicto Gaçoto possemus concedere sine cujusquam injuria vel prejudicio seu pecato, quid super premissis inveneritis et feceritis nobis circa tres septimanas Omnium sanctorum in scriptis remittatis per vestrum clericum, cum ad nos venerit pro vestris compotis faciendis. Datum die martis in crastino nativitatis beati Johannis Baptiste, anno Domini M° CC° LX° nono. — Si autem inquisitores

---

[1] La Roque-Valzergues, Aveyron, comm. de Saint-Saturnin, cant. Campagnac.

interim ad partes illas accesserint, habeatis super hoc colloquium cum eisdem. Datum ut supra.

1664

(Fol. 149.) 2 jul. 1269. — SENESCALLO RUTHENENSI PRO ABBATE ET CONVENTU AURELIACENSI SUPER DIVISIONE ET SUPER DECIMIS.

Alfonsus, *etc.*, senescallo Ruthenensi, *etc.* Ex parte religiosorum virorum abbatis et conventus Aureliacensis monasterii nobis extitit intimatum quod gentes Giraldi de Casaboni, domini de Millars[1], quosdam fines seu terminos, dudum de voluntate et assensu dictorum abbatis et conventus aut decani Variniensis[2] ex parte una et [per] ipsum Giraldum (*sic*) de Casaubon ex altera, in territoriis de Millars et de Varanio positos, clandestine, ut dicitur, amoverint et divisionem factam de voluntate dictarum partium attendere contradicit idem Geraldus. Quare vobis mandamus quatinus dictam divisionem seu limitacionem, secundum quod vobis constiterit factam fuisse legitime, observari, prout justum fuerit, faciatis et reponi terminos ut jus erit. Ad hoc Petrum de Calcomier et fratres ejus et alios laicos de jurisdicione nostra et vestra senescallia existentes inhiberi et compesci a turbacione et molestia quam ipsi faciunt in decima Sancti Grati[3], Ruthenensis dyocesis, ab ipsis abbate et conventu seu dicto decano pro eis olim et in presenti possessa et a dictis fratribus, prout per publicum instrumentum constare dicitur, abjurata, prout justum fuerit, faciatis. Datum die martis post festum apostolorum Petri et Pauli, anno Domini millesimo ducentesimo sexagesimo nono.

1665

12 jul. 1269. — FRATRIBUS ODONI DE PARISIUS ET THOME DE LATAROSA, ORDINIS MINORUM, ET MAGISTRO JOHANNI DE PUTHEOLIS PRO CAPELLANO ECCLESIE BEATE MARIE DE LEUCORS.

Alfonsus, *etc.*, dilectis et fidelibus suis Odoni de Parisius et Thome

[1] Milhars, Tarn, cant. Vaour. — [2] Varen, Tarn-et-Garonne, cant. Saint-Antonin. — [3] Saint-Grat, Aveyron, com. Vailhourles.

de Latarosa, ordinis fratrum Minorum, et magistro Johanni de Putheolis, inquisitoribus in Ruthinio, salutem et dilectionem. Ex parte capellani ecclesie Beate Marie de Laucours [1] nobis est conquerendo monstratum quod Raymundus, bone memorie quondam comes Tholose, legavit ecclesie de Laucours supradicte quandam capellaniam, precipiens, sicut dicit, ut redditus assignaretur predicte ecclesie. Unde vobis mandamus quatinus super hoc addiscatis plenius veritatem, et quid super hoc didiceritis et feceritis nobis, cum ad nos veneritis, refferatis in scriptis. Datum die veneris post octabas sancti Martini estivalis, anno Domini M° CC° LX° nono.

1666

12 jul. 1269. — SENESCALLO RUTHENENSI PRO CAPELLANO DE LUETO.

Alfonsus, *etc.*, senescallo Ruthenensi, *etc.* Veniens ad nos Petrus de Monteroherio, capellanus de Lueto [2], nobis dedit intelligi quod per aliquos laicos [3], de jurisdicione nostra existentes, in possessione vel quasi dicte ecclesie indebite perturbatur. Quare vobis mandamus quatinus dictum capellanum super possessione vel quasi dicte ecclesie per aliquos laicos, de jurisdicione nostra existentes, non permittatis indebite molestari seu eciam perturbari. Datum die veneris post octabas apostolorum Petri et Pauli, anno Domini M° CC° LX° nono.

1667

12 jul. 1269. — SENESCALLO RUTHENENSI PRO RAYMUNDO BERNARDI ET PETRI GAUFRIDI, FRATRUM (*sic*).

Alfonsus, *etc.*, senescallo Ruthenensi, *etc.* Ex parte Raymundi Bernardi et Petri Gaufridi, fratrum, nobis fuit intimatum quod, cum inter ipsos ex una parte et abbatem Vabrensem [4] ex altera in Guillelmum de

---

[1] Liaucous, Aveyron, com. Mostuéjouls.

[2] Peut-être Lunet, Aveyron, comm. Prades-d'Aubrac.

[3] Première leçon: *per bajulos*.

[4] Vabres, abbaye bénédictine, diocèse de Rodez, érigée en évêché en 1317; auj. Aveyron, cant. Saint-Affrique.

Sancto Vabriano, tanquam in arbitrum et arbitratorem seu am[ic]abilem compositorem, super quadam discordia inter ipsos mota compromissum fuisset, idem Guillelmus iniquam tulit sentenciam contra ipsos, petentes sibi fieri super hoc justicie complementum. Quare vobis mandamus quatinus, vocatis qui fuerint evocandi et auditis hinc inde propositis, super hoc quod justum fuerit statuatis, facientes quod decreveritis firmiter observari. Datum Parisius, die veneris post octabas apostolorum Petri et Pauli, anno Domini M° CC° LX° nono.

1668

13 jul. 1269. — SENESCALLO RUTHENENSI PRO GUIDONE DE SEVERACO [1].

Alfonsus, *etc.* Mandamus vobis quatinus, si de focagio vel subvencione seu auxilio pro succursu Terre sancte de terra de Lessazès [2], nobis et fideli nostro Guidoni de Severaco, militi, communi pro indiviso, ducentas libras turonensium que levande supererant nondum levaveritis, eos (*sic*) in sufferenciam nostram ponatis usque ad festum purificacionis beate Marie proximo venturum. Si vero dictas ducentas libras turonensium jam levaveritis seu levari feceritis, centum libras turonensium de dictis ducentis libris turonensium levatis eidem reddatis, addiscentes diligenter an temporibus retroactis, quando a predecessoribus de dicta terra focagium vel auxilium levabatur, dictus G. vel predecessores ipsius in dicto focagio sive auxilio medietatem integram percipere consuevit. Et quid super premissis inveneritis nobis, cum commode poteritis, rescribatis. Datum Parisius, sabbato post octabas apostolorum Petri et Pauli, anno Domini M° CC° LX° nono.

1669

16 jul. 1269. — SENESCALLO RUCTINENSI PRO GUIDONE DE SEVERACO CONTRA COMITEM RUTHENENSEM.

Alfonsus, *etc.*, senescallo Ruthenensi, *etc.* Refferente nobis fideli

---

[1] Cet acte est cancellé dans le registre; voir plus loin, n° 1672. — [2] La vraie forme est *Laissaguès*, pays dont Laissac (Aveyron) était le chef-lieu.

ROUERGUE [1269].

nostro Guidone de Severaco, milite, intelleximus quod vos dudum quandam inquestam fecistis super questionibus et querelis, motis inter nobilem et fidelem nostrum comitem Ructinensem ex una parte et dictum Guidonem ex altera, que nundum extitit terminata. Quare vobis mandamus quatinus, vocato dicto comite et aliis qui fuerint evocandi, si dicta inquesta de voluntate dicti domini comitis facta fuerit, ea de quibus vobis constiterit per inquestam fine debito terminetis. Si autem dictus comes in inquestam minime consenserit et prefatus Guido de ipso comite vobis conquestus fuerit, auditis racionibus parcium, faciatis quod decreverit ordo juris. Datum Parisius, die martis ante festum beate Marie Madalene, anno Domini m° cc° lx° nono.

1670

16 jul. 1269. — PRO EODEM.

Alfonsus, *etc.*, senescallo Ructinensi, *etc.* Veniens ad nos fidelis noster Guido de Severaco, miles, dedit nobis intelligi quod vos super quibusdam questionibus et querelis, quas contra ipsum nostro nomine movebatis, inquestam fecistis. Quare vobis mandamus quatinus secundum inquestam eandem, si facta est, controversias hujusmodi decidatis, jure nostro servato, quod suum est dimittentes eidem. Si vero nondum facta sit vel minus completa, faciatis aut perficiatis eandem, et secundum quod per ipsam inquestam vobis constiterit de jure dicti G. et nostro, querelas hujusmodi terminetis. Nolumus autem alios quoscumque astringi quod inqueste hujusmodi se subiciant, nisi velint, nec eis prejudicet, si facta est, nisi se supposuerint voluntarie inquisicioni predicte. Et si prefatus Guido de aliis nostris subditis conquestus fuerit, vocatis qui fuerint evocandi, auditis rationibus parcium, exhibeatis eidem celeris justicie complementum. Preterea addiscatis dilligenter an dictus Guido consueverit ponere judicem in terra de Lavaguès [1], nobis et ipsi communi, et per quem fuerit dissaisitus et a quo tempore

[1] *Sic* dans le manuscrit; on pourrait aussi lire *Lanaguès*; c'est, dans tous les cas, une faute pour *Laissaguès*; voir plus haut, n° 1668.

citra. Et secundum ea que didiceritis in hac parte, servato jure nostro, exibeatis sibi super hoc celeris justicie complementum. Datum die martis ante festum beate Marie Magdalene, anno Domini m° cc° lx° nono.

1671

16 jul. 1269. — SENESCALLO RUTHENENSI PRO RAYMUNDO ET GUILLELMO DE ROCHAFOLII.

Alfonsus, *etc.* Cum, sicut recolimus et extat transcriptum apud nos litterarum, quas vobis misimus pro Raymundo et Guillelmo de Rochafolii, fratribus, continentes inter alia quod provideretis de loco certo quantum possetis absque dampno nostro, in quo eisdem fratribus assignare possemus usque ad centum libras turonensium annui redditus, si nobis terram suam a prestacione pazagii absolvere non placeret, super quo nos minime certificastis per vestras litteras nuperrime nobis missas, quod non inmerito ascribi potest negligencie, cum ipsa littera vestra contineat quod nobis consulitis dictum redditum eisdem fratribus alibi pocius assignare, et etiam pinguius, quam terram suam absolvere vel quittare a prestacione pazagii memorati. Curetis itaque sollicite providere de aliquo certo loco, ubi usque ad dictam summam centum librarum turonensium dictis fratribus commode possit fieri assignacio supradicta. Etqu id super premissis feceritis, nobis in scriptis insinuare curetis, cum vobis obtulerit se facultas. Si autem dicti fratres vos super hoc requisierint, dictum mandatum nostrum eisdem poteritis intimare. Datum Parisius, die martis ante festum beate Marie Magdalene, anno Domini m° cc° lx° nono.

1672

(Fol. 150.) 18 jul. 1269. — PRO DOMINO GUIDONE DE SEVERACO, MILITE.

Alfonsus, *etc.*, senescallo Ruthenensi, *etc.* Mandamus vobis quatinus, si de focagio vel subvencione seu auxilio pro succursu Terre sancte de terra de Lessazès, nobis et fideli nostro Guidoni de Severaco, militi, conmuni pro indiviso, ducentas libras turonensium, que levande supererant, levavistis, easdem dicto G. ex gratia restituatis, quia eidem et istam et aliam gratiam, eo quod de transfretando nobiscum convenit, sibi duximus faciendam. Datum Parisius, die jovis ante festum beate Magdalene, anno Domini M° CC° LX° nono.

1673

23 jul. 1269. — LITTERA PATENS PRO BERNERIO ET MARIE (*sic*), FILIIS DEFUNCTI JOHANNIS TORPINI.

Alfonsus, *etc.*, senescallo Ruthinensi, *etc.* Significamus vobis quod nos Bernerio, filio defuncti Johannis Torpini, quondam castellani nostri in castro Naiaci [1], dedimus octo denarios turonenses gagiorum per diem et Marie, sorori sue, filie dicti defuncti, quatuor denarios turonenses gagiorum per diem, in dicto castro Naiaci, quamdiu nostre placuerit voluntati, mandantes vobis quatinus eisdem dicta gagia persolvatis. Datum Parisius, anno Domini millesimo ducentesimo sexagesimo nono, die martis in crastino festi beate Marie Magdalene.

Littera patens pro Roberto de Beencort super custodia castri Naiaci est in communibus.

1674

10 aug. 1269. — SENESCALLO RUTHENENSI PRO DOMINIS, CONSULIBUS ET COMMUNITATE CASTRI DE CAPDEMPNIACO.

Alfonsus, *etc.*, senescallo Ruthenensi, *etc.* Ex parte dominorum, consulum et communitatis castri de Capdempniaco [2] nobis datum est intelligi quod vos homines dicti castri, occasione focagii seu subvencionis que pro nobis ab eisdem petitur, pignorari fecistis indebite, ut dicunt, et injuste, cum se asserant esse et diu fuisse in possessione vel quasi libertatis quod ad hoc minime teneantur, cum nunquam nobis vel predecessoribus nostris talem subvencionem fecerint, sicut dicunt. Unde

---

[1] Najac, Aveyron. — [2] Capdenac, Lot.

vobis mandamus quatinus, si predictos homines racione hujusmodi pignorari feceritis, nisi de jure nostro super hoc plenius vobis constet, dicta pignora eisdem hominibus recredatis, addiscentes insuper plenius de jure nostro in hac parte veritatem, prout alias vobis pluries dedimus in mandatis. Datum apud Parisius[1], die sabbati in festo beati Laurencii, anno Domini M° CC° LX° nono.

1675

15 aug. 1269. — SENESCALLO RUTHENENSI PRO ELEMOSINIS DOMINI COMITIS.

Alfonsus, *etc.*, senescallo Ruthenensi, *etc.* Mandamus vobis quatinus solvatis de denariis nostris pro elemosina fratribus Minoribus de Amilliavo[2] x lib. tur.; domui Dei de Amilliavo c sol. tur.; leprosarie de Amilliavo LX sol. tur.; fratribus Minoribus Ruthenensibus c sol. tur.; domui Dei Ruthenensi LX sol. tur.; domui Dei de Petrucia[3] XL sol. tur.; leprosarie de Petrucia XL sol. tur.; domui Dei de Villafranca[4] XL sol. tur.; leprosarie de Villafranca XL sol. tur.; ecclesie de Villafranca c sol. tur.; domui Dei de Villanova[5] XL sol. tur.; leprosarie de Villanova XL sol. tur.; domui Dei de Najaco[6] LX sol. tur.; leprosarie de Najaco LX sol. tur.; fratribus Predicatoribus de Figiaco[7] c sol. tur.; fratribus Minoribus de Figiaco c sol. tur.; fratribus (*sic*) Sancti Antonini[8] c sol. tur. Universas autem et singulas elemosinas singulis locis, prout superius sunt distincte, solvatis taliter quod inde possitis ad instantes compotos circa tres septimanas post festum Omnium sanctorum computare de eisdem, ita quod constet de solucione earundem per litteras testimoniales quibus fides debeat adhiberi, vel alias legitime sicut decet. Datum apud Hospitale juxta Corbolium, in festo assumpcionis beate Virginis, anno Domini millesimo ducentesimo sexagesimo nono.

[1] Le manuscrit porte *Par.*, que nous interprétons *Parisius*, malgré la présence insolite du mot *apud*.
[2] Millau, Aveyron.
[3] Peyrusse, Aveyron, cant. Montbazens.
[4] Villefranche, Aveyron.
[5] Villeneuve, Aveyron.
[6] Najac, Aveyron.
[7] Figeac, Lot.
[8] Saint-Antonin, Tarn-et-Garonne.

1676

5 sept. 1269. — SENESCALLO RUTHINENSI PRO DOMINO GUIDONE DE SEVERACO.

Alfonsus, *etc.*, senescallo Ruthinensi, *etc.* Cum alias vobis dederimus nostris litteris in mandatis ut a dilecto et fideli nostro Guidone de Severaco, milite, ducentas libras turonensium non levaretis, sicut in ipsis litteris continetur, quarum forma talis est:

Alfonsus, *etc.*, senescallo Ruthenensi, *etc.* Mandamus vobis, *etc.* (Voir plus haut, n° 1672.)

Vobis iterato mandamus quatinus, si dictas ducentas libras turonensium levavistis et non restituistis, de denariis nostris eas restituatis et reddatis eidem. Datum die jovis ante festum nativitatis beate Marie virginis, anno Domini millesimo ducentesimo sexagesimo nono.

1677

19 sept. 1269. — SENESCALLO RUTHENENSI PRO COMITE RUTHENENSI SUPER ADVOCATIONIBUS.

Alfonsus, *etc.*, senescallo Ruthenensi, *etc.* Ex parte nobilis et fidelis nostri comitis Ruthenensis nobis est conquerendo monstratum quod nonnulli homines quasdam possessiones et terras, quas tenent ab ipso, ut asserit, a nobis de novo advocant, cujusmodi advocaciones indifferenter admittitis in ipsius comitis prejudicium et gravamen. Quocirca vobis mandamus quatinus super hujusmodi terris aut possessionibus, de quibus vobis legitime constare poterit quod prefatus comes in advocantes racione possessionum aut terrarum earundem jurisdicionem aut justiciam exercuerit aut explectaverit, seu illius jurisdicionis vel explectamenti possessionem habet vel habebat tempore facte advocacionis, advocaciones hujusmodi nullatenus admittatis, nisi demum justicia mediante. Datum die jovis ante festum beati Mathei apostoli, anno Domini millesimo ducentesimo sexagesimo nono.

1678

19 sept. 1269. — SENESCALLO RUTHENENSI ET MAGISTRO GUILLELMO RUFFI VEL EORUM ALTERI PRO COMITE RUTHENENSI SUPER MINERIO.

Alfonsus, *etc.*, dilectis et fidelibus suis senescallo Ruthenensi et magistro Guillelmo Ruffi vel eorum alteri, salutem et dilectionem. Cum, sicut intelleximus, inondacione aquarum minerium d'Orzals minuatur non modicum, ac ex hoc, ad evacuandum illud ob communem profectum, super collacione expensarum pro rata nos interpellet nobilis et fidelis noster comes Ruthenensis, mandamus vobis quatinus, vos ambo vel alter vestrum locum predicti minerii vestris subicientes oculis, videatis qualiter et quomodo innundatus est et quid ad evacuandum hujusmodi minerium sit neccessarium vel utile, utrum eciam nobis expediat quod evacuetur ipsum minerium, et alias circunstancias que in talibus attendende sunt diligencius attendatis, quamti eciam sumptus circa hoc requirentur. Ea vero que in hac parte inveneritis nobis ad instans pallamentum Omnium sanctorum in scriptis refferatis vel eciam remittatis. Datum die jovis ante festum beati Mathei apostoli, anno Domini millesimo ducentesimo sexagesimo nono.

1679

(Fol. 151.) 19 sept. 1269. — SENESCALLO RUTHENENSI PRO COMITE RUTHENENSI SUPER FOCAGIO VEL SUBVENCIONE [1].

Alfonsus, *etc.*, senescallo Ruthenensi, *etc.* Cum nos nobili et fideli nostro H., comiti Ruthenensi, usque ad instans festum beati Michaelis respectum dedissemus pro hominibus suis, de exigendo vel levando ab ipsis hominibus focagio vel aliquid racione focagii vel subvencionis nobis faciende, mandamus vobis quatinus dictum terminum vel respectum eidem comiti pro suis hominibus usque ad instans festum

---

[1] Cet acte est cancellé dans le registre.

beati Andree apostoli prorogetis, nec ipsos homines pro dicto focagio vel subvencione interim pignoretis nec pignorari per vestros bajulos vel alios officiales vestros in Ruthenensi permittatis. Datum die jovis ante festum beati Mathei apostoli, anno Domini millesimo ducentesimo sexagesimo nono.

Similis littera missa fuit senescallo Ruthenensi pro Begone de Cavomonte. — Similis littera missa fuit senescallo Ruthenensi pro Astorgio de Aureliaco, milite.

1680

22 sept. 1269. — SENESCALLO RUTHENENSI PRO BEGONE DE CAVOMONTE PRO EMENDA.

Alfonsus, *etc.*, senescallo Ruthenensi, *etc.* Ex parte fidelis nostri Begonis de Cavomonte nobis est intimatum quod vos nitimini extorquere sexaginta libras turonensium ab eodem, pro eo dumtaxat quod quendam (*sic*) pro quo caverat eum certa die sistere in judicio non steterit, ut debebat, licet postmodum eum vobis ab ipso traditum ultimo suplicio duxeritis, ut dicitur, condempnandum. Quare vobis mandamus quatinus, si ita est, exactionem dicte quantitatis peccunie in nostra ponatis sufferencia, quousque veritas facti, quam per vestrum clericum, cum ad nos venerit, rescribatis, nobis plenius innotescat et super hoc postmodum aliud a nobis receperitis in mandatis. Datum dominica proxima post festum beati Mathei apostoli, anno Domini M° CC° LX° nono.

1681

22 sept. 1269. — SENESCALLO RUTHENENSI PRO ASTORGIO DE AURELIACO, MILITE.

Alfonsus, *etc.*, senescallo Ruthenensi, *etc.* Cum nos intellexerimus ex parte Astorgii de Aureliaco, militis, quod Margareta, mater ejusdem militis, castrum de Cenere[1] cum pertinenciis dicti castri intraverit et occupaverit post mortem patris dicti Astorgii et detinet occupatum, in

---

[1] Sans doute Centrès, Aveyron, cant. Naucelle.

prejudicium et gravamen ejusdem, quod eidem obvenerat ex successione patris sui predicti, ut dicitur, vobis mandamus quatinus, vocata matre sua predicta et aliis qui fuerint evocandi, super sesina dicti castri eidem militi exibeatis mature justicie complementum. Datum dominica proxima post festum beati Mathei apostoli, anno Domini M° CC° LX° nono.

1682

22 sept. 1269. — SENESCALLO RUTHENENSI PRO HOMINIBUS BEGONIS SUPER FOCAGIO.

Alfonsus, etc., senescallo Ruthenensi, etc. Cum nos dilecto et fideli nostro Begoni de Cavomonte usque ad festum beati Michaelis proximo preteritum respectum dedissemus pro hominibus suis, de exigendo et levando ab ipsis hominibus focagio vel aliquid racione focagii vel subvencionis nobis faciende pro subsidio Terre sancte, mandamus vobis quatinus dictum terminum vel respectum eidem Begoni pro suis hominibus usque ad instans festum sancti Andree apostoli prorogetis, nec ipsos homines pro dicto focagio vel subvencione interim pignoretis nec pignorari [per] vestros bajulos vel alios officiales vestros in Ruthenensi permittatis. Tractetis nichilominus cum predictis hominibus de Begone (*sic*) an nobis aliquid ex gracia per composicionem dare vellent pro subsidio Terre sancte, addiscentes insuper interim an nobis ad solucionem dicti focagii vel subvencionis teneantur de jure vel consuetudine seu promisso aut alia justa causa, et si unquam dictus Bego super homines suos et feudatariorum suorum usus fuerit in hoc causu (*sic*), vel pro filio suo accingendo cingulo militari, aut pro filia sua maritanda, vel in casu consimili, secundum quod alias vobis datum extitit in mandatis, ita quod super hiis que in hac parte inveneritis circa tres septimanas post instans festum Omnium sanctorum, per Philipum clericum, cum ad nos venerit pro vestris compotis faciendis, nos certificare possitis in scriptis. Datum dominica post festum beati Mathei apostoli, anno Domini millesimo ducentesimo sexagesimo nono.

Similis littera missa fuit senescallo Ruthenensi pro Astorgio de Aureliaco.

1683

[Nov. 1269. — SUPER FACTO IMBERTI DE BOUZAGUES.]

In parlamento Omnium sanctorum anno LX° nono, circa condiciones contingentes factum Imberti de Bouzages adjectum fuit quod dominus comes retineret in hiis que assignaret dicto Ymberto, incursus qui obvenirent ratione heretice pravitatis et pazagium consuetum et feuda que videret expedire. Et si quid deesset de assignacione quaterviginti librarum turonensium annui redditus, posset dominus comes supplendo deffectum assignare residuum in aliquo vel aliquibus locorum, de quibus scripsit senescallus Ruthenensis domino comiti, eciam in talliatis.

1684

21 nov. 1269. — [SENESCALLO RUTHENENSI PRO PRIORE SANCTI LEONCII.]

Alfonsus, etc., senescallo Ruthenensi, etc. Cum super dissaisina quarundam furcharum quas prior Sancti Leoncii[1], ordinis sancti Benedicti, apud Mauriacum[2] erexisse dicebatur, que per vos, ut dicebat, vel mandatum vestrum combuste fuerunt, per vos vel mandatum vestrum de mandato nostro vobis facto fuerit inquisitum, et per dictam inquestam per vos factam et nobis missam appareat dicto priori restitucio furcharum debere fieri predictarum, vobis mandamus quatinus eidem priori resaisinam furcharum fieri faciatis, in eo statu in quo erant tempore combustionis earundem furcharum, ut dicitur per vos facte, salva tamen et retenta nobis questione proprietatis in predictis. Datum die jovis ante festum beate Katerine virginis, anno Domini M° CC° LX° nono.

---

[1] Saint-Léons, Aveyron, cant. Vezins. — [2] Mauriac, Aveyron, comm. Saint-Laurent-de-Lévézou.

1685

(Fol. 152.) 25 nov. 1269. — [SENESCALLO RUTHENENSI PRO AUDA, UXORE DEODATI DE BOCIACIS.]

Alfonsus, *etc.*, senescallo Rupthinensi, *etc.* Cum ex parte Aude, uxoris Deodati de Bociacis, domicelli, nobis extiterit suplicatum quod dictus Deodatus, ejus maritus, quoddam feodum quod in dotem acceperat cum eadem, situm in villa Sancti Severi[1] cum ejus pertinenciis abbati Vabarensi (*sic*), Rupthinensis dyocesis, concesserit et a dicto abbate recognicionem receperit, in prejudicium dicte Aude et nostrum, et quidam, Gricus nomine, id quod in dicto feodo habebat, ut dicitur, dicto abbati contulerit et concesserit, in nostrum et dicte Aude prejudicium, cum dicta Auda premissa omnia a nobis teneat et tenere debeat, ac ejus antecessores a nobis et nostris antecessoribus tenuerint, ut si ita esse noverimus predicta ad statum debitum pristinum revocaremus, vobis mandamus quatinus, vocatis dicto abbate et qui fuerint evocandi, si ita esse vobis constiterit, premissa omnia ad manum nostram revocetis, justicia mediante, et dictum abbatem extra manum ponere compellatis. Datum die lune post festum sancti Clementis, anno Domini M° CC° LX° nono.

1686

24 nov. 1269. — SENESCALLO RUTHENENSI PRO GUILLELMO DE SANCTO MAURINO SUPER MORTE REMUNDI DE SENARET ET SUPER VIOLENCIIS ET INJURIIS HOMINIBUS SUIS ILLATIS AB HOMINIBUS DE ROCCOUSEL.

Alfonsus, *etc.*, senescallo Ruthenensi, *etc.* Ex parte domini Guillelmi de Sancto Maurino, militis, nobis est intimatum quod homines de Rocousel[2], senescallie Carcassone, Remondum de Seneret, domicellum dicti Guillelmi, in terra domini comitis occiderunt. Propter quod idem Guillelmus nobis humiliter supplicavit ut super hoc consilium apponamus quod viderimus apponendum. Unde vobis mandamus quatinus

---

[1] Saint-Sever, Aveyron, cant. Belmont. — [2] Roquessels, Hérault, cant. Roujan.

predictum senescallum Carcassone [1] requiratis ut maleficium hujusmodi a personis sue senescallie, quas super hoc culpabiles invenerit, faciat, prout justum fuerit, emendari. Super vero violenciis et injuriis hominibus dicti Guillelmi ab hominibus dicti castri de Roncoussello, ut dicit, illatis, eundem senescallum Carcassone similiter requiratis ut predicta, prout justum fuerit, corrigi faciat et etiam emendari. Datum apud Longumpontem, die dominica post festum beati Clementis, anno Domini M° CC° LX° nono.

1687

26 nov. 1269. — SENESCALLO RUTHENENSI PRO ABBATE ET CONVENTU BONECUMBE.

Alfonsus, *etc.*, senescallo Ruthenensi, *etc.* Cum ex parte religiosi viri abbatis Bonecombe [2] et ejusdem loci conventus nobis suplicatum fuerit quod nos quandam composicionem, ut dicitur, initam inter ipsos ex una parte et dilectum et fidelem nostrum comitem Rupthenensem ex altera [3] observari faciamus, vobis mandamus quatinus, vocato dicto comite Ruthenensi et qui fuerint evocandi, ipsos super dicta composicione et super aliis que proponenda duxerint coram vobis diligenter audiatis, et sibi faciatis bonum jus et maturum super hiis et de quibus jurisdictio ad nos spectat. Datum die martis post festum sancti Clementis, anno Domini M° CC° LX° IX°.

1688

27 nov. 1269. — SENESCALLO RUTHINENSI PRO GIRARDO DE CARDILIACO.

Alfonsus, *etc.*, senescallo Ruthinensi, *etc.* Mandamus vobis quatinus, si inveneritis quod per levatores nostros focagii non fuerint nisi viginti novem foci in repario de Montsalisio [4] computati, nichil petatis ratione focagii ab hominibus dicti loci, et si aliquid levavistis ratione

---

[1] Ici les mots *ex parte nostra* biffés.

[2] Bonnecombe, Aveyron, comm. Moyrazès.

[3] Il s'agit sans doute ici de l'exemption des leudes et péages accordée à l'abbaye par le comte de Rodez en 1199 (De Gaujal, *Études sur le Rouergue*, t. II, p. 84).

[4] Monsalès, Aveyron, cant. Villeneuve.

focagii ab eis vel levari fecistis, reddatis eis, cum Girardus de Cardiliaco in duodecim libris turonensium nobis racione subvencionis satisfecerit pro eisdem, et nos eisdem remis[er]imus residuum, graciam sibi super hoc facientes. Si vero plures quam vinginti novem foci per dictos levatores ibidem fuerint computati, ab eis debitum focagium exigatis. Datum apud Longumpontem, die mercurii ante festum beati Andree apostoli, anno Domini M° CC° LX° nono.

1689

28 nov. 1269. — SENESCALLO RUCTHINENSI PRO ABBATE BONECOMBE SUPER NEGOCIO HUGONIS DE PANNATO.

Alfonsus, *etc.*, senescallo Ructinensi, *etc.* Religioso viro abbate Bonecombe accepimus conquerente super eo quod judex Ruptinensis condempnavit quemdam domicellum, videlicet Hugonem de Pannato[1], super quibusdam pascuis pro dicto abbate, reservata sibi sentencia expensarum et dampnorum datorum, nec super eis voluit judicare, ut dicitur. Unde petit dictus abbas judicatum execucioni mandari et super dampnis datis et expensis pronunciari. Propter quod vobis mandamus quatinus per judicem vestrum super dampnis datis ac super expensis, prout justum fuerit, pronunciari faciatis, et quod judicatum extitit, ut dicitur, super pascuis necnon quod judicatum fuerit super expensis et dampnis datis execucioni, prout justum fuerit, demandari faciatis. Datum apud Longumpontem, die jovis post festum sancti Clementis, anno Domini M° CC° LX° nono.

1690

28 nov. 1269. — SENESCALLO RUCTINENSI PRO VENERABILI PATRE EPISCOPO RUCTHINENSI.

Alfonsus, *etc.*, senescallo Ructinensi, *etc.* Cum ex parte venerabilis patris[2] episcopi Ruptinensis nobis extiterit conquerendo monstratum

---

[1] Le manuscrit porte *Pnnato*, avec un signe abréviatif sur la deuxième lettre. —
[2] Première leçon : *viri*.

quod vos impeditis eundem quominus jurisdictionem suam exsercere valeat in domibus religiosis, utpote Cisterciensis ordinis et aliis, sub sua jurisdictione existentibus, vobis mandamus quatinus super hiis que ad jurisdictionem suam spectare noveritis non impediatis quominus jurisdictionem suam exsercere possit, nisi ex causa justa et probabili sibi debeat inhiberi vel etiam impediri, servato tamen, quantum ad ipsum pertinet, jure nostro. Ceterum dictum episcopum, ecclesias et personas ejusdem ecclesiasticas et res eorundem non permittatis ab aliquibus laicis de vestra senescallia et jurisdictione nostra existentibus contra justiciam molestari, sique de aliquo conquesti fuerint, faciatis eisdem bonum jus et maturum. Datum apud Longumpontem, anno Domini M° CC° LX° nono, die jovis post festum sancti Clementis.

1691

28 nov. 1269. — SENESCALLO RUCTINENSI PRO PRIORE DE MOREIL SUPER FOCAGIO.

Alfonsus, *etc.*, senescallo Ructinensi, *etc.* Mandamus vobis quatinus homines religiosi viri prioris de Morel[1], usque ad duodecim focos tantummodo, in sufferenciam levandi focagium usque ad voluntatem nostram habeatis, qui foci si excedunt numerum duodecim predictum, quod ultra est in respectu nostro non intelligimus posuisse. Datum apud Longumpontem, die jovis post festum beati Clementis, anno Domini M° CC° LX° nono.

1692

(Fol. 153.) 28 nov. 1269. — SENESCALLO RUTTHINENSI PRO COMITE RUTTHINENSI SUPER PAZAGIO ET SUPER PARCIARIA.

Alfonsus, *etc.*, senescallo Rutthinensi, *etc.* Cum ex parte dilecti, nobilis et fidelis nostri comitis Rutthinensis nobis exstiterit supplicatum quod super pazagio, quod consuetum est levari in diocesi Rutthinensi, in quo se terciam partem pro indiviso habere et ad ipsum spectare

---

[1] Probablement Mouret, Aveyron, cant. Marcillac.

asserit, et, jam diu est, per bone quondam memorie Raymundum, comitem Tholose, predecessorem nostrum, se spoliatum fuisse sine causa racionabili et absque cause cognicione et nos dictum pazagium, videlicet terciam partem dicti pazagii, per dictam spoliacionem et post tenere et tenuisse in sui prejudicium, minus juste, dictam terciam partem eidem reddere et restituere velimus cum levatis perceptis de dicta tercia parte pazagii a tempore spoliacionis citra, quas estimat decem milia librarum turonensium, vobis mandamus quatinus ipsum comitem Rutthinensem super hoc diligenter audiatis, constituto tamen pro jure nostro servando idoneo procuratore ad agendum et deffendendum et respondendum pro nobis et nomine nostro, et sibi faciatis bonum jus et maturum, dum tamen dictus comes mille quinquaginta libras rutthinensium, quas habuit et recepit sine causa racionabili per viginti annos annuatim, ut dicitur, nobis reddat et restituat, vel super hiis et aliis quibuscumque, que nos ab ipso petere intendimus, stet juri coram vobis et de stando juri prius caveat competenter. De quadam vero parciaria quam se habere asserit in castro seu villa Sancti Romani [1], de qua se spoliatum asserit, ut supradictum est de pazagio, per dictum defunctum Raymundum, quondam bone memorie predecessorem nostrum, minus juste et per nos detenta illicite, ut asserit, id ipsum quod supra ordinatum est de pazagio faciatis, vocatis quorum interest qui fuerint evocandi. Datum die jovis post festum sancti Clementis, anno Domini M° CC° LX° nono.

1693

28 nov. 1269. — SENESCALLO RUTTHINENSI PRO COMITE RUPTTHINENSI SUPER DELACIONE ARMORUM.

Alfonsus, *etc.*, senescallo Ruptthinensi, *etc.* Cum ex parte nobilis, dilecti et fidelis nostri comitis Ruptthinensis nobis extiterit conquerendo monstratum quod vos eidem inhibueritis ne ipse et sui per terram suam arma defferant et portantes arma per terram suam puniatis et

---

[1] Saint-Rome-de-Tarn, Aveyron.

ROUERGUE [1269].

punire velitis, ut dicitur, in sui prejudicium et enervacionem jurisdicionis ipsius, vobis mandamus quatinus, non obstante generali prohibicione facta super deportacione armorum, ipsum comitem et suos per terram suam solummodo arma defferre permittatis, nisi ex aliqua causa speciali id sibi inhibueritis, cui inhibicioni, si feceritis, ipsum parere volumus et tenetur. Super punicione vero arma defferencium in terra sua ipsum diligenter audiatis, si pecierit, vocatis quorum interest, et jure nostro servato et quolibet alieno faciatis eidem bonum jus et maturum. Datum apud Longumpontem, die jovis post festum sancti Clementis, anno Domini M° CC° LX° nono.

1694

29 nov. 1269. — SENESCALLO RUTHENENSI PRO EPISCOPO MIMATENSI.

Alfonsus, *etc.*, senescallo Ruthenensi, *etc.* Significavit nobis venerabilis pater episcopus Mimatensis quod vos arcetis seu justiciare vultis feudum Guidonis de Moncouge[1], quod feudum tenere debet dictus Guido a domino castri[2], et dominus castri ab ipso episcopo, et idem episcopus a nobis, sicut dicit. Unde vobis mandamus quatinus super dicto feudo vos erga dictum episcopum taliter habeatis quod justam non habeat materiam de vobis conquerendi, jus suum eidem dimittentes et nostrum illesum servantes. De focagio seu subvencione, quod vel quam ab ipso vel hominibus suis pro nobis petitis, ipsum in sufferencia nostra usque ad voluntatem nostram ponatis. Datum apud Longumpontem, die veneris in vigilia sancti Andree apostoli, anno Domini M° CC° LX° nono.

1695

30 nov. 1269. — [SENESCALLO RUTHENENSI PRO JOHANNE TANATORE.]

Alfonsus, *etc.*, senescallo Ruttinensi, *etc.* Significamus vobis quod nos

---

[1] On peut aussi lire *Moncouge*. — [2] Première leçon : *ab ipso episcopo*.

Johanni dicto Tanatori, exbihitori presencium, concessimus octo denarios turonenses gagiorum per diem, in castro nostro de Naujaco[1], quamdiu nostre placuerit voluntati, mandantes vobis quatinus eidem dicta gagia persolvatis. Datum apud Longumpontem, die sabbati in festo beati Andree apostoli, anno Domini M° CC° LX° nono.

1696

1 déc. 1269. — SENESCALLO RUTHINENSI PRO GUILLELMO [ET] RAYMUNDO DE ROCCAFOLIO, FRATRIBUS, MILITIBUS.

Alfonsus, *etc.*, senescallo Ruthinensi, *etc.* Litteras nobilium et dilectorum nostrorum Guillelmi et Raymundi de Roccafolio, fratrum, militum, recepimus, continentes quod, nonnisi datis vobis ab ipsis ydoneis fidejussoribus, centum libras turonensium de pazagio quod ab hominibus suis annuatim percepimus remittere voluistis; ceterum[2] nondum de loco providistis in quo eisdem fratribus centum libras annui redditus assignare possemus, si nobis pocius expediret dictas centum libras alibi assignare quam eas sibi de pazagio remittere supradicto, sicut alias vobis meminimus mandasse. Unde vobis mandamus quatinus fidejussores, ab ipsis datos occasione pazagii supradicti, usque ad instans festum Penthecostes relaxetis, addiscentes interim de alio loco ydoneo in quo redditus dictarum centum librarum eisdem fratribus valeat assignari vel in diversis locis, videlicet cuilibet quinquaginta, indempnitati nostre in hac parte quantum plus poteritis providentes, et consilium vestrum quid nobis pocius expediat, vel dictas centum libras de dicto pazagio eisdem remittere vel dictas centum libras annui redditus in uno loco assignare vel in diversis locis cuilibet quinquaginta, et locorum nomina nobis pariter rescribatis. Datum dominica post festum sancti Andree apostoli, anno Domini M° CC° LX° nono.

[1] Najac, Aveyron. — [2] Le manuscrit porte *seterum*.

1697

(Fol. 154.) 1 dec. 1269. — RAYMUNDO DE ROCCAFOLIO, MILITI.

Alfonsus, *etc.*, nobili et dilecto suo Raymundo de Roccafolio, militi, salutem et dilectionem. Litteras vestras recepimus et earum tenorem intelleximus diligenter. Sane ad hoc quod in dictis litteris vestris continebatur quod, nonnisi datis a vobis ydoneis fidejussoribus, vobis et Guillelmo de Roccafolio, militi, fratri vestro, senescallus noster Ruthinensis voluit remittere centum libras turonensium de pazagio quod a vestris hominibus percipimus annuatim, noveritis nos dicto senescallo mandare quod fidejussores a vobis propter hoc sibi datos usque ad instans festum Penthecostes, sicut eidem alias mandavimus, debeat relaxare. Quantum ad assignacionem vero centum librarum turonensium annui redditus vobis duobus faciendam, sibi mandamus quod de loco ydoneo provideat in quo dictas centum libras turonensium annui redditus possimus assignare, vel in diversis locis cuilibet quinquaginta, si nobis pocius expediat vobis dictum redditum in alio loco vel aliis locis assignare quam eas vobis annuatim de pazagio remittere supradicto, et quod consilium suum super hoc et locum sive loca et locorum nomina de quibus providerit, pariter nobis scribat. Datum ut precedens.

Similis littera fuit missa Guillelmo de Roccafolio, militi.

1698

4 dec. 1269. — SENESCALLO RUTHENENSI PRO BERNARDO DE LEVAZAIA SUPER FOCAGIO.

Alfonsus, *etc.* Veniens ad nos Bernardus de Levazia, domicellus, super focagio seu subvencione quod vel quam ab hominibus suis petitis, nobiscum pro dictis hominibus suis composuit, ita videlicet quod nobis tenetur pro centum et octo focis dictorum hominum gratis et liberaliter dare et solvere sexaginta libras turonensium, videlicet triginta libras infra instantem Candelosam et alias triginta libras infra ascensionem Domini proximo subsequentem. Unde vobis mandamus quatinus, recepta a dictis hominibus ydonea caucione de dicta pecunie summa sic solvenda, pignora eorum, si que capta detinentur, eisdem reddi et restitui faciatis. Datum die mercurii ante festum beati Nicholai hiemalis, anno Domini m° cc° lx° nono.

1699

12 dec. 1269. — [SENESCALLO RUTHENENSI SUPER INQUESTIS JAM FACTIS ET EXECUTIONI DEMANDANDIS.]

Alfonsus, *etc.*, senescallo Ruthinensi, *etc.* Sicut per religiosos viros fratres Odonem de Parisius et Thomam de Latarosa et fidelem clericum nostrum magistrum Johannem de Puteolis, inquisitores in terris nostris Alvernie, Ruttinesii et Venessini, datum est nobis intelligi quod super quibusdam inquisitionibus, a dictis inquisitoribus contra vos factis et ad consilium nostrum ab ipsis delatis, a dicto consilio determinatum fuit, prout in quadam cedula infrascripta plenius continetur, unde vobis mandamus quatinus condempnaciones ibidem contemptas sine dilacione execucioni demandare curetis, absoluciones eciam pro nobis factas eis quorum interest publice nunciantes. Datum die jovis post festum beati Nicholai hyemalis, anno Domini m° cc° lx° nono.

1. Videtur consilio quod dominus comes sit absolvendus ab impeticione Girardi de Carreria, cum accusacio super crimine heresis precesserit promissionem racione cujus agitur, et testes recepti fuerint contra dictum Hugonem super heresi ante dictam promissionem.

2. Videtur consilio quod dominus comes sit absolvendus ab impeticione Petri dicti Gaufier de Nigaco, cum accusacio super crimine heresis precesserit promissionem racione cujus agitur, et testes recepti [fuerint] contra dictum Hugonem super heresi ante dictam promissionem.

3. Videtur consilio secundum ea que acta sunt quod dominus comes sit absolvendus ab impeticione Martini Brisebarre, qui petebat quan-

dam domum et quandam vineam sibi restitui sive quoddam arale situm in castro Nigiaco⁽¹⁾, quod non probat intencionem suam.

4. Videtur consilio secundum peticionem domini Guillelmi Raymundi, quod dominus comes absolvendus sit ab impeticione ejusdem Guillelmi; verumtamen, quia per deposiciones testium ipsius videtur alias quod habeat jus in censu petito, creditur expedire ad exoneracionem domini comitis quod componatur cum eo de aliqua levi summa peccunie.

5. Videtur quod componatur cum dictis fratribus Hugone de Mundo et Berengario de Amilliavo usque ad lx^a solidos turonensium, et si non possit cum eis componi, quod reddentur eis l solidi turonensium, cum alias confessi sint se recepisse x libras (sic) turonensium racione dicti orti a domino Johanne de Arcisio, et dent litteras domino comiti quod dictum ortum domino comiti garantizabunt.

6. Videtur consilio quod bonum sit quod componatur cum dicto Bernardo Hestoris, et si non possit fieri composicio, restituantur sibi centum solidi caturcensium, et quod det litteras domino comiti super quittacione juris sui quod habebat in dicto feudo, et quod servabit dominum comitem et successores suos indempnes quantum ad se et successores patris sui.

7. Videtur consilio quod dictis fratribus fiat restitucio c solidorum caturcensium pro dampnis illatis ab operariis domini comitis in domo sua, occasione edificii domini comitis quod edificabatur juxta castrum domini comitis de Nigiaco.

1700

12 dec. 1269. — LITTERA PATENS MAGISTRO ORGUEILLOSO PRO REMONDO AMOROSO.

Alfonsus, *etc.*, magistro Orgueilloso, jurisperito, salutem et dilectionem. Causam appellacionis ad nos interposite, ut dicitur, ex parte

---

⁽¹⁾ Probablement Najac, Aveyron.

Remondi Amorosi, a sentencia lata contra ipsum pro Guillelmo de Salpicat per magistrum P. Remondi, judicem Ruthenensem, vobis committimus, mandantes quatinus, vocatis qui fuerint evocandi, dictam causam audiatis et fine debito decidatis. Datum die jovis post festum beati Nicholai hyemalis, anno Domini millesimo ducentesimo sexagesimo nono.

1701

17 dec. 1269. — SENESCALLO RUCTINENSI PRO BERTRANDO DE FONTANIS [1].

Alfonsus, *etc.*, senescallo Rutthinensi, *etc.* Mandamus vobis quatinus Bertrandum de Fontanis super possessione ville de Fenairels [2] et ejus pertinenciarum, in qua se esse asserit, si de hoc vobis constiterit, non permittatis ab aliquibus, de nostra jurisdicione et vestra senescallia existentibus, indebite molestari, unum servientem curie vestre ad tuicionem suam eidem ad expensas ipsius, si opus fuerit, concedentes. Si vero vobis constiterit quod homines dicte ville eidem Bertrando promiserint dare auxilium pro sua filia maritanda, vos ipsos ad solucionem ipsius auxilii, quantum ad nostram spectat jurisdicionem, prout justum fuerit, compellatis, vocatis hominibus et qui fuerint evocandi auditisque racionibus eorundem. Datum Parisius, die martis ante festum beati Thome apostoli, anno Domini M° CC° LX° nono.

1702

(Fol. 155.) 17 dec. 1269. — [SENESCALLO RUTHENENSI PRO COMITE RUTHENENSI.]

Alfonsus, *etc.*, senescallo Ructinensi, *etc.* Ex parte nobilis et fidelis nostri H., comitis Ructinensis, nobis extitit conquerendo monstratum quod vos ab hominibus suis seu vasallorum suorum exigitis et levare nitimini ad opus nostrum subvencionem peccuniariam pro subsidio Terre sancte, contra justiciam, sicut dicit. Unde vobis mandamus quatinus, si quid contra justiciam occasione dicte subvencionis pignorando

---

[1] Le début de ce mandement a été écrit une seconde fois au fol. 155. — [2] Feneyrols, Tarn-et-Garonne, cant. Saint-Antonin.

vel alias attemptastis, faciatis ad statum reduci debitum, non obstante si aliquod mandatum de pignorando occasione subvencionis predicte a nobis receperitis, providentesque quod nichil contra justiciam occasione predicta in posterum contra dictum comitem attemptetis. Datum Parisius, anno Domini m° cc° lx° nono, die martis ante festum beati Thome apostoli.

1703

17 dec. 1269. — SENESCALLO RUCTINENSI PRO PRIORE VILLENOVE.

Alfonsus, *etc.*, senescallo Ructinensi, *etc.* Ex parte religiosi viri prioris Villenove[1], Ructinensis dyocesis, nobis extitit intimatum quod cum jurisdictio dicte Villenove ad nos et ipsum priorem racione ecclesie sue pro indiviso, ut asseritur, pertineat, et in dicta villa priores qui pro tempore fuerunt ibidem posuerunt et tenuerunt bajulum suum una cum bajulo nostro ad recipiendum et audiendum clamores et fidencias a quolibet conquerente, jurisdictioni subdito dicte ville, et a tempore collacionis dicti prioratus facte a summo pontifice religioso viro abbati Sancti Johannis Angeliacensis, bajuli dicti abbatis per negligenciam suam clamores et fidencias recipere omiserunt memoratos. Ceterum cum P. R., judex Ructinensis, habuerit et receperit a bajulis nostris de dicta villa, tempore quo dictus abbas predictum tenuit prioratum, xlii libras Ructinensis monete pro salario suo de exitibus et proventibus clamorum predictorum, in prejudicium dicti prioris, ut dicitur, et gravamen, cum judices nostri suis contenti stipendiis a dicta villa [nulla] debeant habere stipendia, nec antecessores sui, qui pro tempore fuerunt judices Ructinenses, a bajulis dicte ville nulla habuerunt stipendia temporibus retroactis, prout procurator dicti prioris asseruit coram nobis, vobis mandamus quatinus ipsum priorem super premissis diligenter audiatis, et vocato dicto judice et qui fuerinte vocandi, constituto pro nobis idoneo deffensore, exibeatis eisdem super his celeris justicie complementum, non neccessariis dilacionibus pretermissis. Datum

[1] Villeneuve, Aveyron.

anno Domini M° CC° LX° nono, die martis ante festum beati Thome apostoli.

Édité dans *Hist. de Languedoc* (nouv. édit.), VIII, col. 1692-1693.

1704

17 dec. 1269. — SENESCALLO RUCTINENSI PRO HOMINIBUS MASSORUM ET PARROCHIARUM EXISTENCIUM IN JURISDICTIONE CASTRI DE CAPDEMPNACO.

Alfonsus, *etc.*, senescallo Ructinensi, *etc.* Ex parte dominorum et communitatis ville de Capdempnaco[1] nobis est conquerendo monstratum quod vos ab hominibus massorum et parrochiarum, circa dictum castrum existencium et eidem adherencium, focagium vel subvencionem exigere indebite nitimini et dictos homines propter hoc, ut asserunt, pignorastis, in ipsorum prejudicium non modicum atque dempnum, cum dicti homines, ut dicitur, nonquam focagium solverint vel subvencionem aliquam predecessoribus nostris fecerint temporibus retroactis vel nobis facere teneantur. Quare vobis mandamus quatinus, vocatis dictis hominibus et qui fuerint evocandi, constitutoque pro nobis legitimo deffensore, exibeatis eisdem super premissis, servato jure nostro, celeris justicie complementum. Datum Parisius, die martis ante festum beati Thome apostoli, anno Domini M° CC° LX° nono.

1705

19 dec. 1269. — SENESCALLO RUTTHINENSI PRO HOMINIBUS MASSORUM ET PARROCHIARUM EXISTENCIUM DE JURISDICIONE CASTRI DE CADEMNACO.

Alfonsus, *etc.*, senescallo Rutthinensi, *etc.* Ex parte dominorum et communitatis ville de Cadennaco nobis est conquerendo monstratum quod vos ab hominibus massorum et parrochiarum, circa dictum castrum existencium et eidem adherencium, focagium vel subvencionem exigere indebite nitimini, et dictos homines propter hoc, ut asserunt,

[1] Capdenac, Lot. — Voir l'acte suivant.

pignorastis, in ipsorum prejudicium non modicum atque dampnum, cum dicti homines, ut dicitur, nunquam focagium solverint vel subvencionem aliquam predecessoribus nostris fecerint temporibus retroactis vel nobis facere teneantur. Quare vobis mandamus quatinus, vocatis dictis hominibus et qui fuerint evocandi, constitutoque pro nobis idoneo petitore et etiam defensore, exhibeatis eisdem super premissis, servato jure nostro, celeris justicie complementum, predictam subvencionem usque ad centum focos dictarum parrochiarum usque ad instans Pascha in nostram (sic) ponentes sufferencia et respectu, et pignora eorum, si que capta detinentur, eisdem usque ad dictum terminum recredi facientes. Datum die jovis ante festum sancti Thome apostoli, anno Domini M° CC° LX° nono. — Tractantes nichilominus cum eisdem hominibus de aliqua composicione super dicto focagio vel subvencione facienda.

1706

19 dec. 1269. — [MAGISTRO ORGUELLOTO PRO TEMPLARIIS IN RUTHENENSI.]

Alfonsus, *etc.*, dilecto suo magistro Orguelloto, jurisperito, salutem et dilectionem. Causam que inter religiosos viros preceptorem et fratres domus milicie Templi in Provincia ex una parte et senescallum nostrum Rutthinensem ex altera, super possessione loci de Marolche, de qua senescallus noster Rutthinensis dictos religiosos, ut asserunt, sine cause cognicione spoliavit, [vertitur], vobis duximus committendam et eam fine debito terminandam, mandantes vobis quatinus, vocatis dictis senescallo et priorissa (sic) dicti loci et aliis qui fuerint evocandi, auditisque racionibus et defensionibus hinc inde propositis coram vobis, faciatis quod de jure fuerit faciendum. Datum Parisius, die jovis ante festum beati Thome apostoli, anno Domini M° CC° LX° nono.

1707

19 dec. 1269. — SENESCALLO RUTTINENSI PRO FRATRIBUS MILICIE TEMPLI SUPER FOCAGIO.

Alfonsus, *etc.* Mandamus vobis quatinus focagium seu subvencionem propriorum hominum fratrum milicie Templi, in vestra senescallia existencium, qui ad ipsos pleno jure pertinent nec quoquo modo nobis subsunt, usque ad instantem ascensionem Domini in nostra ponatis sufferencia et respectu, addiscentes interim si unquam dicti homines comiti Raymundo, predecessori nostro, focagium solverunt vel subvencionem fecerunt, et si nobis facere teneantur de jure vel consuetudine seu promisso aut alia justa causa, tractantes eciam cum eisdem si nobis aliquid ex gracia et quantum dare vellent pro subsidio Terre sancte. Et quid super premissis inveneritis et oblacionem quam vobis fecerint pro certa quantitate focorum nobis, cum commode poteritis, rescribatis. Datum Parisius, die jovis ante festum beati Thome apostoli, anno Domini m° cc° lx° nono.

Similis littera missa fuit senescallo Venessini.

1708

(Fol. 156.) 29 dec. 1269. — LITTERA PATENS PRO SENESCALLO RUTHINENSI ET MAGISTRO JERGOLIO, JURISPERITO, PRO PRIORIBUS (*sic*) DE ASPRERIIS ET DE RIVO PETROSO.

Alfonsus, *etc.*, senescallo Ruptinensi ac discreto viro et dilecto suo magistro Jorgolio, jurisperito, salutem et dilectionem. Mandamus vobis quatinus religiosum virum priorem de Aspreriis [1] et de Rivo Petroso [2] super hiis que racione monasterii sui proponenda duxerit coram vobis audiatis, et vocatis hominibus dicte ville et aliis qui fuerint evocandi, de personis et rebus ad nostram jurisdicionem spectantibus exibeatis eidem super his celeris justicie complementum. Datum apud Longumpontem, dominica proxima post nativitatem Domini, anno Domini m° cc° lx° nono.

1709

3 jan. 1270. — SENESCALLO RUTHINENSI PRO ARNALDO DE GRISALEN.

Alfonsus, *etc.*, senescallo Ruthinensi, *etc.* Cum ex parte Arnaldi de

---

[1] Asprières, Aveyron. — [2] Rieupeyroux, Aveyron.

Grisalein nobis extiterit subplicatum [quatinus] circiter quater viginti libras turonensium, eidem Arnaldo debitas, ut dicitur, ex causa mutui a defuncto Gaillardo de Ruppe, cujus bona nobis incursa tenere dicimur, solvi et reddi faceremus, vobis mandamus quatinus tam de veritate mutui et quantitate summe quam de aliis circunstanciis que sunt in talibus attendende diligenter addiscatis, et quo tempore contractum fuerit mutuum, necnon qualiter senescalli karissimi domini nostri regis Francie apud Bellicadrum [1] vel Carcasonam in casu consimili utuntur et usi fuerint temporibus retroactis, a dictis senescallis et eorum locum tenentibus ac aliis addiscatis, et ea que super premissis invenire poteritis rescribatis, ipsum Arnaldum nec Arnaldum ejus filium ad solucionem xx quatuor librarum turonensium, quas ab ipsis nostro nomine exigitis racione feudorum militarium, aliquatenus interim compellentes. Datum die veneris ante epiphaniam Domini, anno Domini m° cc° lx° nono.

1710

15 jan. 1270. — SENESCALLO RUTHENENSI PRO DOMINO GUIDONE DE SEVERACO, MILITE [2].

Alfonsus, *etc.*, senescallo Ruthinensi, *etc.* Vobis mandamus quatinus hominibus terre dilecti et fidelis nostri Guidonis de Severaco, militis, tam sibi propriis quam nobis et ipsi communibus, super levacione focagii a collectoribus ejusdem focagii, necnon super perceptione pazagii in terra sua a pastoribus suis nullam indebitam injuriam seu violenciam faciatis aut fieri permitatis. Ceterum vobis mandamus quatinus terram dicti Guidonis a nostra, prout faciendum fuerit, dividatis et limitetis, vocatis ad hoc quorum interest et qui fuerint evocandi, terram de Lesseizès [3], nobis et ipsi communem, prout de jure vel consuetudine patrie faciendum fuerit, tenentes et teneri facientes secundum quod

---

[1] Beaucaire (Gard), l'un des chef-lieux de la sénéchaussée royale de Beaucaire et de Nîmes.

[2] Ici les mots suivants effacés : *super ducentis libris eidem reddendis super focagio de terra de Lesaizais.*

[3] Le Laissagès, terroir de Laissac, Aveyron.

antiquitus exstitit terminata. Datum Parisius, die mercurii post festum beati Hilarii, anno Domini M° CC° LX° nono.

1711

15 jan. 1270. — SENESCALLO RUTHENENSI PRO EODEM.

Alfonsus, *etc.*, senescallo Ruthenensi, *etc.* Alias vobis semel et secundo dedisse meminimus nostris litteris in mandatis quod si de focagio vel de subventione seu auxilio pro succursu Terre sancte de terra de Lesazais, nobis et fideli nostro Guidoni de Severaco, militi, communi pro indiviso, ut dicitur, ducentas libras turonensium, que levande supererant, percepissetis et levavissetis, easdem dicto G. ex gracia quam sibi fecimus reddere et restituere deberetis, nec ad plenum de eisdem sit sibi, prout ex parte ipsius militis nobis intimatum exstitit, satisfactum, cum de eisdem deficiant xxx quatuor libre v solidi turonensium, sicut dicit, vobis mandamus quatinus, si easdem ducentas libras turonensium de dicta terra perceperitis vel levaveritis nec easdem sibi ad plenum restitueritis vel reddideritis, dictam summam xxxIIII librarum et v solidorum, remanencium de predicta peccunie summa[1], de denariis nostris sine more dispendio restituatis eidem, nisi aliqua rationabilis causa obstet quominus dictam pecuniam sibi reddere debeatis, quam racionem, si quam habueritis, nobis in scriptis quam cicius commode poteritis remittatis. Ceterum, prout alias vobis per nostras mandavimus litteras, iterato vobis mandamus ut diligenter et sollicite addiscatis an dictus Guido consueverit ponere judicem in dicta terra de Lessezais, nobis et ipsi communi, ut dicitur, et per quem fuerit dissaisitus et a quo tempore citra, et secundum ea que didiceritis in hac parte, servato jure nostro, exibeatis eidem sceleris (*sic*) justicie complementum, nec eidem G. vel hominibus suis vel terre sue aliquas novitates indebitas inferatis vel inferri a nostris subditis permittatis. Datum Parisius, die mercurii post festum beati Hilarii, anno Domini M° CC° LX° nono.

[1] Première leçon : *illud quod restabit solvendum.*

1712

15 jan. 1270. — SENESCALLO RUCTINENSI PRO DOMINO GUIDONE DE SEVERACO
ET PARCIONARIIS SUIS.

Alfonsus, *etc.*, senescallo Ructinensi, *etc.* Ex parte dilecti et fidelis nostri Guidonis de Severaco, militis, nobis datum est intelligi quod vos eidem et parciariis suis super jurisdictione ville seu castri de Panato [1] et d'Auzis [2] et de Moreto [3] infertis molestiam minus juste. Unde vobis mandamus quatinus eidem Guidoni et suis parciariis nullam super jurisdictione predicta contra justiciam molestiam inferatis, jus suum super hoc, secundum quod vobis constare poterit, restituentes eidem. Datum Parisius, die mercurii post octabas Epiphanie, anno Domini M° CC° LX° nono.

1713

20 jan. 1270. — SENESCALLO RUTHENENSI PRO HYMBERTO DE BOUZAGIIS, DOMICELLO.

Alfonsus, *etc.*, senescallo Ruthinensi, *etc.* Inspecta litterarum vestrarum quas nuper recepimus serie super facto Hymberti de Bouzagiis, domicelli, scire vos volumus quod cum ipso per gentes nostras taliter est tractatum [4], videlicet quod nos apud Brusquam [5], tam in castro et villa quam pertinenciis ejusdem, viginti libras annui redditus dumtaxat assignare debeamus, ita quod justicia pro decem libris annui redditus debeat computari in summa viginti librarum annui redditus predicta, feudis et retrofeudis ad dictum castrum seu dictam villam de Bruscha pertinentibus, prout vestra continebat littera eidem assignando. Quare vobis mandamus quatinus, recepta ydonea caucione ab eodem quod pro assignacione hujusmodi, se tercio milite, nobis serviet per annum integrum, postquam aplicuerimus in partibus transmarinis, secundum quod inter gentes nostras et ipsum exstitit ordinatum, assignacionem

[1] Panat, Aveyron, comm. Clairvaux.
[2] Auzitz, cant. Rignac.
[3] Mouret, cant. Marcillac.
[4] Première leçon : *ordinatum*.
[5] Brusque, Aveyron, cant. Camarès.

predictam faciatis eidem, salvo jure quolibet alieno. Datum Parisius, die lune ante festum beati Vincentii, anno Domini m° cc° lx° nono.

1714
21 jan. 1270. — PRO GUILLELMO BUCANIGRA.

Alfonsus, *etc.*, senescallo Ruthenensi, *etc.* Cum nos, jam diu est, dilecto et fideli nostro Guillelmo Bucanigra quadraginta libras turonensium annui redditus concesserimus, quousque eidem easdem in loco assignaverimus competenti, mandamus vobis quatinus diligenter provideatis in senescallia Ruthenensi de loco competenti, in quo dictas quadraginta libras annui redditus sibi et suis successoribus assidere valeamus sine cujusquam injuria, ac eciam perpetuo extra fortalicium assignare. Datum Parisius, die martis ante festum beati Vincencii, anno Domini m° cc° lx° ix°.

1715
(Fol. 157.) 4 febr. 1270. — SENESCALLO RUTHINENSI PRO BEGONE DE CALVOMONTE SUPER FOCAGIO.

Alfonsus, *etc.*, senescallo Rutthinensi, *etc.* Ex parte fidelis nostri Begonis de Calvomonte nobis est conquerendo monstratum quod vos ab hominibus terre sue focagium exigitis indebite, cum illud focagium nobis solvere, ut asserit, minime teneantur. Quare vobis mandamus quatinus diligenter addiscatis an ad solucionem dicti focagii vel subvencionis nobis faciende pro subsidio Terre sancte teneantur de jure vel consuetudine seu promisso vel alia justa causa, et si unquam dictus Hugo super homines suos et feudatariorum suorum usus fuerit in hoc casu, dantes predictis hominibus respectum de dicto focagio levando usque ad instans Pascha, dictos homines propter hoc interim minime pignorantes. Tractetis nichilominus cum dictis hominibus et Begone an nobis aliquid ex gracia vel composicione dare vellent pro subsidio Terre sancte. Quid vero super premissis inveneritis et oblacionem quam vobis fecerint dicti homines, nobis, cum commode poteritis, rescribatis.

Datum Parisius, die martis post purificationem beate Virginis, anno Domini M° CC° LX° IX°.

1716

5 febr. 1270. — SENESCALLO RUTTHINENSI [PRO MONASTERIO AURELIACENSI].

Alfonsus, *etc.*, senescallo Rutthinensi, *etc.* Mandamus vobis quatinus hominibus Capelle de Bagaz[1], pertinentibus[2], ut dicitur, ad monasterium Haureliacense (*sic*), a quibus focagium seu subvencionem exigitis, detis respectum usque ad quindenam instantis Pasche, et si qua cepistis pignora racione focagii, eisdem recredatis usque ad dictum terminum, presertim cum non sint ibi nisi duodecim foci, sicut ex parte abbatis dicti monasterii nobis extitit intimatum. Datum Parisius, die mercurii post purificationem beate Virginis, anno Domini M° CC° LX° nono.

1717

24 mart. 1270. — SENESCALLO RUTHENENSI PRO HUGONE DE SANCTO CHRISTOFORO, MILITE.

Alfonsus, *etc.*, senescallo Rutthenensi, *etc.* Intelleximus, Hugone de Sancto Christoforo, milite, conquerente, quod formam pacis inter nos et nobilem ac fidelem nostrum Henricum[3], filium comitis Ruthenensis, ac alios quos dictum negocium contingebat inite, potissime circa ea que dictum contingunt militem, licet idem Henricus requisitus, renuit observare. Quocirca vobis mandamus quatinus com posicionem redictam firmiter observari facientes, possessiones et bona dicti militis, que idem Henricus, ut asserit idem miles, detinet indebite occupata, sine difficultate qualibet eidem militi restitui faciatis, prout de jure fuerit faciendum, ad observacionem dicte composicionis ipsum Henricum, quantum de jure poteritis, compellentes. Datum apud Rupellam, anno Domini M° ducentesimo sexagesimo nono, die lune in vigilia annunciacionis beate Virginis.

---

[1] Je ne puis identifier ce nom; c'est peut-être La Capelle-Balaguier, Aveyron, cant. Villeneuve.

[2] Le manuscrit porte *petentibus*; la correction s'impose.

[3] Ici les mots *de Rodais*, raturés.

1718

24 mart. 1270. — ITEM SUPER HOC HENRICO, PRIMOGENITO COMITIS RUTHENENSIS.

Alfonsus, *etc.*, nobili et fideli suo Henrico, primogenito comitis Ruthenensis, salutem et dilectionem sinceram. Intelleximus, Hugone de Sancto Christofforo [conquerente], quod formam pacis inter nos et vos ac alios quos negocium contingebat inite, potissime circa ea que dictum contingunt militem, licet requisiti, renuitis observare. Quocirca vobis mandamus quatinus composicionem predictam firmiter observantes, possessiones et bona dicti militis, que, ut asserit, occupata detinet[is], sine difficultate qualibet restituatis eidem, taliter super hiis vos habentes quod non possitis de injusticia reprehendi, nec ob deffectum vestrum oporteat circa hoc manum apponere graviorem, scituri nos scripsisse senescallo nostro Ruthenensi quod ad observacionem composicionis predicte, quantum de jure poterit, vos compellat. Datum apud Rupellam, anno Domini M° ducentesimo sexagesimo nono, die lune in vigilia annunciacionis beate Virginis.

LITTERE DE SENESCALLIA VENAYSSINI,
INCEPTE IN PASCHA ANNO DOMINI M° CC° LX° NONO.

1719
(Fol. 165.) 24 mart. 1269. — PRO HOMINIBUS DE MALAUCENA.

Alfonsus, etc., dilecto et fideli suo G. de Vallegrignosa, militi, senescallo Venayssini, etc. Ex parte procuratori hominum de Mauleucena[1] nobis est conquerendo monstratum quod emptores reddituum nostrorum vinum quod anno quolibet nobis in vindemiis debetur ab hominibus dicte ville, licet ab eisdem hominibus emptoribus ipsis oblatum, recusant recipere et captata oportunitate temporis caloris[2], vinum ipsum repetunt ab eisdem, propter quod iidem homines asserunt multipliciter se gravatos. Quocirca vobis mandamus quatinus, maliciis dictorum emptorum obviantes, non permittatis deinceps talia attemptari, et ea que contra justiciam extorta fuerint in hac parte, faciatis restitui, justicia mediante, vocatis quorum interest. Ceterum homines nostros non compellatis ad solucionem angarie, quam racione presencie persone nostre nobis debitam inveneritis, alias exigentes et levantes de quibus vobis constiterit quod racione soli seu dominii nobis sunt debite et solvi actenus consuete. Datum apud Longumpontem, in festo resurrectionis Domini, anno Domini M° CC° LX° nono.

1720
24 mart. 1269. — SENESCALLO VENAISSINI PRO VENERABILI PATRE EPISCOPO VASIONENSI ET HOMINIBUS DE MALEUCENA SUPER INJURIIS ET GRAVAMINIBUS SIBI ILLATIS, ET NE ALIQUIS BAJULUS SEU EMPTOR REDDITUUM SIT CONINQUISITOR ET NE NOTTARII QUOTAM PARTEM RECIPIANT PRO SCRIPTURA INQUISICIONUM.

Alfonsus, etc., dilecto et fideli suo G. de Vallegrignosa, militi,

---
[1] Malaucène, Vaucluse. — [2] Le manuscrit porte *canoris*.

senescallo Venaissini, *etc.* Cum ex parte procuratoris venerabilis patris Vasionensis episcopi et hominum nostrorum de Malaucena nobis extiterit conquerendo monstratum quod bajuli vestri et alii officiales vestri multiplices exactiones, extorsiones, pariter injurias et gravamina cotidie eisdem inferunt minus juste, sicut dicit, vobis mandamus quatinus exactiones[1] hujusmodi, injurias et gravamina, que vobis per eosdem bajulos seu emptores reddituum eisdem illata fuisse constiterit, vocatis quorum interest, faciatis ad statum reduci debitum, et districte prohibeatis ne auctoritate propria emendas judicent nec levent nisi demum judicatis per curiam vestram' vel judicis vestri, nec eciam talia presumant imposterum attemptare, [et] ea que minus juste contra dictum episcopum seu homines de Maleucena facta fuerunt, de rebus et personis ad nostram jurisdictionem spectantibus, faciatis compettentem emendam fieri, justicia mediante. Ceterum non permittatis quod aliquis bajulus seu emptor reddituum nostrorum sit coninquisitor in inquisicionibus que nottariis et judicibus nostris in Venaissino ex officio suo, ut dicitur, compettant faciende. Assistere tamen possunt quantum sua interest pro ferendo testimonio seu alia justa causa, nichilominus districte prohibentes ne notarii ipsi quotam partem recipiant pro scriptura inquisicionum, sed alias pro labore suo eis, ut condecet, satisfiat. Datum anno Domini millesimo ducentesimo sexagesimo nono, die Pasche[2].

1721

24 mart. 1269. — SENESCALLO VENAISSINI PRO EPISCOPO VASIONENSI.

Alfonsus, *etc.* Mandamus vobis quatinus bajulis et aliis officialibus vestris in Venayssino districte inhibeatis, ne venerabili in Christo patri episcopo Vasionensi vel suis hominibus aut in eorum possessionibus aliquas indebitas novitates, extorsiones vel exactiones seu alia gravamina inferant minus juste. Si autem aliqua contra dictum episcopum vel homines suos per eosdem bajulos vel officiales vestros inveneritis

---

[1] Le manuscrit porte *excomunicationes*. — [2] Premières leçons : *octavo, die jovis ante Pascha* (21 mars), puis *die dominica Pasche* (24 mars).

VENAISSIN [1269].

indebite attemptata, ea ad statum reduci debitum faciatis, justicia mediante, ita quod dictus episcopus ob defectum juris vel vestrum justam [non] habeat de vobis materiam conquerendi. Datum apud Longumpontem, in festo resurrectionis Domini, anno Domini millesimo cc°lx° nono.

1722

24 mart. 1269. — SENESCALLO VENAISSINI PRO HOMINIBUS DE MALAUCENA.

Alfonsus, *etc.*, senescallo Venaissini, *etc.* Ex parte hominum nostrorum de Malaucena nobis extitit intimatum quod, post requisicionem factam de subvencione ab ipsis nobis facienda pro subsidio Terre sancte, nonnulli habitatores ejusdem loci nulla prorsus habentes inmobilia recesserunt. Ex qua causa nobis supplicarunt ne eosdem compellere deberemus vel compelli facere ad solvendum subvencionem hujusmodi pro eisdem. Unde vobis mandamus quatinus, proviso ne fraus vel dolus intervenerit aut interveniat in futurum, pro rata que homines illos qui recesserunt contingit ponatis in nostra sufferencia exactionem subvencionis predicte, non compellentes superstites dicte ville homines ad solucionem pro dictis hominibus qui recesserunt faciendam, quousque aliud a nobis receperitis in mandatis, addiscentes quantitatem peccunie que nobis obveniret si pro illis qui recesserunt nobis subvencio solveretur. Datum apud Longumpontem, die Pasche, anno Domini m° cc° lx° nono.

1723

[24] mart. 1269. — LITTERA PATENS PRO HOMINIBUS VENERABILIS... EPISCOPI VASIONENSIS.

Alfonsus, *etc.*, universis presentes litteras inspecturis salutem in Domino. Noverint universi quod subvencionem graciosam ab hominibus venerabilis patris Dei gracia... Vasionensis episcopi, vel ab eodem... episcopo pro predictis hominibus suis ex mera liberalitate sua et dono gratuito nobis factam vel faciendam, profitemur ab eisdem gratis et liberaliter nobis factam seu etiam faciendam, nec intendimus nec volumus nomine focagii vel cujuscunque alterius servitutis nunc vel in posterum occasione dicte subvencionis, spontanee ab eisdem facte vel faciende, ipsis vel suis successoribus prejudicium generari. In cujus rei testimonium, presentes litteras eisdem hominibus dedimus sigilli nostri munimine roboratas, salvo in aliis jure nostro et salvo jure quolibet alieno. Actum apud Longumpontem, anno Domini м° cc° lx° nono, mense marcio.

1724

24 mart. 1269. — SENESCALLO VENAISSINI PRO PRIORE DE PODIO LAVO.

Alfonsus, *etc.*, senescallo Venaissini, *etc.* Mandamus vobis quatinus composicionem, inter nos ex una parte et priorem de Podio Lavo [1] ex altera factam, servari faciatis, prout in nostris patentibus litteris super hoc confectis videritis contineri, et si quid contra ipsum attemptatum fuerit, ad statum pristinum et debitum reducatis vel reduci faciatis, justicia mediante. Datum apud Longumpontem, in festo Resurrectionis dominice, anno Domini millesimo ducentesimo sexagesimo nono.

1725

24 mart. 1269. — SENESCALLO VENAISSINI PRO GUILLELMO DE VASIONE, CLERICO.

Alfonsus, *etc.*, senescallo Venaissini, *etc.* Cum ex parte Guillelmi de Vasione, clerici, nobis fuerit conquerendo monstratum quod vos ab ipso vultis levare et exigere subvencionem seu focagium, ad quod minime compelli non debet, ut dicitur, cum ipse sit nobilis et nobili genere extiterit oriundus, vobis mandamus quatinus, si vobis et de nobilitate ipsius constiterit, ipsum ad subvencionem aliquam solvendam minime compellatis, nisi ad ipsam prestandam de usu seu consuetudine patrie vel ex justa causa aliqua teneatur. Ceterum super molendino quodam sito in Vasione [2], ut dicitur, in sui prejudicium, quod nos tenemus in manum nostram, in cujus construcione in ortis, terris et arboribus suis dampnificatur multis modis et censu suo defrau-

[1] On peut aussi lire *de Podio lano*; il doit y avoir une faute dans le texte pour *de Podio alto*, Pujaut, Gard, cant. de Villeneuve, qui dépendait d'Avignon. — [2] Vaison, Vaucluse.

datur, ut asserit, de jure ipsius diligenter addiscatis et data dampna, si qua sint, restitui faciatis, prout justum fuerit, jus nostrum tamen servantes illesum, et salvo jure quolibet alieno, ita quod propter deffectum juris non oporteat ad nos propter hoc ulterius habere recursum. Datum apud Longumpontem, anno Domini millesimo ducentesimo sexagesimo nono, in festo Resurrectionis dominice.

1726

(Fol. 166.) 25 mart. 1269. — SENESCALLO VENAISSINI PRO FRATRIBUS ORDINIS BEATE MARIE DE CARMELO.

Alfonsus, *etc.*, dilecto et fideli suo G. de Vallegrignosa, militi, senescallo Venaissini, *etc.* Ex parte religiosorum virorum fratrum ordinis Beate Marie de Carmelo nobis est supplicatum ut domum nostram de Insula[1], que ad nos devenit racione Petri Bermondi, de heresi condempnati, eisdem intuitu pietatis concedere velimus ad habitandum ibidem et oratorium ac alias officinas sibi neccessarias construendas. Unde vobis mandamus quatinus diligenter addiscatis de valore dicte domus et de situ ejusdem veritatem, et quid incomodi nobis proveniret si dictam domum concederemus eisdem, et an ad requisicionem hominum nostrorum de Insula et de voluntate episcopi et personarum ecclesiasticarum ac aliorum religiosorum in dicta villa habitancium antea ibidem habitaturi venerint dicti fratres, vel si ipsi religiosi ibidem antea habitantes vel alii aliqui super hoc reclamarent, et an sine cujusquam prejudicio domum predictam ipsis fratribus concedere valeamus, et de aliis circumstanciis que in talibus sunt addiscende plenius addiscatis, et quid super premissis inveneritis nobis plenius, cum comode poteritis, rescribatis. Datum apud Longumpontem, in crastino Resurrectionis dominice, anno Domini millesimo ducentesimo sexagesimo nono.

[1] L'Isle, Vaucluse.

1727

25 mart. 1269. — SENESCALLO VENAISSINI PRO HOMINIBUS DE MORNACIO.

Alfonsus, *etc.*, senescallo Venaissini, *etc.* Mandamus vobis quatinus hominibus nostris de Mornacio [1] a bajulis et aliis officialibus nostris in Venaissino aliquas novitates indebitas super pedagiis et aliis, contra bonas libertates eorum et legitimas consuetudines approbatas inferri minime permittatis, et si qua contra dictos homines per dictos bajulos aut officiales nostros inveneritis indebite attemptata, vos ea ad statum debitum, vocatis qui fuerint evocandi, de personis et rebus ad jurisdicionem nostram spectantibus reduci faciatis, justicia mediante. Datum apud Longumpontem, die lune in crastino Resurrectionis dominice, anno Domini millesimo ducentesimo sexagesimo nono.

1728

Litteras missas senescallo Venaissini, super mutuo faciendo fratribus Johanni de Kays et Guidoni de Buci et Guillelmo de Figiaco, invenies in prima pagina litterarum communium subsequencium, ad tale signum [2].

1729

29 mart. 1269. — PONCIO ASTOAUDI, MILITI, ET MAGISTRO ODONI DE MONTONERIA PRO ECCLESIA ABOLENE [3].

Alfonsus, *etc.*, dilectis et fidelibus suis Poncio Astoaudi, militi, et magistro Odoni de Montoneria, *etc.* Ex parte religiosi viri prioris Abolene [4] nobis est intimatum quod bone memorie R., quondam comes Tholose, predecessor noster, ipsam ecclesiam jurisdicione pertinente ad eam, ut dicit, in villa Abolene, scilicet furti, adulterii et sanguinis effusionis, indebite ut asserit spoliavit, et nos cohercione hujusmodi

---

[1] Mornas, Vaucluse, cant. Bollène. — [2] Ici une croix dans le texte. — [3] Cet acte est cancellé dans le registre. — [4] Bollène, Vaucluse.

criminum post dictam spoliacionem temporibus nostris usque ad hec tempora indebite, sicut fertur, usi fuimus et utimur[1], in prejudicium ecclesie memorate; et quod senescallus noster et bajuli eidem ecclesie quamplurima gravamina tam super jurisdicione quam aliis rebus ad eandem ecclesiam pertinentibus, indebite ut dicit, pluries intulerunt. Unde vobis mandamus quatinus super premissis addiscatis plenius veritatem, tam de jure dicte ecclesie quam de nostro, tractatum nichilominus habentes cum priore ejusdem ecclesie super composicione inter nos et ipsum priorem ad predictam ecclesiam facienda, retenta voluntate nostra super composicione predicta. Quid super premissis inveneritis et tractatum quem feceritis in scriptis, cum ad nos veneritis, refferatis, taliter super hiis vos habentes quod occasione dilacionis apprisie hujusmodi vel tractatus dictum priorem vel alium pro dicta ecclesia non oporteat ad nos ulterius laborare, presertim cum alias, sicut dicit, vobis scripserimus in hac parte. Datum apud Chaufour[2], die veneris post festum Resurrectionis dominice, anno Domini millesimo ducentesimo sexagesimo nono.

1730

1 apr. 1269. — SENESCALLO VENAISSINI PRO EADEM ECCLESIA SUPER BONIS SAISITIS PER BAJULUM.

Alfonsus, *etc.*, dilecto et fideli suo Guidoni de Vallegrignosa, militi, senescallo Venaissini, *etc.* Ex parte religiosi viri prioris ecclesie Abolene nobis est conquerendo monstratum quod, cum bajulus de Abolena occasione focagii vel subvencionis, ab hominibus dicte ville pro nobis petite et non solute, portas ejusdem ville cum quibusdam cavillis clausisset, ita quod nullus dictam villam intrare posset vel de ea exire, et preconem ipsius ecclesie in quadam domo ejusdem ecclesie captum teneret, monachique dicti loci dictum preconem suum de dicto domo suo extraxissent et portas ville aperuissent, cavillas in eis per dictum

---

[1] Le manuscrit porte *utuntur*. — [2] Chauffour, Seine-et-Oise, cant. Étampes.

bajulum positas amovendo, idem bajulus, die martis post mediam quadragesimam nuper preteritam [1], domum et claustrum ejusdem ecclesie cum magna multitudine armatorum violenter intravit et monachos et Deo servientes ibidem turpiter ejecit, dictamque domum, ecclesiam et prioratum, omnia bona ejusdem ecclesie mobilia et immobilia, victualia et utensilia, necnon et totam jurisdicionem et dominium ac redditus dicte ecclesie, ut asserit, occupavit et adhuc detinet occupata, et aliqua eciam de dictis bonis devastavit, et multa alia dampna et gravamina ibidem, sicut dicit idem prior, intulit minus juste, in religionis vituperium et dicti prioris et ecclesie sue dampnum non modicum et gravamen. Unde vobis mandamus quatinus predicta bona propria prioris et ecclesie, a dicto bajulo occasione predicta sic occupata et detenta, eidem priori vel mandato suo reddi, bona vero hominum ejusdem prioris et ecclesie recredi sub bonis plegiis faciatis, et injurias eidem a dicto bajulo illatas, prout justum fuerit, emendari. Si vero vobis constiterit dictum bajulum taliter excessisse, presertim per ecclesiam incedendo cum copia armatorum, compellatis eum ad emendam competentem vel satisfactionem congruam, retrudendo ipsum in carcere, si videritis expedire, et factis restitucione et recredencia, ut predictum est. Addiscatis nichilominus diligenter super extractione dicti preconis et apertione portarum ac amocione cavillarum per dictos monachos et suos fratres, ipsosque requiratis ut super premissis, super saisinam bajuli nostri commissis, emendam nobis faciant competentem. Et quid super hiis feceritis et responsionem ipsius prioris vel mandati sui super hoc nobis, quam cicius commode poteritis, rescribatis. Datum apud Hospitale prope Corbolium, die lune post octabas Pasche, anno Domini M° CC° LX° nono.

1731

(Fol. 167.) 1 apr. 1269. — SENESCALLO VENAISSINI PRO PRIORE ET ECCLESIA DE ABOLENA SUPER INJURIIS.

Alfonsus, *etc.*, dilecto et fideli suo Guidoni de Vallegrignosa, militi,

[1] 5 mars 1269.

VENAISSIN [1269].

senescallo Venaissini, *etc.* Conquestus est nobis prior ecclesie Abolene, nomine suo et ecclesie sue, quod Raymundus de Baucio, nepos nobilis principis Aurasice, multa dampna et gravamina in jurisdicione et bonis suis, que habet eadem ecclesia in pertinenciis castri de Baire [1], quod tenet a nobis dictus prior, intulit pluries et infert incessanter, aliique nobiles subditi nostri, vicini dicte ecclesie, eidem quamplures injurias et molestias irrogarunt et non cessant cotidie irrogare, in ipsius prioris et ecclesie sue prejudicium et dampnum non modicum et gravamen. Unde vobis mandamus quatinus, vocato dicto Raymundo et aliis laicis nobis subditis, de quibus coram vobis nominatim conquestus fuerit idem prior, ea que contra ipsum et ecclesiam suam inveneritis indebite attemptata, de personis et de rebus ad jurisdicionem nostram spectantibus, faciatis ad statum reduci debitum, justicia mediante, ipsumque priorem et ecclesiam ejusdem in jure suo recommendatos habentes, non permittatis eos in personis vel rebus a laicis, de nostra jurisdicione et vestra senescallia existentibus, indebite molestari. Datum apud Hospitale prope Corbolium, die lune post octabas Pasche, anno Domini M° CC° LX° nono.

1732

29 mart. 1269. — SENESCALLO VENAISSINI PRO HOMINIBUS UNIVERSITATIS HOMINUM DE ABOLENA [2].

Alfonsus, *etc.*, senescallo Venaissini, *etc.* Cum ex parte magistri P. Jausencis, procuratoris universitatis hominum ville de Abolena, nobis fuerit conquerendo monstratum quod vos cogitis quemlibet de dicta universitate ad prestacionem focagii, videlicet viginti quatuor solidorum pro quolibet foco habitancium in dicta villa, in sui prejudicium et gravamen minus juste, ut asserit, cum non teneantur; — item, esto quod tenerentur, vos aggravatis ipsos in levacione focagii, eo quod nonnulli pauperes tempore hyemali trahunt moram in dicta villa, nullas ibi habentes possessiones, et pro ipsis non solventibus divites com-

[1] Barri, Vaucluse, comm. Bollène. — [2] Cet acte est cancellé dans le registre.

pellitis solvere usque ad summam predictam pro quolibet foco, et maxime cum nullam habeamus ibidem proprietatem, ut dicunt; — item super eo quod quidam, qui antiquitus semper fuerant in dicta villa, in omnibus subsidiis, a dicta villa concessis predecessori nostro Raymundo, quondam bone memorie comiti Tholose, et in decem libris annuatim nobis debitis pro alberga contribuere consueti fuerint, quod modo non permittuntur; — item super eo quod in levando focagium, esto quod debeant seu teneantur, sive subsidium aliquod, modum excedatis, cum hominibus detentis et captis et portis clausis ipsos ad solucionem hujusmodi compellatis minus juste. Unde vobis mandamus quatinus ipsos super his audiatis, et hujusmodi gravamina removeri, si qua sibi facta sint, faciatis, prout justum fuerit, jus nostrum tamen servantes illesum, et in levacione focagii seu subsidii pro subsidio Terre sancte, prout vobis datum extitit in mandatis, procedatis, proviso tamen ne fraus vel dolus intervenerit aut interveniat in futurum, et pro rata que homines illos qui recesserunt contingit, ponatis in nostram sufferenciam exactionem subventionis predicte, non compellentes supradictos dicte ville homines ad solucionem pro dictis hominibus qui recesserunt faciendam, quousque a nobis aliud receperitis in mandatis, addiscentes quantitatem peccunie que nobis obveniret, si pro illis qui recesserunt nobis subvencio solveretur. Datum apud Calidum Furnum, die veneris post Pascha, anno Domini m° cc° lx° nono.

1733

1 apr. 1269. — SENESCALLO VENAISSINI PRO PRIORE DE ABOLENA SUPER COMPOSICIONE.

Alfonsus, *etc.*, senescallo Venaissini, *etc.* Ex parte prioris de Abolena, ordinis sancti Benedicti, nobis extitit conquerendo monstratum quod bajuli et alii officiales nostri, in illis partibus existentes, occasione quarundam jurisdicionum, albergue eciam et pedagii, que habemus in dicta villa vel circa, eundem priorem et suos in personis et rebus multipliciter inquietant, quam ob rem affectaret instrumentum quoddam, [datum] a bone memorie quondam comite Tholose, a nobis confirmari, sibique nomine monasterii sui aliquos articulos perpetuo dimitti, [nobis] et nostris successoribus aliquibus aliis specialiter reservatis. Vobis mandamus quatinus diligenter addiscatis de valore eorum annui redditus, que sibi concedi postulat, quidque incommodi nobis proveniret si ea vellemus sibi concedere, et que utilitas nobis inde provenit seu proveniret imposterum in manu nostra eadem retinendo, et pro concessione hujusmodi inducendo bono et legali modo ad majorem quam poteritis pecunie quantitatem. Et ad hec addiscenda, vocatis priore vel locum suum tenente ac aliis per quos veraciter et fideliter super hoc poteritis edoceri, ad locum ipsum personaliter accedatis vel saltim mittatis talem loco vestri, de quo sit merito confidendum, et ea que super premissis inveneritis, die veneris post instantem Penthecosten [1] per vestrum nuncium vel per procuratorem ejusdem prioris, habentem potestatem super hoc componendi, sub sigillo vestro in scriptis remittatis, quidque communicato bonorum consilio nobis expediat in hac parte. Datum apud Hospitale juxta Corbolium, die lune post octabas Pasche, anno Domini millesimo ducentesimo sexagesimo nono.

1734

1 apr. 1269. — SENESCALLO VENAISSINI PRO HOMINIBUS UNIVERSITATIS DE ABOLENA.

Alfonsus, *etc.*, senescallo Venaissini, *etc.* Ex parte hominum de Abolena nobis extitit intimatum quod, facta computacione legittima de focis ejusdem ville, non fuerint inventi plures numero quadraginta [2]; licet enim quadraginta homines foranei [3] inhibi aliquandiu habitaverint, non debent, ut asserunt, dicti loci incole reputari, cum ibidem nec larem foveant nec immobilia possideant in villa predicta seu mandamento ipsius. Ceterum cum sint mansionarii prioris ejusdem ville, quem ibidem asserunt habere mixtum imperium, dicunt se ad solucionem subvencionis viginti quatuor solidorum turonensium, a quolibet foco pro nobis ab eisdem petite, non teneri de consuetudine vel

---

[1] 17 mai 1269. — [2] Première leçon: *numero quadrigentis*. — [3] Le manuscrit porte *ferranei*.

de jure, et si ad prestandam subvencionem aliquam tenerentur, eam duntaxat, ut dicunt, deberent exsolvere que ab hominibus mediate nobis subjectis poscitur, videlicet sexdecim solidos pro quolibet foco. Sane quia in dubiis locum habet transactio, ex parte ipsorum pro subvencione predicta nobis oblate sunt quadringente decem libre turonensium. Propter quod vobis mandamus quatinus, comperta veritate de numero focorum et aliis supradictis per que volunt se tueri, si majorem quantitatem nequiveritis obtinere, ad quam tamen prestandam eos, quantum bono modo poteritis, inducatis, si utilitati nostre cedere videritis, oblacionem predicte summe nostro nomine acceptetis, et inde recipiatis ydoneam caucionem de dicta summa peccunie solvenda in hunc modum : videlicet, medietate infra instans festum Penthecostes, et alia medietate infra proximo subsequens festum Omnium sanctorum, quod erit anno Domini M° CC° LX° nono, retenta tamen nostra in omnibus voluntate. Et quid super hoc feceritis vestrumque consilium nobis pariter rescribatis. Si vero vestrum consilium in hoc resederit quod nostro cedat commodo dictam peccuniam acceptare, et aliqua pignora eorum propter hoc capta fuerint vel alique prohibitiones indebite eis facte, dicta pignora eis reddi et prohibitiones revocari, prout justum fuerit, faciatis. Datum apud Hospitale juxta Corbolium, die lune post octabas Pasche, anno Domini M° CC° LX° nono.

1735

(Fol. 168.) 8 maii 1269. — SENESCALLO VENAISSINI PRO HOMINIBUS VILLE DE INSULA.

Alfonsus, *etc.*, senescallo Venaissini, *etc.* Ex parte hominum ville nostre de Insula [1] in Venaissino nobis est conquerendo monstratum quod, cum ipsi consueverunt transitum suum facere eundo et redeundo cum sale et aliis mercimoniis per quendam locum qui dicitur Bonus Passus [2], et eisdem denuo per bajulos et officiales vestros in Venaissino prohibeatur per dictum locum dictus transitus sine causa rationabili,

---

[1] L'Isle, Vaucluse. — [2] Sans doute Bonpas, Vaucluse, comm. Avignon.

sicut dicunt, vobis mandamus quatinus dictos viatores seu mercatores transire per dictum locum, qui dicitur Bonus Passus, permittatis, si per dictum locum libere et pacifice transire consueverunt temporibus retroactis, dum tamen solvant vel solverint costumas debitas ac consueta pedagia, sicut decet, nec per hoc nobis vel alii contingat prejudicium generari. Datum die mercurii ante festum Penthecostes, anno Domini millesimo ducentesimo sexagesimo nono.

1736

8 maii 1269. — SENESCALLO VENAISSINI PRO HOMINIBUS DE INSULA.

Alfonsus, *etc.*, senescallo Venaissini, *etc.* Ex parte hominum nostrorum de Insula in Venaissino nobis extitit conquerendo monstratum quod quidam bajuli nostri, emptores reddituum nostrorum ac cursores dicte ville, pannos seulintheamina ad jacendum pro vobis vel vestro judice seu quandoque pro ipsismet per dictam villam denuo querere inceperunt, nichil pro eisdem pannis seu lintheaminibus exolventes. Quare vobis mandamus quatinus illos bajulos et servientes, qui hujusmodi lintheamina capiunt, ut dictum est, ad solucionem salarii dictorum pannorum seu lintheaminum ac ab exactionibus hujusmodi desistere compellatis, inquirentes nichilominus super dictis pannis inquirendis, si de novo fuit institutum. Quod si a nostris temporibus statutum fore inveneritis, illud omnimode revocetis; si autem a longis temporibus retroactis predecessorum nostrorum statutum fore repereritis, inquiratis a quo tempore fuerit institutum, facientes eisdem super hoc bonum jus et maturum, si vos inde duxerint requirendum. Datum die mercurii ante festum Penthecostes, anno Domini millesimo ducentesimo sexagesimo nono.

1737

8 maii 1269. — SENESCALLO VENAISSINI PRO PARROCHIALI ECCLESIA DE INSULA.

Alfonsus, *etc.*, senescallo Venaissini, *etc.* Cum, sicut ex relacione venerabilis viri prepositi ecclesie Insulane nobis datum est intelligi, habitatores ville nostre Insule in Venaissino quondam pro se et suis successoribus juraverint integras decimas ecclesie parrochiali solvere in perpetuum, sicut decet, et aliqui ex ipsis habitatoribus ipsas decimas dicte ecclesie parrochiali ut justum est solvere contradicant, vobis mandamus quatinus ipsos homines, de quibus precipue ad vos super hoc deferetur querimonia, ad solvendum debitas et consuetas decimas, quibus eciam astricti sunt juramento, ut dicitur, ad solucionem earundem, prout bono modo poteritis, inducatis et eciam compellatis, si opus fuerit, justicia mediante. Datum die mercurii ante festum Penthecostes, anno Domini millesimo ducentesimo sexagesimo nono.

1738

8 maii 1269. — SENESCALLO VENAISSINI PRO ECCLESIA INSULANA SUPER DECIMIS MOLENDINORUM [1].

Alfonsus, *etc.*, senescallo Venaissini, *etc.* Mandamus vobis quatinus sentenciam latam, ut dicitur, per religiosos et dilectos nostros fratres G. de Estrumeriis [2] et Thomam de Latarosa, ordinis fratrum Minorum, et dilectum et fidelem clericum nostrum magistrum Alanum de Meullento, inquisitores tunc in Venaissino, pro ecclesia Insulana super decimis molendinorum ville de Insula, prout eandem sentenciam rite et juste latam fuisse vobis constiterit, execucioni faciatis quantum ad nos pertinet demandari, nisi ex adverso alia causa rationabilis sit objecta quominus dicta sentencia executioni debeat demandari. Datum die mercurii ante festum Penthecostes, anno Domini millesimo ducentesimo sexagesimo nono.

1739

8 maii 1269. — SENESCALLO VENAISSINI PRO ELEMOSINA ECCLESIE INSULANE.

Alfonsus, *etc.*, senescallo Venaissini, *etc.* Mandamus vobis quatinus preposito et capitulo ecclesie Insulane nomine dicte ecclesie faciatis

[1] Cet acte est cancellé dans le registre. — [2] La lecture de ce nom propre est douteuse.

assignari xl solidos turonensium annui redditus in reditibus bajulie nostre[1] de Insula, per manum bajuli nostri qui pro tempore fuerit, percipiendos annuatim in peccunia numerata, scilicet in festo Omnium sanctorum, quos xl solidos eidem ecclesie ob remedium anime nostre et predecessorum nostrorum pro aniversario duximus erogandos, et super dicta elemosina dicto preposito cartam cum bulla nostra, si hoc pecierint, fieri faciatis. Datum anno Domini millesimo ducentesimo sexagesimo nono, die mercurii proxima ante Penthecosten.

1740

8 maii 1269. — SENESCALLO VENAISSINI PRO ECCLESIA[2] INSULANA.

Alfonsus, etc., senescallo Venaissini, etc. Mandamus vobis quatinus decimas molendinorum ville de Insula, parrochiali ecclesie ejusdem ville, ut asseritur, debitas, reddi et solvi dicte ecclesie, prout justum fuerit, faciatis, super hiis et de quibus jurisdicio ad nos spectat. Datum die mercurii ante festum Penthecostes, anno Domini millesimo ducentesimo sexagesimo nono.

1741

13 maii 1269. — SENESCALLO VENAISSINI PRO COMITE PICTAVIE ET THOLOSE.

Alfonsus, etc., dilecto et fideli suo Guidoni de Vallegringnosa, senescallo Venaissini, etc. Tenorem vestre littere, quam nuper recepimus, pleno collegimus intellectu, scire vos volentes nobis gratum fore[3] quod circa statum terre nostre Venayssini in melius reformandum pro viribus laboretis[4]. Sane circa collectionem promissi nobis auxilii pro subsidio Terre sancte tanto instancius et cum majori sollicitudine insistere vos oportet quanto amplior est negocii neccessitas et temporis brevitas de futuro passagio magis ar[c]tat. Unde vobis mandamus quatinus circa collectionem hujusmodi et alia que ad bonum statum terre nostre pertinent colligendamque peccuniam, tam de redditibus quam

[1] Première leçon : *in prepositura ville Insule*. — [2] Ici le mot *de* que nous supprimons. — [3] Ici deux mots raturés : *et acceptum*. — [4] Première leçon : *informetis*.

occasione emendarum ex quacumque causa justa nobis debitam et aliis obvencionibus quibuscumque, taliter vos habere curetis quod effectus comprobet diligenciam quam adhibueritis in premissis vosque a nobis debeatis proinde merito commendari. Et rescribatis nobis per presencium portitorem quid feceritis et quantum levaveritis de premissis. Datum in crastino Penthecostes, anno Domini m° cc° lx° nono. — Duplicata est.

1742

(Fol. 169.) 9 maii 1269. — SENESCALLO VENAISSINI PRO COMITE PICTAVIE ET THOLOSE.

Alfonsus, *etc.*, senescallo Venaissini, *etc.* Cum homines de Montilio [1] essent condempnati pro delacione armorum in ducentis xlv libris vel circiter. illi de Aurelio [2] in iiii^{xx} xviii libris et x solidis, et Rostagnus de Saltu in quinquaginta libris viennensium, et de mandato nostro fratres Odo de Parisius et Thomas de Latarosa et magister J. de Putheolis, inquisitores nostri in Venaissino, composuerint cum predictis, ita scilicet quod de voluntate propria illi de Montilio ix^{xx} xv libras, illi de Auriolo iiii^{xx}, et Rostagnus de Saltu x libras turonensium nobis vel mandato nostro reddere promiserunt, mandamus vobis quatinus, quam cicius poteritis comode, dictas quantitates peccunie, quas, ut dictum est, de voluntate propria reddere promiserunt, levari [3] faciatis, ita quod in festo Omnium sanctorum venturo proximo nobis possitis reddere compotum super ipsis, necnon et iii^c libras viennensium a Rembaudo Cota, milite, et suis complicibus levari similiter faciatis, super quibus magister J. de Putheolis pro delacione armorum sentenciam protulit contra ipsos, a qua sentencia, ut dicitur, appellarunt nec prosequti fuerunt appellationem suam infra Panthecosten, ad hoc sibi per dictum magistrum assignatam. Et de predictis omnibus colloquium cum domino G. de Pruneto, milite, habeatis, vel cum aliis qui super premissis vobis dicere poterunt veritatem. Datum die jovis ante Panthecosten, anno Domini m° cc° lx° nono.

[1] Monteux, Vaucluse, cant. Carpentras. — [2] Loriol, Vaucluse, cant. Carpentras. — [3] Ici le copiste a répété les mots *quam cicius poteritis commode*.

1743

[PRO CASTELLANO DE OPPEDA.]

Memoria quod castellanus de Opeda[1] provideat, de consilio senescalli Venaissini, ubi pocius expediat dextrarios domini comitis sejornare, apud Avinionem[2] vel apud Tarrasconem[3], et utrum sint competentes stabuli seu domus vel granchia congrua pro sexaginta equis in stabulis regis Sycilie apud Tarrasconem, vel pocius expediat reficere cum modico sumptu apud Avinionem locum qui fuit Petri Bremundi, de heresi condempnati, pro dicto numero equorum paucis diebus per sex ebdomadas vel duos menses sejornando. Et rescribant senescallus et castellanus per litteras vel per scribtum (sic) consilium quid magis expediat in hac parte, et nichilominus provideant alibi prope Rodanum de stabulo conducendo vel alias faciendo cum modico sumptu, et rescribant quantum constaret domino comiti conducendo vel reficiendo, ut superius est expressum.

1744

28 maii 1269. — SENESCALLO VENAISSINI PRO ABBATE TRINORCHIENSI.

Alfonsus, *etc.*, senescallo Venayssini, *etc.* Cum ex parte religiosorum virorum abbatis et conventus Trinorchiensis[4] nobis extiterit [supplicatum] ut domos de Deserta[5] et de Valle Nimpharum[6], Tricastrinensis dyocesis, et de Torretis[7], Dyensis dyocesis, ab injuriis et molestiis deffendere debeamus, quocirca vobis mandamus quatinus de rebus et personis ad nostram jurisdicionem spectantibus dictarum domorum rectoribus seu prioribus non permittatis inferri molestiam vel gravamen, et si qua illata fuerunt, faciatis ad statum reduci debitum,

---

[1] Oppède, Vaucluse, cant. Bonnieux.
[2] Avignon, Vaucluse.
[3] Tarascon, Bouches-du-Rhône.
[4] Tournus, abbaye bénédictine, diocèse de Chalon-sur-Saône, auj. Saône-et-Loire, ch.-l. de canton.
[5] Non retrouvé sur les cartes, ni dans le dictionnaire de M. Brun-Durand.
[6] Notre-Dame-des-Nymphes, Drôme, comm. La Garde-Adhémar.
[7] Probablement Tourrette, Drôme, comm. Grignan.

justicia mediante, insuper addiscentes an sine cujusquam injuria et prejudicio oblatam nobis gardam seu tuicionem dictarum domorum recipere valeamus, quidque comodi vel incommodi nobis proveniret ex recepcione hujusmodi rescribatis nobis, quamprimo comode vobis obtulerit se facultas. Datum apud Longumpontem, die martis post quindenam Penthecostes, anno Domini m° cc° lx° nono.

1745

3 jun. 1269. — SENESCALLO VENAISSINI PRO DOMINO COMITE.

Alfonsus, *etc.*, senescallo Venaissini, *etc.* Inspecta litterarum vestrarum et actorum pariter que misistis serie, factum monete nostre Venaissini contingentium, quantum in hac parte deliberari potuit et examinari negocium, quoad presens non videtur sano usus fuisse consilio qui convenciones super factione monete inhitas nostro nomine approbavit. quia si diligenti oculo attendantur convenciones eedem, in plerisque suis partibus non minus possent afferre incomodi quam conferre utilitatis, si eas contingeret observari. Quocirca vobis mandamus quatinus cum monetariis ipsis, seu cum aliis personis ad hoc ydoneis, de cussione ejusdem monete tractetis sub forma qua poteritis meliori, tractatumque habitum, voluntate nostra retenta, quam cito comode poteritis, nobis litteratorie rescribatis. Nos vero in proximo pallamento nostro acta super hoc nobis missa examinari et discuti plenius faciemus, vobisque suo tempore rescribere curabimus id in quo nostrum consilium super hiis residebit. Datum apud Longumpontem, die lune post tres septimanas Penthecostes, anno Domini m° cc° lx° nono.

1746

4 jun. 1269. — SENESCALLO VENESSINI PRO COMMUNITATE CIVIUM AVINIONENSIUM.

Alfonsus, *etc.*, senescallo Venessini, *etc.* Ex parte consilii et communitatis civium Avinionensium nobis extitit intimatum quod cives sui super pedagiis nostris in Venessino constitutis multipliciter molestantur. Quocirca vobis mandamus quatinus contra libertates suas et usus suos approbatos, quas libertates et usus per testes legitimos et instrumenta valida probare poterunt, sicut decet, non molestetis eosdem nec permitatis per vestros bajulos contra justiciam molestari, taliter super hiis vos habentes quod de injusticia non possitis merito reprehendi, proviso tamen quod jus nostrum, ut expedit, deffendatur. Datum apud Longumpontem, die martis post tres septimanas Penthecostes, anno Domini m° cc° lx° nono.

1747

4 jun. 1269. — SENESCALLO VENESSINI PRO BERTRANDO DE BAUCIO, MILITE.

Alfonsus, *etc.*, senescallo Venessini, *etc.* Mandamus vobis quatinus Judeos, qui capti fuerunt in terra dilecti nostri Bertrandi de Bauceyo, militis, cum bonis suis consignatis, vocatis ad hoc ydoneis testibus, sub ydonea caucione recredatis eidem, quousque aliud a nobis receperitis in mandatis et plenius consilium habuerimus in hac parte, addiscentes nichilominus utrum de terra nostra traxerint originem vel venerint aliunde. Datum apud Longumpontem, die martis post tres septimanas Penthecostes, anno Domini m° cc° lx° nono.

1748

7 jun. 1269. — SENESCALLO VENAISSINI PRO BERTRANDO DE BAUCIO, MILITE.

Alfonsus, *etc.* Ad supplicationem dilecti et fidelis nostri Bertrandi de Baucio, militis, quem satis gratiosum et liberalem invenimus, vobis mandamus quatinus personas militum de Montiliis [1] et personam Guillelmi dicti Stephani tantum de prestanda subventione, si absque hominum ville de Montiliis seu alterius prejudicio fieri possit, in nostram ponatis sufferentiam quandiu nostre placuerit voluntati. Ceterum quendam Judeum, Bonum Judeum nomine, quondam bannitum de

---

[1] Monteux, Vaucluse, cant. Carpentras.

terra Venesini per defunctum Johannem de Arsicio, quondam senescallum Venesini, ob hoc videlicet quod arma tulerat et defferri fecerat in terra nostra Venesini, nisi ob aliam justam causam bannitus fuerit, revocetis seu revocari etiam faciatis. Datum apud Longumpontem, die veneris post tres septimanas Penthecostes, anno Domini M° CC° LX° nono.

1749
3 jun. 1269. — SENESCALLO VENAISSINI PRO PRINCIPE AURASICE.

Alfonsus, *etc.* Cum, sicut nobis datum est intelligi, vir nobilis dominus Raymundus de Baucio, princeps Aurasice, timens quorundam emulorum suorum insidias et malicias, sine sui proprii corporis periculo non audeat incedere sine armis, vobis mandamus quatinus non impediatis ipsum eundo et redeundo per terram nostram Venesini, quominus arma portare posset, dum tamen latenter et secrete, ut exemplum mali evitetur, providentes tamen pariter ne ex delatione hujusmodi aliquid mali in terra nostra possit contingere, et ad tuitionem sui corporis, non ad impugnationem aliorum arma ferat, nec dolus vel collusio intervenire valeat in hac parte. Datum apud Longumpontem, die lune post tres septimanas Penthecostes, anno Domini M° CC° LX° nono.

1750
(Fol. 170.) 3 jun. 1269. — LITTERA PATENS PRO REMBAUDO COTHE, MILITE, ET COMPLICIBUS SUIS.

Alfonsus, *etc.*, dilecto ac fideli suo Odoardo de Ponpona, militi, castellano de Securetо[1], salutem et dilectionem. Causam appellationis ad nos interposite, ut dicitur, a sentencia lata per dilectum ac fidelem nostrum magistrum Johannem de Putheolis, presbyterum, contra Rambaudum Chota, militem, [et] ejus complices, vobis committimus audiendam et fine debito terminandam, proviso tamen pro nobis in dicta

[1] Séguret, Vaucluse, cant. Vaison.

causa de ydoneo deffensore, et ne Rostannus de Saltu, Hugo de Bellovicino, armigeri, Guillelmus de Saltu, miles, in dicta causa appellationis pro se aliquatenus audiantur, cum appellationi sue voluntarii renunciaverint penitus et expresse. Datum apud Longumpontem, die lune post tres septimanas Penthecostes, anno Domini m° cc°[lx°] nono.

1751

3 jun. 1269. — SENESCALLO VENAISSINI PRO COMITE PICTAVIE ET THOLOSE.

Alfonsus, *etc.*, senescallo Venaissini, *etc.* Cum nos causam appellationis ad nos interposite a sentencia lata per dilectum ac fidelem nostrum clericum, magistrum Johannem de Putheolis, presbyterum, contra dominum Rembaudum Cota, militem, et ejus complices, dilecto ac fideli nostro Odoardo de Pomponia, militi, castellano de Secureto, commiserimus, vobis mandamus quatinus in dicta causa provideatis nobis de bono et legitimo deffensore, et ad sumptum parcium de ydoneo assessore. Datum apud Longumpontem, die lune post tres septimanas Penthecostes, anno Domini m° cc° lx° nono.

1752

3-8 jun. 1269. — SENESCALLO VENAISSINI SUPER DIVISIONE CASTRORUM DE MALAUCENA ET MURMURIONE ET ALIIS.

Alfonsus, *etc.* Cum interdum occasione territoriorum et finium, qui nundum divisi sunt, ut dicitur, castrorum videlicet de Malaucena[1], de Beduino[2], de Murmurione[3] et de Carumbo[4], inter homines eorundem locorum contentionis materia sepius oriatur, vobis mandamus quatinus, vocatis eisdem hominibus et aliis quorum interest, communicato bonorum consilio, per certos fines, metis appositis, distingui et dividi faciatis, proviso tamen ne nobis vel alii propter hoc injuria fiat

---

[1] Malaucène, Vaucluse. — [2] Bédoin, Vaucluse, comm. Mormoiron. — [3] Mormoiron, Vaucluse. — [4] Caromb, Vaucluse, cant. Carpentras.

vel prejudicium aliquod generetur. Datum apud Longumpontem, post tres ebdomadas Penthecostes [1], anno Domini millesimo ducentesimo sexagesimo nono.

1753

4 jun. 1269. — SENESCALLO VENAYSSINI PRO HOMINIBUS CASTRI DE CARUMBO.

Alfonsus, *etc.*, senescallo Venayssini, *etc.* Mandamus vobis quatinus focagium vel subvencionem, nobis ab hominibus castri de Carumbo, quod castrum tenet nobilis domina Sybilia, uxor quondam nobilis viri defuncti Barralli, domini Baucii, debitam vel promissam, usque ad quindenam instantis festi sancti Michaelis archangeli in nostram ponatis sufferenciam et respectum, nec usque ad dictam quindenam dictos homines dictam subvencionem solvere compellatis, et si aliquid ab eisdem levari feceritis, ea sibi sub caucione ydonea recredatis, tractantes nichilominus cum eisdem hominibus per composicionem, necnon cum dicta domina, quid et quantum pro dicta subvencione nobis darent. Quid autem super premissis inveneritis et feceritis, nobis in scriptis remittatis per vestrum clericum, cum ad nos venerit pro vestris compotis faciendis, circa quindenam instantis festi Omnium sanctorum. Datum apud Longumpontem, die martis proxima post tres septimanas Penthecostes, anno Domini M° CC° LX° nono.

1754

Alfonsus, *etc.* Vobis mandamus quatinus causam appellacionis dudum vobis, magistro Remondi Ernaudi, commissam juxta consilium per vos habitum super quadam quantitate... (*La suite n'a pas été écrite; voir plus loin, n° 1757.*)

1755

4 jun. 1269. — FRATRI GUIDONI DE BUCIACO, ORDINIS MILICIE TEMPLI.

Alfonsus, *etc.* Receptis nuper litteris vestris, intelleximus ex serie earumdem quod in regno Sicilie et Ampulie victualia et alia, ad opus nostri passagii neccessaria, sunt, prout audivistis, in tali foro quod dampnum non modicum et incommodum nobis proveniret, si ibidem dicta victualia emi contingeret in solidum vel pro parte. Quare vobis mandamus quatinus super emptione dictorum victualium et aliorum que ad nostrum passagium fuerint neccessaria, inspecto scripto quod vobis tradi fecimus, cum a nobis recessistis, necnon litteras nostras (*sic*) quas vobis nuper misimus, procedatis. Si autem videritis ad nostrum commodum...[1] et honorem, quod in terra nostra Venayssini plura recolligerentur victualia et alia ad nostrum passagium neccessaria, prout in dicto scripto quod vobis tradi fecimus continetur, ea in dicta terra nostra Venayssini et aliis terris circumjacentibus, prout meliori modo poteritis, habito super hiis bonorum consilio, perquiratis et etiam colligatis, prout dicta terra poterit tollerare, considerata quantitate empcionis dictorum victualium et sumptuum ad portum eadem defferendi. Ceterum rogamus vos ut super premissis omnibus et singulis curam et diligenciam adhibere curetis, prout confidimus vos facturos. Quid autem super premissis feceritis necnon precium singularum rerum, quas pro nobis ad opus nostri emeritis, et quantitatem earundem sigillatim nobis in scriptis significare curetis, cum vobis obtulerit se facultas. Datum apud Longumpontem, die martis post tres septimanas Penthecostes, anno Domini m° cc° lx° nono.

1756

(Fol. 171.) 4 jun. 1269. — SENESCALLO VENAYSSINI PRO COMITE PICTAVIE.

Alfonsus, *etc.*, senescallo Venayssini, *etc.* Cum, sicut ad aures nostras perlatum est, Barrallus, quondam dominus Baucii, defunctus, quasdam redevencias vel costumas, in quibus homines de Montiliis et de Bedoino eidem Barrallo, ut dicitur, tenebantur, eisdem hominibus remiserit et quittaverit, in nostrum prejudicium et nostri feudi non modi-

---

[1] Ici un mot illisible; le sens demanderait *pertinere* ou *redundare*.

cum detrimentum, cum hoc etiam non posset facere sine nostra licentia speciali, vobis mandamus quatinus dictas costumas vel redevencias super dictos homines pro nobis et nostro nomine explectetis ac utamini de eisdem, prout idem Barrallus ante concessionem vel remissionem hujusmodi dictas costumas vel redevencias in dictis hominibus consueverat explectare. Datum apud Longumpontem, die martis post tres septimanas Penthecostes, anno Domini M° ducentesimo LX° nono.

1757

4 jun. 1269. — SENESCALLO VENAISSINI ET MAGISTRO RENAUDO (*sic*).

Alfonsus, *etc.*, dilectis et fidelibus suis senescallo Venaissini et magistro Remondo Eraudi, legum professori et judici in civitate Avinionensi, salutem et dilectionem. Vobis mandamus quatinus causam appellacionis dudum vobis, magistro Remundo Arnaudi, commissam super quadam quantitate miliarensium, in manu nostra bannitorum, justa (*sic*) consilium per vos habitum, per compositionem vel per sentenciam celeriter terminetis, secundum quod utilitati nostre videritis expedire, in compositione, si facta fuerit, nostra retenta super hoc voluntate. Quid vero super premissis feceritis et quantitatem composicionis nobis quam cicius poteritis in scriptis significare curetis, nec super hiis que per vos poteritis [1] expedire nobis tociens rescribatis. Scripta vero hujus negocii cum consilio per vos super hoc habito vobis remittimus per presencium portitorem. Datum apud Longumpontem, die martis post tres septimanas Penthecostes, anno Domini M° CC° LX° nono.

1758

4 jun. 1269. — SENESCALLO VENAISSINI PRO DOMINO COMITE PICTAVIE [SUPER PIGNORIBUS JUDEORUM] [2].

Alfonsus, *etc.*, senescallo Venaissini, *etc.* Ex vestrarum serie littera-

---

[1] Première leçon: *videritis*. — [2] Cet acte est cancellé dans le registre.

rum didicimus quod vos adhuc penes vos detinetis pignora Judeorum et quod ea christianis ipsa a vobis petentibus minime reddidistis. Verum quia non volumus propter defectum predictorum pignorum gentes, cujus (sic) sunt predicta pignora, incurrere detrimentum, mandamus vobis quatinus illis qui vobis vel mandato vestro de suis pignoribus fidem fecerint, prout debuerunt, que sua sint, soluta sorte, usuris cessantibus, reddi et restitui faciatis, cum predictis Judeis pro nobis meliori et saniori modo quo poteritis componentes. Et cumposicionem quam cum ipsis feceritis nobis, quando poteritis comode, rescribatis. Datum apud Longumpontem, die martis post tres septimanas Penthecostes, anno Domini M° CC° LX° nono.

1759

2 jul. 1269. — SENESCALLO VENAISSINI DE COMPOSICIONE FACIENDA CUM JUDEIS [1].

Alfonsus, etc., senescallo Venaissini, etc. Ex vestrarum serie litterarum didicimus quod vos pignora christianorum, que tempore caucionis (sic) Judeorum in eorum domibus invenistis, minime reddidistis. Propter quod vobis mandamus quatinus dicta pignora christianis qui ea, prout decuerit, sua esse probaverint, reddatis, sorte soluta, usuris cessantibus, sine mora, cum Judeis vero vestre senescallie et eciam cum illis de civitate Avinionensi pro nobis meliori modo et saniori quo poteritis componentes, et composicionem quam cum ipsis feceritis nobis, quam cicius poteritis commode, rescribatis, nostra in composicione predicta retempta voluntate. Ceterum fratribus Johanni dou Cais, Guidoni de Buciaco, ordinis Milicie Templi, et Guillelmo de Figiaco, servienti nostro, super hiis que nostrum passagium transmarinum contingunt prestetis consilium et auxilium bono modo et hutili (sic), quociens ab ipsis vel eorum altero fueritis requisitus. Datum apud Longumpontem, primo die martis julii, anno Domini M° CC° LX° nono.

[1] Rédaction définitive du mandement qui précède.

1760

5 jun. 1269. — SENESCALLO VENAISSINI PRO PRIORE ABOLENE.

Alfonsus, *etc.*, dilecto ac fideli suo G. de Vallegrignosa, militi, senescallo Venaissini, *etc.* In scriptis hiis que super facto Abolene [1] nobis nuperrime rescripsistis, considerata eciam peticione prioris dicti loci et attento consilio vestro, non potuimus comode cum procuratore dicti loci componere, cum peticio ipsa a consilio vestro plurimum discrepet et discordet. Quapropter vobis mandamus quatinus cura pervigili et diligenti addiscatis meritum [2] negocii, quidque nobis comodi accresceret vel incomodi proveniret, si peticioni dicti prioris in facienda communicacione quam postulat nostrum preberemus assensum, et circa hec addiscendo admittatis tam eos quos dictus prior vel mandatum ejus ad vos adduxerit quam alios de quibus vobis constare poterit quod sine admixcione falsitatis veram facti seriem vobis debeant propalare, tractantes nichilominus de compositione sub forma qua poteritis meliori, retenta nostra in omnibus voluntate. Et tractatum quem habueritis in hac parte, et ea que de jure ecclesie et nostro vobis ingnotescere (*sic*) poterunt, ac formam communicacionis et composicionis, si eam fieri contingeret, vestrumque consilium super premissis, in scriptis redacta, nobis significare curetis, quam cito vobis comode nunciorum optulerit se facultas. Datum apud Longumpontem, die mercurii post tres septimanas Penthecostes, anno Domini M° CC° LX° nono.

1761

5 jun. 1269. — SENESCALLO VENAISSINI [PRO BERTRANDO DE BAUCIO].

Alfonsus, *etc.*, senescallo Venaissini, *etc.* Mandamus vobis quatinus oblacionem quam fecit seu faciet pro dote uxoris sue dilectus et fidelis noster Bertrandus, dominus de Baucio, penes dilectum et fidelem nos-

---

[1] Bollène, Vaucluse. — [2] Le manuscrit porte *mercatum*.

trum Ademarum de Pictavia et penes uxorem dicti B. de Castronovo, de Montiliis, cum ad vos partes venerint, ex parte nostra concedatis[1], salvo jure nostro in aliis et salvo jure quolibet alieno. Datum apud Longumpontem, die mercurii post tres septimanas Penthecostes, anno Domini M° CC° LX° nono.

1762

5 jun. 1269. — SENESCALLO VENAISSINI PRO BERTRANDO DE BAUCIO.

Alfonsus, *etc.*, senescallo Venaissini, *etc.* Cum nos vobis per litteras nostras mandaverimus quod jura et consuetudines et redevancias, quas dilectus et fidelis noster bone memorie Barrallus, quondam dominus de Baucio, vendiderat ac remiserat hominibus de Montiliis[2] et de Beduno[3], nobis irrequisitis et ignorantibus, poneretis ad manum nostram, exigendo ab eisdem hominibus jura et redevancias supradictas, vobis mandamus quatinus in possessione vel quasi predictorum dilectum et fidelem nostrum Bertrandum de Baucio, pro jure nostro, ad requisicionem ejusdem Bertrandi, inducatis et inductum deffendatis, salvo jure dictorum hominum super peccunia quam dicti homines, ut dicitur, dederant dicto Barrallo, et salvo in aliis jure dictorum hominum et nostro eciam et quolibet alieno. Datum apud Longumpontem, die mercurii ante festum beati Barnabe apostoli, anno Domini M° CC° LX° nono.

1763

5 jun. 1269. — SENESCALLO VENAISSINI PRO DOMINO COMITE PICTAVIE.

Alfonsus, *etc.* Mandamus vobis quatinus a viro nobili, dilecto et fideli nostro B. de Baucio, militi, recipiatis quatrigentas (*sic*) libras turonensium, in quibus nobis tenetur, terminis inferius annotatis, videlicet ad festum nativitatis Domini venturum proximo ducentas libras et in festo purificacionis beate Marie proximo subsequenti ducentas libras resi[d]uas, providentes tamen quod si ad prenotatos terminos

[1] Première leçon : *confirmetis*. — [2] Monteux, Vaucluse, cant. Carpentras. — [3] Bedoin, Vaucluse, cant. Mormoiron.

non solverit dictas peccunie quantitates, ipsum ad solutiones faciendas eorumdem, prout justum fuerit et equum, compellatis. Datum apud Longumpontem, anno Domini M° CC°[LX°] nono, die mercurii post tres septimanas Penthecostes.

1764

(Fol. 172.) 11 jun. 1269. — SENESCALLO VENAISSINI PRO UNIVERSITATE CARPENTORATI SUPER SUBVENCIONE.

Alfonsus, *etc.*, senescallo Venaissini, *etc.* Venientes ad nos Guillelmus Gaufridi et Bertrandus Durandi, cives Carpentoratenses[1], pro focagio seu subvencione nobis promissa ab hominibus et universitate civitatis ejusdem, pro se et universitate eadem nobis quingentas libras turonensium domini regis Francie obtulerunt, persolvendas medietatem videlicet ad instans festum beati Michaelis et aliam medietatem ad festum purificacionis beate Marie proximo subsequentis. Unde vobis mandamus quatinus, recepta a dictis hominibus et universitate ydonea caucione de dictis quingentis libris turonensium suprascriptis terminis integre persolvendis, residuum subvencionis predicte, si quod fuerit, usque ad summam triginta librarum turonensium in nostra ponatis sufferencia et respectu. Si vero subvencio eadem summam quingentarum et triginta librarum turonensium excederet, de residuo quod plus esset cum eisdem hominibus conveniatis, retenta voluntate nostra. Et quid super hoc feceritis, cum commode poteritis, nobis significare curetis in scriptis. Datum apud Moissi, die martis in festo beati Barnabe apostoli, anno Domini M° CC° LX° nono.

1765

11 jun. 1269. — SENESCALLO VENAISSINI PRO HOMINIBUS DE MONTILIIS.

Alfonsus, *etc.*, senescallo Venaissini, *etc.* Sindicos hominum de Montiliis accepimus conquerentes quod dominus Bertrandus de Baucio,

[1] Carpentras, Vaucluse.

miles, vel sui molestant indebite predictos homines super quibusdam libertatibus et franchesiis quas in villa de Montiliis titulo empcionis asserunt se habere, super quibus, ut dicitur, coram dilectis et fidelibus nostris Johanne de Arsicio et G. de Pruneto, militibus, senescallis nostris in Venaissino [1], predecessoribus vestris, inter dictum Bertrandum et dictos homines orta fuit materia questionis et causa diucius agitata. Quocirca vobis mandamus quatinus, auditis racionibus parcium diligenter, lite cepta coram predictis vestris predecessoribus currente marte suo, quantum de jure fuerit exhibeatis eisdem celeris justicie complementum, nec permittatis predictos homines per dictum Bertrandum vel suos in aliquo indebite molestari, tantum super hiis facientes ne predicti homines ob deffectum justicie ad nos redire de cetero compellantur. Datum die martis in festo beati Barnabe apostoli, anno Domini $M^o CC^o LX^o$ nono.

1766

11 jun. 1269. — SENESCALLO VENAISSINI PRO REIMBAUDO COTHE ET COMPLICES SUOS (sic).

Alfonsus, etc., senescallo Venaissini, etc. Tenore vobis presencium intimamus quod nos cum Rostanno de Saltu, domicello, super quibusdam condempnacionibus factis in dominum Rembaudum Cothe et quosdam cumplices suos super delacione armorum, videlicet quadri[n]gentarum quinquaginta librarum viennensium, composuimus in hac forma, videlicet quod vos pro nobis et nostro nomine recipere debeatis ydoneam caucionem de centum libris turonensium, nobis a predictis condempnatis reddendis ad terminos infrascriptos, videlicet ad festum Omnium sanctorum venturum proximo quinquaginta libras turonensium et ad festum Candelose proximo subsequens alias quinquaginta libras turonensium, ipsos per capcionem bonorum, nisi promissum attenderint, cumpellentes. Si vero caucionem sufficientem et ydoneam prestare noluerint, in predictis condempnacionibus, ac si nunquam

[1] Jean d'Arcis, sénéchal de Venaissin de 1253 à 1267, date de sa mort; Girard de Prunet lui succéda.

esset compositum, procedatis. Non autem intendimus dominum Guillelmum de Saltu, Hugonem de Bellovicino nec ipsum Rostannum de Saltu in numero illorum pro quibus componitur contineri, sed ipsos nominatim ab ipsa composicione excepimus et expresse, maxime cum dictus Rostannus cum dilecto et fideli nostro clerico, magistro J. de Putheolis, cumposuerit, ut dicitur, et alii duo se omnino senescalli nostri supposuerint voluntati, contra quos tres, quantum de jure fuerit, procedatis. Data die martis in festo beati Barnabe apostoli, anno Domini M° CC° LX° nono.

1767

12 jun. 1269. — SENESCALLO VENAISSINI PRO RAYMUNDO, DOMINO DE MEDULIONE, SUPER TERRITORIIS LIMITTANDIS.

Alfonsus, *etc.*, senescallo Venaissini, *etc.* Ex parte nobilis Raymundi, domini de Medulione[1], nobis extitit intimatum quod, occasione territoriorum castrorum nostrorum de Malaucena[2] et de Falcone[3] et castrorum dicti nobilis de Mellans[4] et de Miridel[5], quorum fines minime sunt distincti, inter homines dictorum castrorum frequenter contencionis materia orta est, ex qua, sicut dicitur, gravia sunt pericula subsequta. Quare vobis mandamus quatinus, vocatis quorum interest et maxime hominibus dictorum castrorum, per viros ydoneos ad hoc specialiter deputatos faciatis dicta territoria, prout justum fuerit, limitari, servato in omnibus jure nostro. Datum die mercurii proxima post festum sancti Barnabe apostoli, anno Domini M° CC° LX° nono.

1768

14 jun. 1269. — SENESCALLO VENAISSINI PRO RAYMUNDO, DOMINO DE MEDULIONE.

Alfonsus, *etc.* Mandamus vobis quatinus per vestros officiales seu bajulos terram, possessiones seu homines nobilis Raymundi, domini de Medulione, non permittatis inquietari contra justiciam vel indebite

---

[1] Mévouillon, Drôme, cant. Séderon. — [2] Malaucène, Vaucluse. — [3] Faucon, Vaucluse, cant. Vaison. — [4] Mollans, Drôme, cant. Buis. — [5] Mérindol, Drôme, cant. Buis.

molestari, nec aliquas novitates faciatis contra jus in predictis, et ipsum permittatis gaudere pacifice rebus et possessionibus suis, in hiis maxime que de nostro non movent feudo nichil contra justiciam attemptantes, taliter vos super hiis habentes quod juxtam (*sic*) de vobis non habeat materiam conquerendi. Datum die veneris post festum sancti Barnabe apostoli, anno Domini M° CC° LX° nono.

1769

15 jun. 1269. — SENESCALLO VENAISSINI PRO DOMINA SYBILIA, DOMINA BAUCII.

Alfonsus, *etc.*, senescallo Venaissini, *etc.* Cum, secundum quod intelleximus, dilectus et fidelis noster Barrallus de Baucio, miles quondam, dilecte et karissime nostre Sybilie de Baucio, ejus Barralli quondam uxori, dum ipse Barrallus viveret, facta donatione legitima inter vivos, assignaverit eidem S. c marchas annui redditus super redditus et proventus castri de Carumbo [1] et super pedagium de Montiliis [2], percipiendas ab eadem S. quamdiu viveret, cumque Bertrandus de Baucio, miles, filius et heres predicti Barralli, impediat quominus dicta S. possit dictas c marchas percipere annuatim, prout ex parte ipsius S. nobis extitit intimatum, et quod v^m solidorum de arreragiis dictorum c marcharum idem Bertrandus minus juste detinet arrestata, vobis mandamus quatinus, vocato dicto Bertrando de Baucio et qui fuerint evocandi, auditis racionibus suis, ipsam S. in possessione pacifica dictorum castri et pedagii, quantum de jure fuerit, conservetis, juris tamen ordine in omnibus observato, et arreragia, si vera sunt prius proposita, eidem S. reddi et restitui faciatis, justicia mediante. Ceterum, cum dicta S. nobis significaverit quod sibi nunquam dos extitit assignata et quartam partem tocius terre, quam dictus Bertrandus possidet et tenet a nobis in Venaissino, petat sibi in dotem dicta S. assignari, vobis mandamus quatinus, vocatis dictis partibus, exhibeatis eis celeris justicie cumplementum, tantum super premissis

---

[1] Caromb, Vaucluse, cant. Carpentras. — [2] Monteux, Vaucluse, cant. Carpentras.

facientes ne inventus fueritis in exhibenda justicia negligens aut remissus. Datum apud Moissiacum, die sabbati post festum beati Barnabe apostoli, anno Domini m° cc° lx° nono.

1770

15 jun. 1269. — SENESCALLO VENAISSINI PRO LATILLO DE MURMURIONE.

Alfonsus, *etc.* Littere vestre nuperrime nobis misse super processu cause que vertitur inter Draconetum de Montealbano, militem, ex una parte, et Latillum de Murmurione, domicellum, ex altera, seriem inspeximus diligenter, et articulis in eadem littera contentis, super quibus nos consulere voluistis, taliter duximus respondendum : videlicet quod, cum dictus Draconetus castrum de Cayrana [1], super quo questio vertitur, a magistro domus Hospitalis, non a nobis asserat se tenere, cum teneat domanium dicti castri, si contra ipsum agatur realiter per nos vel curiam nostram, sine juris injuria distringi non potest in nostra curia respondere, nisi racione cumpromissi vel alterius modi convencionis aut de antiqua consuetudine approbata arceri debeat in nostra curia respondere, presertim cum sub districtu nostro larem non foveat, sicut vestra littera continebat. Quocirca vobis mandamus quatinus, communicato bonorum consilio, secundum quod de premissis cumpromisso seu convencione parcium aut de consuetudine seu possessione vel sesina pacifica in hac parte pro nobis optenta vobis liquere poterit, procedatis, addiscentes nichilominus an dictus Draconetus predictum castrum de novo seu a quo tempore advocaverit ab Hospitalariis. Per ea enim que scripsistis verisimiliter presumi potest quod idem castrum de nostro sit dominio et districtu. Datum die sabbati post festum sancti Barnabe apostoli, anno Domini m° cc° lx° nono.

[1] Cairanne, Vaucluse, cant. Vaison.

1771

(Fol. 173.) 15 jun. 1269. — SENESCALLO VENAISSINI SUPER SALARIO NOTARIIS CONSTITUENDO.

Alfonsus, *etc.*, senescallo Venaissini, *etc.* Intelleximus quod in terra nostra Venayssini quedam consuetudo pessima inter notarios inolevit, que dicenda esset pocius coruptella, videlicet quod cum ipsi instrumenta conficium vel inquestas seu scripturas alias ad ipsorum officium pertinentes, equitate postposita, salaria percipiunt effrenata, juxta sue arbitrium voluntatis, propter quod frequenter accidit quod per ista inmoderata salaria adeo pauperes affliguntur, quod jus suum expensarum metu, ubi eciam est liquidum, minime prosequntur. Volentes igitur ipsorum pravis exaccionibus obviare et subditorum nostrorum, tam pauperum quam divitum, utilitatibus providere, vobis mandamus quatinus apud Avinionem diligentissime inquiratis quale salarium in civitate predicta notarii percipiunt pro scripturis, et quod habeatis consilium cum peritis super statuendo salario notariis Venaissini, et ad parlamentum in crastino quindene Omnium sanctorum, habito super hoc diligenti consilio, quid feceritis in scriptis refferatis. Datum apud Moissiacum, die sabbati post festum beati Barnabe apostoli, anno Domini M°CC°LX° nono.

1772

[15 jun.] 1269. — SENESCALLO VENAISSINI PRO BERTRANDO DE RAILLANA, DOMICELLO.

Alfonsus, *etc.* Bertrandus de Reillana, domicellus, nobis humiliter suplicavit ut, nobis data ab ipso certa pecunie quantitate, jus quod habere dicimur in quibusdam pascuis sitis in territorio Sancti Petri de Vasals[1] in ipsum transferremus, retento tantum nobis majori dominio in eisdem. Unde vobis mandamus quatinus diligenter addiscatis utrum nobis istam translacionem facere expediret. Et quid super hoc inveneritis

---

[1] Saint-Pierre-de-Vassols, Vaucluse, cant. Mormoiron.

et quantum propter hoc dare voluerit, nobis quando poteritis commode rescribatis. Ceterum, quia dictus Bertrandus possessione dictorum pascuorum per dilectum et fidelem nostrum G. de Pruneto, senescallum nostrum Venaissini quondam[1], se asserit indebite spoliatum, vobis mandamus quatinus, vocatis qui fuerint evocandi, auditis ipsius B. racionibus, faciatis eidem bonum jus et maturum, jure nostro et alieno in omnibus observatis. Datum apud Moissiacum episcopi, die sabbati (*sic*)[2], anno Domini M° CC° LX° nono.

1773

SENESCALLO VENAISSINI PRO COMITE PICTAVIE ET THOLOSE SUPER SUBVENCIONE [3].

Alfonsus, *etc.*, senescallo Venaissini, *etc.* Composicio quam fecistis cum hominibus nostris Insule[4] ad quingentas libras turonensium pro subvencione nobis ab ipsis facienda, item composicio quam fecistis cum hominibus de Boniliis[5] ad trescentas sexaginta octo libras turonensium super eodem, sicut nobis per vestras scripsistis litteras, nobis placent, mandantes vobis quatinus cum aliis villis nostris et prelatorum ac baronum et feudatariorum nostrorum, qui vobiscum componere voluerint, componatis, ita tamen quod summa composicionis quam cum ipsis feceritis valeat summam que extraheretur de foccis vel circa, videlicet de quolibet focco nostrorum propriorum hominum viginti quatuor solidos turonensium, et de quolibet focco baronum, prelatorum et feudatariorum nostrorum sexdecim solidos turonensium, precaventes quod summe super quibus cum ipsis composueritis ad proximum festum beati Michaelis vel Omnium sanctorum, si commode possitis hoc facere, vobis integre persolvantur, vel saltem medietas, et alia medietas ad festum Candelose proximo subsequens, quod erit anno Domini millesimo ducentesimo sexagesimo nono.

[1] Sénéchal jusqu'au printemps de 1267.
[2] Il faut sans doute suppléer *post festum beati Barnabe apostoli*, comme à l'acte précédent.
[3] Acte cancellé dans le registre.
[4] L'Isle, Vaucluse.
[5] Bonnieux, Vaucluse.

1774

17 jun. 1269. — SENESCALLO VENAISSINI PRO COMPOSICIONE FACTA
CUM ROSTANNO DE ALBORUFFO PRO SUBVENCIONE.

Alfonsus, *etc.*, senescallo Venaissini, *etc.* Tenore vobis presentium intimamus quod nos cum Rostanno de Alboruffo[1], domicello, pro hominibus suis et pareriorum suorum dicte ville pro subvencione Terre sancte composuimus in hac forma, videlicet quod predictis hominibus ex mera gracia remittimus tantummodo x libras, ita quod pro dicto subsidio predicti homines sexaginta decem libras turonensium regis[2] nobis vel mandato nostro reddere tenebuntur, dum tamen dicte ville foccorum numerus summam centum non excedat. Si vero ultra centum foccos in dicta villa forsitan inveniri contingeret, pro quolibet foco qui esset inventus ulterius xvi solidos turonensium levaretis, nisi alias vobiscum duxerint componendum. Quocirca vobis mandamus quatinus a dictis hominibus recipiatis ydoneam caucionem de solvenda vobis medietate dicte pecunie ad festum sancti Michaelis[3] proximum et alia medietate in festo Candelose proximo subsequenti. Si vero prefati homines caucionem ydoneam prestare noluerint aut non potuerint, in facto subvencionis procedatis ac si nunquam esset compositum cum eisdem. Datum die lune[4] post festum beati Bernabe apostoli, anno Domini millesimo ducentesimo sexagesimo nono.

1775

17 jun. 1269. — SENESCALLO VENAISSINI PRO COMPOSICIONE FACTA
CUM BERTRANDO REILLANA, DE GRILLIONE, PRO SUBVENCIONE.

Alfonsus, *etc.*, senescallo Venaissini, *etc.* Tenore presencium vobis intimamus quod[5] nos cum Bertrando Reillana, de Grillione, domi-

---

[1] Le Barroux, Vaucluse, cant. Malaucène.

[2] Le manuscrit porte *reg.*; on pourrait lire aussi *regiorum*.

[3] Première leçon : *Omnium sanctorum*.

[4] Première leçon : *die sabbati*.

[5] Le manuscrit porte *cum*; nous corrigeons *quod*, que le sens demande.

cello, pro hominibus suis de Grillione [1] et Sancti Johannis de Vasals [2], pro subvencione Terre sancte composuimus in hac forma, videlicet quod predictis hominibus ex mera gratia remisimus tantummodo x libras, ita quod pro dicto subsidio predicti homines dictorum locorum sexaginta decem octo libras turonensium regis Francie nobis vel mandato nostro reddere tenebuntur, dum tamen dictarum villarum focorum numerus summam c et x non excedat. Si vero ultra c et x focos in dictis locis forsitan inveniri contingeret, pro quolibet foco qui esset inventus ulterius xvi solidos turonensium levaretis, nisi vobiscum alias duxerint componendum. Quocirca vobis mandamus quatinus a dictis hominibus recipiatis ydoneam caucionem de solvenda vobis medietate dicte pecunie ad festum beati Michaelis [3] proximum et alia medietate in festo Candelose proximo subsequentis. Si vero prefati homines caucionem ydoneam prestare noluerint aut non potuerint, in facto subvencionis procedatis ac si nunquam esset compositum cum eisdem. Datum apud Moissiacum, die lune post festum beati Barnabe apostoli, anno Domini millesimo ducentesimo sexagesimo nono.

1776

17 jun. 1269. — SENESCALLO VENAISSINI PRO DOMINO PICTAVIE ET THOLOSE SUPER COMPOSICIONIBUS FACTIS ET FACIENDIS [4].

Alfonsus, *etc.*, senescallo Venaissini, *etc.* Tenore vobis presencium intimamus quod composicionem quam cum hominibus ville nostre Insule ad v^c libras turonensium pro subsidio Terre sancte, et composicionem similiter per vos factam cum hominibus castri nostri de Boniliis ad iii^c lxviii libras turonensium, eadem de causa, prout ex litterarum vestrarum serie didicimus, ratam habemus, gratam [5] et acceptam,

---

[1] Grillon, Vaucluse, cant. Mormoiron.
[2] Saint-Jean-de-Vassols, auj. commune Saint-Pierre-de-Vassols, Vaucluse, cant. Mormoiron.
[3] Première leçon : *Sanctorum omnium*.

[4] Acte cancellé dans le registre. (Voir, plus haut, un autre projet de mandement pour la même affaire, n° 1773.)
[5] Le manuscrit porte par erreur *gratuitam*; la correction s'impose.

dum tamen illud quod erat in summa ulterius juxta valorem focorum numeri in nostra ponatis sufferencia et respectu et quod in omnibus nostra voluntas debeat retineri, vobis mandantes insuper quatinus cum hominibus singularum villarum nostrarum ac prelatorum et baronum meliori modo et saniori quo poteritis, si componere voluerint, componatis, deducta de valore juxta focorum numerum aliqua non nimia quantitate, providentes attencius quod de summis, super quibus cum ipsis composueritis, vobis ad instans festum beati Michaelis vel Omnium sanctorum, si possit fieri commode, sit integraliter satisfactum vobis, saltim quod dictarum summarum medietas ad festum Omnium sanctorum proximum et alia medietas infra festum Candelose persolvatur. Datum apud Moissiacum, die lune post festum beati Barnabe apostoli, anno Domini millesimo ducentesimo sexagesimo nono.

1777

19 jun. 1269. — SENESCALLO VENAISSINI PRO GUILLELMO DE CASTRIS.

Alfonsus, *etc.*, senescallo Venaissini, *etc.* Veniens ad nos Guillelmus de Castris, clericus, nobis dedit intelligi quod ipsum ab officio notarii sine causa racionabili amovistis et ipsum suis cartulariis sine cause cognicione indebite spoliastis. Quocirca vobis mandamus quatinus eundem Guillelmum ad officium notarii restituatis, nisi sit aliud canonicum vel racionabile quod obsistat, propter quod hujusmodi officium debeat sibi merito interdici. Quod si objectum fuerit, illud nobis significare curetis in scriptis, et secundum quod faciendum fuerit, cartularios suos, spectantes ad eum, restituatis eidem. Datum die mercurii ante festum beati Johannis Baptiste, anno Domini M° CC° LX° nono.

1778

(Fol. 174.) 19 jun. 1269. — SENESCALLO VENAISSINI PRO COMITE PICTAVIE ET THOLOSE SUPER COMPOSICIONIBUS SUBVENCIONUM.

Alfonsus, *etc.*, senescallo Venaissini, *etc.* Composicio quam fecistis cum hominibus nostris Insule ad quingentas libras turonensium, pro subvencione ab ipsis nobis facienda, item composicio quam fecistis cum hominibus de Boniliis ad trescentas sexaginta octo libras turonensium super eodem, sicut nobis per vestras scripsistis litteras, nobis placent, dum tamen summa composicionis scripta a certa quantitate foccorum non distet ultra id quod scripsistis, mandantes vobis quatinus cum aliis villis nostris et prelatorum ac baronum et feudatariorum nostrorum, qui vobiscum componere voluerint, componatis, ita tamen quod summe super quibus cum ipsis composueritis ad proximum festum beati Michaelis, si commode possitis hoc facere, vobis integre persolvantur, vel saltim medietas et alia medietas ad festum Candelose proximo subsequens, quod erit anno Domini M° CC° LX° IX°. Et super hiis levandis et aliis negociis nostris utiliter promovendis ac bono modo accelerandis sitis sollicitus, diligens et intentus, precipue cum instantis passagii prefixus terminus de die in diem appropinquet, quia ordinatum est quod dominus rex Francie, nos et alii barones crucesignati supra portum, videlicet ad Aquas mortuas vel apud Massiliam interesse debeamus in prima ebdomada [1] maii proximo venientis. De summa autem cujuslibet composicionis cujuslibet ville quam feceritis et pro quo numero focorum, et quibus terminis debebunt solvi, nos certificetis in scriptis, quam cito bono modo poteritis. Datum die mercurii ante festum nativitatis beati Johannis Baptiste, anno Domini M° CC° LX° nono [2].

1779

19 jun. 1269. — JOHANNI DE KAYS ET GUIDONI DE BUCI, ORDINIS MILICIE TEMPLI, ET GUILLELMO DE FIGIACO.

Alfonsus, *etc.*, dilectis et fidelibus suis fratribus Johanni de Kais et Guidoni de Buci, ordinis Milicie Templi, et dilecto ac fideli servienti suo Guillelmo de Figiaco, salutem et dilectionem sinceram. Mandamus vobis, vos rogantes quatinus in negociis nostris, vobis a nobis injunctis,

[1] Ici le mot *mensis* raturé. — [2] Voir plus haut, n°⁸ 1773 et 1776, deux autres rédactions de ce mandement.

tam in conductione navium et gallearum quam in emptione victualium et aliis ad utilitatem et promocionem passagii nostri transmarini neccessariis, curam et diligenciam apponatis, secundum tenorem scripti quod vobis tradi fecimus quando a nobis recessistis et litteras postmodum vobis missas, et prout honori et utilitati nostre videritis expedire, et pro minori precio quo poteritis bono modo. Et quid super hoc fecistis de quolibet articulo sigillatim, et quid de quolibet articulo sigillatim, et quid de quolibet superest faciendum, et quantas naves, quantas galeas[1] conduxistis, cum quot nautis de qualibet, pro quanto precio de qualibet et per quantum temporis easdem conduxistis, et quibus terminis precium est solvendum; item que et qualia victualia et quantum de eisdem emistis, et pro quanto precio et quibus terminis solvi debet de quolibet per se, et de aliis circonstanciis nos certificare[2] curetis in scriptis, quam cito vobis nunciorum obtulerit se facultas, et de his de quibus certi fueritis in receptione presentium per earum portitorem. Datum die mercurii ante festum beati Johannis Baptiste, anno Domini M° CC° LX° nono.

1780

21 jun. 1269. — SENESCALLO VENAISSINI PRO DRAGONETO, DOMINO MONTISALBANI, SUPER FACTO JUDEORUM.

Alfonsus, etc., senescallo Venaissini, etc. Ex parte Draconeti, domini Montisalbani, nobis relatum extitit conquerendo quod senescallus noster Venaissini, qui in senescallia vos precessit, proprios Judeos ipsius et eorum bona, quos suos proprios et predecessorum suorum esse asserit, in terra eciam quam de novo a nobis advocavit, cepit et vos eos captos detinetis, in ipsius prejudicium et gravamen. Unde vobis mandamus quatinus dictos Judeos, quos suos proprios esse probare potuerit, una cum bonis eorundem predicto Draconeto restituatis, presertim cum dicti Judei sint, ut asserit, de illa terra quam a nobis nuperrime advocavit, redigentes tamen in scriptis summam et valorem

---

[1] Ici les mots suivants biffés : *tam pro nobis quam pro fideli nostro Hugone Archiepiscopi, domino Pertiniaci.* — [2] Première leçon : *singnificare.*

bonorum dictorum Judeorum, cum protestacione de jure nostro in eisdem Judeis et bonis suis, si postmodum constare poterit[1] eosdem Judeos de terris vel comitatibus nostris extitisse. Datum die veneris ante nativitatem beati Johannis Baptiste, anno Domini M° CC° LX° nono.

1781

21 jun. 1269. — SENESCALLO VENAISSINI PRO DRACONETO, DOMINO MONTISALBANI, SUPER FACTO SANCTI PANTALEONIS.

Alfonsus, *etc.*, senescallo Venaissini, *etc.* Ex parte nobilis et fidelis nostri Dragoneti, domini Montisalbani, nobis est conquerendo monstratum quod, cum nos eidem, diu est, dederimus et concesserimus omnia jura et raciones que et quas habebamus et habere debebamus in castro seu villa Sancti Panthaleonis[2] intus et extra, et idem Dragonetus, in recompensacionem dicte donacionis, acceperit et recognoverit se habere in feudum a nobis castrum Podii Guigonis[3], prior dicte ville Sancti Panthaleonis ipsum Dragonetum impedit et perturbat uti juribus et racionibus, sibi, ut dictum est, a nobis datis. Propter quod ex parte ipsius Dragoneti nobis extitit postulatum ut ipsum predictis juribus, sibi a nobis concessis, gaudere pacifice faciamus, vel ipsum absolvamus a recognicione feudi quam nobis fecit in recompensacionem donacionis et concessionis predicte. Unde vobis mandamus quatinus ipsum Dragonetum super premissis diligenter audiatis, et vocato dicto priore, quid idem Dragonetus contra ipsum proposuerit et deffensiones dicti prioris racionesque propter quas petit dictus Dragonetus a dicta recognicione absolvi, in scriptis redactas, circa terciam diem post quindenam instantis festi Omnium sanctorum, cum pro vestris compotis faciendis ad nos veneritis, refferatis. Datum die veneris ante festum nativitatis beati Johannis Baptiste, anno Domini M° CC° LX° nono.

---

[1] Le texte porte *poterunt*. — [2] Saint-Pantaléon, Vaucluse, cant. Gordes. — [3] Non retrouvé sur les cartes.

1782

21 jun. 1269. — SENESCALLO VENAISSINI PRO DRAGONETO, DOMINO MONTISALBANI, ET PARERIIS SUIS IN CASTRO VALRIACI, SUPER FACTO VALRIACI.

Alfonsus, *etc.*, senescallo Venaissini, *etc.* Ex parte nobilis et fidelis nostri Dragoneti, domini Montisalbani, nobis est conquerendo monstratum quod senescallus noster Venaissini, qui in senescallia vos precessit, emit nostro nomine quoddam feudum in castro Valriaci[1] ab heredibus Guillelmi de Camareto, militis, quod feudum tenebant a nobis iidem heredes, et quod post predictam empcionem idem senescallus et vos eidem Dragoneto et pareriis suis in dicto castro multas fecistis indebitas novitates, non permittendo homines dicti feudi coram communi curia respondere, licet hoc facere erant consueti temporibus retroactis, amovendo etiam ipsos parerios a possessione vel quasi, in qua retroactis temporibus fuerant, in eo videlicet quod cum aliquis de dicto castro recedebat et ibi postea revertebatur, sub dominio illius in quo primo fuerat reverti tenebatur; in eo eciam quod idem senescallus et vos homines dictorum dominorum in illo feudo nostro, quod ex dicta empcione in illo castro habemus, indebite recipitis, in prejudicium dictorum dominorum atque dampnum. Unde vobis mandamus quatinus dictos dominos super premissis diligenter audiatis, nec in dicto castro racione empcionis predicte jurisdicionem aliam exerceatis, nisi illam quam dicti heredes, a quibus fuit emptum dictum feudum, ibidem exercebant et poterant exercere, nisi forte aliam aliquam jurisdicione mibidem haberemus antequam dictum feudum pro nobis esset emptum, vel nisi alias racionabilis causa subsit propter quam hoc facere vos possitis, que si fuerit, eam nobis refferre curetis in scriptis circa terciam diem post quindenam instantis festi Omnium sanctorum, cum ad nos veneritis pro vestris compotis faciendis. In premissis vero jus nostrum et alienum illesum penitus conservetis. Datum die veneris ante festum nativitatis beati Johannis Baptiste, anno Domini m° cc° lx° nono.

[1] Valréas, Vaucluse.

1783

23 jun. 1269. — SENESCALLO VENAISSINI PRO PETRO GRISALONIS.

Alfonsus, *etc.* Petrum Grisalonis, civem Avinionensem, accepimus conquerentem quod nobiles viri Draconetus de Valriaco, miles, dominus Montisalbani, et quidam alii parerii sui in villa Valriaci ipsum Petrum blado, vino et aliis rebus suis mobilibus et usque ad valorem cc librarum turonensium minus juste, ut asserit, spoliarunt. Quocirca vobis mandamus quatinus, vocato dicto Draconeto et aliis suis parreriis et qui fuerint evocandi, auditis hinc inde racionibus, exhibeatis dicto Petro justicie complementum, tantum inde facientes ne propter deffectum justicie dictum Petrum opporteat propter hoc ad nos ulterius laborare. Datum apud Moissiacum, dominica in vigilia beati Johannis Baptiste, anno Domini M° CC° LX° nono.

1784

(Fol. 175.) 23 jun. 1269. — SENESCALLO VENAISSINI PRO ABBATE (*sic*) VIVARIENSI.

Alfonsus, *etc.*, senescallo Venaissini, *etc.* Significavit nobis venerabilis pater Vivariensis episcopus quod quarta pars feudi de Petralata [1], quam vir nobilis Dragonetus, dominus Montisalbani, miles, dudum advocavit a nobis, a feudo ecclesie sue Vivariensis spectat et spectare debet, asserens predictam advocacionem injuste et in dampnum et prejudicium ecclesie sue predicte a dicto nobili nobis factam. Unde vobis mandamus quatinus super predictis feudo et advocacione inquiratis diligenter veritatem, si de ejusdem Dragoneti et hominum qui tenent domanium processerit voluntate. Quod si inquisicionem hujusmodi non consenserint, vos nichilominus, quantum nos tangit negocium hujusmodi, addiscatis super hiis plenarie veritatem. Et quid super hiis feceritis et inveneritis nobis, cum ad nos veneritis ad terciam diem in-

---

[1] Pierrelatte, Drôme.

stantis quindene Omnium sanctorum pro vestris compotis faciendis, in scriptis significare curetis. Ceterum predictum episcopum et ecclesiam suam recommendatos habentes non permittatis eidem in persona vel rebus a personis laicis de jurisdicione [nostra] existentibus inferri molestiam indebitam vel gravamen. Et si indebita illa fuerint et super hiis querimoniam detulerit coram vobis, vos ea sibi faciatis, prout justum fuerit, emendari de personis [1] de quibus jurisdicio ad nos spectat. Datum die dominica in vigilia nativitatis beati Johannis Baptiste, anno Domini M° CC° LX° nono.

1785

23 jun. 1269. — ARCHIEPISCOPO ARELATENSI SUPER TRANSCRIPTO COMPOSICIONIS AVINIONENSIS ECCLESIE ET CIVIUM HABENDO.

Venerabili in Christo patri Dei gracia archiepiscopo sacrosancte Arelatensis ecclesie [2], Alfonsus, etc. Ex quorundam relacione didicimus quod pro quibusdam injuriis, dampnis atque deperditis Avinionensi ecclesie in rebus et bonis suis a civibus ejusdem civitatis, jam diu est, irrogatis, per composicionem fuit inter partes concorditer ordinatum [3], ita videlicet quod predicti cives duo milia marcharum argenti prefate ecclesie reddere tenerentur ad faciendas expensas exercitus in partibus transmarinis, necnon et in xxx equis armatis cum militibus et hernesiis ipsis militibus opportunis, tenendis sumptibus propriis ipsorum civium, per unius anni spacium, in partibus antedictis ad impugnandos inimicos fidei christiane, cujus composicionis seriem venerabilis pater episcopus Avinionensis in scriptis redactam habere dicitur et sigillis autenticis sigillatam. Cumpacientes igitur hiis qui degunt in illis partibus, ubi Christus dignatus est pro peccatoribus mortem pati, paternitatem vestram attente requirimus et rogamus quatinus prefatum episcopum rogare velitis ut transcriptum predicte composicionis per senescallum nostrum Venaissini sub sigillo autentico nobis

---

[1] Ici les mots suivants biffés : *et rebus.*
[2] Bertrand de Saint-Martin, 1266-1273.
[3] Il doit s'agir ici de la convention qui suivit le siège de 1226. (Voir à ce sujet Petit-Dutaillis, *Étude sur la vie et le règne de Louis VIII*, p. 309-310.)

mittat. Quod si requisitus facere noluerit, ipsum ad hoc, si placeat, censura qua convenit compellatis ut per illud transcriptum possimus plenius edoceri quale consilium sit in tanto et tam pio negocio adhibendum. Datum apud Moissiacum, die dominica in vigilia beati Johannis Baptiste, anno Domini m° cc° lx° nono.

1786

23 jun. 1269. — EPISCOPO AVINIONENSI SUPER EODEM.

Venerabili in Christo patri Dei gratia episcopo Avinionensi[1], Alfonsus, *etc*. Ex quorumdam relacione didicimus quod pro quibusdam dampnis, injuriis atque deperditis, Avinionensi ecclesie in rebus et bonis suis, jamdiu est, ut dicitur, a civibus ejusdem civitatis irrogatis, per composicionem fuit inter partes concorditer ordinatum, ita videlicet quod predicti cives duo milia marcharum argenti prefate ecclesie reddere tenerentur ad faciendum expensas exercitus in partibus transmarinis, necnon et in xxx equis armatis cum militibus et hernesiis ipsis militibus opportunis, tenendis sumptibus propriis ipsorum civium, per unius anni spacium, in partibus antedictis ad inpugnandos inimicos fidei Christiane, quam composicionem in scriptis redactam vos habere dicimini et sigillis autenticis sigillatam. Cumpacientes igitur hiis qui degunt in illis partibus, ubi Christus dignatus est pro peccatoribus mortem pati, paternitatem vestram attente requirimus et rogamus quatinus predicte composicionis transcriptum nobis, si placeat, sub sigillo autentico transmittatis, ut per illud possimus plenius edoceri quale consilium sit in tanto et tam pio negocio adhibendum. Datum apud Moissiacum, dominica in vigilia beati Johannis Baptiste, anno Domini m° cc° lx° nono.

1787

23 jun. 1269. — SENESCALLO VENAISSINI SUPER EODEM.

Alfonsus, *etc*. Mandamus vobis quatinus, ad episcopum Avinionen-

[1] Robert d'Uzès, 1267-1270.

sem personaliter accedentes, ipsum rogetis ex parte nostra, quanto poteritis curiose, ut transcriptum composicionis quam habere asseritur, inter ecclesiam Avinionensem ex una parte et cives ejusdem civitatis ex altera jamdudum inhite, sub sigillo autentico vobis tradat. Si vero rogatus a vobis facere noluerit, venerabilem patrem Dei gracia archiepiscopum Arelatensem adeatis, et ab ipso si potestis ad prefatum episcopum super jam dicto negocio litteras rogatorias et si neccesse fuerit compulsorias impetretis, ipsum transcriptum nobis, quando poteritis comode, remittentes, scientes nos ad predictos archiepiscopum et episcopum nostras super hoc litteras rogatorias destinasse. Datum apud Moissiacum, dominica in vigilia nativitatis beati Johannis Baptiste, anno Domini M° CC° LX° nono.

1788

23 jun. 1269. — SENESCALLO PRO EPISCOPO CAVELLICENSI.

Alfonsus, *etc.* Mandamus vobis quatinus cum hominibus episcopi Cavellicensis super subvencione nobis ab ipsis prestanda componatis, secundum formam quam vobis nuper mandavimus per litteras nostras super composicionibus cum hominibus prelatorum, baronum et feudatariorum nostrorum faciendis, accipiendo videlicet ab ipsis per composicionem parum minus quam valet summa, quam debent per numerum focorum, vel summam eandem[1]. Ceterum super facto Judeorum, quos idem episcopus suos proprios esse probare potuerit, juxta ordinacionem alias vobis in scriptis traditam procedatis, dictum episcopum in hiis que coram vobis habebit facere in jure suo recommendatum habentes, nec ipsum a laicis, de nostra jurisdicione existentibus, in persona vel rebus suis permittentes indebite molestari. Datum dominica in vigilia nativitatis beati Johannis Baptiste, anno Domini M° CC° LX° nono.

[1] Ici les mots suivants raturés : *solvendo sexdecim solidos turon. pro quolibet foco hominum eorumdem.*

1789

23 jun. 1269. — EPISCOPO CAVELLICENSI.

Venerabili in Christo patri et dilecto suo G., Dei gracia Cavellicensi episcopo[1], Alfonsus, *etc.*, salutem et sincere dilectionis affectum. Noverit vestra paternitas nos senescallo nostro Venaissini, ad instanciam magistri Giraudi, procuratoris vestri, latoris presencium, per nostras litteras mandavisse quod super subvencione ab hominibus vestris Cavellicensibus nobis prestanda cum dictis hominibus componat, juxta formam quam sibi nuperrime mandavimus super composicionibus ab hominibus nostris, prelatorum, baronum et feudatariorum nostrorum in isto negocio faciendis, et quod in facto Judeorum, quos vestros proprios esse probare potueritis, juxta [formam] dudum in scriptis sibi traditam procedat, et quod vos et bona vestra recommendatum (*sic*) habeat, nec permittat vos a laicis, de jurisdicione nostra existentibus, in persona vel rebus indebite molestari. Datum dominica in vigilia nativitatis beati Johannis Baptiste, anno Domini M° CC° LX° nono.

1790

(Fol. 176.) 27 jun. 1269. — SENESCALLO VENAISSINI PRO DRACONETO, DOMINO MONTISALBANI, MILITE [2].

Alfonsus, *etc.*, senescallo Venaissini, *etc.* Cum nos causam appellacionis, interposite ex parte nobilis et fidelis nostri Draconeti, domini Montisalbani, et pareriorum suorum pro se et hominibus suis, dilecto et fideli clerico nostro, magistro Johanni de Putheolis, duximus committendam, mandamus vobis quatinus, pendente causa appellacionis hujusmodi, nichil contra ipsum Dragonetum aut parerios suos seu homines eorundem quamtum ad ea de quibus appellatum extitit contra justiciam attemptetis. Datum die jovis proxima post festum nativitatis

---

[1] Giraud, évêque de Cavaillon de 1267 à 1277. — [2] Cet acte est cancellé dans le registre.

beati Johannis Baptiste, anno Domini millesimo ducentesimo sexagesimo nono.

1791

27 jun. 1269. — LITTERA PATENS MAGISTRO JOHANNI DE PUTHEOLIS, CLERICO, PRO DRAGONETO, DOMINO MONTISALBANI, MILITE [1].

Alfonsus, *etc.*, dilecto et fideli clerico suo magistro Johanni de Putheolis, salutem et dilectionem. Causam appellacionis ad nos interposite, ut dicitur, ex parte nobilis et fidelis nostri Dragoneti, domini Montisalbani, et quorundam pareriorum suorum in castro Valriaci [2] et aliis locis, que tenet a nobis in feodum, pro se et hominibus eorundem, ab audiencia dilecti et fidelis nostri Guidonis de Vallegrignosa, militis, senescalli nostri Venaissini, occasione subvencionis pro nobis et nostro nomine petite ab ipsis ob subsidium Terre sancte, vobis committimus audiendam et fine debito terminandam. Datum die jovis proxima post nativitatem beati Johannis Baptiste, anno Domini millesimo ducentesimo sexagesimo nono.

1792

27 jun. 1269. — LITTERA PATENS MAGISTRO JOHANNI DE PUTHEOLIS, CLERICO, PRO PONCIO DE SANCTO JUSTO.

Alfonsus, *etc.*, dilecto et fideli clerico suo magistro Johanni de Putheolis, salutem et dilectionem. Causam appellacionis ad nos interposite, ut dicitur, ex parte Poncii de Sancto Justo a sentencia contra ipsum lata pro Latillo de Murmurione per senescallum nostrum Venaissini, pro eo quod senescallus noster Venaissini prohibuit dictum Poncium de Sancto Justo uti rebus et possessionibus, quas ipse habebat in villa de Palaude [3], vobis committimus audiendam et fine debito terminandam. Datum die jovis proxima post nativitatem beati Johannis Baptiste, anno Domini millesimo ducentesimo sexagesimo nono.

[1] Cet acte est cancellé dans le registre. — [2] Valréas, Vaucluse. — [3] Lapalud, Vaucluse, cant. Bollène.

1793

27 jun. 1269. — SENESCALLO VENAISSINI PRO DOMINO DRAGONETO, DOMINO MONTISALBANI, SUPER SUBVENCIONE.

Alfonsus, *etc.*, senescallo Venaissini, *etc.* Mandamus vobis quatinus ab hominibus nobilis et fidelis nostri Dragoneti, domini de Montealbano, et quorundam pareriorum suorum in castro Valriaci, auxilium seu subvencionem pro nobis levare supersedeatis usque ad tres septimanas post instans festum Omnium sanctorum, et si quid ab eis propter hoc levaveritis, usque ad dictum terminum eisdem hominibus recredatis, addiscentes nichilominus diligenter an predicti homines nobis subvencionem vel auxilium facere teneantur de jure vel consuetudine seu longo usagio vel promisso, et si unquam ipse Dragonetus et parerii sui ac eorum homines subvencionem predecessoribus nostris fecerint temporibus retroactis. Tractetis insuper cum hominibus eisdem de subvencione, nobis ab eis gratis et liberaliter facienda pro subsidio Terre sancte. Addiscatis insuper an ipse Dragonetus unquam ab hominibus feudatariorum suorum subvencionem de jure vel consuetudine seu usagio levaverit pro subsidio Terre sancte vel propter guerram vel propter connubium filie sue vel propter miliciam filii aut quacunque de causa. Quid vero super premissis inveneritis et feceritis et quantum valet subvencio quam pro nobis petitis ab eisdem, in crastinum instantis quindene Omnium sanctorum, cum ad nos veneritis pro vestris compotis faciendis, in scriptis refferatis. Datum die jovis post nativitatem beati Johannis Baptiste, anno Domini millesimo ducentesimo sexagesimo nono.

1794

18 jul. 1269. — DOMINO BERTRANDO DE BAUCIO, MILITI, PRO SYBILIA, MATRE SUA.

Alfonsus, *etc.*, nobili et dilecto suo... Bertrando de Baucio, militi, salutem et dilectionem sinceram. Ad aures nostras noveritis pervenisse quod vos nobili domine Sybilie, matri vestre, nimis durus et injuriosus existitis, redditus suos ultra voluntatem suam retinendo et familie sue, presertim cuidam capellano suo, minas indebite inferendo. Unde vobis mandamus, rogantes quatinus erga matrem vestram predictam taliter vos habere curetis quod de vobis non habeat justam materiam conquerendi, minus juste attemptata erga ipsam vel suos a vobis ad statum debitum reducentes, scituri quod, nisi hoc feceritis, dilecto ac fideli nostro senescallo Venaissini nostris dedimus litteris in mandatis ut ad id, si neccesse fuerit, vos compellat, justicia mediante. Datum Parisius, die jovis ante festum Marie Magdalene, anno Domini M° CC° LX° nono.

1795

18 jul. 1269. — SENESCALLO PRO DICTA MATRE DICTI BERTRANDI.

Alfonsus, *etc.* Cum, sicut intelleximus, nobilis et fidelis noster Bertrandus de Baucio, miles, matri sue nimis durus et injuriosus existat, redditus suos contra voluntatem ipsius matris sue retinendo, minas sue familie indebite inferendo, et nos dictum Bertrandum per nostras rogaverimus litteras ut erga eandem matrem suam taliter se habeat quod ipsa de ipso justam non habeat materiam conquerendi necnon quod minus juste attemptata erga ipsam ad statum reducat debitum, mandamus vobis quatinus ipsum Bertrandum, nisi predicta complere voluerit, ad id, si necessse fuerit, compellatis, justicia mediante, istud mandatum predicte matri sue significantes. Datum ut precedens.

1796

2 aug. 1269. — FRATRI GUIDONI DE BUCI PRO COMITE PICTAVIE ET THOLOSE [1].

Alfonsus, *etc.*, dilecto et fideli suo Guidoni de Buciaco, ordinis Milicie Templi, salutem et dilectionem. Litteras vestras nobis nuperrime presentatas recepimus, continentes quod vos quedam vasa ad reponendum vinum emistis ad opus nostri pro certa peccunie quantitate, nec-

[1] Cet acte est cancellé dans le registre.

non et quemdam palefridum quem nobis per vestrum nuncium transmisistis, scituri quod ea, prout per vos empta sunt, nobis placent, mandantes vobis quatinus in perquirendis et emendis victualibus et aliis neccessariis ad opus nostri passagii caute et sollicite, prout vobis injunctum extitit, procedatis, ponentes in scriptis nomina et cognomina personarum a quibus emeritis et singularum rerum emptarum quantitates et precium, ita quod, cum vos aut frater Johannes de Kais ad nos veneritis, de eisdem rebus quas emeritis certum et fidelem compotum reddere valeatis, nosque videamus quod vos super hiis caute, diligenter et fideliter habuistis vestramque diligenciam et fidelitatem ob hoc debeamus merito commendare, scientes quod, cum nuncius vester ad nos venit, frater Johannes de Kais a nobis jam recesserat, ad partes Venayssini et alibi pro nostris exequendis negociis profecturus. Datum die veneris post festum sancti Petri ad vincula, anno Domini M° CC° LX° nono.

1797

(Fol. 177.) 4 aug. 1269. — SENESCALLO VENAYSSINI PRO DOMINO COMITE.

Alfonsus, etc. Litteras vestras super finacionibus per vos factis cum hominibus quarundam villarum, tam nostrarum quam alias sub districtu nostro existencium, pro certis quantitatibus peccunie, nuperrime ad nos missas, inspeximus diligenter, scire vos volentes quod nos finaciones seu composiciones easdem, quas fecistis, gratas gerimus et acceptas, vobis mandantes quatinus cum hominibus aliarum villarum, tam nobis immediate subjectis quam aliis baronibus et feudatariis nostris, composicionem similem, vel si poteritis meliorem, considerato focorum numero in villis singulis nostre senescallie, faciatis, circa hec et alia que ex commisso vobis officio competunt seu specialiter alias receperitis in mandatis, taliter vos habentes quod per effectum operis cognoscamus[1] cordi vobis nostra negocia extitisse, nosque vestram

---

[1] Première leçon : *cognoscatur*.

VENAISSIN [1269].

diligenciam debeamus propter hoc merito commendare. Et nomina villarum, in quibus cum hominibus nostris vel [1] feudatariorum nostrorum aut qui alias nobis subsunt, de quibus nundum facta est composicio, vobis mittimus presentibus infrascripta, circa alias, si plures vobis occurrerint, jus nostrum nichilominus observantes. Datum dominica post festum sancti Petri ad vincula, anno Domini millesimo CC° LX° nono.

Nomina villarum de domanio domini comitis, de quibus nondum extitit facta composicio : Paterne [2], Murmurio [3], Rocha [4], Malaucena [5], Serra [6], Sabletum [7] et Securetum [8], Vasio [9], Somana [10], Caderossa [11], Falco [12], Laneas [13].

Nomina villarum existencium sub feudatariis domini comitis. Sub episcopo Carpentoratensi : Baucetum [14], Sanctus Desiderius [15], Villa [16], Malamors [17]. Sub domino B. de Baucio : Podium Aycardi [18]. Sub domino Ymberto et domino G. de Sabrano : Tallades [19]. Sub dominis de Albo Ruffo : Album Ruffum [20]. Sub Berengario Rogerii : Interqualles [21]. Sub episcopo Vasionensi : Restellum [22], Crestum [23], Intercalles [24]. Sub domino Bernardo de Clarello : Malbec [25]. Sub Milsodo de Avinione : Menerba [26]. Sub domino Poncio Astoaudi : Mesanum [27], Vileron [28], Va-

---

[1] Nous corrigeons le texte, qui porte *vobis*.
[2] Pernes, Vaucluse.
[3] Mormoiron.
[4] Probablement La Roque-sur-Pernes, cant. Pernes.
[5] Malaucène.
[6] Peut-être Serre, commune Carpentras.
[7] Sablet, cant. Baumes.
[8] Séguret, cant. Vaison.
[9] Vaison.
[10] Saumanes, cant. L'Isle.
[11] Caderousse, cant. Orange.
[12] Faucon, cant. Vaison.
[13] Lagnes, cant. L'Isle.
[14] Le Beaucet, Vaucluse, cant. Pernes.
[15] Saint-Didier, cant. Pernes.
[16] Villes, cant. Mormoiron.
[17] Malemort, cant. Mormoiron.
[18] Piécard, com. Sarrians.
[19] Taillades, cant. Cavaillon.
[20] Le Barroux, cant. Malaucène.
[21] Entrechaux, cant. Malaucène.
[22] Rasteau, cant. Vaison.
[23] Probablement Crestet, canton Vaison.
[24] Entrechaux. (Voir plus haut.)
[25] Maubec, cant. Cavaillon.
[26] Ménerbes, cant. Bonnieux.
[27] Mazan, cant. Carpentras.
[28] Velleron, cant. Pernes.

loses [1]. Sub domino de Grillon : Grillon [2] et Vasols [3]. Sub dominio communi episcopo Cavellicensi et domino comiti : Cavillio [4]; sub episcopo inmediate : Cavellio. Sub dominis de Caderossa : Caderossa [5].

1798

6 aug. 1269. — LITTERA PATENS PRO FRATRE ODONE DE PARISIUS ET THOMA DE LATAROSA ET MAGISTRO JOHANNE DE PUTHEOLIS.

Alfonsus, *etc.*, dilectis et fidelibus suis Venaissini, Ruthenensi senescallis et conestabulo Arvernie, salutem et dilectionem. Significamus vobis quod nos ad partes nostras Venaissini et Ruthinesii et Arvernie mittimus dilectos nostros fratrem Odonem de Parisius, fratrem Thomam de Latarosa, de ordine fratrum Minorum, et magistrum Johannem de Putheolis, presbyterum, latores presencium, pro forefactis nostris et ballivorum ac servientum nostrorum corigendis, vobis mandantes quatinus super hiis consilium vestrum et auxilium impendatis eisdem, quocienscunque ab ipsis fueritis requisiti. Datum apud Sanctum Audoenum [6], die martis ante festum beati Laurencii, anno Domini M° CC° LX° nono.

1799

6 aug. 1269. — CONSILIO ET COMMUNITATI CIVIUM AVINIONENSIUM SUPER SUBVENCIONE TERRE SANCTE.

Alfonsus, *etc.*, dilectis et fidelibus suis consilio et communitati civium Avinionensium salutem et sincere dilectionis affectum. Satis credimus ad vestram pervenisse noticiam qualiter jamdudum sumus crucis caractere insigniti, saneque prefixi ad transfretandum passagii instat ter-

[1] Il y a un lieu de Valouse (Drôme, cant. Nyons), qui, autrefois, dépendait de Valréas, mais j'estime qu'il s'agit plutôt ici de Vaucluse (cant. L'Isle), qui appartenait jadis, ainsi que Mazan et Velleron, à la famille Astoaud. (Cf. Fantoni Castrucci, *Istoria della citta d'Avignione*, I, 103.)

[2] Crillon, cant. Mormoiron.

[3] Saint-Pierre-de-Vasso's, cant. Mormoiron.

[4] Cavaillon.

[5] Caderousse, cant. Orange.

[6] Saint-Ouen-sur-Seine, Seine, cant. Saint-Denis.

minus, videlicet prima ebdomada instantis mensis maii qua debemus adesse personaliter supra portum, ubi naves ascendere proponimus, Christo duce. Prudenciam vestram ea qua possumus precum instancia requirimus et rogamus quatinus in tante necessitatis articulo, pro Terre sancte subsidio, adeo gratum nobis studeatis auxilium impartiri, quod honera expensarum fere inportabilia, que nos subire oportet, prout persone nostre condicioni congruit et tantum exposcit negotium, saltim pro parte aliqua sublevantur. Ad hoc enim satis faciles et favorabiles vos debent reddere tam pii propositi qualitas vestraque nobis debita et continuata fidelitas, exactionumque quas vobis fecerimus raritas, necnon spes celestis premii; non enim credendi sunt expertes meriti, qui tam pio tamque laudabili negocio manum porrexerint adjutricem. Tantum itaque super hiis faciatis, quod affectum quem erga personam nostram gerere vos credimus, senciamus tam sceleriter (*sic*) quam utiliter per effectum, nosque devocionem vestram et fidelitatem begnivolam debeamus merito propter hoc commendare, vestraque vestrorumque negocia teneamur in posterum [1] amplecti propensius ampliori prerogativa gracie [et] favoris, adhibentes nichilominus fidem hiis que religiosi viri et in Christo nobis dilecti fratres Odo de Parisius et Thomas de Latarosa, ordinis fratrum Minorum, ac dilectus et fidelis noster Johannes de Puteolis, presbyter, vel alter eorum pro nobis in parte ista vobis duxerint refferenda, eadem prout confidimus efficaciter adimplentes. Datum anno Domini m° cc° lx° nono, die martis ante festum beati Laurencii.

1800

(Fol. 178.) 15 aug. 1269. — SENESCALLO VENAISSINI PRO ELEMOSINIS DOMINI COMITIS.

Alfonsus, *etc.*, senescallo Venaissini, *etc.* Mandamus vobis quatinus solvatis de denariis nostris pro elemosina fratribus Minoribus de Insula [2] c sol. tur.; fratribus Heremitis Sancti Johannis Baptiste de Avi-

---

[1] Le manuscrit porte par erreur *in prosperum*. — [2] L'Isle, Vaucluse.

gnione ⁽¹⁾ LX sol. tur.; fratribus Minoribus Avignionensibus xv libr. tur.; fratribus Predicatoribus Avignionensibus xv libr. tur.; fratribus Minoribus de Vallereyas⁽²⁾ LX sol. tur.; sororibus Minoribus Avignionensibus C sol. tur.; fratribus de Carmello Avignionensibus X lib. tur. Universas autem et singulas elemosinas singulis locis, prout superius sunt distincte, solvatis, taliter quod inde possitis ad instantes compotos, circa tres septimanas post festum Omnium sanctorum, computare de eisdem, ita quod constet de solucione earundem per litteras testimoniales quibus fides debeat adhiberi, vel alias legitime sicut decet. Datum apud Hospitale juxta Corbolium, in festo assumpcionis beate Virginis, anno Domini M° CC° LX° IX°.

1801

8 sept. 1269. — FRATRI GUIDONI DE BUCCIACO, ORDINIS MILICIE TEMPLI, PRO COMITE PICTAVENSI ET THOLOSE.

Alfonsus, *etc.*, dilectis et fidelibus suis senescallo Venayssini et fratri Guidoni de Bucciaco, ordinis Milicie Templi, salutem et dilectionem. Cum nobis per vestras significaveritis litteras quod vos, frater Guido, ultra summam sexcentarum librarum turonensium, super quibus littere nostre patentes vobis remanserunt, de summa sex milium librarum super quibus vos et frater Johannes de Kays litteras nostras pattentes habuistis, quando a nobis a villa que vocatur Plesseium Paté⁽³⁾ recessistis, blada, vina et alia ad opus nostri passagii neccessaria emistis usque ad valorem duorum vel trium milium librarum turonensium vel circa, et vos, senescalle predicte, usque ad tantam quantitatem dicto fratri Guidoni tradere dubitatis sine mandato nostro et littera speciali, vobis mandamus quatinus vos, senescalle predicte, eidem fratri Guidoni usque ad dictam summam duorum vel trium aut eciam quatuor seu quinque milium librarum turonensium de denariis nostris, si tanta summa indiguerit pro nostris negociis ad opus nostri

---

⁽¹⁾ Avignon. — ⁽²⁾ Valréas. — ⁽³⁾ Plessis-Pâté, Seine-et-Oise, cant. Longjumeau.

passagii neccessariis, tradatis, dum tamen super summa quam sibi tradideritis litteram suam pattentem habeatis, ita quod de summa sibi a vobis tradita et de eis que pro nobis emerit nos vel gentes nostras per litteras ejusdem fratris Guidonis pattentes certificare possitis quarta die post quindenam instantis festi Omnium sanctorum, cum ad nos veneritis pro vestris compotis faciendis. Verumptamen vobis, senescalle, et fratri Guidoni significamus quod dicto fratri Johanni de Kays, quando ultimo a nobis recessit, litteras nostras patentes de contrahendo mutuo, nomine ipsius fratris Johannis et vestro, frater Guido predicte, tradi fecimus usque ad summam novem milium et ducentarum librarum turonensium, de quibus litteris debuisset dictus frater Johannes vobis, fratri Guidoni, partem aliquam, secundum quod vobis esset neccessarium, ostendisse, et si opus esset dimisisse, per quas litteras nostras pattentes, si dicto fratri Guidoni dimisse fuissent, vos, senescalle, eidem fratri Guidoni de denariis nostris, immo eciam de vestris, si haberetis, ut videtur, mutuasse, et litteras ejusdem patentes testimoniales cum eisdem nostris pattentibus litteris retinuisse debuissetis, cum tale mutuum a quibuslibet extraneis per nostras pattentes litteras pluries nobis fiat. Vos insuper, frater Guido, scriptum quod dicto fratri Johanni et Nicholao clerico, quando a nobis ultimo recesserunt, tradi fecimus super victualibus et aliis neccessariis nobis pro via transmarina et summa et quamtitate cujuslibet, ad videndum et transcribendum, petatis ab eodem fratre Johanne, ut per idem scriptum de negociis nostris plenius instrui valeatis, presertim cum in dicto scripto contineatur major quantitas ordei et quorundam aliorum quam in scripto quod ipsi et vobis tradi fecimus, quando vos et ipse a nobis recessistis, necnon et quedam alia de quibus in primo scripto nondum mencio facta fuit. Et quidquid super premissis omnibus et singulis actum fuerit nobis loco et tempore rescribatis, et in hiis et aliis nostris negociis curam et diligenciam majorem quam bono modo poteritis, apponatis. Et de omnibus que vos et dictus frater Johannes, insimul vel quilibet per se, pro nobis feceritis, tam emendo victualia, vina et alia quam naves conducendo, expressa quantitate emptorum et conductorum et preciis cujuslibet sigillatim et distincte, vos unum scriptum et idem frater Johannes aliud, facta collacione unius ad reliquum habeatis, et ipsum fratrem Johannem ex parte nostra super hoc requiratis. Frater Guido, consimilem litteram mittimus senescallo Venaissini predicto. Datum dominica in festo nativitatis beate Marie Virginis, anno Domini millesimo ducentesimo sexagesimo nono.

Consimilis littera missa fuit senescallo Venaissini.

1802

23 sept. 1269. — SENESCALLO VENESSINI PRO PETRO RENALDI, G. RENALDI ET GUILLELMO RENALDI [1].

Alfonsus, etc., senescallo Venessini, etc. Petrus Renaldi, domicellus, pro se et G. Renaldi, fratre suo, et Guillelmus Renaldi, consanguineus eorundem, sua nobis peticione conquerendo monstrarunt quod, cum a predecessore nostro R., quondam comite Tholose, eisdem concessum extitisset, pro se et successoribus suis, quod ipsi in mera et perpetua libertate extitissent in villa Abolene [2], ita ut neque ipsi nec successores sui tenerentur vel cogi possent eidem predecessori nostro vel ejusdem successoribus aliquod servicium impertiri coacti, et ut in dicta villa Abolene sicut liberi milites permanerent, et dicta libertate usque ad ista tempora usi fuerint, asserentes sentenciam per judicem nostrum Venaissini pro ipsis latam, cum questio super libertate dicta a communitate ville Abolene refferretur eisdem (sic) et vos, ut asserunt, contra premissa ad contribuendum una cum popularibus ville Abolene in subvencione, quam nobis faciunt pro subsidio Terre sancte, compellatis eosdem, vobis mandamus quatinus [3] ipsos in jure suo et deffensionibus audiatis, quod justum fuerit super hoc previa racione decernentes, ita quod propter hoc non differatur solucio pecunie nobis debite a communitate dicte ville pro subsidio Terre sancte. Datum die

---

[1] Cet acte est cancellé dans le registre original. (Voir plus loin, n° 1805.)

[2] Bollène, Vaucluse.

[3] Première leçon: *quatinus soluta sibi promissionis nobis facta communitate (hominibus) pro porcionibus ipsos contingentibus.*

lune post festum beati Mathei apostoli, anno Domini millesimo ducentesimo sexagesimo nono.

Similis littera pro Rostanno Danyel.

1803

22 sept. 1269. — SENESCALLO VENESSINI PRO GUILLELMO RENALDI.

Alfonsus, *etc.*, senescallo Venessini, *etc.* Veniens ad nos Guillelmus Renaldi conquestus est nobis quod vos quendam hominem suum justiciabilem et manentem in loco qui dicitur de Mota[1], ubi merum et mixtum habet imperium, sicut dicit, in ipsius prejudicium nitimini defendere et ipsum explectare. Quare vobis mandamus quatinus, vocato dicto homine et aliis quorum interest, auditis hinc inde racionibus, si ita est, a dicti Guillelmi molestia desistatis, facientes ad statum reduci debitum, si que contra justiciam in hac parte fuerint attemptata. Datum die dominica post festum beati Mathei apostoli, anno Domini m° ducentesimo lx° nono.

1804

25 sept. 1269. — SENESCALLO VENAISSINI PRO PETRO RENALDI DE ABOLENA, DOMICELLO.

Alfonsus, *etc.*, senescallo Venaissini, *etc.* Accedens ad nos Petrus Renaldi de Abolena, domicellus, nobis homagium obtulit pro bastida Renaldorum[2], quam tenere a nobis asserit se debere. Unde vobis mandamus quatinus nomine nostro instrumentum fidelitatis recipiatis ab ipso, si a nobis bastidam tenere debeat supradictam, scire vos volentes quod nos homagii ipsius recepcionem distulimus usque ad medium instantis mensis maii, nisi ad partes illas antea nos contigerit interesse. Datum die mercurii ante festum beati Mychaelis, anno Domini m° ducentesimo lx° nono.

---

[1] Lamotte, Vaucluse, cant. Bollène. — [2] Les Raynauds, Vaucluse, comm. Uchaux.

1805

25 sept. 1269. — SENESCALLO VENESSINI PRO PETRO RENALDI, G. RENALDI ET GUILLELMO RENALDI [1].

Alfonsus, *etc.*, senescallo Venessini, *etc.* Petrus Renaldi, domicellus, pro se et G. Renaldi fratre suo, et Guillelmus Renaldi, consanguineus eorundem, sua nobis peticione conquerendo monstrarunt quod, cum a predecessore nostro R., quondam comite Tholose, eisdem concessum extitisset pro se et successoribus suis, quod ipsi in mera et perpetua libertate extitissent in villa Abolene, ita ut neque ipsi nec successores sui tenerentur vel cogi possent eidem predecessori nostro vel ejusdem successoribus aliquod servicium impertiri coacti, et ut in dicta villa Abolene sicut liberi milites permanerent, et dicta libertate usque ad ista tempora usi fuerint, asserentes sentenciam per judicem nostrum Venessini pro ipsis latam, cum questio super dicta libertate a communitate ville Abolene refferretur eidem, et vos, ut asserunt, contra premissa ad contribuendum una cum popularibus ville Abolene, in subventione quam nobis faciunt pro subsidio Terre sancte, compellatis eosdem, vobis mandamus quatinus ipsos in jure suo et deffensionibus audiatis, quod justum fuerit super hoc racione previa decernentes, et tringinta (*sic*) duas libras turonensium vel circa, in quibus predicti sunt talliati, ut dicunt, pro promissione quam nobis fecit communitas ville Abolene, non compellatis ad reddendum quousque super hoc per vos vel judicem nostrum Venessini lata sit sentencia contra ipsos, ita quod propter hoc non differatur solucio pecunie nobis debite a dicta communitate pro subsidio Terre sancte. Datum die mercurii ante festum beati Mychaelis, anno Domini m° ducentesimo lx° nono.

1806

(Fol. 179.) 25 sept. 1269. — SENESCALLO VENESSINI PRO ROSTANO DANYELIS.

Alfonsus, *etc.*, senescallo Venessini, *etc.* Rogstanus Danyel sua nobis

[1] Rédaction définitive du n° 1802.

peticione conquerendo monstravit quod, cum a predecessore nostro
R., quondam comite Tholose, eidem concessum extitisset pro se et successoribus suis quod ipse in mera et perpetua libertate extitisset in
villa Abolene, ita ut neque ipse nec successores sui tenerentur vel cogi
possent eidem predecessori nostro vel ejusdem successoribus aliquod
servicium impertiri coacti, et ut in dicta villa Abolene sicut liberi milites permauerent, et dicta libertate usque ad ista tempora usi fuerint,
asserentes sentenciam per judicem nostrum Venessini pro ipsis latam,
cum questio super dicta libertate a communitate hominum ville Abolene refferretur eidem, et vos, ut asserit, contra premissa ad contribuendum una cum popularibus ejusdem ville Abolene, in subvencione
quam nobis faciunt pro subsidio Terre sancte, compellatis eundem,
vobis mandamus quatinus ipsum in jure suo et deffensionibu saudiatis,
quod justum fuerit super hoc racione previa decernentes, et quadraginta solidos turonensium vel circa, in quibus predictus Rostanus est
talliatus, ut dicit, pro promissione quam nobis fecit communitas dicte
ville Abolene, non compellatis ad reddendum quousque super hoc per
vos vel judicem nostrum Venessini lata sit sentencia contra ipsum, ita
quod propter hoc non differatur solucio pecunie nobis debite a communitate dicte ville Abolene pro subsidio Terre sancte. Datum die
mercurii ante festum beati Mychaelis, anno Domini m° cc° lx° nono.

1807

26 sept. 1269. — SENESCALLO VENAISSINI PRO COMITE PICTAVIE ET THOLOSE.

Alfonsus, *etc.*, senescallo Venaissini, *etc.* Cum nobis extiterit intimatum quod Petrus Rebatin, notarius noster Abolene, falsas notas confe-
cerit et instrumenta suo signo signata super divisione terre Bernardi
Renaldi et Renaldi, ejus fratris, ut dicitur, in prejudicium eorundem
non modicum et gravamen, vobis mandamus quatinus, instrumentis
diligenter inspectis, a Petro de Vicenobrio, milite, et aliis fide dignis,
super falsitate hujusmodi veritatem inquiratis, vocato dicto notario coram vobis, auditis racionibus ejusdem, de hiis que ad jurisdicionem

nostram pertinent. Quod si ut dictum est inveneritis, dictus notarius secundum quod jus dictaverit, ad usus patrie, super hiis que ad nostram jurisdicionem pertinent puniatur per emendam a vobis, et eandem judicari et levari faciatis ac dampnum propter hoc dictis fratribus datum eisdem emendari, justicia mediante, ipsum a dicto officio removentes. Et quid super his et aliis negociis nostris feceritis, nobis circa diem terciam post quindenam instantem Omnium sanctorum, cum ad nos veneritis pro compotis vestris faciendis, in scriptis referatis, in nostris aliis negotiis ac bono regimine terre nostre vos fideliter habentes et curiose, ita quod vos a nobis possitis et merito commendari. Datum die jovis ante festum beati Michaelis, anno Domini M° CC° LX° nono.

1808

7 oct. 1269. — SENESCALLO VENAISSINI PRO COMITE PICTAVIE ET THOLOSE [SUPER FRUMENTO EMENDO].

Alfonsus, *etc.* Mandamus vobis quod composicio, quam cum Judeis terre nostre de certa quantitate frumenti seu annone fecistis, nobis non placet, immo non modicum displicet quod fratrem Guidonem de Buciaco emere frumentum seu annonam pro nobis, usque ad quantitatem cum dictis Judeis conventam, differre fecistis. Unde vobis mandamus quatinus dicto fratri Guidoni ex parte nostra dicatis quod, occasione dicte convencionis a vobis cum ipsis Judeis facte, frumentum seu annonam usque ad quantitatem sibi et fratri Johanni de Kais in scriptis a nobis injunctam, et quam nobis viderit neccessariam, non differat comparare. Vos autem cum ipsis Judeis ad summam certam peccunie nobis exsolvendam quam cicius cum ipsis convenire poteritis, retenta voluntate nostra, componere studeatis, et si occasione dilacionis a dicto fratre Guidone per vos facte dampnum aliquod nobis eveniret, videtur id vobis debere non immerito imputari. Et quid de premissis feceritis, circa tres septimanas instantis festi Omnium sanctorum nobis in scriptis referatis, et tunc ad nos veniatis pro vestris compotis faciendis. Et has litteras fratri Guidoni ostendatis. Datum die lune ante festum beati Dyonisii, anno Domini M° CC° LX° nono.

1809

8 oct. 1269. — AU SENESCHAL DE VENESSIN POR LE CONTE DE POITIERS ET DE THOLOSE.

Aufonz, fiuz de roi de France, coens de Poitiers et de Tholose, à son amé et son feal, au seneschal de Venessin, saluz et amor. Comme autrefoiz vous aions mandé que à nostre amé et nostre familier, frere Gui de Bucci, baillessiez de noz deniers por noz besoignes dequ'à la some de deus mile ou trois mile, ou neis de quatre mile ou cinc mile livres de tornois, se de tant avoit mestier, derechief vous mandons que au devant dit frere Gui et à frere Jehan de Kais, ou à l'un d'eus, de noz deniers bailliez dequ'à la some devant dite, se mestier leur est por nos besoignes, et de ce que vous leur balleroiz prenez et retenez par devers vous leur lestres pendanz ou de celui à qui vos les balleroiz, si que environ les trois semeines de la Touz sainz qui vient prochienement, quant vous vendroiz à nous por voz contes fere, en vous abate de voz contes ce que vous porrez montrer par leur lestres pendanz ou de l'un d'eus, que il auront receu de vous. Et seur ce vos aiez en telle meniere que par vostre defaut nos n'i puissons avoir domage. Et ce fetes assavoir à frere Jehan de Kaes et frere Gui de Bucci. Ce fu donné le mardi la vigile saint Denis, l'an nostre Seignor M CC LX IX.

1810

(Fol. 180.) 8 oct. 1269. — SENESCALLO ET JUDICI AVINIONENSI PRO DOMINO COMITE.

Alfonsus, *etc.*, dilectis et fidelibus suis senescallo Venessini et judici Avinionensi salutem et dilectionem. Litteras vestras, processum quem habuistis circa factum monete Milliarensium continentes, nuper recepimus earumque seriem pleno collegimus intellectu, scituri quod, quanquam plerisque videatur lata dudum per inquisitores nostros in Venessino sentencia super facto Milliarensium jure prolata, quia tamen ab eadem extitit appellatum et eventus causarum dubii sunt, arbitrio vestro et industrie duximus committendum an composicionem quam scripsistis admittere vel non admittere debeatis; modicam enim utilitatem conposicio hujusmodi nobis affert, respectu ejus quantitatis que nobis adjudicata fuerat, justicia, sicut dicitur, mediante. Vos itaque, qui presentis negocii merita nosse plenius debetis, provideatis quid expediat huic facto. Datum die martis in vigilia beati Dionisii, anno Domini m° cc° lx° nono.

1811

8 oct. 1269. — INQUISITORIBUS PRO DOMINO COMITE PICTAVIE.

Alfonsus, *etc.*, dilectis et fidelibus suis fratribus Odoni de Parisius et Thome de Latarosa, ordinis fratrum Minorum, et magistro Johanni de Putheolis, inquisitoribus in Venessino et Ruthenesio, salutem et dilectionem sinceram. Litterarum vestrarum serie plenius intellecta, accepimus quod cives Avinionenses, quanquam a vobis ex parte nostra tam universaliter quam particulariter requisiti, nichil nobis dare aut promittere pro Terre sancte subsidio hactenus voluerunt. Verumtamen jus nostrum si quod in hac parte habemus, propter eorum obstinatam duriciam non credimus expirasse, et cum expedire viderimus, eos super hoc interpellari iterum faciemus. Vos vero raciones quascunque scire poteritis pro nobis, tam super isto negocio quam super nonnullis nostris juribus que tam dictorum civium universitas quam aliqui eorum singulariter refferuntur contra justiciam usurpasse, in scriptis redactas nobis curetis remittere vel afferre, quamprimum ad nos contigerit vos venire. Datum die martis in vigilia beati Dyonisii, anno Domini m° cc°lx° nono.

1812

9 oct. 1269. — SENESCALLO VENESSINI PRO CONSULIBUS ET UNIVERSITATE CIVITATIS CARPENTORATENSIS.

Alfonsus, *etc.* Ex parte consulum et universitatis civitatis Carpentoratensis nobis est conquerendo monstratum quod quidam ibidem degentes in subventione quingentarum librarum turonensium, nobis ab ipsis consulibus et universitate promissa pro subsidio Terre sancte, indebite et injuste contribuere contradicunt, licet, sicut dicitur, contribuere teneantur. Unde vobis mandamus quatinus omnes illos qui predicte subvencioni de jure vel consuetudine patrie contribuere tenentur, ad contribuendum, prout justum fuerit, compellatis, nisi raciones coram vobis proposuerint efficaces quare ad hoc minime teneantur, quas summarie audiatis et sibi exhibeatis celeris justicie complementum, ita quod summa quingentarum librarum turonensium nobis ab ipsis promissa minime minuatur, nec soluciones aliquatenus prorogentur. Ceterum eos qui dicte subventioni apud Carpentoratum, prout tenentur, contribuerint, in aliis locis contribuere nullatenus compellatis, nisi aliter de jure vel consuetudine patrie fuerit faciendum. Datum die mercurii in festo beati Dyonisii, anno Domini m° cc° lx° nono.

1813

12 oct. 1269. — EPISCOPO AVINIONENSI PRO COMITE PICTAVIE ET THOLOSE.

Venerabili in Christo patri et dilecto suo R., Dei gracia Avinionensi episcopo[1], Alfonsus, *etc.*, salutem et sincere dilectionis affectum. De cura et diligencia quam tam per vosmet ipsos quam etiam per fideles vestros adhibuistis in perquirenda diligenti studio composicione duorum milium marcharum argenti, inter bone memorie tunc episcopum Avinionensem, predecessorem vestrum, ex una parte et cives Avinionenses ex altera, pro quibusdam dampnis et injuriis olim factam (*sic*), vobis grates referimus copiosas, paternitatem vestram affectuose rogantes ut si quandocunque composicionem eandem contigerit inveniri, transcriptum ipsius sub sigillo autentico nobis, si placet, quam cicius remittatis. Insuper vos rogamus ut oretis pro nobis et orare faciatis. Datum sabbato post festum beati Dyonisii.

1814

17 oct. 1269. — [A JEHAN DE KAYS ET A GUI DE BUCI, POUR LE COMTE.]

Aufonz, filz de roi de France, coens de Poitiers et de Tholose, à ses

[1] Robert d'Uzès (1267-1270).

amez et ses feaus frere Jehan de Kays et frere Gui de Buci, de l'ordre de la chevalerie du Temple, saluz et amor. Le transcrit des lestres, que nos envoions par le porteur de ces presentes lestres à nostre amé et nostre feal le seneschal de Venayssin, vos envoions ci desouz escrit, dont nos vos mandons que vos, veues ces lestres, ailliez audit seneschal et le requeret (*sic*) que il vos preste pour noz besoignes fere jusque à la some de v^m livres tornois, ou tant comme mestier vos sera pour les dites noz besoignes fere, et li bailliez vos lestres pendanz de la some que il vos baillera. Et en acheter vins, viandes et galies por nos et autres choses neccessaires pour la voie d'Outremer mestez peine et diligence, regardé l'escrit que nos feismes baillier à vos, frere Jehan, quant vos partites de nos, et ne venez à nos devant que les devant dites noz besoignes pour la voie d'Outremer aiez festes, lesqueles fetes et delivrées, vos, frere Jehan, veigniez à nos et nos raportez en escrit comment elles seront fetes, de chascune chose par soi. Et vos, frere Gui, demorez por garder les choses fetes et por parfere le remanant qui sera à fere, se vos veez que bien soit à fere. Ce fu doné le juedi devant la feste saint Luc l'evangeliste, en l'an nostre Seigneur M CC LXIX. — Frere Jehan de Kais, auteles lestres envoions nos à frere Gui de Buci.

1815

17 oct. 1269. — [AU SENECHAL DE VENAISSIN POUR FRERES JEHAN DE KAIS ET GUI DE BUCI.]

Alfonz, fiuz de roi de France, conte de Poitiers et de Tholouse, à son amé et à son feal le seneschal de Venissi, saluz et amour. Com nos [vos] aions ja mandé par deus pere de nos leitres que vos à frere Gui de Bucci et à frere Jehan de Kays de noz deniers baillissiez por nos besongnes dequ'à la somme de II^m ou III^m ou IIII^m ou v^m livres de tornois, se de tant en avoient mestier, et vos ne l'aiez mie fet, ne n'en avez ballié à frere Jehan que VI^c livres tur. ou entour, itant nos vos mandons que nos nos merveillons mout et mout fet à merveillier que nostre commandement vos n'avez fet, quar escusacion ne povez vos avoir bone

que vos n'aiez assez receuz de nos deniers. Quar de la feste saint Michiel ja passée vos nos devez toute la rente de nostre terre de Venissi de une année, qui monte ancore II^m ou III^m livres tur., et les poies sunt ja toutes passées, quar de la saint Michiel ou entour en souloient conter li autre seneschal et aporter les deniers à Paris au Temple, et se nos vos donnions gregneur respit de conter, por ce ne devez pas donner respit de nos deniers à ceus qui les doivent. D'autre part des finances des viles de vostre seneschauciée nos doit on grant somme de deniers, de quoi la moitié est à poier à ceste procheine Touz sainz, la quele moitié qui est à poier à ceste Touz seinz puet bien monter par l'esme d'aucuns IIII^m ou v^m livres tur., dont se il eust point de chevance ne curieuseté en vos, vos eussiez bien trové qui vos prestat deniers pour nos desqu'à la Touz seinz. Et sachiez que en vostre negligence ou en vostre malice nos avons eu mout grant domage. Por quoi nos vos mandons que, tantost veues cez leitres, vos bailliez au devant dit frere Jehan et frere Gui de noz deniers que vos avez ja receuz de nos baillies, si com dessuz est dit, et d'autres que vos porchaciez seur la poie qu'en nos doit fere à la Touz seinz des devant dites finances. Et de ce que vos leur ballereiz, prenez leur leitres pendanz ou de l'un d'eus, si que vos en puissiez conter quant vos vendreiz à nos et aportez leur leitres. Et sachiez que les domages que nos avons euz et aurons par vostre deffaut, nos voulons que vos les nos rendiez dou vostre, en alant ou en venant et aportant les deniers et ou delai et en toutes autres manieres. Et de ce que vos leur ballereiz por leurs leitres pendanz et dou remanant, contez à nostre gent, environ les III semeinnes de la Touz seinz, quant vos vendreiz à nos por vos contes fere. Ce fu donné le jeudi devant la feste seint Luc l'euvangelistre, en l'an nostre Seigneur M CC LX IX.
— Et se vos avez essoingne de maladie ou d'autre chose, fetes le fere par autre, veues ces lestres.

1816

(Fol. 181.) 22 nov. 1269. — SENESCALLO VENAISSINI PRO DOMINO CASTRI RADULPHI [1].

Alfonsus, *etc.*, senescallo Venaissini, *etc.* Mandamus vobis et precipimus quatinus a nuncio domini Guillelmi de Chauvingniaco [2], militis, patentes litteras ipsius militis defferenti, extrahi permittatis de terra nostra Venaissini pro precio cumpetenti bladum, vinum et alia victualia, sibi et gentibus suis cumpetencia ad defferendum in partibus transmarinis, ab ipso tamen vel ejus mandato rerum venditoribus primitus satisfacto, et eidem militi vel ejus predicto nuncio, quamtum commode poteritis, auxilium et consilium impendatis vel impendi faciatis. Datum apud Longumpontem, anno Domini M° CC° LX° IX°, die veneris in festo beate Cecilie.

1817

4 dec. 1269. — [SENESCALLO VENAISSINI PRO DRACONETO DE MONTEALBANO.]

Alfonsus, *etc.*, senescallo Venaissini, *etc.* Ex parte Draconeti, domini Montisalbani, nobis relatum extitit conquerendo quod senescallus noster Venaissini, qui in senescallia vos precessit, proprios Judeos ipsius et eorum bona, quos suos proprios et predecessorum suorum esse asserit, in terra eciam quam de novo a nobis advocavit, cepit, et vos eos captos detinetis, in ipsius prejudicium et gravamen. Unde vobis iterato mandamus, prout alias vobis mandavisse meminimus, quatinus dictos Judeos, quos suos proprios esse probare potuerit, una cum bonis eorundem predicto Draconeto restituatis, presertim cum dicti Judei sint, ut asserit, de illa terra quam nobis nuperrime advocavit, redigentes tamen in scriptis summam et valorem bonorum dictorum Judeorum, cum protestacione de jure nostro in eisdem Judeis et bonis suis, si postmodum constare poterit eosdem Judeos de terris vel comitatibus nostris extitisse. Datum die mercurii post festum sancti Andree apostoli, anno Domini M° CC° LX° nono.

---

[1] Cet acte a été transcrit deux fois dans le registre. — [2] La seconde copie porte *Chauvegniaco*.

1818

4 dec. 1269. — [SENESCALLO VENAISSINI PRO EODEM.]

Alfonsus, *etc.*, senescallo Venaissini, *etc.* Ex parte nobilis et fidelis nostri Draconeti, domini Montisalbani, nobis est conquerendo monstratum quod, cum nos [eidem], diu est, dederimus et concesserimus omnia jura et raciones que et quas habebamus et habere debebamus in castro seu villa Sancti Pantaleonis[1], intus et extra, et idem Draconetus in recompensacionem dicte donacionis acceperit et recognoverit se habere in feudum a nobis castrum Podii Guigonis[2], prior dicte ville Sancti Pantaleonis ipsum Draconetum inpedit et perturbat uti juribus et racionibus sibi, ut dictum est, a nobis datis, propter quod ex parte ipsius Draconeti nobis extitit postulatum ut ipsum predictis juribus, sibi a nobis concessis, gaudere pacifice[3] faciamus, vel ipsum absolvamus a recognicione feudi quam nobis fecit in recompensacionem donacionis et concessionis predicte. Unde vobis iterato mandamus, prout alias mandasse meminimus, quatinus ipsum Draconetum super premissis diligenter audiatis, et vocato dicto priore, quod idem Draconetus contra ipsum proposuerit et defensiones dicti prioris racionesque propter quas petit dictus Draconetus a dicta recognicione absolvi, in scriptis redactas[4] et quid super premissis feceritis, nobis, cum commode poteritis, remittatis, eidem nichilominus facientes bonum jus et maturum. Datum die mercurii post festum beati Andree apostoli, anno Domini M° CC° LX° nono.

1819

4 dec. 1269. — [SENESCALLO VENAISSINI PRO EODEM.]

Alfonsus, *etc.*, senescallo Venaissini, *etc.* Ex parte nobilis et fidelis nostri Draconeti, domini Montisalbani, nobis est conquerendo mons-

---

[1] Saint-Pantaléon, Vaucluse, cant. Gordes.
[2] Non retrouvé.
[3] Le manuscrit porte *pacificare*.
[4] Première rédaction de la phrase suivante: *circa terciam diem post quindenam instantis festi Candelose, cum pro nostris compotis faciendis ad nos veneritis, refferatis.*

tratum quod senescallus noster Venaissini, qui in senescallia vos precessit, emit nostro nomine quoddam feudum in castro Valriaci[1] ab heredibus Guillelmi de Camareto, militis, quod feodum tenebant a nobis iidem heredes, et quod post predictam empcionem idem senescallus et vos eidem Draconeto, ut pareriis suis, in dicto castro multas fecistis indebitas novitates, non permittendo homines dicti feudi coram communi curia respondere, licet hoc facere erant consueti temporibus retroactis, amovendo eciam ipsos parerios a possessione vel quasi, in qua retroactis temporibus fuerant, in eo videlicet quod cum aliquis de dicto castro recedebat et postea ibi revertebatur, sub dominio illius in quo primo fuerat reverti tenebatur; in eo etiam quod idem senescallus et vos homines dictorum dominorum in illo feudo nostro, quod ex dicta empcione in illo castro habemus, indebite recipitis, in prejudicium dictorum dominorum atque dampnum. Unde vobis mandamus iterato, prout alias mandasse meminimus, quatinus dictos dominos super premissis diligenter audiatis, nec in dicto castro racione empcionis predicte jurisdicionem aliam exerceatis, nisi illam quam dicti heredes, a quibus fuit emptum dictum feudum, ibidem exercebant et poterant exercere, nisi forte aliam aliquam jurisdicionem ibidem haberemus, antequam dictum feudum pro nobis eisdem est emptum, vel nisi alia racionabilis causa subsit propter quam hoc facere vos possitis, que si fuerit, eam nobis[2], cum commode poteritis, remittatis. In premissis vero jus nostrum et alienum illesum penitus conservetis. Datum die mercurii post festum beati Andree apostoli, anno Domini m° cc° lx° nono.

1820

(Fol. 182.) 11 dec. 1269. — [SENESCALLO VENAISSINI PRO EPISCOPO CARPENTORATENSI.]

Alfonsus, *etc.*, senescallo Venaissini, *etc.* Ex parte venerabilis patris R., Dei gracia Carpentoriatensis episcopi[3], nobis extitit conquerendo

[1] Valréas, Vaucluse.
[2] Première leçon : *nobis certificare curetis in scriptis circa terciam diem post quindenam instantis festi Candelose, cum ad nos veneritis pro vestris compotis faciendis.*
[3] Raimond de Barjols (1263-1273).

monstratum quod homines sui de dicta civitate Carpentoriatensi, adversus dictum episcopum contumaciter provocati, in prejudicium suum et Carpentoriatensis ecclesie constituerunt in civitate eadem contra consuetudinem patrie, ut dicitur, sindicos generales qui quasi potestatem sibi vendicant consularem, que constitucio seu creacio generalium sindicorum in illis partibus nonquam fuit, ut asseritur, hactenus usitata; ceterum quod iidem homines Carpentoriatenses eidem episcopo et ecclesie sue predicte multas injurias et violenciam irrogarunt, bajulos seu vicarios suos atrociter vulnerando, rixasque et conspiraciones plurimas contra dictum episcopum excitando inpediendove ipsum episcopum quominus in fossatis, mediis inter dictam civitatem et burgum seu burgos ejusdem civitatis, edificare valeat seu facere edificari, maxime cum sit, diu est, in possessione edificandi seu edificari faciendi in fossatis predictis, prout procurator ipsius episcopi asseruit coram nobis. Quocirca vobis mandamus quatinus in constitucione sindicatus hujusmodi et aliis predictis, que in prejudicium memorati episcopi a dictis hominibus Carpentoriatensibus attemptari dicuntur, eosdem homines indebite procedere minime permittatis, ac ea que injuste attemptata fuerint, vocatis qui fuerint evocandi, ad statum faciatis debitum revocari, secundum quod de jure vel consuetudine patrie fuerit faciendum, dictum episcopum et ejus ecclesiam ac eorum bona recommendata habentes, nec ea a laicis de nostra jurisdicione existentibus indebite molestari [permittentes]. Datum die mercurii post festum beati Nicholai, anno Domini m° cc° lx° nono.

1821

11 dec. 1269. — [SENESCALLO VENAISSINI PRO COMITE VALENTINENSI.]

Alfonsus, *etc.*, senescallo Venaissini, *etc.* Insinuante nobis dilecto et fideli nostro Ademaro de Pictavia, comite Valentinensi, intelleximus quod quidam malefactores nonnulla bona, de terra sua vel hominum suorum violenter capta, super feodis nostris in terra nostra Venaissini asportata non sine ipsius prejudicio receptantur (*sic*). Quocirca vobis mandamus quatinus, comperta super hoc veritate, faciatis ea que taliter capta et asportata in terra nostra reperta fuerint, restitui, sicut decet, receptatores nichilominus et malefactores, prout justum fuerit et ad vestram cognicionem pertinet, punientes, prout de jure fuerit faciendum, ita tamen quod exinde mortis periculum vel membri mutilacio non sequatur. Datum apud Moissiacum episcopi, anno Domini M° CC° LX° nono, die mercurii post festum beati Nicholai hiemalis.

1822

Dec. 1269. — LITTERA PATENS PRO HOMINIBUS EPISCOPI CARPENTORATENSIS SUPER SUBVENCIONE.

Alfonsus, *etc.*, universis presentes litteras inspecturis, salutem in Domino. Notum facimus quod subvencionem graciosam, ab hominibus venerabilis patris R., Dei gracia episcopi Carpentoratensis, vel ab eodem episcopo pro predictis hominibus suis ex mera liberalitate sua et dono gratuito nobis factam vel faciendam, profitemur ab eisdem gratis et liberaliter nobis factam seu eciam faciendam, nec intendimus nec volumus nomine focagii vel cujuscunque alterius servitutis nunc vel in posterum, occasione dicte subvencionis spontanee ab eisdem facte vel faciende, ipsis vel suis successoribus prejudicium generari. In cujus rei testimonium, presentes litteras eisdem hominibus dedimus, sigilli nostri munimine roboratas, salvo in aliis jure nostro et salvo jure quolibet alieno. Datum anno Domini M° CC° sexagesimo nono, mense decembri.

1823

28 dec. 1269. — SENESCALLO VENESSINI PRO DOMINO PONCIO ASTOUAUDI SUPER FOCAGIO.

Alfonsus, *etc.*, senescallo Venessini, *etc.* Singnificamus vobis quod nos de summa quadringentarum sexaginta sex librarum turonensium, que ab hominibus dilecti et fidelis nostri Poncii Astoaudi, militis, exigebatur racione focagii, eisdem remisimus et quitavimus ex liberalitate et gracia usque ad summam centum quinquaginta librarum turonensium, de qua summa centum quinquaginta librarum turonensium dedimus respectum eisdem hominibus usque ad quindenam Pasche proximo venturam, mandantes vobis quatinus tunc dictam pecunie summam centum quinquaginta librarum turonensium exigatis et levetis. Datum apud Longumpontem, anno Domini m° cc° lx° nono, die sabbati post festum Nativitatis dominice.

1824

16 apr. 1270. — SENESCALLO VENESSINI PRO DOMINO EUDOARDO SUPER VICTUALIBUS SUIS EXTRAENDIS PRO SUBSIDIO TERRE SANCTE.

Alfonsus, *etc.*, senescallo Venessini, *etc.* Mandamus vobis quatinus victualia et alia neccessaria, empta in terra nostra Venessini vel emenda ad opus vie transmarine [pro] Euduardo, illustris regis Anglie primogenito[1], usque ad quantitatem mille librarum turonensium, a gentibus dicti Euduardi extrahi permitatis, satisfacto venditoribus de precio, sicut decet. Datum apud Montemalbanum, anno Domini m° cc° lxx°[2], die mercurii post festum Resurrectionis dominice.

1825

(Fol. 183.) 12 dec. 1269. — SENESCALLO VENESSINI PRO DOMINO COMITE PICTAVIE ET THOLOSE.

Alfonsus, *etc.*, senescallo Venessini, *etc.* Sicut per religiosos viros fratres Odonem de Parisius et Thomam de Latarosa et fidelem clericum nostrum, magistrum Johannem de Putheolis, inquisitores in terra nostra Venessini, datum est nobis intelligi quod super tribus partibus medietatis cujusdam turris de Lancis[3], quarum possessionis restitucionem petebant a nobis Bertrandus et Brocardus, milites, Guillelmus Bascon, fratres ejus (*sic*), coram inquisitoribus predictis, inquisicione super hiis a dictis inquisitoribus facta et consilio nostro ablata (*sic*),

---

[1] Plus tard roi d'Angleterre sous le nom d'Édouard I".

[2] Le manuscrit porte m° cc° lx° nono, erreur évidente, puisqu'en mars et avril 1269, Alfonse était dans le nord du royaume.

[3] Lagnes, Vaucluse, cant. l'Isle.

determinatum fuit et ordinatum in hunc modum, videlicet quod dictis fratribus fiat restitucio possessionis trium parcium medietatis turris predicte, questione proprietatis nobis super dictis tribus partibus reservata, et videtur expedire quod vos, senescalle, constituatis petitorem pro nobis ad revocandam proprietatem predictarum trium parcium, prout de jure erit faciendum, ad quarum possessionem sunt restituti. Preterea, cum dicti inquisitores de consilio nostro pronunciaverunt Beatrici, quondam filie Petri Bremundi de Insula, quadraginta libras ven. et fratribus de Bono passu[1] decem libras turonensium a domino comite debere restitui, prout in eorum cartis bulla nostra Venessini bullatis plenius continetur, et dictam restitucionem dicti inquisitores injunxerunt faciendam domino G. de Pruneto, militi, quondam senescallo nostro Venessini[2], nec dicta peccunia adhuc a senescallo nostro nec ab alio fuerit persoluta, ut dicitur. Unde vobis mandamus quatinus predictos fratres ad possessionem trium parcium predicte turris restitualis et solucionem predicte pecunie dicte Beatrici et fratribus predictis, quamcicius poteritis, bono modo faciatis. Fiat restitucio dictis fratribus possessionis trium parcium medietatis turris predicte, questione proprietatis super dictis tribus partibus domino comiti reservata, et videtur expedire quod senescallus constituat petitorem ad revocandam proprietatem predictarum trium parcium ad quarum possessiones (sic) sunt restituti. Datum die jovis post festum beati Nicholai hiemalis, anno Domini M° CC° LX° nono.

1826

17 dec. 1269. — [EPISCOPO CARPENTORATENSI PRO CIVIBUS EJUSDEM VILLE.]

Venerabili in Christo patri et sibi karissimo R., Dei gracia Carpentoratensi episcopo, Alfonsus, *etc.*, salutem et sincere dilectionis affectum. Veniens ad nos procurator civium Carpentoratensium nobis insinuare curavit quod vos nonnullas personas, in dicta villa existentes, ad

---

[1] Chartreuse de Bonpas, Vaucluse, comm. Avignon. — [2] Sénéchal en 1267.

contribuendum in subvencione quam nobis liberaliter, vobis mediantibus, prestiterunt pro subsidio Terre sancte, compellere, ut asserit, recusatis, licet eedem persone ad alias questas seu tallias dicte ville sint contribuere, ut dicitur, consueti. Quocirca paternitatem vestram rogandam duximus quatinus personas hujusmodi, quas vobis duxerint nominandas, si vobis subjecte fuerint, ad contribuendum cum ipsis in dicta subvencione, quantum ad vos pertinet, compellatis, si ad id de jure vel consuetudine patrie fuerint compellende. Datum anno Domini m° cc° lx° nono, die martis ante festum beati Thome apostoli.

1827

11 jan. 1270. — SENESCALLO VENESSINI PRO DOMINO RAYMUNDO GOCELMI, DOMINO LUNELLI.

Alfonsus, *etc.*, senescallo Venessini, *etc.* Accedens ad nos dilectus et fidelis noster Raymundus Gocelmi, dominus Lunelli, nos rogavit quod mille somatas bladi, emptas ad opus ipsius extra terram nostram, u dicebat, per terram nostram permitteremus transire. Unde vobis mandamus quatinus predictas mille somatas bladi per terram nostram transire permittatis, salvo in omnibus jure nostro et salvo jure quolibet alieno. Datum anno Domini m° cc° lx° nono, die sabbati post epiphaniam Domini.

1828

26 jan. 1270. — LITTERA PATENS SENESCALLO VENAISSINI PRO DOMINO REGE FRANCORUM.

Alfonsus, *etc.*, senescallo Venessini, *etc.* Mandamus vobis quatinus blada, victualia et alia que gentes serenissimi domini ac fratris nostri Ludovici, Dei gracia Francorum regis illustrissimi, in terra nostra Venaissini emerint et empturi sunt ad opus prefati domini regis pro suo passagio transmarino, de terra nostra predicta extrahi libere et sine exactione cujuscunque costume vel pedagii permittatis. Si autem aliqui homines terre nostre predicte, qui blada, victualia et alia gentibus memorati domini regis vendiderint, contra convenciones, super hoc cum dictis gentibus predicti domini regis habitas, venire presumpserint, vos eosdem ad convenciones suas servandas et tenendas efficaciter compellatis. Datum Parisius, dominica post festum conversionis sancti Pauli, anno Domini millesimo ducentesimo sexagesimo nono.

1829

5 febr. 1270. — [SENESCALLO VENAISSINI PRO GUILLELMO DE INSULA, CURSORI COMITIS QUONDAM THOLOSANI.]

Alfonsus, *etc.*, senescallo Venaissini, *etc.* Cum de elemosina dudum facta a bone memorie Raymundo defuncto, quondam comite Tholosano, predecessore nostro, Guillelmo de Insula, cursori suo, ad vitam suam usque ad summam centum solidorum raymundensium, de triennio jam elapso non fuerit sibi, ut dicitur, satisfactum, vobis mandamus quatinus arreragia dicti triennii sibi debita eidem Guillelmo restitui faciatis, et quandiu vixerit dictam pensionem c solidorum raymundensium eidem in integrum persolvatis. Datum Parisius, die mercurii post purificacionem beate Marie virginis, anno Domini M° CC° LX° IX°.

1830

15 febr. 1270. — [SENESCALLO VENAISSINI PRO BERTRANDO, DOMINO BAUCII.]

Alfonsus, *etc.*, senescallo Venayssini, *etc.* Cum nobilis et fidelis noster Bertrandus, dominus Baucii, nos per suas rogaverit litteras ut eidem de ducentis libris turonensium, quas nobis ad octabas instantis festi purificacionis beate Virginis solvere tenebatur, usque ad quindenam instantis festi Resurrectionis dominice respectum concedere deberemus, mandamus vobis quatinus eidem ex parte nostra curialiter ostendatis quod ob urgentem Terre sancte negocii qualitatem et temporis instantis passagii brevitatem, quo supra portum prima ebdomada instantis mensis maii esse debemus inde transfretaturi, Domino annuente, in subsidium dicte terre, ubi nos oportebit quasi importabilia expensarum onera sustinere, tam in militibus, servientibus et navigio conducendis quam armis, victualibus et aliis nobis neccessariis comparandis[1], sibi vel aliis quibuscunque debitoribus nostris non possumus respectum concedere bono modo. Mandamus etiam vobis ut tam ab ipso quam ab aliis qui nobis tenentur ad aliquam peccunie quantitatem, elapsis terminis, debita nostra reppetatis efficaciter et levetis, prout dicti negocii qualitas hoc exposcit. Si tamen absque incomoditate nostra facere possitis et dictus Bertrandus ydonee caveat de peccunia nobis integre reddenda in qua nobis tenetur, dare poteritis eidem respectum usque ad quindenam Pasche proximo venturam. Datum die sabbati post octabas purificacionis beate Virginis, anno Domini m° cc° lx° nono.

1831

(Fol. 184.) 22 febr. 1270. — [SENESCALLO VENAISSINI PRO COMITE FLANDRENSI.]

Alfonsus, *etc.*, senescallo Venessini, *etc.* Mandamus vobis quatinus victualia, empta in terra nostra Venessini ad opus vie transmarine pro nobili viro comite Flandrensi, usque ad quantitatem quingentarum librarum turonensium a gentibus dicti comitis extrahi permittatis, satisfacto venditoribus de precio, sicut decet. Datum Parisius, die sabbati in festo cathedre sancti Petri, anno Domini m° cc° lx° nono.

1832

26 mars 1270. — [A JEAN DE KAIS, POUR LE PASSAGE DE TERRE SAINTE.]

Aufonz, fiuz de roi de France, coens de Poitiés et de Tholose, à home religieux sun amé et sun familier frere Jehen de Kais, de l'ordre de la chevalerie du Temple, salut et bone amour. De ce que vous m'avez fet assavoir que noz besongnes sunt en bon point, et que vous avez ja pourchaciées toutes les choses neccessaires à nostre passage, segon ce que il vous fu enchargé, fors vin et chiches de quoi il vous

---

[1] Première leçon : *conducendis*.

faut aucune quantité, nous vous en savons bon gré, et vous mandons que le remenant dou vin et des chiches qui fallent à acheter, achetez hativemant au mellenr marchié que vous pourroiz. Et nous plest bien que dou bescuit vous faciez fere dequ'à mil sas, si comme vous nous avez feit assavoir par vouz leitres. Derechief nos vous mandons que toutes les choses que vous avez achetées ou acheterez pour nous pour la voie d'Outremer, feites porter en tele maniere que eiles soient tout enterinemant à Egues Mortes la primiere semene de mei au plus tart sanz nule deffaute, car nous i proposons à estre lors, se Dieu plest. Dou fet de la nave que l'en epele l'Ange nous vous avons mandé nostre volenté par nos leitres, lesqueles porta freres Pierres de Dordan, de l'ordre de l'Opital. De ce que vous nous avez escrit qu'il vous convient aler à Janes ou nous i aurions trop grant domage, nous vous mandons que de ci nous ne poons pas savoir se besoing est que vous i alliez ou non, mes seron ce que vous verrez qui sera à feire à nostre profist, einsinc le feites ou de l'aler ou dou demeurer, en tele maniere toutes voies que les iii nes de Jenes et de Cathelongne que vous avez retenues et louées pour nous et meesmemant ceile que vous avez darrenieremant retenue de Jane, si comme vous feites assavoir par vouz lestres que.....⁽¹⁾ porta, soient prestes et aparilliées sanz nule deffaute à Egues Mortes la premiere semene dou mois de mei, seron les convenances qui sont entre vous pour nous et les meitres des dites naves. Et se vous alez à Janes, hatez vous, si que vous puissiez estre revenuz à Egues Mortes la prumiere semaine de mei au plus tart. Et ce que vous avez fet pour nous, regardez les escriz et les letres que seur ce vous avon envoiées et l'estat de noz besongnes, nos feites asavoir au plus tot que vous pourroiz. Ce fu donné à la Rochele, le mercredi après l'annunciacion nostre Segneur M CC LX IX.

⁽¹⁾ Le nom est en blanc dans le manuscrit.

1833

26 mart. 1270. — [SENESCALLO VENAISSINI PRO DOMINO COMITE.]

Alfonsus, *etc.*, senescallo Venessini, *etc.* Mandamus vobis quatinus in negociis nostris vobis commissis fideliter exequendis et in bono et fideli regimine terre nostre sitis sollicitus et intentus, ita quod dilligenciam vestram debeamus propter hoc merito commendare. Omnes denarios in vestra senescallia tam a vobis quam aliis quibuscumque racione finacionum et de balliviis nostris ac aliis quibuscumque de causis nobis debitos in aliquo certo loco deponatis, ita quod eos septima vel octava die instantis mensis maii apud Aquas Mortuas, ubi tunc, Deo dante, interesse proponimus, integraliter habere possimus ad voluntatem nostram faciendam. Et tunc ad nos, omnibus postpositis, intersitis, gentibus nostrisque in partibus illis sunt vestrum consilium et auxilium inpendentes, cum opus fuerit et vos inde duxerint requirendum. Datum Ruppelle, die mercurii post annunciacionem beate Virginis, anno Domini M° CC° LX° nono.

1834

22 mart. 1270. — PRO FRATRE ARMINGAUDO.

Alfonsus, *etc.*, senescallo Venessini, *etc.* Fratre Armingaudo, de ordine Hospitalis Jerosolimitani, intelleximus refferente quod ad requisicionem prioris Sancti Egidii unum servientem poni fecimus pro custodia castri sui de Pougeto de Vallibus[1]. Unde vobis mandamus quatinus, si ita est, dictum servientem amoveatis de loco predicto, si a priore Sancti Egidii super hoc fueritis requisiti, salvo in omnibus jure nostro. Datum apud Nyortum in Pictavia, die sabbati ante annunciacionem beate Marie, anno Domini M° CC° LX° nono.

---

[1] Probablement Puget, Vaucluse, cant. Cadenet.

TROISIÈME REGISTRE.

(Arch. nat., J. 307, n. 55.)

1835

(Fol. 1.) [circa 1260.] — LITTERE MISSE SENESCALLO RUTHINENSI PRO MINERIO.

Alfonsus, *etc.*, dilecto et fideli suo Petro de Landrevilla, senescallo Ruthinensi et Albiensi[1], salutem et dilectionem. Accedens ad nos vir nobilis et fidelis noster comes Ruthinensis nos cum instancia requisivit ut sesinam minerii[2] quamsu per ipsum cepistis, sibi restitui faceremus, cum hoc tam de jure quam de consuetudine patrie sibi fieri debeat, sicut dicit. Asseruit etiam dictus comes quod, cum vos super hoc requisisset, eidem exhibere justiciam denegastis, pretextu inhibitionis nostre vobis facte, sicut dicimini respondisse. Addidistis etiam in responso, ut asserit dictus comes, quod sine speciali mandato nostro non auderetis procedere in hac parte. Nos itaque, volentes hujusmodi obstaculum tollere facto, sicut et verbo jam respondimus comiti supradicto, vobis mandamus et precipimus quatinus, si dictus comes fuerit in partibus Ruthinensibus, significetis eidem quod die mercurii post quindenam instantis Pasche apud Amilliavum veniat coram vobis, si voluerit, jus suum ostensurus. Nosque vobis damus plenariam potestatem audiendi ipsum comitem, vocatis aliis quorum interest, ad dictam diem et locum, et faciendi dicto comiti et aliis tam super sesina quam super quibuscumque aliis que duxerint proponenda bonum jus et maturum. Si vero dictus comes venire noluerit ad diem et locum supradictos, nichilominus audiatis rationes aliorum quorum interest, rationesque ipsorum et quicquid addiscere poteritis de jure... [3] minerio nos habere, redigatis in scriptis, consulentesque in hac parte bonos viros et

---

[1] Pierre de Landreville fut sénéchal de Rouergue et d'Albigeois, de 1253 à 1262 (Boutaric, p. 168.) — [2] Le minier d'Orzals. — [3] Ici un mot absolument illisible.

juris peritos, horum consilia in scriptis redacta et sigillata sigillis suis et vestro cum actis tocius processus nobis mittatis per bonum nuncium ad proximum parlamentum. Volumus etiam quod dilecti et fideles nostri... subdecanus Beati Martini Turonensis et Pontius Astoaldi vobiscum sint ad prestandum vobis consilium in predictis, et quod magister Guillelmus Ruffi defendat causam nostram.

1836

(Fol. 2.) — LITTERE MISSE SENESCALLO THOLOSE PRO EPISCOPO CONVENNARUM.

Alfonsus, *etc.*, dilecto et fideli suo... senescallo Tholose, salutem et dilectionem. Accedens ad nos venerabilis pater... episcopus Convennarum nobis conquerendo monstravit quod nobilis ac dilectus et fidelis noster comes Convennarum ipsum de castro suo de Sancto Marcello [1] de novo et contra justiciam spoliavit, sicut dicit. Unde vobis mandamus quatinus dictum comitem Convennarum ex parte nostra requiratis, si ita est, ut dicto episcopo castrum suum reddat. Si vero dictus comes Convennarum hoc negaret, inquiratis seu inquiri faciatis per fide dignos, si possit fieri de jure et consuetudine patrie, utrum dictus comes dictum episcopum de castro suo predicto spoliaverit minus juste et de novo. Et si per inquestam vobis constiterit quod per eumdem comitem fuerit spoliatus dictus episcopus de castro suo contra justiciam; faciatis dictum castrum per dictum comitem, secundum quod jus erit, ad statum debitum revocari. Et si postmodum dictus comes de dicto episcopo conqueri voluerit, convocatis ipsis coram vobis et eorum rationibus diligenter auditis, faciatis eisdem celeris justicie complementum de hiis que ad nos pertinent. Quid autem super predictis factum fuerit, nobis in scriptis significetis per vestrum clericum, cum ad nos venerit pro vestris compotis faciendis.

[1] Saint-Marcet, Haute-Garonne, cant. Saint-Gaudens.

1837

[Circa 1262][1]. — PRO MAGISTRO ODONE DE MONTONERIA.

Alfonsus, *etc.*, dilecto et fideli suo... senescallo Tholose, salutem et dilectionem. Significamus vobis quod nos ad partes nostras Tholosanas mittimus dilectum et fidelem clericum nostrum magistrum Odonem de Montonneria, latorem presentium, pro forefactis nostris et bone memorie Raimundi, quondam comitis Tholosani, una cum dilecto et fideli nostro Poncio Astoaldi emendandis, necnon et pro forefactis ballivorum et servientum nostrorum similiter corrigendis. Unde vobis mandamus quatinus super hiis et aliis negociis nostris vestrum impendatis eidem consilium et juvamen. In hiis et in aliis negociis nostris fideliter promovendis sitis taliter curiosus et intentus, quod exinde vobis debeamus scire gratum.

Alia littera missa fuit domino Poncio Astoaldi pro eodem magistro Odone. — Item alia littera similis missa fuit senescallo Agenensi et Caturcensi pro eodem magistro.

Édité par Boutaric, p. 389-390.

1838

SENESCALLO PICTAVENSI PRO ASSISIIS DE OBLINQUO ET ABBATE SANCTI MAXENTII.

Alfonsus, *etc.*, dilecto et fideli suo senescallo Pictavensi, salutem et dilectionem. Mandamus vobis quatinus assisias in prioratu de Oblinquo[2] minime teneatis quousque super hoc locuti fuerimus vobiscum, videlicet in crastino quindene Omnium sanctorum ad parlamentum nostrum. Et super predictis taliter sitis instructus quod, cum ad nos veneritis, nos possitis in scriptis reddere cerciores. Ceterum, cum abbas Sancti Mauxencii domino regi conqueratur super hoc quod assignatis ad ea que sunt de juridicione et dominio domini regis, sicut dicit, mandamus vobis quatinus, diligenter inspectis per que super hoc scire

---

[1] J'emprunte à Boutaric la date de 1262, qui n'est pas dans le registre, mais qui paraît acceptable. Les commissaires étaient dans le Midi dès cette année. (Voir *Hist. de Languedoc*, nouv. édit., VI, 874.)

[2] Le Blanc, Indre.

poteritis veritatem, ad ea que de juridicione et dominio dicti domini regis esse noveritis nullatenus assignetis.

1839

PRO PRIORE SANCTI FLORI.

Alfonsus, *etc.*, dilecto et fideli suo... conestabulo Alvernie, salutem et dilectionem. Mandamus vobis quatinus, si aliqua de priore Sancti. Flori[1] capta detinentur et de domino de Petraforti[2] ac hominibus ipsorum occasione dicti prioris, memorato priori recredatis, si dicti homines consenserint quod de rebus ipsorum recredencia fiat eidem priori.

Item alia similis littera missa fuit conestabulo Alvernie pro eodem priore, hoc addito quod ballivum Bituricensem requirat ut ea que occasione predicta cepit sibi reddat.

1840

[Circa 1261. — PRO BURGENSIBUS DE AGENNO, SUPER FOCAGIO.]

Alfonsus, *etc.*, dilectis et fidelibus clericis suis magistris Radulpho de Gonessia, thesaurario ecclesie Sancti Hyllarii Pictavensis, et... subdecano ecclesie Beati Martini Turonensis, salutem et dilectionem sinceram. Mandamus vobis quatinus dilectos burgenses nostros de Agenno, cum ad vos venerint loquturi vobiscum super focagio ab eisdem nobis promisso et super aliis negociis suis, audiatis et eisdem bonum jus et maturum faciatis.

1841

[SUPER CUSTODIA ABBATIE DE EBROLIO, IN ALVERNIA.]

Alfonsus, *etc.*, dilecto et fideli suo... conestabulo Alvernie, salutem et dilectionem. Cum nobis significaveritis quod ballivus Bituricensis cus-

---

[1] Saint-Flour, Cantal. — [2] Pierrefort, Cantal.

todes suos posuerit in abbacia Ebroliensi[1], que ad nos debet pertinere, significamus vobis quod nos super hoc loqui fecimus cum consilio karissimi domini et fratris nostri regis, qui preceperunt ballivo Bituricensi quod custodes suos amoveret de dicta abbacia, cum ipsa esset de custodia nostra, secundum quod coram domino rege alias extitit ordinatum. Unde vobis mandamus quatinus predictum ballivum requiratis ut custodes predictas (*sic*) amoveat, nisi eos amoverit, de abbacia supradicta.

1842

[PRO ROBERTO FLOCART.]

Alfonsus, *etc.*, dilecto et fideli suo... senescallo Xanctonensi, salutem et dilectionem. Significamus vobis quod nos Roberto dicto Flocart castrum nostrum de Sancto Maxencio[2] custodiendum tradidimus, quamdiu nobis placuerit, ad gagia quinque solid. pictavensium per diem. Quare vobis mandamus quatinus eidem Roberto dicta gagia sua usque ad instantes octabas beati Dyonisii persolvatis, et exinde eidem amplius minime persolvatis. Mandavimus enim senescallo nostro Pictavensi ut a dictis octabis sancti Dyonisii dicto Roberto dicta gagia sua, videlicet quinque solidorum pictavensium per diem, quamdiu nobis placuerit, persolvat. Mandamus insuper vobis quatinus omnes garnisiones, que sunt in omnibus castris nostris de senescalcia vestra, in scriptis nobis ad instantes compotos Omnium sanctorum vobiscum aportetis. Requiratis etiam litteras pattentes quas habuit a nobis dictus Robertus et nobis vobiscum easdem ad predictos compotos afferatis. Datum apud Chaufourc[3].

1843

[PRO EODEM ROBERTO FLOCART.]

Alfonsus, *etc.*, dilecto et fideli suo senescallo Pictavensi, salutem et dilectionem. Significamus vobis quod nos dilecto nostro Roberto dicto

---

[1] Abbaye bénédictine, auj. Ébreuil, Allier. — [2] Saint-Maixent, Deux-Sèvres. — [3] Chauffour, Seine-et-Oise, cant. Étampes.

Flocart castrum nostrum de Sancto Maxencio tradidimus custodiendum, ad gagia quinque solidorum per diem, quamdiu nobis placuerit, mandantes vobis quatinus sua gagia predicta post instantes octabas sancti Dyonisii incipientes persolvatis eidem, garnisionem castri Sancti Maxentii et aliorum castrorum nostrorum de vestra senescalcia in scriptis redigentes, et que garnisiones sunt in dictis castris nobis significare curetis ad instantes compotos Omnium sanctorum. Actum apud Chaufor.

1844

[PRO EODEM.]

Alfonsus, *etc.*, dilecto suo Roberto Flocart, salutem et dilectionem. Significamus vobis quod nos [vobis] castrum nostrum de Sancto Maxencio custodiendum tradidimus, quamdiu nobis placuerit, ad gagia quinque solid. pictav. per diem, prout in nostris litteris patentibus, directis senescallo nostro Pictavensi, continetur, mandantes vobis quatinus ad dictum castrum, quamcicius poteritis, accedatis et maneatis ibidem, recipientes garnisionem dicti castri, et que sit garnisio redigatis in scriptis et eam nobis significare curetis in scriptis. Actum apud Chaufor.

1845

(Fol. 3.) [Oct. 1262. — PRO PHILIPPO DE BOISSIACO, NOVO SENESCALLO RUTHINENSI.]

Alfonsus, *etc.*, dilecto et fideli suo Petro de Landrevilla, senescallo Tholose et Albiensis, salutem et dilectionem. Significamus vobis quod nos dilecto et fideli nostro Philippo de Boissiaco, militi, latori presencium, senescalciam Ruthinensem tradidimus custodiendam, quamdiu nobis placuerit. Unde vobis mandamus quatinus eidem Philippo, militi, omnia transcripta seneschalcie Ruthinensis et omnes ballivias, quomodo sunt tradite et affirmate, et omnes plegios cum incheramentis tradatis, penes vos dicta transcripta retinentes, et dictum Philippum, prout meliori modo poteritis, super regimine dicte senescalcie et custodia informantes, et eidem consilium vestrum pariter et auxilium, quocienscumque ab ipso fueritis requisitus vel expedire videritis, fideliter impendentes. Mandamus vobis in super ut cum omni diligencia qua poteritis senescalciam nostram Tholose et senescalciam Albiensem custodiatis, in hiis et in omnibus aliis negociis nostris promovendis curiose et fideliter vos habentes, ita quod vobis debeamus exinde scire gratum. Denarios etiam omnes quos nobis debetis, visis litteris, nobis transmittatis. Et hoc nullatenus dimittatis. Datum apud Chaufour.

Édité par Boutaric, p. 168.

1846

[Oct. 1262]. — PRO EODEM PHILIPPO.

Alfonsus, *etc.*, dilecto et fideli suo magistro Radulpho de Gonessia, thesaurario Pictavensi, salutem et dilectionem. Significamus vobis quod nos dilecto et fideli nostro Philippo de Boissiaco, militi, latori presencium, senescalciam nostram Ruthinensem, quamdiu nobis placuerit, tradidimus custodiendam. Quare vobis mandamus quatinus dictum Philippum, prout noveritis et sciveritis faciendum, super regimine et custodia dicte senescalcie informetis, eidem consilium vestrum et auxilium, quocienscumque ab ipso requisiti fueritis vel videritis expedire, fideliter impendentes. Datum apud Chaufour.

Item alia littera missa fuit pro eodem Philippo, subdecano Turonensi. Datum apud Chaufour.

1847

1262. — [SUPER PACE INTER DRACONETUM ET GUILLELMUM DE CASULIS REFORMANDA.]

Alfonsus, *etc.*, dilecto et fideli suo... senescallo Venessini, salutem et dilectionem. Placet nobis quod super pace reformanda bono modo inter nobilem virum Draconetum, ex una parte, et Guillelmum de Casulis, militem, ex altera, laboretis. Datum anno Domini LX° secundo, apud Sanctum Arnulphum [1].

---

[1] Saint-Arnoult, Seine-et-Oise, cant. Dourdan.

1848

PRO PETRO BREMONDI CONDEMPNATO.

Alfonsus, *etc.*, dilecto et fideli suo... senèscallo Venessini, salutem et dilectionem. Cum nobis per vestras litteras significaveritis quod bonum esset et nobis commodum ut Petrum Bremondi, condempnatum de heresi propter causam in vestris litteris contentam, apud Tholosam transferri faceremus, significamus vobis quod nobis placet ut, de consilio inquisitorum de Venessino, ibidem transferatur cum bona custodia et secura, et in bonis ipsius tam in mobilibus quam immobilibus, ut integraliter nobis servantur (*sic*), adhibeatis diligenciam competentem, scire vos volentes quod nos dilecto nostro vicario Tholose dedimus in mandatis ut eumdem Petrum, cum ad ipsum venerit, bene mancipatum custodiat et inquirat ab eodem Petro de hiis que continebantur in vestris litteris veritatem. Et litteras nostras, quas pro eodem negotio dicto vicario Tholose mittimus, per custodiam quam secum miseritis transmittatis.

1849

PRO PETRO BREMONDI.

Alfonsus, *etc.*, dilecto et fideli suo... vicario Tholose, salutem et dilectionem. Cum dilectus et fidelis noster... senescallus Venessini nobis per suas litteras significaverit quod bonum esset et nobis commodum ut Petrum Bremondi, condempnatum de heresi, apud Tholosam transmitteremus, pro habendo de eodem Petro de singulis bonis suis plenius veritatem, mandamus vobis quatinus ipsum, cum ad vos transferri contigerit[1], bene mancipatum custodiri, ut condecet, faciatis, et ab ipso de dictis bonis ipsius veritatem, ut melius poteritis, inquiratis.

[1] Ici le mot *ipsum* répété à tort.

1850

PRO INQUISITORIBUS DE VENESSINO.

Alfonsus, *etc.*, viro religioso et in Christo sibi dilecto fratri Petro de Cuzeto, de ordine Predicatorum, inquisitori pravitatis heretice in terra Venessini, salutem et sinceram in Domino dilectionem. Noveritis quod nos secundum tenorem litterarum vestrarum ad nos directarum, priori Predicatorum Parisiensium misimus ut idoneum socium in inquisitione heretice pravitatis facienda in terra nostra vobis mittat.

1851

[Circa 1261.] — PRO THESAURARIO PICTAVENSI.

Alfonsus, *etc.*, dilecto et fideli clerico suo magistro Radulpho de Gonessia, thesaurario Pictavensi, salutem et dilectionem sinceram. Mandamus vobis quatinus circa expeditionem articulorum omnium vobis a nobis traditorum et aliorum negotiorum nostrorum, pro quibus apud Amilliavum [1] vos mittimus, curam et diligenciam quam poteritis apponatis, et in omnibus aliis faciendis que nobis et terre nostre sciveritis profutura. Et cum de Amilliavo recedere potueritis, redeatis per terras nostras Ruthinensem, Tholosanam, Agennensem et Caturcensem, pro aliis nostris negociis faciendis et promovendis et pro aliquibus corrigendis in illis partibus, si qua fuerint corrigenda. Taliter super predictis vos habentes quod vestram diligenciam possimus merito commendare ac vobis super hoc debeamus scire grates. Et quid super omnibus et singulis factum fuerit, in scriptis redigi faciatis, ita quod, cum ad nos veneritis, nos possitis ad plenum reddere cerciores. Et in crastino quindene Omnium sanctorum ad nos personaliter intersitis, vel die precedenti si commode valeatis. Datum apud Chaufour.

[1] Millau, Aveyron.

1852

[Circa 1261.] — SUBDECANO TURONENSI.

Alfonsus, *etc.*, dilecto et fideli clerico suo magistro Egidio de Bonavalle, subdecano ecclesie Beati Martini Turonensis, salutem et sinceram dilectionem. Mandamus vobis, *etc.*, *comme dans l'acte précédent jusqu'à* cerciores. Et in crastino quindene Omnium sanctorum ad nos sitis. Datum apud Chaufour.

1853

(Fol. 4.) [Circa 1261.] — MAGISTRO GUILLELMO RUFFI.

Alfonsus, *etc.*, dilecto et fideli clerico suo magistro Guillelmo Ruffi, salutem et dilectionem sinceram. Mandamus vobis quatinus die lune post festum sancti Michaelis apud Amilliavum, una cum dilectis et fidelibus nostris thesaurario Pictavensi et subdecano Turonensi, pro negociis nostris ibidem expediendis personaliter intersitis, ac pro aliis faciendis que nobis et terre nostre sciveritis profutura, mandantes vobis ut in predictis expediendis fideliter sitis sollicitus et intentus. Et quid super predictis factum fuerit, in scriptis taliter redigi faciatis, quod nos super hiis, cum ad nos veneritis, possitis reddere cerciores ad nostrum parlamentum in crastino quindene Omnium sanctorum, ad quam diem ad nos personaliter intersitis. Datum apud Chaufour.

1854

[Circa 1262.] — MAGISTRO ODONI DE MONTONERIA.

Alfonsus, *etc.*, dilecto et fideli clerico suo magistro Odoni de Montonneria, salutem et sinceram dilectionem. Vobis transcriptum trium parium litterarum ex parte nostra missarum, quarum per vos dilectis et fidelibus nostris senescallo Tholose quasdam misimus, et alias Poncio Astoaldi et alias senescallo Agennensi et Caturcensi, istis presentibus interclusum [mittimus], mandantes vobis quatinus super hiis que continentur in predictis litteris et in aliis negociis nostris fideliter et bene promovendis sitis sollicitus et intentus, ita quod vestram sollicitudinem possimus super hoc merito commendare nosque vobis propter hoc debeamus scire grates. Datum apud Chaufour.

1855

PRO DOMINO SYMONE DE MONTEFORTI.

Alfonsus, *etc.*, dilecto et fideli suo... senescallo Agennensi et Caturcensi, salutem et dilectionem. Mandamus vobis quatinus, si aliqui barones milites, qui sint de nostra juridicione et vestra senescalcia, contra jus nobilis viri et dilecti consanguinei nostri domini Symonis de Monteforti, comitis Lyecestrie, et contra jus terre sue ire voluerint, dicatis eisdem quod hoc nobis displicebit. Si autem aliqui barones milites, qui sunt homines nostri et de vestra senescalcia, in ejusdem comitis subsidium vel juvamen pro defendendo jure suo ire voluerint, dicatis eisdem quod hoc nobis placebit.

Item similis littera missa fuit senescallo Tholose et Albiensis pro eodem comite Lyecestrie.

1856

PRO ABBATE DE MOISIACO ET COMITE.

Alfonsus, *etc.*, dilecto et fideli suo Sicardo Allemanni, salutem et dilectionem. Mandamus vobis quatinus super facto quod vertitur inter nos et abbatem de Moissiaco ordinando, retenta nostra voluntate, consilium habeatis cum dilectis et fidelibus clericis nostris magistro Radulfo de Gonessia, thesaurario ecclesie Beati Hylarii Pictavensis, et magistro Odone de Montoneria, nobis per dictum thesaurarium quid super dicto facto nobis utilius fuerit rescribentes.

1857

[1263. — DOMINO REGI] PRO GUILLELMO BOUCHANIGRA.

Excellentissimo et karissimo domino ac fratri suo Ludovico, Dei gratia Francorum regi illustrissimo, Alfonsus, filius regis Francie, comes Pictavensis et Tholose, salutem et cum fraterne dilectionis affectu paratam ad beneplacita voluntatem. Cum intellexerimus quod cives Januenses multa gravamina et injurias non modicas ac jacturas irrogaverint dilecto et fideli nostro Guillelmo Buchanigra, qui nobis servivit in itinere transmarino, de cujus servicio nos laudamus, et res suas, sicut dicit, injuste detineant occupatas, excellentiam vestram rogamus quatinus mandetis, si placet, predictis civibus ut res suas predicto Guillelmo restituant quas detinent occupatas, prout dicit, et ea que debent prefato Guillelmo sibi reddant, cum paratus sit coram nobis, ut asserit, stare juri.

1858

[1263.] — ITEM PRO EODEM.

Alfonsus, *etc.*, religioso viro et in Christo sibi dilecto fratri Philippo de Eglis, priori sancte domus Hospitalis Jerosolimitani, salutem et sincere dilectionis affectum. Cum cives Januenses multa dampna et gravamina non modica dilecto et fideli nostro Guillelmo Bouchanigra, prout intelleximus, intulerint, dilectionem vestram rogamus ex affectu quatinus cum dicto Guillelmo, quam cicius poteritis, ad karissimum dominum et fratrem nostrum regem Francorum accedatis, eidem dicti Guillelmi facta seu negocia exponenda (*sic*) et ipsi domino regi, prout bono modo poteritis, supplicantes ut civibus supradictis mandet ut bona dicti Guillelmi que detinent arrestata et ea que eidem G. debent ipsi cives, ut dicit, reddant et restituant eidem et faciant resarciri.

1859

PRO ABBATE DE CANDELIO.

Alfonsus, *etc.*, dilectis et fidelibus suis Poncio Astoaldi et magistro Odoni de Montonneria, salutem et dilectionem sinceram. Accedens ad nos.. abbas de Candelio [1] dedit nobis intelligi quod R., bone memorie

[1] Candeil, abb. de l'ordre de Citeaux, dioc. d'Albi; comm. Labessière-Candeil, Tarn, cant. Cadalen.

quondam comes Tholosanus, eidem et conventui suo tenetur in ducentis marchis argenti pro dampnis et injuriis eisdem illatis per comitem supradictum, et quod eis debet ducentas libras caturcensium de mutuo sibi facto ab ipsis. Quare vobis mandamus quatinus dictos abbatem et conventum super hoc audiatis, facientes eisdem super hoc bonum jus et maturum, secundum formam vobis commissam.

1860

PRO B., DOMINO BAUCII.

Alfonsus, *etc.*, dilectis et fidelibus suis magistro Odoni de Montonneria et Poncio Astoaldi, salutem et dilectionem sinceram. Mandamus vobis quatinus dilectum et fidelem nostrum Barraldum, dominum Baucii, audiatis super summa quadam peccunie, in qua bone memorie R^{us}, quondam comes, tenebatur eidem, sicut dicit, et eidem B. bonum jus faciatis secundum formam vobis commissam. Datum apud Fontembliaudi.

1861

ITEM PRO EODEM B.

Alfonsus, *etc.*, dilecto et fideli suo... senescallo Venessini, salutem et dilectionem. Mandamus vobis quatinus, si dilectus et fidelis noster Barraldus, dominus Baucii, aliqua in feodis nostris emere voluerit, permittatis ei emere secundum quod jus erit, salvo in omnibus jure nostro et quolibet alieno. Et si idem B. in terra sua bastire seu edificare voluerit, per quod aliquod periculum nobis nec terre nostre non possit devenire, nobis significetis, et nos inde faciemus nostram voluntatem. Datum apud Fontembliaudi.

1862

(Fol. 5.) [1262.] — PRO EPISCOPO CATURCENSI.

Alfonsus, *etc.*, dilecto et fideli suo... senescallo Agenensi et Caturcensi, salutem et dilectionem. Ex parte venerabilis patris... episcopi Caturcensis nobis extitit conquerendo monstratum quod, cum idem episcopus nuper ad villam nostram de Moyssiaco veniret, ibidem visitaturus et predicaturus verbum Dei, sicut per suas litteras intelleximus, quidam monachi abbacie ejusdem ville et Armandus de Montelanart et Sycardus, fratres abbatis de Moyssiaco, ex parte ipsius abbatis, ut dicitur, cum armis et multi alii laici armati similiter eidem episcopo et familie sue multas injurias et dampna non modica et etiam cuidam servienti karissimi domini et fratris nostri regis contra justiciam intulerunt, prefatum episcopum, prout asseritur, et ipsius familiam necnon et servientem regis attrociter verberando ac eorumdem aliquos vulnerando. Bona etiam dicti episcopi et servientis dicti domini regis, ut dicitur, rapuerunt ac predicti servientis somarium occiderunt. Quare vobis mandamus quatinus de omnibus laicis qui presentes fuerunt in istis maleficiis perpetrandis, de nostra juridicione existentibus, diligenter inquiratis, et ab illis quos culpabiles inveneritis faciatis dicto episcopo et servienti dicti domini regis taliter emendari, de consilio dilectorum et fidelium nostrorum magistri Radulphi de Gonessia, thesaurarii Pictavensis, magistri Odonis de Montonneria et Poncii Astoaldi et aliorum fide dignorum, quod dicti episcopus et serviens domini regis inde se tenere debeant pro pagatis et ab eisdem secundum quantitatem delicti emendas nostras similiter sine dilatione judicari et levari faciatis, et hoc nullatenus dimittatis. Ceterum vobis mandamus ut quedam alia gravamina, que prefato episcopo illata fuerunt per subditos nostros, postquam a nobis recessit, sicut intelleximus, faciatis eidem episcopo similiter plenarie emendari, ita quod super predictis ulterius non oporteat querimoniam nos audire. Et erga dictum episcopum et suos vos curialiter habeatis, nec eumdem ab aliquibus de nostra juridicione et vestra senescalcia existentibus permittatis indebite molestari. Quod si facere nolueritis, sciatis quod nobis displicebit. Quid autem super premissis factum fuerit, per dictum thesaurarium in scriptis nos reddatis cerciores. Gravamina autem dicto episcopo illata vobis transmittimus presentibus interclusa.

Similis littera missa fuit magistro Radulpho de Gonessia, thesaurario Pictavensi, pro eodem episcopo Caturcensi. — Item similis littera missa fuit domino Poncio Astoaldi pro episcopo Caturcensi. — Item similis littera missa fuit magistro Odoni de Montonneria pro eodem episcopo.

<small>Édité en entier par Boutaric, p. 476, et partiellement par le même, p. 421.</small>

1863
[1262.] — PRO EODEM.

Venerabili in Christo patri et dilecto suo... Dei gratia episcopo Caturcensi, Alfonsus, filius regis Francie, comes Pictavensis et Tholose, salutem et sinceram dilectionem. Super hoc autem quod per vestras intelleximus litteras quod, cum vos nuper ad villam nostram de Moyssiaco veniretis, quidam monachi abbacie ejusdem ville et Armandus de Montlanart et Sicardus, fratres abbatis de Moissiaco, et plures alii laici armati, ex parte ipsius abbatis, ut dicitur, vobis et familie vestre ac cuidam servienti karissimi domini et fratris nostri regis multas injurias et dampna non modica contra justiciam irrogarunt, vos et familiam vestram necnon et servientem domini regis attrociter verberando, sicut nobis scire fecistis, et quosdam ipsorum vulnerando ac bona vestra et dicti servientis rapiendo et ipsius servientis sommarium occidendo, super quibus plurimum perturbati fuimus, paternitatem vestram scire volentes quod nos dilecto et fideli nostro senescallo Agenensi et Caturcensi mandavimus, et dilectis et fidelibus nostris... thesaurario Pictavensi et magistro Odoni de Montonneria et Poncio Astoaldi, ut predicta vobis et servienti domini regis ab illis laicis quos culpabiles invenerint, de juridicione nostra et vestra (*sic*) senescalcia existentibus, faciant taliter emendari, quod super hiis a vobis ulterius non oporteat querimoniam nos audire. Et eisdem similiter mandavimus ut quedam alia gravamina vobis illata a subditis nostris, sicut intelleximus, postquam a nobis recessistis, faciant vobis, prout justum fuerit, emendari, paternitatem vestram rogantes quatinus, si vos seu officiales vestri aliqua gravamina seu aliquas novitates senescallo seu hominibus nostris irrogaveritis, faciatis, si placet, nostris gentibus, ut condecet, emendari, ita quod nos non habeamus de vobis justam materiam conquerendi et erga gentes nostras et homines nostros vos benigne et curialiter habeatis. Et si forte dicta gravamina non fuerint vobis prout jus erit, emendata, significetis nobis ad terciam diem post quindenam Omnium sanctorum ad nostrum parlamentum, et illa que non erunt emendata faciemus, prout jus erit, vobis plenius emendari.

Édité partiellement par Boutaric, p. 477.

1864

[1261-1263.] — PRO HALIS DE RUPPELLA.

Aufons, filz dou roy de France, coens de Poitiers et de Thoulouse, à son amé et son feel Jehan de Sourz, chevalier, seneschal de Saintes[1], saluz et amour. Seur ce que nous avon entendu par vos lettres que vous ne poez affermer nos hales de la Rochelle, ce ne nous deites vous pas quant vous nous loastes que nous les feissiens, mes vous nous deites moult de foiz, si comme nous nous recordon, qu'elles nous vaudroient moult se elles estoient fetes. Pour laquel chose nous nous merveillons moult que elles ne nous valent, comme les dites hales soient feites, si comme nous avon entendu, granz et belles et soient assises en bone ville et seur la mer, pour quoi li marcheant devroient mielz et plus seurement venir en icelles halles, comme en un[e] autre meson de la ville ou ausint bien, se en ceste besoingne estoit aucuns qui i fust curieuz, diligenz et ententiz. Pour quoi nous vous mandons que vous querez toutes les bones voies que vous porrez, par quoi les devant dites hales qui nous [ont] assez cousté, si comme vous savez, et que nous avon fet fere de vostre conseil, nous vaillent au plus que vous porrez en bone maniere. Et sachiez que d'avoir conseil orendroit dou pois porter esdites hales, si comme vous nous avez senefié, doute seroit que ce ne

---

[1] Sénéchal de Saintonge de 1255 à 1265. L'acte est postérieur à l'an 1261, car, à cette date, on travaillait encore à la construction des halles de La Rochelle.

TROISIÈME REGISTRE. 431

fust barre qui enpeschast à baillier et à afermer les devant dites hales et esloingnast et retardast la valeur d'icelles, comme li bourjois aient tenu iceli pois en leur mesons ça en arriere, si comme nous avons entendu. Et pour ce sambleroit que ce fust esloingnement à ce que les devant dites hales ne nous vaussissent riens, car il n'est pas clere chose dou pois orendroit, mes des hales est clere chose, et resons est que elles nous doient assez valoir, s'il estoit aucuns qui i meist painne et cure et diligence en bone maniere. Pour quoi nous volon que (*sic*) seur le devant dit pois avoir conseil au parlament. Et pour ce ne lessiez pas que vous ne metez painne et cure et diligence avant que vous vengniez au parlament, que vous bailliez et affermez les devant dites hales, si qu'elles nous vaillent au plus que vous porrez en bone maniere; car il samble que pour le pois ne devroit pas demourer que les hales ne nous doient assez valoir, s'il estoit qui painne et cure et diligence i meist. Et de la besongne l'Audeberte de Saint Jehan d'Angelis enquerez la verité, et s'elle voloit finer à vous de telle chose, si acroissiez la somme de v^e libr. qu'elle nous voloit doner au plus que vous porrez, retenue nostre volenté. Et ou boen gouvernement de nostre terre et en toutes nos autres besoingnes fere et avancier, vous aiez si ententivement, si loiaument et si curieusement que nous vous en sachien gré et qu'il apere que vous aiez esté ententiz et curieus en icelles choses. Et ce que vous aurez fet de toutes ces choses, faciez mettre en escrit en tele maniere, que comme vous vendrez à nous l'endemain de la quinzainne de la Touz sainz, que vous nous puissiez rendre certain par escrit. Et fetes savoir à nostre feel Haymeri Chastegnier de par nous qu'i soit à nous l'endemain de la devant dite quinzainne de la Touz sainz. Ce fu fet à Moissi l'evesque.

Le trancrist de ceste lettre fu envoiez à monsegneur Jehan de Nantuel, es lettres que mesires li quens li envoia. Ce fu fet à Moissi l'evesque, le samedi après la saint Denise.

Édité par Boutaric, p. 269-271.

1865

(Fol. 6.) — PRO COMITE AUGY.

Alfonsus, *etc.*, dilecto et fideli suo... senescallo Pictavensi, salutem et dilectionem. Significamus vobis quod nos de quingentis libris, in quibus dilectus et fidelis noster comes Augy[1], karissimus consanguineus noster, tenebatur nobis ad instantes compotos Omnium sanctorum pro racheto terre sue, dedimus eidem respectum de ducentis quinquaginta libris usque ad instantem ascensionem Domini, vobis mandantes quatinus alias ducentas quinquaginta libras levetis eo modo quo coram nobis extitit ordinatum. Quia vero idem comes dilectum et fidelem nostrum Mauricium de Bellavilla constituere plegium non potuit pro dicto debito, ut asserit, cum dilectis et fidelibus nostris... comite Marchie et Gaufrido de Lezegniaco, et ipse comes constituere velit Maingotum dou Melle, fidelem suum, loco Mauricii supradicti, mandamus vobis quatinus predictum Maingotum recipiatis in plegium loco predicti Mauricii, pro debito supradicto, cum aliis fidejussoribus antedictis, si a predicto comite super hoc fueritis requisiti. Receptis vero predictis plegiis et ducentis L^a libris de termino Omnium sanctorum, redditus suos ad quos assignastis, sicut dicit, eidem deliberetis, et quid super hoc feceritis nobis, cum ad nos veneritis ad crastinum quindene Omnium sanctorum, in scriptis significare curetis. Datum apud Moissiacum episcopi, sabbato predicto.

1866

[1263.] — LITTERE REGINE FRANCORUM PRO G. DE BIARDO [2].

Margareta, Dei gratia Francorum regina, karissimo fratri suo Alfonso, comiti Pictavensi et Tholose, fratri domini nostri regis, salutem et sincere dilectionis affectum. Pro karissimo consanguineo nostro domino Gastone de Biardo vobis preces porrigimus ex affectu, ut eidem in negociis suis amore nostri necnon contemplatione... uxoris vestre,

---

[1] Alfonse de Brienne. — [2] *Sic* pour *Biarno* (Béarn).

que sibi in linnea consanguinitatis conjungitur, sitis favorabilis et benignus, erga ipsum taliter vos reddentes prout ad honorem vestrum pertinet, ne possit dici merito vel obici vobis quod per vos vel vestros idem Gasto violenter opprimi videatur, tantum inde facientes quod preces nostrass ibi senciat fructuosas et quod vobis inde teneamur ad merita graciarum.

Édité par Boutaric, p. 100.

1867

[RESPONSIO COMITIS.]

Excellentissime domine et karissime sorori sue Margarite, Dei gratia Francorum regine illustrissime, Alfonsus, filius regis Francie, comes Pictavensis et Tholose, salutem et cum dilectione fraterna paratam ad beneplacita voluntatem. Super litteris quas nobis misistis pro negotio domini Gastonis de Biado (*sic*), vestre excellentie notificamus de facto ipsius, quod idem G. intravit cum armis in terra fidelis nostri... comitis Convennarum, quam tenet a nobis, et in eadem multa gravamina et dampna perpetravit, que adhuc non emendavit, quamvis super hoc a nobis fuerit requisitus, quod nobis displicet, vestram serenitatem rogantes ut vobis displiceat illud idem, scire vos volentes quod terra illa, de qua contentio vertitur inter comitem Convennarum et dictum Gastonem, de nostris feodis non existit.

Édité par Boutaric, p. 100-101.

1868

SENESCALLO PICTAVENSI PRO EPISCOPO PICTAVENSI ET HARDOINO DE MAILLIACO.

Alfonsus, *etc.*, dilecto et fideli suo... senescallo Pictavensi, salutem et dilectionem. Mandamus vobis quatinus super contentione que vertitur inter venerabilem patrem... episcopum Pictavensem ex una parte, et fidelem nostrum Hardoinum de Malliaco ex altera, de bonorum virorum consilio taliter procedatis secundum rationem, quod nec... episcopo nec dicto Hardoino nec alteri aliquam injuriam faciatis. Et si forte predictus Hardoinus memorato episcopo aliquid forefecerit, faciatis eidem emendari secundum quod jus erit. Et quid super hoc factum fuerit, nos certos reddatis ad crastinum quindene Omnium sanctorum, cum ad nos veneritis pro vestris compotis faciendis. Datum apud Tretc... [1]

1869

[Circa 1263.] — ARCHIEPISCOPO, FRATRIBUS MINORIBUS ET POTESTATI JANUENSIBUS PRO GUILLELMO BOUQUENIGRE [2].

Reverendo in Christo patri ac sibi karissimo... Dei gratia archiepiscopo Januensi, Alfonsus, filius regis Francie, comes Pictavie et Tholose, salutem et sincere dilectionis affectum. Cum nos dilectum et fidelem vassallum Guillelmum dictum Bouquenigre, quondam capitaneum Januensem, in nostra protectione et custodia una cum bonis et rebus suis susceperimus a tempore diu est jam elapso, ac sicut nobis relatum est, commune populi Januensis ipsum nuper ab eadem civitate sine causa rationabili expulerit resque et bona sua detinuerit et adhuc detineat, ut dicitur, minus juste, vestram paternitatem rogandam duximus ex affectu, quatinus tam de fama ejusdem Guillelmi quam de causa seu occasione expulsionis ejusdem a dicta civitate ac detentione rerum et bonorum suorum, necnon qualiter se habuit dum esset capitaneus Januensis, nos velitis, vestri gratia, per vestras litteras reddere cerciores. Quod si forte ex aliqua causa rescribere nolueritis, saltim verbotenus exhibitorem presentium super premissis taliter instruere velitis, quod per ipsius nuncii relationem nobis in hac parte veritas patefiat. Adhibentes nichilominus, vestri gratia, in dicti Guillelmi bonis, rebus et debitis sibi restituendis bono modo consilium et auxilium et favorem.

Eodem modo scripsit dominus comes fratribus Minoribus Januensibus.

---

[1] Peut-être faut-il lire *Trecas*, Troyes, Aube.

[2] Guglielmo Boccanegra fut élu capitaine de Gênes par le parti populaire en 1257 et déposé, puis expulsé en 1262, lors du retour au pouvoir du parti aristocratique. (*Annales Genuenses*, dans Muratori, *Rer. italicarum SS.*, VI, 523 et 529.)

1870

POTESTATI JANUENSI PRO GUILLELMO BOUQUENIGRE.

Alfonsus, *etc.*, viris prudentibus... potestati, consilio et communi civitatis Januensis, salutem et dilectionem sinceram. Non indigne credimus agere cum pro illis preces porrigimus qui in nostris obsequiis fideliter astiterunt. Cum igitur dilectum et fidelem nostrum Guillelmum dictum Boucanigra, vassallum nostrum, una cum bonis et rebus suis in nostra protectione et custodia susceperimus a tempore diu est jam elapso, sicut in litteris nostris pattentibus sibi super hoc concessis plenius continentur (*sic*)[1], vosque bona ipsius, res et debita sua ceperitis et arrestaveritis et adhuc capta et arrestata detineatis, sicut nobis relatum est, minus juste, vestram prudenciam rogandam duximus ex affectu quatinus res, bona et debita dicti Guillelmi per vos detenta et arrestata, ut dicitur, ob amorem nostri et gratiam eidem liberaliter restituere et deliberare velitis, ut nos vobis propter hoc ad grates non immerito teneamur. Quod si forte facere nolueritis, scire vos volumus nos deesse non posse dicto G. in rebus suis et bonis recuperandis consilium prestare et auxilium oportunum, prout ordo dictaverit rationis. Quid vero super premissis facturi sitis, nobis per vestras litteras rescribatis.

1871

(Fol. 7.) 20 oct. 1250. — PRO G. BOUCANIGRA.

Alfonsus, *etc.*, universis presentes litteras inspecturis, salutem. Noveritis quod nos dilectum et fidelem nostrum Guillelmum Bouquenigre, civem Januensem, latorem presencium, in nostro servicio retinuimus et ipsum cum bonis et rebus suis in nostra protectione et custodia suscepimus. Actum Aquis in Provincia, anno Domini millesimo ducentesimo quinquagesimo, die jovis post festum beati Luce.

[1] Voir l'acte suivant.

1872

PRO DOMINO HARDOINO [DE MALLIACO.]

Venerabili in Christo patri ac domino Hugoni, Dei gratia Pictavensi episcopo[1], Alfonsus, *etc.*, salutem et sincere dilectionis affectum. Nondum a nostra recessit memoria proposita coram nobis ex parte vestra querimonia, quod vir nobilis Hardoinus de Malliaco in feodis vestris, ut dicebatur, cum armis intraverat et ibidem quemdam hominem ceperat, qui se et sua de vestro dominio advocabat. Sane quia per litteram dicti Harduini nuper intelleximus, cujus tenorem per senescallum nostrum vobis duximus destinandum, quasi contrarium totum facti, paternitatem vestram attencius deprecamur quatinus certa die ad locum de quo agitur, presente senescallo nostro et dicto Hardoino convocato, aliquem de vestris mittatis, ut comperta rei veritate facilius innotescat quid ulterius sit agendum. Sane quia dictum Hardoinum una cum uxore et familia sua ecclesiastico supposuistis interdicto, et nichilominus ob factam nobis querimoniam terram ipsius Hardoini sesire fecerimus, nec ob idem delictum dupplici afflictione conteri debeat, presertim cum asserit [quod] coram nobis seu mandato nostro vel quocumque coram alio debuerit paratus sit stare juri, vos rogamus ut eidem H. petenti beneficium absolutionis impendatis, quia parati sumus plenam vobis justiciam exhibere et cuilibet conquerenti. Datum apud Nongentum Leremberti[2].

1873

PRO DOMINO GERAUDO DE ARMANAICO.

Alfonsus, *etc.*, dilecto et fideli suo senescallo Tholose, salutem et dilectionem. Mandamus vobis quatinus recipiatis bonas firmancias et bonas securitates, de jurisdicione nostra existentes, a dilecto et fideli nostro Geraudo, domino Armeniaci, et domina Pincella matre sua, quod ipsi stabunt juri coram vobis pro emendandis omnibus forefactis et damp-

[1] Hugues Ier (1259-1271). — [2] Nogent-le-Roi, Eure-et-Loir.

nis datis per ipsos et per suos nobis et hominibus nostris de terra nostra, et maxime de illis in quibus idem G. erga nos intercepit. Receptis vero predictis firmanciis et bonis securitatibus de omnibus predictis competenter emendandis, deliberetis eis obsides eorum et terram suam quam propter hoc sesitam tenetis. Si vero predicti G. et P. firmancias et securitates, ut predictum est, nollent dare, vos ad emendanda omnia et singula supradicta, de consilio bonorum et sapientum, quam cito poteritis, secundum jus bene et viriliter procedatis. Nomina autem illorum quorum consilium habueritis in scriptis redigi faciatis, et ea nobis per vestras litteras significetis.

1874

PRO ABBATE DE SANCTO MAXENCIO.

Alfonsus, *etc.*, dilecto et fideli suo... senescallo Pictavensi, salutem et dilectionem. Cum ad querelam... abbatis Sancti Maxencii karissimus dominus et frater noster rex Francorum pro se ballivum Turonensem et nos pro nobis dilectos et fideles nostros Johannem de Nantolio, militem,... castellanum de Niorto, et Guichardum, clericum nostrum, apud Sanctum Maxencium in crastinum Epiphanie duxerimus destinare, vobis mandamus quatinus dictis die et loco una cum predictis personaliter intersitis et in singulis articulis, qui pro nobis vel contra nos propositi fuerint, curam adhibeatis et operam efficacem quod jus nostrum illesum servetur et suum parti alteri relinquatur. Considerantes potissime jus nostrum illesum servare in domo que fuit Guidonis de Ruppeforti, militis defuncti, sita apud Sanctum Maxencium et nobis de guerra forisfacta, in qua quia tenetis assisias, conquestus est dictus abbas domino regi, asserens sibi in hac parte fieri prejudicium et gravamen. Mandantes ut, si qua vobis occurrerint ardua negocia, potissime in hiis que tangunt feoda vel retrofeoda karissimi fratris nostri regis, super hiis nullatenus procedatis, nisi prius dicti fidelis nostri Johannis de Nantolio consilio requisito. Quod si forte tam arduum et grave fuerit negocium, quod nostrum desideret consilium et mandatum, significetis nobis facti seriem antequam in talibus ulterius procedatis, ut deliberato consilio vobis rescribamus quid inde voluerimus vos facturum. Datum apud Longumpontem.

Istam ultimam clausulam, scilicet : *Mandamus vobis ut si qua vobis occurrerint ardua negocia, etc.*, mandavit dominus comes senescallo Xanctonensi.

1875

[Circa 1264.] — PRO EPISCOPO ET PREPOSITO THOLOSANIS.

Alfonsus, *etc.*, dilecto et fideli suo... senescallo Tholose, salutem et dilectionem. Cum, sicut intelligi nobis datur, inter venerabilem patrem... episcopum Tholosanum et dilectum nostrum B., prepositum Tholosanum, orta sit dissensio, quod nobis displicet, cum multa dampna hominibus terre nostre possint exinde provenire, mandamus vobis quatinus per potenciam laicalem non permittatis ab alterutro inferri molestiam vel gravamen. Et si qui laici nostri subditi contra statuta pacis per terram nostram arma tulerint, faciatis emendas judicari et judicatas ab eisdem exigi et levari. Curam adhibentes et operam efficacem, vocatis vobiscum magistro Odone de Montonneria et domino Poncio Astoaldi, ad hoc ut pax reformari valeat inter episcopum et prepositum supradictos.

Édité par Boutaric, p. 479.

1876

2 dec. [1262]. — PRO EPISCOPO CATURCENSI PRO FACTO MOYSIACI[1].

Alfonsus, *etc.*, dilecto et fideli suo... senescallo Agenensi et Caturcensi, salutem et dilectionem. Cum, sicut ex parte episcopi Caturcensis nobis extitit intimatum, persone ipsius episcopi et cuidam servienti karissimi domini et fratris nostri regis, manus in ipsos temere iniciendo, injuria facta fuerit apud Moissiacum per Airmeneum (*sic*) et Sicardum, fratres... abbatis Moysiacensis et suos complices, cujusmodi factum

---

[1] Voir plus haut, n°° 1862 et 1863.

non est, ut dicitur, emendatum, vobis mandamus quatinus dictos Ar. et Sicardum, de quibus specialiter et nominatim querimonia delata est ad karissimum dominum et fratrem nostrum regem, per captionem corporum arrestetis et nichilominus de facto inquiratis, et super pluribus aliis articulis emendandis, de quibus ordinaverunt dilecti et fideles nostri Radulfus, thesaurarius Beati Hillarii Pictavensis, magistri Odo de Montonneria et Guillelmus Ruffi et Poncius Astoaldi, erga dictum episcopum secundum eorum ordinationem taliter vos habeatis et ita prope, quod propter defectum vestrum non oporteat eadem querimonia ad nos vel alibi ulterius reportari, et factis emendis injuriam passis, nostras emendas secundum quantitatem delicti judicari et levari faciatis. Caveatisque ne contra dictum episcopum vel suos aliqua de cetero contra justiciam attemptetis. Datum apud Longumpontem, sabbato post festum sancti Andree. — Nec ad dictas emendas faciendas de injuriis illatis, ut dicitur, dicto episcopo aliquem alium vel mandatum aliud expectetis.

Similis littera dirigitur domino Poncio Astoaldi. — Item alia littera similis magistro Odoni de Montonneria.

1877

(Fol. 8.) 2 dec. [1262]. — PRO PRIORE DE MANSSO.

Alfonsus, *etc.*, dilecto et fideli suo... senescallo Agenensi, salutem et dilectionem. Cum super contencione que vertitur inter nos ex una parte et priorem de Mansso[1] ex altera dies sit assignata ad ostensionem faciendam, videlicet ad quindenam nativitatis Domini, et propter hoc mittamus apud Manssum dilectos et fideles nostros Gervasium de Peveriis, militem, et magistrum Guillelmum Ruffi, clericum, vobis mandamus quatinus predicta die apud Manssum cum bono consilio intersitis et tales vobiscum de terra nostra habeatis, qui predictos Gervasium et Guillelmum sciant bene instruere de jure nostro tam super proprie-

---

[1] Le Mas-d'Agenais, Lot-et-Garonne.

tate quam sesina. Datum apud Longumpontem, sabbato post festum sancti Andree.

Similis littera missa fuit domino Poncio Astoaldi et magistro Odoni de Montonneria.

1878

[Dec. 1262. — PRO EPISCOPO CATURCENSI CONTRA ABBATEM MOISSIACI ET EJUS COMPLICES.]

Alfonsus, *etc.*, dilecto et fideli suo... senescallo Agenensi et Caturcensi, salutem et dilectionem. Cum, sicut nobis relatum est, Caturcensis episcopus in presencia karissimi domini et fratris nostri regis proposuerit vel proponi fecerit gravamina et injurias persone sue, ut asserit, necnon cuidam servienti dicti regis illata apud Moissiacum per aliquos homines, ut dicitur, senescalcie vestre, ac ex parte nostra coram ipso rege versa vice proponi fecerimus injurias et gravamina, quas et que dictus episcopus officialesque sui et bajuli nobis et hominibus terre nostre inferunt nec inferre desistunt, quamquam pluries requisiti, et ob hoc, ut intelleximus, memoratus frater noster rex ad partes Caturcenses aliquem vel aliquos de suis in brevi, ut dicitur, proposuerit destinare, vobis mandamus quatinus circonspecta sollicitudine scire studeatis adventum nuncii seu nunciorum dicti regis, providentes caute ut quecumque nobis vel hominibus terre nostre a dicto episcopo illata sunt gravamina justis et veris attestationibus in presencia nuncii seu nunciorum dicti regis valeant comprobari, vosque muniatis bonis et justis defensionibus quibus uti possitis contra ea que vobis objecerit episcopus memoratus, requirentes ipsum nuncium ut de cetero desistere faciat dictum episcopum ab inferendis gravaminibus et emendam competentem fieri faciat de illatis. Circa hec vero utiliter et efficaciter promovenda talem et tantam curetis adhibere diligenciam, quod exinde debeatis merito commendari, quidque super hiis factum fuerit faciendumve supersit, in scripti snobis significare curetis ad tardius die tercia post quindenam instantis Candelose.

Similis littera dirigitur domino Poncio Astoaldi. — Item alia magistro Odoni de Montonneria.

Iterato missa fuit predicta littera pro episcopo Caturcensi senescallo Agenensi verbo ad verbum usque ibi: Circa hec vero utiliter et efficaciter, etc., *hoc adjuncto:* Ceterum tam super facto Moysiaci perpetrato, ut dicitur, in prejudicium dicti... episcopi et servientis dicti regis quam super aliis injuriis et gravaminibus quas et que illata sibi asserit.. episcopus memoratus a vobis, senescallo nostro Agenensi, et ab aliis hominibus terre nostre, in presencia nunciorum regis ante et post tantum et taliter offeratis ex parte nostra vos facturos et insuper fieri a dicto senescallo faciatis, quod idem episcopus nullam possit habere justam [de] dicto senescallo materiam vobis conquerendi, cunctisque plene liqueat quantum in vobis est quod justum fuerit vos fecisse. Circa hec vero utiliter, etc.

Iterato missa fuit predicta littera domino Poncio Astoaudi cum adjuncto predicto cum emendis in eodem positis. — Iterato missa fuit illa eadem littera magistro Odoni de Montoneria, sub eadem forma que missa fuit domino Poncio Astoaudi.

1879

[1262. — SENESCALLO AGENNENSI PRO REGE ANGLIE.]

Alfonsus, *etc.*, dilecto et fideli suo... senescallo Agenensi, salutem et dilectionem. Mandamus vobis quatinus animalia et omnia alia hominum regis Anglie, que a vobis vel a nostris gentibus capta detinentur, eisdem reddatis indilate et cum... senescallo Vasconensi certa die conveniatis et certo loco, petentes ab eodem homines nostros Sancte Fidis[1] quos captos detinet liberari et de duobus aliis defunctis satisfieri, prout vobis et sibi videbitur, competenter, et omnia hinc inde inter vos et ipsum emendanda bono modo emendari similiter procuretis, premissa tractantes benigniter et etiam adimplentes, vobis de cetero precaventes ne factum aliquod faciatis vel a vestris subditis fieri permittatis, per quod aliqua discordia moveatur, terram nostram ita in pace custodiatis quod sine nostra licencia speciali aliquas calvacatas seu marcha[s]

---

[1] Probablement Sainte-Foy-la-Grande, Gironde.

a vobis vel a vestris fieri permittatis, alioquin a vobis inde caperemus vindictam, taliter in premissis vos habentes ne nobis vel aliis a vobis possit querimonia merito reportari. Et in pace custodienda in vestra senescalcia erga Caturcensem episcopum et omnes alios sitis sollicitus et fidelis. Datum apud Longumpontem.

1880

[1262. — SENESCALLO WASCONIE PRO MUTUIS INJURIIS EMENDANDIS.]

Alfonsus, *etc.*, dilecto suo Henrico de Cousanciis, militi, senescallo Wasconiensi[1], salutem et dilectionem sinceram. Cum intellexerimus quod vos quatuor de hominibus nostris de villa Sancte Fidis detineatis captos in prisione vestra, et alii duo homines in dicta prisione sint defuncti, sicut intelleximus, vos rogandum duximus quatinus dictos quatuor homines reddatis vel recredi faciatis et factum defunctorum predictorum similiter emendari; scientes quod nos senescallo nostro Agennensi dedimus in mandatis ut animalia seu quecumque alia de vestra senescalcia detineat, reddat et liberet indilate. Ea vero que sunt inter vos et dictum nostrum senescallum emendanda hinc inde, certa die que vobis placuerit qua per vos vel per certum nuncium poteritis interesse, emendentur et in melius reformentur, ita benigniter et bono modo predicta adimplentes quod vobis, de quo confidimus, teneamur scire grates. Scientes quod nollemus quod gentes nostre in vestra senescalcia facerent quod facere non deberent, et similiter vos rogamus quod servetis ne gentes senescalcie vestre faciant in nostra terra nec nostris gentibus aliquid quod non debeant.

1881

12 dec. 1262. — [SENESCALLO AGENNENSI PRO ABBATE MOISSIACI.]

Alfonsus, *etc.*, dilecto et fideli suo... senescallo Agennensi et Ca-

[1] H. de Courances, cité comme sénéchal de Gascogne pour le roi d'Angleterre dans des actes du 29 déc. 1261 et du 28 mars 1262. (Michel et Bémont, *Rôles gascons*, p. cxix.)

turcensi, salutem et dilectionem. Veniens ad nos... abbas Moysiacensis dedit nobis intelligi quod in flumine Tarni est quidam locus valde aptus, ut dicitur, ad construenda molendina, cujus loci medietatem quidam miles possidet ad vitam suam ex dono bone memorie Raimundi, quondam comitis Tholose, et dictus abbas aliam medietatem, sicut dicit. Hinc est quod vobis mandamus quatinus diligenter addiscatis quantos sumptus exigeret dictorum molendinorum constructio pro parte media que nos tangit et quantum possent valere annuatim in redditibus, et si possent fieri sine alterius juris injuria et peccato. Et cum dictus... abbas nobis locutus sit de permutacione facienda pro parte nostra dicti loci, vobis mandamus ut de consilio Poncii Astoaudi et magistri Odonis de Montoneria, quibus super hiis scripsimus, tractetis de dicta permutacione, et super premissis omnibus rescribatis nobis veritatem et consilium vestrum ac predictorum Poncii et Odonis, retenta tamen in omnibus nostra voluntate. Datum die martis in vigilia sancte Lucie, anno LXII°, apud Corbolium.

Similis littera missa fuit Poncio Astoaudi pro eodem. — Item similis littera missa fuit magistro Odoni de Montoneria pro eodem.

1882

(Fol. 9.) 12 dec. 1262. — [SENESCALLO AGENNENSI PRO TRADITIONE CUJUSDAM BALLIVIE AD INCHERIMENTUM.]

Alfonsus, *etc.*, dilecto et fideli suo... senescallo Agennensi et Caturcensi, salutem et dilectionem. Datum est nobis intelligi quod vos balliviam quam Johannes de Espieriis tenet, ad incherimentum, secundum formam vobis traditam super hoc, non tradidistis nec vendidistis. Quare vobis mandamus quatinus dictam balliviam affirmetis et tradatis ad incherimentum, secundum quod alia[s] ballivias tradere vobis injunctum est et tradere consuevistis, et sciatis quod nolumus ut aliquis, qui nostra gagia habeat, balliviam habeat affirmatam vel sit particeps in eadem. Sane in nostro servicio ita curiose et fideliter vos habeatis, quod vobis exinde debeamus scire grates. Datum apud Hos pitale, die martis in vigilia sancte Lucie, anno LX° II°.

Édité par Boutaric, p. 257.

1883

12 dec. 1262. — [JOHANNI DE ESPIERIIS PRO EODEM NEGOCIO.]

Alfonsus, *etc.*, dilecto suo Johanni de Espieriis, salutem et dilectionem. Cum, sicut intelleximus, ballivia quam tenetis non sit affirmata nec vendita cum incherimento, prout alie ballivie nostre tradi consueverunt, scire vos volumus quod nos dilecto et fideli nostro... senescallo Agennensi per nostras mandavimus litteras, ut predictam balliviam quam tenetis tradat et affirmet secundum quod alias ballivias nostras cum incherimento tradere consuevit, et sciatis quod nolumus quod aliquis, qui nostra habeat gagia, habeat balliviam affirmatam nec sit particeps in eadem. Sane in nostro servicio, *et cetera sicut precedens*. Datum ut precedens.

1884

12 dec. 1262. — [SENESCALLO AGENNENSI PRO PEDAGIO DE MARMANDA.]

Alfonsus, *etc.*, dilecto et fideli suo senescallo Agennensi et Caturcensi, salutem et dilectionem. Super eo quod, sicut intelleximus, pedagium nostrum de Mermanda pro II mil. VI^c libr. turon. vendidistis usque ad annum, scire vos volumus id nobis placere, dum tamen vendicio facta sit cum incherimento et vendicionis terminus ultra annum nullatenus se extendat, cautumque sit vobis de solutione dicte peccunie et incherimentorum facienda per fidejussores vel alias terminis consuetis, taliter super hiis vos habentes quod de diligencia et sollicitudine commendari possitis nullumque familiaritatis vicium intervenire valeat in hac parte. Datum ut precedens.

Édité par Boutaric, p. 266.

1885

13 dec. 1262. — [SENESCALLO THOLOSE PRO DENARIIS PARISIUS TRANSMITTENDIS.]

Alfonsus, *etc.*, dilecto et fideli suo... senescallo Tholose, salutem et dilectionem. Mandamus vobis quatinus omnes denarios quos nobis debetis perquiratis, nobis eosdem per vestrum clericum transmittentes in crastino quindene instantis Candelose, cum ad nos venerit pro compotis vestris faciendis. Sane circa regimen terre nostre circaque nostra negocia promovenda ita curiose et fideliter vos habeatis, quod exinde vobis debeamus scire grates. Datum apud Hospitale, die sancte Lucie, anno LXII°.

Similis littera missa fuit senescallo Agennensi et Caturcensi pro eodem.

1886

14-20 dec. 1262. — [MAGISTRO ORDINIS PREDICATORUM PRO FRATRIBUS IN TERRAM COMITIS MITTENDIS.]

Alfonsus, *etc.*, viro religioso et honesto ac in Christo sibi karissimo, fratri Imberto, magistro ordinis fratrum Predicatorum, salutem et sinceram in Domino caritatem. Vos rogamus quatinus fratri Henrico de Champigniaco, nunc priori Senonensi, per obedientiam velitis injungere vestris patentibus litteris, ut ipse possit per se et per alios forefacta nostra in terris nostris emendare, et alia que ibidem sunt expedienda secundum Deum [expedire], quando et quocienscumque ex parte nostra super hoc fuerit requisitus, dantes eidem speciale mandatum ut per obedientiam possit compellere ex parte vestra illos quos ad premissa exequenda ydoneos viderit et honestos. Datum post festum sancte Lucie[1], anno LX° II°.

Édité par Boutaric, p. 390.

[1] L'indication de jour manque.

1887

24 dec. [1262]. — PRIORI DE MASSO.

Alfonsus, *etc.*, viro venerabili et dilecto suo priori ecclesie de Masso, Agennensis dyocesis, salutem et dilectionem. Placet nobis quod ostensionem racione cause mote [1] inter nos et vos, scicut (*sic*) scitis, per procuratorem bene instructum et sufficienter fieri faciatis, eamdem ratam habentes, si per procuratorem vestrum fiat eo modo quo eam facere debetis. Litteras autem quas mittimus senescallo nostro Agennensi, ut procuratorem vestrum recipiat in hoc casu, vobis mittimus, ut easdem dicto senescallo per vestrum nuncium transmittatis. Datum vigilia nativitatis Domini.

1888

24 dec. [1262]. — PRO EODEM.

Alfonsus, *etc.*, dilecto et fideli suo senescallo Agennensi, salutem et dilectionem. Placet nobis quod ostensio que debet fieri in quindena natalis Domini per priorem de Masso, prout scitis, per procuratorem ipsius sufficienter instructum fiat. Datum vigilia nativitatis Domini.

1889

24 dec. [1262]. — SENESCALLO AGENNENSI PRO EPISCOPO CATURCENSI.

Alfonsus, *etc.*, dilecto et fideli suo... senescallo Agennensi et Caturcensi, salutem et dilectionem. Veniens ad nos... venerabilis pater episcopus Caturcensis nobis conquerendo mo[n]stravit sibi, postquam a nobis recessit post parlamentum Panthecostes, gravamina inferius annotata fuisse illata, videlicet quod bajulus et homines de Villafranqua [2] invaserunt villam ipsius episcopi de Goionhac [3] et quamplures boves et vacas et res alias inde rapuerunt et duas vacas occide-

---

[1] Le manuscrit porte *mouete*. — [2] Villefranche-de-Belvès, Dordogne. Cf. *Hist. de Languedoc*, nouv. éd., t. VIII, col. 1734. — [3] Goujounac, Lot, cant. Cazals.

runt. — Item Bertrandus de Lauserguas et fratres ejus, homines nostri, cum eorum complicibus invaserunt bastidam militis ejusdem episcopi de Valgador[1] et villam combuxerunt et multa dampna intulerunt ibidem, in terram nostram revertantes (*sic*). — Item predicti fratres de Lauserguas invaserunt villam de Sancto Johanne prope Balayc[2], que est dicti episcopi, cum armis et multa bona inde rapuerunt et multa dampna intulerunt, in terram nostram revertantes (*sic*). — Item predicti fratres villam de Coges[3], que est dicti episcopi, combuxerunt et invaserunt cum armis et quamplura animalia et res alias ibidem rapuerunt et cum rapina ad terram nostram diverterunt. — Item predicti fratres cum suis complicibus, in festo assumpcionis beate Marie, invaserunt terram ipsius episcopi cum armis et interfecerunt Ysardum Fagia, domicellum ipsius episcopi et vasallum nostrum, inde ad terram nostram revertantes (*sic*). — Item quidam de familia vestra quemdam nuncium ipsius episcopi apud Moysiacum[4] attrociter verberaverunt. — Item homines de Villafranqua quamplures boves et vacas et res alias de Belaico[5] et de Podio[6], castrorum ipsius episcopi, ceperunt et adhuc detinent capta. — Item bajulus de Montecuco[7] saizivit de novo reparium de Belmontet[8], quod est de feodo ipsius episcopi. — Item apud Montemcucum serviens vester invasit episcopum, capiendo unum de equis suis, dum venisset ibi causa visitandi. — Item Remondus Guitardi, serviens vester, in festo apostolorum Symonis et Jude, cepit quedam animalia de Cajarco[9] et quemdam hominem ejusdem loci usque ad effusionem sanguinis verberavit. — Item monachi Moysiacenses et fratres abbatis ipsius loci, videlicet Armandus et Sycardus, cum pluribus aliis clericis et laicis invaserunt episcopum et servientem domini regis et ejus familia[m], sicut pluries audivistis[10]. — Item quinque clerici et presbiteri interfecti sunt gladio

[1] Je ne trouve rien.
[2] Saint-Jean-de-Grezels, Lot, comm. Grezels.
[3] Je ne trouve rien.
[4] Moissac, Tarn-et-Garonne.
[5] Belaye, Lot, cant. Luzech.
[6] Puy-l'Évêque, Lot.
[7] Montcuq, Lot.
[8] Belmontet, Lot, cant. Montcuq.
[9] Cajarc, Lot.
[10] Voir plus haut, n°ˢ 1862, 1863 et 1876.

in dyocesi Caturcensi, in territorio nostro, a paucis temporibus citra, videlicet quidam archipresbiter fuit interfectus apud Thofalles[1] et quidam clericus de Montecuco, rector ecclesie de Villadamalos[2], fuit interfectus per illos de Lusergues de Orgolio[3], sicut dicitur; item quidem (sic) clericus de Montecuco a festo sancti Michaellis citra; item quidem (sic) sacerdos qui vocabatur Ansellinus; item quidem (sic) capellanus cum tribus laicis inter Calciatam[4] et Sanctum Antoninum[5]. — Hinc est quod vobis mandamus quatinus super premissis, vocatis qui fuerint evocandi, per inquisicionem seu secundum quod jus erit, diligenter et in brevi, ut amplius poteritis, de plano, habito bonorum consilio, procedatis et etiam terminetis, et que emendanda fuerint sine dilacione emendari faciatis, ita predicta sine negligencia adimplentes quod de volumptate nostra aliquid nullatenus omittatis, scientes quod multum grave sustine[re]mus si negligenter vos habueritis in premissis. Et quidquid feceritis super premissis, omnibus et singulis per se, nobis per certum nuncium quam cicius poteritis in scriptis significare curetis vel ad tardius infra crastinum quindene instantis Candelose. Si autem aliquid superfuerit terminandum seu eciam emendandum, illud nobis similiter significetis in scriptis. Transcriptum autem omnium predictorum gravaminum ex habundenti (sic) vobis mittimus presentibus interclusum. Que omnia ita faciatis emendari et alia vetera et nova, si qua fuerint emendanda, quod de cetero querimoniam non audiamus et quod dictus episcopus se tenere debeat pro pagato. Transcriptum autem presentium penes nos retinuimus, ut videamus plenius quomodo per vos processum fuerit in premissis. Datum apud Hospitale, vigilia natalis Domini.

[1] Touffailles, Tarn-et-Garonne, cant. Bourg-de-Visa. — [2] Je ne trouve rien. — [3] Orgueil, ville détruite, Lot, comm. Touzac. — [4] Caussade, Tarn-et-Garonne. — [5] Saint-Antonin, Tarn-et-Garonne.

1890

(Fol. 10.) 24 dec. [1262]. — PRO EODEM EPISCOPO CATURCENSI SUPER EISDEM GRAVAMINIBUS.

Alfonsus, *etc.*, dilecto et fideli suo Gervasio de Peveriis, militi, salutem et dilectionem. Veniens ad nos venerabilis pater... episcopus Caturcensis nobis conquerendo monstravit sibi et cuidam servienti karissimi domini et fratris nostri regis multa gravamina fuisse illata, quorum transcriptum vobis mittimus presentibus interclusum. Quare vobis mandamus quatinus predicta gravamina et alia nova et vetera, si qua fuerint emendanda, dictis episcopo et servienti faciatis plenius emendari cum senescallo nostro Agenensi, ita quod de cetero ad nos referre non opporteat questionem et quod dictus episcopus se exinde tenere debeat pro pagato. Quicquid autem super premissis et aliis factum fuerit, vobiscum in vigilia octabarum instan[ti]s Candelose in scriptis Parisius afferatis. Transcriptum autem presencium penes nos retinuimus, ut videamus plenius quomodo per vos processum fuerit in premissis. Datum vigilia nativitatis Domini.

Similis littera missa fuit domino Poncio Astoaldi, et alia similis littera missa fuit magistro Odoni de Montoneria, excepto quod dictum fuit in clausula illa : *Quicquid autem super premissis factum fuerit, nobis in crastino quindene instantis Candelose per certum nuncium in scriptis significare curetis.*

1891

[3 jan. 1263.] — EPISCOPO THOLOSANO PRO COMITE.

Venerabili in Christo patri R., Dei gratia episcopo Tholosano[1], Alfonsus, filius regis Francorum, comes Pictavie et Tholose, salutem et sincere dilectionis affectum. Super hoc quod nobis significastis, scire vos volumus quod nos inde scimus vobis bonum gratum, propter hoc quod donec nobis scripsissetis, in negocio procedere noluistis.

---

[1] Raimond du Falga (1232-1270).

Unde paternitatem vestram, de qua plene confidimus, rogandam duximus quatinus honorem nostrum et utilitatem ita super hiis observare vellitis, ne dampnum aliquod super hoc incurramus. Datum apud Hospitale, die mercurii post circoncisionem Domini.

Similis littera missa fuit domino Poncio Astoaudi pro eodem. — Item similis littera missa fuit domino Sycardo[1] Allemanni pro eodem.

1892

(Fol. 11.) [1263.] — SENESCALLO THOLOSE PRO CALVACATA INTER ABBATEM GALLIACI ET EPISCOPUM ALBIENSEM[2].

Alfonsus, *etc.*, dilecto et fideli suo senescallo Tholose et Albiensis, salutem et dilectionem. Cum illi qui ex parte abbatis Galliacensis fuerint in calvacata et conflictu armorum habito inter ipsum abbatem ex una parte et venerabilem patrem episcopum Albiensem ex altera condampnati fuerint per sentenciam et a sentencia appellaverint et postea appellacioni sue renonciaverint, vobis mandamus quatinus predictam sentenciam, secundum quod lata fuit, execucioni demendetis (*sic*). Si vero gratiam seu misericordiam pecierint, cuilibet quartam partem summe in qua condempnatus extitit relaxetis. Cum autem alii qui ex parte dicti episcopi fuerint in dicta calvacata seu conflictu, per composicionem de voluntate ipsorum factam, que quidem composicio nobis placet, racione dicte calvacate seu conflictus teneantur nobis in quingentis libris turon., solvendis nobis in hunc modum, videlicet ducentas et quinquaginta libras ad instantem ascensionem Domini anno Domini M° CC° LX°ᵐᵒ tercio, et alias ducentas et quinquaginta libras ad festum Omnium sanctorum proximo venturum, vobis mandamus quatinus predictas pecunie summas terminis predictis levetis et eas nobis ad nostros compotos transmittatis.

Édité dans *Hist. de Languedoc* (nouv. édit.), VIII, col. 1463-1464.

[1] Le manuscrit porte : *de Ycardo*. — [2] Cet acte doit, comme le suivant, appartenir au mois de janvier 1263; il est en tout cas antérieur au 10 mai, date de l'Ascension en cette année.

1893

[Jan. 1263.][1] — SENESCALLO RUPTHENENSI PRO CALVACATA INTER ABBATEM [DE CONCHIS] ET EPISCOPUM RUPTHENENSEM.

Alfonsus, *etc.*, dilecto et fideli suo senescallo Ruthenensi, salutem et dilectionem. Cum illi qui ex parte abbatis de Conchiis fuerunt in calvacata seu conflictu armorum habito inter ipsum abbatem ex una parte et venerabilem patrem episcopum Ruthenensem ex altera, per composicionem super hoc factam, que quidem composicio nobis placet, racione dicte calvacate seu conflictus teneantur nobis in ducentis libr. turon., solvendis nobis in hunc modum, videlicet ad festum Omnium sanctorum anno Domini M°CC°LX^{mo} secundo proximo preteritum centum libras, ad Candelosam proximo venturam quinquaginta libras et ad ascensionem Domini proximo sequentem dictam Candelosam quinquaginta libras, vobis mandamus quatinus centum libras de termino Omnium sanctorum preterito nobis debitas et quinquaginta libras ad Candelosam proximo venturam debitas levetis et eas nobis ad quindenam Candelose ad nostros compotos transmittatis. Alias vero quinquaginta libras ad ascensionem Domini venturam debitas, ad dictam Ascensionem levetis et nobis ad compotos nostros Ascensionis transmittatis.

Édité partiellement par Boutaric, p. 475.

1894

SENESCALLO RUTHENENSI PRO PORTATIONE ARMORUM.

Alfonsus, *etc.*, dilecto et fideli [suo] senescallo Ruthenensi, salutem et dilectionem. Cum filius nobilis viri comitis Ruthenensis et ejus complices, qui portaverunt arma per terram nostram, condempnati fuerint racione dicte portacionis armorum per sentenciam in quater centum libris decem minus, videlicet dictus filius comitis Rupthenensis in centum libris, complices vero illius in tribus centum libris decem

[1] Cet acte a été écrit après le premier novembre de l'année 1262; il est antérieur à la Chandeleur de 1263 (2 février).

minus, propter causas in sententia contentas, vobis mandamus quatinus predictam sententiam, prout lata extitit, execucioni demandetis et predictas summas pecunie levetis et eas nobis ad nostros compotos transmittatis, maxime cum appellationem ad nos, ut dicitur, interpositam non prosequntur, ut de jure deberent.

1895

PRO BASTIDIS NOVIS.

Alfonsus, *etc.*, dilecto et fideli suo... senescallo Agenensi et Caturcensi, salutem et dilectionem. Mandamus vobis quatinus ab hominibus de bastida de Monteflanquino[1] nec de aliis novis bastidis focagium non levetis ad presens nec eciam exigatis, donec a nobis aliud receperitis in mandatis.

Édité par Boutaric, p. 303.

1896

27 febr. 1263. — PRO HOMINIBUS DE TORNON.

Alfonsus, *etc.*, dilectis clericis suis Guillelmo de Plesseio et Salomoni, salutem et dilectionem. Significamus vobis quod nos hominibus nostris de Tornon[2] dedimus respectum de levando focagio usque ad festum Omnium sanctorum proximo venturum. Unde vobis mandamus quatinus, si aliqua de dictis hominibus capta detineatis racione focagii, eisdem usque ad dictum terminum recredatis. Datum apud Bruerias[3], anno LXII°, die martis post festum sancti Mathie apostoli.

1897

28 febr. 1263. — MINISTRO FRATRUM MINORUM IN FRANCIA PRO INQUISITORIBUS.

Alfonsus, *etc.*, viro religioso et in Christo sibi karissimo, ministro fratrum Minorum in Francia, salutem et sinceram dilectionem. Dilec-

---

[1] Monflanquin, Lot-et-Garonne.
[2] Tournon-d'Agenais, Lot-et-Garonne.
[3] Bruyères-le-Châtel, Seine-et-Oise, cant. Arpajon.

tionem vestram rogamus quatinus fratri Philippo de Teriaco, de ordine vestro, per obbedientiam velitis injungere vestris patentibus litteris, ut ipse possit, per se et per alios, forefacta nostra in terris nostris inquirere et eciam emendare et alia que ibidem sunt expedienda secundum Deum, quando et quocienscumque ex parte nostra super hoc fuerit requisitus, dantes eidem speciale mandatum ut per obedienciam possit compellere ex parte vestra illos quos ad premissa exequenda ydoneos invenerit et honestos. Datum apud Bruerias, anno Domini m° cc° lx° secundo, die mercurii post festum sancti Mathie apostoli.

1898

(Fol. 12.) 28 febr. [1263. — PRIORI FRATRUM PREDICATORUM SENONENSIUM PRO INQUISITORIBUS.]

Alfonsus, *etc.*, viro religioso et in Christo sibi dilecto fratri Henrico de Chanpigniaco, priori fratrum Predicatorum Senonensium, salutem et dilectionem sinceram. Dilectionem vestram rogamus quatinus duos fratres inquisitores in Pictavensibus et Xanctonensibus partibus et aliis terris nostris, si opus fuerit, propter forefacta emendenda et alia que ibidem sunt expedienda secundum, Deum, quanto cicius poteritis, transmittatis, et quid super hoc feceritis et de nominibus ipsorum fratrum nos per latorem presencium certificetis. Significetis eciam nobis utrum possent esse apud Pictavim ad proximam quindenam Pasche vel ad aliam diem certam. Nos enim, si ibidem intersint, quendam clericum ibidem mittemus contra eos. Datum apud Bruerias, die mercurii post festum sancti Mathie apostoli.

1899

1263. — FRATRI HENRICO DE CHAMPIGNIACO, PRIORI SENONENSI.

Alfonsus, *etc.*, viro religioso et in Christo sibi karissimo fratri Henrico de Champigniaco, priori fratrum Predicatorum Senonensium, salutem et sinceram dilectionem. Cum nos virum religiosum fratrem Imbertum, magistrum vestri ordinis, per nostras litteras requisierimus ut vobis daret potestatem per vos vel per alios in terris nostris forefacta nostra emendare, dilectionem vestram rogamus, vobis significantes quod nobis placet et volumus ut fratres, quos ad premissa exequenda ydoneos noveritis et honestos, ad dictas terras nostras quam cito poteritis transmittatis. Clericum etiam illum, de quo nobis per vestras litteras intimastis, volumus et nobis placet ut eundem cum dictis fratribus destinetis, diem qua erunt apud Pictavim dicti fratres nobis per vestras litteras intimantes. Dantes (*sic*) apud Mossi[1], anno LXII°.

1900

26 mart. [1263]. — PRO AUDEBERTA DE RUPELLA.

Alfonsus, *etc.*, dilecto et fideli suo senescallo Pictavensi, salutem et dilectionem. Significamus vobis quod nos diem illam quam habent Johanna de Tabulis et Guillelmus, filius ejus, clericus, apud Sanctum Maxencium, ad crastinum octabarum instantis Pasche, prorogavimus usque ad crastinum beate Marie Magdalene. Unde vobis mandamus quatinus dictos Johannam et filium suum usque ad dictum terminum, occasione facti sibi inpositi, in pace dimittatis. Datum apud Hospitale juxta Corbolium, die lune post Ramos palmarum.

Similis littera missa fuit domino Johanni de Nantolio pro eadem. — Similis littera missa fuit senescallo Xanctonensi vel ei qui loco ejus erit.

1901

PRO ARCHIDIACONO ENGOLISMENSI.

Alfonsus, *etc.*, dilecto et fideli suo comiti Marchie et Engolismensi, salutem et dilectionem sinceram. Cum vos magistrum Thomam, archidiaconum Engolismensem, homines et nuncios suos de domibus archidiaconatus sui per vos et vestros expuleritis violenter, sicut per litteram domini pape, quam super hec nobis misit, intelleximus, ac [in] amicos

---

[1] Moissy-Cramayel, Seine-et-Marne, cant. Brie-Comte-Robert.

ipsius et coadjutores suos occasione hujusmodi multiplices injurias irrogaveritis, ipsos in carcere contra justiciam, ut dicitur, detinendo, quod nobis displicet, si sit verum, vobis mandamus et vos rogamus quatinus, si ita est, dictum negocium faciatis taliter emendari, quod propter defectum vestrum super dicto negocio aliud consilium apponere non cogamur, vel nobis rescribatis causam quare hoc facere non debetis. Quod nisi feceritis, nobis displicebit.

Édité par Boutaric, p. 48a.

1902

PRO BERTRANDO DE BAUCIO.

Alfonsus, *etc.*, dilectis et fidelibus suis Poncio Astoaudi et magistro Odoni de Montoneria, salutem et dilectionem sinceram. Mandamus vobis quatinus nobilem virum Bertrandum de Baucio super mille libris quas persolvi tnobilis vir pater suus, nomine bone memorie R., quondam comitis Tholose, ut dicit, et super castro de Sariano [1] audiatis diligenter et inquiratis super hoc diligencius veritatem, qua reperta, suum jus super premissis reddatis eidem, nostrum penitus observantes illesum.

1903

(Fol. 13.) 4 apr. [1263]. — PRO GUILLELMO BUCHANIGRA.

Excellentissimo et karissimo domino ac fratri suo Ludovico, Dei gratia Francorum regi illustrissimo, Alfonsus, filius regis Francie, comes Pictavie et Tholose, salutem et cum fraterna dilectione paratam ad beneplacita voluntatem. Cum intellexerimus quod cives Januenses multa gravamina et injurias non modicas irrogaverint dilecto et fideli nostro Guillelmo Bucanigra, qui nobis servivit in itinere transmarino, de cujus servicio nos laudamus, [et] res suas, sicut dicit, injuste detineant occupatas, excellenciam vestram rogamus quatinus dictum Guillelmum in suis justis peticionibus, si placet, super premissis dignemini benigniter exaudire. Datum die mercurii post Pascha, apud Hospitale.

[1] Sarrians, Vaucluse, cant. Carpentras.

1904

PRO EODEM.

Alfonsus, *etc.*, viro venerabili et discreto et in Christo sibi karissimo R. de Chevriaco, archidiacono ecclesie Parisiensis, salutem et sincere dilectionis affectum. Cum intellexerimus quod cives Januenses multa gravamina et injurias non modicas irrogaverint dilecto et fideli nostro Guillelmo Bouchenigre, qui nobis servivit in itinere transmarino, de cujus servicio nos laudamus, et res suas, sicut dicit, injuste detineant occupatas, dilectionem vestram rogamus quatinus justas petitiones dicti Guillelmi coram karissimo domino et fratre nostro rege faciendas super premissis velitis promovere, prout secundum rationem videritis faciendum. Datum quemadmodum[1] precedens.

Similis littera missa fuit Petro Cambellano, militi, pro eodem. — Item similis littera missa fuit Johanni Saraceno pro eodem.

1905

[SENESCALLO VENESSINI PRO NEGOTIO GUILLELMI BUCCENIGRE.]

Alfonsus, *etc.*, dilecto et fideli suo... senescallo Venesini, salutem et dilectionem. Vobis mandamus quatinus litteras nostras, quas vobis mittimus per latorem presencium, confectas super facto dilecti et fidelis nostri Guillelmi Buchenigre, dirigendas potestati, consilio et communi civium Januensium, dictis potestati, consilio et communi per Druinum, nuncium, qui alias fuit, seu per alium sufficientem transmittatis quam cicius poteritis, injungentes eidem nuncio quod dictum negocium procuret solicite, diligenter et fideliter, et responsionem, si poterit, habeat ab eisdem, quam responsionem per eundem nuncium seu per alium sufficientem, quam cito poteritis, nobis plenarie remittatis, et nuncio quem ibi miseritis provideatis in expensis.

[1] Ce mot est ainsi écrit : *qm.*, avec une barre au-dessus.

1906

[PREPOSITO PRUVINENSI PRO EODEM NEGOTIO.]

Alfonsus, *etc.*, dilecto suo bajulo seu preposito Pruinensi[1] seu locum tenenti illustris et karissimi nostri regis Navarrie, salutem et sincere dilectionis affectum. Rogamus vos et requirimus quatinus mercatores Januenses, cum ad instantes nundinas Pruinenses venerint, ex parte nostra moneatis ut dilecto et fideli nostro Guillelmo Buchenigre res suas et bona sua et debita, arestata et detenta minus juste per ipsos, ut dicitur, restituant et deliberent liberaliter amore nostri, scituri quod, si non fecerint, nobis displicebit nec sibi possemus in suis bonis et rebus recuperandis consilium prestare et auxilium oportunum, prout ordo dictaverit racionis. Tantum super hoc pro nobis faciatis quod exinde vobis teneamur merito scire grates.

1907

[POTESTATI, CONSILIO ET COMMUNI JANUE PRO EODEM NEGOTIO.]

Alfonsus, *etc.*, dilectis suis viris prudentibus potestati, consilio et communi civium Januensium, salutem et dilectionem sinceram. Sepe vobis pro dilecto et fideli nostro vassallo Guillelmo Buchenigre scripsisse recolimus, ut eidem res et bona et debita sua, que per vos arestata sunt et detenta, ut dicitur manifeste, amore nostri liberaliter restitueretis et deliberaretis eidem, quod quidem facere non curastis, sed per vestras litteras nobis scripsistis quod ad nos in brevi tempore anbasatores mitteretis, et quod dictum Guillelmum et (*sic*) omnibus bonis suis personaliter detineremus, ut vestris anbasiatoribus in nostra presencia ad ea que sibi volunt obicere et petere de jure responderet, et idem Guillelmus per plures dies propter hoc nobiscum moram fecerit, et cum dicti anbasiatores ad nos adhuc non venerint et dicto Guillelmo

---

[1] Provins, Seine-et-Marne.

res et bona sua ac debita deliberare et restituere pretermisistis, super hoc quamplurimum admiramur. Unde iterato vobis rescribimus et vos attente requirimus et rogamus quatinus res, bona et debita dicti Guillelmi, que per vos arestata sunt et detenta, ut manifeste dicitur, predicto G., fideli nostro, nostrorum interventium (*sic*) precaminum deliberare et restituere liberaliter velitis. Quod quidem si feceritis, vobis ad gratiarum merita erimus specialiter obligati. Quod si forte facere nolueritis, scire vos volumus nos deesse non posse dicto Guillelmo in bonis suis et rebus recuperandis consilium prestare et auxilium opportunum, prout ordo dictaverit racionis, cum ipsum cum universis bonis suis in nostra protectione et custodia receperimus, jam diu est, prout patet nostris patentibus litteris sibi concessis, sigillo nostro proprio sigillatis. Et si a dicto Guillelmo, vassallo nostro, aliquid petere volueritis, constituatis anbasiatores seu nuncios sufficienter instructos, qui legitimam habeant potestatem de stando juri coram nobis pro vobis et contra vos, secundum quod erit faciendum. Parati enim sumus de dicto Guillelmo vobis et cuilibet conquerenti exibere celeris justicie complementum, prout debuerimus. Et quod super premissis omnibus pro nobis facere volueritis, nobis per nuncium nostrum, latorem presencium, per vestras litteras rescribatis.

1908

(Fol. 14.) — ABBATI CISTERCIENSI (*sic*).

Alfonsus, *etc.*, viro religioso et honesto et dilecto sibi in Christo... abbati Clugniacensi, salutem et sincere dilectionis affectum. Dilectionem vestram duximus requirendam quatinus injurias et gravamina non modica, gentibus nostris apud Sanctum Florum[1] illata, faciatis prout condecet emendari, ita quod videatur nobis quod dictum factum vobis debeat displicere et debeamus nos tenere super hoc plenius pro pagatis. Habebimus autem bonum consilium super hiis que nobis dueritis per vestrum quendam monachum requirenda.

[1] Saint-Flour, Cantal.

QUATRIÈME REGISTRE.

(Bibl. nat., man. lat. 10918.)

1909

1258-1259. — [INQUISITIO IN PICTAVENSI ET XANCTONENSI SENESCALLIIS.]

(Fol. 1.) Anno Domini M° CC° L^{mo} octavo, nos fratres Henricus de Campis et Johannes de Castello et Th., magister scolarum ecclesie Beati Hylarii Pictavensis, inquisitores in Pictavia et Xanctonia a domino comite Pictavie constituti, determinavimus ea que secuntur, in quaterno isto contenta, cum diligenti inquisicione per testes juratos et habito consilio peritorum et fide dignorum, prout melius potuimus, sive reddendo judicium, sive componendo, prout utilitati utriusque partis vidimus expedire. Et sciendum quod omnes illi quibus reddidimus hereditatem sive peccuniam aut aliquid aliud, quittaverunt arreragia et levata domino comiti cum pace cordis, sicut credimus, salvo tamen et retento jure domini comitis in omnibus redditis, si aliquando valeat inveniri. Inquisivimus eciam pro domino comite a servientibus ejus juratis. Actum usque ad principium anni LIX, circa Pascha[1].

1910

Versus Sanceium[2] *et versus Latillé*[3].

1. Nos reddidimus domino Karolo de Rochaforti et hominibus ejus de villa sive loco qui dicitur Feodus pasquerium pro animalibus suis in planis sive communibus nemoribus domini comitis, quia inventum est per inquestam quod dicti homines explectaverunt pacifice ab antiquo tempore dictum pasquerium, et similiter homines domini comitis possunt expletare pasquarium in terra dicti militis pro animalibus suis.

[1] Ce début a été publié par Boutaric, *Alfonse de Poitiers*, p. 393.
[2] Sanxay, Vienne, cant. Lusignan.
[3] Latillé, Vienne, cant. Vouillé.

2. Item revocavimus quandam malam consuetudinem introductam apud Sanceium a tribus annis citra, videlicet quod levabatur unus obolus pro vendita pelle ovis mortue propria morte, et hoc invenimus per multos testes juratos, et eciam per illum qui introduxit. Unde judicavimus ipsam non esse tenendam.

3. Cum dominus Hugo Gayrau, miles, quandam costumam sibi deberi peteret super bordariam de la Richerie et super dimidiam bordariam de Parigné[1], quas borderiam et dimidiam dominus comes Pictavie modo tenet et expletat, nos, facta super hoc diligenti inquisicione per homines juratos et per aliquos servientes ipsius comitis, reddidimus dicto militi et adjudicavimus jus suum sub hac forma : videlicet quod dictus miles super borderiam de la Richerie accipiet xx denarios quolibet anno, in circoncisione Domini reddendos, et super dimidiam borderiam de Parigné x den., eodem termino quolibet anno persolvendos, donec dicti xxx denarii alibi assignentur dicto militi, et super hoc dictum militem in sesina posuimus, et ipse miles dominum comitem ab omnibus arreragiis quittavit.

4. Nos, diligenti inquisicione prius facta, reddidimus domino Gaufrido de Sylars, militi, et Gaufrido, valleto, et hominibus ejus pascagium animalibus eorum in foresta communi domini comitis, secundum quod solebant habere, ita tamen quod homines domini comitis [in] nemoribus et pratis predictorum pascagium animalibus ejus habebunt, sicut consueverant. Super hoc eciam fecimus inquestam diligentem, tam a servientibus domini comitis quam ab hominibus suis juratis.

5. Item nos invenimus per diligentem inquestam factam quod pontes, qui sunt inter ecclesiam de Latillé et villam, tenetur reficere dominus Gaufridus de Sylars, miles, de nemoribus domini comitis, et nullum aliud usagium habet in foresta domini comitis.

6. Cum Thomas Grohans, prepositus de Mosterolio[2], multiplicasset tres solidos assignatos super coltilagia de Latilliaco[3] quando plures foci erant in uno cortillio, a duobus annis citra, nos fecimus reddi a

---

[1] Peut-être Parigny, Vienne, comm. Jaulnay. — [2] Montreuil-Bonnin, Vienne, cant. Vouillé. — [3] Latillé. (Voir p. 459.)

dicto Th. quicquid levaverat pro multiplicacione focorum, quia invenimus quod isti tres solidi redduntur pro censu et non pro talleia nemoris, sed unus denarius, qui debetur ultra tres solidos, multiplicatur secundum multiplicationem focorum. Et de consilio bonorum virorum judicavimus quod antiqua consuetudo teneatur quantum ad censum in villa de Latillé tantummodo, et super hoc fecimus diligenter inquisicionem tam ab hominibus domini comitis quam a servientibus suis juratis.

1911
Versus Montem Maurilii[1].

1. Petrus Trimalois et Milesent, uxor sua, qui petebant dimidiam domum et dimidium jugeris vinee et octo quarteria terre quam Andreas de Bellopodio promisit dicto P., si contraheret matrimonium cum dicta M., quia non contraxit antequam dictus Andreas amitteret terram suam per guerram nec dicta M. fuit in possessione dicte terre amisse, nichil habebit.

2. Quia per inquestam diligenter invenimus quod Giraudus Boitaut et Johannes Boitaut et Bonus Amicus de Challecholes[2] habebant terram de Grangiis[3] ad terragium, scilicet ad nonam garbam et botiliam octo denariorum, que botillia secundum consuetudinem terre approbatam et inventam per inquestam debebat eis servare dictam terram sine alio honere, et servientes domini comitis dictam terram redigerent tempore Th. de Noviaco, senescalli Pictavensis, ad majus honus et inconsuetum, nos dictam terram predictis hominibus et successoribus eorum secundum consuetudinem et usum terre diximus et adjudicavimus possidendam et habendam sicut ab antiquo habuerunt.

3. Item nos reddidimus Johanni Sivaut explectamentum in nemore de Cormerier, sicut solebat habere, quia invenimus per inquestam quod habet medietatem in dicto nemore pro indiviso et quod ibi potest essartare pro voluntate sua, reddendo terragium cumparcionariis suis

---

[1] Montmorillon, Vienne. — [2] La Chalachole, Vienne, comm. Pezay-le-Sec. — [3] Les Granges, Vienne, comm. Saint-Pierre-les-Églises.

pro rata sua. — Item Johannes de Cherveus, civis Pictavensis, advocavit coram nobis dictum J. Sivaut de eo quod habet in dicto nemore.

4. Item nos reddidimus cappellano de Luçat[1] xii den. annui redditus, datos sibi ab antiquo in elemosinam super terram domini Guillelmi de Torsac, militis, quam dominus comes tenet modo.

5. Item nos reddidimus priori de Placencia[2] minam siliginis, datam ecclesie sue in helemosinam ab antiquo, accipiendam super terram de Chilo[3], in terra que fuit Gaufridi Coing, militis.

6. Item nos reddidimus Sibilie, relicte Andree de Bellopodio, vii libras pro dote sua annuatim accipiendas, secundum pagas domino comiti assuetas, per manum prepositorum Montismaurilii, super terram que fuit dicti Andree, mariti sui defuncti.

7. Item nos reddidimus dicto Jude d'Arch. duos solidos, quos habebat annui redditus ab antiquo super tenutam de la Barraudere, que quondam fuit Rabaudorum, et colentes dictam terram tenentur solvere dictos duos solidos, et non dominus comes.

8. (Fol. 2.) Invenimus per multos testes juratos, fide dignos, tam homines domini comitis quam alios, quod tota justicia alta et bassa de villa Sancti Savini[4] et emende sunt communes inter dominum comitem ex una parte racione domini Aeraudi de Sancto Savino, quondam domini de Sancto Savino, et Giraudum de Sancto Savino ex altera, et quod justiciam habent pro indiviso.

9. Item nos amovimus mestivam que a prepositis Montismaurilii accipiebatur sine mensura, quia invenimus eam injuste allevatam, sed postea quittatam per dominum Yterium de Magnac, et temporibus domini Pictavie reinceptam. Idem dicimus de galina accepta cum mestiva predicta.

10. Item ordinavimus apud Montemmaurilii, de consilio multorum peritorum et bonorum, quod religiosi, clerici vel milites et nobiles non cogantur reddere pedagium vel maletote de rebus emptis ad usum

---

[1] Lussac-le-Château, Vienne. — [2] Plaisance, Vienne, cant. Montmorillon. — [3] Peut-être Le Chillon, Vienne, comm. La Trimouille. — [4] Saint-Savin, Vienne.

suum, dum tamen ipsi vel viccarii eorum jurent quod sit ad usum proprium et non revendendum.

11. Item nos ordinavimus quod piscis marinus possit vendi apud Montemmaurilii sine licencia prepositorum et aliorum servientum, salvis debitis costumis.

12. Item hominibus de Montemaurilii, qui dicuntur Vigerii, qui sunt homines Jordani de Prulliaco, restituimus possessionem expletandam in chavenia, sicut ab antiquo consueverunt usque ad tempus Th. de Noviaco, senescalli Pictavensis.

13. Item priori de Chesa[1], pro domo prioratus sui, eodem modo reddidimus possessionem expletandam.

14. Item domui Dei de Fonteproart[2] et hominibus suis similiter reddidimus possessionem expletandi in dicta chavenia, sicut consueverunt, ita tamen quod dicti homines reddent certam mensuram avene quam reddere solent.

15. Item expletatoribus tam feodatis quam aliis aliorum nemorum in castellania Montismaurilii et Sancti Savini et de Oblinquo[3] restituimus possessionem expletandi, sicut solebant, dum tamen non forefecerint per quod de jure sint privati, et sicut dicimus de nemoribus, ita dicimus de landis et pasturagio.

16. Item de uletis nemorum ordinavimus et diximus quod malefactores vel incendiarii probati vel convicti in jure puniantur, et non alii, nisi fuerint consencientes in banno super hoc facto vel in igne ponendo.

17. Item restituimus omnes habentes usagium in dictis nemoribus et landis, facientes certum servicium vel certam mensuram reddentes, nisi de jure fuerint privati vel forefecerint.

18. Item nos, de consilio bonorum et peritorum, amovimus omnes garennas de novo factas a tempore domini comitis, tam omnium animalium quam avium. Amovimus etiam dilataciones veterum garennarum.

---

[1] La Chaise, prieuré dépendant de l'abbaye de La Chaise-Dieu, Vienne, cant. Sillars. — [2] Fontprévoir, Vienne, comm. Leigne. — [3] Le Blanc, Indre.

19. Item nos reddidimus Petro de Lage expletamentum in Bosco Manassier[1] et Bromide, sicut ipse et antecessores sui solebant habere. De quo expletamento spoliatus erat de novo.

1912

Item versus Sanceium.

1. Item nos reddidimus Aenordi la Vigiere, vidue, de Bosco Pevrelli, terciam partem trium sextariatarum terre et cujusdam prati, que dominus comes tenebat racione guerre, quia predicta erant de hereditate dicte mulieris, sed alias duas partes residuas tenebit dominus comes si voluerit, quandiu vixerint mariti duarum sororum predicte Aenordis, et post mortem maritorum residue due partes debent reverti ad dictas duas sorores vel heredes earum. Dicta terra sita est apud Maunay et pratum juxta Sayvre, que estimantur ad valorem xxx sol. per annum.

2. Item nos reddidimus Hylarie, vidue, de Quercu, quandam peciam terre, sitam in loco qui dicitur Noalier, et pratum de Niolio ad valorem xv sol. per annum, que dominus comes tenebat a tempore guerre, et non invenimus aliam rationem, nisi quod erant de feodo comitis Marchie apud Sanceium, et invenimus quod erant de maritagio dicte mulieris.

3. Item nos reddidimus Petro de Faya, valeto, terram suam sitam juxta Sanceium in vineis et censu ad valorem lx^a sol. per annum vel circa, quia invenimus per inquestam quod dictus Petrus fuit cum domino rege et comite in guerra.

1913

Versus Niortum[2] et Cherveus[3].

1. Item nos reddidimus Sebile, uxori Auberti de Poilevoisin, et heredibus dicte uxoris post decessum dicti mariti quandam terram in

[1] Bois-Menassé, Vienne, comm. La Bussière. — [2] Niort, Deux-Sèvres. — [3] Cherveux. Deux-Sèvres, cant. Saint-Maixent.

feodo de Bernegoe [1], moventem ex hereditate dicte uxoris, valentem circiter xv sol. per annum, que predicta probata sunt coram nobis, et quod dictus maritus fuit in guerra contra regem et comitem.

2. Item nos reddidimus Reginaldo de Faya, militi, sex denarios annui redditus sitos apud Sanctum Dyonisium [2], sed alii sex denarii siti in eadem villa remanent domino comiti, quia ille qui debebat eos habere, scilicet pater Henrici Theobaldi, fuit in guerra contra regem et comitem. Predicti autem xii denarii sunt de feodo Johannis Estendu, hominis comitis Pictavie, qui per manum ejusdem Johannis redduntur quolibet anno.

3. Item reddidimus Johanne Gombaude et Petronille, filie ejus, de Brulent [3], partem suam de orto et terris ferrachie sue, in statu in quo est, et ipse quite sunt de omnibus costumis usque ad diem hujus restitucionis.

4. Item nos reddidimus Gileberto de Viron tres minatas terre, valentes xviii sol. per annum, pro feodo quem dominus comes tenet de suo, pro quo petebat homagium comitis Marchie, et nunc petebat homagium domini comitis Pictavie, et in dicto feodo erant x sol. de servicio quolibet anno et xv sol. de placito in mutacione tenentis. Dictus autem G. reddet domino comiti quolibet anno iii den. censuales in Pascha pro dictis tribus minatis terre. Hoc fuit factum componendo de consensu ipsius G. et heredum suorum.

5. Item nos apud Cherveus reddidimus Guillelmo de Rocha unam prebendariam terre, de qua spoliaverat eum Guillelmus Serves, serviens domini comitis, imponens eidem G. quod debebat ibidem domum facere, et invenimus per inquestam quod nunquam fuerat ibi domus nec debebat fieri. Dicta autem prebendaria terre debet decimam et terragium et tres sol. de servicio domino comiti; satis est honerata.

6. Item nos reddidimus Petro Jolet et cumparcionariis suis quendam ortum apud Cherveus, in quo quondam comes Marchie fecerat edificari quandam grangiam, de quo spoliati fuerant injuste et sine aliqua restitucione, sicut invenimus per inquestam.

---

[1] Bernegoue, Deux-Sèvres, comm. Saint-Martin-de-Bernegoue. — [2] Saint-Denis, Deux-Sèvres, cant. Champdeniers. — [3] Brulain, Deux-Sèvres, cant. Prahec.

7. Item nos reddidimus possessionem seminum Michaeli Papot et Boue, ejus uxori, manentibus et cultoribus medietarie domini comitis in borderia de Luchayo apud Cherveus, sicut alii medietarii habent et consueverunt habere apud Cherveus in medietariis domini comitis (fol. 3), quia in venimus eos spoliatos a possessione dictorum seminum, in quibus dominus comes ponebat medietatem, et erat causa spoliacionis quia non manebant in dicta borderia, et modo ibi manent in novo edificio, et debent in augusto anno Domini millesimo ducentesimo L° octavo pro seminibus ejusdem anni ex parte domini comitis et pro anno presente ex parte firmarii anni presentis semina ipsum comitem et firmarium nunc contingencia, et ita remiserunt amicabiliter et voluntate propria domino comiti et servientibus ejus arreragia seminum non soluta.

8. Item cum nos per inquestam, tam militum et servientum domini comitis quam aliorum bonorum de Cherveus et aliunde juratorum, invenerimus quod dominus de Cherveus, a tempore a quo non est memoria, bannum habeat ad vina vendenda in villa de Cherveus per tres septimanas continuas et non plus, quolibet anno quando voluerit, et a tempore Guillelmi Servet, domini comitis Pictavie servientis, qui nunc est, invenimus dictum bannum seu stangnum per ipsum Guillelmum dilatatum et factum esse per totam parrochiam et ad voluntatem tenentis stangnum, audita querimonia super hoc et cognito quod dictum stangnum male et inrationabiliter dilatatum extiterat, pronunciamus et judicamus dictum stangnum redigi, teneri et servari sicut antiquitus est servatum.

1914

Versus Fontigniacum [1].

1. Item nos reddidimus domino Reginaldo Giverieu, militi, piscationem in Vendeia [2] apud Fontigniacum, sicut pater suus et ipse explectaverunt usque ad tempus Ade Panetarii, tunc senescalli, qui eum de

---

[1] Fontenay-le-Comte, Vendée. — [2] La Vendée, rivière.

dicta piscatione spoliavit, et injuste sicut invenimus per inquestam. Modus autem piscandi talis est, quod dictus Reginaldus potest ponere homines piscantes in Vendeia cum hamo et cum vermeia et cum bochellis, ita quod homines sint de Fontigniaco vel circa, juxta terminos aque domini comitis apud Fontigniacum, qui homines reddunt dicto militi certam costumam, et ipse potest habere ibidem bochellos. Item de marisco quod petebat nichil terminavimus.

2. Item ordinavimus apud Fontigniacum de herbagiis, quod de cetero non accipiantur in feno vel falcando. Item scriptum est in cartis dicte ville, quod in adventu domini Fontigniaci debet accipi herbagium pro se et suis et militibus indigenis venientibus cum eo, et credimus quod senescallus non debeat accipere.

3. Item aggresta debet accipi in vineis dicte ville ad usum domini et debent ostendi per custodem juratum et colligi in diversis vineis et juxta haias vinearum, si possit inveniri, juxta usum antiquum, sicut dixit nobis domina de Maloleone et multi alii per inquestam.

4. Item dominus Fontigniaci habet stangnum vini bis in anno et secundum usum ville predicte unum in hyeme et aliud in estate, et x modia vini tantum debent vendi in quolibet stangno, et debet esse vinum bonum et appreciatum per quatuor juratos dicte ville secundum usum.

5. Item in frumentagio recepto pro garenna servetur antiqua mensura et modus mensurandi et recipiendi frumentum, et non accipiatur nummus nec obolus pro commodacione mensure dicti frumentagii.

6. Item debent accipi x quadrigature lignorum adducendorum pro biennio domini Fontigniaci quolibet anno, ita quod non gravetur unus et supportetur alius pro peccunia data preposito vel servienti submonenti biennium, et debet accipi in Fontigniaco et in quibusdam villis circa.

7. Item homines de Fontigniaco non tenentur ad custodiam nundinarum vel trossellorum in cohua, nisi de gracia tantum. Item non tenentur ad honeracionem lignorum, feni, vini, bladi adductorum in castro Fontigniaci, nisi de gracia similiter.

8. Item senescallus promisit nobis quod faceret taxari per bonos domos dirutas et dampna facta per cohuam apud Fontigniacum.

1915
Circa Pictavim, Mosterolium[1] *et Moleriam*[2].

1. Nos, de speciali verbo et mandato domini comitis, ordinavimus quod prepositus Pictavensis nullam redempcionem de cetero accipiat a stultis mulieribus seu meretricibus, sicut consuetum erat ab antiquo, ut eas deffenderet et gariret. Et dominus comes vult quod deinceps non ponatur in affirmacione prepositure Pictavensis tacite vel expresse.

2. Item IIII^{or} denarii accepti a custode aule in conjunctione matrimoniorum penitus sunt amoti.

3. Item equi religiosorum sive clericorum aut militum non accipiantur pro denariis domini comitis portandis in Franciam sive pro aliis angariis, nisi de voluntate predictorum et in magna neccessitate.

4. Item non cogantur homines rustici vel alii circa Moleriam ad eundum in forestam cum venatoribus domini comitis, nisi voluerint, quia invenimus hoc de novo introductum per venatores.

5. Item non cogantur ad adducendum ligna nec alia de Moleria, nisi dominus comes presens fuerit apud Pictavim vel alius ab eo missus pro negociis terre et comitatus, et non intelligimus quod senescallus possit hoc exigere a dictis hominibus.

6. Item nos, per inquestam diligenter factam, reddidimus hominibus de circa Moleriam tuscham comitis ad pasturagium animalium tantummodo et non ad aliud, ita tamen quod a medio aprilis usque ad finem maii non debent intrare dicta animalia in dictam tuscham, propter fetus animalium silvestrium conservandos.

7. Item nos reddidimus hominibus de Bonolio[3] nemus quod dicitur Estivaus ad usagium suum, sicut solebant habere.

[1] Montreuil-Bonnin, Vienne, cant. Vouillé. — [2] Forêt de Moulière, Vienne. — [3] Bonneuil-Matours, Vienne, cant. Vouneuil-sur-Vienne.

8. Item ordinavimus quod animalia usuagiorum possint intrare talleta in sexto folio et non ante in foresta Molerie.

9. Item nos reddidimus Petro Botet et Hugoni de Baudement tres solidos, vii^{tem} denarios et obolum censuales quos habebant apud Vilaines [1] et Sanctum Laurencium [2], diu expletatos per dominum comitem, qui advocantur de feodo domini Philipi de Bellomonte, militis.

10. Item nos reddidimus Gaufrido de Maignac v sol. vel circa reddituales in quadam terra movente ex parte uxoris sue versus Genciacum [3].

1916

Apud Frontigniacum [1] *et circa.*

1. Nos reddidimus priori de Frontigniaco decimam in locatione stallorum cohue que facta fuit in cimiterio, sicut pacificatum fuit per episcopum Xanctonensem et comitem Marchie, in cujus tempore dictus prior expletavit dictam decimam usque ad tempus guerre, et nos de consilio senescalli Xanctonensis et servientum comitis ordinavimus et taxavimus quod pro dicta decima reddet quolibet anno prepositura Frontigniaci vi sol. circa festum Omnium sanctorum.

2. (Fol. 4.) Item nos reddidimus Petro Auboin, militi, qui fuit tempore guerre cum comite Augi apud Metulam [5], quandam terram sitam apud Bacies, valentem xl sol. vel circa per annum, nec invenimus aliam causam saysicionis nisi quia movebat de feodo comitis Marchie.

3. Nos reddidimus Hernaudo Bonomet et ejus comparcionariis partem suam quam debebant habere in feodo de la Vergnie, ad valorem xxx sol. vel circa per annum, quia invenimus quod nichil forefecerant.

4. Item nos reddidimus Hylarie, relicte Guillelmi Berart, pro dote

---

[1] Vilaine, Vienne, comm. Archigny. — [2] Saint-Laurent, comm. Saint-Cyr. — [3] Peut-être Gençay, Vienne. — [4] Frontenay-Rohan-Rohan, Deux-Sèvres. — [5] Melle, Deux-Sèvres.

terciam partem terre que fuit dicti G., que terra estimatur ad valorem iii^{or} libr. per annum vel circa.

5. Item nos reddidimus Eustachie, relicte Aymerici Theobaldi, pro dote terciam partem xxx sol. quos Aymericus de Praec debet domino comiti quolibet anno.

1917

Hec reddidit dominus comes.

1. Domino Philippo de Bellomonte, militi, reddidit dominus comes expletamentum in foresta de Moleria ad omnes usus pro domo sua de Bellomonte[1], quamvis dicta domus moveat ab abbate Beate Marie Majoris Pictavensis. — 2. Guillelmo Constancii de Sançaio quandam terram apud Sançaium, ad valorem iii^{or} librarum vel circa, de qua fecit sibi homagium. — 3. Yterio Cheeigne, valeto, reddidit quandam terram apud Montem Maurilii, ad valorem quindecim librarum vel circa. — 4. Jordano de Prulliaco, valeto, reddidit totam chevaniam.

1918

De usagiis nemorum redditis.

1. Nos reddidimus Petro de Alemania, valeto, usagium suum in Moleria, sicut antecessores sui habuerunt antiquitus pro domo sua de Castro Casei[2] ad omnes usus, sicut probatum est coram nobis et in peticione continetur.

2. Item nos reddidimus simili modo usagium in Moleria relicte Hermandi, pro domo sua ad omnes usus.

3. Item nos reddidimus nobilibus de castellania Mosterolii[3] quod possint vendere nemora sua, non obstantibus vendis nemorum domini comitis, quia invenimus per inquestam quod hoc poterant facere et fecerunt temporibus comitis Marchie et aliorum dominorum Mosterolii.

---

[1] Beaumont, Vienne, cant. Vouneuil-sur-Vienne. — [2] Château-Fromage, Vienne, comm. Bignoux. — [3] Montreuil-Bonnin, Vienne, cant. Vouillé.

4. Item cappellano de Berugiis[1] reddidimus usagium in foresta de Mosterolio, sicut solebat habere pro domo sua reddendo costumam.

1919

De hereditatibus de quibus comes liberatur, quia fuerunt contra ipsum.

1. Heredes defuncti [Andree] Challeteau nichil habebunt de hereditate dicti Andree nec de vindemia levata quam petebant, quia invenimus per inquestam quod dictus Andreas fuit in guerra contra regem et comitem, et occisus ibidem.

2. Petrus Gaschet nichil habebit. — Item Huguet Theobaldi, valetus. — Item Petrus Desirré. — Item Guillelmus Desirré. — Item Petrus Desirré. — Item Aymericus Rousseau. — Item Gaufridus de Praec ratione patris uxoris, qui fuit in guerra. — Item Hugo de Sancto Gelasio, miles. — Item Guillelmus de Sancto Gelasio, valetus. — Item Hemericus de la Belliere, miles. — Item filii Gaufridi de la Belliere, militis. — Item Aymericus Gombaut, miles. — Item Hugo Chaceporc, miles. — Item Petrus la Grice. — Item Gaufridus de Mausé. — Item Haymericus Gravarz, serviens. — Item Petrus de Poga, valetus. — Item Audebertus de Chalepic, valetus. — Item Aeraudus de Sancto Savino, miles. — Item Petrus ejus frater, miles. — Item Gaufridus Coing, miles. — Item Ranulphus Rembaut, miles. — Item Aymericus Magaus, miles. — Item Petrus Boche, miles. — Item Ranulphus de Patriciaco, miles. — Item Guillelmus de Torchac, miles. — Item Clarius Rabaus, miles. — Item Jordanus de Insula, miles. — Item Petrus de Poga, miles. — Item Guillelmus de Castroveteri, miles. — Item Aubertus Senescalli, miles. — Item Petrus Barbe, serviens. — Item Aymericus Vigerii, valetus. — Item Oliverius de Flaet, valetus.

[1] Béruges, Vienne, cant. Vouillé.

1920

Hec sunt determinata de mobilibus et soluta.

1. Stephana Guillencle et Johanna, soror ejus, et Johanna, neptis earum, habuerunt xl sol. pro platea que est ante castrum, in qua fabricatur moneta, que platea fuit patris dictarum sororum, sicut probatum est per diligentem inquestam.

2. Item Parentus, mareschallus, l sol. pro tribus palefridis domine comitisse curatis.

3. Item Petrus Puceline, sellarius de Sancto Maxencio, xii sol. pro dampno domus.

4. Item tres Guerruce de Nantholio, xxxvi libr. per pacem pro terra sua expletata ad valorem iiii^{xx} libr., sicut in peticione continetur, quod injuste fuerunt levate quia dicta terra movebat ab illis qui fuerunt in guerra contra regem, quamvis nullus fuisset in guerra pro predictis tribus puellis, quibus dominus Philipus thesaurarius reddidit dictam terram.

5. Gaufridus de Montibus et Hugo c sol. per pacem, de levatis terre sue de Sivray et de Villanova ad valorem xx libr. Predicti duo fuerunt tempore guerre apud Sanctum Maxencium [1].

6. Guillelmus Poparz et Gaufridus de Montibus xl sol. de levatis terre sue de Boisragon [2] ad valorem octo librarum, nec fuit in guerra.

7. Guillelmus Chategners, miles, x libr. pro levatis terre sue de Augi [3] et redempcione ejusdem, ad valorem lx^a libr. Ipse et frater et pater fuerunt ex parte regis apud Sanctum Maxencium.

8. Relicta Petri de Sancto Maxencio xxi libr. pro servicio P., mariti sui, in moneta apud Mosterolium.

9. Hugo Popart et Johannes, frater ejus, vii libr. et x sol. pro terra sua de Boisragon, explectata per tres annos ad valorem x libr. per

---

[1] Saint-Maixent, Deux-Sèvres. — [2] Boisragon, Deux-Sèvres, comm. Breloux. — [3] Augé, Deux-Sèvres, cant. Saint-Maixent.

annum. Item ex alia parte xxx sol. pro terra sua de Vilers[1], explectata per vi annos, ad valorem xx sol. per annum.

10. Egidius Clavea et frater suus vii libr. pro terra sua expletata per triennium et pro redempcione ejusdem, ad valorem xiii libr., et quittaverunt jus suum, si quod habebant, in xxv libris que accepte fuerunt pro ballio Hugonis de Rocha.

11. (Fol. 5.) Thomasia, domina de Petoflis, vii libr. et dimid. pro levatis terre sue de Bernegoue[2] ad valorem l sol. per annum, que expletata fuit injuste per multos annos.

12. Domina Aenordis, relicta Symonis de Bellocampo, et mater ejus c sol. pro terra sua de Jaunayo[3] et molendinis explectatis per triennium ad valorem x libr. per annum, cum nichil forefecerint et cum terra movisset ex parte dicte matris, que vidua erat tempore guerre.

13. Guillelmus de Marros x sol. pro custodia bladi domini comitis fere per duos annos apud Niortum in archa sua, scilicet xii sext.

14. Ferrechat xii sol. per finem compoti quarrellorum factorum apud Niortum, quando dominus comes ivit ultra mare.

15. Petrus Mallier xii sol. per finem compoti quarrellorum.

16. La Blancharde xxv sol. pro iii^c quarrellorum magnorum.

17. Bertrandus Faber iiii^{or} libr. et xv sol. pro xiii^c et lx^a quarrellis, de quibus habuerat xlix sol. tantummodo.

18. Michael Godart xv sol. pro iii^c minorum quarrellorum.

19. Guillelmus Pachier de Brullenc[4], prepositus, c sol. pro tercia parte nemoris de Brullenc, venditi per Adam panetarium, quam expletavit dominus comes per xiii annos.

20. Richardus Pagnen v sol. pro tripede et padella non inventis nec redditis, quando thesaurarius fuit apud Niortum.

21. Item Guillelmus Aeraudi, burgensis de Ruppella, xviii sol. pro

---

[1] Peut-être Villiers-en-Plaine, Deux-Sèvres, cant. Coulonges.

[2] Bernegoue, Deux-Sèvres, comm. Saint-Martin-de-Bernegoue.

[3] Jaunay, Deux-Sèvres, comm. Azay-le-Brûlé.

[4] Brulain, Deux-Sèvres, canton Prahecq.

censu vel quadam costuma valente vi sol. per annum apud la Chervie et expletata per servientes domini comitis per tres annos.

22. Item Petrus Pevrelli, miles, l sol. per composicionem factam de omnibus querelis pro nemore vendito et aliis levatis de terra sua injuste, et quittavit de omnibus dominum comitem.

23. Item la Bocaude, feutraria, viii sol. pro dampno domus sue obrute per domum domini comitis apud Sanctum Maxencium.

1921

Hec sunt de ballivia Xanctonensi apud Frontigniacum.

1. Eustachia, relicta Aymerici Theobaldi, xx sol. pro arreragiis dotis sue. — 2. Amelina de Poivendre vi lib. pro levatis terre sue date ei in maritagium, valentis vii libr. per annum et expletate injuste per triennium. — 3. Guillelmus de Maillé, sororius dicte Emeline, iiii^{or} libr. pro terra assignata uxori sue in maritagium, valente vi libr. per annum, et pro redempcione ejusdem et pro expletacione per plures annos.

1922

De Thoarcio [1].

1. Item nos inquisivimus apud Thoarcium quomodo talleia, que vocatur maletote, debet queri et levari, et invenimus per plures fide dignos, tam milites et prepositos quam servientes et alios juratos, vocatos et requisitos a nobis, quod dicta talleia solet queri et levari a iiii^{or} ballivis qui sunt in ballivia Thoarcii, ita quod quilibet ballivus in sua ballivia petit adjutorium ad solvendum firmam ballivie sue ab illis qui sunt in ballivia sua, et aliqui eorum promittunt ei pro voluntate sua secundum facultates suas, alius plus, alius minus, alius avenam, alius bladum sive denarios, et super illos qui promiserunt potest dictus ballivus vindicare se accipiendo gagia eorum et cogere

---

[1] Thouars, Deux-Sèvres. — Quelques lignes de ce paragraphe ont été publiées par Boutaric, *Alfonse de Poitiers*, p. 257-258.

eos ad solvendum promissa. Illi autem qui non promiserunt non tenentur aliquid reddere, nec debent cogi de jure ad aliquod solvendum. Item si in alio anno venerit alius ballivus, debet iterum petere ab hominibus adjutorium, nec debet sequi rotulos alterius ballivi, sed debet fieri nova promissio. Ita eciam debet fieri si ballivus fuerit in sua ballivia per plures annos. Item Th. de Noviaco, senescallus Pictavensis, precepit hoc observari quando de novo venit ad balliviam, sicut factum erat; sed postquam terra Thoarcensis post mortem vicecomitis fuit in manu domini comitis Pictavensis, dictus senescallus fecit sequi rotulos precedencium ballivorum et levari dictam talleiam secundum eosdem rotulos sine promissione precedente, et cogi et degagiari homines. Unde nos diximus pluries dicto senescallo quod dictam terram Thoarcii reduceret ad statum debitum quantum ad talleiam levandam, sicut invenimus per inquestam quod dicta tallea debet queri et levari sicut predictum est, hoc addito quod credebatur juramento cujuslibet quod nichil promiserat et sic poterat transire immunis.

2. Item nota quod in castellania Thoarcii intercluditur et intermiscetur quedam terra, que dicitur Francus Feodus, in qua habet dominus comes Pictavie altam justiciam et resortum et vicecomes nichil habet ibi, nisi quod ballivi sui per malam consuetudinem et violentiam extorserunt talleiam sive maletote ab hominibus dicti feodi, quia non erat qui deffenderet eos. Et hanc malam consuetudinem confirmavit dictus senescallus, quando post mortem vicecomitis tenuit terram Thoarcii pro comite Pictavie. Item nota de talleia quadruplicata ibidem et ab eodem tunc contra justiciam et cum destructione multorum et lacrimis infinitis.

3. Item nota quod ballivi Thoarcenses ponebant in rotulis promissiones de dicta talleia, et in eisdem rotulis ponebant intersertive aliquando emendas que illo anno accidebant. Nunc autem, et eciam tempore quo comes Pictavensis tenuit dictam terram, levantur dicte emende tanquam reddituales cum dictis promissionibus que inveniuntur in rotulis, et dicitur quod sunt ibi plus quam ducente persone scripte pro emendis, cum rotuli debeant esse annuales.

1923

De mobilibus quibus liberatur comes.

1. Hugo de Ruppe, valetus, nichil habebit de xxv libris petitis et datis pro racheto minoris etatis, sed pacificatum est cum tutore.

2. Guillelmus Chabot nichil habebit de levatis terre patris sui, forefacte per guerram et rachetate a dicto patre.

3. Guillelmus Bignet, miles, nichil habebit de levatis terre sue, moventis ex parte uxoris, nec de redempcione dicte terre, quia ipse et uxor sua erant in ballio patris sui, qui fuerat in municione apud Villers[1] contra regem et comitem.

4. Guillelmus de Rocha et Petrus Reginaldi, fratres, nichil habebunt de xiii libris petitis et solutis pro racheto terre sue de Cherveus[2]. Item nichil habebunt de lx^a sol. acceptis pro equo de servicio terre sue de Begouin[3]. Item nichil habebunt de xx libris levatis ab ipsis pro supermisia saysine fracte, quia noluerunt expectare super hoc inquisicionem.

5. Petrus de Gascaingnole, miles, nichil habebit de c sol. levatis de vineis suis de Motulo[4], quamvis dicte vinee sint immediate de feodo domini comitis Pictavie, quia fuit in guerra contra regem et comitem.

6. Aymericus Arignons nichil habebit de levatis unius annate vinearum suarum de Ponte Ligneo, quia inventum est quod Aymericus Gaiffart, miles, victricius[5] ipsius Ay., qui tunc ipsum habebat in ballio et dictas vineas tenebat, fuit in guerra contra dominum regem et comitem.

7. (Fol. 6.) Heredes Guillelmi Guerffaut defuncti nichil habebunt de levatis et redempcione terre dicti Guillelmi, quia inventum est per Johannem Bovis quod dictus G. fuit in guerra contra regem et comitem.

---

[1] Peut-être Villiers-en-Plaine, Deux-Sèvres, cant. Coulonges.

[2] Cherveux, Deux-Sèvres, cant. Saint-Maixent.

[3] Bougon, Deux-Sèvres, cant. La Mothe-Sainte-Héraye.

[4] Melle, Deux-Sèvres.

[5] *Sic* pour *vitricus*, beau-père.

8. Guillelmus Pagani nichil habebit de levatis vii annorum molendini sui de Savegnie[1], moventis ex parte uxoris sue, quia fuit in guerra contra regem et captus fuit in castello de Vilers.

9. Gaufridus de Bellocampo quittavit levatas terre sue de Leeng, expletate per xiii annos quibus fuit in Anglia, et dominus comes reddidit ei dictam terram cum xx^{ti} libris.

10. Prior de Praec[2] non probavit coram nobis illud quod petebat contra comitem.

11. Genta, relicta Guillelmi Aigneau, valeti, nichil habebit de levatis dotis sue, videlicet in terra de Boq Estiegne et de Tres Asnons, quia Johannes Raiole, maritus ejus, fuit in guerra contra regem et comitem.

12. Johannes Bariquaus nichil habebit de dampnis factis per exercitum regis transeuntem, quia sic dicit consilium Parisiense.

13. Nos dicimus quod dominus comes non tenetur in aliquo xiii hominibus de Sancto Gelasio[3], qui dicunt quod ab antiquo solebant ponere xiii sol. in gisto domini comitis et prior illius, qui est dominus eorum, residuum ponebat, sed modo taxatum est ad c sol. et dictus prior compellit eos ad solvendum medietatem, scilicet l sol., unde conquerantur de dicto priore, si voluerint.

14. Relicta Aymerici Theobaldi de Frontigniaco nichil habebit de racheto terre filii sui, in quo posuit partem suam pro dote sua.

1924

Que secuntur determinata sunt, retenta domini comitis voluntate.

1. De Johanne de Blenac juxta Verniam[4], cui assignata est quedam parva pars nemoris et Landarum[5], de qua faciebat mencionem in peticione sua, presentibus castellanis Xanctonensi et de Vernia.

---

[1] Peut-être Savigné, Vienne, cant. Civray.

[2] Prahec, Deux-Sèvres.

[3] Saint-Gelais, Deux-Sèvres, cant. Niort.

[4] La Vergne, Charente-Inférieure, cant. Saint-Jean-d'Angely.

[5] Landes, Charente-Inférieure, cant. Saint-Jean-d'Angely.

2. De Reginaldo de Vicinis, qui petebat Pauleon[1] et debet habere viginti libras annui redditus cum sorore uxoris sue.

3. De priore de Frontigniaco[2], pro furno debet habere duo talenta, et debent esse quicti sex solidi quos habebat in cohua.

4. De domino Sebrando Chabot, qui debet habere quinquaginta libras pro hiis que habebat in plateis circa castrum Sancti Maxencii.

5. De Petro Gaspall, quem dominus comes tueri debuit contra comitem Britannie, de quo habuit c marchas, et quittat ipsum pro c libris.

6. De homagiis domini Mengoti sibi redditis, non tamen sibi liberatis, nisi dominus comes voluerit.

7. De homagiis Gaufridi Lebeau, militis, idem.

8. De Gaufrido Jacquelini, ut quittentur decem et octo dies pro exercitu, pro homagio quod dominus comes debet ei.

1925

1261. — [INQUISITIO IN PICTAVIA ET XANCTONIA.]

Anno Domini M° CC° LX° primo, nos frater Johannes de Castello, prior fratrum Predicatorum Pictavensium, et magister Radulphus de Gonnessia, canonicus Carnotensis, inquisitores in Pictavia et Xanctonia a domino comite Pictavie missi, determinavimus ea que secuntur :

In ballivia Pictavensi. — Apud Pictavim.

1. Reddidimus domino Gaufrido Jaquelin feodum qui dicitur Feodus Guitardi[3], situs (*sic*) apud Pictavim, ad servicium faciendum ei, sicut in inquesta primi quaterni continetur, scilicet quod tenetur ad exercitum per xviii dies cum suis sumptibus, residuum usque ad xl dies cum sumptibus domini comitis, si voluerit dominus comes. — (*A la marge.*) Dominus comes quittat ei xviii dies, ita quod comes sit immunis ab homagio reddito.

[1] Pauléon, Charente-Inférieure, comm. Saint-Georges-du-Bois. — [2] Frontenay-Rohan-Rohan, Deux-Sèvres. — [3] Anguitard, tour à Poitiers, dans la rue des Flageolles.

2. Reddidimus Theobaldo de Columbers boscum qui dicitur de Sorvile, contiguum Molerie, sicut quedam via dividit. Et tenetur, ut dicitur, a vicecomitissa Castri Heraudi.

3. Reddidimus domino Guidoni Clarembaut, militi, homagium de terra que fuit P. Boce, sitam apud Oblinquum [1], moventem ab uxore ipsius G., quam dominus comes tenebat.

4. Reddidimus Jocelino, filio Foucherii de Poudrai, homagium petitum de medietate magne decime vini Montismaurilii [2], ad valorem xx libr., ut dicitur. Aliud homagium non probat sufficienter.

5. Hernaudus Roill et P. Helye nichil probant, et absolutus est dominus comes.

6. Gaufridus Faideau nichil probat de pecia terre que dicitur Campus à la Chevalère, situs in parrochia de Senauf [3], et absolutus est dominus comes.

7. Reddidimus Johanne, filie Gaufridi de Chanteler, relicte P. Boce, et Iterio Bertrandi duos feodos petitos, moventes de hereditate sua et Iterii Bertrandi, scilicet feodum de Bourgeri et feodum de Rocha, qui non valent per annum xx sol.

8. Reddidimus Guillelmo de Boscho Bociau, militi, sicut tempore Bertrandi militis solebat habere et recipere in avenagio et terragio et aliis redditibus apud Batiers [4], scilicet quarta pars, aliis tribus partibus levatis, sed non probat de gallinis.

9. Die jovis post festum beate Marie Magdalene [28 jul.], secundum inquestam factam apud Montemmaurilii, reddidimus apud Pictavim Symoni dicto Reimbaut terram suam, moventem de maritagio matris sue, que sesita fuerat propter forefactum patris sui.

[1] Le Blanc, Indre. — [2] Montmorillon, Vienne. — [3] Cenant, Vienne, comm. La Puye. — [4] Batresse, Vienne, comm. Châteaucher.

1926
Versus Fontigniacum [1].

1. Johanni Piznoir redditum est cortillum prope castrum a parte septentrionali.

2. Versus Fronteniacum. — Reddidimus Petro Quentin terram suam sitam apud Bacies, pertinentem sibi jure hereditario ex parte patris, qui erat infirmus durante guerra et dictus Petrus minoris etatis.

1927
Versus Sanctum Maxencium.

1. Reddidimus Stephano Pinart, de Cherveus, de terra domini comitis apud Cherveus [2] tantum quantum captum fuit de terra sua propter fossata de Cherveus, vel XL sol. pro toto.

2. Reddidimus domino Meingoto de Melle, militi, feodum de Cultura, feodum de Maulay, et feodum de Brolio de Tocha. De feodo de Combrais et de homagio et deverio Guillelmi de Magnac liberatus est dominus comes.

3. Reddidimus domino Gaufrido Lebeau, militi, feodum de Cultura, sed non est ille feodus quem superius reddidimus domino Meingoto de Melle, et valet iste feodus septem libras et dimidiam de placito et equum pro servicio.

4. Reddidimus Petro Guilloti harbergamentum Au Peletiers, situm apud Bauceium [3], valens per annum duos sol. redditus, duos denarios census et duos gallos.

5. Compositum est cum domino Sebrando Chabot, milite, tam super proprietate quam super arreragiis reddituum, quos habebat in domibus de plateis in quibus constructum fuit castrum Sancti Maxencii, et furni quem ibidem habebat, videlicet quod ipse pro predictis debet habere L^a libr., retenta tamen super hoc domini comitis voluntate.

[1] Fontenay, Vienne, cant. Moncontour. — [2] Cherveux, Deux-Sèvres, cant. Saint-Maixent. — [3] Beaussais, Deux-Sèvres, cant. Celles.

QUATRIÈME REGISTRE.

1928
Apud Sanceium [1].

Reddidimus Hylarie, relicte defuncti Guillelmi de Viviers, militis, quoddam quarterium vel circiter prati, siti prope Sanceium, valens, ut dicitur, tres sol. per annum, ad unum denarium annui census.

1929
Apud Niortum.

1. Compositum fuit cum Gaufrido de Alemania, valeto, de jure quod habebat in aqua de Niorto, pro quo jure reddidimus ei quadraginta quinque libras currentis monete, de quibus ipse et uxor ejus et mater uxoris ejus se tenuerunt pro pagatis. Et dicta aqua libere et quitte remansit domino comiti, et omne jus quod dictus G. habebat vel habere poterat in eadem.

2. Reddidimus elemosinario de Bellocampo [2] L.ª sol., tam pro jure quod habebant vel habere poterant in dicta aqua quam pro sex denariis censualibus quos habebant in cohua nova de Niorto.

3. De petitione Jocelini Ciquart, valeti, determinavimus quod, cum ipse solverit XL libr. pro racheto feodi sui de Effre [3], et inventum sit per consuetudinem patrie quod non debuit solvere pro dicto racheto nisi XXV libr. tur., si dominus comes habuit dictas XL libr., quod dicto Jocelino reddantur a domino comite XV libr., tanquam indebite solute.

1930
Apud Cherveus.

1. Reddidimus Guillelmote de Cherveus veteri medietatem prati de Pont Raguit, alia medietate domino comiti remanente.

[1] Sanxay, Vienne, cant. Lusignan. — [2] Beauchamp (Cassini), au nord de Saint-Symphorien, Deux-Sèvres. — [3] Aiffres, Deux-Sèvres, cant. Prahecq.

2. Item pro dampnis de stangno de Cherveus reddidimus ea que secuntur : Theobaldo Gali xxxvi libr. pro Lx^a sol. redditus seu exituum et sic de aliis. — Guillelmo Tiré vi libr. et iii sol. pro vii sol. — Petro Cort Lx^a xii sol. pro vi sol. — Martino de Rocha Lx^a sol. pro v sol. — Nepotibus Petri Jamin xLviii sol. pro iii sol. — Guillelmo Doin Lx^a sol. pro v sol. — Guillelmo Negret Lx^a sol. pro v sol. — Johanni Barbant vi lib. pro x sol. — Petro Caorseau xxxvi sol. pro iii sol. — Heredibus Saborin Lx^a sol. pro v sol. — Margarete xxiiii sol. pro ii sol. — Guillelmo Vivant Lx sol. pro v sol. — Summa iiii^{xx} l. iiii sol.

3. Oliverus de Faya habebat in dicto stangno Lx^a sol. redditus, ut dicebat. Noluit finare. — Guillelmus de Rocha, xxx sol. Noluit finare.

Item apud Niortum et tamen est de castellania Frontigniaci [1].

Guillelmus Natalis, Johannes Martini, Petrus Gileberti, Guillelmus Avios, Perronet et Johannes Quarré solverunt sex libras pro misa quam debebant facere in molendino Aus Aies Tuonneis, et eos liberavimus, et capiunt farinam et tenent munerium et faciunt chapusiam molendini et solvunt Lx^a sol. censuales annuatim.

1931

Item apud Sanceium [2].

Reddidimus Gaufrido de la Vandiere piscariam minusie et anguillarum in aqua de Sanceio [3] cum clavellis et una borella et potest vendere anguillam et non minusiam, et tenetur esse homo ligius domini comitis propter hoc et equum pro servicio, et tenetur dare expensas oris piscatoribus domini comitis, diebus piscium tantum, nisi venerint per unum diem carnium ante, qua die cibaria tenetur eis administrare.

1932

Item apud Pictavim.

1. Item composuimus cum abbate et capitulo Beate Marie Picta-

[1] Frontenay-Rohan-Rohan, Deux-Sèvres. — [2] Sauxay, Vienne, comm. Lusignan. — [3] La Vonne.

vensis super quodam ramerio ad piscandum, quod probaverunt se habere in aqua domini comitis juxta castrum Pictavense, ita quod dominus comes tenetur assignare eis decem solidos annui redditus, solvendos in festo purificationis beate Marie, pro anniversario regis Richardi faciendo.

2. Item reddidimus dictis abbati et capitulo tres solidos et quatuor denarios annui redditus, eisdem legatos pro anniversario defuncte Ayglendine in eorum ecclesia faciendo, quos percipiebant seu percipere consueverant apud Morters [1] super terra dicte domine Ayglendine.

3. Item reddidimus domino Guillelmo de Columbers, militi, et comparcionariis suis per compositionem sex sextarios frumenti et tres capones apud Sanctum Georgium [2]; item decem solidos et quatuor capones et quatuor sextarios frumenti et duas galinas apud Louchart [3], in augmentum feodi sui.

4. Item reddidimus Aymerico de Montroi tenutam suam sitam prope la Quarte, quam tenebat defunctus Jocosus, qui propter maleficium suum fuit suspensus.

5. Item reddidimus Johanni Chevrau usagium in Moleria ad calefaciendum tantum, et non faciat servicium de servando animalia capta vel prisiones.

6. Constantino Acé reddantur vi libre pro levatis terre sue.

1933

(Fol. 8.) — IN BALLIVIA XANCTONENSI FUERUNT FACTA QUE SECUNTUR.

Apud Frontigniacum [4].

1. Reddidimus Gaufrido de Mausiaco terciam partem feodi de la Vergnie, valentem, ut dicitur, quindecim solidos per annum, et quittavit dominum comitem de omnibus arreragiis.

2. De peticione domini Boverii de Magniaco, militis, determina-

---

[1] Mortiers, Vienne, comm. Montamisé. — [2] Saint-Georges, Vienne. — [3] Luchapt, Vienne, cant. L'Isle-Jourdain. — [4] Frontenay-Rohan-Rohan, Deux-Sèvres.

vimus, consilio domini comitis mediante, quod ipse non debet aliquid habere de petitis, quia primum deverium datum fuit ut redderetur ballium dicti Boverii patri uxoris ipsius, et secundum postquam venit ad etatem legitimam, racione homagii. (*In v° quaterno.*)

3. Item reddidimus Haymerico dicto Militi et Petronille, ejus uxori, decem solidos et duos denarios censuales et tres galinas apud Frontigniacum, que predicta debebant Guillelmus Margot, scilicet sex solidos et unam galinam, Johanna dicta Annone xiii den. et unam galinam, et Petrus Meschins tres solidos et unam galinam, que predicta tenet a domino comite, ad v solidos de placito ad usus et consuetudinem patrie et ad homagium planum. (*In v° quaterno.*)

4. Item reddidimus domine Emeline, relicte defuncti Johannis Clarevallensis, militis, deberium quod debebat eidem et dicto defuncto, marito suo, quondam Guillelmus Roussel pro feodo quodam sito au Plesseiz, in parrochia de Frontigniaco, cum illud deberium moveat ex parte matris dicte Emeline. De hiis autem que movent ex parte patris ipsius, nichil dicimus. (*In vi° quaterno.*)

1934

Apud Benaon [1].

Die sabbati ante festum beati Laurencii [6 aug.], reddidimus priori de Lania [2] usagium suum in foresta de Argençon [3] ad calfagium suum et ad claudendum ortos dicti prioratus. (*In primo quaterno.*) — Item eadem die reddidimus cappellano de Lania usagium suum in dicta foresta ad calfagium tantum. (*In primo quaterno.*)

1935

Apud Sanctum Johannem Angeliacensem.

Item die martis in vigilia beati Laurencii [9 aug.], reddidimus Guil-

[1] Benon, Charente-Inférieure, cant. Courçon. — [2] Lalaigne, Charente-Inférieure, cant. Courçon. — [3] Partie de la forêt de Benon.

lelmo Roberti de Talneio cambellaniam de Talneio[1] et de castellania de Talneio, dum tamen faciat deberium, scilicet rachetum pro voluntate domini et servicia cambellanie consueta, scilicet straminare vel sternere junco aulam domini comitis, preparare balnea novis militibus, rolare loricam domini comitis et cooperturam equi ipsius loricatam, et alia ad dictam cambellaniam pertinencia, propter que servicia debet percipere et habere, qualibet die qua dominus comes presens est in dicta castellania, duos panes, unum brodium vini et unum ferculum carnium vel piscium, et candelas residuas de propria mensa domini comitis tantum; item superficialem vestem facientis homagium domino comiti; item vestes quas habent indutas novi milites, quando intrant balnea preparata a dicto cambellano. (*In secundo quaterno.*)

1936

Apud Xanctonas.

Item die jovis post festum beati Laurencii [11 aug.], removimus inhibicionem ex parte senescalli Xanctonensis factam, ne prior Sancti Viviani Xanctonensis excoleret terras suas propter nemus et arbusta crescencia in eisdem, et limitari fecimus dictas terras seu metas apponi per castellanum ejusdem loci et Guillelmum Foucaudi, civem Xanctonensem, inter dictas terras et garennam domini comitis. (*In IIII° quaterno.*)

1937

Apud Campaniam[2].

Item die sabbati ante assumptionem beate Marie virginis [13 aug.], reddidimus domino Galtero de Bruell, militi, et Petronille, ejus uxori, decem solidos pro quadam brocia sita apud Campaniam retro domum domini comitis contigue (*sic*) subsequenti. — Item reddidimus possessionem brocie site retro domum domini comitis de Campania Hugoni

[1] Tonnay-Boutonne, Charente-Inférieure. — [2] Champagne, Charente-Inférieure, cant. Saint-Agnant.

Bonninis et la Guarele, Guillelmo de Luca, ejus marito presente, et Hernaudo Karoli, quam emimus pro sexaginta solidis pro utilitate domini comitis. (*In secundo quaterno.*)

1938

Apud Sales [1].

1. Die dominica ante assumptionem beate Marie virginis [14 aug.], reddidimus domine Emeline, relicte defuncti Lamberti Coing, dotem suam in terris que quondam fuerunt dicti Lamberti, sitis apud Sanctum Rogatianum [2] et apud Bouet [3].

2. Eodem die liberavimus Aymerico de Bulli vineam quam emit a Clemente Rebarou et domino Guillelmo Giraudi, executoribus defuncti Petri de Cruce, et quam postea retraxerunt nomine domini comitis Martinus Aubert et Hylaria, ejus uxor, qui Martinus tunc erat prepositus domini comitis apud Talneium, computatis fructibus perceptis a dicto Martino preposito, quamdiu tenuit dictam vineam tantum, et residuum decem librarum pro quibus empta fuit dicta vinea reddatur Petro Jaceran, nisi fructus predicti amplius se extendant, quia dictus Petrus erat bone fidei possessor, qui Petrus nunc est maritus dicte Hylarie.

1939

Apud Sanctum Candidum [4].

Die martis post assumpcionem beate Marie virginis [16 aug.], reddidimus monialibus Sancti Bibiani [5], Petro dicto le Danois, Guidoni Serpentin, et aliis comparcionariis suis, XL sol. qui percipiuntur pro quolibet quarterio vinearum de novo plantatarum in territorio quod dicitur Ceille [6], in quo prius habebant terragia, dividendos inter ipsos

---

[1] Salles, Charente-Inférieure, cant. la Jarrie.

[2] Saint-Rogatien, Charente-Inférieure, cant. la Jarrie.

[3] Bouhet, Charente-Inférieure, cant. Aigrefeuille.

[4] Saint-Xandre, Charente-Inférieure, cant. la Rochelle.

[5] Saint-Vivien, Charente-Inférieure, cant. la Rochelle.

[6] Seille (Cassini), au nord de Saint-Xandre.

pro suis porcionibus. (*In secundo quaterno.*) — De sexaginta decem solidis tribus denariis et obolo, quos petebant pro veteribus vineis, absolutus est dominus comes. (*In secundo.*)

1940
Apud Ruppellam.

1. Die jovis post dictum festum [18 aug.], reddidimus Berardo de Rumpholes, militi, feodum Jordani, situm apud Campaniam in Marempna, quem dicebat ad ipsum jure hereditario pertinere, dum tamen veniat ad homagium domini comitis et faciat servicium quod racione dicti feodi facere debet, salva eciam emenda domini comitis, eo quod non venit ad homagium domini comitis, prout debuit, et quia miserabilis persona et cecus erat, quittavimus ei emendam. (*In quarto quaterno.*)

2. (Fol. 9.) De peticione dicti domini Berardi et Baudrici de Plecay, ejus participis, absolutus est dominus comes, videlicet de tercia parte emendarum racione justicie de Roumegous[1] habitarum et habendarum quam ipsi petebant. (*In VIII°.*)

3. De peticione Gaufridi, domini Ruppisfortis, super justicia de Espaves[2] alta et bassa, liberatus est dominus comes. (*In IIII° quaterno.*)

4. De peticione ejusdem super mansionariis de Cren liberatus est dominus comes. (*In V° quaterno.*)

5. De peticione ejusdem super terris Aymerici dicti Halart et Guillelmi de Fors, militum, quas petebat propter hoc quod eas tenebat propter defectum deberii, liberatus est dominus comes, salvo jure deberii sibi debiti, prout jus erit. (*In secundo quaterno.*)

6. Die veneris reddidimus Aymerico dicto Surdo, Petro et Bernardo, ejus fratribus, terram suam quam habebant apud Dampnam Petram in Alnisio[3], quando capta fuit Clausa. (*In secundo quaterno.*)

7. Reddidimus Gaufrido Poulein juvamen quod ei debet fieri pro

[1] Romégoux, Charente-Inférieure, cant. Saint-Porchaire. — [2] Les Épaux, Charente-Inférieure, comm. Soubise. — [3] Dampierre-sur-Mer, Charente-Inférieure, cant. la Rochelle.

terris que fuerunt Lamberti Coing et Hernaudi Trencart, militum, quas tenet dominus comes pro forefactis dictorum militum, et dicitur quod placitum valet c sol. (*In secundo quaterno.*)

8. Reddidimus Gaufrido, domino Ruppisfortis, justiciam in feodo suo prope Ruppellam, salvo jure domini comitis in magnis viis seu cheminis et jurisdicione sua a Ruppella usque ad furcas suas, ita tamen quod non possit facere seu levare furcas juxta furcas domini comitis, nec alibi prope, maxime cum habeat veteres et sufficientes. (*In IIII° quaterno.*)

9. Reddidimus Bernardo de Gusargues franchisiam suam de Montroy[1], sibi datam et concessam a comite Marchie, prout in carta ipsius comitis continetur. (*In secundo quaterno.*)

10. De peticione Guillelmi de Gravella, Petri et Stephani, ejus fratrum, super xx^{ti} solidis annui census liberatus est dominus comes. (*In secundo quaterno.*)

1941

Apud Laniam [2].

1. Die lune in octabis assumpcionis beate Marie virginis [22 aug.], reddidimus domino Theobaldo Chategnier, militi, Petro de Alemania et Gaufrido Vigerii, valetis, terram suam de Heriçon, quam dominus comes tenebat pro defectu homagii et deberii, dum tamen faciant dictum homagium et deberium que debent facere racione dicte terre. (*In secundo quaterno.*)

2. Item reddidimus Gaufrido Vigerii, valeto, feodum suum de Dampnipetra, quem emit comes Marchie a defuncto Hugone de Alemania, milite, salvo tamen quod ipse debet ostendere senescallo in quibus consistit dictum feodum et quod deberium debet ei fieri pro dicto feodo. (*In IIII° quaterno.*)

3. Item reddidimus domino Hugoni de Alemania, militi, terras et terragia, que data fuerunt ei in maritagium a defuncto Jocelino Ciquart,

[1] Montroy, Charente-Inférieure, cant. la Jarrie. — [2] Lalaigne, Charente-Inférieure, cant. Courçon.

milite, sita apud Quannée, dum tamen solvat censum pro quolibet anno in quo deficit, facta tamen ostensione dictorum terrarum et terragiorum, qua ostensione facta, solvat centum solidos tam pro defectu census quam pro emenda. (*In primo quaterno.*)

4. Item reddidimus Petro de Alemania Clausam sub hac forma, videlicet omne jus quod habet dominus comes in dicta Clausa seu percipit, scilicet duodecim libras annui redditus cum homagio et deberio, sicut Johannes Gigantis affirmavit eam a domino comite, sibi et heredibus suis in perpetuum possidendas, ita quod dominus comes retinebit homagium quamdiu vixerit dictus Johannes vel reddet ei, si voluerit, et post mortem dicti Johannis dictum homagium fiet dicto Petro. (*In primo quaterno.*)

1942

De ballivia Xanctonensi.

Actum apud Nogentum Heremberti [1], anno Domini M° CC° LX° primo, in quindena Omnium sanctorum [15 nov.].

1. Dominus Briandus, racione uxoris sue, de consilio et voluntate domini comitis, ipso presente apud Nogentum Heremberti, habebit prout inquisitoribus videbitur expedire usque ad c arpenta de haiis vel infra, sicut melius poterunt tractare cum dicto Briando. Reddidimus ea dicta c arpenta per compositionem et chaciam in totis haiis predictis et usagium suum in foresta de Benaon [2] ad domum suam de Millescuto [3], ad omnia neccessaria domus, turris et poncium, et tres bestias de sayson in eadem foresta.

2. Item ibidem redditum est per composicionem, de voluntate domini comitis, Johanni de Blenac et ejus comparcionariis brociam et frichiam adjacencia manerio suo usque ad nemus de Grondin, secundum ostensionem factam ab inquisitoribus, Xanctonie et de Vernia castellanis presentibus cum pluribus aliis.

3. Item compositum est cum Rogerio de Vicinis, racione uxoris sue

---

[1] Nogent-le-Roi, Eure-et-Loir. — [2] Benon, Charente-Inférieure, cant. Courçon. — [3] Mille-Écus, Charente-Inférieure, comm. Le Gué-d'Allère.

et sororis ejusdem uxoris, de voluntate domini comitis, ita quod habeant xx libras annui redditus in villa seu prepositura ville de Pauleon [1], et ipsi quittaverunt dominum comitem de omnibus arreragiis et omni jure, si quod habebant in dicta villa de Pauleon.

4. Item prior de Frontigniaco reddet domino comiti quolibet anno, in festo sancti Luce, duos besancios annui redditus pro furno quem ibidem possidet et possedit temporibus retroactis, et quittat dominum comitem de sex solidis annui redditus quos percipiebat annuatim in cohua ejusdem loci pro decima mercatus, et de hac dabit dictus prior litteras abbatis sui et conventus.

1943

(Fol. 10.) — *De ballivia Pictavensi.*

1. Item de Constantino Giboini ordinatum est, de voluntate domini comitis et assensu, quod ipse habeat et expletet villam de Bauceio [2] ad vitam suam pacifice et quiete, et post mortem ipsius revertetur dicte ville ususfructus ad dominum comitem, semper proprietate domino comiti remanente, et hoc facit dominus comes racione servicii ei ab eodem Constantino fideliter impensi in guerra domini comitis.

2. Item valeti, scilicet Gaufridus de la Berliere et Huetus de la Toche, et comparcionarii gisti de la Veciere [3] reddent domino comiti annuatim L sol. racione gisti in quo tenebantur eidem, in festo sancti Luce reddendos.

3. Item de Petro Gapaill, qui petit c marchas, pro eo quod dominus comes debebat eum juvare contra comitem Britannie, quod non fecit, sicut idem Petrus dicit, ordinatum est quod inspiciantur scripta compotorum antiqua a XVII annis, ut videatur qualiter et quare fuit dicta peccunia recepta et quod inquiratur super hoc a Rogerio de Relliaco et castellano de Ruppella.

---

[1] Pauléon, Charente-Inférieure, comm. Saint-Georges-du-Bois. — [2] Peut-être Le Beaussais, Vienne, comm. Frozes. — [3] Verbrisse, Vienne, comm. Veniers. (Voir Rédet, *Dictionnaire de la Vienne*, p. 431-432.)

4. Item ordinatum est, coram domino comite et voluntate ipsius interveniente, quod homines de Verines [1] reddant annuatim viginti quinque solidos tantummodo et non plus, ratione cujusdam mengerii quod vocatur Poreta.

5. Item ordinatum est quod Philippus de Blanzac accipiat illam ostensionem quam fecerunt ei inquisitores usque ad semitam que dicitur Via assinorum.

6. Hiis qui secuntur reddidimus peccuniam infrascriptam : — Aymerico Samet xlv libr. pro meretricibus; — Gaufrido de Alemania xlv libr. pro piscatura in aqua de Niorto; — Elemosinario de Niorto l sol pro minusia et vi denarios quos habebat in platea cohue; — Carpentario de Rocha c sol; — Renaudo Jude iiii libr. pro pedagio; — Eustachio Bovis c sol. pro seminibus.

In Xanctonia : — Hugoni Bourriau xxxiii libr. vi s. iii den.; apud Campaniam lxx sol. pro brocia juxta domum.

1944

(Fol. 11.) — *Isti qui secuntur non concesserunt composicionem aliquam.*

1. Dominus Briandus pro haiis quas petebat. — 2. Philippus de Balenjac pro Plesseio de Balenzac [2] et nemore quod dicitur le Feuilleus, que petebat. — 3. Guillelmus Jordani, miles, pro minagio de Ruppella quod petebat. Volebamus ei dare x libras redditus. — 4. Gaufridus Coing, valetus, pro terra patris sui quam petebat, quia dictus pater erat impotens tempore guerre et dictus G. minor, terciam partem pro pace, que terra valet duodecim libras vel circa per annum. — 5. De Gaufrido, domino Ruppisfortis, qui petebat lvii libr. de tallia super Sancto Aniano [3], et ordinatum est quod ipse recipiat per manus comitis xxx libras de dicta tallia annuatim, et exercitus remaneat domino comiti. — 6. De Petro Andree, valeto, c libras pro molendinis et domibus quas fecit dominus comes dirui usque ad valorem ccc libr.

---

[1] Vérines, Charente-Inférieure, cant. la Jarrie. — [2] Balanzac, Charente-Inférieure, cant. Saujon. — [3] Peut-être Saint-Agnant-le-Marais, Charente-Inférieure.

— 7. De Poreta de Verines xxv sol. taxandos annuatim. — 8. De abbate Sancti Maxencii pro castro c libras, et emere xxxª libras terre pro homagio, multis est probatum. — 9. De nundinis Beate Marie Pictavensis vii libr. et pro assignandis decem solidis pro ramerio aque et xl denar. — 10. De garenna Pictavensi c march.

Les numéros 1909-1944 ont été édités, sauf la fin depuis le paragraphe : *Hiis qui secuntur*..., p. 491, par Bardonnet, *Hist. d'Alphonse de Poitiers*, p. 111-133.

1945

Ista sunt facienda pro comite.

1. Scambium fori de Rocha super Oyon [1] cum abbate de Fontenellis [2] ad valorem viginti quinque librarum vel triginta. — 2. Et valde esset utile domino comiti emere vel pacificare cum forestariis feodatis de Rocha, qui habent ibi l'Eschivaus. — 3. De seneschallia apud Rocham, quam petit quidam miles, de qua pacificatum fuit tempore domine [3] et bonum est ut teneatur composicio, prout in transcripto carte quod habemus continetur. — 4. De abbate de Morelle pro domo que est super muros de Rupella, que nichil obesse potest, sed prodest firmitati ville, accipiantur c libre, et placet burgensibus ville. — 5. De Bauceio pro Constantino Giboini ad vitam suam, et credimus quod ibi habeat jus. — 6. De procuratione taxata apud la Veciere apud duos armigeros ad lx sol. annuatim, et credimus quod l sufficerent secundum estimacionem terre. — 7. De cappellania Hugonis de Ruppeforti ad xv libras assignatas et de octo libris apud Ruppellam ei reddendis, bonum esset quod adderentur c sol. dicte cappellanie. — 8. De Stephano Seince, burgensi de Ruppella, cui imposite fuerunt pociones, sed taxata est pax et dominus comes tenet terram suam.

1946

HII SUNT ARTICULI PRO EPISCOPO PICTAVENSI CONTRA SENESCHALLUM.

Primus articulus quod, ballivo faciente (*sic*) et favente, barones

---

[1] La Roche-sur-Yon, Vendée. — [2] Fontenelle, Vendée, comm. Saint-André-d'Ornay. — [3] Sans doute Blanche de Castille.

fecerunt quasdam emprisias, confederaciones et statuta contra ecclesiasticam libertatem.

Secundus articulus quod inhibuit publice in assisia ne laici contractus vel convenciones suas fide vel juramento firmarent.

Tertius articulus quod propter minas et terrores, quos ipse et allocati sui incuciunt venientibus ad forum ecclesie, venire non audent.

Quartus articulus quod idem ballivus inhibuit vel inhiberi publice fecit in assisiis ne aliqua persona laica super actionibus personalibus, nisi de fide vel de matrimonio, contra adversarios suos in foro ecclesiastico audeat agitare, et si contra fecerit, per suos complices capiatur et capta sub arcta custodia teneatur, et satisfactionem faciat super hoc domino comiti Pictavie.

Quintus articulus quod omnes, causas suas agitantes in foro ecclesiastico, extra custodiam et deffensionem posuit domini comitis Pictavie et quod publice fecit edici quod ipsarum personarum adversarii melius quam poterunt per se vel quoscumque quos ad hoc habere poterunt coadjutores, de ipsis actoribus melius quam poterunt se deffendant et quod ipsis actoribus nullum super hiis remedium adhibebit.

Sextus articulus quod ipse per allocatos suos aliquos clericos dyocesis Pictavensis, agitantes causas suas et causas dominorum suorum coram judicibus suis in foro ecclesiastico, cepit seu capi fecit, et antequam capciones et detenciones evaderent, compulit omnino dimittere causas suas.

Septimus quod ipse aliquorum bona occupari fecit seu occupavit et occupata detinuit seu occupata detineri fecit, occasione causarum predictarum in foro ecclesiastico agitatarum, et propter occupationes hujusmodi, ipsos compulit causas suas dimittere indiscussas et transmisit ipsos ad curiam suam seu domini comitis Pictavie.

Octavus quod per aliquos de suis allocatis aliqui per proprii corporis capcionem compulsi sunt jurare ne de cetero in balliis ipsorum contra aliquos litteras de foro ecclesie deportarent.

Nonus quod cujusdam clerici auriculam fecit amputari. — *Neget publice in assisiis et satisfiat conquerenti, si apparuerit, et nobis.*

Decimus quod dictus senescallus dixit aliquibus secularibus justiciis : Nisi compellatis ipse istos cleriaudos desistere a causis suis ecclesiasticis, ego veniam per vos et in vos graviter animadvertam.

Undecimus quod idem senescallus retinuit aliquas litteras ordinariorum de moliendo malefactores et exequtores earum fecit gagiare emendam.

Duodecimus quod maleficia allocatorum suorum et injurias personis ecclesiasticis irrogatas non facit emendari, inmo dat eis auctoritatem et potestatem et materiam ulterius malignandi.

In omnibus antedictis articulis, excepto articulo de amputacione auricule dicti clerici, ordinatum est quod idem ballivus dicet publice in assisiis specialiter et sigillatim post quemlibet articulum de predictis : *Negamus quod in dicto articulo continetur et prohibemus auctoritate domini comitis Pictavie ne fiat, et per quemcumque factum fuerit, per nos vel per alium, revocamus. Et si super predictis articulis vel aliquo de predictis apparuerint conquerentes, parati sumus et erimus conquerentibus respondere et juste satisfacere.* Et preterea injungendum est ei ex parte domini comitis quod a talibus et consimilibus in perpetuum exnunc abstineat.

Édité, avec interversions, par Boutaric, *Alfonse de Poitiers*, p. 425-426.

1947

(Fol. 12.) [Circa 1260. — INSTRUCTIONS DU COMTE À JACQUES DU BOIS.]

Memoire soit à Jaque du Bois que toutes les foiz que il vendra conter à la cort des heresies, que cil Jaques ait avant conté qu'il viegne à chaucun seneschal ou païs de ce qui est en sa seneschauciée, et que nules ventes ne face que li seneschaus du leu ou ses commandemenz n'i soit, et que chaucuns seneschaus ait auteles parties, comme cil Jaques aura en escrit, de ce qui ert en sa seneschauciée et que il soient certain que les rentes de blé et de vin et de deniers qu'il conte soient bien et loiaument conté. Et que autel conte, comme Jaques aura, que li seneschal ou leur clerc aportent et que il en content. Et voulons que chaucun seneschal ait de moebles et de rentes chaucun an autel escrit comme Jaques aura, et que li seneschaus dou leu ou son commandement soit à toutes les ventes faire. Et de ce seront faites letres à chaucun seneschal et à Jaque, et un tel escrit envoié et un autel en sera retenuz à la court. Et li frere inquisiteur et Gile en auront un autre tel, si que il en puissent porter boen tesmoi[n]g par escrit.

Édité dans *Hist. de Languedoc* (nouv. édit.), VIII, col. 1453-1454.

1948

[Circa 1260.] — JACOBO DE BOSCO PRO DOMINO COMITE.

Alfonsus, *etc.*, dilecto clerico suo Jacobo, salutem et dilectionem. Cum nostre intencionis sit veritatem scire super omnibus bonis hereticorum receptorum et recipiendorum per manum vestram in senescalciis nostris Tholosana, Agennensi et Ruthenensi, mandamus vobis quatinus in dicto negocio procedatis eodem modo quo in quadam cedula vobis missa videbitis contineri.

Simili modo scribitur senescallis Tholosano, Agennensi et Ruthinensi et inquisitoribus heretice pravitatis.

Édité dans *Hist. de Languedoc* (nouv. édit.), VIII, col. 1454.

1949

10 nov. [Circa 1260.] — JACOBO DE BOSCO PRO DOMINO COMITE.

Alfonsus, *etc.*, dilecto clerico suo Jacobo de Bosco, salutem et dilectionem. Cum vobis alias scripserimus sub hac forma : *Memoire soit à Jaque du Bois, etc.*, vobis iterato mandamus quatinus, omni postposita negligencia, secundum dictam formam dictum negocium adimpleatis, scituri nos dilecto nostro viro religioso fratri Reginaldo scripsisse, ut ex parte nostra vobis dicat ut in dicto negocio eo modo procedatis. Datum apud Castrumnovum super Ligerim[1], in vigilia beati Martini hyemalis.

Edité dans *Hist. de Languedoc* (nouv. édit.), VIII, col. 1454.

[1] Châteauneuf-sur-Loire, Loiret.

1950

9 oct. 1260. — PRO OLIVERIO DE TERMINIS.

Ludovicus, *etc.*, senescallo Carcassonensi salutem et dilectionem. Cum dilectus et fidelis noster Oliverius de Terminis, cupiens anime sue providere saluti, de rebus et terra quas tenet a nobis vendere proposuerit ut exinde restitucionem faciat hiis a quibus male habuit et extorsit, volens ut ea que nobis utilia videbantur, pro minori precio quam alius vellet dare retinere possimus, sicut placuerit, et habere, mandamus vobis quatinus de consilio dilecti et fidelis nostri G., archiepiscopi Narbonensis [1], conveniatis cum eo de precio rerum quas (*sic*) inferius subscribuntur, et deductis primis vendis nostris secundum terre illius consuetudinem ac debito in quo nobis tenetur, videlicet trecentis quinquaginta libris turonensium, residuum precii persolvatis eidem, receptis eciam instrumentis et caucionibus que expedierit nos habere super emptione jamdicta. Hec autem sunt que nobis retineri poterunt vel aliqua eorumdem, secundum quod de consilio processerit archiepiscopi memorati : castrum et fortericia de Aquilari [2], villa de Terminis [3], castrum de Daveiaco [4], de Moutomet [5], Rocha de Fanis [6], Carcasesium [7], Vineavetus [8], Massacum [9], Maisons [10], Salsanum [11], Monsrubeus [12], leuda castri de Pailleraco [13] cum omnibus pertinenciis suis. Si qua vero de hiis per consilium episcopi (*sic*) memorati videritis minime retinenda, permittatis ut ea personis nobilibus vendat aut militibus, prout sibi melius expedierit, qui ea nobis faciant que et ipse facere tenebatur. Preterea si nobis utilia et propter hoc retinenda

[1] Gui Foucois, archevêque de 1259 à 1261, plus tard pape sous le nom de Clément IV.
[2] Aguilar, Aude, comm. Tuchan.
[3] Termes, cant. Mouthoumet.
[4] Davejean, cant. Carcassonne.
[5] Mouthoumet.
[6] Laroque-de-Fa, cant. Mouthoumet.
[7] Carcassès, Aude, comm. Laroque-de-Fa.
[8] Vignevieille, cant. Mouthoumet.
[9] Massac, cant. Mouthoumet.
[10] Maisons, cant. Tuchan.
[11] Salza, cant. Mouthoumet.
[12] Montrouch, comm. Maisons.
[13] Palairac, cant. Mouthoumet.

videritis de consilio predicti archiepiscopi, in dyocesi Carcassonensi castra de Thaurisano[1], de Cerviano[2], de Villatriquols[3], villas de Caunetis[4], de Marronis[5] et de Archis[6] cum omnibus pertinenciis suis, ea vel aliqua eorum juxta modum predictum retinere poteritis. Alioquin volumus et eidem O. concessimus ut ea vendere possit militibus seu nobilibus aut clericis seu eciam religiosis, aut aliis prout bonum videbitur, salvo in omnibus jure nostro. Actum apud Sanctum Dyonisium[7], anno Domini M° CC° LX°, in festo Sancti Dyonisii.

Édité dans *Hist. de Languedoc* (nouv. édit.), VIII, col. 1473-1474.

1951

[1260. — NOTULA DE POSSESSIONIBUS AB OLIVARIO VENDENDIS.]

Redditus quos dominus Oliverus de Terminis habet in Villapicta[8] valent xx libras turon. Et non habet ibi jurisditionem neque justiciam. Hoc vult emere abbas de Soresio[9], ordinis sancti Benedicti, pro quingentis libris turonensium.

Redditus ville de Podiosyurano[10], inter leudam, furnum, census, medietatem justiciarum et omnia alia : M sol. turon. Alia que sunt in villa predicta sunt Hospitalis Sancti Johannis.

Redditus castri de Brom[11], inter leudam, census, laboracionem, quinque partes justiciarum, quia sexta est Jordani de Saixaco, militis, et omnia alia valent v^m solid. turon.

Édité dans *Hist. de Languedoc* (nouv. édit.), VIII, col. 1475.

[1] Taurize, Aude, cant. Lagrasse.
[2] Serviès-en-Val, cant. Lagrasse.
[3] Villetritouls, cant. Lagrasse.
[4] Caunettes-en-Val, cant. Lagrasse.
[5] Mayronnes, cant. Lagrasse.
[6] Arquettes, cant. Lagrasse.
[7] Saint-Denis, Seine.
[8] Villepinte, Aude, cant. Castelnaudary.
[9] Sorèze, Tarn, cant. Dourgne, abb. bénédictine.
[10] Pexiora, Aude, cant. Castelnaudary.
[11] Bram, Aude, cant. Fanjeaux.

1952

10 oct. 1260. — [PRO EODEM OLIVERIO DE TERMINIS.]

Ludovicus, *etc.*, senescallo Carcassone, *etc.* Cum nos dilecto et fideli nostro Oliverio de Terminis liberaliter concesserimus ut castrum de Montecornerio [1] et de Buxa [2] et villam de Laneta [3] cum omnibus pertinenciis, et omnia que ipse habet in castris de Duroforti [4] et de Monias [5], et omnia alia que habet ultra aquam Orbionis [6] versus montana, possit vendere dilecto et fideli nostro Petro de Vicinis, salvo jure nostro in omnibus, sicut in nostris litteris patentibus continetur, voluit tamen idem Oliverius et nos eciam volumus et mandamus vobis ut ea que nobis propter utilitatem nostram, de consilio dilecti et fidelis nostri archiepiscopi Narbonensis, retinenda videritis in toto et in parte, pro minori tamen precio quam alius daret, salvis vendis nostris et deductis ex precio eorumdem, si eas de consuetudine terre predicte debeamus habere, retineatis et residuum quod solvendum fuerit persolvatis Oliverio predicto. Actum apud Pontizaram, dominica in crastino sancti Dyonisii, anno Domini M° CC° sexagesimo.

Édité dans *Hist. de Languedoc* (nouv. édit.), VIII, col. 1475.

1953

3 nov. 1260. — [LITTERE ALFONSI PRO EODEM OLIVERIO.]

Alfonsus, *etc.*, senescallo Tholose, *etc.* Cum vir nobilis, dilectus et fidelis noster Oliverius de Terminis, cupiens anime sue providere saluti, terram quam tenet a nobis in diocesi Tholosana vendere proposuerit, ut exinde restitucionem faciat hiis a quibus male habuit et extorsit, nos, attendentes ipsius laudabilem (*sic*) propositum in hac parte, liberaliter eidem concessimus ut de his que tenet a nobis apud Villam-

---

[1] Lieu inconnu.
[2] Bouisse, Aude, cant. Mouthoumet.
[3] Lanet, cant. Mouthoumet.
[4] Durfort, comm. Vignevieille.
[5] Château disparu près de Durfort.
[6] L'Orbieu, affluent de l'Aude.

pictam possit vendere abbati de Soresio, ordinis sancti Benedicti, vel alii persone religiose aut seculari, et ponere in manu mortua usque ad viginti quinque libras turonensium annui redditus, salvis tamen vendis nostris secundum consuetudinem terre debitis et salvis omnibus aliis juribus nostris et alieno quolibet jure salvo, et salvis ac retentis nobis incursibus quos post factam vendicionem conti[n]geret evenire. Unde vobis mandamus quatinus vendicionem, quam prefatus Oliverius memorato abbati vel alii fecerit in dicta Villapicta, usque ad summam predictam ex parte nostra concedatis, secundum formam superius annotatam. Datum Silvanectis, anno Domini M° CC° LX°, die mercurii post festum Omnium sanctorum.

Édité dans *Hist. de Languedoc* (nouv. édit.), VIII, col. 1475-1476.

1954

3 nov. 1260. — [LITTERE COMITIS DE EODEM NEGOTIO.]

Alfonsus, *etc.*, senescallo Tholose, *etc.* Significamus vobis quod nos attendentes laudabile propositum nobilis viri, dilecti et fidelis nostri Oliverii de Terminis, qui terras et possessiones suas, quas tenet a nobis in dyocesi Tholosana, vendere disposuit pro restitucionibus faciendis hiis de quibus male habuit et extorsit, liberaliter eidem concessimus ut ea que tenet a nobis vendere possit fidelibus nostris quibuscumque, militibus aut nobilibus seu de terra nostra vel eciam quinque personis nominatim hic expressis, videlicet Petro de Vicinis, Lamberto de Limous vel fratri suo, Philippo de Monteforti aut Guidoni, marescallo de Mirapesio, qui ea nobis faciant de dictis terris et possessionibus, que et ipse facere tenebatur, salvis tamen in omnibus vendis nostris secundum consuetudinem terre et aliis quibuscumque debitis juribus, jurisdicionibus et redevantiis nostris, que vel quas habebamus vel habere debebamus in eisdem, retentis nobis etiam incursibus propter heresim, quos post factam vendicionem contingeret evenire, et salvo jure quolibet alieno. Unde vobis mandamus quatinus venditionem hujusmodi a dicto Oliverio fieri permittatis, et eamdem ex parte nostra concedatis, secundum formam superius expressam. Datum Silvanectis, anno Domini m° cc° lx°, die mercurii post festum Omnium sanctorum.

<small>Édité dans Hist. de Languedoc (nouv. édit.), VIII, col. 1476-1477.</small>

1955

[Nov. 1265.] — REGI FRANCORUM PRO DOMINO ROBERTO DE SANCTO CLARO.

Excellentissimo et karissimo domino ac fratri suo Ludovico, Dei gratia regi Francie illustrissimo, Alfonsus, filius regis Francie, comes Pictavie et Tholose, salutem et cum fraterna dilectione paratam ad beneplacita voluntatem. Dilectionem vestram rogamus ex affectu, quatinus negocium nobilis et fidelis militis nostri Roberti de Sancto Claro, quod habet coram vobis, accelerari, prout expedire vestra viderit excellentia, faciatis si placet.

1956

28 nov. 1265. — MAGISTRO PHILIPPO DE CATURCO, PRO EODEM.

Alfonsus, filius regis Francie, comes Pictavie et Tholose, viro venerabili et dilecto suo magistro Philipo de Caturco, illustrissimi regis Francie clerico, salutem et dilectionem sinceram. Discrecionem vestram rogamus ex affectu quatinus negocium nobilis et fidelis nostri militis Roberti de Sancto Claro, quod habet coram rege, amore nostri recommandatum habentes, illud accelerari, prout poteritis et expedire viderit vestra discrecio, faciatis, tantum super hoc, si placeat, facientes quod vobis debeamus propter hoc scire grates. Datum die sabbati ante festum sancti Andree apostoli, anno Domini m° ducentesimo sexagesimo quinto.

1957

(Fol. 13.) 1257. — DOMINO COMITI EX PARTE ABBATIS CISTERCIENSIS.

Excellentissimo domino et in Christo karissimo A., regis Francie filio, comiti Pictavie et Tholose, frater B.[1], dictus abbas Cisterciensis, totusque conventus abbatum capituli generalis, salutem et orationum suffragium salutare. Cum felicis recordacionis progenitorum vestrorum benedicta progenies non solum personis sub religionis habitu Deo famulantibus, verum eciam ecclesie universali posteritatem suam commendabilem fecerit, collendo justiciam et opera pietatis, vestre tamen nobilitati placuit a nobis precibus obtinere quod jure prestiti beneficii, vestris exigentibus meritis, vobis merito debebatur. Sane, cum servicium plenarium vobis olim concesserimus per ordinem universum, devocioni vestre benigno concurrentes assensu, et affectionem, quam ad ordinem nostrum accepimus vos habere, propensiorem fieri cupientes, peticionem vestram in nostro generali capitulo per venerabilem coabbatem nostrum, domnum Johannem, abbatem Clarevallensem, non sine affectione hoc anno nobis oblatam, de faciendo anniversario vestro singulis annis die obitus vestri per ordinem universum exaudimus. Datum Cistercii, anno Domini M° CC° L° septimo, tempore capituli generalis.

1958

[1257.] — FRATRI P., QUONDAM SUBPRIORI PARISIENSI SANCTI BARNARDI.

Alfonsus, filius regis Francie, comes Pictavie et Tholose, religioso viro fratri P., quondam subpriori Sancti Bernardi Parisiensis, Cisterciensis ordinis, salutem et sincere dilectionis affectum. Religiositatem vestram rogandam duximus ex affectu, quatinus pro nobis intercedere velitis et eciam procurare quod nos habeamus litteras capituli generalis Cisterciensis ordinis, continentes quod in quolibet conventu tocius ordinis Cisterciensis nostrum teneantur anniversarium facere post nostrum obitum annuatim, omnesque sacerdotes fratrum (sic) tocius ordinis Cistersiencis unam missam annuatim pro nobis teneantur singuli celebrare, clerici vere et laici ejusdem ordinis omnes et singuli tales orationes, quales pro defunctis consueverunt facere, annuatim pro nobis facere

---

[1] Boniface.

teneantur. Et ex parte nostra rogetis religiosum virum abbatem Clarevallensem ut in dictis litteris procurandis pro nobis velit intercedere et impendat vobis auxilium et favorem. Dictas litteras patentes super hiis fieri procuretis et eciam duplicari.

1959

DOMINO COMITI EX PARTE FRATRIS JACOBI, ABBATIS CISTERCIENSIS.

Illustrissimo domino et in Christo sibi karissimo A., comiti Pictavie et Tholose, frater Jacobus, dictus abbas Cistercii [1], totusque conventus abbatum capituli generalis, salutem cum orationum suffragio salutari. Innate devocionis vestre sinceritas hoc requirit ut vestris peticionibus debeamus cum hylaritate assensum benivolum impartiri. Hinc est quod nos vestris peticionibus humiliter inclinati, concessimus vobis duas missas, unam de Spiritu sancto et aliam de beata Virgine, dicendas a singulis sacerdotibus per nostrum ordinem universum. Nos autem jam vobis concessimus et in rotulis nostris habemus, ut vestrum anniversarium post obitum vestrum fiat per ordinem universum, et super hoc litteras habuistis a capitulo generali. Valeat vestra dominacio per tempora longiora. Datum Cistercii, tempore capituli generalis.

1960

1265. — DOMINO COMITI PICTAVIE EX PARTE ABBATIS CLUNIACENSIS.

Illustrissimo domino Alfonso, comiti Pictavie et Tholose, frater Yvo, miseracione divina minister humilis ecclesie Clugniacensis [2], et ejusdem loci conventus, ac alii abbates, priores, monachi et fratres in capitulo generali Clugniaci congregati, salutem et orationes ad Deum assiduas et devotas. Vestre devocionis affectus, quo illustrissime ac regalis progenie[i] excellenciam ad nos et ecclesiam nostram Clugniacensem specialiter ac ad omnes personas tocius ordinis generaliter

---

[1] Jacques II, abbé de 1262 à 1272. — [2] Ives de Vergy (1256-1275).

inclinatis humiliter et clementer, nos inducit ut eo devocius et fervencius pro vobis et vestris, tam vivis quam mortuis, divine magestatis clemenciam exoremus quo efficacius nos, nostra et nostros speciali prerogativa diligitis, deffenditis et fovetis. Sane, dilecto fratre nostro Godefrido latore presentium referente nobis et toti capitulo congregato, plene cognovimus quod nos et ecclesiam nostram ac ordinem speciali memoria recolitis et desideratis, si possetis commode, personaliter visitare, quod nos obtamus plurimum in Domino et speramus id per Dei gratiam aliquando processu temporis orationibus obtinere, ad vestrum commodum et honorem. Retulit etiam nobis idem frater quod ad personas ordinis generaliter vos in eorum negotiis favorabilem exhibetis, benivolum et benignum, quod nos eciam cognovimus operis per effectum. Ne igitur ingrati, quod absit, de jam habitis beneficiis videamur et ob hoc de habendis adhuc majoribus, ut speramus, privari merito debeamus, vestram piam peticionem unanimiter amplectantes, vobis et uxori vestre specialiter necnon et omnibus aliis pro quibus nos rogare humiliter curavistis, in omnibus bonis que fiunt et fient de cetero in ecclesia nostra Clugniacensi et in omnibus aliis ecclesiis et locis tocius ordinis participacionem plenariam concedimus et equalem laborantibus nocte et die in domanio Domini, quod est ecclesia in terris militans pro eternis premiis promissis in celis, ubi bonorum laborum fructus erit perobtime gloriosus, id fieri vobis et vestris de quibus intenditis omnipotentem Dominum toto cordis conamine suppliciter exorantes, et adicientes quod pro vobis et predicta uxore vestra necnon et amicis vestris adhuc vivis fiat singulis diebus oratio specialis in toto ordine tam in capite quam in membris, et insuper pro domino Ludovico patre, et domina Blancha matre, et aliis parentibus et antecessoribus Francorum regibus et reginis, ac domino Roberto, quondam comite Attrebatensi, fratre vestro, et aliis amicis vestris fidelibus defunctis unam missam concedimus a quolibet sacerdote, et a singulis aliis monachis et fratribus septem psalmos. Hanc autem concessionem publice et sollempniter promulgavimus in capitulo generali, et sic in toto ordine fieri precipimus et mandamus, sub testimonio sigilli nostri id perpetue memorie commendantes. Datum Clugniaci, in capitulo generali, anno Domini M° CC° LX° quinto.

1961

Maio 1266. — DOMINO COMITI EX PARTE FRATRUM DE CARMELO.

Illustrissimo domino Alfonso, filio regis Francie, comiti Pictavie et Tholose, frater Nicholaus, prior generalis fratrum ordinis Beate Marie de Monte Carmeli, salutem et gaudium sempiternum. Exigente vestre devotionis affectu, quem ad ordinem nostrum ob Dei reverentiam intelleximus vos habere, vos ad universa et singula nostre religionis suffragia tam in morte recipimus quam in vita, plenam vobis participationem bonorum omnium tenore presencium concedendo, que per fratres, ubicumque terrarum morentur, operari dignabitur clemencia Salvatoris. Concedimus vobis nichilominus ut, cum obitus vester nostro generali capitulo fuerit nunciatus, idem pro vobis fiat per singula loca nostre religionis quod pro fratribus nostri ordinis fieri consuevit defunctis. Missam autem cotidianam in conventu nostro Tholosano, vobis nuper concessam de communi consensu tocius capituli nostri generalis, ob devotionem vestram quam precipue et specialiter in honorem beate Virginis et miraculorum ejus ad locum Tholosanum geritis, in perpetuum confirmamus. Datum Tholose, in capitulo nostro generali in Penthecoste celebrato, anno Domini M° CC° LX° VI°.

1962

(Fol. 14.) [Circa 1261.] — PRO FOCAGIO.

Alfonsus, *etc.*, senescallo Agennensi et Caturcensi, *etc.* Cum homines terre nostre ac prelati, capitula, religiosi, barones, milites et alii pro hominibus suis dare promiserint nobis focagium in subsidium Terre sancte, nosque fecerimus computari focos tocius terre nostre comitatus Tholosani, quorum summam penes nos habemus et vos similiter penes vos, nobisque datum sit intelligi a pluribus fide dignis, quod homines de terra nostra plus nobis darent in summa de qualibet villa ex dono, quam haberemus levando focagium, et magis eis placeret, vobis mandamus quatinus in isto negocio procedatis tali modo : sciatis in bonis villis quantum nobis dare vellent in summa et a prelatis, capitulis, religiosis, baronibus, militibus et aliis quantum in summa facerent nobis dari a suis hominibus sub nostro dominio existentibus, et tunc scire poteritis que via erit nobis utilior, dona in summa recipere vel focagium levare. Unde modo illo quo majorem summam habere poteritis procedatis, scientes quod ad terram nostram comitatus Tholose mittimus dilectum et fidelem clericum nostrum Guillelmum de Plesseio, latorem presentium, ut sciat et videat qualiter et sub qua forma levabitur focagium supradictum, volentes quod dictus clericus habeat unum scriptum et vos aliud simile de receptis de summa cujuslibet ballivie per se et de summa cujuslibet persone per se. Volumus etiam quod vos et idem clericus in dicto negocio procedatis de consilio venerabilis patris episcopi Agennensis, circa premissa tam diligenter et curialiter vos habentes, quod, mediante vestra sollicitudine, dictum negocium bonum sorciatur effectum, et hoc fiat ut melius poteritis ad gratum et cum pace hominum dicte terre.

Édité dans *Hist. de Languedoc* (nouv. édit.), VIII, col. 1489-1490.

1963

[Circa 1261.] — PRO FOCAGIO.

Venerabili in Christo patri et sibi karissimo G., Dei gratia episcopo Agennensi[1], Alfonsus, *etc.*, salutem et sincere dilectionis affectum. Cum homines terre nostre ac prelati, capitula, religiosi, barones, milites et alii pro suis hominibus dare promiserint nobis focagium in subsidium Terre sancte, nobisque datum sit intelligi a pluribus fide dignis quod homines de terra nostra plus nobis darent in summa de qualibet villa ex dono quam levando focagium, et senescallis nostris mandave-

[1] Guillaume II (1247-1263).

rimus ut levent dictum focagium, et hac de causa miserimus ad terram nostram comitatus Tholose dilectum et fidelem clericum nostrum Guillelmum de Plesseio, latorem presentium, ut sciat et videat qualiter et sub qua forma levabitur focagium antedictum, paternitatem vestram attencius requirendam duximus et rogandam, quatinus senescallo nostro Agennensi et dicto clerico ad levandum dictum focagium vestrum consilium et auxilium impendatis, cum ab eis vel altero eorum fueritis requisiti. Volumus enim quod dictus senescallus et idem clericus in dicto negocio vestro utantur consilio in vestra dyocesi et in aliis per totum comitatum. Tantum super hoc facientes quod, mediante vestra industria, dictum negocium bonum sorciatur effectum. Et hoc fiat ut melius poteritis, secundum Deum, et ad gratum et cum pace hominum dicte terre.

1964

[Circa 1261.] — PRO FOCAGIO.

Alfonsus, *etc.*, dilecto et fideli suo... vicecomiti Leomanie salutem et sinceram dilectionem. Cum homines terre nostre ac prelati, barones, milites et alii pro suis hominibus ac vos dare promiserint nobis focagium in subsidium Terre sancte, nosque senescallis nostris mandaverimus ut levent dictum focagium, vos requirimus et rogamus quatinus senescallo nostro Agennensi ad levandum dictum focagium ab hominibus terre vestre, cum vos inde requisierit, vestrum consilium impendatis, tantum super hoc facientes, quod vobis debeamus propter hoc scire gratum.

Édité dans *Hist. de Languedoc* (nouv. édit.), VIII, col. 1490.

1965

[Circa 1261.] — PRO FOCAGIO.

Alfonsus, *etc.*, senescallo Agennensi et Caturcensi, *etc.* Cum homines terre nostre, prelati, capitula, religiosi, barones, milites et alii pro hominibus suis dare promiserint nobis focagium in subsidium Terre sancte, nosque computari fecerimus focos tocius terre nostre comitatus Tholosani, quorum summam penes nos in scriptis habemus et vos similiter penes vos, districte mandamus quatinus in dicto negocio procedatis secundum formam contentam in quadam cedula, sub contrasigillo nostro interclusa, quam vobis mittimus per dilectum clericum nostrum Guillelmum de Plesseio, quem alias ad terram nostram misimus et adhuc mittimus ut sciat et videat qualiter et sub qua forma levabitur focagium supradictum, volentes quod idem clericus habeat super hoc unum scriptum et vos aliud simile de receptis de summa cujuslibet baillivie per se et de summa cujuslibet persone per se. Et ad premissa facienda ex parte nostra requiratis venerabilem patrem... episcopum Agennensem, ut vobis prebeat suum consilium ac auxilium pariter et juvamen. Circa predicta taliter vos habentes quod, mediante vestra sollicitudine, dictum negocium bonum sorciatur effectum, et hoc fiat ut melius poteritis ad gratum et cum pace hominum dicte terre.

Sub eadem forma scripsit dominus comes aliis senescallis.

1966

[Circa 1261.] — EPISCOPO AGENNENSI PRO DOMINO COMITE.

Venerabili in Christo patri ac sibi karissimo G., Dei gratia episcopo Agennensi, Alfonsus, *etc.*, salutem et sincere dilectionis affectum. Cum homines terre nostre, prelati, capitula, religiosi, barones, milites et alii pro suis hominibus dare promiserint nobis focagium in subsidium Terre sancte, nosque senescallis nostris mandaverimus ut dictum focagium levent secundum formam contentam in quadam cedula, sub contrasigillo nostro interclusa, quam eis mittimus per dilectum et fidelem clericum nostrum Guillelmum de Plesseio, quem alias ad terram nostram misimus et adhuc mittimus ut sciat et videat qualiter et sub qua forma levabitur focagium supradictum, paternitatem vestram, de qua plurimum confidimus, rogandam duximus ex affectu, quatinus senescallo nostro Agennensi et dicto clerico ad levandum dictum focagium, cum ab eis vel eorum altero requisiti fueritis, vestrum consilium et auxilium impendatis, tantum super hoc facientes quod, mediante vestra industria, dictum negocium bonum sorciatur effectum et vobis exinde debeamus merito scire gratum.

Sub eadem forma scripsit dominus comes aliis episcopis. — Item abbati Moysiacensi et abbati Conchensi scripsit dominus comes sub eadem forma, excepta salutatione.

1967

[Circa 1261.] — VICECOMITI LEOMANIE PRO DOMINO COMITE PICTAVIE.

Alfonsus, *etc.*, dilecto et fideli suo vicecomiti Leomanie, salutem et sinceram dilectionem. Cum homines terre nostre, prelati, capitula, religiosi, barones, milites et alii pro suis hominibus dare promiserint nobis focagium et vos similiter in subsidium Terre sancte, nosque senescallis nostris mandaverimus ut levent dictum focagium, vos requirimus et rogamus quatinus senescallo nostro Agennensi ad levandum dictum focagium ab hominibus terre vestre, cum vos requisierit super hoc, vestrum consilium et auxilium impendatis, tantum super hoc facientes quod vobis propter hoc debeamus merito scire gratum.

Aliis baronibus scripsit dominus comes sub eadem forma.

Littere misse illa vice illis qui sequuntur, pro focagio : Senescallo Agennensi, — senescallo Tholosano, — senescallo Ruthenensi, — senescallo Venaissini, — episcopo Agennensi, — episcopo Tholosano, — episcopo Ruthinensi, — episcopo Carpentoratensi, — episcopo Cavellionensi, — episcopo Vaisionensi, — Sycardo Alemanni, — Poncio Astoaudi, — vicario Tholosano, — comiti Convennarum, — comiti Ruthenensi, — vicecomiti Leomanie, — Gastoni de Gontaut, — Guillelmo Ferreoli, — Amenevo de Lebreto, — Odoni de Leomania, — Jordano de Insula, — preposito Tholosano, — Guidoni de Severaco, — Begoni de Calvomonte, — Deodato Barras, — Barrallo de Bauceio, — abbati Moisiacensi, — abbati Conchensi, — magistro Stephano de Biterri, — Johanni de Malleriis.

Édité dans *Hist. de Languedoc* (nouv. édit.), VIII, col. 1490.

1968

[Vers 1261. — INSTRUCTION AUX SÉNÉCHAUX POUR LA LEVÉE DU FOUAGE.]

Li seneschal, chaucuns en sa seneschauciée, et ceus que mesires li cuens i envoiera iront en tele maniere avant.

Premierement il vendront en une des villes monseigneur le conte, et meesmement en cele que il cuideront qui plus volentiers face la volenté monseigneur le conte, et quant il seront en la vile, li seneschaus fera venir devant lui xii des homes de la ville, ou plus ou moins selonc ce que la ville sera, et leur dira de par monseigneur le conte, que puis que mesire li cuens fu sires de la terre, il les a tenuz empés et gardez, et que il ne n'a eu ne questes ne dons ne bontez fors ses rentes qui li sont deue, et a toujors commandé à ses seneschaus qu'i les gardassent et traitassent debonairement et faissent traitier et rendissent droit à chaucun loiaument et debonairement. Et leur dira li seneschaus que li rois de France, puis que il vint d'outremer, a eu aides granz en deniers de ses villes de leur volenté et de grace, et l'a faite lever par ii foiz ou par iii par homes jurez de chauchune ville, si comme de Paris et de ses autres villes. Et li rois de Navare et li cuens d'Anjou et la contesse de Flandres et li dus de Borgoigne et li cuens de Nevers aussin de leur terres ont eu aides granz en deniers. Et por ce il est avis à monseigneur le conte et à bones genz, que li home de sa terre li deivent rendre debonairement ce que il li ont promis. Si lor prie et requiert que ceste chose acomplissent si bien et si cortoisement, que il lor en sache gré. Et lors après lor dira li seneschaus que il regardent et eslisent x ou xii des homes de la ville ou plus ou moins, selonc ce que il verront que bien sera, et qui miauz sachent et connoissent la povreté et la richesce de chascun des homes de la ville en moebles et en non moebles, et leur feront jurer seur sainz que il asserront bien et loiaument à leur escient seur chaucune persone, selonc ce que elle sera, une some certaine de deniers et feront metre en escrit ce que chaucuns en devra por sa persone. Et puis feront une some de tout ensemble de la ville, en tele maniere que il en aient un escrit et li seneschaus un autre et cil que mesires li cuens i envoiera un autre semblables et la feront lever quant elle sera escrite, si que toute la some des deniers soit bailliée au seneschal ou à son commandemen, selonc ce que elle sera bailliée aus homes de la ville en escrit, et se il ont mestier d'eide por lever, li seneschaus lor assenera certain home, qui lor aidera toutes foiz que il en sera requis. Et en ceste maniere le fait fere li rois de France en ses villes, quant elles li font aides. Et ainsin quant il auront achevé en une ville et en son bailliage, si aillent en chaucune des autres villes monseigneur le conte et en leur bailliage, tant que tote la besoigne soit achevée en ceste maniere. Et es villes des barons, des chevaliers et des prelaz et des yglises et des religieus, en ceste maniere meimes aillent avant, apelez les seigneurs de chaucune des villes. Et se il voient que au tans le conte Raymon fut alé avant en autre maniere et qui miauz pleust au gens du païs por tel chose lever, si alassent avant en cele maniere, en tele maniere toutes voies que mesires li coens eust les somes de chaucune ville, selonc ce qu'il est contenu en ses escriz, qui ont esté fait por ceste chose ou selonc ce que il verront que raisons seroit. Et de toutes ces choses qui seront faites, rendent li seneschal certain monseigneur le conte au plus tot que il porront par leur letres. Et se les bones villes monseigneur le conte vouloient donner une somme de deniers en leu de foage, qui ne fust pas mout meneur du foage, et que li commun des villes et li baron et li prelat et li autre seigneur en leur villes s'i acordassent, il pleroit bien à monseigneur le conte qu'i fust fet es villes qui à ce s'acorderoient, et en celles qui à ce ne s'acorderoient fust levez li foages si com il a esté promis.

Édité par Boutaric, *Alfonse de Poitiers*, p. 297-299, et dans *Hist. de Languedoc* (nouv. édit.), VIII, col. 1493-1494.

1969

(Fol. 15.) 7 dec. 1261. — SENESCALLO AGENNENSI ET CATURCENSI PRO DOMINO COMITE.

Alfonsus, *etc.*, senescallo Agenensi, *etc.* Cum vobis alias miserimus

QUATRIEME REGISTRE.

formam assedendi et levandi focagium, ad majorem tamen certitudinem et expeditionem dicti negocii eandem formam vobis iterato duximus transmitendam, mandantes vobis quatinus juxta predicte forme tenorem predictum focagium levari faciatis, predictamque formam venerabili patri episcopo Agennensi ostendatis, ut per ipsius prudenciam et vestram curam et diligenciam predictum negocium melius possit et liberius expediri. Verumtamen scire vos volumus quod, quando gentes nostre, quas ad partes illas pro predicto focagio levando destinavimus, certi fuerint et securi de habendo focagio supradicto, et quantum quelibet villa et parrochia sigillatim debebunt solvere de focagio memorato, bene volumus et nobis placet ut predictum focagium sub certis terminis reddatur nobis et levetur, videlicet quarta pars ad instantem ascensionem Domini, alia quarta pars ad subsequens festum Omnium sanctorum, alia vero quarta pars ad aliam sequentem ascensionem Domini et ultima quarta pars ad aliud subsequens festum Omnium sanctorum, ita quod ad ultimum terminum omne focagium integraliter habeatur et perfecte. Volumus enim in hac parte providere gravamini terre nostre, quoniam, si dictum focagium ad presens levaretur, plurimi forsan de terra nostra in solutione dicti focagii gravarentur. Si vero aliqua de rebus predictorum hominum occasione dicti focagii capta fuerint, vos ea reddi faciatis, dum tamen certi sitis bene et securi de habendo focagio ad terminos supradictos, in hiis et aliis terre nostre negociis ita curiose et fideliter vos habentes, quod a nobis propter hoc debeatis merito commendari. Quid autem de predictis factum fuerit, nos in scriptis quam cito poteritis certificare curetis. Datum anno Domini M° CC° LX° primo, die mercurii post festum beati Nicholai hyemalis.

Eodem modo scripsit dominus comes Guillelmo de Plesseio et Salomoni, clericis, apud Longumpontem.

<small>Édité dans *Hist. de Languedoc* (nouv. édit.), VIII, col. 1488-1489.</small>

1970

7 dec. 1261. — EPISCOPO AGENENSI PRO DOMINO COMITE [CIRCA FOCAGIUM].

Venerabili in Christo patri et sibi karissimo G., Dei gratia Agennensi episcopo, Alfonsus, *etc.*, salutem et sincere dilectionis affectum. Cum, sicut scitis, crucis simus karactere insigniti et bene sit neccesse ut in multis et variis nos provideamus antequam agrediamur tantam viam, cum propter hujusmodi negotium maximas expensas oporteat nos subire et maxime quia Terra sancta plus solito ad presens celeri sucursu indigeat, paternitatem vestram et dilectionem exoramus quatinus curam et operam diligentem velitis apponere ad hoc quod focagium nobis reddatur, prout promissum extitit, et levetur. Verum, cum formam assedendi et levandi focagium predictum per gentes nostras ad partes nostras alias miserimus in scriptis, quam, sicut credimus, pluries vidisse potuistis, iterato tamen eamdem formam senescallo nostro Agenensi mittimus, quam volumus ut diligenter videatis, ita quod per vestram circonspectam providentiam predictum negocium possit melius et liberius expediri. Paternitatem vestram insuper scire volumus quod, quando gentes nostre, quas ad partes illas pro predicto negocio destinamus, certi erunt et securi de habendo focagio supradicto, et quantum quelibet villa et parrochia debebunt solvere pro focagio memorato, bene volumus et nobis placet ut predictum focagium sub certis terminis reddatur et levetur, videlicet quarta pars ad instantem ascensionem Domini, alia quarta pars ad sequens festum Omnium sanctorum, alia vero quarta pars ad aliam sequentem ascensionem Domini, et ultima quarta pars ad aliud subsequens festum Omnium sanctorum, ita quod ad ultimum terminum omne focagium integraliter habeatur et perfecte, volentes in hac parte providere gravamini terre nostre, quoniam si dictum focagium ad presens levaretur, plurimi forsan de terra nostra in solutione dicti focagii non modicum gravarentur. Datum anno Domini M° CC° LX° primo, die mercurii post festum sancti Nicholai hyemalis.

1971

[Dec. 1261.] — SENESCALLO AGENNENSI PRO DOMINO COMITE PICTAVIE.

Alfonsus, *etc.*, senescallo Agennensi et Caturcensi, *etc.* Cum formam assedendi et levandi focagium vobis alias in scriptis miserimus, sicut recolimus, super quo focagio parum aut nichil per vos hactenus extitit expeditum, vobis eamdem formam iterato duximus transmittendam presentibus interclusam, ita quod per vestram sollicitudinem et diligenciam possit melius et diligencius expediri. Significantes vobis quod cum vos et gentes nostre, quas ad partes vestras destinavimus pro eodem negocio expediendo, certi erunt et securi de habendo focagio supradicto et quantum quelibet villa nobis solvere debebit de focagio supradicto, bene volumus et nobis placet ob reverenciam et amorem venerabilis patris episcopi Agennensis, qui per suas litteras super hoc nos rogavit, et propter dilectionem hominum nostrorum, quod quarta pars focagii, que debebat levari ad instantem ascensionem Domini, ita prorogetur ad levandum, videlicet quod prima quarta pars ad sequens festum Omnium sanctorum anno LX° secundo reddatur et levetur, alia quarta pars ad ascensionem Domini sequentem, alia quarta pars ad aliud sequens festum Omnium sanctorum et ultima quarta pars ad ascensionem Domini sequentem, ita quod ad ultimum terminum omne focagium integraliter habeatur et perfecte. Scire vos volentes quod eamdem formam quam vobis mittimus, destinavimus episcopo memorato et Salomoni et Guillelmo, clericis nostris. Et cum intellexerimus per eundem episcopum quod plures homines, de illis qui fuerunt computati, sint mortui, nichil in possessionibus nec in aliis habentes, bene volumus ut ipsi redigantur in scriptis et quod illis cedat secundum quod debebit. Et super predictis adimplendis sitis taliter curiosus et intentus, quod vestra sollicitudine mediante dictum focagium reddatur et levetur integraliter ad terminos supradictos.

Similis littera directa fuit Salomoni et Guillelmo de Plesseio, clericis, de Feritate justa Stampas [1].

[1] La Ferté-Alais, Seine-et-Oise.

1972

[1261:] — EPISCOPO AGENENSI PRO DOMINO COMITE PICTAVIE.

Venerabili in Christo patri ac sibi karissimo G., Dei gratia episcopo Agenensi, Alfonsus, *etc.*, salutem et sincere dilectionis affectum. Litteras vestras quas nobis misistis super negocio focagii a gentibus terre nostre nobis promissi recepimus et earum tenorem intelleximus diligenter. Super eo autem quod homines terre nostre concordant et bene volunt quod focagium nobis reddatur eodem modo quo intelligebamus, scimus eisdem hominibus super hoc bonum gratum. Verum cum forma assedendi et levandi focagium predictum per nostras gentes ad partes vestras alias miserimus in scriptis, quam sicut credimus pluries vidisse potuistis, iterato tamen eamdem formam vobis mittimus presentibus interclusam, ita quod per vestram providenciam predictum negocium melius possit et diligencius expediri. Paternitatem vestram scire volentes, quod quando gentes nostre, quas ad partes vestras destinavimus, certi erunt et securi de habendo focagio supradicto, et quantum quelibet villa et parrochia solvere debebunt de focagio supradicto, bene volumus et nobis placet ob vestram reverenciam et amorem et maxime quia in vestris litteris super hoc nos rogastis, quod quarta pars focagii que debebat levari ad instantem ascensionem Domini ita prorogetur ad levandum, videlicet quod prima quarta pars ad sequens festum Omnium sanctorum anno LX° secundo levetur et reddatur, alia quarta pars ad ascensionem Domini sequentem, alia quarta pars ad sequens festum Omnium sanctorum, et ultima quarta pars ad ascensionem Domini sequentem, ita quod ad ultimum terminum omne focagium integraliter habeatur et perfecte. Verum cum per vestras litteras intellexerimus quod de illis hominibus, qui fuerunt computati, sint plures mortui nichil habentes in possessionibus nec in aliis, bene volumus ut ipsi redigantur in scriptis, et de illis cedat secundum quod debebit. Sane cum, sicut scitis, crucis simus caractere insigniti ac nobis sit neccesse ut in multis et variis rebus, antequam aggrediamur tantam viam, nos prevideamus, cum propter hujusmodi negocium maximas expensas et innumerabiles oporteat nos subire, vosque similiter scitis quod negocium dicti focagii magis sit retardatum quam non esset necesse, paternitatem vestram rogandam duximus ex affectu quatinus curam et operam diligentem velitis apponere, ad hoc quod focagium nobis reddatur integraliter ad terminos superius nominatos. Et si forte gentes terre nostre super suis bonis libertatibus et costumis dubitaverint, ne eis in posterum prejudicium generetur, ostendatis eis duo paria litterarum nostrarum patencium quas habetis, si videritis expedire, de quibus transcriptum vobis mittimus verbo ad verbum, presentibus interclusum. Nos enim non intelleximus quod dictis hominibus nostris nullum super hoc futuris temporibus prejudicium generetur. Et quid super premissis factum fuerit, nobis per vestras litteras significetis, cum nunciorum vobis obtulerit se facultas.

1973

[1261.] — SENESCALLO AGENENSI PRO DOMINO COMITE PICTAVIE.

Alfonsus, *etc.*, senescallo Agenensi et Caturcensi, *etc.* Cum nos semel et secundo et tercio vobis mandaverimus, sicut recolimus, [ut], vocatis vobiscum Guillelmo de Plesseio et Salomone, clericis nostris, assederetis focagium apud Agennum, prout nobis fuit promissum, secundum quod continebatur in quadam cedula quam vobis misimus nostris presentibus interclusam, ac illud focagium levaretis ad terminos in eisdem litteris prefixos, et super hoc nichil per vos hactenus factum fuerit, sed per vestram negligenciam fuerit dictum negocium, ut intelleximus, retardatum, super quo miramur non modicum ac nobis plurimum displicet, iterato vobis mandamus districte precipientes, quatinus memoratum focagium, sicut nobis fuit promissum in Agennesio et Caturcinio absque dilacione assedeatis, secundum quod continetur [1] [in littera] vobis missa, illudque levetis seu levari faciatis per homines

---

[1] La suite de l'acte est au folio 20 recto.

villarum ad terminos litteris nostris contentos, prout in eisdem videritis contineri, et hoc nullatenus dimitatis. Scire vos volentes quod, si mandatum nostrum non adimpleveritis in hac parte, ut superius est expressum, talem propter deffectum vestrum ad partes illas destinabimus, qui dictum negocium ducet, si possimus, ad effectum. Mandamus vobis insuper ut predictis clericis nostris sua gagia persolvatis, et hoc non dimittatis.

1974

(Fol. 20.) [1261.] — SENESCALLO AGENENSI PRO DOMINO COMITE PICTAVIE.

Alfonsus, *etc.*, senescallo Agenensi et Caturcensi, *etc.* Mandamus vobis quatinus personaliter accedatis ad dilectum et fidelem nostrum Sycardum Alemanni, et ab eodem et aliis addiscatis quantum quelibet villa de Agenno [et] Agenesio, de Tholosa et comitatu Tholose, de Ruthinensi et Albigesio promisit seu dedit bone memorie quondam comiti Tholose pro passagio transmarino. De quibus unum scriptum retineatis, Guillelmus et Salomon aliud, et unum nobis mittatis. Quibus receptis et diligenter inspectis, una cum eisdem Sycardo, Guillelmo et Salomone inspiciatis fideliter et prudenter, utrum summa promissa predicto comiti Raimundo magis vel minus excederet quam focagium, si levaretur sicut nobis fuit promissum, et utrum multum essemus dampnificati, si promissum levaremus, ut fuit promissa Raimundo, quondam comiti Tholose, et utrum magis placeret hominibus terre nostre ista via de promissa levanda a bonis villis, quam si focagium levaretur. Quibus diligenter inspectis una cum Sycardo, Salomone et Guillelmo, et omnibus aliis circonstanciis que sunt in talibus attendende, vestrum et predictorum consilium, et quid super hoc magis consulitis nos facturos, et quantum quelibet villa nobis daret, nobis in scriptis quam cicius poteritis transmittatis, ut, audito vestro et ipsorum consilio, tucius inde voluntatem nostram facere valeamus. Et volumus quod vos propter hoc non dimittatis quin procedatis in negocio focagii, prout vobis damus in mandatis.

QUATRIÈME REGISTRE.

Similis littera missa fuit Salomoni et Guillelmo de Plesseio, clericis, quod ipsi personaliter accederent ad dominum Sycardum.

Édité dans *Hist. de Languedoc* (nouv. édit.), VIII, col. 1491.

1975

[1261.] — DOMINO SYCARDO ALEMANNI PRO DOMINO COMITE PICTAVIE.

Alfonsus, *etc.*, dilecto et fideli suo Sycardo Alemanni, militi, salutem et sinceram dilectionem. Mandamus vobis quatinus, vocatis vobiscum senescallo nostro Agennensi et Salomone et Guillelmo, clericis nostris, inspiciatis diligenter ea que promissa fuerunt comiti Raimundo pro passagio transmarino et quantum quelibet villa promisit, summasque singularum villarum in scriptis redigi faciatis, inspicientes attente si predicte summe promissorum excedant ea que predicte ville ratione focagii nobis solvere tenentur, vel quantum minus promissiones predicte valerent quam focagium supradictum. Tractatum insuper habeatis, si melius esset nobis recipere promissiones quam focagium supradictum et si melius placeret gentibus terre nostre. Hiis autem omnibus inspectis diligenter et tractatis, consilium vestrum nobis quancito poteritis per vestras litteras significare curetis. Mittatis eciam in scriptis omnes summas et partes quarumlibet villarum promissionum ac similiter focagii supradicti, easdem partes et summas senescallo Agennensi tradentes et clericis supradictis, ut visis partibus et summis tam promissionum quam focagii habitoque vestro consilio, viam nobis et terre nostre meliorem et utiliorem eligere valeamus in predictis.

1976

[1261 vel 1262.] — SENESCALLO AGENNENSI PRO DOMINO COMITE PICTAVIE.

Alfonsus, *etc.*, senescallo Agennensi et Caturcensi, *etc.* Litteras vestras, quas nobis misistis per Johannem de Espieriis, recepimus et earum tenorem inspeximus diligenter, significantes vobis quod nos dilectos et fideles clericos nostros magistrum Radulphum de Gonessia, thesaurarium Pictavensem, et subdecanum ecclesie Beati Martini Turonensis mittimus apud Amilliavum [1], ita quod intererunt ibi die lune post festum sancti Michaelis, pro hiis que continentur in vestris litteris et pro aliis negociis nostris ibidem expediendis. Unde vobis mandamus quatinus apud Amilliavum dicta die personaliter intersitis, ostensuri eisdem negocia nostra vestre senescalcie et consilium habituri cum eisdem qualiter in eisdem negociis procedetis, mandantes vobis ut in bono et fideli regimine terre nostre et in omnibus articulis vobis a nobis traditis fideliter expediendis sitis curiosus et intentus, et in omnibus aliis faciendis que nobis et terre nostre sciveritis profutura. Mandamus vobis insuper et districte precipimus ut omnes denarios quos nobis debetis de fine compoti vestri sine dilatione perquiratis et levetis, et eosdem nobis mittatis quamcito poteritis, per bonum nuncium et securum. In hiis et in aliis nostris negociis fideliter promovendis sitis taliter curiosus et intentus, quod sollicitudinem vestram possimus merito commendare, nosque vobis propter hoc debeamus scire gratum. Datum apud Orsonville [2].

1977

[1261 vel 1262 [3].] — SALOMONI ET GUILLELMO DE PLESSEIO PRO DOMINO COMITE.

Alfonsus, *etc.*, dilectis et fidelibus clericis suis Salomoni et Guillelmo de Plesseio, salutem et dilectionem. Litteras vestras, quas nobis misistis per Johannem de Espieriis, recepimus et earum tenorem pleno collegimus intellectu, significantes vobis quod nos dilectos et fideles clericos nostros magistros Radulphum de Gonessia, thesaurarium Pictavensem, et Egidium de Bonavalle, subdecanum Beati Martini Turonensis, apud Amilliavum destinamus pro negocio focagii nobis promissi et pro aliis nostris negociis ibidem expediendis. Unde vobis mandamus quatinus apud Amilliavum die lune post festum sancti Michaelis personaliter intersitis, ostensuri negocia focagii promissi et habituri consilium cum eisdem missis qualiter in eodem negocio procedere debeatis.

[1] Millau, Aveyron. — [2] Probablement Orsonville, Seine-et-Oise, cant. Dourdan. — [3] Cette pièce est du même temps que la précédente.

In hiis et in aliis negociis nostris fideliter promovendis sitis curiosi et intenti, ita quod sollicitudinem vestram possimus merito commendare et nos vobis propter hoc debeamus scire grates.

1978

[Vers 1261 ou 1262.] — AU SENESCHAL D'AGENOIS ET DE CAHORS POR LE FOAGE.

Alfons, fiuz de roi de France, coens de Poitiers et de Tholose, à son amé et son feel, au seneschal d'Agens et de Cahors, saluz et amor. Com nos aiens entendu par voz letres que cil d'Agiens nos veulent donner M et v^e lib. tur. en leu de foage, et cil du Port Sainte Marie v^e autresi en leu de foage, nos vos fesonz asavoir que il nos plest bien, mes que ce faciez par le conseil l'esvesque d'Agiens et de mestre Huede de la Montonere et d'autres prodes homes. Et sachiez, que com nos vos aions pluseurs foiees envoié noz letres et certaine forme de lever le foage, nos nos merveillons mout de ce que vos n'avez pas fet ce que nos vos avons mandé pluseurs foiz par nos letres et selonc la forme devant dite. Et sachiez que nos le portons grief, car il nos semble que ce soit par grant negligence que la chose est tant porloigniée. Et por ce nos vos mandons et commandons estroitement que vos faciez que cil foages soit levez, si com il fu promis, ou se ce non, nos ne nos tendrons pas bien apaié de vos. Et se li baron et les villes contredient que vos aiez les nons de chaucune persone et combien elle donra, soffrez vos du savoir les nons et combien chaucune persone donrra quant à ores, et aiez par devers vos les somes en escrit, combien chaucune ville et chaucune parroche donrra du dit foage. Et li prodome des villes les aient autresi en escrit, et Guillaumes et Salemon les aient ausin en escrit, et soit li diz foages levez par les prodes homes des villes et des parroches, et vos soit bailliez ou à vostre commandement. Et ne lessiez pas que vos ne recevez par la main des prodes homes des villes la some que il reconnoistront et par bon tesmoi[n]g et par escrit, et du remanant qui faudra aprés ce aurons conseil. Et se il avoit descort par aventure entres les homes d'aucune des villes et des parroches de lever le foage, si comme il ont promis, vos, selonc le conseil l'esvesque d'Agien et de mestre Huede de la Montoniere et de mestre Estiene de Bediers et d'autres prodes homes, faciez qu'i soit levé ou par souz ou par livre ou en autre meillor maniere, selonc ce que il sera plus porfitablement et plus loiaument levé. Et sachiez que nos avons retenu le transcrit de ces letres par devers nos, por savoir comment vos le ferez, et que vos le faciez si com nos vos mandons, et retenez ausi le transcrit por fere ceste chose en la maniere que nos vos mandons.

<small>Édité par Boutaric, Alfonse de Poitiers, p. 303-304, et dans Hist. de Languedoc (nouv. édit.), VIII, col. 1491-1492.</small>

1979

[1261 vel 1262.] — *Transcriptum littere precedentis missum fuit episcopo Agennensi, verbo ad verbum interclusum litteris que subsecuntur sic :*

Venerabili in Christo patri et sibi karissimo G., Dei gratia episcopo Agennensi, Alfonsus, *etc.*, salutem et sincere dilectionis affectum. Significamus vobis quod nos transcriptum litterarum quas senescallo nostro Agennensi et Caturcensi direximus super focagii (*sic*) levando, vobis mittimus presentibus interclusum, dilectionem vestram rogantes quatinus in predicto focagio levando et ad finem ducendo omnem curam et diligenciam quam poteritis secundum Deum adhibere curetis, ita quod idem focagium levetur meliori modo et saniori, et prout melius secundum Deum videritis expedire.

1980

(Fol. 21.) 25 mart. [1263]. — GASTONI, VICECOMITI BEARNENSI, [SUPER GUERRA CUM COMITE CONVENARUM [1]].

Alfonsus, *etc.*, nobili viro Gastoni, vicecomiti Bearnensi, salutem et dilectionem sinceram. Attendentes quod ex guerra quam habetis in

---

[1] Sur la date de cette lettre, voir Boutaric, p. 100.

partibus vestris cum dilecto et fideli nostro B., comite Convennarum, et suis complicibus multa discrimina oriuntur, Deus offenditur, partes principales que guerram faciunt non modicum gravantur, pauperes destruuntur, unde principaliter propter servicium Dei, secundario pro bono pacis disposuimus interponere partes nostras ad tractandum de pace vel saltim de treuga, si pax non posset ita de facili consummari, et dictum tractatum commisimus dilectis et fidelibus nostris senescallo Tholose, magistro Odoni de Montoneria, clerico nostro, et Poncio Astoaudi vel alteri ipsorum, qui super predictis vobiscum et cum adversariis vestris habebunt colloquium et tractatum. Hinc est quod discrecionem vestram rogamus quatinus ad reformacionem pacis condescendatis tractatui et monicionibus predictorum, cum hoc possit ad vestrum et vestrorum terrarumque cedere commodum et honorem. Datum apud Hospitale juxta Corbolium, dominica in Ramis palmarum.

Similis littera missa fuit domino Geraudo de Armeniaco. — Similis littera missa fuit B., comiti Convennarum, mutatis nominibus.

1981

25 mart. [1263]. — PRO COMITE CONVENNARUM ET VICECOMITE BEARNENSI.

Alfonsus, *etc.*, P. de Landrevilla, militi, senescallo Tholose et Albiensis, *etc.* Attendentes quod ex guerra que est inter nobiles viros G., vicecomitem Bearnensem, et Geraudum, comitem de Armeniaco, et dilectum et fidelem nostrum B., comitem Convennarum, et eorum complices, multa discrimina oriuntur, Deus offenditur, partes principales que guerram faciunt non modicum gravantur, pauperes destruuntur, unde principaliter propter servicium Dei, secundario pro bono terre disposuimus interponere partes nostras ad tractandum de pace vel saltim de treuga, si pax non posset ita de facili consummari. Propter quod vobis mandamus quatinus, vocatis vobiscum dilectis et fidelibus nostris magistro Odone de Montoneria, clerico nostro, et Poncio Astoaudi, vel altero ipsorum, predictis nobilibus et aliis qui neccessarii fuerint super pacis confirmacione seu treuga inter ipsos facienda habeatis colloquium et tractatum, ad pacem seu treugam inter ipsos faciendam sicut diligencius poteritis inducentes. Et si forsan tractatum vestrum effectu carere contingat, processum habitum et per quos steterit treuga vel pax facta non fuerit, nobis per vestras litteras intimetis. Datum in Ramis palmarum.

Similis littera missa fuit magistro Odoni de Montoneria, mutatis nominibus. — Similis littera missa fuit Poncio Astoaudi, mutatis nominibus.

1982

25 mart. [1263]. — SENESCALLO THOLOSE PRO DOMINO COMITE PICTAVIE.

Alfonsus, etc., dilecto et fideli suo P. de Landrevilla, militi, senescallo Tholose et Albiensis, salutem et dilectionem. Mandamus vobis quatinus illis qui sunt de nostra jurisdictione sub capcione bonorum et corporum districte inhibeatis, ne ipsi in auxilio alicujus terram nostram seu feoda nostra cum armis intrare presumant pro maleficiis perpetrandis, et si aliquos dictam terram nostram seu feoda nostra contra dictam inhibicionem cum armis intrare contingat, ipsos puniatis prout de jure fuerint puniendi, requirentes dilectos et fideles nostros Philippum de Villafaverosa, senescallum Agennensem et Caturcensem, senescallum Ruthinensem et vicarium Tholose, ut ipsi, quocienscumque opus fuerit, vobis suum prestent consilium et juvamen, et vos ipsis similiter vestrum prebeatis consilium et auxilium, quocienscumque opus fuerit et ab ipsis fueritis requisitus, scituri quod istud idem mandavimus supradictis. Inhibeatis eciam nobilibus viris Gastoni, vicecomiti Bearnensi, et Geraudo, comiti de Armeniaco, ne in terram nostram seu feoda nostra intrare presumant cum armis pro maleficiis perpetrandis, cum parati simus eisdem, et cuilibet conquerenti de nostris hominibus de hiis que ad nostram spectant jurisdicionem maturam justiciam exhibere. Data in Ramis palmarum, apud Hospitale.

Similis littera missa fuit senescallo Agennensi et Caturcensi, excepta ultima clausula : *Inhibentes*, etc. — Similis littera missa fuit senescallo Ruthinensi. — Similis littera missa fuit vicario Tholose.

1983

15 jun. [1263]. — SENESCALLO THOLOSE PRO COMITE CONVENNARUM.

Alfonsus, *etc.*, dilecto et fideli suo Petro de Landrevilla, senescallo Tholose, salutem et dilectionem sinceram. Cum dilectus et fidelis noster comes Convennarum per suas litteras nobis significaverit, et vos per vestras, quod nobilis vir Gasto de Bearnio et complices sui et fauctores cum magno exercitu, ut a fide dignis didicit, velit intrare et invadere terram suam, quam tenetis ad manum vestram ad instanciam dicti comitis, mandamus vobis quatinus, collectis calvacatis seneschallie vestre et aliorum seneschallorum nostrorum Agennensis et Ruthinensis, vicarie necnon et civitatis Tholose, quibus litteras nostras super hoc destinamus ut vobis prestent auxilium, cum a vobis fuerint requisiti, ad deffendendum predictam terram contra quoslibet invasores viriliter vos paretis, eandem deffendentes sicut nostrum decet honorem, facta protestacione de reddendis nobis missionibus et expensis quas nos facere contigerit pro deffendendis feudis et terra dicti comitis, quam tenetis in manu vestra ad instanciam dicti comitis, si secundum cognicionem curie nostre vel de jure eas reddere teneatur. Datum apud Longumpontem, die veneris post festum sancti Barnabe apostoli.

1984

[1263.] — SENESCALLO AGENNENSI ET CATURCENSI PRO COMITE CONVENNARUM.

Alfonsus, *etc.*, dilecto et fideli suo senescallo Agennensi et Caturcensi, salutem et dilectionem. Cum dilectus et fidelis noster... comes Convennarum per suas litteras nobis significaverit quod nobilis vir Gasto de Bearno et complices sui cum magno exercitu, ut a fide dignis didicit, velit intrare terram suam et fidelis nostri Jordani, domini Insule, et aliorum, quas senescallus noster Tholose tenet in manu sua ad instanciam eorumdem, mandamus vobis quatinus ad requisicionem dilecti et fidelis nostri senescalli Tholose, collectis calvacatis seneschallie vestre, predictam terram, sicut nostrum decet honorem, viriliter deffendatis, inhibentes illis qui sunt de seneschallia vestra, sub pena corporum et rerum, ne ipsi in auxilio alicujus terram nostram seu feoda nostra cum armis intrare presumant pro maleficiis perpetrandis. Et si aliquos terram nostram seu feoda nostra contra dictam inhibicionem cum armis intrare contingat, ipsos puniatis prout de jure fuerint puniendi.

Similis littera missa fuit senescallo Ruthinensi. — Item similis littera missa fuit vicario Tholose.

1985

[1263.] — CONSULIBUS ET UNIVERSITATI THOLOSE PRO COMITE CONVENNARUM.

Alfonsus, *etc.*, dilectis et fidelibus suis consulibus et universitati Tholose, salutem et dilectionem sinceram. Cum dilectus et fidelis noster comes Convennarum per suas litteras nobis significaverit quod nobilis vir Gasto de Bearno et complices sui cum magno exercitu, ut a fide dignis didicit, velit intrare terram suam et fidelis nostri Jordani, domini Insule, et aliorum, quas habet in manu sua senescallus Tholose, quas nos deffendere volumus, ut debemus, fidelitatem vestram requirimus ex affectu quatinus ad requisicionem dilectorum et fidelium nostrorum senescalli Tholose et vicarii, cum calvacatis ville Tholose terras predictas una cum senescallo nostro vel vicario, sicut nostrum decet honorem, deffendatis viriliter et potenter quociens ab altero eorum super hoc fueritis requisiti, taliter super hiis vos habentes quod fidelitatis vestre devocionem debeamus merito commendare.

1986

16 jun. [1263]. — COMITI CONVENNARUM PRO DOMINO COMITE.

Alfonsus, *etc.*, nobili viro dilecto et fideli suo B., comiti Convennarum, salutem et sinceram dilectionem. Litterarum vestrarum seriem pleno colligimus (*sic*) intellectu, scire vos volentes quod juxta peticio-

nem vestram in eisdem contentam senescallo Tholose nostro dedimus
in mandatis, ut convocatis calvacatis sue seneschallie terram vestram
de nostro moventem feodo, quam idem senescallus de voluntate vestra
tenet in manu sua, contra quoscumque invasores deffendat viriliter et
potenter. Scripsimus etiam senescallis nostris Agennensi et Ruthinensi
necnon vicario et consulibus civitatis Tholose, ut in hac parte dicto
senescallo Tholose prestent auxilium et consilium opportuna, quando-
cumque ab eodem super hoc fuerint requisiti. Datum die sabbati post
festum sancti Barnabe apostoli, apud Longumpontem.

1987

(Fol. 22.) [Jun. 1263.] — DOMINO GASTONI DE BIARNO PRO DOMINO COMITE.

Alfonsus, *etc.*, nobili viro domino Gastoni, vicecomiti Bearnensi,
domino Castriveteris, salutem et dilectionem. Litterarum vestrarum
seriem intelleximus diligenter, ad quarum tenorem vobis taliter respondemus : pro certo scire vos volumus quod nullum contra justiciam
in errore suo fovere volumus nec alicui prestare auxilium vel favorem
modo indebito vel injusto, nec debet mirari vestra circonspectio si,
habito super hoc bonorum consilio, fideli nostro B., comiti Convennarum, in defendendis feudis nostris que tenet a nobis, non aliis inva-
dendis, impendimus consilium, auxilium et favorem, quia, requisiti
ab ipso super hoc, sibi deesse non possumus nec debemus, presertim
cum idem comes pluries se obtulerit et se offerat de hiis que tenet a
nobis coram nostra presencia absque ullo diffugio stare juri, et nos parati simus et fuerimus tam de ipso quam de vassallis nostris super illis
que tenent a nobis in feudum vobis et cuilibet alii conquerenti exhibere
celeris justicie complementum, sicut alias vobis duximus intimandum.
Unde juri vestro nos non opponimus nec vos impedimus quominus in
locis illis et terris, occasione quorum orta est contencio inter vos et
dictum comitem possitis vos deffendere, vindicare vel invadere, prout
videritis expedire, nec inhibemus aut unquam inhibuimus quin homines
tam de terra nostra quam aliunde vobis et dicto comiti, exceptis dum-

taxat nostris feudis, prestent auxilium et favorem quem viderint expedire. Sane, sicut alias vobis inhibuimus ne in nostris feudis intraretis, occasione maleficia perpetrandi, iterum inhibemus ne de cetero hostiliter ingredi attemptetis, quia nobis nec immerito plurimum displiceret et displicet de jam perpetratis per vos et vestros maleficiis, que requisitus noluistis hactenus emendare, quod grave gerimus et geremus quousque fuerint emendata.

1988

[Jun. 1263.] — REGINE FRANCORUM PRO DOMINO COMITE PICTAVENSI.

Excellentissime et karissime domine ac sorori sue, Margarite, Dei gracia Francorum regine illustrissime, Alfonsus, filius regis Francie, comes Pictavie et Tholose, salutem et cum dilectione fraterna paratam ad beneplacita voluntatem. Serenitatis vestre litteras nuper recepimus quarum tenorem pleno colegimus intellectu. Sane quia varia facti narracio nunnunquam perplexitatem et scrupulum generat in animo audientis, veritatem rei et processum negocii quod vertitur inter nobiles viros dominum Gastonem, vicecomitem Bearnensem, consanguineum vestrum, ex una parte, et fidelem nostrum B., comitem Convennarum, ex altera, quatenus ipsum nos tangit negocium, dominacioni vestre optamus sub compendio declarare. In primis itaque vos volumus non latere quod terra illa, castrum seu fortalicium, pro quibus dicti dominus Gasto et comes Convennarum sibi invicem adversantur et unde guerra inter ipsos mota traxit originem, de nostris non movent feudis seu retrofeudis, sed omnino separata sunt a juridiscione nostra, dominio et districtu, et in illis nullum prorsus prestamus auxilium, consilium vel favorem memorato comiti Convennarum, in deffendendo vel invadendo loca ipsa de quibus est contencio inter partes, nec ullum impedimentum fecimus aut facimus, nec facere proponimus, quominus prefatus consanguineus vester in illis locis et terris quorum occasione guerra sumpsit exordium possit se vindicare, deffendere vel invadere, et comes similiter, prout sibi viderint expedire, nec unquam inhibuimus aut inhiberi fecimus quominus uterque possit sibi amicos acquirere tam de terra nostra quam aliunde, qui in illis locis et terris eisdem prestent auxilium et favorem, illud solum attendentes ne in nostris feudis, de quibus nulla prorsus mota est contencio, aliqui manu armata attenptent malificia perpetrare. Unde non debet mirari vestra magnificencia si, premissis a nobis precibus, inhiberi fecimus dicto vicecomiti Bearnensi ne in hiis que de nostro movent feudo intret cum armis hostiliter, cum nec in toto nec in parte aliquid in nostris existat feudis propter quod orta est contencio inter ipsum et comitem memoratum, presertim cum nos semper parati simus et fuerimus cuilibet conquerenti de nostris hominibus exhibere celeris justicie complementum, et hoc dicto vicecomiti sepe dux[er]imus intimandum, et sepedictus comes se offerat et semper obtulerit coram nobis absque ullo diffugio stare juri. Unde, deliberato consilio, ad instanciam dicti comitis, cum sit homo noster ligius, in deffendendis nostris feudis que tenet a nobis, deesse non possumus nec debemus. Dictus vero vicecomes, contemptis precibus et spreta inhibicione, in nostrum prejudicium et jurisdicionis nostre non modicum detrimentum, feuda nostra cum armis aggressus est, ubi dampna dedit non modica et maleficia plurima perpetravit, que, licet requisitus tam per nuncios quam per litteras et a nobismetipsis ore proprio, nondum voluit emendare, quod nobis displicet nec immerito et displicebit quousque fuerint emendata. Avertat itaque celsitudinis vestre prudencia an propter hoc [nos] vel nostri dicto domino Gastoni de Bearno reputari injuriosi existere [debeamus], si duntaxat nostra feoda deffendendo, non alia invadendo, minus justo impetui suo necnon maleficiis perpetrandis, que adhuc minatur in nostris feudis se facturum, nimirum, prout licet, disposuimus obviare. Verum quia in vestris litteris de reformanda pace inter dictos nobiles fiebat mencio, procul dubio vobis constet quod nos litteras et nuncios misimus ad tractandum de pace inter ipsos specialiter deputatos, set, sicut nobis retulit aliquis nunciorum, vir utique fide dignus, dominus Gasto in nullo se prebuit favorabilem nec assignatis die et loco ad tractandum de reformacione pacis voluit comparere. Nichilominus tamen, ob reverenciam vestram et propter bonum pacis utque provideretur indempnitati pauperum agricollarum, *qui semper plectuntur quicquid delirent alii*, adhuc libenti animo ad reformacionem pacis curaremus interponere partes nostras, si sciremus probabiliter quod dominus Gasto vellet se in hac parte tractabilem exhibere. Consideratis itaque hiis que premissa sunt, videtur nobis et aliis quod vobis displicere deberet si dominus Gasto feuda nostra hostiliter cum armis ingredi attemptaret, et vos rogamus quod vobis displiceat de jam attemptatis illicite et si, quod absit, ipsum contingerit talia attemptare.

Édité par Boutaric, *Marguerite de Provence*, pp. 432-433
et *Alfonse de Poitiers*, pp. 102-103.

1989

25 jun. [1263]. — PRO COMITE CONVENNARUM.

Alfonsus, *etc.*, dilecto et fideli suo... senescallo Tholosano et Albiensi, salutem et dilectionem. Mandamus vobis quatinus, si vir nobilis comes Fuxiensis terram seu feoda nostra, que tenet a nobis nobilis vir et fidelis noster comes Convennarum, hostiliter cum armis intrare voluerit, dictam terram seu feoda, prout nostrum decet honorem, deffendatis, facta protestacione de reddendis nobis missionibus et expensis, si quas nos facere contigerit pro deffendendis dicta terra seu feodis dicti comitis, que tenet a nobis, si secundum cognicionem curie nostre vel de jure eas reddere teneatur. Datum apud Longumpontem, in crastino nativitatis beati Johannis Baptiste.

1990

24 jul. 1266. — ISTA LITTERA MISSA FUIT EX PARTE REGIS FRANCIE APUD FERROLIAS [1], ANNO DOMINI M° CC° LX° VI°, DIE JOVIS ANTE ASSUMPTIONEM BEATE MARIE [12 aug.].

Ludovicus, *etc.*, karissimo fratri et fideli suo Alfonso, comiti Pictavie et Tholose, salutem et fraterne dilectionis affectum. Cum vos terram

---

[1] Ferroles-Attilly, Seine-et-Marne, cant. Brie-Comte-Robert.

QUATRIÈME REGISTRE. 529

Armendi de Montelanardi, scutiferi, de mandato nostro saisiveritis, occasione injurie irrogate ab ipso apud Moysiacum dilecto et fideli nostro episcopo Caturcensi, ac de dicta injuria composuerit cum eodem, sicut audivimus, quam quidem composicionem minime potest adimplere, ut datur nobis intelligi, nisi prius recuperaverit terram suam quam tenetis sicut dicitur saisitam, mandamus vobis quatinus dictam terram suam restituatis eidem ad satisfaciendum episcopo memorato, nisi pro alia justa causa teneatis eandem. Datum in abbatia Pontigniacensi[1], die sabbati post festum beate Marie Magdalene.

1991

(Fol. 16.) 22 dec. [1262]. — [FRAGMENTUM LITTERARUM AB ALFONSO REGI FRANCORUM DIRECTARUM.]

... mandato quod in vestris continebatur litteris supradictis ad presens supersedere velitis, cum nobis videatur quod honori nostro prejudicet si per alium quam per nos ad dictorum injuriatorum captionem et premissarum injuriarum emendationem procedatur, maxime de personis que de nostra jurisdicione consistunt, cum super predictis non fuerimus nec fore proponimus negligentes, tantum inde facientes, si placet, quod honori nostro in hac parte minime derogetur. Sane nobis placet, si vestre dominacioni placuerit, quod dicti nuncii vestri vel alii ex parte vestra ad partes Moysiacenses accedant, ut videant quomodo procedet et terminabitur per nostros inquisicio supradicta. Et si defectus fuerit, quod absit, volumus quod ad vestrum beneplacitum emendetur. Supplicamus eciam vobis ex affectu, ut non faciatis vim in modici temporis intervallo, serenitatem vestram rogantes quatinus ex officio vestro inquiri faciatis, si placet, de injuriis, dampnis ac novitatibus, que nobis et hominibus nostris per se et suos infert episcopus memoratus, et circa premissa vobis ex parte nostra plenius explananda fidem adhibere velitis dilecto et fideli clerico nostro, magistro Guil-

---

[1] Pontigny, Yonne, cant. Ligny-le-Châtel.

lelmo de Vallegrignosa, archidiacono Dunensi in ecclesia Carnotensi. Data Parisius, die veneris ante nativitatem Domini.

1992
6 jan. 1263. — PRO EPISCOPO CATURCENSI.

Ludovicus, *etc.*, karissimo fratri et fideli suo Alfonso, comiti Pictavie et Tholose, salutem et sincere dilectionis affectum. Cum nos dilectos nostros Robertum de Briquevilla, militem nostrum, et magistrum Nicholaum de Vernolio, clericum nostrum, ad partes Caturcenses ordinaverimus destinandos, ad inquirendum diligencius veritatem super quibusdam gravibus et enormibus injuriis dilecto et fideli nostro... episcopo Caturcensi in conductu nostro et Droconi de Milliaco, servienti nostro, a nobis ad custodiam dicti... episcopi deputato, a quibusdam de dictis partibus illatis, prout ex querimonia dicti episcopi accepimus et prout idem serviens conquerendo nobis retulit viva voce, quas siquidem injurias nobis non immerito reputamus esse factas, et nos vobis per nostras patentes litteras dederimus in mandatis, et vos eciam duxerimus requirendos quatinus senescallo vestro Agennensi per vestras patentes litteras mandaretis quod ipse testes sub vestra potestate constitutos, quos dicti Robertus et Nicholaus seu alter eorum sibi nominarent seu nominari facerent, compelleret coram ipsis comparere et veritati testimonium super dicto negotio perhibere, et quod idem senescallus vester illos sub vestra potestate constitutos quos dicti Robertus et Nicholaus vel alter illorum super dictis injuriis esse suspectos seu culpabiles eidem dicerent vel significarent, ad mandatum ipsorum caperet seu capi faceret, et dictis Roberto et Nicholao seu mandato ipsorum traderet prout ipsis visum esset custodiendos seu nostro carceri mancipandos, donec super hoc aliud consilium haberemus, et quod vos ceteras injurias pro quibus vobis alias scripseramus, dicto ... episcopo a quibusdam hominibus de terra vestra, ut dicebatur, illatas, emendari faceretis eidem, ita quod nobis et vobis cederet ad honorem, et vos hec, unde multum miramur, non feceritis, vobis iterato mandamus quatinus premissa ita efficaciter adimpleri mandetis, quod nos super hiis non oporteat aliud consilium adhibere, et litteras vestras patentes, si quas dicto senescallo vestro super hiis duxeritis dirigendas, latoribus presencium tradatis seu tradi faciatis. Actum in abbacia Beate Marie regalis juxta Pontizaram, anno Domini m° cc° lxii°, in die epiphanie Domini.

1993

9 jan. 1263. — PRO EPISCOPO CATURCENSI.

Excellentissimo et karissimo domino ac fratri suo Ludovico, Dei gratia Francorum regi illustri, Alfonsus, *etc.*, salutem et cum fraterna dilectione paratam ad beneplacita voluntatem. Ad vestram excellenciam per dilectos et fideles nostros Johannem de Granchiis, militem, magistrum Radulphum de Gonessia, thesaurarium ecclesie Beati Hylarii Pictavensis, et Ansoldum de Warciaco, clericum nostrum, latores presencium, sigillum nostrum transmittimus, ut super injuriis illatis apud Moissiacum, ut dicitur, venerabili patri... episcopo Caturcensi et Droconi de Milliaco, servienti vestro, scribi et sigillari faciatis quod in hoc casu videritis et vobis placuerit sigillandum. Datum apud Longumpontem, die martis post epiphaniam Domini, anno Domini m° cc° lxii°.

1994

19 mart. 1263. — SUPER MONETA PICTAVENSI.

Excellentissimo et karissimo domino ac fratri suo Ludovico, Dei gratia Francorum regi illustri, Alfonsus, *etc.*, salutem et cum fraterna dilectione paratam ad beneplacita volontatem. Super facto monete quod nobis per venerabilem virum G., decanum Sancti Aniani, mandavistis, dominacionem vestram scire volumus quod nos super hoc secundum quod nobis mandavistis vestram faciemus libentissime voluntatem, monetam eciam nostram Pictavensem, quam de jure facere possumus et debemus, si vobis placeret, quantumcumque dampnum exinde haberemus, cudi minime faceremus. Sciatis siquidem quod nos nesciebamus quod moneta nostra Pictavensis alio modo cuderetur quam antiquitus in nostro tempore fieri consuevit, quando hec predictus decanus nobis dixit. Datum apud Hospitale juxta Corbolium, die lune post Isti sunt dies, anno LX° II°.

Édité par Boutaric, *Alfonse de Poitiers*, p. 189.

1995
3 jun. [1263]. — SUPER EADEM MONETA.

Excellentissimo et karissimo domino ac fratri suo, Ludovico, Dei gratia [Francorum] regi illustri, Alfonsus, *etc.*, salutem et cum fraterna dilectione paratam ad beneplacita voluntatem. Ad excellenciam vestram dilectos et fideles clericos nostros magistrum Radulphum de Gonessia, thesaurarium ecclesie Beati Hylarii Pictavensis, et magistrum Guillelmum de Vallegrignosa, exhibitores presencium, ad audiendum et faciendum super monetis nostris vestram voluntatem duximus destinandos. Datum apud Longumpontem, dominica in quindena Penthecostes.

1996
1 jun. [1263]. — DOMINO COMITI PRO REGE.

Ludovicus, *etc.*, karissimo fratri et fideli suo A., comiti Pictavie et Tholose, salutem et sincere dilectionis affectum. Mittimus ad vos dilectos et fideles clericos nostros decanum Sancti Martini Turonensis et decanum Sancti Aniani Aurelianensis, pro quibusdam negociis. Unde vobis mandamus quatinus super hiis que, ex parte nostra, vobis duxerint exponenda, credatis eisdem. Datum Parisius, die veneris post Trinitatem.

1997
28 maii [1263]. — DOMINO COMITI PRO REGE.

Ludovicus, *etc.*, karissimo fratri et fideli suo [A.], comiti Pictavie et Tholose, salutem et sincere dilectionis affectum. Quia nos habemus loqui vobiscum familiariter et secreto de quibusdam arduis negociis, mandamus vobis quatinus hac instanti die sabbati vel die dominica sequenti, in mane, propter hoc Parisius ad nos sitis. Datum Parisius, die lune post Trinitatem.

1998

[Jun. 1263.] — DOMINO REGI PRO COMITE PICTAVIE.

Excellentissimo et karissimo domino ac fratri suo Ludovico, Dei gratia Francorum regi illustri, Alfonsus, *etc.*, salutem et cum fraterna dilectione paratam ad beneplacita voluntatem. Cum per vestras litteras nobis mandaveritis ut ad vos essemus Parisius proxima die sabbati vel die dominica sequenti in mane, excellencie vestre significamus quod nobilis et karissimus frater noster K., Andegavensis et Provincie comes, et nobiles viri comes Britannie, Reginaldus, vicecomes Thoarcensis, Mauricius, dominus de Bellavilla, miles, et multi alii ad diem sabbati et diem dominicam sequentem habent diem coram nobis apud Longumpontem, pro quibus ad dies predictos ad vos non possumus commode interesse. Quare vestram excellenciam rogandam duximus quatinus super hoc usque alias nos habeatis, si placet, excusatos, vobis mittentes dilectum et fidelem clericum nostrum, magistrum Radulphum de Gonessia, thesaurarium Pictavensem, latorem presencium, per quem vel alium quem volueritis per vestras litteras de voluntate vestra nos, si placet, certificare velitis.

1999

21 jun. [1263]. — SUPER MONETA.

Ludovicus, *etc.*, karissimo fratri et fideli suo A., Pictavie et Tholose comiti, salutem et fraterne dilectionis affectum. Cum vobis alias mandaverimus quod a factione monete vestre de Mosterolio, pro eo quod monete nostre Turonensi similis erat, omnino cessari faceretis, et adhuc sit, sicut nobis datur intelligi, vobis iterato mandamus quatinus in presenti a factione dicte monete cessari faciatis, nec illam vel aliam que nostre monete sit similis ex parte crucis vel pile, de cetero fieri faciatis. Datum apud Regalemmontem, die jovis ante nativitatem beati Johannis Baptiste.

Édité par Boutaric, *Alfonse de Poitiers*, p. 190.

2000
(Fol. 17.) 22 jun. [1263]. — PRO MONETA PICTAVENSI.

Excellentissimo et karissimo domino ac fratri suo Ludovico, Dei gratia Francorum regi illustri, Alfonsus, *etc.*, salutem et cum dilectione fraterna paratam ad beneplacita voluntatem. Celsitudinis vestre litteras recepimus, continentes quod a factione monete nostre Pictavensi cessare faciamus. Sane quanquam mandatum hujusmodi nobis non modicum sit dampnosum, nichilominus tamen volentes vestris parere beneplacitis et mandatis, vestram voluntatem adimplebimus, sicut vestra littera continebat. Datum die veneris in ante vigilia nativitatis beati Johannis Baptiste.

Édité par Boutaric, *Alfonse de Poitiers*, p. 190.

2001
22 jun. [1263]. — JOHANNI AUBERTI PRO MONETA PICTAVENSI.

Alfonsus, *etc.*, dilecto suo Johanni Auberti, magistro monete Musterolii, salutem et dilectionem. Cum karissimus dominus et frater noster nobis significaverit quod moneta nostra Pictavensis nimis similis sit monete sue Turonensi et ob hoc nobis mandaverit ut eam cessari faciamus, vobis mandamus quatinus a factione dicte monete nostre ad presens totaliter desistatis. Datum apud Longumpontem, die veneris in ante vigilia sancti Johannis Baptiste.

2002
15 jun. [1263]. — PRO FACTO MOYSIACI.

Ludovicus, *etc.*, karissimo fratri et fideli suo Alfonso, comiti Pictavie et Tholose, salutem et fraterne dilectionis affectum. Mandamus vobis quatinus capi faciatis illos quos invenimus suspectos per inquestam factam super injuria episcopo Caturcensi et servienti nostro, quem ei tradidimus pro conductu, illata, et bona eorum faciatis arrestari, personas eorum ad nos mittentes ad crastinum sancti Martini hyemalis, ut coram nobis se deffendant super predictis vel dictum factum nobis emendent. Nomina vero capiendorum et quorum bona sunt arrestanda, vobis sub contrasigillo nostro mittimus interclusa. Datum Parisius, die veneris post festum sancti Barnabe apostoli.

Ecce nomina : Guillelmus Grimoardi; Gallardus Grimoardi; Renaudus de Breseles; Petrus Beraudi; Bonellus; Hugo de Breseles; Petrus Grimoardi; Miraclus Panetarius; Widaldus Wato, ballivus abbatis; Johannes, coquus abbatis; Bernardus de Monteacuto; Bertaudus de Cuissol; Radulfus, serviens abbatis; Armandus, frater abbatis; Guillelmus de Neullac, domicellus.

2003

3 jul. [1263]. — PRO GUILLELMO BUQUANIGRA.

Excellentissimo et karissimo domino ac fratri Ludovico, Dei gratia Francorum regi illustri, Alfonsus, *etc.*, salutem et cum dilectione fraterna paratam ad beneplacita voluntatem. Ad instanciam dilecti vassalli nostri Guillelmi dicti Buquenigre, quondam capitanei Januensium, serenitatem vestram duximus exorandam quatinus ipsum optantem, ut asserit, coram vobis suam ostendere innocentiam et legitimas excusationes pretendere super aliquibus que formidat contra ipsum falso suggesta fuisse, dignemini si placet favorabiliter exaudire vel ab aliquibus consiliariis vestris facere exaudiri, aut saltim Droinum, exhibitorem presentium, qui personaliter fuit apud Januam et de meritis seu fama dicti Guillelmi satis novit, et tam verbo quam scripto veritatem, ut dicitur, poterit declarare, intellectis justis petitionibus ipsius Guillelmi, cum sit mansionarius vester apud Belliquadrum, vestri gratia, jure suo servando faciatis sibi impendi auxilium quod fore noveritis oportunum et consentaneum equitati. Datum apud Corbolium, die martis post festum apostolorum Petri et Pauli.

2004
25 jul. [1263]. — PRO FACTO MOISIACI DE CREDENCIA.

Excellentissimo et karissimo domino et fratri suo Ludovico, Dei gratia Francorum regi illustri, Alfonsus, *etc.*, salutem et cum fraterna dilectione paratam ad beneplacita voluntatem. Dilectum et fidelem clericum nostrum Guillelmum, canonicum de Sancto Mederico, presbiterum, latorem presencium, ad vos duximus destinandum, excellenciam vestram rogantes quatinus de hiis que super facto Moysiaci vobis ex parte nostra dixerit credere velitis eidem. Datum apud Hospitale juxta Corbolium, in festo sanctorum Jacobi et Christofori.

2005
2 aug. [1263]. — [RESPONSIO REGIS.]

Ludovicus, Dei gratia Francorum rex, karissimo fratri et fideli suo Alfonso, comiti Pictavie et Tholose, salutem et sincere dilectionis affectum. Literas vestras recepimus et ea que Guillelmus, capellanus vester, lator presencium, nobis ex parte vestra retulit, audivimus diligenter, qui super hiis nostram responsionem et voluntatem vobis poterit ostendere et referre. Datum apud Boloniam, in crastino festi beati Petri ad Vincula.

2006
3 sept. [1263]. — [DOMINO REGI PRO SYCARDO ALEMANNI.]

Excellentissimo et karissimo domino ac fratri suo Ludovico, Dei gratia regi Francorum illustrissimo, Alfonsus, *etc.*, salutem et cum fraterna dilectione paratam ad beneplacita voluntatem. Excellenciam vestram rogandam duximus quatinus super his que dilectus et fidelis noster Sycardus Alemanni habet expedire coram vobis, ipsum audiatis, si placet, et in justis petitionibus suis vos exhibeatis eidem favorabiles et benignos, secundum quod videritis faciendum. Datum apud Longumpontem, die lune ante nativitatem beate Marie virginis.

2007

23 oct. [1263]. — SUPER FACTO INFANCIUM REGIS ARRAGONIE.

Ludovicus, Dei gratia Francorum rex, karissimo fratri et fideli suo Alfonso, Pictavie et Tholose comiti, salutem et fraterne dilectionis affectum. Cum infantes Petrus et Jacobus, filii regis Arragonie, guerram nobis fecerint et hostiliter invaserint terram nostram, mandamus vobis quatinus sub forma presentibus interclusa litteras vestras patentes senescallo vestro Tholosano super facto hujusmodi dirigendas nobis per latores presencium transmittatis. Datum apud Vicenas, die martis post festum beati Luce euvangliste.

Édité par Boutaric, *Alfonse de Poitiers*, p. 113.

2008

25 oct. 1263. — HEC EST FORMA QUE FUIT PRECEDENTIBUS LITTERIS INTERCLUSA.

Alfonsus, *etc.*, dilecto et fideli suo senescallo Tholose, salutem et dilectionem. Mandamus vobis quatinus, ad requisicionem senescalli Carcassone karissimi domini et fratris nostri Ludovici, regis Francorum, ad defensionem terre ipsius et ad vindicandas injurias ab infantibus Petro et Jacobo, filiis regis Arragonie, sibi illatas, mittatis in subsidium ejus, secundum quod vos requisierit senescallus predictus, de gentibus terre nostre, et ad ipsius eciam requisicionem prohibeatis victualia, equos, armaturas et alia neccessaria de terra nostra defferri seu duci in terram dictorum infantum. Datum die jovis ante festum Omnium sanctorum, anno Domini M° ducentesimo LX° tercio.

2009

16 nov. [1263[1]]. — PRO EPISCOPO THOLOSANO.

Excellentissimo et karissimo domino ac fratri suo Ludovico, Dei gratia Francorum regi illustri, Alfonsus, *etc.*, salutem et cum fraterna dilectione paratam ad beneplacita voluntatem. Veniens ad nos venerabilis in Christo pater R., Dei gratia episcopus Tholosanus, nobis dedit intelligi quod cum nuper a venerabili patre archiepiscopo Narbonensi esset ad provinciale concilium apud Biterrim personaliter evocatus et in itinere processisset, bajulus et judex ac homines dicti archiepiscopi in strasta (*sic*) publica in dictum episcopum cum armis hostiliter irruerunt, personam ipsius arrestando, res et bona sua violenter capiendo et multas alias injurias sibi, ut asserit idem episcopus, inferendo. Cum vero personam dicti episcopi affeccione diligamus speciali et tam enorme factum contra eumdem perpetratum nobis debeat displicere, excellenciam vestram attencius duximus exorandam quatinus dictas injurias dicto episcopo illatas vobis placeat[2] taliter facere emendari, quod ad honorem Dei et vestrum cedere debeat et episcopi memorati. Datum apud Longumpontem, die veneris post festum beati Martini hyemalis.

Édité par Boutaric, *Alfonse de Poitiers*, p. 478, et dans *Hist. de Languedoc* (nouv. édit.), VIII, col. 1505-1506.

2010

24 nov. 1263. — SUPER FACTO NORMANNIE.

Excellentissimo et karissimo domino ac fratri suo Ludovico, Dei gratia Francorum regi illustri, Alfonsus, *etc.*, salutem et cum fraterna dilectione paratam ad beneplacita voluntatem. Cum nobis, vestri gratia, mandaveritis ut ad vos pro negocio Normannie mitteremus, et ex-

[1] Je date cette pièce de 1263, à cause de sa place dans le registre. — [2] Première leçon : *faciatis*.

QUATRIÈME REGISTRE.   539

cellencie vestre dilectum et fidelem nostrum Johannem de Nantolio, militem, miserimus, vobis rationes nostras super dicto facto Normannie ostensurum, dominacionem vestram rogamus quatinus ipsum, si placet, super hiis benigniter audiatis. Datum apud Longumpontem, anno Domini m° cc° lx° iii°, sabbato in vigilia sancte Katherine virginis.

2011
27 nov. [1263]. — SUPER EODEM FACTO NORMANNIE.

Ludovicus, etc., karissimo fratri et fideli suo A., Pictavie et Tholose comiti, salutem et fraterne dilectionis affectum. Cum vobis mandavissemus quod super negotio terre Normannie nobis litteras vestras procuratorias mitteretis, et nos per gentes vestras intellexerimus quod vos non intenditis per viam judicii procedere in hoc facto, sed ad informandam conscientiam nostram super hoc negotio facietis rationes vestras coram nobis proponi, ut inde postmodum ordinemus quod viderimus bonum esse, placeret nobis quod nobis mitteretis vestras patentes litteras, continentes quod vos ratum et stabile habebitis quicquid, auditis rationibus vestris ac nostris eciam ad informandam nostram conscientiam, super hoc duxerimus ordinandum. Datum Parisius, die martis ante festum beati Andree apostoli.

2012
27 nov. [1263]. — SUPER EODEM FACTO.

Excellentissimo et karissimo domino, etc., Alfonsus, filius, etc. Quia litteras nostras ad vos non dirigimus, secundum quod in vestris litteris ad nos directis continebatur, excellenciam vestram rogamus quatinus super hoc, si vobis placet, nos habeatis excusatos, quia nobis non placet vos judicio vel conscientia honerare, et si dictas litteras excellentie vestre mitteremus, vos honerare tam judicio quam conscientia videremur. Nunc autem vel alias, quando vobis placuerit, nostris intellectis rationibus, super negotio Normannie poteritis cogitare. Datum apud Longumpontem, die martis ante festum sancti Andree.

2013
[1263.] — SUPER EODEM FACTO.

Ludovicus, *etc.*, karissimo fratri Alfonso, *etc.* Cum vobis mandavissemus quod super facto terre Normannie nobis litteras vestras procuratorias mitteretis, et vos, sicut per litteras vestras et nuncium intelleximus, non velitis nos super isto negocio judicio vel conscientia honerare, licet nos super hoc honerare nolitis, tamen nobis videtur esse bonum quod cum litteris vestris patentibus ad nos mittatis aliquos habentes potestatem plenariam acceptandi consilium quod habuerimus...(*La suite manque.*)

2014
(Fol. 18.) [Aug. 1263]. — SUPER FACTO ANGLIE [1].

Margarita, Dei gratia Francorum regina, karissimo fratri suo A., filio regis Francie, comiti Pictavie et Tholose, salutem et sincere dilectionis affectum. Oppressiones, dampna et gravamina que barones regni Anglie, rejecto fidelitatis debito, procurante comite Leycestrie, illustribus regi, regine Anglie, karissime sorori nostre, ac liberis eorum [intulerunt], ad aures vestras credimus pervenisse. Ipsa quidem dampna cordi habemus plurimum et nostra propria merito reputamus. Sane hucusque super dicto negocio vobis distuleramus scribere, ob hoc quod vobis de ipso majorem certitudinem et omnimodam scriberemus, et quia de vobis gerimus et semper gessimus fiduciam pleniorem, sperantes per vos nostris neccessitatibus subveniri, rogamus vos et requirimus ex affectu, quatinus oppressiones dictorum regis, regine ac liberorum suorum vobis displiceant, et quod in negociis ipsorum ad statum prosperum et tranquillum reducendis velitis vestrum consilium et auxilium impertiri, cum a nobis super hoc fueritis requisiti. Rogamus eciam

[1] La date de ces lettres échangées entre Alfonse, la reine Marguerite et la famille royale d'Angleterre est donnée par les événements de ce dernier pays.

QUATRIÈME REGISTRE.

vos quod senescallo vestro Agennensi vestris detis litteris in mandatis, ut ipse laboret ad hoc quod quedam longa treuga iniatur inter dominum Gastonem, vicecomitem Bearnensem, et comitem Convenarum, ita quod idem dominus Gasto, consanguineus noster karissimus, circa juvamen dictorum regis, regine ac liberorum suorum interim intendere valeat, si neccesse fuerit, et vaccare. Preterea vos rogamus quod ballivo vestro Pictavensi mandetis quod ipse apponat consilium ut omnes naves et batellos illius partis habere possimus, mediante peccunia dicti regis, et vos, si quas galeas in illis partibus habetis, nobis eas accomodare velitis.

Édité par Boutaric, *Marguerite de Provence*, p. 431-432,
et *Alfonse de Poitiers*, p. 101.

2015

[Aug. 1263.] — SUPER EODEM FACTO ANGLIE.

Margarita, Dei gratia Francorum regina, karissimo fratri suo Alfonso, filio regis Francorum, comiti Pictavie et Tholose, salutem et sincere dilectionis continuum incrementum. Satis vos credimus audivisse qualiter, per falsam suggestionem comitis Leycestrie, barones regni Anglie illustres regem, reginam Anglie ac eorum liberos tractaverunt, et qualiter serenissimus et karissimus dominus noster rex acceptavit diem una cum baronibus Anglie supradictis, ac (*sic*) tractandum de pace inter regem et reginam ac eorum natos ex una parte et barones predictos ex altera, ad quindenam instantis nativitatis beate Marie virginis, apud Boloniam supra mare. Hinc est quod dilectionem vestram ex affectu requirimus et rogamus, petentes, pro munere speciali, quatinus de vestris navibus et batellis de Rupella velitis nos juvare, si placet, ita quod illas ad quindenam instantis festi sancti Michaelis in subsidium regis et regine Anglie, ad expensas ipsorum, valeamus habere, si contingat quod ad dictam diem inter partes pax non valeat reformari, mandantes nobis super hoc litteratorie voluntatem vestram et de quot navibus juvare nos poteritis, per presencium portitorem.

Édité par Boutaric, *Marguerite de Provence*, p. 433-434,
et *Alfonse de Poitiers*, p. 104.

2016

[Aug. 1263. — COMITIS ALFONSI LITTERE PRECEDENTIBUS RESPONSIVE.]

Excellentissime et karissime sorori sue Margarite, Dei gratia Francorum regine illustri, Alfonsus, filius regis Francie, comes Pictavie et Tholose, salutem et cum dilectione sincera paratam ad beneplacita voluntatem. Cum nos per vestras rogaveritis litteras quod vellemus vos juvare de nostris navibus et batellis de Ruppella, excellencie vestre significamus, quod nos non habemus apud Ruppellam naves nec batellos qui sint nostri, quos sciamus.

Édité par Boutaric, *Marguerite de Provence*, p. 434,
et *Alfonse de Poitiers*, p. 104.

2017

31 oct. [1263. — EX PARTE REGINE FRANCIE COMITI].

Margarita, Dei gratia Francorum regina, illustri viro et karissimo fratri suo Alfonso, filio regis Francie, comiti Pictavie et Tholose, salutem et sincere dilectionis affectum. Cum illustres rex, regina Anglie, soror nostra karissima, ac dominus Eduardus, nepos noster karissimus, mandent amicos suos apud Sanctum A[u]domarum in Flandria ad unum mensem post proximum festum beati Martini, nosque intellexerimus vos habere galeas apud Ruppellam, rogamus vos et requirimus quatinus, ad expensas dicti regis Anglie, de ipsis galeis nobis velitis facere subsidium et succursum, intimantes ballivis vestris Pictavie et Ruppelle per vestras litteras, quas nobis mittatis per latorem presencium, quod nunciis nostris tradi dictas galeas faciant et quod predictis nostris nunciis suum prestent consilium et juvamen, ad hoc quod possimus habere de navibus et vasis in illis partibus exhistentibus, ad dicti regis Anglie expensas, tantum autem inde facientes quod vobis teneamur ad merita gratiarum. Datum apud Sanctum Germanum in Laia, in vigilia Omnium sanctorum. — Credatis dilecto T., militi nostro, latori presentium, super hiis que vobis dixerit ex parte nostra de dicto negocio.

Édité par Boutaric, Marguerite de Provence, p. 435, et Alfonse de Poitiers, p. 105-106.

2018

31 oct. [1263. — EJUSDEM EIDEM].

Margarita, *etc.*, illustri viro Alfonso, *etc.* De statu vestro cupientes certitudinem obtinere, rogamus vos quatinus per latorem presencium nos de eodem statu, omni utinam prosperitate florente, reddatis cum vestro beneplacito cerciores. Datum quando et precedens.

Édité par Boutaric, Marguerite de Provence, p. 435, et Alfonse de Poitiers, p. 106.

2019

5 nov. [1263]. — SUPER FACTO ANGLIE.

Excellentissime domine et karissime sorori sue Margarite, Dei gratia regine Francorum illustri, Alfonsus, filius regis Francie, comes Pictavie et Tholose, salutem et cum fraterna dilectione paratam ad beneplacita voluntatem. Cum nos per vestras rogaveritis litteras ut de galeis nostris, quas mandavistis nos habere apud Ruppellam, ad expensas illustris regis Anglie, velimus vobis facere subsidium et succursum, excellencie vestre significamus quod nos non scimus ibidem habere galeas que sint nostre, et si ibidem haberemus galeas que essent nostre, nobis placeret quod eas ad vestram voluntatem faciendam caperetis. Et si homines nostri de Ruppella aliquas galeas seu naves habeant, et vos, rex Anglie vel regina, ad ipsos vestros nuncios mitteretis, placeret nobis quod ipsas vobis traderent, si placeret eis, ad faciendam vestram voluntatem. Nos enim ipsos ad hoc faciendum minime compelleremus, quia timeremus ne eis faceremus injuriam et peccatum super hoc incurreremus. Super hoc autem quod de statu nostro cupitis certitudinem obtinere, exinde vobis regratiamur, scire vos volentes quod in confectione presentium eramus in bono statu, Domino concedente, quod de vobis audire jugiter affectamus. Datum die lune post festum Omnium sanctorum, apud Hospitale juxta Corbolium.

Édité par Boutaric, *Marguerite de Provence*, p. 435-436,
et *Alfonse de Poitiers*, p. 106-107.

2020
15 oct. 1263. — SUPER EODEM.

A., Dei gracia regina Anglie, domina Hybernie et ducissa Aquitanie, nobili viro domino A., comiti Pictavie, salutem et cum honore promptam ad beneplacita voluntatem. Attendentes vos moleste gessisse et animo nimis amaro planxisse illata domino nostro regi, nobisque et E., primogenito nostro, per quosdam regni Anglie gravamina, grates quas scimus et possumus vobis exinde referimus, vos ex intimo cordis deprecantes quatinus, gravamina illa animi gravitate ponderantes, juvamen vestrum ad vindictam super his impendendam nobis communicare velitis, naves et galeas vestras, si placet, transmittendo, quomodo karissima domina et soror nostra regina Francorum illustris disposuerit, secundum quod ipsa vos requirit. Nos quidem vobis obinde teneri volumus nostro perpetuo (*sic*) ad uberiores graciarum actiones, [et] beneplacitum vestrum una cum statu vestro, prospero utinam et jocundo, nobis petimus crebrius intimari, parate enim erimus ad ea exequenda pro viribus que vobis cedent in commodum et honorem. Valete semper in Domino. Datum apud Witsamum, xv die octobris, anno regni H. domini nostri xlvii°.

Édité par Boutaric, *Marguerite de Provence*, p. 434,
et *Alfonse de Poitiers*, p. 105.

2021
5 nov. [1263]. — SUPER EODEM FACTO.

Excellenti et dilecte sue A., Dei gratia regine Anglie, Alfonsus, filius regis Francie, comes Pictavie et Tholose, salutem et sincere dilectionis affectum. Gravamina vobis illata nobis displicent, vobis significantes quod super navibus et galeis, de quibus nobis scripsistis, excellentissime domine M., regine Francie, nostram scripsimus plenius voluntatem. Super hoc autem quod statum nostrum scire desideratis per vestras litteras, exinde vobis scimus bonum gratum, scientes quod in confectione presencium eramus in bono statu, Domino concedente, quod de vobis scire sepius affectamus. Datum apud Corbolium, die lune post festum Omnium sanctorum.

Édité par Boutaric, *Marguerite de Provence*, p. 435, et *Alfonse de Poitiers*, p. 106.

2022

7 maii 1264. — SUPER FACTO ANGLIE.

Inclito viro A., illustris regis Francie filio, comiti Pictavie et Tholose, A., Dei gratia regina Anglie, domina Ybernie, ducissa Aquitanie, salutem et sincere dilectionis affectum. Iniquitatem et prodicionem quorumdam baronum Anglie qui per vivam guerram dominum nostrum regem Anglie illustrem et liberos ejus exheredare nituntur, ad audienciam vestram et scienciam venisse minime dubitamus, credentes firmiter quod si talia in quemcumque regem vel principem, nedum in dominum nostrum regem quem idem sanguis et speciales cause dilectionis vobis jungunt, et vos ei similiter vice versa, sciretis talia attemptari, vestra bonitas et magnanimitas non compati vel non scandalizari non possent. Ideoque nobilitatem vestram et dilectionem pro memorato domino nostro rege ac nobis et liberis nostris confidenter et attente rogamus quatinus omnes naves Anglicorum, que in terra et districtu vestro invenientur, durante guerra predicta, arrestari et detineri faciatis, ut per arrestacionem eandem inimici domini nostri regis, qui in multitudine navium confidunt, potissime careant navibus et sua spe fraudentur iniqua, et succursus qui de partibus cismarinis paratur pro domino nostro navigio valeat habundare. Sane inter meliores modos subveniendi domino nostro regi est unus de melioribus retencio navium supradicta. Talis siquidem et tantus est casus iste quod sine offensa divina arestacio potest fieri antedicta, cum memoratus dominus noster rex dominus sit et princeps omnium Anglicorum, et omnia sunt principis, neccessitate urgente. Super hoc rescribatis nobis et aliis per latorem presencium vestre beneplacita voluntatis. Datum apud Poissi, die septima maii, anno regni Henrici domini nostri regis XLVIII.

Édité par Boutaric, *Marguerite de Provence*, p. 436-437, et *Alfonse de Poitiers*, p. 108.

2023

(Fol. 19.) 12 maii [1264]. — REGINE ANGLIE PRO DOMINO COMITE PICTAVIE.

Excellenti et dilecte sue A., Dei gratia regine Anglie, Alfonsus, filius regis Francie, comes Pictavie et Tholose, salutem et sincere dilectionis affectum. Excellentie vestre singnificamus quod super hoc quod per vestras scripsistis litteras ut nos omnes naves Anglicorum, que in terra et districtu nostro invenientur durante garra (*sic*), arrestari et detineri faciamus, timemus et videtur multis bonis hoc nos non posse seu debere facere absque magna injuria et periculo. Datum apud Longumpontem, die lune post translacionem beati Nicholai.

Édité par Boutaric, *Marguerite de Provence*, p. 437, et *Alfonse de Poitiers*, p. 109.

2024

[1264.] — REGINE FRANCIE PRO DOMINO COMITE PICTAVIE[1].

Excellentissime domine et karissime sorori sue Margarite, Dei gratia Francorum regine illustri, Alfonsus, *etc.*, salutem et cum sincera dilectione paratam ad ejus beneplacita voluntatem. Super eo quod per vestras litteras nos rogastis de Guillelmo Boquenigre, excellentie vestre

---

[1] Je date cette pièce de 1264, à cause de sa place dans le registre.

singnificamus quod nobis placet ut idem Guillelmus, si placet ei, vestram faciat voluntatem.

2025

24 jul. 1264. — DOMINO PICTAVIE COMITI PRO REGINA ANGLIE.

A., Dei gratia regina Anglie, domina Hybernie, ducissa Aquitanie, serenissimo viro domino Alfonso, filio regis Francie, comiti Pictavie, salutem et paratam ad beneplacita voluntatem. Serenitatem vestram credimus non latere quantum istis temporibus amicorum nostrorum egemus auxilio, propter adversum et inopinatum casum qui nobis contigit in partibus Anglicanis. Unde cum pro querendis navibus et habendis apud Ruppellam nostros speciales nuncios destinemus, nobilitatem vestram, de qua indubitanter confidimus, requirimus et rogamus quatinus in partibus illis vestris significetis ballivis quod magistris et rectoribus navium significent quod nuncios nostros favorabiliter recipiant et benigne, et in conductione navium sive alio subsidio nobis neccessario dictis nunciis se exhibeant curiales, tantum inde, si placeat, facientes quod nos et nostri qui sumus vestri vobis perpetualiter obligemur. Datum Parisius, xxiiii die julii, anno regni regis H. domini nostri XLVIII°.

Édité par Boutaric, *Marguerite de Provence*, p. 437, et *Alfonse de Poitiers*, p. 109.

2026

16 aug. [1265]. — REGINE FRANCIE PRO COMITE PICTAVIE.

Excellentissime et karissime domine ac sorori sue M., Dei gratia regine Francorum illustri, Alfonsus, *etc.*, salutem et cum fraterna dilectione paratam ad beneplacita voluntatem. Super eo quod nobis per vestras significastis litteras de civibus Baionensibus detentis Parisius, excellentie vestre duximus intimandum quod ipsos cives, in quantum nos tangit, excellentissimi et karissimi domini ac fratris nostri Ludovici, regis Francorum, omnino supposuimus voluntati. Datum apud

Nogentum Heremberti [1], dominica in crastino assumpcionis beate Marie virginis.

2027

3o aug. [1265]. — COMITI PICTAVIE PRO REGINA FRANCIE.

Margarita, Dei gratia Francorum regina, karissimo fratri suo Alfonso, filio regis Francie, comiti Pictavie et Tholose, salutem et sincere dilectionis affectum. Noveritis quod dominus noster rex cives Baionenses, qui capti detinebantur Parisius, precepit noviter liberari, et cum ipsi, sicut per eorum patet litteras, illustri regi Anglie ac regine, fratribus nostris karissimis, et domino Eduardo nepoti nostro intimo, multa dispendia procuraverint atque dampna, impediendo precipue quod soror nostra predicta anno preterito apud Brugas, ubi suum congregaverat exercitum, galeas de Baiona non habuit, quare impeditus fuit ejus transitus, inde gravamina non modica sustinendo; nos vero qui de vobis semper gessimus et gerimus fiduciam specialem, sinceritatem (*sic*) vestram requirimus specialiter et rogamus quatinus ipsos cives, qui non solum semel sed pluries suos natales dominos prodiderunt, non permittatis amore nostri in terra vestra et dominio receptari, facientes moram dicte terre vestre et introitum inhiberi. Quid autem inde facere volueritis nobis per vestras litteras rescribatis. Sane idem de Guillelmo Arnaudi de Podio et fratribus suis, sociis istorum, qui multa mala fecerunt et roberias in costili maris Normannie, sicut domino nostro regi querimonialiter est ostensum, petimus nobis concedi. Domino vero Johanni de Nantolio verbotenus dixeramus quod vos inde requireret loco nostri; tamen istud nichilominus vestre dilectioni litteratorie intimamus, vos rogando attentius et postulando pro munere speciali quod istud nobis, si placeat, concedatis. Datum apud Vicenas, in crastino decollationis beati Johannis Baptiste.

Édité par Boutaric, *Marguerite de Provence*, p. 439,
et *Alfonse de Poitiers*, p. 111.

[1] Nogent-le-Roi, Eure-et-Loir.

2028

31 aug. [1265]. — REGINE FRANCIE PRO COMITE PICTAVIE.

Excellentissime domine et karissime sorori sue Margarite, Dei gratia Francorum regine illustrissime, Alfonsus, filius regis Francie, comes Pictavie et Tholose, salutem et cum fraterna dilectione paratam ad beneplacita voluntatem. Cum nos per vestras litteras rogaveritis ut Guillermum Arnaldi de Salvingnaco, Bernardum Remondi de Gavaret, Johannem Henrici, fratrem ejus, Thomam de Logarac et Johannem de Gorni, cives Bayonenses, qui detinebantur capti Parisius ac similiter Guillelmum Arnaldi de Podio in terra seu dominio nostro non permitteremus receptari, excellentie vestre significamus quod nos dilecto et fideli nostro senescallo Xanctonensi per litteras nostras mandavimus, propter amorem vestrum, quod supradictos cives Bayonenses in terra seu dominio nostro non permittat aliquatenus receptari. Datum apud Longumpontem, die lune post decollationem sancti Johannis Baptiste.

Édité par Boutaric, *Marguerite de Provence*, p. 439, et *Alfonse de Poitiers*, p. 111-112.

2029

(Fol. 24.) 18 jan. [1265]. — PRO CIVIBUS BAYONENSIBUS CAPTIS APUD XANCTONIAS [1].

Ludovicus, Dei gratia Francorum rex, karissimo fratri et fideli suo A., Pictavie et Tholose comiti, salutem et fraterne dilectionis affectum. Cum, sicut intelleximus, Guillelmus Arnaudi de Savignac, Bernardus Raimondi de Gavaret, Johannes Henrici, frater ejus, et Thomas de Logar ac Johannes de Gorni, cives Bayonenses, per gentes vestras, de mandato vestro ad nostram instantiam sibi facto, apud Ruppellam fue-

---

[1] Au haut de ce feuillet, les mots suivants, fin d'un acte perdu : *...cione qualibet adimplere curetis, prout vobis, sicut dictum est, dedimus in mandatis. Datum Parisius, in crastino beati Andree apostoli* (1ᵉʳ décembre).

rint arrestati, nos volentes eosdem Parisius ad nos adduci, vobis mandamus et vos requirimus quatinus prefatos Baionenses et alios, si qui similiter arrestati fuerint, deliberari mandetis per litteras vestras patentes et tradi servientibus nostris, scilicet Michaeli de Piano, latori presentium, quem propter hoc mittimus, et Droconi de Silvanectis, quem ob hoc eciam antea miseramus; ipsis insuper servientibus nostris salvum et securum mandetis, quousque in propriam terram nostram una cum prefatis Baionensibus arrestatis seu arrestandis venerint, prestari conductum. Datum apud Fontembleaudi, dominica post octabas Epiphanie.

Édité par Boutaric, *Marguerite de Provence*, p. 438, et *Alfonse de Poitiers*, p. 110.

2030

16 febr. 1265. — BALLIVIS DOMINI COMITIS PRO REGE FRANCIE.

Ludovicus, *etc.*, dilectis suis ballivis karissimi fratris et fidelis sui A., Pictavensis et Tholose comitis, apud Pictavim et Xantonas, salutem et dilectionem. Mandamus vobis quatinus dilectum nostrum Guillelmum de Valencia, una cum rebus, societate et familia sua, equis, armis et armaturis, cum omnibus quos secum ducere voluerit in Angliam, Waliam vel Hyberniam, secundum quod expedire viderit, transire libere permittatis. Durent littere iste usque ad tres septimanas post instantem resurrectionem Domini. Actum Parisius, anno Domini M° CC° LX° IIII°, die lune ante Brandones.

2031

4 mart. [1265]. — REGI NAVARRE PRO DOMINO COMITE.

Excellenti viro et karissimo nepoti suo Th., Dei gratia regi Navarre, Campanie et Brie comiti palatino, Alfonsus, filius regis Francie, comes Pictavie et Tholose, salutem et sincere dilectionis constanciam. Excellenciam vestram rogandam duximus ex affectu, quatinus preces dilecti nostri fratris Johannis, quondam abbatis Clarevallis[1], quas vobis pro Johanne, clerico, germano fratris Galteri de Barro, intendit facere, nostris precibus, si placet, ad exauditionis gratiam admittatis, tantum super hoc facientes quod preces nostras erga vos in hac parte sibi sentiat fructuosas. Datum apud Longumpontem, die mercurii post octabas cathedre sancti Petri.

2032

19 mart. [1264]. — DOMINO COMITI PICTAVIE PRO REGE FRANCIE.

Ludovicus, *etc.*, karissimo fratri et fideli suo A., Pictavie et Tholose comiti, salutem et fraterne dilectionis affectum. Cum Armandus de Montelanardo, una cum complicibus suis, graves injurias intulerit dilecto et fideli nostro... episcopo Caturcensi, conductum nostrum frangendo, necnon et cuidam servienti nostro quem deputaveramus ad conducendum eumdem, super quo vobis alias scripsimus, ut videlicet dictum Armandum et illos qui cum illo interfuerunt dicto facto, quorum nomina, jam diu est, vobis transmisimus, ad nos adduci faceretis, vobis iterato mandamus quatinus dictum Armandum et complices suos predictos super premissis ad jus vestrum vocari faciatis, qui si venire contempserint, vos faciatis procedi contra ipsos, prout de jure fuerit procedendum, ipsum Armandum banniendo de terra vestra, si consuetudo terre id exposcat, vel alias contra ipsum prout justum fuerit procedendo. Preterea dictum Armandum faciatis abjurari ab amicis suis, si de consuetudine terre id fuerit faciendum, quamdiu in rebellione perstiterit antedicta. Preterea cum dictus Armandus et complices sui ceperint, sicut nobis datum est intelligi, duos archidiaconos Caturcenses in terra vestra et adhuc captos teneant, mandamus vobis quatinus ipsos una cum rebus suis reddi faciatis, quamcicius commode poteritis, et penitus liberari. Receptatores vero predictorum taliter castigetis, quod ipsi vel alii tales recepciones de cetero facere non presumant. Datum Parisius, die mercurii post dominicam qua cantatur Reminiscere.

[1] Abbé de Cîteaux de 1257 à 1261 ou environ.

2033

19 mart. [1264]. — DOMINO COMITI PRO REGE FRANCIE.

Ludovicus, *etc.*, karissimo fratri et fideli suo Alfonso, comiti Pictavie et Tholose, salutem et fraterne dilectionis affectum. Mittimus vobis nomina illorum qui fuerunt invasioni episcopi Caturcensis in terra vestra, secundum quod fuerunt inventa per inquestam, presentibus interclusa, ut certificari possitis contra quos ratione illius facti procedere debeatis. Datum Parisius, die mercurii post secundam dominicam quadragesime.

Hec sunt nomina precedentibus litteris interclusa :

Hugo de Bresoles fuit visus in conflictu, tenens baculum in manibus. XLII^{us} testis vidit eum sic; L^{us} testis vidit eum clamantem : *Armande, noli facere.* — Guillelmus de Paulino vulneravit Johannem de Comba, servientem episcopi, in capite cum segomario. — Sicardus, frater abbatis, erat in conflictu tenens espentum in manu. — Bernardus de Mota, bajulus Armandi, percussit quosdam de familia episcopi, videlicet Amelinum capellanum. — Raolinus, coquus abbatis, vulneravit in ventre somerium servientis regis. — Durandus, nuncius cellararii, Johannes de Elemosina querebant arma per villam Moissiaci. — Poncius Dalo erat cum familia abbatis. — Vitalis Wasco, Dominicus, vacherius abbatis, visi fuerunt cum monachis tenentes baculos. — Petrus de Croiseles in illo conflictu equitabat quemdam equum, quem abstulerat illis qui erant cum episcopo. — Multi vacherii et pastores monasterii Moissiacensis fuerunt ibi, quorum nomina ignorantur a testibus. — Johannes de Rigaut deferebat lapides. — Mutaculus, nuncius monasterii, deferebat baculum. — Vitalis de Bresoles equitabat runcinum ablatum episcopo, una cum Bernardo de Croiselles. — Guillelmus de Sel, clericus, fuit unus de illis qui duceba[n]t somarium episcopi per violenciam. — Armandus, frater abbatis, percussit episcopum. — Guillelmus de Noallac, Girardus de Sancto Cirico, Pauletus de Junaco, Bernardus de Croiselaz, Guillelmus, coquus monasterii, filius cujusdam militis de Agulo, isti fuerunt visi armati cum dicto Armando.

2034

[Circa 1264.] — DOMINO COMITI PRO REGE FRANCIE [1].

Ludovicus, *etc.*, karissimo fratri et fideli suo Alfonso, comiti Pictavie et Tholose, salutem et fraterne dilectionis affectum. Cum nos Arnaudo Truel, de Caturco, et Petro Vitalis, de Martello, tradiderimus monetam nostram Turonensem cudendam et faciendam apud Sanctum Antoninum, in senescallia Carcassone, mandamus vobis et vos requirimus quatinus ballivis, senescallis ac ceteris gentibus vestris, quibus videritis expedire, detis per vestras litteras per latorem presencium in mandatis ut cheminos in terris, jurisdictionibus et potestatibus vestris taliter faciant custodiri, ne predictis Arnaudo et Petro necnon et aliis mercatoribus, qui ad dictum locum seu villam accedent ratione monete predicte, ab aliquibus malefactoribus propter defectum custodie dampnum aliquod inferatur. Si vero conductum dicti mercatores petant a gentibus vestris, eos per eas precipiatis conduci ad sumptus proprios mercatorum. Datum apud Meledunum, die lune post ascensionem Domini.

Édité par Boutaric, *Alfonse de Poitiers*, p. 211-212.

2035

(Fol. 26.) 14 jul. [1264]. — SUPER FACTO REGNI APULLIE.

Venerabili in Christo patri ac dilecto suo Richardo, Sancti Angeli diacono cardinali, Alfonsus, filius regis Francie, comes Pictavie et Tholose, salutem et cum sincera dilectione paratam ab beneplacita voluntatem. Prudencie vestre litteras necnon et secreta que in ore Johannis, latoris earumdem, a vobis fuerant posita, pleno collegimus intellectu, in quibus commendacionem negocii regni Apullie multi-

---

[1] Je date cette pièce de 1264, à cause de sa place dans le registre; Boutaric la croit de 1263.

plicem vidimus contineri, cujus commendacionem cause varie debent quemlibet movere fidelem ut negocium predictum affectu intimo amplectatur. Inter cetera tamen cor cujuslibet fidelis debet ascendere (*sic*) status sanctissime matris nostre Romane ecclesie compassione dignus, cum eam adversarii fidei multipliciter opprimunt et molestant; ipsa est enim domus Dei, cujus zelus comedit nos et opprobria exprobrancium ei super nos ceciderunt : ipsa est etiam porta celi per quam nobis Dei regnum aperitur, ipsi namque date sunt claves regni celorum, dicente Domino beato Petro apostolo : *Quodcumque ligaveris super terram, erit ligatum et in celis, et quodcumque solveris super terram, erit solutum et in celis.* Huic siquidem sanctissime matri nostre caritative pietatis et compassionis intime visceribus affluentes, ad illius invitationem qui beatum Petrum, in fluctibus ambulantem, ne mergeretur erexit, licet fluctuare posset ejusdem Petri navicula, nunquam tamen submergi, ad cujusmodi tamen sedationem fluctuum debemus affectu quo possumus anelare, et si in talibus pompam seculi licitum sit attendere, dicere possemus quod nobis temporaliter cederet ad honorem, si, eo operante qui operatur omnia in omnibus, per ministerium karissimi fratris nostri status dicte sanctissime matris ecclesie Romane, qui per adversariorum fidei potenciam multis modis temporaliter extitit deturpatus, foret in melius reformatus. Verum cum secundum Apostolum racionabile debeat esse obsequium nostrum et tantum negocium multiplici circonspectione egeat, super quo tractatus diversi diucius habiti fuerunt, quos quasi penitus ingnoramus (*sic*), cum super hoc dictus karissimus frater noster nobiscum collationem minus plenam habuerit, immo, ut verius dicamus, in tanto negocio quasi nullam, si nobiscum super hoc ipsum conferre contigerit, quod facturum credimus prout decet, quidquid ad honorem Dei et utilitatem ecclesie Romane, inspectis negocii condicionibus, racionabiliter debere fieri nobis videbitur, eidem consulemus, non temporale lucrum regni Sicilie attendentes, set pocius regnum illud, quod quemlibet, ei servientem cui servire regnare est, nullus fidelium dubitat adipisci. Dominus vos conservet ecclesie sue sancte. Datum secundo idus julii.

2036

28 aug. [1264]. — SUPER FACTO EPISCOPI RUTHINENSIS.

Sanctissimo in Christo patri ac domino Urbano, Dei gratia summo pontifici, Alfonsus, *etc.*, salutem et cum reverencia debita devota pedum oscula beatorum. Cum intellexerimus inquestam contra venerabilem patrem episcopum Ruthinensem [1] de mandato vestro esse factam, sanctitatem vestram rogandam duximus quatinus ipsam secundum Deum et justiciam propter utilitatem et periculum animarum dyocesis Ruthinensis, si placet, accelerare velitis. Datum die jovis post festum beati Bartholomei apostoli.

2037

29 aug. [1264]. — PRO ORDINE CISTERCIENSIS ORDINIS (*sic*).

Sanctissimo in Christo patri ac domino Urbano, Dei gratia summo pontifici, Alfonsus, *etc.*, salutem et cum debita reverencia devota pedum oscula beatorum. Cum nos ordinem Cisterciensem diligamus, sanctitatem vestram rogandam duximus quatinus super bono statu et reformacione ejusdem ordinis, si placet, benigne intendere velitis. Datum apud Longumpontem, die veneris in decollatione beati Johannis Baptiste.

2038

[Circa 1264.] — PRO DOMINO JOHANNE DE CURTENIACO [2].

Sanctissimo in Christo patri ac domino Urbano, Dei gratia summo pontifici, Alfonsus, *etc.*, salutem et cum debita reverencia devota pedum oscula beatorum. Cum in Remensi ecclesia jamdudum pastoris solacio destituta venerabilis pater G., tituli Sancti Marchi presbiter

---

[1] Vivien, évêque de Rodez de 1247 à 1274. — Nous datons cette pièce du mois d'août 1264, mais sans être absolument sûr de l'année. — [2] L'affaire date de 1263. L'acte est antérieur au mois d'octobre 1264, temps de la mort d'Urbain IV.

cardinalis [1], ex una parte, et dilectus consanguineus noster J. de Curtiniaco, pro quo alias vestre sanctitati preces porreximus, ex parte alia, sint electi, nos desolacioni ejusdem ecclesie ac vexacione (*sic*) dicti consanguinei nostri, qui in eadem electione a multis fide dignis creditur jus habere, compacientes ex animo, sanctitatem vestram iterato duximus exorandam quatinus negocium ipsius electionis, frustratoriis dilacionibus et allegacionibus amputatis, celeri fine velitis, si placet, concludere et predicti Johannis jus quod habere dicitur in eadem illesum observare, nostrorum precaminum interventu, ne tam ipse quam predicta ecclesia propter tractum longioris litigii diucius opprimatur. Creditur autem ab aliquibus via expediens quod prius vestra sanctitas discuciat inter fratres utrum memorato cardinali dare velit licenciam transeundi (*sic*), si tamen jus haberet in eleccione predicta. Quod si non placuerit hujusmodi dare licenciam, non deberet jus predicti Johannis per ipsum cardinalem aliquatenus impediri.

Édité par Du Bouchet, *Hist. généalogique de la maison de Courtenay*, Preuves, p. 45 (d'après le présent manuscrit) et dans *Gallia Christiana*, X, *instr.*, col. 66 (d'après les Sainte-Marthe).

2039

16 oct. [1264]. — PRO DOMINO JOHANNE DE CURTINIACO.

Reverendo in Christo patri ac sibi karissimo R., Dei gratia Albanensi episcopo [2], Alfonsus, *etc.*, salutem et cum debita reverencia devota pedum oscula beatorum. Cum causa super eleccione Remensi in curia Romana diucius fuerit agitata, et nos pro dilecto consanguineo nostro Johanne de Curtiniaco, qui electus est in eadem, preces porrexerimus summo pontifici, paternitatem vestram rogamus attencius quatinus pro dicto consanguineo nostro velitis, si placet, apud summum pontificem interponere partes vestras, prout secundum Deum et justiciam videritis expedire, ita quod apud vos preces nostras in hoc sibi senciat pro-

[1] Guillaume de Bray, mort en 1282. — [2] Raoul de Chevrières, évêque d'Albano de 1261 à 1270.

fuisse. Datum apud Longumpontem, die jovis in octabis beati Dyonisii.

Simili modo scriptum fuit O., Tuscullano episcopo [1]. — Simili modo scriptum J., Sancti Nicholai in Carcere Tulliano diacono cardinali [2]. — Similis littera missa fuit magistro Michaeli de Tholosa, vicecancellario.

Édité par Du Bouchet, *Hist. généalogique de la maison de Courtenay*, Preuves, p. 45.

2040

20 oct. [1264]. — DOMINO PAPE SUPER STATUTO.

Sanctissimo in Christo patri ac domino Urbano, Dei gratia summo pontifici, Alfonsus, *etc.*, salutem et cum debita reverencia devota pedum oscula beatorum. Nuper ad vestre sanctitatis presenciam nuncios nostros misisse recolimus pro quibusdam nostris peticionibus exhibendis quos, sicut iidem nobis retulerunt, honorifice recepistis, et eisdem peticionibus pro magna parte gratum prebuistis assensum, unde vestre majestati ad eas, quas possumus, gratiarum assurgimus actiones. Sane quia, dictis referentibus nuntiis, intelleximus vos dixisse quod, si quid deesset in concessis a vobis graciis, libenti animo suppleretis, speramus eciam favorem apostolicum nobis favorabiliter exibendum, sicut tenor nobis misse littere vestre clause mellita verborum dulcedine redundantis innuebat, quam leti recepimus et intelleximus diligenter. Hinc est quod sanctitati vestre supplicandum duximus, ex affectu quam possumus ampliori, quatinus duas peticiones nostras, vobis per latorem presentium exhibendas, presertim super statuto edito in provinciali Burdegalensi concilio, quod nobis et terre nostre non mediocriter prejudiciale fore dignoscitur, et de censivis pariter dignemini ad exaudicionis gratiam admittere. Non enim satis sufficienter videtur aliquibus nobis cautum vel provisum fore per privilegium super hoc jam obtentum. Unde suppliciter petimus ut statutum ipsum velitis, si placet, tota-

[1] Le célèbre Eudes de Châteauroux. — [2] Jean Caëtano Orsini, plus tard pape sous le nom de Nicolas III (1277-1280).

liter revocare, vel saltim taliter moderare quod nobis aut nostris vel terre nostre non possit pretextu ipsius statuti aliquod prejudicium in posterum generari, tantum super hoc, vestri gratia, facientes, quod per hec et alia grata beneficia, que nobis duxeritis indulgenda, de devotis efficiamur devociores et prompciores ad quecumque vestra beneplacita et mandata. Datum die lune post festum sancti Luce euvangeliste.

Édité par Boutaric, Alfonse de Poitiers, p. 432-433, et dans Hist. de Languedoc (nouv. édit.), VIII, col. 1541-1542.

2041

20 oct. 1264. — DOMINO J. GAIETANO PRO EODEM.

Venerabili in Christo patri, consanguineo suo et amico karissimo J., Dei gratia Sancti Nicholai in Carcere Tulliano diacono cardinali, Alfonsus, *etc.*, salutem et cum sincera dilectione paratam ad beneplacita voluntatem. Quasi ex usu provenit ut ad eos fiducialius recurratur, a quibus consueverunt obtata presidia facile reportari. Nos siquidem dilectionem sinceram, quam ad personam nostram geritis, frequenti exhibitione operis experti sumus, super quo quantas possumus referimus vobis grates. Itaque vos duximus requirendos, vestre paternitatis benivolenciam rogantes et requirentes ex affectu quatinus peticiones nostras, vobis per latorem presencium exibendas, procuretis apud summum pontificem celeriter et utiliter expediri, presertim super quodam statuto in provinciali Burdegalensi concilio nuper edito, cujus transcriptum vobis mittimus, cum nobis et terre nostre immediate vel mediate nobis subjecte, in provincia Burdegalensi existenti, prejudiciale sit in inmensum et iniquitatem contineat manifestam, sicut etiam dixisse vos referunt nuncii nostri, qui nuper ad nos de Romana curia redierunt, et, ut fide digni asserunt, per jam obtentum privilegium nobis minime cautum est in hac parte. Sciat autem vestra paternitas quod negocium hujusmodi est admodum nobis cordi, cum non intellexerimus quod in aliqua provinciarum regni Francie simile statutum nondum editum fuerit nec alias usitatum, et licet multiplices rationes possent induci ad dictam peticionem facilius obtinendam et statutum ipsum reprobandum, de multis tamen paucas duximus subscribendas in rotulo peticionum, quas vobis mittimus sub contrasigillo nostro interclusas. Vos autem defectum, sicut confidimus, suppleatis quem supplendum videritis in premissis, tantum, vestri gratia, super hiis facientes quod vobis mediantibus ad plenum nobis provisum sit in hac parte, et nos vobis propter hoc ad grates merito teneamur. Datum die lune post festum sancti Luce, anno LX° IIII°.

2042

(Fol. 27.) 20 oct. 1264. — [J., SANCTI NICHOLAI IN CARCERE TULLIANO CARDINALI.]

Venerabili[1] in Christo patri, consanguineo suo et amico karissimo, domino J., Dei gratia Sancti Nicholai in Carcere Tulliano diacono cardinali, Alfonsus, etc., salutem et cum sincera dilectione paratam ab beneplacita voluntatem. Verus amor linceos habens oculos et brachia lacertina videt longe positos per affectum et amplexatur de prope per effectum, sed sunt plerique qui pregnantes amorem, ut asserunt, nolentes vel nescientes amicicie servare federa, faciunt abortivum. Vos autem non sic. Non enim longa terrarum spacia, non propter diuturnitatem temporis dilata votiva visio conjunctam familiarem amiciciam nostram aut familiaritatem amicabilem mera liberalitate vestra dumtaxat previa sejungere poterunt. At ut primo inita est inter nos specialis dilectio, eam unanimi constancia immutabiliter servavistis, per incrementa temporum amoris titulum adjungendo. Sane, licet non sit novum apud nos nostra vos habere negocia propensius commendata, sicut per frequentem experienciam factorum nobis constat, nuperrime tamen, sicut dilecti et fideles nuncii nostri G. de Doeto, miles, et Guichardus, familiaris clericus noster, nobis retulerunt, quos ad sedem apostolicam miseramus, nostra negocia affectu sincerissimo pre ceteris amplexati, ea pro viribus, quantum in vobis est, pro viribus promovere studuistis, ut

[1] En tête de l'acte, le mot *Vacat*.

nobis satisfieret juxta vota. Quid igitur pro tot et tantis liberalitatibus tamque frequenter nobis et nostris exibitis digne poterimus rependere? Gratiarum saltim quantas possumus referimus actiones, prompto et benivolo animo id facturi que crederemus fore vestre beneplacita voluntati. Ad hec potissime perpendimus vestre erga nos sinceritatis benivolenciam, quod secretum vestrum non omnibus propalandum dictis nostris nunciis communicare voluistis, super quo cum viderimus fratrem nostrum, comitem Provencie, qui in confectione presencium agebat in remotis, loqui proponimus secundum quod honori vestro et qualitati negocii noverimus expedire. Datum die lune post festum sancti Luce euvangeliste, anno LXIIII°.

2043

20 oct. 1264. — MAGISTRO MICHAELI VICECANCELLARIO, PRO EODEM.

Alfonsus, *etc.*, venerabili viro et sibi karissimo magistro Michaeli, sancte Romane ecclesie vicecancellario, salutem et sincere dilectionis affectum. Naturalis affeccio et vestre benivolencie experta fidelitas vos inducunt ut nobis et nostris in nostrorum expedicione negociorum exititeritis fidelis et sedulus procurator, sponte et gratis expedicionis honera subeundo, et quamquam id jam frequenter experti fuerimus, nunc tamen plenissime nobis constat de sincera dilectione quam erga nos geritis, non solum per relationem quam nobis fecerunt dilecti et fideles nuncii nostri G. de Docto, miles, et Guichardus, clericus noster, verum eciam per ea que attulerunt negocia, vobis mediantibus impetrata. Super quibus non immerito vobis refferimus multas grates, et quia per preterita confidimus de futuris, vestre discrecionis amicicie jam experte quasdam peticiones nostras specialiter duximus destinandas, sperantes ut mediante vestra sollicitudine effectum assequi valeant preoptatum. Unde vos attente requirimus et rogamus quatinus super dictis petitionibus obtinendis, precipue super ea in qua fit mencio de statuto edito in provinciali Burdegalensi concilio, partes vestras per vos et per alios amicos vestros taliter interponere studeatis, quod pretextu illius statuti

QUATRIÈME REGISTRE.

nobis vel terre nostre in Burdegalensi provincia existenti non possit ulterius aliquod prejudicium generari. Per illud enim privilegium, quod dicti nuncii super hoc impetrarunt, nobis minime cautum vel provisum fore dicitur in hac parte. Sciat autem vestra prudencia quod negocium hujusmodi est vehementer nobis cordi, cum non intellexerimus quod in aliqua provinciarum regni Francie simile statutum nundum editum fuerit nec alias usitatum. Et licet multiplices rationes possent induci ad dictam peticionem facilius obtinendam et statutum ipsum reprobandum, de multis tamen paucas duximus subscribendas in rotulo peticionum, quas vobis mittimus sub contrasigillo nostro interclusas. Vos autem defectum, sicut confidimus, suppleatis quem supplendum videritis in premissis, tantum amore nostri super hoc facientes quod, vobis mediantibus, ad plenum nobis provisum sit in hac parte, et nos vobis propter hoc ad grates merito teneamur. Datum die lune post festum sancti Luce euvangeliste.

2044

20 oct. 1264. — MAGISTRO YSEMBARDO, DOMINI PAPE NOTARIO.

Alfonsus, *etc.*, venerabili viro et sibi karissimo magistro Ysembardo, domini pape notario, salutem et sincere dilectionis affectum. Quamquam dudum vestre prudencie diligenciam circa nostra negocia experti fuerimus, nuper tamen nobis plenius innotuit per relationem dilectorum et fidelium nostrorum G. de Doeto, militis, et Guichardi, clerici nostri, per quos intelleximus vos fideliter laborasse super expedicione peticionum nostrarum, quas per ipsos duximus summo pontifici exhibendas, ex qua re merito vobis grates referimus quas possimus ampliores. Sane, quia super quibusdam de petitionibus ipsis non est nobis, ut videtur, satisfactum, presertim super ea in qua fit mencio de statuto in provinciali Burdegalensi concilio edito, ad vestre discrecionis benivolenciam duximus reccurrendum, attencius vos rogantes quatinus peticiones quas lator presencium vobis exhibuerit, eam potissime que ad dictum statutum pertinet, procuretis erga summum pontificem celeriter et utiliter expediri, quia per obtentum privilegium super dicto statuto, quod plurimum est nobis cordi, est minime nobis cautum, ut dicitur, vel provisum. Sciat autem vestra dilectio quod non intelleximus in aliqua provinciarum Francie simile statutum hactenus fore editum nec alias usitatum, et licet multiplices rationes possent induci ad dictam peticionem facilius obtinendam et ipsum statutum reprobandum, de multis tamen paucas duximus subscribendas in rotulo peticionum, quas vobis mittimus sub contrasigillo nostro interclusas. Vos autem defectum, sicut confidimus, suppleatis quem supplendum videritis in premissis, tantum amore nostri super hiis facientes quod, vobis mediantibus, ad plenum nobis provisum sit in hac parte, et nos vobis propter hoc ad grates merito teneamur. Ceterum regraciamur vobis super conductu dictis nunciis nostris in suo reditu per vos prestito, et de libro confecto de doctrina avium rapacium nobis misso. Datum die lune post festum beati Luce euvangeliste, anno LX° IIII°.

2045

20 oct. 1264. — MAGISTRO ROBERTO DE BONAVALLE PRO EODEM.

Alfonsus, *etc.*, venerabili viro dilecto et fideli clerico suo, magistro Roberto de Bonavalle, salutem et sinceram dilectionem. Redeuntes ad nos dilecti et fideles nostri G. de Doeto, miles, et Guichardus, clericus noster, de Romana curia, quos pro nostris negociis expediendis ad sedem apostolicam miseramus, inter cetera inpetrata privilegia unum exibuerunt in medio, faciente (*sic*) de statuto edito in provinciali Burdegalensi concilio mencionem. Sane cum statutum ipsum nobis et terre nostre admodum prejudiciale existat, et per jam optentum privilegium sit minime nobis cautum, ad sedem apostolicam duximus remittendum. Hinc est quod vobis mandamus, rogantes quatinus peticiones nostras, precipue super revocacione dicti statuti, quas vobis mittimus, procuretis effectui mancipari, scituri quod dicti statuti revocatio, saltim quatenus nos et terram nostram tangit, est plurimum nobis cordi. Unde circa hec taliter laboretis quod, mediante vestra solicitudine, quod optamus in hac parte assequi valeamus, cum non intellexerimus quod in aliqua provinciarum regni Francie simile statutum hactenus editum fuerit nec alias usitatum. Et licet multiplices rationes possunt induci ad dictam peticionem facilius obtinendam et statutum ipsum reprobandum, de multis tamen paucas duximus subscribendas in rotulo petitionum, quas vobis mittimus sub contrasigillo nostro interclusas. Vos autem defectum, sicut confidimus, supleatis, tantum super hoc facientes quod exinde vobis teneamur scire grates, et nos vestram solicitudinem debeamus propter hoc merito commendare. Datum die lune post festum beati Luce euvangeliste, anno LX° IIII°.

2046

3o jan. 1265. — DOMINO G., SABINENSI EPISCOPO.

Reverendo in Christo patri ac sibi karissimo domino G., Dei gratia Sabinensi episcopo [1], apostolice sedis legato, Alfonsus, *etc.*, salutem et sincere dilectionis affectum. Literas vestras recepimus. Super eo quod per easdem intelleximus quod vos ad sedem apostolicam proponebatis dirigere gressus vestros, apud quam, si quid facere pro nobis potestis, libenter et ex animo facietis, vobis grates referimus copiosas, paternitatem vestram rogantes quatinus, si que sint in partibus istis que vobis placere debeant, nobis significetis cum fiducia obtinendi, scituri quod in confectione presencium eramus in bono statu, divina gratia largiente, quod de vobis scire sepius affectamus. Datum apud Marrolias [2], die veneris ante purificationem beate Virginis, anno LX° III°.

[1] Le célèbre Gui Foucois, élu pape, sous le nom de Clément IV, au mois de février de cette même année 1265. — [2] Marolles-en-Hurepoix, Seine-et-Oise, canton d'Arpajon.

2047

27 febr. [1265]. — PRO MAGISTRO GUILLELMO RUFFI.

Venerabili in Christo patri, consanguineo et amico suo karissimo domino J., Dei gratia Sancti Nicholai in Carcere Tulliano diacono cardinali, Alfonsus, *etc.*, salutem et sincere dilectionis affectum. Pro dilecto et fideli clerico nostro magistro Guillelmo Ruffi, jurisperito, de cujus legali servicio merito nos laudamus, paternitatem vestram dignum duximus deprecari ut amore nostri super petitionibus et supplicationibus, quas per se vel per procuratorem facturus est summo pontifici, super provisione sibi facienda de prebendali beneficio in ecclesia Bituricensi cathedrali aut Nivernensi aut Claromontensi, consilium et auxilium dignemini eidem magistro, si placet, impertiri, ita quod preces nostras sibi senciat fructuosas, et precibus vestris intervenientibus, si possibile sit, intencioni sue consequatur obtatum. Datum apud Longumpontem, die veneris post dominicam qua cantatur Invocavit me.

2048

12 mart. [1265]. — PRO COMITE ANDEGAVENSI.

Venerabili in Christo patri et sibi karissimo domino S.[1], Dei gratia tituli Sancte Cecilie presbitero cardinali, apostolice sedis legato, Alfonsus, *etc.*, salutem et dilectionis sincere affectum. Cum karissimus frater noster K., comes Andegavensis et Provincie, propter magnas expensas quas fecit et facit omni die, in tantum indigeat quod facta sua sint in periculo, nisi habeat succursum pecunie absque mora, secundum quod nobis per suas litteras intimavit, et nos per easdem litteras rogaverit ut vos super hoc rogemus, paternitatem vestram rogamus ex affectu quatinus super hoc consilium apponatis, si placet, quod videritis apponendum. Datum die jovis ante mediam quadragesimam, apud Hospitale juxta Corbolium.

[1] Simon de Brion, plus tard pape sous le nom de Martin IV (1281-1285).

2049

(Fol. 28.) 31 mart. 1265. — PRO DOMINO JOHANNE DE CURTINIACO.

Reverendo in Christo patri et sibi karissimo R., Dei gratia Albanensi episcopo, Alfonsus, *etc.*, salutem et sincere dilectionis affectum. Cum causa super electione Remensi in curia Romana diucius fuerit agitata, et dilectus consanguineus noster Johannes de Curtiniaco, capicerius Aurelianensis, electus sit, ut dicitur, in eadem, paternitatem vestram rogamus attencius quatinus pro dicto Johanne, dilecto nostro consanguineo, velitis, si placet, apud summum pontificem interponere partes vestras, prout secundum Deum et justiciam videritis expedire. Datum apud Moyssiacum episcopi, die martis post Ramos palmarum, anno Domini M° CC° LX° quarto.

Simili modo scriptum fuit O., Tusculano episcopo. — Simili modo scriptum fuit H., Ostiensi et Velletrensi episcopo [1]. — Simili modo scriptum fuit R., Sancti Angeli diacono cardinali. — Simili modo scriptum fuit J., Sancti Nicholai in Carcere Tulliano diacono cardinali. — Simili modo scriptum fuit Matheo, Sancte Marie in Porticu diacono cardinali. — Simili modo scriptum fuit magistro Michaeli de Tholosa, vicecancellario.

2050

12 jun. 1265. — PRO ABBATE KARROFIENSI.

Sanctissimo in Christo patri ac domino Clementi, Dei gratia summo pontifici, Alfonsus, *etc.*, salutem et cum debita reverencia devota pedum oscula beatorum. Pro religioso viro abbate monasterii Karrofiensis [2], cujus monasterii garda in temporalibus ad nos dicitur pertinere, sanctitatem vestram duximus exorandam quatinus justas peticiones et causas ipsius abbatis habere dignemini recommendatas, prout sanctitatis vestre circonspectio fore noverit consentaneum equi-

---

[1] Le célèbre canoniste, Henri de Suze, mort en 1271. — [2] Charroux, abbaye de l'ordre de S. Benoît, dioc. de Poitiers; auj. Vienne.

tati. Datum apud Longumpontem, in crastinum beati Barnabe apostoli, anno LXV°.

2051

5 jul. [1265]. — DOMINO SYMONI, DEI GRATIA TITULI SANCTE CECILIE PRESBITERO CARDINALI, APOSTOLICE SEDIS LEGATO, PRO DOMINO COMITE.

Venerabili in Christo patri et sibi karissimo domino S., Dei gratia tituli Sancte Cecilie presbitero cardinali, apostolice sedis legato, Alfonsus, *etc.*, salutem et dilectionem. Cum, sicut recolimus, paternitatem vestram alias duxerimus exorandam ut clericos nostros super prestacione decime, quantum ad omnia sua beneficia, esse velletis liberos et immunes, iterato paternitatem vestram rogamus attentius quatinus super ipsa immunitate dictis clericis nostris, quantum ad omnia sua beneficia, vestras litteras concedatis. Confidimus enim quod nec domino pape nec karissimo fratri nostro comiti Andegavensi immunitas predicta debeat displicere. Datum dominica post festum apostolorum Petri et Pauli.

2052

5 oct. 1265. — SUMMO PONTIFICI PRO DOMINO COMITE.

Sanctissimo in Christo patri ac domino Clementi, Dei gratia summo pontifici, Alfonsus, *etc.*, salutem et cum debita reverencia devota pedum oscula beatorum. Cum ex tenore litterarum vestrarum et relatu magistri Petri Amioti, clerici vestri, perpenderimus inopiam et miseriam quas karissimus frater noster Karolus, rex Sycilie illustris, propter defectum pecunie cogitur sustinere, quod sine cordis amaritudine sustinere non possumus nec debemus, sanctitati vestre tenore presencium innotescat quod, [cum] ante receptionem litterarum vestrarum reverendus in Christo pater dominus Symon, Dei gratia tituli Sancte Cecilie presbyter cardinalis, apostolice sedis legatus, nos pro negotio ecclesie Romane et Apulie requisierit de mutuo faciendo, attendentes necessitatem predicti negocii, eidem mutuavimus quatuor milia et quingentas marchas sterlincorum novorum et quinque milia librarum turonensium pro negocio supradicto, sanctitatem vestram scire volentes quod, quamvis non simus ita premuniti ad presens sicut nobis competeret, ob reverenciam sedis apostolice et contemplacionem prudencie vestre sanctissime nichilominus innitemur quod predicto domino Symoni, cardinali et legato in Francia, pro eodem negocio mutuo trademus quinque milia librarum pictavensium novorum, cum nos inde duxerit requirendos, quamvis simus in periculo pro defectu peccunie de mutuo accipiendo cum incommodo usurarum. Super eo vero quod intelleximus vos esse sanos et incolumes per Dei gratiam, inde leti fuimus in Domino et gaudentes. Mandetis nobis, si placet, vestre beneplacita sanctitatis, parati enim sumus ad quecumque vestre sanctitatis beneplacita et mandata. Hec autem omnia magister Petrus, dapifer mense vestre, vobis oretenus declarabit. Datum apud Longumpontem, die lune proxima post festum sancti Michaelis arcangeli, anno LX° V°.

2053

29 nov. 1265. — DOMINO S., DEI GRATIA TITULI SANCTE CECILIE PRESBITERO CARDINALI.

Venerabili in Christo patri ac sibi karissimo S., Dei gratia tituli Sancte Cecilie presbitero cardinali, apostolice sedis legato, Alfonsus, *etc.*, salutem et cum sincera dilectione paratam ad beneplacita voluntatem. Paternitati vestre singnificamus quod vir venerabilis et fidelis noster magister Geraldus de Malomonte, noster clericus, est juratus. Datum apud Moissiacum episcopi, die dominica in vigilia beati Andree apostoli, anno Domini M° CC° LX° quinto.

2054

25 dec. 1265. — SUMMO PONTIFICI PRO DOMINO COMITE.

Sanctissimo in Christo patri ac domino Clementi, Dei gratia summo pontifici, Alfonsus, *etc.*, salutem et cum debita reverencia devota pedum oscula beatorum. Sanctitatem vestram rogandam duximus ex affectu, supplicantes quatinus nobis indulgere dignemini, ut si quando senescallos, ballivos, servientes aut ministeriales nostros quoscunque a quibuscumque excomunicari contigerit, quod si cum excomunicatis hujusmodi nos communicare seu participare contigerit, propter hoc majoris vel minoris excomunicationis laqueo non ligemur, credentes, si placet, dilecto et fideli nostro clerico magistro Roberto de Bonavalle, exibitori presencium, super hiis que sanctitati vestre ex parte nostra dixerit, quatenus tangit supplicationem suppradictam. Datum apud Longumpontem, die natalis Domini, anno LX° v°.

2055

1 sept. [1266]. — [CARDINALIBUS ROMANIS PRO PRIORE S. RADEGUNDIS PICTAVENSIS.]

Venerabili in Christo patri et sibi karissimo Matheo, Dei gratia Sancte Marie in Porticu diacono cardinali, Alfonsus, *etc.*, salutem et sincere dilectionis affectum. Paternitatem vestram rogamus ex affectu quatinus dilecto et fideli clerico nostro priori Sancte Radegondis Pictavensis super hiis que habet facere coram summo pontifice contra Huguetum de Faugerel, clericum, super prebenda ecclesie Beate Radegondis, erga eundem summum pontificem in jure suo vestrum velitis impendere consilium, auxilium et favorem, preces nostras, si vobis placuerit, ad exaudicionis gratiam admittentes, ita quod idem prior easdem sibi senciat fructuosas. Datum die mercurii in festo sanctorum Egidii et Lupi.

Simili modo scriptum fuit episcopo Tusculano; simili modo scriptum fuit domino Johanni Geiatano; simili modo scriptum fuit episcopo Albanensi; simili modo scriptum fuit vicecancellario.

2056

(Fol. 29.) 9 jan. 1267. — [SUMMO PONTIFICI PRO B., ELECTO CARCASSONE.]

Sanctissimo in Christo patri ac domino Clementi, Dei gracia summo pontifici, Alfonsus, *etc.*, salutem et cum debita reverencia pedum oscula beatorum. Cum, sicut intelleximus, canonici et capitulum ecclesie Carcassonensis B., filium quondam dilecti nostri R. de Canesuspenso, archipresbiterum ipsius ecclesie, concorditer in suum elegerunt episcopum et pastorem, et postmodum per suum metropolitanum, videlicet Nerbonensem episcopum (sic), extiterit, ut dicitur, confirmatus, sanctitatem vestram duximus exorandam quatinus jus ipsius electi, si placet, velitis eidem favorabiliter conservare. Datum dominica post epiphaniam Domini, anno ejusdem m° cc° lx° sexto.

2057

(Fol. 34.) — [DE MONETA CUDENDA [1]].

...sub quo cuneo et de qua lege et de quo pondere eam facerent illi qui acciperent eam ad cudendum, sub qua forma et per quantum tempus et quot miliaria facerent per dictum tempus de moneta antedicta, quantum darent de quolibet miliari, et de omnibus aliis condicionibus et circunstanciis que sunt in talibus addiscende, addiscat plenius et diligencius veritatem, et quicquid super hiis invenerit, nobis in scriptis sigillatim de quolibet articulo significare procuret. Datum ut precedens.

2058

[Circa 1265.] — ARTICULI CIVIUM THOLOSE.

Excellentissimo domino suo Alfonso, comiti Pictavie et Tholose, Durandus de Sancto Barcio et Arnaldus de Escarquencis, capitularii urbis et suburbii Tholose, pro se et suis collegis in eodem capitulatu, de consilio consiliatorum eorumdem, scilicet domini Petri de Castronovo et domini Raimundi Johannis, legiste, supplicant et petunt seu requirunt nomine dicte communitatis seu universitatis urbis et suburbii Tholose, quod placeat dominacioni vestre quatinus permittatis dicte universitati seu communitati dicte urbis et suburbii Tholose uti suis libertatibus debitis et consuetis, sicut melius eadem universitas seu com-

---

[1] Le début de ce mandement fait défaut dans le manuscrit. Il s'agit sans doute de la monnaie de Toulouse.

munitas ipsas libertates et consuetudines habuit et habere debuit, vel habebat et habere debebat eo tempore quo vestra excellens dominacio easdem libertates et consuetudines eisdem communitati et universis civibus Tholose tunc presentibus et futuris per suas patentes litteras laudavit et confirmavit et etiam in perpetuum se eidem communitati seu universitati easdem libertates et consuetudines tenere promisit et per suos bajulos servari in futurum voluit et mandavit. Quibus autem libertatibus et consuetudinibus dicta universitas et communitas urbis et suburbii, tempore dicte laudacionis et confirmationis et ante etiam per longa tempora, temporibus videlicet bone memorie dominorum comitum Tholose, antecessorum vestrorum, utebatur et uti debebat, sublimitati vestre presenti scripto denunciamus, et videlicet :

1. Quod dicta universitas urbis et suburbii Tholose ad manum suam habebat et possidebat capitulatum vel consulatum dicte urbis, et ex parte dicte universitatis seu communitatis dicte urbis et suburbii et ex parte dicte urbis et suburbii capitularii vel consules, qui ex parte dicte communitatis urbis et suburbii in dicta urbe et suburbio pro tempore fuerant, circa finem sue administrationis annuatim alios capitularios vel consules de eadem urbe et suburbio eligebant et creabant et nominabant et instituebant, et eadem communitas sic institutos, creatos, electos vel nominatos pro consulibus tenebat et habebat.

2. Item quod vicarius, quicumque erat Tholose, tempore sue novitatis seu ingressus sui officii, jurabat et jurare tenebatur, et sic erat consuetum et usitatum longissimis temporibus ibidem, dictis consulibus forciam et consilium, et quod universos et singulos dicte urbis teneretur deffendere et protegere intus civitatem et suburbium et extra in omni loco pro posse suo in personis et rebus eorumdem, et quod viccarius se tornabat specialiter et tornare debebat seu desistebat et desistere debebat, cognicione consulum, ab omni forcia et violencia et injuria, si quam faciebat vel fecerat civibus Tholose et alicui eorumdem, et emendam inde faciebat cognicione consulum eorumdem.

3. Item quod consules Tholose, de usu antiquo et consuetudine Tho-

lose, audiebant et diffiniebant omnes causas criminum et injuriarum civium Tholose.

4. Item quod bone memorie dominus Raimundus, quondam comes Tholose, filius domine regine Johanne, cum instrumento publico eidem communitati recognovit, dixit et in veritate asseruit quod totus consulatus Tholose urbis et suburbii erat et esse debebat in perpetuum in proprietatem et possessionem communitatis et universitatis urbis Tholose et suburbii, tunc presentis et futture, et quod in perpetuum, nullius viventis requisito consilio vel consensu, propria auctoritate et voluntate, eadem communitas et universitas poterat et debebat eligere, nominare, instituere, creare, mutare, reducere, facere et tenere consules in Tholosa, in urbe et suburbio, scilicet annuatim xxiiii viros, medietatem de urbe et aliam medietatem de suburbio, de qualibet partita duos viros, cum vi partite sint in urbe et alie vi partite sint in suburbio, quorum medietas esset majorum et alia medietas esset mediocrium, et quod quicquid idem dominus comes tenuerat in consulatu et consulibus Tholose urbis et suburbii, eligendo, nominando, instituendo, creando, mutando, reducendo, faciendo vel alio modo, tenuerat dominus comes predictus nomine commande pro communitate et universitate et nomine communitatis et universitatis ejusdem urbis et suburbii Tholose et pro eis, et quod idem dominus comes nichil ibi tenuerat pro se ipso nec tenere debebat ullo modo, et si quid juris ibi habebat idem dominus comes vel habuerat, totum illud dominus comes dicte communitati urbis et suburbii absolvit in perpetuum et quittavit sine aliquo retentu, quem ibidem idem dominus comes non fecit ullo modo, prout hec omnia in dicto instrumento publico plenius continentur.

5. Item quod omnes homines urbis Tholose et suburbii cum omnibus rebus suis erant et esse debebant liberi et immunes a prestacione pedagiorum et leudarum, ratione libertatum eisdem universis et singulis hominibus dicte urbis et suburbii, tunc presentibus et futturis, a bone memorie dominis comitibus Tholose, antecessoribus vestris, cum publicis instrumentis concessarum, per totam terram eorumdem dominorum comitum Tholose et successorum suorum.

6. Item supplicant excellentie vestre reverentissime predicti Durandus de Sancto Barcio et Arnaldus de Esquarquencis et predicti consiliarii quatinus vobis placere dignetur, prout ab antiquo moris est et usitatum in Tholosa, quod de bonis incursorum vel dampnatorum creditoribus eorumdem satisfiat.

7. Item dicunt etiam et asserunt dictus Durandus de Sancto Barcio et Arnaldus de Esquarquencis, de consilio dictorum consiliatorum, quod plures alie sunt et erant libertates et usus et consuetudines in urbe Tholose et suburbio, in quibus uti consuevit eadem communitas urbis et suburbii ultra predictas, quas vobis esset longum enarrare, super quibus viccarius Tholose et alii bajuli vestri eamdem communitatem molestant, contra dictas libertates, usus et consuetudines multipliciter veniendo.

8. Item dicunt et asserunt dicti capitularii seu consules, de consilio dictorum consiliatorum, quod si de consuetudine dubitetur inter cives vel inter cives et forenses super contractibus in dicta urbe seu suburbio inhitis in causis vel negociis, quod stetur dicto consulum predictorum et quod super dicta consuetudine et usu dicti consules, qui pro tempore fuerint, cum juraverunt in ingressu sue administrationis dicti consules, requirantur et quod suum prestitum juramentum in ingressu super dictis consuetudinibus sufficiat.

9. Item supplicant dicti capitularii seu consules, de consilio dictorum consiliatorum, quod si ratione monete vestre alique preconizationes fiant in futurum, quod alia moneta non recipiatur nisi vestra, quod illi qui receperint in dicta urbe vel suburbio, ad cognicionem consulum predictorum qui aliquam monetam nisi vestram receperint puniantur, cum hoc sit de usu et consuetudine Tholose.

10. Item supplicant dicti capitularii seu consules ut supra, quod si aliquem civem, quod absit, capi contigerit per vicarium vestrum vel senescallum, quod dictus civis ydoneis fidejussoribus dimittatur, nisi crimen notorium fuerit vel eciam manifestum.

11. Item supplicant dicti capitularii seu consules ut supra, quod mandetis per vestras litteras senescallo Tholose et vicario et bajulis

vestris, quod villas et boerias civium Tholosanorum super decimis et primiciis prestandis teneant in eo statu, in quo erant tempore domini Raimundi, quondam bone memorie comitis Tholose, qui nunc proxime decessit, et quod placeat dominacioni et excellencie vestre quod scribatis dictis senescallo et vicario quod permittant dictam universitatem seu communitatem urbis et suburbii uti libere et sine aliqua contradictione consuetudinibus et libertatibus supradictis, prout superius est expressum.

12. Item supplicant excellencie vestre dicti capitularii seu consules, scilicet Durandus de Sancto Barcio et Arnaldus de Esqualquencis et dicti consiliarii, quod cum consules suburbii pro se et communitate suburbii infeodaverint vallata seu fossata, ad predictum suburbium pertinencia, hominibus de suburbio, et dicti feodatarii pro dictis consulibus et nomine communitatis fuerint et sint in possessione longissimo tempore et vicarius vester turbet dictos feodatarios in dicta possessione vel quasi, petunt et supplicant quod mandetis per vestras litteras dicto viccario quod a dicta turbatione desistat.

(Fol. 35.) Facta inquisitione diligenti a quibusdam prudentibus viris et fidelibus domini comitis super articulis, qui super eisdem facti noticiam habere dicuntur, veritas comperta est per quam manifeste patet qualiter petitionibus consulum Tholose fuerit respondendum.

1. In primis ad peticionem de libertatibus et consuetudinibus, quam sub quadam generalitate faciunt, poterit respond[er]i quod libertates et consuetudines debitas et honestas et bonis moribus non contrarias dominus comes eis observare proponit.

2. Item ad peticionem, quam faciunt super electione consulum, responsio : Verum est quod ab antiquis temporibus cum predecessoribus domini comitis, tam tempore pacis quam tempore guerre, facta est electio consulum per ipsos cives, non sub forma ab eis proposita, sed aliter, videlicet quod consules exituri de regimine, qui tunc erant viginti quatuor, eligebant quatuor consules pro anno futuro et illi eligebant viginti. Pluries autem facta est electio consulum per dominum comitem, et eo tempore quo dominus Raimundus comes bone memorie

migravit a seculo, ipse creaverat consules qui juxta morem Tholose debebant regere villam per unum annum. Et post obitum dicti domini comitis, cives Tholosani consules creatos per dominum comitem expulerunt violenter de consulatu et de domo communi bene per dimidium annum ante finem sui regiminis, et privaverunt indebite dominum comitem, qui nunc est, sua possessione vel quasi in qua erat ex facto sui predecessoris, propter quod dominus comes fuit restitutus ad illam possessionem. Unde sicut spoliatio fuit injusta, sic debet restitucio justa dici, et dicta restitutio cum magno consilio fuit facta, sicut continetur in ordinatione facta per dominum Guidonem Fulcodii, nunc papam, apud Vaurum de mandato domini regis et domini comitis recitata.

3. Item responsio super juramento vicarii. Verum est quod de patiencia domini comitis bone memorie juraverunt vicarii consulibus sub certa forma, que scripta poterit inveniri, et etiam tempore domini comitis qui nunc est aliquis vicarius dicitur jurasse. Set totum istud dependet de voluntate domini comitis, quod ex eo apparet quia vicarius preest consulibus secundum ordinationem factam cum magno consilio, secundum quam ordinationem a sententiis consulum ad vicarium appellatur. Et esset ista petitio contraria ordinationi predicte et litteris domini comitis patentibus, super hoc destinatis per dominum Guidonem Fulcodii, nunc papam, et alios nuncios.

4. Item responsio super articulo de audientia criminum, quod si consules audiebant querimonias criminum et diffiniebant, hoc erat de patientia domini comitis. Et quia cogniciones et diffiniciones eorum quandoque finem debitum non habebant, fuit ordinatum per dominum comitem ut conquerentes super criminibus, juxta electionem conquerentium, tam a vicario quam a consulibus audirentur, ad hoc ut contra malefactores plenius justicia redderetur.

5. Item super articulo de quo dicitur esse factum per dominum comitem bone memorie publicum instrumentum super recognicione consulatus, quem dicunt pertinere ad communitatem ville Tholose, responsio : Non creditur quod dictum instrumentum de consciencia domini comitis bone memorie fuerit factum, sicut in petitione consulum

continetur, nec in dicto instrumento sigillum prefati domini comitis est appensum.

6. Item super articulo de immunitate pedagiorum responsio : Bene quidem esse quod tempore guerre dominus comes bone memorie et multi barones de partibus Tholosanis concesserunt civibus Tholosanis immunitatem pedagiorum, post pacem vero factam pedagia sua in statum pristinum reduxerunt, et prefatus dominus comes in pacifica possessione perceptionis pedagiorum fuit per longum tempus. Et cum dictus dominus comes esset in partibus Provincie, magnis et caris et periculosis negociis occupatus, cives Tholosani immunitatem dictorum pedagiorum violenter usurpaverunt et paxeriam ipsius domini comitis valde utilem et fructuosam, quam habebat apud Verdunum, in magnum oprobrium ipsius domini comitis destruxerunt, et nichilominus per dominum comitem qui nunc est super dictis pedagiis facta est certa ordinatio, cui petitio ista est contraria.

7. Item super articulo de peticione, ut de bonis incursorum et dampnatorum creditoribus satisfiat, responsio : Justum est et mandatum domini comitis ut fiat, et ista vult inviolabiliter observari.

8. Item super articulo de consuetudinibus et libertatibus, quas dicunt se habere ultra alias prenominatas, responsum est supra et sufficit una responsio.

9. Item super articulo de consuetudinibus dubitatis responsio : Faciant consules in scriptis peticionem clarius et specialiter, et dominus comes habebit consilium. Et si ipsi super hoc volunt habere specialem gratiam, petant in scriptis, dominus comes habebit consilium.

10. Item super articulo de moneta domini comitis, quam fecit apud Tholosam fabbricare, responsio : Mirandum est quia de moneta domini comitis, que pleno jure ad ipsum pertinet et ad predecessores suos et semper pertinuit sine cujusquam consorcio, volunt consules ordinare, maxime cum nunquam in regno Francie ab aliquibus dominis qui monetam habent istum fuerit per eorum subditos postulatum.

11. Item super articulo de petitione quam faciunt, ne illi qui volunt dare fidejussores ydoneos de parendo juri capiantur vel capti deti-

neantur, responsio : Provisum est super hoc per ordinacionem domini comitis super hoc specialiter factam.

12. Item super articulo de vallatis suburbii Tholose responsio : Requiratur vicarius Tholose qui presens est in curia, et si fiat eis injuria emendetur.

13. Item super articulo de decimis et primiciis responsio : Propter immoderatas et inconsuetas exactiones decimarum et primiciarum, que fiunt in comitatu Tholosano et maxime in dyocesi Tholosana, in qua specialiter pre ceteris homines domini comitis gravantur, expedit ut per dominum comitem provideatur et bonum consilium habeatur super hoc, et consules Tholose tradant in scriptis et exprimant que sunt illa gravamina et a quibus gravantur.

Édité dans *Hist. de Languedoc* (nouv. édit.), VIII, col. 1552-1559.

2059
(Fol. 36.) — ORDINATIO.

Super articulo de pedagiis ita offerimus pro domino comite, quod cives Tholosani sint immunes a pedagio de proventibus et exitibus terrarum et vinearum suarum propriarum, quas habent infra decos Tholose civitatis, et insuper de omni eo quod deferetur ad civitatem Tholose ad usus civium.

Super articulo de vicario ita offerimus, quod vicarius non possit capere aliquem civem Tholose in civitate Tholose, qui velit dare fidejussores, nisi pro tali facto, pro quo debeat amittere vitam vel membrum, et tunc si continguat illum captum judicari, consentimus quod judicetur per vicarium et consules.

Super articulo de probanda consuetudine, quod si cives Tholose habent inter se causam et dubitetur de consuetudine aliqua inter eos, quod possit probari per juramentum consulum, dum tamen id fuerit obtentum, ut ipsi asserunt, in dicta civitate ab antiquo. Si vero contra dominum comitem vel jurisdictionem ipsius allegent aliquam consuetudinem, eam teneantur probare secundum quod dictaverit ordo juris.

Super articulo de criminibus, ita offerimus, quod in voluntate conquerencium sit conqueri vicario vel consulibus Tholosanis.

Édité dans *Hist. de Languedoc* (nouv. édit.), VIII, col. 1559-1560.

2060

1266. — FORMA NON SIGILLATA LITTERARUM COMMUNITATIS THOLOSE.

Universis presentes litteras inspecturis, consules et communitas urbis et suburbii Tholose, salutem. Optantes illustrem virum karissimum dominum nostrum, quibus commode possumus, munificencia et honore nobis reddere favorabilem et benignum, non coacti, set spontanea voluntate, gratis et liberaliter eidem subventionem fecimus peccuniariam et donum usque ad summam sex milium librarum turonensium, quam promittimus reddere et solvere senescallo Tholose seu alii, si quem idem dominus comes ad receptionem hujusmodi peccunie duxerit deputandum, hiis terminis, videlicet duo milia librarum infra octabas instantis Pasché, et duo milia librarum infra octabas nativitatis Johannis Baptiste immediate sequentes, et duo milia librarum infra octabas Omnium sanctorum proximo subsequentes. Et ad hec firmiter attendenda et adimplenda, nos et bona nostra mobilia et immobilia et se moventia, ubicumque existencia, expresse et specialiter obligamus. Actum anno Domini M° CC° LX° VI°.

Alfonsus, universis, *etc*. Cum dilecti et fideles nostri consules et communitas urbis et suburbii Tholose ex mera liberalitate et dono gratuito subventionem gratiosam nobis fecerint usque ad summam sex milium librarum turonensium, de quibus tenemus nos plenarie pro pagatis, nos subventionem hujusmodi profitemur ab eisdem gratis et liberaliter nobis factam, nec volumus seu intendimus nomine focagii vel promissionis ab eis nobis facte super eodem vel cujuscumque alterius servitutis, nunc vel in posterum, occasione dicte subventionis, spontanee ab eisdem facte, ipsis prejudicium generari.

Édité dans *Hist. de Languedoc*, nouv. édit., VIII, col. 1561-1562.

2061

[1266. — FORMA LITTERARUM COMMUNIUM SUPER FOCAGIO.]

Memoria quod dominus comes Pictavie et Tholose fecit tradi consulibus Montisalbani formam infrascriptam quam ipsi debent dare domino comiti, sigillatam sigillo suo, que forma talis est [1] :

Universis presentes litteras inspecturis, consules et universitas Montisalbani salutem. Optantes illustrem virum, karissimum dominum nostrum Alfonsum, filium regis Francie, comitem Pictavie et Tholose, quibus commode possumus munificencia et honore nobis reddere favorabilem et benignum, non coacti sed spontanea voluntate, gratis et liberaliter eidem subvencionem fecimus pecuniariam et donum gratuitum usque ad talem summam. Et si occasione dicte subvencionis seu focagii, a nobis pro dicto domino comite petiti, dampna aliqua passi sumus vel expensas fecimus, nos ipsum dominum comitem et successores suos super dictis dampnis vel expensis quittamus penitus et expresse.

Similis littera fiat a consulibus Moissiaci et a qualibet villa Agenesii et Caturcinii que solvit focagium, que voluerit habere litteras domini comitis, et ponantur transcripta litterarum in quodam quaterno, et remaneat penes senescallum et alius penes dominum comitem.

Similis littera petatur ab aliis villis Agenesii et Caturcensis (*sic*) per senescallum Agenensem et Caturcensem, et mandetur ei per litteras.

Similis littera petatur ab omnibus villis Tholose et Albiensis per senescallum et Guillelmum et Salomonem, et mandetur eis per litteras, et remittant domino comiti litteras quas super hoc habuerint et remaneant transcripta.

Édité par Boutaric, *Alfonse de Poitiers*, p. 302.

---

[1] Ici les mots suivants raturés : *Et consimilis forma petetur ab aliis villis qui subvencionem fecerint domino comiti.*

2062

[1266.] — FORMA LITTERARUM QUAS DOMINUS COMES DARE DEBET.

Alfonsus, *etc.*, universis presentes litteras inspecturis, salutem in Domino. Cum dilecti et fideles nostri consules et tota communitas Montisalbani, ex mera liberalitate et dono gratuito, subventionem gratiosam nobis fecerint usque ad summam talem, de quibus nos tenemus pro pagatis, nos hujusmodi subvencionem profitemur ab eisdem gratis et liberaliter nobis factam, nec volumus seu intendimus nomine focagii vel cujuscumque alterius servitutis nunc vel in posterum occasione dicte subvencionis, spontanee ab eisdem facte, ipsis prejudicium generari.

CINQUIÈME REGISTRE.

(Arch. nat., J. 317, n. 47.)

2063

21 nov. 1268. — SENESCALLO AGENENSI ET CATURCENSI PRO EXECUTORIBUS DEFUNCTI ARNALDI DE LESTOUBES.

Alfonsus, *etc.*, dilecto et fideli suo senescallo Agenensi et Caturcensi, salutem et dilectionem. Mandamus vobis quatinus viginti libras, in quibus tenemini, ut dicitur, executoribus testamenti defuncti Arnaldi si de Lestoube ex causa mutui ab ipso defuncto vobis facti, ut dicitur, vos teneamini, persolvatis indilate, alioquin non possemus eisdem deesse in exibenda justicia de eisdem. Datum apud Longumpontem, die mercurii ante festum sancti Clementis, anno Domini M° CC° LX° octavo.

2064

21 nov. 1268. — PONCIO ASTOAUDI, MILITI, ET MAGISTRO ODONI DE MO[N]TONERIA PRO COMITE CONVENARUM. — ISTA LITTERA DEBET ESSE IN THOLOSA.

Alfonsus, *etc.*, dilectis et fidelibus suis Poncio Astoaudi, militi, et magistro Odoni de Montoneria, salutem et dilectionem sinceram. Cum ex parte nobilis et fidelis nostri B., comitis Convennarum, nobis conquerendo relatum extiterit quod homines quarundam bastidarum nostrarum, videlicet Seians [1], Fosseret [2] et Carbona [3], Villefranche [4] et aliarum plurium terre ejusdem comitis propinquarum, terras suas et hominum suorum, ipsis contradicentibus et nolentibus, excolant minus juste, in ipsius comitis et hominum suorum prejudicium, ut dicitur, et gravamen; ceterum cum homines dicti comitis Convennarum ad

---

[1] Sajas, Haute-Garonne, cant. Rieumes. — [2] Le Fousseret, Haute-Garonne. — [3] Carbonne, Haute-Garonne. — [4] Peut-être Villeneuve-de-Rivière, cant. Saint-Gaudens.

bastidas nostras aliquando libere se transferant, nec iidem homines de dictis bastidis ad terram dicti comitis reverti libere permittuntur, vobis mandamus quatinus, vocatis qui fuerint evocandi, faciatis super hoc quod justum fuerit et consonum rationi, jure nostro et alieno servato illeso. Ad hec, super eo quod servientes nostri pignorant homines dict. comitis Convennarum, racione delicti in terra nostra perpetrati vel contractus in terra nostra, ut dicitur, initi, quod est contra jus, sicut dicit, in ipsius comitis prejudicium et gravamen, vobis mandamus ut homines dicti comitis non permittatis quod a ballivis vel gentibus nostris cogantur coram se respondere nec eciam pignorari, nisi in casibus in quibus de jure vel consuetudine patrie est concessum. Item cum ex parte ejusdem comitis nobis fuerit intimatum quod gentes vel ballivi nostri homines nostros, cum in terra sua aliquid contrahunt vel delinquunt, ad examen curie sue remittere contradicunt, cum id de jure facere teneantur et istud faciat de suis hominibus, sicut dicit, mandamus itaque vobis ut homines nostros in casibus a jure concessis seu consuetudine patrie justiciandos remittatis et remitti ad examen curie sue a nostris bajulis faciatis, jus nostrum in omnibus et singulis supradictis observantes. Datum die mercurii post octabas beati Martini hyemalis, anno Domini M° CC° LX° octavo.

2065

22 nov. 1268. — LITTERA PATENS SENESCALLO AGENNENSI ET CATURCENSI PRO BERRUERIO ET GUILLOTO DE BALNEOLIS.

Alfonsus, etc., dilecto et fideli suo senescallo Agennensi et Caturcensi, salutem et dilectionem. Mandamus vobis quatinus dilecto et fideli nostro servienti Berruerio solvatis pro gagiis suis quinque solidos turon. per diem, quamdiu nobis placuerit et dum in servicio nostro fuerit, ob custodiam turris de Mermanda [1]. Guilloto vero de Balneolis solvatis apud Caslucium [2] gagia que per diem habere consueverat in turri pre-

---

[1] Marmande, Lot-et-Garonne. — [2] Caylus, Tarn-et-Garonne.

dicta de Mermanda. Dictum autem Berruerium contentum esse volumus in omnibus et per omnia gagiis quinque solidorum turon. supradictis, et dictum Guillotum pariter illis gagiis tantummodo que apud Mermandam recipere consuevit. Datum apud Longumpontem, die jovis post octabas beati Martini hyemalis, anno Domini m° cc° lx° octavo.

2066

25 nov. 1268. — SENESCALLO AGENENSI PRO RECTORE ET FRATRUM (sic) DOMUS DE GARRIGA, SUPER LEGATO DOMINI MESONCII.

Alfonsus, *etc.*, dilecto et fideli suo senescallo Agenensi et Caturcensi, salutem et dilectionem. Ex parte corectoris et fratrum domus de Garriga[1] nobis datum est intelligi quod defunctus dominus Mesoncius, dominus de Calvomonte, decem libras annui redditus et centum libras semel solvendas [eis legavit], quas petebant sibi reddi et heredes dicti defuncti ad eas sibi solvendas per nos compelli. Unde vobis mandamus quatinus ipsos super hoc diligenter audiatis, et vocatis qui fuerint evocandi, de personis et rebus ad nostram jurisdicionem spectantibus faciatis eisdem bonum jus et maturum. Datum apud Longumpontem, die dominica in festo sancte Katerine, anno Domini m° cc° lx° octavo.

2067

25 nov. 1268. — SENESCALLO AGENENSI ET CATURCENSI PRO FRATRIBUS DE GARRIGA, SUPER TRIBUS OBOLIS.

Alfonsus, *etc.*, dilecto et fideli suo senescallo Agenensi et Caturcensi, salutem et dilectionem. Ex parte religiosorum virorum corectoris et fratrum domus de Garriga, ordinis Grandismontis, nobis intimatum extitit quod burgenses de Marmanda ipsos tribus obolis, quas debent percipere in qualibet brachiata domorum dicte ville, dissasiverunt et ipsos in perceptione dictarum trium obolorum perturbant, ut

---

[1] Prieuré du diocèse d'Agen dont l'emplacement est incertain. (Voir, à ce sujet, Guibert, *Destruction de l'ordre de Grandmont*, p. 808-809.)

asserunt, et molestant. Quare vobis, cum super hoc offerunt ad scam
bium competens convenire et pro dictis tribus obolis decens scambiu
libenter a nobis accipere, unde vobis[1] mandamus quatinus de jui
quod habere dicuntur in dictis tribus obolis et qualiter pacifice easde
possident, et quod escambium peterent pro eisdem, et que utilitas n
bis propter hoc posset provenire, diligencius addiscatis. Et quid sup
premissis inveneritis, nobis circa quartam diem instantis quindene Ca
delose per vestrum clericum, cum ad nos venerit pro vestris compo
faciendis, et in scriptis remittatis. Datum apud Longumpontem, d
dominica in festo beate Katerine, anno Domini m° cc° lx° octavo.

2068

25 nov. 1268. — SENESCALLO AGENENSI ET CATURCENSI PRO RECTORE ET FRATRUM (s
DOMUS DE GARRIGA, SUPER MENSURA MOLENDINI MARMANDE.

Alfonsus, *etc.*, dilecto et fideli suo senescallo Agenensi et Caturcens
salutem et dilectionem. Ex parte religiosorum virorum corectoris
fratrum domus de Garriga, ordinis Grandismontis, nobis est conqu
rendo monstratum quod cum ipsi in quolibet molendino de Marmanc
quandam mensuram bladi percipere consueverunt, et de novo mensu
sit augmentata, dicti molendinarii predictum redditum ad novam me
suram sibi reddere contradicunt, in eorum, ut asserunt, prejudiciu
atque dampnum. Unde vobis mandamus quatinus, [vocatis] qui fueri
evocandi et quorum interest, exibeatis eisdem celeris justicie comple
mentum. Datum apud Longumpontem, die dominica in festo sanct
Katerine, anno Domini m° cc° lx° viii°.

2069

26 nov. 1268. — SENESCALLO AGENENSI PRO EISDEM.

Alfonsus, *etc.*, senescallo Agenensi et Caturcensi, salutem et dilectio

---

[1] Sic dans le manuscrit; nous laissons le texte tel que celui-ci le donne.

nem. Cum ex parte correctoris et fratrum domus de Garriga, ordinis Grandismontis, nobis relatum exstiterit conquerendo quod domina Braida, relicta nobilis viri Petri Bertrandi, militis, defuncti, et ejus filius ipsos bonis defuncti Barragaut, [de] quibus per longum temporis spatium in possessione vel quasi [fuerunt], tene[n]t indebite spoliatos, sicut dicunt, vobis mandamus quatinus, vocatis dicta Braida in jus coram vobis· et aliis qui fuerint evocandi, de personis et rebus ad nostram jurisdicionem spectantibus exhibeatis eisdem celeris justicie complementum. Datum apud Longumpontem, die lune in crastino beate Catherine, anno LX° octavo.

2070

26 nov. 1268. — SENESCALLO AGENENSI ET CATURCENSI PRO GERALDO DE BREZETO.

Alfonsus, *etc.*, dilecto et fideli suo senescallo Agenensi et Caturcensi, salutem et dilectionem. Mandamus vobis quatinus Geraldo de Brezeto, de Marmanda, super spoliatione et injuria eidem illatis, ut dicitur, per Guillelmum de Pinibus, militem, vocatis dictis partibus et auditis rationibus earumdem, faciatis bonum jus et maturum, ita quod pro defectu juris ipsum ad nos non oporteat amplius laborare. Datum apud Longumpontem, die lune post festum beate Catherine, anno LX° octavo.

2071

26 nov. 1268. — ITEM EIDEM SENESCALLO PRO HOMINIBUS VILLE SANCTI ANTONI[N]I.

Alfonsus, *etc.*, senescallo Agenensi et Caturcensi, salutem et dilectionem. Mandamus vobis quatinus hominibus ville Sancti Antoni[n]i[1] super eo quod volunt esse immunes a prestacione pazate, cum illam solvant domino regi Francie, sicut dicunt, faciatis bonum jus et maturum, habito pro nobis et pro jure nostro illeso servando legitimo defensore. Datum die lune predicta, anno LX° octavo.

[1] Le manuscrit porte *Antonii*; il faut corriger *Sancti Antonini*, Saint-Antonin, Tarn-et-Garonne; de même, plus bas, au n° 2072.

2072

26 nov. 1268. — PONTIO AUSTOAUDI ET MAGISTRO ODONI DE MONTONERIA
PRO HOMINIBUS VILLE SANCTI ANTONINI.

Alfonsus, *etc.*, Pontio Austoaudi et magistro Odoni de Mo[n]toneria, salutem et dilectionem. Mandamus vobis quatinus in negotio hominum ville Sancti Antoni[n]i super spoliatione quorumdam nemorum in Caturcinio de Beraudonquo [1], in territorio de Calciata [2], sicut alias vobis per nostras litteras mandavimus procedatis, jure notro illeso in omnibus observato. Datum apud Longumpontem, die lune post festum beate Catherine, anno LX° octavo.

Item eadem facta fuit iterato : Datum die dominica post quindenam Candelose, anno LX° VIII° [17 febr. 1269].

2073

2 dec. 1268. — SENESCALLO AGENENSI ET CATURCENSI PRO PETRO (*sic*) LAMARCHE
ET FRATRIBUS SUIS.

Alfonsus, *etc.*, dilecto et fideli suo [senescallo] Agenensi et Caturcensi, salutem et dilectionem. Ex parte Benardi Raimundi et Raimundi de Marchia [3], fratrum, nobis insinuatum extitit conquerendo quod Jordanus de la Cassaigne et Guillelmus, consanguinei eorumdem et consortes, quandam pacem seu treugam inter ipsum Petrum (*sic*) et fratres suos ex una parte et predictum Jordanum de la Casseigne, fratres et parentes suos ex altera dudum habitam, ut asseritur, infregerunt, eisdem P. et suis fratribus multas injurias et dampna quamplurima post pacem vel treugam inter ipsos, ut dictum est, habitam multipliciter inferendo. Ex qua re penam mille marcharum argenti in ordinacione pacis vel treuge impositam incurrerunt, de qua quidem pena ab ipsis Jordano et suis complicibus commissa medietatem deberemus percipere, ac aliam medietatem habere debet, ut dicitur, episcopus Agenensis. Unde

---

[1] Non retrouvé. — [2] Caussade, Tarn-et-Garonne. — [3] Voir plus haut, n° 1445.

vobis mandamus quatinus dictam penam pro rata nos contingente levetis pro nobis, si levari de jure vel convencionibus debeat in hac parte, ac dampna et deperdita, propter pacem seu treugam non observatam habita, parti dictam pacem seu treugam observanti a parte resiliente a dicta pace reddi et restitui faciatis ac predictam pacem aut treugam observari, prout dictaverit ordo juris. Datum die dominica post festum sancti Andree, anno Domini m° cc° lx° octavo.

2074

2 dec. 1268. — SENESCALLO AGENENSI ET CATURCENSI PRO EXECUTORIBUS DEFUNCTI ARNAUDI DE COMBA.

Alfonsus, *etc.*, senescallo Agenensi et Caturcensi, *etc.* Mandamus vobis quatinus executores defuncti Arnaudi de Comba, Bernardum Raimundum de Marchia et Bernardum Raimundum de Podietrenio, super hiis que proponenda duxerint coram vobis contra magistrum Johannem Dominici super quadraginta libris quas sibi promitti fecit ab ipsis, ut dicitur, dum ipsi erant bajuli de Agenno, de quibus promisit ipsos facere quitari a senescallo nostro qui tunc erat et a Johanne Coifferii, quod non fecit, ut dicunt, de quibus quadraginta libris medietatem habuit idem Johannes et aliam repetit, ut dicitur, ab eisdem, diligenter audiatis, et vocatis dicto magistro Johanne Dominici et aliis qui fuerint evocandi, auditisque racionibus parcium, de personis et rebus ad jurisdicionem nostram spectantibus exibeatis eisdem celeris justicie complementum. Datum Parisius, anno Domini m° cc° lx° viii°, dominica post festum sancti Andree apostoli.

2075

2 dec. 1268. — PRO EISDEM EXECUTORIBUS.

Alfonsus, *etc.*, senescallo Agenensi, *etc.* Intimatum est nobis quod, cum Arnaudus des Combes et Guillelmus Fabri bajuliam nostram Agenni affirmassent et super hoc bonos fidejussores tradidissent, predicti Arnaudus et fidejussores sui necnon et fidejussores dicti Guillelmi de tota firma mandato nostro satisfecerunt, cum idem Guillelmus de parte ipsum in dicta firma contingente satisfacere noluisset. Unde vobis mandamus quatinus executores dicti Arnaudi et confidejussores ipsius et dicti Guillelmi, super hiis que contra dictum Guillelmum occasione premissorum proposuerint coram vobis, diligenter audiatis, et vocatis qui fuerint evocandi, auditis hinc inde rationibus, de personis et rebus ad nostram jurisdicionem spectantibus faciatis eisdem bonum jus et maturum. Datum Parisius, dominica post festum sancti Andree apostoli, anno Domini M° CC° LX° VIII°.

2076

2 dec. 1268. — SENESCALLO AGENENSI ET CATURCENSI
PRO GAILLARDO DE RAISIL, DOMICELLO.

Alfonsus, *etc.*, dilecto et fideli suo senescallo Agenensi et Caturcensi, salutem et dilectionem. Ex parte Gaillardi de Raisil, domicelli, nobis est intimatum quod Bernardus de Cardillac quasdem (*sic*) novitates in villa de Seignergues[1], que ad ipsum Gaillardum jure dominii spectat, ut dicit, ei infert minus juste. Unde vobis mandamus quatinus, vocato dicto B. et aliis qui fuerint evocandi, de personis et rebus ad nostram jurisdicionem spectantibus faciatis bonum jus et maturum, ita quod pro defectu justicie ipsum Gaillardum non oporteat ad nos amplius laborare. Datum Parisius, dominica post festum beati Andree apostoli, anno Domini M° CC° LX° octavo.

2077

3 dec. 1268. — SENESCALLO AGENENSI ET CATURCENSI PRO EPISCOPO CATURCENSI
SUPER HOMINIBUS DICTI EPISCOPI PIGNORATIS PER BAJULOS DOMINI COMITIS.

Alfonsus, *etc.*, dilecto et fideli suo senescallo Agenensi et Caturcensi, salutem et dilectionem. Ex parte venerabilis patris episcopi Caturcensis

---

[1] Séniergues, Lot, comm. Montfaucon-du-Lot.

nobis est intimatum quod bajuli nostri de Caslucio [1], de Castronovo [2], de Montealsato [3] et de Montecuco [4] contra prohibicionem nostram homines ipsius episcopi reddimunt (sic) et pignorant minus juste. Unde vobis mandamus quatinus, nominatis nominibus ipsorum delinquencium, dicto episcopo faciatis bonum jus et maturum de personis et rebus ad nostram jurisdicionem spectantibus. Datum Parisius, die lune post festum beati Andree apostoli, anno Domini M° CC° LX° octavo.

2078

3 déc. 1268. — PONTIO ASTOAUDI, MILITI, ET MAGISTRO ODONI DE MONTONERIA PRO EPISCOPO CATURCENSI SUPER CASTRO DE VALLIBUS.

Alfonsus, *etc.*, dilectis et fidelibus suis Poncio Astoaudi, militi, et magistro Odoni de Montoneria, salutem et dilectionem. Ex parte venerabilis patris episcopi Caturcensis nobis extitit supplicatum ut nos eidem partem quam habet in castro novo de Vallibus [5], quam emit, ut dicit, bone memorie comes Raimundus, predecessor noster, eidem redderemus. Unde vobis mandamus quatinus, si super hoc a vobis alias extitit inquisitum, et inquesta visa et determinata, responsum in partibus eidem detis. Si vero alias non inquisivistis nec responsum ei dedistis, vocato ad hoc senescallo nostro Caturcensi vel alio legitimo deffensore pro jure nostro servando, inquiratis super hoc diligentius veritatem, et quid super hoc feceritis et inveneritis nobis, cum ad nos veneritis, cum aliis inquestis vestris refferatis. Datum Parisius, die lune post festum beati Andree apostoli, anno Domini M° CC° LX° VIII°.

---

[1] Caylus, Tarn-et-Garonne.
[2] Castelnau-de-Montratier, Lot.
[3] Montalzat, Tarn-et-Garonne, cant. Montpezat.
[4] Montcuq, Lot.
[5] Peut-être Castelnau-de-Bretenoux, Lot, cant. Prudhommat.

2079

3 dec. 1268. — SENESCALLO AGENENSI ET CATURCENSI PRO MAGISTRO BERNARDO, RECTORE ECCLESIE DE SENEZELLIS.

Alfonsus, *etc.*, senescallo Agenensi et Caturcensi, salutem et dilectionem. Mandamus vobis quatinus magistrum Bernardum, rectorem de Senezellis [1], super juribus ecclesie sue predicte ab aliquibus pe[r]sonis laicis nostre jurisdicionis non permittatis aliquatenus indebite molestari. Datum Parisius, die lune post festum beati Andree apostoli, anno Domini M° CC° LX° octavo.

2080

4 dec. 1268. — SENESCALLO AGENENSI ET CATURCENSI PRO CIVIBUS CATURCENSIBUS.

Alfonsus, *etc.*, senescallo Agenensi et Caturcensi, salutem et dilectionem. Ex parte civium Caturcensium nobis extitit conquerendo monstratum quod bajuli nostri de Castrolucii [2] et de Montecuco [3] homines dicte ville pignorant pro sue libito voluntatis, minus juste et sine cause cognicione, sicut dicunt. Quorum pignora requisiti per vestras litteras reddere contradicunt, inhibendo gentibus nostris pro voluntate sua ne res suas venales defferant ad civitatem Caturcensem, minus juste, ac eciam a dictis hominibus, quando pignora sua predicta eis restituunt, precium indebite extorquendo pro redempcione pignorum eorumdem. Item quod bajulus noster de Castrolucii predictus indifferenter homines civitatis Caturcensis pro debito alicujus private persone, scilicet uxoris Stephani Blandon, pignorant (*sic*), in ipsorum civium et civitatis ejusdem prejudicium non modicum et gravamen. Unde vobis mandamus quatinus, vocatis dictis bajulis et aliis qui fuerint evocandi, eisdem civibus de personis et rebus ad nostram jurisdicionem spectantibus exhibeatis celeris justicie complementum. Datum Parisius, anno Do-

---

[1] Senezelles, Lot-et-Garonne, comm. Pailloles. — [2] Caylus, Tarn-et-Garonne. — [3] Montcuq, Lot.

mini M° CC° LX° octavo, die martis post festum beati Andree apostoli, anno LX° octavo.

2081

4 dec. 1268. — SENESCALLO RUTHENENSI PRO OLIVERIO DE MIEU, MILITE.

Alfonsus, *etc.*, senescallo Ruthenensi, salutem et dilectionem. Ex parte Oliverii de Mieus, militis, nobis insignuatum (*sic*) extitit conquerendo quod abbas de Obezine [1] in Lemozinio ipsum trahit in causam et trahi facit coram diversis judicibus ecclesiasticis super feudis que a nobis tenet, sicut dicit, in ipsius militis et nostri prejudicium, ut dicitur, et gravamen et nostri feudi seu dominii diminucionem. Unde vobis mandamus quatinus, visa peticione sua, si super aliquibus de nostro feudo et ad nostram jurisdicionem spectantibus ipsum Oliverium a dicto abbate in causam coram judicibus ecclesiasticis trahi perpenderitis, dictum abbatem necnon et judices coram quibus ipsum trahi noveritis, ex parte nostra cum instancia requiratis seu requiri faciatis, ut a dictis vexacionibus indebitis desistere debeant et cessare. Quod si requisiti facere noluerint, religiosum virum et fidelem nostrum abbatem Moysiacensem, conservatorem privilegiorum nobis a sede apostolica indultorum, super hoc requiratis vel requiri faciatis ut super hoc apponet (*sic*) consilium quod fore noverit opportunum. Datum die martis ante festum sancti Nicholai hyemalis, anno Domini M° CC° LX° octavo.

2082

5 dec. 1268. — SENESCALLO AGENENSI ET CATURCENSI PRO RAIMONDA, RELICTA GUILLELMI DE ROAUXIO.

Alfonsus, *etc.*, senescallo Agenensi et Caturcensi, salutem et dilectionem. Cum ex parte Remonde, relicte Guillelmi de Roauxio, nobis conquerendo fuerit intimatum quod vos inhibuistis eidem ne aliquos adversarios suos qui dotem ipsius Remonde injuste detinent, ut asseritur,

---

[1] Aubazine, abb. de l'ordre de S. Benoît, dioc. de Limoges, Corrèze, cant. Beynat.

occupatum (*sic*), extra villam de Montealbano[1] in causam trahere debeat per judices ecclesiasticos, in ipsius Remonde prejudicium, ut asserit, atque dampnum, cum locus ubi moratur dicta Remonda per decem leucas et amplius distet a Montealbano, sicut dicit, quare supplicavit nobis dicta Remonda ut eundem judicem qui ipsam et adversarios suos audiat vellemus, judicem de Longavilla[2] appellatum, que est in medio, ut dicitur, assignare, vobis mandamus quatinus[3] dicte Remonde detis judicem in loco competenti et communi. Si vero adversarii sui super hoc conquesti fuerint, permittatis dictam Raimondam adversarios suos convenire coram judicibus ecclesiasticis, cum res sit favorabilis et decalis. Datum Parisius, die mercurii ante festum beati Nicholai hiemalis, anno Domini millesimo ducentesimo LX^{mo} octavo.

2083

8 dec. 1268. — SENESCALLO RUTHENENSI PRO HUGONE DE SANCTO ROMANO ET FRATRE SUO, MILITIBUS.

Alfonsus, *etc.*, dilecto et fideli suo senescallo Ruthenensi, salutem et dilectionem. Cum ex parte Hugonis de Sancto Romano et fratris sui, militum, nobis relatum extit[er]it conquerendo quod bajulus vester de Amilliavo[4] compellit mercatores transeuntes per Sanctum Romanum[5], ubi dicti fratres antiqum pedagium habent, ut asserunt, transitum[6] suum facere per Amilliavum, in dictorum militum prejudicium non modicum atque dampnum[7], vobis mandamus quatinus, vocato dicto bajulo Amilliavi et aliis qui fuerint evocandi necnon aliquo pro nobis legitimo deffensore pro jure nostro legitime deffendendo, faciatis eisdem quod justum fuerit et consonum racioni, jure nostro et alieno

---

[1] Montauban, Tarn-et-Garonne.
[2] Jugerie de la sénéchaussée de Toulouse.
[3] *Première leçon* : Quatinus, vocatis partibus et qui fuerint evocandi, tam super dicti loci assignacione pro lite inter ipsam et dictos adversarios exercenda quam super aliis, auditis rationibus partium, faciatis quod justum fuerit in hac parte. Datum, *etc.*
[4] Millau, Aveyron.
[5] Saint-Rome-de-Tarn, Aveyron.
[6] *Première leçon* : transcriptum.
[7] *Première leçon* : et gravamen.

super hoc observato. Datum Parisius, sabbato post festum beati Nicholai hyemalis, anno Domini m° cc° lx° octavo.

2084

15 dec. 1268. — SENESCALLO AGENENSI ET CATURCENSI [PRO HUGONE DE RUPPE].

Alfonsus, *etc.*, senescallo Agenensi et Caturcensi, salutem et dilectionem. Veniens ad nos Hugo dictus de Ruppe, domicellus, nobis exposuit conquerendo quod Calvetus de Cas, ballivus de Caslucio[1], nomine vestro cepit et capi fecit ad instanciam Alipdis, uxoris sue, bladum, denarios, pannos, archas et alia utensilia, in domo et terra dicti Hugonis existencia, ut asserit, sine causa rationabili, immo propria voluntate, cum paratus esset idem Hugo coram dicto Calveto aut coram vobis, super omnibus que dicta Alipdis, uxor sua, ab ipso vellet petere, stare juri. Quare vobis mandamus quatinus, si dictus Calvetus aut vos, occasione hujusmodi, a dicto Hugone vel suis aliquid ceperatis vel capta detinetis aut per dictum Calvetum capta sunt vel detenta occasione predicta, eadem reddatis et reddi et restitui, ut condecet, faciatis, nisi de mandato speciali ecclesie predicta capta fuerint et detenta. — Ceterum, quod vos vel bajuli vestri homines dicti Hugonis racione bidencium transeuntium per terram suam, quando eunt pastum in montanas, pignoratis cotidie et redimitis contra Deum et justiciam, sicut dicit, ac in ipsius Hugonis et hominum suorum prejudicium non modicum atque dampnum. Unde vobis mandamus ut pulveragium vel passagium in terra sua non levetis nec levari pro nobis denuo permittatis, nisi de diuturna possessione nostra pacifica levandi ibidem passagium seu pulveragium pro nobis vobis plenius constiterit, jus nostrum super hiis servantes illesum. — Item quod, cum Giroudus de Monteacuto, bajulus de Podio de Garda[2], precepisset hominibus terre dicti Hugonis quod ipsi armati incederent cum eodem Hugone vel mandato suo et ipsum vel mandatum suum sequerentur cum armis eundo

[1] Caylus, Tarn-et-Garonne. — [2] Puylagarde, Tarn-et-Garonne, cant. Caylus.

ad quendam locum, et dicti homines irent armati cum eodem H. ad mandatum dicti bajuli; dictus vero bajulus imposuit postmodum ipsis hominibus quod eis non preceperat quod armati incederent vel quod arma defferrent, et propter hoc redemit ipsos homines de decem et octo libris, et alias decem et octo libras fecit eisdem expendere occasione redempcionis supradicte. Quare vobis mandamus ut dictam emendam a dictis hominibus exigatis et levetis, si levata non fuerit. Si autem dicti homines probare potuerint coram vobis quod dictus bajulus eisdem preceperit arma defferre, ut dictum est, dictam emendam a dicto bajulo eisdem hominibus reddi et restitui faciatis. Faciatis insuper a dicto bajulo emendam nobis fieri, eo quia negavit quod eis non preceperat arma defferre vel armatos incedere cum predicto. — Ad hec conqueritur idem Hugo quod ballivi vestri in quodam castro dicti H. quendam servientem suum contra ejus voluntatem posuerunt, cum mansionarii dicti castri ad ipsum se advoent et coram ipso tanquam coram domino feudi parati sint stare juri. Unde vobis mandamus quatinus [1] dictum servientem a dicto castro suo amoveri faciatis, nisi racionabile quid obsistat quare in dicto castro servientem ponere debeatis. — Preterea conqueritur quod, cum capellanus de Vedillac [2] teneret ab eodem H. terras et possessiones aliquas sub ipsius Hugonis feodo et dominio, et paratus esset idem cappellanus super terris et possessionibus predictis coram dicto Hugone tanquam coram domino stare juri, familia Calveti de Cas predicti per vim et violenciam bladum quod crevit in dicta terra ad instanciam abbatis de Marcillac [3] acceperunt ac ipsum Hugonem et capellanum, presente ipso Hugone, indebite spoliarunt, non sine juris sui prenimia lesione. Vobis mandamus quatinus, vocato dicto Calveto et ejus familia, de qua se coram vobis conquestus fuerit, et vocatis qui fuerint evocandi, de personis et rebus ad nostram jurisdicionem spectantibus exibeatis eidem celeris justicie complementum, taliter super hiis vos habentes quod propter deffectum juris vel vestrum non oporteat ad nos ulterius querimoniam reportari. Da-

[1] Quatinus ut *Ms.* — [2] Vidaillac, Lot, cant. Limogne. — [3] Marcillac, Lot, cant. Cajarc; abb. bénédictine, dioc. de Cahors.

tum Parisius, die sabbati post festum beate Lucie virginis, anno Domini millesimo ducentesimo LX^{mo} octavo.

Similis littera missa est ex parte domini comitis Poncio Astoaudi, militi, et magistro Odoni de Montoneria, [addita] ista clausa que sequitur : Unde vobis mandamus quatinus, si dictus senescallus super premissis negligens fuerit vel remissus, eadem prout superius sunt expressa exequamini, prout justum fuerit et consonum rationi. Datum ut supra.

2085

15 dec. 1268. — LITTERA PATENS SENESCALLO AGENENSI ET CATURCENSI PRO HABITATORIBUS VILLE MOSIACENSIS QUANTUM AD NUNDINAS.

Alfonsus, *etc.*, senescallo Agenensi et Caturcensi, salutem et dilectionem sinceram. Cum nos, pensata utilitate nostra et ville nostre Mosiaci pariter, habitatoribus dicte ville nundinas concesserimus in festo sancti Martini hyemalis exercendas[1], vobis mandamus quatinus, ad requisicionem consulum dicti loci, predictas nundinas in vestra senescallia clamari faciatis juxta formam nostrarum litterarum patencium, eisdem super hoc concessarum. Datum Parisius, die sabbati post festum sancte Lucie, anno Domini millesimo ducentesimo LX^{mo} octavo.

[1] Voir à ce sujet Lagrèze-Fossat, *Études historiques sur Moissac*, I, 322.

APPENDICE.

2086

[5 janv. 1242. — LETTRE CLOSE D'ALFONSE À GÉRARS CALAINS [1].]

De par monseignor Alphons, conte de Poeters.

Nostre amé e feal, en nom de Dieu à vos me recommande tant que fair se puet. Ci vos faizons saver que [com] noyze soit mue entre nostre cosein de la Marche e nos et avons talent de ly mover guerre e debat enfondre (sic) o l'eide de nostre seignor le rey, par ceu vos mandons que à vostre poeir veignez à nos o lo harneis que à chevalier apartient. Et à ceu ne faiglez e nos vos en sçaurons gré et de tot nostre poeir [et] chevanche nos lo cognostrons tant et si fort que serés contant de nos. Donné à Poeters, lo jor d'avant la Tifaine M CC XLI. Alphons. *Au dos :* A nostre amé e feal Gerars Calains.

2087

1 apr. 1250. — LITTERA PRO COMITE BIGORRE ET HOMINIBUS SUIS [2].

Alfonsus, *etc.*, Hugoni, senescallo Tholose. Vobis mandamus quatinus non permittatis quod homines terre nostre hominibus terre vel rebus nobilis viri comitis Bigorre [3], nepotis dilecti nostri Symonis de Monteforti, comitis Lycestrie, aliquam inferant injuriam, molestiam, dampnum vel gravamen vel etiam permittatis quod homines [nostri] inimicis

---

[1] *Mercure*, avril 1735, p. 645-646. Ce serait une lettre missive sur parchemin portant encore des traces de sceau. Nous reproduisons ce mandement sans oser nous prononcer sur l'authenticité de la pièce; nous n'avons pas cru devoir modifier l'orthographe, souvent bien défectueuse. La date est d'ailleurs exacte (voir Lenain de Tillemont, *Vie de saint Louis*, II, 235).

[2] Arch. nat., JJ XXIV B, fol. 5 v°.

[3] Esquivat de Chabannais, fils d'Alix de Bigorre et petit-fils de Gui de Montfort le jeune, frère du célèbre Simon de Leicester; *nepos* a ici le sens de petit-neveu.

dicti comitis Bigorre aliquod prestent auxilium contra ipsum, quamdiu sit paratus coram nobis vel coram vobis facere jus cuilibet de ipso conquerenti. Istas litteras penes vos retineatis, et durent donec eas duxerimus revocandas. Actum apud Vicennas, anno Domini M° CC° L°, die veneris post Pascha.

2088

31 oct. 1250. — LITTERA DOMUS MILICIE TEMPLI DE SANCTA EULALIA [1].

Alfonsus, *etc.*, dilecto et fideli suo ballivo de Amillavo, salutem et sinceram dilectionem. Vobis mandamus quatinus domum milicie Templi Sancte Eulalie [2] et res ejusdem domus et fratres in pace dimitti faciatis, nec dictam domum et fratres permittatis indebite molestari. Datum apud Belliquadrum [3], in vigilia Omnium sanctorum, anno Domini millesimo ducentesimo quinquagesimo.

2089

8 jun. 1251. — LITTERA RAIMUNDI GAUCELMI SUPER QUINQUE MILIBUS SOL. MELGOR. SIBI SOLVENDIS [4].

Alfonsus, *etc.*, dilecto et fideli suo senescallo in partibus Ruthenensibus, salutem et dilectionem. Mandamus vobis quatinus dilecto et fideli nostro Remondo Gaucelmi, domino Lunelli, quinque milia solidorum melgoriensium annuatim solvatis, juxta formam contentam in litteris karissimi soceri nostri, bone memorie R., comitis Tholose, in quibus continetur quod assignavit eidem dicta quinque milia solidorum ad vitam suam singulis annis percipienda. Actum Penne in Agennesio [5], anno Domini millesimo ducentesimo quinquagesimo primo, die jovis post Penthecosten.

---

[1] Arch. nat., JJ XXIV B, fol. 114 v°.
[2] Sainte-Eulalie-de-Larzac, Aveyron, cant. Cornus.
[3] Beaucaire, Gard.
[4] Arch. nat., JJ XXIV B, fol. 111.
[5] Penne, Lot-et-Garonne.

APPENDICE. 599

2090

1251. — LITTERA MONETARIORUM THOLOSE SUPER OPERAGIO MONETE [1].

Alfonsus, *etc.*, dilectis suis monetariis Tholose, salutem et dilectionem. Petrus Feutrerii, concivis vester, suo et vestro nomine nobis proposuit quod, cum ex antiqua consuetudine et concessione Tholosanorum comitum, ut dicebat, predecessores vestri et vos similiter in moneta veteri Tholosana percipiebatis pro operagio quinque denarios et obolum de denariis masculis, et de obolis sex denarios et obolum pro libra, et viii denarios pro centum solidis monetandis, et viii pro tallo, que in nostra moneta nova vobis, ut dicebat, ex integro non prestantur. Quia vero per dictum ipsius vel instrumenta exhibita de hiis nobis ad plenum liquere non potuit, volumus tantum pro operagio percipere vos in moneta quam apud Tholosam facimus, quantum datur monetariis domini regis in civitate Nemausensi, ita tamen quod ex hoc nullum vobis in eo quod petitis prejudicium fiat, si nobis constiterit vos in eo amplius jus habere. Et hoc ita disponimus, salvo similiter jure nostro. Actum apud Asnerias [2], anno Domini M° CC° L° primo.

2091

20 jun. 1252. — SYCARDO ALEMANNI SUPER QUESTIONIBUS QUE VERTUNTUR INTER DOMINUM COMITEM ET COMITEM FUXENSEM [3].

Alfonsus, *etc.*, dilectis et fidelibus suis Sycardo Alemanni et R. de Duroforti, salutem et sinceram dilectionem. Questiones que vertuntur inter nos, pro nobis et militibus seu hominibus nostris, ex una parte, et nobilem virum comitem Fuxensem, ex altera, discrecioni vestre duximus committendas, volentes et mandantes ut de plano, sine strepitu judicii, super mutuis questionibus cognoscatis et veritatem diligencius inquiratis, et specialiter super facto R. Amelii de Paleriis et Petri de Villamuro, et super omnibus aliis, et eas diffiniatis prout videbitis fa-

[1] Arch. nat., JJ XXIV B, fol. 1 v°. Édité par Catel, *Comtes de Tolose*, p. 389. — [2] Asnières-sur-Oise, Seine-et-Oise, cant. Luzarches — [3] Arch. nat., JJ XXIV B, fol. 1 v°.

ciendum, questiones predictas infra festum Omnium sanctorum proximo venturum modis omnibus terminantes. Si vero super diffinicione dictarum questionum vos in aliquo contingeret dissentire, volumus quod per karissimam dominam et matrem nostram reginam Francie predictum negocium decidatur. Actum apud Ryomum in Alvernia[1], anno Domini M° CC° L° secundo, die jovis ante nativitatem beati Johannis Baptiste.

2092

25 mart. 1254. — LITTERA SENESCALLO THOLOSANO SUPER RESTITUCIONE FACIENDA HOMINIBUS DOMINI COMITIS PRO GRAVAMINIBUS SIBI ILLATIS [2].

Alfonsus, *etc.*, dilecto et fideli suo Hugoni de Arsicio, senescallo Tholosano, salutem et dilectionem sinceram. Cum nos ab illustri rege Anglie septem milia ducentas quinquaginta VIII libras, duos solidos et x denarios burdegalensium, solvendas hominibus villarum nostrarum pro malis, toltis, rapinis et gravaminibus sibi illatis ab hominibus dicti regis et probatis per homines, sicut scitis, coram mandato prefati regis, receperimus Parisius apud Templum, vobis mandamus quatinus procuratoribus et certis mandatis villarum predictarum, quas predicta gravamina sibi illata probasse contigerit, cuilibet pro rata solvatis usque ad summam predictam. Si vero tantam summam peccunie burdegalensis non habueritis, eisdem solvatis pro sexaginta et sex solidis et octo denariis burdegalensium unam marcham argenti, si id nobis videritis expedire. Ad solucionem vero villis predictis, sicut dictum est, faciendam dilectum et fidelem clericum nostrum, magistrum Stephanum de Balneolis, advocetis. Actum apud Vicennas, anno Domini M° CC° L° tercio, in festo Annunciacionis dominice.

2093

22 dec. 1254. — LITTERA STEPHANI DE PONTIBUS SUPER CUSTODIA CASTRI VERDUNI [3].

Alfonsus, *etc.*, senescallo Tholose, *etc.* Significamus vobis quod nos

[1] Riom, Puy-de-Dôme. — [2] Arch. nat., JJ XXIV B, fol. 1 v°. — [3] Arch. nat., JJ XXIV B, fol. 2 v°.

APPENDICE. 601

Stephano de Pontibus et Johanni, fratri suo, latoribus presencium, castrum nostrum de Verduno tradidimus custodiendum, quamdiu nobis placuerit, ad vadia iii^{or} solidorum turonensium per diem. Quare vobis mandamus quatinus castrum predictum cum omni garnisione ejusdem tradi et deliberari faciatis, et castellano ejusdem castri gagia sua de tempore quo ibidem extitit persolvatis, predictisque Stephano et Johanni fratribus gagia sua quamdiu ibi erunt, videlicet [iiii^{or}] solidos per diem, similiter persolvatis. Actum apud Vicennas, anno Domini M° CC° L° IIII°, die martis post festum sancti Thome apostoli.

2094

22 dec. 1254. — LITTERA STEPHANI DE PONTIBUS ET JOHANNIS, FRATRIS SUI, SUPER CUSTODIA CASTRI DE VIRDUNO [1].

Alfonsus, *etc.*, dilecto suo Gaufrido Sanz Avoir, militi, castellano de Verduno [2], salutem et dilectionem. Significamus quod nos Stephano de Pontibus et Johanni, fratri suo, latoribus presentium, castrum nostrum de Verduno tradidimus custodiendum, quamdiu nobis placuerit, vobis mandantes quatinus castrum nostrum predictum cum omni garnisione deliberetis eisdem et tradatis. Actum apud Vicennas, anno Domini M° CC° L° IIII°, die martis post festum sancti Thome apostoli.

2095

[Circa 1254. — LITTERE COMITIS, CONSULIBUS TOLOSE DIRECTE [3].]

Alfonsus, *etc.*, dilectis suis consulibus urbis et suburbii Tholose, salutem et sinceram dilectionem. Literas vestras, quas nobis per magistrum Guillelmum, notarium vestrum, destinastis, recepimus, et ea que coram nobis ex parte vestra proposuit intelleximus diligenter, significantes vobis quod debitas libertates et bonas consuetudines vestras non pro-

---

[1] Arch. nat., JJ xxiv B, fol. 2 v°.
[2] Verdun-sur-Garonne, Tarn-et-Garonne.
[3] Copie du xiiie siècle, Bibl. nat., ms. lat. 9187, fol. 35. Édité par Catel, *Comtes de Tolose*, p. 380.

ponimus in aliquo diminuere, sed potius observare. De fidelitate enim vestra in tantum confidimus quod vos contra jus nostrum non presumetis aliquid attentare.

2096

[Circa 1254. — CONSULIBUS TOLOSE, CONTRA VICARIUM EJUSDEM URBIS[1].]

Alfonsus, *etc.*, dilectis et fidelibus suis consulibus civitatis, urbis et suburbii Tholose, salutem et dilectionem. Licet in juribus nostris, prout multorum relatione didicimus, vos sepe reddideritis onerosos, nobis tamen non placet quod noster vicarius Tholose sine nostro speciali mandato vobis aliquam faciat novitatem. Cito tamen, favente Domino, certos nuntios nostros videbitis, qui vobis super hiis que scripsistis contra vicarium et super confirmatione monete quam petitis, secundum vestrum beneplacitum, taliter respondebunt, quod inde debebitis esse contenti. Super aliis etiam que de segiatore et custode monete ac aliis nobis scripsistis, vobis respondebimus per eosdem.

2097

[Circa 1255. — CONSULIBUS TOLOSE EPISTOLA RESPONSIVA[2].]

Alfonsus, *etc.*, dilectis et fidelibus suis consulibus urbis et suburbii Tolose, salutem et dilectionem sinceram. Literas vestras recepimus et que in ipsis continebantur pleno collegimus intellectu. Sane super hiis que nobis scripsistis, videlicet quod dilecti et fideles nostri magister Guillermus Rotlandi, canonicus Parisiensis, et Philippus de Aquabona, miles, jura vestra volunt diruere, ac contra libertates ac consuetudines vestras attemptare, scire vos volumus quod nos, confidentes de ipsis, utpote de probis viris et discretis, non credimus quod contra vos minus juste procedant nec procedere debeant, unde vobis possit prejudicium generari. Verum quia generaliter scripsistis nobis quod prefati Guil-

---

[1] Copie du XIIIe siècle, Bibl. nat., ms. lat. 9187, fol. 36. Édité par Catel, *Comtes de Tolose*, p. 382.

[2] Copie du XIIIe siècle, Bibl. nat., ms. lat. 9187, fol. 36. Édité par Catel, *Comtes de Tolose*, p. 381.

APPENDICE. 603

lelmus et Philippus contra consuetudines vestras procedere conabantur, vobis mandamus quatinus nobis significare curetis sigillatim articulos in quibus contra vos minus juste processum fuerit per eosdem, et nos super hiis bonum consilium curabimus adhibere. Ad hec sciatis quod nos prefatis magistro Guillelmo et Philippo literatorie dedimus in mandatis, ut bonas et approbatas consuetudines vestras vobis servent et servari faciant, prout justum fuerit et honestum. Ceterum super eo quod de statu nostro certificari voluistis, vobis scimus bonum gratum, scituri nos in bono statu esse, Domino largiente.

2098

[Circa 1255. — GUILLELMO ROLLANDI ET PHILIPPO DE AQUABONA, SUPER QUERIMONIIS CONSULUM TOLOSE [1].]

Alfonsus, *etc.*, dilectis et fidelibus suis magistro Guillermo Rollandi, canonico Parisiensi, et Philippo de Aquabona, militi, salutem et sinceram dilectionem. Litteras consulum urbis et suburbii Tolose recepimus, continentes quod vos jura diruere proponitis ac contra libertates suas et consuetudines proceditis minus juste, quod tamen non credimus, confidentes de vobis quod contra ipsos vel alios nichil injustum proponitis attemptare. Ut autem prefatis consulibus satisfaciamus, vobis mandamus quatenus in juribus suis, libertatibus ac consuetudinibus bonis et approbatis servandis, vos reddatis favorabiles, servato tamen et illeso in omnibus et per omnia jure nostro, quantum poteritis cum pace populi ac sine scandalo et peccato.

2099

[Circa 1255. — SENESCALLO TOLOSE SUPER ARTICULIS CIVIBUS TOLOSANIS A COMITE CONCESSIS [2].]

Alfonsus, *etc.*, dilecto et fideli suo senescallo Tolosano, salutem et dilectionem. Accedentes ad nos nuncii universitatis Tolose proposue-

---

[1] Copie du xiiie siècle, Bibl. nat., ms. lat. 9187, fol. 36. Édité par Catel, *Comtes de Tolose*, p. 381.

[2] Copie du xiiie siècle, Bibl. nat., ms. lat. 9187, fol. 35 v°. Édité par Catel, *Comtes de Tolose*, p. 381.

runt coram nobis plures articulos, in quibus asserebant se esse gravatos per nostros bailivos atque gentes. Unde vobis mandamus quatinus in civitate Tolose seu in diocesi nullus personaliter capiatur vel captus detineatur, nisi in notoriis criminibus vel in casibus a jure concessis. — Item, immunitates seu libertates a baronibus [et] militibus terre nostre seu ab eorum antecessoribus, super non dandis pedagiis civibus Tolose concessas, faciatis prout justum fuerit inviolabiliter observari. Et si qui nova vel insueta pedagia instituerint minus juste, compescatis eos ab hujusmodi petitionibus, justitia mediante. Ceterum placet nobis et volumus quod de toto comitatu Tolosano ad civitatem Tolosanam bladum et alia victualia ab hiis qui voluerint, sine contradictione qualibet, deferantur. — Ad hoc mandamus quod, si forsitan aliquos de Tolosa vel de ejus terminis aut eorum homines contingat delinquere, pena et exccutio suos dumtaxat teneat actores. Contra eos vero qui innocentes fuerint a delicto, occupando eorum bovarias vel aliter contra justitiam cohercendo nullatenus procedatur. — Item, volumus et precipimus quod, si quis vel aliqui conquerantur de cive aliquo vel civibus Tolose, seu de eorum hominibus, infra dex vel terminos Tolose manentibus, super rebus vel de rebus que infra dictos consistunt terminos vel super delictis vel obligationibus ibi factis, cives ipsi vel eorum homines extra civitatem Tolose per nostros subditos in judicium non trahantur. — Hos autem articulos universos et singulos faciatis prout premissum est observari, secundum tamen quod consuetudo requirit patrie et fore noveritis consentaneum rationi.

2100

12 déc. 1255. — LITTERA SUPER CORRECTIONE CONSUETUDINUM CIVITATIS THOLOSE [1].

Alfonsus, *etc.*, dilectis et fidelibus suis consulibus et consiliariis ac

---

[1] Arch. nat., JJ xxiv B, fol. 2 v° et 6 v°. — Autre copie du xiii° siècle, Bibl. nat., ms. lat. 9187, fol. 37 v°. — Édité par Catel, *Comtes de Tolose*, p. 387-389. Au folio 6 v° de JJ xxiv B, l'acte a le titre suivant : *Littera consulibus Tholosanis super correctione pravarum consuetudinum eorumdem.* — La minute de cet acte a été publiée par M. de Laborde, *Layettes*, III, n. 4223.

universitati civitatis et suburbii Tholose, salutem cum dilectione scinceram. Sicut bone consuetudines in singulis regionibus sunt conservande [1], sic male amovende et penitus abolende, ad quarum defensionem longevi temporis nec sufficit usus nec proficit, qui quanto prolixior, tanto perniciosior eliminandus est pocius quam fovendus. Nos sane, qui nostrorum jura fidelium sic firma volumus observari ut nostra minime negligere videamur, vos dudum et sepius per sollempnes nuncios nostros monuimus ut ea que in nostram et nostrorum [2] injuriam sub colore consuetudinis in usum vel ut melius dicamus abusum nostri vel predecessoris nostri temporibus redegistis, salubriori dimitteretis consilio, quod tamen hactenus facere noluistis, licet articuli sigillatim per eosdem nuncios vobis expressi fuerint, quos homines tanti consilii quanti vos esse credimus non decebat defendere nec tenere. Verumptamen evidens nostri dominii prejudicium, in divinam cedens injuriam et enormem nostrorum fidelium lesionem, ulterius sustinere cum bona conscientia non valentes, longa satis deliberacione prehibita et multorum communicato consilio sapientum et virorum Deum timencium, ea que per vos corrigere noluistis auctoritate nostra duximus ad statum debitum reducenda. Vobis igitur districte precipimus ne vicarios, ballivos vel officiales nostros pro facto quolibet ad suum officium pertinente citetis vel coram vobis respondere cogatis, vel in eos aliquem exerceatis districtum nec pro ipsorum debitis vel delictis homines nostros de balliviis eorumdem impediatis vel eorum pignora capiatis, cum ad nos solos pertineat eorum correctio vel cohercio, vel ad eos quibus committimus vices nostras. — Quia vero dudum mandavimus et publice fecimus interdici ne pro debitis dominorum sub nostro dominio consistencium eorum homines pignorentur, pro eisdem debitis specialiter non astricti, quod generaliter omnibus inhibuimus, vobis specialiter inhibemus. Quod si dicti domini alicujus ex vobis fuerint debitores, vel alii quilibet Tholose domicilium non habentes siquidem ibi contraxerint et ibidem inventi fuerint, quin

---

[1] JJ xxiv B, fol. 6 v°: *servande*. — [2] JJ xxiv B, fol. 6 v°, ajoute ici le mot *subditorum*.

de dictis debitis ibidem respondeant non vetamus. Quod si absentes ratione contractus apud vos celebrati citandos duxeritis, vestram consuetudinem in hac parte toleramus ad presens. Si tamen ad citationem vestram non venerint, quod bona ipsorum sine nostra vel ballivorum nostrorum licencia capiatis, vel in eos faciatis aliquam agressuram, cujuslibet consuetudinis seu usus obtentu, sustinere non possumus nec debemus, ne id ulterius attemptetis vobis districtius inhibentes; sed in hoc casu, si in bona debitorum seu possessionem bonorum fuerit missio facienda, ad nostros ballivos fiducialiter recurratis, quibus obnixe precipimus quod sine subterfugio et calumpnia super hoc faciant, cum judicum suorum consilio, quod de jure fuerit faciendum. — Sed nec pro quocumque delicto terras baronum nostrorum vel aliorum fidelium auctoritate vestra invadere vel vastare sine nostra licentia presumatis; vestram quidem consuetudinem, si qua est in hac parte, que dicenda est potius corruptela, ratione previa reprobamus. Cum autem civem aliquem Tholose extra Tholosam et territorium in alia terra nostra offendi contigerit in persona vel rebus, excessum hujusmodi non per vos, sed per ballivos nostros discuti volumus, et prout res exiget, emendari. Et si forsan cohercione hujusmodi usos vos esse dicitis, perversam consuetudinem, que reum ad forum actoris protrahens juris ordinem pervertebat, omnino duximus abolendam. — Illud etiam quod ex usu longevo defenditis similiter duximus reprobandum, videlicet quod super querimoniis ad vicarium nostrum Tholosanum perlatis alter ex littigatoribus ejus possit jurisdictionem eludere, dum tamen paratum se dicat coram communibus littigare judicibus, quorum unum ipse protinus nominabat, vilem forte vel abjectam personam, et alter alium, et sic coram dicto vicario postea minime comparebunt. Cum enim sit equitati contrarium naturali quemquam ad compromittendum compelli, cum etiam manifestum errorem contineat ut privatorum consensus eum judicem faciat, qui nulli jurisdictioni preesse dinoscitur, hunc usum quantumcumque longevum, cum multis predecessoris nostri rancoribus usurpatum, tamquam errore plenum et ratione vacuum merito duximus elidendum. — Quia vero plerumque contingit m[er]catores extraneos per Tolosam transitum facientes nostra pedagia defraudare, vobis obnixius [1] inhibemus ne nostrum impediatis vicarium quominus eos puniat et penam ab eis habeat in pedagiis usitatam, que est lx solidorum et 1 denarii, prout intelligi nobis datur. — Sed nec impediatis eundem quominus de excessibus extra urbem et territorium in sua commissis ballivia inquirat ubi voluerit, prout eidem et suo judici de jure videbitur faciendum. — Porro quod vobis mirabili privilegio vendicatis, latas scilicet in curia vestra sententias esse tante dignitatis et ponderis ut ab eis nequeat appellari, juste et rationabiliter confutamus, districtissime vobis mandantes quatinus appellacionibus omnibus deferatis quas ad nos interponi contigerit a curie vestre sententiis in casibus a jure concessis, nec eisdem pendentibus aliquid innovetis nec appellantes aliquatenus offendatis nec appellare volentes minis vel terroribus apertis vel clandestinis retrahatis. — Quia vero multam absurditatem continet et multis injuriis [2] viam parat quod apud vos dicitur usitatum, ut videlicet instrumenta extra Tholosam facta, quamvis sint publica, super solucionibus debitorum que Tholosanis civibus debebantur, fidem non faciant nisi de dictis debitis instrumenta monstrentur confecta per notarios Tholose, volumus et mandamus id apud vos omnino non servari. Cum enim par sit aliorum notariorum auctoritas et major forsitan aliquorum, fidem parem habere volumus omnium instrumentis. — Ceterum interdicta que fecisse dicimini, ne advocati Tholose in curia vicarii nostri ferant alicui patrocinium nec patrocinentur extraneo contra civem, cum sint ad presidium et velamen malicie calumpniari volencium et oppressionem non modicam advenarum, iniqua pariter et illicita fuisse decernimus et quatinus processere de facto, a vobis eadem indilate relaxari mandamus [3]. — Deinde preterire non possumus indiscussum quod quando

[1] JJ xxiv B, fol. 6 v°, ajoute ici les mots *de jure.*

[2] JJ xxiv B, fol. 6 v°, a ici, au lieu de *injuriis*, le mot *calumpniis.*

[3] JJ xxiv B, fol. 6 v°, et le lat. 9187 ajoutent ici la phrase suivante : *Preterea cum bone memorie Raymundus, quondam comes Tholose, predecessor noster, tempore quo decessit esset in possessione vel quasi ponendi consules in civitate Tholose, de qua possessione nos spoliastis minus juste, volumus et precipimus illam possessionem nobis restitui indilate.*

nuncios ad vos mittimus, litteras de credencia vel etiam alias consulibus et consilio vel universitati portantes, consules eos loqui ipsi universitati vel consilio non permittunt, nisi prius ipsis consulibus credenciam suam seorsum dixerint vel litteras alias si quas habent ostenderint, ex quo sequitur quod verba nostra que nunciis sive litteris credimus, ad nostros subditos transitum liberum habere nequeunt et potest fieri subornacio inter moras, que nobis cedit in dedecus et posset cedere in jacturam. Quod quia equo animo sustinere non possumus, vobis precipiendo mandamus quatinus ab hujusmodi presumpcione cessetis, ad requisicionem nunciorum nostrorum generale consilium, cum eis scripserimus, congregetis et si res exegerit parlamentum, ut omnes mandata nostra licenter audiant, que sic dante Domino temperabimus ut ab equitatis et juris tramite non recedant, cervicosis et discolis terrorem ingerant, gaudium vero fidelibus et devotis. — Hec autem ad presens per dilectos et fideles nostros magistrum Stephanum de Balneolis, canonicum..., et Philippum de Aquabona, militem, ac P. Bernardi, servientem nostrum, exibitores presencium, et presentis pagine testimonium vobis duximus intimanda, donec super quibusdam capitulis aliis, que nobis alias sunt exposita, consilium plenius habuerimus. Sed et dictis nunciis nostris sollemnibus credatis et obediatis in omnibus que vobis ex parte nostra proponenda duxerint vel etiam injungenda, et in premissis vos taliter habeatis ut devocionem vestram et fidem possimus merito commendare, nec accumulato contemptu manum cogamur apponere graviorem. Datum Vicennis, dominica post festum sancti Nycholay, anno [M° CC L°] quinto.

2101

12 dec. 1255. — LITTERA CONSULIBUS THOLOSE SUPER RESTITUCIONE FACIENDA DOMINO COMITI DE PONENDO CONSULES IN CIVITATE THOLOSE [1].

Alfonsus, *etc.*, dilectis et fidelibus suis consulibus et consiliariis ac

---

[1] Arch. nat., JJ XXIV B, fol. 2 v°. Édité par Catel, *Comtes de Tolose*, p. 385.

APPENDICE. 609

universitati civitatis et suburbii Tholose, salutem cum dilectione scinceram. Cum bone memorie R., quondam predecessor noster, tempore quo decessit esset in possessione vel quasi ponendi consules in civitate Tholose, de qua possessione post mortem ipsius nos spoliastis minus juste, quod grave gerimus et molestum, vobis mandamus, firmiter injungentes quatinus ipsam possessionem nobis restituatis indilate, tantum super hoc facientes quod devotionem vestram et fidem possimus merito commendare, et ne ob rebellionem vestram manum cogamur [ap]ponere graviorem. Datum apud Vicennas, anno Domini M° CC° L° quinto, dominica post festum sancti Nicholay hyemalis.

2102

Maio 1256. — LITTERA PRO EPISCOPO ET CAPITULO COSERANENSI, UT COMPLEATUR QUOD TRACTATUM EST INTER IPSOS ET DOMINUM COMITEM [1].

Alfonsus, *etc.*, dilecto suo senescallo Tholose, salutem. Cum venerabilis pater episcopus Conseranensis et capitulum ejusdem loci receperint a nobis civitatem Conseranensem et omnes alias senhorias quas habent in Coseranensi dyocesi, mandamus vobis quatinus memoratos episcopum et capitulum et omnia bona eorum ab omnibus injuriatoribus tamquam res nostras proprias defendentes, ad requisicionem eorumdem, omni frivola excusacione et maliciosa dilacione postpositis, super bastidis seu populacionibus faciendis et super assignacione domus sibi facienda et super aliis, secundum quod tractatum est, quod complendum fuerit auctoritate nostra liberaliter compleatis. Datum apud Vicennas, anno Domini M° CC° L° VI°, mense mayo.

[1] Arch. nat., JJ XXIV B, fol. 5 v°. — Édité dans *Gallia Christiana*, I, col. 1132; l'acte de pariage, dont ce mandement est la conséquence, est dans le même ouvrage, col. 186-187.

2103

8 jul. 1256. — PETRO BERNARDI, VICARIO THOLOSE, PRO QUADRAGINTA LIBRIS TURONENSIUM TRADENDIS GUILLELMO DE FOUCHERIIS [1].

Alfonsus, *etc.*, Petro Bernardi, vicario Tholose, salutem. Mandamus vobis quatinus Guillelmo de Foucheriis, latori presencium, XL libras turonensium de denariis nostris per s[e], receptis presentibus litteris, tradatis. Actum apud Vicennas, anno Domini M° CC° L° VI°, mense julio, sabbato post festum sancti Martini estivalis.

2104

7 sept. 1256. — LITTERA BERAUDI ET ADEMARI, LIBERORUM PETRI BERMONDI, SUPER C LIBRIS EISDEM REDDENDIS ANNUATIM [2].

Alfonsus, *etc.*, dilecto et fideli suo senescallo Tholose, salutem et dilectionem. Cum nos dilectis nostris Beraudo et Ademaro, liberis bone memorie Petri Bremondi, militis, clericis studentibus, dederimus annuatim centum libras turonensium, quamdiu nobis placuerit percipiendas in redditibus sive proventibus salini Tholose, vobis mandamus quatinus predictas centum libras eisdem reddatis annis singulis in hunc modum, videlicet quinquaginta libras in festo Omnium sanctorum et alias quinquaginta libras in festo sancti Johannis Baptiste sequenti. Actum apud Vicennas, anno Domini M° CC° L° sexto, die jovis in vigilia nativitatis beate Marie Virginis.

2105

28 jan. 1260. — LITTERA BERAUDI, FILII DEFUNCTI PETRI BREMONDI, SUPER QUIBUSDAM LOCIS SIBI A DOMINO COMITE CONCESSIS [3].

Alfonsus, *etc.*, dilectis et fidelibus suis senescallis Ruthenensi et Agenensi, salutem et dilectionem. Cum nos dilecto nostro Bernardo (*sic*),

[1] Arch. nat., JJ XXIV B, fol. 3 v°. — [2] Arch. nat., JJ XXIV B, fol. 3 v°. — [3] Arch. nat., JJ. XXIV B, fol. 114 v°.

filio bone memorie R. Bremondi, militis, clerico, dederimus Tonnacum [1] et Vieuz [2] et Aleracum [3] et l'aubergere de Causac [4] et Casals [5] cum pertinentiis, percipienda ab eodem quamdiu nobis placuerit, vobis mandamus quatinus dicta loca cum pertinentiis eidem Bernardo deliberetis. Actum Parisius, anno Domini millesimo ducentesimo quinquagesimo nono, die mercurii post conversionem sancti Pauli.

2106

14 apr. 1260. — LITTERA SORORUM MINORUM DE THOLOSA, DE XX LIBRIS SIBI REDDENDIS ANNUATIM [6].

Alfonsus, *etc.*, dilecto et fideli suo senescallo Tholose salutem. Mandamus vobis quatinus sororibus Minoribus de Tholosa de redditibus nostris de Launaco tradatis et reddatis xx libras tholos. singulis annis, quamdiu nobis placuerit, in festo Omnium sanctorum. Et hoc nullatenus dimittatis. Datum apud Moissiacum episcopi [7], anno Domini m° cc° sexagesimo, die mercurii post octabas Pasche.

2107

Mart. 1261. — LITTERA PRO FRATRIBUS MINORIBUS DE THOLOSA SUPER X LIBRIS REDDITUS SIBI ASSEDENDIS [8].

Alfonsus, *etc.*, dilecto et fideli suo senescallo Tholose, salutem et dilectionem. Mandamus vobis quatinus x libras tholosanorum, quas dilectis in Christo fratribus Minoribus de Tholosa dedimus annui redditus, assedeatis eisdem secundum quod in nostris patentibus litteris videbitis contineri. Datum Parisius, anno Domini m° cc° sexagesimo, mense marcio. Reddite litteras.

[1] Tonnac, Tarn, cant. Cordes.
[2] Vieux, cant. Castelnau-de-Montmiral.
[3] Alayrac, comm. Vintrac.
[4] Cahuzac-sur-Vère, cant. Castelnau-de-Montmiral.
[5] Peut-être les Cazals, comm. Montirat.

[6] Arch. nat., JJ xxiv B, fol. 8 r°. Édité par Catel, *Comtes de Tolose*, p. 391.
[7] Moissy-Gramayel, Seine-et-Marne, cant. Brie-Comte-Robert.
[8] Arch. nat., JJ xxiv B, fol. 6. Édité par Catel, *Comtes de Tolose*, p. 391.

2108

Jun. [1263-1268]. — LITTERA PETRI DE GONDREVILLA SUPER CUSTODIA CASTRI [SANCTE] GAVELLE[1].

Alfonsus, etc., dilecto et fideli suo Petro de Landrevilla, militi, senescallo Tholose et Albiensi, salutem et dilectionem. Significamus vobis quod nos Petro de Gondrevilla, latori presentium, castrum nostrum Sancte Gavelle[2] tradidimus custodiendum ad XII denarios tholosanos per diem, quamdiu nostre placuerit voluntati, mandantes vobis quatinus dictum castrum deliberari faciatis dicto Petro et predicta gagia persolvi faciatis eidem. Data apud Ferrolias[3], die sabbati post festum nativitatis sancti Joannis Baptiste.

2109

8 jun. 1264. — [JOHANNI DE SORS, MILITI, SENESCALLO XANTONENSI[4].]

Alfonsus, etc., dilecto et fideli suo Johanni de Sors, senescallo Xantonensi, salutem et dilectionem. Mandamus vobis quatenus die martis proxima post quindenam Pentecostes ad nos personaliter intersitis, et hoc non dimittatis, significantes ex parte nostra fideli nostro Aimerico Chasteigner, ut ad nos intersit similiter dicta die, etc. Datum die Pentecostes, anno M CC LXIIII.

2110

26 nov. 1264. — [COMMISSIO GIRARDO, LEGUM DOCTORI, IN CAUSA ODARDI DE POMPONIO, CASTELLANI SEGURETI[5].]

Alfonsus, etc., venerabili viro et discreto Girardo, legum doctori,

---

[1] Arch. nat., JJ. XXIV B, fol. 8 v°. Pierre de Landreville fut sénéchal d'octobre 1262 à novembre 1268.

[2] Cintegabelle, Haute-Garonne.

[3] Ferrolles-Attilly, Seine-et-Marne, cant. Brie-Comte-Robert.

[4] Édité par Duchesne, Histoire généalogique de la maison de Chasteigner, preuves, p. 6, d'après un registre du Trésor des Chartes, coté IV au XVII° siècle, aujourd'hui perdu.

[5] Arch. nat., J. 317, n° 43; dans une sentence de mars 1266.

salutem et dilectionem sinceram. Causam appellationis ad nos interposite a sententia lata per magistrum Raimundum Belligonum, judicem Venaissini, contra Odardum de Ponponio, castellanum nostrum de Segureto, vobis duximus commitendam, mandantes vobis quatenus eam diligenter audiatis et fine debito terminetis. Datum apud Longumpontem, anno Domini MCCLXIIII, die mercurii post festum sancti Clementis pape et martiris.

2111

[1264. — COMMUNITATI RUPPELLE DE COMMERCIO CUM HABITATORIBUS SANCTI AUDOMARI [1].]

Alfonsus, *etc.*, majori et scabinis de Rupella totique communitati ville ejusdem, salutem et dilectionem. Intelleximus quod inhibuistis in villa nostra de Rupella ne aliquis deferret seu deferri faceret apud Sanctum Audomarum [2] aliqua vina seu alia victualia et mercimonia. Que quidem inhibitio, si facta est, carissimo nepoti nostro Roberto, comiti Attrabatensi, damnum non modicum generat et gravamen, maxime cum villa Sancti Audomari predicta ad manum ipsius nepotis nostri nuper devenerit, ac Guido, comes Sancti Pauli, ballum ipsius ville quittavit eidem. Unde cum alias vobis mandaverimus quod dictam inhibitionem penitus revocaretis, et vos super hoc nullam adhuc responsionem dederitis, iterato vobis mandamus quatenus dictam inhibitionem revocari penitus faciatis, quoniam multum desideramus et vellemus facere quod cederet ad commodum ipsius nepotis nostri. Gentes vero ejusdem carissimi nepotis nostri nobis dederunt intelligi quod dedit in mandatis baillivo suo Attrabatensi quod si aliqui homines de Sancto Audomaro aliquod gravamen seu injuriam fecerint indebite aliquibus de Rupella, ipsis faciat prout justum fuerit emendari, et quod ad usus et consuetudines quibus hactenus usi estis faciat vos teneri. Quicquid autem super his facere proponitis, nobis et dicto nepoti nostro in scriptis significare curetis, tam curialiter et liberaliter super his vos

[1] Duchesne, *Histoire de la maison de Chastillon*, preuves, p. 86. La date de 1264 est donnée par Duchesne. — [2] Saint-Omer, Pas-de-Calais.

habentes, quod idem nepos noster de vobis se tenere debeat pro pagato, et vobis debeamus propter hoc merito scire gratum.

2112

28 mart. [1265. — SENESCALLO THOLOSE SUPER INQUESTA IN FACTO EPISCOPI THOLOSANI] [1].

Alfonsus, *etc.*, dilecto et fideli suo P. de Landrevilla, militi, senescallo Tholosano et Albiensis, salutem et dilectionem. Cum summus pontifex per suas litteras nos duxerit requirendum ut de bonis episcopatus Tholosani sufficienter assignari faceremus reverendo patri archiepiscopo Narbonensi et suis collegis, pro expensis factis et faciendis in inquisitione sibi commissa auctoritate apostolica contra venerabilem patrem episcopum Tholosanum, et id ipsum, sicut nobis scripsistis, a summo pontifice receperitis in mandatis, idemque episcopus dicatur eosdem inquisitores ex causis probabilibus recusasse et ab ipsis ad sedem apostolicam jam diu est legitime appellasse, vobis mandamus quatinus ad exsecutionem mandati apostolici, de consilio virorum peritorum, non suspectorum, cum maturitate debita procedatis, nisi vicarius et officiales memorati episcopi, requisiti a vobis, raciones predictas vel alias sufficientes pretenderint quare dicta bona capere minime debeatis, et tunc a capcione predictorum supersedeatis, summo pontifici et dictis inquisitoribus vos super hoc excusantes. Quid super hoc factum fuerit nobis, quam cicius commode poteritis, rescribatis. Datum apud Rampillon, die sabbati ante Ramos palmarum.

2113

23 jun. 1266. — LITTERA JOHANNIS TURPINI, SUPER CUSTODIA CASTRI DE NAJACO [2].

Alfonsus, *etc.*, dilecto et fideli suo Philippo de Boyssiaco, militi, se-

---

[1] Arch. nat., J. 308, n° 93; dans un acte de Pierre de Landreville, sans date, envoyé au comte sous le sceau du sénéchal. — L'acte doit être de 1265, date à laquelle se termina l'enquête faite sur l'ordre du Saint-Siège, par l'archevêque de Narbonne, Maurin, contre l'évêque de Toulouse, Raimond du Falga.

[2] Arch. nat., JJ xxiv B, fol. 115 v°.

nescallo Ruthenensi, salutem et dilectionem. Significamus vobis quod nos castrum nostrum de Najaco[1] Johanni Tourpin, latori presencium, tradidimus custodiendum ad gagia quadraginta librarum tur. per annum, quamdiu nostre placuerit voluntati, mandantes vobis quatinus dicto J. dictum castrum cum garnisione ejusdem deliberetis, et dictas quadraginta libras tur. eidem statutis terminis persolvatis. Ac cuidam servienti suo in dicto castro VIII den. tur. de gagiis per diem dedimus, quamdiu placuerit nobis, et dicta gagia servientis persolvatis castellano predicto. Datum apud Ferrolias, die mercurii in vigilia nativitatis sancti Johannis Baptiste, anno Domini M° CC° LX° VI°.

2114

23 jun. 1266. — LITTERA BERNARDI, FILII JOHANNIS TURPINI, SUPER OCTO DENARIIS GAGIORUM SIBI CONCESSIS [2].

Alfonsus, *etc.*, dilecto et fideli suo Philippo de Boissy, senescallo Ruthenensi, salutem et dilectionem. Significamus vobis quod nos Bernardo, filio Johannis Tourpin, castellani nostri in castro Najaci, dedimus octo denarios tur. de gagiis per diem in dicto castro Najaci, quamdiu nostre placuerit voluntati, mandantes vobis quatinus dicta gagia persolvatis eidem. Datum apud Ferrolias, die mercurii in vigilia sancti Johannis Baptiste, anno Domini M° CC° LX° VI°.

2115

29 jul. [1266. — SENESCALLO PICTAVENSI SUPER RACHETO A COMITE AUGI HABENDO PRO QUIBUSDAM CASTRIS IN PICTAVIA [3]].

Alfonsus, *etc.*, senescallo Pictavensi, *etc.* Mandamus vobis quatenus una cum fideli nostro Haymerico Chasteigner, cui super hoc scribimus, sciatis et addiscatis diligenter infra instans festum Omnium sanctorum,

---

[1] Najac, Aveyron. — [2] Arch. nat., JJ XXIV B, fol. 115 v°. — [3] Duchesne, *Histoire généalogique de la maison de Chasteigner*, preuves. p. 6; tiré, dit l'éditeur, d'un registre de l'an 1266.

an in castris viri nobilis et fidelis nostri comitis Augi, videlicet in castro de Chesec[1] et Sivriaco[2], et in aliis castris que a nobis tenet, rachetum habere debeamus. Quale et quantum habere debeamus in dictis castris infra dictum festum Omnium sanctorum diligentius addiscatis, et sciatis super his plenariam veritatem, ita quod super premissis ad instans parlamentum Omnium sanctorum nos in scriptis possitis reddere certiores. Datùm apud Hospitale juxta Corbolium, die jovis post festum beate Marie Magdalene.

2116

[1266. — AIMERICO CHASTEIGNER SUPER CAUSA INTER EUSTACHIUM DE BELLOMARCHESIO ET FILIUM COMITIS RUTHENENSIS [3].]

Alfonsus, *etc.*, dilecto et fideli suo Aimerico Chasteigner, militi, salutem et dilectionem. Significamus vobis quod in causa seu negocio, quod inter dilectum et fidelem nostrum Eustachium de Bellomarchesio, militem, et suos ex una parte, et Henricum, filium comitis Ruthenensis, et Deodatum de Cardillac et suos ex altera, vertitur, super quo vos et dilectus noster Gilo de Avesnis, miles, debetis inquirere et super quo dies fuit assignata apud Nonetam[4] in quindenam instantis Natalis Domini, est locus mutatus et dies prorogata et assignata apud Montem Ferrandi[5].

2117

21 juin. 1270. — [DE ASSIGNATIONE REDDITUS PRO MARIA, COMITISSA PETRAGORICENSI [6].]

Alfonsus, *etc.*, dilecto et fideli suo senescallo Agenensi et Caturcensi, salutem et dilectionem. Cum nos nobili et karissime nostre Marie, Petragoricensi comitisse, trecentas libras turon. annui redditus dederimus,

---

[1] Chizé, Deux-Sèvres, cant. Brioux.
[2] Civray, Vienne.
[3] Duchesne, *Histoire généalogique de la maison de Chasteigner*, preuves, p. 6; tiré, dit l'éditeur, d'un registre de l'an 1266.

[4] Nonette, Puy-de-Dôme, cant. Saint-Germain-Lembron.
[5] Montferrand, *ibid.*, comm. Clermont-Ferrand.
[6] Arch. nat., JJ xxiv B, fol. 69 v°.

pro quibus castrum de Lavarzaco[1], reparium de Caudroto[2] et id quod habemus in loco vocato de Leumont[3], nobili viro Archambaudo, Petragoricensi comiti, marito suo, ejus nomine, mandavimus assignari, et si quis defectus fuerit, in possessionibus quas in villis de Gontaudo[4] et Fenoulleto[5], de Gratelou[6] et de Altisvineis[7] habemus, que ad manum nostram ratione heresis devenerunt, velimus illud assignare, vobis mandamus quatinus, si vobis constiterit possessiones predictas vel aliquas ex ipsis a baronibus vel militibus villarum predictarum teneri in feudum censuale, antequam assignacionem predictam predicto Archambaudo faciatis, conveniatis cum predictis baronibus vel militibus, juxta quantitatem census sibi debiti ratione possessionum quas neccesse fuerit dicto comiti pro supplemento dictarum trecentarum librarum annui redditus assignari, quam cicius commode potueritis et sine more dispendio hujusmodi assignationem exequentes, salvo in residuo dictarum possessionum, si quid fuerit, jure nostro, et salvo in omnibus jure quolibet alieno. Datum apud Armazanicas[8] prope Aquas Mortuas, die sabbati ante nativitatem beati Johannis Baptiste, anno Domini M° CC° LXX°.

2118

Circa 1270. — [DE FURNO APUD CASSEGNOLIUM ARCHAMBAUDO, COMITI PETRAGORICENSI, CONCESSO[9].]

Alfonsus, *etc.*, dilecto et fideli suo senescallo Agenensi et Caturcensi, salutem et dilectionem. Cum nos dilecto et fideli nostro nobili viro Archambaudo, comiti Petragoricensi, dederimus et concesserimus quandam partem cujusdam furni, apud Cassegnolium[10] siti, que nobis obvenit in commissum ob condempnationem Hugonis de Castromo-

---

[1] Lavardac, Lot-et-Garonne.
[2] Non trouvé.
[3] Non trouvé.
[4] Gontaud, Lot-et-Garonne, cant. Marmande.
[5] Fauillet, Lot-et-Garonne, cant. Tonneins.
[6] Grateloup, Lot-et-Garonne, cant. Castelmoron.
[7] Hautesvignes, Lot-et-Garonne, cant. Marmande.
[8] Aimargues, Gard, cant. Vauvert.
[9] Arch. nat., JJ XXIV B, fol. 69.
[10] Casseneuil, Lot-et-Gar., cant. Cancon.

ronis, de heresi condempnati, vobis mandamus quatinus dictum nobilem vel ejus certum nuncium in possessione dicte quarte [partis mittatis [1]].

2119

Jun. 1270. — [SENESCALLO THOLOSE PRO GUILLELMO DE GAUDERIIS[2].]

Alfonsus, etc., dilecto et fideli suo senescallo Tholose, salutem et dilectionem. Cum per fide dignos intellexerimus quod R., bone memorie comes Tholosanus, predecessor noster, seu vicarius Tholose nomine dicti comitis, occasione cujusdam sententie late per consules Tholose, injuste ut dicitur, bona Raimundi de Gauderiis, civis Tholose, occupavit et distrahi fecit, ut fertur, attendentes, inquam, quod nichil nostris utilitatibus deperit si que sunt aliena reddantur, vobis mandamus quatinus Guillelmo de Gauderiis, filio quondam dicti Raimundi, in recompensacionem bonorum dicti Raimundi, in terra et redditibus nostris que ad manum nostram occasione heresis devenerunt, in aliquo loco competenti in vestra senescallia sexaginta sol. tholos. annui redditus nostro nomine assignetis, ab ipso Guillelmo, heredibus et successoribus suis percipiendos in futurum, retinentes ibidem censum vi den. tur. cum dominacionibus suis, nobis seu ballivo nostro a dicto Guillelmo, heredibus et successoribus suis in festo Omnium sanctorum reddendum annuatim. Nos enim assignacionem seu assisiam per vos factam dicto Guillelmo, heredibus successoribusque suis ratam habemus atque firmam. Et ad majoris roboris firmitatem nostras patentes litteras predicto Guillelmo de assignacione facta eidem [dedimus], quibus fidem volumus adhiberi. In cujus rei testimonium, sigillum nostrum presentibus litteris apponi fecimus, salvo in aliis superius non expressis jure nostro et salvo in omnibus jure quolibet alieno. — Nos autem Johanna, Tholose ac Pictavie comitissa, assignacionem seu assisiam predictam ratam et gratam habemus, et pro nobis, heredibus

[1] L'acte est sans date et peut-être incomplet dans le registre. Je le place approximativement en 1270, en le rapprochant de la donation qui précède, faite à Marie, femme d'Archambaud.

[2] Arch. nat., JJ xxiv B, fol. 37.

et successoribus nostris eandem assignacionem per apposicionem sigilli nostri, una cum sigillo karissimi domini nostri comitis supradicti, viri nostri, spontanea voluntate approbamus, volumus et laudamus. Datum apud Armazanicas[1] prope Aquas Mortuas, anno Domini M° CC° LXX°, mense junii.

2120

Jun. 1270. — [SENESCALLO THOLOSE PRO VILLA GIMILLI, MAGISTRO JOHANNI DOMINICI RESTITUENDA [2].]

Alfonsus, *etc.*, dilecto et fideli suo… senescallo Tholose et Albiensis, salutem et dilectionem. Mandamus vobis quatinus villam Gimilli[3], terciam partem ville de Paolhaco[4], cum pertinenciis ipsarum villarum, terras de Leus et de Corbatarn et de Las Cortz et de Marchays, hereditates et bona deffunctorum Ugonis Amelii et Ademarii de Montemauro, fratrum ipsius et matris, aliaque bona mobilia et immobilia que per assercionem dilecti et fidelis clerici nostri, Egidii Camelini, vel aliorum[5] officialium et ministrorum nostrorum vel alias per summariam inquisicionem et de plano vobis constare poterit magistrum Johannem Dominici possidere tempore quo bannum nostrum fuit in villa Gimilli vel aliis ab ipso possessis positum, eidem magistro Johanni cum perceptis inde fructibus restituatis[6]. Super aliis vero que dubia forsitan inveneritis et que idem magister Johannes contra nos et nostros officiales et ministros duxerit proponenda, ipsum audiatis, et exquisita de plano super jure nostro et ipsius veritate vocatisque qui fuerint evocandi et constituto per vos nomine nostro ydoneo deffensore[7], quod justum fuerit decernatis et faciatis quod decreveritis fir-

---

[1] Aimargues, Gard, cant. Vauvert.

[2] Arch. nat., J. 320, n° 70, original jadis scellé; n° 69, autre original jadis scellé. Sous le n° 71, acte solennel du comte et de la comtesse Jeanne pour la même affaire.

[3] Gémil, Haute-Garonne, cant. Montastruc.

[4] Paulhac, Haute-Garonne, cant. Montastruc.

[5] Les mots *dilecti…aliorum* manquent dans le n° 69.

[6] Ici le n° 69 ajoute les mots : *et restitui plenarie faciatis.*

[7] Ici le n° 69 ajoute les mots : *in hoc casu ultimo.*

miter observari. Datum apud Armazanicas prope Aquas Mortuas, anno Domini M° CC° LXX°, mense junii.

2121

Jun. 1270. — [PRO BERNARDO MASCARONIS SUPER CASTRO DE SANCTA GABELLA [1].]

Alfonsus, *etc.*, dilecto et fideli suo senescallo Tholose, salutem et dilectionem. Cum Bernardus Mascaronis peteret a nobis, nomine Bernarde, uxoris sue, filie quondam Aycardi de Sancta Gavella, militis, tertiam partem castri de Sancta Gavella [2] cum suis pertinentiis de Algarns [3] et de Caneto [4] et medietatem territorii Castellionis [5], dicens dicta bona ad predictam Bernardam, uxorem suam, pertinere jure successionis paterne, dicens insuper dictam Bernardam possessione predictorum bonorum fuisse per comitem R., bone memorie predecessorem nostrum, spoliatam, nos, ad instantiam predictorum Bernarde et Bernardi, super predictis inquiri fecimus veritatem tam de jure nostro quam de jure quod dictus Bernardus in predictis dicebatur habere. Tandem super predictis requisitione (*sic*) facta diligenti, quibusdam emergentibus dubiis, volentes potius eidem Bernarde, seu dicto Bernardo nomine dicte Bernarde, aliqua erogare quam in dubio jura ipsius retinere, vobis mandamus et precipimus quatinus dicte Bernarde, seu dicto Bernardo nomine dicte Bernarde, in recompensationem omnium predictorum in redditibus nostris in vestra senescallia sex libras tolosanorum annui redditus, visis presentibus, in aliquo loco competenti nostro nomine assignetis, quam assignationem seu assisiam predicte Bernarde, heredibus et successoribus suis pro nobis, heredibus et successoribus nostris imperpetuum fieri volumus et mandamus. Nos enim in hiis que assignaveritis nobis, heredibus et successoribus nostris retinemus exercitum et [cavalcatam] secundum usus et consuetudines dyocesis Tholosane, incursus heresum ac resortum. Assignationem etiam per vos factam predicte Bernarde et heredibus et successoribus suis,

---

[1] Arch. nat., JJ XXIV B, fol. 39. — [2] Cintegabelle, Haute-Garonne. — [3] Sans doute Saint-Pierre d'Esgars, succursale au N. E. de Cintegabelle (Cassini). — [4] Canet, au S. E. de Cintegabelle (Cassini). — [5] Non retrouvé.

seu dicto Bernardo nomine dicte Bernarde, ratam habemus ac etiam habebimus pariter et acceptam. Et ad majoris (*sic*) firmitatem nostras patentes litteras predicte Bernarde, seu dicto Bernardo nomine dicte Bernarde, concedi volumus de assignatione facta eidem, quibus perpetuo fidem plenariam volumus adhiberi. Predicta vero Bernarda, heredes et successores sui nobis, heredibus et successoribus nostris pro illis que ei assignamus usque ad summam dictarum sex librarum tholosanorum homagium ligium facere tenebuntur. Idem vero Bernarda et dictus [Bernardus], pro se, heredibus et successoribus suis, assignatione sibi facta usque ad summam dictarum sex librarum tholosanorum, debent nos, heredes et successores nostros de predictis omnibus petitionibus et de omni eo jure quod habebant vel habere debebant in predictis absolvere imperpetuum et quiete, recipientes a sepedicta Bernarda et dicto Bernardo litteras testimoniales vel instrumentum publicum super quitatione predicta. In cujus rei testimonium, has presentes litteras dicto Bernardo, nomine suo et dicte Bernarde, tradidimus, sigilli nostri munimine roboratas, salvo in aliis superius non expressis jure nostro et salvo in omnibus jure quolibet alieno. Has litteras eidem Bernarde seu dicto Bernardo per vos reddi volumus, quociens ab eisdem vel eorum altero fueritis requisitus. — Nos autem Johanna, Tholose ac Pictavie comitissa, predictam assignationem et concessionem ac universa et singula, prout superius sunt expressa, grata et rata habemus et ea de nostra gratuita et spontanea voluntate, pro nobis, heredibus et successoribus nostris, per appositionem sigilli nostri una cum sigillo karissimi domini comitis supradicti, viri nostri, approbamus, volumus et laudamus. Datum apud Armazanicas prope Aquas Mortuas, anno Domini millesimo ducentesimo septuagesimo, mense junii.

TABLE ALPHABÉTIQUE.

Nota. — Les chiffres renvoient aux numéros des actes.

A

A., regina Anglie. — *V.* Alienor.
A., comes Sabaudie. — *V.* Amedeus.
Abbazine abbas. — *V.* Obazine.
Abbé de la Roe, chevalier, 1045.
Abolena, 1729, 1760, 1802, 1804, 1805, 1806.
—— ecclesia, 1729, 1730.
—— prior, 1729, 1730, 1731, 1733, 1760.
—— bajulus, 1731.
—— pedagiarius comitis, 553.
—— communitas, 1802, 1805, 1806.
—— homines, 1734.
—— universitas hominum, 1732.
—— populares, 1803, 1805, 1806. *Bollène, Vaucluse.*
Absolutiones inquisitorum comitis, 1699.
Absolutionis beneficium, 336.
Acapita, 1251.
Acaptamenta, Acceptamenta feudorum, 1596, 1599.
Accessor, 1048; *juge assesseur.*
Acé. — *V.* Constantinus.
Acelina, soror Sadeline, 251.
Aculeo, Agulo (castrum de), 1459.
—— miles quidam de, 2033. *Aiguillon, Lot-et-Garonne.*
Adam. — *V.* Guillelmus.
—— de Auneio, valetus, 1217.
—— castellanus de Buzeto, 1273.
—— Panetarii, senescallus Pictavensis, 1914 (1), 1920 (19).
—— Reaxii, 358.
—— Taboe, serviens comitis, 703.
Ad Coing. — *V.* Stephanus.

Adducere ligna, 1915 (5).
Ademara, relicta Symonis Guillelmi de Moyssiaco, 1524.
Ademari. — *V.* Bernardus.
Ademarius Guaucelini, 1361.
—— de Montellis, clericus, 1404.
—— de Montemauro, 2120.
Ademarus, avunculus Attonis de Montibus, 808.
—— de Bor (magister), scolasticus Xanctonensis, 1085, 1086.
—— Bos, miles, 1417.
—— Gezcelini, 1265.
—— de Malomonte, miles, 661.
—— de Nausac, 521.
—— filius Petri Bremondi, militis, 2104.
—— de Pictavia, comes Valentinensis, 1761, 1821.
—— *V.* Adzemarus.
Adjornamentum, 595.
Adjornationes sine causa, 719.
Adjutorium a ballivis petitum, 1922.
Advoamentum, advoatio, advocatio indebita, 174, 640, 660, 946, 1161, 1334, 1677, 1784.
Advoare terram, Advoatio, 209, 1047, 1151.
Advocati, 2100.
Advocationis officium, 31.
Advocatorum (Statuta super facto), 598.
Advohatio sub redevencia, 876.
Adzemarus de Archiac, miles, 1147.
—— *V.* Ademarius, Ademarus.
Aelipdis, filia et heres Guillelmi de Tremoilles, 1190.
Aenordis, relicta Symonis de Bellocampo, 1920 (11).

Aenors Vigiere, vidua, de Bosco Pevrelli, 1912 (1).
Aeraudi. — *V.* Guillelmus.
Aeraudus de Sancto Savino, dominus de Sancto Savino, 1911 (8), 1919.
Affermage des baillies, 978, 1038.
Affermage; quaestio de precio solvendo, 1505.
Affiner l'argent, 130, 238.
Agace. — *V.* Guillelmus.
Agennense, 865, 1324.
—— Agenesium, 1548 (2), 1613, 1615, 1973, 1974.
—— Agenenses partes, 376, 509.
—— Agenesii terra, 1545, 1590, 1851.
—— Agenesii ville, 1330, 2061.
Agenense capitulum, 1568, 1598.
Agenense salinum, salins d'Agiens, 604, 978, 1038, 1330, 1545.
Agenensis dyocesis, 423, 424, 490, 491, 495, 497, 1512.
—— ecclesia, 1605.
—— episcopus, 423, 424, 425, 426, 463, 490, 491, 510, 1444, 1445, 1446, 1447, 1448, 1457, 1548(1), 1551, 1552, 1568, 1594, 1598, 1605, 1962, 1965, 1967, 1969, 1971, 1978, 2073. — *V.* Guillelmus, Petrus.
Agenensis et Caturcensis senescallia, 418, 502, 850, 1441, 1448, 1574, 1605, 1610, 1613, 1878, 1880, 1948.
Agenensis senescalli judex, 447, 477, 499, 1506.
Agenensis et Caturcensis senescallus, seneschal d'Agenois, Agenois et Caorsin, Agenesii senescallus, 25, 230, 323, 372, 376, 430, 492, 495, 499, 510, 512, 604, 646, 709, 781, 845, 850, 869, 881, 888, 890, 945, 978, 986, 1003, 1004, 1038, 1066, 1157, 1159, 1176, 1177, 1196, 1218, 1251, 1317, 1324, 1337, 1406, 1408, 1417, 1454, 1456, 1463, 1474, 1476, 1499, 1505, 1537, 1548 (1), 1556, 1597, 1598, 1608, 1837, 1854, 1856, 1862, 1863, 1876, 1877, 1878, 1879, 1880, 1881, 1882, 1883, 1884, 1885, 1887, 1888, 1889, 1890, 1895, 1948, 1962, 1963, 1964, 1965, 1966, 1967, 1969, 1970, 1971,

1973, 1974, 1975, 1976, 1978, 1979, 1982, 1983, 1984, 1986, 1992, 2014, 2061, 2063, 2065, 2066, 2067, 2068, 2069, 2070, 2071, 2073, 2074, 2075, 2076, 2077, 2079, 2080, 2082, 2084, 2085, 2105, 2117, 2118.
—— *V.* Guillelmus de Balneolis, Johannes de Angervillari, Philippus de Villafaverosa, Simon Clareti.
Agenensium litterarum quaternus, 1518.
Agennum, Ageni civitas, Agiens, Agen, 473, 1444, 1445, 1548 (2), 1973, 1974.
—— castrum, 161.
—— Predicatores, Fratres minores, Leprosaria, Domus Dei, 1324, 1544.
—— fratres de Carmelo, 1324, 1544.
—— (burgenses de), 1840.
—— cil d'Agiens, 1978.
—— Agenenses consules, 1594.
—— Justitia communis inter episcopum et comitem, 1449.
—— Carcer communis comiti et episcopo, 1444.
—— districtus et mandamentum de), 140.
—— (bajuli de), 473, 2074.
—— bajulia affirmata, 2075.
—— *V. S.* Caprasius. *Agen, Lot-et-Garonne.*
Aggresta, 1914 (3); *verjus.*
Agiens. — *V.* Agennum.
Agnes, domina Borbonii, 218, 738, 761, 1186, 1187.
Agot (D'), de Agoto. — *V.* Raimundus, Rostagnus. *Goult, Vaucluse, cant. Gordes.*
Agot, Agout (Riparia de), 298; *l'Agoût, affluent du Tarn.*
Aguiler (De). — *V.* Morgo.
Agulo. — *V.* Aculeo.
Ahentensis ecclesie prepositus et capitulum, 69, 660. *Eymoutiers, Haute-Vienne.*
Aicelina, vidua, 390.
Aide, auxilium, subventio, 162, 372, 978, 1793, 1968.
—— manière de la lever, 1968.
—— petitum vel promissum, 743.
—— des villes, 666.
—— aux quatre cas, auxilium, 546, 547, 746, 749, 1191, 1682, 1793.

TABLE GÉNÉRALE. 625

Aide demandée par le comte, 1191.
— pro succursu Terre sancte, 651, 743, 746, 748, 749, 756, 1741.
— de la croix du comte, 707.
— a nobilibus debitum pro Terra sancta, 1041, 1042.
— pour la croisade passée en usage en Auvergne, 725, 747.
— pro Terra sancta, petitum ab hominibus villarum Alvernie, 739.
— petitum in Alvernia, 725.
— en Poitou, 1066.
— des villes de Poitou, 1038.
— offerte par les bourgeois de Saint-Jehan d'Angely, 689.
— *V. Focagium, Subventio.*
Aigneau. — *V. Guillelmus.*
Aiguepasse, 762.
— *V. Petrus Amblardi. Aigueperse, Puy-de-Dôme.*
Aiguilenca (homines d'), 175. *Aygaleucq, Aveyron, comm. Montpeyroux.*
Aiguillon. — *V. Aculeo.*
Aimardi. — *V. Petrus.*
Aimericus, Aymericus, Aymeris, Haymeri, Hemeri.
— immuratus pro heresi, 1268.
— Arignons, 1923 (6).
— de Balagnerio, domicellus, 169, 1661.
— Bechet, miles, 6, 56, 85.
— de la Bellière, miles, 1919.
— de Bocaio, miles, 11, 39, 40, 74.
— de Bulli, 1938.
— de Cardampgnaco, 159.
— de Cas, 1523.
— Chasteigner, Chasteignier, miles, 1046, 1864, 2109, 2115, 2116.
— clericus, filius Guillelmi de Petragora, 1057.
— de Convenis, de Commenge, 267, 1365, 1366.
— Delie (magister), 606.
— Theobaldi de Frontigniaco, 1923 (14).
— Gaiffart, miles, 1923 (6).
— Giraudi, 699.
— Gombaut, miles, 1919.
— de Gordonio, 478.

Aimericus Gravarz, serviens, 1919.
— dictus Hafart, miles, 1940.
— Incardi (magister), 679, 681, 682.
— de Labarda, valetus, 508.
— de Latouche, 68.
— Magans, miles, 1919.
— de Malamorte, domicellus, filius Aymerici, 1438.
— dictus Miles, 1933.
— de Montroi, 1932.
— de Pracc, 1916 (5).
— de Rocha, miles, 1135.
— Rousseau, 1919.
— vicecomes de Ruppecavardi, 79, 617, 635, 661, 973, 982, 983, 1135.
— Samet, 1943.
— de Sancto Martino Veteri, 333.
— dictus Surdus, 1940.
— Thamer (magister), 1132.
— Theobaldus, 1916 (5), 1921.
— vicecomes Thoarcensis, 5, 48, 1045, 1057.
— Veteris (magister), canonicus S. Hilarii Pictavensis, 1073.
— Vigerii, valetus, 1919.
Airmeneus. — *V. Armandus.*
Ais (prior de), 116. *L'Isle d'Aix, Charente-Inférieure.*
Aisium sive asium, avec le sens de petite propriété rurale, 210.
Alamania, Alemania (de). — *V. Gaufridus.*
Alamans, Alemans (prioratus d'), 463, 1462.
— (prior d'). — *V. Gaillardus de Mota. Les Allemans, Lot-et-Garonne, comm. Penne.*
Alans, bastida, 899. *Alan, Haute-Garonne, cant. Aurignac.*
Alanus de Meullento (magister), archidiaconus Ebroycensis, 712, 854, 1738; inquisitor in Alvernia, 190.
Albanensis episcopus, 2055.
— *V. Radulphus.*
Alberga, 828, 1307, 1732, 1733.
— comitis concessa, 1659.
— debita comiti, 1350.
— injuste, ut dicitur, petita, 1368.
— injuste augmentata, 791.
Albergamentum, 979, 1075, 1349.

Alberti. — *V. Johannes.*
Albertus, abbas Montisalbani, 1476.
Albia, Albiga, 1639.
—— Fratres minores, 832, 1324. *Alby, Tarn.*
Albia (De). — *V. Guillelmus.*
Albiensis diocesis, 356, 930, 943.
—— episcopus, 380, 971, 1412, 1413, 1603, 1892.
—— *V. Bernardus.*
—— marescallus. — *V. Guido de Levis.*
—— senescallus, 900.
Albiensium moneta, 971.
—— de novo cudenda, 1603.
Albigense, Albigesium, 832, 849, 892, 897, 971, 1213, 1324, 1603, 1974.
Albigensis. — *V. Guido.*
Albigesio (herbagia de), 1364.
Albispetris (abbas de), Cisterciensis ordinis, 45. *Aubepierres, Creuse, comm. Méasne.*
Alboinus. — *V. Guillelmus.*
Album Ruffum, 1797.
—— domini de Albo Ruffo, 1797.
—— De Albo Ruffo. — *V. Rostannus. Le Barroux, Vaucluse, cant. Malaucène.*
Aldi. — *V. Robertus.*
Aldricus Caradorba, civis Tholosanus, 388.
Alegie fluvius. — *V. Aregie.*
Alegre (D'). — *V. Hugo. Allègre, Haute-Loire.*
Alelmus, Allelmus, Alliaume, dictus Scutifer ferri. Escuier de fer, 27, 28, 79.
Alemania (De). — *V. Hugo.*
Alemanni. — *V. Picardus.*
Alemannia (De). — *V. Petrus.*
Alemans (ecclesia de). — *V. Alamans.*
Alemennus. — *V. Berengarius.*
Aler (D'). — *V. Johannes.*
Aleracum, 2105. *Alayrac, Tarn, comm. Vindrac.*
Aleron. — *V. Guillelmus, Raimundus Guillelmi.*
Alfaro, Alfario (D'). — *V. Hugo.*
Alfonsin d'or, Aufonsin, Anfonsin, 643, 644, 702, 863, 870, 881.
Alfonsus de Brienna, comes Augi, camerarius Francie, 16, 645, 648, 1025, 1055, 1865.
Algarns, 2121. *Saint-Pierre d'Esgars, Haute-Garonne, comm. Cintegabelle.*
Alibertus de Dyopentala, 819.

Alic, locus, 1548 (8). *Les Alix, Lot, comm. Rocamadour.*
A[lienor], regina Anglie, domina Hybernie et ducissa Aquitanie, 2020, 2021, 2022, 2023, 2025.
Alienordis, comitissa Leycestrie, 66, 105.
Alier, Alyer (aqua d'), 727 (1, 6). *L'Allier.*
Alimenta, 884.
Alips, uxor Hugonis de Ruppe, 2084.
Allelmus, Alliaume Escuier de Fer. — *V. Alelmus.*
Allemvilla (prior de), 618, 619. *Lanville, Charente, comm. Marcillac-Lanville.*
Alliance entre plusieurs chevaliers, 1045.
Allocati, 221, 680, 1129, 1946.
—— sive comestores, 22.
—— comitis, 607, 610, 1067.
—— senescalli Pictavensis, 631.
Allocatus sive senescallus, 1047.
Allodium, 1133.
Almodis de Talneio, 1135.
Alnaldus. — *V. Arnaldus.*
Alnandi. — *V. Gombaudus.*
Alne panni, 812.
Alneia (Hospitale Jerusalem de), 621. *Saint-Jean de Launay, Vendée, comm. Sainte-Cécile.*
Alneio (De), Alneto. — *V. Erardus. Aulnat, Puy-de-Dôme, cant. Clermont.*
Alnerii. — *V. Johannes.*
Alnisiensis archidiaconus. — *V. Petrus Vigerii.*
Alnisii (Magnus feodus), 1115. *L'Aunis.*
Alsabaisse (ecclesia de), 347. *Aussevaisse, Tarn, comm. Millars.*
Altarippa, 813, 830.
—— Judei, 943.
—— homines, 814, 816. *Auterive, Haute-Garonne.*
Altarippa (De). — *V. Petrus. Auterive, Haute-Garonne.*
Altevinee, 2117. *Hautesvignes, Lot-et-Garonne, cant. Marmande.*
Altimontis ballivus, 396, 469. *Almont, Tarn-et-Garonne, comm. Réalville.*
Altissiodorensis conventus ordinis Predicatorum, 597. *Auxerre, Yonne.*
Altivillaris castrum, 438, 1477.
—— consules, 1556.

TABLE GÉNÉRALE. 627

Altivillaris homines, 1433, 1556. *Auvillars, Tarn-et-Garonne.*
Altivillaris vicecomes, 1431, 1542. — *V.* Vezias.
—— vicecomitissa, 1431. — *V.* Maria.
Altobraco (hospitale de), 176, 520. *Aubrac, Aveyron, comm. Saint-Chély-d'Aubrac.*
Alvernia, Auvergne, Auverne, 140, 720, 727, 736, 743, 746, 748, 749, 1165, 1184, 1194.
—— partes, 739, 760, 1198, 1798.
—— foreste, 1171.
—— ville, 224, 725, 747, 756.
—— homines, 746.
—— Judei, 658.
—— feoda et retrofeoda comitis, 138.
—— coustume, 1191.
Alvernie comes. — *V.* Robertus.
Alvernie, Arvenie conestabulia, conestablia, terra, 268, 727 (6), 1157, 1159, 1173, 1176, 1177.
Alvernie conestabulus, connestable d'Auvergne, 138, 189, 211, 220, 221, 323, 421, 604, 646, 652, 709, 736, 749, 888, 978, 1003, 1038, 1066, 1167, 1185, 1406, 1409, 1798, 1839, 1841.
—— conestabulus. — *V.* Henricus de Ponciaus.
—— delphinus, 730.
—— (prior et fratres hospitalis Jerosolimitani in), 196, 197.
Alyenor, relicta vicecomitis Thoarcensis, 1069, 1070.
Alyer (aqua d'). — *V.* Alier.
Amalvinus, dictus Bonnafox, 1601.
—— de Cursolnio, 1605.
—— de Sancto Agenesio (sic), 1466.
Amanevus. — *V.* Doatus.
Amanevus, Amenevus de Cancour, domicellus, 1510.
—— de Fossato, avunculus, 1459.
—— de Fossato, domicellus, dominus pro parte Castrimauronis, 1456, 1459, 1460.
—— de Lebreto, miles, 1017, 1051, 1061, 1062, 1535, 1590, 1967.
—— de Madailhano, 1512.
—— parcionarius Bernardi de Foceio, 1571.
Ambasatores, 1907.
Amblardi. — *V.* Petrus.

Amblardus, serviens regis Francie in Alvernia, 1175.
Amedeus, comes Sabaudie, 321, 322, 395, 590.
Amelii. — *V.* Raimundus.
Amelina de Poivendre, 1921.
Amelinus, capellanus episcopi Caturcensis, 2033.
Amenevus. — *V.* Amanevus.
Amicus. — *V.* Bonus.
Amiliavi bajulus, 171, 1633, 2083, 2088. *Millau, Aveyron.*
Amilliavo (De). — *V.* Berengarius. *Millau, Aveyron.*
Amilliavum, Amiliavum, 132, 543, 545, 1835, 1851, 1853, 1976, 1977, 2083.
—— consules, 540.
—— consules et consilium, 131, 132.
—— homines, 517.
—— monetarum cursus, 137.
—— monete inhibitio, 131.
—— notaria, 1648.
—— Fratres minores, Domus Dei, Leprosaria, 1165, 1324, 1675.
Amilliavus, Amiliavus de Sancto Genesio, domicellus de Montecuco, 1469, 1471.
Amiotus. — *V.* Petrus.
Amorosus. — *V.* Raimundus.
Amortissement, Amortisatio, 15, 17, 37, 43, 45, 46, 48, 49, 55, 58, 142, 195, 210, 220, 304, 349, 466, 498, 638, 694, 737, 760, 875, 880, 944, 950, 951, 952, 953, 961, 1030, 1031, 1032, 1420, 1655.
—— confirmatio, 443, 1058.
—— finatio, 115, 1107, 1108, 1114, 1130.
—— droits perçus et tarifs, 87.
—— biens indûment acquis saisis, 1118.
Ancipiter ablatus, 1538.
Andegavensis ballivus, 1074.
Andegavensis comes, cuens d'Anjou, 1968, 2051.
Andeliaco (homines de), 1115. *Andilly-les-Marais, Charente-Inférieure, cant. Marans.*
Andreas. — *V.* Petrus.
Andreas de Bellopodio, 1911 (1, 6).
—— Cause, civis Lincolnensis, 882.
—— Challeteau, 1919.
—— Laguselli, clericus, 1228.
—— de Sancta Ecclesia, curaterius Avinionensis, 562.

Andreas Teste, 727 (2).
Andriu de Pontlevoi, bourgeois de Tours, 97.
Andrivetus, prepositus de Montanha, 193.
Andusia (De). — *V.* Beraudus, Maria. *Anduze, Gard.*
Anesiaco (De). *V.* Guillelmus. *Ennezat, Puy-de-Dôme.*
Anfonsin d'or. — *V.* Alfonsin.
Angaric, 1719, 1915 (3).
Angervillari (De). — *V.* Johannes.
Anglia, 1923 (9), 2030.
—— Anglie barones, 2022.
—— Anglie regnum, 2030.
—— Anglicane partes, 2025.
—— Anglie rex, 955, 1879, 2020, 2022, 2027, 2092.
—— Anglie rex et regina, 2014, 2015, 2016, 2019.
—— Anglie regis gentes, 510, 1451.
—— Anglie regis feoda, 276, 509, 510.
—— Anglie regni barones, 2014, 2015.
—— Anglicorum naves, 2022, 2023.
—— Anglie factum, 2014, 2015, 2016, 2017, 2019, 2020, 2021, 2022.
Anglicus, dominus de Moustoiol, miles, 523.
Angnus de Mangnomonte, 1207.
Angolesma, 1080, 1081. *Angoulême, Charente-Inférieure.*
Angolesmensis, Engolismensis comitatus, 66.
—— Engolismensis comitatus partitio, 66.
—— Engolismensis archidiaconatus, 1901. — *V.* Thomas.
—— Engolismensis comes. — *V.* Hugo de Lezigniaco.
Anguille, 1931.
Angulus, grauchia, 1033.
Aniciensis ecclesia, 122. *Le Puy, Haute-Loire.*
Animalia capta vel prisiones facti in foresta, 1932.
—— honerata, pedagium solvere consueta, 559.
—— rapta, 307, 308.
Anjou (cuens d'). — *V.* Andegavensis.
Annata, 1547, 1923 (6).
Anniversarium comitis, 1957, 1958, 1959.
—— a comite fundatum, 1739.
Annone. — *V.* Johanna.

Annonensis abbatissa, 1176. *Nonenque, abbaye au diocèse de Vabres (Aveyron, comm. Saint-Félix de Sorgues).*
Ansellinus. — *V.* Guillelmus.
Ansellinus, sacerdos, 1889.
Ansoldus de Warciaco, clericus comitis, 1993.
Apieriis (De). — *V.* Rogerius de Espieriis.
Apnervilla, 1486.
Apostata ordinis Predicatorum, 692.
Appamiarum abbas, 921, 1247. — *V.* Bernardus Saisseti. *Pamiers, Ariège.*
Appel, Appellatio, 41, 317.
—— Appellationum commissio, 286, 326, 599, 608, 844, 901, 979, 1048, 1072, 1073, 1075, 1328, 1341, 1411, 1454, 1537, 1546, 1597, 1700, 1750, 1751, 1754, 1757, 1790, 1791, 1792, 2110.
—— Appellatio ad audientiam comitis, 71, 885, 886, 1226, 1554.
—— coram comite ab audientia senescalli Xanctonensis, 1029.
—— Appellatio ad comitem, commissa senescallo, 358, 521, 1236, 1242.
—— Appellatio ad comitem a sententia injusta senescalli, 1658.
—— Appellationes ad comitem restringende, 1006.
—— Appellatio ad legatum, 1118.
—— ad senescallum a vassallo, 174.
—— Appellatione durante innovatio, 174.
—— Appellatio non prosequuta, 477, 1219, 1750.
—— Appellatio contra sententiam datam ordine juris pretermisso, 1339.
—— Appellationis prosequende tempus, 285.
—— Appellatio suspensiva, 1261, 1397, 1457.
—— Appellatio frustratoria rejicienda, 1389.
—— Appellatio secuta nec admissa, 335, 360.
—— Appellatio indebite recepta a senescallo Agenensi, 1533.
—— Appellatio male judicata, 1445.
—— Appellatio injuste retardata per quemdam judicem, 701, 1606.
—— Appellationis causa injuste judicata et novo judici commissa, 900.
—— Appellationes in civitate Agenni, 1548 (2).
—— Appellationes in Agenesio, 1548 (2).

Appel, Appellationum cause in villa Moysiaci, 1533, 1548 (6).
—— Appellatio ad comitem a sententia Tholosanorum consulum, 1219.
—— Appels des sentences des consuls de Toulouse, 2100.
Appellationibus (De) in partibus Tholosanis terminandis, 840 (12).
Applegiare (se), 1039, 1154.
—— Aplégements de tort et de force, 7.
Apprisia, 1729.
Apprisio vel inquesta, 732.
Appuniaco (De). — *V.* Droco. *Appoigny, Yonne, cant. Auxerre.*
Apri salsati, 1121, 1171, 1331.
Apulia, 743, 2052.
—— Apullie regni negotium, 2035.
Aqua comitis, 1932.
—— empta pro comite, 1929.
—— aque Dordonie proprietas, 1591.
Aquabona (De). — *V.* Philippus. *Eaubonne, Seine-et-Oise, cant. Montmorency.*
Aque in Provincia, 1871.
—— Aquensis archiepiscopus. — *V.* Guillelmus. *Aix, Bouches-du-Rhône.*
Aque mortue, Eues mortes, Egues mortes, 1032, 1038, 1066, 1077, 1078, 1146, 1208, 1416, 1798, 1833. *Aigues-Mortes, Gard.*
Aquilari (castrum et fortericia de), 1950. *Aguilar, Aude, comm. Tuchan.*
Aquinet, frater Bernardi Ebrardi, 193.
Arale, 1609.
Aratrum fractum, 803.
Arbaleste, 269.
—— (fabrication d') et de carreaux, 106, 107.
Arbitrium seu dictum, 188, 212, 367, 426, 641.
—— prolatum et servandum, 1480.
Arbitrorum sententia injuste prolata, 1430.
Arbore Curvata (landa de), 114.
Arbores scissae, 727 (12).
Arch. (D'). — *V.* Judas.
Archa, arche, 489, 678, 1125, 1592, 1920 (13), 2084. *Huche, coffre.*
Archambaudus, comes Petragoricensis, 1024, 1431, 2117, 2118.
—— de Roca, Rocha, miles, 753, 1151.

Archerii. — *V.* Johannes.
Archerii, 672.
Archiac (De). — *V.* Adzemarus. *Charente-Inférieure.*
Archiepiscopi. — *V.* Hugo.
Archis (villa de), 1950. *Arquettes, Aude, cant. Lagrasse.*
Arcisio (De). — *V.* Johannes. — *V.* Arsicio.
Ardenna (domus de), 1026. *Ardennes, Charente-Inférieure, comm. Fléac.*
Aregie, Alegie fluvius, 813, 830, 874.
Arelatensis archiepiscopus, 712, 1787. — *V.* Bertrandus.
Aresvilla (castrum de), 1378. *Aureville, Haute-Garonne, cant. Castanet.*
Argac, 152. *Arjac, Aveyron, comm. Saint-Cyprien.*
Argent (plate d'), 323, 421.
—— affiné, 238.
—— nuef, non affiné, 136, 144.
—— Argentum in massa vel palliola, 1083.
Argent (gros d'), 870.
Argenton (forêt d'), de Argentonio, 88, 1033, 1124, 1934. *Partie de la forêt de Benon.*
Argentonium. Sanctus Vivianus, 1022, 1110; cf. t. I, p. 666.
Argerillais (terra des), 16.
Arietes, 282.
Arignons. — *V.* Aimericus.
Armandi. — *V.* Bernardus, Stephanus.
Armandus de Montelanart, Montelanardo, 1862 1863, 1990, 2032, 2033.
—— de Montepensato, 1515.
—— Armandus, Airmeneus, frater abbatis Moysiacensis, 1876, 1889, 2002, 2033.
Armarium, 678.
Armati equites et pedites, 1040.
Armature, 507, 840 (6), 1311, 2008, 2030.
Armazanice prope Aquas Mortuas, 972, 2117, 2119, 2120, 2121. *Aimargues, Gard.*
Armelis (locus d'), 1632. *Armayrols, Aveyron, comm. Saint-Izaire.*
Armengaudus de Combret, domicellus, 276.
Armengavi. — *V.* Bernardus.
Armengos. — *V.* Guillelmus.
Armeniacensis comes. — *V.* Geraldus.
Armingaudus, Ermangaudus (frater), de ordine

Hospitalis Jerosolimitani, 1370, 1371, 1578, 1834.

Armorum delatio, 6, 80, 163, 169, 174, 179, 227, 297, 302, 380, 408, 436, 499, 524, 525, 540, 751, 1088, 1255, 1553, 1555, 1650, 1742, 1872.
—— Arma portandi licentia, 935, 1247, 1358, 1441, 1510, 1623.
—— delatio in quibusdam casibus permissa, 1693.
—— delatio tantum pro tuitione corporis deferentis permissa, 1590, 1749.
—— injuste punita, 2084.
—— in terra comitis, 942, 1636, 1637, 1638.
—— in terris baronum vel comitis, 587.
—— punita, 1628.
—— interdicta, 1693, 1982, 1983, 1984.
—— generalis prohibitio, 1693.

Armorum factio et reparatio, 1121, 1331.

Arnaldensium libre, 1611.
—— solidi, 1420.
—— denarii, 440, 444.

Arnaldi. — *V.* Raimundus.

Arnaldus. — *V.* Petrus.

Arnaldus, Arnaudus.
—— Alnaldus (magister), canonicus B. Radegundis Pictavensis, 641, 642.
—— Barasci, clericus, 133.
—— Barasci, miles, 133.
—— Barat, 159.
—— Barravi, de Tholosa, 1314.
—— Barrerii, Tholose civis, 271.
—— Bec, 1539.
—— de Belvezer, clericus, 540.
—— Benedicti, 1237.
—— de Bereles, Berrolles, 791, 1235.
—— Bertrandus de Bellagarda, 427, 1557, 1558, 1560.
—— de Bulda vel Cuda, civis Tholose, 1375.
—— de Cardilliaco, Cardillaco, Cardeillaco, Cardelliaco, domicellus, 152, 159, 1636, 1637.
—— de Caslucio, domicellus, 178.
—— de Cassanea, civis Agenensis, 1594.
—— de Chastegniaco, 397.
—— de Comba vel de Combes, 2074, 2075.
—— Dot, miles, 294.

Arnaldus de Duroforti, miles, 514.
—— de Escalerio, 1328.
—— de Escarquencis, capitularius urbis et suburbii Tholose, 2058.
—— de Falgar, Falgario, miles, 360, 818, 884.
—— de Falgario, junior, 821.
—— de Fila, 1328.
—— Fortis (magister), de Tholosa, 316.
—— de Furchis, bajulus Sancte Liberate, 1503, 1508.
—— de Gistede, burgensis de Ruppella, 103.
—— Glise, hereticus, 1238.
—— de Gontaut, 1482, 1483, 1484, 1487.
—— Goti, 331.
—— de Grillom, 521.
—— de Grisalein, 1709.
—— Guidonis, 1558.
—— Guidonis, curator Arnaudi de Villanova, 844.
—— Guillelmi, clericus, 1223.
—— Guillelmus Viviani, 1557.
—— Helie, miles, 1308, 1309.
—— de Hispania, Ispania, Hyspania, 1563, 1568, 1570.
—— Hugonis de Sancto Privato, 1554.
—— Johannis, civis Tholose, 1256, 1298, 1522.
—— de Lapenge, bajulus de Dunes, 1433.
—— de Lestoube, 2063.
—— de Levibus, 1219.
—— de Marchafabba, 904.
—— de Mermanda, 503.
—— de Montagut, miles, 489.
—— Noisies, 1569.
—— Olrici, de Vauro, 824, 835, 917.
—— Otho, Oth, Othonis, vicecomes Leumagnie, 417, 438, 1431, 1477.
—— Pelitus, clericus de Penna in Agenensi, 463.
—— de Petrucio vel Petrucia, judex curie vicarii Tholose, 1391, 1392.
—— de Pinu, 779, 1280.
—— Poncius, miles, de Noerio, 295.
—— de Ponte, civis Tholose, 236, 237, 1267, 1268.
—— de Prinhaco, 1328.

Arnaldus Probus, civis Agenensis, 1594.
—— Raterii de Montealbano, 1553.
—— Sabbaterii, procurator hominum de Calvomonte, 1242.
—— de Sancta Maria (frater), ordinis fratrum Prædicatorum, 878.
—— de Sancto Leodegario, miles, 291.
—— de Sancto Privato, miles, 1437.
—— de Togesio, 1328.
—— de Tremolet, burgensis de Tonnenx, 440.
—— Truel, de Caturco, 2034.
—— de Villadei, 802.
—— de Villanova, 844.
—— Willelmi, notarius Tholose, 1222.
—— Willelmus, sartor, 1340.
—— Guillelmus de Podainhs, clericus, 1466, 1469.
Arnodis, uxor Hugonis de Tyac, 1147.
Arnulphus, Arnol, Ernou, Ernulphus, Hernoul, clericus senescalli Pictavensis, 594, 602, 604, 973, 978, 980, 1038, 1066.
Arpajone (De). — *V*. Hugo. *Arpajon*, *Aveyron*.
Arpent le roi de France.
Arpillon (De). — *V*. Petrus.
Arquerie officium, feodum, 329.
Arradatores comitis, 434.
Arragonum, Arragonie rex, 145, 740, 741, 1117, 1218, 1632, 2007, 2008.
—— Arragonum regis terra, 1313.
Arramenta et instrumenta, 251.
Arreillaco (De). *V*. Guirardus.
Arresta parlamenti a senescallo executioni danda, 1651.
—— curie comitis, 1051.
—— factum in parlamento, 1065.
Arrestatio pro suspicione murtri, 1047.
—— indebite facta, 701.
Arrestations arbitraires défendues, 2099.
Arsicio, Arsiciis (De). — V. Hugo, Theobaldus. — *V*. Arcisio.
Artaudus de Mirabelle, 706.
Articuli de quibus inquirendum, 606, 607.
—— presentati ab episcopo Pictavensi, 610.
—— senescalli Agenensis cum responsionibus consilii comitis, 1548.
Artificia, 783.

Artigua (De). — *V*. Raimundus.
Arvernia. — *V*. Alvernia.
Ascendere naves, 1146.
Ascensacio, 453.
Asnerie, 1090. *Asnières*, *Charente*, *cant. Hiersac*.
Asnerie, 2090. *Asnières-sur-Oise*, *Seine-et-Oise*, *cant. Luzarches*.
Aspello (De). — *V*. Raimundus Atonis, Raymonnetus. *Aspet*, *Haute-Garonne*.
Asperiis (prior de), 520, 1708. *Asprières*, *Aveyron*.
Asperomonte (De). — *V*. Guillelmus.
Asperomonte (De). — *V*. Isarnus.
—— *V*. Radulphus. *Apremont*, *Vendée*, *cant. Palluau*.
Assaailli (castrum de), 927. *Soual*, *Tarn*, *cant. Dourgne*.
Assaltus, Assaut de Marsilia, ingeniator, 783, 937, 1299.
Assecuratio vel assecuramentum, 678, 882, 1087, 1090, 1147, 1170, 1267, 1274, 1301, 1469, 1506, 1610.
—— non observatum, 1363.
—— comitis, 39, 40.
Assedere focagium, 1973.
Assidia debita, 802.
Assignatio diei ante comitem, 867.
Assignatio redditus, 1026.
—— in loco indebito, 910.
—— reddituum nomine comitis, 1529.
—— super pazagio Ruthinensi facienda, 1697, 1698.
—— facta cuidam baroni pro servicio ultra mare, 1713.
—— cum alta justitia fienda, 1589.
—— redditus extra fortalicium, 1714.
—— ad alterius dominium, 1838.
Assisia seu assignatio, 2119.
Assisia, assisie publice, 16, 242, 434, 726, 1067, 1874, 1946.
—— senescallorum, 1006.
—— in senescallia Xantonensi, 1050.
—— senescalli in loco vetito, 1838.
—— bajuli, 727 (5).
—— in nova bastida aliquando tenenda, 1232.
—— episcopi Pictavensis, 63.

Assisia de Rocha super Oyon, 987.
—— invasa, 242.
—— in terra comitis a gentibus regis Anglie tenta, 1548 (8).
—— injuste tenta in villa Condomii, 1457.
Assisiis (Proclamatio in), 1406.
Assoilli. — *V. Petrus.*
Astaforti (De). — *V. Bernardus. Astaffort, Lot-et-Garonne.*
Astoaudi, Astoaldi. — *V. Poncius.*
Astorgius, Austourgius de Aureliaco, miles, 547, 1173, 1679, 1681, 1682.
Astulfus de Rocosello, armiger, 524, 525.
At. — *V. Poncius, Raimundus.*
Athonis. — *V. Guillelmus, Raimundus.*
Atonis. — *V. Guillelmus, Johannes.*
Atto de Montibus, 808.
Attrabatensis bailivus, 2111. *Artois.*
Attrebatensis comes. — *V. Robertus.*
Atzonis. — *V. Johannes.*
Aubert. — *V. Martinus.*
Auberti. — *V. Johannes.*
Aubertus de Poilevoisin, 1913 (1).
Aubertus Senescalli, miles, 1919.
Auboin. — *V. Petrus.*
Auda de Bunvilla, 1600.
Auda, uxor Deodati de Bociacis, domicelli, 1685.
Auda, uxor quondam Guillelmi Arnaldi de Tantalon, 1611.
Audebaut. — *V. Durandus.*
Audeberta de Rupella, 1900.
Audeberte (L'), de Saint Jehan d'Angelis, 1864.
Audebertus de Chalepic, valetus, 1919.
—— de Sancto Laurencio, domicellus, 661.
Audientia, 285, 1072, 1791.
—— senescalli Pictavensis, 1048.
Audigerius de Subterranea, 78.
Auditor causarum in curia capituli Pictavensis, 645.
Audomari. — *V. Guillelmus.*
Audricus. — *V. Guillelmus.*
Aufonsin d'or. — *V. Alfonsin.*
Augerius de Podio, 512.
Augerius de Podio Bazac, domicellus, 495, 496, 497.

Auget (prioratus de), 678. *Augé, Deux-Sèvres, cant. Saint-Maixent.*
Augi terra, 1920 (7). *Augé, Deux-Sèvres, cant. Saint-Maixent.*
Augi comes, 17, 647, 649, 1916 (2), 2115.
—— *V. Alfonsus de Brienna. Comte d'Eu.*
Augustaire d'or, 643, 644, 702, 870, 881.
Aula (De). — *V. Egidius.*
Aula et turris in quodam castro, 1601.
Auneio (De). — *V. Adam.*
Au Plesseiz, feodum, 1933.
Aurasice princeps, 1731.
—— *V. Raimundus de Baucio. Orange.*
Auree monete, 1191.
Aureliaco (De). — *V. Astorgius.*
Aureliacum, 736, 741.
—— Fratres Minores, 1165. *Aurillac, Cantal.*
—— Aureliacense monasterium, 1716.
—— abbas, 164, 750, 1209, 1619, 1620, 1621.
—— abbas et conventus, 283, 1259, 1664.
—— Aureliacensis abbatis homines, 1148, 1149.
Aurelianensis capicerius. — *V. Johannes de Curtiniaco.*
Aureliani. — *V. S. Anianus. Orléans, Loiret.*
Aurelio (homines de). — *V. Auriolo.*
Aurenga (nemus d'), 1418.
Auriac (castrum d'), 1625.
—— dominus castri, 151. *Auriac, Aveyron, cant. Cassagnes-Bégonhès.*
Auriac (D'). — *V. Hugo. Auriac, Aveyron, cant. Cassagne-Bégonhès.*
Auriaco (procuratores consulum et communitatis ville de), 834. *Auriac, Haute-Garonne, cant. Caraman.*
Auricula amputata, 1946.
Auriforcaut (D'). — *V. Petrus.*
Auriole (De). — *V. Raimundus.*
Auriolo, Aurelio (castrum de), 557, 561, 577, 582, 1742. *Loriol, Vaucluse, cant. Carpentras.*
Aurum, 690.
—— in massa vel palliola, 1083.
Aus Aies Tuonneis, molendinum, 1930.
Ausicz, Ausiz, Auzis (castrum d'), 152, 1712.

TABLE GÉNÉRALE.

Ausicz (dominus castri de), 151. *Auzits, Aveyron, cant. Rignac.*
Ausoncia (De). — *V.* Guillelmus.
Ausonio (De). — *V.* Bompar. *Auzon, Haute-Loire.*
Ausonium, 727 (1), 727 (3), 751.
—— bajulus, 727 (1). — *V.* Johannes de Forès, Petrus Ruffi.
—— instituti pro communitate, 727 (2). *Auzon, Haute-Loire.*
Austoaudi. — *V.* Pencius.
Austourgius de Aureliaco. — *V.* Astorgius.
Auvergne, Auverne. — *V.* Alvernia.
Auxiaco (De). — *V.* Gilo.
Auxilium pro filia domini maritanda, 1701.
—— *V.* Aide, Subventio.
Auzamvilla, 803. *Aucamville, Haute-Garonne, cant. Toulouse.*
Auzelli. — *V.* Bernardus.
Auzis (castrum d'). — *V.* Ausicz.
Avalo, 1. *Avallon, Yonne.*
Avell., 855. *Voir la note.*
Avenagium, 1925 (8).
Avesnis (De). — *V.* Gilo.
Avinio, Avigno, Avinionensis civitas, 566, 567, 591, 1743, 1771.
—— Avinionensis curia, 562.
—— judex, 1810.
—— vicarius, 549.
—— cives, 1785, 1786, 1811, 1813.
—— Avinionensium civium consilium et communitas, 1746, 1799.

Avinio. Avinionensis civitatis Judei, 1759.
—— ecclesia, 1785, 1786.
—— episcopus, 1785, 1787, 1813. — *V.* Robertus.
—— Fratres de Carmelo, 1165, 1324, 1800.
—— Fratres Heremite S. Johannis Baptiste, 1165, 1324, 1800.
—— Fratres Minores, Fratres Predicatores, 1165, 1324, 1800.
—— Sorores Minores, 1165, 1324, 1800.
Avinione (De). — *V.* Milsodus. *Avignon, Vaucluse.*
Avinioneti, Avignoneti villa, 929.
—— Leprosaria et Domus Dei, 832, 1324.
—— homines, mercatum concessum, 770.
—— bajulus, 791, 1235, 1368. *Avignonet, Haute-Garonne, cant. Villefranche-de-Lauragais.*
Avios. — *V.* Guillelmus.
Aycardus de Sancta Gavella, miles, 421.
Aycelini. — *V.* Petrus.
Ayglendina, 1932.
Aygre, 1017, 1051. *Aigre, Charente.*
Aymardus Gocelmi, 894.
Aymerici. — *V.* Ber., Johannes.
Aymericus. — *V.* Aimericus.
Aymo de Marçat, 201.
Azayo (De). — *V.* Guillelmus. *Azay; deux lieux de ce nom dans les Deux-Sèvres.*
Azonis. — *V.* Bernardus.

B

B[ernardus] Amelii de Pailleriis, 887.
B. de Baucio. — *V.* Bertrandus.
B., archipresbiter Carcassonensis, electus in episcopum. — *V.* Bernardus.
B. de Castronovo, de Montiliis, 1761.
B., comes Convenarum. — *V.* Bernardus.
B., domicellus, 179.
B. de Landrevilla. — *V.* Bartholomeus.
B. de Monjoire, hereticus. — *V.* Bertrandus.
B. Oalrici de Castronovo, domicellus, 332.
B. Reaxii, 358.

B., prepositus ecclesie Tholosane. — *V.* Bertrandus de Insula.
B. Willelmi, miles, 661.
Bacies, 1926 (2).
Baconais (forêt de), 88.
Baculus comitis, insigne de suzeraineté et de juridiction, 156.
Badenx (foresta de), 398. *Forêt disparue en Albigeois.*
Baigneriis (villa et castrum de), Banneriis, Beignières, Baignoliis, 915, 921, 1245.

Baigneriis (moniales de). 832. 1324. *Banières, Tarn, cant. Lavaur.*

Baigniach (De). — *V.* Raimundus.

Bail, Ballium, Ballum, 747, 1020(10), 1923, (3), 1923 (6), 1933, 2111.

Bainazès, 216. *Partie du Carladès (corriger la note 1, p. 136).*

Baiona, 116.

—— galee, 2027. *Bayonne, Basses-Pyrénées.*

Baionenses mercatores et cives, 2026, 2027, 2028, 2029.

Baire (castrum de), 1731. *Barri, Vaucluse, comm. Bollène.*

Bajuli, Ballivi, Baillivi, 230, 279, 418, 698, 850, 1720, 1721, 1727.

—— seu vicarii, 1820.

—— comitis, 295, 493, 868, 1432, 2099.

—— Ballivorum forefacta et excessus, 1216.

—— violentie, 1592, 1730.

—— exactions de ces officiers, 150, 151, 1590, 1607, 1608.

—— exactiones in justitia reddenda, 1460.

—— Bajulorum comitis in justitia usurpationes, 1539.

—— excès contre un feudataire, 773.

—— Bajulus pro iniqua sententia relegatus, 1444.

—— Bajulo comitis imposita penitentia, 1446.

—— querimonie contra bajulos, 728, 1503, 1508.

—— rebellio in bajulum, 1504.

—— senescalli, 448, 1366, 1476.

—— senescalli Ruthinensis, 1645.

—— conestabuli Alvernie, 225, 763.

—— Bajulus cujusdam castri, 559.

—— Ballivi comitis Marchie, 669.

—— Bajulus abbatis Moysiaci, 1533, 1548 (6).

—— archiepiscopi Narbonensis, 2009.

—— Bajulus communis, 1295.

—— Bajuli comitis occisio, 1557.

Bajulia, Baillie, Ballivia, 238, 323, 526, 755, 765, 978.

—— affirmate, 1845.

—— conditions et règles de l'affermage, 238, 323, 421, 563, 565, 1206, 1882, 1883, 2075.

Bajulie: affermage avec enchérissement, 604.

—— empte, 868.

—— de la seneschauciée de Tholose, 366, 372.

—— Bajulia in vadium tradita, 820.

Balaguerio (De). — *V.* Aimericus, Bertrandus, Guillelmus, Hugo. *Balaguier, Aveyron, cant. Asprières.*

Bale tele, 1497.

Baleinno (De). — *V.* Grimoardus.

Balenjac (De). — *V.* Philippus. *Balanzac, Charente-Inférieure, cant. Saujon.*

Balenx (De). — *V.* Galhardus.

Balistarii in servicium comitis retenti, 1410.

Baliste, 106, 107.

Ballenis (De). — *V.* Isarnus.

Balliva (La). — *V.* Hugo.

Balnea novorum militum, 1935.

Balneolis (De). — *V.* Guillelmus, Guillotus, Stephanus.

Banao, Benaon, 1934.

—— castellanus, 1033, 1124.

—— filius castellani, 1123, 1124.

—— leprosaria, 1022, 1110.

—— foresta, 88, 714, 1942. *Benon, Charente-Inférieure, cant. Courçon.*

Banas (terra de), 429.

Banneriis (castrum de). — *V.* Baigneriis.

Banna vulgariter nuncupata dex, 1647.

Bannire, 375.

—— terram, 1264.

—— de terra, 2032.

Bannita domus, 304.

Bannitus quidam, 1047.

—— quidam miles, 257.

Bannum, Bannimentum, 140, 1047, 1260.

—— comitis, 1563.

—— positum, 1580.

—— injuste positum, 469.

—— positum in quibusdam bonis, 808.

—— injuste positum in quadam domo, 1249.

—— positum in terris incultis, 835.

—— revocatum, 1748.

—— revocatum pro pecunia, 377.

Bannum ad vina vendenda per tres septimanas, 1913 (8).

Bannum seu stangnum dilatatum, 1913 (8).

Barac (De). — *V.* Farrandus.
Baras. — *V.* Guillelmus.
Barasc. — *V.* Deodatus.
Barasci. — *V.* Arnaldus.
Barat. — *V.* Arnaldus.
Barata. — *V.* Bertrandus.
Barbant. — *V.* Johannes.
Barbe. — *V.* Petrus.
Barbezello (De). — *V.* Vivianus. *Barbezieux, Charente.*
Barce. — *V.* Geraldus.
Barde (de la). — *V.* Guillelmus.
Bardinons, 727 (16).
Bardo. — *V.* Johannes.
Baregiis (De). — *V.* Bartholomeus.
Barenche. — *V.* Bernardus Raimundi.
Barescus de Terminis, armiger, 431.
Bariquaus. — *V.* Johannes.
Barones, 547, 1018, 1067, 1146, 1574, 1773, 1778, 1797, 1962, 1963, 1967, 1968, 2117.
—— milites, 1855.
—— comitis, 840 (7).
—— crucesignati, 1044, 1218.
—— nobiles comitatus Pictavensis, 633.
—— senescallie Tholose, 888.
—— comitatus Tholose, 1321.
—— Baronum terre, 587.
—— Baronum Judei, 647, 648.
—— Baronum confederationes contra ecclesiasticam libertatem, 1946.
Baronia, 746.
Barragaut, 2069.
Barrallus, Barraldus, dominus Baucii, de Bauceio, 537, 561, 578, 582, 583, 584, 585, 586, 587, 588, 1753, 1756, 1762, 1769, 1860, 1861, 1967.
Barrau. — *V.* Do.
Barraudere (la), 1911 (7).
Barravi. — *V.* Arnaldus.
Barravus. — *V.* Durandus, Petrus.
Barrellis (villa de), 1368. *Lasbarrelles, Haute-Garonne, comm. Villefranche-de-Lauragais.*
—— Bereles (De).
Barreis, 66. *Barret, Charente, cant. Barbezieux.*
Barreria (De). — *V.* G. et Guillelmus.
Barrerie Verduni, 822.

Barrerii. — *V.* Arnaldus.
Barro (De). — *V.* Galterus. *Peut-être Bar-sur-Seine, Aube.*
Bartholomeus, Bertholomeus de Baregiis, bajulus de Verduno, 407.
—— Caturcensis episcopus, 946.
—— de Haya, miles, 1135.
—— de Landrevilla, miles, 334, 335, 936.
—— castellanus de Vauro in Tholosano, 895, 896.
—— castellanus Podii Celsi, 972.
—— curatus de Lauserta, 1581.
—— serviens vigerii de Monte albano, 825.
—— Bertholomeus de Montegaillardo, 1488.
—— Patriarche, procurator ville Montis ferrandi, 1191.
—— de Pezata, Pasata (magister), judex senescalli Agenensis et Caturcensis, 511, 1435.
Barsano (homines de), 1336. *Barsa, Aude, comm. Cazalrenoux.*
Bascou. — *V.* Bertrandus, Brocardus, Guillelmus.
Basserhaudière. — *V.* Petrus.
Bastidare, 146, 1348.
Bastida Barati, 268.
Bastida de Novilla, 1402.
Bastide vel populationes, 288, 292, 293, 319, 441, 472, 476, 483, 791, 828, 892, 1232, 1233, 1235, 1275, 1430, 1474, 1475, 1478, 1485, 1536, 1537, 1540, 1549, 1564, 1565, 1571, 1595, 1611, 1620, 1627, 1646, 1647, 1804, 1895, 2064, 2102.
—— construenda, 146, 505, 871, 875, 954, 1348.
—— offre de construire une bastide, 206.
—— facienda, contra voluntatem domini, 799.
—— injuste extructa, 1434.
—— in prejudicium comitis Convenarum constructa; inquesta de hoc facienda, 772.
—— in prejudicium comitis Convennarum constructa, 899.
—— extructio; querela, 245.
—— fieri impedita, 1367.
—— cujusdam d:rutio, 892.
—— homines dominorum venientes ad bastidas comitis, 568.

Bastide; focagium a bastidis non levandum, 244.
— Bastidarum homines injuste detenti, 1366.
— querele contra homines bastidarum, 245.
— abus commis par les habitants, 958.
— usurpations des habitants sur les terres des seigneurs voisins, 290, 422.
Bastimentum castri, 434.
Bastire seu edificare cum licentia comitis, 1861.
Baston. — *V. Petrus.*
Batelli, 2014, 2015, 2016.
Batiers, 1925 (8). *Batresse, Vienne, comm. Châteaularcher.*
Bauceio (De). — Peut-être *Beaussais, Deux-Sèvres, cant. Celles.*
Baucesium, 1927 (4), 1943, 1945. *Beaussais, Deux-Sèvres, cant. Celles.*
Baucetum, 1797. *Le Beaucet, Vaucluse, cant. Pernes.*
Baucio (villa de), 1299. *Vaux, Haute-Garonne, cant. Revel.*
Baucio (De). — *V. Barrallus, Bertrandus, Hugo, Raimundus, Sibilia. Les Beaux, Bouches-du-Rhône, cant. Saint-Remy.*
Baudes. — *V. Guillelmus.*
Baudeti. — *V. Durandus.*
Baudosia (tenementum de la), 493.
Baudricus de Pleçay, 1940.
Bauduc. — *V. Radulphus.*
Bauré (homines de), 841, 923. *Vauré, Haute-Garonne, comm. Revel.*
Bavesio (De). — *V. Guillelmus Fabbri.*
Beatrix, filia Petri Bremundi de Insula, 1825.
— filia Rogerii de Sancto Juliano, 1362.
Beatus, Beata. — *V. Sanctus, Sancta.*
Bec. — *V. Arnaldus, Gasto.*
Beçai (dominus de), 765. *Bessay, Allier, cant. Neuilly-le-Réal.*
Bechet. — *V. Aimericus, Stephanus.*
Becontour. — *V. G. de Dauchon.*
Bedet (bastida de), 245.
Bediers (De). — *V. Stephanus de Biterri.*
Bedocii villa, 180. *Bedos, Aveyron, comm. Vabres.*
Beduino, Bedoino, Bedoyno, Bedoin, Beduno (castrum de), 511, 584, 1752.
— (ballivus de), 586.

Beduino (homines de), 1756, 1764. *Bedouin, Vaucluse, cant. Mormoiron.*
Beencort (De). — *V. Robertus.*
Begia (De). — *V. Petrus.*
Bego. — *V. Guillelmus, Hugo, Poncius.*
Bego de Calvomonte, Cavomonte, 159, 547, 1617, 1679, 1680, 1682, 1715, 1967.
— Jordani, abbas Vabrensis, 180.
— de Maresta, 494.
— de Sancto Sezercio, 1261.
Begouin, 1923 (4). *Bougon, Deux-Sèvres, cant. La Mothe-Sainte-Héraye.*
Beignières in Loraguesio (moniales de). — *V. Baigneriis.*
Beissera. — *V. Geraldus.*
Beleville, 519. *Bellevieille, Aveyron, comm. Mostuéjouls.*
Bella (De). — *V. Petrus.*
Bellaaqua (abbatia de), 465. *Bellaigue, Puy-de-Dôme, comm. Virlet.*
Bellafaya (De). — *V. Philippus. Bellefaye, Creuse, comm. Soumans.*
Bellagarda (De). — *V. Arnaldus, Bertrandus.*
Bellaguarda (homines ville de), 1047.
— franchisia, 12. *Bellegarde-en-Marche, Creuse.*
Bellanava (De). — *V. Rogerius. Bellenave, Allier, cant. Ebreuil.*
Bellatores in subsidium Terre sancte crucesignati, 1009.
Bellavilla (De). — *V. Mauricius. Belleville, Vendée, cant. Poiré-sur-Vie.*
Bellenave (dominus de), 1152. Peut-être *Bellenave, Allier, cant. Ébreuil.*
Bellepertice, Bellepartice abbas, 638, 875, 880, 950, 954. — *V. Guillelmus Gaufredi.*
— abbas et conventus, 319, 953, 1433, 1473, 1474. *Belleperche, Tarn-et-Garonne, comm. Cordes-Tolosanes.*
Belli. — *V. Rigaldus.*
Bellière (De la). — *V. Aimericus, Gaufridus.*
Belligonus. — *V. Raimundus.*
Belliloci abbas, 154.
— abbas et conventus, 1422, 1627. *Beaulieu, au diocèse de Rodez.*
Belliquadrum, Bellicadrum, Biauquaire, 2003, 2088.

Belliquadri senescallia, 323, 940.
—— senescallus, 809, 1709. *Beaucaire, Gard.*
Bellocampo (De). — *V.* Gaufridus, Simon.
Bellocampo (elemosinarius de), 1929. *Beauchamps, Deux-Sèvres, comm. Saint-Symphorien.*
Bellocastro (dominus castri de), 151.
—— (De). *V.* Frotardus. *Belcastel, Aveyron, cant. Rignac.*
Bellojoco (De). — *V.* Imbertus, Ludovicus. *Beaujeu, Rhône.*
Bellomarchesio (De). — *V.* Eustachius.
Bellomonte (De). — *V.* Bernardus, Johannes, P., Philippus.
Bellomonte (dominus de), 1917. *Beaumont, Vienne, cant. Vouneuil-sur-Vienne.*
Bellooculo (De). — *V.* Guillelmus.
Bellopodio (De). — *V.* Andreas.
Bellopodio (sacerdos ecclesie de). — *V.* Helias. Peut-être *Beaupuy, Lot-et-Garonne, cant. Marmande.*
Belloregardo (domus de) juxta Vendoin, 188. *Beauregard-Vendon, Puy-de-Dôme, cant. Combronde.*
Bellovicino (De). — *V.* Hugo. *Beauvoisin, Drôme, cant. Buis.*
Bellovisu (minister et fratres de), ordinis S. Trinitatis, 37. *Beauvoir-sur-Mer, Vendée.*
Bellugarius. — *V.* Petrus.
Bellusoculus. — *V.* Vitalis.
Belmontet (reparium de), 1889. *Belmontet, Lot, cant. Montcuq.*
Belvezer (De). — *V.* Arnaldus.
Benac (De). — *V.* Gallardus, Poncius.
Benaon. — *V.* Banaon.
Benardi. — *V.* Raimundus.
Benardus Raimundi de Marchia, 2073.
Benas (terra de), 1562.
—— (pertinentie de), 1548 (5). *Benas, Tarn-et-Garonne, comm. La Française.*
Benassis, 661.
Benavent (De). — *V.* Henricus. *Bénaven, Aveyron, comm. Sainte-Geneviève.*
Benca (De). — *V.* Raimundus. *Benque, Haute-Garonne, cant. Aurignac.*
Benedicti. — *V.* Arnaldus.
Benedictus Boutefene, 699.

Benedictus de Insula (magister), 938.
—— judeus, 13.
—— de Mauritania, miles, 105, 605.
Beneficiorum ecclesiasticorum proventus, a collatore venditi, 1404.
Beneficium injuste usurpatum, 1244.
Ber. Aymerici, miles, 536.
Beraldi. — *V.* Gaillardus.
Berangarius. — *V.* Berengarius.
Berardus de Castronovo, domicellus, 343.
—— de Plecay, 1940.
—— de Rumpholes, miles, 1940.
Berart. — *V.* Guillelmus.
Beraudeinque, Beraudonque (nemus de), 501, 2072.
Beraudi. — *V.* Guillelmus, Petrus.
Beraudus, Beraldus de Andusia, clericus, 240, 380, 438, 768, 1211, 1228, 1264, 1294, 1300, 1346, 1387.
—— filius Petri Bremondi, militis, 2104, 2105.
—— dominus de Mercorio, miles, 1185.
Bercil. — *V.* Johannes.
Berçoire (De). — *V.* Johannes. *Bressuire, Deux-Sèvres.*
Bereiux (De). — *V.* Guillelmus Petri. *Brens, Tarn, cant. Gaillac.* — *V.* Beriens.
Bereles (De). — *V.* Arnaldus. *Lasbarelles, Haute-Garonne, comm. Villefranche-de-Lauragais.* — *V.* Barelle.
Berengarius. — *V.* Bernardus, Poncius, Raimundus.
Berengarius, Berangarius Alemennus, 237.
—— de Amiliavo, 1699.
—— Berenguiers de la Glaiole, Glazole, 138, 202.
—— Henrici, miles, 171, 172.
—— de Landora, clericus, 540.
—— Masqueronis, miles, 1376.
—— de Mondo, burgensis de Amiliavo, 1655.
—— Pentrici, Peutrici (magister), judex Tholose, 774, 786, 788, 914, 1223; judex vicarii Tholose, 1222.
—— Rogerii, 1797.
Berqueria (castrum de), 804. — *V.* Bruguiere.
Beriens (De). — *V.* Isarnus, Raimundus. *Brens, Tarn, cant. Gaillac.* — *V.* Bereiux.

Berliere (De la). — *V.* Gaufridus.
Bermondus. — *V.* Petrus.
Bermondus de Romegueria, 178.
Bernarda, filia dicte la Porrezere, 1349.
—— relicta Guillelmi de Dausaco, 383.
—— uxor Bernardi Mascaronis, 2121.
Bernardi. — *V.* Guillelmus, Petrus, Raimundus.
Bernardo Alexandro (casale de), 1303.
Bernardus, 1356, 1357.
—— Ademari, 1240.
—— Albiensis episcopus, 897, 930.
—— Armandi, 764.
—— Armengavi, 1262.
—— de Astaforti, miles, 924.
—— de Autillac, miles, 1550.
—— de Autillac, domicellus, 1550.
—— Auzelli, 286.
—— Azonis, de beresi condampnatus, 907.
—— de Bellomonte, miles, 1417.
—— Berengarii, clericus, procurator comitis Ruthenensis, 186.
—— Berengarius, 170.
—— de Beuvila, Beuvilla, 1424, 1425.
—— de Brecens, 806.
—— de Brocia, domicellus, 26.
—— de Campis, burgensis de Cordua, 398.
—— Capelle, de Castronovo de Arre, 328.
—— Carcassonensis, archipresbyter, postea episcopus, 2056.
—— de Cardengnaco, senior, et Bernardus de Cardampguaco, junior, 159.
—— de Cardillac, 2076.
—— de Cas, bajulus de Dunes, 1432.
—— de Castronovo, 343.
—— Chapelerii, 264.
—— de Clarello, 1797.
—— de Columberiis (magister), civis Tholose, crucesignatus, 1210.
—— comes Convenarum, 278, 772, 773, 899, 1365, 1366, 1367, 1980, 1981, 1985, 1986, 1987, 1988, 2064.
—— de Croiselaz, 2033.
—— de Croiselles, 2033.
—— de Duroforti, 1436, 1486.
   Fabber, civis Tholose, 1222.
—— Fabri, 699.

Bernardus, filius Johannis Tourpin, 2114.
—— de Foceio, miles, 1571.
—— Gailapodium, 1219.
—— de Gisortio (magister), 723.
—— Got, 785.
—— Bernarz, Bernart de Guisergues, Gusergue, Guisargue, Gusargue, bourgeois de la Rochelle, 32, 60, 61, 643, 644, 1038, 1077, 1078, 1079, 1940; magister monete de Monsteriolo, 629, 630, 688, 1066.
—— Hestoris, 1699.
—— Hugonis, 1587.
—— Hugonis, miles, de Castronovo, 1370, 1437, 1470.
—— Jordani, filius Ysarni Jordani, militis, 256, 297.
—— Laguselli (magister), apostolice sedis notarius, 1228.
—— de Levazia vel Levazaia, domicellus, 1698.
—— Manfredi, 1266.
—— de Marestano, miles, 1343.
—— Mascaronis, 2121.
—— de Monteacuto, miles, 278.
—— de Monteacuto, 2002.
—— de Montetin, 1356.
—— de Montiguet, 1190.
—— de Mota, bajulus Armandi de Montelanardo, 2033.
—— de Noillac, 1463.
—— Ottonis, 1548 (4).
—— dictus de Parage, 1248.
—— de Penna, Panna, miles, 274, 285, 900, 901, 919, 1282.
—— Petri, burgensis de Gaillaco, 1251.
—— de Podainhs, Podains, 1466, 1468, 1471.
—— Porterii, de Penna in Agenesio, 1532.
—— Raimundi Baranche, de Tholosa, 1314.
—— Raimundi de Marchia, 2074.
—— Raimundus de Podietrenio, 2074.
—— de Rameiano, Ramajano, miles, 1479, 1480, 1481.
—— Ramundi de Burdegalis, 1314.
—— Raymundus de Tholosa, 1219.
—— Remondi (Raimondi) de Gavaret, 2028, 2029.

TABLE GÉNÉRALE. 639

Bernardus Renaldi, magister monete Tholose, 867.
—— Renaldus, 1807.
—— de Rogels, 1310.
—— Rogerii de Causaco, 375.
—— de Ruppe, miles, 727 (1).
—— Saixeti, Saisseti, Appamiarum abbas, 915, 916, 935, 1244, 1245.
—— Saliari, 727 (11).
—— de Sancto Privato, miles, 1470.
—— (magister), rector de Senezellis, 2079.
—— dictus Surdus, 1940.
—— de Togesio, 1328.
—— de Turre, miles, 799.
—— de Valle, clericus, 532.
—— de Vieus, 812.
—— Vigerii, 823, 852, 1261.
—— de Vilari, miles, 193.
—— de Villamuri, 1307.
Bernegoe (feodum de), 1913 (1), 1920 (11).
Bernegoue, Deux-Sèvres, comm. Saint-Martin-de-Bernegoue.
Bernerius, filius Johannis Torpini, 1673.
Bernes (De). — *V. Johannes.*
Berrati homines, 1365. *Bérat, Haute-Garonne, cant. Rieumes.*
Berrelles (villa de), 1235.
—— (cognati de), 791. *Lasbarelles, Haute-Garonne, comm. Villefranche-de-Lauragais.*
—— *V. Barrelle.*
Berriaco (ecclesia de), 156.
Berruerius, serviens comitis, 1555, 2065.
—— castellanus Caslucii, 450, 452.
Bersa, 672; *parc à gibier, réserve.*
Bertaudus de Cuissol, 2002.
Bertholomeus. — *V. Bartholomeus.*
Berton. — *V. Petrus.*
Bertonarius (dominus), miles, 980.
Bertranda, filia Guillelmi de Dausaco, 383.
—— filia Hugonis de Brecolles, 911.
Bertrandi. — *V. Iterius.*
Bertrandus. — *V. Arnaldus, Petrus, Raimundus.*
Bertrandus, archiepiscopus Arelatensis, 869, 1785.
—— de Balaguerio, 152.
—— Barata, miles, 489.
—— Bascon, miles, 1825.

Bertrandus, filius Barralli de Bauçio, miles, 557; dominus de Bauceio, Baucyo, 561, 577, 582, 585, 586, 587, 588, 1747, 1748, 1761, 1762, 1763, 1765, 1769, 1794, 1795, 1797, 1830, 1902.
—— de Brevilla, 483, 503.
—— de Brunequello, miles, 399, 400.
—— Carbonel, Carbonelli, domicellus, 247, 1506.
—— de Cardillaco, Cardalhac, miles, 500.
—— et ejus filius, Bertrandus, domicellus, 1450, 1458.
—— clericus senescalli Tholose, 1221.
—— Durandi, civis Carpentoratensis, 1764.
—— Durandi, civis Tholose, 281.
—— de Duroforti, 1530.
—— Ebrardi, 193.
—— Faber, 1920 (17).
—— filius P. Remundi, 1409.
—— de Fontanis, 1701.
—— de Gairac, burgensis Montis Cuci, 1454.
—— de Gargatio, 724.
—— de Gordonio, miles, 957, 1575.
—— dictus Gua, 160.
—— de Guarigiis, 1314.
—— de Insula, prepositus ecclesie Tholosane, 367, 510, 900, 901, [1249, 1316, 1342, 1351, 1380, 1408, 1411, 1414, 1415, 1875.
—— Late, 891.
—— de Lauserguas, 1889.
—— de Lautrico, miles, 305, 306, 354, 355, 799, 804.
—— rector ecclesie de Marcell., 1661.
—— Mauranni, 1314.
—— miles, 1925 (8).
—— de Monjoire, hereticus, 1400.
—— de Monteacuto, abbas Moyssiaci, 842, 1637.
—— de Nate, domicellus, 728.
—— de Palacio, civis Tholose, 349, 385.
—— de Pavion, 138, 202.
—— dictus Perroneal, 1205.
—— Perronnelli, 215.
—— de Pestilaco, 1580.
—— de Quideriis, 303.
—— de Rabasteinx, miles, 1411.

Bertrandus Reillana, de Grillione, domicellus, 1772, 1775.
—— de Roca, Rocha, miles, 6, 56, 85. *Noble du Poitou.*
—— de Roca, miles, 849. *Noble de l'Albigeois.*
—— de Rocavilla, miles, 826.
—— Rocha, miles, 1251.
—— de Rogels, 1310.
—— Roque, miles, 263.
—— de Sancta Arthemia (magister), 945, 1553.
—— de Sancto Genesio, 474.
—— de Sancto Germano, 429.
—— de Sancto Martino veteri, 333.
—— de la Tousque, pater et filius, 861.
—— d'Urbiat, miles, 727 (1, 2).
—— de Vazegia, 436.
—— de Villamuro, 887.
Berugiis (capellanus de), 1917. *Béruges, Vienne, cant. Vouillé.*
Bes, 142, 1654. *Les Bés, Aveyron, comm. Lapanouse.*
Besancii, 1942.
Bescuit, 1832.
Bessa (De). — *V. Petrus.*
Bestic de sayson, 1942.
Beu (abbas et conventus de), 17. *Le Beuil, abbaye du diocèse de Limoges.*
Beuvila, Beuvilla (De). — *V. Bernardus, Guillelmus. Beauville, Lot-et-Garonne.*
Beyssac (De). — *V. Johannes.*
Bia (De). — *V. Raimundus.*
Biaumarchés (De). — *V. Eustachius de Bellomarchesio.*
Biauquaire (seneschauciée de). — *V. Belliquadrum.*
Bidaldus de Serra, 245.
Bidaut de Luc, burgensis de Ruppella, 103.
Bidentes, 2084.
Bidotus Feurierius, Ferer, Feurer, 1502, 1503, 1509.
Biennium domini, 1914 (6).
Bignai (De). — *V. Petrus Vincencii. Bignay, Charente-Inférieure, cant. Saint-Jean-d'Angely.*
Bignet. — *V. Guillelmus.*
Bigorre comes, 2087.

Bigotus, 358.
Billo, 569.
—— indebite emptus, 695.
Bitterense, 1257, 1271. *Le Bitterois.*
—— confinium, 1635.
Biterrensis episcopus, 915.
Biterri (De). — *V. Stephanus.*
Biterris, 969, 2009. *Béziers, Hérault.*
Biturice, 1176.
—— monnaie royale, 243, 323. *Bourges, Cher.*
Bituricensis archiepiscopus, 1157.
—— decanus. — *V. Simon de Ruperavardi.*
—— ballivus, 44, 1175, 1179, 1194, 1839, 1841.
—— ecclesia, 2047.
—— diocesis, 1177.
—— provincia, 1004, 1176, 1177, 1196.
—— provincie concilium, 1157, 1158, 1177.
Biza (De). — *V. Raimondus.*
Blada, 493.
Bladata, 1490.
Bladi mensura, 2068.
Bladi transitus per terram comitis, 1827.
Bladum ablatum, 305, 306, 354, 355.
Blaignacum, Bleignac, Blangnacum. Leprosaria, 832, 1324.
—— (homines de), 794, 795.
—— (prior ecclesie de), 796. *Blagnac, Haute-Garonne, cant. Toulouse.*
Blancha, regina, 1960.
Blanchafort (De). — *V. Gaucerandus. Blanquefort, Lot-et-Garonne, cant. Fumel.*
Blancharde, 1920 (16).
Blanchia, filia Ginchacii, 329.
—— filia Ludovici IX, 1037.
Blanchier. — *V. Stephanus.*
Blandon. — *V. Stephanus.*
Blanzac (De). — *V. Philippus. Peut-être Blanzac, Charente.*
Blaunac (mansum de), 179. *Blaunac, Aveyron, près de Saint-Rome-de-Tarn.*
Blavia (dominus de), 697.
—— (De). — *V. Geraldus. Blaye, Gironde.*
Bleignac. — *V. Blaignacum.*
Blenac (De). — *V. Johannes. Blénac, Charente-Inférieure, comm. Saint-Symphorien.*

TABLE GÉNÉRALE.

Blens (De). — *V.* Johannes.
Blesensis archidiaconus in ecclesia Carnotensi, 1000. — *V.* Johannes de Granchia.
Blingon (De). — *V.* Raimundus.
Boadene (homines de), 1650. *Bozouls, Aceyron.*
Boarie, 370.
Boc. — *V.* Gasto, Stephanus.
Bocaio (De). — *V.* Aimericus. *Peut-être Boussais, Deux-Sèvres, cant. Airvault.*
Bocaude (La), feutraria, 1920 (23).
Boce. — *V.* Petrus.
Boche. — *V.* Petrus.
Bochelli, 1914 (1).
Bochut Souvelacent, nemus, 727 (14).
Bociacis (De). — *V.* Deodatus. *Boussagues, Hérault, cant. Bédarieux.* Cf. Bouzagiis.
Bocrie, Boeria, 273, 341, 363, 364, 1269, 2058 (p. 573).
Boeste de monnaies, pour l'essai, 32.
Bois (Del). — *V.* Hugo.
——— (abbatissa del), 453, 454.
Boisragon (terra de), 1920 (6, 9). *Boisragon, Deux-Sèvres, comm. Breloux.*
Boisse, Boisso (mansus del), 140, 161.
Boissel. — *V.* Robertus.
Boissiaco (De). — *V.* Philippus.
Boissoniere (granchia de la), 944.
Boitaut. — *V.* Geraldus, Johannes.
Bolbestre (Preceptor domus hospitalis de), 1291.
Bolbonenses abbas et conventus, de Borbona, 374, 378. *Boulbonne, abb. au dioc. de Toulouse; anj. Haute-Garonne, comm. Cintegabelle.*
Bollène. — *V.* Abolena.
Bolonia supra mare, 2005, 2015. *Boulogne-sur-Mer, Pas-de-Calais.*
Bolonie comes. — *V.* Robertus.
Bomont (Decima de), 1447, 1552, 1566.
Bompar de Ausonio, Bomparius, domicellus, 727 (1, 4).
Bona, uxor Michaelis Papot, 1913 (7).
Bona injuste saisita, 532, 1174, 1576.
——— ecclesiastica injuste detenta, 508.
——— incursa pro heresi, 263, 826, 848, 1488, 1495, 1511, 1515.
——— incursa pro heresi et a comite Raimundo reddita, 805, 806.

Bona feodalia burgensi cuidam alienata, 1437.
Bonacum. Leprosaria, 832, 1324. *Bonnac, Aude, comm. Mayreville.*
Bonafos de Fossato, 1459.
Bonafox. — *V.* Amalvinus.
Bonavalle (De). — *V.* Egidius.
Bonavalle (De). — *V.* Robertus. *Probablement Bonneval, Eure-et-Loir.*
Bonecombe abbas. 1687, 1689.
——— abbas et conventus, 148. *Bonnecombe, Aveyron, comm. Moyrazès.*
Bonellus, 2002.
Bonemains (De). — *V.* Petrus.
Boneti. — *V.* Petrus.
Bonetus Dominicus, 247.
——— serviens ville de Romeinx, 384.
Bonevallis abbas, 148. *Bonneval, Aveyron. comm. Le Cayrol.*
Boni. — *V.* Johannes.
Bonifacius, abbas Cisterciensis, 1957.
Bonifontis abbas et conventus, 242, 1211. *Bonnefont, Haute-Garonne, comm. Proupiary.*
Boniliis (homines castri de), 1773, 1776, 1778. *Bonnieux, Vaucluse.*
Bonimontis castrum, 1440, 1441, 1442.
Boninus, judeus, 668, 669, 670.
——— Pictavensis, serviens comitis Marchie, 1047.
Bonitozeti. — *V.* Stephanus.
Bonivalle (abbatia de), 1021. *Bonnevaux, Vienne, comm. Marçay.*
Bonnini. — *V.* Hugo.
Bonolio (homines de), 1915 (7). *Bonneuil-Matours, Vienne, cant. Vouneuil-sur-Vienne.*
Bononet. — *V.* Hernaudus.
Bonus, judeus, de Aragonia oriundus, 1313.
——— Amicus de Challecholes, 1911 (2).
Bonushono. — *V.* Petrus.
Bonus Judeus, judeus, 1748.
Bonuslocus. Leprosaria, 832, 1324. *Bouloc, Haute-Garonne, cant. Fronton.*
Bonus Ostrugus, judeus, 1052.
Bonus Passus, 1735.
——— (fratres de), 1825. *Bonpas, Vaucluse, comm. Avignon.*
Bonus Toseti (magister), Thosetus, Tosetus,

435, 475; — judex Agenensis, 449, 513, 1457, 1475.
Boq Estiegne, terra, 1923 (11).
Bor (De). — *V.* Ademarus.
Borbona (De). — *V.* Guillelmus.
Borbona (abbas de). — *V.* Bolbonensis.
Borbonii domina. — *V.* Agnes.
—— dominus. — *V.* Johannes.
Borbonio (De). — *V.* Guido. *Famille de Bourbon.*
Borda (bastida de), 1627. *Laborde, Aveyron, comm. Beaulieu.*
Bordaria, Borderia, 1910 (3), 1913 (7).
Borde, 912. *Peut-être Bordes, Tarn, comm. Cadalen.*
Bordis (villa de), 866. *Bordes, Haute-Garonne, cant. Montréjeau.*
—— (villa de), 1396. *Lasbordes, Aude, cant. Castelnaudary.*
—— (factum de), 1433. *Lieu inconnu.*
Borella, 1931.
Borelli. — *V.* Johannes.
Borges. — *V.* Biturice.
Borgn (alberga de), 1307. *Le Borgn, Haute-Garonne, cant. Villemur.*
Borgoigne (dus de), 1968.
Boria, 466.
Borlin (De). — *V.* Petrus Johannis.
Bos. — *V.* Ademarus.
Bos quidam qui cornu puerum interfecit, 1162.
Boscho Bociau (De). — *V.* Guillelmus.
Bosco (De). — *V.* Guido, Jacobus.
—— Manasier, 1911 (19). *Bois-Menassé, Vienne, comm. La Bussière.*
—— de Orador (De). — *V.* Helias.
—— Pevrelli (De). — *V.* Aenors la Vigière.
Boscum Pevrelli, 1912 (1).
Bosquetus. — *V.* Raimundus Johannes.
Botet. — *V.* Petrus.
Botigny (feodum de), 19. *Boutigny, Vienne, comm. Archigny.*
Botillia octo denariorum, 1911 (2).
Botoneti. — *V.* Petrus.
Botonneto (De). — *V.* Petrus.
Boucel. — *V.* Jacobus.
Bouchardi. — *V.* Petrus.
Bouchardus, archipresbyter de Pertiniaco, 54.
—— de Malliaco, 47.

Bouet, 1938. *Bouhet, Charente-Inférieure, cant. Aigrefeuille.*
Bourgeri (feodum de), 1925 (7).
Bournazel, 183. *Aveyron, cant. Rignac.*
Bourriau. — *V.* Hugo.
Boutefeu. — *V.* Benedictus.
Bouteriis (justicia de), 19. *La Boutière, Vienne, comm. Saint-Gervais.*
Bouzagiis (De). — *V.* Imbertus. *Boussagues, Hérault, cant. Bédarieux.* Cf. Bociacis.
Bovaric, 2099.
Bovelia, locus, 64.
Boverius de Magniaco, miles, 1933.
Boves somarii, 135.
Boville (De). — *V.* Gathardus, Raimundus.
Bovis. — *V.* Johannes.
Bovisvilla (De). — *V.* Herius.
Bozo de Rovinhano, miles, 465.
Brachiata, 110, 2067.
Brachium seculare, 1447.
Bragairac, 267. *Bragayrac, Haute-Garonne, cant. Saint-Lys.*
Braida, relicta Petri Bertrandi, militis, 2069.
Bramatus de Palasols, miles, 1499.
Branculo (castrum de), 587. *Brantes, Vaucluse, cant. Malaucène.*
—— domini Branculi, 587.
Brandiz (portus de), 749. *Brindisi (Italie).*
Braudon. — *V.* Thomas.
Brane (Domina). — *V.* Maria. *Braine, Aisne.*
Bream (Domus Dei de), 1022. *Bran, Charente-Inférieure, cant. Montendre.*
Brecens (De). — *V.* Bernardus.
Breçolles (De). — *V.* Hugo.
Bredon, Domus Dei, 1110. *Bresdon, Charente-Inférieure, cant. Matha.*
Bremondi. — *V.* Petrus.
Bremundus. — *V.* Petrus.
Brenac (ecclesia de), 1087, 1088. *Brenac, Dordogne, comm. Montignac.*
Breon (De). — *V.* Mauricius. *Brion, Puy-de-Dôme, comm. Compains.*
Breseles, Bresoles (De). — *V.* Hugo, Reginaldus, Vitalis. *Bressols, Tarn-et-Garonne, cant. Montech.*
Bresoles (homines ville de), 1494. *Bressols, Tarn-et-Garonne, cant. Montech.*

Bretenor (De). — *V.* Petrus. Peut-être *Bretenoux, Charente, comm. Chassenon.*

Brevilla (De). — *V.* Bertrandus, Raimundus.

Brezeto (De). — *V.* Geraldus.

Briandus, 1942, 1944.

Bride. — *V.* Brivata.

Briderio (ballia de), 1047. *Bridier, Creuse, cant. La Souterraine.*

Brienna (De). — *V.* Alfonsus.

Briquesc. — *V.* Guillelmus.

Briqueville (De). — *V.* Robertus.

Brisebarre. — *V.* Martinus.

Britannie comes, 1924 (5), 1943, 1998. — *V.* Johannes.

Brito. — *V.* Guillelmus.

Brivata, Bride, 145.

——— bajulus, 727 (5).

——— Fratres Minores, 1165. *Brioude, Haute-Loire.*

Brivensis prior, 1467, 1491, 1492, 1501. *Brives, Corrèze.*

Brocardus Bascon, miles, 1825.

Brocia (De). — *V.* Bernardus, Hugo.

Brocia, 1937, 1942.

Brodium, 1935.

Brole (De). — *V.* Poncius.

Brolio (Dominus de). — *V.* Robertus de Corcellis. *Le Breuil, Puy-de-Dôme, cant. Saint-Germain-Lembron.*

Brolio (domus de), 716.

——— prior, 716. *Le Breuil, Charente-Inférieure, comm. Grézac.*

Brolio (foresta de), 468.

——— de Tocha (feodum de), 1927 (2).

Brolium. Domus Dei et leprosaria, 1165.

——— (justicia de), 1192. *Le Breuil, Puy-de-Dôme, cant. Saint-Germain-Lembron.*

Brolium Belengarii, 505.

Brom, Brons, Bron (castrum de), 856, 1951.

——— mercatum, 1354. *Bram, Aude, cant. Fanjeaux.*

Bromide, nemus, 1921 (19).

Bromo (De). — *V. G. Bram, Aude, cant. Fanjeaux.*

Brothmalx, Brotmalt (De). — *V.* Hugo, Raimundus. *Brommat, Aveyron, cant. Mur-de-Barrez.*

Bruell (De). — *V.* Galterus.

Bruerie, 986, 1896, 1897, 1898. *Brayères-le-Châtel, Seine-et-Oise, cant. Arpajon.*

Bruges, 2027. *Bruges, Flandre.*

Brugueriis (De). — *V.* Guillelmus. *Bruguières, Haute-Garonne, cant. Fronton.*

Bruguiere (villa de la), Brugueria, Bergueria. Burgeria. 302, 305, 306, 354, 355, 804. *La Bruguière, Tarn.*

Bruliers (feodum de), 506. Probablement la vicomté de Bruilhois.

Brulent, Brullenc, 1913 (3).

——— (nemus de), 1920 (19).

——— (prepositus de). — *V.* Guillelmus Pachier. *Brulain, Deux-Sèvres, cant. Prahec.*

Brunel. — *V.* Henricus.

Brunelli. — *V.* Hugo.

Brunequello (De). — *V.* Bertrandus, Guillelmus. *Bruniquel, Tarn-et-Garonne, cant. Monclar.*

Bruni. — *V.* Guerinus.

Brunus, 1596, 1599.

Brusca, Brusqua, castrum et villa, 1643, 1644, 1649, 1656, 1713. *Brusque, Aveyron, cant. Camarès.*

Buccanigra. — *V.* Guillelmus.

Buchardus, Vindocinensis comes, 609.

Buciaco, Buci, Bucci (De). — *V.* Guido.

Bugassac, cultura, 440.

Buillerat. — *V.* Guillelmus.

Buisseiol (De). — *V.* Rostangnus.

Bulda vel Cuda (De). — *V.* Bertrandus.

Bulla comitis in Venessino, 1739, 1825.

——— plumbea concessa Poncio Astoandi, 854.

Bulli (De). — *V.* Aimericus.

Burdegalensis archiepiscopus, 986, 1591.

——— provincia, 984, 986, 2043.

——— provincie concilium, 986, 1004, 2040, 2041, 2043, 2044, 2045.

Burdegalensium libre, 2092.

Burdegales, 1433. *Bordeaux, Gironde.*

——— *V. S.* Crux.

Burdegalis (De). — *V.* Bernardus Ramundi.

Bures (De). — *V.* Johannes.

Burgal (De). — *V.* Vitalis.

Burgensis. — *V.* Dyonisius.

Burgeria. — *V.* Bruguiere.

Burgo (De). — *V. Dalmasetus.*
Burguetonovo (De). — *V. Petrus Garsias.*
Burgus novus Pictavensis, 973. *Probablement Montierneuf, partie de Poitiers.*
Busetum. — *V. Buzetum.*
Buunvilla (De). — *V. Auda.*
Buxa (castrum de), 1952. *Bonisse, Aude, cant. Mouthoumet.*

Buzaines (homines villæ de), 168. *Buzeins, Aveyron, cant. Sévérac-le-Château.*
Buzetum, Busetum. Leprosaria et Domus Dei, 832, 1324.
—— castellanus, 1316. — *V. Adam.*
—— ballivia, 1288. *Buzet, Haute-Garonne, cant. Montastruc.*
Byarcii villa, 180. *Bias, Aveyron, près de Vabre.*

C

C., relicta comitis Sabaudie. — *V. Cecilia.*
Cabane, 483.
Cabrareiz, Cabreret (molendinum de), 500, 1453. *Cabrerets, Lot, cant. Lauzés.*
Cadars (castrum de), 160. *Cadars, Aveyron, comm. Quins.*
Caderossa, 1797.
—— (domini de), 1797. *Caderousse, Vaucluse, cant. Orange.*
Cadillaco (De). — *V. Guillelmus Arnaudi. Cadillac, plusieurs lieux de ce nom dans la Dordogne.*
Cadomo, Cadomio (mercatores de), 96, 1007. *Caen, Calvados.*
Caissaco (De). — *V. Stephanus.*
Cajarcum, 946. *Salvagnac-Cajarc, Aveyron, cant. Villeneuve.*
Cajarcum, 1492, 1889.
—— (aque de), 909. *Cajarc, Lot.*
Calains. — *V. Geraldus.*
Calciata, Calçata, 1889.
—— (territorium de), 501, 2072.
—— (De). — *V. Raimundus, Raterius. Caussade, Tarn-et-Garonne.*
Calcomier (De). — *V. Petrus. Calcomiès, Aveyron, comm. Vailhourlès.*
Calderia magna, 1607, 1608.
Calercio (abbas de), 871, 872.
—— (abbas et conventus de), 874. *Calers, Haute-Garonne, comm. Gaillac-Toulza.*
Calfagium, 1934.
Calidus Furnus. — *V. Chaufour.*
Caligarubea (De). — *V. Guido.*
Calm, Calmp (castrum de), 186.
—— (herba de la), 141. *Lacalm, Aveyron, cant. Sainte-Geneviève.*

Calm. in Bria, 1327. *Probablement Chaumoncel, Seine-et-Oise, cant. Sucy-en-Brie.*
Calsas (dominus castri de), 151. *Château inconnu en Rouergue.*
Calveti. — *V. Guillelmus, Raimundus.*
Calvetus de Cas, bajulus comitis, 1432.
—— ballivus de Caslucio, 2084.
Calvigniaco, Chauvigniaco (De). — *V. Guillelmus. Chauvigny, Vienne.*
Calvigniaco (castrum de), 499. *Calvignac, Lot, cant. Limogne.*
Calvimontis castrum, 550. *Caumont, Vaucluse, cant. Cavaillon.*
Calvomonte (Dominus de). — *V. Mesoncius.*
Calvomonte, Cavomonte (De). — *V. Bego. Calmont, Aveyron, cant. Cassagnes-Bégonhès.*
Calvomonte (homines de), 233. *Caumont, Tarn-et-Garonne, cant. Saint-Nicolas de la Grave ou Calmont, Haute-Garonne, cant. Cintegabelle.*
Calvusmons, Chaumont. Leprosaria et Domus Dei, 832, 1324.
—— (homines de), 807, 1242. *Calmont, Haute-Garonne, cant. Nailloux.*
Camarada (De). — *V. Stephanus. Camarade, Ariège, cant. le Mas d'Azil.*
Camareto (De). — *V. Guillelmus. Camaret, Vaucluse, cant. Orange.*
Camasium, 452.
Cambana, 825.
Cambellania de Talneio, 1935.
Cambellanus. — *V. Petrus.*
Cambium. — *V. Change.*
Cambolt (strata publica de), 1464. *Camboulit, Lot, cant. Figeac.*
Camelini. — *V. Egidius.*

Camera (De). — *V.* Petrus.
Camerarii et collectores Tholose, 963.
Camina antiqua et recta, 559.
—— nova, 559.
Caminus, 559.
—— *V.* Chemini.
Caminus aque impeditus, 1609.
Campania in Marempna, 1937, 1940, 1943. *Champagne, Charente-Inférieure, cant. Saint-Agnant.*
Campaniaco (prioratus de), 1642.
—— (prior de), 1642. *Campagnac, Aveyron.*
Campiniaco (villa de), 1060. *Champagné-Saint-Hilaire, Vienne, cant. Gençay.*
Campis (De). — *V.* Bernardus, Henricus.
Campus ad duellum ordinatus, 426.
Campus rotundus, 386, 387. *Peut-être Campredon, Tarn, comm. Livers.*
Canaveriis, Canaberiis, Chanaveriis (De). — *V.* Gaufridus.
Canbo, 584. *Peut-être Caromb, cant. Carpentras.*
Cancellata (abbas S. Marie de), 1082. *Chancelade, Dordogne, cant. Périgueux.*
Cancellatura, 547.
Cancour (De). — *V.* Amanevus. *Cancon, Lot-et-Garonne.*
Cancre. — *V.* Giletus.
Candelio (abbas de), 1859. *Candeil, Tarn, comm. Labessière-Candeil.*
Candezas (De). — *V.* Petrus.
Canes, 672.
Caneto (ecclesia S. Pauli de), 540. *Canet, Aveyron, cant. Pont-de-Salars.*
Canetum, 214. *Canet, Haute-Garonne, comm. Cintegabelle.*
Cangnelac (De). — *V.* Deodatus.
Canilhaco (De). — *V.* Deodatus. *Canilhac, Lozère, cant. La Canourgue.*
Canonica investitio, 1087, 1088.
Cantesio (De). — *V.* Raimundus.
Cantobre (dominatio de), 1632.
—— (castrum medium de), 1632. *Cantobre, Aveyron, proche Nant.*
Cantor. — *V.* Guibertus.
Caorseau. — *V.* Petrus.
Caorsini, 437; *usuriers.*

Capdennacum, Capdempnacum, Capdempniacum, Capdenac. Domini castri, 546, 1674, 1704, 1705.
—— communitas et consules, 1674, 1704, 1705.
—— (homines de), 1660.
—— naute portus castri, 150. *Capdenac, Lot, cant. Figeac.*
Capella (abbas de), 795. *La Capelle, Haute-Garonne, comm. Merville.*
Capella (homines de), 1619. *La Capelle, plusieurs lieux de ce nom dans le Rouergue.*
Capella (Templum de la), 129.
—— (preceptor de), 419, 420, 780. *La Capelle-Livron, Tarn-et-Garonne, cant. Caylus.*
Capella-Bertrandi, 979, 1075. *La Chapelle-Bertrand, Deux-Sèvres, cant. Parthenay..*
Capellani. — *V.* Raimundus.
Capellania cuidam ecclesie unita, 1665.
Capellanus, 380, 732, 1443, 1665, 1666.
—— comitis in castro de Perutia, 1645.
—— cujusdam domine, 1794.
Capelle. — *V.* Bernardus.
Capelle de Bagaz homines, 1716.
Capones, 1932.
Cappella (moniales de), 149.
Cappella (prior de), 738. *La Chapelaude, Allier, cant. Huriel.*
Captannium, captennium sive garda, 151, 356, 489.
Capti non detinendi, nisi in certis casibus, 967.
Captio feudi, 1548 (3).
—— vel detentio injusta, 20, 665, 764.
—— et detentio hominis cujusdam suspecti de furto, 586.
—— Judeorum, 682.
Capucium, 1123, 1124.
Caput-Ferri. — *V.* Guillelmus.
Caradorba. — *V.* Aldricus.
Caramanno (bajulus et judex de). — *V.* Raimundus Pictavini.
—— archipresbiter. — *V.* Raimundus de Costirano.
—— homines, 1238.
—— (De). *V.* Jordanus. *Caraman, Haute-Garonne, cant. Villefranche-de-Lauragais.*

Carbone bastida, 242, 288, 290, 292, 293, 2064.
— leprosaria, 832, 1324.
— homines, 1211.
— bajulus, 1211. *Carbonne, Haute-Garonne.*
Carbonel, Carbonelli. — *V.* Bertrandus, Raimundus.
Carcasesium, 1950. *Carcassès, Aude, comm. La Roque-de-Fa.*
Carcassonense, Carcassone partes, 333, 1237, 1257, 1268, 1271, 1511, 1639.
Carcassonensis dyocesis, 856, 1950.
— episcopus. — *V.* Bernardus.
— ecclesie canonici et capitulum, 2056. *Carcassonne, Aude.*
Carcassonensis, Carcassone senescallia, 525, 940, 1686, 2034.
— Carcassonensis senescallus, 232, 265, 306, 308, 318, 355, 376, 509, 510, 525, 780, 853, 869, 903, 906, 1270, 1272, 1293, 1403, 1520, 1635, 1686, 1709, 1950, 1952, 2008.
Carcer abbatis Moysiaci, 1548 (7).
— comitis apud Montem albanum, 1518.
— episcopi Pictavensis, 622.
— fractus, 1444.
— privatus, 1381.
Cardampgnaco (De). — *V.* Aimericus. *Peut-être Cardonnac, Tarn, comm. Noailles.*
Cardelhac, Cardillaco (De). — *V.* Geraldus. *Cardaillac, Lot, cant. La Capelle-Marival.*
Cardempnaco (De). — *V.* Estoldus. *Capdenac, Lot.*
Cardengnaco, Cardampgnaco (De). — *V.* Bernardus. *Capdenac, Lot.*
Cardillac, Cardillaco, Cardilliaco (De). — *V.* Arnaldus, Bernardus, Bertrandus, Deodatus, Hugo. *Cardaillac, Lot.*
Careinensis prior, 1493. *Carennac, Lot, cant. Vayrac.*
Carembaudi. — *V.* Guillelmus.
Carmelo (Fratres Beate Marie de), 90, 576.
Carnifex. — *V.* Fulco.
Carnotensis episcopus. — *V.* Petrus.
— cancellarius. — *V.* Petrus de Castris.
— subdecanus, 1467. — *V.* Guillelmus de Vallegrignosa. *Chartres, Eure-et-Loir.*

Carot. — *V.* Vitalis.
Carpentarie ars, 864.
Carpentoratum, 1812, 1820.
— subventio pro Terra sancta, 1764.
— consules et universitas, 1812.
— burgus, 1820.
— ecclesia, 1820.
— episcopus, 1797, 1967. — *V.* Raimundus.
— Carpentoriatenses homines, 1820.
— Carpentoratensium civium procurator, 1826. *Carpentras, Vaucluse.*
Carraigne (De). — *V.* Raimundus.
Carreria (De). — *V.* Geraldus.
Carroffier (homines de), 1080. *Probablement Charroux, Vienne.*
Carruca, 1150.
Cartaragia (sic), 368.
Carte in deposito, 245.
Cartularia notariorum, 1777.
Carturiensis ordo, 559.
Carumbo (castrum de), 1752, 1769.
— (homines castri de), 1753. *Caromb, Vaucluse, cant. Carpentras.*
Cas (De). — *V.* Aimericus, Bernardus, Calvetus. *Cas, Tarn-et-Garonne, comm. Espinas.*
Casaboni (De). — *V.* Geraldus. *Cazaubon, Gers.*
Casale, 1303.
Casali Renols (homines de), 1336. *Cazal-Renoux, Aude, cant. Fanjeaux.*
Casals (villa de), 1515. *Cazals, Tarn-et-Garonne, cant. Negrepelisse.*
Casals, 2105. *Peut-être Cazals, Tarn, comm. Montirat.*
Casati homines, 559.
Case Dei abbas et conventus, 195. *La Chaise-Dieu, Haute-Loire.*
Caselagia, Caselagium, 236, 237, 320, 1233, 1237.
Caslucio (De). — *V.* Arnaldus. *Cailus, Aveyron, près Saint-Affrique.*
Casluciuru, Casluz, Castrumlucii, 2065.
— (bajulus de), 419, 494, 2077, 2080.
— *V.* Calvetus de Cas.
— (castellanus), 494. — *V.* Berruerius.
— (homines de), 1422.
— (terra de), 494. *Caylus, Tarn-et-Garonne.*
Cassaigne (De la). — *V.* Jordanus.

Cassanea (illi de), 1445, 1548 (2). — *V.* Arnaldus.

Cassanera (De). — *V.* Jordanus.

Cassanha, 193.

Cassanolio (castrum de), Cassegnolium, 1595, 2118. *Cassenenil, Lot-et-Garonne, cant. Cancon.*

Casseigne (De la). — *V.* Guillelmus.

Cassengues, Cassenge, villa, 181, 183. *Peut-être Cassagnes-Bégonhès, Aveyron.*

Castaneto (De). — *V.* Philippus.

Castanetum, Castenet. Leprosaria et Domus Dei, 832, 1324. *Castanet, Haute-Garonne.*

Casteillon, Castellon, locus, 206, 1348. *Probablement Castillon, Ariège.*

Castellanie, 1018, 1067, 1111, 1326.

—— Proclamatio in castellaniis, 1406.

Castellanus; injusta exactio, 205.

—— querimonia contra eum, 190.

Castellari (villa de), 1339. *Le Castéra, Haute-Garonne, cant. Cadours.*

Castellariis (De). — *V.* Johannes. *Plusieurs lieux dits Les Châtelliers dans la Vienne et les départements voisins.*

—— (abbas et conventus de), 46. *Les Châtelliers, Deux-Sèvres, comm. Fomperron.*

Castelle rex, 783, 937.

Castellione (De). — *V.* Helias, Johannes.

—— Castalione (De). — *V.* Gaucelinus. *Probablement Castillon-sur-Dordogne, Gironde.*

Castellione (vicecomes de), 1535. *Castillon-sur-Dordogne, Gironde.*

Castellionis territorium, 2121.

Castello (De). — *V.* Guillelmus, Johannes.

Castellon, locus. — *V.* Casteillon.

Castellum sive pilori, 362. *V.* Costellum.

Castenet. — *V.* Castanetum.

Castilhonès (homines de), 1482. *Castillonès, Lot-et-Garonne.*

Castillione (castrum de), 559. *Châtillon-en-Diois, Drôme.*

Castrensis monasterii abbas, 927.

—— Fratres Predicatores, 832, 1324.

—— abbas et conventus de Castris, 356. *Castres, Tarn.*

Castriduno (De). — *V.* Petrus. *Châteaudun, Eure-et-Loir.*

Castri Evrardi vicecomes. — *V.* Johannes. *Châtellerault, Vienne.* — *V.* Castro Ayraudi, Castrum Ayraudi.

Castri Radulphi dominus. — *V.* Guillelmus de Calvigniaco. *Châteauroux, Indre.*

Castri Pontis maresium, 730. *Pont-du-Château, Puy-de-Dôme.*

Castris (De). — *V.* Guillelmus.

Castris (De). — *V.* Petrus. *Châtres, aujourd'hui Arpajon, Seine-et-Oise.*

Castro Ayraudi (De). — *V.* Guillelmus. *Châtellerault, Vienne.* — *V.* Castri Evrardi, Castrum Ayraudi.

Castro briandi (De). — *V.* Gaufridus. *Châteaubriant, Loire-Inférieure.*

Castro marino (De). — *V.* Robertus. *Castelmary, Aveyron, cant. La Salvetat-Peyralès.*

Castro Millani (De). — *V.* Johannes. *Châteaumeillant, Cher.*

Castro moronis (De). — *V.* Hugo. *Castelmoron, Lot-et-Garonne.*

Castrolucii (bajulus de). — *V.* Caslucium.

Castronovo (De). — *V.* B., Beraudus, Bernardus Hugonis, Johannes, Petrus, Poncius, Stephanus.

Castronovo (De). — *V.* Hugo, Raterius. *Peut-être Castelnau-de-Montratier, Lot.*

Castronovo (De). — *V.* Jordanus. *Peut-être Castelnau-d'Estrétefons, Haute-Garonne, cant. Fronton.*

Castro Pontis (De). — *V.* Petrus Ruffi. *Pont-du-Château, Puy-de-Dôme.*

Castrosarraceni (De). — *V.* Hernaudus Juliani. *Castelsarrasin, Tarn-et-Garonne.*

Castroveteri (De). — *V.* Guillelmus.

Castrum ad manum comitis receptum, 550.

Castrum Amorosum, bastida, 1430.

—— bajulus, 1564, 1565.

—— homines, 1564, 1565. *La Bastide, Lot-et-Garonne, cant. Bouglon.*

Castrum Ayraudi, Heraudi, Hairardi. Fratres minores, 1021.

—— vicecomes, 977, 1067.

—— vicecomitissa, 1925 (2). *Châtellerault, Vienne.* — *V.* Castri Evrardi, Castro Ayraudi.

Castro Casei (domus de), 1918. *Château-Fromage, Vienne, comm. Bignoux.*

Castrum Gallardi, 503. *Castelgaillard, Lot-et-Garonne, comm. Allez-et-Cazeneuve.*

Castrum Guidonis, Chetiau Guiom, 727 (11), 747.

—— Bajulus comitis. — *V.* Stephanus Ferrier. *Châtelguion, Puy-de-Dôme, cant. Riom.*

Castrum Mauronis, Moron, de Moron, 260, 362, 1568.

—— domini, 1563.

—— bajulus, 1568. *Castelmoron, Lot-et-Garonne.*

Castrum medium, 1632.

Castrum novum. Leprosaria, 832, 1324.

—— (homines de), 272.

—— (bajulus de), 2077. — *V.* Raimundus de Artigua. *Castelnau-de-Montmiral, Tarn.*

Castrum novum. Homines, 1504, 1602. *Castelnau-de-Montratier, Lot.*

Castrum novum. Homines, 170. *Castelnau-de-Pégayrolles, Aveyron, cant. Saint-Beauzély.*

Castrum novum de Arre, Arrio, 328.

—— Domus Dei, Leprosaria, 832, 1324.

—— Concessio mercati, 769.

—— judex ordinarius, 333.

—— bajulus, 1398.

—— universitas et consules, 334, 335.

—— homines, 769, 1221. *Castelnaudary, Aude.*

Castrum novum de Bonafos, 897. *Castelnau-de-Lévis, Tarn, cant. Albi.*

Castrum novum de Elena, 1452. Probablement *Esmes, Tarn-et-Garonne, comm. Montesquieu.*

Castrum novum de Peirelès, Peyrelès, 1653, 1654. *Castelnau-Peyralès, Aveyron, comm. Castanet.*

Castrum novum de Vallibus, 2078. *Castelnau-de-Bretenoux, Lot, cant. Prudhommat.*

Castrum novum super Ligerim, 227, 1949. *Châteauneuf-sur-Loire, Loiret.*

Castrum Sarracenum, 810, 910, 1243.

—— Leprosaria et Domus Dei, 832, 1324.

—— Hale ad carnes, 800.

—— burgenses, 800.

—— cursor, 812. *Castelsarrasin, Tarn-et-Garonne.*

Castrum Seigneurii, Seignour, Segnihor, bastida, 441, 1536, 1540.

Castrum Seigneurii. Bajulus, consules et homines, 445.

—— homines, 1536, 1537, 1549. *Probablement La Parade, Lot-et-Garonne, cant. Castelmoron.*

Casuales homines, 633.

Casulis (De). — *V.* Guillelmus.

Cathelongne, 1832. *La Catalogne.*

Caturcense, Caturcinium, Caturcenses partes, Caturcensis terra, 129, 453, 454, 865, 892, 1324, 1851, 1878, 1973, 1992, 2072.

—— ville, 2061.

Caturcenses archidiaconi, 2032.

—— dupplices, 943.

—— libre, 274, 392, 498, 860, 862, 905, 919, 1529, 1547, 1859.

—— Caturcensium solidi, 1699.

Caturcensis dyocesis, 150, 780, 1517.

—— episcopus, 909, 1452, 1467, 1491, 1492, 1501, 1579, 1580, 1584, 1616, 1617, 1640, 1862, 1863, 1876, 1878, 1879, 1889, 1890, 1990, 1991, 1992, 1993, 2002, 2032, 2033, 2077, 2078. — *V.* Bartholomeus.

—— episcopi moneta, 971, 1603.

—— judex comitis, 1523, 1548 (6).

—— senescallia, 1520, 1523.

—— senescallus, 2078.

Caturco (De). — *V.* Petrus de Cahors, Philippus.

Caturcum, Caturcensis civitas, 2034, 2081.

—— Caturcenses cives, 2080.

—— Caturcensia suburbia, 1579. *Cahors, Lot.*

Caudroto (reparium de), 2117.

Caujac, 822. *Notre-Dame de Caujac (voir la note).*

Caumont (De). — *V.* Guillelmus. *Calmont, Aveyron, cant. Cassagnes-Bégonhès.*

Caunetis (villa de), 1950. *Caunettes-en-Val, Aude, cant. Lagrasse.*

Causa commissa, 199, 659, 720, 722, 823, 989, 1076, 1226, 1658, 1706.

—— cause nova commissio, 1284.

—— a comite evocata, 738, 977.

—— cause remissio, 1210.

—— cause renvoyée à un sénéchal, 229.

—— cause delegate, 1548 (2).

Causa indiscussa et determinanda, 1395.
—— Causam terminari facere, 447.
—— Causas audire, 434.
Causaco (De). — *V.* Bernardus Rogerii.
Causaco (castrum de), 1265, 1372, 1659.
—— l'Aubergere de Causac, 2105.
—— Leprosaria, 832, 1324.
—— homines, 852.
—— (De). — *V.* Guillelmus, Raimundus Bernardi, Poncius. *Cahuzac-sur-Vère, Tarn, cant. Castelnau-de-Montmiral.*
Cause. — *V.* Andreas.
Causée. — *V.* Walterus.
—— (De la). — *V.* Guillelmus.
Cautio prestanda, 967, 1260.
—— bis non prestanda, 618.
—— exacta, 1680.
—— Liberatio sub caucione, 656.
Cavalcata, 59, 1394, 1879, 1892, 1893, 1985, 1986.
—— seu insultus, 557, 577.
—— cum armis, 671.
—— faite par des seigneurs gascons dans les terres du comte, 105.
—— Cavalcate senescalliarum, 1983, 1984.
Cavellio vel Cavillio, 1797. *Cavaillon, Vaucluse.*
—— Cavellicenses homines, 1789.
—— Cavellicensis episcopus, 1797. 1967. — *V.* Geraldus.
—— Cavellicensis episcopi homines, 1788.
Cavilla (De). — *V.* Simon.
Cayrana (castrum de). 1770. *Cairannes, Vaucluse, cant. Vaison.*
Cebaziacum. Confratria S. Spiritus, 210. *Cébazat, Puy-de-Dôme, cant. Clermont-Ferrand.*
Cecilia, comitissa Sabaudie, 321, 322, 395, 590.
Cedula comiti missa, 1119.
Ceille, 1939. *Seille, Charente-Inférieure, comm. Saint-Xandre.*
Celaira. — *V.* Eldina.
Celeirus. — *V.* Petrus.
Cenere (castrum de), 1681. *Centrès, Aveyron, cant. Naucelle.*
Cenomanenses, moneta, 2, 567.
Censuales homines, 1287.
Censura ecclesiastica, 1000.

Census, 1563, 1910 (6), 1927 (4).
—— signum dominii temporalis, 1309.
—— annuus, 673.
—— pro veteribus vinis, 1939.
Census duplicatus, 632, 666, 707, 978, 1043, 1044, 1066, 1565.
—— Concordia cum aliquibus hominibus Alnisii, 1115.
Centenoigvile (De). — *V.* Guillelmus.
Cepeto (villa de), 1250, 1329, 1330.
—— Leprosaria, 832, 1324. *Cepet, Haute-Garonne, cant. Fronton.*
Cera, redeventia, 356.
Cereum paschale, 1661.
Cernivols, territorium, 1582.
Cervi concessi in forestis comitis, 609.
Cerviano (castrum de), 1950. *Serviès-en-Val, Aude, cant. Lagrasse.*
Chabotus, Chaboti, Chabot, Chaboz. — *V.* Geraldus, Guillelmus, Saybrandus, Theobaldus.
Chaceporc. — *V.* Hugo.
Chacia, 1942.
Chaintela. — *V.* Durandus.
Chalençon (De). — *V.* Ebrardus. *Château détruit, comm. de Saint-André-de-Chalençon (Haute-Loire).*
Chalepic (De). — *V.* Audebertus.
Challecholes (De). — *V.* Bonus Amicus. *La Chalachole, Vienne, comm. Pezay-le-Sec.*
Challeteau. — *V.* Andreas.
Chalnon. — *V.* Hugo. *Il faut corr. Chalvon (commun. de M. Boudet, de Grenoble).*
Chambo (Del). — *V.* Petrus.
Champigniaco (De). — *V.* Henricus.
Change de monnaies, 73, 91, 120, 243, 323, 341, 643, 644, 666, 702, 863, 870, 881, 978, 1038, 1066.
Chanteler (De). — *V.* Gaufridus.
Chapelerii. — *V.* Bernardus, Petrus.
Chapusia molendini, 1930.
Charet. — *V.* Simon.
Charezai. Domus Dei, 1021. *Charzai, Vienne, comm. Ranton.*
Charles, roi de Sicile. — *V.* Karolus.
Charreum, 196.
Charroiau. — *V.* Radulphus.
Chartrosia (domus de), 1165. *Chartreuse du*

Port Sainte-Marie, Puy-de-Dôme, comm. Chapdes-Beaufort.

Chastegniaco (De). — *V.* Arnaldus.

Chasteigner. — *V.* Aimericus.

Chasteluz (De). — *V.* Johannes. *Peut-être Chatelus, Allier, cant. La Palisse.*

Chastianueuf, 803. *Castelnau-d'Estrétefons. (Haute-Garonne).*

Chatardus de Randa, 193.

—— de Sancto Germano, miles, 193.

Chategners. — *V.* Guillelmus.

Chategnier. — *V.* Theobaldus.

Chatel, 658.

Chaufour, Chaufoure, Chaufor, Calidus furnus, 365, 505, 506, 1217, 1729, 1732, 1842, 1843, 1844, 1845, 1846, 1851, 1852, 1853, 1854. *Chauffour, Seine-et-Oise, cant. Étampes.*

Chaumont. — *V.* Calvusmons.

Chauvenic (castrum de), 218.

Chavenia, 1911 (11), 1911 (14).

Cheeigne. — *V.* Iterius.

Chem. — *V.* Guillelmus.

Chemini, 1940.

—— cheminos custodire, 2034. — *V.* Camina.

Chénecé (decima de), 1058. *Chéneché, Vienne, cant. Neuville.*

Cherisiaco (De). — *V.* Johannes.

Cherveu, 1913, 1913 (5, 6), 1913 (7), 1913 (8), 1923 (4), 1927 (1), 1930.

—— (stagnum de), 1930. *Cherveux, Deux-Sèvres, cant. Saint-Maixent.*

Cherveus (De). — *V.* Guillelmota, Johannes.

Chervie (La), 1920 (21).

Chesa (prior de), 1911 (13). *La Chaise, Vienne, cant. Sillars.*

Chesec (castrum de), 2115. *Chizé, Deux-Sèvres, cant. Brioux.*

Chesniau. — *V.* Geufroi.

Chetiau Guion. — *V.* Castrum Guidonis.

Chevalere (A la), pecia terre, 1925 (6).

Chevalerie (Aide pour la), 1191.

—— *V.* Auxilium.

Chevalier croisé; forme de l'engagement, 344.

—— gagés par le comte pour la croisade, 811.

—— baneroiz et d'un escu, 604.

Chevania, 1917.

Chevaus (perles de), 604.

Chevenon, miles, 727 (4).

Chevrau. — *V.* Johannes.

Chevriaco (De). — *V.* R.

Chiçai (De). — *V.* Hugo.

Chiches, 1832.

Chilo (terra de), 1911 (5). *Le Chillon, Vienne, comm. La Trimouille.*

Chinon (De). — *V.* Petrus. *Indre-et-Loire.*

Choiche. — *V.* Guillelmus.

Choisi. — *V.* Martinus.

Christianus, serviens de Sancto Porcherio pro comite, 797.

Cifi, Ciphi, 549.

—— argentei, 464, 709.

Cingulum militare, 746, 1682.

Ciquart. — *V.* Jocelinus.

Cirographe, 1077.

—— Cirougraffe devisé par l'*a, b, c*, 1078.

Cisterciense capitulum generale, 1958.

—— abbas. — *V.* Bonifacius, Jacobus.

—— Cisterciensis capituli generalis abbatum conventus, 1957, 1958.

Cisterciensis ordo, 1690.

—— Cisterciensis ordinis reformatio, 2037.

Cistercium, 1957, 1959. *Citeaux, Côte-d'Or, comm. Saint-Nicolas-lès-Citeaux.*

Citationes injuste, 1152.

—— quinque, 1047.

Clam (homines de), 1065. *Clan ou Le Petit-Jaunay, Vienne, comm. Jaunay.*

Clamores, 1548 (5), 1564, 1703.

—— recipere, 434.

—— et justicie, 1659.

Claravallis, 183. *Clairvaux, Aveyron, cant. Marcillac.*

Clarbaudi. — *V.* Guido, Simon.

Clarello (De). — *V.* Bernardus. *Peut-être Claret, Basses-Alpes, cant. La Motte-du-Caire.*

Clarembaut. — *V.* Guido.

Clareti. — *V.* Simon.

Clarevallensis. — *V.* Johannes. *Clairvaux, Vienne, comm. Scorbé-Clairvaux.*

Clarevallensis abbas. — *V.* Johannes.

Clariacenses abbas et conventus, 440, 441, 442, 443, 444, 445, 1536, 1538, 1549, 1594.

Clariaci mensura, 440. *Clairac, Lot-et-Garonne, cant. Tonneins.*

Clarius Rabaus, miles, 1919.

Claromonte (De). — *V.* Guillelmus. *Clermont-d'Hérault, Hérault.*

Claromontensis civitas et dyocesis, 1157.

—— ecclesia, 2047

—— episcopus, 202, 727 (4), 727 (7), 727 (8), 1161, 1167, 1169, 1179, 1194. — *V.* Guido.

—— episcopi moneta, 1179.

Claromontensium novorum moneta, 1194.

Clarusmons. Fratres minores, 1165, 1166.

—— Fratres Predicatores, Domus Dei, Leprosaria, 1165. *Clermont-Ferrand, Puy-de-Dôme.*

Clarusmons, 787. *Clermont, Haute-Garonne, cant. Castanet.*

Clausa, 1940, 1941.

Clavea. — *V.* Egidius.

Clavelli, 1931.

Clavi et ferri ad equos, 1311.

Cledes (De). — *V.* Gocelmus, Helias.

Clemens papa IV, 1000, 1228, 1408, 2049, 2052, 2054, 2056. — *V.* Guido Fulcodii.

Clemens Rebarou, 1938.

Cleraco (De). — *V.* Guillelmus. *Clairac, Lot-et-Garonne, cant. Tonneins.*

Cleriaudi, 1946.

Clerici comitis, 1403.

—— studentes, 2104.

—— injuste arrestati, 1946.

—— interfecti, 1889.

Clericus suppositus questioni, 1446.

—— senescalli, 1885.

Clifort (De). — *V.* Sibilia.

Clugniacensis abbas, 1908 — *V.* Yvo.

Clugniacum, 1960.

—— Clugniacensis ecclesia, 1960.

—— capitulum generale, 1960.

Clusello (De). — *V.* Guillelmus. Peut-être *Le Cluzel, Lot, comm. Pontcirq.*

Cobrancie, 1047.

Cocayo (De). — *V.* Johannes.

Coccus. — *V.* Phelisetus.

Codua (De). — *V.* Garnerius.

Cofferii, Coifferii. — *V.* Johannes.

Coffri comitis, 1584.

Coges (villa de), 1889.

Cognacum, Coingnacum, Compnacum. Fratres minores, 1022, 1110.

—— prior, 711. *Cognac, Charente.*

Cognitores, 584.

Coing. — *V.* Gaufridus.

Coirode (homines de), 152.

Coheredes, 1018.

Cohua, 1914 (7, 8), 1916 (1), 1924 (3), 1942.

Colareda, 268. *Couladère, Haute-Garonne, cant. Cazères.*

Collatio cujusdam beneficii a comite, 655.

Collecta per solidum et libram, 402, 829, 840, 963.

—— levata ab hominibus qui in exercitum comitis ire nequiverunt, 1531.

—— facta Tholose et a consulibus comiti non assignata, 964, 965.

—— ad construendam villam, 1483.

Collecte facte Tholose, 969.

Collectores census, 1043.

—— focagii comitis, 154, 319, 926, 1710.

—— pecunie communis Tholose, 840 (3).

—— procurationum legalis debitarum, 984, 986, 1157, 1158, 1159, 1176, 1177, 1196.

Coltilagia, 1910 (6).

Columba (abbas et conventus de), 58. *La Colombe, Indre, comm. Tilly.*

Columberiis (castrum de), 261, 281.

—— (domini de), 261. — *V.* Bernardus. *Colomiers-Lasplanes, Haute-Garonne, cant. Toulouse.*

Columbers (De). — *V.* Guillelmus.

Columbers (De). — *V.* Theobaldus. *Colombiers, Vienne, cant. Châtellerault.*

Comba (De). — *V.* Arnaldus, Johannes.

Comba Berail, 900. *La Combe-de-Bérail, Tarn, comm. Castelnau-de-Montmiral.*

Combaboneti (De). — *V.* Jordanus. *Combebonet, Lot-et-Garonne, comm. Engayrac.*

Combelonge, Comelongue abbas et conventus, 206, 304, 1348, 1367.

Combrais (feodum de), 1927 (2).

Combralia, 194.

Combralia. Combralie archidiaconus. — *V.* Guido Rupiscavardi. *La Combraille.*

Combret (De). — *V.* Armengaudus. *Combret, Aveyron, cant. Saint-Sernin.*

Comburgenses, 1163.

Comitissa, 1248.

Comitiva, 1037.

Commande, 1206.

Commendis (Exemptio a), 742.

Commenge (De). — *V.* Aimericus.

Commissio comitis, 1389.

Commonitio exercitus, 1394.

Commune seu pazagium in diocesi Caturcensi, 150.

Communes littere, 373.

Comparcionarii, 1911 (3), 1913 (6), 1916 (3), 1932, 1939.

Compendium, 612. *Compiègne, Oise.*

Competra, Conpetra (homines de), 172, 536. *Compeyre, Aveyron, cant. Millau.*

Compnaci dominus. — *V.* Guido de Leziguiaco.

Compnaco (prior de). — *V.* Cognacum.

Compniaco (De). — *V.* Petrus.

Composicionis via, 1250.

—— facienda inter comitem et homines suos, 877.

—— pro malefactis, 1766.

—— cum abbate Montisalbani olim inita observanda, 1588.

Compositiones non concesse, 1944.

Compoti d. comitis, 5 *et passim.*

—— Candelose, 509.

—— du sénéchal, à sa sortie de charge, 603.

—— vicarii Tholosani, 409.

Compotus a consulibus Tholose reddendus, 964, 965.

Compromis (Abus des), 2100.

Compromissi forma, 1467.

—— observandum, 1528.

—— inter homines de Condomio et comitem Armeniaci observandum, 1526.

—— inter vicarium et quemdam clericum pro crimine false monete, 1223.

Concergius domorum comitis Parisius, 890.

Concha, 1430.

Conchensis (abbas et conventus sancte Fidis), 162.

Conchensis abbas, de Conchis, 419, 1893, 1966, 1967. *Conques, Rouergue.*

Concilium provinciale apud Biterrim, 2029.

Condamina vel condamia, 333, 826, 906, 936.

Condempnatio injuste lata per senescallum, 250.

Condempnationes in partem remisse, 1650.

—— ab inquisitoribus comitis pronunciate, 1699.

—— contra ballivos et servientes comitis, 1188.

Conditio deterior alterutrius parentis, 1241.

Conditio fratris, 1266.

Condomium, 426, 1457, 1558.

—— abbas, 426, 427, 1435, 1457, 1560.

—— abbas et conventus, 448.

—— sacrista, 426.

—— Fratres minores, 1324, 1544.

—— Fratres predicatores, 1324, 1541.

—— Sorores ordinis Sancte Clare, 460, 1324, 1544.

—— Leprosaria, Domus Dei, 1324, 1544.

—— consules et universitas, 1221, 1389, 1423, 1514, 1525, 1526.

—— populares, 426.

—— homines, 367, 408, 470, 1283, 1461, 1518, 1521, 1528, 1548 (3), 1548 (4). *Condom (Gers).*

Condomio (bastida de), 472.

Condorsesio (castrum de), 559. *Condorcet, Drôme, cant. Nyons.*

Conductus, 2029, 2034.

—— d. regis, 34.

—— regis fractus, 1992, 2032, 2062.

Confiscata bona pro homicidiis, 1594, 1596, 1599.

—— pro vulnere illato, 1596, 1599.

—— confiscation de terre pour forfaiture, 99.

—— pour fausse monnaie, 1222.

Conflits de frontières, 333.

Confluento (De). — *V.* Odonetus. Probablement *Confolens, Charente.*

Confratria impedita, 1377.

—— vel potius confederatio revocata, 1504.

—— amota, 270.

—— hominum Castrinovi, 1602.

—— de novo institute : inquesta super hiis, 405.

Congé accordé à un châtelain par le comte, 1127.

TABLE GÉNÉRALE. 653

Coninquisitor in inquestis, 1720.
Connubium filie domini, 1793.
Conpetra (homines de). — *V.* Competra.
Conque frumenti, 440.
Consanguinitatis linea, 1866.
Conseranensis, Coseranensis civitas, 2102.
—— dyocesis, 1367, 2102.
—— episcopus, 242, 2102.
Conservator vel deffensor, mis au nom du comte dans un lieu, 156.
Conservator privilegiorum comitis, 1025, 1055.
Consiliarii comitis, 641.
Consilium, 977.
Consilium comitis Parisius, 336, 362, 450, 628, 636, 742, 997, 1011, 1067, 1100, 1153, 1167, 1406, 1407, 1548, 1699, 1825, 1923 (12).
—— ordinatio, 260.
—— gentes in Pictaviam misse, 1067.
—— responsiones ab eo facte quibusdam memorialibus, 1054.
Consilium in curia, 598.
Consnat (villa de), 742. *Peut-être Cunlhat, Puy-de-Dôme, ou plutôt Taxat-Senat, Allier, comm. Chantelle (commun. de M. M. Boudet).*
Conspirationes contra dominum legitimum, 1820.
Constanciis (De). — *V.* Guillelma.
Constantini. — *V.* Matheus.
Constantinus Acé, 1932.
—— Giboini, 1943, 1945.
Consuetudine (Dubitatio de), 2058 (p. 572).
Consuetudine probanda (De), 2059.
Consuetudines, 1366.
—— bone Lectore, 1433.
—— burgensium Ruppelle apud Sanctum Audomarium, 693.
—— concesse, mediante pecunia, 1402.
—— portus S. Saviniani, 1017.
—— Tholose quod compilentur, 840 (4).
—— vendite et redempte, 1762.
Consuetudinum hominibus comitis concedendarum forma, 842.
Consuetudo feodalis in dyocesi Agenensi, 1459.
—— Francie, 746.
—— mala, 1910 (2).
—— patrie, 427.

Consulatu (Exemptio a), 778.
Consulatus vel capitulatus, 2058 (p. 570).
Consules. Quod successoribus suis compotum reddant, 840.
—— in Tholosa ponendi jus, 2101.
Consulum institutio, 2100.
Conteins, Contains (De). — *V.* Raymonnetus.
Contencio sive pugnacio, 165.
Contessia, uxor Gaillardi de Lauro, militis, 1440, 1442.
—— domina castri Bonimontis, 1441.
Conteur (domina), 1436.
Contrasigillum comitis, 833, 840, 1011, 1046, 1051, 1141, 1492, 1593, 1965, 1966, 2043, 2044, 2045.
—— regis, 2002.
Contrebande de guerre, 2008.
Contrescel insuffisant, 28.
Contributio, 1197.
Convennarum comes, 227, 1343, 1867, 1967, 1983, 1984, 2014. — *V.* Bernardus.
—— comitis gentes, 227.
—— episcopus, 793, 836, 837, 1836.
Convenis (De). — *V.* Aimericus, Fortanerius. *Branche de la famille de Comminges.*
Convocatio hominum cum armis, 2084.
Coopertura equi loricata, 1935.
Coradel (homines de), 1622.
Corbatarn, terra, 2120.
Corbel. — *V.* Petrus.
Corbinay. — *V.* Durandus.
Corbolio (De). — *V.* Gaufridus.
Corbolium, 67, 76, 408, 410, 538, 1120, 2003, 2021. *Corbeil, Seine-et-Oise.*
Corcellis (De). — *V.* Robertus.
Corde (De). — *V.* Petrus. *Cordes, Haute-Loire, comm. Bains.*
Cordes Tolosanes, 954. *Tarn-et-Garonne, cant. Saint-Nicolas de la Grave.*
Cordua (castrum de), 398, 864.
—— (homines de), 1401.
—— Leprosaria et Domus Dei, 832, 1324.
—— (balliva de), 849.
—— (bajulus de), 347. — *V.* Guillelmus de Ecclesia. *Cordes, Tarn.*
Cordua (De). — *V.* Guerinus. *Cordes, Tarn.*
Coriate, 1311.

Cormerier, nemus, 1911 (3).
Corna, 1047.
—— (bajulus de), 1047. *La Corne, Puy-de-Dôme, comm. Bourg-Lastic.*
Cornaboc, villa, 1251. *Cornebouc, Tarn, comm. Rivières.*
Corneliano (De). — *V.* Guillelmus.
Cornuaul. — *V.* Johannes.
Corpore (homo de), 808.
Corpore et caselagio (homines de), 786.
—— et de caselagio (Mulier de), 320.
Corporis recredencia, 981.
Cort. — *V.* Petrus.
Cort (la), 1947.
Cortilium, 1910 (6).
Cortillum, 1926 (1).
Cosalx (castrum de), 1601. *Sans doute Cazals, Tarn-et-Garonne, cant. Négrepelisse.*
Coseranensis episcopus. — *V.* Conseranensis.
Cosnac (terra et ripparia de), 696. *Voir la note.*
Costa (De). — *V.* Guillelmus Arnaldi, Raimundus Guillelmi.
Costellum sive pilori, 260. *V.* Castellum.
Costile maris, 2027.
Costirano (De). — *V.* Raimundus.
Costuma, 1910 (3), 1920 (11).
—— portus novi, 1112.
—— pro usagio in foresta, 1918.
Costume, 278, 569, 1913 (3).
—— et libertates, 1972.
—— seu justicie, 292.
—— seu pedagia, 1735.
—— seu pedagii exemptio, 1828.
Cota. — *V.* Rembaudus.
Courbegniacum, Courheigniacum, 232, 234. *Corbigny, Nièvre.*
Cousanciis (De). — *V.* Henricus. *Courances, Seine-et-Oise, cant. Milly.*
Couvent (Enquête sur la construction d'un nouveau), 691.
Craman (De). — *V.* Jaubertus, Petrus.
Cren, 1940.
Cresoneria (De). — *V.* Johannes.
Cressac (villa de), 530. *Cressac, Aveyron, comm. Saint-Georges-de-Lusençon.*
Crestum, 1797. *Crestet, Vaucluse, cant. Vaison.*

Crevecuer (ballivus de), 1168. *Crèvecœur, Cantal, comm. Saint-Martin Valmeroux.*
Cri de monnoie, 1077, 1078.
Criminum audientia, 2058 (p. 574).
—— juridictio, 2059.
—— et injuriarum cause, 2058 (p. 571).
Croiselaz (De). — *V.* Bernardus.
Croiseles (De). — *V.* Petrus.
Croiselles (De). — *V.* Bernardus.
Croisillis (De). — *V.* Robertus. *La Crouzille, Puy-de-Dôme, comm. Montaigne.*
Cros, 269.
Croisat, Crosat d'or, 643, 644, 702, 863, 881.
Crosent (dominium de), 1047. *Crozant, Creuse, cant. Dun-le-Palleteau.*
Cruce (De). — *V.* Petrus.
Crucesignatio pro pena imposita, 1594.
—— Crucis signi assumptio, 502.
Crucesignatis (Statutum pro), 538.
Crucesignatorum protectio, 1218.
—— indulgentie, 1000.
—— privilegia, 44, 276, 534, 1000, 1044, 1068, 1156, 1256, 1639.
—— privilegia quoad debita, 612, 757.
—— crucesignatorum debita, 940.
—— votorum redemptio, 1106, 1142, 1353, 1380.
—— crucesignati qui votum suum non redemerunt, 1408.
Crucesignatus miles; conditions offertes par le comte, 777.
Crucis caracter, 112, 534, 651, 1408, 1660.
—— transmarine auxilium, 725.
Crux vel pila monete, 1999.
Cubitis (De). — *V.* Simon. *Couddes, Loir-et-Cher, cant. Saint-Aignan.*
Cuenz. — *V.* Durandus, Johannes.
Cuissetorum paria, 1311.
Cuissol (De). — *V.* Bertaudus.
Cultura (feodum de), 1927 (2, 3). *Deux terres différentes.*
Cuneus, 2057.
—— monetarum, 567.
Curatoris electio, 887.
Curia seu jurisdicio, 425, 1012.
Curia comitis, 450, 828, 1113, 1235, 1361, 1451, 1770.

TABLE GÉNÉRALE. 655

Curia comitis; jurisdictio, 1055.
—— Curie comitis judicium, 16.
—— Curie comitis illatum prejudicium, 1472.
Curia abbatis Condomii, 1457.
—— comitis Convennarum, 2064.
—— communis, 1782, 1819.
—— legati, 1001, 1101.
—— regis Francie, 66, 1496.
—— senescalli Ruthenensis, 1650.
—— vicecomitis Rupiscavardi, 661.
Currerie, 183. *Curières, Aveyron, cant. Laguiole.*
Cursor, 812, 1736.
Cursolnio (De). — *V.* Amalvinus. *Cuzorn, Lot-et-Garonne, cant. Fumel.*
Cursores senescalli Venaissini, 559.
Curtapetra (moniales de), 1165. *Courpière, Puy-de-Dôme.*
Curtedone (castrum de), 559. *Courthézon, Vaucluse, cant. Bédarrides.*
Curtille, 1175.
Curtiniaco (De). — *V.* Johannes. *Courtenay, Loiret.*

Curvamatre (De). — *V.* Petrus Macren.
Curvorivo (De). — *V.* Olricus. *Corbarieu, Tarn-et-Garonne, cant. Villebrumier.*
Curvus. — *V.* Petrus.
Custodes messium et vinearum, 292.
—— nomine regis, 1841.
Custodia comitis, 8, 1373, 1869, 1870.
—— regis, 750, 1148, 1149.
—— regis et custodia comitis, 1841.
—— ad triennium, 1070.
—— pro Judeis, 667.
—— terre nobilis, 223.
—— filie cujusdam nobilis, 1436.
—— castri Thoarcii, 685.
—— ville, 1207.
—— monete Monasterii Bonnini, 685.
—— bladi comitis, 1920 (13).
Custodie, 240.
Custos aule, 1915 (2).
—— juratus, 1914 (3).
Cuzeto (De). — *V.* Petrus.

D

Dalbs (De). — *V.* Raimundus. *Daux, Haute-Garonne, cant. Grenade.*
Dalbuc. — *V.* Petrus.
Dalmacii de Vezinchis filius, domicellus, 138, 202.
Dalmacius de Quoile, miles, 727 (12).
Dalmacius de Vinçat, domicellus, 727 (5).
Dalmariaco (castrum de), 1592. *Dolmayrac, Lot-et-Garonne, cant. Sainte-Livrade.*
Dalmasetus de Burgo, 193.
Dalo. — *V.* Poncius.
Dampna facta per exercitum comitis transeuntem, 1923 (12).
—— resarcienda, 1173.
Dampna Petra in Alnisio, 1940. *Dampierre-sur-Mer, Charente-Inférieure, cant. La Rochelle.*
Dampnipetra (feodum de), 1941. *Peut-être le même que le précédent.*
Danbertus. — *V.* Hugo.
Dangel. — *V.* Rostannus.

Danois (Le). — *V.* Petrus.
Darnagol (castrum de), 1451. *Larnagol, Lot, cant. Cajarc.*
Darnagol (De). — *V.* Galliardus. *Larnagol, Lot, cant. Cajarc.*
Dauchon (De). — *V.* G.
Dausaco (De). — *V.* Guillelmus.
Daveiaco (castrum de), 1950. *Davejan, Aude, cant. Carcassonne.*
Deadvoatio, 727 (15).
—— castri, 727 (4).
—— feodi, 727 (7).
Debita Christianorum erga Judeos, 1047.
Debita heretici condempnati, 588.
Debita senescalli defuncti erga comitem, 548.
Debitis (privilegia de), crucesignatis concessa, 538, 1639.
—— *V.* Crucesignati.
Debitores principales, 1432.
Debitorum solutio, 276, 1057, 1256.
Debitorum condemnatorum solutio, 840 (8).

Debitum Raymundi, comitis Tholose, 551.
—— repetitum, 882.
Decanatus, 1620.
Dece Tholose, 840 (14), 2059.
—— V. Dex.
Decimaria, 1091.
Decime, decima, 469, 660, 732, 1090, 1913 (5).
—— abjurate, possesse et incurse, 424, 432, 491, 930, 1412, 1447, 1552.
—— a laicis usurpate, 420, 916, 1412, 1476, 1568, 1664.
—— a laico hereditario jure possessa, 1091.
—— Decimarum violenta collectio, 1472.
—— usurpate, in ultima voluntate restitute, 1458.
—— ad tempus vendite restituende, 930.
—— ecclesiis restituende, 930.
—— negate, 1443.
—— Decimarum exactio, 1737, 2058 (p. 573, 576).
—— et primicie; de earum prestatione et exactione, 840 (13).
—— consuetudo quantum ad solucionem decimarum, 627.
—— ecclesiastice exemptio, 2051.
—— enquête sur l'origine de certaines dîmes, 69.
—— cujusdam deadvoatio, 727 (8).
—— argenti fodinarum, 627, 1645.
—— fodinarum argenti ab episcopo Ruthenensi petita, 1626.
—— bladorum, 1553.
—— feni, 254, 295.
—— herbarum, 796.
—— mercatus, 1942.
—— molendinorum, 1738, 1740.
—— nova, 796.
—— novalium, 637, 1412.
—— in locatione stallorum cohue, 1916 (1).
Declamari, 1179.
Declinatoria fori, 1283.
Defectus, 16.
—— diei vel dierum, 1174, 1182.
Defensiones in jure audiende, 1485.
Defensor pro comite, 229, 831, 1095, 1750, 2120.

Deffiare aliquem; emenda, 727 (3).
Degarii, 1422.
Delbuc. —— V. Guillelmus, H.
Deliberatio prisionariorum injuste detentorum, 264.
Delic. —— V. Aimericus.
Delinquentium punitio, 579.
Délivrance, terme employé dans l'exploitation des forêts, 88.
Dementiri aliquem, 1150.
Dempeyo (Rector ecclesie de). —— V. Johannes de Senonis. Dienné, Vienne, cant. La Villedieu.
Dempieyo (ecclesia de), 655. Probablement le même que ci-dessus.
Denarii masculi, 2090.
Denarius censualis, a comite remissus, 1285.
Denier double de mir., 643.
Dénonciation adressée au comte contre les monnayeurs de Montreuil-Bonnin, 688.
Denunciatio, 1448.
Deodatus Barasc, Baras, Barras, Barast, miles, 164, 499, 500, 1450, 1451, 1453, 1555, 1967.
—— de Bociacis, domicellus, 1685.
—— de Cangnelac, 183.
—— de Canilliaco, miles, 736; miles, regis Arragonum procurator, 740.
—— de Cardillac, 2116.
Depositum male detentum, 1122.
Dernonio (De). —— V. Raimundus. Dourgne, Tarn.
Deserta (domus de), 1744.
Desirré. —— V. Guillelmus, Petrus.
Dessesina, 1631.
Destriers, Dextrarii, 96, 1743.
Detentio injusta, 981.
—— injusta cujusdam clerici, 622, 623.
Dette d'une ville envers le comte, 83.
Devastatio et destructio cujusdam terre, 696.
Deveria, 1091, 1220.
—— injuste petita, 980.
Deverium, 110, 543, 897, 1933.
—— annuum, 876.
—— Deverii defectus, 1941.
Dex, 363, 364, 2099.
—— V. Dece.
—— vel banna, 1647.

Dex (Le), justicia, 486, 489.
Dextrarii. — *V.* Destriers.
Diensis, Dyensis dyocesis, 1744.
—— episcopatus et ecclesia, 559.
—— episcopus, 559.
Diffidare, 1548 (4).
Diffinitiva sententia, 383.
Disis (ballivus de), 764. *Desges, Haute-Loire, cant. Pinols.*
Districtus, 152, 1252, 1393.
—— castri, 1641, 1649.
Divisio facta per metas, 1259.
Do. — *V.* Raimundus.
Do Barrau, 809.
Doatus Amanevus, miles, 1430.
—— de Rohassio, civis Tholose, 782.
Doble, locus, 476. *Le Double, Lot-et-Garonne, comm. Saint-Nicolas de la Balerme.*
Doccius, Ducius, 722.
Doctus, mercator Florentie, 704, 705.
Documenta producta et producenda, 994.
Doe. — *V.* Jeufroi.
Docto (De). — *V.* Gaufridus.
Doin. — *V.* Guillelmus.
Dolia, 484, 1104, 1126.
Doma (De). — *V.* Guillelmus. *Domme, Dordogne.*
Domi super Seccanam, 746. *Maisons-Alfort, Seine, cant. Charenton.*
Dominationes, 1563, 1632.
Domini mutatio, 1287.
Dominici. — *V.* Johannes.
Dominicus. — *V.* Bonetus.
Dominicus, vacherius abbatis Moisiacensis, 2033.
Dominium, Domanium, 1430, 1434, 1784.
—— seu jurisdictio, 384.
—— comitis, 677, 1053.
—— majus, 1772.
—— temporale, 1309.
—— cujusdam ville, 1286.
—— quorumdam castrorum, 1220.
—— cujusdam castri, 1452.
—— cujusdam ville quarta pars, 1459, 1512.
—— recognitio, 1220.
Dominus superior, 1018.
Domus cujusdam invasio violenta, 1471.
—— de nocte combusta, 1558.

Domus nove constructio, 1081.
Don du comte à un noble pour le mariage de ses filles, 241.
Don en deniers, 689.
Donatio a quodam heretico facta, 1257.
Donazacum, 1659. *Donazac, Tarn, cant. Cordes.*
Donum pro Terra Sancta, 224.
Donzaco, Donzac (bastida de), 1433, 1485.
—— (grangia de), 1473, 1474. *Donzac, Tarn-et-Garonne, cant. Auvillars.*
Dordan (De). — *V.* Petrus. *Dourdan, Seine-et-Oise.*
Dordonie aqua, 1591.
Dornes (De). — *V.* Johannes.
Dos, dotis.
—— assignatio, 1016, 1769.
—— (terra obligata pro), 1253.
—— restitutio, 416, 438, 1911 (6), 1938.
—— restituenda liberis, 428, 1513.
—— questio, 478.
—— uxoris marito superstiti devoluta, 1513.
—— injuste detenta, 1147.
Dot. — *V.* Arnaldus.
Dotibus (De) uxoribus restituendis, 840 (10).
Drac. — *V.* Petrus.
Dragonetus, Draconetus de Valriaco, dominus de Montealbano, 568, 571, 578, 579, 580, 581, 1770, 1780, 1781, 1782, 1783, 1784, 1790, 1791, 1793, 1817, 1818, 1819, 1847.
Drocensis comitissa. — *V.* Maria. *Dreux, Eure-et-Loir.*
Droco de Apuniaco, Appugniaco, Aponiaco, Apoigniaco, Apugniaco, Apogniaco (frater), ordinis Predicatorum, conventus Autissiodorensis, 123, 124, 125, 126, 597, 611, 613, 672, 1012, 1014, 1022, 1028, 1043, 1044, 1054.
—— de Mello, miles, dominus de Sancto Bricio, 14.
—— de Milliaco, serviens regis, 1992, 1993.
—— de Silvanectis, serviens regis, 2029.
Droie (De). — *V.* G.
Droinus, Druinus, nuncius comitis, 1905, 2003.
Ducius. — Cf. Doccius.
Ducius, mercator Florentie, 704, 705.
Duellum, 426, 512.

Duellum gagiatum, 1201, 1208.
— judicatum fieri nec permissum a senescallo, 495.
— campus violatus, 1457.
Dunensis archidiaconus. — *V.* Guilelmus de Vallegrignosa.
Dunet, cultura, 440.
Dunis, Dunes (bastida de), 1434, 1485.
— (bajulus de), 875. — *V.* Arnaldus de Lapenge, Bernardus de Cas.
— (homines bastide de), 476, 1373, 1474. *Dunes, Tarn-et-Garonne, cant. Auvillars.*
Duodecima pars nemorum a comite habita, 801.
Durallus de Maghren, 1289.
Durandi. — *V.* Bertrandus, Guillelmus.
Durandus (magister), archipresbyter Sancti Juniani, 661.
— Audebaut, mercator, 140.
— Barravus, 236.
— Baudeti, 317, 859.
— Chaintela, 1170.
— Corbinay, crucesignatus, 1180.
— Cuenz, 727 (16).
— Fabri, 1191.
— de Figiaco, 1202.
— Gregorii, 1205.

Durandus Judeus, de Tholosa, 1314.
— Moon., 755.
— Morel, 1361.
— nuncius cellararii Moisiacensis, 2033.
— Riclées, 1170.
— de Sancto Barcio, capitularius urbis et suburbii Tholose, 2058.
— de Spina, 201.
— de Vallellas, 1650.
Durat (castrum de), 461. *Duras, Lot-et-Garonne.*
Durestal, territorium, 500, 1450.
Duroforti (De). — *V.* Arnaldus, Bernardus, Bertrandus, Guillelma, Raimundus Bernardi. *Durfort, Tarn-et-Garonne, cant. Lauzerte.*
Duroforti (De). — *V.* Guillelmus Hugonis. *Durfort, Tarn, cant. Dourgne.*
Duroforti (castrum de), 1530. *Durfort, Tarn-et-Garonne, cant. Lauzerte.*
Duroforti (castrum de), 1952. *Durfort, Aude, comm. Vignevieille.*
Dyensis. — *V.* Diensis.
Dyonisius Burgensis, 640.
Dyopentala, 819. *Dieupantale, Tarn-et-Garonne, cant. Grisolles.*
Dyopentala (De). — *V.* Alibertus.

E

Eaunes de Portugalensi. — *V.* Johannes.
Ebrardi. — *V.* Bertrandus.
Ebrardus de Chalençon, miles, 727 (4).
Ebrolio, Ebroliensis (abbatia de), 711, 1841. *Ebreuil, Allier.*
Ebrolio (prior de), 711. *Breuil-la Réorte, Charente-Inférieure, cant. Surgères.*
Ecclesia (De). — *V.* Guillelmus.
Ecclesia violata, 1444.
— a laicis usurpata, 1657.
— saisita contra jus, 169.
— cujusdam sacrilega predatio, 1661.
— vinum et bladum deposita in quadam ecclesia, 1289.
Ecclesiasticorum bonorum defensio, 902.
Edificatio cujusdam ville, 500.
Edoardus, Euduardus, Eduardus, regis Anglie primogenitus, dominus Odoardus, 93, 1419, 1548 (8), 1824, 2017, 2020, 2027. *Edouard III.*
Effre (feodum de), 1929. *Aiffres, Deux-Sèvres, cant. Prahecq.*
Effusio sanguinis, 861, 1471.
— emenda debita, 151.
Egidius, Gilo de Aula (magister), Gile de la Salle, clericus comitis, canonicus de Loduno, Leodiensis, 7, 28, 75, 599, 606, 608, 632, 636, 639, 641, 642, 645, 653, 659, 660, 683, 974, 978, 1001, 1025, 1038, 1055, 1086, 1103, 1106, 1142, 1351, 1353.
Egidius de Bonavalle (magister), granicarius Turonensis, 188, 1002; subdecanus ecclesie B. Martini Turonensis, 1852, 1853, 1977.

Egidius, Gilo Camelini, clericus comitis, 259,
294, 340, 352, 373, 410, 414, 415, 416,
546, 547, 638, 776, 805, 806, 820, 831,
841, 865, 875, 876, 877, 880, 911, 913,
918, 919, 920, 923, 926, 932, 938, 939,
944, 945, 948, 950, 961, 968, 970, 1209,
1213, 1215, 1216, 1221, 1234, 1240,
1241, 1271, 1276, 1278, 1281, 1282,
1307, 1308, 1310, 1312, 1321, 1322,
1323, 1326, 1329, 1330, 1332, 1345,
1346, 1348, 1352, 1383, 1402, 1405,
1407, 1408, 1409, 1410, 1413, 1414,
1415, 1416, 1420, 1529, 1536, 1545,
1549, 1582, 1598, 1947, 2120.

Egidius Clavea, 1920 (10).

Eglis (De). — *V.* Philippus.

Egues Mortes. — *V.* Aque Mortue.

Elbois (abbatissa d'), 129.

Eldelonis. — *V.* Petrus.

Eldina Celaira, 198.

Electio episcopalis, 1092, 1093.

Elemosina (De). — *V.* Johannes.

Elemosinarii comitis Marchie, 670.

Elemosine comitis, 86, 246, 446, 459, 460,
504, 776, 832, 1021, 1022, 1110, 1324,
1325, 1360, 1544, 1739, 1860.

—— cuidam pauperi facta, 1122.

—— perpetua, 694.

Elemosine erogande pro constructione cujusdam
pontis super Rhodanum, 555.

Eleonor, comitissa Lincestrie, 66, 1056.

Elias, Elyas. — *V.* Helias.

Elvas (ecclesia d'), 169, 499. *Elbès, Aveyron,
comm. Martiel.*

Emaberti. — *V.* Raimundus.

Emelina, relicta Johannis Clarevallensis, militis,
1933.

—— relicta Lamberti Going, 1938.

Emende, 94, 367, 1047.

—— justicie, 1940.

—— competens, 1084.

—— levata, 5, 242.

—— debite et levate, 208.

—— judicate et levate, 942, 1129, 1221.

—— taxate et levande, 699, 973, 995, 1123,
1124, 1143, 1179.

—— gagiate exigende et levande, 726.

Emende debite comiti, 1741.

—— facte reddituales, 1922.

—— taxate per arbitrium, 426.

—— in sufferentiam posite, 557, 1186.

—— reducta, 1205.

—— in parte remissa, 280.

—— caucio de solvenda, 1211.

—— injuste levate, 999, 1720.

—— injuste levata et restituta, 1205.

—— imposita hominibus cujusdam ville et
levata, 1163.

—— levande super prepositum de Naucras,
699.

—— ab inquisitoribus comitis in Alvernia gagiate, 727.

—— in sequestro posita, 1292.

—— pro delatione armorum, 499, 947, 1129,
1153, 1173, 1279, 1336, 1417, 1453,
1470, 1479, 1500, 1506, 1742, 1766,
1862, 1875, 1876, 1894.

—— pro portatione armorum et pacis fractione, 1221.

—— pro delatione armorum judicate et levande, 1548.

—— pro portatione armorum relaxate, 1650.

—— pro invasione armata in strata publics
facta, 1434.

—— pro injuriis in strata publica factis, 1432.

—— levanda pro cavalcata, 577, 1892, 1893.

—— gagiata pro cavalcata, 671.

—— pro exercitu non facto, 1463.

—— pro quibusdam delictis, 596, 699.

—— pro violentiis perpetratis, 1478.

—— pro maleficiis perpetratis, 1521.

—— pro quibusdam excessibus, 1469, 1472.

—— pro inobedientia, 1054.

—— pro disclamatione monetarum, 1054.

—— pro usu monetarum prohibitarum, 758.

—— pro falsitate, 1807.

—— pro homagio non facto, remissa caritatis
causa, 1940.

—— pro vendis celatis, 699.

—— pro rixa, a domino comite levate, 582.

—— pro verberacione, 1065.

—— pro violentiis erga clericos, 1087, 1088.

—— Judeorum in pios usus convertende,
1003.

Empelto (beneficium seu ecclesia de), Lampiaut, 916, 1244. *Lempaut*, *Tarn*, *cant. Puylaurens.*
Emphytheosis, 552.
—— traditio in emphyteosim, 1473.
Eminata terre, 1563.
—— terre excambianda, 1456.
Emptores reddituum comitis, 1719, 1720, 1736.
Enenda (homines de), 1115. *Esnandes*, *Charente-Inférieure*, *cant. La Rochelle.*
Enfordi de Theiac filii, 1550.
Engelbadus, burgensis de Montealbano, 1507.
Engolismensis comitatus. — *V.* Angolismensis.
Enquesteurs du comte. — *V.* Inquisitores.
Entrée (Cérémonie de l') de l'abbé de Marmoutier à La Roche-sur-Yon, 657.
Eones, Helnis (abbas de), 309, 951, 952.
—— conventus, 309, 951, 952. *Eaunes*, *Haute-Garonne*, *cant. Muret.*
Episcopum (Inquesta contra), 2038.
Episcopus ad consilium comitis evocatus, 1258.
Equi ablati manu armata, 615, 1479.
Equi in servicio comitis amissi restitutio, 879, 1410, 1643.
—— armati, 1548 (8), 1785.
—— pro inquisitoribus, 128.
Equitare cum armis, 1580.
Equorum redditio, 777.
Equuleus, 1446.
Equus ad arma, 1410.
—— de servicio, 1923 (4), 1927 (3).
Erardus de Alneio, Alneto, miles, 295, 744.
Eraudi, Ernaudi. — *V.* Raimundus.
Erchambaudi. — *V.* Raimundus.
Ergolius de Mauriolo, clericus, 1646.
Erlancii. — *V.* Hugo. *Arlanc*, *Puy-de-Dôme.*
Erlancum, 727 (3). *Arlanc*, *Puy-de-Dôme.*
Ermangaudus (frater), ordinis Hospitalis. — *V.* Armingaudus.
Ermento (archipresbyter de). — *V.* Johannes Gerberti. *Herment*, *Puy-de-Dôme.*
Ernardus de Marestano, 1343.
Ernulphus, Ernou, clericus senescalli Pictavensis. — *V.* Arnulphus.
Erreur dans un mandement, 1118.
Error in narracione litterarum in causa quadam judiciaria, 940.

Escaffarda (honor de la), 874.
Escalerio (De). — *V.* Arnaldus.
Escallar, 152. Peut-être *Escallans*, *Aveyron*, *comm. Rodelle.*
Escalqueins, Esqualqueins, Escarquence, villa, 1332, 1344, 1345. *Escalquens*, *Haute-Garonne*, *cant. Montgiscard.*
Escalqueins (De). — *V.* Arnaldus.
Escasura, 1051.
Escheancia, 1017.
Eschivaus (L'), 1945.
Esclamart. — *V.* Guillelmus.
Esclarmonda, neptis Sicardi de Montealto, 884.
—— nurus Arnaldi de Falgario, 818.
Escobet, territorium, 499.
Escorceins (villa de), 302. *Escoussens*, *Tarn*, *cant. Labruguière.*
Escuier de fer. — *V.* Alelmus.
Espanesc, 787. *Espanès*, *Haute-Garonne*, *cant. Montgiscard.*
Esparsag, 1220. *Esparsac*, *Tarn-et-Garonne*, *cant. Beaumont-de-Lomagne.*
Espaves, 1940. *Les Epaux*, *Charente-Inférieure*, *comm. Soubise.*
Espentum, 2033.
Espieriis (De). — *V.* Johannes, Rogerius.
Espinace (De). — *V.* Guillelmus.
Espinace, Espinacia juxta Tholosam (moniales d'), 832, 1324. *Lespinasse*, *Haute-Garonne*, *cant. Fronton.*
Espinci (De). — *V.* Robertus.
Esqualqueins. — *V.* Escalqueins.
Esquateleins (villa d'), 760. *Escatalens*, *Tarn-et-Garonne*, *cant. Montech.*
Esquivus de Fumello (dominus), 434.
Essartare, 1911 (3).
Essartum, 1081.
Estaing (D'). — *V.* Guido, Guillelmus. *Estaing*, *Aveyron.*
Estellius. — *V.* Sterlingi.
Estendu. — *V.* Johannes.
Estiene. — *V.* Stephanus.
Estivaus, nemus, 1915 (7).
Estoldus de Cardempnaco, 159.
Estrief ou estreu, 269.
Estrumeriis (De). — *V.* G.
Etas legitima, 1933.

Euduardus, regis Anglie primogenitus. — *V.* Edoardus.

Eues mortes. — *V.* Aque Mortue.

Eustachia, relicta Aymerici Theobaldi, 1916 (5), 1921.

—— uxor Johannis de Fontenesio, militis, 54.

Eustacbius, Euistaces de Bellomarchesio, Biaumarchès, miles, novus senescallus Pictavensis, 76, 145, 596, 600, 601, 602, 610, 633, 707, 709, 979, 1049, 1075, 1190, 2116.

—— Bos, 1943.

—— de Mesiaco (magister), clericus comitis, 203, 204, 221, 223, 394, 725, 727.

—— de Montebuxerio, Montebusserii, Montebuxerii, valletus, 222, 223, 734, 735, 1172, 1174, 1182, 1201, 1208.

—— de Monte Germondi, miles, 654, 700.

Evabonense, Evanonense monasterium, 194.

—— prepositus et canonici, 194, 209. *Evaux, Creuse.*

Evrardus de Mediis Campis, constabulus Arvernie, 729, 751.

Exactiones indebite, 673, 907, 1264, 1659.

—— in mercatorum detrimentum, 62.

Exceptio frivola, 1283.

Excessus et maleficia puniendi, 1129.

Excessus in personas ecclesiasticas commissi, 678, 1084, 1143.

Exclusa destructa, 727 (1).

—— destruenda, 727 (2).

Excolendi terras inhibitio propter garennam, 1936.

Excommunicati, 295.

—— indurati, post annum et diem puniendi, 930, 1412, 1447.

Excommunicati ecclesiam ingredientes, 1443.

Excommunicationem (Privilegium comitis circa), 2054.

Excommunicationis sententia, 349, 636, 797, 1228.

—— sententia indebite lata, 711, 764.

—— sententie injuste, 1194.

—— sententia removenda, 732.

—— et interdicti sententia, 641, 642.

—— vel suspensionis sententie in comitis oficiales, 607.

Executores gratiarum domini comitis, 715.

Exemptio a tallia communi, 1184.

—— perpetua a subvencionibus, 1802.

—— a subventione, 1805, 1806.

Exercitus, 1394, 1463, 1944.

—— seu cavalcata, 1531, 2121.

—— quittatus, 1924 (8).

—— ad expensas militis summoniti, 1499.

—— in parte sumptibus domini comitis, 1925 (1).

—— faciendus in partibus transmarinis, 1785, 1786, 1787.

Exoduni archipresbiter. — *V.* Johannes Atonis. *Exoudun, Deux-Sèvres, cant. La Mothe-Sainte-Héraye.*

Expensarum sententia, 1689.

Expense, 274, 860; *frais de justice.*

Expense pro captis, 750.

—— injuste detentorum, 840 (11).

—— inquisitorum, 128.

Explecta, 999, 1047.

Explectamentum, 63, 1334, 1677, 1911 (19).

—— in foresta ad omnes usus, 1917.

Exiorsiones et rapine bajulorum, 1432.

F

Fabber. — *V.* Bernardus.

Fabbri. — *V.* Guillelmus, Petrus.

Faber. — *V.* Bertrandus, Raimundus.

Fabri. — *V.* Bernardus, Durandus, Guillelmus.

Fabrica ecclesie, 1444.

Fagia. — *V.* Ysardus.

Faideau. — *V.* Gaufridus.

Faiditus, 1497.

Faias, bastida comitis, 772. Peut-être *Lahage, Haute-Garonne, cant. Rieumes.*

Falcone (castrum de), 1767, 1797. *Faucon, Vaucluse, cant. Vaison.*

Falgar (De). — *V.* Arnaldus, Guillelmus, Thomas. *Le Falga, Haute-Garonne, cant. Revel.*

Falguirac (mansum de), 1515.

Falsa ponderatio in molendinis, 479.
False monete crimen, 1222, 1223.
Falsificatio in testimoniis, 786.
Falsitas a quodam notario commissa, 1807.
Falsum testimonium, 914.
Familia, 1255, 1889.
—— comitis, 700.
—— bajuli et castellani de Caslucio, 494.
—— episcopi Pictavensis, 615.
Familiares, 559.
Fanumjovis, Fangiauz, Phanumjovis, 333, 351.
—— Leprosaria, Domus Dei, 832, 1324.
—— burgenses comitis, 903.
—— homines, 401, 1293.
—— castellania, 1293, 1374. *Fanjeaux, Aude.*
Fara (La), 267.
Fardelli, 652, 890.
Farrandus de Barac, prior S. Johannis Jerosolimitani in prioratu S. Egidii, 581.
Faucolinus, mercator Florentie, 704, 705, 722.
Faugerel (De). — *V.* Huguetus.
Fausate, 661.
Faya (De). — *V.* Oliverus, Petrus, Reginaldus.
Faziones, 142.
Febet. — *V.* Gaufridus.
Feltrerii. — *V.* Petrus.
Felzinhio (De). — *V.* Guibertus. *Felzins, Lot, cant. Figeac.*
Fenairels (villa de), 1701. *Feneyrols, Tarn-et-Garonne, cant. Saint-Antonin.*
Feno (onus de), redevencia, 1251.
Fenoulletum, 2117. *Fauillet, Lot-et-Garonne, cant. Tonneins.*
Feodum, etc. — *V.* Feudum.
Feodus, locus, 1910.
—— Guitardi, situs apud Pictavim, 1925 (1). *Anguitard, tour et quartier à Poitiers.*
Feraudi. — *V.* Petrus.
Ferculum, 1935.
Ferdins. — *V.* Guillelmus.
Ferer. — *V.* Bidotus.
Feriati dies, 1432.
Feritas Alesie, Aalesie, juxta Stampas, 122, 938, 1629, 1971. *La Ferté-Alais, Seine-et-Oise.*

Fermesi. — *V.* Petrus.
Ferra et clavi ad equos, 1121, 1311.
Ferrachia, 1913 (3).
Ferrandus Poncius, frater regis Castelle, 18.
Ferrarii. — *V.* Petrus.
Ferraterii. — *V.* Petrus Johannes.
Ferrechat, 1920 (14).
Ferreoli. — *V.* Guillelmus.
Ferrier. — *V.* Stephanus.
Ferrin. — *V.* Robertus.
Ferrolie, 781, 1990, 2108, 2113, 2114. *Ferroles-Attilly, Seine-et-Marne, cant. Brie-Comte-Robert.*
Ferrusset (De). — *V.* Frotardus.
Ferto. — *V.* Fierton.
Fespueg (castrum de), 496, 497. *Fespech, Lot-et-Garonne, cant. Penne.*
Feudalia (De). — *V.* Guillelmus.
Feudum, Feodum, 440, 506, 581.
—— et retrofeoda, 466, 1655.
—— vel censiva, 1913 (21).
—— vel census, 874.
—— censuale, 2117.
—— seu dominium, 499.
—— Receptio in feudum, 1632.
—— avoare, 645.
—— question touchant un fief, 427, 1779.
—— recognitio, 1781.
—— negatio, 1481.
—— saisitum pro homagio negato, 1182.
—— injuste concessum, 1685.
—— translatum in diminucionem dominii, 699.
—— emptum, invito domino, 434.
—— venditum absque domini consensu, 1450.
—— cujusdam limitatio, 1646.
—— feuda militaria, 661, 1271, 1310.
—— pecunia debita pro feudo militari, 1709.
—— militare, ab ecclesiastica persona acquisitum, 1524.
—— ponere extra manum infra annum, 1524.
—— vendenda burgensibus vel innobilibus, ex licentia comitis, 941.
—— detenta a burgensibus, 1213.
—— acquisita a burgensibus, 1271.
—— a personis innobilibus acquisita, 1276.
—— male acquisita ab innobilibus et a personis ecclesiasticis, 1321.

Feudum et retrofeudum, a burgensi quodam acquisita, 1527.
—— Feudorum et feudatariorum comitis recensio, 1326.
—— Feudorum comitis in Xanctonia annotatio, 1111.
—— Feudatarii comitis in Venaissino, 1797.
—— Feudatarii, 445, 1492.
—— Feodale jus, 661.
Feuilleus (le), nemus, 1944.
Feurer, Feurierus. — *V.* Bidotus.
Fezensiacensis comes. — *V.* Geraldus.
Fidei negotium, 932.
Fidejussio, 388, 1089.
Fidejussionis vel obligationis carta, 671.
Fidejussores, 351, 401, 859.
—— Fidejussores et retrofidejussores, 578.
—— Fidejussorum datio, 2058 (p. 575).
—— receptio, 532.
—— in quibus casibus recipiendi, 2059.
—— admittendi, nisi crimen notorium fuerit, 2058 (p. 572).
—— dati pro emendis taxatis, 727.
—— a creditoribus insecuti, 635.
—— male inquietati, 1361.
—— carceri mancipati, 1154.
Fidejussoria cautio, 34, 35.
Fidem dare, 1017.
—— inire, 866.
Fidencie, 1703.
Fierton, Ferto, 32, 33, 60, 97, 569, 1079.
Figiacensis abbas, 1636, 1637, 1638.
Figiaco (De). — *V.* Durandus, Guillelmus. *Figeac, Lot.*
Figiacum, 905.
—— Fratres Minores, Fratres Predicatores, 1165, 1324, 1675. *Figeac, Lot.*
Filii iniquitatis, 678.
Filitino (burgenses de), 1047. *Felletin, Creuse.*
Fillol. — *V.* Raimundus.
Finaciones, 880, 1833.
—— acquisitionum a religiosis factarum, 1352.
—— facte cum hominibus villarum Venaissini, 1797.
—— Judeorum, 1097.
Fines territoriorum dividendi, 855.
—— inter plura castra limitandi, 1767.

Fines injuste amoti, 1664.
Firma annua super Judeos, 661, 669.
—— balliviarum, 1206, 1922.
—— portus de Talneio super Vulturnum, 1116.
Firmam (Traditio ad) pedagii Marmande, 456, 457.
Firmancie, 1873.
Firmarius, 1913 (7).
Fita (De). — *V.* Arnaldus.
Fita Begordana, Bigordana, 771.
—— homines, 1369. *Lafitte-Vigordanne, Haute-Garonne, cant. Le Fousseret.*
Fite (De la). — *V.* Stephanus.
Flaet (De). — *V.* Oliverius.
Flamant. — *V.* Petrus.
Flandre (comtesse de), 1968. — *V.* Marguerite.
Flandrensis comes, 1831.
Flocart. — *V.* Robertus.
Florant. — *V.* Petrus.
Florencia (De). — *V.* Geubertus. *Florence.*
Florencia (mercatores de), 704, 705, 722.
Florentino (rector ecclesie de). — *V.* Michael. *Florentin-La-Capelle, Aveyron, cant. Saint-Amant-des-Cots.*
Florin d'or, 643, 644, 702, 863, 870, 881.
Focagium, foage, subventio, 366, 1532, 1732, 1734, 1840, 1962, 1963, 1964, 1965, 1966, 1967, 1969, 1970, 1974, 1975, 2061, 2062.
—— Instruction pour la levée du fouage, 1968, 1978.
—— Ordre de le lever, 238, 239, 323, 343, 345, 393, 394, 1732.
—— forma levandi, 153.
—— modus levandi in Agenesio, 1971, 1972.
—— forma litterarum oblationis, 815.
—— forma litterarum de non prejudicio, 814.
—— negatum privilegii causa, 1674.
—— ab aliquibus hominibus negatum, 249.
—— comiti negatum ab hominibus quorumdam feudatariorum, 1365.
—— immunitas, 934.
—— exemptio, 536.
—— in bastidis novis non levatum, 244, 1895.
—— redditum, 319.
—— exemptio negata, 876.

Focagium debite petitum, 1704, 1705.
—— super focagio gratia petita, 350.
—— in parte remissum de gratia, 175, 233, 346, 816, 1561.
—— gratia facta cuidam universitati, 280.
—— inquesta fienda, 257, 273, 275, 533, 546, 547, 792, 807, 1660.
—— oblationes, 181, 182, 183.
—— oblatio hominum de Sancto Affricano. 177.
—— compositio usque ad certam summam, 325, 822, 1359, 1698.
—— compositio cum villa Amilliavi, 545.
—— promissum, 1962.
—— respectus et sufferentia, durante inquesta, 147, 148, 149, 152, 154, 158, 159, 162, 170, 172, 173, 181, 249, 255, 265, 267, 268, 277, 278, 287, 289, 299, 301, 339, 348, 357, 361, 533, 535, 1619, 1622, 1679, 1682, 1715, 1716, 1896.
—— partim levatum, partim in sufferentiam positum, 252, 253, 330, 545, 1672, 1676, 1691, 1823.
—— in respectum et sufferentiam positum usque ad certum tempus, 365, 379, 403, 518, 523, 766, 767, 771, 1359, 1369, 1382, 1617, 1634, 1652, 1668, 1707.
—— respectus vel sufferentia usque ad certum numerum focorum, 164, 168, 176, 177, 178, 182, 183, 184, 353, 356, 520, 529, 1688.
—— tallia pro focagio, 247.
—— levatum in terra possessa per indivisum, 537.
—— commune comiti et domino ville, 926.
—— cuidam baroni restitutum, 1711.
—— ab episcopo Mimatensi petitum, 1694.
—— levatum in Ruthenensi, 531.
—— foage de Tholosan, 243.
—— de la seneschaucie de Tholouse, 372.
—— Tholose, 341.
—— collectores in partibus Tholosanis, 822.
Foceio (De). — *V.* Bernardus.
Foci, Focus, 164, 168, 1732, 1734, 1773, 1774, 1788, 1797.
—— multiplicatio, 1910 (6).
—— computatio, 1965.
Focorum comitatus Tholosani computatio, 1962.

Fodine argenti, 627.
—— in Ruthinesio, 1626.
Foissiacum, 164. *Foissac, Aveyron, cant. Asprières.*
Folquaquerii comitatus, 869. *Forcalquier, Basses-Alpes.*
Fomon. — *V.* Petrus.
Fons Bliaudi, Bleaudi, 4, 6, 37, 85, 170, 193, 226, 422, 423, 424, 425, 484, 485, 486, 552, 979, 980, 981, 1089, 1154, 1436, 1437, 1438, 1554, 1861, 2029. *Fontainebleau, Seine-et-Marne.*
Fontane, 1090. *Fontaines, Charente, comm. Bonneville.*
Fontanillis (De). — *V.* Theobaldus.
Fontanis (De). — *V.* Bertrandus.
Fonte Arnulpho (De). — *V.* Johannes.
Fonte Comitis (abbatia de), 1021. *Fontaine-le-Comte, Vienne, cant. Poitiers.*
Fonte Gombaudi (abbas de), 611, 684. *Fontgombaud, Indre, cant. Tournon-Saint-Martin.*
Fontenai, Fontanetum, Fontenetum, Fontenoi, Fontigniacum, 978, 1038, 1066, 1914, 1926.
—— castrum, 1914 (7), 1926 (1).
—— dominus, 1914 (4), 1914 (6).
—— homines, 1914 (7).
—— Leprosaria et Domus Dei, 1021. *Fontenay-le-Comte, Vendée.*
Fontenellis (abbas de), 640, 1945.
—— (abbas et fratres abbatie de), 1082. *Fontenelles, Vendée, comm. Saint-André-d'Ornay.*
Fontenesio, Fontenix (De). — *V.* Johannes, Theobaldus.
Fontenix (De). — *V.* Gaufridus. Peut-être *le Fonteny, Deux-Sèvres, comm. Bouillé-Loretz.*
Fonteproart (domus Dei de), 1911 (14). *Fontprévoir, Vienne, comm. Leigne.*
Fonte regali (castrum de), 801.
Fontigniacum. — *V.* Fontenai.
Fontis Dulcis abbatia, 1022, 1110. *Fondouce, Charente-Inférieure, comm. Saint-Bris-des-Bois.*
Fontis Ebraudi abbatia, 1177.
—— abbatissa, 101.
—— abbatissa et conventus, 87.
—— ordo, 637. *Fontevrault, Maine-et-Loire.*

TABLE GÉNÉRALE. 665

Foranei homines, larem non foventes, 1734.
Forcia, 1303.
—— ad manum comitis accepta propter guerram, 924.
Forefacta, 490.
—— comitis emendanda, 1886, 1897, 1898, 1899.
—— comitis et ejus servientum, 1837.
—— officialium comitis, 850.
—— judicum et bajulorum corrigenda, 418.
—— corrigenda, 1198, 1798, 1851.
—— comitis Raymundi, 573.
Forefacte terre, 1923 (2).
Forefactis officialium (Inquesta de), 230.
Forès (De). — *V.* Johannes.
Forestagium, 840 (14).
Forestarii feodati, 1945.
—— Forestiers du comte, 28.
Forestarum custodia, 28, 614.
—— mode d'exploitation, 88.
—— venditiones, 1104.
—— traditio, 865, 948, 1213, 1215, 1322, 1323, 1330, 1407.
—— traditio ad censum, 880.
—— ad feudum traditio, 310.
—— concessa religiosis, 1234.
—— Forestarum page, 1352.
Foreste Alvernie, 1171.
Forg de Badefol (Le), territorium, 1523.
Forgos (homines de), 1365. *Forgues, Haute-Garonne, cant. Rieumes.*
Fori cumulus, 1548 (2).
Fors (De). — *V.* Guillelmus. *Fors, Deux-Sèvres, cant. Prahec.*
Fort. — *V.* Sicardus.
Fortanerius, Fortonerius de Convennis, Comminge, miles, 267, 1366.
—— frater Ergolii de Mauriolo, 1646.
—— de Perutia, 1645.
Fortis. — *V.* Arnaldus, Petrus.
Fortunarius de Quassa Nova, 1548 (8).
Forum ecclesiasticum, 610, 764, 1222, 1467, 1637, 1946.
—— (Emprisie senescalli Pictavensis contra), 1946.
Fosil (homines de), 1622. Probablement faute pour *Souzils, Aveyron, comm. La Rouquette.*

Fossata media inter civitatem et burgum, 1820.
Fossato (De). — *V.* Amanevus, Bonafos, Galterus. *Famille d'Agenais.*
Fosseret, Fossoretum, Fosseretum, 2064.
—— Leprosaria, 832, 1324.
—— homines, 310, 311, 312.
—— bajulus, 311.
—— foresta, 310. *Le Fousseret, Haute-Garonne.*
Foucaudi. — *V.* Guillelmus.
Foucherii. — *V.* Petrus.
Foucheriis (De). — *V.* Guillelmus.
Foucherius de Pondrai, 1925 (4).
Fracti, 569. *Le frai, terme de monnayage.*
Francavilla (homines bastide de), 1275. *Partie de Gimont, Gers.*
Franchesie injuste date quibusdam communitatibus, 561.
Franchisia, 1940.
Francia, Francie regnum, 509, 602, 1066, 1067, 1102, 1118, 1157, 1200, 1406, 1449, 2041, 2043, 2044, 2045, 2058 (p. 575).
Francie consuetudo, 749.
—— consuetudo notoria, 651.
—— Francorum rex, roi de France, 44, 80, 99, 188, 306, 333, 356, 376, 509, 538, 563, 566, 569, 574, 575, 750, 869, 930, 932, 940, 1077, 1078, 1095, 1142, 1156, 1169, 1257, 1268, 1394, 1410, 1412, 1460, 1511, 1598, 1639, 1640, 1643, 1656, 1778, 1876, 1878, 1968, 2071.
—— rois de France, 689.
—— reges et regine, 1960.
—— regina, 670, 2020, 2091.
—— regine ortolanus. — *V.* Petrus de Ryomo.
—— regis senescalli, 1455.
—— regis senescallus, 1548 (8).
—— regis gentes, 1237, 1586.
Franconetus, domicellus, serviens, 727 (3).
Francus Feodus, 1922.
Frangerie (Bois de la), 28.
Fratrum Minorum in Francia minister, 1897.
Fraus in moneta, 686.
—— ultra medietatem justi precii, 640.
Frenal (vigeria del), 198.
Frencia (De). — *V.* Petrus.

Fresneio (De). — *V.* Petrus.
Frichia, 1942.
Fronteneium. Frontignacum, 1095, 1916, 1921, 1926 (2), 1933.
—— prior, 1916 (1), 1924 (3), 1942.
—— castellania, 1930.
—— prepositura, 1916 (1). *Frontenay-Rohan, Deux-Sèvres.*
Fronteniaco (De). — *V.* Aimericus. *Frontenay-Rohan, Deux-Sèvres.*
Frontonium, 920. *Fronton, Haute-Garonne.*
Frotardus de Bellocastro, senior et junior, 152.
—— de Ferrusset, 160.
Fructerii. — *V.* Hugo.
Fructus, 826.
—— terre indebite percepti restituendi, 1151.
Frumentagium, 1914 (5).
Frumentum seu annona pro passagio, 1808.
Fulcaudi. — *V.* Petrus Remondus.
Fulco Carnifex, 593.
—— de Mastacio, miles, 1029, 1092, 1093.
—— de Monte Andronis, miles, 1098.
—— Richardi, 699.
—— de Sancto Finhano, miles, 1534.
Fulcodii. — *V.* Guido.
Fulquerii. — *V.* Poncius.
Fultrerii. — *V.* Petrus.

Fultrum, 1003.
Fumello (homines castri de), 434. *Fumel, Lot-et-Garonne.*
Fumello (De). — *V.* Esquivus. *Fumel, Lot-et-Garonne.*
Fundus, 1348.
Furce, furche, 260, 362, 513.
—— comitis et furce feodatarii, 1940.
—— inquesta facienda, 185.
—— deposite, 476.
—— dirute, 122.
—— injuste combuste et restituende, 1684.
—— de novo erecte et dirute, 1396.
—— indebite erecte in alterius prejudicium, 1181.
—— latro juste suspensus et ab aliquibus injuste asportatus, 1461.
Furchis (De). — *V.* Arnaldus.
Furno (De). — *V.* Guillelmus.
Furnus, 262, 1942, 1951, 2118.
—— Furnorum mandagium, 331.
—— de novo constructus, in domini prejudicium, 838.
Furti suspicio, 586.
Fustam colligere in nemore, 1577.
Fuxensis, Fuxiensis, Fuxi comes, 227, 228, 265, 871, 1391, 1392, 1393, 1394, 1403, 1989, 2091.

G

G., episcopus Agennensis. — *V.* Guillelmus.
G., comes Armeigniaci. — *V.* Geraldus.
G. de Barreria, 1429.
G. de Bromo, 377.
G., sub decanus Carnotensis. — *V.* Guillelmus de Vallegrignosa.
G., Claremontensis episcopus. — *V.* Guido.
G. de Dauchon, miles, dictus Becontour, 1153.
G. de Doeto, miles. — *V.* Gaufridus.
G. de Droie, domicellus, 26.
G. de Estrumeriis (frater), ordinis Minorum, 1738.
G. de Nantoilleto, vicarius Tholose. — *V.* Guillelmus.

G. de Pruneto, miles, senescallus Venaissini. — *V.* Geraldus.
G. de Rançonio. — *V.* Gaufridus.
G. Renaldi. — *V.* Guillelmus.
G. dictus Routier, miles, 539.
G. Ruffi (magister). — *V.* Guillelmus.
G., Sabinensis episcopus, apostolice sedis legatus. — *V.* Guido Fulcodii.
G. de Sabranno, miles, 562, 1797.
G., decanus Sancti Aniani, 1994.
G. de Sancto Laurencio, miles, 661.
G. de Sancto Leonardo, 1432.
G. Valencie, canonicus Sancti Juniani, 661.
G. de Vallegrignosa, miles, senescallus Venayssini. — *V.* Guido.

TABLE GÉNÉRALE.

G. de la Vandiera. — *V. Gaufridus.*
G. de Volubrio, miles. — *V. Guillelmus de Valubrio.*
Gabertus, se gerens pro serviente regis, 214.
Gaçotus castellanus de Rocha Vallis Sorgie, 1663.
Gadrardus de Gurgitibus, miles, 618, 619.
Gafridus Vigerii de Marempnis. — *V. Gaufridus.*
Gages de chrétiens aux mains des Juifs, 658.
Gagia ad voluntatem comitis, 1695.
—— clerici comitis, 565.
—— servientum, 703.
—— cuidam servienti non plenarie soluta, 1567. *Au sens de salaires.*
Gagia, 1673.
—— deliberata, 437.
—— capta in nemore, 727 (14). *Au sens de gages judiciaires.*
Gagiare, 512.
Gagiorum assignatio, 674.
Gagins. — *V. Odo.*
Gaiano (homines de), 798, 906, 936, 1270, 1272, 1336. *Gaja-la-Selve, Aude, cant. Fanjeaux.*
Gaiffart. — *V. Aimericus.*
Gaignac (homines de), 168. *Gagnac, Aveyron, comm. Gaillac.*
Gaillac (homines ville de), 168. *Gaillac, Aveyron, cant. Laissac.*
Gaillac-Toulza, bastide, 871. *Gaillac-Toulza, Haute-Garonne, cant. Cintegabelle.*
Gaillardi. — *V. Petrus.*
Gaillardus, Gailhardus, Galhardus.
—— de Balenx, 1513.
—— de Benac, 1614.
—— Beraldi, miles, 1523.
—— de Boville, 461.
—— de Darnagol, miles, 1450.
—— de la Garda, miles, 430.
—— Garrigati, 1341.
—— Grimoardi, 2002.
—— de Lauro, miles, 1440, 1441, 1479.
—— de Lauro, miles, crucesignatus, 1586; *peut-être le même.*
—— de Leutillac, 138, 202.
—— Morin, 1437.
—— de la Mota, 430.
—— de Mota, prior de Alamans, 463.

Gaillardus de Raisil, domicellus, 2076.
—— Rolandi, clericus, 169.
—— de Ruppe, 1709.
—— de Villamuri, 1307.
—— de Villario, miles, 1286.
Gaillart. — *V. Herbertus.*
Gailliaco (De). — *V. Poncius. Gaillac, Aveyron.*
Gailliaco (De). — *V. Johannes, Poncius. Gaillac, Tarn.*
Gailliacum, Gaillacum, Galliacum, Gallac, 882, 1251, 1278, 1285.
—— Galliacensis abbas, 1358, 1459, 1512, 1892.
—— Galliacensis monasterii abbas et conventus, 1279, 1285.
—— Galliacensis operarius. — *V. Simon.*
—— moniales de Gaillaco, 832, 1324.
—— Leprosaria et Domus Dei, 832, 1285, 1324.
—— burgenses, 1279.
—— (homines de), 934, 1221. *Gaillac, Tarn.*
Gairac (De). — *V. Bertrandus. Gayrac, Lot, comm. Montcuq.*
Gaitapodium. — *V. Bernardus.*
Galee, galies, 1814, 2014, 2017, 2019, 2021.
—— de Baiona, 2027.
—— Galearum conductio, 1779.
Galgainh (villa et parrochia de), 152. *Galgan, Aveyron, cant. Monbazens.*
Galioti malefactores, 464.
Galli. — *V. Theobaldus.*
Gallicane partes, 879.
Galline, 694, 1932, 1933.
Galterus de Barro, 2031.
—— de Bruell, miles, 1937.
—— de Fossato, miles, 1431, 1542, 1556.
—— de Fossato, senior, miles, 438, 477.
—— de Pennato, domicellus, 1631.
Gandeleur (foresta de), 1330. *Gandalou, Tarn-et-Garonne, comm. Castelsarrasin.*
Gapaill, Gaspall. — *V. Petrus.*
Garaut. — *V. Rigaudus.*
Garcio, 1643.
Garda (De la). — *V. Gaillardus, Johannes.*
Garde, Garda seu custodia comitis, 520.
—— de fille noble, 54.

668 TABLE GÉNÉRALE.

Garde d'une terre mise en main du comte, 28.
—— Garda monasterii, 2050.
Gardela (La) castrum, 787. *La Gardelle, Haute-Garonne, cant. Muret.*
Gardemont (granchia de), 467.
Gardia, miles, 160.
Garenna, 38, 1914 (5).
—— comitis, 1936.
—— Garennarum veterum dilatationes, 1911 (18).
—— Garenne de novo facte, tam omnium animalium quam avium, 1911 (18).
—— Garenna de Noymé, 990.
Garet. — *V.* Radulphus.
Gargatio (De). — *V.* Bertrandus. *Gargas, Haute-Garonne, cant. Fronton.*
Garimento (Tenere in), 661.
Garner. — *V.* Petrus.
Garnerius de Codua (magister), judex Caturcensis, 1606.
—— mansionarius Cordue, 864.
Garneschia (Dominus de). — *V.* Mauricius de Bellavilla. *La Garnache, Vendée, cant. Challans.*
Garnier. — *V.* Petrus.
Garnisio castri, 77, 931, 975, 988, 1573, 2094, 2113.
—— bladi et vini, 107.
—— castri Narbonensis in Tholosa, 1231.
Garnisiones castrorum comitis, 1842, 1843, 1844.
Garone, Garonis flumen, 827, 1609. *La Garonne.*
Garractum, 1047. *Guéret, Creuse.*
Garranda (De). — *V.* Gaufridus.
Garrida Salvabucum, locus in Ruthenensi, 146.
Garriga (corrector et fratres domus de), 2066, 2067, 2068, 2069. *Prieuré du diocèse d'Agen, ordre de Grammont.*
Garrigati. — *V.* Gallardus.
Garsias. — *V.* Guillelmus, Lupus, Petrus.
Garsitus. — *V.* Guillelmus.
Gasbertus, miles, 489.
Gascaingnole (De). — *V.* Petrus. *Gascougnolle, Deux-Sèvres, comm. Vouillé.*
Gaschet. — *V.* Petrus.

Gascongneria (moniales de), 1022, 1110. *La Gasconnière, Charente, comm. Sainte-Sevère.*
Gasconia, Wasconia, Vasconia, Vasconensis, (senescallus regis Anglie in), 105, 510, 696, 1431, 1433, 1500, 1531, 1548(4), 1879.
—— *V.* Henricus de Cousanciis.
—— Wasconie Judei, 943.
—— (judex senescalli in), 242, 1295.
—— Wasconie bajulus, 836. — *V.* Rogerius de Espieriis.
Gast (Perceptio del), 1421.
Gasta terra, 89.
Gastina, boscus et garenna, 662.
Gasto dictus Bec, Boc, 1539, 1559.
—— Wasto, vicecomes Bearnensis, dominus de Biarno, dominus Castriveteris, 367, 506, 1548 (4), 1550, 1866, 1867, 1980, 1981, 1982, 1983, 1984, 1985, 1986, 1987, 1988, 2014.
—— de Gontaut, 1967.
Gaubert de Lerme, bourgeois de la Rochelle, 61.
Gaubertus, Gausbertus Girardi, 799.
—— Girvalis, miles, 1464.
—— Gaubertus de Rampone, Rampon, Ramponio, miles, 441, 450, 1555, 1573, 1595; tenens locum senescalli Agenensis, 1601.
—— de Resaco, armiger, 1343.
—— de Tazeto, 512.
—— de Tesaco, Thesac, 495, 1464.
Gaucelinus, Jocelinus de Castellione, Castalione, 1017, 1051, 1061, 1062.
Gaucerandus de Blanchafort, 1594.
Gaudailha (rivus de), 1464.
Gauderiis (De). — *V.* Guillelmus. *Gaudiès, Ariège, cant. Saverdun.*
Gaufier. — *V.* Petrus.
Gaufredi. — *V.* Guillelmus.
Gaufridi. — *V.* Guillelmus, Helfinus, Petrus.
Gaufridus de Alemannia, Alamania, valetus, 1929, 1943.
—— Arnaldus de Prada, 1052, 1574.
—— ballivus de Montanis in Alvernia, 1151.
—— serviens comitis in Montanis, 750, 1148, 1149.
—— de la Belliere, miles, 1919.

TABLE GÉNÉRALE. 669

Gaufridus de la Berliere, valetus, 1943.
— de Bellocampo, 1923 (9).
— de Canaberiis, Canaveriis, miles, senescallus Tholose, 828, 1236, 1288.
— de Castrobriandi, Castrobrienni, miles, 671, 1039.
— de Chanteler, 1925 (7).
— Coing, miles, 1911 (5), 1919.
— Coing, valetus, 1944.
— de Corbolio, bajulus comitis, 1613, 1615.
— de Doeto, miles, 599, 608, 2042, 2043, 2044, 2045.
— Faideau, 1925 (6).
— Febet, miles, 1128.
— de Fontenix, valetus, 38.
— de Garranda, Lomo mansionarius, 678.
— Jacquelini, 1924 (8), 1925 (1).
— Lebeau, miles, 1924 (7), 1927 (3).
— de Lezegniaco, Lezigniaco, Lezeigniaco, Lezignaco, Lezeignen, 10, 29, 42, 64, 65, 596, 609, 621, 670, 996, 1056, 1865; dominus Jarniaci, 1026, 1029.
— de Maignac, 1915 (10).
— Maleti, civis Carnotensis, 867.
— de Mausé, Mausiaco, 1919, 1933.
— de Meleduno, castellanus Riomi, 190.
— de Montibus, 1920 (5, 6).
— de Pontiz (magister), canonicus Pictavensis, 1076.
— Poulein, 1940.
— de Praec, 1919.
— de Rançonio, 1017, 1018, 1094.
— de Rançonio, miles, pater et filius ejusdem nominis, 1051.
— de Rançonio, junior, 605, 1061, 1062.
— dominus Ruppisfortis, 1940, 1944.
— Sanz Avoir, miles, castellanus de Verduno, 2094.
— de Sylars, miles, et Gaufridus, valetus, 1911 (4, 5).
— Talebot, serviens senescalli Pictavensis, 1047.
— dominus de Talniaco, 93.
— Thomas, miles, 199.
— dictus Troillart, bajulus de Montanis, 216.
— de la Vandiere, Vandiera, 431, 1931.

Gaufridus Vigerii de Faia, 716.
— Gafridus Vigerii de Marempnis, valetus, 716, 1941.
Gausbertus. — *V.* Gaubertus.
Gausiona, filia Jordani de Villanova, 844.
Gauzio de Villanova, 1226.
Gavaret (De). — *V.* Bernardus Remondi, Johannes Henrici. *Gavarret, Gers, cant. Fleurance.*
Gayrau. — *V.* Hugo.
Geiatanus. — *V.* Johannes.
Gelarda, uxor Raimundi Gualaberti, 908.
Gemil (villa de), Gemilli, Gimilli, de Gimillis, 1260, 1315, 1381, 2170. *Gémil, Haute-Garonne, cant. Montastruc.*
Gemont. — *V.* Gimont.
Genciacum, 1915 (10). *Peut-être Gençay, Vienne.*
Genebrio (De). — *V.* Johannes.
Generose persone, 1310.
Genestei prope Castrum novum d'Arri (moniales de), 1324.
Genta, relicta Guillelmi Aigneau, valeti, 1923 (11).
Gentes comitis in alia terra commorantes, 1570.
Gentil (domina), 1211.
Genus militare, 1271.
Geraldus, Gerardus, Geraudus, Giraldus, Girardus, Giraudus.
— de Armegniaco, comes Armeniacensis, Armeniaci, de Armeigniaco, comes Armegniaci et Fesenciaci, 242, 367, 408, 470, 958, 1221, 1275, 1283, 1389, 1423, 1500, 1521, 1525, 1526, 1528, 1531, 1548 (3), 1873, 1980, 1981, 1982.
— Barce, de Montepessulano, 1265.
— Beissera, 1650.
— de Blavia, miles, 105, 696.
— Boitaut, 1911 (2).
— de Brezeto, de Marmanda, 2069.
— Gerars Calains, 2086.
— de Cardelhac, Cardillaco, domicellus, 1453, 1561, 1688.
— de Carreria, 1699.
— Giraldus de Casaboni, Cassabon, Casoubon, dominus de Millars, 1259, 1548 (4), 1664.
— Cavellicensis episcopus, 1789.

Geraldus Chabotus, 23.
—— frater Guillelmi Capitis Ferri, 1087.
—— de Gordouio, 1575.
—— legum doctor, 2110.
—— de Lentar, 456.
—— de Malavilla, 519.
—— de Malomonte (magister), canonicus Aniciensis, 25, 79, 661; clericus comitis, 2053.
—— Giraut (mestre), 28.
—— de Monfaves, miles, 1420.
—— de Podio Germerii, 805, 911.
—— de Podio Rogerii, miles, 765.
—— (magister), procurator episcopi Cavellicensis, 1789.
—— de Pruneto, miles, senescallus Venayssini, 548, 553, 569, 574, 1742, 1765, 1772, 1825.
—— Rouali, Roualli, 250, 1658.
—— rusticus, 12.
—— de Sancto Cirico, 2033.
—— de Sancto Savino, 1911 (8).
—— Sartor, 358.
—— de Terminis, bajulus Ruppis d'Agoult, 727 (16, 17).
Gerbe, 678.
Gerberti. — *V.* Johannes, Stephanus.
Gersaium, 54. *Jarzay, Vienne, comm. Massogne.*
Gervasius de Peveriis, miles, 1877, 1890.
Gessardus, 144.
Geubertus de Florencia. — *V.* Guibertus.
Geufroi Chesniau, 7.
Gezcelini. — *V.* Ademarus, Guillelmus.
Giaco (De). — *V.* Umbaudus. *Giat, Puy-de-Dôme, cant. Pontaumur.*
Giboini. — *V.* Constantinus.
Giemo (De). — *V.* Jacobus, Petrus. *Gien, Loiret.*
Giera (De). — *V.* Michael.
Gigantis. — *V.* Johannes.
Gigondiaci castrum, 559. *Gigondas, Vaucluse, cant. Beaumes.*
Gila de Gouella, 1532.
Gile. — *V.* Egidius Camelini.
Gile de la Sale. — *V.* Egidius de Aula.
Gileberti. — *V.* Petrus.
Gilebertus de Viron, 1913 (4).

Giletus dictus Cancre, custos bastide de Gimont, 933.
Gillesgium, 1075.
Gilo de Auxiaco, forestarius de Mosterolio, 609.
—— de Avesnis, miles, 2116.
—— Camelini. — *V.* Egidius Camelini.
Gimilli villa. — *V.* Gemil.
Gimonte, Gemont, Gymont (abbas et conventus de), 245, 1275.
—— (bastida de), 242, 245, 933, 958.
—— bastide custos. — *V.* Giletus Cancre.
—— homines bastide, 1275. *Gimont, Gers.*
Ginchacus, 329.
Giraldus, Girardus, Giraudus. — *V.* Geraldus.
Girardi. — *V.* Gaubertus.
Giraudi. — *V.* Aimericus, Guillelmus, Hugo, Johannes, Petrus.
Giroles (villa de), 1207. *Peut-être Girgols, Cantal, cant. Saint-Cernin.*
Gironvilla (De). — *V.* Petrus.
Giroudus de Monte acuto, bajulus de Podio de Garda, 2084.
Girvalis. — *V.* Gaubertus.
Gisorlio (De). — *V.* Bernardus. *Gisors, Eure.*
Gistede (De). — *V.* Arnaldus.
Gistum, 1943.
—— comitis, 1923 (13).
Givericu. — *V.* Reginaldus.
Gladii de oezier, 1111.
Gladius emolutus, 1596, 1599.
—— extractus, 610.
Glaiole (De la). — *V.* Berengarius. *Laguiole, Aveyron.*
Glandes nemorum, 160.
—— vel pessons forestarum, 1104.
Gliole (La), 183. *Laguiole, Aveyron.*
Glise. — *V.* Arnaldus.
Glisolis (homines ville de), 926. *Grisolles, Tarn-et-Garonne.*
Gocelmi. — *V.* Aymardus, Guillelmus.
Gocelmus de Cledes, 455.
Godart. — *V.* Michael.
Godefridus, frater ordinis Cluniacensis, 1960.
Godefridus de Monsteriolo, clericus comitis, 634.
Godofrès. — *V.* Philippus.

Goionhac (villa de), 1889. *Goujounac, Lot, cant. Cazals.*

Goionno, Goion (abbatissa de), 784, 1277. *Goujon, Gers, comm. Lias.*

Gombauda. — *V.* Johanna.

Gombaudus Alnandi, 716.

Gombaut. — *V.* Aimericus.

Gomberti. — *V.* Guillelmus.

Gondrevilla (De). — *V.* Petrus.

Gonella (De). — *V.* Gila.

Gonnessia (De). — *V.* Petrus, Radulphus. *Gonesse, Seine-et-Oise.*

Gontaudum, Gontaut, 2117. *Gontaud, Lot-et-Garonne, cant. Marmande.*

Gontaut (De). — *V.* Arnaldus, Gasto, Henricus, Petrus. *Gontaud (comme plus haut).*

Gordonensis (S. Maria). — *V.* S. Maria.

Gordonii (abbas et conventus S. Marie), 142, 465, 466. *Gourdon, Lot.*

Gordonio (De). — *V.* Bertrandus, Geraldus. *Gourdon, Lot.*

Gornaium, Gorneium super Marnam, Maternam, 374, 377, 378, 557, 561, 717, 740, 741, 751, 752, 756, 764, 765, 944, 945, 948, 950, 951, 953, 954, 955, 1337, 1350, 1352, 1353. *Gournay-sur-Marne, Seine-et-Oise, cant. Gonesse.*

Gorni (De). — *V.* Johannes.

Got. — *V.* Bernardus.

Goti. — *V.* Arnaldus.

Grailliaco (De). — *V.* Johannes.

Gramencha (nemora de), 272.

Granchia (De). — *V.* Johannes.

Granchia nova, locus, 954. *Probablement la bastide de Cordes-Tolosanes, Tarn-et-Garonne, cant. Saint-Nicolas de la Grave.*

Granchie, 872, 1474, 1743.

—— grangia ad quoddam monasterium pertinens, 1473.

Granchiis (De). — *V.* Johannes.

Grande Castrum, 447.

—— homines et universitas, 1461, 1486. *Puymirol, Lot-et-Garonne.*

Grandismontis ordo, 716, 2067, 2068.

—— prior, 10.

—— prior et conventus ordinis, 49.

Grandissilve abbas, 245, 827, 880.

Grandissilve abbas et conventus, 950. *Grandselve, Tarn-et-Garonne, comm. Bouillac.*

Grangiis (terra de), 1311 (2). *Les Granges, Vienne, comm. Saint-Pierre-les-Églises.*

Grant Jaunoy (Le), 1065. *Jaunay, Vienne, cant. Saint-Georges.*

Granum quantum ad legem monete, 629, 630.

Granvilla (De). — *V.* Petrus.

Grassin. — *V.* Guillelmus, Hugo.

Gratacanba (bastida de), 1595.

Grateloum, 2117. *Grateloup, Lot-et-Garonne, cant. Castelmoron.*

Gratia pro Terre sancte subsidio, 152, 224, 1085, 1086.

—— facta comiti a quadam communitate, 834.

—— petita super quibusdam emendis, 426.

—— comiti a sede apostolica concessa, 683, 715, 1102, 1103, 1142.

Gratie Sancte Marie abbas et conventus, 1033, 1123, 1124. *La Grâce-Dieu, Charente-Inférieure, cant. Benon.*

Gravamina illata, 875.

—— illata burgensibus Rupelle, 700.

—— episcopi Caturcensis contra bajulos senescalli Caturcensis, 1889.

—— ab episcopo Caturcensi comiti et ejus hominibus illata, 1878.

Gravarz. — *V.* Aimericus.

Gravella (De). — *V.* Guillelmus, Petrus.

Gravella (De). — *V.* Stephanus. *Plusieurs lieux de ce nom dans la Charente-Inférieure.*

Grefolet (terra de la), 447.

Grefuel (De). — *V.* Helias.

Gregorii. — *V.* Durandus, Petrus.

Grice (La). — *V.* Petrus.

Gricus, 1685.

Grillione (De). — *V.* Bertrandus Reillana. *Grillon, Vaucluse, cant. Valréas.*

Grillon (De). — *V.* Arnaldus.

Grillon, 1797.

—— (dominus de), 1797.

—— homines, 1775. *Grillon, Vaucluse, cant. Valréas.*

Grimaudus. — *V.* Petrus.

Grimoardi. — *V.* Gallardus, Guillelmus, Petrus.

Grimoardus de Baleimo, domicellus, 1594.

Grimoart. — *V.* Petrus.
Grimoaudus de Palheroles, 420.
Grisalein (De). — *V.* Arnaldus.
Grisalonis. — *V.* Petrus.
Grohans. — *V.* Thomas.
Grondin (nemus de), 1942.
Grossus. — *V.* Guillelmus.
Gua. — *V.* Bertrandus.
Gualaberti. — *V.* Raimundus.
Guallardus de la Rocha, 465.
Gualterus, altiliator comitis, 106.
Guarele (La). 1937.
Guarigiis (De). — *V.* Bertrandus.
Guarinus (frater), de ordine fratrum Minorum, predicator crucis in Alvernia, 1180.
Guaucelini. — *V.* Guillelmus.
Guaucelmi. — *V.* Ademarus.
Guerffaut. — *V.* Guillelmus.
Guerini. — *V.* Petrus.
Guerinus Bruni (magister), canonicus Vivariensis, 1294, 1301.
—— de Cordua (magister), judex Caturcensis, 1546.
Guerpine, 1206.
Guerra contra regem et comitem, 1913 (1, 2), 1919, 1920, 1923 (6), 1923 (7), 1923 (8, 11).
—— contra comitem, 1920 (12), 1923 (2, 5), 1926 (2).
—— inter barones, 408, 1980, 1981.
—— privata, 59; interdicta, 775.
Guerruce de Nantholio, 1920 (4).
Guibelina factio, 705.
Guibertus, Geubertus, Guirbertus, Gaubertus Cantor de Florentia, 656, 704, 705, 722, 1119, 1120.
—— Guirbertus de Felzinhio, armiger, 134.
Guibertus de Vigeres, 1650.
Guichardi. — *V.* Guillelmus.
Guichardus (magister), canonicus Cameracensis, clericus comitis, mestre Guichart, 24, 26, 27, 28, 29, 30, 33, 38, 40, 41, 57, 96, 98, 1167, 1403, 1874, 2042, 2043, 2044, 2045; canonicus S. Radegondis, clericus, 75.
—— Guiscardus de Penna, miles, 900, 901.
Guichardus de Rupeforti, 272, 274, 285.

Guido, 727 (2).
—— dictus Albigensis, miles, frater vicecomitis Lautricensis, 248.
—— de Bauceio, miles, 1058.
—— de Borbonio, decanus Rothomagensis, 200.
—— de Bosco, domicellus, 727 (1).
—— de Buciaco, Buci, Bucci (frater), ordinis militie Templi, 1728, 1755, 1759, 1779, 1796, 1801, 1808, 1809, 1814, 1815.
—— de Caligarubea, miles, 989.
—— Clarbaudi, miles, 1073.
—— Clarembaut, miles, 1925 (3).
—— episcopus Claromontensis, 188, 191, 204.
—— d'Estaing, d'Estang, de Stanguo, domicellus, 138, 159, 202.
—— Fulcodii, nunc papa, 558, 2058 (p. 574); archiepiscopus Narbonensis, 1950; Sabinensis episcopus, apostolice sedis legatus, 2046. — *V.* Clemens papa IV.
—— de Levis, miles, marescallus Albiensis et dominus Mirapiscis, 798, 906, 936, 1270, 1272, 1336, 1954.
—— de Lezigniaco, Lezenaco, Lezeigniaco, Lizeignen, dominus Compnaci et Merpini, 4, 44, 671, 721, 758, 1047, 1136.
—— de Lobueil, valetus, 754.
—— de Monconge, 1694.
—— de Montgeu, miles, 135.
—— archiepiscopus Narbonensis. — *V.* Guido Fulcodii.
—— de Rocha, miles, 1135.
—— Rupiscavardi, archidiaconus Combralie, 661.
—— de Ruppeforti, miles, 613, 1874.
—— comes Sancti Pauli, 2111.
—— Senescalli, miles, 71, 72, 598, 599, 608, 659.
—— Serpentin, 1939.
—— serviens cujusdam clerici, 1471.
—— de Severaco, miles, 173, 276, 533, 534, 535, 537, 1634, 1650, 1668, 1669, 1670, 1672, 1676, 1710, 1711, 1712, 1967.
Guido de Stangno, domicellus. — *V.* Guido d'Estaing.

Guido, Guionetus de Thoarcio, valetus, 1039, 1048, 1072, 1197.
—— de Turribus, 359.
—— de Vallegrignosa, miles, senescallus Venaissini, 1719, 1720, 1726, 1730, 1731, 1741, 1761, 1791.
Guidonis. — *V.* Arnaldus.
Guiffredi. — *V.* Petrus.
Guilabertus, Gillebertus de Podio Laurencii, 1252, 1303.
Guilebaudi. — *V.* Petrus.
Guiler (De). — *V.* Monachus.
Guillabertus, 1255, 1350.
Guillaume. — *V.* Guillelmus.
Guillaume (Vente de), 88. — *V.* Guillelmus, p. 677.
Guillebaudus de Monsterolio Bonin, 1081.
Guillelma de Constanciis, 1502.
—— de Duroforti (domina), 478.
—— mater Laurentie, 371.
—— uxor Bidoti Feurierii, 1509.
Guillelmi. — *V.* Arnaldus.
Guillelmota de Cherveus veteri, 1930.
Guillelmus Adam, notarius Amilliavi, 1648.
—— Ademari de Vauro, 1303.
—— Aeraudi, burgensis de Ruppella, 1920 (21).
—— Agace, Agassa, Agasse, miles, 828, 1417, 1418.
—— episcopus Agenensis, 1963, 1966, 1970, 1979.
—— Aigneau, valetus, 1923 (11).
—— de Albia, 1645.
—— Alboinus, 1594.
—— Aleron, 435.
—— de Anesiaco, clericus, 727 (8).
—— Ansellmus, ballivus, 719.
—— Aquensis archiepiscopus, 869.
—— Guillaume Armengeos, 1045.
—— Arnaldi de Costa, 1538.
—— Arnaldi de Podio, 2027, 2028.
—— Arnaldi (Arnaudi) de Salvignaco, Savignac, 2028, 2029.
—— Arnaldi de Villa Dei, 1254.
—— Arnaldus de Tantalon, Tantono et ejus filius ejusdem nominis, 1600, 1611.
—— Arnaldus, 910.

Guillelmus Arnaudi de Cadillaco, miles, 99.
—— de Asperomonte, miles, 1020.
—— Athonis (frater), ordinis fratrum Minorum in conventu Tholose, 1384.
—— Atonis, Ayto, Atho de Galliaco, 235, 820, 1278, 1312.
—— Audomari, miles, 276.
—— Audricus de Sancta Colomba, 286.
—— de Ausoncia, miles, castellanus comitis Alvernie in Combralia, 194.
—— Avios, 1930.
—— de Azayo, scolasticus ecclesie B. Hylarii Pictavensis, 655.
—— de Balaguerio, domicellus, 159, 169, 1669.
—— de Balneolis, miles, senescallus Agenensis et Caturcensis, 489, 516.
—— Baras, canonicus Caturcensis, 432.
—— de la Barde, 699.
—— de Barreria, 1653, 1654.
—— Bascon, 1825.
—— Baudes, 493.
—— Bego, 1175.
—— de Bello oculo, 317.
—— Benardi de Largues, miles, 183.
—— Berart, 1916 (4).
—— Beraudi, 2, 699.
—— Bernardi (frater), de ordine fratrum Predicatorum, 325, 337, 338, 341.
—— de Beuvila, Beuvilla, 1424, 1425.
—— Bignet, miles, 1923 (3).
—— de Borbona, 1353.
—— de Boscho Bociau, miles, 1925 (8).
—— Briquesc, 825.
—— Brito, notarius, 1255.
—— Willelmus de Brugeriis, 1314.
—— de Brunequello, miles, 333.
—— Buillerat, 728.
—— Bucanigra, Buccanigra, Bouchenigre, Boquenigre, Buchenigre, 1405, 1714, 1857, 1858, 1903, 1904, 1905, 1906, 1907, 2024; quondam Januensis capitaneus, 1869, 1870, 1871, 2003.
—— Calveti, 1266.
—— miles, dominus de Calvigniaco, Chauvigniaco, 57, 631, 635, 1125, 1146, 1816.

674   TABLE GÉNÉRALE.

Guillelmus de Camareto, miles, 1782, 1819.
— dominus Castri Radulphi, 684, 1040, 1129.
— canonicus de Sancto Mederico, clericus comitis, 2004.
— capellanus comitis, 2005.
— capellanus comitisse Tholose, 1214.
— capellanus de Monchyn, 1248.
— Caput Ferri, clericus, 1087, 1088.
— tituli S. Marci presbiter cardinalis, 2038.
— Carembaudi, miles, 675.
— de la Casseigne, 2073.
— de Castello, 193.
— de Castris, clericus, 1777.
— de Castro Ayraudi (magister), canonicus Remensis, 663.
— de Castro veteri, miles, 1919.
— de Casulis, miles, 1847.
— de Caumont, miles, 181.
— de Causaco, domicellus, 1659.
— de la Causée, burgensis de Mermanda, 464.
— de Centenoigvile, Centenogvile, Centeroovilla, miles regis, 736, 740, 741.
— Chabot, 1923 (2).
— Chategners, miles, 1920 (7).
— Chem., 1135.
— Choiche, 730.
— de Claromonte, archidiaconus Lodovensis, 527.
— de Cleraco, miles, 1516, 1519.
— clericus comitis. — V. Guillelmus Ruffi.
— de Clusello (magister), canonicus Caturcensis, 1407, 1491, 1492, 1501.
— de Columbers, miles, 1932.
— Constancii de Sançaio, 1917.
— coquus monasterii Moissiaci, 2033.
— de Corneliano, domicellus, 390.
— de Dausaco, 383.
— Willelmus Delbuc, 1534.
— Desirré, 1919.
— Doin, 1930.
— de Doma, miles, 433.
— Durandi, civis Tholose, 281.
— de Ecclesia, 313, 889; bajulus de Cordua, 1372.
— Esclamart, Esclamal, Esclamardi, Esclamaldi, domicellus, filius Bernardi de Duroforti, 434, 1436, 1485, 1486, 1592, 1594, 1595.

Guillelmus, Guillaume de l'Espinace (monseigneur). — V. Guillelmus de Spinacia.
— d'Estang, Estaing, Stanguo, domicellus, 138, 159, 202, 547.
— Fabbri de Bavesio, 708.
— Fabri, 2075.
— Fabri, civis Agenensis, 1541.
— de Falguario, Falgario, miles, 360, 774, 786, 788, 794, 1284.
— de Falgario, juvenis, miles, 1306.
— Ferdins, 82.
— Ferreoli, 1967.
— de Feudalia (magister), 1363.
— de Figiaco (frater), 1728.
— de Figiaco, serviens comitis, 1164, 1193, 1759, 1779.
— de Figiaco, valetus, 763.
— filius Johanne de Tabulis, clericus, 1900.
— de Fors, miles, 1940.
— Foucaudi, civis Xanctonensis, 1936.
— de Foucheriis, 2103.
— frater Hugonis de Chicai, 193.
— de Furno (magister), 1305; judex comitis, 859; judex subdelegatus a Petro de Landrevilla, senescallo Tholose, 1242.
— de Furno, judex seuescalli Tholose, 285, 317, 326, 358, 887, 900, 1235, 1339, 1340, 1341, 1383, 1396, 1411; ordinarius judex appellationum senescalli Tholose, 1226, 1284, 1328.
— Garsias, 1613, 1615.
— Garsitus, tubicinator, civis Tholose, 1222.
— de Gauderiis, 2119.
— Gaufredi, abbas Bellepertice, 1598.
— Gaufridi, civis Carpentoratensis, 1764.
— Gezcelini, 1265.
— Giraudi, 1938.
— Gocelmi, 894.
— Gomberti, 715.
— Grassin, 1076.
— de Gravella, 1940.
— Grimoardi, 2002.
— Grossus de Vadigia, 286.
— Guaucelini, 1361.

TABLE GÉNÉRALE. 675

Guillelmus Guerffaut, 1923 (7).
—— Guichardi, 716.
—— de Guillermia, 1468.
—— Hugonis de Duroforti, 1374.
—— de Insula, cursor comitis Raymundi, 1829.
—— Jaule, 236.
—— Johannis, 451.
—— dictus Jolis, 1001.
—— Joliveti, clericus, procurator comitis, 1101.
—— de Jonqueriis, 1303.
—— Jordani, miles, 1944.
—— Juliani, serviens prepositi de Nancras, 699.
—— Willelmus de Laburgada, Laburgeda, 1269, 1534.
—— de Lafage, 1238.
—— de Langiaco, 727 (4).
—— Laurencius, burgensis Tholose, 1379, 1397.
—— Lepus, 727 (12).
—— de Luca, 1937.
—— de Magnac, 1927 (2).
—— de Maillé, 1921.
—— Marbotin, 664.
—— Marescalli, 1204.
—— Margot, 1933.
—— de Marros, 1920 (13).
—— Meingoti, miles, 87.
—— dictus Miles, clericus, 594.
—— Molinus, civis Tholose, 93.
—— de Monasteriis, miles, castellanus de Ruppella, 710, 1126.
—— Willelmus de Mongore, Monjoire, hereticus, 1262, 1490.
—— de Monte Bongam, 860.
—— de Monteclaro, miles, 828, 1418, 1610.
—— de Monte Espedonis, 727 (11).
—— de Monteils (frater), ordinis fratrum Minorum, predicator crucis in partibus Tholosanis, 940.
—— de Monteleonis (magister), canonicus Xanctonensis, 102.
—— de Monterevelli (frater), inquisitor heretice pravitatis in partibus Tholosanis, 325, 337, 338, 341, 412, 413.

Guillelmus de Mota, burgensis, 1437.
—— de Mota, scutifer vel domicellus, 1470, 1554.
—— de Nantoilleto, Nantolio, vicarius Tholose, 336, 962, 967, 958, 1223, 1231; olim vicarius Tholose, 1378.
—— Natalis, 1930.
—— Naverii, 614.
—— Negre, 1930.
—— de Neullac, Noallac, domicellus, 2002, 2033.
—— de Nobiliaco, burgensis de Naintriaco, 1059.
—— (magister), notarius consulum Tholose, 2095.
—— Pachier de Brullenc, prepositus, 1920 (19).
—— Pagani, 1923 (8).
—— de Palasols, miles, 1499.
—— de Passagiis, domicellus, 727 (1).
—— de Paulino, 2033.
—— de Penna, 901.
—— Petot, olim judex senescalli Pictavensis et antea advocatus, 68.
—— de Petragora, 1057.
—— Petri de Bereinx, 1251.
—— Petri de Plumai, 834.
—— de Pinibus, 1559, 2070.
—— de Pinquegni, Piqueingni, Piquigni, miles, 979, 989, 1075.
—— Guillaume, de Plesseio, dou Pless'e, Plesseio, Plesseyo, clericus comitis, 152, 158, 159, 172, 173, 323, 339, 345, 393, 394, 531, 1359, 1382, 1896, 1962, 1963, 1964, 1965, 1966, 1969, 1971, 1973, 1974.
—— de Podio Laurentii, 1105.
—— Poparz, 1920 (6).
—— de Portu, civis Caturcensis, 18, 451, 452.
—— de Portu, clericus comitis, 1532.
—— de Portu, dominus de Lalbencha, et ejus filius ejusdem nominis, 1523, 1532.
—— Potet, 602, 604, 653, 666, 1038.
—— Raymes de Lesato, 1255.
—— Raymundi, 1699.
—— Raymundi, miles, 699.
—— Raymundi de..., 1480.

85.

Guillelmus Raymundi de Piribus, 1590.
—— Raymundi de Rochafolii, miles, 541.
—— Remondi de Pinibus, domicellus, dominus Taleburgi, 1609.
—— Renaldi, 1802, 1803, 1805.
—— de Roauxio, 2082.
—— Roberti de Talneio, 1935.
—— de Roccafolio, Rochafolii, miles, 518, 522, 541, 1632, 1671, 1696, 1697.
—— de Rocha, 1913 (5), 1923 (4), 1930.
—— de Rocha, miles, 1601.
—— Guillaume de la Roche. — 1. Guillelmus de Ruppe.
—— de Rocha, dominus de Machegouz, 690.
—— de Rodès, 1662.
—— Roergue, 1090.
—— Rotlandi, Rollandi (magister), canonicus Parisiensis, clericus comitis, 266, 924, 2097, 2098.
—— Roussel, 1933.
—— Rubei, 699.
—— Rufi (magister), Ruffi, Ruphi, Ruffus, Guillaume le Rous, clericus comitis, 132, 138, 139, 140, 154, 161, 186, 192, 202, 211, 212, 216, 217, 219, 239, 324, 736, 740, 741, 759, 794, 876, 1142, 1163, 1179, 1187, 1200, 1201, 1208, 1284, 1351, 1353, 1491, 1492, 1501, 1602, 1617, 1624, 1626, 1678, 1835, 1853, 1877, 2047, 2061.
—— Ruffi, ballivus, 719.
—— Ruffi (magister), canonicus Caturcensis, 1467.
—— Rupiscavardi, 661.
—— de Ruppe (magister), clericus comitis, meistre Guillaume de la Roche, 203, 221, 324, 725, 736, 740, 741, 746, 1191; doctor Parisius in decretis, 188.
—— de Ruppedagulfi, miles, 205.
—— de Ruppeforti, 900.
—— de Sabars, 317.
—— de Sabazat, miles, 727 (11).
—— de Salpicat, 1700.
—— de Saltu, miles, 1750, 1766.
—— de Sancta Artemia, 1553.
—— de Sancta Maura, miles, 595, 1016, 1017, 1035, 1051, 1063, 1064.

Guillelmus de Sancto Albino, miles, 38, 53, 54.
—— de Sancto Dyonisio, 1650.
—— de Sancto Gelasio, valetus, 1919.
—— de Sancto Germano, miles, 193.
—— de Sancto Johanne, capellanus et preceptor domus milicie Templi Tholose, 1281.
—— de Sancto Mauricio, miles, 523, 524, 525, 1635.
—— de Sancto Maurino, miles, 1886. Peut-être faut-il corriger de Sancto Mauricio, comme ci-dessus.
—— de Sancto Quintino, miles, 99.
—— de Sancto Vabriano, 1667.
—— Saurini, civis Tholose, 778.
—— de Sel., clericus, 2033.
—— Servet, Serves, serviens comitis, 1913 (5, 8).
—— de Spinacia, Guillaume de l'Espinace, 207, 1199.
—— de Stabulis, 699.
—— de Stanguo, domicellus. — V. Guillelmus d'Estaing.
—— dictus Stephanus, 1748.
—— Sudre, 347.
—— de Tantalo, 1600.
—— Tiré, 1930.
—— Tirevache, 727 (2).
—— de Torsac, Torchac, miles, 1911 (4), 1919.
—— de Tremoilles, 1190.
—— Willemus de Turre de Tholosa, 1314.
—— Unaldi, Unaut, miles, 236, 277, 339, 344, 346.
—— de Valencia, 2030.
—— de Vallegrignosa (magister), subdecanus Carnotensis, 736, 740, 1403; archidiaconus Dunensis in ecclesia Carnotensi, 1991, 1995.
—— de Valubrio, Volubrio, miles, 1201, 1208.
—— Willelmus de Varennis, 1071.
—— de Vasione, clericus, 1725.
—— de Vernoto, Verno, miles, alias de Vernueil, 11, 39, 40, 41, 54, 979, 980, 981, 1023, 1045, 1075.
—— de Vicinis, 1354.

Guillelmus de Vieta, clericus, 9.
—— de Villella, miles, 826.
—— Willelmus Vitalis, parator Tholose, 1314.
—— Vivant, 1930.
—— Viviani. — *V.* Arnaldus.
—— de Viviers, miles, 1928.
—— de Volvere, miles, 734.
—— de Vunzac, miles, 1098.
—— prepositus de Yers. 699.
Guillelmus, nemus, 89, 1109, 1137. — *V.* Guillaume.
Guillenele. — *V.* Johanna.
Guillermia (De). — *V.* Guillelmus, Johannes.
Guilloti. — *V.* Petrus.
Guillotus de Balneolis, 2065.

Guionetus de Thoarcio. — *V.* Guido.
—— de Vernai, armiger, 762.
Guiraldus Hector, 152.
Guirardus de Arreillaco, 1255.
—— de Vairs, 455.
Guischardus. — *V.* Guichardus.
Guisergues (De). — *V.* Bernardus.
Guitardi. — *V.* Raimundus.
Guitbertus. — *V.* Guibertus.
Guiterus de Vileto, miles, ballivus Turonensis, 34.
Gurgitibus (De). — *V.* Gadrardus.
Gusargues (De). — *V.* Bernardus.
Gusornio (castrum de), 1591. *Cuzorn, Lot-et-Garonne, cant. Fumel.*
Gymont (Bastida de). — *V.* Gimonte.

H

H., rex Anglie. — *V.* Henricus.
H. Delbuc, 1534.
H., comes Marchie. — *V.* Hugo.
H., Ostiensis cardinalis. — *V.* Henricus.
H.,dominus Pertiniaci. — *V.* Hugo Archiepiscopi.
H.. episcopus Pictavensis. — *V.* Hugo.
H., comes Ruthenensis. — *V.* Hugo.
H. (frater), prior Senonensis, ordinis Predicatorum. — *V.* Henricus de Champigniaco.
Haanone (abbatia de), 986. *Hasnon, Nord, cant. Saint-Amand.*
Haie, 1942, 1944.
Haie vinearum, 1914 (3).
Haies de Mausé (les), partie de la forêt de Benon, 88.
Hala (De). — *V.* Johannes.
Halart. — *V.* Aimericus.
Hale Ruppelle, 1864; rachat par la commune, 110, 111.
Hamus, 1914 (1).
Hannorizare monetam, 569.
Harbergamentum, 1927 (4).
Hardoinus de Malliaco, 1868, 1872.
Haren. — *V.* Simon.
Harmaunus de Monte Acuto, 507.
Harnesia, Hernesia, 1146, 1410, 1643, 1644, 1785.

Haudegambe. — *V.* Hugo.
Haya (De). — *V.* Bartholomeus.
Haymericus. — *V.* Aimericus.
Heberga, 1235.
Hebertus, filius Roberti de Solcises, 727 (8).
Hector. — *V.* Guiraldus.
Helfinus Gaufridi, miles, 716.
Helias, Helyas, sacerdos de Bellopodio, 511.
—— de Bosco de Orador, 74.
—— Elias de Castellione, miles, 462.
—— de Cledes, 455.
—— de Grefuel, 444.
—— Elyas Johannis, burgensis de Rupella, 1140.
—— (magister), nuntius Agenensis, 1594.
—— de las Olieras, 661.
—— de Orador, miles, 74.
—— Petragoricensis episcopus, 698.
—— de Pellicia, civis Xanctonensis, 1099.
Helie. — *V.* Arnaldus.
Helnis (abbas et conventus de). — *V.* Eones.
Helye. — *V.* P.
Hemar G., 1632.
Hemeri. — *V.* Aimericus.
Henrici. — *V.* Berengarius.
Henricus, rex Anglie, 510.
—— de Benavent, miles, 138, 202.

678   TABLE GÉNÉRALE.

Henricus Brunel, 851.
—— castellanus Sancte Gavelle, 931.
—— de Campis (frater), 1909.
—— de Champigniaco (frater), prior fratrum Predicatorum Senonensium, 123, 125, 1886, 1898, 1899.
—— de Cousanciis, miles, senescallus Wasconiensis, 1880.
—— filius primogenitus comitis Ruthenensis, 139, 145, 187, 202, 203, 216, 217, 219, 736, 740, 741, 753, 1151, 1717, 1718, 2116; dictus de Rodès, 1173; Ruthenensis, 216.
—— de Gontaut, 1482, 1483, 1484, 1487.
—— Ostiensis et Velletrensis episcopus, 2049.
—— de Ponciaus, dudum Alvernie conestabulus, 223.
—— de Silvaneto, prepositus Sancti Johannis Angeliacensis, 1138.
—— dominus Solliaci, miles, 617.
—— Theobaldus, 1913 (2).
—— Ydriau, 1090.
Herbagia usurpata, 1364.
Herbagia et pascua, 186.
Herbagium, 171, 1288.
—— apud Fontigniacum, 1914 (2).
Herbe, 160.
Herbe de La Calmp, 141. *Lacalm, Aveyron, cant. Sainte-Geneviève.*
Herbertus dictus Gaillart, 714.
Hereditates contribuentes ad communes tallias, 489.
Hereses, 1360.
Heresi (Accusatus de), 908.
—— (condempnatus de), 2118.
—— (miles suspectus de), 263.
Heresie, 247.
Heresis, 805, 806, 1947, 2117, 2119.
Heretica pravitas, 848.
Heretici incarcerati, 948.
—— fugitivi, 1400.
—— census confiscati, 1309, 1385.
—— confiscatio pro crimine heresis, 1237.
Hereticorum bona confiscata, incursa, 300, 415, 493, 1269, 1280, 1305, 1948.
—— debita, 388, 1262, 1268, 1400.
Heriçon (terra de), 1941.

Hermandi relicta, 1918.
Hernaudus Bonomet, 1916 (3).
—— Juliani, de Castro Sarraceni, 1243.
—— Karoli, 1937.
—— Royll, 1925 (5).
—— Trencart, miles, 1940.
Hernaut de Lerme, bourjois de la Rochelle, 61.
Hernesia. — *V.* Harnesia.
Hernoul le cler. — *V.* Arnulphus.
Hestoris. — *V.* Bernardus.
Heudeberge. — *V.* Johannes.
Hilaria Lobergiere, 1076.
Hispania (De). — *V.* Arnaldus.
Homagium, 493, 516.
—— homagii assignatio, 223.
—— oblatum, 1438.
—— a comite debitum, 1424 (8), 1925 (1).
—— homagia coheredum, 1018.
—— a quolibet heredum debitum, 1374.
—— homagii receptio, 1804.
—— redditum, 1925 (3), 1925 (4).
—— homagia reddita nec liberata, 1924 (6).
—— negatum, 500, 1172.
—— homagii defectus, 1941.
—— non factum, 4.
—— indebite factum, 866.
—— homagii et fidelitatis spoliatio, 927.
—— ligium, 661, 2121.
—— planum, 1933.
—— planum vel ligium, 248.
Homicidium, 1576.
—— (Bona saisita pro), 473.
Hominem (Receptio in), 238, 1094, 1438.
Hominem comitis (Receptio in), 1654.
Homines ligii, 1047, 1283, 1931.
—— levantes, cubantes et manentes, 1175.
—— dominorum se transferentes sub dominio comitis, 571, 1611.
Homines de corpore, 918, 1241, 1266, 1611.
—— de corpore conditionem suam negantes, 1266.
—— de corpore, in bastida comitis non recipiendi, 1478.
—— de corpore, terram domini sui linquentes, 1318.
—— de corpore et caselagio, 918.
—— de caselagio nec de corpore, 1233.

Hominis defectus, 1127.
Hominum comitis captio injusta, 1548 (3).
—— cujusdam castri in suos dominos usurpatio, 1442.
Homo abbatis Silvaniensis, 519.
Homo mansionarius, 678.
Honor, 874, 1564.
—— castri Podii Laurentii, 831.
—— cujusdam castri, 1481.
Honores, 1210, 1251, 1257.
Hospes, 1150.
Hospicium, 927.
Hospitalarii Jerusalem, Hospitalis Jerosolimitani fratres, 357, 876, 920, 961, 1352, 1515.
Hospitale prope Corbolium, 44, 58, 77, 78, 79, 81, 100, 125, 158, 164, 166, 167, 209, 214, 222, 263, 264, 265, 319, 328, 329, 331, 332, 333, 399, 400, 401, 402, 403, 404, 405, 462, 463, 480, 504, 529, 533, 534, 535, 536, 537, 542, 544, 545, 566, 568, 591, 592, 596, 767, 768, 1019, 1022, 1023, 1110, 1111, 1152, 1165, 1166, 1325, 1326, 1541, 1542, 1543, 1544, 1675, 1730, 1731, 1733, 1734, 1800, 1882, 1885, 1889, 1891, 1900, 1903, 1980, 1982, 1994, 2004, 2019, 2048, 2116. *Saint-Jean-en-l'Île, à Corbeil, Seine-et-Oise.*
Hospitale Gileberti, 527. *L'Hospitalet, Aveyron, cant. Nant.*
Hospitale Sancti Johannis Jerosolimitani, 1515, 1951.
Hospitalis Jerosolimitani domus, 359, 880.
—— ballivia, 1578.
—— magister domus, 1770.
—— prior Hospitalis in Provincia, 1287.
Huede de la Montoncre (mestre). — *V.* Odo de Montoneria.
Huetus Rosselli, Rauselli, 662, 990.
Huetus de la Toche, valetus, 1943.
Hugo. — *V.* Petrus.
—— d'Alegre, domicellus, 727 (3, 4).
—— de Alemania, miles, 1941.
—— de Alfario, Alfaro, domicellus, 254, 255, 802, 1254.
—— Ugo Amelii de Montemauro 2120.

Hugo Archiepiscopi, miles, dominus Partiniaci, Pertiniaci et Volventi, 9, 38, 53, 605, 656, 704, 705, 1016, 1018, 1029, 1051, 1061, 1062, 1063, 1064, 1094, 1119, 1120, 1134.
—— de Arsicio, Arsiciis, senescallus Tholose, 351, 401, 960, 2087, 2092.
—— de Arpajone, Alpajone, domicellus, 164, 165, 166, 167.
—— d'Auriac, 138, 202.
—— de Balaguier, Balaguerio, Hugo Balaiguers, Baleuguiers, 135, 138, 159, 202.
—— La Balliva, burgensis de Figiaco, 905.
—— de Baudement, 1915 (9).
—— Bego, 1175.
—— de Bellovicino, armiger, 1750, 1766.
—— del Bois, domicellus, 727 (8).
—— Bonnini, 1937.
—— Bourriau, 1943.
—— de Breçolles, 911. *Peut-être le même que le suivant.*
—— de Breseles, Bresoles, 2002, 2033.
—— de Brocia, miles, 59.
—— de Brothmalx, 1661.
—— Brunelli, 727 (2).
—— de Cardillac, miles, 1555.
—— de Castromoronis, 2118.
—— de Castronovo, miles, 1498, 1548 (8).
—— Chaceporc, miles, 1919.
—— Chalvon, miles, 727 (1, 2).
—— de Chicai, 193.
—— Danbertus, miles, 214.
—— Erlancii, miles, 727 (3).
—— Fructerii, burgensis de Compendio, 619.
—— Gayrau, miles, 1910 (3).
—— Giraudi, 699.
—— Grassin, 1076.
—— dictus Haudegambe, 1309.
—— hereticus, 1699.
—— de Lezigniaco, comes Marchie et Engolismensis, 667, 668, 669.
—— Bruni de Lezigniaco, miles, filius comitis Marchie et Engolismensis, 668.
—— de Lezigniaco, Marchie comes, 12, 66, 79, 671, 1046, 1047, 1068.
—— de Mondo, Mundo, burgensis de Amiliavo, 1655, 1699.

Hugo de Montibus, 1920 (5).
—— de Pannato, domicellus, 1689.
—— Petri, 1648.
—— episcopus Pictavensis, 21, 607, 610, 623, 636, 1872.
—— de Plantade, 730.
—— de Poioliis, 434, 1395.
—— de Poioliis, domicellus, 1594.
—— Popart, 1920 (9).
—— de Preel, 1138.
—— de Reax, 1385.
—— de Rocca, 1515.
—— de Rocha, 1920 (10).
—— de la Rocha, 465.
—— Rubeus, domicellus, condempnatus de heresi, 1257, 1268, 1269.
—— de Ruppe, domicellus, 1168.
—— dictus de Ruppe, domicellus, 2084.
—— de Ruppe, valetus, 1923 (1).
—— de Ruppeforti, 1945.
—— comes Ruthenensis, 203, 539, 542, 740, 741, 1617, 1652, 1679, 1702.

Hugo de Sancto Christoforo, miles, 1717, 1718.
—— de Sancto Gelasio, miles, 1919.
—— de Sancto Romano, miles, 2083.
—— de Surgeriis, miles, 6, 85.
—— de Tyac, miles, 1147.
—— de Vellon, domicellus, 727 (4, 5).
Hugoninus vel Hugo Marguet, 745.
Hugonis. — *V.* Arnaldus, Bernardus.
Huguet Theobaldi, valetus, 1919.
Huguetus de Faugerel, clericus, 2055.
Hybernia, Ymbernia, 93, 2030. *L'Irlande.*
—— (mercatores de), 93.
Hylaria, relicta Guillelmi Berart, 1916 (4).
—— relicta Guillelmi de Viviers, militis, 1928.
—— uxor Martini Aubert, 1938.
—— vidua, de Quercu, 1912 (2).
Hymbertus de Bouzagiis, domicellus. — *V.* Imbertus.
Hyspania, 1037.
Hyspania (De). — *V.* Petrus.
Hyspanus. — *V.* Petrus.

I

Ichiere. — *V.* Stephanus.
Iers (prevost d'), 88. *Hiers-Brouage, Charente-Inférieure, cant. Marennes.*
Igni supposita domus, 513.
Ignis appositio, 257, 503.
Imbertus (frater), magister ordinis fratrum Predicatorum, 1886, 1899.
—— Ymbertus de Bellojoco, miles, conestabulus Francie, 213.
—— Hymbertus de Bouzages, Bouzagiis, Bozagues, Bouzagues, 1643, 1644, 1649, 1683, 1713.
—— Ymbertus de Montejovis, 543.
—— Ymbertus de Sabrano, 1797.
Immunitas a quadam prestatione a comite concessa, 1298.
Immurati, 1268.
Immuratio, 1257.
Imperio (castrum sub), 559.
Imperium (merum et justum), 1548 (8).
Incarcerati cujusdam evasio, 640.

Incardi. — *V.* Aimericus.
Incendiarii nemorum, 1911 (16).
Incendium, 476.
—— cuidam domui suppositum, 699.
—— de nocte in vineis, 134.
—— *V.* Ignis.
Incheramenta, 1845.
Incherimentum (traditio ad), 440, 1330, 1882, 1883, 1884.
—— in locagio monete, 569.
—— in traditione ad firmam, 456, 457.
Incurrimenta occasione heresis, 399, 400.
Incursa bona propter guerram, 613, 699.
Incurse terre pro heretica pravitate venditio, 1405.
Incursorum hereticorum bona, 2058 (p. 57 et 575).
Incursus ratione heretice pravitatis, 444, 455, 1683, 1953, 1954, 2121.
—— vente de biens d'hérétiques, 166.
Indiviso (castrum possessum pro), 887.

Indiviso (Quarta pars pro), 1251.
Injuriatores, 780.
Injurie illate et violentie facte, 1211.
— illate a ballivis comitis, 1046, 1047, 1519.
— puniende, 1036.
— personis ecclesiasticis illate, 680, 1125, 1448, 1605.
— episcopo Caturcensi illate, 1862, 1863, 1991, 1992, 1993, 1994, 2002.
— a comite Fuxi cuidam comitis feudatario illate, 1394, 1403.
— illate hominibus comitis a comite Fuxensi, 265.
— et excessus, 1040.
— et gravamina, 36, 515.
— et molestie illate, 998.
— et oppressiones, 1493.
Inobedientia, 918.
Inquesta, Inqueste, Inquisitio, 266, 376, 429, 472.
— seu apprisia, 1332.
— Inqueste via, 828.
— summaria et de plano, 2120.
— facienda, 18, 411, 508, 611.
— facta et reportata, 102.
— videnda, 1250.
— perficienda, 1358.
— terminanda et judicanda, 196, 1050, 1452, 1475, 1485, 1555, 1669, 1670.
— clausa et sigillata, 877.
— Inquestam jam factam aperire et judicare, 1279.
— imperfecta, 1335.
— olim facta, perdita ac reficienda, 1354.
— de novo facienda, 718.
— aperienda et publicanda, 1592.
— publicanda et judicanda, 898, 1433.
— indebite facta, 803.
— Inquisitio a senescallo comitis indebite facta, 587.
— Inquisitio remissa senescallo ut judicetur, 843.
— super jurisdictiones, 742.
— Absolutus per inquestam, 1576.
— Enquête judiciaire menée par deux sénéchaux, 605.

Inquesta facienda super facto debitorum Judeorum, 681.
Inquisitiones inquisitorum a consilio comitis determinate, 1699.
Inquisitor in proprio facto non admittendus, 1616.
Inquisitores domini regis, 740, 1169.
— comitis, 28, 1054, 1198, 1798.
— inquisitorum nominatio, 1467.
— comitis; mandatum comitis pro expensis et restitutionibus, 597.
— expense, 1019.
— comitis in Alvernia, 190, 727, 1188.
— in Alvernia, Ruthenensi et Venessino, 1165, 1699.
— in Pictavia et Xanctonia, 89, 92, 128, 611, 613, 672, 997, 1010, 1011, 1012, 1013, 1014, 1022, 1028, 1033, 1043, 1044, 1898, 1909, 1925; lettres de commission, 123 et suiv.
— comitis in Ruthinio, 1665.
— comitis in Venessino et Ruthenensi, 1631, 1311.
— comitis in Venessino, 552, 559, 560, 573, 1738, 1742, 1811, 1825, 1848.
Inquisitores heretice pravitatis, 300, 303, 428, 504, 779, 932, 1105, 1237, 1257, 1262, 1268, 1269, 1280, 1305, 1400, 1488, 1495, 1511, 1515, 1559, 1947, 1948.
— heretice pravitatis in partibus Tholosanis, 493.
— heretice pravitatis apud Tholosam, 948, 949; sumptus maximi ab ipsis facti, 948.
Insidiari, 436.
Insidie, 23.
Instituti pro communitate Ausonii, 727 (2).
Instrumenta, 677.
Instrumentum de falso redargutum, 1362.
Insula (De). — V. Benedictus, Bertrandus, Guillelmus, Odo.
Insula (De). — V. Jordanus. L'Isle - Jourdain, Vienne.
Insula (De). — V. Isarnus, Isarnus Jordani, Jordanus, Raimundus. L'Isle - en - Jourdain, Gers.
Insula (De). — V. Petrus Bremundus. Isle-sur-la-Sorgue, Vaucluse.

Insula, 1249. *L'Isle-en-Jourdain, Gers.*
Insula, 862: leprosaria, 832, 1324. *Lisle d'Albi, Tarn.*
Insula, 576, 1726, 1740.
—— Insulana ecclesia, 1738, 1740.
—— Insulane ecclesie prepositus et capitulum, 1739.
—— prepositus ecclesie, 1737.
—— conventus fratrum ordinis de monte Carmeli, 576, 1726.
—— Fratres Minores, 1165, 1324, 1800.
—— bajulia, 1739.
—— homines, 1726, 1735, 1736, 1737, 1773. *Isle-sur-la-Sorgue, Vaucluse.*
Insula Dei (abbas de), 36, 37, 1035. *Notre-Dame-la-Blanche (île de Noirmoutier).*
Interaquis (homines de), 1650. *Entraygues, Aveyron.*
Interdictum ecclesiasticum, 641, 1872.
—— nova statuta super interdicto facta, 1157, 1177.
Interpresure mutue, interprisie, 367, 775, 976, 982, 983.
Inderqualles, 1797. *Entrechaux, Vaucluse, cant. Malaucène.*
Intervention du comte dans des affaires privées, 462.
Intragium, 880.
Invasio cum armis in personas ecclesiasticas, 733.
Invasio cum armis in strata publica facta, 1434, 2009.
—— cum armis in terram comitis, 903.
—— cum armis in terra domini Mirapiscis, 1336.
Invasiones contra statuta pacis, 1274.
Isabellis, Ysabellis, uxor Mauricii de Bellavilla, 1017, 1051.
Isarnus, Ysarnus de Asperomonte, miles, 492.
—— de Ballenis, 1548 (8).
—— de Beriens, 276.
—— Ysarnus, consanguineus B. Oalrici de Castronovo, 332.
—— de Insula, miles, 1274.
—— Ysarnus Jordani de Insula, miles, 297, 379, 775, 873, 942, 1274, 1302, 1318, 1359.
—— Ysarnus, vicecomes Lautricensis, 305, 306, 353, 354, 355.
—— Ysarnus Niger, de Castronovo de Arrio, miles, 241.
—— Ysarnus de la Tousque, 861.
Iterius Bertrandi, 1925 (7).
—— Yterius de Bovisvilla, miles, 117.
—— Yterius Cheeigne, valetus, 1917.
—— Yterius de Magnac, Maignac, 26, 1911 (9).
—— Yterius de Nabinalis (magister), clericus, 1133.
—— Yterius Ydriau, 1090.

J

J., S. Nicholai in Carcere Tulliano cardinalis. — *V. Johannes.*
J., comes Nivernensis. — *V. Johannes.*
J. de Putheolis (magister). — *V. Johannes.*
Jaceran. — *V. Petrus.*
Jacobus I, rex Arragonie, Arragonum, 203, 736, 781, 845, 1313.
—— infans Arragonie, 207, 2008. *Plus tard Jacques I, roi de Majorque.*
—— de Bosco, de Nemore, clericus comitis, Jaque du Bois, 166, 300, 303, 324, 352, 373, 388, 390, 412, 413, 414, 415, 428, 493, 519, 779, 805, 806, 823, 826, 831, 841, 848, 852, 923, 948, 1222, 1223, 1237, 1257, 1261, 1262, 1268, 1269, 1280, 1305, 1356, 1360, 1385, 1400, 1488, 1495, 1511, 1513, 1515, 1559, 1631, 1947, 1948, 1949.
Jacobus dictus Boucel, civis Parisiensis, 616.
—— abbas Cistercii, 1959.
—— de Gyemo, Giemo, Jiemo (frater), ordinis Predicatorum, conventus Altissiodorensis, 89, 92, 123, 124, 125, 126, 128, 597, 611, 613, 672, 997, 1010, 1011, 1012, 1013, 1014, 1022, 1028, 1043, 1044, 1054.

Jacobus, Jacob, judeus, 1611.
— de Nede, 461.
Jacquelini. — V. Gaufridus.
Jadres (De). — V. Petrus. *Jadre, Deux-Sèvres, comm. Thorigné.*
Jainrie (De la). — V. Petrus.
Jamin. — V. Petrus.
Janua, Janes, Jenes, 1832, 2003.
—— Januensis archiepiscopus, 1869.
—— Januenses fratres Minores, 1869.
—— Januensis civitatis potestas, consilium et commune, 1870, 1905, 1907.
—— Januensis populi commune, 1869.
—— Januenses cives, 1857, 1858, 1903, 1904, 1905.
—— Januenses mercatores, 1906.
—— Januensis moneta, 704, 705. *Gênes, Italie.*
Jaque du Bois. — V. Jacobus de Bosco.
Jaquelinus de Mailliaco, miles, 1020.
Jaubertus de Craman, miles, 661.
Jaule. — V. Guillelmus.
Jaunaio (homines de), 973. *Jaunay, Vienne, cant. Saint-Georges.*
Jaunayo (terra de), 1920 (12). *Jaunay, Deux-Sèvres, comm. Azay-le-Brûlé.*
Jean, Jehan. — V. Johannes.
Jehenna. — V. Johanna.
Jerusains (castrum de), 308. *Girousseins, Tarn, cant. Lavaur.*
Jeufroi Doe (monsegnor), 7.
Jiemo (De). — V. Jacobus de Giemo.
Jocalia, 974, 1611.
Jocelinus de Castellione. — V. Gaucelinus.
Jocelinus Ciquart, miles, 1941.
—— Ciquart, valetus, 1929.
—— filius Foucherii de Poudrai, 1925 (4).
Jocosus, 1932.
Johanna dicta Annone, 1933.
—— filia Gaufridi de Chanteler, 1925 (7).
—— Gombauda, 1913 (3).
—— Guillenele, 1920 (1).
—— Marbotin, 664.
—— neptis Johanne et Stephane Guillenele, 1920 (1).
—— Jehenna dicta la Papelarde, civis Pictavensis, 620, 677, 994, 1053, 1076.

Johanna regina, comitissa Tholose, mater Raimundi VII, 2058 (p. 571).
—— relicta Benedicti de Mauritania, 605.
—— de Tabulis, 82, 1900.
—— Tholose ac Pictavie comitissa, 2119, 2121.
—— uxor Ysembardi, 1265.
Johannes. — V. Petrus.
Johannes Alberti. — V. J. Auberti.
—— Jehans d'Aler, 1045.
—— Alnerii, 727 (2).
—— de Angervillari, miles, senescallus Agenensis et Caturcensis, 480, 499, 1464, 1546.
—— Archerii, 1121, 1331.
—— de Arsicio, miles, senescallus in Ruthinensi, 391, 1699.
—— miles, senescallus Venaissini, 548, 1748, 1765; quondam senescallus Venessini, 549, 564.
—— Atonis, Ayionis (magister), archipresbiter Exoduni, 679, 681, 682.
—— Auberti, Alberti, Jehan Aubert, civis Turonensis, panetarius comitis, 3, 33, 52, 70, 96, 600, 629, 630, 687; sergant du comte, bourgeois de Tours, 32; magister monete Musterolii, 2002.
—— Aymerici, laicus, 1099.
—— Barbant, 1930.
—— Bardo, bajulus de Riom, 193.
—— Bariquaus, 1923 (12).
—— de Bellomonte, 764.
—— de Bellomonte, miles, 631.
—— Berçil, 32.
—— de Berçoire, 1045.
—— de Bernes vel Bernez, 1435.
—— de Beyssac, serviens senescalli Pictavensis, 1047.
—— de Blenac, 1924 (1), 1942.
—— de Blens, 727 (2).
—— Boitaut, 1911 (2).
—— Boni, vigerius loci de Sancta Gemma, 701.
—— dominus Borbonii, de Borbonio, 199, 200, 1186.
—— Borrelli, Bourrelli, miles, castellanus de Penna in Agenesio, 1426.
—— Bovis, 1923 (7).

684 TABLE GÉNÉRALE.

Johannes, Jean, comte de Bretagne, 689.
—— de Bures, clericus, 327.
—— don Cais. — *V. J. de Kais.*
—— S. Nicholai in Carcere Tulliano cardinalis, 2039, 2042, 2043, 2047, 2049.
—— de Castellariis (magister), prior S. Radegundis Pictavensis, 68, 71, 72, 75, 599, 608, 659.
—— de Castellione, miles, dominus de Sancto Bonito, 751.
—— de Castello (frater), prior fratrum Predicatorum Pictavensium, 1908, 1925.
—— vicecomes Castri Evrardi, 672.
—— de Castromillani, 715.
—— de Castronovo, 1397.
—— de Castronovo, cursor Castrisarraceni, 812.
—— de Chasteluz, miles, 745.
—— de Cherisiaco, 674.
—— de Cherveus, civis Pictavensis, 1911 (3).
—— Chevrau, 1932.
—— Clarevallensis, miles, 1933.
—— abbas Clarevallensis, 1957, 1958.
—— quondam abbas Clarevallis, 2031.
—— clericus senescalli Agenensis et Caturcensis, 502.
—— clericus, frater Galteri de Barro, 2031.
—— de Cocayo (magister), 75.
—— Cofferii, Coifferii (magister), clericus comitis, 509, 1427, 1491, 1501, 1532, 2074.
—— de Comba, serviens episcopi Caturcensis, 2633.
—— coquus abbatis Moysiacensis, 2002.
—— Cornuaul, 699.
—— de Cresoneria, valetus, 38.
—— Cuenz, 727 (16).
—— de Curtiniaco, capicerius Aurelianensis, electus in archiepiscopum Remensem, 2038, 2039, 2049.
—— Dominici (magister), de Tholosa, 229, 426, 435, 471, 1260, 1315, 1316, 1317, 1353, 1381, 2074, 2120.
—— Dominici (magister), judex Agenensis, 479, 1430, 1433; olim judex, 1337. *Ces deux personnages doivent peut-être être distingués.*
—— des Dornes, 1356.

Johannes dictus Eaunes de Portugalensi, 1140.
—— de Elemosina, 2033.
—— de Espieriis, serviens comitis, 291, 294, 426, 1248, 1607, 1608, 1882, 1883, 1976, 1977.
—— Estendu, homo comitis Pictavie, 1913 (2).
—— de Fonte Arnulpho, clericus senescalli Pictavensis, 18.
—— de Fontenesio, miles, 54.
—— de Forès, bajulus comitis apud Ausonium, 727 (3).
—— frater Stephani de Pontibus, 2093, 2094.
—— Gagantis. — *V. J. Gigantis.*
—— de Galliaco, 326.
—— de la Garda, miles, bajulus de Villafranchia Punciaci, 728.
—— Geiatanus, 2055. *Plus tard pape sous le nom de Nicolas III.*
—— de Genebrio, 1337.
—— Gerberti, archipresbyter de Ermento, 737.
—— Gigantis, Gigantus, Gagantis, 715, 1132, 1941.
—— Giraudi, 699.
—— de Gorni, civis Baionensis, 2028, 2029.
—— de Grailliaco, miles, 1424, 1425.
—— de Granchia (magister), archidiaconus Blesensis in ecclesia Carnotensi, 1002.
—— de Granchiis, miles, 1993.
—— de Guillermia, 1468.
—— de Hala, 743.
—— Henrici de Gavaret, 2028, 2029.
—— dictus Heudeberge, de Rothomago, 1138.
—— de Kays, Kais (frater), frere Jehan don Cais, ordinis milicie Templi, 1134, 1728, 1759, 1779, 1796, 1801, 1808, 1809, 1814, 1815, 1832.
—— de Maleriis, Malleriis, civis Agenensis, 1594, 1967.
—— de Malonido, bajulus Marmande, 258.
—— de Martellis, Jehan de Martiaus, burgensis Rupelle, 32, 84, 97, 715, 1096.
—— Martini, 1930.
—— de Meriaco (frater), ordinis Minorum, 727.
—— de Merthou, 169.

Johannes Michael, 765.
—— capellanus Monasterii Bonnini, Jehan, chapelain de Mosteruel, 32, 51, 686.
—— de Montandre, prepositus de Naueras, 699.
—— de Morlans, 103.
—— de Nantolio, Nantholio, miles, Jehans de Nantueill, Nanteul, Nantuel, dominus de Torz, Trouz, Tor, 94, 96, 98, 108, 632, 633, 701, 707, 1034, 1037, 1041, 1042, 1091, 1117, 1864, 1874, 1900, 2010, 2027.
—— nepos Johannis Gerberti, 737.
—— Nicholaus, 727 (10).
—— comes Nivernensis, 676, 983.
—— de Nivernis, clericus, 715.
—— de Novavilla, 727 (11).
—— nuncius comitis, 2035.
—— nuncius de Castrosarraceni, 1356.
—— d'Ossarpa, 193.
—— de Par., selerius, 998.
—— de Parisius (magister), clericus comitis, 1699.
—— Pastors, 732.
—— Pelardini, senescallus Marchie, 30, 31.
—— Pictavensis, serviens comitis Marchie, 1047.
—— Pilereti, burgensis et mercator de Cadomo, 62.
—— Piznoir, 1926 (1).
—— de Pontelevio, Pontelevayo, civis Turonensis, Jehan de Pontlevoi, Pontlevoy, 32, 34, 50, 51, 80, 96, 97, 600, 1096.
—— Popart, 1920 (9).
—— dictus Poulin, 1139.
—— (frater), ordinis Predicatorum prior provincialis, 123, 124, 125, 126, 127.
—— Prepositi, castellanus Mosterolii, Monasterii Bonnini, 51, 686.
—— de Puteolis, Putheolis (magister), clericus comitis, 1158, 1198, 1631, 1665, 1742, 1750, 1751, 1790, 1791, 1792, 1798, 1799, 1811, 1825; inquisitor in Alvernia, Ruthenensi et Venessino, 1165.
—— Quarré, 1930.
—— Radulphi, 1090.
—— Raiole, 1923 (11)

Johannes Rigaudi, armiger, 15.
—— de Rigaut, 2033.
—— Rufli, allocatus comitis, 22.
—— de Ruppeforti, 759, 1170.
—— de Ruppeforti, burgensis Montisferrandi, 755, 1189.
—— prior ecclesie S. Radegundis Pictavensis. — V. Johannes de Castellariis.
—— Saracenus, 1904. Chambellan de Louis IX.
—— Saynet, 656.
—— Segnore, 1475.
—— Seignerii, bajulus comitis apud Pennam, 1462.
—— Senonensis, de Senonis (magister), clericus comitis Pictavie, 11, 326.
—— de Senonis, rector ecclesie de Dempeyo, 655.
—— Sistariensis episcopus, 869.
—— Sivant, 1911 (3).
—— de Sors, Jehan de Sourz, senescallus Xantonensis, 1864, 2109.
—— de Syvraio (magister), 699, 1113.
—— dictus Tanator, 1695.
—— de Tarnasio, 1363.
—— Torpini, Tourpin, castellanus Najaci, 1673, 2113, 2114.
—— de la Touscha, 716.
—— Tozeti, 1506, 1596, 1599.
—— dictus le Valet, valetus comitis, 1609.
—— Valeti, Valleti, 456, 1545.
—— ad Valletos, valetus comitis, 1612.
—— de Villeta, Vileta, senescallus Xanctonensis, Jehan de Villete, 98, 633, 707, 722, 1118, 1131.
Johannis. — V. Arnaldus, Guillelmus, Helias, Petrus, Raimundus.
Jolet. — V. Petrus.
Jolis. — V. Guillelmus.
Joliveti. — V. Guillelmus.
Jonqueneil (cultura de), 397.
Jonqueriis (De). — V. Guillelmus.
Jordaneins (les), 1632.
Jordani. — V. Bego, Bernardus, Guillelmus.
Jordani feodum, 1940.
Jordanus. — V. Petrus.
Jordanus de Caramanno, 1314.
—— de la Cassaigne, 2073.

Jordanus de Cassanera, 1481.
— de Castronovo, 801.
— de Combabonenti, Combbonet, miles, 447, 1464.
— dominus Insule, miles, 256, 287, 403, 767, 775, 795, 873, 924, 925, 942, 1249, 1274, 1302, 1333, 1334, 1335, 1338, 1339, 1340, 1342, 1382, 1967, 1984, 1985.
— de Insula, valetus vel domicellus, 1274, 1335.
— de Insula, miles, 1919.
— de Lantario, 1105.
— de Montecuculi, miles, 661.
— de Prulliaco, valetus, 1911 (12), 1917.
— de Saxaco, Saxiaco, Saissaco, Saissiaco, Xanxiaco, Saixaco, miles, 249, 368, 369, 370, 831, 856, 1379, 1396, 1397, 1398, 1399.
— de Villanova, miles, 844, 1226.
Jorgolius. — *V.* Orgueillosus.
Josaphat, Josaphas prope Carnotum, 36, 101, 141, 142, 465. *Josaphat, Eure-et-Loir, comm. Leves.*
Judas d'Arch., 1911 (7).
Jude. — *V.* Reginaldus.
Judei, 437, 1014, 1027, 1028.
— signa eis imposita, 1003, 1005.
— quidam a rote portatione exempti, 1008.
— comitis, 679.
— terre comitis, 1808.
— Judeorum arrestatio et bonorum captio, 646.
— Judeorum bona arrestata, 647, 648, 649, 650, 888.
— bona perquisita, 653, 974.
— aliquorum custodia, 670.
— debita, inquisitio, 681.
— compositio cum Judeis, 1808.
— pignora Christianis reddenda, 1758, 1759.
— Judeorum finatio, 943.
— Judei cujusdam detentio, 225.
— Judeus aliorum Judeorum delator, 709.
— Judeus a rege Aragonum petitus, 1313.
— baronum, 647, 1748, 1780.
— baronum non capiendi, 1817.

Judei baronum liberandi, 760.
— commorantes in castro de Aculeo, 1459.
— senescallie Agennensis, 1427, 1428.
— Carbone, 1211.
— episcopi Cavellicensis, 1788, 1789.
— de Gaillaco oriundi, 1251.
— Marchie, 1047.
— Pictavenses, 682, 709.
— senescallie Pictavensis; de fine cum ipsis faciendo, 652.
— Juifs de Poitou, de Saintonge, d'Auvergne et de Toulouse; ordonnance touchant la finance payée par eux, 658.
— castri de Podio Laurentii, 1399.
— senescallie Ruthenensis, 1629, 1630.
— Judeorum Ruthenensium compositio, 1629.
— Tholose, 970.
— Tholose; debita eis non solvenda, 817.
— Tholose; finatio inter ipsos et comitem, 1304.
— senescallie Tholosane, 888, 890, 895, 896, 943.
— Tholose et Albigesii; compositio cum ipsis inita, 1213.
— senescallie Venaissini, 1759.
— senescallie Xanctonensis, 1083, 1097.
— Xanctonenses, 682.
Judeus. — *V.* Durandus.
Judicatum executioni mandatum, judicium integrare, 987, 1689.
Judicature officium, 1383.
Judicata res, 1379.
Judiciaria, 1337.
Judices, 230, 418, 850.
— Judicis electio, 2082.
— mutacio annis singulis, 963.
— ponendus in terra communi comiti et cuidam baroni, 1670.
— communis, 1711.
— inobediens, 1606.
— suspectus, 1506.
— suspectus amotus, 1383.
— judicis correctio, 371, 1337, 1433.
— cujusdam indebita exactio, 1703.
— Agennensis exactio, 2074.
— judex appellationum, 1548 (6).

TABLE GÉNÉRALE. 687

Judices ordinarii locorum, 1006.
—— ordinarii vel delegati, 1001, 1002.
—— delegatus et judex subdelegatus, 796, 1242.
—— Judicis in causa quadam appellationis datio, 221, 1210, 1339, 1340, etc.
—— senescalli Agennensis, 1421, 1430, 1600.
—— senescalli Ruthenensis, 1650.
—— senescalli Tholosani, 383, 1314, 1361, 1362, 1368.
—— appellacionis Tholose, 1362.
—— senescalli Venaissini, 559
—— comitis in Venaissino, 1720.
Judices ecclesiastici, 254, 349, 385, 427, 645, 1532, 1636, 1637, 1638, 2081, 2082.
—— ecclesiasticorum molestationes, 1000, 1025, 1560.
—— citationes indebite, 1232.
—— delegati ecclesiastici, 566.
—— a sede apostolica delegati, 1222.
—— Judex archiepiscopi Narbonensis, 2009.
Jugement réformé, 68.
Juglar. — *V*. Petrus.
Juliana, relicta Girardi de Podio Rogerii, 765.
Juliani. — *V*. Guillelmus.
Juliena, uxor Petri de Bretenor, 661.
Jumad (castrum de), 1220. *Gimat, Tarn-et-Garonne, cant. Beaumont-de-Lomagne.*
Junaco (De). — *V*. Pauletus.
Juramentum in contractibus, 1946.
—— injuste petitum, 1167, 1169.
—— defensionis episcopo Agenensi debitum a senescallo comitis, 1598.
—— fidelitatis, 248, 1374.
—— fidelitatis a comite debitum, 712.
—— fidelitatis de medietate justicie civitatis Agenni, 1449.
—— a senescallo episcopo Agenensi debitum, 1548 (1), 1551.
Jurare homines (facere), 852.
Jurati testes, 1132.
Juratus, 2053.
Jurisdictio omnimoda, 362, 1338, 1461.
—— plenaria, 160.

Jurisdictio major et minor, 261, 1378.
—— major, media et minor, 281.
—— usque ad suspendium, 742.
—— spiritualis et temporalis, alta et bassa, 260.
—— indivisa, 1703.
—— communis comiti et quibusdam militibus, 1819.
—— Jurisdictionis cujusdam castri quarta pars, 1372.
—— jurisdictionis usurpatio, 279, 281, 1338.
—— domini comitis, 9.
—— jurisdicionis comitis usurpatio, 920, 1472.
—— impedita, 431.
—— a senescallo Tholose impedita, 1413.
—— injuste ablata, 1240.
—— oblata comiti, 744.
—— jurisdictionis restitutio, 38.
—— conflit de juridictions, 295.
—— féodale: intervention des officiers du comte, 664.
—— des consuls de Toulouse; abus par eux commis, 2100.
Juridiction ecclésiastique, conflit, 349.
—— abus, 101.
—— empiètements, 645.
—— usurpations, 232.
—— jurisdictio episcopalis in domibus religiosis, 1690.
Justitia seu jurisdictio, 180, 452, 569, 1133.
Justitia et jurisdicio omnimoda, 1181, 1332, 1344, 1539.
—— alta, 1207, 1529, 1589, 1922.
—— alta (furti, adulterii et sanguinis), 1729.
—— alta et bassa, 122, 1051, 1911 (8), 1940.
—— major, mediocris et minor, 1421.
—— minor, 1589.
—— minuta; exemptio hujus prestationis, 1298, 1522.
—— viarum publicarum, 613.
—— justitie saisina, 1345.
—— usurpata, 63, 1633.
—— a senescallo usurpata, 496, 497.
—— defectus, 1554.

Justitia communis, 1295, 1445.
Justitiare, 1570.
Justitiare feudum, 1694.
Justitiatus (quidam) in ulmo, 610.

Justitie et clamores, 260, 362, 1472, 1548 (5), 1659, 1951.
—— Justiciarum quinque partes, 1951.
Juvamen debitum pro quibusdam terris, 1940.

K

K., comes Andegavensis et Provincie. — *V.* Karolus.
Kais, Kays (De). — *V.* Johannes.
Kaium refectum apud S. Johannem Angeliacensem, 1144.
Karoli. — *V.* Hernaudus.
Karolus de Rochaforti, de Ruppeforti, miles, 1135, 1910.

Karolus, rex Sycilie, comes Andegavensis et Provincie, Charles d'Anjou, roi de Sicile, 689, 1183, 1998, 2048, 2052.
Karrofiensis abbas, 673, 2050. *Charroux, Vienne.*
Kincs (ecclesia de), 1657. *Quins, Aveyron, cant. Naucelle.*
Kremon de Montcayol, 1632.

L

L., Francorum rex. — *V.* Ludovicus.
Labarda (De). — *V.* Aimericus.
Laboracio, 1951.
Labores et expense in causa, 1435.
Laburgada, terra, 1534. *Voir la note.*
Laburgada (De). *V.* Guillelmus. *La Bourgade, Tarn-et-Garonne, cant. Saint-Nicolas-de-la-Grave.*
Lafage (De). — *V.* Guillelmus. *Peut-être Lahage, Haute-Garonne, cant. Rieumes.*
Laganole (molendinum de), 397.
Lagarda (villa de), 1413. *Lagarde, Haute-Garonne, cant. Villefranche-de-Lauragais.*
Lagarda (De). — *V.* Poncius.
Lage (De). — *V.* Petrus.
Lagrolet (De). — *V.* Raimundus. *Lagraulet, Haute-Garonne, cant. Cadours.*
Laguselli. — *V.* Andreas, Bernardus.
Laiardel (De). — *V.* Robertus.
Laigne (De). — *V.* Thomas.
Lairon (monetarii insule de), 695. *Île d'Oléron, Charente-Inférieure.*
Lalbencha (dominus de). — *V.* Guillelmus de Portu. *Lalbenque, Lot.*
Lambertus Coing, 1940.
—— de Limous, 1954.
—— de Montilio, miles, 578.

Lamesnie (De). — *V.* Petronilla.
Lampiaut (ecclesia de). — *V.* Empelto.
Lancee, 499.
Lande, 1924 (1). *Landes, Charente-Inférieure, cant. Saint-Jean-d'Angely.*
Lande, 114, 1911 (15), 1911 (17).
Landorra (De). — *V.* Berengarius.
Landrevilla (De). — Bartholomeus, Petrus.
Lanee, 1797.
—— turris, 1825. *Lagnes, Vaucluse, cant. l'Isle.*
Laneta (villa de), 1952. *Lanet, Aude, cant. Mouthoumet.*
Langiaco (De). — *V.* Guillelmus. *Langeac, Haute-Loire.*
Langiacum, 727 (4, 5). *Langeac, Haute-Loire.*
Lania (prior de), 1934.
—— capellanus, 1934. *Lalaigne, Charente-Inférieure, cant. Courçon.*
Lantario (De). — *V.* Jordanus. *Lanta, Haute-Garonne.*
Laonacum. — *V.* Launacum.
Lapenge (De). — *V.* Arnaldus.
Lappe de Pressa, 656.
Lapradele (pascua de), 1273. *Lapradele, Haute-Garonne, comm. Buzet.*
Lapresse. — *V.* Ranolphus.

Lapus, mercator Florentie, 704, 705, 722, 1119, 1120.
Larem fovere, 1283, 1770.
Largues (De). — *V. Guillelmus Benardi.*
Larron (De). — *V. Radulphus.*
Las Cortz, terra, 2120.
Las Incaressas, terra, 467.
Lassoal (terra de), 1346. *Soual, Tarn, cant. Dourgne.*
Latarosa (De). — *V. Robertus Boissel, Thomas.*
Late. — *V. Bertrandus, Petrus.*
Latillé, Latilliacum, 1910, 1910 (6).
—— ecclesia, 1910 (5). *Latillé, Vienne, cant. Vouillé.*
Latillus de Murmurione, domicellus, 1770, 1792.
Latouche (De). — *V. Aimericus, Stephanus.*
Latro probatus, 998.
—— suspensus, 513, 1461.
—— vivus, a senescallo domino redditus, 1461.
Laucerta. — *V. Lauseria.*
Lauceuz, Laucours (Beata Maria de), 182; capellanus, 1665. *Liaucous, Aveyron, comm. Mostuéjouls.*
Laucours (capellanus ecclesie B. Marie de). — *V. Lauceuz.*
Laudum, 552.
Launacum, Laonacum, castrum, 297, 1274, 2106. *Launac, Haute-Garonne, cant. Grenade.*
Launeia (hospitale de), 996. *Saint-Jean-de-Launay, Vendée, comm. Sainte-Cécile.*
Lauracum, Loracum, leprosaria et Domus Dei, 832, 1324. *Laurac, Aude, cant. Fanjeaux.*
Laurencii. — *V. Michel, Stephanus.*
Laurentia, filia Guillelme, 371.
Laurentius. — *V. Guillelmus.*
Laurentius de Mastacio (magister), 715.
Lauriolta (rivus de), 1464.
Lauro (De). — *V. Gaillardus.*
Lausergas (De). — *V. Bertrandus.*
Lauserta, Lauzerta, Loserta, Laucerta (castrum de), 484.
—— (mons de), 397.
—— curatus. — *V. Bartholomeus.*
—— Domus Dei, Leprosaria, 1324, 1544.

Lauserta, milites castri, 488.
—— consules et probi homines, 485, 488.
—— consules et universitas, 486, 489.
—— bajulus, 484, 485, 486, 487.
—— capitulum et universitas hominum castri, 487.
—— bajulus et homines, 1530. *Lauzerte, Tarn-et-Garonne.*
Lautricensis vicecomes, de Lautre, 299, 300, 302. — *V. Isarnus, Sicardus.*
Lautrico (De). — *V. Bertrandus. Lautrec, Tarn.*
Lavada (De). *V. Rogerius.*
Lavaguès (terra de). — *V. Lessazès.*
Lavarzaco, Lavardaco (castrum de), 2117.
—— (ecclesia de), 1444. *Lavardac, Lot-et-Garonne.*
Lazeingniem. — *V. Lezigniacum.*
Lebarbe. — *V. Petrus.*
Lebeau. — *V. Gaufridus.*
Lebrego (decima de), 1566.
Lebreto (De). — *V. Amanevus. Labrit (Albret), Landes.*
Lectora (homines de), Lectorenses, 1431, 1433. *Lectoure, Gers.*
Lee salsate, 1121, 1171, 1331.
Leeng (terra de), 1923 (9).
Legata indistincte facta, 1380.
Legata in subsidium Terre sancte, 1351, 1353, 1408, 1414, 1415.
—— relicta, 1102.
—— a Raimundo comite in testamento facta, 1239, 1277.
Legatum religiosis personis factum, 1211.
Lemovicensis diocesis, 194.
—— episcopus, 194.
—— vicecomitissa, 80, 676. — *V. Maria.*
Lentar (De). — *V. Geraldus. Lanta, Haute-Garonne.*
Lentillac (De). — *V. Gaillardus. Lot, plusieurs lieux de ce nom dans le département.*
Leomania (De). — *V. Odo.*
Leomanie, Leumagnie, Leomagnie vicecomitatus, 417.
—— vicecomes, 1220, 1432, 1433, 1434, 1485, 1964, 1967. — *V. Arnaldus-Otho, Vezias.*
—— vicecomitissa, 1477. — *V. Maria.*

690 TABLE GÉNÉRALE.

Leonet, domicellus, 138, 202.
Leprosarie, 832.
Leprosi exempti a pedagiis et leudis, 868.
Lepus. — *V*. Guillelmus.
Lequefais, 822.
Lerme (De). — *V*. Gaubert, Hernaut.
Lesatense monasterium, Moisiacensi subjectum abbati, 947.
Lesatenses prior et conventus, 1255, 1350.
Lesatensis abbas, 1393, 1404.
Lesato (villa de), Lesatensis, 1255, 1350, 1393, 1403. *Lezat, Ariège, cant. Le Fossat.*
Lesclache (abbatia de), 1165. *Lesclache, Puy-de-Dôme, comm. Prondines.*
Lespaire, 909. *Lesparre, Tarn-et-Garonne, comm. Montfermier.*
Lessazés (terra de), Lessazais, Lesseizès, Lavaguès, 1668, 1670, 1672, 1710, 1711. *Le Laissaguès, terroir de Laissac (Aveyron).*
Lestoube (De). — *V*. Arnaldus.
Lestres pendanz, 1809.
Lettre devisée, 1079.
Leuca, 1587.
Leuda de Venerca, 1284.
Leudarum Tholose perceptio, 1314.
Leude, 368, 868, 1299, 1951.
—— exemptiones, 2058 (p. 571).
—— in civitate Tholose, 271.
Leumagnia. — *V*. Leomania.
Leumont, 2117.
Leus, terra, 2120.
Levate, 1932.
Levatores focagii, 1688.
—— pedagiorum, 155.
Levazia (De). — *V*. Bernardus.
Levibus (De). — *V*. Arnaldus.
Levinhaco (villa de), 1339. *Lévignac-sur-Save, Haute-Garonne, cant. Léguevin.*
Levis (De). — *V*. Guido. *Lévy-Saint-Nom, Seine-et-Oise, cant. Chevreuse.*
Lex monete, 567, 591, 592, 1077, 1078, 1179, 2057.
Lexaco (homines de), 528. *Probablement Laissac, Aveyron.*
Leycestrie comes, 2014, 2015.
—— (relicta comitis), 1136.

Lezegniaco (De). — *V*. Gaufridus, Guido, Hugo, Marguerite. *Lusignan, Vienne.*
Lezigniacum, Lezeigniacum, Lazeingniem, 667, 669, 670, 998.
—— Domus Dei, 1021.
—— castellania. *Lusignan, Vienne.*
Libertate (Inquesta de) quorumdam hominum, 1241.
—— libertatis probatio, 1241.
Libertates et bone consuetudines, 1152.
—— seu franchesie, ab habitatoribus bastide petite, 244.
—— a comite concesse, 959.
—— cuidam communitati concesse, 1287.
—— et franchesie, precio empte et postmodum negate, 1765.
—— revocande, 585.
Libertatum confirmatio pro pecunia, 964, 965.
Libri ad levandum focagium, 531.
—— Judeorum, 652.
—— Judeorum Parisius missi, 890.
Ligons (homines de), 168. *Lugans, Aveyron, comm. Gaillac.*
Ligurio (abbatissa et conventus de), 1613, 1615. *Ligueux, Dordogne, cant. Savignac-les-Églises.*
Limitatio cujusdam terre, 1710.
—— et divisio terrarum communium, 1376.
Limous (De). — *V*. Lambertus. *Limoux, Aude.*
Limovicis (De). — *V*. Stephanus. *Limoges, Haute-Vienne.*
Lincestrie comitissa. — *V*. Eleonor. — Cf. Leycestrie.
Lincolnenses cives, 882.
—— mercatores, 955.
Linea consanguinitatis, 1365.
Littera patens commissionis, 1556, 1597.
—— patens duplicata, 918.
—— patens triplicata, 1176.
Litterarum communium quaternus, 1085.
Littere clause, 985, 1101, 1136, 1350, 1643.
—— comitis non tradende, 1536.
—— commissionis, 340.
—— communes, 1673, 1728.
—— de falsitate suspecte, 450.
—— de foro ecclesie, 1946.
—— patentes, 736, 984, 1072, 1073,

1086, 1103, 1132, 1192, 1391, 1394, 1415, 1454, 1526, 1554, 1723, 1798, 1801, 1816, 1822, 1870, 1871, 1972, 2013, 2058, 2119, 2121.

Lobarassas (De). — *V.* Petrus.

Lobergiere. — *V.* Hilaria.

Lobervilla, Louvervilla, villa, 206, 902, 1338, 1339. *Louverville, Gers, comm. Marestaing.*

Lobueil (De). — *V.* Guido.

Loci Dei (abbas et conventus), 146, 147. *Loc-Dieu, Aveyron, comm. Villefranche.*

Locus debitus in foro, 802.

Locus in navi, 1410.

Lodovensis archidiaconus. — *V.* Guillelmus de Claromonte. *Lodève, Hérault.*

Loduno (prior et conventus de), 615. *Loudun, Vienne.*

Logarac, Logar (De). — *V.* Thomas.

Loi. — *V.* Lex.

Loirra, 727 (6); *loutre.*

Lolmec (nemus de), 397. Peut-être *Lolmie, Lot, comm. Saint-Laurent-près-Montcuq.*

Lombarda de Montibus, 237, 1267.

Longavilla (judex de), 2082.

Longuspons, Lunguspons, Loncuspons, Loncpo, Loncpont, 10, 12, 13, 14, 15, 16, 17, 19, 20, 21, 22, 23, 42, 43, 59, 68, 75, 88, 91, 92, 93, 94, 95, 98, 99, 103, 110, 111, 137, 138, 140, 143, 144, 181, 182, 183, 184, 185, 187, 195, 196, 199, 200, 201, 202, 208, 219, 270, 273, 274, 275, 276, 277, 278, 279, 280, 281, 285, 287, 288, 289, 291, 292, 295, 297, 298, 299, 300, 301, 309, 310, 313, 314, 316, 317, 343, 344, 345, 347, 351, 352, 390, 391, 392, 393, 394, 395, 396, 397, 398, 437, 438, 440, 441, 445, 446, 447, 450, 451, 452, 453, 454, 455, 457, 458, 459, 493, 494, 495, 496, 497, 512, 514, 517, 518, 520, 521, 530, 531, 532, 553, 554, 555, 563, 567, 581, 582, 583, 584, 585, 587, 588, 589, 590, 608, 612, 613, 614, 615, 654, 655, 657, 672, 673, 695, 710, 720, 729, 730, 774, 786, 787, 788, 791, 809, 810, 811, 812, 813, 816, 817, 818, 821, 822, 824, 825, 826, 897, 898, 899, 901, 902, 903, 906, 940, 958, 959, 960, 982, 984, 987, 988, 989, 990, 1046, 1048, 1049, 1051, 1059, 1060, 1091, 1094, 1132, 1133, 1134, 1139, 1148, 1149, 1150, 1151, 1185, 1191, 1192, 1193, 1210, 1211, 1229, 1230, 1231, 1232, 1233, 1234, 1341, 1354, 1384, 1387, 1388, 1389, 1420, 1421, 1422, 1423, 1424, 1425, 1426, 1526, 1555, 1556, 1557, 1561, 1562, 1565, 1588, 1590, 1616, 1617, 1618, 1621, 1622, 1623, 1624, 1626, 1627, 1628, 1641, 1642, 1645, 1646, 1647, 1648, 1650, 1651, 1686, 1688, 1689, 1690, 1691, 1693, 1694, 1695, 1708, 1719, 1721, 1722, 1723, 1724, 1725, 1726, 1727, 1744, 1745, 1746, 1747, 1748, 1749, 1750, 1751, 1752, 1753, 1755, 1756, 1757, 1758, 1759, 1760, 1761, 1762, 1763, 1816, 1823, 1874, 1876, 1877, 1879, 1969, 1983, 1986, 1989, 1993, 1995, 1998, 2001, 2006, 2009, 2010, 2012, 2023, 2028, 2031, 2037, 2038, 2047, 2050, 2052, 2054, 2063, 2065, 2066, 2067, 2068, 2069, 2072, 2110. *Longpont, Seine-et-Oise, cant. Longjumeau.*

Loracum. — *V.* Lauracum.

Lorica, laurica, 1607, 1608.

——— Loricam rolare, 1935.

Loserta, Lozerta. — *V.* Lauserta.

Louchart, 1937. *Luchapt, Vienne, cant. l'Isle-Jourdain.*

Loupiac, 318. *Loupiac, Tarn, cant. Gaillac.*

Louvervilla (villa de). — *V.* Lobervilla.

Lozai (homines de), 711. *Lozay, Charente-Inférieure, cant. Loulay.*

Lozeis (ecclesia de), 419. *Lozé, Tarn-et-Garonne, cant. Caylus.*

Luat (Du). — *V.* Petrus.

Luc (De). — *V.* Bidant.

Luca (De). — *V.* Guillelmus.

Luçat (cappellanus de), 1911 (4). *Lussac-le-Château, Vienne.*

Luçat de Ecclesiis (prepositus de), 1054. *Lussac-les-Églises, Haute-Vienne, cant. Saint-Sulpice-les-Feuilles.*

Luchayo (borderia de), 1913 (7).

87.

Luche (villa de), 122. *Luché-sur-Brioux, Deux-Sèvres, cant. Brioux.*

Lucionum, 596, 701. *Luçon, Vendée.*

Luctis (De). — *V.* Petrus.

Ludovicus de Bellojoco, Bellijoco, miles. 59, 212, 221, 1155, 1156, 1191.

Ludovicus VIII, rex Francorum, 1960.

Ludovicus IX, rex Francorum, 116, 194, 214, 227, 367, 464, 510, 736, 740, 758, 1037, 1117, 1194, 1351, 1403, 1467, 1491, 1492, 1501, 1616, 1635, 1828, 1857, 1903, 1950, 1952, 1955, 1990, 1992, 1993, 1994, 1995, 1996, 1997, 1998, 1999, 2000, 2001, 2002, 2003, 2004, 2005, 2006, 2007, 2008, 2009, 2010, 2011, 2012, 2026, 2030, 2032, 2033, 2034.

Ludovicus de Roeriis, Roiere, scutifer et postea miles, 1153, 1183.

Lueto (capellanus de). — *V.* Petrus de Monteroberio. *Lunet, Aveyron, comm. Prades d'Aubrac.*

Lugain (ecclesia de), 1657. *Lugan, Aveyron, cant. Montbazens.*

Luguerium, Lugerium, domus, 1613, 1615. — *V. la note.*

Lunelli dominus. — *V.* Raimundus Gaucelmi. *Lunel, Hérault.*

Lunguspons. — *V.* Longuspons.

Lupo alto (De). — *V.* Raimundus. *Loubaut, Ariège, cant. le Mas-d'Azil.*

Lupus Garsias, burgensis de Ruppella, 104.

Lusergues (illi de), 1889.

M

M., Francorum regina. — *V.* Margarita.

M. (frater), ordinis Predicatorum, prior Insulensis, prioris provincialis in Francia vices gerens, 123, 124.

Macellarii Fossereti; redevance à eux imposée, 311.

Macellariorum Tholose communitas, 840 (15).

Machegouz (dominus de). — *V.* Guillelmus de Rocha. *Probablement Machecoul, Loire-Inférieure.*

Machinator seu atiliator, 783.

Machometi nomen in moneta Milliarensi, 556.

Maçotus de Vauro, 1302.

Macoville (decimaria de), 1091. *Macqueville, Charente-Inférieure, cant. Matha.*

Macren. — *V.* Petrus.

Madailhano (De). — *V.* Amanevus. *Madaillan, Lot-et-Garonne, cant. Prayssas.*

Magans. — *V.* Aimericus.

Maghren (De). — *V.* Durallus. *Magrens, Haute-Garonne, comm. La Grâce-Dieu.*

Magna decima vini, 1925 (4).

Magnac (De). — *V.* Guillelmus. *Plusieurs lieux du nom de Magnac, Charente et Charente-Inférieure.*

Magne vic, 1940.

Magniaco (De). — *V.* Boverius.

Maignac (De). — *V.* Gaufridus.

Maignaco, Magnaco (De). — *V.* Iterius.

Maillac (De). — *V.* Poncius.

Maillé (De). — *V.* Guillelmus. *Peut-être Maillé, Vienne, cant. Vouillé.*

Mailles, malles, mallies, 61, 1077.

——— poitevines, 1079.

Mailliacensis abbas, 1131. *Maillezais, Vendée.*

Mailliaco (De). — *V.* Jaquelinus.

Maingotus, Meingotus dou Melle, 1865, 1927 (2, 3).

Maisons, 1950. *Maisons, Aude, cant. Tuchan.*

Major. — *V.* Petrus, Petrus Raymundus, Raimundus Johannes.

Majores et populares, 403.

Majoris Monasterii Turonensis abbas, 657, 995. *Marmoutier, près de Tours.*

Mala consuetudo, 1922.

Malamors, 1797. *Malemort, Vaucluse, cant. Caumont.*

Malamorte (De). — *V.* Aimericus, Petrus.

Malaucena, Maulaucena, Maulenceua (castrum de), 584, 1752, 1767, 1797.

——— (homines de), 572, 1719, 1720, 1722. *Malaucène, Vaucluse.*

Malavilla (De). — *V.* Geraldus. *Maleville, Aveyron, cant. Montbazens.*
Malbec, 1797. *Maubec, Vaucluse, cant. Cavaillon.*
Malefactores in strata publica, 905.
— recepti, 297.
— cum bonis ablatis injuste receptati, 1821.
Maleficia, 490, 793.
— et forefacta, 423.
Maleriis, Malleriis (De). — *V.* Johannes. *Peut-être Maillères, Landes, cant. Labrit.*
Maleti. — *V.* Gaufridus.
Maletote, 1922.
Malles. — *V.* Mailles.
Malliaco (De). — *V.* Bouchardus, Hardoinus.
Mallier. — *V.* Petrus.
Maloleone (domina de), 1914 (3). *Aujourd'hui Châtillon-sur-Sèvre, Deux-Sèvres.*
Malomonte (De). — *V.* Ademarus, Geraldus.
Malonido (De). — *V.* Johannes.
Malsane. — *V.* Raimundus.
Manbota, 661.
Mandamentum, 152, 1631.
Mandatum, 1017.
— expiratum morte mandatoris, 1284.
Mandement secret, 57.
Maneria, 969.
Manerium, 1409.
Manerius, miles, 328.
Manfredi. — *V.* Bernardus.
Manfredus de Rabastenx, domicellus, 1411.
Mangnomonte (De). — *V.* Angnus. *Maymont, Puy-de-Dôme, cant. Olliergues.*
Mangotus (frater), preceptor domus Hospitalis de Salvegnau, 1607, 1608.
Manlot (castrum de), 901. *Mailhoc, Tarn, cant. Albi.*
Manobria, 196.
Mansi, 726.
Mansionarii homines, 864, 910, 1590, 1734, 1940, 2003, 2084.
— comitis, 571.
Manso Sanctarum Puellarum (homines de), 769. *Le Mas-Saintes-Puelles, Aude.*
Mansonum, 885. *Mazan, Vaucluse, cant. Carpentras.*

Mansum, Masum, villa, 1313, 1877.
— Fratres Minores, 1324, 1544.
— prior, 1877, 1887, 1888; locum tenens senescalli Wasconie, 165. *Le Mas-d'Agenais, Lot-et-Garonne.*
Mantico (territorium de), 1495.
Manumissio, 320.
Manus cujusdam abscissa, 625, 626.
Manus mortua, 1581, 1655, 1953.
— Tenere in manu mortua, 1420.
Manus violenter injecte, 1422.
Marabotins, Marbotins d'or, 642, 644, 702, 863, 870, 881.
Maragnum, 268. *Mauran, Haute-Garonne, cant. Cazères.*
Marbotin. — *V.* Guillelmus, Johannes, Oliverius, Rolandus.
Marc, 1077, 1078.
— d'estellins, 643, 644.
— de Tours, 1079.
Marçac (domus et villa de), 1181. *Marsac, Puy-de-Dôme, cant. Riom. — V. plus loin.*
Marcafaba (milites et parcionnarii de), 288, 289.
— (De). — *V.* Arnaldus, Raimundus-Guillelmi. *Marquefave, Haute-Garonne, cant. Carbonne.*
Marçat (De). — *V.* Aymo. *Peut-être Marsac, Puy-de-Dôme, cant. Riom. — V. plus haut.*
Marcell. (rector ecclesie de). — *V.* Bertrandus. *Peut-être Marcillac-d'Aveyron, Aveyron.*
Marceu (De). — *V.* Petrus.
Marcha auri, 70.
Marchays, terra, 2120.
Marche, 1879; *représailles.*
Marchesiorum moneta, 758.
Marchia non divisa, 1074.
Marchia (illi de), 1445, 1548 (2). *Famille d'Agen.*
— (De). — *V.* Benardus Raimundi, Raimundus.
Marchie et Engolismensis comes, conte de la Marche, 28, 30, 63, 612, 647, 650, 1071, 1080, 1865, 1901, 1912 (2), 1913 (4), 1913 (6), 1916 (1), 1916 (2), 1918, 1940, 1941, 2086. — *V.* Hugo.
— comitatus, 1046, 1047.

Marchie senescallus, 1047. — *V.* Johannes Pelardini.

Marcillac (abbas de), 2084. *Marcillac, Lot, cant. Cajarc.*

Marcilliaco (homines de), 1115. *Marsilly, Charente-Inférieure, cant. La Rochelle.*

Marcilliacum, 1017, 1051. *Marcillac-Lanville, Charente, cant. Rouillac.*

Marempne, 88. *Marennes, Charente-Inférieure.*

Marescalli. — *V.* Guillelmus, Petrus, Stephanus.

Maresium, maresc, mariscum, 258, 730, 1914 (1).

Maresta (De). — *V.* Bego.

Marestanno (De). — *V.* Bernardus, Ernardus. *Marestaing, Gers, cant. l'Isle-en-Jourdain.*

Margareta, 1930.

—— mater Astorgii de Aureliaco, 1680.

Margarita, Margareta, regina Francorum, 1184, 1866, 1867, 1988, 2014, 2015, 2016, 2017, 2018, 2019, 2021, 2024, 2026, 2027, 2028.

Margolienses solidi. — *V.* Melgurensium.

Margot. — *V.* Guillelmus.

Marguerite, comtesse de Flandre, 689.

—— de Lusignan, vicomtesse de Thouars, 5.

Marguel. — *V.* Hugoninus.

Maria de Andusia vel de Salvio, vicecomitissa Altivilaris et Leomanie, 417, 438, 1431.

—— Petragoricensis comitissa, 2117.

—— comitissa Drocensis et domina Brane, 199, 200.

—— filia Johannis Torpini, 1673.

—— vicecomitissa Lemovicensis, 982, 983.

Marière (De la). — *V.* Thomas.

Maritagium, 908, 1095, 1921, 1925 (9), 1941.

—— filiarum cujusdam heretici, 504.

—— mariage de filles nobles, 54.

Marmanda, Mermanda, Mermenda, Mirmande, 262, 1611.

—— Fratres Minores, 1324, 1544.

—— burgenses, 2067.

—— burgenses et mercatores quidam, 464.

—— bajulus, 1484, 1611. — *V.* Johannes de Malonido.

—— pedagium, 456, 457, 460, 1449, 1545, 1609, 1884.

Marmanda. Port, 421, 604, 978, 1038.

—— turris, 2065.

—— turris et mota comitis, 1612.

—— molendinum, 2068. *Marmande, Lot-et-Garonne.*

Marmanda (De). — *V.* Arnaldus.

Malroche, locus, 1706.

Marolium prope Meldas, 882. *Mareuil-lès-Meaux, Seine-et-Marne, cant. Meaux.*

Marous, 466. *Mauroux, Lot, cant. Puy-l'Évêque.*

Marque (droit de), 93, 96.

Marrola, locus, 453, 454. *Marroule, Aveyron, comm. Martiel.*

Marrolie, 2046. *Marroles-en-Hurepoix, Seine-et-Oise, cant. Arpajon.*

Marronis (villa de), 1950. *Mayronnes, Aude, cant. Lagrasse.*

Marros (De). — *V.* Guillelmus.

Marsano (De). — *V.* Raimundus. *Marsan, Gers, cant. Gimont.*

Marseille, Marselle, Massilia, 1038, 1066, 1778. — *V.* S. Victor.

—— commune, 857.

—— consilium, 857.

—— vicarius, 857. *Marseille, Bouches-du-Rhône.*

Marsibilia de Tursano (domina), 477.

Martellis (De). — *V.* Johannes.

Martellum, 2034. *Martel, Lot.*

Martiaus (De). — *V.* Johannes de Martellis.

Martina, feodataria, 445.

Martini. — *V.* Johannes.

Martinus Aubert, prepositus comitis apud Talneium, 1938.

—— Brisebarre, 1699.

—— Choisi, 699.

—— de Neram, 437.

—— de Rocha, 1930.

Martres, 196. *Martres-de-Veyre, Puy-de-Dôme, cant. Veyre.*

Marvilla, 1246. — *V. la note.*

Mascaronis. — *V.* Bernardus.

Masiones, 1357.

Masqueronis. — *V.* Berengarius.

Massa, 1581, 1704, 1705. *Manse, propriété rurale.*

Massa auri vel argenti, 1629.

TABLE GÉNÉRALE. 695

Massacum, 1950. *Massac, Aude, cant. Mouthoumet.*

Massilia. — *V.* Marseille.

Massum. — *V.* Mansum.

Mastacio (De). — *V.* Fulco, Laurentius, Robertus. *Matha, Charente-Inférieure.*

Materna successio, 1302.

Matheus, S. Marie in Porticu diaconus cardinalis, 2049, 2055.

—— Constantini, clericus, crucesignatus, 1098.

Matrimonii convenciones, 884.

Matrimoniis (Denarii percepti in), 1915 (2).

Matrimonium factum invitis parentibus, 973.

Matrix ecclesia, 1645.

Maugremont (De). — *V.* Stephanus.

Maulaucena. — *V.* Malaucena.

Maulay (feodum de), 1927 (2).

Maunay, 1912 (1).

Mauraceno (castrum de), 1649. *Murasson, Aveyron, cant. Belmont.*

Mauranni. — *V.* Bertrandus.

Maurencium, 365. *Maureus, Haute-Garonne, cant. Revel.*

Maureville (territorium de), 922. Voir la note et Marvilla.

Mauriacum, 155, 184, 185, 1684. *Mauriac, Aveyron, comm. Saint-Laurent-de-Lévezou.*

Mauricius de Bellavilla, miles, 16, 22, 23, 36, 62, 595, 664, 1017, 1024, 1051, 1865, 1998; dominus de Garneschia et de Rocha super Oyon, 657.

—— de Breon, miles, 1156.

Maurinus, archiepiscopus Narbonensis, 2112.

Mauriolo (De). — *V.* Ergolius.

Mauritania (De). — *V.* Benedictus. *Mortagne-sur-Gironde, Charente-Inférieure, cant. Cozes.*

Mausé, Mausiaco (De). — *V.* Gaufridus. *Mauzé, Deux-Sèvres.*

Mausiacensis abbatia, 914.

—— monachi, 193, 733.

—— abbas, 193. *Mozac, Puy-de-Dôme, cant. Riom.*

Medicino (prioratus de), 1475.

—— prior, 1475.

—— fratres domus ordinis B. M. de Monte Carmeli, 1439.

Medicino (homines de), 1548 (3). *Mézin, Lot-et-Garonne.*

Medietaria comitis, 1913 (7).

Medietarii, 1913 (7).

Mediis Campis (De). — *V.* Evrardus.

Mediomonte (moniales de), 1165. *Mégemont, Puy-de-Dôme, comm. Chassagne.*

Medulione (De). — *V.* Raimundus. *Mévouillon, Drôme, cant. Séderon.*

Meingoti. — *V.* Guillelmus.

Meingotus de Melle. — *V.* Maingotus.

Meledunum, 460, 856, 858, 2034. *Melun, Seine-et-Marne.*

Melgurensium, Melegurensium, Murgliensium, Margolienses solidi, Margollensis moneta, 820, 893, 1278, 1375. *Monnaie de Mauguio (Hérault).*

Mellans (castrum de), 1767. *Mollans, Drôme, cant. Buis.*

Melle (De). — *V.* Maingotus. *Melle-sur-Béronne, Deux-Sèvres.*

Mello (De). — *V.* Droco.

Memoriale, Memorialia, 211, 1054, 1121, 1331.

Menatensis abbas, 727 (15). *Ménat, Puy-de-Dôme.*

Menerba, 1797. *Ménerbe, Vaucluse, cant. Bonnieux.*

Mengerium, 1943.

Mengotus, 1924 (6).

Mensura mailloliorum de Sancto Paulo, 1302.

—— antiqua et modus mensurandi, 1914 (5).

—— debita, 1490.

—— nova et antiqua, 2068.

Mensuras ponendi jus, 1133.

—— Mensuras contra justiciam imponere, 64.

Mensuratio terrarum, 291, 294.

Mercadale sextarium, 1303.

Mercandi defensio, 2111.

Mercatale, 334, 335.

Mercatores spoliati in via publica, 141.

Mercatum a comite petitum, 923.

—— de novo concessum, 770, 841.

—— de novo instituendum, 1060.

—— concessum et proclamatum, 929.

—— mercati prohibitio, inquesta, 334, 335.

—— de Brom: inquesta de eo, 1354.

Mercatum concessum a comite, quadam mediante pecunie summa, Castronovi de Arrio, 769.
Mercorio (dominus de). — *V. Beraudus.*
Meretrices, 1943.
Meriaco (De). — *V. Johannes.*
Mermanda. — *V. Marmanda.*
Mermurio. — *V. Murmurio.*
Merpini dominus. — *V. Guido de Lezigniaco. Merpins, cant. Cognac.*
Merrenna, 1104.
Merthou (De). — Johannes.
Merum et mixtum imperium, 1803.
Mesanum, 1797. *Mazan, Vaucluse, cant. Carpentras.*
Meschins. — *V. Petrus.*
Mesiaco (De). — *V. Eustachius.*
Mesoncius, dominus de Calvomonte, 2066.
Mesons sur Seine, 643. *Maisons-Alfort, Seine.*
Mestiva, 1911 (9).
Mete seu fines, 620.
—— Metarum appositio, 1752.
—— clam amote, 1259.
Metula, Motulum, 1916 (2), 1923 (5). *Melle, Deux-Sèvres.*
Metuli. — *V. P. Melle.*
Meullento (De). — *V. Alanus. Meulan, Seine-et-Oise.*
Michael. — *V. Johannes.*
Michael de Giera, civis Lactorensis, 1542.
—— Godart, 1920 (18).
—— Laurencii, 234.
—— de Montegaillardo, 1488.
—— nepos magistri Michaelis de Tholosa, rector ecclesie de Florentino, 1618.
—— Papot, 1913 (7).
—— de Piano, serviens regis, 2029.
—— de Tholosa (magister), vicecancellarius Romane ecclesie, archidiaconus Narbone, 381, 382, 956, 1618, 2039, 2043, 2049.
—— de Viridario, 1650.
Mieus (De). — *V. Oliverius.*
Mile, Mill. (Denier d'or de), 644, 702, 863, 881. *V. Mir.*
Miles, 1310.
Miles. — *V. Aimericus, Guillelmus.*
Milesent, uxor Petri Trimalois, 1911 (1).

Miliare monete, 629, 630.
—— grossum, 569.
Militares persone, 913.
Milites liberi, 1802, 1805, 1806.
—— indigene, 1914 (2).
—— de nobili genere, 1644.
—— injuste talliati, 247.
—— in servitium comitis retinendi, 879.
Militia filii domini, 1793.
Millars (dominus de). — *V. Geraldus de Casaboni.*
Millars, 1259, 1664. *Milhars, Tarn, cant. Vaour.*
Millescuto (domus de), 1842. *Mille-Écus, Charente-Inférieure, comm. le Gué-d'Allère.*
Milliaco (De). — *V. Droco.*
Milliarensis, Milliarensium moneta, 558, 1810.
—— Miliarenses banniti et saisiti, 1757.
Milsodus de Avinione, 1797.
Mimatensis episcopus, 284, 1694. *Mende, Lozère.*
Mina, 545; *minerai.*
Mina, 1911 (5); *mesure.*
Minagium, 1944.
Minate, 1913 (4); *mesure agraire.*
Mineriis (serviens de), 122.
Minerium, 323, 524, 525, 545, 604, 1656, 1835.
—— inundatum evacuandum, 1678.
—— questio de sesina, 1835.
—— de novo repertum; inquesta de jure comitis, 1117.
—— repertum in terra regis et apertum in terra comitis, 1656.
Mines; exploitation, 130, 136, 144.
Minier d'Orzals, 526, 1038.
Ministeriales, 2054.
Ministri comitis, 2120.
Minor, murtrarius, 1047.
Mintriaco (De). — *V. Thomas.*
Minusia, 1931, 1943.
Mir. (Denier d'or de), 870. *V. Mile.*
Mirabello (De). — *V. Arnaudus, Poncius. Mirambeau, Charente-Inférieure.*
Mirabello (castrum de), 152. *Mirabel, Aveyron, comm. Rignac.*
Mirabellum. Fratres Minores, 1021. *Mirebeau, Vienne.*

TABLE GÉNÉRALE. 697

Miraclus Panetarius, 2002.

Miramonte (castrum de), 485. *Miramont, Tarn-et-Garonne, cant. de Bourg-de-Visa.*

Mirapiscis dominus. — *V.* Guido de Levis. *Mirepoix, Ariège.*

Miridel (castrum de), 1767. *Mérindol, Drôme, cant. Buis.*

Mirmande. — *V.* Marmande.

Misericordia Dei (abbatia de), 1021.
—— abbas et conventus, 55. *La Merci-Dieu, Vienne, comm. La Roche-Pozay.*

Missiones pro exercitu ab hominibus deficientibus levate, 1500.
—— pro exercitu ab hominibus cujuslibet militis exsolute, 1499.

Mixtum imperium, 1734.

Mobilia determinata et soluta, 1920.

Modelcnx (ecclesia de), 1421. *Moudoulens, Lot-et-Garonne, comm. Trémons.*

Moissiacensis abbas. 566, 766, 790, 797, 947, 1222, 1330, 1351, 1402, 1408, 1414, 1524, 1533, 1548 (5), 1548 (7), 1556, 1560, 1856, 1862, 1863, 1876, 1881, 1966, 1967, 2033. — *V.* Bertrandus de Monteacuto.
—— abbas, subdelegatus a conservatore privilegiorum comiti a sede apostolica concessorum, 232.
—— conservator privilegiorum comiti a sede apostolica indultorum, 2081.
—— monachi, 1889.

Moissiacensis monasterii vacherii et pastores, 2033.

Moissiacensis villa, Moissiacum, 928, 1548 (6), 1862, 1863, 1876, 1878, 1889, 1990, 1993, 2004, 2033, 2085.
—— Leprosaria, Domus Dei, 1324, 1544.
—— nundine, 1432.
—— universitas, 480.
—— bajulus. — *V.* Robertus Porcel.
—— consules et universitas, 481, 482.
—— consules, 1517, 2061.
—— burgenses, 1330.
—— homines, 434.
—— Moysiacenses partes, 1991.
—— Moysiaci pertinentie, 1548 (5). *Moissac, Tarn-et-Garonne.*

Moissiaco (De). — *V.* Raimundus Giraudi, Simon Guillelmus, Stephanus Giraudi.

Moissiacum Episcopi, Moissi, Moyssiacum, Moyssi, Moissi l'Évesque, Mossi, 25, 64, 65, 86, 104, 128, 174, 241, 243, 244, 259, 360, 361, 367, 384, 385, 433, 550, 734, 844, 880, 1255, 1462, 1572, 1655, 1657, 1764, 1769, 1771, 1772, 1775, 1776, 1783, 1785, 1786, 1787, 1821, 1864, 1865, 1899, 2049, 2053, 2106. *Moissy-Cramayel, Seine-et-Marne, cant. Brie-Comte-Robert.*

Molendina, 136, 469, 543.
—— construendum, 874.
—— de novo constructum, 1930.
—— novum comitis Vasione, 1725.
—— construendum super Tarni flumen, 1818.
—— fractum, 1453, 1469.
—— et rote in feodum tenta, 543.
—— Moulins à minier, 144, 526, 604.
—— Moulins à eau, à chevaux, à vent ou à bras pour l'exploitation des mines, 130.
—— ad ventum et ad aquam, ad manus vel ad equos, 545.
—— aquatile, 813.
—— navile, postea terrenum, 298.
—— in flumine Tarni indebite constructa, 1655.

Molendinarii, 479, 2068.

Moleria (foresta de), 609, 614, 663, 672, 1915, 1915 (4), 1915 (5), 1915 (8), 1917, 1918, 1925 (2), 1932. *Forêt de Moulière, Vienne.*

Moleriis (homines bastide de), 1478, 1530.
—— bajulia, 1505.
—— bajulus, 1530. *V.* Raimundus de Artigua. *Molières, Tarn-et-Garonne.*

Molestie personis religiosis illate, 872.

Molinus. — *V.* Guillelmus.

Mollanorum solidi. — *V.* Morlanenses.

Monachus de Guiler, domicellus, 1370, 1371.

Monachus male tractatus et in vinculis positus, 797.

Monasteriis (De). — *V.* Guillelmus.

Monbarstinx (prioratus de), 1621. *Montbazens, Aveyron.*

Monchyn (capellanus de). — *V.* Guillelmus.

Probablement Montgey, Tarn, cant. Cuq-Toulza.
Monconge (De). — *V.* Guido.
Mondo (De). — *V.* Berengarius, Hugo.
Moneta comitis, 1995.
—— comitis similis monete regie, 1999, 2000, 2001.
—— comitis jussu regis abolita, 1994.
—— Monetarum cussio vel fabrica, 567, 574, 575, 591, 592, 687.
—— examinatio, 600.
—— règles de l'épreuve, 61, 569, 1077, 1078.
—— essai par les commissaires du comte, 32, 33.
—— fraus in cussione, 687, 688.
—— Monetarum preconizatio, 566, 758.
—— Monetarum disclamatio, 1054.
—— prohibite, 131, 567, 758.
—— nova cudenda et quibus conditionibus, 971.
—— grossa, 569.
—— grossa argentea, 574, 575.
—— grossa et parva, 574, 575.
—— parva, 569.
—— defraudata lege et pondere, 1179.
—— adulterata, 1194.
—— avilissement de la monnaie, 91.
—— debilis, 687.
—— scambium, 602, 604, 643, 702, 1331.
—— argentea, 591, 592.
—— auree, 602, 702, 978, 1331.
—— achat par le comte, 70.
—— Albiensis de novo cudende conditiones, 1603.
—— novorum Claromontensium, 1194.
—— Marchesiorum, 758.
—— Milliarensium, 1810.
—— Milliarensis a comite Pictavensi interdicta, 556.
—— de Monsteriolo, 3, 629; fautes commises dans la taille, 644.
—— de Poitevins, conditions du bail, 1077, 1078.
—— nova in Provincia, 566.
—— falsa Sarracenorum, 695.
—— Tholose, 2096.

Moneta Tholose cudenda, 2057.
—— Venaissini; conventiones pro factione, 569, 1745.
—— regis Francorum, 137; lieux de fabrication, 243; apud Sanctum Antoninum, 2034.
Monetagium, Monnaige, Monneage, 84, 569, 629, 630, 881, 1077.
Monetarii, 569, 591, 592.
—— Monetariorum privilegia, 2090.
—— juramentum, 569.
—— Monnayers de Montreuil-Bonnin; formule du serment, 97.
Monfavès (De). — *V.* Geraldus.
Monias (castrum de), 1952.
Monjoire (De). — *V.* Bertrandus, Guillelmus. *Montjoire, Haute-Garonne, cant. Fronton.*
Monmoreillon. — *V.* Monsmaurilii.
Monpellier. — *V.* Monspessulanus.
Monsacutus, 843, 1403. *Montégut, Haute-Garonne. Plusieurs lieux de ce nom.*
Monsalbanus, 1419, 1596, 1599, 1824, 2082.
—— Domus et carcer comitis, 1518.
—— abbas, 1476, 1494, 1588, 1596, 1599. *V.* Albertus.
—— abbatissa, 1243.
—— Fratres Predicatores, 1324, 1507, 1544.
—— Fratres Minores, Leprosaria, Domus Dei, 1324, 1544.
—— Sorores ordinis Sancte Clare, 459.
—— vigerius, 825.
—— bajulia, 459.
—— bajuli, 1494.
—— consules et communitas, 2061, 2062.
—— consuetudo, 1599.
—— molendina, 479. *Montauban, Tarn-et-Garonne.*
Monsargi, 123, 124, 1013. *Montargis, Loiret.*
Mons Astrucus, Mons Estrucus. Leprosaria et hospitale, 832, 1324. *Montastruc, Haute-Garonne.*
Monsbruni, castrum, 787. *Montbrun, Haute-Garonne, cant. Montgiscard.*
Monscucus, 1469, 1889.
—— castrum, 1573.
—— Duo hospitalia, leprosaria, 1324, 1544.
—— rector ecclesie, 1443, 1472.

TABLE GÉNÉRALE. 699

Monscucus. Bajulus, 1869, 2077. 2080.
—— bajulus vel bajuli, 1490.
—— homines, 1472, 1490. *Montcuq, Lot.*
Mons Esquivus de Bolbestre, 304.
—— ecclesia nova, 280.
—— hospitale pauperum, 1291.
—— leprosaria, 832, 1324.
—— universitas hominum, 280. *Montesquieu-Volvestre. Haute-Garonne.*
Mons Estrucus. — *V.* Mons Astrucus.
Monsferrandi, Monsferrandus, 202, 756, 1191, 2116.
—— Fratres Minores, Leprosaria, Domus Dei, 1165.
—— communitas. 1189.
—— consules et communitas, 221, 756, 1191.
—— consules, 1154, 1170, 1179.
—— procurator hominum, 1163.
—— homines, 756, 1154, 1178. *Montferrand, Puy-de-Dôme, comm. Clermont-Ferrand.*
Mons Gasconii, 727 (12). *Montgacon, Puy-de-Dôme, comm. Luzillat.*
Monsiratus, castrum, 897. *Montirat, Tarn, cant. Monestiès.*
Monsmaurilii, Monmorcillon, 49, 1911, 1911 (6), 1911 (10), 1911 (11), 1917, 1925 (4), 1925 (9).
—— Domus Dei, 1021.
—— castellania, 1911 (15).
—— prepositi, 20, 1080, 1911 (6), 1911 (9).
—— homines, 1911 (12). *Montmorillon, Vienne.*
Monspensatus, castrum, 267, 1365. *Montpezat, Gers, cant. Lombez.*
Monspesatus, castrum, 909. *Montpezat-de-Quercy, Tarn-et-Garonne.*
Monspessulanus, Monpellier, 1066, 1265. *Montpellier, Hérault.*
Monsrubeus, 1950. *Montrouch, Aude, comm. Maisons.*
Mons Sancte Fidis, territorium, 1641.
Monsteriolo Bonin (De). — *V.* Godefridus, Guillebaudus. *Montreuil-Bonnin, Vienne.*
Monsterolium Bonini, Mosterolium, Mosteruel, Monteruel, Monstereul, Monterel, Montereul,

32, 34, 35, 50, 51, 52, 60, 61, 96, 600, 687, 973, 1077, 1078, 1081, 1096, 1915.
—— capellanus. — *V.* Johannes.
—— leprosaria, 1021.
—— castellania, 1918.
—— castellanus. — *V.* Johannes Prepositi.
—— prepositura, 616.
—— prepositus. — *V.* Thomas Grohans.
—— chastelein et chapelein, 3.
—— moneta, 32, 629, 630, 643, 1006, 1920 (8), 1999.
—— magister monete, 70.
—— monetarius, 695.
—— monaieurs, 3.
—— serment des monnayers, 97.
—— homines, 1036.
—— foresta, 81, 609, 993, 1082, 1913.
—— forestarius. — *V.* Gilo de Auxiaco. *Montreuil-Bonnin, Vienne, cant. Vouillé.*
Monstra, 716.
Montandre (De). — *V.* Johannes. *Montendre, Charente-Inférieure.*
Montane, 750, 1167, 1169. *Baillie des Montagnes d'Auvergne.*
Montanis (bajulus de) pro comite, 219, 741, 753. — *V.* Gaufridus, Gaufridus Troillart.
—— (prepositus de), Montanha. — *V.* Andrivetus.
Montasinus, nepos Bernardi de Rameiano, 1479.
Montay (bastida de), 319. *Montain, Tarn-et-Garonne, cant. Saint-Nicolas.*
Montazinus de Podenas, domicellus, 1441.
Montboissier, 747. *Montboissier, Puy-de-Dôme, comm. Brousse.*
Monteacuto (De). — *V.* Giroudus, Petrus.
Monteacuto (De). — *V.* Harmannus. *Peut-être Montaigu-de-Quercy, Tarn-et-Garonne.*
—— Montagut (De). — *V.* Arnaldus, Bernardus, Bertrandus. *Montaigu-de-Quercy.*
Monteacuto (De). — *V.* Bernardus. *Peut-être Montégut, Haute-Garonne, cant. Revel.*
Monteacuto (De). — *V.* Salomon. *Peut-être Montégut, Haute-Garonne, cant. Le Fousseret.*
Monteacuto (castrum de), 1394. *Probablement Montégut, Ariège, cant. Vareilles.*
Montealbano (De). — *V.* Dragonetus. *Montauban, Drôme, cant. Séderon.*

88.

Monte Alegre, 1632.

Montealsato (bajulus de), 2077. *Montalzat, Tarn-et-Garonne, cant. Montpezat.*

Montealto (De). — *V.* Rogerius, Sicardus. *Montaut, Haute-Garonne, cant. Carbonne.*

Monte Andronis (De). — *V.* Fulco. *Montendre, Charente-Inférieure.*

Monteayol (De). — *V.* Kremon.

Montebardon (De). — *V.* Petrus.

Monte Bongam (De). — *V.* Guillelmus.

Montebuxerio (De). — *V.* Eustachius. *Montboissier, Puy-de-Dôme, comm. Brousse.*

Monteclaro (De). — *V.* Guillelmus.

—— prior. — *V. P.* de Bellomonte. *Monclar-de-Quercy, Tarn-et-Garonne.*

Montecornerio (castrum de), 1952.

Montecuculi (De). — *V.* Jordanus. *Peut-être Montcocu, Haute-Vienne, comm. Ambazac.*

Monte Espedonis (De). — *V.* Guillelmus. *Montespédon, Puy-de-Dôme, comm. de Ménat.*

Monteesquivo (De). — *V.* Poncius.

Monteferrarii (De). — *V. P.*

Monteflanquino (bastida de), 1895.

—— homines, 1483. *Monflanquin, Lot-et-Garonne.*

Monteforti (De). — *V.* Radulphus.

Monteforti (De). — *V.* Philippus, Simon. *Montfort l'Amaury, Seine-et-Oise.*

Montegaillardo (De). — *V.* Bartholomeus, Michael. *Montgaillard, Haute-Garonne, comm. Villefranche-de-Lauragais.*

Monte Germondi (De). — *V.* Eustachius.

Monteils (De). — *V.* Guillelmus.

Montejovis (De). — *V.* Imbertus. *Montjaux, Aveyron, cant. Saint-Beauzély.*

Montelanardo (De). — *V.* Armandus. *Mondenard, Tarn-et-Garonne, comm. Cazes-Mondenard.*

Montelauro (homines de), 254, 255. *Montlaur, Haute-Garonne, cant. Montgiscard.*

Monteleonis (De). — *V.* Guillelmus.

Montellis (De). — *V.* Ademarius. *Montels, Ariège, cant. La Bastide-de-Sérou.*

Montelucano (homines de), 253.

Montemauro (De). — *V.* Ademarius, Hugo Amelii. *Montmaur, Aude, cant. Castelnaudary.*

Monte Mirabelli (homines de), 272. *Probablement Castelnau-de-Montmiral, Tarn.*

Monte Olivero (De). — *V.* Raimundus.

Montepensato (De). — *V.* Armandus, Petrus. *Montpezat-de-Quercy, Tarn-et-Garonne.*

Monteregali (homines de), 903, 1293.

—— castellanus, 333. *Montréal, Aude.*

Montereul Bonin. — *V.* Monsteriolum.

Monterevelli (De). — *V.* Guillelmus, Petrus.

Monteroherio (De. — *V.* Petrus.

Montesalvio (De). — *V.* Raimundus.

Montesalvio (homines de), 1561.

Montesaunes (preceptor milicie Templi de), 242. *Montsaunès, Haute-Garonne, cant. Salies-de-Salat.*

Montesecuro (homines castri de), 434. *Monségur, Lot-et-Garonne, cant. Fumel.*

Montesquif (homines de), 1550. *Voir la note.*

Montelin (De). — *V.* Bernardus.

Montgeu (De). — *V.* Guido. *Peut-être Montjaux, Aveyron, cant. Saint-Beauzély.*

Montibus (De). — *V.* Hugo.

Montibus (De). — *V.* Gaufridus. *Mons, Charente-Inférieure, cant. Matha.*

Montibus (De). — *V.* Atto, Lombarda, Morinus, Poncius, Raimundus. *Mons, Haute-Garonne, cant. Toulouse.*

Montibus (villa de), 1047.

Montignet (De). — *V.* Bernardus. *Monteignet, Allier, comm. Gannat.*

Montigniacum, Montiniacum, 1082, 1087, 1088, 1147, 1613, 1614, 1615.

—— castellanus. — *V.* Robertus de Laiardel. *Montignac, Dordogne.*

Montilio (De). — *V.* Lambertus. *Montélimart, Drôme.*

Montilliis (castrum de), 561, 585, 1761.

—— pedagium, 1769.

—— sindici hominum, 1765.

—— homines, 557, 577, 582, 1742, 1748, 1756, 1762. *Monteux, Vaucluse, cant. Carpentras.*

Montis regalis homines, 1487. *Montréal, Lot, comm. Saint-Cyr.*

Montis regalis castrum, 1571. *Montréal, Gers.*

Montis Sempronii ecclesia, 1421.

Montis Sempronii prior, 1420, 1421. *Monsempron-Libos, Lot-et-Garonne, cant. Fumel.*

Montlenard. Hospitale, 1544. *Mondenard, Tarn-et-Garonne, comm. Cazes-et-Mondenard.*

Montleuras. Hospitale, 1324.

Montolio (domus de), 734.

Montoneria (De). — *V.* Odo.

Montonium, 727 (8).

—— castellania, 727 (7).

—— castellanus, 196.

—— baillivus, 226. *Monton, Puy-de-Dôme, comm. Veyre.*

Montotiz (De). — *V.* Petrus.

Montrabé (homines de), 1357. *Montrabé, Haute-Garonne, cant. Toulouse.*

Montroy, 1940. — *V.* Aimericus. *Montroy, Charente-Inférieure, cant. La Jarrie.*

Montsalisio (reparium de), 1688. *Montsalès, Aveyron, cant. Villeneuve.*

Montuel (domus de), 223. Probablement *Le Montel, Puy-de-Dôme, comm. Cunlhat.*

Moon. — *V.* Durandus.

Morel. — *V.* Durandus, Petrus.

Morel (prior de), 1691. Probablement *Mouret, Aveyron, cant. Marcillac.*

Morelle abbas. — *V.* Morolia.

Moreto (castrum de), 152, 1712. *Mouret, Aveyron, cant. Marcillac.*

Morgo d'Aguiler, 1607, 1608.

Morin. — *V.* Gaillardus.

Morinus de Montibus, 960.

Morlanorum, Morlanenses, Mollanorum libre, 426, 1419; solidi, 471.

Morlans (De). — *V.* Johannes.

Mornacii castrum, 712.

—— homines, 1727. *Mornas, Vaucluse, cant. Bollène.*

Morolia, Morelle (abbas et conventus de), 48, 1945. *Moreaux, Vienne, comm. Champagné-Saint-Hilaire.*

Morters, 1932. *Mortiers, Vienne, comm. Montamisé.*

Mosiaci villa. — *V.* Moissiacum.

Mossetus, judeus de Sancto Johanne Angeliacensi, 1008.

Mossi. — *V.* Moissiacum Episcopi.

Mosterolium. — *V.* Monsterolium.

Mosteruel Bonin. — *V.* Monsteriolum.

Mota (De). — *V.* Bernardus, Gaillardus, Guillelmus, Petrus Raymundi, Philippus.

Mota (La), 466. Peut-être *Lamothe-Cassel, Lot, cant. Saint-Germain.*

Mota (forcia de), 924. Probablement *La Mothe-Cabanac, Haute-Garonne, cant. Cadours.*

Mota (locus de), 1803. *Lamotte, Vaucluse, cant. Bollène.*

Mota (castrum de), 1567.

Motet, 138, 202.

Motulum. — *V.* Metula.

Mouse, judeus domini regis, 667, 668, 669, 670.

Mousteijol, Moustoiol (castrum de), 284. *V.* Anglicus. *Mostuéjols, Aveyron, cant. Peyreleau.*

Moutomet, 1950. *Mouthoumet, Aude.*

Moyssiacum. — *V.* Moissiacum.

Mulcta, 1361.

Munerius, 1930.

Murgliensium solidi. — *V.* Melgurensium.

Murmurione, Mermurione (castrum de), 584, 1752, 1797. — *V.* Latillus. *Mormoiron, Vaucluse.*

Murtrum, 1686.

Murus sive carcer, 911.

Mutaculus, nuncius monasterii Moissiacensis, 2033.

Mutatio domini, 1220.

—— tenentis, 1913 (4).

Mutuum, 670.

—— a communiis quesitum, 1131.

—— a comite petitum, 1049.

—— a comite factum, 720, 757.

—— a comite cuidam castellano factum, 1426.

—— senescallo a quodam factum, 2063.

—— consenti à un agent du comte, 67.

—— factum cuidam crucesignato, 729, 1390.

—— a christianis Judeis factum, 970.

—— hereticis factum, 1709.

—— olim comiti Tholose factum, 235, 893, 1278, 1312, 1375.

N

Nabinalis (De). — *V.* Iterius. *Nabinals, Lozère.*
Nadillac, locus, 500. *Nadillac, Lot, comm. Gras.*
Naintriacum, 1059. *Naintré, Vienne, cant. Châtellerault.*
Najaco, Nigaco (De). — *V.* Petrus Gaufier. *Najac, Aveyron.*
Najacum, Naujacum, Nigiacum, castrum, 143, 1620, 1631, 1641, 1673, 1695, 1699, 2113, 2114.
—— edificium comitis prope castrum, 1699.
—— Domus Dei, 1165, 1324, 1675.
—— Leprosaria, 1165, 1324, 1675.
—— custodia, 1673.
—— probi homines, 1639.
—— homines, 545.
—— ballivia, 154.
—— bajulus, 169.
—— castellanus. — *V.* Johannes Torpin, Robertus de Beencort.
—— nundine, 143. *Najac, Aveyron.*
Nangevilla (De). — *V.* Theobaldus. *Nangeville, Loiret, cant. Malesherbes.*
Nantholio (De). — *V.* Guerruce. Peut-être *Nanteuil-en-Vallée, Charente, cant. Ruffec.*
Nantoilleto, Nantolio (De). — *V.* Guillelmus.
Nantolio (De), Nantueill, Nantuel, Nanteul. — *V.* Johannes.
Narbona, 315, 382. *Narbonne, Aude.*
Narbonensis archidiaconus. — *V.* Michael de Tholosa.
Narbonensis, Nerbonensis archiepiscopus, 1952, 2009, 2056, 2112. *V.* Guido Fulcodii, Maurinus.
Narbonensis provincia, 984, 986.
Natales domini, 2027.
Natalis. — *V.* Guillelmus.
Nate (De). — *V.* Bertrandus. *Nades, Allier, comm. d'Ébreuil.*
Naucras (prepositus de). — *V.* Johannes de Montandre. *Naucras, Charente-Inférieure, cant. Saujon.*
Naujacum, castrum. — *V.* Najacum.
Naulagium sive locus in navi, 1643.

Nausa Brueria (nemus de), 1308.
Nausac (De). — *V.* Ademarus. *Naussac, Aveyron, cant. Asprières.*
Navarrie rex, 1906, 1968.
Naverii. — *V.* Guillelmus.
Naverius, forestarius de Moleria, 67, 609.
Naves, 96, 308, 610, 2014, 2015, 2016, 2019, 2021.
—— conducende, 1779, 1832, 2025.
—— conducenda seu nauzilanda, 1134.
—— nave que l'on apele l'Ange, 1832.
—— navium anglicarum arrestatio, 2022, 2023.
Navinas (De). — Petrus.
Nede (De). — *V.* Jacobus.
Negathol (tegularia de), 1495.
Negret. — *V.* Guillelmus.
Nemausensis civitas, 2090, monnaie royale, 143. *Nîmes, Gard.*
Nemora. Nemorum possessio et usagium, 439.
—— usagium in nemoribus, 840 (14).
—— nemus dividendum, 801.
—— nemus concessum, 993.
—— nemoris pars concessa ad secandum, 663.
—— nemora scissa, 515, 958.
—— nemora vendita, 992.
—— nemorum comitis venditorum mensuratio, 640.
—— nemus precario concessum, 1281.
—— nemoris assignatio, pro abbatia quadam construenda, 468.
—— nemora usurpata, 272.
—— nemora invasa, 1620.
Nemore (De). — *V.* Jacobus de Bosco.
Nepos (magister), judex Albiensis, 860, 901.
Neracum. Fratres Minores, 1324, 1544.
—— prior, 426, 1090. *Nérac, Lot-et-Garonne.*
Neram (De). — *V.* Martinus.
Nerbonensis archiepiscopus. — *V.* Narbonensis.
Neullac (De). — *V.* Guillelmus.
Neuviz (De). — *V.* Theobaldus de Noviaco.
Nevers (cuens de). — *V.* Nivernensis.

TABLE GÉNÉRALE. 703

Nicholaus. — *V.* Johannes.
Nicholaus, clericus comitis, 1801.
Nicholaus de Pontelevio, de Pontlevoi, civis Turonensis, 32, 34, 35, 50, 51, 52, 97, 1096.
Nicholaus, preceptor domus Hospitalis de Launeia, 996.
Nicholaus (frater), prior generalis ordinis B. Marie de Monte Carmeli, 1961.
Nicholaus de Vernolio (magister), clericus regis, 1992.
Niella (De). — *V.* Odo.
Niger. — *V.* Isarnus.
Nigiacum, castrum. — *V.* Najacum.
Nimes. — *V.* Nemausensis.
Niolio (homines de), 1115. *Nieul-sur-Mer, Charente-Inférieure, cant. La Rochelle.*
Niolio (pratum de), 1912 (2).
Niortum, Niort, Nyortum, 107, 978, 1038, 1066, 1103, 1201, 1607, 1608, 1834, 1913, 1920 (13, 14, 20), 1929, 1930.
—— castrum, 674.
—— castellanus, 107, 1874.
—— prior, 673.
—— officialis, 594.
—— Domus Dei, Leprosaria, 1021.
—— Fratres Minores, 1021.
—— elemosinarius, 1943.
—— major et communia, 24.
—— major, jurati et communia, 651.
—— major et burgenses, 673.
—— querele burgensium contra priorem, 673.
—— populares, 1043.
—— cohua nova, 1929.
—— aqua de Niorto, 1929, 1943. *Niort, Deux-Sèvres.*
Nivernensis ecclesia, 2047.
Nivernensis comes, cuens de Nevers, 1968. *V.* Johannes.
Nivernis (De). — *V.* Johannes. *Nevers, Nièvre.*
Noalier, locus, 1912 (2).
Noallac (De). — *V.* Guillelmus.
Nobiles ex parte patris, 1310.
—— ex parte matris, 1310.
—— a questis vel collectis immunes, 1517.
—— injuste ad collectam dandam compulsi, 1483.

Nobiles Ruthenensis dyocesis, 628.
Nobiliaco (De). — *V.* Guillelmus. *Nouaillé, Vienne, cant. la Villedieu.*
Nobilibus (auxilium debitum a), 1041, 1042.
—— (subsidium petitum a), 1117.
Nochia, 920. *Nohic, Tarn-et-Garonne, cant. Grisolles.*
Noerio (homines de), 275. *Noé, Haute-Garonne, cant. Carbonne.*
Nogareto (villa de), 776, 938. *Nogaret, Haute-Garonne, cant. Revel.*
Nogentum Heremberti, Nongentum Leremberti, 1872, 1942, 2026. *Nogent-le-Roi, Eure-et-Loir.*
Noillac (De). — *V.* Bernardus. *Peut-être Nouaillac, Lot-et-Garonne, comm. Penne.*
Noisies. — *V.* Arnaldus.
Noneta, la Nonete, 727 (6), 747, 2116.
—— castrum, 1195.
—— ballivus, 226.
—— Leprosaria et Domus Dei, 1115. *Nonette, Puy-de-Dôme, cant. Saint-Germain-Lembron.*
Non-préjudice (Charte de), 1127.
Normannie negotium, 2010, 2011, 2012, 2013.
Normannie rippa, 464.
—— maris costile, 2027.
Notaria Amilliavi, 1646.
Notarii; quomodo debeant sua prothocolla scribere, 840 (5).
—— comitis in Venaissino, 1720.
Notariorum carte de novo concedende vel innovande, 416.
—— salaria immoderata moderanda, 1771.
Notarius ab officio amotus, 1777.
Notarius, clericus inquisitoris heretice pravitatis, 412, 413.
Note false, 1807.
Novalia, 312.
—— novalium decime, 930.
Novavilla (De). — *V.* Johannes, Petrus, Radulphus.
Novavilla (Decima de), 1058. *Neuville, Vienne.*
Nove pro venando, 1121, 1331.
Nove guarde, 1047.
Noveta, 332. *Villenouvelle, Haute-Garonne, cant. Villefranche-de-Lauragais.*

Novioco (De). — *V.* Theobaldus.
Novilla (De). — *V.* Thomas.
Novilla (bastida de), 1402.
—— (honor de), 874.
Novitates, 265, 673.
—— senescallorum, 1782.
—— injuste, 151, 2076.
Noymé (garenna de), 990. *Saint-Georges de Noisné, Deux-Sèvres, cant. Mazières.*
Nuncii, Nuncius (sergent), 156, 223, 553, 559, 1433, 1779, 1816.
—— senescalli, eorum delicta, 448.

Nuncii vel procuratores, 1051.
Nundine, 1128.
—— nundinarum institutio, 404, 841.
—— petite, 923.
—— concesse et clamate, 928.
—— clamate, 2085.
—— injuste facte, 559.
—— nundinarum custodia, 1914 (7).
—— Moissiaci, 480, 481, 482, 1432.
—— preconizate apud Najacum, disclamate per burgenses, 143.
Nyortum. — *V.* Niortum.

O

O., Tusculanus episcopus. — *V.* Odo.
Oalrici. — *V.* B.
Obazine, Abbazine, Obezine abbas, 142, 1548 (8), 2081.
—— abbas et conventus, 944. *Aubazine, Corrèze, cant. Beynat.*
Oblatio pro focagio, 523.
Oblationes, 1645.
—— negate, 1443.
Oblias (traditio ad), 291, 294.
Oblie, 291, 493, 880.
—— seu census, 968.
—— seu census debiti pro domibus, 1599.
Obligatio, 616.
—— pro mutuo, 809.
Oblinquum, 1925 (3).
—— prioratus, 1838.
—— terra, 57.
—— castellania, 684, 1129, 1911 (15).
—— domini, 1. *Le Blanc, Indre.*
Oboli super qualibet brachiata domorum, 2067.
Obsides, 873, 1873.
—— liberandi, 1370.
Occisio cujusdam militis, 1550.
Odardus, Odoardus de Pomponio, Pomponia, castellanus de Segureto, 1750, 1751, 2110.
Odo de Insula, miles, 886, 1363, 1396.
—— de Leomania, 1967.
—— de Montoneria (magister), Montonneria, Monstoneria, mestre Hue de la Montonnière, 152, 158, 159, 165, 172, 173, 230, 235,

242, 249, 250, 251, 256, 257, 258, 260, 261, 262, 263, 264, 266, 267, 268, 270, 273, 274, 280, 281, 283, 285, 286, 294, 303, 309, 311, 312, 321, 322, 324, 332, 333, 334, 335, 340, 343, 352, 368, 374, 375, 376, 383, 384, 385, 391, 395, 396, 397, 398, 404, 405, 411, 418, 420, 426, 429, 430, 453, 454, 480, 481, 490, 491, 492, 493, 495, 496, 497, 498, 499, 500, 501, 506, 510, 512, 516, 566, 590, 769, 772, 773, 776, 782, 784, 785, 808, 819, 824, 826, 828, 842, 850, 877, 878, 887, 892, 893, 897, 898, 899, 900, 903, 904, 905, 906, 907, 909, 910, 915, 922, 924, 934, 936, 946, 957, 1209, 1211, 1216, 1246, 1277, 1281, 1282, 1283, 1296, 1297, 1316, 1324, 1326, 1328, 1337, 1348, 1389, 1423, 1442, 1452, 1456, 1463, 1464, 1473, 1474, 1476, 1489, 1492, 1499, 1505, 1518, 1525, 1526, 1547, 1658, 1659, 1729, 1837, 1854, 1856, 1859, 1860, 1862, 1863, 1875, 1876, 1877, 1878, 1881, 1890, 1902, 1978, 1980, 1981, 2064, 2072, 2078, 2084.
Odo de Niella, miles, 912.
—— de Parisius (frater), ordinis fratrum Predicatorum, inquisitor in Alvernia, Ruthenensi et Venessino, 190, 727, 1165, 1188, 1198, 1631, 1665, 1699, 1742, 1798, 1799, 1811, 1825.

Odo, Tusculanus episcopus, 2039, 2049. *Eudes de Châteauroux.*

Odoardus (dominus). — *V.* Edoardus.

Odonetus de Confluento, Confluentio, domicellus vel valetus, 71, 72, 598, 599, 608, 659.

Odus Gagius, 247.

Officiales comitis, 2120.

—— senescalli, 1720, 1721.

—— senescalli Venaissini, 1727.

Officialis Claromontensis, 732.

Officine, 678, 691.

Oignon (D'). — *V.* Robertus.

Oliеras (De las). — *V.* Helias.

Oliverius de Faya, 1930.

—— de Flaet, valetus, 1919.

—— Marbotin, 664.

—— de Micus, miles, 2081.

—— de Penna, miles, 919.

—— de Terminis, 1951, 1952, 1953, 1954.

Olivo (De). — *V.* Raimundus.

Olrici. — *V.* Arnaldus.

Olricus de Curvorivo, 1494.

Olti flumen, 442, 1502, 1509. *Le Lot.*

Oneratio lignorum, feni, vini, bladi adductorum in castro, 1914 (7).

Opeda (castellanus de), 1743. *Oppède, Vaucluse, cant. Bonnieux.*

Or (Monnaies d'), change, 323, 421, 643, 1038.

Orador (De). — *V.* Helias.

Oratione Dei in Vasconia (moniales de), 832, 1324.

Oratione (abbatissa de), 1239. *L'Oraison Dieu.*

Orbionis aqua, 1952. *L'Orbieu.*

Ordalhais (ecclesia d'), 1476. *Voir la note.*

Ordinatio comitis super usuageariis, 1082.

—— d. regis super quibusdam injuriis, 1403.

Orgelium, Orgolium, 920, 1889. *Orgueil, Tarn-et-Garonne, cant. Grisolles.*

Orgueillosus, Orgueillotus, Jorgolius (magister), jurisperitus, 1700, 1706, 1708.

Orseroles, bastida, 356. *Orsières, Tarn, cant. Puylaurens.*

Orsonvilla, Orsonville in Belsia, 40, 1976. *Orsonville, Seine-et-Oise, cant. Dourdan.*

Orzals, Orzeals, fodina, minier, 130, 136, 141, 144, 186, 526, 627, 978, 1626, 1630, 1678.

—— droits du comte de Rodez, 140.

Osac (homines d'), 727 (6). — *V.* Robertus Ferrin. *Auzat-sur-Allier, Puy-de-Dôme, cant. Jumeaux.*

Ossarpa (D'). — *V.* Johannes. *Isserpent, Allier, cant. La Palisse.*

Ostensio, 1877.

—— in jure facienda, 1887, 1888.

—— terrarum et terragiorum, 1941.

Ostrugus. — *V.* Bonus.

Ottonis. — *V.* Bernardus.

Oulricus. — *V.* Reginaldus.

Outremer (terre d'), 811.

Ouvrer l'argent, 130.

Ovent fol (bastida d'), 1620.

Oxerre foresta, 765. *Voir la note.*

Ozillus, nepos Ergolii de Mauriolo, 1646.

P

P., episcopus Agenensis. — *V.* Petrus.

P. de Bellomonte, prior Montisclari, 1610.

P. Bernardi, serviens comitis. — *V.* Petrus Bernardi.

P. Boce. — *V.* Petrus.

P., domicellus, 179.

P. Helye, 1925 (5).

P. de Landrevilla, senescallus Tholosanus. — *V.* Petrus.

P. Metuli (magister), decanus S. Hilarii Pietavensis, 659.

P. de Monte-Ferrarii, miles, 535.

P. de Paderno, dominus castri de Saviniaco, 422.

P., prior provincialis Predicatorum in Francia, 1010, 1012, 1013, 1014.

P. R., judex Rutinensis. — *V.* Petrus Raymundi.

P. Raymundi de la Sospesa, 1251.

P. Remondi (magister), judex Ruthenensis. — *V.* Petrus Raymundi.

P. Remundi, miles, 1409.

P. Rogerii (magister), canonicus Xanctonensis, 1085, 1086.
P. Sorini (magister). — *V.* Petrus.
P. (frater), subprior Sancti Bernardi Parisiensis, 1958.
P. Vicarii, 1251.
P. de Vicinis. — *V.* Petrus.
P. Vigerii. — *V.* Petrus.
Pachier. — *V.* Guillelmus.
Paciarius, paziarius, 1624.
Pacis fractio, 1221.
—— reformatio, 72.
—— statuta, 873, 1274, 1623.
Padella, 1920 (20).
Paderno (De). — *V. P. Pern. Lot, cant. Castelnau-de-Montratier.*
Paes, Pahes (De). — *V.* Petrus.
Pagani. — *V.* Guillelmus.
Pagaz (homines de), 1619. *Pagar, Aveyron, comm. Decazeville.*
Page domino comiti assuete, 1911 (6).
Pagnen. — *V.* Richardus.
Pailleraco (leuda castri de), 1950. *Palairac, Aude, cant. Mouthoumet.*
Palacio (De). — *V.* Bertrandus.
Palasols (De). — *V.* Bramatus, Guillelmus, Raimundus Guillelmi. *Parazols, Tarn-et-Garonne, comm. La Française.*
Palacium de Poioliis, 434. Probablement *Pujols, Lot-et-Garonne, cant. Villeneuve-sur-Lot.*
Palaude. — *V.* Paludis.
Palefridus, palefredus, 657, 678, 679, 995, 1448, 1796, 1920 (2).
Paleola, paillole, 70, 602.
—— auri vel argenti, 1629.
—— d'or, 604.
Palheroles (De). — *V.* Grimoaudus, Stephanus.
Palleriis, Pailheriis, Pailheliis (castrum de), 883, 885, 887.
—— universitas, 275.
—— homines, 792. *Pailhès, Ariège, cant. Le Fossat.* V. B. Amelii. R. Amelii, Savaricus.
Pallement. — *V.* Parlamentum.
Pallamenicum, 268. *Palaminy, Haute-Garonne, cant. Cazères.*
Palmule mina, 210.
Paludis, de Palaude, Plaudii (villa), 1792.

Paludis pedagium, 551, 589. *Lapalud, Vaucluse, cant. Bollène.*
Paluellum, Palluellum, Paluiau in Alvernia, 200, 747, 760.
—— ballivia, 1206.
—— preceptor domus, 220.
—— prepositus, 1206. *Paluet, Allier, comm. Saint-Pourçain.*
Pampelune, bastida, 892. *Pampelonne, Tarn.*
Panato, Panat, Pannat (castrum de), 152, 1712; dominus castri, 151. *Panat, Aveyron, comm. Clairvaux.*
Panetarii. — *V.* Adam.
Panetarius. — *V.* Miraclus.
Panna. — *V.* Penna.
Pannato (De). — *V.* Hugo. *Panat, Aveyron, comm. Villefranche-de-Panat.*
Panni, 141, 2084.
—— extracti, 559.
—— injuste detenti, 1138.
—— venditi, 882.
Pannuzia (prioratus de), 520.
—— prior, 520. *Lapanouse, Aveyron, cant. Séverac-le-Château.*
Paolhaco (villa de), 2120. *Paulhac, Haute-Garonne, cant. Montastruc.*
Paon (De). — *V.* Petrus.
Papelarda Pictavensis, 75, 991.
Papelarde (La). — *V.* Johanna.
Paperii. — *V.* Petrus.
Papirium notarii, 1594.
Papot. — *V.* Michael.
Par. (De). — *V.* Johannes.
Paracollo (castellanus de), 718. *Parcoul, Dordogne, cant. Sainte-Aulaye.*
Parage (De). — *V.* Bernardus, Raimundus.
Parciaria, 1692.
Parcio cujusdam castri, 461.
Parçonnarii, Parcionarii, Parçonnier, Parciarii, 238, 288, 289, 292, 425, 475, 543, 1396, 1459, 1571, 1593, 1595, 1712.
Parcaria comitis in quadam villa, 837.
Pareinx, Pereinx (homines de), 252, 330. *Peyrens, Aude, cant. Castelnaudary.*
Parentus, mareschallus, 1920 (2).
Parerii, 271, 384, 434, 1539, 1774, 1782, 1783, 1790, 1791, 1793, 1819.

Pariagium; inquesta facienda, 837.
Parigné (bordaria de), 1910 (3). *Porigny, Vienne, comm. Jaulnay.*
Paris. (De). — *V.* Ysaac.
Paris; monnaie royale, Parisis, Parisienses, Parisiensium moneta, 137, 243, 421, 690, 758.
Parisiensis curia, 985. *Cour de l'official.*
—— pax, 840 (13).
—— ecclesie archidiaconus. — *V.* R. de Chevriaco.
Parisiensium fratrum Predicatorum prior, 1850.
Parisius, Paris, 188, 194, 238, 248, 323, 326, 336, 339, 341, 342, 475, 546, 547, 593, 611, 616, 617, 627, 628, 631, 632, 634, 635, 636, 637, 638, 639, 640, 654, 659, 662, 663, 664, 665, 674, 675, 676, 677, 678, 681, 682, 684, 696, 697, 698, 699, 700, 711, 712, 713, 714, 716, 722, 723, 724, 739, 742, 743, 744, 745, 753, 754, 755, 758, 759, 760, 762, 763, 794, 795, 796, 797, 798, 799, 800, 807, 808, 827, 828, 866, 867, 869, 870, 871, 875, 876, 878, 907, 908, 909, 910, 911, 912, 913, 914, 915, 918, 920, 921, 922, 923, 924, 926, 927, 928, 929, 930, 931, 932, 934, 935, 936, 937, 946, 948, 962, 963, 964, 965, 966, 968, 969, 970, 971, 973, 985, 1003, 1004, 1005, 1007, 1011, 1016, 1019, 1034, 1035, 1056, 1057, 1063, 1064, 1065, 1066, 1068, 1069, 1070, 1071, 1105, 1125, 1138, 1141, 1142, 1144, 1145, 1154, 1157, 1176, 1178, 1190, 1194, 1195, 1196, 1197, 1198, 1200, 1274, 1294, 1295, 1296, 1297, 1298, 1299, 1301, 1302, 1303, 1304, 1305, 1306, 1307, 1308, 1309, 1314, 1315, 1316, 1317, 1319, 1321, 1323, 1346, 1370, 1371, 1372, 1373, 1374, 1376, 1377, 1378, 1395, 1396, 1398, 1399, 1400, 1401, 1402, 1403, 1404, 1405, 1406, 1407, 1408, 1409, 1410, 1411, 1412, 1413, 1423, 1467, 1492, 1517, 1518, 1519, 1527, 1528, 1529, 1531, 1532, 1533, 1549, 1550, 1551, 1552, 1553, 1577, 1578, 1579, 1580, 1582, 1583, 1586, 1587, 1592, 1593,
1594, 1597, 1598, 1599, 1600, 1603, 1604, 1605, 1667, 1668, 1671, 1672, 1673, 1674, 1701, 1702, 1704, 1706, 1707, 1711, 1712, 1713, 1714, 1715, 1716, 1794, 1795, 1828, 1829, 1831, 1890, 1968, 1991, 1996, 1997, 1998, 2002, 2011, 2025, 2026, 2027, 2029, 2030, 2032, 2033, 2074, 2075, 2077, 2078, 2079, 2080, 2082, 2083, 2084, 2085, 2092, 2105, 2107.
Parisius (De). — *V.* Odo.
Parisius. — *V.* Johannes.
Parlamentum comitis, Parlement, Pallement, Parlament, 2, 4, 7, 14, 23, 29, 35, 38, 43, 88, 91, 100, 131, 132, 195, 201, 220, 274, 287, 374, 376, 403, 502, 509, 590, 597, 624, 634, 657, 689, 707, 715, 727 (4), 727 (7), 752, 760, 767, 791, 801, 833, 835, 837, 864, 917, 934, 978, 982, 983, 991, 1026, 1046, 1047, 1065, 1084, 1127, 1154, 1187, 1346, 1406, 1489, 1548 (1), 1622, 1651, 1678, 1683, 1745, 1771, 1838, 1864, 1889, 2115.
—— Parlamenti ordinatio, 220.
—— arrestum, 594.
—— arrestum executioni datum, 141, 1172.
—— ordinatio super justitia de Bouteriis et feodo de Botigny, 19.
Parregni (De). — *V.* Philippus.
Parrochianorum erga suum rectorem violentie et injurie, 1443.
Parrochie et mansa, ville de Cadempnaco adherentes, 1704, 1705.
Partigniacum, Partiniacum, Pertiniacum, 979, 1017, 1051, 1075.
—— archipresbiter. — *V.* Bouchardus.
—— Fratres Minores, 1021.
—— dominus, 1017. *V.* Hugo Archiepiscopi. *Parthenay, Deux-Sèvres.*
Partite, 2058 (p. 571).
Parvo Jaunayo (hommes de), 1065. *Clan ou le Petit-Jaulnay, Vienne, comm. Jaulnay.*
Pasata (De). — *V.* Bartholomeus.
Pascagium, 1910 (4).
Pascendi jus, 571.
—— Pascendi animalia jus impeditum, 789.
Pascere in montanas, 2084.

Pascua, 571, 572, 840 (14), 1689.
— communia, 1273.
— seu glandes, 1288.
— vel pasturagia invasa, 288, 302, 1473, 1474, 1620.
— concedenda a comite, 465.
Pasquerium, 1910.
Passagiis (De). — V. Guillelmus.
Passagium transmarinum, Passage de Terre Sainte, 604, 879, 1643, 1755, 1759, 1779, 1828, 1974, 1975.
Passagium, portus, 1509, 1591.
— portus in flumine Olti, 1502.
Passerie. — V. Paxeria.
Pastor. — V. Johannes.
Pasturagium, 1911 (15).
— animalium, exceptis mensibus aprilis et maii, 1915 (6).
Paterne, 1797. Pernes, Vaucluse.
Patriarcha, 1571.
Patriarche. — V. Bartholomeus.
Patriciaco (De). — V. Ranulphus.
Pauille, 171. Paulhe, Aveyron, cant. Millau.
Pauleon, villa et prepositura, 1924 (2), 1942. Pauléon, Charente-Inférieure, comm. Saint-Georges-du-Bois.
Pauletus de Junaco, 2033.
Paulino (De). — V. Guillelmus. Paulin, Tarn, cant. Alban.
Pavion (De). — V. Bertrandus.
Pax vel treuga inter personas privatas, 2073.
— custodienda, 1879.
— vel compositio super murtro, 1199.
— reformanda inter nobiles, 1847.
— reformata observanda, 1717, 1718.
Paxeria, Passerie, 442, 1467, 1492.
— amovenda, mediante certa pecunie quantitate, 1545.
— diruta, 442, 909, 1616, 1640, 2058 (p. 575).
Pazagium, Pazata, Pedagium, 528, 541, 1671, 1683, 1692.
— prestacio, 2071.
— super animalibus, 527.
— levatum a pastoribus, 1710.
— cujusdam domus, 167.
— exemptio, 1671.

Pazagium remissum, 1632.
— in parte remissum, 1696, 1697.
— immunitas petita, 522.
— Ruthenense, 186, 391, 392, 1624, 1650.
— a comite Ruthenensi pro tertia parte petitum, 157, 1692.
— debitum a comite Ruthenensi et aliis nobilibus dyocesis, 628.
— part appartenant à un seigneur, 167.
Paziarius, Paciarius, 1624.
Pecunia oblata pro quibusdam litteris obtinendis, 1536.
— promissa pro captione cujusdam heretici, 1238.
Pedagia, Pedagium, 559, 699, 1727, 1733.
— antiquum, 2083.
— novum, 830, 853.
— nova amovenda, 2099.
— nova ad formam debitam redigenda, 840 (7).
— augmentatum, 475.
— inusitatum, 487.
— percipiendi jus, 1625.
— pignoratum cuidam de heresi accusato, 1569.
— impeditum, 1482, 1486, 1487.
— injuste impeditum, 434.
— a senescallo impeditum, 1625.
— exemptio, 868, 1583, 1828, 2058 (p. 571, 575), 2059.
— a clericis et nobilibus non petitum, 1911 (10).
— exemptions pour les habitants de Toulouse confirmées, 2099.
— exemptio pro victualibus monachorum, 553.
— super sal, exemptio, 382.
— affirmandi modus, 1884.
— exactio, 1497.
— prosecutio, 610.
— defraudatum, 406, 407, 2100.
— non solutum, 812.
— comitis non solutum, 21.
— translatum et impeditum, 856.
— indebite petitum, 318, 967.
— non solutum, 610.

Pedagia. Pedagium denegatum, 903.
— a transeuntibus negatum, 1298.
— exactiones in levatione, 1746.
— rapine facte in levandis pedagiis a quibus emendari debeant, 1455.
— in Ruthenensi, communia comiti Alfonso et comiti Ruthenensi, 155.
— Mermande, ad firmam traditum, 456, 457, 1449, 1609.
— de Petra Cammelli, 425, 475.
— Petre Caminaus, vicesima quarta pars, 514.
Pedagiarius comitis apud Abolenam, 553.
— Verduni, 812.
Pedagium vel pazagium. — *V.* Pazagium.
Pedites, 1548 (8).
Pelardini. — *V.* Johannes.
Pelegia, 347.
Peletiers (Au), herbergamentum, 1927 (4).
Pelitus. — *V.* Arnaldus.
Pellabo. — *V.* Petrus.
Pellicia (De). — *V.* Helias.
Pellis loirre, 727 (6).
Pellis ovis mortue propria morte, 1910 (2).
Pena pecuniaria cuidam bajulo imposita, 1444.
Pena sanguinis, 1358.
Pendente capra (landa de), 114.
Penna, Panna in Albigesio, Albigesii (castrum de), 264, 283, 1209.
— Leprosaria, 832, 1324.
— bajulus, 274.
— homines, 282, 905, 919. *Penne-du-Tarn, Tarn, cant. Vaour.*
Penna (De). — *V.* Bernardus, Guichardus, Guillelmus, Oliverius, Petrus, Raimundus. *Le même que ci-dessus.*
Penna in Agenesio (castrum de), 434, 463, 1545, 1572, 2089.
— castellanus, 434, 458, 510. — *V.* Johannes Borrelli.
— bajulus, 1421. — *V.* Johannes Seignerii.
— consules et communitas, 1531. *Penne, Lot-et-Garonne.*
Pennato (De). — *V.* Galterus. *Panat, Aveyron, comm. Clairvaux.*
Pensio, 1347.

Pensio annua, 440, 821, 849, 1212, 1387, 2089.
— annua in coffris comitis, 1529.
— annua in salino Tholose, 2104.
— annua redimenda, 1214.
— solvenda, 1829.
— ad vitam, 593, 1547.
Pensiones, 1430.
Pepi (Dictus), 1076.
Perano (prior de), 907. *Payra, Aude, cant. Salles-sur-l'Hers.*
Pereinx (homines de). — *V.* Pareinx.
Perer Bertrandi, nemus, 389.
Perna (De). — *V.* Raimundus. *Pern, Lot, cant. Castelnau-de-Montratier.*
Perroneal. — *V.* Bertrandus.
Perronet, 1930.
Perronnelli. — *V.* Bertrandus.
Persone date ad censum vel redevencias, 437.
Pertes de chevaux, 811.
Pertiniacum. — *V.* Partigniacum.
Perucia, Peruce. — *V.* Petrucia.
Perutia (De). — *V.* Fortanerius. *Peyrusse, Aveyron, cant. Montbazens.*
Pessons, 1104.
Pestilaco (De). — *V.* Bernardus. *Pestillac, Lot, comm. Montcabrier.*
Petit. — *V.* Petrus.
Petitio, 266.
Petitiones communitatis Tholose, 833.
Petitiones sive injurie, 539.
Petitionum rotulus a comite sedi apostolice transmissus, 2043, 2044, 2045.
Petitor pro comite, 1825.
Petoflis (domina de). — *V.* Thomasia.
Petot. — *V.* Guillelmus.
Petra Cammelli (pedagium de), Caminals, Caminaus, 425, 475, 514.
Petraforti (dominus de), 1839. *Pierrefort, Cantal.*
Petragora (De). — *V.* Guillelmus. *Périgueux, Dordogne.*
Petragoricensis dyocesis, 99, 698.
Petragoricensis comes. — *V.* Archambaudus.
— comitissa. — *V.* Maria.
— episcopus. — *V.* Helias.

Petragoricensis senescallus, in Petragora, 1467, 1492, 1496, 1579. *V.* Radulphus de Trapis.
Petralata (feudum de), 1784. *Pierrelatte, Drôme.*
Petralevis, 182. *Peyreleau, Aveyron.*
Petra sancta, 1631.
Petri. — *V.* Bernardus, Hugo.
Petri Bernardi piscaria, 1273.
Petronilla, filia Johanne Gombaude, 1913 (3).
—— de Lamesnie, 1113.
—— soror Godefridi de Monsteriolo, clerici comitis, 634.
—— uxor Galteri de Bruell., 1937.
—— uxor Haymerici Militis, 1933.
Petrucia, Perucia, Peruce. Domus Dei, Leprosaria, 1165, 1324, 1675.
—— prior, 1645.
—— capella et capellanus, 544.
—— milites castri, 1645.
—— argenti fodina, 1645.
—— bajulus, 150, 151.
—— homines, 545, 976, 1691. *Peyrusse, Aveyron, cant. Monthazens.*
Petrucio (De). — *V.* Arnaldus.
Petrus, 1571.
—— episcopus Agennensis, 451, 1449, 1551.
—— Aimardi, Aymardi, 1613, 1615.
—— de Alemannia, valetus, 1917, 1941.
—— de Altarippa (magister), 821.
—— Amblardi d'Aiguepasse, burgensis, 762.
—— Amiotus (magister), clericus summi pontificis, 2052.
—— Andreas, valetus, 1944.
—— Andree, 1191.
—— Arnaldus, monachus Galliacensis, 1358.
—— de Arpillon, serviens comitis, 365.
—— infans Arragonie, 2007, 2008. *Roi en 1276 sous le nom de Pierre III.*
—— Assoilli, 82.
—— Auboin, miles, 1916 (2).
—— d'Auriforcant, burgensis de Mermanda, 464.
—— Aycelini (magister), 1650.
—— Barbe, serviens, 1919.
—— Barravus, 236.
—— Bassechaudiere, 102.
—— Baston, 732.

Petrus de Begia, 562.
—— de Bella, 1606.
—— Beraudi, 624.
—— Beraudi, 2002. *Différent du précédent.*
—— Bermondus, Bremondi, hereticus, 576, 588, 1726, 1848, 1849. *Voir plus loin.*
—— Bernardi, civis Carnotensis, serviens comitis, 2100; vicarius Tholose, 1222, 2103.
—— Bernardi de Viridifolio, miles, 315.
—— Berton, 727 (8).
—— Bertrandus, miles, 2069.
—— de Bessa, 479, 1546.
—— Boce, 684, 1925 (3), 1925 (7).
—— Boche, miles, 1919.
—— de Bonemains, 1462.
—— Boneti (frater), de ordine fratrum Milicie Templi, 419.
—— dictus Bonushomo, 1191.
—— Botet, 1915 (9).
—— Botoneti, 938.
—— de Botonneto, 776.
—— Bouchardi, miles, 1091.
—— Bremondi, miles, 1743, 2104, 2105. *Peut-être le même que Petrus Bermondus. Voir plus haut.*
—— Bremundus de Insula, 1825.
—— de Bretenor, 661.
—— Pierre de Cahors, de Caturco, bourgeois de la Rochelle, 32, 84, 97, 1096.
—— de Calcomier, 1664.
—— Cambellanus, miles, 1904.
—— de Camera, burgensis de Rupella, 121, 720.
—— de Candezas, 250, 1658.
—— Caorseau, 1930.
—— episcopus Carnotensis, conservator privilegiorum comiti a sede apostolica concessorum, 645.
—— de Castriduno (frater), de ordine Predicatorum, 128.
—— de Castris, Castra (magister), cancellarius Carnotensis, clericus regis, 736, 740, 741.
—— de Castronovo, 2058.
—— de Caturco, burgensis Rupelle. — *V.* Petrus de Cahors.
—— Celeirus, filius Eldine Celaire, 198.
—— del Chambo, 1170.

TABLE GÉNÉRALE. 711

Petrus Chapelerii, 264.
—— de Chinon, 699.
—— de Compniaco, 661.
—— Corbel, 664.
—— de Corde, 727 (7).
—— Cort, 1930.
—— de Craman, miles, 661.
—— de Croiseles, 2033.
—— de Cruce, 1938.
—— Curvus, 1255, 1350.
—— de Cuzeto (frater), inquisitor heretice pravitatis in terra Venessini, 1850.
—— Dalbuc, 1534.
—— dictus le Danois, 1939.
—— (magister), dapifer mense apostolice, 2052.
—— Desirré, 1919.
—— Pierre de Dordan (frère), de l'ordre de l'Opital, 1832.
—— Drac, domicellus, 727 (4).
—— Eldelonis, domicellus, 727 (1).
—— Fabbri, 834.
—— de Faya, valetus, 1912 (3).
—— Feltrerii, Feutrerii, de Tholosa, 1314, 2090.
—— Feraudi, burgensis comitis, 810.
—— Fermesi, 205.
—— Ferrarii, 1497.
—— filius Girardi Sartoris, 358.
—— filius Guillelmi Petri de Bereinx, 1251.
—— Flamant, 1587.
—— Florant, homo de corpore, 808.
—— Fomon, canonicus B. Hilarii Pictavensis, 1080.
—— Fortis de Romainx, domicellus, 384.
—— Foucherii, burgensis de Ruppella, 121, 710, 720.
—— frater Bernardi Ebrardi, 193.
—— de Frencia, 429.
—— de Fresneio, domicellus, 1562.
—— Fultrerii, 1349.
—— Gaillardi (magister), clericus de Sancto Johanne Angeliacensi, 118.
—— Gapaill, Gaspall, 1924 (5), 1943.
—— Garner, 1076.
—— Garnier, 1587.

Petrus Garsias de Burguetonovo, hereticus, 779, 1280.
—— de Gascaingnole, miles, 1923 (5).
—— Gaschet, 1919.
—— dictus Gaufier de Nigaco, 1699.
—— Gaufridi, 1667.
—— Gaufridi, miles, 716.
—— de Giemo (frater), prior fratrum Predicatorum Pictavensium, 1050.
—— Gileberti, 1930.
—— Giraudi, 1385.
—— Giraudi, burgensis de Moissiaco, 436.
—— de Gironvilla, 1567.
—— de Gondrevilla, 2108.
—— de Gonnessia, clericus comitis, 821, 1212, 1347.
—— de Gontaut, 1482, 1483, 1484, 1487.
—— de Granvilla, 1355.
—— de Gravella, 1940.
—— Gregorii, 743.
—— la Grice, 1919.
—— Grimoardi, 2002.
—— Grimoardi, 913.
—— Grimoart, 800.
—— Grimoaudus, 1213.
—— Grisalonis, civis Avinionensis, 1783.
—— Guerini (magister), canonicus Vivariensis, 1294, 1301.
—— Guiffredi, 523.
—— Guilebaudi, 232.
—— Guillelmus Bellugarius, 724.
—— Guilloti, 1927 (4).
—— Hugo de Vindraco, 398.
—— de Hyspania, 471.
—— Hyspanus, 450.
—— Jaceran, 1938.
—— de Jadres, 1133.
—— de la Jainrie, alias de Lagaurie, 1613, 1615.
—— Jamin, 1930.
—— Johannes Ferraterii, 317.
—— Johannis, de Borlin, 470, 471, 472.
—— Jolet, 1913 (6).
—— Jordanus, domicellus, 727 (5).
—— dictus Juglar, de Rabasteinx, 860, 861, 862.
—— de Lage, 1911 (19).

712   TABLE GÉNÉRALE.

Petrus de Landrevilla, miles, senescallus Tholose et Albiensis, 240, 391, 392, 895, 896, 899, 906, 924, 934, 955, 1211, 1226, 1235, 1236, 1238, 1245, 1254, 1263, 1284, 1288, 1292, 1348, 1361, 1364, 1835, 1845, 1981, 1982, 1983, 2108, 2112.
—— Late, 891.
—— Lebarbe, serviens regis in Turonia, 34, 35.
—— de Lobarassas, 1288.
—— dictus de Luat, 1572.
—— de Luctis, 1340.
—— Macren de Curvamatre, 1289.
—— Major, habitator S. Sulpicii, 1289.
—— de Malamorte, domicellus, 777.
—— Mallier, 1920 (15).
—— de Marceu, 420.
—— dictus Marescalli, canonicus Aniciensis, 122.
—— Meschins, 1933.
—— (frater), minister domus S. Trinitatis de Ponte Thaleburgi, 1128.
—— de Monteacuto, 900.
—— de Montebardon, 727 (10).
—— de Montepesato, 862.
—— de Monterevelli, miles, 727 (3), 727 (4).
—— de Monteroherio, capellanus de Lueto, 1666.
—— de Montoliz, 812.
—— Morel, 732.
—— de Navinas, 1328.
—— de Novavilla, burgensis Mermande, 262.
—— de Paes, Pahes, 479, 1546, 1606.
—— de Paon, miles, de Moisiaco, 1517.
—— Paperii, 358.
—— Pellabo, miles, 1161.
—— de Penna, 901.
—— dictus Petit de Renières, 1188.
—— Pevrelli, miles, 1921 (22).
—— de Pinu, civis Tholose, 779, 1280.
—— Pirardi, presbiter, 1091.
—— de Plevis, 834.
—— de Podio, 765.
—— de Poga, miles, 1919.
—— de Poga, valetus, 1919.
—— de Pontelevio, Pontelevayo, Pontlevoi, civis Turonensis, 32, 34, 35, 50, 51, 52, 97, 1096.
Petrus de la Pozeta, 1506.
—— Puceline, sellarius de Sancto Maxentio, 1920 (3).
—— Quentin, 1926 (2).
—— de Quideriis, 303.
—— Raimundi de Mota, 383.
—— Pierre Raymont, 32.
—— Raymundi, 521.
—— Raymundi de Tornaco, 398.
—— Raymundi, burgensis Rupelle, 84.
—— Raymundi, P. Remondi, judex in Ruthenensi, 1628, 1700, 1703.
—— Raymundi, vicarius Jordani, domini Insule, 1340.
—— Raymundus Major, 388.
—— Raymundus Ripparia, de Venerca, 774, 786, 788.
—— Rauba, miles, 716.
—— Reaxii, 358.
—— Rebatin, notarius comitis Abolene, 1807.
—— Reginaldi, 1923 (4).
—— de Regio, judex vicarii Tholose, 1379.
—— Remondi, 860.
—— Remondus Fulcaudi, judex datus a senescallo Agennensi, 1454.
—— Renaldi de Abolena, domicellus, 1802, 1804, 1805.
—— Ripparius, 190.
—— de Roceio, Roceyo, Rosai, miles, vicarius Tholose, 1231, 1344, 1391, 1392.
—— de Rocha, burgensis de Mermanda, 464.
—— de la Ronda, miles, 193.
—— de Roserio, 661.
—— Rousselli, de Ruppella, 715.
—— Ruchon, 825.
—— Ruffi, de Castro Pontis, bajulus de Ausonio, 751.
—— de Ryomo, ortolanus regine Francorum, 1184.
—— de Salis, 998.
—— Salomon, capellanus ecclesie Sancti Cirici de la Papia, 1458.
—— de Sancto Amando, burgensis Sancti Johannis Angeliacensis, 118.
—— de Sancto Amante, 82.

TABLE GÉNÉRALE. 713

Petrus de Sancto Cesaro, valetus, 89.
—— de Sancto Germano, miles, 1547.
—— de Sancto Maxencio, 1920 (8).
—— de Sancto Nicholao, burgensis de Mermanda, 464.
—— de Sancto Savino, miles, 1919.
—— de Sancto Simeone, 1566.
—— de Segnoret, miles, 173.
—— Pierre Serret, servant, 32.
—— de Solerio, junior, 1457.
—— Sorini (magister), clericus comitis, canonicus Xanctonensis, 121, 636, 641, 642, 683, 701, 710, 720, 1000, 1001, 1009, 1025, 1055, 1059, 1086, 1100, 1102, 1103, 1106, 1142, 1351, 1353.
—— de Stangno, clericus, 159.
—— dictus Surdus, 1940.
—— Trille, 1286.
—— Trimalois, 1911 (1).
—— de Verbria, venditor forestarum regis Francie, 1104.
—— de Vicenobrio, miles, 1807.
—— de Vicinis, miles, 1952, 1954.
—— de Vicinis, olim senescallus Provincie, 857, 889.
—— de Vicinis, senescallus Tholose, 313, 809, 1235.
—— Vigerii (magister), canonicus Carnotensis, 639, 717; canonicus Xanctonensis, 641, 642, 656, 717; archidiaconus Alnisiensis, 722, 1119, 1120, 1403.
—— de Villamuri, miles, 1308, 2091.
—— Vincencii de Bignai, 118.
—— Vitalis, de Martello, 2034.
—— episcopus Xanctonensis, 1084.
Peutrici. — V. Berengarius.
Peveriis (De). — V. Gervasius. Pithiviers, Loiret.
Pevrelli. — V. Petrus, Thomas.
Pezata (De). — V. Bartholomeus.
Phanijovis homines. — V. Fanijovis.
Phelisetus Coccus, serviens comitis, 77.
Philippus de Aquaboua, miles, 266, 2097, 2098, 2100.
—— de Balenjac, 1944.
—— de Bellafaya, 193.
—— de Bellomonte, miles, 1915 (9), 1917.

Philippus de Blanzac, 1943.
—— de Boissiaco, miles, senescallus Ruthenensis, 499, 1845, 1846, 2113, 2114.
—— de Cestanato, Casteneto (magister), canonicus S. Hilarii Pictavensis, 1073, 1075.
—— de Caturco (magister), cancellarius regis Francie, 1467; regis clericus, 1956.
—— Phelippe, clerc du seneschal de Rohergue, 526, 545, 1632, 1652, 1682.
—— de Eglis (frater), prior Hospitalis Jerosolimitani, 1858.
—— Godofrès, 1662.
—— de Monteforti, miles, 305, 306, 307, 308, 318, 354, 355, 356, 804, 853, 1954.
—— de Mota, miles, 665.
—— de Parregni, 1122.
—— de Sancto Quintino, miles, 99.
—— subdecanus Turonensis, 1846.
—— de Teriaco (frater), de ordine Minorum, 1897.
—— thesaurarius, Phelippes, trésorier du comte, 747, 1920 (4).
—— de Vermes, 1116.
—— de Villafaverosa, miles, senescallus Agenensis et Caturcensis, 426, 480, 482, 499, 504, 1457, 1524, 1575, 1576, 1592, 1982.
Piano (De). — V. Michael.
Picaudus Rafini, prepositus Pictavensis, 642.
Pictavense capitulum, 11.
—— Pictavensis capituli curia, 645.
Pictavenses partes, 1898.
Pictavensis aula comitis, court du comte de Poitiers, 39, 974.
—— ballivia, 1925, 1943.
—— ballivus, baillif de Poito, 39, 2014.
—— comitatus, contez de Poito, 633, 699, 879, 1032, 1037, 1041, 1042, 1077, 1078, 1107, 1108, 1118.
—— consuetudo, 1018.
—— decanus. — V. R.
—— dyocesis, 678, 1085, 1946.
—— ecclesie cantor, 641, 642.
—— ecclesie libertates et immunitates, 606, 607.

714 TABLE GÉNÉRALE.

Pictavensis episcopus, 19, 63, 606, 615, 639, 641, 642, 683, 1868, 1948. — *V.* Hugo.
—— garenna, 1944.
—— moneta, monoie de Poitou, monoie de Poitevins, 3, 32, 33, 50, 51, 60, 61, 91, 1077, 1078, 1994, 2000, 2001.
—— Pictavensium moneta nova, 629, 630, 687, 1096.
—— Pictavensium novorum cussio, 688.
—— Pictavenses novi, Poitevins nues, 600, 602, 604, 643, 758, 978, 1038.
—— règles du change, 644, 1016.
—— Pictavenses denarii, 1139.
—— Pictavensium libre, 1110.
—— officialis, 607.
—— prepositura, 75.
—— prepositure affirmatio, 1915 (1).
—— Pictavie prepositus, 13, 18, 21, 610, 973, 1065, 1915 (1). — *V.* Picaudus Rafini.
—— senescallia, seneschaucie de Poitou, 601, 603, 643, 644, 651, 1030, 1037, 1103, 1117, 1129.
—— senescallie ville, 651.
—— senescallus, seneschal de Poitou, Poito, 27, 28, 34, 40, 41, 52, 75, 91, 96, 119, 128, 323, 421, 597, 598, 607, 618, 629, 632, 636, 639, 641, 642, 648, 657, 728, 1022, 1023, 1028, 1041, 1046, 1047, 1048, 1054, 1064, 1072, 1073, 1077, 1078, 1104, 1108, 1117, 1125, 1129, 1131, 1157, 1159, 1176, 1177, 1838, 1843, 1865, 1868, 1872, 1874, 1900, 1946, 2115. — *V.* Adam Panetarii, Simon de Cubitis, Theobaldus de Noviaco.
—— terra, 974, 1004.
—— thesaurarius, 185.
Pictavensis. — *V.* Johannes.
Pictavi, Pictavensis civitas, Poitiers, Poeters, 610, 615, 620, 622, 667, 707, 978, 993, 998, 1038, 1045, 1066, 1067, 1072, 1073, 1074, 1075, 1143, 1200, 1414, 1415, 1416, 1898, 1899, 1915, 1925 (1), 1925 (9), 1932, 2086.
—— Pictavense castrum, 1932.
—— Burgus S. Hilarii, 625.
—— Burgus Petri de Camera, 1076.
—— Decanus et capitulum B. Petri, 1058.

Pictavi. Domus Dei Beate Marie Majoris, 1021.
—— Domus Dei fundata per Petrum de Caritate, 1021.
—— Domus Dei Sancti Hylarii, 1021.
—— Domus Dei de Sancto Petro, 1021.
—— Domus Dei Sancte Radegundis, 1021.
—— Ecclesia Sancte Radegondis, 2055.
—— Leprosaria, 1021.
—— Fratres Minores, 1021.
—— Fratres Predicatores, 692, 1021, 1046.
—— Fratres Sacorum, 1021.
—— Fratres Penitentie Jesu Christi, 993.
—— Nundine B. Marie, 1944.
—— burgenses, 18.
—— cives, 973.
—— homines, 18.
—— major, 18.
—— major et jurati, 24.
—— major, jurati et communia, 651.
—— seditio, 18.
—— assises, 39.
—— ballivi comitis, 2030.
Pictavi. — *V.* S. Ciprianus, S. Crux, S. Hilarius, S. Maria Major, S. Petrus Puellarum, S. Radegundis, S. Trinitas.
Pictavia (De). — *V.* Ademarus.
Pictavia, Poito, Poitou, 7, 44, 96, 123, 124, 125, 126, 128, 634, 997, 1001, 1010, 1011, 1012, 1013, 1014, 1019, 1025, 1041, 1042, 1043, 1047, 1055, 1077, 1078, 1191, 1909, 1925.
—— allocati, 21.
—— barons, 707, 1066.
—— elemosine, 1021.
—— Juifs, 658.
—— partes, 597, 598, 1001, 1407.
—— terra, 1050.
Pictavina, uxor quondam Poncii de S. Genésio, domicelli, 375.
Pictavini. — *V.* Raimundus.
Pierre. — *V.* Petrus.
Pignora capta, 1499.
—— capta a collectoribus census, 1043.
—— illicita, 1508.
—— injuste capta, 135, 1422.
—— pignus injuste detentum, 1052.
—— injuste dissaisita, 1611.

Pignora recredenda, 1505.
—— recredita, 533.
—— redempta, 2080.
—— reddenda sine expensis, 840 (9).
—— male restituta, 1288.
Pignora Judeis obligata, 1027.
—— Christianorum a Judeis detenta, 645.
—— Judeorum christianis reddenda, 1758, 1759.
—— Pignorum a Judeis detentorum redemptio, 1213.
Pignorationes, 1487, 1494.
—— indebite, 750, 1148, 1149, 1432, 1579, 1674, 2064, 2080.
—— pro levi occasione, 1366.
—— quorumdam mercatorum pro debitis aliorum, 1007.
—— emende injuste levate a bajulis, 1460.
—— ab exteris hominibus injuste facte, 1433.
—— pro tallia vel invasione, 1621.
Pila vel crux monete, 1999.
Pilereti. — *V.* Johannes.
Pillage d'une abbaye par un chevalier, 706.
Pilori, 362.
Pinart. — *V.* Stephanus.
Pinau (preceptor de les), Grandimontensis ordinis, 348. *Pinel, Haute-Garonne, comm. Villavies.*
Pincella, mater Geraldi de Armeniaco, 1874.
Pinibus (De). — *V.* Guillelmus, Guillelmus Remondi.
Pinu (De). — *V.* Arnaldus, Petrus.
Pinu (abbatia de), 1021.
—— (abbas et conventus de), 46, 47.
—— (monachi de), 1036. *Le Pin, Vienne, comm. Béruges.*
Pinus, miles, 138.
Pipe, 484.
Piper, 440.
Pipinus, custos forestarum Molerie, 81.
Piqueingni (De). — *V.* Guillelmus. *Picquigny, Somme.*
Pirardi. — *V.* Petrus.
Piraterie (actes de), 116.
Piribus (De). — *V.* Guillelmus Raymundi.
Piscandi jus, 1273.
Piscandi libertas, 827.

Piscarie, 442, 1568, 1931.
—— comitis, 1655.
—— infeodata, 1931.
—— injuste destructa, 813.
Piscatio reddita, 1914 (1).
Piscationis modus, 1914 (1).
Piscatores in aqua que vocatur Agout, 308.
—— comitis, 1931.
Piscature, 47, 1943.
Pisces salsi, 406, 407.
Piscis marinus, 1911 (11).
Piznoir. — *V.* Johannes.
Placencia (prior de), 1911 (5). *Plaisance, Vienne, cant. Montmorillon.*
Placitum, 1927 (3), 1933, 1940.
—— in mutatione tenentis, 1913 (4).
Plaignano, Plannano, Plailhano (homines de), 798, 906, 1270, 1272, 1336. *Plaignes, Aude, cant. Belpech.*
Plainte contre un sénéchal, 28.
—— contre un sénéchal pour abus de justice, 38.
Plaiz, 978.
Planasilva (abbas de), 1125.
—— abbas et conventus, 706. *Pleneselve, Gironde, cant. Saint-Ciers-la-Lande.*
Planellis (De). — *V.* Raimundus.
Plannano (homines de). — *V.* Plaignano.
Plantade (De). — *V.* Hugo.
Plasiani domini, 587. *Plaisians, Drôme, cant. Buis.*
Plate d'argent, 366.
Plaudii pedagium. — *V.* Paludis.
Plecay (De). — *V.* Baudricus, Berardus.
Plegii vel fidejussores, Pleiges, 35, 56, 274, 321, 541, 658, 727 (2), 1150, 1845, 1865.
—— accipiendi vel non, 38.
—— non recipiendi, 38.
—— pro emenda, 699.
Plesseio (De). — *V.* Guillelmus.
Plesseium de Balenzac, 1944. *Balanzac, Charente-Inférieure, cant. Saujon.*
Plesseium Paté, 1801. *Plessis-Paté, Seine-et-Oise, cant. Longjumeau.*
Pleuis (De). — *V.* Petrus.
Plumai (De). — *V.* Guillelmus Petri.

Podainhs (De). — *V.* Arnaldus Guillelmus, Bernardus.

Podenas (De). — *V.* Montazinus. *Poudenas, Lot-et-Garonne, cant. Mézin.*

Podia (priorissa de), 637.
—— moniales, 1021. *La Puye, Vienne, cant. Pleumartin.*

Podio (De). — *V.* Augerius, Guillelmus Arnaldi, Petrus, Raimundus.

Podio Bazac (De). — *V.* Augerius.

Podio Celsi (De). — *V.* Raimundus. *Puycelcy, Tarn, cant. Castelnau-de-Montmiral.*

Podio Corneti (castrum de), 1529, 1530. *Puycornet, Tarn-et-Garonne, cant. Molières.*

Podio de Garda (bajulus de). — *V.* Giroudus de Monteacuto. *Puy-la-Garde, Tarn-et-Garonne, cant. Caylus.*

Podio de la Roche (ballivus de), 1356. *Puy-la-Roque, Tarn-et-Garonne, cant. Montpezat.*

Podio Germerii (De). — *V.* Geraldus.

Podio Laurentii (De). — *V.* Guilabertus, Guillelmus, Sicardus.

Podio Lavo (prior de), 1724. *Voir la note.*

Podio Rogerii (homines de). 765. *Voir la note.*

Podio Rogerii (De). — *V.* Geraldus. *Puy-Roger, Allier, comm. Neuilly-le-Réal.*

Podio syurano (villa de), 1951. *Pexiora, Aude, cant. Castelnaudary.*

Podio trenio (De). — *V.* Bernardus, Raimundus.

Podium, castrum, 1580, 1889. *Puy-l'Evêque, Lot.*

Podium Audeberti, 857. *Pech-Alibert, Aude, comm. Alzonne.*

Podium Aycardi, 1797. *Piecard, Vaucluse, cant. Sarrians.*

Podium Celsi, castrum, 972.
—— castellanus. — *V.* Bartholomeus de Landrevilla.
—— Leprosaria, 832, 1324. *Puycelcy, Tarn, cant. Castelnau-de-Montmiral.*

Podium Dacionis, 1336. *Pay-Daçon, Aude, comm. Saint-Julien-de-Briola.*

Podium Grimaudi, 1336. *Pegrimaud, Aude, comm. Plaignes.*

Podium Guigonis, castrum, 1781, 1818.

Podium Guillelmi, 727 (10).

Podium Guillelmi. Prior, 727 (10). *Puyguillaume, Puy-de-Dôme, cant. Châteldon.*

Podium Laurencii, castrum, 331, 358, 368, 370, 831, 838.
—— Leprosaria et Domus Dei, 832, 1324.
—— milites castri, 370, 1398.
—— Judei castri, 1399.
—— furni, 331.
—— baillivia, 820, 1278, 1312.
—— bajulus, 356, 358. *Puylaurens, Tarn.*

Podium Salvagii, 1627.

Podium de Voluel, 732. *Corr. Volnel, Puy-de-Dôme, comm. Saint-Gervais.*

Poeters. — *V.* Pictavi.

Poga (De). — *V.* Petrus.

Poieto (De). — *V.* Poncius.

Poilevoisin (De). — *V.* Aubertus.

Poillacum, Pollac. Leprosaria, 832, 1324. *Bouillac, Tarn-et-Garonne, cant. Verdun.*

Poiolie, 428, 1395. — *V.* Hugo, Raimundus. *Pujols, Lot-et-Garonne, cant. Villeneuve-sur-Lot.*

Pois de La Rochelle, 1864.

Poissi, 2022. *Poissy, Seine-et-Oise.*

Poitiers. — *V.* Pictavi.

Poitou, Poito. — *V.* Pictavia.

Poivendre (De). — *V.* Amelina. *Poivandre, Deux-Sèvres, comm. Marigny.*

Pollac. — *V.* Poillacum.

Pulverellus, 1471.

Poma, uxor Guilaberti de l'odio Laurencii. 1303.

Pomeria (De). — *V.* Robertus.

Pomponia (De). — *V.* Odardus.

Ponciaus (De). — *V.* Henricus.

Poncius. — *V.* Arnaldus.

Poncius Astoaudi, Astoaldi, Austoaudi, miles, 152, 158, 159, 165, 172, 173, 230, 235, 242, 249, 250, 251, 256, 257, 258, 260, 261, 262, 263, 264, 266, 267, 268, 270, 273, 274, 275, 281, 283, 284, 285, 294, 303, 309, 311, 312, 321, 322, 324, 332, 333, 334, 335, 340, 343, 352, 368, 374, 375, 376, 383, 384, 385, 391, 395, 396, 397, 398, 404, 405, 411, 418, 420, 426, 429, 430, 453, 454, 480, 481, 490, 491, 492, 493, 495, 496, 497, 498, 499, 500,

TABLE GÉNÉRALE. 717

501, 506, 510, 512, 516, 550, 551, 566,
590, 769, 772, 773, 776, 782, 784, 785,
808, 824, 826, 828, 842, 844, 850, 854,
855, 857, 858, 877, 878, 883, 885, 886,
887, 892, 893, 897, 898, 899, 900, 903,
904, 905, 906, 907, 909, 910, 915, 922,
924, 934, 946, 957, 1209, 1211, 1216,
1226, 1246, 1277, 1281, 1282, 1283,
1296, 1297, 1324, 1326, 1337, 1348,
1389, 1423, 1438, 1442, 1452, 1456,
1463, 1464, 1473, 1474, 1476, 1489,
1492, 1499, 1505, 1518, 1525, 1526,
1547, 1658, 1659, 1729, 1797, 1823,
1835, 1837, 1854, 1859, 1860, 1862,
1863, 1875, 1876, 1877, 1878, 1881,
1890, 1891, 1902, 1967, 1980, 1981,
2064, 2072, 2078, 2084.

Poncius At, 1498.
—— Bego, 1175.
—— de Benac, miles, 1614.
—— Berengarius, 1219.
—— de Brole, 1506.
—— de Castronovo (frater), ordinis Hospitalis, 1578.
—— de Causaco, 1659.
—— Dalo, 2033.
—— filius Roberti de Solcises, 727 (8).
—— frater Raymundi, 420.
—— Fulquerii, 371.
—— de Gailliaco, Gallaco, 314, 315.
—— de Gailliaco, 1645.
—— Guillelmi de Turre, 388.
—— de Lagarda, miles, 1433.
—— de Maillac, 1310.
—— de Mirabello, de Mirambello, miles, 105, 671, 696, 697, 706, 1040, 1125, 1129.
—— de Montesquivo, domicellus, 1302.
—— de Montibus, 960.
—— de Montibus, publicus notarius ville de Vauro, 326.
—— de Poicto (frater), ordinis fratrum Predicatorum, inquisitor heretice pravitatis, 949.
—— de Sancto Genesio, domicellus, 375.
—— de Sancto Justo, 1792.
—— de Sancto Martino, 912.

Poncius Tozeti, 1506, 1596, 1599.
—— de Villamuri, 1307.
—— de Villanova, miles, 844, 1226, 1314.
—— Vitalis Pulu, 286.
Pons constructus de elemosinis fidelium, 555.
—— super Oltum, 1509.
—— construendus apud Sanctam Liberatam, 1502.
—— Pontium reparatio, 1910 (5).
—— Pontium et viarum refectio, 485.
Pons de Camaresio, 178. *Camarès, Aveyron.*
Pons Castelli, le Pont dou Chatel, 747; Domus Dei, leprosaria, 1165. *Pont-du-Château, Puy-de-Dôme.*
Pons Ligneus, 1923 (6).
Ponte (De). — *V.* Arnaldus.
Pontelevio, Pontlevoy (De). — *V.* Andriu, Johannes, Nicholaus, Petrus.
Pontes. Fratres Minores et fratres Predicatores, 1022, 1110.
—— prior ordinis Predicatorum, 692. *Pons, Charente-Inférieure.*
Pontibus (De). — *V.* Reginaldus, Stephanus. *Peut-être Pons, Charente-Inférieure.*
Pontigniacensis abbatia, 1990. *Pontigny, Yonne, cant. Ligny-le-Châtel.*
Pontiz (De). — *V.* Gaufridus.
Pontizara, 1952. *Pontoise, Seine-et-Oise.*
Pont Raguit (pratum de), 1930.
Ponzius vel Ponzins, miles, 866.
Popart. — *V.* Hugo, Johannes.
Poparz. — *V.* Guillelmus.
Popiau. — *V.* Radulphus.
Populares (Murmur inter), 1043.
Populares et majores, 829.
Porcel. — *V.* Robertus.
Porci, 250.
—— positi in nemoribus, 165.
—— porci jamba, 311.
Poreta, 1943, 1944.
Porta super fluvium, 830.
Portagium seu leude, 1314.
Portali (De). — *V.* Tholomeus.
Porte ville cum cavillis clause, 1730.
Portefoi. — *V.* Raimundus.
Portei. Domus Dei, 1022, 1110. *Peut-être les Portes, Charente-Inférieure, comm. Ars-en-Ré.*

718 TABLE GÉNÉRALE.

Portellum. Leprosaria, 832, 1324. *Portet, Haute-Garonne, cant. Toulouse.*
Porterii. — *V.* Bernardus.
Port-Sainte-Marie (cil du), 1978. *Le Port Sainte-Marie, Lot-et-Garonne.*
Portu (De). — *V.* Guillelmus.
Portugalensi (De). — *V.* Johannes Eaunes.
Portus novi costuma, 1212.
Portus Sancte Fidis, 1591. *Sainte-Foy-la-Grande, Gironde.*
Portus Sancti Saturnini, 555. *Le Pont-Saint-Esprit, Gard.*
Possessio injuste impedita, 1433.
—— ultra annum et diem, 304.
Potet. — *V.* Guillelmus.
Poti, 709.
Potiones, 1945.
Poudrai (De). — *V.* Foucherius.
Pougeto de Vallibus (castrum de), 1834. *Puget, Vaucluse, cant. Cadenet.*
Poujade. — *V.* Raimundus.
Poujaises, poujoises, 32, 1077.
Poulein. — *V.* Gaufridus.
Poulin. — *V.* Johannes.
Poverelli. — *V.* Thomas.
Pozeta (De la). — *V.* Petrus.
Prada (De). — *V.* Gaufridus Arnaldus.
Praec, Prahec (prior de), 1923 (10). — *V.* Aimericus, Gaufridus. *Prahec, Deux-Sèvres.*
Pratfontan, pratum, 440.
Pratum Mansel, 1656.
Prebenda, 2055.
Prebendale beneficium, 2047.
Prebendaria, 1913 (5).
Precarium, 1281.
Precigniaco (De). — *V.* Reginaldus. *Pressigny, Deux-Sèvres, cant. Thénezay.*
Preco, 1730.
Preconis officium, 1290.
Preconizatio monete, 567, 591, 2058 (p. 572).
Preda animalium, 227.
Predicatorum in Francia prior, 1011.
Predones de Baiona, 116.
Preel (De). — *V.* Hugo.
Prelium vel duellum a comite vetitum, 1343.
Prepositi. — *V.* Johannes, Raimundus.
Prepositi, 680, 1911 (11).

Prepositi comitis in Alvernia, 1184.
—— comitis, inquisitoribus non obedientes, 1054.
Prepositura seu servientela, 620.
Presbiter arrestatus dum divina celebrat, 717.
Prescription de trente ans, 737, 1107, 1108, 1118, 1130, 1582, 1655.
—— cinquantenaire, 78.
Pressa (De). — *V.* Lappe.
Prières (Concession de) au comte, 1957, 1958, 1959, 1960, 1961.
Prignac (massum de), 917. *Voir la note.*
Primiciarum violenta collectio, 1472.
Primicie negate, 1443.
Primogenitus, 1047.
Prinhaco (De). — *V.* Arnaldus, Raimundus.
Prioratus ab abbatia Lesatensi dependentes, 1350.
Prise (Droit de) exercé mal à propos, 1736.
Prisio, 450, 764.
Prisnac (massum de), 824. *Voir la note.*
Prisnac (De). — *V.* Vitalis.
Priudougnas (homines de), 170. *Peut-être Pruines, Aveyron, cant. Marcillac.*
Privilège judiciaire réclamé par les Hospitaliers de La Rochelle, 94.
Privilegia comiti a sede apostolica indulta, 1222, 1560, 1637.
Privilegiorum comitis conservator, 1113.
Probatio judicii per recordationem judicantium, 987.
Probus. — *V.* Arnaldus.
Procuratio taxata, 1945.
Procurationes a personis ecclesiasticis legatis apostolicis solute, 711, 984, 986, 1004, 1157, 1158, 1159, 1176, 1177, 1196.
Procurationis littere, 740.
—— littere patentes, 918, 919.
Procuratorem (comparere per), 738.
Procuratorium patens, 1501.
Procuratorum constitutio, 204, 1491.
—— a comite constitutio, 203, 221.
Promissum pro Terra Sancta, 224.
Protectio comitis, 296.
Prothocollum seu abreviatura instrumentorum, 963.
Proviucia, 566, 869.
—— comitatus, 869.

TABLE GÉNÉRALE.

Provincia; partes, 2058 (p. 575).
—— invasio, 869.
—— senescallus, 562, 566, 567, 857. *V.* Petrus de Vicinis.
Provinciales, moneta, 567.
Pruillanum, Pruilhanum. Sorores, 832, 1234, 1324, 1583. *Prouille, Aude, comm. Fanjeaux.*
Pruinensis bajulus seu prepositus, 1906.
—— Pruinenses nundine, 1906. *Provins, Seine-et-Marne.*
Prulliaco (De). — *V.* Jordanus. *Preuilly, Indre-et-Loire.*

Pruneto (De). — *V.* Geraldus.
Puceline. — *V.* Petrus.
Pullin. — *V.* Poncius Vitalis.
Pulveragium vel passagium, 2084.
Pun., miles, 202.
Puteo (De). — *V.* Raimundus.
Puteo (prepositus de), 727 (4). *Prévôt de l'église cathédrale du Puy.*
Puteolis, Putheolis (De). — *V.* Johannes. *Probablement Puiseaux, Loiret.*

Q

Quadriga et quadrigarii, 678.
Quadrigature, 1914 (6).
Quairerecauc (nemus de), 440.
Quannée, 1941.
Quarré. — *V.* Johannes.
Quarrelli, 106, 107, 1121, 1331.
—— magni et minores, 1920 (14, 15, 16, 17, 18).
—— Quarriaus greigaeurs et meneurs, 269.
Quarte, 700.
Quarte (La), 1932.
Quassa nova (De). — *V.* Fortunerius.
Quaternus, 1111, 1909.
Quentin. — *V.* Petrus.
Quercu (De). — *V.* Hylaria.

Quercus, 1912 (2).
Quercus Crosata, locus, 1464.
Querela contra senescallum, 375.
Questa, 661, 918.
—— vel collecta communis, 1517.
—— annualis, 919.
—— queste seu tallie, 1826.
—— contributio in questis, 1826.
Questandi jus, 786.
Questiones, 1593.
—— et tormenta, 1446.
Quideriis (De). — *V.* Bertrandus, Petrus.
Quintus denarius, 87.
Quoile (De). — *V.* Dalmatius.

R

R., Albanensis episcopus. — *V.* Radulphus.
R. Amelii de Paleriis, 2091.
R., Avinionensis episcopus. — *V.* Robertus.
R. de Baucio, princeps Aurasice. — *V.* Raimundus.
R. de Chevriaco, archidiaconus ecclesie Parisiensis, 1904.
R., domicellus, 179.
R. de Duroforti, 2091.
R. (magister), decanus Pictavensis, 979, 1075.
R., archipresbyter Remorentini. — *V.* Robertus.

R., Sancti Angeli diaconus cardinalis. — *V.* Richardus.
R. de Seint-Martin (mesires), garde des bois du comte, 28.
R., Tholosanus episcopus. — *V.* Raimundus.
R., comes Tholose. — *V.* Raimundus.
Rabasteinx, Rabastains, Rabasteni, 860, 862.
—— Leprosaria, Domus Dei, 832, 1324.
—— bajulus comitis, 861.
—— homines, 318, 934. *Rabasteins, Tarn.*
Rabasteinx (De). — *V.* Bertrandus, Manfredus,

Petrus Juglar, Raimundus, Vincentius. *Rabastens, Tarn.*
Rabaudi, 1911 (7).
Rabans. — *V.* Clarius.
Rachetum, Rachez, 1020, 1043, 1066, 1923 (4), 2115.
—— indebitum, 1929.
—— terre, 1865, 1923 (14).
—— pro voluntate comitis, 1935.
—— minoris etatis, 1923 (1).
—— et donum, 690.
Radulphi. — *V.* Johannes, Raimundus.
Radulphus, episcopus Albanensis, apostolice sedis legatus, 984, 985, 986, 1000, 1001, 1002, 1004, 1085, 1086, 1106, 1142, 1157, 1158, 1159, 1176, 1177, 1179, 1196, 1402, 2039, 2049.
—— de Asperomonte, 1020.
—— Banduc, 699.
—— Charroiau, miles, 1074.
—— Garet, 640.
—— de Gonessia (magister), thesaurarius S. Hylarii Pictavensis, 1840, 1846, 1851, 1853, 1856, 1862, 1863, 1876, 1976, 1977, 1993, 1995, 1998; canonicus Carnotensis, 1925.
—— de Larron, miles, 660.
—— de Monteforti, civis Parisiensis, 1068.
—— de Novavilla, 727 (11).
—— Popian, 1090.
—— de Robore, miles, 1181.
—— de Roeriis, miles, 1153.
—— serviens abbatis Moisiacensis, 2002.
—— de Sotevilla, Soteville, venditor forestarum comitis, 106, 640, 694, 1104.
—— de Trapis, senescallus Petragoricensis, 1616, 1617.
—— de la Vergne, 987.
Raerius. — *V.* Rogerius.
Raigades (nemus de), 1308.
Raimbaudus. — *V.* Rembandus.
Raimunda, Remonda, relicta Guillelmi de Roauxio, 2082.
—— soror Arnaudi de Villanova, 844.
Raimundi. — *V.* Guillelmus, Petrus.
Raimundus, 1255, 1350.
—— d'Agot, miles, 589.

Raimundus Amelii, civis Avinionensis, 569.
—— Remondus Amelii, de Insula, 862.
—— Remondus Amorosus, 1700.
—— Arnaldi, 1400.
—— Arnaldi, Alnaudi, burgensis de Gailliaco, 882, 955, 1262, 1263, 1401.
—— Arnaudi (magister), judex vicarii Tholose, 844, 1226.
—— Remondus de Artigua, miles, bajulus de Castronovo in Catorcensi, 1504; bajulus de Moleriis, 1505.
—— At, 1498.
—— Athonis, 787.
—— Atto, Atonis de Aspello, miles, 266, 268.
—— Remundus de Auriole, 437.
—— de Baigniach, 202.
—— de Baucio, princeps Aurasice, 559, 560, 578, 1731, 1749.
—— Belligonus (magister), judex Venaissini, 2110.
—— Benardi, 1486.
—— de Benca, Beinca, miles, 771, 1369.
—— Remondus Berengarius, 547.
—— de Beriens, 276.
—— Remundus Bernardi, 328, 1667.
—— Bernardi, 523, 1362.
—— Bernardi de Causaco, miles, 1372.
—— Bernardi de Duroforti, 425, 474, 475, 476, 1434.
—— Bernardi de la Vandiera, 430.
—— Bertrandus, dominus castri de Saviniaco, 422.
—— Remondus de Bia, miles, 1496.
—— de Biza, miles, 431.
—— de Blingon, 503.
—— de Boville, 461.
—— de Brevilla, 483, 503.
—— de Brotmalt, miles, 138.
—— de Calciata, miles, 504, 1515, 1529, 1530, 1589.
—— de Calciata, domicellus, 1478, 1589.
—— Calveti, servus seu homo de corpore, 1241, 1266.
—— de Cantesio, domicellus, 1242.
—— Capellani (magister), 286.
—— Carbonelli, 1506.

Raimundus, episcopus Carpentoratensis, 549, 1820, 1822, 1826.
—— de Carraigne, 1498.
—— bajulus de Caslucio, 452.
—— de Costirano, archipresbiter de Caramanno, 1238.
—— de Dalbs, 1919.
—— de Dernonio, 331.
—— Do, procurator hominum Sancti Affricani, 177.
—— Emaberti, 1650.
—— Remondus Eraudi, Arnaudi, Ernaudi (magister), legum professor et judex in civitate Avinionensi, 1754, 1757.
—— Erchambaudi, 451.
—— Faber, mercator, 141.
—— Fillol, civis Agenensis, 1541.
—— frater Poncii, 420.
—— Remondus Gaucelmi, dominus Lunelli, 1827, 2089.
—— de Gauderiis, civis Tholose, 2119.
—— Giraudi de Moissiaco, 1477.
—— Gualaberti, domicellus, 908.
—— Guillelmi Aleron, 258, 435.
—— Guillelmi de Costa, 1538.
—— Guillelmi de Marcafaba, miles, 288, 289, 290, 292, 293.
—— Guillelmus de Palasols, miles, 1499.
—— Remondus Guitardi, serviens senescalli Caturcensis, 1889.
—— de Insula, 1249.
—— Johannes Bosquetus, 1919.
—— Johannes Major, civis Tholose, 386, 387, 388, 389.
—— Johannis, legista, jurisperitus, 1250, 1329, 2058; judex comitis in Albigesio, 859.
—— Johannis, civis Tholose, 1298, 1522.
—— de Lagrolet, 826.
—— de Lupoalto, preco de Sancto Sulpicio, 1290.
—— Malisanguinis, Raymon Malsanc, clericus, 549, 563, 564, 565, 566, 567, 575, 591, 592; gagia, 570.
—— de Marchia, 2073.
—— de Marsano, 471.
—— de Meditulione, Medulione, 572, 1767, 1768.

Raimundus, minister fratrum Minorum in Aquitania, 778.
—— de Monte Olivero (magister), 791.
—— de Montesalvio, bajulus Henrici Ruthenensis, 216.
—— Remondus de Montibus, 960.
—— de Olivo (magister), judex senescalli Tholose, 1235.
—— dictus de Parage, 1248.
—— de Penna, 901.
—— de Perna, 18.
—— Pictavini, bajulus et judex de Caramanno, 251.
—— de Planellis, 1464.
—— de Podio, 941, 942.
—— de Podio, de Puteo, clericus comitis, 152, 158, 159, 172, 173, 331, 546, 547, 1624; detentor pazagii Ruthinensis, 392.
—— de Podio Celsi, domicellus, 1597.
—— de Poioliis, 434.
—— Remondus Portefoi, domicellus, 727 (12).
—— Poujade, (magister) clericus, 1657.
—— Prepositi, vices gerens prioris Hospitalis S. Johannis in partibus Tholosanis, 1370, 1371.
—— de Prinhaco, 1328.
—— de Rabasteinx, bajulus Philippi de Monteforti, 853.
—— Remondus Radulphi, 727 (13), 727 (16).
—— de Roayo, de Tholosa, 1314.
—— de Roccafolio, Rochafolio, miles, 522, 523, 1632, 1671, 1696, 1697.
—— de Ruppe, faiditus, 1497.
—— de Ruppeforti, 900.
—— Sancii, 1596, 1599.
—— de Sancto Georgio, domicellus de Montecuco, 1469, 1471.
—— Saxetus, Saxeti, Satseti, miles, 298, 922, 1246.
—— de Scuria, miles, 276.
—— Remondus de Seneret, domicellus, 1686.
—— Remondus de Silhol, 1454.
—— de Souleins, Soleins, de Poioliis, 428.
—— Stephani, 848, 1305.
—— Talonis (magister), 1527.
—— de Tholosa, 1488.

Raimundus, Remundus VII, comes Tholose, Raymont, cuens de Tholose, 152, 158, 159, 164, 168, 170, 172, 173, 176, 177, 178, 181, 182, 183, 184, 235, 267, 268, 273, 348, 349, 353, 361, 379, 389, 395, 397, 398, 399, 438, 467, 502, 523, 536, 561, 573, 582, 590, 776, 784, 792, 805, 806, 807, 813, 820, 824, 827, 892, 893, 911, 927, 946, 957, 1239, 1277, 1278, 1281, 1303, 1312, 1365, 1369, 1372, 1375, 1408, 1409, 1440, 1442, 1449, 1456, 1476, 1499, 1527, 1530, 1548 (1), 1551, 1562, 1575, 1585, 1588, 1594, 1598, 1622, 1634, 1648, 1659, 1660, 1665, 1692, 1707, 1729, 1732, 1733, 1802, 1805, 1806, 1829, 1837, 1881, 1902, 1968, 1974, 1975, 2058 (p. 571 et 573), 2078, 2089, 2100, 2101, 2119, 2121; ejus debita, 1859, 1860; testamentum, 309, 551, 784.

—— Tholosanus episcopus, 1212, 1214, 1225, 1258, 1296, 1297, 1304, 1319, 1320, 1347, 1891, 2009; inquesta contra eum, 2112.

—— Remondus de Trentoul, 834.
—— vicecomes Turenne, 1436.
—— Vassalli, 1491, 1501, 1584.
—— Vigerii, 825.

Raingni (hospitale de). — V. Rengni.
Raiole. — V. Johannes.
Raisil (De). — V. Gaillardus.
Ram (Le), castrum, 160. Le Ram, Aveyron, comm. Vezins.
Rameiano (De). — V. Bernardus.
Ramerium ad piscandum, 1932.
Ramerium de Dyopentala, nemus, 819.
Rampalmario, Ramopalmerii (nemus de), 922, 1246.
Rampillio, Rampellon, Rampillon, Rampilon, Rampillun in Bria, Ranpillo, 3, 49, 53, 56, 57, 83, 105, 109, 129, 130, 149, 151, 152, 192, 236, 237, 238, 239, 323, 327, 420, 421, 470, 471, 499, 500, 600, 601, 692, 725, 726, 736, 776, 777, 778, 780, 834, 2112. *Rampillon, Seine-et-Marne, cant. Nangis.*
Rampon, Ramponio (De). — V. Gaubertus.

Rançonio (De). — V. Gaufridus. *Rançon, Haute-Vienne, cant. Châteauponsac.*
Randa (De). — V. Chatardus. *Randan, Puy-de-Dôme.*
Ranerius, nepos Hugonis de Brothmalx, 1661.
Ranolphus dictus Lapresse, 722.
Ranpillo. — V. Rampillio.
Ranulphus, elemosinarius comitis, 708.
—— de Patriciaco, miles, 1919.
—— Rembaut, miles, 1919.
Raolinus, coquus abbatis Moisiacensis, 2033.
Raptus, 38, 53, 383.
—— cujusdam domicelle, 26.
—— cujusdam puelle, 843.
—— et violentia, 727 (17).
Raterii. — V. Arnaldus.
Raterius de Calciata, Cauçata, 1529, 1589; et fratres sui, domicelli, 1495.
—— de Castronovo, domicellus, 433, 478, 500.
Rauba. — V. Petrus.
Rauc (castrum de), 440. *Voir la note.*
Rauselli. — V. Huetus Rosselli.
Rayllaco (villa de), 1468. *Peut-être Reilhac, Lot, cant. Livernon.*
Raymes. — V. Guillelmus.
Raymonetus de Aspello, 1365, 1366.
Raymonnetus de Contains, Conteins, valetus, bajulus Philippi de Monteforti, 307, 308.
Raymont. — V. Petrus.
Raymundensium solidi, 1829.
Raymundus. — V. Raimundus.
Raynaldus. — V. Reginaldus.
Razeto (bastida de), 319. *Lavrazet, Tarn-et-Garonne, cant. Beaumont.*
Reacapita in senescallia Tholosana, 416.
Reax (De). — V. Hugo.
Reaxii. — V. Adam, B., Petrus.
Rebarou. — V. Clemens.
Rebatin. — V. Petrus.
Receptandi quemdam malefactorem interdictio, 1441.
Receptatores malefactorum, 2032.
Recognitio, 174.
—— feodi, 160.
—— a comite petita pro quodam castro, 897.
—— recognitiones negate, 1398.

TABLE GÉNÉRALE. 723

Recommandation, 1956.
Recommendationis litterae, 133, 1056.
Recorre monnoie, 1077.
Recredentia vel deliberatio, 30, 31, 37, 38, 188, 205, 218, 220, 225, 1496.
Recredentia cum fidejussione, 26.
Recredentia bonorum, 56.
Rector, 1443.
Recuperatio cujusdam castri, 1394.
Reddituum receptio terminis consuetis, 484.
Redempta bona, 559.
Redemptio a meretricibus petita, 1915 (1).
—— persone injusta, 1614.
Redemptiones et pignorationes, 2077, 2078.
—— votorum crucesignatorum, 1351.
Redeventie, 694, 1290, 1954.
—— vel costume indebite remisse, 1756.
—— male redempte, 1762.
Refalhenc, miles, 489.
Reformatio apostolica cujusdam monasterii, 947.
Regalia, 336.
Regalismons, 1999. *Abb. de Royaumont, Seine-et-Oise, comm. Asnières-sur-Oise.*
Reginaldi. — *V.* Petrus.
Reginaldus (frater), 1949.
—— Renaudus de Bresoles, 2002.
—— clericus comitis, 736, 1167.
—— Renauldus (frater), elemosinarius comitis, 1145.
—— de Faya, miles, 1913 (2).
—— Giverieu, miles, 1914 (1).
—— Jude, Renaudus Judas, 92, 1943.
—— Oulricus, 67.
—— Renaudus de Pontibus, Ponte, miles, 117, 719, 1087, 1088, 1089.
—— Regnaudus de Precigniaco, miles, 1032, 1107, 1108, 1112, 1123, 1124, 1133.
—— Raynaldus de Sancta Artemia, 1553.
—— Renaudus de Sors, miles, 101.
—— Renaudus, vicecomes Thoarcensis, 14, 1015, 1039, 1048, 1069, 1070, 1998; Reginaldi, vicecomitis Thoarcensis, relicta, 1072.
—— Renauz de Thouarz, sires de Vihers, 1045.
—— de la Vergne, crucesignatus, 1614.
—— de Vicinis, 1924 (2).

Reginaldus, Renaudus Ydriau, 1090.
Regio (De). — *V.* Petrus.
Regula, 1433. *La Réole, Gironde.*
Reillana. — *V.* Bertrandus.
Reimbaut. — *V.* Simon.
Relegatio per sententiam, 1457.
Religions (Les), 88, 96.
Relliaco (De). — *V.* Rogerius.
Rembaudus Cothe, Raimbaudus Cota, Chota, 1742, 1750, 1751, 1766.
Rembaut. — *V.* Ranulphus.
Remensis ecclesia, 2038.
—— electio, 2039, 2049.
—— electus. — *V.* Johannes de Curtiniaco.
Remonda. — *V.* Raimunda.
Remondi. — *V.* Petrus.
Remondus, Remundus. — *V.* Raimundus.
Remorantinum, Remorentinum, 125, 126, 127, 997, 1010, 1011, 1013, 1014.
—— archipresbyter. — *V.* Robertus. *Romorantin, Loir-et-Cher.*
Remundi. — *V. P.*
Renaldi. — *V.* Bernardus, Petrus.
Renaldorum bastida, 1804. *Les Raynauds, Vaucluse, comm. Uchaut.*
Renaldus. — *V.* Bernardus.
Renaldus, 1807.
Renaudus, Renauldus. — *V.* Reginaldus.
Renerus, nepos Poncii de Sancto Martino, 912.
Rengni, Raingni. Hospitale, 1022, 1110.
Reniers (De). — *V.* Petrus Petit.
Renvois de causes, 118, 120.
Reparium, riparium, 909, 946, 1213, 1688, 1889, 2117.
Représailles (Droit de), 1520.
Requisitio comiti Fuxi ex parte comitis facienda, 1391, 1392.
Resaco (De). — *V.* Gaubertus.
Resaisina, 21, 1260.
Resortum, 684, 1152, 1922, 2121.
Respectus, 213.
—— crucesignato concessus pro debitis solvendis, 1068, 1586.
—— pro debito, 1156, 1830.
—— pro emenda solvenda, 65.
Restauratio seu emenda dampnorum a malefactoribus ignotis datorum, 1579.

91.

Restellum, 1797. *Rasteau, Vaucluse, cant. Vaison.*
Restitutiones ab inquisitoribus comitis injuncte, 1825.
Restitutiones facte per viam confessionis, 1384.
Retes, Retia, 1121, 1171, 1331.
Retractio terrarum, 200.
Retrait féodal, 1938, 1952.
—— lignager, 661, 1459, 1512.
Retrocapita solvenda in mutatione domini, 1287.
Revigano (Fructus nemoris de), 236.
Richarda, mulier de corpore et caselagio, 320.
Richardi. — *V.* Fulco.
Richardus, Ricardus, rex Anglorum, 94, 1033, 1123; anniversarium, 1932; charte d'amortissement de lui alléguée, 15.
—— filius Guillelmi de Sancto Albino, miles, 53.
—— Pagnen, 1920 (20).
—— Sancti Angeli diaconus cardinalis, 2035, 2049.
—— Talliator, 385.
Richerie (Bordaria de la), 1910 (3).
Riclées. — *V.* Durandus.
Ricolso (nemus de), 1577.
—— (preceptor domus milicie Templi), 1577. *Montricoux, Tarn-et-Garonne, cant. Nègrepelisse.*
Rièrefiez, 88, 96.
Rifilangas, locus, 1168. *Roufilanges, Cantal, comm. Saint-Cirgues-de-Malbert.*
Rigaldus Belli (magister), jurisperitus, 1443, 1454.
Rigaudi. — *V.* Johannes, Simon.
Rigaudus Garaut, 716.
Rigaut (De). — *V.* Johannes.
Riomum, Riom, Ryomum, 224, 735, 736, 740, 741, 747, 763, 911, 1153, 2091.
—— Fratres Minores, Leprosaria, Domus Dei, 1165.
—— cancellarius, 1203.
—— sigillum comitis, 1160.
—— Turris comitis, 1171.
—— Usus et consuetudines a comite non approbati et ab ipso interdicti, 725.
—— castellanus. — *V.* Gaufridus de Meleduno.

Riomum. Bajulus. — *V.* Johannes Bardo.
—— enquête sur la fortune des principaux bourgeois, 749.
—— consules, 1180, 1197.
—— consules, probi homines et universitas, 749.
—— consules et burgenses, 756.
—— consules et homines, 743.
—— homines, 725, 739, 746, 748, 1197. *Riom, Puy-de-Dôme.*
Riomo (De). — *V.* Petrus.
Rious in Vasconia. — *V.* Rivi.
Ripa fluminis, a comite concessa, 874.
Ripparia. — *V.* Petrus Raymundus.
Ripparia (massum de), 727 (13), 727 (16). *La Ribeyre, Puy-de-Dôme, comm. Saint-Maurice.*
Ripparia (homines de), 727 (14). *Voir la note.*
Ripparia de Podio Petroso (domus de), 1471. *Voir la note.*
Ripparius. — *V.* Petrus.
Ritum legis Judeorum (juramentum juxta), 681.
Riutort (nemus de), 1308.
Rivis (castrum de), Rious, 1394.
—— Leprosaria, 832, 1324. *Rieux, Haute-Garonne.*
Rivopetroso (prioratus de), 520.
—— prior, 1708. *Rieupeyroux, Aveyron.*
Rivus Morti, curtille, 1175. *Mouriol, Cantal, comm. de Salers.*
Rixa, 582.
—— inter incolas cujusdam ville, 1332, 1344.
Rixe seu contentiones, 1221.
Roauxio (De). — *V.* Guillelmus.
Roayo (De). — *V.* Raimundus.
Roba, 1052.
Roberie, 2027.
Robertus Aldi, 1150.
—— comes Alvernie, 194.
—— comes Attrebatensis, 654, 693, 700, 713, 1960, 2111.
—— episcopus Avenionensis, 1786, 1813.
—— de Beencort, castellanus Najaci, 1673.
—— dictus Boissel de Latarosa, 1195.
—— comes Bolonie, 209.
—— de Bonavalle (magister), 2045, 2054.
—— de Briquevilla, miles regis, 1992.

Robertus de Castro Maurini, Castro marino, Castromari, domicellus, 165, 174, 538.
—— de Corcellis, de Courcellis, valetus comitis, dominus de Brolio, 1160, 1192, 1203.
—— de Croisillis, miles, castellanus de Ruppedagulfi, 205.
—— de Espinci, miles, 685, 975.
—— Ferrin, d'Osac, 727 (6).
—— dictus Flocart, 1842, 1843, 1844.
—— de Laiardel, castellanus castri de Montiniaco, 1087, 1088.
—— de Mastacio, 1135.
—— d'Oignon, miles, 727 (7).
—— de Pomeria (magister), 723.
—— dictus Porcel, bajulus Moysiaci, 507.
—— (magister), archipresbyter Remorentini, clericus comitis, 89, 92, 125, 126, 127, 128, 597, 611, 613, 672, 997, 1010, 1011, 1012, 1014, 1019, 1022, 1023, 1028, 1044, 1050, 1054.
—— Salvages, 1170.
—— de Sancto Claro, miles comitis, 1955, 1956.
—— de Solcises, miles, 727 (8).
Robinus, serviens comitis, 976.
Robore (De). — *V.* Radulphus.
Roca (De). — *V.* Archambaudus, Bertrandus.
Rocacesere (castrum de), 1649. *Laval-Roquecézière, Aveyron, cant. Saint-Sernin.*
Rocamdal, forcia, 1303.
Rocavilla (De). — *V.* Bertrandus. *Roqueville, Haute-Garonne, comm. Montgiscard.*
Rocca (De). — *V.* Hugo.
Roceio (De). — *V.* Petrus.
Rocelinus, magister domus Templi in Provincia, 1281.
Rocha (De). — *V.* Aimericus, Archambaudus, Bertrandus, Guallardus, Guido, Guillelmus, Hugo, Martinus, Petrus.
Rocha, 1797. *Probablement La Roque-sur-Pernes, Vaucluse, cant. Pernes.*
Rocha (carpentarius de), 1943.
Rocha (feodum de), 1925 (7).
Rocha de Fanis, 1950. *Laroque-de-Fa, Aude, cant. Mouthoumet.*
Rochafolii (De). — *V.* Guillelmus, Guillelmus Raymundi, Raimundus.

Rochaforti (De). — *V.* Karolus.
Rochamaura, castrum, 399.
—— (factum de), 399, 400. *Roquemaure, Tarn, cant. Rabastens.*
Rochaserviere (dominus de). — *V.* Saybrandus Chaboti, Theobaldus Chaboz. *Rocheservière, Vendée.*
Rocha super Oyon, castrum et villa, chatel de la Roche, 76, 77, 603, 657, 987, 995.
—— forum, 1945.
—— Castellanus. — *V.* Simon de Cubitis. — *V. S.* Leoncius.
—— (foresta de), 1082. *La Roche-sur-Yon, Vendée.*
Rocha super Oyon (dominus de). — *V.* Mauricius de Bellavilla.
Rocha Vallis Sorgie (castellanus de). — *V.* Gaçolus. *La Roque-Valzergues, Aveyron, comm. Saint-Sernin.*
Rochele (La). — *V.* Rupella.
Rocherius, bajulus de Vauro, 824.
Rochet (denier d'or de). — *V.* Rousset.
Rocosello (De). — *V.* Astulfus. *Roquessels, Hérault, cant. Roujan.*
Rocossellum, Rocousel, castrum, 524, 525.
—— homines, 1686. *Ceilhes-et-Rocozels, Hérault, cant. Lunas.*
Rodanus, 1743.
—— pons super Rodanum, 555.
Rodés (De). — *V.* Guillelmus.
Roe (De la). — *V.* Abbé.
Roergue. — *V.* Guillelmus.
Roergue. — *V.* Ruthenense.
Roeriis (De). — *V.* Radulphus. *Roure, Puy-de-Dôme, comm. Saint-Pierre-le-Chardel.*
Roeriis, Roiere (De). — *V.* Ludovicus.
Rogels (De). — *V.* Bernardus, Bertrandus.
Rogerii. — *V.* Berengarius, P.
Rogerius de Bellanava, 742.
—— Raerius, Raherius de Espieriis, Apieriis, Espiers, serviens et bajulus in Wasconia, ultra Garonam, 242, 278, 947, 1211, 1290, 1291, 1333, 1338, 1350, 1404, 1516, 1519.
—— de Lavada, 728.
—— Montisalti, de Montealto, domicellus, 1289, 1350, 1378.

Rogerius de Relliaco, 1943.
—— de Sancto Juliano, 1362.
—— Tronni, 1328.
—— de Venda, domicellus, 1199.
—— de Vicinis, 1942.
—— Ysarni, Yserni, miles, 883, 885, 886.
Rogstanus — V. Rostannus.
Robasio, Rohassio (De). — V. Doatus, Stephanus.
Rohergue. — V. Ruthenense.
Rolandi. — V. Gaillardus.
Rolandus Marbotin, 664.
Rollandi. — V. Guillelmus.
Romainx (De). — V. Petrus Fortis. *Roumens, Haute-Garonne, cant. Revel.*
Romana curia, 2039, 2041, 2045, 2049.
—— ecclesia, 704, 705, 2035, 2052.
—— Romane ecclesie vicecancellarius, 2055.
Romegueria (De). — V. Bermondus. *Peut-être la Romiguière, Aveyron, comm. Le Truel.*
Romeinx, Romaigs, 384, 776. *Roumens, Haute-Garonne, cant. Revel.*
Romezo (villa de), 1557. *Peut-être Ramèze, Lot, comm. Lalbenque.*
Ronali. — V. Geraldus. Cf. Roualli.
Roncini, 407, 487, 727 (9), 1255, 2033.
Ronda (De la). — V. Petrus.
Roque. — V. Bertrandus.
Roqueta, 433. *Larouquette, Lot, comm. Frasinet-le-Gélas.*
Rosaldorum caselagium, 237.
Roserio (De). — V. Petrus.
Roseto (camasium de), 452. *Voir la note.*
Rosoldoriis (caselagium de), 1267.
Rosselli. — V. Huetus.
Rostagnus de Agoto, 550.
Rostannus de Alboruffo, domicellus, 1774.
—— de Buisseiol, 183.
—— Rogstannus Danyel, 1802, 1806.
—— de Saltu, domicellus vel armiger, 1742, 1750, 1766.
Rota de fultro vel panno croceo, **Judeis** imposita, 1003.
Rote, 543.
Rothomagensis decanus. — V. Guido de Borbonio.
Rothomagum, 1000, 1138.

Rothomagum. Burgenses mercatores, 1144. *Rouen, Seine-Inférieure.*
Rotuli talleie apud Thoarcium, 1922.
Roturagium sive censiva, 699.
Roturarii seu censuales homines, 632, 707.
Roualli. — V. Geraldus. Cf. Ronali.
Roucheta, 912. *Rouquet, Tarn, comm. Cadalen.*
Roumegous, 1940. *Romégoux, Charente-Inférieure, cant. Saint-Porchaire.*
Rouset, denier d'or, Rochet, Ruisset, 643, 644, 702, 863, 881; denier d'or double, 870.
Rousseau. — V. Aimericus.
Roussel. — V. Guillelmus.
Rousselli. — V. Petrus.
Routier. — V. G.
Rovinhano (De). — V. Bozo, Serena.
Royll. — V. Hernaudus.
Rubei. — V. Guillelmus.
Rubeus. — V. Hugo.
Rubiaco (prioratus de), 733. *Royat, Puy-de-Dôme, cant. Clermont-Ferrand.*
Ruche, 727 (6).
Ruchon. — V. Petrus.
Ruffi. — V. Guillelmus, Johannes, Petrus.
Ruffiaco le Franc (prior et domini de), 1. *Ruffec, Indre, cant. Le Blanc.*
Rufini. — V. Picaudus.
Ruisset (Denier d'or de). — V. Rousset.
Rumpholes (De). — V. Berardus.
Rupeforti (De). — V. Guichardus.
Rupella (villa de), Ruppella, la Rochele, 90, 96, 104, 691, 695, 758, 1007, 1104, 1109, 1127, 1146, 1202, 1717, 1718, 1832, 1833, 1920 (21), 1940, 2015, 2016, 2017, 2019, 2025, 2029, 2111.
—— castrum, 90, 703, 1127.
—— muri, 1945.
—— portus novus, 1112.
—— hale nove seu cohua; rachat par les bourgeois, 96, 110, 111.
—— construction des halles, 1864.
—— minagium, 1944.
—— prepositura, 87.
—— territorium, 1133.
—— castellanus, 710, 720, 1132, 1943. V. Guillelmus de Monasteriis.
—— prepositus, 724.

Rupella. Fratres Minores, Leprosaria, Domus Dei, Fratres Saccorum, 1022, 1110.
— gardianus fratrum Minorum, 1133.
— Monasterium fratrum de Monte Carmeli, 90.
— Fratres B. Marie de Carmelo, 1137.
— fratres Predicatores, 694, 1022, 1110.
— prior fratrum Predicatorum, 694.
— Filie Dei, 86.
— Domus milicie, 1031.
— Templarii, 1114.
— Preceptor domus milicie Templi, 1108.
— Domus Hospitalis Jerosolimitani, 94.
— burgenses, borjois, 109, 120, 604, 654, 693, 978, 1096, 1945.
— payement d'une subvention au comte, 100.
— major communitatis, 103.
— major et communitas, mere et commun, 83, 691.
— major, scabini et communitas, 2111.
— major et jurati communie, 98, 110, 111, 112, 693, 700, 713, 1131.
— homines, 2111.
— changeurs, 91.
Rupella (De). — *V*. Audeberta. *La Rochelle, Charente-Inférieure.*
Rupecavardi (castrum de), 661.
— castellania, 661.
— vicecomes, 676. *V*. Aimericus. *Rochechouart, Haute-Vienne.*
Rupecavardi (De). — *V*. Guido, Guillelmus, Simon. *Rochechouart, Haute-Vienne.*
Ruppe (De). — *V*. Bernardus, Gaillardus, Guillelmus, Hugo, Raimundus.
Ruppe (nemora de), 189.
Ruppedagulfi (De). — *V*. Guillelmus.
Ruppeforti (De). — *V*. Guido, Hugo. *Probablement Rochefort-sur-Mer, Charente-Inférieure.*
Ruppeforti (De). — *V*. Guillelmus, Johannes, Karolus, Raimundus.
Ruppes Amatoria, 1548 (8). *Rocamadour, Lot, cant. Gourdon.*
Ruppes d'Agolt, Dagulphi, 727 (16), 1171.
— castellanus. — *V*. Robertus de Croisillis.

Ruppes d'Agolt. Bajulus. — *V*. Geraldus de Terminis, *Roche d'Agoux, Puy-de-Dôme, cant. Pionsat.*
Ruppes Cesaria, Cesaris. Leprosaria, 832, 1324. *Roquesseriere, Haute-Garonne, cant. Montastruc.*
Ruppisfortis dominus. — *V*. Gaufridus. *Peutêtre Rochefort-sur-Mer, Charente-Inférieure.*
Ruppis Sancte Savine dominus, 727 (4). *Rochesavine, Puy-de-Dôme, comm. Monestier.*
Ruthena, Ructinia, 141.
— Fratres Minores, Leprosaria, Domus Dei, 1165, 1324, 1675. *Rodez, Aveyron.*
Ruthenense, Ruthinensis, Ruthinium, Rohergue, Ruthenesium, 144, 533, 535, 865, 1165, 1213, 1617, 1619, 1645, 1652, 1679, 1811, 1974.
Ruthenense confinium, 1635.
— Ruthinense pazagium, 157, 186, 1624.
Ruthenenses, Ruthinesii partes, 393, 394, 531, 1798, 1835.
Ruthenensis, Rupthinensis, Rupthenensis, Ruthinensis, Ructinensis comes, 141, 155, 156, 157, 158, 160, 161, 174, 186, 499, 543, 547, 628, 1402, 1650, 1651, 1669, 1677, 1678, 1687, 1692, 1693, 1835, 1967. *V*. Hugo.
— comitis filius, 1894.
— Rutthinensis, Ruthinensis dyocesis, 522, 524, 627, 628, 780, 1632, 1644, 1692, 2036.
— Ruthinensis ecclesia, 533, 1625.
— Ruthinensis, Ruptinensis episcopus, 391, 392, 530, 627, 1623, 1624, 1625, 1626, 1690, 1893, 1967. *V*. Vivianus.
— Ruptinensis judex, 1689.
— Rupthinensis officialis, 540.
— Ruthinensis senescallia, senescalcia, 135, 525, 534, 547, 905, 1177, 1618, 1714, 1845, 1846, 1948.
— senescallus in partibus Ruthenensium, Ruthinensis, Rutthinensis, seneschal de Roergue, Roerge, Robergue, 25, 141, 153, 161, 202, 250, 323, 391, 393, 394, 421, 454, 498, 499, 604, 627, 628, 646, 709, 736, 781, 845, 869, 876, 888, 890, 909, 978, 1003, 1038, 1066, 1159, 1165, 1196, 1198,

1218, 1324, 1337, 1406, 1408, 1492, 1658, 1683, 1697, 1706, 1718, 1798, 1893, 1894, 1948, 1967, 1982, 1983, 1985, 1986, 2081, 2083, 2089, 2105.
— *V.* Johannes de Arcisio, Philippus de Boissiaco.

Ruthenensis, Ruthinensis terra, 1159, 1655, 1851.
—— Ructinensis comitis moneta, 971, 1603; Ruthenensium, Rutenensium, Ruthinensium libre, 494, 1628, 1650, 1653.
Ryomum. — *V.* Riomum.

S

S., S. Cecilie cardinalis, apostolice sedis legatus. — *V.* Simon.
S. de Sacleiis, thesaurarius ecclesie B. Hylarii Pictavensis et clericus comitis. — *V.* Stephanus.
Sabars (De). — *V.* Guillelmus.
Sabaudie comes. — *V.* Amedeus.
—— comitissa. — *V.* Cecilia.
Sabazat (De). — *V.* Guillelmus. *Cébazat, Puy-de-Dôme, cant. Clermont-Ferrand.*
Sabbaterii. — *V.* Arnaldus.
Sabinensis episcopus. — *V.* Guido Fulcodii.
Sabletum, 1797. *Sablet, Vaucluse, cant. Beaumes.*
Sabloncellis (abbas et conventus de), 114, 115. *Sablonceaux, Charente-Inférieure, cant. Saujon.*
Sabohere, Saboneras, 267.
—— homines, 1365. *Sabonères, Haute-Garonne, cant. Rieumes.*
Saborin, 1930.
Sabranno (De). — *V.* G., Imbertus. *Sabran, Gard, cant. Bagnols.*
Sacrocesare (De). — *V.* Stephanus. *Sancerre, Cher.*
Sadelina, 251.
Sagitte, 194.
Saintonge. — *V.* Xanctonia.
Saiseti, Saixeti. — *V.* Bernardus.
Saisina bonorum episcopalium, sede vacante, 336, 337.
—— bonorum venditorum persone religiose, 631.
—— cassata, 819.
—— feudorum, 29.
—— impedita, 1132.
—— indebite facta, 727 (13).

Saisina pacifica, 1339.
—— terre, 16.
Saisitio judiciaria, 1080.
Saissaco (De). — *V.* Jordanus. *Saissac, Aude.*
Saisses (terra de), 768. *Seysses, Haute-Garonne, cant. Muret.*
Sal adductum de Narbona, 382.
Sale (De la). — *V.* Egidius de Aula.
Sales, 1938. *Salles, Charente-Inférieure, cant. La Jarrie.*
Saliart. — *V.* Bernardus.
Salinum, 1330.
—— relaxatum a comite, pecunia mediante, 1545.
—— salin d'Agiens, 604.
—— Tholose, 2104.
Salis redditus, 699.
Salis (De). — *V.* Petrus.
Salis (homines de), 1650. *Salles-la-Source, Aveyron, cant. Marcillac.*
Salis, Salles (villa de), 908; bastida, 1232, 1233. Peut-être *Salles, Haute-Garonne, cant. Muret.*
Salomon. — *V.* Petrus.
Salomon, Salemon, clericus comitis, 152, 153, 154, 158, 159, 172, 173, 239, 323, 339, 345, 393, 394, 531, 876, 1896, 1969, 1971, 1973, 1974, 1977, 1978, 2061.
—— clericus senescalli Agennensis, 1516.
—— judeus, 1611.
—— de Monteacuto, 383.
Salpicat (De). — *V.* Guillelmus.
Salsanum, 1950. *Salza, Aude, comm. Mouthoumet.*
Saltu (De). — *V.* Guillelmus, Rostannus. *Sault-de-Vaucluse, Vaucluse.*
Salutatio, 1312.

TABLE GÉNÉRALE.

Salvages. — *V.* Robertus.
Salvaniensis abbas, 176, 519. *Sylvanès, Aveyron, cant. Camarès.*
Salvaterra (castrum de), 957, 1575.
—— Hospitale, 1324, 1544. *Sauveterre, Tarn-et-Garonne, cant. Lauzerte.*
Salvegnau (domus de), 1607, 1608. *Sauvagnas, Lot-et-Garonne, cant. Laroque-Timbaut.*
Salviac (castrum de), 1438. *Salviac, Lot.*
Salvignac (reparium de), 946. *Salvagnac-Cajarc, Aveyron, cant. Villeneuve.*
Salvignaco, Savignac (De). — *V.* Guillelmus Arnaldi.
Salvio (De). — *V.* Maria.
Salvus conductus pro Judeis, 667.
Samet. — *V.* Aimericus.
Samoisellum, 55. *Semoreau, Seine-et-Marne, cant. Fontainebleau.*
Samosac (capellanus de), 1448. *Soumensac, Lot-et-Garonne, cant. Duras.*
Samuha, 267. *Samen, Haute-Garonne, cant. Boulogne.*
Sançaio (De). — *V.* Guillelmus Constancii. *Sanxay, Vienne, cant. Lusignan.*
Sanceio (aqua de), 1631. *La Vonne.*
Sanceium, Sançaium, 1910, 1912, 1912 (2), 1912 (3), 1917, 1928, 1931. *Sanxay, Vienne, cant. Lusignan.*
Sancii. — *V.* Raimundus.
Sancius, canonicus ecclesie S. Caprasii Agenensis, 493.
Sanguinis pena, 843.
Sanna (De). — *V.* Sicardus. *Sana, Haute-Garonne, cant. Cazères.*
Santonge (seneschal de). — *V.* Xanctonensis.
Sanz Avoir. — *V.* Gaufridus.
Saracenus. — *V.* Johannes.
Sarcleiis (De). — *V.* Stephanus.
Sarracenorum (falsa moneta), 695.
Sarrano, Sariano, Sarriano (castrum de), 581, 1902.
—— homines, 557, 577, 582. *Sarrians, Vaucluse, cant. Carpentras.*
Sarrant, 1335. *Sarrant, Gers, cant. Mauvézin.*
Sartor. — *V.* Geraldus.
Satisfactio de stando juri, 407.

Saumerii, 132.
Saurini. — *V.* Guillelmus.
Savaricus de Pailleriis, 887.
—— de Sancto Maurino, 1511.
—— vicecomes Thoarcensis, 988, 1070.
Savegniacum. Fratres Minores, 1165. *Sauvagnat, Puy-de-Dôme, cant. Herment.*
Savegnie (molendinum de), 1923 (8). *Peut-être Savigné, Vienne, cant. Civray.*
Saviniaco (castrum de), 422.
—— (dominus de). — *V. P.* de Paderno. Raimundus Bertrandus. *Savignac, Lot-et-Garonne, cant. Montflanquin.*
Saxeti. — *V.* Raimundus.
Saxiaco (De). — *V.* Jordanus. *Saissac, Aude.*
Saybrandus, Sebrandus Chaboti, miles, dominus de Rochacerviere, 989, 1924 (4), 1927 (5).
Saynet. — *V.* Johannes.
Sayvre, 1912 (1). *La Sèvre Niortaise.*
Scambium ou boutique de changeur, 104.
Scriptor judicis senescalli Agenensis, 426.
Scriptores, 230, 418, 850.
Scriptura inquisitionum, 1720.
Scuria (De). — *V.* Raimundus. *Lescure, Aveyron, cant. La Salvetat-Peyralès.*
Scuta, 1311.
Scutelle, 549.
Scutifer ferri. — *V.* Alelmus.
Scutiferi, 717, 1643.
Sebilia. — *V.* Sibilia.
Sebrandus Chabot. — *V.* Saybrandus.
Secaces, 540.
Securetum, Seguretum, 1797; reparatio castri, 554.
—— castellanus. — *V.* Odoardus de Pomponia. *Séguret, Vaucluse, cant. Vaison.*
Securitates, 367, 1873.
—— pro euntibus ad nundinas, 1432.
Segiator monete, 2096.
Segnore. — *V.* Johannes.
Segnoret (De). — *V.* Petrus.
Segomarium, 2033.
Seguretum. — *V.* Securetum.
Seians, bastida, 2064. *Sajas, Haute-Garonne, cant. Rieumes.*
Seignergues (villa de), 2076. *Seniergues, Lot, comm. Montfaucon-du-Lot.*

Seignerii. — *V.* Johannes.
Seince. — *V.* Stephanus.
Sejas, bastida, 899. *Peut-être Sajas, Haute-Garonne, cant. Rieumes.*
Sel (De). — *V.* Guillelmus.
Semina a comite medietariis debita, 1913 (7).
Senac (homines de), 1152. *Sénat, Haute-Loire, comm. Saint-Didier-du-Doulon ou Taxat-Cénat, Allier, cant. Chantelle.*
Senanf, Senanz (parrochia de), 1925 (6).
—— rector ecclesie, 637. *Cenant, Vienne, comm. La Puye.*
Senazargues, Senezargues, 219.
—— (reparium de), 216. *Sénezergues, Cantal, cant. Montsalvy.*
Sendebauz (feudum aus), 684. *Voir la note.*
Seneret (De). — *V.* Raimundus. *Peut-être Cenaret, Lozère, comm. Barjac.*
Senescalli. — *V.* Aubertus, Guido.
Senesralli Agennensis extorsio, 512.
Senescalli Tholose debita, 351.
Senescallia apud Rocham super Oyon, 1945.
Senescallus thesaurarii B. Hilarii Pictavensis, 625, 626.
—— installation d'un nouveau sénéchal, 76.
Senezellis (rector de). — *V.* Bernardus. *Senezelles, Lot-et-Garonne, comm. Pailloles.*
Senhorie, 2102.
Senonensis. — *V.* Johannes.
Senonis (De). — *V.* Johannes.
Sententia annullata post inquestam, 878.
—— diffinitiva, 317.
—— executioni danda, 859, 1379, 1662.
—— seu interlocutoria, 1389.
—— injusta abrogata, 2119.
—— cassata, 280.
—— sententie inquisitorum comitis, earum executio, 552.
Sentonge. — *V.* Xanctonia.
Senz, 323.
—— monnaie royale, 243. *Sens, Yonne.*
Septemfontes, terra, 467. *Sept-Fons, Tarn-et-Garonne, cant. Caussade.*
Sequari nemus, 663.
Sequeire, 1515. *Saint-Martin-de-Cesquières, Tarn-et-Garonne, comm. Caussade.*

Sequestrum, 883, 885.
Serena de Rovinhano, 1395.
Serinnano (castrum de), 559. *Sérignan, Vaucluse, cant. Orange.*
Serjanz à pié, 28.
Serment des monnayers de Montreuil-Bonnin, 97, 1079.
Sernacum, 1659. *Sargnac, Tarn, comm. Souel.*
Serpentin. — *V.* Guido.
Serra (De). — *V.* Bidaldus.
Serra, 1797. *Peut-être Serre, Vaucluse, comm. Carpentras.*
Serret. — *V.* Petrus.
Serves, Servet. — *V.* Guillelmus.
Serviens comitis, in quodam castro positus, amovendus, 1834.
—— injuste in quodam castro positus, 2084.
—— comitis, in quodam prioratu pro custodia positus, 520.
—— curie senescalli ad tuitionem in quadam villa missus, 1701.
—— inquisitoris, 412, 413.
—— juratus, 727 (10).
—— missus in feudo saisito, 1040.
—— pro custodia monasterii Galliacensis, 1358.
—— regis ad custodiam deputatus, 1992.
—— vigerii, 825.
Servientela seu prepositura, 620.
Servientes, 219, 230, 279, 418, 615, 680, 723, 850, 1047, 1913 (7, 8), 2054.
—— balliviarum, 719.
—— ballivi Andegavensis, 1074.
—— comitis, 519, 907, 1920 (21).
—— forestarum comitis, 1082.
—— ponendi jus, 1285.
—— regis, 1410.
Servientis comitis in terram cujusdam militis armata invasio, 1333.
Servientium institutio, 27.
—— numerosa multitudo, 1154.
Servilia ministeria, 1266.
Servitia seu redeventie, 1326.
—— pro caselagiis debita, 1233.
Servitium, 694.
—— consuetum et injuste negatum, 1286.
—— pro servando animalia capta in foresta, 1932.

Servitutes de novo imposite, 1204.
Servus seu homo de corpore, 1266.
Sessina (boscum et stangnum de), 990. *Forêt de Saison (voir la note)*.
Sevemerie, 822. *Sevenès, Tarn-et-Garonne, comm. Verdun*.
Severaco (De). — *V.* Guido. *Séverac-le-Château, Aveyron*.
Severaco Ecclesie (homines de), 168. *Séverac-l'Eglise, Aveyron, cant. Laissac*.
Sextaragium, 1398.
Sextariate, 1190, 1380.
Sezile (roi de). — *V.* Sicilie rex.
Sibilia, Sybillia de Baucio, relicta Baralli, mater Bertrandi, 1753, 1769, 1794.
——— Sibilla, Sebilia, domina de Clifort, Clifort, 71, 72, 598, 599, 608, 659.
——— relicta Andree de Bellopodio, 1911 (6).
——— Sebila, uxor Auberti de Poilevoisin, 1913 (1).
Sicardus, Siccardus, Sycardus, Sicart, Sichardus Alemanni, Allemant, Alemani, Alamanni, miles, 152, 158, 159, 172, 173, 242, 256, 260, 266, 267, 268, 269, 270, 273, 275, 281, 307, 308, 318, 324, 352, 362, 367, 386, 387, 391, 404, 406, 414, 444, 506, 510, 546, 547, 777, 783, 794, 813, 820, 830, 833, 840, 842, 847, 853, 871, 880, 897, 913, 918, 920, 924, 926, 935, 937, 938, 939, 941, 942, 943, 944, 947, 950, 951, 952, 953, 955, 956, 958, 960, 963, 964, 965, 966, 969, 1209, 1213, 1215, 1217, 1218, 1220, 1221, 1222, 1226, 1227, 1228, 1236, 1260, 1278, 1279, 1292, 1312, 1319, 1320, 1326, 1337, 1341, 1348, 1373, 1392, 1393, 1394, 1410, 1423, 1431, 1438, 1476, 1511, 1525, 1526, 1528, 1529, 1569, 1594, 1856, 1891, 1967, 1974, 1975, 2006, 2091; vices gerens *vel* tenens locum senescalli in partibus Tholosanis, 1335, 1363, 1368, 1396, 1412.
——— Fortis, Fort, miles, arquerius comitis, 1386, 1585.
——— frater abbatis Moisiacensis, 1876, 1889, 2033.

Sicardus, Lautricensis vicecomes, Sycart, vicomte de Lautré, 248, 344.
——— de Montealto, Sycart de Montaut, miles, 277, 339, 344, 345, 787, 811, 813, 814, 830, 883, 884, 885, 886, 887, 1390, 1391, 1394, 1862, 1863.
——— de Podio Laurencii, domicellus, 838.
——— de Sanna, miles, 1306.
——— Sycart, valetus, filius Sicardi Alemanni, 269, 308.
——— Viguier, 320.
Sicilie, Sycilie rex, roi de Sezile, 566, 567, 591, 592, 603, 704, 705, 869, 925, 1743.
— *V*. Karolus, comes Andegavie.
Sicilie et Ampulie regnum, 1755, 2035.
Sigilli karacter, 687.
Sigillo (falsitas in), 450.
Sigillum authenticum, 383.
——— comitis apud Ryomum tenens, 735, 1153, 1160.
——— custos sigilli comitis apud Ryomum, 763.
——— communis Massilie, 857.
——— communitatis Montisferrandi, 1189.
——— usurpatum, 489.
——— vel pars sigilli communis, 488.
Signare naves transitum apud Ruppellam facientes, 1127.
Signum notarii, 1807.
Silhol (De). — *V.* Raimundus.
Silie, 524, 525. *Ceilhes-et-Rocozels, Hérault, cant. Lunas*.
Silva (homines de), 795.
Silvanecti, 1953, 1954. *Senlis, Oise*.
Silvanectis (De). — *V.* Droco. *Id.*
Silvaneto (De). — *V.* Henricus. *Id.*
Simon de Bellocampo, 1920 (12).
——— de Cavilla, clericus, 163.
——— Charet, miles, 670.
——— Clarbaudi, valetus, 1073.
——— Clareti, senescallus Agennensis, 262.
——— de Cubitis, des Coutes, miles, 76, 77, 604, 640; senescallus Pictavensis, 24, 32, 33, 71, 594, 599, 604, 659; castellanus de Ruppe super Oyon, 600, 601, 602, 603, 629, 630, 657, 973, 978, 980, 1039.
——— (frater), operarius Gailliacensis, 1279.
——— dictus Haren, 1327.

732   TABLE GÉNÉRALE.

Simon Guillelmus de Moyssiaco, 1524.
—— de Monteforti, comes Lyecestrie. 1855, 2087.
—— dictus Reimbaut, 1925 (9).
—— Rigaudi, valetus, 1095.
—— de Rupecavardi, decanus Bituricensis, 661, 1167, 1169.
—— tituli S. Cecilie presbiter cardinalis, 188; apostolice sedis legatus, 711, 1004, 1157, 1158, 1159, 1176, 2048, 2051, 2052, 2053. *Simon de Brion, plus tard pape sous le nom de Martin IV.*
—— de Vernoto, Verno, 979, 1075.
Sincetus, Sennicetus, 1370, 1371.
Sindici, 1765.
—— generales, sibi vindicantes consularem potestatem, 1820.
Sindicus vel procurator, 1179.
Sistaricensis episcopus. — *V. Johannes. Sisteron, Basses-Alpes.*
Sivaut. — *V. Johannes.*
Sivriaco (castrum de), Sivray, 1920 (5), 2115. *Civray, Vienne.*
Societas inita ad excolendum terras, 1269.
Soerella (domina), 1633.
Solacrob (molendinum de), 1495.
Solare, 661.
Solrises (De). — *V. Robertus.*
Solerio (De). — *V. Petrus.*
Solliaci (dominus). — *V. Henricus. Sully-sur-Loire, Loiret.*
Somana, 1797. *Saumanes, Vaucluse, cant. l'Isle.*
Somarium, 562, 2033.
Somate, 1827.
—— bladi, 564.
—— vini, 440.
Soresio (abbas de), 1951, 1953. *Sorèze, Tarn, cant. Dourgne.*
Sorgas ou mieux Forgas, 267. *Forgues, Haute-Garonne, cant. Rieumes.*
Sorini. — *V. Petrus.*
Sororius, 1921.
Sorrinum, 155. *Souyri, Aveyron, comm. Salles-la-Source.*
Sors, Sourz (De). — *V. Johannes, Reginaldus.*

Sors, 222, 437, 646, 735, 762, 826, 1027, 1052, 1161, 1303, 1758, 1759.
—— proventus computati in sortem, 1253.
Sorvile, boscum, 1925 (2).
Sospesa (De la). — *V. P. Raymundi.*
Sotevilla (De). — *V. Radulphus.*
Souellus, mercator Florentie, 704, 705, 722.
Souleins (De). — *V. Raimundus.*
Spina (De). — *V. Durandus.*
Spinacia (De). — *V. Guillelmus. Espinasse-Vozelle, Allier, cant. Gannat.*
Spinacii castrum, 801. *L'Espinasse, Haute-Garonne, cant. Fronton.*
Spoliatio indebita, 21, 161, 1409.
Sponderii seu curatores, 1246.
Stabuli, 1743.
Stabulis (De). — *V. Guillelmus.*
Stagni cujusdam domini incrementum, 765.
Stagnum redemptum, 1930.
Stalla de novo constructa Tholose, 840 (15).
Stalli vel hale ad vendendum carnes, 800.
Stangno (De). — *V. Petrus. Estaing, Aveyron.*
Stangnum vini bis in anno, ad x modia vini, 1914 (4).
Stationarii, 1570.
Statuta pacis, 1434.
—— statutum pacis violatum, 1506.
Statuta a senescallo Pictavensi edita, 606.
Statutum editum in concilio Burdegalensi, 2040, 2041, 2043.
Stephani. — *V. Raimundus.*
Stephanus. — *V. Guillelmus.*
Stephanus dictus Ad Going, 728.
—— Agenensis canonicus, 900.
—— Agenensis judex, 317.
—— Armandi, 764.
—— avunculus Johannis et Guillelmi de Guillermia, 1468.
—— de Balneolis (magister), 791, 2092, 2100.
—— dictus Bechet de Yseodoro, 1150.
—— de Biterri (magister), mestre Estienne de Rediers, 285, 457, 506, 510, 978, 1571, 1967.
—— Blanchier, serviens juratus, 727 (10).
—— Blandon, 2080.
—— dictus Boc, 1559.

TABLE GÉNÉRALE. 733

Stephanus Bonitozeti, 1465.
— de Caissaco, 893.
— de Camarada, 1341.
— de Castronovo, burgensis Tholose, 326, 1379.
— Ferrier, bajulus comitis de Castro Guidonis, 727 (11).
— de la Fite, 1538.
— G., burgensis Altivillaris, 1434.
— Gerberti (magister), 737.
— Giraudi de Moissiaco, 1477.
— de Gravella, 1940.
— Guillenele, 1920 (1).
— Ichiere, de Figiaco, 905.
— de Latouche, 68.
— Laurencii, civis Tholosanus, 1397.
— de Limovicis, 1170.
— Marescalli, miles, 988.
— de Maugremont, 473.
— de Palheroles, 420.
— Pinart, 1927 (1).
— de Pontibus, 2093, 2094.
— de Rohassio, civis Tholose, 782.
— de Sacrocesare, miles, 616.
— de Sancta Ecclesia, curaterius Avinionensis, 562.
— de Sancta Fide, de Penna Agenensi, 1576.
— de Sarcleiis, Sacleiis (magister), thesaurarius ecclesie B. Hylarii Pictavensis, clericus comitis, 336, 625, 626, 1101, 1103, 1353, 1380; executor gratiarum et indulgentiarum comiti concessarum, 1351, 1414.
— Seince, burgensis de Ruppella, 1945.
— Stip, 727 (6).
— de Vastino (frater), ordinis Predicatorum, inquisitor heretice pravitatis, 949.
— bajulus de Veneto, 1628. *Voir la note.*
Sterlinci, Estellins, Stellingi, Stillingi, 83, 238, 243, 320, 323, 366, 421, 690, 702, 709; sterlingorum marche, marc, 702, 2052; moneta, 643, 955; libre, solidi et denarii, 882.
Stip. — *V.* Stephanus.
Straminare vel sternere junco, 1935.
Strata publica (Malefacta commissa in), 566, 905.

Strata (insultus in), 562.
— (spoliatio in); responsabilité du comte ou des seigneurs du lieu, 141.
Stratarum publicarum ruptores, 1417.
Stulte mulieres seu meretrices, 1915 (1).
Subsidium, 393, 394.
— pro Terra sancta, 119, 632, 633, 1067, 1117, 1180.
— promesse de la Rochelle, 112; promesse de Saint-Jean-d'Angély, 113.
Subterfugia et dilaciones, 1435.
Subterranea (De). — *V.* Audigerius. *La Souterraine, Creuse.*
Subventio, 152, 546, 547, 792, 807, 1789, 1805, 1806.
— seu gratia pro succursu Terre sancte, 542, 1191.
— pro Terra sancta, 1197, 1369, 1722, 1723, 1730, 1788, 1802, 1811, 1812.
— gratuita vel gratiosa, 1660, 1822, 2060, 2061, 2062.
— gratuita petita, 1799.
— gratuita loco focagii, 1974, 1975.
— pecuniaria pro subsidio Terre sancte injuste petita, 1702.
— gratiosa a personis ecclesiasticis et a burgensibus petita, 1117.
— gratuita petenda ab hominibus baronum, 547.
— a militibus petita et in sufferentiam posita, 1748.
— a nobilibus non solvenda, 1725.
— in respectum usque ad certum tempus posita, 1753, 1793.
— seu focagium in parte in sufferentiam posita, 1764.
— compositio cum hominibus facienda, 1773, 1774, 1775, 1776, 1778.
— petita ab hominibus de Amilliavo, 517, 545.
— en Poitou pour la Sainte Terre, manière de la demander, 96.
— in Pictavia pro succursu Terre sancte, 973.
Sudre. — *V.* Guillelmus.
Summensac, Sunmensac (castrum de), 1424, 1425. *Soumensac, Lot-et-Garonne, cant. Duras.*

Superior, 1548 (4).
Supermisia saisine fracta, 1923 (4).
Supersedere in causa, 201.
Surdus. — *V.* Aimericus, Bernardus, Petrus.
Surgeriis (De). — *V.* Hugo. *Surgères, Charente-Inférieure.*
Suspendium et membri mutilatio, 742.
Suspensio pro maleficio, 1932.
Suspensus quidam alias asportatus, in dominii detrimentum, 449.
Sybilia. — *V.* Sibilia.
Sycardus. — *V.* Sicardus.
Sycilie rex. — *V.* Sicilie rex.
Sylars (De). — *V.* Gaufridus.
Symon. — *V.* Simon.
Syvraio (De). — *V.* Johannes. *Civray, Vienne.*

SANCTUS, SANCTA.

S. Affricano (homines de), 177. *Saint-Affrique, Aveyron.*
S. Agenesio (De). — *V.* Amalvinus. Probablement faute pour De sancto Genesio.
S. Albino (De). — *V.* Guillelmus.
S. Amancii domus, 1515. *Saint-Amans, Tarn-et-Garonne, comm. Caylux.*
S. Amancio (ecclesia de), 156. Peut-être *Saint-Amans, Aveyron.*
S. Amando (De). — *V.* Petrus.
S. Amandus, 69. *Saint-Amand-le-Petit, Haute-Vienne, cant. Eymoutiers.*
S. Amante (De). — *V.* Petrus.
S. Andree de Remeria (priorissa), Catursiensis ordinis, 551. *Saint-André-des-Ramières, Vaucluse, cant. Gigondas.*
S. Angeli cardinalis. — *V.* Richardus.
S. Aniani Aurelianensis decanus, 1996. *V.* G.
S. Anianus, 1944. *Saint-Agnant-les-Marais, Charente-Inférieure.*
S. Antonino (De). — *V.* Ysambardus. *Saint-Antonin, Tarn-et-Garonne.*
S. Antoninus, Anthoninus, Saint-Anthonnin, 323, 439, 465, 528, 1675, 1889.
—— ecclesia, 1257.
—— Fratres Minores, 1165, 1324.
—— moneta regis, 2034.
—— homines et communitas, 892.
—— homines, 282, 439, 501, 528, 780, 1364, 1520, 1577, 2071, 2072. *Saint-Antonin, Tarn-et-Garonne.*
S. Arnulphus, 1847. *Saint-Arnoult, Seine-et-Oise, cant. Dourdan.*
S. Artemia (De). — *V.* Guillelmus, Reginaldus. *Sainte-Arthémie, Tarn-et-Garonne, comm. Molières.*
S. Andoenus, 1798. *Saint-Ouen-sur-Seine, Seine, cant. Saint-Denis.*
S. Audomarus, Audomarius in Flandria, 693, 2017, 2111.
—— burgenses, 654.
—— homines, 700, 713, 2111. *Saint-Omer, Pas-de-Calais.*
S. Barcio (De). — *V.* Durandus.
S. Benedicti de Quincaio (abbas), 20, 21, 610.
—— abbas et conventus, 680. *Saint-Benoit-de-Quinçay, Vienne, cant. Poitiers.*
S. Bernardi Parisiensis subprior. — *V.* P.
S. Bibiani moniales, 1939. *Saint-Vivien, Charente-Inférieure, cant. La Rochelle.*
S. Boneti le Frait castrum, 727 (4). *Saint-Bonnet-le-Froid, Haute-Loire, cant. Montfaucon.*
S. Bonetus, 706. *Saint-Bonnet, Charente-Inférieure, cant. Mirambeau.*
S Bonito (dominus de). — *V.* Johannes de Castellione. *Saint-Bonnet-le-Chastel, Puy-de-Dôme, cant. Saint-Germain-l'Herm, ou mieux Saint-Bonnet-le-Château, Loire.*
S. Bonitus, 752.
—— dominus, 752.
—— bajulus, 751. *Saint-Bonnet-le-Chastel, Puy-de-Dôme, cant. Saint-Germain-l'Herm.*
S. Bricio (De). — *V.* Droco de Mello. *Saint-Bris, Yonne, cant. Auxerre.*
S. Candidus, 1939.
—— homines, 1115. *Saint-Xandre, Charente-Inférieure, cant. La Rochelle.*
S. Caprasius Agenensis, ecclesia, 493.
S. Cecilie cardinalis. — *V.* Simon.
S. Cesaro (De). — *V.* Petrus. *Saint-Césaire, Charente-Inférieure, cant. Burie.*
S. Christophoro (De). *Saint-Christophe, Aveyron, cant. Rignac.*
S. Cirici de la Popia capellanus. — *V.* Petrus

TABLE GÉNÉRALE. 735

Salomon. *Saint-Cirq-la-Popie, Lot, cant. Saint-Géry.*

S. Cirico (De). — *V.* Geraldus. Peut-être Saint-Circq, *Tarn-et-Garonne, cant. Caussade.*

S. Ciricus, 465. *Saint-Circq, Tarn-et-Garonne, cant. Caussade.*

S. Ciricus, 1497. *Saint-Cirq, Lot-et-Garonne, cant. Agen.*

S. Claro (De). — *V.* Robertus.

S. Clarus, 433. *Saint-Clair, Lot, cant. Gourdon.*

S. Columba (De). — *V.* Guillelmus Audricus. Peut-être Sainte-Colombe, *Haute-Garonne, comm. Baziège.*

S. Crucis Pictavensis abbatissa, 634, 992, 1021.

S. Crux Burdegalensis, 463.

S. Cypriani Pictavensis abbas, 1049, 1131.

S. Desiderius, 1797. *Saint-Didier, Vaucluse, cant. Pernes.*

S. Dyonisii in Vallibus prior, 977, 1067. *Vaux, Vienne, cant. Leigné-sur-Usseau.*

S. Dyonisio (De). — *V.* Guillelmus.

S. Dyonisius, 1913 (2). *Saint-Denis, Deux-Sèvres, cant. Champdeniers.*

S. Dyonisius, 1950.
—— abbatia, 738.
—— abbas, 738, 977. *Saint-Denis, Seine.*

S. Ecclesia (De). — *V.* Andreas, Stephanus.

S. Egidii abbas et conventus, 573. *Saint-Gilles-les-Boucheries, Gard.*

S. Egidii in Provincia prioratus, 357, 581.
—— prior, 1834. *Prieuré des Hospitaliers.*

S. Emelianus. Fratres Predicatores, 446. *Saint-Émilion, Gironde, cant. Libourne.*

S. Eulalie domus milicie Templi, 2088. *Sainte-Eulalie-de-Larzac, Aveyron, cant. Cornus.*

S. Eutropii Xanctonensis prior, 716.

S. Felicius, Felix. Bajulus, 1299.
—— Leprosaria et Domus Dei, 832, 1324. *Saint-Félix, Haute-Garonne, cant. Revel.*

S. Ferreoli castrum, 559. *Saint-Ferréol, Drôme, cant. Nyons.*

S. Fide (De). — *V.* Stephanus.

S. Fides. Leprosaria, 832, 1324.
—— bajuli, 296, 902. *Sainte-Foy, Haute-Garonne, cant. Saint-Lys.*

S. Fidis homines, 483. *Sainte-Foy-de-Belvès, Dordogne, cant. Belvès.*

S. Fidis villa, 1591.
—— homines, 1879, 1880. *Sainte-Foy-la-Grande, Gironde.*

S. Fidis Conchensis, de Concha abbas et conventus, 1641. *Conques, Aveyron.*

S. Finhano (De). — *V.* Fulco.

S. Florus, 1908.
—— prior, 1839. *Saint-Flour, Cantal.*

S. Gavella (De). — *V.* Aycardus.

S. Gavelle castrum, 851, 931, 2108, 2121.
—— Leprosaria, 832, 1324.
—— castellanus. — *V.* Henricus Brunel.
—— baillivia, 1376. *Cintegabelle, Haute-Garonne.*

S. Gelasio (De). — *V.* Guillelmus, Hugo.
—— (XIII homines de), 1923 (13). *Saint-Gelais, Deux-Sèvres, cant. Niort.*

S. Gemma, 701.
—— vigerius. — *V.* Johaunes Boni. *Sainte-Gemme-la-Plaine, Vendée, cant. Luçon.*

S. Genesio (De). — *V.* Amiliavus, Bertrandus, Poncius.

S. Georgio (De). — *V.* Raimundus.

S. Georgius, 318. *Saint-Géry, Tarn, comm. Rabastens.*

S. Georgius, 1932. *Saint-Georges, Vienne.*

S. Georio (homines de), 255. *Saint-Jory, Haute-Garonne, cant. Fronton.*

S. Germano (De). — *V.* Bertrandus, Chatardus, Guillelmus, Petrus.

S. Germanus, 433. *Saint-Germain-du-Bel-Air, Lot.*

S. Germanus in Laya, S. Germain-en-Laie, 747, 1184, 1194, 2017. *Saint-Germain-en-Laye, Seine-et-Oise.*

S. Germerius, 365. *Saint-Germier, Haute-Garonne, cant. Villefranche-de-Lauragais.*

S. Gervasius, 727 (16).

S. Giranno (dominus de), 727 (10). *Saint-Gérand-de-Vaux, Allier, cant. Varennes-sur-Allier.*

S. Grati decima, 1664. *Saint-Grat, Aveyron, comm. Vailhourlès.*

S. Hilarii Pictavensis ecclesia, 623.
—— decanus, 1072. — *V.* P. Metuli.

S. Hilarii decanus et capitulum, 625, 626, 1060.
—— magister scolarum. — *V*. Th.
—— scolasticus. — *V*. Guillelmus de Azayo.
—— thesaurarius, decanus et capitulum, 622.
—— thesaurarius, 337, 1100, 1415. — *V*. Radulphus de Gonessia, Stephanus de Sarcleiis.
—— canonici, 8, 657.
S. Hosterii prior, 508. *Saint-Astier, Lot-et-Garonne, cant. Marmande.*
S. Johanne (De). — *V*. Guillelmus.
S. Johanne de Belaye (villa de), 1889. *Saint-Jean-de-Grezels, Lot, comm. Grezels.*
S. Johannes Angeliacensis, S. Jehan d'Angelis, 723, 1076, 1203, 1204, 1205, 1417, 1418, 1609, 1610, 1611, 1864, 1935.
—— portus, 699.
—— abbas, 1094, 1703. — *V*. Thomas.
—— prepositus. — *V*. Henricus de Silvaneto.
—— Fratres Minores, 1022, 1110.
—— Domus Dei, 1022, 1110.
—— communie major et jurati, 98, 113, 699, 723, 1131.
—— burgenses, 689, 978, 1141, 1144. *Saint-Jean-d'Angély, Charente-Inférieure.*
S. Johannis castrum, 1355, 1567.
S. Johannis de Vassols homines, 1775. *Saint-Jean-de-Vassols, Vaucluse, comm. Saint-Pierre-de-Vassols.*
S. Johannis Jerosolimitani preceptor in Caturcinio, 1515.
S. Juliani bastida, 828. *Saint-Julien-le-Vieux, Tarn, comm. Saint-Urcisse.*
S. Juliani castrum, 152. *Saint-Julien-d'Empare, Aveyron, cant. Asprières.*
S. Juliano (De). — *V*. Rogerius.
S. Julianus, ecclesia, 69. *Saint-Julien-le Petit, Haute-Vienne, cant. Eymoutiers.*
S. Juniani archipresbiter. — *V*. Durandus.
—— Fratres Minores, 661. *Saint-Junien, Haute-Vienne.*
S. Justo (De). — *V*. Poncius.
S. Laurencio (De). — *V*. G.
S. Laurentio (De). — *V*. Audebertus. *Saint-Laurent-sur-Gorre, Haute-Vienne.*
S. Laurentius, 184. *Saint-Laurent-de-Lévezou, Aveyron, cant. Vezins.*

S. Laurentius, 1915 (9). *Saint-Laurent, Vienne, comm. Saint-Cyr.*
S. Leodegarii ecclesia, 1021. *Voir la note.*
S. Leodegario (De). — *V*. Arnaldus.
S. Leoncii, Leuncii tenementum, 185.
S. Leonii de Rocha super Oyon prior, 657.
S. Leuncii prior, 184, 185, 1684. *Saint-Léon, Aveyron, cant. Vézins.*
S. Liberata, 1459, 1502, 1512.
—— pertinencie, 1548 (5).
—— portus, 1509.
—— prior et monachi, 1459, 1512.
—— bajulus. — *V*. Arnaldus.
—— habitatores, 1502, 1503.
—— homines, 1508, 1509. *Sainte-Livrade, Lot-et-Garonne.*
S. Marcelli abbas et conventus, Caturcensis dyocesis, 396, 467, 468, 469. *Saint-Marcel, Tarn-et-Garonne, comm. Réalville.*
S. Marcello (castrum de), 1836. *Saint-Marcet, Haute-Garonne, cant. Saint-Gaudens.*
S. Maria (De). — *V*. Arnaldus.
S. Marie matris Christi fratres, 691, 1109.
S. Marie de Bosqueto abbatissa, 551. *Bouchet, Drôme, cant. Saint-Paul-Trois-Châteaux.*
S. Marie de Corona (abbas et conventus), 505. *La Couronne, Charente, cant. Angoulême.*
S. Marie Deaurate de Tholosa prior, 254, 273, 349, 385.
S. Marie Gordonensis abbas et conventus, 496. *Gourdon, Lot.*
S. Marie Majoris Pictavensis abbas et capitulum, 1917, 1932.
S. Marie de Portu (prior secularis ecclesie), 1537, 1597, 1604, 1606. *Le Port-Sainte-Marie, Lot-et-Garonne.*
S. Marie Regalis juxta Pontizaram abbatia, 1992. *Royaumont, Seine-et-Oise, comm. Asnières-sur-Oise.*
S. Martin (De). — *V*. R.
S. Martini Turonensis decanus, 1996.
—— granicarius, 1000. *V*. Egidius de Bonavalle.
—— subdecanus, 1835, 1840, 1976.
S. Martino (De). — *V*. Poncius.
S. Martino de Landa (castrum de) in Lauraguesio, Loraguesio, 869, 1398.

S. Martino (leprosaria et Domus Dei de), 832, 1324. *Saint-Martin-la-Lande, Aude, cant. Castelnaudary.*

S. Martino Veteri (De). — *V.* Aimericus, Bertrandus. *Saint-Martin-le-Vieil, Aude, cant. Alzonne.*

S. Martinus de Maghren, ecclesia, 1289. *Magrens, Haute-Garonne, comm. la Grâce-Dieu.*

S. Maturini de Liricantu presbyter, 1514. *Larchant, Seine-et-Marne, cant. la Chapelle-la-Reine.*

S. Maura (De). — *V.* Guillelmus.

S. Mauricio (De). — *V.* Guillelmus. *Saint-Maurice, Aveyron, comm. Montpaon.*

S. Maurini abbas, 426, 515, 516, 1461.
—— abbas et conventus, 449, 512, 513, 514. *Saint-Maurin, Lot-et-Garonne, cant. Beauville.*

S. Maurino (De). — *V.* Bertrandus, Guillelmus, Savaricus. *Saint-Maurin, Lot-et-Garonne.*

S. Maxencio (De). — *V.* Petrus.

S. Maxencius, S. Maxancius, S. Maixentius, 662, 990, 1874, 1900, 1920 (3), 1920 (5), 1920 (7), 1920 (8), 1920 (23), 1927.
—— castrum, 613, 1842, 1843, 1844, 1924 (4).
—— furnus, 1927 (5).
—— Domus Dei, 1021.
—— Leprosaria, 1021.
—— abbas, 1838, 1874, 1944.
—— abbas et conventus, 613.
—— Fratres Minores, 1021.
—— castellania, 613.
—— castellanus, 1048, 1072. *Saint-Maixent, Deux-Sèvres.*

S. Memorio (dominus de), 1647. *Voir la note.*

S. Michaelis bastida, 1433. *Saint-Michel, Tarn-et-Garonne, cant. Auvillars.*

S. Michaelis in Heremo abbas, 1049, 1131. *Saint-Michel-en-l'Herm, Vendée, cant. Luçon.*

S. Nicholao (De). — *V.* Petrus.

S. Orientii (homines castri), 1543. *Saint-Orens, Lot-et-Garonne, comm. Francescas.*

S. Pantaleonis, Panthaleonis castrum seu villa, 1781, 1818.

S. Pantaleonis prior, 1781, 1818. *Saint-Pantaléon, Vaucluse, cant. Gordes.*

S. Papuli abbas, 1236. *Saint-Papoul, Aude, cant. Castelnaudary.*

S. Pauli comes. — *V.* Guido. *Saint-Pol, Pas-de-Calais.*

S. Pauli de Cadoicaus, 1303; domini et milites castri, 927. *Saint-Paul-Capdejoux, Tarn.*

S. Petri foresta, 790. *Voir la note.*

S. Petri Puellarum Pictavensis celeraria, 655.

S. Petrus de Denha, ecclesia, 69.

S. Petrus de Laorta, suburbium Caturcense, 1579.

S. Petrus de Mursein, ecclesia, 1259. *Voir la note.*

S. Petrus de Vasals, 1772. *Saint-Pierre-de-Vassols, Vaucluse, cant. Mormoiron.*

S. Poncii abbas, 1373. *Saint-Pons-de-Thomières, Hérault.*

S. Porcherius, Porquerius, 797.
—— homines, 789, 790. *Saint-Porquier, Tarn-et-Garonne, cant. Montech.*

S. Porcianus. Domus Dei, leprosaria, fratres Minores, 1165. *Saint-Pourçain, Allier.*

S. Privato (De). — *V.* Arnaldus, Bernardus.

S. Quintino (De). — *V.* Guillelmus, Philippus.

S. Radegondis Pictavensis prior, Sainte-Radegonde de Poitiers, 7, 8, 41, 2055. — *V.* Johannes de Castellariis.
—— prior et capitulum, 2.
—— canonici, 624.
—— ecclesia, 1021.
—— terra, 8.

S. Rogatianus, 1938. *Saint-Rogatien, Charente-Inférieure, cant. La Jarrie.*

S. Romani villa seu castrum, 1692, 2083.
—— seigneur, 130, note. *Saint-Rome-de-Tarn, Aveyron.*

S. Romano (De). — *V.* Hugo. *Saint-Rome-de-Tarn, Aveyron.*

S. Saturnini homines, 1555. *Saint-Cernin, Lot, cant. Lauzès.*

S. Saturnini de Portu prior, 553. *Le Pont-Saint-Esprit, Gard.*

S. Saturnini Tholose monasterium, 902.
—— abbas, 273, 796, 898, 902, 926, 1338, 1339, 1340, 1351.

S. Saturnini abbas et conventus, 295, 296.
— canonici, 1314.
S. Saviniani portus, 1017, 1051. *Saint-Savinien, Charente-Inférieure.*
S. Savino (De). — *V.* Aeraudus, Geraldus, Petrus.
S. Savinus, villa, 1911 (8).
— abbas, 1073.
— castellania, 1911 (15). *Saint-Savin-sur-Gartempe, Vienne.*
S. Severi villa, 1685. *Saint-Sever. Aveyron, cant. Belmont.*
S. Severini abbas et conventus. 678. *Saint-Séverin, Charente-Inférieure, cant. Loulay.*
S. Sezercio (De). — *V.* Bego. *Saint-Cézert. Haute-Garonne, cant. Grenade-sur-Garonne.*
S. Simeone (De). — *V.* Petrus.
S. Stephano (homines de), 1336. Voir la note.
S. Stephanus de Laval, feudum, 1236.
S. Sulpicio (preco de). — *V.* Raimundus de Lupoalto.

S. Sulpicius, Suplicius, 291, 1289, 1290, 1295. *Voir ci-dessous.*
S. Sulpicius de Lerades, bastida, 265.
— libertates a comite concesse, 959.
— Leprosaria, 832, 1394.
— habitatores, 959.
— homines, 1292.
— preceptor Hospitalis, 959, 1287, 1292, 1295.
— hospitalarii, 291. *Saint-Sulpice-de-Lézat, Haute-Garonne, cant. Carbonne (et non la Pointe Saint-Sulpice, comme il est dit par erreur, 832).*
S. Trinitatis Pictavensis abbatissa, 645, 1025, 1055.
S. Ursicio (bastida de), 828. *Saint-Urcisse. Tarn, cant. Salvagnac.*
S. Vabriano (De). — *V.* Guillelmus.
S. Victoris Massiliensis abbatia, 184.
S. Viviani de Argentonnio (moniales), 1022. — *Voir la note.*
S. Viviani Xanctonensis prior, 1936.

T

T., miles regine Francorum, 2017.
Tabellio, 383.
Taboe. — *V.* Adam.
Tabulis (De). — *V.* Johanna.
Taille de la monnaie, 629, 630, 644; tallcie monete defectus, 1096.
Tailleburgi terra, 38. *Taillebourg, Charente-Inférieure, cant. Saint-Savinien.*
Tailliata, tallia de saisimento, talliée de sesissemanz, 973, 978, 980.
Talebot. — *V.* Gaufridus.
Taleburgus, Talleburgus, Thaleburgus, 1094.
— Fratres Trinitatis, 1022, 1110, 1128.
— Minister S. Trinitatis. — *V.* Petrus.
— dominus. — *V.* Guillelmus Remondi de Finibus. *Taillebourg, Lot-et-Garonne, cant. Marmande.*
Talenta, 1924 (3).
Talia, Talleia nemoris, 840 (14), 1910 (6).
Tallades, 1797. *Taillades, Vaucluse, cant. Cavaillon.*

Talleagium, 979.
Talleferret, mansus, 960.
Talleia, dicta maletote, 1922.
— quadruplicata, 1922.
Talleta, 1915 (8); *taillis.*
Tallia, Taillie ou Tailliée, 658, 661, 689, 749, 792, 807, 918, 1944.
— facta inter homines, 1621.
— per solidum et libram, 829.
— pro Terra Sancta, 224.
— exemptio cuidam crucesignato concessa, 1180.
— missa in sufferentiam pro quodam homine, 1185.
— a Judeis debita, 1313.
— Judeorum; Judei electi pro ea assidenda, 1097.
Talliare, 247, 1180.
Talliate, 1683.
Talliator. — *V.* Richardus.
Tallie communes, 489, 1184.

TABLE GÉNÉRALE. 739

Talliée de morte main, 978.
Tallum, 2090; *terme de monnaie.*
Talneio (De). — *V.* Almodis, Guillelmus Roberti. *Tonnay-Boutonne, Charente-Inférieure.*
Talneio super Vulturnum (portus de), 1116; cambellania, 1935; castellania, 1935.
—— Prepositus comitis. — *V.* Martinus Aubert. *Tonnay-Boutonne, Charente-Inférieure.*
Talniaco (dominus de). — *V.* Gaufridus. *Tonnay-Boutonne ou Tonnay-Charente, Charente-Inférieure.*
Talonis. — *V.* Raimundus.
Tanator. — *V.* Johannes.
Tantalo (De), Tantono. — *V.* Guillelmus, Guillelmus Arnaldi.
Tarasco, castrum, 1743.
—— Fratres Predicatores, 551. *Tarascon-sur-Rhône, Bouches-du-Rhône.*
Tarcais, 269; *carquois.*
Targie, 1311.
Tarnasio (De). — *V.* Johannes. *Peut-être Tarnos, Landes, cant. Saint-Martin-de-Seignanx.*
Tarni flumen, 1213, 1655, 1881.
Taxa pro refectione kai apud S. Johannem Angeliacensem, 1144.
Taxatores emende, 1065.
Tazeto (De). *V.* Gaubertus.
Tegularia, 1495.
Templarii, 876, 1030, 1032, 1107, 1108, 1114, 1130, 1352.
Templi militia, 419, 420, 760
—— milicie domus, 881, 1281.
—— preceptor domus milicie, 129, 453, 454, 1370, 1371.
—— milicie domus in Alvernia, 731.
—— preceptor in Alvernia, 220.
—— (magister domorum) in Provincia, 1162, 1282, 1706.
—— (preceptor milicie) in Provincia, 1520, 1582.
—— fratres in Ruthenensi senescallia, 1707.
—— preceptor Ruppelle, 103.
Templiers de Poitou; aide à eux demandée pour la Terre sainte, 96.
Templum Parisius, le Temple à Paris, 5, 60, 61, 65, 73, 83, 84, 91, 100, 109, 119, 120, 130, 136, 144, 208, 213, 238, 239,

243, 320, 323, 325, 341, 342, 351, 363, 364, 366, 372, 394, 401, 409, 410, 415, 526, 531, 545, 563, 564, 601, 602, 604, 643, 644, 666, 689, 690, 702, 756, 863, 865, 870, 880, 881, 888, 895, 896, 978, 1038, 1043, 1083, 1104, 1115, 1171, 1213, 1311, 1331, 1352, 1427, 1500, 1629, 1815, 2092.
Templum; dépôt fait par Gilles Camelin au nom du comte, 259.
Tenementa, 493, 559, 584, 912.
Tenenz (villa de), 1047. *Tenèze, Creuse, comm. Villars.*
Tenuta, 1911 (7), 1932.
Terentellis (parrochia de), 1534. *Trentels, Lot-et-Garonne, cant. Penne.*
Teriaco (De). — *V.* Philippus.
Terminalia, 1635.
Terminari tenementa, 584.
Terminis (De). — *V.* Geraldus. *Termes, Puy-de-Dôme, comm. Biollet.*
Terminis (De). — *V.* Oliverius. *Termes, Aude, cant. Mouthoumet.*
Terminis (De). — *V.* Barescus. *Thermes, Tarn-et-Garonne, comm. Auvillars.*
Terminis (villa de), 1950. *Termes, Aude, cant. Mouthoumet.*
Terra ad manum tenta, 1386.
—— combusta, 307, 308.
—— pignorata cuidam heretico, 1559.
Terra sancta, Terre sainte, 112, 113, 119, 162, 168, 170, 172, 173, 175, 176, 177, 178, 181, 182, 183, 184, 192, 211, 224, 278, 301, 320, 323, 324, 339, 344, 346, 348, 350, 352, 353, 360, 365, 372, 373, 379, 410, 421, 523, 534, 536, 542, 546, 604, 632, 633, 651, 666, 689, 725, 739, 743, 746, 747, 749, 756, 777, 783, 792, 807, 816, 847, 864, 870, 926, 937, 969, 973, 978, 1000, 1009, 1038, 1041, 1042, 1044, 1066, 1067, 1085, 1086, 1117, 1142, 1180, 1191, 1197, 1216, 1218, 1347, 1351, 1353, 1365, 1369, 1380, 1390, 1407, 1408, 1414, 1415, 1561, 1594, 1617, 1622, 1630, 1634, 1644, 1652, 1668, 1672, 1682, 1702, 1707, 1711, 1715, 1722, 1732, 1741,

1774, 1775, 1776, 1793, 1799, 1802, 1805, 1806, 1811, 1812, 1826, 1830, 1962, 1963, 1964, 1965, 1966, 1970.
Terragia, 1939, 1941.
Terragium, 1911 (3), 1913 (5), 1925 (8).
—— ad nonam garbam, 1911 (2).
Terre ad agriculturam reducte, 1663.
—— nobilium a roturariis acquisite, 913.
Terres forfaites, 88.
Terres Fortes (Bois des), 28.
Territoriorum et finium divisio, 1752.
Territorium castrorum, 559.
Tesaco, Thesac (De). — *V.* Gaubertus. *Thézac, Lot-et-Garonne, comm. Tournon-d'Agenais.*
Testamenta, 683, 1103.
Testamentorum tabule, 1001, 1085, 1086.
Teste. — *V.* Andreas.
Testerie ad equos, 1311.
Testes jurati, 1312, 1314.
Testium auditio in causa appellationis, 326.
—— receptio in inquesta, 786.
Th. de Nangevilla, miles, senescallus Tholose et Albiensis. — *V.* Theobaldus.
Th., rex Navarre, Campanie Brieque comes palatinus. — *V.* Thibaut.
Th. de Noviaco, senescallus Pictavensis. — *V.* Theobaldus.
Th., magister scolarum Beati Hilarii Pictavensis, 1909.
Thaleburgus. — *V.* Taleburgus.
Thalemondesium, 1039. *Le Talmondois.*
Thalemundi castellanus, 987.
—— Thalemondi terra, Thalemont, 1034, 1039. *Talmont, Vendée.*
Thamer. — *V.* Aimericus.
Thaurisano (castrum de), 1950. *Taurize, Aude, cant. Lagrasse.*
Theiac (De). — *V.* Enfordus. *Peut-être Thézac, Lot-et-Garonne, comm. Tournon.*
Theobaldi. — *V.* Huguet.
Theobaldus. — *V.* Aimericus, Henricus.
—— de Arsicio, domicellus, 548, 564.
—— Thebaut Chaboz, sires de Rochecervere, 1045.
—— Chategnier, miles, 1941.
—— de Columbers, 1925 (2).

Theobaldus de Fontanillis, domicellus, 973.
—— de Fontenesio, Fontenix, valetus, 54, 58.
—— Galli, 1930.
—— de Namgevilla, Nangeville, Nangevilla, miles, senescallus Tholose, 1229, 1230, 1242, 1340, 1343, 1403.
—— de Noviaco, Tiebauz de Neuviz, 224, 747; panetarius comitis, 748; senescallus Pictavensis, 640, 675, 1911 (2), 1911 (12), 1922.
Theofania, uxor Theobaldi de Fontenesio, valeti, 54.
Theophagiis (castrum de), Theoffagie, Tyfauges, 988, 1069, 1070.
—— castellanus, 1069. *Tiffauges, Vendée, cant. Mortagne-sur-Sèvre.*
Theophania, 1095.
Thesaurus Judeorum, 709.
Thiart, 727 (9).
—— Thiarcenses monachi, 727 (9). *Thiers, Puy-de-Dôme.*
Thibaut, rois de Navarre, Th., rex Navarre, Campanie Brieque comes palatinus, 689, 2031.
Thoarcio (De). — *V.* Guido.
Thoarcium, 1922.
—— castrum, 685, 975.
—— pedagium, 1569.
—— castellania, 1922.
—— baillivia, 1922.
—— Thoarcenses ballivi, 1922. *Thouars, Deux-Sèvres.*
Thoarcensis terra, Touarceis, 978, 1922.
Thoarcensis vicecomitatus, de Thoart, 973, 978, 980, 1034.
Thoarcensis vicecomes. — *V.* Aimericus, Reginaldus, Savaricus.
—— Thoarcii vicecomitissa, 5, 1048. — *V.* Marguerite de Lusignan. *Thouars, Deux-Sèvres.*
Thofalles, 1889. *Touffailles, Tarn-et-Garonne, cant. Bourg-de-Visa.*
Tholomeus de Portali, civis Tholosanus, 388.
Tholoniaco (dominus de), 1647. *Toulonjac, Aveyron, cant. Villefranche.*
Tholosa (De). — *V.* Bernardus Raymundi, Michael, Raimundus.

Tholosa, civitas, 240, 259, 270, 382, 782, 809, 833, 840, 865, 910, 943, 1274, 1311, 1848, 1849, 1961, 1974, 2090, 2100. — *V.* S. Maria Deaurata, S. Saturninus.
—— Castrum Narbonense, 948, 949, 1231.
—— cives, 93, 341, 363, 813, 1271, 1276, 1287, 2058 (p. 575), 2099 ; — articuli ab ipsis comiti oblati et a comite determinati, 839, 840, 2058 ; — promissio ab ipsis comiti facta, 338.
—— compositio cum comite pro focagio, 325.
—— burgenses, 962, 1314.
—— urbis et suburbii homines, 794, 967.
—— hominum urbis et suburbii communitas vel universitas, 830, 840, 846, 963, 964, 965, 969, 2058, 2099.
—— popularium communitas, 840 (14).
—— communitatis procuratores, 833.
—— communitatis articuli, 963.
—— communitatis consilium, 963.
—— consules urbis et suburbii, consules de Tholose, 234, 341, 342, 360, 372, 407, 846, 964, 965, 966, 1219, 1986, 2059, 2095, 2096, 2097, 2098, 2101, 2119.
—— capitularii, 2058.
—— consules et communitas urbis et suburbii, 325, 363, 364, 372, 2059.
—— consules, consiliarii et universitas civitatis et suburbii, 2100.
—— consulum redditio compotorum, 963.
—— consules eligendi modus, 2058 (p. 570, 571 et 573).
—— consulatus seu capitulatus, 778, 2058.
—— consulatus a comite universitati restitutus, 2058 (p. 571).
—— jus ponendi consules, 2101.
—— reproches adressés par le comte aux consuls, 2100.
—— consules et judices, 817.
—— domus communis, 963.
—— civium privilegia quoad pedagia, 406, 407, 2058 (p. 571), 2059.
—— suburbii fossata infeodata, 2058 (p. 573 et 576).
—— urbis et suburbii piscatores, 827.
—— Judei, 658, 968, 1304.

Tholosa. Consuetudines dubie, 2058 (p. 575 et 576).
—— ecclesia, 1342, 1344, 1345, 1377.
—— episcopus, 260, 301, 361, 362, 821, 840, 1875, 1967, 2112. — *V.* Raimundus.
—— episcopi vices gerentes vel vicarii, 821, 969.
—— episcopi gentes, 314.
—— capitulum, 258.
—— ecclesie prepositus et capitulum, 1224, 1319, 1320, 1332, 1377.
—— prepositus, 257, 1344, 1345, 1353, 1967. — *V.* Bertrandus de Insula.
—— Ecclesia B. Stephani, 1382.
—— Beatus Bartholomeus, 371.
—— Domus Dei et leprosaria, 832, 1324.
—— ministri domorum leprosorum, 868.
—— Fratres de Capistris, Scapistris, 832, 1324 ; fabrica ecclesie, 832.
—— Fratres Minores, 776, 832, 938, 1324, 1325, 2107.
—— Ecclesie fratrum Minorum opus, 778, 832.
—— Gardianus et conventus fratrum Minorum, 938, 1228.
—— Fratres ordinis B. Augustini, 246, 832, 1324.
—— Fratres ordinis S. Marie, 231, 832, 1324.
—— Fratres ordinis B. Marie de Monte Carmeli, 1224, 1225, 1227, 1319, 1320, 1377, 1960.
—— Fratres Predicatores, 832, 1324 ; ecclesie fabrica, 832 ; domus ab ipsis acquisite, 1360.
—— prior fratrum Predicatorum, 1228.
—— Fratres Saccorum, 832, 1324 ; fabrica ecclesie, 832.
—— Fratres Trinitatis, 832, 1324.
—— prior Sancti Anthonii, 1252.
—— Sorores Minores, 832, 1324, 2106.
—— confratria de Carmello de novo instituta, 270, 968, 1377.
—— nova confratria, 405.
—— comes, 321, 322. — *V.* Raimundus.
—— comites, 546, 547, 2058 (p. 571), 2090.
—— comitissa. — *V.* Johanna.

Tholosa. Curia comitis, 925.

—— Tholosanus vicarius, vigerius, 234, 237, 260, 261, 270, 271, 281, 316, 337, 359, 360, 362, 371, 406, 407, 409, 646, 709, 778, 782, 785, 803, 808, 839, 840 (15), 888, 890, 904, 914, 935, 940, 970, 1003, 1227, 1252, 1256, 1267, 1313, 1314, 1332, 1342, 1349, 1357, 1371, 1377, 1378, 1388, 1394, 1397, 1408, 1848, 1849, 1967, 1982, 1984, 1985, 1986, 2058 (p. 572), 2059, 2096, 2100, 2119.

—— vicarius; juramentum ab eo prestandum, 2058 (p. 570 et 574).

—— vicarii, 1298. — *V.* Guillelmus de Nantoilleto, Petrus Bernardi, Petrus de Roceio.

—— subvicarius, 1332.

—— vicarii judex, 260, 362, 371, 774, 788, 1267, 1394, 1397.

—— judex, 786, 787, 915.

—— judicis curie notarius, 786.

—— notarii, 2100.

—— portagium seu leude, 271, 1314.

—— salinum, 2104.

—— Tholosana moneta, monnaie de Tholose, monoiage, 3, 280, 870, 2057, 2058 (p. 575), 2090.

—— monetarii, 2090.

—— Tholosani, Tholosans, 243, 323, 1567; *sous de Toulouse.*

—— Tholosanorum, Tholosane libre, 832, 878, 1239, 1329, 1360, 1387.

—— Tholosani, Tholosanorum solidi, 231, 241, 388, 911, 1211, 1303, 1324.

—— Tholosani dupplices, 943.

—— Tholosani denarii, 316, 318, 327, 412, 413, 782, 858, 933, 1327.

—— dex, deci, 341, 363, 364, 2059.

—— vicaria, vigeria, 803, 890, 1252, 1377, 1983.

—— vicaria; littere commissionis, 1229, 1231.

—— dyocesis, Tholosanus episcopatus, eveschié de Tholose, 295, 344, 402, 768, 827, 856, 943, 1213, 1227, 1326, 1380, 1404, 1953, 1954, 2058 (p. 576), 2112.

Tholosa. Sedes, 336.

—— dyocesis leprosi, 868.

—— Tholosana et Albiensis senescallia, seneschaucie de Tholose et d'Aubijois, 230, 238, 323, 366, 372, 410, 416, 793, 832, 836, 845, 863, 870, 1210, 1218, 1221, 1247, 1259, 1406, 1408, 1417, 1419, 1548 (3), 1845, 1948.

—— Albiensis senescallus, seneschal de Tholose et d'Aubijois, 3, 227, 264, 266, 269, 333, 334, 335, 341, 363, 371, 375, 383, 387, 399, 470, 604, 638, 646, 709, 769, 772, 842, 892, 915, 984, 986, 1003, 1004, 1038, 1121, 1158, 1159, 1217, 1220, 1324, 1331, 1342, 1371, 1392, 1488, 1548 (3), 1583, 1836, 1837, 1854, 1855, 1873, 1875, 1885, 1892, 1948, 1953, 1954, 1967, 1980, 1984, 1985, 1986, 1989, 2007, 2008, 2058 (p. 572), 2060, 2061, 2092, 2099, 2102, 2104, 2106, 2107, 2119, 2120, 2121.

—— Tholose senescallus. — *V.* Gaufridus de Canaberiis, Hugo de Arsicio, Petrus de Laudrevilla, Petrus de Vicinis, Theobaldus de Nangevilla.

—— senescalli judex, 280, 883, 885, 886, 891, 910, 1284, 1335, 1379.

—— senescalli clericus, 890.

—— senescallia; commissionis littere, 1229, 1230.

—— senescallie homines, 781.

—— senescallie Judei, 888.

—— senescallie ville, 2061.

—— senescallie usus et consuetudines, 2121.

—— comitatus, 475, 918, 926, 961, 1320, 1380, 1393, 1962, 1963, 1965, 1974, 2058, 2099.

—— comitatus confinia, 333.

—— Tholose partes, 413, 504, 840 (12), 1210, 1406, 1837.

—— Tholosanum, Tholosan, 243, 333, 1324.

—— Tholosano (judex major in), 1211.

Thomas. — *V.* Gaufridus.

Thomas dictus Brandon, 1188.

—— clericus senescalli Tholose. — *V.* Thomas de Novilla.

Thomas (magister), archidiaconus Engolismensis, 1901.
— de Falgario, filius Arnaldi, 818, 884.
— filius Roberti, civis Lincolnensis, 882.
— Grohans, prepositus de Mosterolio, 1910 (6).
— de Laigne, Legne, bourgeois de la Rochelle, 32, 61.
— de Latarosa (frater), ordinis fratrum Predicatorum (al. Minorum), inquisitor in Alvernia, Ruthenensi et Venessino, 1165, 1188, 1198, 1631, 1665, 1699, 1738, 1742, 1798, 1799, 1811, 1825.
— de Logarac, Logar, 2028, 2029.
— de la Mariere, ballivus domini Pertiniaci, 9.
— de Mintriaco, 1518.
— de Novilla, clericus senescalli Tholose, 243, 320, 323, 372, 402, 403, 404, 410, 414, 767, 863, 865, 876, 880, 881, 895, 897, 934, 943, 978, 1121, 1217, 1221, 1263, 1281, 1282, 1326, 1331, 1348, 1359, 1382, 1407, 1408.
— Pevrelli, Poverelli, canonicus B. Marie Majoris Pictavensis, 1049, 1076, 1131.
— abbas S. Johannis Angeliacensis, 1122.
Thomasia, domina de Petoflis, 1920 (11).
Thoseti. — *V.* Bonus.
Tiburgis, filia Savarici de Pailleriis, 887.
Tiebauz de Neuviz. — *V.* Theobaldus.
Tiré. — *V.* Guillelmus.
Tirevache. — *V.* Guillelmus.
Toarz. — *V.* Thoarcium.
Toche (De la). — *V.* Huetus.
Togesio (De). — *V.* Arnaldus, Bernardus. *Pouy-de-Tougès, Haute-Garonne, cant. le Fousseret.*
Tolte, 2092.
Tonelli, 661.
Tonnacum, Tornacum, Tornac, 1264, 1300, 2105.
— terra de Tonnaco, 1387. *Tonnac, Tarn, cant. Cordes.*
Tonnenxs, 440. *Tonneins, Lot-et-Garonne.*
Toreta, molendinum, 298.
Tornaco (De). — *V.* Petrus Raymundi. *Tonnac, Tarn, cant. Cordes.*

Tornacum. — *V.* Tonnacum.
Tornan en Brie, 563. *Tournan, Seine-et-Marne.*
Tornelium. Domus Dei, Leprosaria, 1165. *Tournoel, Puy-de-Dôme, comm. Volvic.*
Torni jus, 661.
Tornois. — *V.* Turonenses.
Tornon, Torno, 1446, 1587.
— bajulus et consules, 1446.
— homines, 1580, 1896. *Tournon-d'Agenais, Lot-et-Garonne.*
Torpini. — *V.* Johannes.
Torretis (domus de), 1744. *Tourrette, Drôme, comm. Grignan.*
Tors. — *V.* Turones.
Torsac, Torchac (De). — *V.* Guillelmus. *Torsac, Charente, cant. Villebois-la-Valette.*
Tortebeise, domus Hospitalis, 189. *Tortebesse, Puy-de-Dôme, cant. Herment.*
Tortia, 1661.
Torz, 1091. *Thorz, Charente-Inférieure, cant. Matha.*
Torz (dominus de). — *V.* Johannes de Nantolio.
Toseti. — *V.* Bonus.
Touarceis (terre de). — *V.* Thoarcensis.
Tournois. — *V.* Turonenses.
Tourpin. — *V.* Johannes.
Touscha (De la). — *V.* Johannes.
Tousque (De la). — *V.* Bertrandus, Isarnus.
Tozeti. — *V.* Johannes, Poncius.
Tralege, Translaigna, locus, 189.
— nemus, 197.
— bajulus, 189. *Tralaigues, Puy-de-Dôme, cant. Pontaumur.*
Transfretare, 502.
Transitus animalium, 494.
— itinerantium mutatus, 132.
— per quemdam locum prohibitus, 1735.
— per stratam publicam diebus feriatis, 1432.
Translaigna. — *V.* Tralege.
Transmarina via, 1419.
Transmarine partes, 911.
Trapis (De). — *V.* Radulphus.
Trebuchier monnoie, 1077.
Trect., 1868. — *Voir la note.*
Tremoilles (De). — *V.* Guillelmus.

Tremolet (De). — *V.* Arnaldus.
Trencart. — *V.* Hernaudus.
Trentoul (De). — *V.* Raimundus.
Tres Asnons, terra, 1923 (11).
Tresorier du comte de Toulouse, 243.
Treuga, 1980, 1981.
Trevellano (castrum de), 559. *Travaillan, Vaucluse, cant. Orange.*
Trezenum, 552.
Tribunali (sedere pro), 1295.
Tricastinus archidiaconus, 1101.
—— Tricastrinensis dyocesis, 1744. *Saint-Paul-Trois-Châteaux, Drôme.*
Trille. — *V.* Petrus.
Trimalois. — *V.* Petrus.
Trinorchiensis abbas et conventus, 1744. *Tournus, Saône-et-Loire.*
Tripos, 1920 (20).
Troies (marc de), 97, 643, 644, 702, 863, 870, 881. *Troyes, Aube.*
Troillart. — *V.* Gaufridus.
Tron, serviens cujusdam burgensis, 1401.
Tronni. — *V.* Rogerius.
Trosselli, 1914 (7).
Trouz (dominus de). — *V.* Johannes de Nantolio.
Truel. — *V.* Arnaldus.
Trufal (molendinum de), 516.
Tuchenois, Tuchenays, Tussenois, 1017, 1051. *Territoire de Tusson, Charente, cant. Aigre.*
Tumultus popularis, 1044.
Tunica, 215.
Turenne vicecomes, 1089. — *V.* Raimundus.
Turnicliarum paria, 1311.
Turonenses, Tornois, 238, 243, 320, 323, 363, 366, 421, 690, 758.

Turonenses boni et legales, 602.
—— regis Francie, 1774, 1775.
—— grossi argentei, 569, 1331.
—— argentei et alii, 137.
—— grossi domini regis, gros tournois, 643, 702, 863, 881, 1066, 1121.
—— Turonensium regis Francie libre, 1764.
Turonensis ballivus, 35, 44, 675, 1874. *V.* Guiterus de Vileto.
Turonensis moneta, monnaie royale, 131, 243, 563, 566, 569, 574, 575, 1999, 2034.
Turonensis subdecanus. — *V.* Philippus.
Turones, Tors, 70, 323. — *V.* S. Martinus.
—— quidam burgenses de Turonis, 44. *Tours, Indre-et-Loire.*
Turre (De). — *V.* Bernardus, Guillelmus, Poncius Guillelmi.
Turres, 661.
Turribus (De). — *V.* Guido. *Peut-être Lastours, Haute-Garonne, comm. Bazièges.*
Turris cujusdam medietatis tres partes, 1825.
—— de novo constructa, 1349.
—— et aula in quodam castro, 1601.
Turris de Senazargues, 219. *Sénezergues, Cantal, cant. Montsalvy.*
Tursano (De). — *V.* Marsibilia. *Le Tursan, petit pays.*
Tuscha, 1915 (6).
Tusculanus episcopus, 2055. — *V.* Odo.
Tussenois. — *V.* Tuchenois.
Tutor testamentarius, 1556.
Tyac (De). — *V.* Hugo.
Tyfauges (castrum de). — *V.* Theophagiis.

U

Ugo. — *V.* Hugo.
Ulete nemorum, 1911 (16).
Ulmus, orme servant de gibet, 610.
Ultra Garonne (nemora de), 795.
Umbaudus de Giaco, 193.
Unaldi, Unaut. — *V.* Guillelmus.
Universitas, 934.

Urbanus papa IV, 2036, 2037, 2038, 2040.
Urbiat (D'). — *V.* Bertrandus. *Durbiat, Haute-Loire, comm. Champagnac.*
Usagium solvendum, 1577.
Usagium in nemoribus et forestis, 197, 501, 790, 795, 936, 1082, 1124, 1915 (7), 1942.

Usagium in nemoribus et landis, 1911 (17).
— in foresta comitis, 1033, 1910 (5).
— in foresta ad omnes usus, 1917, 1918.
— in foresta deperditum, 765.
— in sexto folio, 1915 (8).
— in nemoribus ad ignem et edificia construenda, 189.
— ad calfagium et ad claudendum, 1934.
— ad calefaciendum, 1932.
Usuagearii, 1082.
Usuraria pravitas, 1351, 1380, 1414, 1415.
Usurarii, 1102.

Usure, 588, 646, 735, 762, 1192, 1611, 1758, 1759.
— cuidam debitori remittende, 222.
— non solvende, 1028, 1160, 1203.
Usurpation de fief par les agents du comte, 160.
— de terre par les officiers du comte, 89.
— de juridiction, 156.
Usus, 1430.
— et consuetudo baronum et militum diocesis Agenensis, 1499.
Ususfructus et proprietas, 1943.

V

Vabrensis abbas, 176, 179, 1667, 1685. — *V.* Bego Jordani.
Vabri villa, 180. *Vabres, Aveyron.*
Vacce rapte, 1465.
Vachariis, Vaqueriis (castrum de), 898, 1489. *Vacquiers, Haute-Garonne, cant. Fronton.*
Vacherii et pastores, 2033.
Vadegia (De). — *V.* Bertrandus, Guillelmus Grossus.
— Vazegia, Valiege, Vadigia. Leprosaria et Domus Dei, 832, 1324.
— habitatores ville, 350. *Bazièges, Haute-Garonne, cant. Montgiscard.*
Vahor. — *V.* Vaor.
Vaillolo, Vallole (domus de), ordinis Grandismontis, 10.
— prior et fratres, 42, 43. *La Vayllole, Vienne, comm. Nieuil-l'Espoir.*
Vaire, 727 (7), 727 (8). *Veyre, Puy-de-Dôme.*
Vairs (De). — *V.* Guirardus. *Peut-être Vers, Lot, cant. Saint-Géry.*
Vaisionensis. — *V.* Vasionensis.
Valariles (parrochia de), 1553. *Peut-être Valeilles, Tarn-et-Garonne, cant. Montaigu.*
Valencia (De). — *V.* Guillelmus. *De la famille de Valentinois.*
Valencia (abbatia de), 1021. *Valence, Vienne, comm. Couhé.*
Valencie. — *V.* G.
Valentinensis comes. — *V.* Ademarus de Pictavia.

Valet (le), Ad Valetos. — *V.* Johannes.
Valeti, Valleti. — *V.* Johannes.
Valgador (bastida de), 1889.
Valiege. — *V.* Vadegia.
Valieres (Les), 318. *Les Valières, Tarn, comm. Rabastens.*
Valle (De). — *V.* Bernardus.
Valleberaudi (homines de), 254. *Belbéraud, Haute-Garonne, cant. Montgiscard.*
Vallegrignosa (De). — *V.* Guido, Guillelmus. *Vaugrigneuse, Seine-et-Oise, cant. Limours.*
Valleias (De). — *V.* Durandus.
Valler. (foresta de), 1234.
Vallereyas, Vallerias. — *V.* Valriaci.
Valliacum, 920. *Verlhac-Tescou, Tarn-et-Garonne, cant. Villebrumier.*
Vallis Nimpharum, 1744. *Notre-Dame-des-Nymphes, Drôme, comm. la Garde-Adhémar.*
Vallis Orllas, 164. *Vailhourlès, Aveyron, cant. Villefranche.*
Vallole. — *V.* Vaillolo.
Valoses, 1797. — *Voir la note.*
Valriaci villa, Vallerias, Vallereyas, 1783.
— castrum, 1782, 1791, 1793, 1819.
— Fratres Minores, 1165, 1324, 1800. *Valréas, Vaucluse.*
Valriaco (De). — *V.* Dragonetus. *Valréas, Vaucluse.*
Valubrio, Volubrio (De). — *V.* Guillelmus. *Probabl. Vollore, Puy-de-Dôme, cant. Thiers.*
Vanaire, 215.

746 TABLE GÉNÉRALE.

Vandiera (De la). — J. Raimundus Bernardi.
Vandiere (De la). — V. Gaufridus.
Vaor, Vahor (domus de), 1282.
—— preceptor domus Militie Templi, 1364. *Vaour, Tarn.*
Vaqueriis (castrum de). — V. Vachariis.
Varazac (parrochia de), 432. *Vazerac, Tarn-et-Garonne, cant. Molières.*
Vareinnium, Varinium, Varanium, 1259, 1664.
—— decanatus, 1620.
—— decanus, 1259, 1622, 1664. *Varen, Tarn-et-Garonne, cant. Saint-Antonin.*
Varennis (De). — V. Guillelmus. *De la famille des comtes de Warren.*
Varennis in Alvernia (villa de), 744. Peut-être *Varennes-sur-Morges, Puy-de-Dôme, cant. Ennezat.*
Vasa argentea, 548.
—— argentea seu mazerina, 549.
—— ad reponendum vinum, 1796.
Vasconia. — V. Gasconia.
Vasio, 1725, 1797.
Vasione (De). — V. Guillelmus. *Vaison, Vaucluse.*
Vasionensis dyocesis, 551.
—— Vaisionensis episcopus, 1720, 1721, 1723, 1767, 1797. *Vaison, Vaucluse.*
Vasols, 1797. *Saint-Pierre-de-Vassols, Vaucluse, cant. Mormoiron.*
Vassalli. — V. Raimundus.
Vassalli, 361, 836, 1702.
—— nobiles, 793.
—— comitis, 1167.
Vastino (De). — V. Stephanus.
Vaucean (La), Vauciau, domus Hospitalis, 15.
—— preceptor domus Hospitalis, 999. *La Vausseau, Vienne, cant. Vouillé.*
Vaureilhas, 152. *Vaureilles, Aveyron, cant. Montbazens.*
Vauro (De). — V. Guillelmus Ademar, Maçotus.
Vaurum, Vaurrum, 326, 824, 835, 948, 949, 2058 (p. 574).
—— consules, 247.
—— homines, 877.
—— prioratus, domus et ecclesia, 1373.
—— Leprosaria et Domus Dei, 832, 1324.

Vaurum. Domus in qua pauperes hospitantur, 939.
—— baillivia, 820, 1278, 1312, 1387.
—— bajulus. — V. Rocherius.
—— castellanus. — V. Bartholomeus de Landrevilla.
—— vigeria, 824, 917. *Lavaur, Tarn.*
Vazegia. — V. Vadegia.
Veceriis (consules et communitas de), 1273. *Bessières, Haute-Garonne, cant. Montastruc.*
Veciere (gistum de la), 1943, 1945.
Vedillac (castellanus de), 2084. *Vidaillac, Lot, cant. Limogne.*
Veisseira (mansus de), 161. *La Bessière, Aveyron, comm. Agen.*
Vellon (De). — V. Hugo.
Venaissinum, Venessinum, Veneissinum, Venayssinum, 569, 582, 583, 591, 592, 1165, 1324, 1720, 1721, 1727, 1735, 1736, 1746, 1769, 1811.
—— Venaissini terra, terre de Venissi, 1741, 1748, 1749, 1755, 1771, 1815, 1821, 1824, 1828, 1831.
—— partes, 552, 854, 1796, 1798.
—— Judei, 1759.
—— moneta, 1745.
—— seneschaucie de Venissi: finances des villes, 1815.
—— senescallus, seneschal de Venissi, 323, 421, 560, 575, 592, 646, 709, 855, 869, 890, 1003, 1038, 1165, 1198, 1324, 1707, 1732, 1733, 1734, 1735, 1743, 1782, 1785, 1789, 1792, 1794, 1801, 1814, 1817, 1819, 1847, 1848, 1849, 1861, 1905, 1907. — V. Geraldus de Pruneto, Guido de Vallegrignosa, Johannes de Arcisio.
—— judex, 586, 1802, 1805, 1806.
Venatio, 1331.
—— in forestis comitis, 1121.
—— in forestis Alvernie, 1171.
—— permissa, 672.
Venatores comitis, 1915 (4).
Venda (De). — V. Rogerius. *Vandat, Allier, cant. Escurolles.*
Vende, 552, 1109, 1137, 1952, 1953, 1954.
—— celate, 699.

TABLE GÉNÉRALE.

Vende nemorum, 1918.
Vendeia, 1914 (1). *La Vendée, rivière.*
Vendelovis (homines de), 178. *Vendelove, Aveyron, comm. Saint-Affrique.*
Venditio a comite annullata, 1329.
—— a comite approbata, 938.
—— facta sub certis conditionibus, 862.
—— ficta, 1251.
—— terre cujusdam in elemosinam date, 776.
Venditiones ad incherimentum, 1104.
Venerca (De). — *V.* Petrus Raymundus.
Venerca, 774, 786.
—— leuda, 1284.
—— pedagium, 794. *Venerque, Haute-Garonne, cant. Auterive.*
Veneto (Bajulus de). — *V.* Stephanus.
Verbera illata, 998.
Verberate domine et domicelle, 559.
Verberatio cujusdam conversi, 1123, 1124.
Verbria (De). — *V.* Petrus. *Verberie, Oise, cant. Pont-Sainte-Maxence.*
Verdain, tenementum, 1429.
Verdunum, castrum, 174, 402, 812, 1217, 1327, 2058 (p. 575), 2093, 2094.
—— barrerie, 822.
—— Leprosaria et Domus Dei, 832, 1324.
—— institutio nundinarum, 404.
—— castellanus, 2093, 2094. — *V.* Gaufridus Sanz Avoir.
—— judex ordinarius, 812.
—— bajulus. — *V.* Bartholomeus de Baregiis.
—— consules et communitas, 822.
—— populares, 829. *Verdun-sur-Garonne, Tarn-et-Garonne.*
Vergne (De la). — *V.* Radulphus, Reginaldus.
Vergnie (feodum de la), 1916 (3), 1933.
Verines, 1944.
—— homines, 1943. *Vérines, Charente-Inférieure, cant. la Jarrie.*
Vermes (De). — *V.* Philippus.
Vernai (De). — *V.* Guionetus.
Vernia, 1924 (1).
—— castellanus, 1924 (1), 1942. *La Vergne, Charente-Inférieure, cant. Saint-Jean-d'Angély.*
Verniculati, id est verniciez, 1111.
Vernolio (De). — *V.* Nicholaus.
Vernoto, Verno (De). — *V.* Guillelmus, Simon.

Verquenciere (La), 433. *Lavercantière, Lot, cant. Salviac.*
Verriere (La), 1076.
Verzelium, 518. *Versols-et-la-Peyre, Aveyron, cant. Camarès.*
Vestis superficialis, 1935.
Veteranus, 778.
Veteris. — *V.* Aimericus.
Veus. — *V.* Vious.
Vézias, vicomte de Lomagne et d'Auvillars, 1431.
Vezinchis (De). — *V.* Dalmatius. *Vezins, Aveyron.*
Via asinorum, semita, 1943.
Via extra Amilliavum, 132, 137.
Via transmarina, Voie d'outre-mer, 1814, 1831.
Viana, uxor Elie de Castellione, 462.
Viandes, 1814.
Viarum publicarum justitia, 613.
Viatores seu mercatores, 1735.
Vicaria, 831.
Vicarii. — *V.* P.
Vicarii, 1911 (10).
Vicarius Tholose: juramentum ei impositum, 2058 (p. 570).
Vicenne, Vicene, 1654, 2007, 2087, 2092, 2093, 2094, 2100, 2101, 2102, 2103, 2104. *Vincennes, Seine.*
Vicenobrio (De). — *V.* Petrus. *Vézenobres, Gard.*
Vicesima herbarum, 796.
Vicesima pars bonorum ab hominibus de corpore petita, 1241.
Vicinis (De). — *V.* Guillelmus, Petrus, Reginaldus, Rogerius.
Victualia, 777.
—— emenda cum assensu comitis, 1816, 1824.
—— libere extrahenda, 1828.
—— emenda pro via transmarina, 1419, 1755, 1779, 1801, 1831, 1832.
Viennensium libre, 559, 754, 1742, 1766.
—— solidi, 593, 727 (6), 1168.
Vieta (De). — *V.* Guillelmus.
Vieuz. — *V.* Vious.
Vigeres (De). — *V.* Guibertus.
Vigeria, 198.

Vigerii. — *V.* Aimericus, Bernardus, Gaufridus, Petrus, Raimundus.

Vigerius, 219, 1911 (12).

Vigiere (La). — *V.* Aenors.

Viguier. — *V.* Sicardus.

Vihers (sire de). — *V.* Reginaldus de Thouarz. *Vihiers, Maine-et-Loire.*

Vilaines, 1915 (9). *Vilaine, Vienne, comm. Archigny.*

Vilar, 1286.

Vilari (De). — *V.* Bernardus.

Vilarium, 333. *Peut-être Villasavary, Aude, cant. Fanjeaux.*

Vilasorcenga (capellanus de), 732. *Villosanges, Puy-de-Dôme, cant. Pontaumur.*

Vileron, 1797. *Velleron, Vaucluse, cant. Pernes.*

Vilers, Villers (castellum de), 1923 (3), 1923 (8).

—— terra, 1920 (9). *Peut-être Villiers-en-Plaine, Deux-Sèvres, cant. Coulonges.*

Vilete (rivus de la), 1273. *Voir la note.*

Vileto (De). — *V.* Guiterus.

Villa, 1797. — *Villes, Vaucluse, cant. Mormoiron.*

Villa nova injuste facta, 559.

Villadamalos (rector ecclesie de), 1889.

Villadei (De). — *V.* Arnaldus.

Villadei (De). — *V.* Guillelmus Arnaldi.

—— Templarii, 789. *Villedieu-du-Temple, Tarn-et-Garonne, cant. Montech.*

Villadulci (homines de), 1115. *Villedoux, Charente-Inférieure, cant. Marans.*

Villafaverosa (De). — *V.* Philippus.

Villafranca, Villafranqua (bajulus et homines de), 1580, 1889. *Villefranche-de-Belvès, Dordogne.*

Villafranca, 1646.

—— Domus Dei, Leprosaria, ecclesia, 1165, 1324, 1675.

—— homines et consules, 1647. *Villefranche, Aveyron.*

Villafrancha, 2064. *Peut-être Villeneuve-de-Rivière, Haute-Garonne, cant. Saint-Gaudens.*

Villafranchia Punciaci, 728; bajulus. — *V.* Johannes de la Garda. *Pionsat, Puy-de-Dôme.*

Villalonga, 1653, 1654. *Villelongue, Aveyron, comm. Sauveterre.*

Villamuri (De). — *V.* Bernardus, Bertrandus, Gaillardus, Petrus, Poncius.

Villamurus, Villemur, 1217.

—— prioratus seu ecclesia, 1228.

—— Leprosaria et Domus Dei, 832, 1324.

—— ballivia, 1288. *Villemur, Haute-Garonne.*

Villanova (De). — *V.* Arnaldus, Gauzio, Jordanus, Poncius.

Villanova, 1920 (5).

Villanova, 1703.

—— prior, 1703.

—— Domus Dei, Leprosaria, 1165, 1324, 1675.

—— homines, 545. *Villeneuve, Aveyron.*

Villanova, bastida prope Poiolium, 422.

—— ballivus, 1592.

—— habitantes, 1592. *Villeneuve-sur-Lot, Lot-et-Garonne.*

Villapicta, 1953. *Villepinte, Aude, cant. Castelnaudary.*

Villario (De). — *V.* Gaillardus.

Villasalan (moniales de), 1021. *Villesalem, Vienne, comm. Journet.*

Villatriquols (castrum de), 1950. *Villetritouls, Aude, cant. Lagrasse.*

Villefranche bastida, 1235.

—— consules et homines, 1368.

—— homines bastide, 244. *Villefranche-de-Lauragais, Haute-Garonne.*

Villegnac, 171.

Villella (De). — *V.* Guillelmus. *Villèle, Haute-Garonne, comm. Merville.*

Villelonge abbas, 232. *Villelongue, Aude, comm. Saint-Martin-le-Vieil.*

Villelonge homines, 170. *Villelongue, Aveyron, comm. Cabanès.*

Villers. — *V.* Vilers.

Villeta (De). — *V.* Johannes.

Vina et alie mercature, 693.

Vinata, 1490.

Vinçat (De). — *V.* Dalmatius.

Vincencii. — *V.* Petrus.

Vincencius (magister), judex senescalli Agenensis, 1548.

—— (magister), clericus senescalli Tholose, 1226.

TABLE GÉNÉRALE.

Vincencius de Rabastenx (magister), 844.
Vincula ferrea, 797.
Vindemia levata, 1919.
Vindocinensis comes. — *V.* Buchardus.
Vindraco (De). — *V.* Petrus Hugo. *Vindrac-Alayrac, Tarn, cant. Cordes.*
Vineavetus, 1950. *Vignevieille, Aude, cant. Mouthoumet.*
Vinee de novo plantate, 1939.
Vinum comiti certo tempore debitum, 1719.
Vinzola (castrum de la), 152. *La Vinzelle, Aveyron, comm. Grand-Vabre.*
Violentie cum armis illate, 1252, 1255, 1279.
—— in strata publica illate, 1248.
—— in terra comitis a non subditis dicti comitis commisse, 1292.
—— a nobilibus in Alvernia illate, 138.
—— servientum comitis, 995.
—— et dampna illate, 85.
—— et injurie, 193, 194, 1506.
—— et injurie cuidam sacerdoti illate, 511.
—— et injurie in personas religiosas, 716.
—— et vulnera, 540.
Vious (villa de), Viansium, Vieuz, Veus, 1264, 1300, 2105.
—— terra, 1387. *V.* Bernardus. *Vieux, Tarn, cant. Castelnau-de-Montmiral.*
Viridarium, 1659. *Le Verdier, Tarn, cant. Castelnau-de-Montmiral.*
Viridifolio (De). — *V.* Petrus Bernardi. *Verfeil, Haute-Garonne, cant. Toulouse.*
Viron (De). — *V.* Gilebertus.

Vitalia, filia Vitalis de Burgal., 1257.
Vitalis. — *V.* Guillelmus, Petrus.
Vitalis Bellus Oculus, 859.
—— de Bresoles, 2033.
—— de Burgal., 1257.
—— Carot, 304.
—— de Prisnac, 824.
—— Wasco, 2033.
Vitracum, 183. *Vitrac, Aveyron, cant. Sainte-Geneviève.*
Vitree, 1021.
Vivant. — *V.* Guillelmus.
Vivariensis ecclesia, 1784.
—— episcopus, 554, 1784.
Vivianus de Barbezello, Barbisellis, miles, 718, 1089.
—— domicellus, filius vicecomitis Leomanie, 1556.
—— Ruthinensis episcopus, 2036.
Viviers (De). — *V.* Guillelmus.
Viviers (villa de), 1240. *Voir la note.*
Volubrio (dominus de), 1172, 1174, 1182. *Vollore-Ville, Puy-de-Dôme, cant. Courpierre.*
Volventi dominus. — *V.* Hugo Archiepiscopi. *Vouvant, Vendée, cant. La Chataigneraye.*
Volvere (De). — *V.* Guillelmus.
Voti crucis redemptio, 1009, 1408, 1414, 1415.
Vulnus inflictum, 699.
—— cuidam presbytero factum, 1128.
Vulturnum, 1144. *La Boutonne, rivière.*
Vunzac (De). — *V.* Guillelmus.

W

Walia, 2030. *Pays de Galles.*
Walterus Cause, civis Lincolnensis, 882, 955.
Warciaco (De). — *V.* Ansoldus.
Warennarum comes, 1071. *Famille de Warren et de Sussex.*
Wasco. — *V.* Vitalis.
Wasconia. — *V.* Gasconia.

Wasto, vicecomes Bearnensis et dominus Castri Veteris. — *V.* Gasto.
Wato. — *V.* Widaldus.
Widaldus Wato, ballivus abbatis Moisiacensis, 2002.
Willelmi, Willelmus. — *V.* Arnaldus.
Willelmus. — *V.* Guillelmus.
Witsamum, 2040. *Lieu en Angleterre.*

X

Xanctonense, 1575.
Xanctonensis baillivia, 671, 1921, 1933, 1942.
—— dyocesis, 692, 706, 711, 1085, 1106, 1111, 1143.
—— senescallia, senechaucie de Xanctonge, 692, 702, 704, 758, 1040, 1044, 1083, 1097, 1130, 1138.
—— elemosine, 1022, 1110.
—— Juifs de la sénéchaussée, 658.
—— ville, 651.
—— Xanctonie senescallus, seneschal de Xanctonge, Xainctonge, Santonge, 32, 56, 89, 111, 112, 113, 121, 128, 323, 421, 597, 598, 604, 605, 639, 646, 651, 652, 678, 679, 693, 708, 711, 715, 888, 936, 978, 1003, 1007, 1022, 1027, 1028, 1029, 1037, 1038, 1040, 1041, 1042, 1050, 1054, 1061, 1066, 1067, 1077, 1078, 1107, 1108, 1117, 1120, 1132, 1133, 1176, 1842, 1874, 1900, 1916 (1), 1936, 2028. — *V.* Johannes de Sors, Johannes de Villeta.
Xanctonensis civitas, Xanctones, 651, 1085, 1106, 1206, 1207, 1208, 1612, 1936. — *V.* S. Eutropius, S. Vivianus.
—— Xanctonense castrum, 106, 674, 1139.
—— ballivi comitis apud Xantonas, 2030.

Xanctonensis, Xanctonie castellanus, 106, 1924 (1), 1936, 1942.
—— Xanctonensis ecclesia, 717, 1092, 1093, 1099.
—— Xanctonensis episcopus, 1143, 1916 (1). — *V.* Petrus.
—— Xanctonensis ecclesie capitulum, 1118.
—— Xanctonensis ecclesie decanus et capitulum, 1094.
—— Xanctonensis scolasticus, 1102. — *V.* Ademarus de Bor.
—— Xanctonenses fratres Minores, 1022, 1110.
—— gardianus fratrum Minorum, 1106.
—— Xanctonensis Domus Dei, 1022, 1110.
—— Xanctonensis leprosaria, 1022, 1110.
—— Xanctonensis communie major et jurati, 98.
—— maleficium et aggressio publica, 1099.
Xanctonia, Xantange, Xanctonge, Xaintonge, Seintonge, 7, 96, 123, 124, 125, 126, 128, 997, 1010, 1012, 1013, 1014, 1019, 1025, 1043, 1055, 1077, 1078, 1113, 1909, 1925, 1943.
Xanctonie, Xanctonenses partes, 599, 1898.
Xanctonie terra, 1050.
Xanxiaco (De). — *V.* Jordanus. *Saissac, Aude.*

Y

Ydriau. — *V.* Henricus, Iterius, Reginaldus.
Yers (prepositus de). — *V.* Guillelmus. *Hiers-Brouage, Charente-Inférieure, cant. Brouage.*
Ymbernia. — *V.* Hybernia.
Ymbertus. — *V.* Imbertus.
Ysaac de Paris, judeus d. Regis, 667.
Ysabellis. — *V.* Isabellis.
Ysambardus, Ysenbardus de Sancto Antonino, 894, 1361.
Ysardus Fagia, domicellus, 1889.

Ysarni. — *V.* Rogerius.
Ysarnus. — *V.* Isarnus.
Ysembardus, 1265.
Ysembardus (magister), domini pape notarius, 2044.
Yseodorum, 1150.
—— Ysiodorensis abbas, 226. *Issoire, Puy-de-Dôme.*
Yterius. — *V.* Iterius.
Yvo, minister ecclesie Cluniacensis, 1960.

TABLE CHRONOLOGIQUE.

Nota. — Les chiffres renvoient aux numéros des pièces.

1 jun. 1232. — Littere comitis Marchie super Judeis, quos recepit in custodia sua quamdiu voluerint ipsi Judei. — 667.

5 jan. 1242. — Lettre close à Gérars Calains. — 2086.

3 nov. 1244. — De quibusdam Judeis littera Hugonis Bruni, filii comitis Marchie. — 668.

Jul. 1248. — Pro predictis Judeis. — 670.

5 aug. 1248. — Pro predictis Judeis. — 669.

1 apr. 1250. — Littera pro comite Bigorre et hominibus suis. — 2087.

20 oct. 1250. — Pro G. Boucanigra. — 1871.

31 oct. 1250. — Littera domus Milicie Templi de Sancta Eulalia. — 2088.

13 nov. 1250. — Lettre de plusieurs seigneurs en faveur d'Abbé de la Roe, chevalier. — 1045.

8 jun. 1251. — Littera Raimundi Gaucelmi super quinque milibus sol. Melgor. sibi solvendis. — 2089.

1251. — Littera monetariorum Tholose super operacione monete. — 2090.

20 jun. 1252. — Sycardo Alemanni super questionibus que vertuntur inter comitem et comitem Fuxensem. — 2091.

16 jul. 1253. — Carta comitis pro Guillelmo de Barreria. — 1654.

25 mart. 1254. — Senescallo Tholosano super restitucione facienda hominibus comitis pro gravaminibus sibi illatis. — 2092.

2 dec. 1254. — Littera Stephani de Pontibus super custodia castri Verduni. — 2093. 2094.

Circa 1254. — Consulibus Tolose, contra vicarium ejusdem urbis. — 2096.

Circa 1254. — Littere comitis, consulibus Tolose directe. — 2095.

Circa 1255. — Consulibus Tholose epistola responsiva. — 2097.

Circa 1255. — Guillelmo Rollandi et Philippo de Aquabona, super querimoniis consulum Tholose. — 2098.

Circa 1255. — Senescallo Tolose super articulis civibus Tholosanis a comite concessis. — 2099.

2 dec. 1255. — Littera super correctione consuetudinum civitatis Tholose. — 2100.

12 dec. 1255. — Littera consulibus Tholose super restitucione facienda comiti de jure ponendi consules in civitate Tholose. — 2101.

Mai. 1256. — Littera pro episcopo et capitulo Coseranensi, ut compleatur quod tractatum est inter ipsos et comitem. — 2102.

8 jul. 1256. — Petro Bernardi, vicario Tholose, pro quadraginta libris tur. tradendis Guillelmo de Foucheriis. — 2103.

7 sept. 1256. — Littera Beraudi et Ademari, liberorum Petri Bermondi, super c. libris eisdem reddendis annuatim. — 2104.

1257. — Comiti ex parte abbatis Cisterciensis. — 1957.

[1257.] — Fratri P., quondam subpriori Parisiensi Sancti Bernardi. — 1958.

1258-1259. — Inquisitio in Pictavensi et Xanctonensi senescaliis. — 1909.

Circa 1259-1260. — Articuli pro episcopo Pictavensi contra senescallum. — 1946.

27 jan. 1260. — Littera Beraudi, filii defuncti Petri Bremondi, super quibusdam locis sibi a comite concessis. — 2105.

7 apr. 1260. — Littera sororum Minorum de Tholosa, de xx libris reddendis annuatim. — 2106.

9 oct. 1260. — Pro Oliverio de Terminis. — 1950.

10 oct. 1260. — Pro eodem Oliverio de Terminis. — 1952.

3 nov. 1260. — Littere comitis pro eodem Oliverio. — 1953.

3 nov. 1260. — Littere comitis de eodem negotio. — 1954.

10 nov. [circa 1260]. — Jacobo de Bosco pro comite. — 1949.

1260. — Notula de possessionibus ab Olivario de Terminis vendendis. — 1950-1951.

[Circa 1260.] — Littere misse senescallo Ruthinensi pro minerio. — 1835.

752　TABLE CHRONOLOGIQUE.

Circa 1260. — Instruction du comte à Jacques du Bois. — 1947.
Circa 1260. — Jacobo de Bosco pro comite. — 1948.

1261

Mart. — Littera pro fratribus Minoribus de Tholosa super x libris redditus sibi assidendis. — 2107.
7 dec. — Senescallo Agennensi pro comite. — 1969.
7 dec. — Episcopo Agennensi pro comite [circa focagium]. — 1970.
[Dec.] — Senescallo Agennensi pro comite. — 1971.
Inquisitio in Pictavia et Xanctonia. — 1925.
Sycardo Alemanni pro comite. — 1975.
[Circa 1261.] — Subdecano Turonensi. — 1852.
Senescallo Agennensi pro comite. — 1973.
[Circa 1261.] — Magistro Guillelmo Ruffi. — 1853.
[Circa 1261.] — Pro thesaurario Pictavensi. — 1851.
Vers 1261. — Instruction aux sénéchaux pour la levée du fouage. — 1968.
Senescallo Agenensi pro comite. — 1974.
[Circa 1261.] — Pro focagio. — 1962, 1963, 1964, 1965.
[Circa 1261.] — Episcopo Agennensi pro comite. — 1966, 1972.
[Circa 1261.] — Vicecomiti Leomanie pro comite. — 1967.
[Circa 1261.] — Pro burgensibus de Agenno, super focagio. — 1840.
[1261 vel 1262.] — Pro domino Simone de Monteforti. — 1855.
[1261 vel 1262.] — Senescallo Agennensi pro comite. — 1976.
[1261 vel 1262.] — Salomoni et Guillelmo de Plesseio pro comite. — 1977.
[Vers 1261 ou 1262.] — Au seneschal d'Agenois et de Cahors por le foage. — 1978.
[1261 vel 1262.] — Episcopo Agennensi super focagio. — 1979.
[1261-1263.] — Pro halis de Ruppella. — 1864.

1262

30 sept. — Littere vicecomitis Rupiscavardi pro Giraldo de Malomonte. — 661.
Oct. — Pro Philippo de Boissiaco, novo senescallo Ruthinensi. — 1845, 1846.
2 dec. — Pro priore de Mansso. — 1877.
2 dec. — Pro episcopo Caturcensi pro facto Moysiaci. — 1876.
12 dec. — Senescallo Agennensi pro abbate Moissiaci. — 1881.
12 dec. — Eidem pro traditione cujusdam ballivie ad incherimentum. — 1882.
12 dec. — Johanni de Espieriis pro eodem negocio. — 1883.
12 dec. — Senescallo Agenensi pro pedagio de Marmanda. — 1884.
13 dec. — Senescallo Tholose pro denariis Parisius transmittendis. — 1885.
14-20 dec. 1262. — Magistro ordinis Predicatorum pro fratribus in terram comitis mittendis. — 1886.
22 dec. — Fragmentum litterarum ab Alfonso regi Francorum directarum. — 1991.
24 dec. — Priori de Masso. — 1887, 1888.
24 dec. — Pro episcopo Caturcensi super gravaminibus. — 1890.
26 dec. — Senescallo Agennensi pro episcopo Caturcensi. — 1889.
Dec. — Pro episcopo Caturcensi contra abbatem Moissiaci et ejus complices. — 1878.
Senescallo Agennensi pro rege Anglie. — 1879.
Senescallo Wasconie pro mutuis injuriis emendandis. — 1880.
Pro episcopo Caturcensi. — 1862, 1863.
[Circa 1262.] — Littere senescallo Tholose pro episcopo Convenarum. — 1836.
[Circa 1262.] — Pro magistro Odone de Montoneria. — 1837.
[Circa 1262.] — Senescallo Pictavensi pro assisiis de Oblinquo et abbate Sancti Maxentii. — 1838.
[Circa 1262.] — Pro priore Sancti Flori. — 1839.
[Circa 1262.] — Super custodia abbatie de Ebrolio, in Alvernia. — 1841.
[Circa 1262.] — Pro Roberto Flocart. — 1842, 1843, 1844.
[Circa 1262.] — Pro Petro Bremondi condempnato. — 1848, 1849.
[Circa 1262.] — Pro Inquisitoribus de Venessino. — 1850.
[Circa 1262.] — Magistro Odoni de Montoneria. — 1854.
[Circa 1262.] — Pro abbate de Moisiaco et comite. — 1856.
[Circa 1262.] — Pro abbate de Candelio. — 1859.
[Circa 1262.] — Pro B., domino Baucii. — 1860, 1861.
[Circa 1262.] — Pro comite Augi. — 1865.
26 dec. — Super pace inter Draconetum et Guillelmum de Casulis reformanda. — 1847.

1263

3 jan. — Episcopo Tholosano pro comite. — 1891.
6 jan. — Pro episcopo Caturcensi. — 1992, 1993.

Jan. — Senescallo Ruthenensi pro cavalcata inter abbatem de Conchis et episcopum Ruthenensem. — 1893.
27 febr. — Pro hominibus de Tornon. — 1896.
28 febr. — Ministro fratrum Minorum in Francia pro inquisitoribus. — 1897.
28 febr. — Priori fratrum Predicatorum Senonensium pro inquisitoribus. — 1898.
19 mart. — Super moneta Pictavensi. — 1994.
25 mart. — Pro comite Convennarum et vicecomite Bearnensi. — 1981.
25 mart. — Gastoni, vicecomiti Bearnensi, super guerra cum comite Convennarum. — 1980.
25 mart. — Senescallo Tholose pro comite. — 1982.
26 mart. — Pro Andeberta de Rupella. — 1900.
Apr. — Senescallo Venessini pro negotio Guillelmi Buccenigre. — 1904, 1905.
Apr. — Preposito Pruvinensi pro eodem negotio. — 1906.
Apr. — Potestati, consilio et communi Janue pro eodem negotio. — 1907.
28 maii. — Domino comiti pro rege. — 1997.
1 jun. — Domino comiti pro rege. — 1996.
3 jun. — Super moneta. — 1995.
15 jun. — Senescallo Tholose pro comite Convennarum. — 1983.
51 jun. — Pro facto Moysiaci. — 2002.
16 jun. — Comiti Convennarum pro comite. — 1986.
21 jun. — Super moneta. — 1999.
22 jun. — Pro moneta Pictavensi. 2000.
22 jun. — Johanni Auberti pro moneta Pictavensi. — 2001.
25 jun. — Pro comite Convennarum. — 1989.

Jun. — Domino Gastoni de Biarno pro comite. — 1987.
Jun. — Regine Francorum pro comite. — 1988.
Jun. — Domino regi pro comite. — 1998.
3 jul. — Pro Guillelmo Buquanigra. — 2003.
25 jul. — Pro facto Moisiaci de credencia. — 2004.
2 aug. — Responsio regis. — 2005.
Aug. — Super facto Anglie. — 2014, 2015.
Aug. — Comitis littere precedentibus responsive. — 2016.
3 sept. — Domino regi pro Sicardo Alemanni. — 2006.
15 oct. — Regine Anglie Alfonso comiti epistola. — 2020.
23 oct. — Super facto infancium regis Arragonie. — 2007.
25 oct. — Hec est forma que fuit precedentibus litteris interclusa. — 2008.
31 oct. — Ex parte regine Francie comiti. — 2017, 2018.
5 nov. — Super facto Anglie. — 2019, 2021.
16 nov. — Pro episcopo Tholosano. — 2009.
24 nov. — Super facto Normannie. — 2010.
27 nov. — Super eodem facto Normannie. — 2011, 2012.
Super eodem facto. — 2013.
Domino regi pro Guillelmo Buchanigra. — 1857, 1858.
Pro Guillelmo Buchanigra. — 1903.
Littere regine Francorum pro G. de Biardo. — 1866.
Responsio comitis. — 1867.
Senescallo Tholose pro cavalcata inter abbatem Galliaci et episcopum Albiensem. — 1892.
Fratri Henrico de Champigniaco, priori Senonensi. — 1899.
Senescallo Agennensi pro comite Convennarum. — 1984.
Consulibus et universitati Tholose pro comite Convennarum. — 1985.
[1263-1268.] — Littera Petri de Gondrevilla super custodia castri Sancte Gavelle. — 2108.
[Circa 1263.] — Senescallo Pictavensi pro episcopo Pictavensi et Hardoino de Mailliaco. — 1868.
Pro domino Hardoino de Malliaco. — 1872.
[Circa 1263.] — Archiepiscopo, fratribus Minoribus et potestati Januensibus pro Guillelmo Bouquenigre. — 1869.
Potestati Januensi pro Guillelmo Bouquenigre. — 1870.
[Circa 1263.] — Pro domino Geraudo de Armaniaco. — 1873.
Pro abbate de Sancto Maxencio. — 1874.
Senescallo Ruthenensi pro portatione armorum. — 1894.
Pro bastidis novis. — 1895.
Pro archidiacono Engolismensi. — 1901.
Pro Bertrando de Baucio. — 1902.
Abbati Cisterciensi. — 1908.

1264

19 mart. — Domino comiti pro rege Francie. — 2032, 2033.
7 maii. — Super facto Anglie. — 2022.
12 maii. — Regine Anglie pro comite. — 2023.
8 jun. — Johanni de Sors, militi, senescallo Xantonensi. — 2109.
14 jul. — Super facto regni Apulie. — 2035.
24 jul. — Comiti pro regina Anglie. — 2025.
28 aug. — Super facto episcopi Ruthenensis. — 2036.
29 aug. — Pro ordine Cisterciensi. — 2037.
16 oct. — Pro domino Johanne de Curtiniaco. — 2039.

754 TABLE CHRONOLOGIQUE.

20 oct. — Domino pape super statuto. — 2040.
20 oct. — Domino J. Gaietano pro eodem. — 2041.
20 oct. — J., Sancti Nicholai in Carcere Tulliano cardinali. — 2042.
20 oct. — Magistro Michaeli, vicecancellario. — 2043.
20 oct. — Magistro Ysembardo, pape notario. — 2044.
20 oct. — Magistro Roberto de Bonavalle. — 2045.
26 nov. — Commissio Girardo, legum doctori, in causa Odardi de Pomponia, castellani Segureti. — 2110.
Communitati Ruppelle de commercio cum habitatoribus Sancti Audomari. — 2111.
Regine Francie pro comite. — 2024.
Pro episcopo et preposito Tholosanis. — 1875.
Comiti pro rege Francie. — 2034.
Pro domino Johanne de Curteniaco. — 2038.

1265

18 jan. — Pro civibus Bayonensibus captis apud Xanetonas. — 2029.
30 jan. — Domino G., Sabinensi episcopo. — 2046.
16 febr. — Ballivis comitis pro rege Francie. — 2030.
27 febr. — Pro magistro Guillelmo Ruffi. — 2047.
4 mart. — Regi Navarre pro comite. — 2031.
12 mart. — Pro comite Andegavensi. — 2048.
28 mart. — Senescallo Tholose super inquesta in facto episcopi Tholosani. — 2112.
31 mart. — Pro domino Johanne de Curtiniaco. — 2049.
7 apr. — Littere Guillelmi de Vernoto et Aymerici de Bocaio super compromisso in magistrum Johannem de Senonis. — 11.
12 jun. — Pro abbate Karrofiensi. — 2050.
5 jul. — Domino Simoni, tituli Sancte Cecilie presbitero cardinali, apostolice sedis legato, pro comite. — 2051.
16 aug. — Regine Francie pro comite. — 2036.
30 aug. — Comiti pro regina Francie. — 2027.
31 aug. — Regine Francie pro comite. — 2028.
5 oct. — Summo pontifici pro comite. — 2052.
[Nov.] — Regi Francorum pro domino Roberto de Sancto Claro. — 1955.
28 nov. — Magistro Philippo de Caturco, pro eodem. — 1956.
29 nov. — Domino S., tituli Sancte Cecilie presbitero cardinali. — 2053.
25 dec. — Summo pontifici pro comite. — 2054.
Comiti ex parte abbatis Cluniacensis. — 1960.
Articuli civium Tholose. — 2058.
Ordinatio. — 2059.
De moneta cudenda. — 2057.
Comiti ex parte fratris Jacobi, abbatis Cisterciensis. — 1959.

1266

Mai. — Comiti ex parte Fratrum de Carmelo. — 1961.
23 jun. — Littera Johannis Turpini, super custodia castri de Najaco. — 2113.
23 jun. — Littera Bernardi, filii Johannis Turpini, super octo denariis gagiorum sibi concessis. — 2114.
24 jul. — Littera missa ex parte regis Francie apud Ferrolias, anno Domini m° cc° lx° vi°, die jovis ante assumptionem beate Marie. — 1990.
29 jul. — Senescallo Pictavensi super racheto a comite Augi habendo pro quibusdam castris in Pictavia. — 2115.
1 sept. — Cardinalibus Romanis pro priore S. Radegundis Pictavensis. — 2055.
Aimerico Chasteigner super causa inter Eustachium de Bellomarchesio et filium comitis Ruthenensis. — 2116.
Bail de la monnoie de Montreuil-Bonnin à Bernard de Guisergues. — 60.
Forma non sigillata litterarum communitatis Tholose. — 2060.
Forma litterarum communium super focagio. — 2061.
Forma litterarum quas comes dare debet. — 2062.

1267

8 jan. — Summo pontifici pro B., electo Carcassone. — 2056.
[Mart.-april.] — Emende ab inquisitoribus comitis in Alvernia taxate. — 727.
31 mart. — Senescallo Agennensi pro Raymundo Bernardi de Duroforti. — 475.
13 apr. — Pro Hospitali Jerosolimitano de Tortehaisse super usu in nemoribus de Rupe. — 189.
15 et 17 apr. — Comiti Convenarum pro comite Fuxensi. — 227.
17 apr. — Senescallo Tholose pro eodem. — 228.
17 apr. — Pro magistro Johanne Dominici. — 229.
18 apr. — Littera patens pro granicario Turonensi super ordinatione facta inter comitem et episcopum Claromontensem. — 188.
18 april. — Littera patens pro vicecomitissa Leomagnie. — 417.

18 apr. — Littera patens pro forefactis judicum, bajulorum et servientum corrigendis. — 230, 418.

18 apr. — Littere patentes Th. de Arsicio pro vasis argenteis defuncti patris sui, comiti mittendis. — 548.

18 apr. — Littere directe senescallo Venaissini pro comite super eodem. — 549.

19 apr. — Senescallo Venaissini pro Poncio Astoaudi, milite. — 550.

19 apr. — Littera patens senescallo Venaissini pro priorissa Sancti Andree de Remeria, item pro abbatissa de Bosqueto et pro fratribus Predicateribus castri Tarasconis. — 551.

21 apr. — Senescallo Tholosano pro fratribus ordinis Beate Marie, matris Christi, de Tholosa. — 231.

25 apr. — Pro Petro Guillebaudi, senescallo Tholosano. — 232.

25 apr. — Pro hominibus de Calvomonte super focagio. — 233.

25 apr. — Vicario Tholose pro Michaele Laurencii. — 234.

28 apr. — Senescallo Pictavensi pro priore de Rufliaco contra dominos de Oblinco. — 1.

1 mai. — Eidem pro Guillelmo Beraudi et ejus filiis contra priorem et capitulum Beate Radegundis. — 2.

1 mai. — Poncio Astoaudi et magistro Odoni de Montoneria pro Guillelmo Athone. — 235.

5 mai. — Senescallo Xanctonensi pro Guillelmo Ferdins. — 82.

5 mai. — Inquisitoribus in Alvernia pro Petro Ripario. — 190.

8 mai. — Pro preceptore domus Milicie Templi de la Capella. — 129.

8 mai. — Episcopo Claromontensi pro comite super pace inter ipsos reformanda. — 191.

8 mai. — Responsio senescalli Tholosani super facto Beraudi de Andusia, ad peticionem legati. — 240.

8 mai. — Senescallo Agenensi pro preceptore domus Milicie Templi de Cappella super quatuor mansis acquisitis. — 419.

8 mai. — Eidem pro eodem super decimis injuste ab aliquibus detentis. — 420.

9 mai. — Au seneschal de Poitou pour la monoie. — 3.

9 mai. — Au seneschal de Xaintonge pour la deite de la Rochelle. — 83.

9 mai. — Au seneschal de Rouergue pour l'argent tret don minier d'Orzeals. — 130.

9 mai. — Magistro G. Ruffi super viis denarios perquirendi. — 192.

9 mai. — Pro Arnaldo de Ponte. — 236.

9 mai. — Vicario Tholose pro Arnaldo de Ponte. — 237.

9 mai. — Senescallo Tholose pro focagio et balliviis affirmandis. — 238.

9 mai. — A Guillaume et Salemon pour hâter la levée du fouage. — 239.

9 mai. — Senescallo Agenensi pro balliviis affirmandis et super viis. — 421.

10 mai. — Pro Guidone de Lezigniaco, milite. — 4.

11 mai. — Senescallo Pictavensi pro vicecomitissa Thoarcii. — 5.

11 mai. — Senescallo Xanctonensi pro Petro de Caturco et Johanne de Martellis et Petro Raymundi. — 84.

13 mai. — Senescallo Ruthenensi pro consulibus et consilio ville Amiliavi. — 131, 132.

13 mai. — Conestabulo Alvernie pro monachis Mausiacensibus. — 193.

14 mai. — Senescallo Agenensi pro B. et P., dominis castri de Saviniaco. — 422.

14 mai. — Eidem pro episcopo Agenensi super quibusdam maleficiis perpetratis in diocesi Agenensi. — 423.

14 mai. — Eidem pro eodem super quibusdam decimis. — 424.

14 mai. — Eidem pro eodem. 425.

14 mai. — Senescallo Venessini pro comite, de laudimiis percipiendis et de pecunia assignata quibusdam personis ab inquisitoribus. — 552.

17 mai. — Senescallo Pictavensi pro Bertrando de Roca, milite, capto et detento ab Haymerico et Hugone de Surgeriis. — 6.

17 mai. — Senescallo Xanctonensi pro Bertrando de Roca, milite. — 85.

19 mai. — Sur les aplégements en Poitou. — 7.

19 mai. — Senescallo Pictavensi pro priore Beate Radegondis Pictavensis, contra canonicos Sancti Hilarii. — 8.

19 mai. — Senescallo Xanctonensi pro Filiabus Dei de Rupella. — 31.

19 mai. — Senescallo Tholosano pro Ysarno Nigro de Castronovo, milite, de Arrio. — 241.

19 mai. — Eidem pro comite super emenda ab abbate Bonifontis levanda. — 242.

19 mai. — Eidem pro comite, super levatione focagii et cambio monete. — 243.

19 mai. — Eidem pro hominibus bastide Villefranche, Tholosane diocesis. — 244.

19 mai. — Senescallo Agenensi pro popularibus ville Condomii. — 426.

19 mai. — Eidem pro Arnaldo Bertrandi de Bellagarda. — 427.

21 mai. — Senescallo Xanctonensi

pro abbatissa Fontis Ebraudi, super quodam redditu in manu mortua tenendo. — 87.

22 mai. — Senescallo Agenensi pro Raymundo de Soleins, de Poioliis. — 428.

23 mai. — Senescallo Tholose pro Bidaldo de Serra super bastida de Bedet. — 245.

29 mai. — Au seneschal de Xanctonge pour le conte. — 88.

29 mai. — Au seneschal de Saintonge sur le change de la monoie des Poitevins. — 91.

30 mai. — Pro fratribus ordinis beati Augustini Tholose. — 246.

1 jun. — Senescallo Tholose pro Bertrando Carbonnel. — 247.

6 jun. — Eidem pro Guidone dicto Albigensi, fratre defuncti vicecomitis Lautricensis. — 248.

6 jun. — Poncio Astoaudi et Odoni de Montoneria pro Petro de Francia et Bertrando de Sancto Germano. — 429.

7 jun. — Inquisitoribus in Pictavia et Xanctonia pro Petro de Sancto Cesaro. — 89.

7 jun. — Pro fratribus Beate Marie de Monte Carmeli de Ruppella. — 90.

7 jun. — Senescallo Tholose pro Jordano de Saxaco, milite, super focagio. — 249.

7 jun. — Poncio Astoaudi et magistro Odoni pro Gerardo Roualli et Petro de Candezas. — 250.

7 jun. — Eisdem pro Sadalina et Acelina, sororibus. — 251.

7 jun. — Eidem pro G. de la Vanderia et Raymundo Bernardi, fratre suo. — 430.

8 jun. — Senescallo Ruthenensi pro Arnaldo Barasci, clerico. — 133.

8 jun. — Eidem pro Guiberto de Felzins, armigero. — 134.

8 jun. — Senescallo Tholose pro hominibus de Pereinx super focagio. — 252.

8 jun. — Eidem pro hominibus de Montelucano super focagio. — 253.

8 jun. — Eidem pro hominibus Hugonis de Alfario. — 254.

8 jun. — Eidem pro hominibus ejusdem Hugonis de Montelauro et de Sancto Georio super focagio. — 255.

8 jun. — Pro Raymundo de Biza, milite, vel potius Baresco de Terminis. — 431.

8 jun. — Pro Guillelmo de Baras, canonico Caturcensi, super decimis injuste occupatis. — 432.

9 jun. — Pro Guillelmo de Doma, milite, a Raterio de Castronovo indebite vexato. — 433.

10 jun. — Senescallo Tholose super facto Bernardi, filii Ysarni Jordani, militis. — 256.

10 jun. — Eidem pro preposito Tholose super focagio. — 257.

11 jun. — Pro Guillelmo de Vieta, clerico, contra Hugonem, dominum Partiniaci. — 9.

11 jun. — Poncio Astoaudi, militi, et magistro Odoni de Montoneria pro Raymundo Guillelmi Aleron. — 258.

11 jun. — Senescallo Tholose pro Egidio Camelini, clerico. — 259.

11 jun. — Pro Raymundo Guillelmi Aleron. — 435.

12 jun. — Poncio Astoaudi, et magistro Odoni pro episcopo Tholosano super destructione furcarum Castrimauronis. — 260.

12 jun. — Senescallo Tholose pro dominis de Columb[er]iis. — 261.

12 jun. — P. Astoaudi et O. pro Petro de Novavilla. — 262.

12 jun. — Pro Bertrando Roque, milite, de heresi suspecto. — 263.

12 jun. — Poncio Astoaudi, militi, et magistro Odoni pro Bernardo Chapellerii et Petro, fratribus. — 264.

12 jun. — Senescallo Tholose pro hominibus bastide Sancti Sulpicii de Lerades. — 265.

13 jun. — Senescallo Agenensi pro Guillelmo Esclamal. — 434.

14 jun. — Poncio Astoaudi, militi, et magistro Odoni pro Raymundo Atonis de Aspello. — 266.

14 jun. — Senescallo Tholose pro hominibus Fortanerii de Convennis, militis, et Aimerici, fratris sui, super focagio. — 267.

14 jun. — Pro Raymundo Attonis de Aspello, milite, et hominibus suis super focagio. — 268.

18 jun. — Au seneschal de Tholose pour le conte. — 269.

20 jun. — Littera Ludovici regis comiti de injuriis, canonicis Evahonensibus a quibusdam laicis illatis. — 194.

20 jun. — Senescallo Tholose pro Bertrando de Vazegia. — 436.

23 jun. — Priori Grandismontis pro Gaufrido de Lezeigniaco, milite. — 10.

23 jun. — Inquisitoribus pro Reginaldo Jude. — 92.

25 jun. — Senescallo Venaissini pro priore Sancti Saturnini de Portu, super exemptione pedagii apud Abolenam. — 553.

26 jun. — Vicario Tholose pro comite super confratria Carmeli, Tholose instituta. — 270.

26 jun. — Senescallo Tholose pro

TABLE CHRONOLOGIQUE.

Arnaudo Barralli et ejus sociis super leudis Tholose. — 271.

26 jun. — Eidem pro Guiscardo de Ruppeforti et ejus fratre contra homines Castrinovi et Montis Mirabelli. — 272.

26 jun. — Eidem pro hominibus Sancte Marie Deaurate Tholose. — 273.

26 jun. — Eidem pro Guiscardo de Ruppeforti, milite. — 274.

26 jun. — Eidem pro hominibus Arnaldi Poncii de Noerio. — 275.

26 jun. — Senescallo Agenensi pro Martina de Neram. — 437.

27 jun. — Senescallo Tholose pro Raymundo et Ysarno de Beriens, fratribus. — 276.

27 jun. — Eidem pro hominibus Willelmi Unaldi et Sycardi de Montcalto super focagio. — 277.

28 jun. — Senescallo Pictavensi pro comite Marchie. — 12.

30 jun. — Senescallo Xanctonensi pro Guillelmo Molini. — 93.

30 jun. — Conestabulo Alvernie pro abbate et conventu Case Dei, super bonis in manu mortua tenendis. — 195.

30 jun. — Senescallo Tholose pro hominibus Bernardi de Monteacuto, militis, super focagio. — 278.

30 jun. — Eidem pro comite Convennarum. — 279.

30 jun. — Eidem pro universitate hominum de Monte Esquivo et de Bolbestre. — 280.

Juin ou juillet. — Plainte d'Alliaume Escuier de Fer, à Alfonse de Poitiers, contre le sénéchal de Poitou. — 28.

Avant juillet. — Sur la monnaie; promesse des fermiers de l'atelier de Montreuil-Bonnin. — 97.

Jul. — Senescallo Agenensi pro castellano Penne. — 458.

Juillet. — Instructions du comte à Jean de Nanteuil et à maître Guichard, envoyés en Poitou, pour le fait de la subvention de Terre Sainte. — 96.

Jul. — Memoriale de traditione ad firmam pedagii Marmande. — 456.

Jul. — Littera patens pro sororibus ordinis sancte Clare de Monte Albano. — 459.

Ineunte mense jul. — Senescallo Pictavensi pro Raymundo de Perna. — 18.

2 jul. — Eidem pro Benedicto Judeo. — 13.

2 jul. — Senescallo Tholose pro Bertrando Durandi et Guillelmo Durandi, fratribus, et fratribus suis super justicia castri de Columberiis. — 281.

2 jul. — Eidem pro hominibus Sancti Anthonini. — 282.

2 jul. — Pro abbate Aureliacensi super possessione castri de Penna in Albigesio. — 283.

2 jul. — Senescallo Agenensi pro vicomitissa Altivillaris. — 438.

2 jul. — Eidem pro hominibus Sancti Anthonini. — 439.

4 jul. — Eidem pro abbate et conventu monasterii Clariacensis super possessionibus Arnaldi de Tremolet. — 440.

4 jul. — Poncio Astoaudi et magistro Odoni pro eisdem. — 441.

4 jul. — Senescallo Agenensi pro eisdem super piscariis in flumine Olti. — 442.

4 jul. — Poncio et Odoni pro eisdem super bonis amortizandis. — 443.

4 jul. — Senescallo Agenensi pro eisdem contra Sycardum Alemanni. — 444.

4 jul. — Eidem pro abbate et conventu Clariacensi. — 445.

5 jul. — Conestabulo Alvernie pro priore et fratribus domorum Hospitalis Jerosolimitani in Alvernia. — 196.

5 jul. — Eidem pro eisdem. — 197.

5 jul. — Eidem pro Eldine Celeira et P. Celeira super vigeria del Frenal. — 198.

5 jul. — Senescallo Agenensi pro fratribus Predicatoribus de Sancto Emeliano. — 446.

6 jul. — Senescallo Pictavensi pro Drocone de Mello pro citando vicecomite Thoarcensi. — 14.

6 jul. — Eidem pro hospitalariis de la Vauceu. — 15.

6 jul. — Senescallo Xanctonensi pro fratribus hospitalis de Ruppella. — 94.

6 jul. — Pro mercatoribus de Cadomo. — 95.

6 jul. — Senescallo Ruthenensi pro Guidone de Mongeu. — 135.

6 jul. — Littera patens Gaufrido Thome, militi, pro comitissa Drocensi et domina Brane. — 199.

6 jul. — Conestabulo Alvernie pro comitissa Drocensi. — 200.

6 jul. — Eidem pro Symone de Marcat et Durando de Spina. — 201.

6 jul. — Commissio Poncio Astoaudi pro Guiscardo de Ruppeforti, milite, et fratribus suis. — 285.

6 jul. — Commissio patens Odoni de Montoneria pro Bernardo Auzelli, procuratore Guillelmi Anderici de Sancta Columba et Guillelmi Grossi de Vadegia. — 286.

6 jul. — Senescallo Tholose pro hominibus Jordani de Insula, militis, super focagio. — 287.

7 jul. — Poncio Astoaudi pro episcopo Mimatensi. — 284.

7 jul. — Senescallo Agenensi pro

Jordano de Combaboneti. — 447.

7 jul. — Eidem pro abbate de Condomio. — 448.

7 jul. — Eidem pro abbate Sancti Maurini. — 449.

9 jul. — Senescallo Tholose pro Raymundo Guillelmi de Marcafaba, milite. — 288.

9 jul. — Eidem pro eodem super focagio. — 289.

9 jul. — Eidem pro eodem contra homines bastide de Carbona. — 290.

9 jul. — Eidem pro Arnaldo de Sancto Leodegario, milite, contra hospitalarios Sancti Sulpicii. — 291.

9 jul. — Eidem pro Raymundo Guillelmi de Marcafaba super custodibus vinearum de Carbona. — 292.

9 jul. — Eidem pro eodem contra quosdam homines de Carbona. — 293.

9 jul. — Pontio Astoaudi, militi, et magistro Odoni pro Arnaldo Dot, milite. — 294.

10 jul. — Senescallo Pictavensi pro comite Augi. — 16.

10 jul. — Eidem pro abbate de Beu super conquestione in feodis et retrofeodis comitis. — 17.

11 jul. — Senescallo Ruthenensi pro comite super cursu monete Turonensis in villa Amiliavo. — 137.

11 jul. — Episcopo Agenensi pro Guillelmo de Portu, Jacobo de Nede, Guillelmo Johannis et complicibus. — 451.

11 jul. — Senescallo Agenensi pro preceptore Milicie Templi super accensatione territorii de Marrola in Caturcinio. — 453.

11 jul. — Poncio Astoaudi et magistro Odoni de Montoneria pro preceptore domus Milicie Templi. — 454.

11 jul. — Senescallo Venaissini super reparacione castri de Segureto. — 554.

12 juillet. — Au seneschal de Rouergue pour le conte sur l'argent du minier d'Orzals. — 136.

12 jul. — Senescallo Agenensi pro Gausberto de Ramponio. — 450.

12 jul. — Eidem pro Guillelmo de Portu, injuste spoliato a castellano et bajulo Caslucii. — 452.

13 jul. — Conestabulo Alvernie pro comite et pro Henrico de Rodais. — 302.

14 jul. — Senescallo Pictavensi pro episcopo Pictavensi super justitia de Bouteriis et feodo de Botigni. — 19.

14 jul. — Eidem pro abbate Sancti Benedicti de Quinçai. — 20.

14 jul. — Episcopo Pictavensi pro comite super injuriis illatis ab abbate Sancti Benedicti de Quinçaio. — 21.

14 jul. — Senescallo Ruthenensi super citacione hominum qui fecerunt injurias seu cavalcatas in terra comitis in Alvernia. — 138.

14 jul. — Eidem pro comite. — 139.

14 jul. — Senescallo Tholose pro abbate Sancti Saturnini Tholose super decimis. — 295.

14 jul. — Eidem pro eodem, super villa de Loberville. — 296.

14 jul. — Eidem super receptacione Bernardi Jordani, filii Isarni Jordani de Insula. — 297.

15 jul. — Senescallo Pictavensi pro Mauricio de Bellavilla, milite. — 22.

15 jul. — Eidem pro eodem. — 23.

15 jul. — Magistro Guillelmo Ruffi pro comite Ruthenensi. — 140.

15 jul. — Littere procuratorie patentes super negocio episcopi Claromontensis. — 204.

15 jul. — Senescallo Agenensi pro comite, super possessionibus Helie de Cledes et Gocelmi, de heresi condempnatorum. — 455.

16 jul. — Senescallo Tholose pro Raymundo Saxeti, milite. — 298.

16 jul. — Eidem pro hominibus vicecomitis de Lautré super focagio. — 299.

16 jul. — Eidem pro eodem vicecomite contra Jacobum de Bosco. — 300.

16 jul. — Eidem pro episcopo Tholose super focagio. — 301.

16 jul. — Eidem pro vicecomite de Lautré super contentione mota inter homines de Escorceins et de la Bruguière. — 302.

17 jul. — Littera missa majori et communie Pictavie. — 24.

17 jul. — Majori et juratis communie Xanctonensis pro comite. — 98.

17 jul. — Senescallo Agenensi super pedagio Mermande. — 457.

18 jul. — Senescallo Xanctonensi pro Guillelmo Arnaudi de Cadillaco. — 99.

22 jul. — Senescallo Tholose pro Petro de Quideriis, bonis suis a Jacobo de Bosco spoliato. — 303.

22 jul. — Senescallo Venaissini pro ponte Sancti Saturnini. — 555.

22 jul. — De moneta Milliarensi prohibenda. — 556.

24 jul. — Senesra lo Agenensi clausa pro sororibus ordinis Sancte Clare de Condomio. — 460.

26 jul. — Senescallo Pictavensi pro magistro G. de Malomonte. — 25.

26 jul. — Eidem pro Yterio de Maingnaco, milite, Bernardo de Brocia et G. de Droie. — 26.

TABLE CHRONOLOGIQUE.

29 jul. — Conestabulo Alvernie pro Petro Fermesi super restitutione cujusdam feodi facienda. — 205.

31 jul. — Senescallo Venaissini pro hominibus Barralli, domini Baucii. — 557.

31 jul. — Eidem pro episcopo Vasionensi, super compositione olim facta inviolabiliter observanda. — 558.

31 jul. — Eidem pro Bertrando de Baucio, super libertatibus quibusdam castris concessis. — 561.

Fin juillet. — Au conte sur la monoie. — 32.

Août. — Por la monnoie por Perre de Pontlevoi. — 34.

Aug. — Querimonia Guillelmi de Verno, militis, contra senescallum Pictavensem. — 39.

1 aug. — Magistro Guichardo pro Allelmo Scutifero de Fer. — 27.

1 aug. — Pro Raymundo de Baucio, de senescallo Venaissini conquerente. — 559.

1 aug. — Inquisitoribus forefactorum domini comitis in Venessino, pro eodem Raimundo de Baucio. — 560.

1 vel 2 aug. — Pro G. de Sabranno, milite. — 562.

2 aug. — Senescallo Pictavensi pro comite Marchie et G. de Leziguiaco. — 29.

2 aug. — Pro Johanne Pelardini, senescallo Marchie. — 30, 31.

2 août. — Sur la monnoie de Poitevins. — 33.

2 aug. — Conestabu'o Alvernie pro abbate Combelonge. — 206.

2 aug. — Senescalo Tholose pro abbate et conventu Combelonge, super domo quadam in manu mortua tenenda. — 304.

3 aug. — Senescallo Venaissini pro comite Pictavie, super affirmatione balliviarum et aliis negociis. — 563.

3 aug. — Eidem pro Th. de Arsicio super rebus suis arrestatis. — 564.

3 aug. — Pro Raymundo Malsanc super gagiis. — 565.

4 aug. — Philippo de Monteforti pro vicecomite Lautricensi et B., fratre suo. — 305.

4 aug. — Senescallo Tholosano pro eisdem. — 306.

4 aug. — Philippo de Monteforti pro Sicardo Alemanni. — 307.

4 aug. — Senescallo Tholosano pro Sicardo Alemanni. — 308.

4 aug. — Senescallo Agenensi pro Galhardo et Raymundo de Boville. — 461.

5 août. — Au connétable d'Auvergne : ordre de poursuivre Guillaume de Lespinasse. — 207.

7 aug. — Super moneta Pictavensi. — 35.

14 aug. — Pro episcopo Agenensi de quodam clerico conquerente. — 463.

15 aug. — Senescallo Agenensi pro Helia de Castellione, milite. — 462.

15 aug. — Senescallo Venaissini pro comite, super balliviis, moneta, delictis in stratis commissis aliisque negociis. — 566.

16 aug. — Pro burgensibus de Rupella. — 100.

17 aug. — Poncio Astoaudi, militi, et magistro Odoni de Montoneria pro abbate et conventu de Eones, super legato olim a Raimundo comite ipsis facto. — 309.

20 aug. — Regi Francie pro Petro de Rocha et sociis suis quos quidam malefactores galioti mercibus suis spoliarunt. — 464.

23 aug. — Senescallo Pictavensi pro abbate de Insula Dei, contra Mauricium de Bellavilla. — 36.

23 aug. — Eidem pro eodem pro quibusdam bonis injuste detentis. — 37.

23 aug. — Senescallo Xanctonensi pro Renaudo de Sors, milite. — 101.

23 aug. — Senescallo Ruthenensi pro Raymundo Fabro et Durando Audebaud, mercatoribus. — 141.

30 aug. — Eidem pro abbate et conventu Sancte Marie Gordonii, super terris in manu mortua tenendis. — 142.

30 aug. — Senescallo Agenensi pro abbate et conventu Sancte Marie Gordonii. — 465, 466.

Fin. aug. — Pro Hugone de Pertiniaco, milite. — 38.

1 sept. — Littera missa super peticione Guillelmi de Vernoto. — 40.

1 sept. — Commissio patens super eodem. — 41.

5 sept. — Senescallo Ruthenensi pro comite super nundinis in villa Naiaci preconizatis. — 143.

6 sept. — Senescallo Pictavensi pro priore et fratribus de la Vallole, ordinis Premonstratensis, contra Gaufridum de Leziguiaco. — 42.

6 sept. — Eidem pro eisdem [de bonis amortizandis]. — 43.

6 sept. — Au seneschal de Rouergue sur l'argent nuef du minier d'Orzals. — 144.

6 sept. — Senescallo Tholose pro universitate Fossereti. — 310.

6 sept. — Eidem pro macellariis Fossereti. — 311.

6 sept. — Eidem pro hominibus ejusdem ville super novalibus sive essartis. — 312.

7 sept. — Eidem pro relicta defuncti Petri de Vicinis, militis, quondam senescalli Tholosani. — 313.

8 sept. — Pro Petro Bassechaudiere, coram comite citando. — 102.

8 sept. — Senescallo Ruthenensi, ut Brivatam adeat pro negociis comitis. — 145.

9 sept. — Littere procuratorie patentes super facto Henrici de Rodais. — 203.

9 sept. — Littera missa pro emendis comitis levandis et Parisius afferendis. — 208.

9 sept. — Senescallo Tholose pro Poncio de Gaillaco contra gentes episcopi Tholosani. — 314.

9 sept. — Eidem pro eodem a P. R. de Viridifolio apud Narbonam injuste citato. — 315.

10 sept. — Vicario Tholose pro magistro Arnaldo Forti, de Tholosa, super gagiis. — 316.

13 sept. — Senescallo Tholose pro Guillelmo de Saubars et Petro Johannis Ferraterii. — 317.

13 sept. — Eidem pro hominibus de Rabasteinx contra Sicardum Alemanni. — 318.

13 sept. — Senescallo Venessini pro comite super moneta facienda. — 567.

15 sept. — Conestabulo Alvernie pro comite Bolonie contra prepositum et monasterium Evanonenses. — 209.

15 sept. — Senescallo Tholose pro abbate Bellepertice. — 319.

15 sept. — Senescallo Venaissini pro Dragoneto, domino de Monte Albano, super bastidis. — 568.

18 sept. — Senescallo Pictavensi pro Guidone de Lezigniaco, milite, crucesignato. — 44.

21 sept. — Senescallo Ruthenensi pro abbate et conventu Loci Dei, super bastida construenda in senescallia Ruthenensi. — 146.

21 sept. — Eidem senescallo pro eisdem. — 147.

22 sept. — Pro Johanne de Morlans, in jure audiendo contra Arnaldum de Gisteda et Bidaut de Luc. — 103.

23 sept. — Senescallo Pictavensi pro abbate de Albis Petris super bonis in manu mortua tenendis. — 45.

23 sept. — Littera Eustachie, uxoris Johannis de Fontenesio, militis, et Theofanie, ejusdem filie. — 54.

24 sept. — Senescallo Ruthenensi pro abbate Bonecombe super respectu dando pro solutione focagii. — 148.

24 sept. — Poncio Astoaudi, militi, et magistro Odoni de Montoneria pro abbate de Sancto Marcello. — 467.

24 sept. — Senescallo Agennensi pro eisdem, pro nemore quodam concedendo. — 468, 469.

25 sept. — Senescallo Pictavensi pro abbate et conventu de Castellariis super bonis in manu mortua tenendis. — 46.

25 sept. — Eidem pro abbate et conventu de Pinu. — 47.

25 sept. — Senescallo Xanctonensi pro Lupo Garsie pro scamno concedendo apud Rupellam. — 104.

26 sept. — Senescallo Pictavensi pro abbate et conventu de Morolia. — 48.

28 sept. — Eidem pro priore Grandimontis. — 49.

29 sept. — Poncio Astoaudi, militi, et magistro Odoni pro comitissa Sabaudie, super dote olim a Raimundo comite ipsi promissa. — 321.

[Circa 29 sept.] — Eidem comitisse. — 322.

30 sept. — Senescallo Xanctonensi pro Benedicto de Mauritania et Poncio de Mirabello, militibus, contra Girardum de Blavia, de senescallia Vasconie. — 105.

[Oct.] — Super viis et modis pecuniam perquirendi. — 211.

2 oct. — Senescallo Pictavensi super forefacto monete. — 50, 51.

2 oct. — Johanni Auberti super eodem. — 52.

2 oct. — Pro domino Guillelmo de Sancto Albino et nepte sua. — 53.

2 oct. — Senescallo Ruthenensi pro monialibus de Capella super focagio. — 149.

2 oct. — Eidem pro nautis portus de Capdenniaco. — 150.

2 oct. — Eidem pro dominis de Bellocastro, de Auzic, de Pennat et de Auriac. — 151.

2 oct. — Eidem pro hominibus Bertrandi de Balagario et pluribus aliis super focagio. — 152.

2 oct. — Au seneschal de Tholose por le foage. — 323.

2 oct. — Poncio Astoaudi, militi, super viis et aliis. — 324.

2 oct. — Senescallo Tholose super promissione facta pro civibus Tholose de vi^m libris. — 325.

3 oct. — Senescallo Xanctonensi super eo quod ipse et castellanus Xanctonensis sciant et videant garnisionem castri Xanctonensis. — 106.

3 oct. — Senescallo Pictavensi, ut ipse et castellanus Niorti sciant et videant garnisionem ejusdem castri. — 107.

3 oct. — Johanni de Nantolio, ut intersit comiti in octabis Omnium sanctorum. — 108.

3 oct. — Senescallo Tholose pro Richarda, filia quondam Sycardi Viguier, et pro comite. — 320.

3 oct. — Pro Stephano de Castronovo et Johanne de Gailliaco, super appellatione ab eis interjecta. — 326.

4 oct. — Pro Aymerico Bechet,

super restitutione bonorum, usque ad festum Omnium sanctorum facienda. — 56.

4 oct. — Senescallo Ruthenensi pro abbate Belliloci super focagio. — 154.

4 oct. — Senescallo Agenensi pro Petro Johannis de Borlin contra comitem Armeniaci. — 470.

4 oct. — Eidem pro Raymundo de Marsano. — 471.

4 oct. — Eidem pro Petro Johannis de Borlin. — 472.

5 oct. — Senescallo Xanctonensi pro burgensibus de Ruppella. — 109.

6 oct. — Senescallo Pictavensi pro terra de Oblinquo. — 57.

8 oct. — Senescallo Tholose pro Johanne de Bures, clerico, super gagiis eidem per hebdomadam solvendis. — 327.

10 oct. — Senescallo Pictavensi pro abbate de Misericordia Dei, super bonis in manu mortua tenendis. — 55.

15 oct. — Salomoni pro focagio. — 153.

15 oct. — Senescallo Ruthenensi pro comite super pedagio de Sorrino et Mauriaco. — 155.

15 oct. — Eidem pro eodem super ecclesiis de Berriaco et de Sancto Amancio. — 156.

15 oct. — Item eidem pro pazagio Ruthenensi. — 157.

15 oct. — Eidem pro comite Ruthenensi super focagio. — 158.

15 oct. — Eidem pro G. de Balaguerio et Hugone, fratre ejus, et parcionariis suis. — 159.

15 oct. — Similis littera eidem pro comite Ruthenensi. — 160.

15 oct. — Pro comite Ruthenensi. — 161.

15 oct. — Senescallo Agenensi pro Stephano de Mag[r]emont. — 473.

15 oct. — Eidem pro Raymundo Bernardi de Duroforti super pedagio ad Petras Caminals. — 474.

15 oct. — Eidem pro eodem contra homines de Dunis. — 476.

15 oct. — Eidem pro Marsibilia de Tursano. — 477.

15 oct. — Eidem pro Guillelma de Duroforti. — 478.

15 oct. — Eidem pro Petro de Pabes et socio suo, molendinariis Montis Albani. — 479.

16 oct. — Senescallo Ruthenensi pro abbate et conventu Sancte Fidis Conchensis, super focagio. — 162.

16 oct. — Eidem pro Symone de Cavilla, clerico. — 163.

23 oct. — Eidem pro abbate Aureliacensi. — 164.

24 oct. — Eidem pro Hugone de Alpaione. — 165.

24 oct. — Eidem pro Hugone de Arpaione super emptione facta a Jacobo de Bosco. — 166.

24 oct. — Conestabulo Alvernie pro confratribus confratrie Sancti Spiritus de Cebaziaco. — 210.

24 oct. — Senescallo Agenensi pro universitate Moysiaci super nundinis. — 480.

25 oct. — Senescallo Ruthenensi pro Hugone de Alpaione. — 167.

25 oct. — Senescallo Agenensi pro consulibus et universitate ville Moysiaci super nundinis. — 481.

25 oct. — Eidem pro eisdem super confirmatione nundinarum. — 482.

26 oct. — Senescallo Pictavensi pro abbate et conventu de Columba, super bonis in manu mortua tenendis. — 58.

26 oct. — Senescallo Ruthenensi pro hominibus de Ligons, Gailliaci, Buzeins, Gaignaci et Severaci Ecclesie, super focagio. — 168.

26 oct. — Senescallo Tholose pro Bernardo Capelle, de Castronovo de Arre. — 328.

26 oct. — Eidem pro Blancia, filia defuncti Guichaci. — 329.

26 oct. — Eidem pro hominibus de Pareinx. — 330.

26 oct. — Eidem pro Raymundo de Puteo, Podii Laurencii, et Arnaldo Goti. — 331.

26 oct. — Poncio Astoaudi, militi, et magistro Odoni de Montoneria, pro E. Oalriei et Ysarno, consanguineo suo. — 332.

26 oct. — Senescallo Tholose pro Guillelmo de Brunequello, milite. — 333.

31 oct. — Senescallo Ruthenensi pro Galhardo Rolandi, clerico. — 169.

31 oct. — Poncio Astoaudi, militi, et magistro Odoni de Montoneria pro universitate Castri novi de Arrio. — 334.

31 oct. — Eisdem pro universitate Castri de Arrio. Littere patentes. — 335.

Nov. — Senescallo Pictavensi pro Johanne Peleretti, burgensi de Cadomo. — 62.

Nov. — De subsidio a communitate Sancti Johannis Angeliacensis promisso. — 113.

Nov. — Littere abbatis de Sabloncellis super quitacione quarumdam landarum. — 114.

Nov. — Littere abbatis de Sabloncellis super cc libris pictavensium. — 115.

[Nov.] — Senescallo Agenensi pro Augerio de Podio Bazac. — 496.

Nov. — Littera G. de Pruneto, senescalli Venaissini, super

moneta in senescallia facienda. — 569.

1 nov. — Senescallo Agenensi pro hominibus castri de Lauserta. — 484.

1 nov. — Eidem pro hominibus de Lauserta contra homines castri de Miramonte. — 485.

1 nov. — Eidem pro consulibus et universitate de Lauserta super le dex. — 486.

1 nov. — Eidem pro eisdem. — 487.

1 nov. — Eidem pro eisdem super sigilli communis detentione. — 488.

1 nov. — Eidem pro eisdem, a quibusdam militibus indebite gravatis. — 489.

2 nov. — Senescallo Ruthenensi pro hominibus Villelonge super focagio. — 170.

2 nov. — Senescallo Agenensi pro episcopo Agenensi. — 490.

2 nov. — Pro eodem super decimis ipsi restituendis. — 491.

3 nov. — Senescallo Rutenensi pro Berengario Henrici super herbagio de Villegnac et de villa de Pauille. — 171.

3 nov. — Eidem pro hominibus de Conpetra super focagio. — 172.

3 nov. — Eidem pro Guidone de Severaco et Petro de Segnoret, militibus. — 173.

6 nov. — Eidem pro Roberto de Castromarino contra comitem Ruthenensem. — 174.

6 nov. — Pro hominibus d'Aigilenca pro focagio. — 175.

10 nov. — Pro hominibus hospitalis de Altobraco super focagio. — 176.

10 nov. — Senescallo Ruthenensi pro hominibus de Sancto Affricano super focagio. — 177.

10 nov. — Eidem pro hominibus de Vendelovis super focagio. — 178.

10 nov. — Eidem pro abbate Vabrensi. — 179, 180.

11 nov. — Vicario Tholose ex parte thesaurarii Pictavensis, super regalibus episcopatus Tholosani. — 336.

11 nov. — Fratri Guillelmo de Monterevelli, inquisitori heretice pravitatis in partibus Tholosanis, de eadem re. — 337.

11 nov. — Eidem super subsidio comiti a civibus Tholosanis promisso. — 338.

12 nov. — Senescallo Tholose pro hominibus Guillelmi Unaldi super focagio. — 339.

[12 vel 13 nov.] — Poncio et Odoni pro comite. — 340.

13 nov. — Consulibus urbis et suburbii Tholose pro comite. — 341.

13 nov. — Senescallo Tholosano pro eodem. — 342.

14 nov. — Pro Bertrando de Palacio contra priorem Beate Marie Deaurate. — 349.

15 nov. — Senescallo Tholose pro hominibus Guillelmi Unaldi super focagio. — 346.

16 nov. — Poncio Astoaudi et Odoni de Montoneria pro Berardo de Castronovo super terra ipsi restituenda. — 343.

17 nov. — Lestres pendanz au seneschal de Toulouse pour Sycart de Montaut, pour le foage des hommes dudit seigneur. — 344.

18 nov. — Senescallo Tholose pro hominibus dicti Sycardi super dicto focagio. — 345.

18 nov. — Eidem pro Guillelmo Sudre. — 347.

18 nov. — Poncio Astoaudi, militi, et magistro Odoni de Montoneria pro Ysarno de Asperomonte, milite. — 492.

18 nov. — Eisdem pro Sanctio, canonico Sancti Caprasii Agenensis. — 493.

18 nov. — Senescallo Agenensi pro Begone de Maresta. — 494.

18 nov. — Poncio Astoaudi, militi, et magistro Odoni de Montoneria pro Augerio de Podio Bazac. — 495.

19 nov. — Littere majoris et juratorum communie de Ruppella super duobus millibus librarum. — 112.

19 nov. — Littere eorumdem super donacione sex milium librarum pro cohua seu balis amovendis. — 111.

19 nov. — Senescallo Rutenensi pro hominibus Guillelmi de Caumont de villa de Cassengues. — 181.

19 nov. — Pro hominibus castrorum de Petralevi et Beate Marie de Lauceuz. — 182.

19 nov. — Senescallo Ruthenensi pro hominibus Guillelmi Benardi de Largues, militis. — 183.

19 nov. — Poncio et Odoni pro Augerio de Podio Bazac. — 497.

22 nov. — Pro priore Sancti Leoncii pro focagio. — 184.

22 nov. — Senescallo Rutenensi pro comite Rutenensi super herbagiis de Lacalm, minerio de Orzals et pazagio. — 186.

22 nov. — Senescallo Tholose pro hominibus preceptoris de Lespinau. — 348.

23 nov. — Senescallo Rutenensi pro priore Sancti Leuntii, super furcis apud Mauriacum erectis. — 185.

25 nov. — Ludovico de Bellojoco, militi, pro Hugone de Brocia. — 59.

25 nov. — Senescallo Ruthenensi super pace inita inter Henricum, filium comitis Ruthenensis, et gentes comitis Alfonsi. — 187.

26 nov. — Eidem pro comite super subvencione ab hominibus de Amilhavo prestanda. — 517.

28 nov. — Les lestres Bernart de Guisergues sur la monnoie de Poitevins. — 61.

28 nov. — Senescallo Tholose pro habitatoribus ville de Vazegia. — 350.

28 nov. — Eidem pro comite super debito heredum Hugonis de Arcisio. — 354.

28 nov. — Pro Guillelmo de Rochafolii, milite, super pedagio et super focagio. — 518.

28 nov. — Pro Gerardo de Malavilla. — 519.

28 nov. — Pro Arnaldo de Grillon. — 521.

28 nov. — Senescallo Venessini pro Raymundo Malsanc, clerico, super gagiis. — 570.

29 nov. — Littere majoris et juratorum communie de Rupella super censu platee in qua site erant hale. — 110.

29 nov. — Senescallo Tholose pro comite super viis. — 352.

29 nov. — Eidem super facto G., comitis Armeniaci, et hominum de Condomio. — 367.

29 nov. — Pro focagio diversorum in Ruthenensi. — 520.

29 nov. — Raymundo Malsanc pro moneta facienda. — 575.

29 nov. — Pro fratribus beate Marie de Monte Carmeli apud Insulam. — 576.

30 nov. — Vicario Tholose pro Arnaldo et Guillelmo de Falguario, militibus. — 360.

[Nov. ou déc.] — Ordre au sénéchal de Toulouse pour la levée du fouage et l'envoi des recettes à Paris. — 366.

1 dec. — Conestabulo Alvernie pro Erardo de Aineio, milite. — 225.

1 dec. — Senescallo Tholose pro hominibus Ysarni, vicecomitis Lautricensis, super focagio. — 353.

1 dec. — Philippo de Monteforti pro Ysarno, vicecomite Lautricensi, et Bertrando, fratre suo. — 354.

1 dec. — Senescallo Tholose pro eisdem fratribus. — 355.

1 dec. — Senescallo Agennensi pro abbate Gordonensi. — 498.

2 dec. — Senescallo Pictavensi pro comite Marchie. — 63.

2 dec. — Eidem pro Gaufrido de Lezeigniaco. — 64, 65.

3 dec. — Pro Ludovico de Bellojoco, milite, contra Guillelmum Ruffi, comitis clericum. — 212.

8 dec. — Pro domino Raymundo de Rochafolii, milite, et fratre suo, super pazagio et homagio. — 522.

8 dec. — Pro eodem Raymundo de Rochafolii super focagio. — 523.

8 dec. — Senescallo Ruthenensi pro Guillelmo de Sancto Mauricio. — 524.

8 dec. — Senescallo Carcassone pro eodem. — 525.

8 dec. — Senescallo Venessini pro Draconeto de Monte Albano super pluribus injuriis. — 571.

9 dec. — Regi Francie pro priore de Ays. — 116.

9 dec. — Pro Raymundo de Meditu'ione, ab hominibus ville Malaucene injuste gravato. — 572.

10 dec. — Au seneschal de Rohergue pour le conte. — 526.

12 dec. — Senescallo Pictavensi pro comitissa Leycestrie, super comitatu Engolismensi. — 66.

12 dec. — Conestabulo Alvernie pro Ymberto de Bellojoco, milite. — 213.

12 dec. — Senescallo Ruthenensi pro Guillelmo de Claromonte, archidiacono Lodovensi, super pedagio apud Hospitale Gilberti. — 527.

12 dec. — Senescallo Venaissini pro abbate et conventu Sancti Egidii super querimoniis. — 573.

14 dec. — Senescallo Pictavensi pro preposito et capitulo ecclesie Abentensis. — 69.

15 dec. — Poncio et Odoni pro Deodato Baras. — 499.

15 dec. — Senescallo Agennensi pro eodem Deodato. — 500.

20 dec. — Senescallo Xantonensi pro Renaudo, domino de Ponte, milite. — 117.

20 dec. — Eidem pro Petro Vincentii de Bignai contra quosdam habitatores Sancti Johannis Angeliacensis. — 118.

20 dec. — Senescallo Tholose pro hominibus de Orseroles. — 356.

20 dec. — Eidem pro hospitalariis Jerusalem de prioratu Sancti Egidii, super focagio. — 357.

20 dec. — Eidem super quadam appellacione facta per quosdam homines de Podio Laurencii. — 358.

20 dec. — Vicario Tholose super amocione banni positi in possessionibus Guidonis de Turribus, militis. — 359.

20 dec. — Pro hominibus Sancti Antonini. — 501.

20 dec. — Senescallo Ruthenensi pro hominibus Sancti Anthonini super pazagio. — 528.

20 dec. — Senescallo Venaissini pro moneta facienda. — 574.

21 dec. — Senescallo Tholose pro vassallis ecclesie Tho osane vel episcopi Tholosani. — 361.

21 dec. — Poncio Astosudi, militi, et magistro Odoni de Montoneria pro episcopo Tholosano super furcis Castrimauronis. — 362.

22 dec. — Johanni Auberti, civi Turonensi, super facto monete. — 70.

22 dec. — Senescallo Xantonensi pro comite, super pecunia omnibus modis habenda. — 119.

22 dec. — Consulibus et communitati urbis et suburbii Tholose pro comite. — 363.

22 dec. — Senescallo Tho'ose pro consulibus et communitate urbis et suburbii Tholose. — 354.

24 dec. — Senescallo Pictavensi pro Naverio, forestario Moleric. — 67.

24 dec. — Conestabu'o Alvernie pro Hugone Danherti, milite. — 214.

24 dec. — Senescallo Agenensi pro Raymundo de Calciata et ejus duabus filiis. — 504.

24 dec. — Senescallo Ruthenensi pro hominibus de Lexaco super focagio. — 529.

30 dec. — Senescallo Tholose super focagio hominum Petri de Arpillon. — 365.

30 dec. — Senescallo Agenensi pro abbate et conventu Beate Marie de Corona super bastida construenda. — 505.

31 dec. — Sycardo Alemanni et senescallo Agenensi pro Gastone Bearnensi super feodo de Brulhers. — 506.

31 dec. — Senescallo Agenensi pro Harmanno de Monte Acuto. — 507.

1268

Janv. — Au seneschau de Tholouse por le conte. — 372.

11 jan. — Senescallo Tholose pro Jordano de Saxiaco, milite, super castro Podii Laurencii. — 368, 369, 370.

13 jan. — Vicario Tholose pro Poncio Fulquerii. — 371.

13 jan. — Egidio Camelini, clerico, pro comite. — 373.

13 jan. — Poncio Astoaudi et magistro Odoni pro abbate et conventu Bolbonensibus. — 374.

13 jan. — Eisdem pro Pictavina, relicta Poncii de Sancto Genesio, et eorum filiis. — 375.

13 jan. — Eisdem pro comite super proximo adventu senescalli Carcassone. — 376.

13 jan. — Senescallo Tholose pro G. de Brom. — 377.

13 jan. — Eidem pro abbate Bolhonensi. — 378.

13 jan. — Senescallo Agenensi pro priore Sancti Hosterii. — 508.

12 jan. — Eidem pro comite. — 509.

16 jan. — Magistro Guillelmo Ruffi pro Henrico, filio comit's Ruthenensis, super interfectione Raimondi de Montesalvio. — 216.

16 jan. — H., primogenito comitis Ruthenensis, super eodem — 217.

16 jan. — Senescallo Tholose pro hominibus Isarni Jordani de Insula, militis, super focagio. — 379.

16 jan. — Poncio Astoaudi, militi, et magistro Odoni de Montoneria pro Bernarda, relicta G. de Dausaco, et Bertranda, filia eorumdem. — 383.

17 jan. — Senescallo Tholose pro episcopo Albiensi, de Beraudo de Andusia et ejus hominibus conquerente. — 380.

19 jan. — Priori Beate Radegondis pro Guidone Senescalli, milite, commissio patens. — 71.

19 jan. — Priori Beate Radegondis Pictavensis pro Guidone Senescalli, milite, et Odoneto de Confluento. — 72.

19 jan. — Senescallo Agenensi pro comite super interpresuris in feudis regis Anglie. — 510.

24 jan. — Senescallo Tholose pro magistro Michaele de Tholose. —

vicecancellario ecclesie Romane. — 381.

24 jan. — Eidem pro eodem, littera patens super exemptione pedagiorum. — 382.

27 jan. — Senescallo Pictavensi super cambio monete. — 73.

28 jan. — Senescallo pro Helia de Bosco et quatuor nepotibus suis. — 74.

31 jan. — Conestabulo Alvernie pro domina Borbonii. — 218.

[Febr.] — Senescallo Venaissini pro domino Dragoneto. — 579. 580.

10 febr. — Pro Barrallo de Baucio super emendis ab hominibus ejus a senescallo petitis. — 582.

11 febr. — Senescallo Venaissini pro domino Barrallo de Baucio, et Bertrando, ejus filio, et eorum hominibus. — 577.

13 febr. — Poncio Astoaudi, militi, et magistro Odoni pro Petro Fort et pareriis suis. — 384.

13 febr. — Eisdem pro Bertrando de Palacio. — 385.

13 febr. — Senescallo Tholose pro Raymundo Johanne Majore, cive Tholose. — 386.

13 febr. — Sicardo Alemanni, militi, pro eodem. — 387.

13 febr. — Senescallo Tholose pro eodem. — 388.

13 febr. — Poncio et magistro Odoni pro Raymundo Majoris, burgensi Tholose. — 389.

13 febr. — Senescallo Venessini pro domino Lamberto de Montilio, milite. — 578.

18 febr. — Senescallo Tholose pro Aicelina, vidua defuncti Guillelmi de Corneliano, domicelli. — 390.

18 febr. — Poncio Astoaudi, militi, et magistro Odoni de Montoneria pro episcopo Ruthenensi. — 391.

18 febr. — Senescallo Tholose pro episcopo Ruthenensi. — 392.

18 febr. — Pro episcopo Ruthenensi super proprietate ville de Cressac. — 530.

19 febr. — Salomoni, ut eat ad partes Ruthenenses pro levando focagio. — 393.

19 febr. — Senescallo Ruthenensi, pro levando focagio. — 394.

19 febr. — Senescallo Agenensi pro Helia, rectore ecclesie de Bellopodio. — 511.

19 febr. — Senescallo Ruthenensi pro comite. — 531.

19 febr. — Senescallo Venaissini pro priore Sancti Egidii in Provincia, ordinis S. Johannis Jerosolimitani. — 581.

20 febr. — Poncio Astoaudi, militi, et magistro Odoni de Montoneria pro relicta comitis Sabaudie. — 395.

20 febr. — Eisdem pro abbate Sancti Marcelli. — 396.

20 febr. — Pro Barrallo, domino Baucii, super donatione, olim ipsi a comite facta, fideliter observanda. — 583.

20 febr. — Pro eodem super divisione possessionum facienda. — 584.

20 febr. — Pro Bertrando de Baucio super libertatibus castrorum suorum revocandis. — 585.

20 febr. — Senescallo Venaissini pro eodem B., a judice Venaissini gravato. — 586.

20 febr. — Eidem pro eodem, super delatione armorum, in ipsius feodis a dominis Branculi et Plasiani facta. — 587.

20 febr. — Eidem pro eodem, super centum libris ipsi a Petro Bermondi, heretico, olim mutuatis. — 588.

20 febr. — Pro Raymundo d'Agot, milite, super quingentis solidis ab ipso olim annuatim perceptis. — 589.

20 febr. — Domine C., comitisse, relicte A., quondam comitis Sabaudie. — 590.

21 febr. — H., filio comitis Ruthenensis, pro seipso. — 219.

22 febr. — Priori Beate Radegondis pro Reginaldo Otrici. — 68.

22 febr. — Poncio Astoaudi et magistro Odoni de Montoneria pro Arnaldo de Castagnaco. — 397.

22 febr. — Eisdem pro Petro Raymundi de Tornaco. — 398.

22 febr. — Eisdem pro abbate Sancti Maurini. — 512.

22 febr. — Senescallo Agenensi pro eodem. — 513, 514, 515, 516.

23 febr. — Magistro Petro Sorini pro Petro Foucherii. — 121.

24 febr. — Priori Beate Radegondis et Egidio de Aula pro Papelarda. — 75.

24 febr. — Senescallo Ruthenensi pro Bernardo de Valle, clerico, super restitutione honorum injuste detentorum. — 532.

29 febr. — Senescallo Agenensi pro Raymundo ac Bertrando, fratribus, de Brevilla, ab hominibus Sancte Fidis gravatis. — 483.

29 febr. — Eidem pro Raymundo et Bertrando de Brevilla, contra Arnaudum de Marmanda et ejus filium. — 503.

3 mart. — Simoni de Cubitis, militi, pro Eustachio de Bellomarchesio, noviter senescallo Pictavensi designato. — 76.

3 mart. — Pheliseto Coco pro Simone de Cubitis. — 77.

3 mart. — Bertrando de Brunequello, militi, super facto de Rochamaura. — 399.

3 mart. — Senescallo Tholose pro Bertrando de Bruniquello, milite. — 400.

3 mart. — Senescallo Ruthenensi pro Guidone de Severaco, super levatione focagii. — 533.

3 mart. — Eidem pro eodem super litibus compescendis. — 534.

3 mart. — Eidem pro P. de Monte Ferrarii, milite, super levatione focagii. — 535.

3 mart. — Eidem pro Ber. Aymerici super exactione focagii. — 536.

3 mart. — Senescallo Venaissini pro domino comite, super moneta Avinione currente. — 591.

4 mart. — Senescallo Tholose pro uxore et liberis defuncti Hugonis de Arsicio. — 401.

4 mart. — Senescallo Ruthenensi pro Guidone de Severaco, milite, super exactione focagii. — 537.

4 mart. — Eidem pro Roberto de Castro Maurini super debitis non exigendis. — 538.

4 mart. — Raymundo Malsanc pro comite, de moneta nova Avinione cudenda. — 592.

6 mart. — Senescallo Xanctonensi pro magistro Petro Marescalli, canonico Aniciensi. — 122.

9 mart. — Conestabulo Alvernie pro preceptore Templi Alvernie. — 220.

15 mart. — Comiti, ex parte fratris Johannis, magistri fratrum Predicatorum in Francia. — 123.

15 mart. — Domino comiti. — 124.

18 mart. — Littera patens procurationis pro magistris Eustachio de Mesiaco et Guillelmo de Ruppe. — 221.

21 mart. — Fratri R., priori Predicatorum Senonensium, pro fratribus habendis. — 125.

21 mart. — Fratribus Jacobo de Gyemo et Draconi de Apugniaco. — 126.

21 mart. — Archipresbitero Remorentini. — 127.

21 mart. — Senescallo Tholose pro hominibus popularibus de Verduno. — 402.

21 mart. — Eidem pro hominibus Jordani de Insula, militis, super focagio. — 403.

21 mart. — Eidem pro hominibus de Verduno super nundinis. — 404.

21 mart. — Vicario Tholose super confratriis Tholose. — 405.

21 mart. — Senescallo Tholose pro comite super defraudatione pedagiorum. — 406.

21 mart. — Vicario Tholosano super eodem. — 407.

22 mart. — Senescallo Ruthenensi pro G. Routier, comitis Ruthenensis creditore. — 539.

24 mart. — Senescallo Tholosano pro comite, de reacaptis. — 416.

25 mart. — Conestabulo Alvernie pro Eustachio de Montebuxerio. — 222.

25 mart. — Senescallo Tholosano pro hominibus de Condomio contra Geraudum de Armeniaco. — 408.

25 mart. — Vicario Tholosano pro comite. — 409.

25 mart. — Senescallo Tholose pro comite. — 410.

25 mart. — Poncio Astoaudi et magistro Odoni de Montoneria pro comite. — 411.

25 mart. — Fratri Guillelmo de Monterevelli, inquisitori heretice pravitatis. — 412.

25 mart. — Jacobo de Bosco pro fratre Guillelmo de Monterevelli. — 413.

25 mart. — Sicardo Alemanni pro comite. — 414.

25 mart. — Jacobo de Bosco pro comite. — 415.

25 mart. — Senescallo Ruthenensi pro consulibus Amiliavi. — 540.

25 mart. — Eidem pro G. et R. de Rochafolii, militibus, fratribus, super exactione pazagii. — 541.

26 mart. — Senescallo Pictavensi pro Audigerio Barbou. — 78.

26 mart. — Eidem pro magistro Geraudo de Malomonte. — 79.

26 mart. — Eidem pro vicecomitissa Lemovicensi. — 80.

26 mart. — Eidem pro Pipino, littera patens. — 81.

26 mart. — Magistro Eustachio de Mesiaco pro Eustachio de Montebuxerii super deliberatione terre. — 223.

26 mart. — Senescallo Ruthenensi pro comite super subventione ab hominibus H., comitis Ruthenensis, petenda. — 542.

26 mart. — Eidem pro Ymberto de Montejovis et aliis parcionariis. — 543.

26 mart. — Eidem pro capellano, in castro de Petrucia celebrante. — 544.

26 mart. — Eidem pro comite super villa Amiliavi, Petrucie, Villenove et de Najaco pro focagio, et super molendinis faciendis. — 545.

[April.] — Littera Simonis de Cubitis. — 603.

Apr. — De focagio ab hominibus ville que dicitur Fita Begordana petito — 771.

1 apr. — Pro abbate Yssyodorensi — 226.

8 apr. — Senescallo Pictavensi pro Guillelmo dicto Milite, clerico, pro arresto parlamenti executioni tradendo. — 594.

8 apr. — Eidem pro Guillelmo de Sancta Maura, milite, de Mauricio, domino de Bellavilla, conquerente. — 595.

10 apr. — Eidem pro Gaufrido de Lezigniaco, milite, super emenda quadam ab ipso solvenda. — 596.

10 apr. — Senescallo Tholose pro Beraldo de Andusia, super terra de Saisses restituenda. — 768.

10 apr. — Eidem pro hominibus Jordani, domini de Insula, super focagio. — 767.

11 apr. — Senescallo Xanctonensi pro comite super oblacione facta per burgenses de Niorto. — 689.

17 apr. — Eidem pro Guillelmo de Rocha, domino de Machegouz. — 690.

19 apr. — Archipresbytero Remorentini pro comite super inquestis faciendis. — 597.

23 apr. — Senescallo Pictavensi pro Sibilla, domina de Clifort, super ipsius advocatis in curia dicti senescalli recipiendis. — 598.

23 apr. — Littera patens Gaufrido de Doeto, militi, et magistro Egidio de Aula pro domina de Clifort. — 599.

23 apr. — Senescallo Xanctonensi pro fratribus ordinis beate Marie, matris Christi, de Ruppella. — 691.

26 ap. — Poncio Astoaudi, militi, et magistro Odoni de Montoneria pro hominibus Castrinovi de Arrio, super mercato. — 769.

26 apr. — Senescallo Tholose pro hominibus de Avinioneto, Tholosane dyocesis, super mercato et vinea. — 770.

28 apr. — Pro comite Convenarum Poncio Astoaudi et magistro Odoni super facto bastide de Faias. — 772.

28 apr. — Senescallo Tholose pro eodem comite Convenarum. — 773.

[Mai.] — Au seneschal de Poitou sur les voies. — 604.

1 mai. — Senescallo Pictavensi pro comite super facto monete. — 600.

1 mai. — Simoni de Cubitis, militi, pro comite. — 601.

1 mai. — Senescallo Pictavensi pro comite. — 602.

1 mai. — Senescallo Xanctonensi pro priore de Pontibus, Xanctonensis dyocesis. — 692.

1 mai. — Conestabulo Alvernie

pro comite super emendis olim taxatis levandis et exigendis. — 726.

1 mai. — Senescallo Tholose pro fratribus Minoribus de Tholosa. — 776.

1 mai. — Eidem pro Petro de Malamorte, crucesignato. — 777.

1 mai. — Eidem pro fratre Raimundo, ministro fratrum Minorum in Aquitania, et Guillelmo Saurini, cive Tholose, consulatum hujus ville renuente. — 778.

2 mai. — Conestabulo Alvernie pro subsidio Terre Sancte a burgensibus villarum patrie petendo. — 725.

3 mai. — Senescallo Tholose pro P. de Pinu. — 779.

3 mai. — Eidem pro preceptore domus Milicie Templi de Capella, Caturcensis dyocesis. — 780.

5 mai. — Eidem pro illustri rege Aragonum. — 781.

6 mai. — Poncio Astoaudi et magistro Odoni de Montoneria pro Deodato et Stephano de Roassio, a vicario Tholose quodam censu annuo spoliatis. — 782.

7 mai. — Sicardo Alemanni, militi, pro magistro Assaut, machinatore. — 783.

8 mai. — Connestabulo Alvernie pro Guillelmo Builleiart. — 728.

10 mai. — Senescallo Pictavensi pro domina de Mauritania et Hugone Archiepiscopi, domino Pertiniaci. — 605.

13 mai. — Majori et juratis de Ruppella. — 693.

15 mai. — Poncio Astoaudi, militi, et magistro Odoni de Montoneria pro abbatissa de Goiono. — 784.

24 mai. — Senescallo Pictavensi pro episcopo Pictavensi. — 606.

24 mai. — Episcopo Pictavensi. — 607.

24 mai. — Senescallo Xanctonensi pro priore et fratribus Predicatoribus de Ruppella. — 694.

Jun. — De forestis comitis. — 609.

Jun. — Episcopo Pictavensi pro comite, super articulis contra senescallum Pictavensem ab ipso missis. — 610.

[Jun.] — Judici vicarii Tholose pro Raymundo Athonis littera patens. — 787.

Jun. — Forme litterarum quas habuit Sicardus de Montealto, miles, pro hominibus suis de Altarippa. — 814, 815.

[Jun.] — Senescallo Tholose pro Petro Ruchon, a gentibus vicarii de Monte albano spoliato. — 825.

4 jun. — Poncio Astoaudi et magistro Odoni de Montoneria pro Bernardo Got, de vicario Tholose conquerente. — 785.

13 jun. — Littera commissionis patens directa magistris Johanni de Castellariis, priori Sancte Radegondis, et Egidio de Aula pro domina de Clifort. — 608.

13 jun. — Judici vicarii Tholose commissio patens pro hominibus de Venerca. — 774.

13 jun. — Senescallo Tholose pro Jordano, domino Insule, ab Isarno Jordani de Insula hostiliter impetito. — 775.

13 juin. — Littera commissionis patens judici Tholose pro hominibus de Venerca. — 786.

15 jun. — Judici Tholose pro Petro Raymundi Riparia et consortibus suis, de Venerca. — 788.

15 jun. — Senescallo Tholose pro hominibus Sancti Porquerii contra Hospitalarios. — 789.

15 jun. — Eidem pro eisdem hominibus contra abbatem Moysiaci. — 790.

15 jun. — Eidem pro hominibus de Beerolles. — 791.

15 jun. — Eidem pro hominibus de Pailheriis super focagio. — 792.

15 jun. — Eidem pro episcopo Convennarum. — 793.

16 jun. — Vicario Tholose pro Bernardo Renaldi, magistro monete Tholose. — 867.

17 jun. — Senescallo Tholose pro Guillelmo de Falgario super pedagio de Venerca. — 794.

17 juin. — Eidem pro hominibus de Bleignaco. — 795.

17 jun. — Pro hominibus de Bleignaco contra priorem ejusdem loci. — 796.

17 jun. — Senescallo Tholose pro abbate Moyssiacensi. — 797.

17 jun. — Eidem pro Guidone, marescallo de Mirapisce, milite. — 798.

18 jun. — Conestabulo Alvernie pro Hugone de Placide. — 730.

19 jun. — Senescallo Tholose pro Bertrando de Lautrico super bastida. — 799.

20 jun. — Fratribus Jacobo de Gyemo et Droconi de Aponiaco, ordinis fratrum Predicatorum. — 611.

20 jun. — Senescallo Tholose pro Petro Grimoart super halis Castri Sarraceni. — 800.

20 jun. — Eidem pro Jordano de Castronovo. — 801.

20 jun. — Eidem pro Arnaldo de Villadei contra Hugonem de Alfario. — 802.

20 jun. — Eidem pro Castiaunuef, contra vicarium Tholose. — 803.

20 jun. — Eidem pro Bertrando de Lautrico, milite, contra Philippum de Monteforti. — 804.

20 jun. — Eidem pro Giraldo de

Podio Germerii et ejus fratribus. — 805.

20 jun. — Eidem pro Bernardo de Brecens. — 806.

20 jun. — Eidem pro hominibus de Calvomonte. — 807.

20 jun. — Poncio Astoaudi, militi, et magistro Odoni de Montoneria pro Attone de Montibus et Ademaro. — 808.

21 jun. — Senescallo Pictavensi pro Hugone Fructerii, burgensi de Compendio, contra comitem Marchie. — 612.

21 jun. — Fratribus Jacobo de Giemo et Droconi de Apugniaco, ordinis fratrum Predicatorum, et R., archipresbytero Remorentini, pro abbate Sancti Maxencii. — 613.

22 jun. — Littera patens senescallo Pictavensi pro Guillelmo Naverii. — 614.

23 jun. — Judici vicarii Tholose pro De Barrau et ejus fratribus. — 809.

23 jun. — Senescallo Tholose pro Petro Feraudi de Castro Sarraceno. — 810.

24 jun. — Conestabulo Alvernie pro Bertrando Perronnelli. — 215.

24 jun. — Senescallo Pictavensi pro priore de Loduno, a gentibus episcopi Pictavensis vexato. — 615.

24 jun. — Senescallo Xanctonensi pro monetario de Monsterolio Bonini. — 695.

24 jun. — Littera patens connestabulo Alverine pro domino Bernardo de Turre super mutuo. — 729.

24 jun. — Au seneschal de Tholose por le conte seur les chevaliers. — 811.

25 jun. — Senescallo Tholose pro Bernardo de Vieus. — 812.

25 jun. — Commissio patens Sicardo Alemanni pro Sicardo de Montealto, milite, contra cives Tholose. — 813.

25 jun. — Senescallo Tholosano pro hominibus de Altarippa super focagio. — 816.

25 jun. — Vicario Tholose pro communitate Tholose. — 817.

25 jun. — Senescallo Tholose pro filio et nuru Arnaldi de Falgario. — 818.

25 jun. — Eidem pro Aliberto de Diapentala. — 819.

25 jun. — Eidem pro Guillelmo Athonis. — 820.

26 jun. — Magistro Petro de Rippa et Arnaldo de Falgario pro Petro de Gonessia. — 821.

26 jun. — Senescallo Tholose pro consulibus communitatis Verduni super perceptione focagii. — 822.

26 jun. — Jacobo de Bosco pro Bernardo Vigerii. — 823.

26 jun. — Pro Arnaldo Olrich. — 824.

26 jun. — Senescallo Tholose pro Bertrando de Rocavilla, milite. — 826.

27 jun. — Senescallo Xantonensi pro comite. — 120.

28 jun. — Pro Fulcone Carnifice super bonis sub certis conditionibus reddendis. — 593.

28 jun. — Senescallo Pictavensi pro Jacobo Boucel, cive Parisiensi. — 616.

28 jun. — Senescallo Tholosano pro piscatoribus Tholose. — 827.

28 jun. — Poncio Astoaudi, militi, et magistro Odoni de Montoneria pro Guillelmo Agace. — 828.

29 jun. — Senescallo Pictavensi pro Henrico, domino Solliaci, contra vicecomitem Ruppiscavardi. — 617.

Jul. — Articuli pro civibus Tholose. — 840.

5 jul. — Conestabulo Alvernie pro domibus Milicie Templi. — 731.

6 jul. — Priori de Alemvilla pro Galdrado de Gurgitibus, milite. — 618.

6 jul. — Senescallo Pictavensi pro priore de Allenvilla. — 619.

6 jul. — Eidem pro Papelarda Pictavensi. — 620.

6 jul. — Senescallo Tholose pro popularibus de Verduno, super collecta fienda per solidum et libram. — 829.

6 jul. — Sicardo Alemanni, militi, pro communitate hominum ville Tholose, contra Sicardum de Montealto. — 830.

6 jul. — Senescallo Tholose pro Jordano de Sayssaco, milite. — 831.

6 jul. — Eidem pro elemosinis Tholose. — 832.

7 jul. — Senescallo Pictavensi pro Gaufrido de Lezeignen et fratribus Hospitalis Jerusalem de Alneia. — 621.

11 jul. — Eidem pro thesaurario, decano et capitulo Sancti Hilarii Pictavensis. — 622.

11 jul. — Episcopo Pictavensi pro comite. — 623..

11 jul. — Sicardo Alemanni pro communitate hominum Tholose. — 833.

11 jul. — Senescallo Tholose pro consulibus et communitate ville de Aureliaco. — 834.

13 jul. — Eidem pro Arnaldo Olrich. — 835.

15 jul. — Conestabulo Alvernie pro Johanne Pastours et Petro Baston et pareriis suis. — 732.

15 jul. — Senescallo Tholose pro episcopo Couvennarum. 836, 837.

16 jul. — Eidem pro Sycardo de Podio Laurencii, domicello. 838.

16 jul. — Eidem pro communitate hominum Tholose. — 839.

16 jul. — Pro hominibus de Baure super mercato. — 841.

17 jul. — Senescallo Tholose pro

TABLE CHRONOLOGIQUE.

quadam puella de Monteacuto rapta. — 843.

17 jul. — Magistro Raimundo Arnaudi, judici vicarii Tholose, pro Arnaudo de Villanova. — 844.

17 jul. — Senescallo Tholose pro illustri rege Aragonum. — 845.

17 jul. — Vicario Tholose pro universitate Tholose, super litteris a comite nuper concessis. — 846.

18 jul. — Littera patens missa abbati Moissiacensi, Poncio Astoaudi, militi, Sicardo Alemanni et magistro Odoni, super consuetudinibus hominibus comitis concedendis. — 842.

18 jul. — Sicardo Alemanni, militi, pro comite. — 847.

19 jul. — Conestabulo Alvernie super facto de Rubiaco, pro monachis monasterii Mausiacensis. — 733.

19 jul. — Senescallo Tholose pro Raimundo Stephani. — 848.

19 jul. — Littera patens eidem senescallo pro Bertrando de Roca, milite. — 849.

20 jul. — Senescallo Pictavensi pro Petro Beraudi. — 624.

20 jul. — Littera patens pro forefactis judicum, bajulorum et servientum corrigendis. — 850.

20 jul. — Senescallo Tholose pro Henrico Brunel. — 851.

20 jul. — Jacobo de Bosco pro Bernardo Vigerii. — 852.

22 jul. — Connestabulo Alvernie pro Eustachio de Monte Buxerio. — 734.

22 jul. — Senescallo Tholose pro Sycardo Alemanni, militi, contra Philippum de Monteforti. — 853.

23 jul. — Magistro Alano de Meullento pro Poncio Astoaudi, milite, super plumbea bulla sibi concedenda. — 854.

23 jul. — Senescallo Venessini pro eodem super divisione territoriorum Mausoni et Avell. — 855.

23 jul. — Senescallo Tholose pro Jordano de Saissaco, milite, super quodam pedagio. — 856.

23 jul. — Senescallo Provincie vel ejus locum tenenti pro Poncio Astoaudi, milite, contra commune Massilie. — 857.

24 jul. — Senescallo Tholose pro Poncio Astoaudi, milite. — 858.

25 jul. — Eidem pro filio defuncti Vitalis Belli Oculi. — 859.

30 jul. — Conestabulo Alvernie pro Eustachio de Montebuxerio. — 735.

8 aug. — Magistro Guillermo de Ruppe. — 736.

9 aug. — Pro archipresbytero de Ermento. — 737.

9 aug. — Conestabulo Alvernie pro priore de Capella, abbati Sancti Dionysii submisso. — 738.

9 aug. — Magistro Nepoti, judici Albiensi, pro Petro dicto Juglar. — 860.

9 aug. — Senescallo Tholose pro Petro Juglar. — 861.

9 aug. — Eidem pro eodem contra Petrum de Montepesato et Remondum Amelii, de Insula. — 862.

9 août. — Au seneschal de Tholose et de Aubijois pour monseigneur le conte sur le change. — 863.

9 aug. — Senescallo Tholose pro Garnerio Carpentario. — 864.

9 aug. — Egidio Camelini, clerico, pro comite, super traditione forestarum et aliis quibusdam negociis. — 865.

10 aug. — Senescallo Pictavensi pro thesaurario ecclesie Beati Hilarii Pictavensis. — 625.

10 aug. — Decano et capitulo ecclesie Beati Hilarii Pictavensis

pro thesaurario ejusdem ecclesie. — 626.

12 aug. — Senescallo Xanctonensi pro Poncio, domino de Mirabello, milite, a Giraldo de Blavia injuste leso. — 696.

12 aug. — Conestabulo Alvernie pro comite super subsidio a villis Alvernie obtinendo. — 739.

13 aug. — Magistro Guillelmo Ruffi pro comite, littera procuratoria. — 740.

13 aug. — Conestabulo Alvernie pro comite, super eodem negotio. — 741.

18 aug. — Senescallo Ruthenensi super decima argenti fodine. — 627.

18 aug. — Eidem super pazagio. — 628.

18 aug. — Bernardo de Guisergues super moneta. — 629.

18 aug. — Senescallo Pictavensi pro eadem re. — 630.

18 aug. — Eidem pro domino Guillelmo de Calvigniaco, milite. — 631.

18 aug. — Johanni de Nantholio, militi, pro comite, pro querendo auxilio a nobilibus et roturariis. — 632.

18 aug. — Johanni de Nantolio, militi, senescallis Xantonensi et Pictavensi, pro querendo auxilio a baronibus, militibus et aliis nobilibus, littera patens. — 633.

18 aug. — Conestabulo Alvernie pro comite super jurisdictione ville de Conluat. — 742.

18 aug. — Eidem pro comite super auxilio petendo pro subsidio Terre sancte. — 743.

18 vel 19 aug. — Senescallo Pictavensi pro Petronilla, sorore G., clerici. — 634.

20 aug. — Eidem pro Guillelmo, domino de Calveniaco. — 635.

20 aug. — Conestabulo Alvernie pro Erardo de Alneto. — 744.

21 aug. — Senescallo Xantonensi pro Poncio de Mirabello, milite. — 697.

22 aug. — Conestabulo Alvernie pro Hugone dicto Marguet, et fratribus suis. — 745.

22 aug. — Senescallo Tholose pro rege Sicilie. — 869.

24 aug. — Eidem pro Odone de Insula, milite. — 866.

24 aug. — Eidem pro ministris domorum leprosorum Tholose, super exemptione leudarum et pedagiorum. — 868.

25 aug. — Magistro Petro Sorini, canonico Xantonensi, pro comite. — 636.

25 août. — Au sénéchal de Toulouse touchant le change des monnaies. — 870.

26 aug. — Senescallo Xanctonensi pro episcopo Petragoricensi. — 698.

26 aug. — Senescallo Tholosano pro abbate de Calercio super bastida construenda. — 871.

26 aug. — Eidem pro eodem, a quibusdam malefactoribus graviter molestato. — 872.

26 aug. — Eidem super injuriis a dominis de Insula invicem perpetratis. — 873.

26 aug. — Eidem pro abbate de Calercio, super molendino in flumine Aregie construendo. — 874.

27 aug. — Senescallo Pictavensi pro rectore ecclesie de Senanz. — 637.

27 aug. — Egidio Camelini pro abbate Bellepert ce. — 638.

27 aug. — Senescallo Tholose pro abbate Bellepertice, a bajulo de Dunes injuste gravato. — 875.

28 aug. — Magistro Petro Vigerii, canonico Carnotensi, pro comite. — 639.

31 aug. — Senescallo Tholose pro comite contra homines Templi et Hospitalis. — 876.

31 aug. — Eidem pro fratre Arnaudo de Sancta Maria, ordinis fratrum Predicatorum. — 878.

Sept. — Magistro Egidio de Aula, canonico de Loduno, pro comite Augi. — 645.

Sept. — Littera missa comiti ex parte Theobaldi de Noviaco. — 747.

2 sept. — Senescallo Tholose pro comite contra homines de Vauro. — 877.

5 sept. — Senescallo Pictavensi et Simoni de Cubitis, militi, pro comite, super quadam accensatione olim facta. — 640.

5 sept. — Senescallo Xanctonensi pro comite. — 699.

7 sept. — Majori et juratis communie de Rupella, pro comite Attrebatensi. — 700.

9 sept. — Senescallo Pictavensi vel ei qui loco ejus est pro Johanne Boni. — 701.

11 sept. — Magistro Egidio de Aula, clerico, pro episcopo Pictavensi. — 641.

11 sept. — Magistro Petro Sorini pro episcopo Pictavensi super inquesta facienda. — 642.

13 sept. — Au seneschal de Poitou pour le conte sur le change de la monnoie de poitevins. — 643.

13 sept. — A Bernard de Guisergues de par le conte, touchant la monnoie de Montreuil-Bonnin. — 644.

13 sept. — Au seneschal de Xanctonge pour monseigneur le conte, sur le change des monnoies. — 702.

13 sept. — Senescallo Xanctonensi pro Adam Taboe. — 703.

13 sept. — Conestabulo Alvernie pro comite super petendo auxilio pro succursu Terre sancte. — 746.

15 sept. — Eidem pro comite. 748.

22 sept. — Theobaldo de Noviaco de auxilio in Alvernia levando pro succursu Terre sancte. — 224.

24 sept. — Senescallo Tholose pro militibus retinendis. — 879.

25 sept. — Egidio Camelini, clerico, pro comite. — 880.

25 sept. — Au seneschal de Tholose pour le conte sur le change des monnoies. — 881.

29 sept. — Senescallo Tholosano pro Thoma, filio Roberti, Waltero Cause et Andrea Cause. — 882.

2 oct. — Senescallo Xanctonensi pro Guiberto et Faucolino fratribus, civibus de Florencia, super debito suo. — 704.

2 oct. — Hugoni, domino Pertiniaci, pro eisdem. — 705.

3 oct. — Senescallo Xantonensi pro abbate et conventu de Plana Silva contra Poncium et Artaudum de Mirabello, fratres. — 706.

3 oct. — A Jehan de Nantuel et au seneschal de Poitou et Xaintonge touchant l'aide de croisade demandée aux barons du pays. — 707.

3 oct. — Senescallo Tholose pro Sicardo de Montealto, milite, super sequestracione terre. — 883.

6 oct. — Senescallo Xanctonensi pro Guillelmo Fabri de Bavesio, fratre elemosinarii comitis, et ejus parentibus. — 708.

6 oct. — Senescallo Tholosano pro Thoma de Falgar et Esclarmonda, ejus uxore, nepte Sicardi de Montealto, militis. — 884.

6 oct. — Eidem pro Sicardo de Montealto, milite. — 885.

6 oct. — Littera patens Poncio Astoaudi, militi, pro Sicardo de Montealto, milite. — 886.

6 oct. — Littera patens Poncio Astoaudi, militi, et magistro Odoni de Montoneria pro

eodem, super castro de Pailleriis. — 887.

8 oct. — Senescallo Pictavensi pro comite super facto Judeorum. — 646.

8 oct. — Eidem pro comite Augi, comite Marchie et aliis baronibus super Judeis. — 647.

8 oct. — Eidem pro comite Marchie et baronibus super facto Judeorum. — 650.

8 oct. — Senescallo Tholose pro baronibus, si conquerantur de sesina bonorum Judeorum terre sue per senescallum facta. — 888.

10 oct. — Nobili comiti Augi, super Judeis. — 648.

10 oct. — Senescallo Pictavensi pro comite Augi super facto Judeorum. — 649.

10 oct. — Eidem pro comite super petendo auxilio pro succursu Terre sancte. — 351.

10 oct. — Conestabulo Alvernie pro comite, super subsidio a villis Alvernie debito pro Terre sancte succursu. — 749.

13 oct. — Senescallo Tholose pro relicta defuncti P. de Vicinis, super debito dicti defuncti. — 889.

16 oct. — Senescallo Pictavensi pro comite super facto Judeorum. — 652.

16 oct. — Eidem pro comite super facto Judeorum. — 653.

16 oct. — Senescallo Tholose pro comite super Judeis. — 890.

20 oct. — Senescallo Xanctonensi pro comite super facto Judeorum. — 709.

23 oct. — Conestabulo Alvernie pro abbate Aureliacensi. — 750.

26 oct. — Senescallo Tholose pro Bertrando et Petro Late, fratribus. — 891.

26 oct. — Poncio Astoaudi, militi, et magistro Odoni de Montoneria pro heredibus defuncti Stephani de Cassiaco, super mutuo sibi, ut dicunt, debito. — 893.

26 oct. — Senescallo Tholose pro Ysambardo de Sancto Antonino. — 894.

3 nov. — Johanni de Castellione, domino de Sancto Bonito, pro comite. — 751.

3 nov. — Conestabulo Alvernie super eodem. — 752.

12 nov. — Poncio Astoaudi, militi, et magistro Odoni de Montoneria pro comite Convennarum, super bastidis de Alans et de Seias. — 899.

12 nov. — Littera patens senescallo Agenensi pro Berruerio et Guilloto de Balneolis. — 2065.

15 nov. — Thome de Novilla, clerico, pro comite super morte P. de Landrevilla, senescalli. — 895.

15 nov. — B. de Landrevilla, militi, pro comite, super eodem. — 896.

17 nov. — Magistro P. Sorini, canonico Xanctonensi, pro Petro Foucherii. — 710.

18 nov. — Eustachio de Monte Germondi pro burgensibus de Ruppella. — 654.

21 nov. — Poncio Astoaudi, militi, et magistro Odoni de Montoneria pro episcopo Albiensi, super castro Castrinovi de Bonafos. — 897.

21 nov. — Eisdem pro abbate Sancti Saturnini Tholose, super castro de Vachariis. — 898.

21 nov. — Eisdem pro burgensibus Fanijovis contra homines Montisregalis. — 903.

21 nov. — Senescallo Agenensi pro executoribus defuncti Arnaldi de Lestoubes. — 2063.

21 nov. — Poncio Astoaudi, militi, et magistro Odoni de Montoneria pro comite Convenarum. — 2064.

22 nov. — Commissio preposito Tholosano pro Guiscardo de Penna, milite, et ejus fratribus. — 900.

22 nov. — Commissio patens eidem, pro Guiscardo de Penna et suis fratribus. — 901.

22 nov. — Senescallo Tholose pro abbate et conventu Sancti Saturnini Tholose, super villa de Lobervilla. — 902.

23 nov. — Littera patens de collacione celararie Beati Petri Puellarum Pictavensis. — 655.

23 nov. — Domino Pertiniaci pro Guiberto Cantoris. — 656.

23 nov. — Poncio Astoaudi, militi, et magistro Odoni de Montoneria pro Arnaudo de Marcafabba et ejus consortibus. — 904.

23 nov. — Eisdem pro Stephano Ichiere et Hugone la Balliva, burgensibus de Figiaco, in senescallia Ruthenensi, a quibusdam malefactoribus spoliatis. — 905.

25 nov. — Eisdem pro hominibus de Plailhano et de Gaiano contra dominum Mirapiscis. — 906.

25 nov. — Senescallo Agenensi pro priore et fratribus domus de Garriga, super legato domini Mesoncii. — 2066.

25 nov. — Eidem pro fratribus de Garriga, super tribus obolis. — 2067.

25 nov. — Eidem pro priore et fratribus domus de Garriga, super mensura molendini Marmande. — 2068.

26 nov. — Simoni de Cubitis, militi, castellano de Rocha super Oyon, pro priore ejus dem loci. — 657.

26 nov. — Senescallo Agenensi pro rectore et fratribus de Garriga. — 2069.

26 nov. — Eidem pro Geraldo de Brezeto. — 2070.

26 nov. — Eidem pro hominibus ville Sancti Antonini. — 2071.

26 nov. — Pontio Astoaudi et magistro Odoni de Montoneria pro eisdem. — 2072.

30 nov. — S., cardinali, pro hominibus de Lozaio et aliarum villarum. — 711.

30 nov. — Magistro Alano de Meulento, super juramento fidelitatis pro castro Mornacii prestando. — 712.

Déc. — Accord avec les juifs pour une taille extraordinaire. — 658.

Dec. — De inquesta facienda super gratiis comiti concessis. — 715.

2 dec. — Pontio Astoaudi et magistro Odoni de Montoneria pro priore de Perano, Tholosane dyocesis, injuste vexato. — 907.

2 dec. — Senescallo Tholose pro Raimundo Gualaberti, domicello, super villa de Salis sibi restituenda. — 908.

2 dec. — Poncio Astoaudi, militi, et magistro Odoni de Montoneria pro episcopo Caturcensi, contra senescallum Ruthenensem. — 909.

2 dec. — Senescallo Agenensi pro Petro (sic) Lamarche et fratribus suis. — 2073.

2 dec. — Eidem pro executoribus defuncti Arnaudi de Comba. — 2074.

2 dec. — Pro eisdem executoribus. 2075.

2 dec. — Senescallo Agenensi pro Gaillardo de Raisil, domicello. — 2076.

3 dec. — Majori et juratis comunie de Ruppella, pro comite Attrebatensi. — 713.

3 dec. — Poncio Astoaudi, militi, et magistro Odoni de Montoneria, pro Guillelmo Arnaldi. — 910.

3 dec. — Senescallo Tholose pro Bertranda, filia Hugonis de Breçolles, ab Egidio Camelini minus juste spoliata. — 911.

3 dec. — Senescallo Agenensi pro episcopo Caturcensi super hominibus dicti episcopi pignoratis per bajulos domini comitis. — 2077.

3 dec. — Pontio Astoaudi, militi, et magistro Odoni de Montoneria pro episcopo Caturcensi super castro de Vallibus. — 2078.

3 dec. — Senescallo Agenensi pro magistro Bernardo, rectore ecclesie de Senezellis. — 2079.

4 dec. — Senescallo Tholose pro Odone de Niella, milite, super villa Bordarum. — 912.

4 dec. — Sicardo Alemanni, militi, pro Petro Grimoardi et fratribus suis. — 913.

4 dec. — Senescallo Agenensi pro civibus Caturcensibus. — 2080.

4 dec. — Senescallo Ruthenensi pro Oliverio de Mieu, milite. — 2081.

5 dec. — Poncio Astoaudi et magistro Odoni de Montoneria pro Berengario Peutrici. — 914.

5 dec. — Senescallo Agenensi pro Raimonda, relicta Guillelmi de Roauxio. — 2082.

6 dec. — Senescallo Xanctonensi pro Herberto Gaillart. — 714.

6 dec. — Poncio Astoaudi, militi, et magistro Odoni de Montoneria pro abbate Appamiensi, super possessione ville de Baigneriis. — 915.

6 dec. — Senescallo Tholose pro eodem super decima ecclesie de Lampiaut. — 916.

8 dec. — Senescallo Ruthenensi pro Hugone de Sancto Romano et fratre suo, militibus. — 2083.

9 dec. — Littera patens procurationis pro domino Sicardo Alemanni et Egidio Camelini super questis. — 918.

9 dec. — Littera patens procuratorio nomine Egidii Camelini, super questa de Penna de Albigesio levanda. — 919.

9 dec. — Sicardo Alemanni, militi, et Egidio Camelini, clerico, pro comite super facto Hospitalariorum. — 920.

9 dec. — Senescallo Tholose pro abbate Appamiarum, super possessione castri de Banneriis. — 921.

9 dec. — Poncio Astoaudi et magistro Odoni de Montoneria pro Raimundo Saxeti, milite. — 922.

10 dec. — Senescallo Tholose pro hominibus de Baure super mercato et nundinis. — 923.

11 dec. — Poncio Astoaudi, militi, et magistro Odoni de Montoneria pro Jordano, domino Insule, milite, super forcia de Mota restituenda. — 924.

11 dec. — Senescallo Tholose pro eodem super terra sub protectione domini comitis accipienda. — 925.

11 dec. — Sicardo Alemanni, militi, et Egidio Camelini, clerico, pro abbate Sancti Saturnini Tholose, super focagio ab habitatoribus ville de Glisolis promisso. — 926.

11 dec. — Senescallo Tholose pro abbate Castrensi super castro Sancti Pauli et castro de Assaali. — 927.

12 dec. — Commissio patens decano Sancti Hilarii Pictavensis pro domina de Clifort. — 659.

12 dec. — Senescallo Pictavensi pro preposito et capitulo ecclesie Ahentensis. — 660.

15 dec. — Baillivo de Montanis pro Archambaudo de Roca, milite. — 753.

15 dec. — Senescallo Tholose pro hominibus ville Moisiaci pro nundinis. — 928.

15 dec. — Eidem pro hominibus ville Avinioneti pro mercato. — 929.

15 dec. — Eidem pro episcopo Albiensi, super decimis incursis et novalibus. — 930.

15 dec. — Senescallo Agenensi, pro Hugone de Ruppe. — 2084.

15 dec. — Littera patens senescallo Agenensi pro habitatoribus ville Moisiacensis. — 2085.

16 dec. — Littera patens senescallo Pictavensi pro Hueto Rosselli, super gagiis. — 662.

16 dec. — Senescallo Xanctonensi pro priore vel correctore de Brolio, a pluribus personis injuste vexato. — 716.

16 dec. — Conestabulo Alvernie pro Hugone de Lobueil. — 754.

16 dec. — Senescallo Tholose pro Henrico Brunel, castellano Sancte Gavelle. — 931.

16 dec. — Inquisitoribus heretice pravitatis in comitatu Tholosano. — 932.

17 dec. — Senescallo Ruthenensi pro hominibus dominorum de Capdampnaco super focagio. — 546.

17 dec. — Eidem super focagio, a baronibus senescallie exigendo. — 547.

17 dec. — Conestabulo Alvernie pro Durando Moonn., erga comitem debitore. — 755.

17 dec. — Littera patens senescallo Tholose pro Gileto dicto Cancre, custode bastide de Gimonte. — 933.

18 dec. — Poncio Astoaudi, militi, et Odoni de Montoneria pro universitate hominum de Gallaco et de Rabasteinx super focagio. — 934.

19 dec. — Littera patens Sicardo, militi, senescallo et vicario Tholose pro abbate Appamiarum. — 935.

21 dec. — Senescallo Pictavensi pro magistro Guillelmo de Castro Ayraudi, canonico Remensi. — 663.

21 dec. — Eidem pro Oliverio Rollando et fratribus suis. — 664.

21 dec. — Eidem pro Petro Corbel contra Philippum de Mota, militem. — 665.

21 dec. — Littera patens magistro Odoni de Montoneria et Bartholomeo de Landrevilla, militi, pro Guidone de Levis, domino Mirapiscis. — 936.

21 dec. — Sicardo Alemanni pro magistro Assalto, de Marsilia. — 937.

26 dec. — Sycardo Alemanni et Egidio Camelini pro fratribus Minoribus de Tholosa. — 938.

26 dec. — Eisdem pro eisdem, super concessione domus cujusdam apud Vaurum. — 939.

26 dec. — Senescallo Tholosano pro crucesignatis. — 940.

1269

Jan. — Senescallo Xanctonensi pro Viviano de Barbisellis. — 718.

7 jan. — Sicardo Alemanni, pro Raimundo de Podio. — 941.

7 jan. — Eidem, pro comite, super guerra inter Jordanum et Ysarnum de Insula. — 942.

8 jan. — Eidem et Egidio Camelini, clerico, super finacione bonorum Judeorum. — 943.

12 jan. — Magistro P. Vigerii, canonico Carnutensi (sic), pro canonicis ecclesie Xanctonensis. — 717.

1 jan. — Sicardo Alemanni et Egidio Camelini pro abbate et conventu de Obazina. — 944.

13 jan. — Egidio Camelini, clerico, pro Bertrando de Sancta Arthemia. — 945.

13 jan. — Jacobo de Bosco pro inquisitoribus super diminutione expensarum et prisionibus ad incarcerandos hereticos. — 948.

13 jan. — Fratribus Poncio de Pojeto et Stephano de Vastino, inquisitoribus heretice pravitatis. — 949.

15 jan. — Egidio Camelini pro abbate et conventu de Helnis, super acquisitis. — 951.

15 jan. — Eidem, pro conventu de Helnis, super bonis in manu mortua tenendis. — 952.

18 jan. — Eidem pro abbate Bellepertice super acquisitis. — 953.

18 jan. — Sicardo Alemanni, Poncio Astoaudi, militibus, et magistro Odoni pro eodem super bastida. — 954.

19 jan. — Conestabulo Alvernie super IIII^{or} mille libris tur., promissis a burgensibus Riomi. — 756.

20 jan. — Fratribus inquisitoribus et archipresbitero de Remorantino. — 128.

22 jan. — Senescallo Xanctonensi pro gentibus Renaudi de Pontibus. — 719.

23 janv. — Au seneschal de Poito pour les monoies. — 666.

25 jan. — Sicardo Alemanni et Egidio Camelini, pro abbate Grandisilve super acquisitis. — 950.

1 febr. — Sicardo Alemani, militi, pro Waltero de Causée. — 955.

1 febr. — Eidem pro fratribus magistri Michaelis de Tholosa, vicecancellarii ecclesie Romane. — 956.

4 febr. — Poncio Astoaudi, militi, et magistro Odoni de Montoneria pro Bertrando de Gordonio, milite. — 957.

18 febr. — Sicardo Alemanni, pro Geraldo de Armegnaco, super injuriis de Gimont. — 958.

20 febr. — Littere obligationis Hugonis, comitis Marchie, et Gaufridi de Castro Brienni erga comitem pro Guidone de Lizeignen, domino Compniaci. — 671.

20 febr. — Magistro P. Sorini, canonico Xanctonensi, super negocio Petri Foucherii et Petri de Camera. — 720.

20 febr. — Littera patens Guidonis de Lezigniaco super ducentis quinquaginta libris sibi mutuatis. — 757.

20 febr. — Sicardo Alemanni, pro Hospitalariis de Sancto Sulpicio. — 959.

21 febr. — Fratribus Jacobo de Giemo et Droconi de Apoigniaco, ordinis Predicatorum, et R., archipresbitero Remorentini, inquisitoribus in Pictavia, pro vicecomite Castri Evrardi. — 672.

21 febr. — Abbati Karrofiensi pro burgensibus de Niorto. — 673.

21 febr. — Sicardo Alemanni pro Pontio de Montibus et Remondo, fratre suo. — 960.

22 febr. — Egidio Camelini, pro Hospitalariis super recredentia bonorum suorum. — 961.

24 febr. — Petro Vigerii et senescallo Xanctonensi commissio. — 722.

[Mart.] — Vicario Tholose pro civibus ac hominibus urbis et suburbii Tholose. — 967.

1 mart. — Eidem pro comite super novis pedagiis. — 962.

2 mart. — Poncio Astoaudi, militi, et magistro Odoni de Montonneria pro episcopo Caturcensi. — 946.

3 mart. — Sicardo Alemanni pro communitate Tholose, littera patens. — 963.

3 mart. — Alia littera patens eidem Sicardo pro eadem communitate. — 964.

3 mart. — Littera patens eidem pro consulibus Tholose. — 965.

3 mart. — Consulibus urbis et suburbii Tholose. — 966.

3 mart. — Vicario Tholose et Egidio Camelini, vel eorum alteri, pro confratribus Beate Marie de Carmelo. — 968.

4 mart. — Senescallo Pictavensi pro Johanne de Cherisiaco littera patens, pro gagiis. — 674.

4 mart. — Sicardo Alemanni, pro hominibus communitatis Tholose contra episcopum ejusdem civitatis. — 969.

4 mart. — Vicario Tholose super facto Judeorum. — 970.

6 mart. — Senescallo Xanctonensi super facto monete. — 758.

7 mart. — Ballivo Turonensi pro Theobaldo de Noviaco, quondam senescallo Pictavensi. — 675.

7 mart. — Aymerico de Ruppecavardi pro vicecomitissa Lemovicensi. — 676.

8 mart. — Senescallo Pictavensi pro Papelarda. — 677.

8 mart. — Littera patens directa magistro Johanni et magistro Haymerico Incardi super facto Judeorum. — 682.

8 mart. — Magistro P. Sorini pro comite. — 683.

8 mart. — Senescallo Xanctonensi pro Bertrando de Gagarcio, a preposito Ruppelle gravato. — 724.

8 mart. — Eidem pro magistro Bernardo de Gisorcio et magistro Roberto de Pomeria. — 723.

8 mart. — Conestabulo Alvernie pro Johanne de Ruppeforti. — 759.

8 mart. — Sicardo Alemanni, pro abbate Moisiaci. — 947.

9 mart. — Senescallo Pictavensi pro abbate Sancti Severini, Pictavensis diocesis, super injuriis a quibusdam ipsi illatis. — 678.

9 mart. — Eidem pro negotio Judeorum. — 679.

9 mart. — Eidem pro abbate et conventu Sancti Benedicti de Quinciaco prope Pictavim. — 680.

9 mart. — Magistro Johanni Atzonis, archipresbitero Exoduni, Pictavensis diocesis, super facto Judeorum. — 681.

9 mart. — Senescallo Pictavensi pro Guillelmo de Calvigniaco, milite. — 684.

9 mart. — Connestabulo Alvernie pro domo Militie Templi. — 760.

9 mart. — Eidem pro domina de Borbonio. — 761.

9 mart. — Eidem pro Guioneto de Vernai, armigero. — 762.

10 mart. — Littera patens senescallo Pictavensi pro Roberto de Espinei, milite, super custodia castri Thoarcii. — 685.

10 mart. — Conestabulo Alvernie pro Guillelmo de Figiaco. — 763.

11 mart. — Eidem pro Bernardo et Stephano Armandi, a Johanne de Bellomonte injuste detentis. — 764.

11 mart. — Eidem pro hominibus Podii Rogerii super usagio. — 765.

16 mart. — Johanni Prepositi, castellano, et cappellano Monasterii Bonin super moneta Pictavensium — 686.

16 mart. — Johanni Auberti, civi Turonensi, pro comite. — 687.

16 mart. — Bernardo de Guisergues, monetario, pro comite. — 688.

24 mart. — Conestabulo Alvernie pro abbate Aureliacensi. — 1148.

24 mart. — Gaufrido, servienti in Montanis, pro abbate Aureliacensi. — 1149.

24 mart. — Sicardo Alemanni, pro abbate Aureliacensi. — 1209.

24 mart. — Senescallo Tholose pro magistro Bernardo de Columberiis. — 1210.

24 mart. — Pontio Astoaudi, militi, et magistro Odoni de Montoneria pro abbate et conventu Bonifontis et hominibus de Carbona. — 1211.

24 mart. — Senescallo Agenensi pro priore Montis Sempronii. — 1420, 1421.

24 mart. — Eidem pro eodem. — 1421.

24 mart. — Eidem pro abbate et conventu Belliloci, Ruthenensis diocesis. — 1422.

24 mart. et 13 jul. — Littera patens Pontio Astoaudi et magistro Odoni de Montoneria pro hominibus de Condomio. — 1423.

24 mart. — Senescallo Agenensi pro Guillelmo de Bruvilla. — 1424.

24 mart. — Poncio Astoaudi et magistro Odoni de Montoneria pro universitate hominum de Condomio. — 1525.

24 mart. — Littera patens pro consulibus et universitate hominum de Condomio. — 1526.

24 mart. — Senescallo Ruthinensi pro episcopo Caturcensi. — 1616.

24 mart. — Eidem et magistro Guillelmo Ruphi pro comite Ruthinensi. — 1617.

24 mart. — Eidem pro Michaele, nepote vicecancellarii ecclesie Romane. — 1618.

24 mart. — Eidem pro abbate Aureliacensi. — 1619, 1620, 1621.

24 mart. — Eidem pro focagio pro hominibus de Fosil et de Coradel. — 1622.

24 mart. — Eidem pro episcopo Ruthinensi. — 1623, 1625.

24 mart. — Eidem et magistro G. Ruffi pro episcopo Ruthinensi. — 1624, 1626.

24 mart. — Eidem pro abbate et conventu Belliloci, Cisterciensis ordinis. — 1627.

24 mart. — Eidem pro episcopo Ruthenensi super sentencia lata a Petro Raymundi. — 1628.

24 mart. — Pro hominibus de Malaucena. — 1719.

24 mart. — Senescallo Venaissini pro episcopo Vasionensi et hominibus de Malaucena super injuriis et gravaminibus sibi illatis, et ne aliquis bajulus seu emptor reddituum sit coninquisitor, et ne notarii quotam partem recipiant pro scriptura inquisicionum. — 1720.

24 mart. — Eidem pro episcopo Vasionensi. — 1721.

24 mart. — Eidem pro hominibus de Malaucena. — 1722.

[24] mart. — Littera patens pro hominibus episcopi Vasionensis. — 1723.

24 mart. — Senescallo Venaissini pro priore de Podio lavo. — 1724.

24 mart. — Eidem pro Guillelmo de Vasione, clerico. — 1725.

24 mart. — Eidem pro fratribus ordinis Beate Marie de Carmelo. — 1726.

25 mart. — Connestabulo Alvernie pro Roberto Aldi. — 1150.

25 mart. — Ballivo de Montanis in Alvernia pro Archambaudo de Rocha, milite. — 1151.

25 mart. — Episcopo Tholosano pro Guillelmo, cappellano comitisse Tholose. — 1214.

25 mart. — Senescallo Agenensi pro Guillelmo de Bruvilla. — 1425.

25 mart. — Eidem pro Johanne Bournelli, milite. — 1426.

25 mart. — Senescallo Venaissini pro hominibus de Mornacio. — 1727.

26 mart. — Senescallo Pictavensi pro comite, super diversis pecuniam perquirendi modis. — 973.

26 mart. — Episcopo Tholose pro Petro de Gonessia. — 1212.

26 mart. — Egidio Camelini, clerico, pro comite super bonis Judeorum et aliis rebus. — 1213.

26 mart. — Senescallo Agenensi super facto Judeorum. — 1427.

26 mart. — Senescallo Ruthenensi super facto Judeorum. — 1629.

27 mart. — Sicardo Alemanni, militi. — 1215.

27 mart. — Domino Pontio et magistro Odoni. — 1216.

27 mart. — Senescallo Agenensi super facto Judeorum. — 1428.

27 mart. — Eidem pro G. de Barreria et fratre suo. — 1429.

27 mart. — Senescallo Ruthenensi pro comite super facto Judeorum et aliis negociis. — 1630.

28 mart. — Senescallo Pictavensi et magistro Egidio de Aula Pictavensi, canonico Leodiensi, pro judeo. — 974.

28 mart. — Senescallo Xanctonensi super pecunia Judeorum Parisius afferenda. — 1083.

28 mart. — Inquisitoribus in Ruthenensi pro Galtero de Pennato, domicello. — 1631.

29 mart. — Magistro Thome de Novilla. — 1217.

29 mart. — Poncio Astoaudi, militi, et magistro Odoni de Montoneria pro ecclesia Abolene. — 1729.

29 mart. — Senescallo Venaissini pro hominibus universitatis hominum de Abolena. — 1732.
Avr. — Au seneschal de Poitou pour le secours de Terre sainte. — 978.
Apr. — Senescallo Xanctonensi pro episcopo Xanctonensi. — 1084.
Apr. — Magistris Ademaro de Bor, scolastico, et Rogerio, canonico Xanctonensi, super legatis pro Terre sancte subsidio factis. — 1085.
1 apr. — Senescallo Venaissini pro ecclesia Abolene super bonis saisitis per bajulos. — 1730.
1 apr. — Eidem pro priore et ecclesia de Abolena super injuriis. — 1731.
1 apr. — Eidem pro priore de Abolena super composicione. — 1733.
1 apr. — Eidem pro hominibus universitatis de Abolena. — 1734.
2 apr. — Conestabulo Alvernie pro hominibus de Senac. — 1152.
4 apr. — Senescallo Agenensi pro Doato Amanevi, militi. — 1430.
4 apr. — Eidem pro vicecomitissa Altivillaris. — 1431.
7 apr. — Sicardo Alemanni, militi, pro rege Aragonum. — 1218.
7 apr. — Senescallo Agenensi pro hominibus vicecomitis Leomanie. — 1432.
7 apr. — Eidem pro vicecomite Leomanie. — 1433.
7 apr. — Magistro Bartholomeo de Pezata, judici senescalli Agenensis, pro Johanne de Bernez. — 1435.
apr. — Senescallo Ruthenensi pro Guillelmo et Raymundo de Rocafolio, fratribus, militibus. — 1632.

7 apr. — Eidem pro domina Soerella et ejus filio. — 1633.
7 apr. — Eidem pro Guidone de Severaco, milite, super focagio. — 1634.
8 apr. — Consulibus urbis et suburbii Tholose pro Bernardo Gaitapodium. — 1219.
8 apr. — Sicardo Alemanni, militi, pro vicecomite Leomanie. — 1220.
8 apr. — Senescallo Agenensi pro eodem. — 1434.
9 apr. — Senescallo Tholosano pro hominibus abbatis Moissiaci d'Esquatelenis super focagio. — 766.
13 apr. — Conestabulo Alvernie pro comite contra Ludovicum de Roberiis. — 1153.
13 apr. — Senescallo Ruthenensi super divisione territorii Guillelmi de Sancto Mauricio. — 1635.
15 apr. — Egidio de Aula, canonico de Loduno, pro comite. — 1086.
16 apr. — Reginaldo de Pontibus, militi, pro Guillelmo Capitis ferri, clerico. — 1087.
17 apr. — Littera patens senescallo Pictavensi pro domino Roberto de Espinci, milite, castellano Thoarcii designato. — 975.
17 apr. — Senescallo Xanctonensi pro Guillelmo Capite ferri. — 1088.
17 apr. — Sicardo Alemanni pro comite. — 1221.
19 apr. — Eidem pro Guillelmo Garsito et Bernardo Fabro. — 1222.
19 apr. — Magistro Berengario, judici Tholose, et Jacobo de Bosco pro Arnaldo Guillelmi, clerico. — 1223.
20 apr. — Senescallo Pictavensi pro hominibus de Petrucia. — 976.
22 apr. — Conestabulo Alvernie pro hominibus Montisferrandi,

ab ipso indebite vexatis. — 1154.
22 apr. — Eidem pro Ludovico de Bellijoco, milite. — 1155.
22 apr. — Abbati Figiacensi pro Arnaudo de Cardilliaco. — 1636.
22 apr. — Abbati Moisiacensi pro Arnaldo de Cardilliaco, domicello. — 1637.
22 apr. — Senescallo Ruthenensi pro eodem. — 1638.
25 apr. — Senescallo Pictavensi pro priore Beati Dyonisii in Vallibus. — 977.
25 apr. et 13 mai. — Eidem pro domino legato. — 986.
Apr. vel mai. — Forma litterarum quas vicecomes Rupiscavardi misit domino comiti. — 983.
Mai. — Aymerico, vicecomiti Ruppiscavardi. — 982.
Mai. — Pro castellano de Opeda. — 1743.
1 mai. — Senescallo Agenensi pro Raymundo, vicecomite Turenne. — 1436.
1 mai. — Eidem pro Bernardo Hugonis, milite, de Castronovo. — 1437.
1 mai. — Eidem pro Aymerico de Mallamorte, domicello. — 1438.
2 mai. — Littera patens decano Pictavensi pro Simone de Vernoto. — 979.
2 mai. — Simoni de Cubitis, militi, et Arnulpho, clerico, vel eorum alteri. — 980.
2 mai. — Senescallo Pictavensi pro Guillelmo de Verno, milite, injuste detento. — 981.
2 mai. — Senescallo Xanctonensi pro vicecomite Turenne. — 1089.
4 mai. — Eidem pro Radulpho Popiau. — 1090.
8 mai. — Preposito et capitulo ecclesie Tholosane pro fratribus Beate Marie de Carmelo Tholose. — 1224.
8 mai. — Episcopo Tholosano pro

fratribus ordinis Beate Marie de Monte Carmeli Tholose. — 1225.

8 mai. — Sicardo Alemanni, militi, pro Gauzione de Villanova. — 1226.

8 mai. — Eidem pro fratribus ordinis Beate Marie de Monte Carmeli Tholose. — 1227.

8 mai. — Senescallo Agenensi pro fratribus ordinis Beate Marie de Monte Carmeli de Medicino. — 1439.

8 mai. — Senescallo Ruthenensi pro comite. — 1640.

8 mai. — Senescallo Venaissini pro hominibus ville de Insula. — 1735, 1736.

8 mai. — Eidem pro parrochiali ecclesia de Insula. — 1737.

8 mai. — Eidem pro ecclesia Insulana super decimis molendinorum. — 1738.

8 mai. — Eidem pro elemosina ecclesie Insulane. — 1739.

8 mai. — Eidem pro ecclesia Insulana. — 1740.

9 mai. — Eidem pro comite. — 1742.

11 mai. — Senescallo Xanctonensi pro Petro Pirardi, presbitero. — 1091.

12 mai. — Littera patens comitis senescallis Pictavie, Xanctonie et Agenesii, pro domino legato Francie. — 984.

12 mai. — Senescallo Ruthenensi pro abbate Sancte Fidis. — 1641, 1642.

13 mai. — Littere clause, misse senescallis Pictavie, Xanctonie et Agenesii pro legato. — 985.

13 mai. — Senescallo Xanctonensi super electione Xanctonensi. — 1092.

13 mai. — Fulconi de Mastacio, militi, super eodem. — 1093.

13 mai. — Senescallo Venaissini pro comite. — 1741.

14 mai et 20 jan. 1270. — De Imberto de Bouzagues, crucesignato. — 1643.

14 mai. — Senescallo Ruthenensi pro Imberto de Bouzagues. — 1644.

22 mai. — Senescallo Agenensi pro Contessia super debitis. — 1440, 1441, 1442.

23 mai. — Senescallo Tholose pro Andrea Laguselli, clerico. — 1228.

27 maii-1 jun. — Senescallo Ruthenensi pro dominis de Taloniaco et de Sancto Memerio. — 1647.

28 mai. — Senescallo Venaissini pro abbate Trinorchiensi. — 1744.

30 mai. — Castellano Thalemundi pro Radulpho de la Vergne. — 987.

31 mai. — Littera pro novo senescallo Tholose. — 1229.

31 mai. — Sicardo Alemanni super eadem re. — 1230.

31 mai. — Guillelmo de Nantoilleto, olim Tholose vicario. — 1231.

31 mai. — Senescallo Ruthenensi pro priore de Perutia, Fortanerio, Poncio de Galliaco et Guillelmo de Albia, militibus. — 1645.

31 maii. — Eidem pro Ergolio de Mauriolo et Ozillo, fratre suo. — 1646.

Jun. — Littere comitis, directe legato sedis apostolice. — 1102.

Jun. — Senescallo Tholosano pro hominibus de Salis. — 1233.

Jun. — Senescallo Ruthenensi pro Imberto de Bouzagues. — 1649.

Jun. — Senescallo Venaissini pro comite super subvencione. — 1773.

1 jun. — Senescallo Ruthenensi pro Guillelmo Ade, notario. — 1648.

3 jun. — Littera patens senescallo Pictavensi pro Stephano Marescalli, milite, super custodia castri de Tifauges. — 988.

3 jun. — Littera patens pro Saybrando Chabot, milite. — 989.

3 jun. — Senescallo Ruthenensi pro comite Ruthenensi. — 1650.

3 jun. — Senescallo Venaissini pro comite. — 1745.

3 jun. — Eidem pro principe Aurasice. — 1749.

3 jun. — Littera patens pro Rembaudo Cothe, milite, et complicibus suis. — 1750.

3 jun. — Senescallo Venaissini pro comite. — 1751.

3-8 jun. — Eidem super divisione castrorum de Malaucena et Murmurione et aliis. — 1752.

4 jun. — Senescallo Pictavensi pro Hueto Rausselli. — 990.

4 jun. — Senescallo Tholose pro habitatoribus bastide nove de Salles. — 1232.

4 jun. — Senescallo Ruthenensi pro comite Ruthenensi. — 1651.

4 jun. — Senescallo Venessini pro communitate civium Avinionensium. — 1746.

4 jun. — Eidem pro Bertrando de Baucio, milite. — 1747.

4 jun. — Eidem pro hominibus castri de Carumbo. — 1753.

4 jun. — Fratri Guidoni de Buciaco, ordinis Milicie Templi. — 1755.

4 jun. — Senescallo Venaissini pro comite. — 1756.

4 jun. — Eidem pro magistro Renaudo. — 1757.

4 jun. — Eidem pro domino comite super pignoribus Judeorum. — 1758.

5 jun. — Egidio Camelini pro monialibus de Prulliano. — 1234.

5 jun. — Littera patens pro priore de Montecuco. — 1443.

5 jun. — Senescallo Venaissini pro priore Abolene. — 1760.

5 jun. — Eidem pro Bertrando de Baucio. — 1761, 1762.

5 jun. — Eidem pro comite. — 1763.

6 jun. — Decano et capitulo Xanctonensi pro Hugone Archiepiscopi, domino Pertiniaci. — 1094.

7 jun. — Senescallo Venaissini pro Bertrando de Baucio, milite. — 1748.

8 jun. — Senescallo Ruthenensi pro hominibus comitis Ruthenensis super focagio seu subventione. — 1652.

11 jun. — Senescallo Agenensi pro episcopo Agenensi. — 1444, 1445, 1446, 1447, 1448.

11 jun. — Senescallo Venaissini pro universitate Carpentorati super subvencione. — 1764.

11 jun. — Eidem pro hominibus de Montiliis. — 1765.

11 jun. — Eidem pro Reimbaudo Cothe et complicibus suis. — 1766.

12 jun. — Senescallo Xanctonensi pro comite super debito Petri de Pontelevay et sociorum suorum. — 1096.

12 jun. — Senescallo Venaissini pro Raymundo, domino de Medulione, super territoriis limitandis. — 1767.

13 et 23 jun. — Conestabulo Alvernie pro domino S., tituli Sancte Cecilie presbitero cardinali, super procuracionibus suis. — 1157.

13 jun et 17 jul. — Senescallo Pictavensi pro eodem. — 1004.

14 jun. — Eidem pro Papelarda. — 991.

14 jun. — Eidem pro abbatissa monasterii Sancte Crucis. — 992.

14 jun. — Senescallo Xanctonensi pro Simone Rigaudi, domicello, super restitutione terre paterne. — 1095.

14 jun. — Senescallo Tholose pro Arnaldo de Berberelles et fratribus suis. — 1235.

14 jun. — Eidem pro abbate Sancti Papuli. — 1236.

14 jun. — Senescallo Agenensi super pedagiis injuste levatis. — 1455.

14 jun. — Pro abbate de Condomio. — 1457.

14 jun. — Senescallo Venaissini pro Raimundo, domino de Medulione. — 1768.

15 jun. — Senescallo Xanctonensi pro Judeis super tallia. — 1097.

15 jun. — Pro Arnaldo Benedicti. — 1237.

15 jun. — Pro Arnaldo de Lafage. — 1238.

15 jun. — Senescallo Agenensi pro episcopo Agenensi. — 1449.

15 jun. — Eidem pro Deodato Barast, milite. — 1450, 1451, 1453.

15 jun. — Poncio Astoaudi, militi, et magistro Odoni de Montoneria pro comite super inquesta Castrinovi. — 1452.

15 jun. — Littera patens pro Bertrando de Gairac, magistro Rigaldo Belli. — 1454.

15 jun. — Pro Amenevo de Fossato super escambio faciendo. — 1456.

15 jun. — Pro Petro Salomonis, capellano ecclesie Sancti Cirici. — 1458.

15 jun. — Senescallo Agenensi pro Amenevo de Fossato. — 1459.

15 jun. — Eidem pro Emmanuele de Fossato. — 1460.

15 jun. — Eidem pro abbate Sancti Maurini, Agenensis dyocesis. — 1461.

15 jun. — Poncio Astoaudi, militi, et magistro Odoni de Montoneria pro Bernardo de Nelac. — 1463.

15 jun. — Littera patens magistro Odoni de Montoneria pro Gauberto et Jordano de Combaboneti, fratribus. — 1464.

15 jun. — Senescallo Ruthenensi pro domino comite super castro de Peyreles. — 1653.

15 jun. — Eidem pro comite. — 1655.

15 jun. — Senescallo Venaissini pro domina Sybilla, domina Baucii. — 1769.

15 jun. — Eidem pro Latillo de Murmurione. — 1770.

15 jun. — Eidem super salario notariis constituendo. — 1771.

15 jun. — Eidem pro Bertrando de Raillana, domicello. — 1772.

16 jun. — Domino Poncio Astoaudi et magistro Odoni pro abbatissa Oracionis Dei. — 1239.

16 jun. — Senescallo Ruthenensi super minerio. — 1656.

16 jun. — Eidem pro magistro R. Poujade. — 1657.

17 jun. — Poncio Astoaudi, militi, et magistro Odoni de Montoneria pro Geraldo Bonali et Petro de Candezas. — 1658.

17 jun. — Eidem pro Guillelmo de Causaco. — 1659.

17 jun. — Senescallo Venaissini pro composicione facta cum Rostanno de Alboruffo pro subvencione. — 1774.

17 jun. — Eidem pro composicione facta cum Bertrando Reillana, de Griflione, pro subvencione. — 1775.

17 jun. — Eidem pro comite super composicionibus factis et faciendis. — 1776.

18 jun. — Senescallo Pictavensi pro fratribus Penitencie Jesu Christi. — 993.

18 jun. — Senescallo Xanctonensi pro Matheo Constantini, clerico, crucesignato. — 1098.

18 jun. — Senescallo Agenensi pro Stephano Bonitozeti. — 1465.

18 jun. — Eidem pro Bernardo de Podainhs super domo fracta. — 1471.

18 jun. — Senescallo Ruthenensi pro hominibus de Cadepnaco super focagio. — 1660.

19 jun. — Senescallo Xanctonensi pro Helia de Pellicia, cive Xanctonensi. — 1099.

19 juin. — Conestabulo Alvernie pro Mauricio de Breon, milite. — 1156.

19 jun. — Senescallo Tholose pro Bernardo Ademari injuste spoliato. — 1240.

19 jun. — Eidem pro Raimundo Calveti et fratre suo. — 1241.

19 jun. — Senescallo Agennensi pro Arnaldo Guillelmo de Podainhs. — 1466.

19 jun. — Eidem pro Arnaudo Guillelmi de Podains, clerico, et Bernardo, fratre ejus, super fractione molendini. — 1469.

19 jun. — Eidem pro Guillelmo, domicello. — 1470.

19 jun. — Eidem pro hominibus Montiscuci, de rectore ecclesie dicti loci conquerentibus. — 1472.

19 jun. — Eidem pro Raymundo de Artigua, milite, bajulo Castrinovi, super inquesta. — 1504.

19 jun. — Senescallo Ruthenensi pro rectore ecclesie de Marcell. — 1661.

19 jun. — Senescallo Venaissini pro Guillelmo de Castris. — 1777.

19 jun. — Eidem pro comite super composicionibus subvencionum. — 1778.

19 jun. — Johanni de Kays et Guidoni de Buci, ordinis Milicie Templi, et Guillelmo de Figiaco. — 1779.

20 jun. — Philippo de Caturco, Francie cancellario, pro episcopo Caturcensi. — 1467.

20 jun. — Poncio Astoaudi, militi, et magistro Odoni de Montoneria pro abbate et conventu Bellepertice. — 1473, 1474.

20 jun. — Senescallo Agenensi pro priore de Medicino, super quadam inquesta facta, ut dicitur, per Bonum Touzetum, quondam judicem in Agenesio. — 1475.

20 jun. — Eidem pro abbate Montisalbani. — 1476.

20 jun. — Eidem pro Arnaudo de Gontaut et Petro de Gontaut et Henrico, fratribus, super domo et vineis de Gontaut saisitis. — 1484.

20 juin. — Eidem pro comite, super facto episcopi Caturcensis. — 1492.

21 jun. — Magistro Petro Sorini, canonico Xanctonensi, pro comite. — 1100.

21 jun. — Littere Stephani de Sarcleis pro comite. — 1101.

21 jun. — Magistro Petro Sorini de graciis super sigillo thesaurarii. — 1103.

21 jun. — Senescallo Tholose pro hominibus de Calvomonte. — 1242.

21 jun. — Eidem pro abbatissa (sic) de Montealbano. — 1243.

21 jun. — Eidem pro abbate Appamiarum super beneficio de Empelto. — 1244.

21 jun. — Eidem pro abbate Appamiarum super castro de Banneriis. — 1245.

21 jun. — Pontio Astoaudi, militi, et magistro Odoni de Montoneria pro Raymundo Saxeti, milite. — 1246.

21 jun. — Littera patens pro vicecomitissa Leomanie. — 1477.

21 jun. — Pro Raymundo de Calciata. — 1478.

21 jun. — Senescallo Venaissini pro Dragoneto, domino Montisalbani, super facto Judeorum. — 1780.

21 jun. — Eidem pro Dragoneto, domino Montisalbani, super facto Sancti Pantaleonis. — 1781.

21 jun. — Eidem pro eodem et pareriis suis in castro Valriaci, super facto Valriaci. — 1782.

22 jun. — Senescallo Pictavensi pro Papelarda. — 994.

22 jun. — Senescallo Tholose littera patens pro abbate Appamiarum. — 1247.

22 jun. — Eidem pro Comitissa. — 1248.

22 jun. — B., preposito Tholose, pro Raymundo de Insula. — 1249.

22 jun. — Senescallo Tholose pro Raymundo Johannis, legista. — 1250.

22 jun. — Senescallo Agenensi pro Montasino super tribus equis sibi ablatis. — 1479.

22 jun. — Eidem pro Bernardo de Ramejano super quodam arbitrio. — 1480.

22 jun. — Eidem pro eodem super quodam feodo. — 1481.

22 jun. — Eidem pro Arnaudo de Gontaut et fratribus suis, super pedagio et aliis juribus. — 1482.

22 jun. — Eidem pro Arnaldo de Gontaut, Petro de Gontaut et Henrico, fratribus, super collecta de Monteflanquino. — 1483.

22 jun. — Eidem pro Guillelmo Esclamart super facto de Dunis et de Donzaco. — 1485.

22 jun. — Eidem pro Guillelmo Esclamart et nepotibus suis super pedagio. — 1486.

22 jun. — Eidem pro Arnaldo de Gontaut, P. de Gontaut et Henrico, fratribus, super facto hominum Montis Regalis. — 1487.

22 jun. — Pro Michaele de Montegaillardo et suis sororibus. — 1488.

22 jun. — Poncio Astoaudi, militi, et magistro Odoni de Montoneria pro abbate Sancti Saturnini. — 1489.

22 jun. — Senescallo Agenensi pro hominibus Montiscuri. — 1490.

22 jun. — Procuratorium patens pro comite contra episcopum Caturcensem. — 1491.

23 jun. — Senescallo Pictavie pro abbate Majoris Monasterii Turonensis, a quibusdam servientibus comitis maletractato. — 995.

23 jun. — Eidem pro preceptore Sancti Johannis de Launeia. — 996.

23 jun. — Conestabulo Alvernie pro domino S., tituli Sancte Cecilie presbitero cardinali, super procuracionibus suis littera patens. — 1159.

23 jun. — Pro P., filio Guillelmi Petri de Bareinx. — 1251.

23 jun. — Vicario Tholosano pro priore Sancti Anthonii Tholose. — 1252.

23 jun. — Senescallo Agenensi pro Johanne et Guillelmo de Guillermia. — 1468.

23 jun. — Eidem pro priore Carcinensi. — 1493.

23 jun. — Eidem pro abbate Montisalbani. — 1494.

23 jun. — Eidem pro Raterio de Calciata et fratribus suis. — 1495.

23 jun. — Eidem pro Raimundo de Bia, milite. — 1496.

23 jun. — Senescallo Venaissini pro Petro Grisalonis. — 1783.

23 jun. — Eidem pro episcopo Vivariensi. — 1784.

23 jun. — Archiepiscopo Arelatensi super transcripto composicionis Avinionensis ecclesie et civium habendo. — 1785.

23 jun. — Episcopo Avinionensi super eodem. — 1786.

23 jun. — Senescallo Venaissini super eodem. — 1787.

23 jun. — Eidem senescallo pro episcopo Cavellicensi. — 1788.

23 jun. — Episcopo Cavellicensi. — 1789.

24 jun. — Conestabulo Arvernie pro Roberto de Corcellis, domicello, super usuris. — 1160.

24 jun. — Pro Guillelmo de Podio Laurencii et fratribus suis. — 1253.

24 jun. — Pro Hugone d'Alfaro. — 1254.

24 jun. — Senescallo Agenensi pro Petro Ferrarii. — 1497.

24 jun. — Eidem pro Raymundo de Caraigne. — 1498.

24 jun. — Senescallo Ruthenensi pro Philippo Godofrès. — 1662.

25 jun. — Senescallo Agenensi pro Petro de Bonemains. — 1469.

25 jun. — Poncio Astoaudi, militi, et magistro Odoni de Montoneria pro Raimundo Guillelmi de Palasoles et fratribus suis, militibus. — 1499.

25 jun. — Senescallo Agenensi pro comite. — 1500.

25 jun. — Senescallo Ruthenensi pro Gaçoto, castellano Ruppis Vallis Sorgie. — 1663.

26 jun. — Senescallo Xanctonensi pro domino comite super venditione forestarum. — 1104.

26 jun. — Pro priore Lesatensi. — 1255.

26 jun. — Procuratorium patens Johannis Copperii et Raymundi Vassali super facto episcopi Caturcensis. — 1501.

27 jun. — Senescallo Tholose pro Johanna, uxore Ysembardi, filia quondam Girardi Barce defuncti, de Montepessulano. — 1265.

27 jun. — Eidem pro Raymundo Calveti et Guillelmo, ejus fratre. — 1266.

27 jun. — Vicario Tholose pro Arnaldo de Ponte, cive Tholose. — 1267.

27 jun. — Senescallo Agenensi pro Bidoto dicto Feurer et Guillelma, ejus uxore. — 1502.

27 jun. — Eidem pro Bidoto et aliis hominibus Sancte Liberate. — 1503.

27 jun. — Senescallo Venaissini pro Draconeto, domino Montisalbani, milite. — 1790.

27 jun. — Littera patens magistro Johanni de Putheolis, clerico, pro eodem. — 1791.

27 jun. — Littera patens magistro Johanni de Putheolis, clerico, pro Poncio de Sancto Justo. — 1792.

27 jun. — Senescallo Venaissini pro Dragoneto, domino Montisalbani, super subvencione. — 1793.

28 jun. — Archipresbytero Remorentini pro comite. — 997.

28 jun. — Senescallo Pictavensi pro preceptore domus hospitalis de la Vauciau. — 999.

28 jun. — Senescallo Ruthenensi pro hominibus de Naiaco. — 1639.

29 jun. — Poncio Astoaudi, militi, et magistro Odoni de Montoneria pro Remondo de Artigua, militi, super centum libris. — 1505.

30 jun. — Senescallo Pictavensi pro Johanne de Par., selerio, Pictavis commorante. — 998.

30 jun. — Conestabulo Alvernie pro Petro Pellabo, milite. — 1161.

30 jun. — Vicario Tholose pro Arnaudo Johannis, cive Tholose. — 1256.

30 jun. — Senescallo Agenensi pro Bertrando et Raymondo Carbonelli. — 1506.

30 jun. — Eidem pro fratribus Predicatoribus de Montealbano. — 1507.

30 jun. — Eidem pro Bertrando de Castro Maurino et Savarico, fratribus. — 1511.

30 jun. et 7 jul. — Senescallo Pictavensi pro comite, super excessibus judicum ecclesiasticorum. — 1000.

Jul. — Senescallo Tholosano pro Johanne Dominici. — 1260.

Jul. — Eidem pro Beraudo de Andusia. — 1300.

Jul. — Senescallo Agenensi pro Raymundo Johannis. — 1522.

1 jul. — Senescallo Tholose pro aliquibus civibus Tholosanis. — 1271.

1 jul. — Eidem pro consulibus et communitate ville de Veceriis. — 1273.

1 jul. — Senescallo Agenensi pro Bidoto Feurierii. — 1509.

2 jul. — Senescallo Tholose pro Vitalia, quondam filia Vitalis de Burgal. — 1257.

2 jul. — Eidem pro domino R., legato. — 1258.

2 jul. — Eidem pro abbate et conventu Aureliacensi. — 1259.

2 jul. — Eidem pro Arnaldo de Ponte, cive Tholose, super debitis condempnatorum. — 1268.

2 jul. — Eidem pro Guillelmo de Laburgada. — 1169.

2 jul. — Senescallo Carcassonensi pro hominibus de Gaiano et de Plannano. — 1270.

2 jul. — Senescallo Tholose pro eisdem. — 1272.

2 jul. — Senescallo Agenensi pro hominibus ville de Sancta Liberata. — 1508.

2 jul. — Eidem pro Amenevo de Cancour, domicello. — 1510.

2 jul. — Eidem pro Amanevo de Madailhano, domicello. — 1512.

2 jul. — Eidem pro Gaillardo de Balenx et fratribus suis. — 1513.

2 jul. — Senescallo Ruthenensi pro abbate et conventu Aureliacensi super divisione et super decimis. — 1664.

2 jul. — Senescallo Venaissini de composicione facienda cum Judeis. — 1759.

5 jul. — Senescallo Tholose pro Gaillardo de Villario, milite. — 1286.

7 jul. — Magistro Petro Sorini, canonico Xanctonensi, pro comite contra judices ecclesiasticos. — 1001.

7 jul. — Magistro Johanni de Granchia, archidiacono Blesensi in ecclesia Carnotensi, pro comite, super eodem. — 1002.

7 jul. — Jacobo de Bosco pro Bernardo Viols (sic). — 1261.

7 jul. — Senescallo Tholose pro Raimundo Arnaudi de Gaillaco. — 1262, 1263.

7 jul. — Eidem pro abbate et conventu de Gimonte. — 1275.

7 jul. — Eidem pro quibusdam civibus Tholose. — 1276.

7 jul. — Eidem pro abbatissa de Goion super legato. — 1277.

7 jul. — Eidem pro Guillelmo Aytonis de Gailliaco. — 1278.

7 jul. — Eidem pro abbate et conventu monasterii Gailliaci super violenciis. — 1279.

7 jul. — Eidem pro Petro de Pinu, cive Tholose. — 1280.

7 jul. et 15 jan. 1270. — Eidem pro Guillelmo Atonis. — 1312.

10 jul. — Conestabulo Alvernie pro magistro domus Milicie Templi in Provincia. — 1162.

10 jul. — Senescallo Tholose pro fratribus Milicie Templi Tholose super nemore precario concesso. — 1281.

10 jul. — Eidem pro magistro domorum Milicie Templi in Provincia. — 1282.

10 jul. — Pro hominibus de Condomio. — 1283.

10 jul. — Littera patens judici senescalli Tholose pro Guillelmo de Falgario, milite. — 1284.

10 jul. — Senescallo Tholose pro Petro de Lobarassas. — 1288.

10 jul. — Eidem pro Petro Majoro, habitatore Sancti Sulpicii. — 1289.

10 jul. — Eidem pro Raymundo de Lupoalto, precone de Sancto Sulpicio. — 1290.

10 jul. — Senescallo Agenensi pro presbitero Sancti Mathurini de Liricantu. — 1514.

10 jul. — Eidem pro preceptore domus Hospitalis Sancti Johannis Jerosolimitani in Caturcinio. — 1515.

11 jul. — Senescallo Tholose pro abbate et conventu Gailliaci. — 1285.

11 jul. — Eidem pro preceptore domus Hospitalis Sancti Sulpicii. — 1287.

11 jul. — Sicardo Alemanni pro preceptore domus Hospitalis Sancti Johannis Jerosolimitani de Sancto Sulpicio, littera patens. — 1292.

12 jul. — Senescallo Tholose pro preceptore domus Hospitalis de Bolbestre. — 1291.

12 jul. — Eidem pro hominibus de Fanojovis. — 1293.

12 jul. — Pro Petro Guerini et Guerino Brun, canonicis Vivariensibus. — 1294.

12 jul. — Senescallo Tholose pro preceptore domus Hospitalis de Sancto Sulpicio. — 1295.

12 jul. — Pro Guillelmo de Cleraco. — 1516.

12 jul. — Senescallo Agenensi pro Petro de Paon, milite, de Figiaco. — 1517.

12 jul. — Littera patens pro Thoma de Mintriaco. — 1518.

12 jul. — Fratribus Odoni de Parisius et Thome de Latarosa, ordinis Minorum, et magistro Johanni de Putheolis,

pro capellano ecclesie Beate Marie de Leucors. — 1665.

12 jul. — Senescallo Ruthenensi pro capellano de Lueto. — 1666.

12 jul. — Eidem pro Raymundo Bernardi et Petro Gaufridi, fratribus. — 1667.

13 jul. — Poncio Astoaudi, militi, et magistro Odoni de Montoneria pro episcopo Tholosano. — 1296.

13 jul. — Episcopo Tholosano pro comite. — 1297.

13 jul. — Senescallo Agenensi pro Guillelmo de Cleraco, milite. — 1519.

13 jul. — Eidem pro militibus Templi contra homines Sancti Antonini. — 1520.

13 jul. — Eidem pro comite. — 1521.

13 jul. — Senescallo Ruthenensi pro Guidone de Severaco. — 1668.

14 jul. — Vicario Tholose pro Raymundo Johannis et Arnaldo, fratre suo. — 1298.

14 jul. — Senescallo Agenensi pro Guillelmo de Portu. — 1523.

14 jul. — Eidem pro domina Ademara. — 1524.

15 jul. — Senescallo Pictavensi pro comite super facto Judeorum et rota eis imponenda. — 1003.

15 jul. — Senescallo Tholose pro Beraudo de Andusia. — 1264.

15 jul. — Pro rege Aragonum. — 1313.

15 jul. — Senescallo Agenensi pro Raymundo Talonis. — 1527.

15 jul. — Eidem super arbitrio inter comitem Armaniaci et homines de Condomio prolato. — 1528.

15 jul. — Eidem pro liberis Remondi et Raterii de Calciata. — 1529.

16 jul. — Littera patens universis senescallis in provincia Burdegalensi constitutis pro legato. — 1158.

16 jul. — Senescallo Tholosano pro Petro Gerini et Guerino Bruni, fratre suo. — 1301.

16 jul. — Senescallo Agenensi pro Raymundo de Calciata. — 1530.

16 jul. — Senescallo Ruthenensi pro Guidone de Severaco contra comitem Ruthenensem. — 1669.

16 jul. — Pro eodem. — 1670.

16 jul. — Senescallo Ruthenensi pro Raymundo et Guillelmo de Rochafolii. — 1671.

17 jul. — Conestabulo Alvernie pro hominibus de Monteferrandi. — 1163.

17 jul. — Senescallo Tholose pro Poncio de Monteesquivo. — 1302.

17 jul. — Pro Guillelmo de Podio Laurencii et Poma, uxore sua. — 1303.

18 jul. — Pro quodam judeo de Viridifolio. — 1304.

18 jul. — Littera patens vicario Tholose pro quibusdam burgensibus ejusdem ville. — 1314.

18 jul. — Pro magistro Johanne Dominici littera patens. — 1316.

18 jul. — Senescallo Tholose pro magistro Johanne Dominici. — Similis littera missa fuit senescallo Agenensi et Caturcensi pro eodem. — 1317.

18 jul. — Pro domino Guidone de Severaco, milite. — 1672.

18 jul. — Bertrando de Baucio, militi, pro Sybilia, matre sua. — 1794.

18 jul. — Senescallo Venaissini pro dicta matre dicti Bertrandi. — 1795.

19 jul. — Senescallo Pictavensi super facto Judeorum. — 1005.

19 jul. — Senescallo Xanctonensi pro quibusdam mercatoribus Cadomi. — 1007.

19 jul. — Senescallo Tholose pro Raimundo Stephani. — 1305.

19 jul. — Eidem pro Sicardo de Sanna, milite. — 1306.

19 jul. — Senescallo Agenensi pro consulibus ville de Penna. — 1531.

19 jul. — Eidem pro Bernardo Porterii de Penna. — 1532.

20 jul. — Senescallo Xanctonensi pro Gilberto de Podio Laurencii. — 1105.

20 jul. — Senescallo Tholose super facto Jordani de Insula, valeti, et Ysarni Jordani, militis. — 1274.

20 jul. — Eidem pro Poncio de Villamuri et ejus fratribus. — 1307.

20 jul. — Eidem pro Arnaldo Helie et P. de Villamuri. — 1308.

20 jul. — Eidem pro Arnaldo Helie. — 1309.

20 jul. — Eidem pro Bernardo et Bertrando de Rogels, fratribus. — 1310.

21 jul. — Statutum comitis, ne aliquis adeat ipsum pro justicia obtinenda, nisi in defectum justicie vel pro appellacione. — 1006.

21 jul. — Conestabulo Alvernie pro Guillelmo de Figiaco. — 1164.

21 jul. — Senescallo Tholose pro domino Ysarno Jordani. — 1318.

23 jul. — Episcopo Tholosano pro fratribus de Carmelo. — 1319.

23 jul. — Senescallo Tholose pro eadem re. — 1320.

23 jul. — Senescallo Agenensi pro abbate Moissiacensi. — 1533.

23 jul. — Littera patens pro Beruerio et Maria, filiis defuncti Johannis Torpini. — 1673.

25 jul. — Senescallo Tholose pro magistro Assalto, ingeniatore. — 1299.
26 jul. — Senescallo Agenensi pro Willelmo de Labrugada. — 1534.
26 jul. — Eidem pro vicecomite de Castellione. — 1535.
28 jul. — Senescallo Tholose pro Johanne Dominici. — 1315.
30 jul. — Senescallo Pictavensi pro Moseto judeo. — 1008.
30 jul. — Magistro Petro Sorini, canonico Xantonensi, pro comite, super redemptione votorum crucesignationis. — 1009.
31 jul. — Priori provinciali ordinis fratrum Predicatorum in Francia. — 1010.
31 jul. — Magistro Petro Sorini pro comite. — 1106.
31 jul. — Egidio Camelini pro hominibus bastide Castri Senhor, Agenensis dyocesis. — 1536.
31 jul. — Priori secularis ecclesie Beate Marie de Portu, pro hominibus bastide Castri Senhor. — 1537.
Ante aug. — Concordia inter dominum Partiniaci et G. de Sancta Maura. — 1017.
Aug. — Egidio Camelini pro comitis negotiis. — 1322.
Aug. — Senescallo Agenensi pro Michaele de Giera, cive Lactorensi. — 1542.
1 aug. — Archipresbytero Remorentini, in Pictaviam deputato. — 1011.
2 aug. — Fratri Guidoni de Buci pro comite. — 1796.
3 aug. — Littere prioris Predicatorum in Francia pro fratre deputando. — 1013.
4 aug. — Senescallo Venaissini pro comite. — 1797.
5 aug. — Senescallo Agenensi pro Guillelmo Arnaldi. — 1538.
5 aug. — Eidem pro Gastone dicto Bec et fratribus suis, ac Arnaldo Bec, nepote suo. — 1539.
5 aug. — Eidem pro hominibus de Castro Seignour. — 1540.
6 aug. — Senescallo Pictavensi super acquisitis Templariorum. — 1032.
6 aug. — Eidem pro comite. — 1107.
6 aug. — Eidem pro Reginaldo de Precigniaco, milite, super acquisitis a Templariis in comitatu Pictavensi. — 1108.
6 aug. — Littera patens pro fratre Odone de Parisius et magistro Johanne de Putheolis. — 1798.
6 aug. — Consilio et communitati civium Avinionensium super subvencione Terre sancte. — 1799.
6-10 aug. — Littere, a fratribus Jacobo de Giemo et Drocone de Apoigniaco comiti directe. — 1014.
10 aug. — Archipresbytero Remorentini, in Pictaviam deputato. — 1012.
10 aug. — Senescallo Pictavensi pro Guillelmo de Sancta Maura, milite, contra dominum Partiniaci. — 1016.
10 aug. — Senescallo Ruthenensi pro dominis, consulibus et communitate castri de Capdempniaco. — 1674.
11 aug. — Senescallo Pictavensi pro relicta Reginaldi, quondam vicecomitis Thoarcensis, super dote. — 1015.
11 aug. — Egidio Camelini, clerico, pro baronibus et militibus comitatus Tholose super acquisitionibus feudorum a personis innobilibus et ab ecclesiasticis viris. — 1321.
11 aug. — Egidio Camelini pro negotiis comitis. — 1323.
13 aug. — Senescallo Pictavensi pro heredibus defuncti G. de Ranconio, junioris. — 1018.
13 aug. — Senescallo Xanctonensi pro fratribus ordinis Beate Marie, matris Christi, de Ruppella. — 1109.
25 aug. — Archipresbytero Remorentini pro comite. — 1019.
15 aug. — Senescallo Pictavensi pro Radulfo de Asperomonte. — 1020.
15 aug. — Senescallo Xanctonensi pro elemosinis faciendis. — 1110.
15 aug. — Fratribus Odoni de Parisius et Thome de Latarosa, ordinis fratrum Predicatorum, et magistro Johanni de Puteolis, inquisitoribus in Alvernia, Ruthenensi et Venessino, pro comite, super elemosinis. — 1165.
15 aug. — Conestabulo Alvernie pro elemosinis comitis. — 1166.
15 aug. — Super elemosinis faciendis in senescalliis Tholosana, Agenensi, Ruthenensi et Venessini. — 1324.
15 aug. — Senescallo Agenensi pro fratribus Predicatoribus de Condomio super debitis. — 1541.
15 aug. — Eidem pro hominibus castri Sancti Oriencii. — 1543.
15 aug. — Eidem pro elemosinis comitis. — 1544.
15 aug. — Senescallo Ruthenensi pro elemosinis comitis. — 1675.
15 aug. — Senescallo Venaissini pro elemosinis comitis. — 1800.
16 aug. — Elemosine domini comitis in Pictavia, sine litteris. — 1021.
16 aug. — Fratribus Jacobo de Gyemo et Droconi de Appoigniaco, ordinis fratrum Predicatorum, et R., archipresbytero de Rumorentino, inquisitoribus in Pictavia et

Xanctonia, pro comite. — 1022.

16 aug. — Archipresbytero Remorentini littera patens pro Guillelmo de Vernoto, milite. — 1023.

16 aug. — Senescallo Xanctonensi pro comite super feudis scribendis. — 1111.

16 aug. — Senescallo Tholose pro elemosinis comitis. — 1325.

16 aug. — Eidem pro comite super feudorum recensione. — 1326.

23 aug. — Littera Simonis Harent patens. — 1327.

Sept. — Senescallo Xanctonensi pro abbate et conventu Gracie Sancte Marie, Cisterciensis ordinis. — 1123.

Sept. — Littera patens priori secularis ecclesie Beate Marie de Portu pro Petro de Bessa. — 1346.

3 sept. — Senescallo Pictavensi pro comite Petragoricensi. — 1024.

3 sept. — Guichardo, canonico Cameracensi, pro comite. — 1167.

4 sept. — Senescallo Xanctonensi pro Petronilla de Lamesniée et fratribus suis. — 1113.

4 sept. — Conestabulo Alvernie pro Hugone de Ruppe, domicello. — 1168.

5 sept. — Senescallo Pictavensi super acquisitionibus Templariorum. — 1031.

5 sept. — Senescallo Xanctonensi pro Reginaldo de Precigniaco, milite. — 1112.

5 sept. — Eidem pro Templariis de Ruppella. — 1114.

5 sept. — Conestabulo Alvernie pro comite. — 1169.

5 sept. et 2 oct. — Eidem pro domino R., Dei gratia Albanensi episcopo, apostolice sedis legato, super procuracionibus suis. — 1177.

5 sept. — Senescallo Ruthenensi pro domino Guidone de Severaco. — 1676.

6 sept. — Senescallo Xanctonensi pro hominibus de Marcilliaco et quibusdam aliis. — 1115.

7 sept. — Eidem pro nobili Gaufrido de Lezeignaco, domino Jarniaci, super assignatione ipsi fienda. — 1026.

8 sept. — Senescallo Pictavensi pro comite Augi. — 1025.

8 sept. — Eidem super citacione Gaufridi de Lezigniaco, militis. — 1029.

8 sept. — Fratri Guidoni de Bucciaco, ordinis Milicie Templi, pro comite. — 1801.

9 sept. — Senescallo Pictavensi pro Christianis contra Judeos. — 1027.

9 sept. — Fratribus Jacobo et Droconi super eodem. — 1028.

10 sept. — Senescallo Xanctonensi pro Philippo de Vermes. — 1116.

10 sept. — Senescallo Agenensi et Egidio Camelini pro comite super salino Agenensi. — 1545.

15 sept. — Senescallo Pictavensi pro comite super acquisitis Templariorum. — 1030.

15 sept. — Johanni de Nantolio, militi, domino de Torz, pro comite. — 1117.

15 sept. — Senescallo Xanctonensi pro comite. — 1118.

15 sept. — Magistro P. Vigerii, archidiacono Alnisii. — 1119.

15 sept. — Hugoni Archiepiscopi, militi, domino Pertiniaci, pro Lapo de Florencia. — 1120.

15 sept. — Conestabulo Alvernie pro Johanne de Ruppeforti contra quosdam homines Montisferrandi. — 1170.

15 sept. — Littera patens magistro Odoni de Montoneria pro Arnaldo de Escalerio et ejus sociis. — 1328.

15 sept. — Egidio Camelini, clerico, pro comite super villa de Cepeto. — 1329.

15 sept. — Eidem pro comite super diversis. — 1330.

16 sept. — Thome de Novilla, clerico, pro comite. — 1121.

16 sept. — Conestabulo Alvernie pro comite super venatione in forestis conestabulie. — 1171.

16 sept. — Thome de Novilla, clerico, pro comite. — 1331.

18 sept. — Senescallo Xanctonensi pro Philippo de Parreigni. — 1122.

19 sept. — Conestabulo Alvernie pro Eustachio de Montebuxerii. — 1172.

19 sept. — Senescallo Tholose pro Jordano de Insula, milite, super facto Rogerii de Espieriis. — 1333.

19 sept. — Eidem pro Jordano de Insula, milite, super advocacione possessionum et terrarum. — 1334.

19 sept. — Eidem pro Jordano de Insula, domicello, super inquesta facta per dominum Sicardum Alemanni, militem, super facto de Sarrant. — 1335.

19 sept. — Eidem pro Guidone de Levis, marescallo Albigesii. — 1336.

19 sept. — Eidem pro Jordano de Insula, milite, pro facto ville de Lobervilla. — 1338.

19 sept. — Eidem pro domino Jordano de Insula racione villarum de Castellari et aliis. — 1339.

19 sept. — Littera patens abbati Sancti Saturnini de Tholosa. — 1340.

19 sept. — Vicario Tholose preposito et ecclesia Tholosanis super recommendacione. — 1342.

19 sept. — Senescallo Ruthenensi pro comite Ruthenensi super advocationibus. — 1677.

19 sept. — Eidem et magistro

TABLE CHRONOLOGIQUE.

Guillelmo Ruffi, vel eorum alteri, pro comite Ruthenensi super minerio. — 1678.

19 sept. — Eidem pro comite Ruthenensi super focagio vel subvencione. — 1679.

21 sept. — Senescallo Tholose pro prelio Bernardi de Marestano, militis, et ejus fratris, et pro Gauberto de Resaco et ejus fratre. — 1343.

21 sept. — Vicario Tholose super facto incolarum ville de Scaqueins. — 1344.

21 sept. — Magistro Egidio Camelini pro preposito et ecclesia Tholosanis. — 1345.

22 sept. — Conestabulo Alvernie pro Astorgio de Aureliaco, milite, super injuriis. — 1173.

22 sept. — Eidem pro domino de Valebres. — 1174.

22 sept. — Senescallo Ruthenensi pro Begone de Cavomonte pro emenda. — 1680.

22 sept. — Eidem pro Astorgio de Aureliaco, milite. — 1681.

22 sept. — Eidem pro hominibus Begonis super focagio. — 1682.

22 sept. — Senescallo Venessini pro Guillelmo Renaldi. — 1803.

23 sept. — Eidem pro Petro Renaldi, G. Renaldi et Guillelmo Renaldi. — 1802.

24 sept. — Littere clause misse magistro Thome de Novilla super negocio turniciliarum, cuissetorum et coriatarum. — 1311.

25 sept. — Senescallo Venaissini pro Petro Renaldi de Abolena, domicello. — 1804.

25 sept. — Eidem pro Petro Renaldi, G. Renaldi et Guillelmo Renaldi. — 1805.

25 sept. — Eidem pro Rostano Danyelis. — 1806.

26 sept. — Eidem pro comite. — 1807.

27 sept. — Inquisitoribus in Pictavia et Xanctonia pro abbate et conventu Gracie Sancte Marie, Cisterciensis ordinis, Xanctonensis dyocesis. — 1033.

27 sept. — Senescallo Xanctonensi pro abbate et conventu Gracie Sancte Marie. — 1124.

27 sept. — Conestabulo Alvernie pro Poncio Begonis, Hugone et Guillelmo, fratribus. — 1175.

29 sept. — Vicario Tholose pro ecclesia Tholose super facto ville d'Escalqueins. — 1332.

30 sept. — A messire Jehan de Nantueill, chevalier, seigneur de Torz. — 1034.

30 sept. — Guillelmo de Sancta Maura, militi, pro abbate de Insula. — 1035.

30 sept. — Pro abbate de Pinu. — 1036.

30 sept. — Senescallo Xanctonensi pro abbate de Plana Silva. — 1125.

30 sept. — Senescallo Agenensi pro Petro de Sancto Germano, milite. — 1547.

30 sept. — Eidem pro comite super diversis articulis. — 1548.

30 sept. — Eidem pro hominibus bastide Castri Seignori. — 1549.

1 oct. — Senescallo Pictavensi pro Blanchia, filia Ludovici regis. — 1037.

1 oct. — Conestabulo Alvernie pro domino S., tituli Sancte Cecilie presbitero cardinali, super procuracionibus suis. — 1176.

1 oct. — Domino Wastoni, vicecomiti Biernensi. — 1550.

2 oct. — Senescallo Agenensi super prestacione juramenti. — 1551.

2 oct. — Eidem pro episcopo Agenensi super decimis. — 1552.

2 oct. — Eidem pro Bertrando de Sancta Artemia, clerico. — 1553.

3 oct. — Conestabulo Alvernie pro hominibus Montisferrandi. — 1178.

4 oct. — Egidio Camelini pro terra de Lassoal. — 1346.

7 oct. — Au senescal de Poitou por le conte, des baillies et dou change. — 1038.

7 oct. — Episcopo Tholosano pro Petro de Gonnessia, clerico. — 1347.

7 oct. — Senescallo Venaissini pro comite super frumento emendo. — 1808.

8 oct. — Au senescal de Venessin por le conte. — 1809.

8 oct. — Senescallo Venaissini et judici Avinionensi pro comite. — 1810.

8 oct. — Inquisitoribus pro comite. — 1811.

9 oct. — Castellano de Ruppella. — 1126.

9 oct. — Senescallo Venessini pro consulibus et universitate civitatis Carpentoratensis. — 1812.

12 oct. — Senescallo Pictavensi pro Gaufrido de Castrobriandi. — 1039.

12 oct. — Senescallo Xanctonensi pro Guioneto de Thoarcio. — 1127.

12 oct. — Eidem pro fratre Petro, ministro domus sancte Trinitatis de Ponte Thaleburgi. — 1128.

12 oct. — Conestabulo Alvernie pro comite super facto Montisferrandi et nove monete episcopi Claromontensis. — 1179.

12 oct. — Eidem pro Durando Corbinay, crucesignato. — 1180.

12 oct. — Episcopo Avinionensi pro comite. — 1813.

16 oct. — Senescallo Tholose pro abbate et conventu Combelonge. — 1348.

17 oct. — Senescallo Pictavensi pro Poncio de Mirabello. — 1040.

17 oct. — Senescallo Xanctonensi pro eodem. — 1129.

17 oct. — Conestabulo Alvernie pro Radulpho de Robore, milite. — 1181.

17 oct. — Eidem pro Eustachio de Montebuxerio. — 1182.

17 oct. — A Jehan de Kais et à G^{ui} de Buci, pour le comte. — 1814.

17 oct. — Au seneschal de Venaissin pour freres Jehan de Kais et Gui de Buci. — 1815.

19 oct. — Littera missa domino Johanni de Nantolio pro subsidio faciendo Terre sancte a nobilibus Pictavensibus et Xanctonensibus et aliis. — 1041.

19 oct. — Littera missa senescallo Pictavensi pro subsidio faciendo Terre sancte a nobilibus Pictavensibus et aliis. — 1042.

21 oct. — Senescallo Pictavensi pro hominibus popularibus de Niorto, super duplicatione census et levatione collecte. — 1043.

21 oct. — Fratribus Jacobo et Droconi et archipresbytero Remorentini super levatione census duplicati. — 1044.

21 oct. — Senescallo Xantonensi pro comite super acquisitis a Templariis. — 1130.

28 oct. — Vicario Tholosano pro Bernardo, filio dicte la Porrezere. — 1349.

31 oct. — Senescallo Tholosano pro priore et conventu monasterii Lezatensis. — 1350.

Oct.-nov. — Conestabulo Alvernie pro Ludovico de Roiere, milite. — 1183.

Nov. — Querimonie comitis Marchie. — 1047.

Nov. — Senescallo Agenensi super morte Arnaldi Guidonis. — 1558.

Nov. — Super facto Imberti de Bouzagues. — 1683.

1 nov. — Senescallo Tholosano super facto Johannis Dominici. — 1337.

1 nov. — Preposito Tholosano pro comite. — 1351.

1 nov. — Egidio Camelini, clerico, pro comite. — 1352.

1 nov. — Magistro G. Ruffi pro comite super legatis et redempcionibus votorum. — 1353.

7 nov. — Senescallo Agenensi pro Guillelmo de Mota, scutifero. — 1554.

14 nov. — Conestabulo Alvernie pro Petro de Ryomo. — 1184.

17 nov. — Senescallo Ruthenensi pro Girardo de Cardilliaco. — 1688.

20 nov. — Senescallo Agenensi pro Hugone de Cardillac. — 1555.

21 nov. — Littera commissionis patens, missa abbati Moisiaci pro Galtero de Fossato, milite. — 1556.

21 nov. — Senescallo Ruthenensi pro priore Sancti Leoncii. — 1684.

22 nov. — Senescallo Venaissini pro domino Castri Radulphi. — 1816.

23 nov. — Aymerico Chasteignier, militi, pro comite Marchie. — 1046.

23 nov. — Communie de Ruppella. — 1131.

24 nov. — Senescallo Ruthenensi pro Guillelmo de Sancto Maurino super morte Remundi de Senaret et super violenciis et injuriis hominibus suis illatis ab hominibus de Roccousel. — 1686.

25 nov. — Littera patens castellano Sancti Maxencii, pro viceccomitissa Thoarcii. — 1048.

25 nov. — Littera patens castellano de Ruppella pro relicta Johannis Gagantis. — 1132.

25 nov. — Sicardo Alemanni pro Stephano de Camarada. — 1341.

25 nov. — Senescallo Tholose pro Guillelmo de Vicinis. — 1354.

25 nov. — Senescallo Agenensi super morte Arnaldi Guillelmi. — 1557.

25 nov. — Senescallo Ruthenensi pro Auda, uxore Deodati de Bociacis. — 1685.

26 nov. — Abbati Sancti Cypriani Pictavensis pro mutuo comiti faciendo. — 1049.

26 nov. — Pro Reginaldo de Preciniaco. — 1133.

26 nov. — Senescallo Agenensi pro Gastone dicto Boc. — 1559.

26 nov. — Eidem pro Arnaudo Bertrandi de Bellagarda. — 1560.

26 nov. — Eidem pro Giraudo de Cardillaco, domicello. — 1561.

26 nov. — Senescallo Ruthenensi pro abbate et conventu Bonecumbe. — 1687.

27 nov. — Fratri Johanni de Kays pro Hugone Archiepiscopi, domino Pertiniaci. — 1134.

28 nov. — Senescallo Agenensi pro Petro de Fresneio, domicello. — 1562.

28 nov. — Senescallo Ruthenensi pro abbate Bonecombe, super negocio Hugonis de Pannato. — 1689.

28 nov. — Eidem pro episcopo Ruthinensi. — 1690.

28 nov. — Eidem pro priore de Mareil super focagio. — 1691.

28 nov. — Eidem pro comite Ruthenensi super pazagio et super parciaria. — 1692.

28 nov. — Eidem pro eodem super delacione armorum. — 1693.

TABLE CHRONOLOGIQUE.

29 nov. — Fratri Petro de Giemo, priori fratrum Predicatorum Pictavensium. — 1050.

29 nov. — Beraudo de Mercorio pro quodam ejus homine. — 1185.

29 nov. — Senescallo Agenensi pro dominis Castrimauronis. — 1563.

29 nov. — Eidem pro hominibus Castri Amorosi. — 1564.

29 nov. — Eidem pro hominibus Castri Amorosi. — 1565.

29 nov. — Eidem pro Petro de Sancto Symeone et fratre suo. — 1566.

29 nov. — Eidem pro Petro de Gironvilla. — 1567.

29 nov. — Eidem pro domino Castrimoronis. — 1568.

29 nov. — Eidem super pedagio de Thoarcio. — 1569.

29 nov. — Eidem pro Arnaldo de Ispania. — 1570.

29 nov. — Eidem pro Bernardo de Foceio, milite. — 1571.

29 nov. — Senescallo Ruthenensi pro episcopo Mimatensi. — 1694.

30 nov. — Eidem pro Johanne Tanatore. — 1695.

Nov.-dec. — Senescallo Tholose pro Petro de Granvilla. — 1355.

Dec. — Littera patens pro hominibus episcopi Carpentoratensis super subvencione. — 1822.

1 dec. — Jacobo de Bosco pro Bernardo Stulto. — 1356.

1 dec. — Vicario Tholose pro Bernardo Stulto. — 1357.

1 dec. — Senescallo Ruthenensi pro Guillelmo et Raymundo de Roccafolio, fratribus, militibus. — 1696.

1 dec. — Raymundo de Roccafolio, militi. — 1697.

3 dec. — Pro domina Borbonii. — 1186, 1187.

4 dec. — Senescallo Ruthenensi pro Bernardo de Levazaia super focagio. — 1698.

4 dec. — Senescallo Venaissini pro Draconeto de Montealbano. — 1817, 1818, 1819.

5 dec. — Senescallo Tholose pro abbato Galliacensi. — 1358.

5 dec. — Senescallo Agenensi pro Petro du Luat. — 1572.

7 dec. — Senescallo Xanctonensi pro Guidone et Aymerico de Rocha, militibus. — 1135.

11 dec. — Senescallo Tholose pro hominibus Ysarni Jordani, militis, super focagio seu subvencione. — 1359.

11 dec. — Jacobo de Bosco pro fratribus Predicatoribus de Tholosa. — 1360.

11 dec. — Senescallo Venaissini pro episcopo Carpentoratensi. — 1820.

11 dec. — Eidem pro comite Valentinensi. — 1821.

12 dec. — Conestabulo Alvernie pro quibusdam inquisitorum sententiis executioni demandandis. — 1188.

12 dec. — Senescallo Tholose pro Durando Morelli. — 1361.

12 dec. — Littera patens pro Gauberto de Ramponio, milite, super gagiis. — 1573.

12 dec. — Senescallo Agenensi pro Bertrando de Gourdonio, milite. — 1575.

12 dec. — Eidem pro Stephano de Sancta Fide, milite. — 1576.

12 dec. — Senescallo Ruthenensi super inquestis jam factis et executioni demandandis. — 1699.

12 dec. — Littera patens magistro Orgueilloso pro Remondo Amoroso. — 1700.

12 dec. — Senescallo Venessini pro comite. — 1825.

13 dec. — Senescallo Pictavensi super composicione facta inter nobiles H., dominum Partiniaci, et Guillelmum de Sancta Maura. — 1051.

13 dec. — Eidem pro Gaufrido Arnaldo de Prada. — 1052.

13 dec. — Eidem pro Johanna dicta Papelarda. — 1053.

13 dec. — Senescallo Tholose pro Raymundo Bernardi et fratribus suis. — 1362.

13 dec. — Eidem pro magistro Guillelmo de Feudalia. — 1363.

13 dec. — Senescallo Agenensi pro Gaufrido Arnaldi de Prada. — 1574.

14 dec. — Archipresbitero de Remorentino contra quosdam prepositos. — 1054.

17 dec. — Senescallo Pictavensi pro comite Augi. — 1055.

17 dec. — Senescallo Tholosano pro hominibus ville Sancti Anthonini. — 1364.

17 dec. — Eidem pro hominibus Raymoneti Fortenerii et Aymerici de Commenge. — 1365.

17 dec. — Eidem pro eisdem super bastidis. — 1366.

17 dec. — Eidem pro comite Convenarum super quadam bastida. — 1367.

17 dec. — Eidem pro consulibus Villefranche. — 1368.

17 dec. — Eidem pro hominibus Raimundi de Benca. — 1369.

17 dec. — Fratri Raymundo Prepositi, vices gerenti prioris Sancti Johannis Jerosolimitani, pro Monacho de Guiler, domicello, et Seinceto, nepote preceptoris Templi. — 1370.

17 dec. — Vicario Tholose pro fratre Ermangaudo, ordinis Hospitalis Sancti Johannis Jerosolimitani. — 1371.

17 dec. — Senescallo Tholose pro Raymundo Bernardi de Causaco, milite. — 1372.

17 dec. — Senescallo Agenensi pro hominibus Sancti Anthonini. — 1577.

17 dec. — Eidem pro fratre Poncio de Castronovo. — 1578.

17 dec. — Eidem pro episcopo Caturcensi. — 1579, 1580.

17 dec. — Senescallo Ruthenensi pro Bertrando de Fontanis. — 1701.

17 dec. — Eidem pro comite Ruthenensi. — 1702.

17 dec. — Eidem pro priore Villenove. — 1703.

17 dec. — Eidem pro hominibus massorum et parrochiarum existencium in jurisdictione castri de Capdempnaco. — 1704.

17 dec. — Episcopo Carpentoratensi pro civibus ejusdem ville. — 1826.

18 dec. — Senescallo Tholose pro Guillelmo Hugone de Duroforti et fratribus suis. — 1374.

19 dec. — Gaufrido de Lezegniaco, militi, pro comitissa Lincestrie. — 1056.

19 dec. — Senescallo Pictavensi pro Aymerico, clerico. — 1057.

19 dec. — Senescallo Tholose pro abbate Sancti Poncii super facto de Vauro. — 1373.

19 dec. — Senescallo Agenensi pro preceptore domus Milicie Templi in Provincia. — 1582.

19 dec. — Eidem pro fratribus et sororibus de Prulliano. — 1583.

19 dec. — Eidem pro Raymundo Vassalli. — 1584.

19 dec. — Eidem pro heredibus Sicardi Fortis. — 1585.

19 dec. — Senescallo Tholose pro Gallardo de Lauro, crucesignato. — 1586.

19 dec. — Senescallo Ruthenensi pro hominibus massorum et parrochiarum existencium de jurisdicione castri de Cademnaco. — 1705.

19 dec. — Magistro Orguelloto pro Templariis in Ruthenensi. — 1706.

19 dec. — Senescallo Ruthenensi pro fratribus Milicie Templi super focagio. — 1707.

20 dec. — Senescallo Xanctonensi pro domina relicta comitis quondam Leycestrie. — 1136.

20 dec. — Conestabulo Alvernie pro Johanne de Ruppeforti. — 1189.

20 dec. — Eidem pro Alpidi, filia defuncti Guillelmi de Tremoilles. — 1190.

20 dec. — Senescallo Tholose pro Arnaldo de Bulda, cive Tholosano. — 1375.

20 dec. — Eidem pro Berengario Masqueronis, militi, super divisione quarundam terrarum. — 1376.

20 dec. — Vicario Tholose pro capitulo ecclesie Tholosane. — 1377.

20 dec. — Senescallo Agenensi pro rectore ecclesie de Lauserta. — 1581.

20 dec. — Senescallo Tholose pro Bernardo Hugonis. — 1587.

21 dec. — Vicario Tholose pro Rogerio de Montealto. — 1378.

21 dec. — Senescallo Tholose pro Guillelmo Laurencii et Stephano de Castronovo. — 1379.

22 dec. — Senescallo Pictavensi pro Guidone de Bauceio, milite. — 1058.

23 dec. — Senescallo Xanctonensi pro Johanne Houdebourge. — 1138.

25 dec. — Petro Sorini pro Guillelmo de Nobiliaco. — 1059.

25 dec. — Senescallo Pictavensi pro capitulo ecclesie Beati Hilarii. — 1060.

26 dec. — Senescallo Xanctonensi pro fratribus Beate Marie de Carmelo de Rupella. — 1137.

26 dec. — B., preposito ecclesie Tholosane, super inquisitione facienda de pecuniis a sede Romana comiti concessis. — 1380.

27 dec. — Conestabulo Alvernie pro consulibus et communitate hominum ville Montisferrandi super subsidio et emenda. — 1191.

27 dec. — Senescallo Tholose pro magistro Johanne Dominici. — 1381.

27 dec. — Senescallo Agenensi pro abbate Montisalbani. — 1588.

28 dec. — Senescallo Venessini pro domino Poncio Astoaudi super focagio. — 1823.

29 dec. — Conestabulo Alvernie pro Roberto de Corcellis, domino de Brolio. — 1192.

29 dec. — Senescallo Tholose pro domino Jordano de Insula et ecclesia Sancti Stephani Tholose super focagio. — 1382.

29 dec. — Eidem pro comite. — 1383.

29 dec. — Guillelmo Athonis, fratri Minori Tholose, super quibusdam restitutionibus comiti faciendis. — 1384.

29 dec. — Senescallo Tholose pro Hugone de Reav. — 1385.

29 dec. — Eidem pro heredibus defuncti Sicardi Fort. — 1386.

29 dec. — Senescallo Agenensi pro Raymundo et Raterio de Calciata, filiis condam Raymundi de Calciata, militis. — 1589.

29 dec. — Littera patens pro senescallo Ruthinensi et magistro Jergolio, jurisperito, pro prioribus de Aspreriis et de Rivo Petroso. — 1708.

30 dec. — Conestabulo Alvernie pro Guillelmo de Figiaco. — 1193.

30 dec. — Senescallo Tholose pro Beraudo de Andusia. — 1387.

30 dec. — Vicario Tholose pro preposito et capitulo ecclesie Tholosane. — 1388.

31 dec. — Littera patens pro Johanne Poulin super gagiis. — 1139.

1270

Circa 1270. — De furno apud Cassegnolium Archambaudo, comiti Petragoricensi, concesso. — 2118.

3 jan. — Hugoni Archiepiscopi, domino Pertiniaci, pro Amanevo de Lebreto et Gaucellino de Castellione. — 1062.

3 jan. — Littera patens vicario Tholose pro sindico seu procuratore consulum et universitatis hominum de Condomio. — 1389.

3 jan. — Senescallo Tholose pro Sicardo de Montealto, milite, super mutuo. — 1390.

3 jan. — Senescallo Agenensi pro Amenevo de Lebreto. — 1590.

3 jan. — Eidem pro archiepiscopo Burdegalensi. — 1591.

3 jan. — Senescallo Ruthenensi pro Arnaldo de Grisalen. — 1709.

5 jan. — Littera patens directa vicario Tholose et ejus judici, super commonicione comiti Fuxi ex parte domini comitis facienda. — 1391.

5 jan. — P. de Roceio, militi, vicario Tholose, et magistro Arnaldo de Petrucia, ejusdem curie judici, super negocio comitis Fuxi. — 1392.

5 jan. — Senescallo Tholose et Sicardo Alemanni, militi, pro abbate monasterii Lesatensis. — 1393.

5 jan. — Eidem pro Sicardo de Montealto contra comitem Fuxi. — 1394.

6 jan. — Senescallo Xanctonensi pro Johanne Eannes de Portugalensi. — 1140.

8 jan. — Senescallo Tholose pro Jordano de Saxiaco, milite. — 1396.

8 jan. — Senescallo Agenensi pro Guillelmo Esclamaldi super inquesta de Dalmariaco. — 1592.

8 jan. — Eidem super facto Hugonis de Poioliis et Grimoardi de Baleimo. — 1594.

11 jan. — Senescallo Venessini pro Raymundo Gocelmi, domino Lunelli. — 1827.

15 jan. — Senescallo Tholose pro Serena de Rovinhaco super medietate palacii de Pojolis. — 1395.

15 jan. — Vicario Tholose pro Jordano de Saxiaco. — 1397.

15 jan. — Senescallo Tholose pro Raymundo Arnaudi super centum libris. — 1400.

15 jan. — Pro eodem super facto bladi ablati. — 1401.

15 jan. — Pro Guillelmo Esclamardi, domicello, super peticionibus tam pro se quam pro aliis. — 1593.

15 jan. — Senescallo Agenensi pro Guillelmo Esclamardi et parcionariis suis super bastida de Gratacamba. — 1595.

15 jan. — Littera patens commissionis, directa priori ecclesie Beate Marie de Portu, Agenensis diocesis, pro Raymundo de Podio Celsi, domicello, et ejus hominibus. — 1597.

15 jan. — Senescallo Ruthenensi pro Guidone de Severaco, milite. — 1710, 1711.

15 jan. — Eidem pro domino Guidone de Severaco et parcionariis suis. — 1712.

16 jan. — Egidio Camelini pro comite. — 1402.

16 jan. — Senescallo Tholose super facto comitis Fuxensis et castri Montisacuti. — 1403.

17 jan. — Abbati Bellepertice pro episcopo Agenensi super juramento a comite prestando. — 1598.

18 jan. — Senescallo Tholose pro Ademaro de Montellis, clerico. — 1404.

19 jan. — Littera patens pro Roberto dicto Boisel. — 1195.

19 jan. — Senescallo Agenensi pro comite et abbate Moysiaci. — 1596.

19 jan. — Eidem pro comite et abbate Montisalbani. — 1599.

20 jan. — Senescallo Ruthenensi pro Humberto de Bouzagiis, domicello. — 1713.

21 jan. — Senescallo Pictavensi pro Hugone, domino Partiniaci, et Guillelmo de Sancta Maura. — 1063.

21 jan. — II., domino Pertiniaci, pro Guillelmo de Sancta Maura. — 1064.

21 jan. — Egidio Camelini, clerico, pro Guillelmo Bucanigra. — 1405.

21 jan. — Pro eodem. — 1714.

23 jan. — Pro hominibus de Parvo Jaunayo. — 1065.

25 jan. — Senescallo Tholose pro Jordano de Saxiaco, milite. — 1398, 1399.

26 jan. — Senescallo Xanctonensi pro burgensibus Sancti Johannis Angeliacensis super injuriis. — 1141.

26 jan. — Littera patens senescallo Venaissini pro rege Francorum. — 1828.

27 jan. — Senescallo Tholose de illis qui crucem tempore Raimundi comitis assumpserunt. — 1408.

28 jan. — Senescallo Pictavensi pro comite. — 1066.

28 jan. — Eidem pro gentibus consilii mox in Pictaviam destinandis. — 1067.

28 jan. — Magistro P. Sorini, canonico Xanctonensi, super graciis comiti concessis. — 1142.

28 jan. — Senescallo Tholose pro comite. — 1406.

29 jan. — Egidio Camelini, clerico, pro comite. — 1407.

31 jan. — Pro domino legato littera patens missa fuit Agenensi ac Ruthinensi senescallis et conestabulo Alvernie. — 1196.

Febr. — Senescallo Agenensi pro Auda, relicta quondam defuncti Guillelmi Arnaldi, domini de Tantalo. — 1600.

1 febr. — Senescallo Pictavensi pro Radulpho de Monteforti, cive Parisiensi. — 1068.

1 febr. — Conestabulo Alvernie pro hominibus Riomi. — 1197.

1 febr. — Senescallo Agenensi pro filiis Guilelmi de Rocha, militis. — 1601.

2 febr. — Super confratria hominum Castrinovi. — 1602.

3 febr. — Senescallo Xanctonensi super excessibus factis quondam episcopo Xanctonensi defuncto et suis. — 1143.

3 febr. — Conestabulo Alvernie pro Bertrando, filio condam P. Remundi. — 1409.

4 febr. — Senescallis Venessini et Ruthinensi ac conestabulo Alvernie pro inquisitoribus ad partes illas mittendis. — 1198.

4 febr. — De balistariis pro servicio comitis retinendis. — 1410.

4 febr. — Senescallo Ruthenensi pro Begone de Calvomonte super focagio. — 1715.

5 febr. — Eidem pro monasterio Aureliacensi. — 1716.

5 febr. — Senescallo Venaissini pro Guillelmo de Insula, cursore comitis quondam Tholosani. — 1829.

6 febr. — Preposito Tholose pro Manfredo de Rabasteinx, domicello, commissio patens. — 1411.

10 febr. — Pro castro de Theophagiis, vicecomitisse Thoarcensi deliberando. — 1069.

15 febr. — Senescallo Venaissini pro Bertrando, domino Baucii. — 1830.

16 febr. — Littera facta pro episcopo Albiensi de moneta. — 971.

16 febr. — Pro burgensibus mercatoribus de Rothomago. — 1144.

16 febr. — Pro liberis Guillelmi de Spinacia, defuncti, militis. — 1199.

16 febr. — Senescallo Tholose pro episcopo Albiensi, super decimis et excommunicationibus. — 1412.

16 febr. — Eidem pro eodem super villa de Lagarda. — 1413.

16 febr. — Senescallo Agenensi super moneta Albiensi de novo cudenda. — 1603.

19 febr. — Pro castro de Theophagiis, vicecomitisse Thoarcensi deliberando. — 1070.

19 febr. — Senescallo Xantonensi pro comite. — 1145.

20 febr. — Senescallo Pictavensi pro Willelmo de Varennis, filio comitis Warennarum. — 1071.

20 febr. — Pro magistro Guillelmo Ruffi. — 1200.

20 febr. — Senescallo Agenensi pro priore Saucte Marie de Portu. — 1604.

20 febr. — Eidem pro episcopo Agenensi. — 1605.

22 febr. — Senescallo Venaissini pro comite Flandrensi. — 1831.

24 febr. — Senescallo Agenensi. — 1606.

Mart. — Cyrograffum super moneta Pictavensium. — 1079.

11 mart. — Ballivo Andegavensi pro Radulfo Charroiau, milite. — 1074.

12 mart. — Littera patens decano ecclesie Beati Hylarii Pictavensis pro Guioneto de Thoarcio. — 1072.

12 mart. — Littera patens magistris Aymerico Veteris et Philippo de Casteneto, canonicis Beati Hylarii Pictavensis. — 1073.

14 mart. — Commissio facta magistro Philippo, canonico Beati Hilarii Pictavensis, pro G. de Vernoto. — 1075.

15 mart. — B. de Insula, preposito ecclesie Tholosane, super graciis a sede apostolica concessis. — 1414.

15 mart. — Super graciis a sede apostolica concessis. — 1415.

15 mart. — Magistro Egidio Camelini super viis perquirendi denarios bono modo. — 1416.

22 mart. — Senescallo Agenensi pro fratre Mangoto, preceptore domus Hospitalis de Salvegnau, et Morgone, fratre suo. — 1607.

22 mart. — Johannis de Espieriis pro eisdem. — 1608.

22 mart. — Pro fratre Armingaudo. — 1834.

23 mart. — Conestabulo Alvernie pro Guillelmo, domino de Volubrio, milite. — 1201.

24 mart. — Senescallo Ruthenensi pro Hugone de Sancto Christoforo, milite. — 1717.

24 mart. — Item super hoc Henrico, primogenito comitis Ruthenensis. — 1718.

26 mart. — Guillelmo de Calvigniaco pro comite. — 1146.

26 mart. — Conestabulo Alvernie pro Durando de Figiaco. — 1202.

26 mars. — A Jean de Kais, pour le passage de Terre Sainte. — 1832.

26 mart. — Senescallo Venaissini pro domino comite. — 1833.

28 mart. — Cancellario Riomi pro R. de Corcellis, domicello. — 1203.

28 mart. — Senescallo Agenensi pro Johanne Valeto. — 1609.

29 mart. — Gaufrido de Pontiz,

canonico Pictavensi, pro Johanna Papelarde. — 1076.
29 mart. — Conestabulo Alvernie pro Guillelmo Marescalli. — 1204.
29 mart. — Eidem pro Bertrando dicto Perroneal. — 1205.
29 mart. — Senescallo Tholose pro Guillelmo Agasse, Bernardo de Bellomonte et Ademaro Bovis, militibus. — 1417.
29 mart. — Senescallo Agenensi pro priore de Bellomonte. — 1610.
29 mart. — Eidem pro Auda de Tantalon. — 1611.
31 mart. — Pro Johanne ad Valletos. — 1612.
Mart. fin. — Littera super moneta Pictavensium pro B. de Guisargues. — 1077.
Mart. fin. — Item alia littera super eadem moneta. — 1078.
1 apr. — Conestabulo Alvernie pro preposito Paluelli. — 1206.
2 apr. — Eidem pro Angno de Mangnomonte, domino de Girolis. — 1207.
3 apr. — Pro Eustachio de Montebuxerii et Guillelmo de Vallubrio, milite. — 1208.
4 apr. — Senescallo Pictavensi pro comite Marchie. — 1080.
4 apr. — Eidem pro Guillebaudo de Mosterolio Bonin. — 1081.
8 apr. — Eidem pro abbate de Fontenellis. — 1082.
8 apr. — Pro Hugone de Tyac, milite, et Arnodi, uxore sua. — 1147.
8 apr. — Senescallo Agenensi pro abbatissa et conventu de Ligurio. — 1613.
8 apr. — Pro Reginaldo de la Vergne. — 1614.
8 apr. — Pro abbatissa et conventu de Ligurio, Petragoricensis dyocesis. — 1615.
16 apr. — Senescallo Tholose pro domino Eduardo, primogenito regis Anglie, pro victualibus emendis et extrahendis ad opus vie transmarine. — 1419.
16 apr. — Senescallo Venessini pro eodem. — 1824.
Jun. — Senescallo Tholose pro Guillelmo de Gauderiis. — 2119.
Jun. — Eidem pro villa Gimilli, magistro Johanni Dominici restituenda. — 2120.
Jun. — Pro Bernardo Mascaronis super castro de Sancta Gabella. — 2121.
3 jun. — Senescallo Pictavensi pro Amanevo de Lebreto et Gaucelino de Castellione. — 1061.
3 et 16 jun. — Conestabulo Alvernie super facto monete episcopi Claromontensis. — 1194.
17 jun. — Senescallo Tholose pro Bartholomeo de Landrevilla, castellano Podii Celsi. — 972.
21 jun. — De assignatione redditus pro Maria, comitissa Petragoricensi. — 2117.

www.ingramcontent.com/pod-product-compliance
Lightning Source LLC
Chambersburg PA
CBHW070857300426
44113CB00008B/875